D1664531

Das sinnvoll Denkbare denken,
das davon Machbare machen

Gedächtnisschrift für Arndt Schmehl

Schriften zum Öffentlichen Recht

Band 1396

Das sinnvoll Denkbare denken, das davon Machbare machen

Gedächtnisschrift für Arndt Schmehl

Herausgegeben von

Wolfgang Durner
Franz Reimer
Indra Spiecker genannt Döhmann
Astrid Wallrabenstein

Duncker & Humblot · Berlin

Bibliografische Information der Deutschen Nationalbibliothek

Die Deutsche Nationalbibliothek verzeichnet diese Publikation in
der Deutschen Nationalbibliografie; detaillierte bibliografische Daten
sind im Internet über http://dnb.d-nb.de abrufbar.

Alle Rechte, auch die des auszugsweisen Nachdrucks, der fotomechanischen
Wiedergabe und der Übersetzung, für sämtliche Beiträge vorbehalten
© 2019 Duncker & Humblot GmbH, Berlin
Fremddatenübernahme: 3p+w GmbH, Rimpar
Druck: Druckteam, Berlin
Printed in Germany

ISSN 0582-0200
ISBN 978-3-428-15384-8 (Print)
ISBN 978-3-428-55384-6 (E-Book)
ISBN 978-3-428-85384-7 (Print & E-Book)

Gedruckt auf alterungsbeständigem (säurefreiem) Papier
entsprechend ISO 9706 ∞

Internet: http://www.duncker-humblot.de

Geleitwort

Am 24. Oktober 2015 ist unser Freund, Kollege und Weggefährte *Arndt Schmehl* im Alter von 45 Jahren verstorben. Es bleibt unfassbar, dass er nicht mehr ist.

In seiner im Anhang dieser Gedächtnisschrift abgedruckten Rede zur Bundesfachschaftentagung 2012 in Hamburg hat *Arndt Schmehl* erklärt: „Das sinnvoll Denkbare will also gedacht, das davon Machbare aber auch wirklich gemacht werden." Dieser für ihn so charakteristischen Formulierung haben wir Herausgeber den Titel unserer Gedächtnisschrift entnommen.

Am 12. Mai 2017 fand im Senatssaal der Universität Gießen ein Gedächtniskolloquium statt, um *Arndt Schmehl* zu ehren, als den Wissenschaftler, der er war, mit den zentralen Themen, die ihm am Herzen gelegen haben: Das Verwaltungs(organisations)recht mit seinen steuerungswissenschaftlichen Bezügen einschließlich des Kommunalrechts, die soziale Gerechtigkeit auch durch das Finanzverfassungs- und Steuerrecht, das Umweltrecht sowie, nicht zuletzt, sondern ganz wesentlich: eine gute, breit angelegte Bildung und rechtswissenschaftliche Ausbildung an der Universität. Mit dieser Veranstaltung und den dort gehaltenen Vorträgen, die getragen waren von dem persönlichen und freundschaftlichen Verhältnis der Anwesenden zu ihm, wurde der Grundstein für die Beiträge dieser Gedächtnisschrift gelegt. Die vorgelegten Abhandlungen illustrieren *Arndt Schmehls* vielschichtiges wissenschaftliches Werk und akademisches Engagement, zu denen er selbst noch vieles hätte beitragen wollen, und sie spiegeln seine vielfachen persönlichen und fachlichen Verbindungen. Er kommt auch selbst zu Wort, in einem Ausschnitt aus einer frühen steuerrechtlichen Vorlesung sowie in der schon erwähnten Rede zur Bundesfachschaftentagung, in der er sich zur Ausgestaltung des Studiums äußert.

Erinnern möchten wir damit an *Arndt Schmehls* wissenschaftliche Vita – eine eindrucksvolle Erfolgsgeschichte. Wir alle, die ihm nahestanden, wissen aber, dass *Arndt* mit sich und dem System, mit seinen Fähigkeiten und seiner Stellung oft haderte. Er war eben kein glatter Erfolg-Reicher. Und diesem Umstand ist zu verdanken, dass wir alle, die ihn kannten, ihn als eine manchmal sperrige, immer bewegte und bewegende, kritisch hinterfragende Persönlichkeit und einen feinen Wissenschaftler erlebt haben.

Wenn er uns in Gießen erlebt hätte und wenn er seine eigene Schrift in den Händen hielte, würde er vermutlich mit diesem kleinen, feinen ironischen Lächeln reagieren, und auch mit einer gewissen Ungläubigkeit. Bei allem deutlich vorhandenen, oft genug erfolgreich erprobten Vertrauen in die eigenen Fähigkeiten und bei allem vorhandenen zielführenden Engagement für die von ihm vertretenen Werte konnte er doch nie ganz glauben, dass er tatsächlich gut war, dass er wirklich geschätzt wurde, dass er in der Tat anerkannt war. Und das war er!

Arndt Schmehl wurde am 17.05.1970 in Herborn geboren, wo er das Johanneum besuchte, das er – wie konnte es anders sein – mit 1,0 im Abitur abschloss. Sein Weg führte ihn nach Gießen zum rechtswissenschaftlichen Studium als Stipendiat der Friedrich-Ebert-Stiftung, der er sich zeitlebens eng verbunden fühlte. Hier fand er „sein" Fach und in gewisser Weise auch seine Berufung. Ein mit „sehr gut" abgeschlossenes Erstes Juristisches Staatsexamen kannte schon als Wahlfach Verwaltungsrecht. Daran schloss sich an – für ihn wegweisend – die Verbindung zu *Klaus Lange*, seinem Lehrer, zu dessen Professur für Öffentliches Recht und Verwaltungslehre als Wissenschaftlicher Mitarbeiter, und damit zum Gießener Öffentlichen Recht. Dies erfolgte zunächst im Rahmen einer glänzenden und ausgezeichneten Promotion zu Genehmigungsentscheidungen im Umweltrecht, nach dem Referendariat am OLG Koblenz und Zweitem Juristischem Staatsexamen dann als Habilitand, erneut bei *Klaus Lange*.

Auch wenn *Arndt Schmehl* Hessen und speziell Gießen immer im Herzen getragen hat, führte ihn die erfolgreiche Habilitation mit einer erneut ausgezeichneten Schrift (zum Äquivalenzprinzip im Recht der Staatsfinanzierung) schnell fort: Lehrstuhlvertretungen an den Universitäten Augsburg, München und Hamburg mündeten 2005 in die Berufung auf einen Lehrstuhl für Öffentliches Recht, Finanz- und Steuerrecht an der Universität Hamburg. Als geschäftsführender Direktor des Seminars für Finanz- und Steuerrecht sowie des Seminars für Öffentliches Recht und Staatslehre, als Studiendekan, als Mitglied des Akademischen Senats oder auch als Vertrauensdozent für die Friedrich-Ebert-Stiftung sowie für die Studienstiftung des Deutschen Volkes brachte er sich konsequent auch in die Selbstverwaltung und für Studentenbelange ein – u. a. konzipierte er das Hamburger Universitätskolleg. Er engagierte sich aber auch im internationalen Bereich, etwa mit einem Projekt in Chile, diversen Lehrtätigkeiten z. B. in China und den USA sowie mit der Einrichtung einer internationalen Summer School zur europäischen Verfassungsvergleichung. Bei alledem könnte man meinen, dass *Arndt Schmehl* sich ein wenig von der Wissenschaft abgewendet hätte. Und obwohl er durchaus ein stärkeres hochschulpolitisches Engagement erwog, war er doch in jeder Faser Wissenschaftler und zweifellos bereits ein Schwergewicht seiner Zunft. 2011 ging er als Fellow an das Alfried-Krupp-Wissenschaftskolleg in Greifswald. Doch schon die letzten großen Erfolge seiner Karriere waren überschattet von seiner Krankheit: Die ehrenvolle Verpflichtung zum Vortrag vor der Vereinigung der Deutschen Staatsrechtslehrer 2014 zum Thema „Dritte Gewalt im Wandel – Veränderte Anforderungen an Legitimität und Effektivität?" musste er absagen; die mündliche Verhandlung vor dem Bundesverfassungsgericht im Normenkontrollverfahren gegen die Einführung eines Betreuungsgeldes konnte er nicht mehr wahrnehmen (wohl aber das Urteil, das seine Argumentation aufgriff, wie er wohlwollend registrierte), und ob er einem der Rufe weg aus Hamburg folgen sollte, konnte er nicht mehr ernsthaft erwägen.

Geleitwort

Alle, die in diesem Band versammelt sind, und darüber hinaus noch viele mehr, die aus verschiedenen Gründen keinen Beitrag leisten konnten, sind *Arndt Schmehl* in einer langjährigen, durchaus streitbar ausgelebten Wertschätzung als Wissenschaftler und Person verbunden. Diese Gedächtnisschrift und ihre Beiträge zeigen, dass der Austausch mit ihm fortwirkt, dass seine Gedanken, Impulse und Strukturen anregen und beeinflussen.

Was für uns bleibt, ist die Erinnerung an *Arndt Schmehl*, und sie ist für jeden von uns ganz eigen, so wie er sehr eigen war. Wir mögen hier nur erinnern an sein verschmitztes Lachen, an seinen ganz speziellen Humor, an seine Befasstheit und seinen auch schon einmal störrischen Einsatz für das, was ihm wichtig war.

Wir möchten uns bei den vielen, die sowohl das Gedächtniskolloquium als auch diese Gedächtnisschrift überhaupt durch ihre vielfältige und großzügige Unterstützung möglich gemacht haben, sehr herzlich bedanken. Dazu gehören die Friedrich-Ebert-Stiftung, die Juristische Studiengesellschaft Gießen e.V., die Gießener Hochschulgesellschaft sowie die Mitarbeiter und Mitarbeiterinnen der Lehrstühle der Herausgeberinnen und Herausgeber.

Diesen Band widmen wir als letzten Gruß einem viel zu früh verstorbenen, ganz besonderen Kollegen und Freund.

Bonn/Gießen/Frankfurt a.M., im September 2018

Wolfgang Durner,
Franz Reimer,
Indra Spiecker genannt Döhmann,
Astrid Wallrabenstein

Inhaltsverzeichnis

Profession

Roland Broemel
   Rechtsanwendung als Konstruktionsleistung 17

Markus Kotzur
   Der Jurist als Weltbürger – Überlegungen zu Bildungsidealen und Ausbildungszielen der Juristenausbildung in Zeiten der Globalisierung 29

Stephan Rixen
   Wissenschaftliche Integrität als Aufgabe der Universitäten. Perspektiven des Wissenschaftsintegritätsrechts 41

Verfassungsrecht

Brun-Otto Bryde
   Demokratie und staatliche Leistungsfähigkeit 53

Pascale Cancik und *Thomas Groß*
   Verfassung ohne Verfassungstext. Ungeschriebene Topoi in der Rechtsprechung des Bundesverfassungsgerichts 63

Ralf Kleindiek und *Margarete Schuler-Harms*
   Das Betreuungsgeld vor dem Bundesverfassungsgericht 75

Hanno Kube
   Berufsfreiheit und Gemeinwohlbindung – Zu Freiheitsfolgenverantwortung und finanzieller Ausgleichspflicht 87

Margarete Schuler-Harms
   Steuerung der Finanzströme im Bundesstaat als Frage sozialer Gerechtigkeit .. 101

Verwaltungsorganisationsrecht

Hans Peter Bull
Zur Organisation kollektiver Grundrechtswahrnehmung: Probleme der Selbstverwaltung insbesondere im Hochschul- und Rundfunkbereich 121

Peter Collin
Stand und Perspektiven der Geschichte des Verwaltungsorganisationsrechts ... 133

Kurt Graulich
Entscheidungsvorbehalte im Sicherheitsrecht als Steuerungselemente von Gewaltenteilung und Verhältnismäßigkeitsgrundsatz 151

Arne Pilniok
Die Bundesfinanzierung der Hochschullehre im kooperativen Föderalismus zwischen Haushaltsrecht und Hochschulorganisation: eine rechts- und verwaltungswissenschaftliche Problemskizze 165

Eike Richter und *Indra Spiecker gen. Döhmann*
Rechtliche Gestaltung von Verwaltungskooperationen 179

Kommunalrecht

Tristan Barczak
Der Vorrang des Landesverfassungs(prozess)rechts bei der Kommunalverfassungsbeschwerde 199

Klaus Lange
Kommunale Einwohnerprivilegierungen nach der Kammerentscheidung des BVerfG vom 19.7.2016 213

Markus Thiel
Die „örtliche Gemeinschaft" – Synonym der Einwohnerschaft oder verfassungsrechtliches „Leitmotiv" kommunaler Selbstverwaltung? 227

Christiane Wegricht und *Michael Bäuerle*
Der hessische Anhörungsausschuss und die Krise des Widerspruchsverfahrens 239

Thomas Weigelt
Planreife als Gefahr für die demokratische Legitimation bezirklicher Planungen im Berliner Kommunalrecht 253

Sozial- und Gesundheitsrecht

Marion Albers
Normative Grundlagen von Gesundheit 267

Achim Bertuleit
Familienleistungsbedingte Differenzierung der Abgaben als Gebot des Äquivalenzprinzips? 279

Dagmar Felix
Steuerrecht und Sozialrecht. Zum Verhältnis zweier Teilrechtsordnungen des Öffentlichen Rechts 291

Astrid Wallrabenstein
Äquivalenz in der Sozialversicherung – aber am richtigen Ort 303

Steuerrecht

Gerrit Frotscher
Der Sanierungsertrag – steuerliche Absicherung der insolvenzrechtlichen Sanierung 319

Ulrich Hufeld
Politische Dimensionen der Steuerrechtsdogmatik 329

Lars Hummel
Zur Repräsentativität des infolge Veräußerung im Zwangsversteigerungsverfahren oder Veräußerung aus der Insolvenzmasse erzielten Preises nach § 9 BewG 347

Andreas Musil
Die steuerliche Förderung von Forschung und Entwicklung – Wege und Irrwege 357

David Rauber
Die Bemessung des Finanzbedarfs im Finanzausgleich 369

Ekkehart Reimer
Der kommunalverfassungsrechtliche Vorbehalt des Gesetzes. Das Beispiel der Kreisumlage 379

Ralf P. Schenke
Die Zinsschranke als Irritation und Entwicklungschance des Steuerverfassungsrechts 399

Heribert Hirte und *Matthias Schüppen*
Begrenzung exzessiver Managervergütungen durch Steuerrecht? 419

Umwelt- und Planungsrecht

Monika Böhm
Bürgerbeteiligung in der Endlosschleife? Die unendliche Geschichte der Suche nach einem atomaren Endlager 435

Alfred G. Debus
Nomen est omen – Abfallbezeichnungen als Vorzeichen 449

Wolfgang Durner
Genehmigungen unter Änderungsvorbehalt zwischen Stabilität und Flexibilität – ein Rückblick auf Arndt Schmehls Dissertation nach 20 Jahren 471

Ekkehard Hofmann und *Henning Tappe*
Öffentliche Gelder als Gegenstand von Abwägungsentscheidungen 489

Christian Kahle
Auswirkungen des neuen Störfallrechts für Häfen 503

Karl-Heinz Ladeur
Nachhaltigkeit und technologischer Wandel in der Energieversorgung – auf dem Weg zum „Internet of Energy" 521

Jan R. Lüsing
Die Benutzung des bodennahen Luftraums durch zivile Drohnen – Zum Regulierungsbedarf „unbemannter Fluggeräte" 537

Peter Mankowski
Internationalprozess- und internationalprivatrechtliche Aspekte von grenzüberscheitender Climate Change Litigation in Deutschland 557

Franz Reimer
Kommunaler Baumschutz *revisited* 569

Anna-Maria Stefan und *Heinrich Amadeus Wolff* 585
Die Eindämmung gebietsfremder invasiver Arten als Beispiel eines europäischen Verwaltungsverbundes ....

Anhang

Simon Kempny
  Eine Vorlesung bei Arndt Schmehl. Ein Fund aus dem Nachlass 599

Rede des Prodekans für Studium, Lehre und Prüfungsangelegenheiten der Fakultät für Rechtswissenschaft Hamburg, Prof. Dr. Arndt Schmehl, zur Bundesfachschaftentagung 2012 in Hamburg 609

Literaturverzeichnis von Arndt Schmehl 617

Lebenslauf von Arndt Schmehl 625

Autorenverzeichnis 627

Profession

Profession

Rechtsanwendung als Konstruktionsleistung

Von *Roland Broemel*

Das jeder Rechtsanwendung innewohnende Moment der Konstruktion von Recht stellt die Rechtswissenschaft vor methodische Herausforderungen, etwa Kriterien rationaler Rechtsanwendung jenseits der Ermittlung einer bereits durch den Normtext vorgegebenen Entscheidung zu beschreiben oder die Rolle von Gesetzen wie auch der Modalitäten der Rechtsanwendung für Konzepte gesetzlicher Steuerung oder demokratischer Legitimation zu reflektieren.[1] Auch die Beschreibung von Rechtsdogmatik als eine systematisierende, kohärenzsichernde Zwischenschicht zwischen Normtext und Rechtsanwendung im Einzelfall[2] geht auf die Notwendigkeit dieser Konstruktionsleistung zurück. Da jede Konstruktionsleistung zumindest aus konstruktivistischer Perspektive zugleich Wissen generiert,[3] bilden die Modalitäten der Rechtsanwendung zugleich einen essentiellen Bezugspunkt der rechtswissenschaftlichen Fachdidaktik. Der Kern unterschiedlicher Ansätze der Fachdidaktik[4] liegt darin, die Relevanz der individuellen Konstruktionsleistungen für den Lernprozess zu akzentuieren und die Rahmenbedingungen dieser Konstruktionsleistung zu optimieren, um produktive Lernprozesse zu fördern. In dieser Relevanz der Rahmenbedingungen für die Rechtsanwendung weisen rechtswissenschaftliche Methodik und Fachdidaktik Schnittbereiche auf, in denen die in der Fachdidaktik bereits seit einiger Zeit entwickelte Subsidiarität für den Kontext von Konstruktionsleistungen einen Beitrag zur rechtswissenschaftlichen Methodik im Umgang mit der konstitutiven Rolle der Rechtsanwendung leisten kann und umgekehrt die rechtswissenschaftliche Methodik Spezifika der rechtswissenschaftlichen Fachdidaktik gegenüber der allgemeinen Hochschuldidaktik konturiert.[5] Charakteristisch für diese Re-

---

[1] Vgl. nur *K.-H. Ladeur/I. Augsberg*, Auslegungsparadoxien, Rechtstheorie 36 (2005), S. 143 ff.; *H.-H. Trute*, Die konstitutive Rolle der Rechtsanwendung, in: ders./Groß/Röhl/Möllers (Hrsg.), Allgemeines Verwaltungsrecht – zur Tragfähigkeit eines Konzepts, S. 211 (215 ff.); mit anderem Akzent *M. Jestaedt*, Wissenschaft im Recht, JZ 2014, 1 (4 ff.).

[2] *M. Eifert*, Zum Verhältnis von Dogmatik und pluralisierter Rechtswissenschaft, in: Kirchhof/Magen/Schneider (Hrsg.), Was weiß Dogmatik?, 2012, S. 79 (81), näher unten, Fußn. 36.

[3] Zu den Konsequenzen für die Rechtswissenschaft *Trute* (Fußn. 1), S. 218: Verhältnis von Rechtssetzung und Rechtsanwendung als Wissensproblem.

[4] Siehe nur *A. Winteler*, Professionell lehren und lernen, 4. Aufl. 2011, S. 129 ff. sowie unten, II. 4.

[5] Zum Verhältnis *R. Albrecht*, Der Beitrag der Hochschuldidaktik zur Entwicklung einer rechtswissenschaftlichen Fachdidaktik, in: Brockmann/Dietrich/Pilniok, (Hrsg.), Exzellente Lehre im juristischen Studium, S. 79 ff.; *A. Pilniok/J. Brockmann/J.-H. Dietrich*, Juristische

levanz der Rahmenbedingungen individueller Konstruktionsleistungen ist in der Fachdidaktik die Unterscheidung zwischen Tiefenlernen und Oberflächenlernen als unterschiedliche Lernorientierungen. Für die rechtswissenschaftliche Ausbildung weist diese allgemein gebräuchliche Unterscheidung zugleich bestimmte Besonderheiten auf, die auf die Eigenheit und die Methodik der Rechtswissenschaft zurückgehen. Tiefenlernen bezeichnet in der allgemeinen Hochschuldidaktik eine Lernorientierung, die durch eine bestimmte inhaltliche Auseinandersetzung mit dem Gegenstand charakterisiert ist (I. 1.). In der Rechtswissenschaft fällt die Ausprägung dieser Orientierung offenbar mit einer Orientierung zum sogenannten strategischen Lernen, das durch einen nachhaltigen und ergebnisorientierten Einsatz gekennzeichnet ist, zusammen (I. 2.). Ein näherer Blick auf die Ursachen dieser Kopplung von Tiefenlernen und strategischem Lernen im Jurastudium legt nahe, dass das Tiefenlernen bei der Anwendung von Normen im Gegensatz zu anderen Disziplinen nicht nur eine das Verhalten kennzeichnende Lernorientierung, sondern eine Fähigkeit darstellt, die nur über die Auseinandersetzung mit einer kritischen Masse an rechtlichen Strukturen und Anwendungsfällen erworben wird (I. 3.). Rechtswissenschaftliche Methodenforschung und rechtswissenschaftliche Fachdidaktik analysieren aus diesem Grund mit unterschiedlichen Akzenten die Rahmenbedingungen der Normanwendung und insbesondere das mit der Normanwendung einhergehende konstruktivistische Element individueller Wissensgenerierung (II.). Beide Perspektiven tragen dadurch auch im Verhältnis zueinander zu einem reflektierten, für die Dogmatik wie für die Ausbildung produktiven Verständnis des Normanwendungsprozesses bei.

Die hier beschriebenen Beobachtungen zum Zusammenhang zwischen Tiefenlernen und strategischem Lernen in der Rechtswissenschaft gehen auf die Arbeit eines Teilprojekts des Universitätskollegs der Universität Hamburg zurück, dessen Konzeption seinerzeit maßgeblich von Arndt Schmehl geprägt worden ist. Als wissenschaftlicher Leiter des Universitätskollegs hat Arndt Schmehl in mehrfacher Hinsicht übergreifende Perspektiven entwickelt, sowohl für die unterschiedlichen Disziplinen sämtlicher Fakultäten der Universität Hamburg als auch über konzeptionelle Ansätze für einzelne Lehrveranstaltungen hinaus. Arndt Schmehl entwickelte für das Universitätskolleg eine übergreifende institutionelle Sichtweise,[6] die zum einen die Sozialisationsfunktion der Studieneingangsphase,[7] zum anderen aber auch die disziplinspezifischen Besonderheiten, insbesondere der Rechtswissenschaft, in den Blick

---

Lehre neu denken: Plädoyer für eine rechtswissenschaftliche Fachdidaktik, ebd., S. 9 ff.; näher zum Gegenstandsbezug *O. Muthorst*, Gottfried Wilhelm Leibniz' „Neue Methode, Jurisprudenz zu lernen und zu lehren" – ein Vordenker wissenschaftlicher Fachdidaktik, in: Brockmann/Dietrich/Pilniok, (Hrsg.), Exzellente Lehre im juristischen Studium, S. 97 ff. kritisch zur Relativierung der Inhalte als Folge der Kompetenzorientierung im Schulunterricht *A. Gruschka*, Lehren, S. 44 ff.; *ders.*, Verstehen lehren, S. 39 ff.

[6] *A. Schmehl*, Die Studieneingangsphase nachhaltig zielgerecht (um)gestalten – aber wie? Der Projektverbund des Universitätskollegs der Universität Hamburg, in: Brockmann/Pilniok (Hrsg.), Studieneingangsphase in der Rechtswissenschaft, 2014, S. 360 (361 f., 370 ff.).

[7] *Schmehl* (Fußn. 6), S. 362 f.

nimmt.[8] Diese Perspektive aufgreifend, nimmt der Beitrag die Ergebnisse einer Studie aus einem der rechtswissenschaftlichen Teilprojekte des von Arndt Schmehl wissenschaftlich geleiteten Universitätskollegs zum Anlass, nach den Voraussetzungen für das Tiefenlernen im juristischen Studium zu fragen und schlaglichtartig mögliche Konsequenzen für Lehrangebote wie auch die Methodik rechtswissenschaftlichen Arbeitens aufzuzeigen.

I. Lernorientierungen im Jurastudium

1. Lernorientierungen

Eine explorativ angelegte Studie aus einem der Teilprojekte des Universitätskollegs untersucht das Verhältnis zwischen spezifischen Merkmalen des Lernverhaltens zum Studienerfolg im Fach Rechtswissenschaft.[9] Neben Fragen zu den wahrgenommenen Schwierigkeiten in der Studieneingangsphase, zu unterschiedlichen Lernstrategien[10] und zu studienbezogener Motivation[11] geht die Studie den Lernorientierungen der Studierenden und ihren Auswirkungen auf den Lernprozess nach. Die Studie folgt dabei entsprechend der üblichen Unterscheidung zwischen einer Tiefenorientierung, einer Oberflächenorientierung und einer strategischen Lernorientierung (*deep*, *surface* und *strategic approach*)[12] und den darauf basierenden etablierten Fragebögen. Die Unterscheidung differenziert nach der Art, in der Personen sich mit den Lerninhalten auseinandersetzen. Während Tiefenlerner Sinnzusammenhänge herstellen und die Lerninhalte darin einordnen, entspricht der Oberflächenorientierung ein auf unzusammenhängende Reproduktion angelegtes Lernverhalten.[13] Ergänzend zu dieser Gegenüberstellung zeichnet sich die strategische Lernorientierung durch eine Ausrichtung an den jeweils wahrgenommenen Leistungsindikatoren, insbesondere den Prüfungsanforderungen, aus.[14] Von diesen Lernorientierungen unabhängige

---

[8] *Schmehl* (Fußn. 6), S. 364 ff.

[9] Die Studie ist von Frau Dr. phil. *Lena Stadler* konzipiert und ausgewertet worden; näher zur Methode und den empirischen Ergebnissen *L. Stadler/R. Broemel*, Schwierigkeiten, Lerntechniken und Lernstrategien im Jurastudium, in: Brockmann/Pilniok, Studieneingangsphase (Fußn. 6), S. 37 (38–45).

[10] Entsprechend dem standardisierten *Fragebogen zu Lernstrategien im Studium (LIST)* unterschied die Untersuchung nach kognitiven, metakognitiven und ressourcenbezogenen Lernstrategien.

[11] Statt der motivationsbezogenen Fragen des LIST griff die Studie auf eine Übersetzung der Academic Motivation Scale zurück, *Stadler/Broemel* (Fußn. 9), S. 43–45.

[12] *F. Marton/R. Säljö*, On qualitative differences in learning, British Journal of Educational Psychology 46 (1976), 4 ff.; *N. Entwistle/P. Ramsden*, Understanding Student Learning, 1983.

[13] Zusammenfassend, auch zur Entwicklung der lernprozessnahen Ansätze *U. Creß*, Lernorientierungen, Lernstile, Lerntypen und kognitive Stile, in: Mandl/Friedrich (Hrsg.), Handbuch Lernstrategien, 2006, S. 365 (366 ff.).

[14] *N. Entwistle*, Approaches to studying and levels of understanding: the influences of teaching and assessment, in: Smart (Hrsg.), Higher Education: Handbook of Theory and Research, 2000, S. 156 ff.

Beobachtungen zum Lernverhalten in der Phase der Examensvorbereitung im Jurastudium[15] legen nahe, dass die individuelle Ausprägung zur strategischen Lernorientierung sich in Abhängigkeit von den äußeren Umständen entwickelt. Angereizt durch die Anforderungen sowie die Karriererelevanz des Staatsexamens und sicherlich auch beeinflusst durch die etablierte soziale Praxis der Studierenden,[16] richten Jurastudierende während der Phase der Examensvorbereitung in deutlich stärkerem Maß ihr Lernverhalten an den angenommenen Prüfungsanforderungen aus – von der Wahl der Lehrveranstaltungsangebote über die Strukturierung der wöchentlichen und monatlichen Lerninhalte, den Stellenwert von Übungsklausuren bis hin zur Lernintensität. Diese Bedeutung des Examens und die damit verbundene Ausrichtung auf „examensrelevante" Veranstaltungen, Inhalte und Lernformate lassen sich als für die Juristenausbildung spezifische Rahmenbedingungen eines *constructive alignment*[17] beschreiben, die mit einigen Vor- und Nachteilen verbunden sind.[18]

Dabei steht die Leistungsorientierung, die mit der strategischen Lernorientierung einhergeht, grundsätzlich in keinem unmittelbaren Zusammenhang zur Einstellung der Studierenden zu den Inhalten. Studierende mit einer Orientierung zum strategischen Lernen können an den Inhalten und Zusammenhängen durchaus Interesse finden, zumal die Reflektion der Strukturen den Lernprozess fördert. Zwingend ist das jedoch nicht. Vielmehr entspricht es der strategischen Lernorientierung, das Lernverhalten mit Blick auf die Prüfungsanforderungen auch dann zu optimieren, wenn das Interesse den Inhalten oder allgemein die intrinsische Motivation phasenweise nur gering ausgeprägt ist.[19]

2. Juraspezifischer Zusammenhang zwischen Tiefenlernen und Strategischem Lernen

Ebenso wie in Untersuchungen zu anderen Disziplinen[20] brachte auch die erwähnte Befragung von Studierenden der Rechtswissenschaft Vorteile einer Orientierung zum Tiefenlernen und zum strategischen Lernen gegenüber einer Orientierung zum Oberflächenlernen hervor. Auch im Jurastudium erzielen Studierende mit einer Tie-

---

[15] Überblick bei *R. Broemel*, Perspektiven der Lehre in der Examensvorbereitung, in: Brockmann/Dietrich/Pilniok (Hrsg.), Exzellente Lehre (Fußn. 5), S. 205 ff.

[16] Zu Prozessen der Sozialisation in der Studieneingangsphase *Schmehl* (Fußn. 6), S. 362.

[17] *J. Biggs/C. Tang*, Teaching for Quality Learning at University, 4. Aufl., S. 95 ff.; *J. Wildt/B. Wildt*, Lernprozessorientiertes Prüfen im „Constructive Alignment", in: Berendt/Voss/Wildt (Hrsg.), Neues Handbuch Hochschullehre, H 6.1, S. 1 (17 ff.).

[18] *R. Broemel*, Erste Juristische Prüfung: Stolperstein oder Katalysator für den Lernprozess?, in: Bleckmann (Hrsg.), Selbstlernkompetenzen im Jurastudium, 2015, S. 169 ff.

[19] Zusammenfassend *Stadler/Broemel* (Fußn. 9), S. 41 f.

[20] Etwa *H. N. Hasnor/Z. Ahmad/N. Nordin*, The Relationship Between Learning Approaches And Academic Achievement Among INTEC Students, UiTM Shah Alam, Procedia – Social and Behavioral Science 90 (2013), 178 ff.; zu den Einflüssen der Lehre auf die Lernorientierungen *K. Trigwell/M. Prosser/F. Waterhouse*, Relations between teacher's approaches to teaching and students' approaches to learning, Higher Education 37 (1999), S. 57 ff.

fenorientierung und mit einer Orientierung zum strategischen Lernen signifikant bessere Studienleistungen als Studierende mit einer Oberflächenorientierung.[21] Allerdings besteht nach der Studie neben einzelnen Zusammenhängen zwischen den Lernorientierungen und bestimmten Merkmalen der Studierenden[22] ein weitergehender Zusammenhang zwischen der Orientierung zum Tiefen- und Oberflächenlernen einerseits und dem strategischen Lernen andererseits, der weniger auf der Hand liegt. Danach geht mit einer hohen Ausprägung zum Tiefenlernen typischerweise auch eine hohe Ausprägung zum strategischen Lernen einher. Umgekehrt weisen Studierende mit einer hohen Ausprägung der Oberflächenorientierung mit hoher Wahrscheinlichkeit eine geringe Ausprägung zum strategischen Lernen auf. Auf der Grundlage eines statistischen Klassifikationsverfahrens[23] lassen sich aus den Korrelationen drei Lerntypen ableiten: strategische Tiefenlerner, Oberflächenlerner mit geringer Ausprägung zum strategischen Lernen und ein Mischlerntyp mit mittlerer Ausprägung sowohl zum Oberflächenlernen, zum Tiefenlernen als auch zum strategischen Lernen.[24]

Hervorzuheben sind auch hier nicht so sehr die teilweise sehr und hoch signifikanten Unterschiede zwischen Oberflächenlernen und strategischem Tiefenlernen in der Anwendung unterschiedlicher Lernstrategien oder in dem Studienerfolg,[25] sondern vor allem der Zusammenhang zwischen strategischem Lernen und Tiefenlernen. Danach gibt es typischerweise keine Studierenden, die verständnisorientiert nach inhaltlichen Zusammenhängen und Strukturen des materiellen Rechts suchen, ohne nicht zugleich leistungsorientiert das Lernverhalten einschließlich des Einsatzes auf bestmögliche Noten auszurichten und die Rahmenbedingungen der Lernumgebung einschließlich der Studienorganisation an den Klausuranforderungen auszurichten. Das ist insofern bemerkenswert, als die für das Tiefenlernen charakteristischen Merkmale wie etwa eine Bedeutungsorientierung, eine hohe intrinsische Motivation und die Tendenz zur Verknüpfung von Inhalten und Konzepten im Ausgangspunkt keinen strategischen Einsatz von Lernstrategien und insbesondere keine Ausrichtung an Prüfungsanforderungen voraussetzen. Zugespitzt formuliert gibt es danach im Jurastudium kein verständnisorientiertes Lernen ohne ein gewisses Maß an Einsatz.

---

[21] Näher *Stadler/Broemel* (Fußn. 9), S. 56.

[22] Die Ergebnisse der Studie deuten auf einen signifikanten Zusammenhang zwischen der Orientierung zum strategischen Lernen und der Abiturnote. Hingegen bestand kein Zusammenhang zwischen Abiturnote und der Orientierung zum Oberflächen- oder zum Tiefenlernen. Unterschiede hinsichtlich des Geschlechts zeigen sich nur insofern als die Ausprägung zum strategischen Lernen bei Studentinnen höher ausfiel als bei Studenten. Schließlich zeigten Studierende mit Migrationshintergrund in der Befragung eine signifikant höhere Orientierung zum Oberflächenlernen, näher *Stadler/Broemel* (Fußn. 9), S. 56.

[23] Näher zur sog. latenten Klassenanalyse *Stadler/Broemel* (Fußn. 9), S. 56, Fußn. 21.

[24] Dem Lerntyp „Oberflächenlerner" ließen sich 9,3% der Befragten zuordnen, dem Lerntyp „strategischer Tiefenlerner" 16,5% und dem Mischlerntyp 74,2%.

[25] Zu den Einzelheiten *Stadler/Broemel* (Fußn. 9), S. 57 f.

3. Tiefenlernen als juraspezifische Fähigkeit

Während Strategisches Lernen, Tiefenlernen und Oberflächenlernen aus der Perspektive der allgemeinen Fachdidaktik Lernorientierungen bezeichnen, die jeweils in bestimmten Ausprägungen vorliegen und die Haltung des individuellen Lernenden beschreiben,[26] legt der juraspezifische Zusammenhang zwischen Strategischem Lernen und Tiefenlernen nahe, dass Tiefenlernen im Jurastudium über eine inhaltsunabhängige Orientierung hinaus eine Fähigkeit ausmacht. Erst die intensive Beschäftigung mit unterschiedlichen Rechtsbereichen, wie sie mit dem strategischen Lernen einhergeht, befähigt effektiv zu einem verständnisorientierten Zugang zu juristischen Inhalten. Für das Tiefenlernen charakteristische Herangehensweisen wie das kritische Prüfen, das Herstellen von Querbezügen, das Einordnen einzelner Inhalte in größere Zusammenhänge oder die Suche nach Systematik werden durch die Erarbeitung der Strukturen unterschiedlicher Rechtsbereiche trainiert. Dementsprechend lässt sich dieser juraspezifische Zusammenhang zwischen Tiefenlernen und Strategischem Lernen nicht allein auf die Vorteile der Orientierung zum Tiefenlernen für den Lernprozess oder bei der Klausurbearbeitung zurückführen. Tiefenlernen wird vielmehr im juristischen Studium über die Auseinandersetzung mit einer kritischen Masse an Inhalten erlernt. Die Vorteile des Tiefenlernens sowohl für den Lernprozess als auch bei der Klausurbearbeitung machen das Tiefenlernen für strategisch Lernende attraktiv, veranlassen aber umgekehrt Lernende mit einer Tiefenorientierung nicht unbedingt zum Strategischen Lernen.

So dürften allein die Vorzüge des Tiefenlernens, über die Strukturen und das Interesse an den Inhalten die für das juristische Studium charakteristische Stofffülle[27] besser zu bewältigen,[28] nicht erklären, warum Studierende mit einer Orientierung zum Tiefenlernen zugleich auch eine Orientierung zum Strategischen Lernen aufweisen. Zudem reduziert ein auf Verständnis und systematische Zusammenhänge angelegtes Lernen den Aufwand des Studiums insgesamt oder der Vorbereitung bestimmter Prüfungen nur bedingt. Zwar erleichtert die mit dem Tiefenlernen verbundene Lernhaltung den Umgang mit großen Stoffmengen, beim Erschließen, Einordnen und Merken von Inhalten sowie schließlich ihrem Transfer. Auch sind Klausuren idealerweise auf die Prüfung von systematischem Verständnis und Argumentationsvermögen konzipiert. Die Fähigkeit zu einem verständnisbezogenen, tiefenorientierten Lernen und mit ihr das Systemverständnis und Argumentationsvermögen entstehen allerdings erst über die hinreichende Auseinandersetzung mit den Inhalten. Die Tiefenorientierung erleichtert Studierenden den Umgang mit der Stofffülle, setzt aber ihrerseits zunächst eine Auseinandersetzung mit einer hinreichenden Menge

---

[26] Vgl. etwa die Charakterisierung bei *Creß* (Fußn. 13), S. 366: Herangehensweisen.

[27] Zur Phase der Examensvorbereitung *Broemel* (Fußn. 15), S. 206; zur Wahrnehmung bereits in der Studieneingangsphase *Stadler/Broemel*, Schwierigkeiten (Fußn. 9), S. 37 (48).

[28] *V. Steffahn*, Methodik und Didaktik der juristischen Problemlösung, 2014, S. 15; aus der Ratgeberliteratur vgl. nur *M. Zwickel/E. J. Lohse/M. Schmid*, Kompetenztraining Jura, 2014, S. 186; zur Examensvorbereitung *Broemel* (Fußn. 15), S. 213 f.

an Stoff voraus. Die Fähigkeit zum Tiefenlernen im Jurastudium entsteht dadurch in einem selbstverstärkenden Prozess, durch den sich Unterschiede zwischen Studierenden im Lernerfolg im Laufe des Studiums tendenziell vergrößern.

Dieses Charakteristikum des Tiefenlernens als einem Zugang zu einer, auf inhaltliche Zusammenhänge ausgerichteten Rechtsanwendung schlägt sich auch in den Prüfungsleistungen nieder. Die für das Tiefenlernen typische Herangehensweise, Aussagen kritisch zu prüfen, Bezüge herzustellen und einzelne Fragen, Figuren oder Theorien in größere Zusammenhänge einzuordnen, befähigt zu einer differenzierten und fundierten Argumentation. Dieses Argumentationsvermögen macht idealerweise[29] ein zentrales Kriterium für die Qualität von Klausurbearbeitungen aus. Gleiches gilt für einen systematischen und stringenten Aufbau des Gutachtens. Tiefenlerner sind besser in der Lage, auch unter dem Zeitdruck der Klausursituation eine auf den konkreten Sachverhalt bezogene Argumentation zu entwickeln. Schließlich erklären auch hier die prüfungsbezogenen Vorteile des Tiefenlernens nur dessen Attraktivität aus Sicht der Studierenden und einer Orientierung zum Strategischen Lernen, aber nicht einen umgekehrten Schluss vom Tiefenlernen auf das Strategische Lernen. Strategische Lerner, die Prüfungsergebnisse optimieren und das systematische Herstellen von Zusammenhängen als maßgebliches Qualitätskriterium von Prüfungsleistungen erkennen, werden versuchen, ihr Lernverhalten entsprechend auszurichten. Die Verbindung von strategischem Lernen und Tiefenlernen ließe sich dann als eine Art juraspezifisches *constructive alignment*[30] verstehen. Umgekehrt bewirken die Vorteile des Tiefenlernens für die Prüfungsleistungen nicht unbedingt eine (klausur-)strategische Ausrichtung des Lernverhaltens der Studierenden mit einer Ausprägung der Orientierung zum Tiefenlernen.

II. Konstruierende, Wissen generierende Elemente der Rechtsanwendung

Der Zusammenhang zwischen einem Zugang zu systematisierendem, verständnisorientiertem Arbeiten und der Auseinandersetzung mit einer hinreichenden Menge an Anwendungsfällen und Strukturen führt auf die Rahmenbedingungen der Rechtsanwendung. Aus materiell-rechtlicher Perspektive hat insbesondere die vergleichende Analyse von Referenzgebieten die Speicher- und Ordnungsfunktion

---

[29] Tatsächlich dürften die Qualitätskriterien für Prüfungsleistungen je nach Sozialisation der prüfenden Person zu einem gewissen Grad variieren. Zudem besteht bei Studierenden insbesondere in der Examensvorbereitung eine nicht unerhebliche Unsicherheit hinsichtlich der Qualitätskriterien, *Broemel* (Fußn. 15), S. 207. Schließlich können sich Unterschiede aus der Konzeption der Aufgabenstellungen ergeben, die teilweise schon durch ihren Umfang auf das schnelle Erkennen von Standardmotiven und -problemen angelegt sind, *Steffahn*, (Fußn. 28), S. 46: „Rennfahrerklausuren".

[30] *J. Biggs/C. Tang*, Teaching for Quality Learning at University, 4. Aufl. 2011, S. 95 ff.

systematisierender Dogmatik[31] und dabei die Zusammenhänge zwischen Anschauungsmaterial und Rechtsanwendung herausgearbeitet und zum Gegenstand rechtswissenschaftlicher Forschung gemacht (1., 2.).[32] Diese materiell-rechtliche Analyse ist allerdings nur die mittelbare Folge nicht hintergehbarer Spielräume bei der Anwendung materiell-rechtlicher Tatbestände, die die Rahmenbedingungen sowohl rechtswissenschaftlicher Methodik als auch des Erlernens der Rechtsanwendung wesentlich prägen. Diese konstitutive Rolle[33] verleiht der Rechtsanwendung ein konstruierendes, Wissen generierendes Moment, das aus rechtswissenschaftlicher Perspektive die Modalitäten der Steuerung durch Recht und aus didaktischer Perspektive den Zugang zu rechtswissenschaftlichem Arbeiten prägt (3., 4.).

1. Dogmatik als Ausdruck der impliziten Regeln der Rechtsanwendung

Sowohl die Unsicherheiten der Rechtswissenschaft, den Begriff und die Funktion von Dogmatik zu charakterisieren,[34] als auch ihr Mehrwert für eine rationale und kohärente Rechtsanwendung gehen auf das Moment der Konstruktion in der Rechtsanwendung zurück. Begrifflich wird Dogmatik verstanden als Zusammenhang, der die Auslegung von Tatbeständen anleitet, ohne von der textlichen Fassung eines bestimmten Tatbestands unmittelbar abhängig zu sein.[35] Beschreibungen von Dogmatik als eine Schicht zwischen Text und Rechtsanwendung[36] charakterisieren die Funktion von Dogmatik, Rechtsanwendung dort zu rationalisieren, wo sich Kriterien der Normanwendung nicht abschließend dem Normtext entnehmen lassen. Dogmatik stellt insofern eine Strategie im Umgang mit den impliziten Regeln der Rechtsanwendung dar, deren Beherrschung aus didaktischer Perspektive mit dem Zugang zum Tiefenlernen einhergeht. Methodisch umfassen diese Regeln auch die normative Anknüpfung an außerrechtliche Beschreibungen des jeweiligen Lebensbereichs.

---

[31] *E. Schmidt-Aßmann*, Das allgemeine Verwaltungsrecht als Ordnungsidee, 2. Aufl., Heidelberg 2006, Kap. 1 f., 4 ff., S. 4 f.

[32] Vgl. etwa die Analyseperspektiven der Beiträge in Trute/Groß/Röhl/Möllers (Hrsg.), Allgemeines Verwaltungrecht – zur Tragfähigkeit eines Konzepts, Tübingen 2008.

[33] *Trute* (Fußn. 1).

[34] Überblick über unterschiedliche Beschreibungsangebote bei *C. Waldhoff*, Kritik und Lob der Dogmatik, in: Kirchhof/Magen/Schneider (Hrsg.), Dogmatik (Fußn. 2), Tübingen 2012, S. 17 (22 ff.), sowie *O. Lepsius*, Kritik der Dogmatik, ebd., S. 39 (42 ff.).

[35] Mit Unterschieden in Nuancen *Waldhoff*, (Fußn. 34), S. 26 ff.; *Eifert* (Fußn. 2), S. 81; *E. Schmidt-Aßmann*, Verwaltungsrechtliche Dogmatik, Tübingen 2013, S. 3.

[36] *Eifert* (Fußn. 2), S. 81: Dogmatik als kohärenzsichernde, operationalisierende Zwischenschicht zwischen den Rechtsnormen und der Rechtsanwendung im Einzelfall; im Anschluss daran *Schmidt-Aßmann* (Fußn. 35), S. 3 f.

2. Methodische Implikationen der Realbereichsanalyse und Interdisziplinarität

Paradigmatisch für diesen dogmatischen Mehrwert der Analyse unterschiedlicher Bereiche steht die Arbeit mit Referenzgebieten.[37] Erst die Analyse einer großen Breite an Feldern und Fallbeispielen[38] ermöglicht die Speicher-, Orientierungs- und Entlastungsfunktion von Dogmatik,[39] die eine rationale und kohärente Rechtsanwendung trotz der Stofffülle erleichtert. Die Stofffülle stellt nicht zuletzt deshalb eine Herausforderung sowohl für den Lernprozess[40] als auch für die kohärente Rechtsanwendung dar, weil deren implizite Regeln zu einem gewissen Grad auch von den bereichsspezifischen Strukturen der jeweiligen Regelungssituation abhängen. Dogmatische Analyse anhand von Referenzgebieten bezieht sich nicht allein auf die jeweiligen Rechtsakte, sondern lässt sich als Form der spezifisch aufbereiteten Realbereichsanalyse verstehen.[41] Diese Relevanz der Realbereichsanalyse zeigt eine methodische Implikation von Dogmatik auf. Durch ihre jeweils bestimmte Art, außerrechtliche Problembeschreibungen aufzubereiten, bildet Dogmatik die Schnittstelle zu anderen Disziplinen[42] und prägt die Anschlussfähigkeit der Rechtswissenschaft für Beschreibungsangebote anderer Disziplinen.

3. Entwicklung von Dogmatik über Rechtsanwendung

Durch diese Systematisierungsleistung leitet Dogmatik die Rechtsanwendung an; freilich geht diese Dogmatik zugleich aus der Rechtsanwendung hervor.[43] Dogmatik kann die Spielräume, die materiell-rechtliche Tatbestände zwangsläufig eröffnen, in einer entwicklungsoffenen[44] und zugleich stabilisierenden Weise konkretisieren, weil sie iterativ in einer Reihe aufeinander bezogener Entscheidungen über Rechts-

---

[37] *Schmidt-Aßmann* (Fußn. 31), Kap. 1 Rdnr. 12 ff., S. 8 ff.; *ders.* (Fußn. 35), S. 8 ff.

[38] *Schmidt-Aßmann* (Fußn. 35), S. 9: große Breite der Felder und Fallbeispiele an Normen- und Urteilsmaterial unverzichtbar.

[39] *Schmidt-Aßmann*, (Fußn. 31), Kap. 1 Rdnrn. 4 ff., S. 4 ff.

[40] Siehe oben, Fußn. 27.

[41] *Schmidt-Aßmann* (Fußn. 35), S. 9: Arbeiten mit Referenzgebieten als Form der speziell aufbereiteten Realbereichsanalyse.

[42] *Eifert* (Fußn. 2), S. 85 f.: Einfallstore für andere Disziplinen.

[43] *Ladeur/Augsberg* (Fußn. 1), 146 ff.; *Trute* (Fußn. 1), S. 216: Recht, mit dem die Rechtsanwendung operiert, ist zugleich ihr eigenes Produkt; zum Verfassungsrecht *U. Volkmann*, Grundzüge einer Verfassungslehre für die Bundesrepublik Deutschland, 2013, S. 140 ff.: diskursives, flexibles und lernfähiges Verfahren, das die Verfassung in ihrer Anwendung mit inhaltlicher Substanz erst anreichert.

[44] *A. von Bogdandy*, Verwaltungsrecht im europäischen Rechtsraum, in: ders./Huber (Hrsg.), Handbuch Ius Publicum Europaeum, Bd. 4, 2011, § 57 Rdnr. 58: zuweilen hochgradig kreativ; daran anknüpfend *Schmidt-Aßmann* (Fußn. 35), S. 5.

anwendungen im Einzelfall bestätigt oder modifiziert wird.[45] Dogmatik ist insofern Produkt einer Gemeinschaftsleistung[46] in der Schnittmenge von praktischer Rechtsanwendung und Rechtswissenschaft.[47] Dieser kognitive Aspekt – die Herausbildung eines in Dogmatik geronnenen Wissens einer bestimmten Qualität – macht wissenstheoretische Beschreibungen für die Rechtswissenschaft und ihre Methodik bedeutsam. Die Einbindung der Rechtsanwendung in einem Kommunikationszusammenhang[48] relativiert die Steuerungsleistung materiell-rechtlicher Tatbestände und die Überzeugungskraft allzu stark darauf beruhender Konzepte, etwa der demokratischen Legitimation.[49] Mit ihrem Akzent auf die Auslegung materiell-rechtlicher Tatbestände als dem Kern rechtswissenschaftlicher Methodik hat die Rechtswissenschaft einen Pfad eingeschlagen, der zu einem gewissen Grad mit Fiktionen arbeitet, eher an der Darstellung einer Entscheidung denn an ihrer Herstellung ansetzt[50] und für die Rahmenbedingungen der Rechtsanwendung nur eingeschränkt sensibilisiert ist. Verstärkt wird diese vermeintliche Zentrierung der Rechtsanwendung auf die Auslegung von Tatbeständen durch die Verknüpfung von Rechtswissenschaft und Rechtspraxis. Sichert diese für die deutsche Rechtswissenschaft charakteristische Verbindung auf der einen Seite den dogmatischen Zugriff der Rechtspraxis und die Praxisrelevanz der Rechtswissenschaft, erschwert sie auf der anderen Seite die Anschlussfähigkeit methodischer Zugriffe, die den pfadabhängig entwickelten Kriterien der Rechtspraxis nicht entsprechen und die an sie gestellten Erwartungen, vorhersehbare und akzeptierte Entscheidungen zu generieren, in Frage stellen. Der Stellenwert und die Praxistauglichkeit der Dogmatik werden mit einer methodischen Engführung erkauft, die Rahmenbedingungen der Rechtsanwendung ausblendet, gegen Irritationen immunisiert und dadurch letztlich dem Potential der Dogmatik zur Problemverarbeitung Grenzen setzt.[51]

---

[45] *Trute* (Fußn. 1), S. 216 f.: Rechtsanwendung als Praxis der Bedeutungskonstitution; Anwendung immer durch die Gleichzeitigkeit von Verschiebung und Bestätigung gekennzeichnet.

[46] Zum Verwaltungsrecht *Schmidt-Aßmann* (Fußn. 35), S. 3: verwaltungsrechtliche Dogmatik als Gemeinschaftsleistung vor allem der Judikatur und der Wissenschaft.

[47] *C. Möllers*, Methoden, in: Hoffmann-Riem/Schmidt-Aßmann/Voßkuhle (Hrsg.), Grundlagen des Verwaltungsrechts, Bd. 1, 2. Aufl. München 2012, § 3 Rdnr. 3.

[48] Für das Verfassungsrecht vgl. etwa die Beschreibung der „Konstrukteure der Verfassung" bei *Volkmann* (Fußn. 43), S. 167 ff.

[49] Zu Forderungen nach einer stärker subjektiven, den Willen des historischen Gesetzgebers berücksichtigenden Auslegung im Verfassungsrecht *Volkmann* (Fußn. 43), S. 145.

[50] *H.-H. Trute*, Methodik der Herstellung und Darstellung verwaltungsrechtlicher Entscheidungen, in: Schmidt-Aßmann/Hoffmann-Riem (Hrsg.), Methoden der Verwaltungsrechtswissenschaft, 2004, S. 293 ff.; zu „Klugheitsfaktoren" bei der Herstellung verfassungsgerichtlicher Entscheidungen *W. Hoffmann-Riem*, Die Klugheit der rechtlichen Entscheidung ruht in ihrer Herstellung – selbst bei der Anwendung von Recht, in: Scherzberg et al. (Hrsg.), Kluges Entscheiden, 2006, S. 3 (9 ff.).

[51] Verwaltungsrechtsdogmatische Weiterentwicklungen zur Verfahrensdimension, dem Gesetzesvorbehalt und dem Gewährleistungsstaat demgegenüber beispielsweise bei *K.-H. Ladeur*, Der Staat gegen die Gesellschaft, 2006, S. 335 ff.

4. Konstruktionsleistung als Ansatzpunkt der Fachdidaktik

Indem die fachspezifische Hochschuldidaktik die Rahmenbedingungen der Wissenskonstruktion in dem jeweiligen Fach zur Förderung individueller Lernprozesse reflektiert, zeigt sie einen besonderen Zugang zu dem wissensgenerierenden Element der Rechtsanwendung auf. Die Hochschuldidaktik stellt die Konstruktionsleistung wegen ihrer Relevanz für den Lernprozess in den Mittelpunkt. Die Abstimmung auf die disziplinspezifischen Modalitäten der Wissenskonstruktion markiert den Übergang von der allgemeinen zur fachbezogenen Hochschuldidaktik. Ihr grundlegender Akzent auf die Bedingungen individueller Konstruktionsleistungen zieht sich wie ein roter Faden durch die allgemeine Hochschuldidaktik. Konzepte lernzentrierter Lehre,[52] forschenden Lernens[53] oder kooperativen Lernens,[54] aber auch schon die Typisierung der Lernorientierungen in Oberflächenlernen und Tiefenlernen[55] setzen an der Qualität der individuellen Konstruktionsleistung an. Für die Rechtswissenschaft spezifische Lehrformate wie Moot Courts[56] oder Law Clinics[57] erhöhen oftmals mit nicht unerheblichem Aufwand gegenüber traditionellen Vorlesungen den Anteil individueller Konstruktionsleistung durch eine aufbereitete Auseinandersetzung mit der Praxis der Rechtsanwendung. Um darüber hinaus die Fähigkeit zum verständnisorientierten Tiefenlernen im Jurastudium zu vermitteln, müsste die rechtswissenschaftliche Fachdidaktik die Rahmenbedingungen der Rechtsanwendung systematischer reflektieren und Lernende für die Relevanz und die Faktoren einschließlich der impliziten Regeln des Konstruktionsprozesses sensibilisieren. Auf diese Weise kann die rechtswissenschaftliche Fachdidaktik Wege aufzeigen, um das individuelle Judiz systematisch zu schulen, also Erfahrungen mit Situationen der Rechtsanwendung gezielt und reflektiert zu machen.

---

[52] *Winteler* (Fußn. 4), S. 129 ff.; zur juristischen Lehre *Brockmann/Dietrich/Pilniok*, Von der Lehr- zur Lernorientierung, Jura 2009, 579 ff.; *Steffahn* (Fußn. 28), S. 23.

[53] Bundesassistentenkonferenz, Forschendes Lernen – Wissenschaftliches Prüfen, Bonn 1970; *L. Huber*, Warum Forschendes Lernen nötig und möglich ist, in: ders./Hellmer/Schneider (Hrsg.), Forschendes Lernen im Studium, 2009, S. 9 ff.; übergreifende Bestandsaufnahme aus neuerer Zeit bei *H. A. Mieg/J. Lehmann* (Hrsg.), Forschendes Lernen, 2017.

[54] Aus der reichhaltigen Literatur siehe nur *K. Konrad/S. Traub*, Kooperatives Lernen, 2001, S. 5 ff.

[55] Siehe oben, I. 1.

[56] *J. Griebel*, Inneruniversitäre Moot Courts – von der Eliten- zur Breitenförderung, in: Brockmann/Dietrich/Pilniok (Hrsg.), Methoden des Lernens in der Rechtswissenschaft, Nomos 2012, S. 220 ff.; zu Strategien der Einbindung in das Curriculum an Fakultäten in Baden-Württemberg *N. Marsch*, Trinkverbote, Supermarktketten und Fußballplätze, ZJS 2015, 132 ff.

[57] *T. Groß*, Legal Clinics: praxisbezogenes Lernen im juristischen Studium, in: Brockmann/Dietrich/Pilniok (Hrsg.), Exzellente Lehre (Fußn. 5), S. 127 ff.

III. Fazit

Rechtsanwendung beinhaltet eine Konstruktionsleistung, deren Rahmenbedingungen Aspekte der rechtswissenschaftlichen Methodik wie auch der rechtswissenschaftlichen Fachdidaktik prägen. Eine Sensibilität für die Konstruktionsleistung und die Relevanz ihrer Rahmenbedingungen fördert die Angemessenheit rechtsdogmatischer Konzepte und zugleich die Entwicklung der individuellen Fähigkeit zur Rechtsanwendung.

Der Jurist als Weltbürger –
Überlegungen zu Bildungsidealen und Ausbildungszielen der Juristenausbildung in Zeiten der Globalisierung

Von *Markus Kotzur*

I. „Weltbürgerliche Absichten" im juristischen Ausbildungsalltag

Als Peter Häberle zu Beginn des neuen Jahrtausends und im Kontext der (beginnenden) europäischen Verfassungsdebatte das Leitbild des „europäischen Juristen" zeichnete[1], tat er das nicht nur aus der Tiefe seines kulturwissenschaftlichen Forschungsansatzes[2] heraus, sondern auch getragen von der diesem Denken eigentümlichen „weltbürgerlichen Absicht"[3]. Die „ganze" war neben der „Alten" Welt bei ihm von Anfang an mitgedacht. Auch manch andere(r) entwickelte bezogen auf den so apostrophierten „europäischen Juristen" – und selbstverständlich die „europäischen Juristin – Modelle der Juristenausbildung in Zeiten von fortschreitender Europäisierung, Internationalisierung und Globalisierung.[4] Der Grund für solche reformorientierte perspektivische Weitungen in den Raum jenseits des vertrauten Verfassungsstaates liegt auf der Hand: Wenn Recht politischen Gemeinschaften einen ordnenden Rahmen geben und deren Zukunft mitgestalten will,[5] muss es auch sich verändernden Lebenswirklichkeiten Rechnung tragen und mit ihnen ins Transnationale ausgreifen. Das bleibt für die Juristenausbildung und die Ideale, an denen sie sich orientiert, nicht ohne Konsequenzen. So findet der weltbürgerliche Anspruch bei Andreas Voßkuhle

---

[1] *P. Häberle*, Der Europäische Jurist, 2002; *ders.*, Der europäische Jurist, JöR 50 (2002), S. 123 ff.; dazu *I. Pernice*, Peter Häberle: Der Europäische Jurist, in: A. Blankenagel/I. Pernice/H. Schulze-Fielitz (Hrsg.), Verfassung im Diskurs der Welt: Liber Amicorum für Peter Häberle zum siebzigsten Geburtstag, Tübingen 2004, S. 3 ff.

[2] Exemplarisch dafür steht etwa die „Europäische Rechtskultur" aus dem Jahre 1992, 1997 insbesondere den Studierenden als Suhrkamp-Taschenbuch zugänglich gemacht. Genannt sei auch die „Verfassungslehre als Kulturwissenschaft", 1982 (2. Aufl. 1998).

[3] L. *Michael/M. Kotzur* (Hrsg.), Verfassungsvergleichung in europa- und weltbürgerlicher Absicht. Späte Schriften, 2009.

[4] *R. Böttcher*, Der europäische Jurist in: JöR 49 (2001), S. 1 ff.; vorher schon *F. Janieri*, Juristen für Europa, JZ 1997, S. 801 ff.; später *M. Stolleis*, Gesucht: Ein Leitbild der Juristenausbildung, NJW 2001, 200 ff.; C. Baldus/T. Finkenauer/T. Rüfner (Hrsg.), Juristenausbildung in Europa zwischen Tradition und Reform, Tübingen 2008.

[5] *H. Weber-Grellet*, Zwischen Humboldt und Bologna – Zukunft der Juristenausbildung, ZRP 2016, S. 170 (170).

einen besonders prominenten Akzent, wenn er den europäischen Juristen als „juristischen Kosmopolit"[6] charakterisiert:

> „In Zeiten, in denen von einer „Konstitutionalisierung des Völkerrechts" und einer „globalisierten Jurisprudenz" ebenso wie von einer „Fragmentierung" und einem „Pluralismus" des (globalen) Rechts gesprochen werden kann, ist Leitbild des europäischen Juristen auch der „juristische Kosmopolit" – der juristische Kosmopolit mit Bewusstsein für die außereuropäischen Rechtsordnungen, mit Bewusstsein für deren Konvergenzen sowie für deren gewachsene Eigenständigkeit und Eigenart sowie einem Gespür für globale Normentwicklungen. (…). Die Berufung des Juristen ist es, diese Prozesse des Wandels des Rechts und des Wandels durch Recht aktiv zu begleiten Das hat auch Auswirkungen auf das Anforderungsprofil juristischer Tätigkeit. Indem wir immer wieder erneut über die Ausbildung des Juristen nachdenken, vergewissern wir uns daher gleichzeitig über seine Aufgabe in der heutigen Zeit und den Zustand des Rechtssystems".[7]

Gerade der letzte Gedanke verdeutlicht eine ganz zentrale Interdependenz: Die Juristenausbildung widerspiegelt den Zustand des Rechtssystems und darüber hinaus auch den Stand respektive Zustand der dieses System prägenden, reflektierenden, durchdringenden Rechtswissenschaft. Die Juristenausbildung ist auf eine Weise auch ein Seismograph ihrer Provinzialität oder Internationalität, ihrer dogmatischen Enge oder interdisziplinären Weite, ihrer introvertierten Selbstbezogenheit oder ihrer Anschlussfähigkeit an internationale Diskurse. Freilich sind solche vereinfachenden Dichotomien zu plakativ und ihre suggestiven Untertöne ihrerseits wiederum mit einem Fragezeichen zu versehen. Interdisziplinarität ist nicht per se der Disziplinarität überlegen, sondern kann nur auf deren Grundlage gelingen. Internationalität ist kein Selbstzweck und macht die Rückbindung an das je Eigene keineswegs überflüssig. Die Diskurse der anderen schmälern nicht per se Eigenwert und Selbststand der für das deutsche Rechtsdenken prägenden Eigenheiten, insbesondere der Dogmatik.[8] Es geht in Rechtswissenschaft und Juristenausbildung also nicht um ein „Entweder-Oder" von Weite und Enge, von nationalem Fokus und internationaler Wettbewerbsfähigkeit, vereinfacht gesprochen von „global" und „local", sondern um ein anspruchsvolles „Sowohl-Als Auch". Der „juristische Kosmopolit" muss nicht nur in der Welt, sondern auch in seinem eigenen Recht (in dessen Konzepten, in dessen Sprache) und vor allem in seiner eigenen Rechtskultur zu Hause sein. Sie oder er muss *das Andere* als Kontext des *Eigenen* begreifen und vom *Eigenen* aus das *Andere* weiterdenken können. Mit einem solchen Doppelpostulat ist ein hoher Bildungsanspruch verbunden. Nicht minder hoch sind die konkreten Anforderungen an die Juristenausbildung, sollen die Studierenden nicht mit einer immensen Stofffülle allein gelassen werden und am Ende des Tages von mehr oder weniger allem mehr oder weniger nichts wissen.

---

[6] A. *Voßkuhle*, Das Leitbild des „europäischen Juristen" – Gedanken zur Juristenausbildung und zur Rechtskultur in Deutschland, Rechtswissenschaft 1 (2010), S. 326 (336).

[7] Ebd., S. 328.

[8] Grundlegend *F. v. Hippel*, Rechtstheorie und Rechtsdogmatik, 1964.

Damit ist das Dilemma benannt: Das emphatische Bekenntnis zu Bildungsidealen sagt noch nicht, wie sich *Bildung in der* und *durch Ausbildung* verwirklichen lässt. Mit dem bloßen Verweis auf denkbare studium generale-Konzepte – so sinnvoll diese jeweils sein können – ist es beileibe nicht getan. Und die Anforderungsprofile an den europäischen oder kosmopolitischen Juristen müssen sich auf den Ausbildungsalltag herunterbrechen lassen, wollen sie nicht entweder wohlfeile Rhetorik bleiben oder die Studierenden schlicht überfordern. Arndt Schmehl wusste um diese Notwendigkeit und hat deshalb einen Gutteil seiner pädagogischen, aber auch seiner wissenschaftlichen Arbeit – nicht zuletzt in seiner Funktion als Studiendekan der Hamburger Fakultät für Rechtswissenschaft – dem Ausbildungsthema verschrieben. Dabei waren ihm „große Würfe" immer suspekt, den Weg kleiner, aber konsequenter Schritte hielt er für sehr viel erfolgsversprechender. Seine Impulse für neue verfassungsvergleichende Sommerschulen, vor allem aber seine Arbeit für das Universitätskolleg Hamburg[9] geben ihm bis heute Recht. Über den späteren Studienerfolg und damit zugleich auch über die Sensibilität für all das, was den werdenden – also lernenden – juristischen Kosmopoliten ausmacht, entscheidet ein Stück weit schon die Studieneingangsphase. An deren Konzeptionalisierung hat Arndt Schmehl entscheidend mitgearbeitet.[10] Übergänge von der Schule zur Universität und später dann von der Universität in die Arbeitswelt – eine akademische Karriere weist noch zusätzliche Spezifika auf – sind die neuralgischen Punkte. Das Universitätskolleg Hamburg will mit einem Selbsteinschätzungstest künftigen Studierenden schon ein erstes Instrument für eine möglichst reflektierte Studienwahlentscheidung an die Hand geben.[11] Es geht ihm zudem um eine „Willkommenskultur" an der Universität. Angeboten werden ein Schreibzentrum, das den Einstieg in das Verfassen wissenschaftlicher Texte erleichtern will, und ein Lehrlabor mit dem Ziel intensiverer studentischer Partizipation in/an nachhaltiger Lehre. Ein Schwerpunktprojekt zu „Chancen der Digitalisierung" verweist schon auf ein spezifisches Feld, auf dem der juristische Kosmopolit sich in der Welt des „world wide web" wird Kompetenzen erarbeiten und sein Profil schärfen müssen.

(Aus-)Bildungsziel wird damit nicht weniger als die Vorbereitung auf eine „Welt entgrenzten Wissens" mit ihrer zunehmend transnationalen Rechtspraxis und selbstverständlichen Mobilität der Arbeitnehmerinnen und Arbeitnehmer – nicht nur im europäischen Binnenmarkt.[12] Unverzichtbar wird eine Sensibilisierung für dieses

---

[9] https://www.universitaetskolleg.uni-hamburg.de/ueber-uns/universitaetskolleg-2-0.html, zuletzt besucht am 11. Dezember 2017.

[10] A. *Schmehl*, Die Studieneingangsphase nachhaltig zielgerecht (um)gestalten – aber wie? Der Projektverbund des Universitätskollegs der Universität Hamburg in: J. Brockmann/ A. Pilniok (Hrsg.), Studieneingangsphase in der Rechtswissenschaft, 2014, S. 360 ff.

[11] Zum Folgenden sei auf die Homepage des Kollegs verwiesen (siehe Fußnote 9).

[12] S. *Baer*, Nicht „Law School", sondern Universität: Ein Plädoyer für juristische Bildung im entgrenzten Rechtsstaat, Anwaltsblatt 2015, S. 816 (819); zur Rolle der Berufs- und Arbeitsmarktorientierung in der Juristenausbildung B. *Bergmans*, Auf dem Wege zu einem neuen Verständnis der Juristenberufe und Juristenausbildungen, ZRP 2013, S. 113 (114 ff.).

„Entgrenzt-Sein". Allein mit einer verstärkten Verankerung europarechtlicher Vorlesungen im Lehrplan oder einem attraktiveren völkerrechtlichen respektive international-privatrechtlichen Angebot (bis hin zu verpflichtenden Veranstaltungen) wäre es nicht getan. Mit solchen curricularen Remeduren, zumal, wenn sie die Stofffülle noch größer und das Stoffdickicht noch undurchdringlicher machen, wäre den Studierenden ein Bärendienst erwiesen. Gewiss kommt der juristische Kosmopolit ohne ein Mindestmaß an Fachkenntnissen in den spezifisch inter-/transnationalen Rechtsmaterien nicht aus, sein Profil lebt aber nicht primär von Spezialistentum, sondern interkulturellen Kompetenzen[13] – und auch diese seien zunächst ganz bescheiden gedacht. Wer sich auf das Jurastudium einlässt, sollte von Anfang an Neugier auf das Andere/die Anderen entwickeln. Sie lässt sich von den ersten Semestern an in allen Lehrveranstaltungen wecken. Und sie lässt sich umso leichter wecken, wenn sie nicht als intellektuelle Extravaganz für die besonders Begabten, sondern als Grundlage von verantwortlichem Handeln (in der späteren Praxis, in Politik und Gesellschaft) gelebt wird. Dem Anderen zuhören, um das Andere wissen, um sich verantworten, um Antwort geben zu können: *responsiveness*. Jedenfalls dieser Anglizismus steht dem juristischen Kosmopoliten gut zu Gesicht. Verantwortungsvoraussetzung sind die Aufmerksamkeit und der Respekt für die Anderen/das Andere. In einem Beitrag für die SZ bezeichnet der britische Historiker *T. G. Ash* – gerade angesichts einer aktuellen Welle unreflektierter Populismen – Aufmerksamkeit als eine der „wichtigsten Währungen im Zeitalter des Internets."[14] Aus einer „Ungleichheit der Aufmerksamkeit" resultiere eine „Ungleichheit des Respekts".[15]

Wie lässt sich eine solche *Kultur der Aufmerksamkeit*, die mehr sein will als ein rein edukatorisches oder gar moralisches Postulat und die über die mitmenschliche Dimension hinausweist, in der Juristenausbildung implementieren? Im Folgenden seien einige Schlaglichter auf drei interdependente Dimensionen geworfen: auf (1.) das Handwerkszeug, die τέχνη, die sich nicht im Technischen erschöpft; auf (2.) die Wissenschaftlichkeit, deren intrinsische Motivation schon etwas mit Aufmerksamkeit zu tun hat; und schließlich auf (3.) den Bildungszusammenhang: das aufmerksame Begreifen von Recht im Kontext und aus Kontexten heraus.

II. Das Handwerkszeug, die τέχνη

Der juristische Kosmopolit ist zunächst einmal ein aufmerksamer Handwerker – aufmerksam für das was sie/er tut und wie sie/er es tut. In ihrer/seiner Ausbildung erwartet er ohne Zweifel neben der Vermittlung der Kenntnisse des positiven Rechts und seiner Strukturen auch die Vermittlung von Hintergrund- oder Kontextwissen

---

[13] *S. Baer*, Verfassungsvergleichung und reflexive Methode: Interkulturelle und intersubjektive Kompetenz, ZaöRV 64 (2004), S. 735 ff.

[14] *T. G. Ash*, Aus Mangel an Respekt. Der Erfolg der AfD zeigt: Populismus hat nicht nur wirtschaftliche, sondern vor allem kulturelle Ursachen, SZ vom 29.09.2017, S. 2.

[15] Ebd.

sowie die Vermittlungen von kritischen Perspektiven auf das Recht.[16] Sie/er erwartet aber vor allem, jene handwerklichen Kunstfertigkeiten zu erlernen, die den eigenständigen Zugriff auf das Vermittelte erst ermöglichen, denn „Juristerei ist auf der erste Stufe Handwerk, auf der zweiten Seite Kunst und Wissenschaft; beide Seiten sind unabdingbare Voraussetzungen für die juristische Tätigkeit".[17] Zu diesen Kunstfertigkeiten rechnet ganz maßgeblich auch die Befähigung, mit „historischen, politischen, ökonomischen, rechtssoziologischen oder vergleichenden Informationen" über komplexe europäische ebenso wie nicht-europäische Rechtsordnungen angemessen umzugehen.[18] Klare Lernziele, die sich um das Was und Wie des Lernens sorgen, können diese Orientierung schon ihn frühen Semestern geben und greifen weit über das hinaus, was herkömmlich unter die juristische Methodenlehre gefasst wird.[19] Zu den Arbeitstechniken des juristischen Kosmopoliten rechnen zuvörderst nämlich die Lerntechniken. Und als lebenslang Lernende(r) bedarf sie/er ihrer weit über den Hörsaal oder Seminarraum hinaus.

Natürlich geht es immer auch um die juristischen Auslegungstechniken im engeren Sinne. Eine Vorlesung zu *v. Savignys* Kanon der vier Auslegungsmethoden, und sei sie um die Rechtsvergleichung als fünfte Auslegungsmethode angereichert[20], griffe indes zu kurz, würde sie nicht verdeutlichen, in welchen Kontexten diese Methoden entstanden sind, wie sie in anderen Rechtskulturen gehandhabt werden, welche anderen Methoden andere Rechtskulturen praktizieren, welchen universellen methodischen Gleichlauf es über alle rechtskulturellen Unterschiede hinaus gibt. Dabei ist den Studierenden von Anfang an auch zu verdeutlichen, dass die Methode der Rechtsanwendung von rechtswissenschaftlichen Methoden zu trennen ist.[21] Erstere bezeichnet die Arbeitsweise der Juristinnen und Juristen, umreißt ihre Instrumente, gibt Präzisionsanforderungen vor, ist, wo es um die Auslegung positiven Rechts geht, hermeneutisch angeleitet, letztere folgt wissenschaftlichen Maßstäben im allgemeinen Sinne und weist weit über die Hermeneutik hinaus.[22] Will der juristische Kosmopolit im internationalen Wettbewerb bestehen, muss sie/er aufmerksam sein für die internationale Anschlussfähig beider Methodendimensionen. Schon jungen Studierenden den methodischen Pluralismus als Kennzeichen der Rechtswissenschaften nahezubringen, ist eine gewiss anspruchsvolle, aber keine unmögliche Aufgabe. Um aufmerksam zu werden, müssen sie diese Methoden in ihrer Vielfalt näm-

---

[16] H. *Weber-Grellet*, Zwischen Humboldt und Bologna – Zukunft der Juristenausbildung, ZRP 2016, S. 170 (171).

[17] Ebd.

[18] Vgl. ebd.

[19] Dazu M. *Schmidt*, Constructive Alignment in der Juristenausbildung – Ein fachdidaktischer Blick auf die jüngste FAZ-Debatte, Hamburger Rechtsnotizen 1/2015, S. 12 (13 ff.).

[20] P. *Häberle*, Grundrechtsgeltung und Grundrechtsinterpretation im Verfassungsstaat – Zugleich zur Rechtsvergleichung als „fünfter" Auslegungsmethode, JZ 1989, S. 913 ff.

[21] H. Ch. *Röhl*, Öffnung der öffentlich-rechtlichen Methode durch Internationalität und Interdisziplinarität: Erscheinungsformen, Chancen, Grenzen, VVDStRL 74 (2015), S. 7 (10).

[22] Ebd.

lich keineswegs umfänglich beherrschen – das gelingt auch arrivierten Wissenschaftlerinnen und Wissenschaftlern nicht –, sie müssen nur verstehend nachzuvollziehen lernen, dass diese Vielfalt wiederum bedingt ist durch die Vielfalt der rechtswissenschaftlichen Forschungsfragen und ihre Multiperspektivität.[23]

Für den juristischen Handwerker wird sich in vorliegendem Zusammenhang rasch die Frage nach dem Verhältnis von Theorie und Praxis stellen. Dass dieses Verhältnis in ganz unterschiedlichen Rechtskulturen auch ganz unterschiedlich definiert und gelebt wird, ist ein weiteres wichtiges Aufmerksamkeitsmoment. Ein Fehler jedenfalls wäre es, sinnvollen Berufsbezug mit zu enger Berufsorientierung zu verwechseln.[24] Der juristische Kosmopolit weiß um die dynamischen Veränderungen der Berufswelt und will daher nicht fixen Berufsbildern „hinterher-lernen", sondern sich vorausschauend jene Techniken aneignen, die notwendig sind, um immer neue Berufsfelder erfolgreich zu erschließen. Dass dabei die Digitalisierung eine selbstverständliche Rolle spielt, wurde bereits gesagt. Aber auch die Mobilität in den späteren Berufen sei nicht unterschätzt. Die lebenslange Tätigkeit für einen Arbeitgeber oder die lebenslange Selbständigkeit an einem Ort ist längst nicht mehr der Normal-, für viele ebenso wenig der Idealfall: „nicht der Anwalt lebenslang, sondern künftig die interessante Arbeit mit und für Menschen an wechselnden Orten."[25] Deshalb gehören Mobilitätstechniken zwingend in die Aufmerksamkeitsspanne des juristischen Kosmopoliten. Mobilitätsprogramme für Studierende (wie Erasmus etc.) oder internationale Doktorandenprogramme bieten dazu gute Möglichkeiten.

Ein letztes Schlaglicht: Arbeitsweisen zu erlernen, Lerntechniken zu erwerben, kann rein passiv, durch bloße Rezeption von Vorgegebenem kaum gelingen. Wer Studierende *aufmerksam machen* und *aufmerken lassen* möchte, muss sie – didaktisch durchaus avanciert – einzubinden suchen: „Wenn jedoch ein Kern des Problems die Entwicklung und Arbeitsweise junger Menschen ist, dann müssen diese auch einbezogen werden."[26] *Aktivierende Lehre* und *aktives Lernen* mögen als Stichworte genügen. Nimmt man die Befähigung zu wissenschaftlichem Arbeiten hinzu, wird forschungsorientiertes Lernen in internationalen Zusammenhängen[27] ein allerletztes Postulat in Sachen aufmerksam-machender Aneignungstechniken. Damit wäre zugleich die Brücke zur Wissenschaftlichkeit gebaut.

---

[23] *A. v. Arnauld*, Öffnung der öffentlich-rechtlichen Methode durch Internationalität und Interdisziplinarität: Erscheinungsformen, Chancen, Grenzen, VVDStRL 74 (2015), S. 39 (41).

[24] *B. Bergmans*, Auf dem Wege zu einem neuen Verständnis der Juristenberufe und Juristenausbildungen, ZRP 2013, S. 113 ff.

[25] *Baer* (o. Fußn. 12), S. 816 ff.

[26] *A.-L. Tanduao/F. Wenglarczyk*, Das Jurastudium in der Kritik – Einführung in eine aktuelle Debatte aus studentischer Sicht, Hamburger Rechtsnotizen 1/2015, S. 1 (3).

[27] *Baer* (o. Fußn. 12), S. 816.

III. Die Wissenschaftlichkeit

Seit jeher haben viele die Wissenschaftlichkeit als Grundlage des Jurastudiums angemahnt, so auch der Wissenschaftsrat in seinem vielberufenen Gutachten aus dem Jahre 2012.[28] Er fordert u. a. wissenschaftliche Reflektion, kritische Distanz zum Stoff, juristische Bildung sowie Bewusstsein für die historischen und philosophischen Grundlagen des Rechts ein. Diese Forderung trifft aber auf eine Verunsicherung der Rechtswissenschaft bei der Suche der ihren eigenen Grundlagen und Propria als Wissenschaft.[29] Mit den Fragen „Was macht die Rechtswissenschaft zur Wissenschaft? Was ist ihr Selbststand? Wie anschlussfähig sollte sie zu den Methoden sein, derer sich ihre Nachbarwissenschaften bedienen?" ist ein *Aufmerksam-Werden* verbunden, auf das der juristische Kosmopolit gar nicht früh genug aufmerksam gemacht werden kann.

Für eine rasche Vergewisserung zum Wissenschaftsbegriff, in dessen Konstruktion, Re- oder Dekonstruktion sich unschwer ganze Bibliotheken füllen ließen, hier nur ein Blick auf das Bundesverfassungsgericht: Nach dessen Definitionsansatz – das Humboldt'sche Ideal klingt durchaus mit – ist Wissenschaft der „nach Inhalt und Form ernsthafte und planmäßige Versuch zur Ermittlung der Wahrheit, und zwar in einem methodisch geordneten Verfahren."[30] Sowohl der „Wahrheit" – auch dieser Begriff kann an dieser Stelle nicht weitergehend hinterfragt werden – als auch der Methode zu ihrer Ermittlung wohnen Momente der Internationalität und Interdisziplinarität inne. Von der methodischen Seite war schon die Rede. Mit dem „Wahrheitsanspruch" im Sinne einer kritischen Überprüfbarkeit, einer Verifizier- und Falsifizierbarkeit verbindet sich die Erwartung, dass die entsprechenden Maßstäbe nicht nur für die eigene Disziplin und die entsprechenden Ergebnisse nicht nur innerhalb der eigenen Rechtsordnung gelten. Der Wissenschaft als „Wahrheitssuche" haftet damit notwendig etwas Universelles an. Dafür gilt es in der Juristenausbildung zu sensibilisieren, nicht etwa um aus jedem Studierenden eine theorieaffine Wissenschaftlerin/einen theorieaffinen Wissenschaftler zu machen, sondern um auch die spätere Praktikerin/den späteren Praktiker zur kritischen Reflexion über das sie jeweils umtreibende Problem auf wissenschaftlich-methodengesicherter Basis zu befähigen.

Zugleich müssen die Studierenden auch von Anfang an auf die transnationale Seite ihres Befassungsgegenstandes aufmerksam werden. Die Internationalisierung des nationalen Rechts beschreibt – in der Terminologie nicht hierarchisch zu missdeutender Mehrebenensysteme – ein *unmittelbares Einwirken* der internationalen respektive unionalen auf die nationale Ebene und alle damit verbundenen Veränderungserscheinungen. Dieses Verbundgeschehen lässt sich in der Ausbildung sehr

---

[28] Wissenschaftsrat, Drs. 2558–12, Hamburg, 09.11.2012, insbes. S. 53 ff.

[29] *F. Hartmann*, Die Krise der universitären Juristenausbildung als Krise der Rechtswissenschaft, Hamburger Rechtsnotizen 1/2015, S. 4 (7 f.).

[30] BVerfGE 35, 79 (112).

plastisch illustrieren, im Umweltrecht etwa am Beispiel der Aarhus- Konvention, im Menschenrechtsbereich etwa anhand der innerstaatlichen Wirkung der Europäischen Menschenrechtskonvention oder der berühmten *Kadi*-Rechtsprechung.[31] So wie sich das Unionsrechts einerseits aus der Normsubstanz der EU-Mitgliedstaaten und ihrer Rechtstraditionen speist, diese – oft im Wege allgemeiner Rechtsgrundsätze[32] – rezipiert, gibt es andererseits viele Berührungspunkte von Unions- und Völkerrecht, aus denen wiederum Rezeptions- und Lernprozesse folgen und das Ideal eines in alle Dimensionen des Mehrebenensystems ausgreifenden „Lernverbundes" erwächst.[33] Für die universitäre Ausbildung ist damit eine eindeutige wissenschaftliche Konsequenz verbunden. Europa- oder Völkerrecht als eigenständige Rechtsstoffe zu vermitteln, die gewissermaßen additiv neben dem nationalen Recht stehen, wird den Ansprüchen des Verbunddenkens nicht gerecht. Zentrales Ausbildungsanliegen muss vielmehr sein, in jeder Lehrveranstaltung zum nationalen Recht dessen internationalrechtliche/europarechtliche Durchdringung immer mitzudenken und mitzulehren. Dass das aus ganz praktischen Gründen nur punktuell gelingen kann, tut dem Grundanliegen keinen Abbruch.

Schließlich spielt für die Wissenschaftlichkeit der Juristenausbildung auch das maßgebliche Vermittlungsmedium des Rechts, die Sprache, eine entscheidende Rolle.[34] Ein Mindestmaß an fremdsprachlicher Qualifikation – nicht etwa auf das Englische als die neue lingua franca beschränkt, die Universitäten sind hier regelmäßig sehr viel kreativer – gehört heute zum Standardrepertoire schon im Grundstudium. Mit einer fremdsprachlichen Zusatzausbildung haben Universitäten wie Passau ihre überregionale Attraktivität erhöht. Die entsprechenden Erfolgsmodelle finden rege Nachahmung. Mit fremdsprachlichen Fähig- und Fertigkeiten ist das transnationale Potential von Sprache aber längst noch nicht erschöpft. Sprache bedingt nicht nur das Sich-Ausdrücken- und das Einander-Verstehen-Können, Sprache bedingt auch das Denken insgesamt und damit die sprachspezifischen konzeptionellen Diver-

---

[31] Zur Aarhus-Konvention: *N. Wiesinger*, Innovation im Verwaltungsrecht durch Internationalisierung. Eine rechtsvergleichende Studie am Beispiel der Aarhus-Konvention, 2013; *Ch. Walter*, Internationalisierung des deutschen und Europäischen Verwaltungsverfahrens- und Verwaltungsprozessrechts, EuR 2005, S. 302 ff.; mit Blick auf die EMRK. *J.-Ph. Terhechte*, in: ders. (Hrsg.), Verwaltungsrecht der EU, § 1, Rdnr. 36 ff.; insgesamt *ders.*, Strukturen und Prinzipien des europäischen Verwaltungsrechts, in: A. Hatje/P.-Ch. Müller-Graff (Hrsg.), Enzyklopädie Europarecht, Bd. 3, 2014, § 30, Rdnr. 32.

[32] EuGH, verb. Rs. 205–2015/82, Slg. 1983, 2366 – *Deutsche Milchkontor*; *Th. v. Danwitz*, Europäisches Verwaltungsrecht, 2008, S. 227; *J. Gundel*, Verwaltung, in: R. Schulze/M. Zuleeg/S. Kadelbach (Hrsg.), Europarecht. Handbuch für die deutsche Rechtspraxis, 3. Aufl. 2015, § 3, Rdnr. 181 ff.

[33] Der Terminus ist inspiriert von *F. Merli*, Rechtsprechungskonkurrenz zwischen nationalen Verfassungsgerichten, Europäischem Gerichtshof und Europäischem Gerichtshof für Menschenrechte, VVDStRL 66 (2007), S. 392 ff. Er spricht, bezogen auf das Miteinander von mitgliedstaatlicher und Unionsgerichtsbarkeit, von einem „höchstgerichtlichen Lernverbund, der im Zuge der europäischen Integration des letzten halben Jahrhunderts entstanden ist" (S. 418).

[34] Früh *E. Forsthoff*, Recht und Sprache, 1940.

genzen im Rechtsdenken. Rechtskonzepte und -ideen wollen aber auch von „den Anderen" wahrgenommen werden und transnational wirkungsmächtig sein. Wissenschaftliche Theoriebildung und Konzeptionalisierung zielen deshalb, und sei es unbewusst, auch auf einen Wettbewerb um Begriffe, Vermittelbarkeit, Anschlussfähigkeit ab. Dabei geht es nicht um semantische Glasperlenspiele, sondern oft um sehr viel mehr: um „Neubeschreibungen der Welt in neuartigen Sprachen, die neuen Gruppen Macht verleihen."[35] Der herrschaftsfreie Diskurs muss schon deshalb Fiktion bleiben, weil sein Instrument, die Sprache, Machtinstrument ist. Erfordert etwa die Insuffizienz der auf den Staat bezogenen Begriffe[36] im Kontext der europäischen Integrationsdebatte eine neue Terminologiebildung, die dem ganz Eignen, Neuartigen Rechnung trägt, will diese nicht neutral bleiben, sondern einen Wettbewerb um Bedeutungszuschreibungen und Deutungshoheit entfachen. Ein Beispiel: Zu Beschreibung und normativer Deutung des unionalen Integrationsfortschritts nach Maastricht wurde vom Bundesverfassungsgericht der Verbundbegriff in der Variante des Staatenverbundes eingeführt[37] und von *I. Pernice* konstitutionell zum Verfassungsverbund weitergedacht.[38] Er ist der typische Versuch zwischen den gegebenen Kategorien des Staatenbundes und des Bundesstaates ein Tertium zu finden. Wenn sich der „Verbund", da schwer übersetzbar, heute in englischen Texten als stehender deutschsprachiger Begriff findet, ist das ein sichtbarer Wettbewerbserfolg. Über die konzeptionelle Schärfe des Verbundkonzepts lässt sich freilich weiterhin trefflich streiten[39], was es für die Juristenausbildung nur umso reizvoller und fruchtbarer macht.

Wenn hier einerseits von Macht und Erfolg, andererseits von Unschärfen die Rede ist, dann keineswegs mit einem pejorativen Unterton. Es gilt vielmehr jenes Gestal-

---

[35] *M. Koskenniemi*, Formalismus, Fragmentierung, Freiheit – Kantische Themen im heutigen Völkerrecht, in: R. Kreide/A. Niederberger (Hrsg.), Transnationale Verrechtlichung. Nationale Demokratie im Kontext globaler Politik, 2008, S. 65 ff., 70.

[36] *J. Schwind*, Zukunftsgestaltende Elemente im deutschen und europäischen Staats- und Verfassungsrecht, 2008, S. 77 f.

[37] BVerfGE 89, 155 (156, 181); 123, 267 (348): „Der Begriff des Verbundes erfasst eine enge, auf Dauer angelegte Verbindung souverän bleibender Staaten, die auf vertraglicher Grundlage öffentliche Gewalt ausübt, deren Grundordnung jedoch allein der Verfügung der Mitgliedstaaten unterliegt und in der die Völker – das heißt die staatsangehörigen Bürger – der Mitgliedstaaten die Subjekte demokratischer Legitimation bleiben." Prägend wirkt *P. Kirchhof*, Der europäische Staatenverbund, in: A. v. Bogdandy/J. Bast (Hrsg.), Europäisches Verfassungsrecht, 2. Aufl. 2009, S. 1009 ff., 1019 ff.

[38] Wegweisend *I. Pernice*, Die dritte Gewalt im europäischen Verfassungsverbund, EuR 1996, S. 27 (33): „Der Begriff des Verfassungsverbundes kennzeichnet (…) die materielle Einheit von Gemeinschafts- und innerstaatlichem (Verfassungs-)Recht"; *ders.*, Der Europäische Verfassungsverbund auf dem Wege der Konsolidierung, JöR 48 (2000), S. 205 ff.; *ders.*, Europäisches und nationales Verfassungsrecht, VVDStRL 60 (2001), S. 148 ff.; *ders.*, Theorie und Praxis des Europäischen Verfassungsverbundes, in: Ch. Calliess (Hrsg.), Verfassungswandel im europäischen Staaten- und Verfassungsverbund, 2007, S. 61 ff.

[39] *M. Jestaedt*, Der Europäische Verfassungsverbund – Verfassungstheoretischer Charme und rechtstheoretische Insuffizienz einer Unschärferelation, GS W. Blomeyer, 2004, S. 637 ff.

tungspotential des hohen Rechts- und Kulturguts Sprache offenzulegen[40], aus dem jeder schöpft, der terminologieprägend tätig wird und kritisch über Begriffe reflektiert. Es gilt schließlich den juristischen Kosmopoliten gerade dafür zu sensibilisieren. Sie/er muss aber auch an wissenschaftliches Arbeiten jenseits der Hermeneutik herangeführt werden. Aufgrund der falllösungsorientierten und auslegungsfixierten Struktur in der Vorbereitung auf die Erste Juristische Prüfung sind nach gutem Examenserfolg selbst junge Doktorandinnen und Doktoranden überrascht, dass wissenschaftliche Methoden sich nicht auf die vier oder fünf Ihnen geläufigen Auslegungsmethoden beschränken. Die Grundlagenfächer bieten indes schon früher die Gelegenheit zu dieser Einsicht (wie wäre etwa Rechtssoziologie ohne Empirie denkbar, Rechtsphilosophie ohne Kontextualisierung, Rechtsgeschichte ohne Quellenstudien?). Sie sind deshalb alles andere als Nebensache oder bildungsbürgerliche Garnitur[41]. Deshalb wäre, wie bereits angemahnt, auch aus wissenschaftsbasierter Perspektive oberflächliche Praxisorientierung ein Holzweg. Eine spätere Spezialisierung kann nur auf Grundlage breiter Allgemeinkenntnisse gelingen.[42] Übergreifendes Ziel muss immer bleiben, eine „kritische und selbstkritische Debatte über die Grundlagen unseres Rechts im Strudel von Europäisierung und Globalisierung deutlich zu machen"[43]. Wer aus ideen- und entwicklungsgeschichtlichen Zusammenhängen heraus die Einheit in der Vielheit denkt, wird unschwer begreifen, dass Einheit gerade aus Vielheit erwächst, und auf letztere neugierig werden.

IV. Der Bildungszusammenhang

Die Neugier baut zugleich die Brücke von Ausbildung hin zur Bildung. Vielen erscheint das Humboldt'sches Ideal von Persönlichkeitsbildung durch Wissenschaft heute wirklichkeitsfremd und der modernen Universität nicht mehr angemessen. Hat aber das Bild des neugierig Suchenden wirklich ausgedient? Gewiss, die „digital natives" mögen in ihren neuen sozialen/medialen Wirklichkeiten mit der „Freiheit und Einsamkeit" des Wissenschaftlers wenig anzufangen wissen, aber ist es nicht auch suchende Neugier, die sie umtreibt zwischen Google, Wikipedia und sozialen Netzwerken? Neugieriges Entdecken aber verunsichert, bedingt Gewissheitsverluste. An Arndt Schmehls Hamburger Fakultät waren es jedenfalls engagierte Studierende, die – verunsichert, neugierig, suchend, dabei aber auch selbstgewiss/selbstbewusst – auf ein Leitbild für die Fakultät und im Rahmen dessen auf Bildungsorientierung bei der

---

[40] *R. Schweizer*, Sprache als Rechts- und Kulturgut, VVDStRL 65 (2006), S. 346 (353 ff.); *W. Kahl*, Sprache als Rechts- und Kulturgut, ebd., S. 388 (393 ff.) (mit einem stärkeren Akzent auf der Rolle der Sprache für die Identitätsbildung).

[41] Siehe auch *M. Stolleis*, Stärkung der Grundlagenfächer, JZ 2013, S. 712 ff.; *F. Hufen*, Der wissenschaftliche Anspruch des Jurastudiums, JuS 2017, S. 1 (1).

[42] *F. Hufen*, Der wissenschaftliche Anspruch des Jurastudiums, JuS 2017, S. 1 (6).

[43] *M. Stolleis*, Stärkung der Grundlagenfächer, JZ 2013, S. 712 (712).

Ausbildung drängten.[44] Sie wollen um die relevanten Kontexte wissen und aus ihnen heraus denken, sie wollen, um auf P. Häberles Kontextthese [45] anzuspielen, „verstehen durch hinzudenken". Sie begreifen juristische Bildung als Basis für verantwortliches juristisches Handeln in ganz unterschiedlichen Berufen und auf ganz unterschiedlichen Berufsfeldern.[46] Bildung gibt die Basis, Ausbildung für ein bestimmtes Berufsfeld ist erst der darauf gründende Folgeschritt.[47] Bildungspolitik hat in den Schulen, Universitäten und sonstigen Ausbildungsstätten zu beginnen[48], sollte auf lebenslanges Lernen abzielen und sokratische Selbstbescheidung vor Augen haben: „Ich weiß, dass ich nichts weiß."

Diese Selbstbescheidung hat für Juristinnen und Juristen auch eine wichtige Praxisdimension: Sie müssen um ihre gesellschaftliche Verantwortung wissen. Wer verantwortlich handeln, wer Antwort geben will, muss sich, davon war hier schon die Rede, im Wortsinne verantworten, vermitteln und Diskursimpulse setzen können. Der für verantwortliches Handeln wohl wichtigste ist der ethische Kontext. Die Rechtsordnung ist Friedensordnung, Frieden entsteht durch Recht, von einem „Verfassungspazifismus"[49] mag gar die Rede sein. Die Rechtsordnung ist gerechtigkeitsorientierte Ausgleichsordnung, die um die ungleiche Verteilung von Lebenschancen weiß. Die Rechtsordnung ist aber zuvörderst Freiheitsordnung. Wer nun hohles Freiheitspathos als Schlussakzent argwöhnt, täuscht sich. Es geht schlicht um kontextsensible Aufmerksamkeit dafür, dass Freiheit immer gefährdet, nie selbstverständlich ist und immer neu erstritten werden muss. Solche Aufmerksamkeit kann die juristische Ausbildung schaffen – nicht mehr und nicht weniger. Sie macht einen maßgeblichen Teil des „juristischen Kosmopoliten" aus: Aufmerksamkeit für die universellen Gefährdungen von Freiheit.

---

[44] www.jura.uni-hamburg.de/die-fakultaet/leitbild-der-fakultaet.html (zuletzt besucht am 16.08.2018).
[45] *P. Häberle*, Kommentierte Verfassungsrechtsprechung, 1979, S. 44 ff.; *A. Voßkuhle/ Th. Wischmeyer*, Der Jurist im Kontext. Peter Häberle zum 80. Geburtstag, in: JöR 63 (2015), S. 401 ff.
[46] *Baer* (o. Fußn. 12), S. 816.
[47] Ebd. Zu „Neue(n) Wege(n) in der Juristenausbildung" allgemein der von A. Schlüter/ B. Dauner-Lieb hrsgg. Sammelband (Stifterverband für die deutsche Wissenschaft, 2010).
[48] *L. A. Pongratz*, Lebenslanges Lernen, in: Dzierbicka, A./Schirlbauer, A. (Hrsg.), Pädagogisches Glossar der Gegenwart, 2006, S. 162 ff.; *K. Kraus*, Lebenslanges Lernen. Karriere einer Leitidee, 2001; für eine Übersicht zur „Bildungsunion" *M. Kotzur*, Kultur, Forschung und Technologie, in: Schulze, R./Zuleeg, M./Kadelbach, S. (Hrsg.), Europarecht. Handbuch für die deutsche Rechtspraxis, § 38, 2010.
[49] *P. Häberle*, Die „Kultur des Friedens" – Thema der universalen Verfassungslehre. Oder. Das Prinzip Frieden, 2017, S. 195.

V. Ein Forum für „weltbürgerliche Absichten": die Universität

Welchen besseren Ort, solche Aufmerksamkeit zu stiften, könnte es geben als die Universität. Die viele berufene „universitas litterarum" soll nicht nur die unterschiedlichsten Disziplinen ins Wechselgespräch bringen und wie eine Art Werkstatt oder Laboratorium neue Ideen auf die kritische Probe stellen. Sie will auch Forum für gesellschaftlich-politisch relevante Diskurse sein. Nicht zufällig haben die Universitäten als Ort der großen politischen Rede für den juristischen Kosmopoliten hohe Relevanz. Die Züricher Universitätsrede von Winston Churchill aus dem Jahre 1946[50] konnte dem späteren europäischen Integrationsprozess wesentliche Impulse vermitteln, wenngleich die „Vereinigten Staaten von Europa" auch heute noch ferne Zukunftsmusik bleiben und die Interpretation der Churchill-Rede in Zeiten des Brexit große Konjunktur hat. Die Humboldt-Rede des damaligen Bundesaußenministers J. Fischer zur Europäischen Verfassung hat eine europaweite Debatte angestoßen, konnte das Scheitern des Verfassungsvertrages zwar nicht verhindern, wirkt aber im Europa nach Lissabon sehr lebendig fort. Der Rede des französischen Staatspräsidenten E. Macron zur Zukunft Europas vom September 2017 ist noch größerer Aufbruchserfolg zu wünschen.[51] Wer ein Auslandsjahr in den USA verbracht hat, weiß, dass nach guter Tradition US-amerikanische Präsidenten zum Commencement an den führenden Universitäten des Landes sprechen. Ob das Beispiel auch in Europa Schule machen sollte, sei bewusst offen gelassen. Außer Frage aber steht, was es für den juristischen Kosmopoliten an ihrer/seiner Universität in rebus politicis zu entdecken gibt (gilt). Arndt Schmehl hat das immer gewusst. Auch wenn Rechtswissenschaft und Juristenausbildung viel zu früh seine Stimme verloren haben, wird sie auch zukünftig weiterklingen und Gehör finden.

---

[50] Dazu *Th. Oppermann*, in: ders./C. D. Classen/M. Nettesheim, Europarecht, 6. Aufl. 2014, § 2 Rdnrn. 3 ff.

[51] SZ vom 29.09.2017, S. 4.

Wissenschaftliche Integrität als Aufgabe der Universitäten. Perspektiven des Wissenschaftsintegritätsrechts

Von *Stephan Rixen*

I. Was liegt uns am Herzen?

Arndt Schmehls Engagement als „Prodekan für Studium, Lehre und Prüfungsangelegenheiten" – also als Studiendekan – der Fakultät für Rechtswissenschaft der Universität Hamburg war außergewöhnlich. Das Amt war für ihn nicht lästige Pflicht, sondern Gestaltungsaufgabe. Es verwundert daher auch nicht, dass ihm der intensive Blick auf die Studieneingangsphase, die durch die adressatengerechte Angebotspalette des Hamburger Universitätskollegs gefördert wurde,[1] wichtig war. Eingebettet war dieses Anliegen in einen breiteren professionspolitischen Horizont. Die „wissenschaftliche Juristenausbildung", so Arndt Schmehl, ist ein „Thema, das mir am Herzen liegt", hierzu gibt es „sehr viel zu sagen".[2]

Wie Arndt Schmehl über das Thema „wissenschaftliche Integrität" gedacht hat, weiß ich nicht, wir hatten leider keine Gelegenheit mehr, uns darüber auszutauschen.[3] Ich bin aber ziemlich sicher, dass wir uns darauf hätten verständigen können, dass Teil einer wissenschaftlichen Juristenausbildung auch die wissenschaftliche Integrität sein muss. Hierzu lässt sich, um Arndt Schmehls Formulierung aufzugreifen, „sehr viel sagen". Ich möchte im Folgenden zunächst verständlich machen, was unter wissenschaftlicher Integrität zu verstehen ist (dazu II.). Anschließend möchte ich skizzenhaft einige Punkte benennen, die die Universitäten einschließlich der juristischen Fakultäten bedenken sollten, wenn sie planen, dem Thema „wissenschaftliche Integrität" mehr Aufmerksamkeit zu widmen (dazu III.)

---

[1] A. *Schmehl*, Die Studieneingangsphase nachhaltig zielgerecht (um)gestalten – aber wie? Der Projektverbund des Universitätskollegs der Universität Hamburg, in: Brockmann/Pilniok (Hrsg.), Studieneingangsphase in der Rechtswissenschaft, 2014, S. 360 ff.

[2] A. *Schmehl*, Grußwort, in: Bundesverband Rechtswissenschaftlicher Fachschaften (Hrsg.), Tagungsbericht der 3. Bundesfachschaftstagung Rechtswissenschaften 2012 in Hamburg, 2012, S. 8, http://bundesfachschaft.de/wp-content/uploads/2012/03/Beschlussbuch-und-Bericht-BuFaTa-2012-HH.pdf (abgerufen am 26.04.2018); abgedruckt im Anhang dieser Gedächtnisschrift, S. 609 ff.

[3] Ich habe *Arndt Schmehl* im Rahmen des von der DFG geförderten wissenschaftlichen Netzwerks „Wettbewerb, Kooperation und Kontrolle im Recht des Gesundheitswesens" kennengelernt, dazu A. *Schmehl*/A. *Wallrabenstein* (Hrsg.), Steuerungsinstrumente des Gesundheitswesens, Bd. 1, Wettbewerb, 2005, Bd. 2: Kooperation, 2006, Bd. 3: Kontrolle, 2007.

II. Wissenschaftliche Integrität und Gute Wissenschaftliche Praxis (GWP)

1. Integrität und Wissenschaftsethos

Der Begriff der „Integrität", der in der philosophischen Diskussion erst im letzten Drittel des 20. Jahrhunderts markanter diskutiert wird,[4] ist ein „cluster concept"[5], hat also unterschiedliche, sich überlappende Bedeutungen. Integrität lässt sich als Synonym für „ein intaktes oder auch unversehrtes Selbst- und Weltverhältnis"[6] begreifen, was die „Ganzheit und Unversehrtheit"[7] der Person meint, also ihre Fähigkeit, unter vielfältigen inneren und äußeren Zwängen im Einklang mit dem zu leben, was ihr wichtig ist.[8] Integer sein kann bedeuten, dass jemand als „unbestechlich" gilt, weil er „feste Werte" hat und sich insoweit „treu" ist.[9] Diese Aspekte lassen sich als psychologische „Integriertheit" in dem Sinne verstehen, dass Lebensvollzug und ethisch-existenzielles Selbstbild übereinstimmen („Selbsttreue").[10] Integrität kann auch stärker auf die Verhaltensweisen einer Person bezogen werden und bezeichnet dann die moralische „Rechtschaffenheit" bzw. moralische Integrität.[11] Integrität in diesem Sinne fungiert „als internes Korrektiv der Selbsttreue [...], von dem der ethisch-existenzielle Lebensvollzug insgesamt in die Grenzen moralischer Zulässigkeit verwiesen wird"[12]. Personale Integrität lässt sich, zusammengefasst, also so verstehen, dass sie „mit einer psychophysischen Gemütslage der Intaktheit einher[geht], die auf der Gewissheit beruht, dass die betreffende Person weitgehend so *lebt*, wie sie leben will, was nicht nur voraussetzt, dass sie tatsächlich *weiß*, wie sie leben will, sondern auch, dass sie sich annähernd im Klaren darüber ist, ob sie mit Rücksicht auf andere Menschen auch so leben *kann*".[13]

Nun mag dahingestellt bleiben, ob mit diesen Umschreibungen, die Semantiken aufnehmen, die auch aus den juristischen Diskursen über Würde, Freiheit und Autonomie bekannt sind,[14] personale Integrität aus philosophischer oder psychologischer

---

[4] A. Pollmann, Integrität. Aufnahme einer sozialphilosophischen Personalie, 2005, S. 14 unter Verweis (S. 12) insb. auf *Georg Simmel*.

[5] D. Cox/M. La Caze/M. Levine, Integrity, in: Zalta (ed.), Stanford Encyclopedia of Philosophy, https://plato.stanford.edu/archives/spr2017/entries/integrity/ (abgerufen am 26.04.2018).

[6] *Pollmann* (o. Fußn. 4), S. 13; s. auch S. 14: „Ganzheit und Unversehrtheit".

[7] *Pollmann* (o. Fußn. 4), S. 14.

[8] *Pollmann* (o. Fußn. 4), S. 12 f.

[9] *Pollmann* (o. Fußn. 4), S. 14.

[10] *Pollmann* (o. Fußn. 4), S. 15.

[11] *Pollmann* (o. Fußn. 4), S. 15.

[12] *Pollmann* (o. Fußn. 4), S. 288.

[13] *Pollmann* (o. Fußn. 4), S. 288 – zu personaler Integrität, die die vorgenannten unterschiedlichen Aspekte als „*Modi* ein und derselben Sache" begreift (alle kursiven Hervorhebungen im Original).

[14] Zu diesen Bezügen aus philosophischer Sicht *Pollmann* (o. Fußn. 4), S. 287 ff., 293 ff., 303 ff.

Sicht treffend umschrieben ist. Interessant für die Frage, was wissenschaftliche Integrität bedeutet, ist, dass es bei Integrität nicht nur um Regeln geht, die zu beachten sind, sondern dass diese Regeln angebunden bleiben müssen an sehr grundlegende Lebensvollzüge des Wissenschaftlers bzw. der Wissenschaftlerin als Person, die sich – einerseits – bestimmten Wissenschaft als Lebensform fundierenden Prinzipien und Haltungen (einem disziplinspezifisch ausdifferenzierten Wissenschaftsethos) verpflichtet weiß und – andererseits – nur wissenschaftlich arbeiten (= forschen, d. h. denken, experimentieren, deuten, diskutieren, präsentieren, schreiben usw.) kann, weil das in einem institutionellen Rahmen geschieht, der wissenschaftliches Ethos und seine Konkretisierung in Regeln fördert und nicht gefährdet.

2. *Wissenschaftliche Integrität – zwischen Prinzipien und Regeln*

Dieser Zusammenhang von prinzipiengebundener Haltung und Regeln, die diesen Prinzipien bzw. Haltungen Ausdruck verleihen, findet sich in zahlreichen Codices zur guten wissenschaftlichen Praxis, jedenfalls denen der neueren Generation. Hier werden den grundlegenden Regeln guter wissenschaftlicher Praxis häufig Prinzipien bzw. grundlegende Pflichten vorangestellt, als deren Konkretisierung die GWP-Regeln gelten dürfen.[15] So heißt es etwa in § 1 Abs. 1 der GWP-Richtlinien der Österreichischen Agentur für wissenschaftliche Integrität (OeAWI):[16]

„Wissenschaftliche Forschung ist auf die Standards Guter Wissenschaftlicher Praxis verpflichtete Arbeit mit dem Ziel des Erkenntnisgewinns. Alle in der Forschung tätigen Personen sind zu wissenschaftlicher Integrität verpflichtet. Zur wissenschaftlichen Integrität gehört insbesondere eine transparente und aufrichtige Kommunikation mit anderen Wissenschaftlerinnen und Wissenschaftlern sowie zwischen Wissenschaftlerinnen und Wissenschaftlern und Auftraggeberinnen bzw. Auftraggebern von Forschungsprojekten, eine hohe Verlässlichkeit bei der Durchführung gemeinsamer Forschungsvorhaben, unparteiliches Urteil und innere Unabhängigkeit, die Bereitschaft, sich fachlicher Kritik zu stellen und ihr argumentativ zu begegnen sowie der verantwortungsbewusste und faire Umgang insbesondere mit Nachwuchswissenschaftlerinnen und Nachwuchswissenschaftlern. Zur wissenschaftlichen Integrität gehört auch die aufrichtige, verständliche und transparente, der Komplexität wissenschaftlicher Forschung gerecht werdende Kommunikation mit der allgemeinen Öffentlichkeit."

---

[15] Vgl. folgenden Auszug aus der Präambel der (in dt. und engl. Sprache vorliegenden) GWP-Richtlinien der Österreichischen Agentur für wissenschaftliche Integrität (OeAWI), www.oeawi.at (abgerufen am 26.04.2018): „Dem Vorbild internationaler Erklärungen zur wissenschaftlichen Integrität entsprechend, werden im Folgenden zunächst Grundprinzipien (*fundamental principles*) wissenschaftlicher Integrität und daraus resultierende Grundpflichten benannt. Sodann werden mit diesen Prinzipien und Grundpflichten (*fundamental obligations*) konforme Anforderungen an das Verhalten von Wissenschaftlerinnen und Wissenschaftlern (Standards Guter Wissenschaftlicher Praxis) sowie wichtige Formen wissenschaftlichen Fehlverhaltens definiert."

[16] www.oeawi.at (abgerufen am 26.04.2018).

Hier wird deutlich: Wissenschaftliche Integrität ist ein offenes, „wachstumsfähiges" Konzept (vgl. die Formulierung: „Zur wissenschaftlichen Integrität gehört insbesondere ..."). Es bringt das normative Selbstverständnis „der" *scientific community* zum Ausdruck, die natürlich nicht als Ganze, unmittelbar, spricht, sondern darauf angewiesen ist, dass mit dem Anspruch hinreichender Repräsentativität auftretende Wissenschaftsorganisationen dieses Selbstverständnis artikulieren und damit auch gestalten.[17] Da Wissenschaft international ist, ist dies auch die Debatte über gute wissenschaftliche Praxis, d.h., „die Internationalität der Wissenschaft beeinflusst auch die Maßstäbe ihrer Integrität."[18]

Transparenz, kommunikative Aufrichtigkeit und Verständlichkeit, hohe Verlässlichkeit, unparteiisches Urteil, innere Unabhängigkeit, Kritikfähigkeit, Bereitschaft zur Argumentation, Fairness im Umgang mit dem wissenschaftlichen Nachwuchs – wem diese Prinzipien bzw. Grundpflichten fremd sind, wem sie nicht zur Selbstverständlichkeit im Sinne eines selbstkritischen Anspruchs werden, dürfte in der Wissenschaft fehl am Platz sein. Nicht ohne Grund wird seit einiger Zeit der Zusammenhang von Haltungen, Prinzipien, grundlegenden Pflichten einerseits und GWP-Regeln andererseits aus einer tugendethischen (*virtue ethics*) Perspektive reflektiert,[19] die stärker darauf schaut, dass die Regeln der guten wissenschaftlichen Praxis nicht als von außen kommende, also wissenschaftsfremde Zwänge missverstanden werden, sondern stattdessen richtigerweise als regelgebundene Internalisierungen der Prinzipien und Haltungen begriffen werden, die das Wissenschaftsethos als in ständiger Selbstreflexion erzeugtes und korrigiertes Selbstverständnis der Forschenden, was faire Forschung sein soll, zum Ausdruck bringt.

Das Wort „Tugendethik" ist geeignet, Aversionen zu erzeugen, es klingt nach tugendhaftem Leben (also nach Verzicht auf Lebensfreude), schlimmstenfalls nach Tugendterror und ähnlich Unerquicklichem. Umso wichtiger ist es, zu unterscheiden. Die gerade im englischsprachigen Raum engagiert geführte tugendethische Debatte ist das genaue Gegenteil dessen, was mit Tugend negativ assoziiert wird.[20] Die Tugendethik, die in sich – wie alle denkerischen Strömungen – facettenreich ist, will, vereinfacht ausgedrückt, einem oberflächlichen Regelkonformismus wehren, der

---

[17] In Deutschland ist in erster Linie an die Deutsche Forschungsgemeinschaft (DFG) zu denken, vgl. die Denkschrift der DFG „Sicherung guter wissenschaftlicher Praxis", 2. Aufl. 2013, http://www.dfg.de/foerderung/grundlagen_rahmenbedingungen/gwp/ (abgerufen am 26.04.2018).

[18] Präambel der GWP-Richtlinien der OeAWI, www.oeawi.at (abgerufen am 26.04.2018).

[19] *H. Meriste et al.*, Normative analysis of research integrity and misconduct, 2016, S. 28 ff., 38 ff., https://www.eetikakeskus.ut.ee/sites/default/files/www_ut/normative_analysis_of_research_integrity_and_misconduct_printeger.pdf (abgerufen am 26.04.2018). Es handelt sich um eine Studie im Rahmen des EU-geförderten Forschungsprojekts „PRINTEGER – Promoting Integrity as an Integral Dimension of Excellence in Research", https://printeger.eu/.

[20] Zur Orientierung: *R. Crisp/M. Slote* (eds.): Virtue Ethics, 1997; *R. Hursthouse*, On Virtue Ethics, 1999; *K.-P. Rippe/P. Schaber* (Hrsg.): Tugendethik, 1999; *S. Darwall* (ed.), Virtue Ethics, 2003; *D. C. Russell* (ed.): The Cambridge Companion to Virtue Ethics, 2013; eher kritisch *C. Halbig*, Der Begriff der Tugend und die Grenzen der Tugendethik, 2013.

nicht danach fragt, wie Regeln idealerweise zum Ausdruck eines intrinsischen Bedürfnisses nach Richtigkeit werden können. Wissenschaftlerinnen und Wissenschaftlern wird selbstverständlich kein umfassend tugendhaftes Leben abverlangt. Es geht um eine wissenschaftsspezifische Moral, also um wissenschaftsspezifische Vorstellungen davon, was in der wissenschaftlichen Forschung richtiges oder falsches Verhalten ist, genauer: sein soll.[21]

3. Zum kooperativen Charakter der Wissenschaft

Die Haltungen, Prinzipien und grundlegenden Pflichten, von denen im vorliegenden Zusammenhang die Rede ist, verdeutlichen, dass Wissenschaft nie ohne die Einbettung in Forschungs*zusammenhänge* gelingt. Auch wer ganz allein vor sich hin forscht, will in aller Regel seine bzw. ihre Forschungsergebnisse kommunizieren, also an die Fachöffentlichkeit bringen, und überschreitet spätestens da sich selbst als Individuum, das – mal mehr, mal weniger – immer in Bezug auf andere und in Abhängigkeit von anderen forscht.

Wissenschaft ist eben nicht jene Karikatur von Einsamkeit und Freiheit, die Wilhelm von Humboldt immer wieder in die Schuhe geschoben wird, ist also kein Rückzug von der Mit- und Umwelt oder gar das Votum für ein Leben als eremitischer Eigenbrötler im Elfenbeinturm. Die Universitäten sollen einen bildungsorientierten Selbstfindungsprozess ermöglichen („SelbstActus im eigentlichsten Verstand"), für den „nothwendig Freiheit" und „hülfereich Einsamkeit" sind; „aus diesen beiden Punkten fliesst zugleich die ganze äussere Organisation der Universitäten."[22] So wichtig „Einsamkeit und Freiheit"[23] sind, so wichtig ist die von Humboldt gleich im Anschluss platzierte Einsicht, dass „auch das geistige Wirken in der Menschheit nur als Zusammenwirken gedeiht."[24] Deshalb muss auch die „innere Organisation" der Universitäten – und, so wäre zu ergänzen, aller institutionalisierten Forschungszusammenhänge – „ein ununterbrochenes, sich immer selbst wieder belebendes, aber ungezwungenes und absichtsloses *Zusammenwirken* hervorbringen und unterhalten."[25] Ob das immer so ungezwungen und absichtslos funktioniert, wie man sich das idealerweise vorstellen kann, mag dahinstehen. Entscheidend ist der konstitutiv

---

[21] S. hierzu auch die Unterscheidung zwischen (auf die Theoriebildung bezogenen) epistemischen Werten und nicht-epistemischen Werten, zu denen u. a. (auch für die Wissenschaft relevante) allgemeine moralische Werte gehören, näher *T. Reydon*, Plagiate als Professionalisierungsproblem, in: C. Lahusen/Markschies (Hrsg.), Zitat, Paraphrase, Plagiat. Wissenschaft zwischen guter Praxis und Fehlverhalten, 2015, S. 293 (297 ff.).

[22] Alle Zitate: *W. von Humboldt*, Unmassgebliche Gedanken über den Plan zur Einrichtung des Litthauischen Stadtschulwesens [sog. Litauischer Schulplan], in: Wilhelm von Humboldts Gesammelte Schriften, Bd. 13, 1920, S. 276 (279).

[23] *W. von Humboldt*, Über die innere und äussere Organisation der höheren wissenschaftlichen Anstalten in Berlin, in: Wilhelm von Humboldts Gesammelte Schriften, Bd. 10, 1903, S. 250 (251).

[24] *von Humboldt* (o. Fußn. 23), S. 251.

[25] Alle Zitate: *von Humboldt* (o. Fußn. 23), S. 251 – kursive Hervorhebung hinzugefügt.

kooperative Charakter wissenschaftlichen Arbeitens, dem Einsamkeit und Freiheit dienen und den sie weder verdrängen noch ersetzen können.

4. Zur Rolle des Rechts bei der Durchsetzung wissenschaftlicher Integrität – oder: Wie Wissenschaftsintegritätsrecht entsteht

Damit stellt sich die Frage, wie ein *integres* Zusammenwirken – eine Kultur der wissenschaftlichen Integrität – organisiert werden kann. Hierbei ist zunächst zu bedenken, dass es nicht nur auf rechtliche Regelungen ankommen kann. Jedenfalls traditionelle rechtliche Steuerungsmedien wie Ge- und Verbote kommen an ihre Grenzen. Rechtlich anzuordnen „Sei integer!" ist nicht falsch, aber viel interessanter ist es doch, sich zu fragen, wie Anreize dafür geschaffen werden können, dass integres Verhalten wahrscheinlicher wird als unredliches Verhalten. In den Blick geraten müssen also die (Fehl-)Anreize, die das Entstehen einer Kultur wissenschaftlicher Integrität schwächen und damit wissenschaftliches Fehlverhalten, eine Unkultur der Unredlichkeit, begünstigen. Und umgekehrt: Was fördert, was begünstigt gute wissenschaftliche Praxis? Das Recht spielt hierbei, was in einem Rechtsstaat eine Selbstverständlichkeit ist, durchaus eine Rolle, aber mehr als sonst vielleicht im Sinne einer Ermöglichungsordnung, weniger im Sinne einer Verbots- oder Gebotsordnung. Wichtig werden damit – auch rechtlich dirigierte – Strukturen, Prozeduren und überhaupt Vorkehrungen, die die Kultur wissenschaftlicher Integrität stärken.

Hierbei greifen unterschiedliche normative Ebenen ineinander bzw. ergänzen sich: „Wissenschaftsrelevantes Recht, Grundsätze der Forschungsethik und Standards Guter Wissenschaftlicher Praxis gewährleisten gleichermaßen ein hohes Maß an wissenschaftlicher Integrität."[26] Forschungsethische Grundsätze (etwa zur Forschung für Rüstungszwecke) und Regeln der GWP lassen sich zusammengefasst als wissenschaftsethische Regeln bezeichnen, die durch Selbstregulierung der Wissenschaft gewonnen werden. Solche ethischen Regeln werden häufig in Normen des Rechts übersetzt, was ihnen Klarheit und erhöhte Verbindlichkeit verleiht. Es entsteht „Wissenschaftsintegritätsrecht", ein Begriff, den *Eric Steinhauer* geprägt hat.[27] Die GWP-Satzungen an Universitäten sind ein gutes Beispiel für diesen Prozess, der wissenschaftsethische Selbstverständigungsprozesse in wissenschaftsbezogenes Recht transformiert. Die Interpretation dieser Normen wird durch die fortwährende wissenschaftsethische Debatte beeinflusst, die wiederum zu einer interpretatorischen oder textlichen Änderung der im Satzungsrecht rezipierten wissenschaftsethischen Normen führen kann. Rechtlich regulierte Selbstregulierung der Wissenschaft ist der Ansatz, der bei der Durchsetzung wissenschaftlicher Integrität

---

[26] Präambel der GWP-Richtlinien der OeAWI, www.oeawi.at (abgerufen am 26.04.2018).

[27] *E. Steinhauer*, Urheberrecht, Datenschutz und Wissenschaftsbetrug, Vortrag auf dem Symposium der Ombudspersonen für Gute Wissenschaftliche Praxis am 8. Februar 2018 in Berlin (Generalthema des Symposiums: „20 Jahre Research Integrity in Deutschland – Was hat sich verändert? Wie geht es weiter?"), Informationen unter www.ombudsman-fuer-die-wissenschaft.de (abgerufen am 26.04.2018).

entscheidend ist. D. h., es kommt auch auf (herkömmlicherweise als nicht rechtsspezifisch eingeordnete) Instrumente an, die das Recht bewusst aufgreift im Wissen darum, dass sich die hier interessierenden Fragen, bei denen es um Einstellungswandel, wissenschaftsbezogene (Erwachsenen-)Bildung, also in einem weiteren Sinne um verhaltensändernde „Werteerziehung" geht, mithilfe des traditionell als typisch juristisch geltenden Modells der Command-and-Control-Steuerung nicht adäquat beantworten lassen.

III. Wissenschaftliche Integrität und GWP-Compliance

Damit wissenschaftliche Integrität entsteht und lebendig bleibt, muss jede Forschungseinrichtung für Maßnahmen sorgen, die gewährleisten, dass dort GWP-Regeln nicht nur eingehalten, sondern dauerhaft im Bewusstsein der Forschenden präsent bleiben. Sammelbezeichnung für solche Maßnahmen soll das Wort „GWP-Compliance" sein. Der Begriff „Compliance" steht für ein Set aufeinander abgestimmter Maßnahmen, die gewährleisten sollen, dass Regeln, aber auch die sie fundierenden Prinzipien eingehalten bzw. internalisiert werden.[28] „Compliance" wird zwar meistens mit Wirtschaftsunternehmen assoziiert, gilt aber letztlich für jede Organisation, die sicherstellen will, dass die maßgeblichen normativen Erwartungen nicht nur auf dem Papier bestehen, sondern tatsächlich eingelöst werden. Was bedeutet das konkret? Hier einige Überlegungen mit exemplarischem Blick auf die Universität, die für außeruniversitäre Forschungseinrichtung entsprechend gelten.

– *GWP ist Leitungsaufgabe:* Das Thema GWP hat in den Universitäten nur eine Chance, wenn die Leitungsebene nicht nur wohlwollend hinter dem Thema steht, sondern wenn sie es sich zu eigen macht. Erst dann wird dem Thema auch bei der Profilentwicklung der Einrichtung die gebotene Beachtung geschenkt. Die Leitung – der Präsident, die Rektorin – muss eine Vorstellung davon haben, dass es nicht genügt, GWP-Regeln auf der Homepage zu veröffentlichen und ansonsten anzunehmen, dass das nur ein Thema für andere Einrichtungen sei.[29]

– *GWP ist eine Herausforderung für die Personalentwicklung:* Bei der Suche nach Präsidentinnen oder Rektoren sollten die zuständigen Gremien, z. B. Hochschulräte, die Kandidatinnen oder Kandidaten fragen, was sie zum Thema GWP zu sagen haben. Wer hier nur heiße Luft produziert oder meint, die Medien würden Einzelfälle aufbauschen, lässt Zweifel an seiner bzw. ihrer Eignung entstehen. Es ist erstaunlich, dass bei Stellenausschreibungen oder Berufungen das Wissen um das Thema GWP explizit keine Rolle spielt. Es lässt sich als Teil von Eignung, Leistung und Befähigung abbilden (Art. 33 Abs. 2 GG), die den Zugang zum Professorinnen- bzw. Professorenamt steuern. Deshalb sollte schon in Ausschreibungstexten darauf hingewie-

---

[28] S. hierzu etwa *C. Inderst/B. Bannenberg/S. Poppe* (Hrsg.), Compliance. Aufbau – Management – Risikobereiche, 3. Aufl. 2017.
[29] Vgl. allg. zur Compliance als Leitungsaufgabe *M. Weber*, in: Hölters (Hrsg.), Aktiengesetz, Kommentar, 3. Aufl. 2017, § 76 Rdnrn. 28 ff.

sen werden, dass der oder die Bewerber/in mit Fragen der guten wissenschaftlichen Praxis vertraut sein muss. Ähnlich wie bei der Lehre ist zu erwarten, dass dies – je mehr es in Stellenausschreibungen gefordert wird – zu einem Bedarf an Fortbildungen führen wird, über die es dann Nachweise gibt, die einer Bewerbung beigefügt werden können. Natürlich können Zertifikate u. dgl. wissenschaftliche Integrität nicht garantieren, aber Fortbildungen schaffen Problembewusstsein.

– *GWP muss einen festen Platz im Studium haben:* Nach Angaben des Wissenschaftsrats bilden über 40 % der Einrichtungen im Grundstudium nicht zur guten wissenschaftlichen Praxis aus.[30] Dazu gehört, soweit bekannt, auch die Rechtswissenschaft. Was in Anfänger-Arbeitsgemeinschaften gelehrt wird, divergiert nach Lehrstuhl und Lehrenden. Wenn das als Pluralität „verkauft" wird, verbirgt sich dahinter meist nichts anderes als der Unwille, sich in einer Fachgruppe oder einer Fakultät auf eine Einführungsveranstaltung (und ihre Inhalte) zu einigen, die regelmäßig angeboten wird. Die Weichen müssen zu Beginn des Studiums gestellt werden. Erste didaktisch-methodische Überlegungen zur passenden Vermittlung der Probleme des wissenschaftlichen Fehlverhaltens, die bei rechtsdogmatisch arbeitenden Rechtswissenschaftlern hauptsächlich beim richtigen Zitieren bzw. beim Vermeiden eines Plagiats liegen dürften, gibt es.[31] Im Laufe des Studiums kann das Thema vertieft werden, insbesondere im Rahmen des Promotionsstudiums. Die Graduiertenschulen und strukturierten Doktorandenprogramme, die es zunehmend gibt, sollten zur Selbstverständlichkeit werden. Wie groß die Chancen sind, Professorinnen und Professoren für das Thema zu interessieren, die ihren Berufsweg bislang erfolgreich am Thema vorbeigelenkt haben, ist schwer abzuschätzen. Aber auch hier kann es Anlässe geben, sich vertieft mit dem Thema zu befassen. Fortbildungsangebote sollten vor allem vor Ort von den Universitäten angeboten werden, damit die Hürde, sich fortzubilden, möglichst niedrig ausfällt.

– *GWP sollte bei der hochschulpolitischen Steuerung wichtiger werden:* Dass GWP und wissenschaftliche Integrität im Universitätsalltag noch präsenter werden, könnte durch entsprechende Vorgaben in den Hochschulgesetzen, aber auch in den Zielvereinbarungen („GWP-Zielvereinbarung") befördert werden. Auch die DFG könnte die Anforderungen indirekt erhöhen, indem sie die Förderung von Projekten von anspruchsvollen GWP-Vorkehrungen vor Ort abhängig macht. Eine Unterschrift auf dem Förderantrag, mit der versichert wird, man werde sich an die Regeln der GWP halten, ist keine Compliance-Maßnahme, sondern gut gemeinte Symbolik.

---

[30] So *F. Riedel*, in: von Coelln/Thürmer (Hrsg.), Beck'scher Online-Kommentar (BeckOK) Hochschulrecht Hessen, 6. Edition, Stand: 01.03.2018, § 27 Hessisches Hochschulgesetz (HHG) Rdnr. 21; vgl. *Wissenschaftsrat*, Empfehlungen zu wissenschaftlicher Integrität, 2015, S. 19, https://www.wissenschaftsrat.de/download/archiv/4609-15.pdf (abgerufen am 26.04.2018).

[31] *D. Basak u. a.*, Wissenschaftliches Fehlverhalten (Plagiate) als Problem der Hochschullehre für angehende Juristinnen und Juristen, Zeitschrift für Didaktik der Rechtswissenschaft (ZDRW) 2015, 263 ff.

Von strengeren Vorgaben der DFG würde ein Sogeffekt ausgehen, dem sich keine Universität, die DFG-geförderte Forschung betreiben will, wird entziehen können.

– *GWP braucht ein bundesweites Monitoring und mehr Forschung:* Verlässliches empirisches Wissen über die gute wissenschaftliche Praxis bzw. das wissenschaftliche Fehlverhalten in Deutschland gibt es bislang nicht. Disziplinspezifische ebenso wie fächerübergreifende Forschung ist dringend geboten, um den verbreiteten, sehr subjektiven Einschätzungen etwas entgegensetzen zu können. Ergänzend zu Forschungsprojekten sollten die hochschulpolitisch Verantwortlichen in Bund und Ländern ein GWP-Monitoring initiieren, um die Entwicklungen bzw. Veränderungen im Bereich GWP besser nachverfolgen zu können. Auf dieser Basis ließe sich besser gegensteuern und gestalten.

IV. Resümee

Wissenschaftliche Integrität ist ein Zukunftsthema der Wissenschaft nicht nur in Deutschland. Die Vertrauenskrise, der viele Institutionen derzeit ausgesetzt sind, hat auch die Wissenschaft erfasst.[32] Mit ganzem Herzen, also in Arndt Schmehls Sinne, die Möglichkeitsbedingungen wissenschaftlicher Integrität zu sichern, ist eine vertrauensbildende Maßnahme, denn nur integre Wissenschaft ist vertrauenswürdige Wissenschaft.

---

[32] *P. Strohschneider*, Über Wissenschaft in Zeiten des Populismus, Rede am 04.07.2017, http://www.dfg.de/download/pdf/dfg_magazin/wissenschaft_oeffentlichkeit/forschung_magazin/2017/forschung_2017_03_beilage_dokumentation.pdf (abgerufen am 26.04.2018).

Verfassungsrecht

Demokratie und staatliche Leistungsfähigkeit

Von *Brun-Otto Bryde*

Arndt Schmehl hat seine Habilitationsschrift,[1] deren Zweitgutachter ich war, dem Gebührenrecht gewidmet. Seine Themenwahl hatte auch einen rechtspolitischen Anlass. Schmehl sah sich mit Abgabenskepsis und Steuerflucht konfrontiert, die die Gemeinwohlfinanzierung gefährdete. Die Modernisierung des Abgabenrechts war für ihn da eine denkbare Antwort. Die Hoffnung war, dass gerade das Äquivalenzprinzip als zentraler Gegenstand seiner Arbeit, mit dem Verweis auf das Verhältnis von Leistung und Gegenleistung beim Bürger Akzeptanz für staatliche Belastungen wecken könnte.[2] In der Tat lässt sich bei Gebühren leichter deutlich machen, dass ihnen öffentliche Leistungen gegenüberstehen, als bei der Steuer, wo die Unterdrückung der Tatsache, dass es hier genauso ist, wesentliches Anliegen der Propagandisten von Steuersenkungen ist. Plastisch ist das insbesondere im „Steuerzahler Gedenktag" des „Bundes der Steuerzahler", der behauptet, dass der Bürger bis zu diesem Tag nur „für den Staat" gearbeitet habe.[3]

Dabei ist eine solche Mobilisierung der Abgabenfeindschaft nur eines, wenn auch das erfolgreichste Instrument einer bewussten Deregulierungs- und Entsolidarisierungspolitik, die vor allem mit den Namen Reagan („government is not the solution, it is the problem") und Thatcher („There is no such thing as a society") verbunden ist. Sie hatte das Ziel, die Sozialstaatsmodelle der Nachkriegszeit zu beenden. Diese Politik führte zu einer extrem gewachsenen Ungleichheit, die inzwischen sogar den konservativen Ökonomen des IWF Sorgen macht.[4] Zu Beginn der Präsidentschaft von Ronald Reagan verdiente das oberste 1 Prozent der Bevölkerung 9 Prozent des Volkseinkommens, heute sind es 25 Prozent. In Deutschland verfügen die obersten 5 Prozent über 51 Prozent des Vermögens und die untere Hälfte über 2,3 Pro-

---

[1] A. *Schmehl*, Das Äquivalenzprinzip im Recht der Staatsfinanzierung, 2004.

[2] A. *Schmehl*, Äquivalenzprinzip, S. 57.

[3] Dass die Berechnungen falsch sind, insbesondere das Ergebnis nur durch die unzulässige Addierung von Steuern und Sozialabgaben erreicht wird, ist oft nachgewiesen worden. Zentraler ist, dass verschleiert wird, dass man damit nicht für ein Abstraktum Staat, sondern für die Schulen der eigenen Kinder, die Straßen, auf denen man fährt, die Polizisten, von denen man Schutz erwartet und ungezählte andere staatliche Leistungen zahlt.

[4] IWF Fiscal Monitor: Tackling Inequality, October 2017 (http://www.imf.org/en/Publications/FM/Issues/2017/10/05/fiscal-monitor-october-2017; abgerufen am 02.02.2018).

zent.⁵ Diese Ungleichheit lässt sich auch nicht mit Chancengleichheit für alle rechtfertigen. Die soziale Mobilität nimmt ab. Die Wahrscheinlichkeit, dass Kinder aus armen Familien wieder arm sein werden, ist hoch – und die Kinder von Millionären werden fast sicher wieder Millionäre sein.

Ziel dieses erfolgreichen Klassenkampfes von oben⁶ war aber nicht nur die Umverteilung von unten nach oben, sondern ein grundsätzlicher Angriff auf die Handlungsfähigkeit des Sozialstaats.

Neben dem Kampf gegen Abgaben waren weitere Bausteine dieser Politik die Privatisierung öffentlicher Infrastrukturaufgaben und die Tabuisierung staatlicher Kreditaufnahme, wie sie in der Bundesrepublik in der Schuldenbremse Verfassungsrang erlangt hat.

Insgesamt hat diese Politik dazu geführt, dass der Sozialstaat Schwierigkeiten hat, seine Aufgaben zu erfüllen. Die Leistungsfähigkeit von Demokratien zur Gesellschaftsgestaltung ist aber eine wichtige Bedingung von Demokratie.

In seiner grundlegenden Definition demokratischer Herrschaft hat das Bundesverfassungsgericht ausgeführt: Die Menschen selbst (gestalten) ihre Entwicklung durch Gemeinschaftsentscheidungen, die immer nur in größter Freiheit zu treffen sind. Das ermöglicht und erfordert aber, dass jedes Glied der Gemeinschaft freier Mitgestalter bei den Gemeinschaftsentscheidungen ist.⁷

Es wird leicht übersehen, dass diese Definition nicht nur eine Input-Seite, sondern auch eine Output-Seite hat: Die staatlichen Entscheidungen sollen nicht nur demokratisch zustande kommen, sondern über die wichtigen Entscheidungen soll auch in demokratischen Institutionen bestimmt werden. Die Menschen sollten ihr Schicksal bestimmen. Das wäre nicht mehr der Fall, wenn sie den Entscheidungen von Märkten hilflos ausgeliefert wären.

---

⁵ *A. Hagelüken*, in: SZ vom 24.1.2018 (http://www.sueddeutsche.de/wirtschaft/diw-studie-zur-ungleichheit-den-reichsten-deutschen-gehoert-so-viel-wie-der-haelfte-der-uebrigen-bevoelkerung-1.3837188; abgerufen am 02.02.2018).

⁶ Warren Buffett „There's *class* warfare, all right, but it's *my class*, the *rich class*, that's making *war*, and we're winning", zitiert in Ben Stein: In class warfare, guess which class is winning, NYT 26.11.2006 (http://www.nytimes.com/2006/11/26/business/yourmoney/26every.html; abgerufen am 02.02.2018).

⁷ BVerfGE 5, 85 (197); dazu, dass diese Formel obwohl (oder gerade weil) sie aus dem KPD-Urteil stammt, wichtig ist vgl. *B.-O. Bryde*, Der Beitrag des Bundesverfassungsgerichts zur Demokratisierung der Bundesrepublik, in: van Ooyen/Möllers (Hrsg.) Das Bundesverfassungsgericht im politischen System, 2006, S. 321.

I. Steuer- und Abgabenpolemik

Theorien zur Unregierbarkeit in den 70er Jahren[8] gingen noch davon aus, dass in Demokratien die Mehrheit immer unbezahlbarere Forderungen an den Staat richten würde. Sie haben nicht mit der erfolgreichen Mobilisierung der Steuerfeindschaft gerechnet. Zum Abbau staatlicher Leistungsfähigkeit ist dieser Weg genial. Da die meisten Wähler Steuern zahlen, und auch die niedrigste Steuer spürbar ist, lassen sich mit der Mobilisierung von Steuerfeindschaft Wählermehrheiten auch bei denen erreichen, die im Saldo bei der Finanzierung von Steuersenkungen durch Leistungsabbau zu verlieren haben.

Dass eine solche Politik im Interesse der ökonomisch Mächtigen liegt, wird in der politischen Rhetorik gern damit verschleiert, dass behauptet wird, Steuersenkungspläne sollten „vor allem die unteren und mittleren Einkommen" entlasten. Das ginge bei einem progressiven Steuersystem nur, wenn man den Spitzensteuersatz anhebt. Das gilt noch vor jeder Überlegung über eine (im Interesse des sozialen Ausgleichs eigentlich erforderlichen) Umverteilung.[9] Selbst wenn man auch die oberen Einkommen an einer Steuerentlastung beteiligen will, ist eine Erhöhung des Spitzensteuersatzes notwendig, wenn nicht die Entlastung ganz überproportional an die oberen Einkommen gehen soll. Bei jeder versprochenen Steuerentlastung etwa von 15 Milliarden ist schnell auszurechnen, dass ohne eine solche Angleichung des Spitzensteuersatzes 10 Milliarden an Spitzenverdiener gehen. Am deutlichsten ist dies bei der Abschaffung des Solidaritätszuschlags, die fast ausschließlich Besserverdienern zugutekommen würde.

Aber das lässt sich politisch gut verschleiern. Wenn der Grundfreibetrag für das steuerfreie Existenzminimum um 100 € erhöht wird, dann wirkt das wie eine in erster Linie den am Rande des Existenzminimums lebenden Armen zukommende Maßnahme. Tatsächlich haben wirklich Arme davon gar nichts, Geringverdiener sparen ein paar Euro, wer aber den Spitzensteuersatz zahlt, erhält eine Entlastung von 50 €. Und Gleiches gilt für andere Veränderungen der Steuertabellen, die optisch „unten" vorgenommen werden, aber „oben" überproportional ankommen. Wer also Steuersenkungen verspricht oder vornimmt und die Erhöhung des Spitzensteuersatzes ausschließt, arbeitet bewusst an einer weiteren Steigerung der Ungleichverteilung.

Eine gerechtere Steuerpolitik würde auch die Besteuerung von Vermögen[10] und endlich, nach mehrfachen Ermahnungen durch das Bundesverfassungsgericht[11], eine gleichheitsgerechte Erbschaftssteuerung verlangen. Aber all diese Maßnahmen

---

[8] Exemplarisch: *M. Olson*, Aufstieg und Niedergang von Nationen: Ökonomisches Wachstum, Stagflation und soziale Starrheit, 1991.

[9] *B.-O. Bryde*, Das Verfassungsprinzip der Gleichheit, 2012, 13 ff.

[10] Zur wirkungsvollen Legende, das Bundesverfassungsgericht habe die Vermögenssteuer abgeschafft, vgl. *Bryde*, ebendort, 16.

[11] BVerfGE 117, 1; 138, 136 mit überzeugender concurring opinion von Gaier, Masing und Baer.

sind erfolgreich tabuisiert worden. Das Versprechen „keine Steuererhöhungen" wird auch in der augenblicklichen Diskussion vor und nach der Bundestagswahl nämlich nicht – gut vertretbar – auf die Gesamtbelastung der Bürger bezogen, sondern jede einzelne günstige Position des Steuersystems, einschließlich der unsinnigsten Subventionen und Privilegien wird für unantastbar erklärt.

Die Bezieher geringerer und mittlerer Einkommen müssen aber noch in anderer Beziehung als Argument für Steuergeschenke an Besserverdiener und Superreiche herhalten. Ein wichtiges Instrument der entsprechenden Propaganda ist nämlich die Verwischung des Unterschiedes von Steuern und Sozialabgaben.

Die gerne angeführte hohe Abgabenbelastung in der Bundesrepublik im internationalen Vergleich entsteht nur durch die Zusammenschau von Steuern und Sozialabgaben. Damit sind wir wieder bei Arndt Schmehls Habilitation, denn den Sozialabgaben stehen ja wichtige Leistungen, zum Beispiel ein im internationalen Vergleich guter Schutz gegen Krankheitskosten und eine immer noch ordentliche Absicherung für das Alter – seit Hartz IV leider keine ganz so gute Absicherung bei Arbeitslosigkeit – gegenüber. Internationale Vergleiche der Gesamtbelastung führen da in die Irre – und dass die Bundesrepublik fast der einzige größere Industriestaat ist, der keine Vermögenssteuer erhebt, wird bei solchen Vergleichen auch nicht thematisiert.

Mit einer solchen Zusammenschau von Steuern- und Sozialabgaben lässt sich auch ein weiteres beliebtes Argument der Steuersenkungslobby begründen, nämlich die überdurchschnittliche Belastung gerade von mittleren Einkommen.

Da es bei Sozialabgaben Mindest- und Höchstgrenzen gibt, sind sie nicht im gleichen Maße wie Steuern progressiv ausgestaltet. Das ist in gewissem Umfang unvermeidlich, auch wenn das System der deutschen sozialen Krankenversicherung, bei der die Abgaben mit steigendem Einkommen solidarisch steigen, die sehr gut Verdienenden aber aus dem Solidarsystem aussteigen dürfen, schwer zu rechtfertigen ist.

Wer also die Bezieher niedriger und mittlerer Einkommen entlasten will, sollte eher hier ansetzen, jedenfalls nicht ihre Belastung als Argument für Steuergeschenke an Reiche und Superreiche missbrauchen.

Bei der Lektüre von Arndt Schmehls Arbeit habe ich mich seinerzeit gefragt, ob eine entschlossene Argumentation gegen Steuerflucht und Abgabenskepsis nicht wichtiger wäre, als die Förderung alternativer Wege zur Staatsfinanzierung, musste aber zugeben, dass er die politische Kraft des Steuersenkungsarguments realistisch einschätzte.

Das Tabu gegen Steuererhöhungen ist mächtig und fast nicht zu bekämpfen. Als die Grünen 2013 wagten, ein sehr gemäßigtes Programm einer stärkeren Belastung (sehr) hoher Einkommen vorzulegen, schlug ihnen geradezu eine Welle von Hass entgegen, und zwar nicht nur vom politischen Gegner, der Wirtschaftslobby und konservativen Medien.[12] In der Süddeutschen Zeitung war allen Ernstes von einer geplanten „Orgie" von Steuererhöhungen die Rede, obwohl die Betroffenen die Beträge auf ihren Kontoauszügen kaum gefunden hätten.

Die Begründung für den konzertierten Kampf gegen eine gerechte und angemessene Staatsfinanzierung ist daher auch weniger ökonomisch begründet als in der grundsätzlichen Ablehnung eines leistungsfähigen Sozialstaats.

Die Mobilisierung von Steuerfeindschaft bleibt die wirkungsvollste Strategie, die die „rich class" in ihrem erfolgreichen Klassenkampf erfunden haben. Man kann damit die Stimmen von Leuten bekommen, die 10 € Steuern sparen – und dafür erhebliche Einschränkungen von für sie wichtigen Leistungen von der Bildung für ihre Kinder bis zur Sicherheit in Kauf nehmen müssen[13]– und Steuergeschenke von vielen Millionen wenn nicht Milliarden Euro an die verteilen, die auf solche Leistungen nicht angewiesen sind.

Würde dieses Tabu gebrochen, hätte der Sozialstaat wieder Handlungsspielraum. Genau das soll vermieden werden.

II. Schuldenbremse

Die Schwächung staatlicher Steuerungsfähigkeit durch die Dämonisierung von Abgaben wird ergänzt durch die Einschränkung der Möglichkeit der Kreditfinanzierung und damit einer nachfrageorientierten Konjunkturpolitik.

Auch wenn dem nicht unbedingt ein geschlossenes Konzept zugrunde liegt, ist das durchaus eine logische Ergänzung einer Politik, die verhindern will, dass in der Demokratie die Mehrheit ihre Interessen durch Forderung nach staatlichen Leistungen durchsetzt. Es gibt denn auch eine erhebliche publizistische und wissenschaftliche Anstrengung, staatliches Schuldenmachen ähnlich zu tabuisieren wie Abgaben. Da man allerdings nicht in gleichem Maße wie bei Abgaben auf die Zustimmung der Bevölkerung setzen kann, ist es auch verständlich, dass man das Thema durch verfassungsrechtliche Schranken dem demokratischen Prozess entzieht.

Eine Beschränkung der Staatsverschuldung ist ein legitimes politisches Ziel. Insbesondere in föderalistischen und supranationalen Finanzsystemen sind Grenzen, die verhindern, dass Mitglieder sich auf Kosten der anderen verschulden, unerlässlich.

---

[12] Sie machten es ihren Gegner allerdings insofern leicht, als sie eine eher geringfügig höhere Belastung von Vermögenden mit dem Thema des Ehegattensplitting verbanden und damit das Argument erlaubten, auch der (verheiratete und allein verdienende) Facharbeiter werde kräftig höher belastet.

[13] Ein plastisches Beispiel liefert Kent Nagano in seinem Bericht über seinen musikalischen Werdegang (*K. Nagano/I. Kloepfer*, Erwarten sie Wunder, 2017, S. 36.) An dessen Beginn steht ein hervorragender Musikunterricht für die Kinder von Bauern und Fischern im leistungsfähigen vor-Reagan kalifornischen Schulsystem. Nach dessen Steuerrevolution im Interesse der Reichen (mit Zustimmung vieler Armer) fehlen die Mittel und der begnadete Musiklehrer wechselt an eine Privatschule.

Es ist grundsätzlich auch legitim, im demokratischen Parteienwettbewerb mit der Bekämpfung der Staatsverschuldung zu werben. Aber es gibt auch gute Argumente dafür, staatliche Verschuldung nicht auszuschließen, um Zukunftsaufgaben zu finanzieren.[14] Es ist hier nicht der Ort, den ökonomischen Schuldenstreit über diese Frage zu entscheiden. Der richtige Einsatz unterschiedlicher wirtschaftspolitischer Instrumente oder eines Instrumentenmix ist Sache demokratischer Entscheidung.

Aber der fundamentalistische Kampf gegen eine staatliche Wirtschaftspolitik, der je nach Situation auch das Mittel der Kreditfinanzierung zur Verfügung steht, geht über solches vernünftige Maß weit hinaus.

Vor allem sollte dieser Streit nicht durch die Verfassung entschieden werden, indem diese einen der denkbaren Ansätze zum allein zulässigen erhebt, wie es in der Bundesrepublik mit der Schuldenbremse des Art. 109 GG geschehen ist.

Eine solche Konstitutionalisierung einer aktuell herrschenden ökonomischen Lehrmeinung ist grundsätzlich verfehlt. Faszinierend ist dabei, wie wenig Lehren aus der Verfassungsgeschichte der Bundesrepublik gezogen wurden.

1967 und 1969 wurde der damals schon im Niedergang befindliche keynesianische Mainstream noch mal in die Verfassung aufgenommen. Eine solche Konstitutionalisierung aktueller volkswirtschaftlicher Lehren wurde mit Recht kritisiert.[15] Das wurde aber erstaunlicherweise nicht als Lehre angesehen, die verhindert hätte, dass genau das Gleiche nunmehr wieder geschieht, und zwar wieder in einem Augenblick, in dem man den Eindruck hat, dass auch diese Lehre ihre besten Tage hinter sich hat.[16] Vor allem die stärkere Hinwendung der Wirtschaftswissenschaften zur Empirie dürfte die neoliberalen Modelle mit dem Nachweis erschüttern, dass eine schuldenfinanzierte Konjunkturpolitik unter Umstände sinnvoll, der rigorose Kampf um die schwarze Null aber schädlich sein kann.

Aber auch ganz unabhängig von kontroversen wirtschaftspolitischen Auffassungen erscheint eine solche Vorschrift verfassungspolitisch hoch problematisch.

Die Grenzen des Art. 79 Abs. 3 GG werden mit Recht sehr großzügig ausgelegt und lassen dem verfassungsändernden Gesetzgeber einen weiten Spielraum[17], so dass es zu weit geht, Art. 109 n.F. GG als verfassungswidriges Verfassungsrecht zu betrachten.[18] Aber es ist nicht zu leugnen, dass eine bundesverfassungsrechtliche

---

[14] Die Argumente sind zusammengefasst in dem von *Bofinger* und *Horn* verfassten Apell „Die Schuldenbremse gefährdet die gesamtwirtschaftliche Stabilität und die Zukunft unserer Kinder" (https://www.boeckler.de/pdf/imk_appell_schuldenbremse.pdf; abgerufen am 02.02.2018).

[15] *M. Heintzen*, in: von Münch/Kunig, GGK, 6. Aufl. 2012, Art. 109 Rdnr. 2 m.w.N.

[16] *C. Hoffmann*, in: SZ v. 20.10.2017 (http://www.sueddeutsche.de/wirtschaft/haushalt-sparen-bloss-nicht-1.3715317; abgerufen am 02.02.2018).

[17] *B.-O. Bryde*, in: von Münch/Kunig, GGK, 6. Aufl. 2012, Art. 79 Rdnr. 29 m.w.N.

[18] So aber: *H.-P. Schneider*, Gutachten, Föderalismuskommission II, Drs. 134; *B. B. Fassbender*, Eigenstaatlichkeit und Verschuldungsfähigkeit der Länder, NVwZ 2009, 737. Zur Diskussion: H. Kube, in: Maunz-Dürig, GG, Kommentar, Art. 109 Rdnr. 118; *R. Wernsmann*,

Vorschrift, die eine Kreditfinanzierung der Länder so rigoros ausschließt, von ihrer angeblichen Eigenstaatlichkeit wenig übriglässt. Eine autonome Haushalts- und Konjunkturpolitik ist ihnen jedenfalls nicht mehr möglich. Sie dürfen nur entscheiden, an welchen Stellen sie auf Kosten ihrer Zukunftsaufgaben sparen wollen, während gleichzeitig immer höhere Anforderungen an sie gestellt werden. Die gleichen Medien, die Abgabenerhebung wie Schuldenmachen zum Tabu erklären, werden nicht müde immer höhere staatliche Leistungen (mehr Polizisten, mehr Lehrer, bessere Infrastruktur) zu verlangen.

Außerdem erscheint es schon vom Verfassungsstil her höchst unglücklich, in einer Verfassung, die eine Grundordnung sein soll, minutiös bis zur Stelle hinter dem Komma die staatliche Kreditaufnahme zu regeln. Das sollte der Politik und dem einfachen Gesetz vorbehalten werden.

Angesichts der für eine Verfassungsänderung nötigen Mehrheiten bleibt erstaunlich, dass die vergangene Kritik an der Konstitutionalisierung zeitbedingter ökonomischer Lehrmeinungen ebenso ignoriert wurde, wie historische und ausländische Erfahrungen. Die Länder haben im Bundesrat freiwillig auf ihre Handlungsmöglichkeiten verzichtet, und dasselbe gilt für eine Partei wie die SPD, die nach ihrer Programmatik auf die Erfüllung sozialstaatlicher Zukunftsaufgaben verpflichtet ist.

III. Privatisierungen

Ein weiteres wichtiges Instrument zur Gestaltung der Wirtschafts- und Sozialbeziehungen ist dem Staat durch eine umfassende Privatisierungswelle entzogen worden. Öffentliche Unternehmen waren ein wichtiges Element der gemischten Wirtschaftsverfassung des westeuropäischen Sozialstaats der Nachkriegszeit.

Bei dieser Präsenz des Staates am Markt als Akteur ging es nicht nur um die Erfüllung seiner Aufgaben in der Daseinsvorsorge und der Sicherung zentraler Infrastrukturleistungen. Vielmehr konnten öffentliche Körperschaften als Arbeitgeber, Dienstleister und Vermieter auch die Bedingungen auf wichtigen Märkten beeinflussen. Der Wohnungsmarkt als aktuelle vielleicht wichtigste Baustelle des Sozialstaats sähe zum Beispiel fast sicher ganz anders aus, wenn öffentliche Körperschaften ihren Wohnungsbesitz nicht umfassend verkauft hätten. Aber auch diese Gestaltungsmöglichkeiten hat der Staat im Interesse der Durchsetzung marktliberaler Dogmen verloren.

Im neoliberalen Kampf gegen den Sozialstaat sind Privatisierungen daher konsequent. Sie sind mit Abgabenfeindschaft und Schuldenbremse auch insofern verbunden, weil sich öffentliche Körperschaften häufig durch den entsprechenden Entzug von Finanzierungsmöglichkeiten zum Haushaltausgleich durch Verkauf öffentlicher Unternehmen genötigt fühlten. Hintergrund von Privatisierungen von Kliniken war

---

Die Einnahmeautonomie der Länder, Jahrbuch für öffentliche Finanzen, 2011, 407; *M. Thye*, Die neue Schuldenbremse im GG, 2010, S. 59 ff.

regelmäßig ein Investitionsstau durch jahrzehntelange Unterfinanzierung. Allerdings besteht politisch ein relevanter Unterschied. Öffentliche Unterstützung ist für dieses Dogma nicht so leicht zu organisieren wie beim Kampf gegen Abgaben und gegen Staatsverschuldung. Ganz im Gegenteil haben Versuche der EU, die Wasserversorgung zu privatisieren, erfolgreichen Widerstand ausgelöst.[19] In Hamburg wurde 2004 in einem Volksentscheid der vom CDU/FDP/Schill Senat beschlossene Verkauf der Krankenhäuser an Asklepios mit 78 % abgelehnt, aber das Votum wurde mit Segen des Verfassungsgerichts vom Senat mit inzwischen allein regierender CDU ignoriert.[20] Dass das wohl ein jetzt kaum noch rückgängig zu machender Fehler war, wird zunehmend deutlicher. 2013 war ebenfalls in Hamburg ein Volksentscheid erfolgreich, der den Rückkauf der Energieversorgung vorsah.[21]

Aber obwohl der Ausstieg aus der staatlichen Daseinsvorsorge unpopulär ist, ist die Hegemonie marktliberalen Gedankenguts auch auf diesem Gebiet ungebrochen. Die Politik wagt kaum, Widerstand zu leisten. Wie bei der Schuldenbremse bedurfte es in Deutschland ja auch für die Privatisierung der zentralen Infrastrukturleistungen der Verfassungsänderung, sie wäre also aufhaltbar gewesen. Dabei wurden die sozialen und politischen Kosten nie gegen angebliche ökonomische Vorteile aufgerechnet oder auch nur thematisiert.

Wie erfolgreich die neoliberale Ideologie auch hier das Bewusstsein bestimmt, kann man sehen, wenn in der Süddeutschen Zeitung Jeremy Corbyn als dogmatischer Linker mit Verstaatlichungsphantasien bezeichnet wird, weil er Bahn, Post, Wasser- und Stromversorgung, deren Privatisierung in Großbritannien zum Teil katastrophale Folgen hatte, zurück in die staatliche Verantwortung führen will.[22] Alle diese Unternehmen sind in der erzkapitalistischen Schweiz in öffentlicher Hand.

Dabei wäre eine stärkere öffentliche Präsenz auf diesen Gebieten nicht nur für die gerechte Erbringung von Infrastrukturleistungen und Daseinsvorsorge wichtig, sondern hätte auch große politische und soziale Bedeutung.

In der Malaise des ländlichen Raums mit den folgenden Entfremdungsgefühlen spielt das Gefühl, von öffentlichen Strukturen, Bahn und Post abgehängt zu sein, eine große Rolle,[23] und ein besserer öffentlicher Nahverkehr steht immer ganz oben auf der Wunschliste der Bürger. Aber anders als die staatlichen Verkehrsunternehmen der Schweiz kann eine auf den (inzwischen wohl hoffentlich aufgegebenen) Börsengang getrimmte Bundesbahn schwach besiedelte Räume nur abhängen.

---

[19] http://www.right2water.eu/de; abgerufen am 02.02.2018.

[20] Hamburgisches Verfassungsgericht, NVwZ 2005, 685.

[21] http://www.hamburg.de/wahlen/4125972/ergebnis-volksentscheid-energienetze.html; abgerufen am 02.02.2018.

[22] *B. Finke*, in: SZ vom 4.10. 2017 (http://www.sueddeutsche.de/wirtschaft/kommentar-schauderhafte-parteien-1.3692711; abgerufen am 02.02.2018).

[23] Dazu Bundespräsident Steinmeier in seiner Weihnachtsansprache vom 25.12.2018 (http://www.bundespraesident.de/SharedDocs/Reden/DE/Frank-Walter-Steinmeier/Reden/2017/12/171225-Weihnachtsansprache-2017.html; abgerufen am 02.02.2018).

Während des letzten Wahlkampfes sprach sich die Bundeskanzlerin, mit den Problemen gerade ihres mecklenburg-vorpommerischen Wahlkreises konfrontiert, dafür aus, wieder mehr staatliche Institutionen in ländlichen Regionen anzusiedeln.[24] Man hätte sie gern darauf hingewiesen, dass es vor gar nicht langer Zeit in jedem Dorf eine Bundesbehörde gab. Die hieß Postamt und war für den Ort weit über den Verkauf von Briefmarken wichtig.

IV. Schluss

In der Politikwissenschaft gibt es eine Diskussion über die Resilienz des Neoliberalismus.[25]

In der Tat kann man es erstaunlich finden, dass in Demokratien, in denen theoretisch die Mehrheit ihre Interessen mit Hilfe des Stimmzettels durchsetzen kann, sich unangefochten Konzepte behaupten, die deren Interessen zuwiderlaufen. Das hat verschiedene Gründe. Ein wichtiger ist sicher die Ableitung von Unzufriedenheit auf Minderheiten, die die noch ärmer sind, mit offenem oder verstecktem Appell an Rassismus und Fremdenfeindlichkeit.

Aber wichtig ist auch die erfolgreiche Durchsetzung von Dogmen in Wissenschaft und Medien, die sich als alternativloser ökonomischer Sachverstand ausgeben, aber einseitig den Interessen der wirtschaftlich Mächtigen dienen.

Zum Gegensteuern bedarf es auch finanz-und steuerrechtlichen Sachverstands, der nicht einseitig überkommenen Dogmen verpflichtet ist. Gerade deshalb wird uns Arndt Schmehl fehlen.

---

[24] Die Welt vom 8.9.17.
[25] *A. Madariaga*, Die erstaunliche Resilienz des Neo-Liberalismus, MPIfG Jahrbuch 2017–2018, S. 75; *C. Crouch*, The Strange Non-Death of Neo-Liberalism, 2011.

Verfassung ohne Verfassungstext.
Ungeschriebene Topoi in der Rechtsprechung des Bundesverfassungsgerichts

Von *Pascale Cancik* und *Thomas Groß*

I. Einleitung

Dass der Text des GG nicht alle verfassungsrechtlichen Fragen beantwortet, die durch konkrete Fälle aufgeworfen werden, ist nicht überraschend. Das Bundesverfassungsgericht hat immer wieder ungeschriebene Topoi genutzt, um Entscheidungen zu begründen.[1] Einige sind so intensiv rezipiert worden oder so überzeugend, dass uns kaum noch bewusst ist, dass sie keine ausdrückliche Textgrundlage im Grundgesetz haben. Sie haben sich nicht nur in der Rechtsprechung, sondern auch in der Literatur durchgesetzt.[2] Andere dagegen sind umstritten geblieben oder nach einer gewissen Zeit wieder in Frage gestellt worden.

Welche Faktoren die Verselbständigung und ‚Selbstkonstitutionalisierung' von „Verfassungsprinzipien" und „Verfassungsinstitutionen" ohne Text befördern oder behindern, kann nur schwer und sicher nicht verallgemeinernd geklärt werden. Annäherungen ermöglichen diskurshistorische Untersuchungen: Sie bieten einen Weg, die Nutzung von Argumentationstopoi über die Zeiten zu analysieren. Wo, wie hier, der dafür erforderliche Raum nicht zur Verfügung steht, können zumindest Beispiele erhoben werden. Ihre Auswahl ist geleitet von der Frage, wie die jeweilige Verfassungserfindung wirkt, insbesondere im Hinblick auf die Offenheit des politischen Prozesses. Denn auch Konstitutionalisierung dieser Art trifft häufig die politische Arena: Verfassungstopoi definieren dann politische Spielräume im ursprünglichen Sinn des Wortes de-finitio, das auf Grenzziehung verweist. Unsere Beispiele erfüllen dieses Kriterium, sei es als Grenzen von Gesetzgebung, sei es als Parameter des politischen Prozesses. Den Hintergrund für die Einordnung der Beispiele bildet die Frage nach einer demokratietheoretisch problematischen Entpolitisierung.

---

[1] Topoi werden hier verstanden als stereotype Aussagen, die konkreter sind als „Leitbilder" oder „Schlüsselbegriffe", die als nicht unmittelbar anwendungsorientiert konzipiert werden, s. *U. Volkmann*, Leitbildorientierte Verfassungsanwendung, AöR 134 (2009), 157 ff.; *S. Baer*, Schlüsselbegriffe, Typen und Leitbilder als Erkenntnismittel und ihr Verhältnis zur Rechtsdogmatik, in: Schmidt-Aßmann/Hoffmann-Riem (Hrsg.), Methoden der Verwaltungsrechtswissenschaft, 2003, S. 223 ff.

[2] Vgl. die (unvollständige) Bestandsaufnahme bei *H. A. Wolff*, Ungeschriebenes Verfassungsrecht unter dem Grundgesetz, 2000, S. 2 ff.

II. Ungeschriebene Begrenzungen der Gesetzgebung

1. Das Prinzip des Steuerstaats

Das „Prinzip des Steuerstaats" findet sich erstmals in einer Entscheidung des Bundesverfassungsgerichtes aus dem Jahr 1988. Es wird dort, unter Hinweis auf Klaus Vogel, verwendet, um die Aussage zu begründen, dass die staatliche Einnahmeerzielung aus Steuern den Regelfall darstellen und andere Abgaben nur als Ausnahme zulässig sein sollen. Zur Begründung verweist das Gericht auf die Finanzverfassung des Grundgesetzes. Ihr liege „die Vorstellung zugrunde, dass die Finanzierung der staatlichen Aufgaben in Bund und Ländern einschließlich der Gemeinden grundsätzlich aus dem Ertrag der in Art. 105 ff. GG geregelten Einnahmequellen erfolgt."[3] Der Verweis auf eine zugrundeliegende „Vorstellung" macht deutlich, dass es sich hier um eine theoretische Konzeption handelt, die allenfalls einen sehr mittelbaren Anknüpfungspunkt im Wortlaut hat und primär auf eine Systematik des Grundgesetzes Bezug nimmt. Die erste ausführliche Begründung eines Prinzips, wonach das Grundgesetz die Steuer als Regeltypus der Abgabe voraussetze, formulierte zehn Jahre vorher Josef Isensee, indem er einer älteren nationalökonomischen Debatte eine normative Wendung gab.[4]

Ein weiteres Mal findet sich der Begriff in einer Entscheidung aus dem Jahr 1995.[5] In drei Folgeentscheidungen aus den Jahren 1990 bis 1999 wird inhaltlich dieselbe Linie vertreten, ohne aber den Begriff zu verwenden.[6] Als weiteres Argument zur Begrenzung von Sonderabgaben wird in späteren Entscheidungen auf den Grundsatz der Lastengleichheit verwiesen.[7] Nur im Fall der baden-württembergischen Feuerwehrabgabe und der hessischen Sonderurlaubsausgleichsabgabe wurde allerdings eine Unzulässigkeit der Abgabe im Ergebnis bejaht.

Die Wirkung einer Normativierung des Beschreibungsbegriffs Steuerstaat als Prinzip hat Arndt Schmehl 2004 klar und zurückhaltend zugleich formuliert: Als Verfassungsnorm interpretiert, „hätte das Steuerstaatsprinzip erhebliche Auswirkungen auf den verfassungsrechtlichen Entfaltungsraum des Äquivalenzprinzips".[8] Gebühren, wie sie etwa im Umweltrecht zur Überwälzung von Kosten auf die Verursacher von Umweltbelastungen, also für die Operationalisierung des Verursacherprinzips genutzt werden, geraten dadurch unter Rechtfertigungsdruck.

---

[3] BVerfGE 78, 249 (266 f.), unter Hinweis auf *K. Vogel*, in: Isensee/Kirchhof (Hrsg.), Handbuch des Staatsrechts der Bundesrepublik Deutschland, Bd. I, 1987, § 27 Rdnr. 70 = 3. Aufl. 2004, § 30 Rdnr. 70.

[4] *J. Isensee*, Steuerstaat als Staatsform, FS H.P. Ipsen, 1977, 409 ff.; der Begriff „Steuerstaat" wurde schon geprägt von *A. Schaeffle*, Die Steuern, 1895, S. 74 ff.

[5] BVerfGE 93, 319 (342).

[6] BVerfGE 82, 159 (178 f.); 92, 91 (113); 101, 141 (147).

[7] BVerfGE 82, 159 (179); 92, 91 (113); vorsichtiger BVerfGE 101, 141 (147): die Belastungsgleichheit der Bürger in Frage stellende besondere Finanzierungsverantwortung.

[8] *A. Schmehl*, Das Äquivalenzprinzip im Recht der Staatsfinanzierung, 2004, S. 69.

In seiner Kritik hat Schmehl präzise nachgewiesen, dass ein genereller Vorrang der Steuer weder aus der Finanzverfassung noch aus der Wirtschaftsverfassung oder anderen Verfassungsgrundsätzen abgeleitet werden kann.[9] Seither ist der Topos in der Rechtsprechung des Bundesverfassungsgerichts nicht mehr verwendet worden. Das Gericht spricht nur noch vom Erfordernis einer besonderen sachlichen Rechtfertigung für die Erhebung nichtsteuerlicher Abgaben.[10] Der Topos Steuerstaat als Beschreibung ist damit nicht aus der Welt, die normative Behauptung indessen ist nicht mehr ohne weiteres aufzurufen.

2. Verhältnismäßigkeitsprinzip

Die eindeutig erfolgreichste Kreation des Bundesverfassungsgerichtes ist die Erhebung des polizeirechtlichen Verhältnismäßigkeitsprinzips zu einem Verfassungsgrundsatz.[11] Es ist nicht nur in Deutschland allgemein anerkannt, sondern befindet sich „auf einem globalen Siegeszug".[12]

Im Wortlaut des Grundgesetzes findet man allerdings weder den Begriff „Verhältnismäßigkeit" noch inhaltlich entsprechende Aussagen.[13] Art. 19 GG, wo man ihn regelungstechnisch vermuten würde, enthält lediglich in Absatz 2 den Schutz des Wesensgehaltes des jeweiligen Grundrechts, der sich als weitgehend wirkungslos erwiesen hat.[14] In einigen neueren Länderverfassungen hingegen wird das Verhältnismäßigkeitsprinzip in Folge der Verfassungsgebungsprozesse der 1990er Jahre ausdrücklich erwähnt.[15]

Wie rechtfertigte das Bundesverfassungsgericht, den grundrechtsbeschränkenden Gesetzgeber einer ungeschriebenen Schranke zu unterwerfen? Auch in diesem Fall findet man zunächst nur eine rudimentäre Begründung. Die erste Entscheidung, in der von einem Grundsatz der Verhältnismäßigkeit die Rede ist, betraf die Anwendung des allgemeinen Gleichheitssatzes auf das Wahlrecht. Die Klägerin bezweifelte die Berechtigung eines Unterschriftenquorums für nicht im Parlament vertretene

---

[9] *Schmehl* (o. Fußn. 8), S. 68 ff.; kritisch ebenfalls *W. Heun*, in: Dreier (Hrsg.), GG, Bd. 3, 2. Aufl. 2008, Art. 105 Rdnr. 11, mwN.

[10] BVerfGE 135, 155 (206).

[11] *Wolff* (o. Fußn. 2), S. 229 ff.; *Th. Groß*, Von der Kontrolle der Polizei zur Kontrolle des Gesetzgebers, DÖV 2006, 856 (858); zu ersten Ansätzen in der Weimarer Grundrechtslehre *B. Remmert*, Verfassungs- und verwaltungsrechtsgeschichtliche Grundlagen des Übermaßverbotes, 1995, S. 193 ff.; zur Entwicklung nach 1945 ausführlich *A. Tischbirek*, Die Verhältnismäßigkeitsprüfung, 2017, S. 14 ff.

[12] *N. Petersen*, Verhältnismäßigkeit als Rationalitätskontrolle, 2015, S. 1, mwN.

[13] *Ph. Reimer*, Verhältnismäßigkeit im Verfassungsrecht, ein heterogenes Konzept, in: Jestaedt/Lepsius (Hrsg.), Verhältnismäßigkeit: zur Tragfähigkeit eines verfassungsrechtlichen Schlüsselkonzepts, 2015, S. 59 (62): „vom Normtext weitgehend gelöstes Postulat".

[14] *H. D. Jarass/B. Pieroth*, GG, 13. Aufl. 2014, Art. 19 Rdnr. 9.

[15] Art. 5 Abs. 2 S. 1 BbgVerf, Art. 20 Abs. 2 S. 1 SachsAnhVerf, Art. 42 Abs. 4 S. 1 ThürVerf.

Parteien. Das Gericht verwies schlicht darauf, diese Voraussetzung überschreite „auch nicht die Grenzen, die durch den Grundsatz der Verhältnismäßigkeit zwischen Zweck und Mittel gezogen sind".[16] Zu dessen Herleitung und Anwendung auf die Grundrechte im Allgemeinen oder den Gleichheitssatz im Besonderen schwieg das Gericht.

Eine inhaltliche Begründung, warum der Gesetzgeber verfassungsrechtlichen Bindungen bei der Beschränkung der Grundrechte unterliegen müsse, fand sich erstmals im Elfes-Urteil aus dem Jahr 1957, wo auf die „wertgebundene Ordnung des Grundgesetzes" verwiesen wird.[17] Ähnlich wird im Lüth-Urteil argumentiert, dass die allgemeinen Gesetze nach Art. 5 Abs. 2 GG im Lichte der Bedeutung dieses Grundrechts gesehen werden müssen, weshalb sie in ihrer das Grundrecht einschränkenden Wirkung selbst eingeschränkt werden müssten.[18] Hierauf verweist wiederum das kurz danach ergangene Apothekenurteil, wo sich zusätzlich erstmals ein normtextlicher Anknüpfungspunkt findet, indem auf die Grundrechtsbindung des Gesetzgebers nach Art. 1 Abs. 3 GG hingewiesen wird.[19] In diesen drei bahnbrechenden Urteilen fehlt allerdings noch der Begriff der Verhältnismäßigkeit. Die Verknüpfung der grundrechtsdogmatischen Argumentation des Lüth-Urteils mit dem Grundsatz der Verhältnismäßigkeit erfolgt erstmals in einem Urteil aus dem Jahre 1958, in welchem Beschränkungen des Weinanbaus an Art. 14 GG gemessen wurden.[20]

Eine alternativer Begründungsansatz findet sich in einem Urteil aus dem Jahr 1960: der Grundsatz der Verhältnismäßigkeit bilde „einen notwendigen Bestandteil des Rechtsstaatsgedankens".[21] In der Literatur besteht bis heute keine Einigkeit über die genaue verfassungsrechtliche Verankerung.[22] Dennoch wird die Geltung des Verhältnismäßigkeitsprinzips, soweit ersichtlich, von niemand in Frage gestellt. Kontrovers ist nicht der Grundsatz als solcher, sondern v. a. die Rationalität der Abwägung, wie sie insbesondere im Rahmen der Angemessenheit bzw. der Verhältnismäßigkeit im engeren Sinn erfolgt.[23]

---

[16] BVerfGE 3, 383 (399).
[17] BVerfGE 6, 32 (40 f.).
[18] BVerfGE 7, 198 (208 f.).
[19] BVerfGE 7, 377 (403).
[20] BVerfGE 8, 71 (80); ebenso BVerfGE 8, 274 (310).
[21] BVerfGE 10, 354 (364).
[22] *H. Schulze-Fielitz*, in: Dreier (Hrsg.), GG, Bd. 2, 3. Aufl. 2015, Art. 20 (Rechtsstaat) Rdnr. 179, mit umfangreichen Nachweisen; zur Entwicklung *O. Lepsius*, Chancen und Grenzen des Grundsatzes der Verhältnismäßigkeit, in: Jestaedt/Lepsius (Hrsg.), Verhältnismäßigkeit: zur Tragfähigkeit eines verfassungsrechtlichen Schlüsselkonzepts, 2015, S. 1 (5 ff.).
[23] Dazu ausführlich *Petersen* (o. Fußn. 12), S. 54 ff.; *A. v. Arnauld*, Zur Rhetorik der Verhältnismäßigkeit, in: Jestaedt/Lepsius (Hrsg.), Verhältnismäßigkeit: zur Tragfähigkeit eines verfassungsrechtlichen Schlüsselkonzepts, 2015, S. 276 ff.

III. Ungeschriebene Vorgaben für den politischen Prozess

1. Gewaltenteilung als Prinzip

Auch der Grundsatz der Gewaltenteilung zählt zu den seit Jahrzehnten in der Verfassungsrechtsprechung anerkannten verfassungsrechtlichen Topoi. In der Rechtsprechung des Bundesverfassungsgerichts wird er schon in den ersten Entscheidungen mehrfach erwähnt.[24] Eine normative Ableitung erfolgt später überwiegend aus dem Rechtsstaatsprinzip,[25] während seine Verankerung im Demokratieprinzip vereinzelt geblieben ist.[26] Auch in Forschung und Lehre wird er dogmatisch verwendet. Dabei bleibt regelmäßig unbeachtet, dass ein entsprechender Verfassungsgrundsatz weder im Grundgesetz noch in den Länderverfassungen ausdrücklich erwähnt wird.[27]

Die argumentative Funktion des Gewaltenteilungsgrundsatzes besteht häufig darin, Beschränkungen parlamentarischer Kontrollrechte zu rechtfertigen. Entsprechende Ausführungen finden sich als Begrenzung der Befugnisse von Untersuchungsausschüssen,[28] der Fragerechte der Bundestagsabgeordneten[29] sowie der Unterrichtungsrechte des Bundestags nach Art. 23 Abs. 2 S. 2 GG.[30] Das Bundesverfassungsgericht nutzt das Gewaltenteilungsprinzip in diesen Konstellationen, um einen Kernbereich der Exekutive zu definieren, der der parlamentarischen Kontrolle entzogen sein soll.[31] Dass dieses Vorgehen mit Blick auf das Grundgesetz problematisch ist, hat schon Ernst Friesenhahn erkannt:

„Da parlamentarische Demokratie die Demokratisierung der Exekutive bedeutet, kann dem liberalen Prinzip der Gewaltenteilung für die Abmarkung der Funktionen des Parlaments von denen der Regierung nur eine sehr beschränkte Bedeutung zukommen. Das Kennzeichen der parlamentarischen Demokratie ist gerade das Hineinwirken des Parlaments in die Regierungsfunktion. Die Grenze für die Einflussnahme des Parlaments liegt da, wo der richtig verstandene Grundsatz des Rechtsstaats außer Acht gelassen wird."[32]

---

[24] BVerfGE 1, 184 (198); 1, 351 (369); 1, 396 (409).

[25] BVerfGE 30, 1 (24); 34, 269 (286); 139, 321 (363).

[26] BVerfGE 2, 307 (329); 68, 1 (86).

[27] *Th. Groß*, Die asymmetrische Funktionenordnung der demokratischen Verfassung – Zur Dekonstruktion des Gewaltenteilungsgrundsatzes, Der Staat 2016, 489 (491 ff.).

[28] BVerfGE 67, 100 (139); 124, 78 (120).

[29] BVerfGE 137, 185 (233).

[30] BVerfGE 131, 152 (210).

[31] *P. Cancik*, Der „Kernbereich exekutiver Eigenverantwortung" – zur Relativität eines suggestiven Topos, ZParl 2014, 885 ff.; *S. Baer*, Vermutungen zu Kernbereichen der Regierung und Befugnissen des Parlaments, Der Staat 40 (2001), 525 ff.; zu Informationsrechten des Parlaments: *J. von Achenbach*, Parlamentarische Informationsrechte und Gewaltenteilung in der neueren Rechtsprechung des Bundesverfassungsgerichts, ZParl 2017, 491 ff.

[32] *E. Friesenhahn*, Parlament und Regierung im modernen Staat, VVDStRL 16 (1958), 9 (69 f.).

Analysiert man die konkreten Kompetenzzuweisungen des Grundgesetzes, zeigt sich, dass es kaum eindeutige Aussagen zu Kernbereichen der einzelnen Gewalten ermöglicht. So scheitert etwa eine klare Zuordnung der Gesetzgebung zum Bundestag an den Bestimmungen zur Mitwirkung des Bundesrates (Art. 50, 77, 79 Abs. 2 etc. GG), zum Gesetzgebungsnotstand (Art. 81 GG) sowie zum Verteidigungsfall (Art. 115e GG).[33] Ausdrückliche Funktionszuweisungen für die Exekutive sind im Grundgesetz ohnehin kaum vorhanden. Die in der Rechtsprechung zu findende Charakterisierung der vollziehenden Gewalt durch die Anwendung der Gesetze auf den Einzelfall[34] ist keine ausreichende Abgrenzung, weil ein Gesetzesvollzug im Einzelfall ebenso durch die Gerichte erfolgt. Auch soll ein Erlass von Einzelentscheidungen durch das Parlament nicht von vornherein ausgeschlossen sein.[35] Solange man die verfassungsrechtlichen Probleme mit spezielleren Normen lösen kann, besteht rechtsdogmatisch kein Bedarf, ein eigenes Verfassungsprinzip Gewaltenteilung anzuerkennen.[36] Die Leistungsfähigkeit des Konzepts für die Beschreibung und Analyse und nicht zuletzt zur Erzeugung von Problembewusstsein wird damit nicht in Abrede gestellt.

2. Repräsentative Demokratie

Der Text des Grundgesetzes enthält keine expliziten Qualifikationen des Begriffs Demokratie. Die verfassungsrechtliche Einrichtung eines Parlaments erlaubt die Beschreibung als (jedenfalls auch) parlamentarische Demokratie, nicht mehr, nicht weniger. In seinem Urteil zur Unzulässigkeit konsultativer Volksbefragungen sprach das Bundesverfassungsgericht noch vorsichtig von einer „repräsentativen *Ausprägung* der demokratischen Ordnung". Die Frage, ob die in Streit stehenden Volksbefragungen damit vereinbar seien, ließ das Gericht offen.[37] Ein „*Verfassungsgrundsatz* der repräsentativen Demokratie" wird noch beiläufig erstmals in einem Urteil zu Einschränkungen der Wählbarkeit nach Art. 137 GG aus dem Jahr 1976 formuliert.[38] In einer Auseinandersetzung über die Geschäftsordnung des Bundestages im Rahmen der Verabschiedung des Waffengesetzes spielt er kurz darauf eine entscheidende Rolle in der Begründung.[39]

Von zentraler normativer Bedeutung ist der Topos dann v. a. in der Auseinandersetzung um die direkte Demokratie und andere Formen von Partizipation seit den 1980er Jahren. Damals prallten sehr unterschiedliche Konzeptionen aufeinander. Während den einen nur eine repräsentative Ausübung politischer Gewalt eine Herr-

---

[33] Dazu näher *Groß* (o. Fußn. 27), 494 ff.
[34] BVerfGE 30, 1 (28); 95, 1 (16); 139, 321 (362).
[35] BVerfGE 95, 1 (17); strenger BVerfGE 139, 321 (363).
[36] *Groß* (o. Fußn. 27), 513 ff.
[37] BVerfGE 8, 104 (121 f.), Hervorhebung d. Verf.
[38] BVerfGE 42, 312 (341), Hervorhebung d. Verf.
[39] BVerfGE 44, 308 (Leitsatz 3, 4, 6).

schaft nach Rechtsgesetzen zu ermöglichen schien,[40] kombinierten andere die Ausgestaltungsoptionen: „Soviel Partizipation wie möglich, soviel Repräsentation wie nötig".[41]

Die verfassungsrechtlichen Auseinandersetzungen über das Verhältnis von direkter und repräsentativer Demokratie werden in erster Linie vor den Landesverfassungsgerichten ausgetragen. Sie können hier nicht im Detail nachgezeichnet werden. Schon früher wurde allerdings die Vermutung geäußert, dass einer Vorstellung vom normativen Vorrang repräsentativer Demokratie ein „vor- oder außerrechtliches Gesamtbild vom Verhältnis zwischen direkter und indirekter Demokratie" zugrunde liege.[42] Besonders deutlich wurde eine solche Vorstellung in einem Urteil des Hamburgischen Verfassungsgerichts aus dem Jahr 2016, wonach sich „aus der Konzeption der Verfassung" ein Vorrang der Volkswillensbildung durch das Parlament ergebe, der auch durch eine vom Volk beschlossene Verfassungsänderung nicht beseitigt werden könne.[43] Diese Interpretation von Art. 3 der Hamburgischen Verfassung, wonach die Freie und Hansestadt Hamburg ein demokratischer und sozialer Rechtsstaat ist, in dem alle Staatsgewalt vom Volk ausgeht, ist schlicht unhaltbar.[44]

3. Fraktion und Opposition

Die Parteien, deren fehlende verfassungsrechtliche Wahrnehmung noch 1930 beklagt worden war,[45] wurden im Grundgesetz von Anfang an berücksichtigt. Eine der nicht weniger zentralen Arbeitseinheiten des Parlaments indessen, die Fraktion, wurde vom Bundesverfassungsgericht zunächst tastend konstitutionalisiert. Es begann mit der Anerkennung als ‚verfassungsgerichtsfähige' „Teile des Bundestags" nach Art. 93 Abs. 1 S. 1 GG[46] und wurde fortgesetzt mit der Einordnung als „not-

---

[40] *P. Badura*, Die parlamentarische Demokratie, HStR I, 1. Aufl. 1987, § 23 Rdnr. 35.

[41] *W. Maihofer*, Prinzipien freiheitlicher Demokratie, in: Benda/Maihofer/Vogel (Hrsg.), HbVerfR, 2. Aufl. 1994, § 12 Rdnr. 84.

[42] *F. Wittreck*, Direkte Demokratie und Verfassungsgerichtsbarkeit: eine kritische Übersicht zur deutschen Verfassungsrechtsprechung in Fragen der unmittelbaren Demokratie von 2000 bis 2002, JöR 53 (2005), 111 (116). *P. Cancik*, Konfrontation oder Kooperation: Zur Verschränkung von direktdemokratischem und parlamentarischem Abstimmungsverfahren – ein Diskussionsbeitrag, in: Mörschel/ Efler (Hrsg.), Direkte Demokratie auf Bundesebene. Ausgestaltung direktdemokratischer Verfahren im deutschen Regierungssystem, Baden-Baden 2013, S. 53 ff.

[43] HVerfG, JZ 2017, 360 (365 f.).

[44] *Th. Groß*, Hat das Hamburgische Verfassungsgericht die Diktatur des Volkes verhindert?, JZ 2017, 349 (352); krit. auch *M. Sachs*, JuS 2017, 282 f.; *R. Kaiser*, Horror populi: Verfassungsidentität contra Volksentscheid – Anmerkung zu HmbVerfG, Urt. v. 13. Oktober 2016, HVerfG 2/16, DÖV 2017, 716 ff.

[45] *G. Radbruch*, Die politischen Parteien im System des deutschen Verfassungsrechts, in: Anschütz/Thoma (Hrsg.), Handbuch des Deutschen Staatsrechts, Bd. 1, Tübingen 1930, S. 285 ff.

[46] BVerfGE 2, 143 (160).

wendige Einrichtungen des Verfassungslebens" im Redezeiturteil von 1959.[47] Gute zehn Jahre später wurde die Gliederung in Fraktionen als selbstverständliches Organisationsprinzip für die Besetzung des Gemeinsamen Ausschusses ins Grundgesetz übernommen[48] – ohne dass die Verfassung sich sonst mit dieser Organisationseinheit näher beschäftigen würde.

Die Wirkungen der Konstitutionalisierung der Fraktion gehen aber über Art. 53a GG bei Weitem hinaus. Für die Frage, welche Begrenzungen sich die kleinste Wirkeinheit im Parlament, der / die Abgeordnete, gefallen lassen muss, spielt die normative Fundierung der Fraktionen eine erhebliche Rolle. Sie transferiert die Anerkennung der Parteien in Art. 21 GG in die parlamentsverfassungsrechtliche Arena, so dass Art. 21 GG als eine Art Gegenüber von Art. 38 GG fungieren kann. Die Konstruktion als – auszuhaltendes und kleinzuarbeitendes – „Spannungsverhältnis" kann auf Konzepte der Weimarer Verfassungsdebatte aufsetzen.[49]

Eine der Verankerung der Fraktion entsprechende verfassungsrechtliche Institutionalisierung der Opposition als Organisation verweigert das Bundesverfassungsgericht bislang.[50] Nach der frühen Anerkennung eines „Recht[s] auf verfassungsmäßige Bildung und Ausübung einer Opposition"[51] und dessen zunehmender Übertragung in die parlamentarische Arena sieht das Gericht mittlerweile eine Funktionsgarantie effektiver Opposition im Parlament als vom Grundgesetz gewährleistet an.[52] Eine ausdrückliche Erwähnung im Verfassungstext fehlt, wie bei unseren anderen Beispielen. Anders als dort hat das Gericht indessen die Ausarbeitung konkreter Folgen bislang eher vermieden.[53] Nicht zuletzt das viel bemühte „Recht der Opposition auf Chancengleichheit", angeblich grundgelegt in der Redezeitentscheidung,[54] bleibt bislang konturenlos.

Zugleich zieht das Gericht weitgehende Folgen aus seinem Befund, dass Opposition, genauer das Gegenüber von Regierungsmehrheit und Opposition, auf der Ebene der EU fehle. Im Lissabon-Urteil dient das Fehlen jenes ‚konstitutiven' Dualismus' als zentrales Argument, warum die Demokratie in der Europäischen Union

---

[47] BVerfGE 10, 4 (14).

[48] Art. 53a GG, eingefügt 1968 durch 17. ÄndG zum Grundgesetz.

[49] *Radbruch* (o. Fußn. 45), 291 ff.

[50] Anders zum Teil die Landesverfassungen, dazu *P. Cancik*, Parlamentarische Opposition in den Landesverfassungen, 2000, S. 104 ff.

[51] BVerfGE 2, 1 (13); ebenso 5, 85 (140).

[52] BVerfGE 142, 25 (74).

[53] Kritisch: *U. Volkmann*, Hat das Verfassungsrecht eine Theorie der Opposition – und braucht es eine?, ZParl 2017, 473 ff.; *P. Cancik*, „Effektive Opposition" im Parlament – eine ausgefallene Debatte?, ZParl 2017, 516 (527 ff.).

[54] BVerfGE 10, 4 ff. Zur – offenbar unzutreffenden – Zurechnung dieser Rechtskonstruktion zu Adolf Arndt: *P. Cancik*, Parlamentarismus vor dem Bundesverfassungsgericht – Das Redezeiturteil und die Erfassung der Verfassungswirklichkeit, in: Meinel (Hrsg.), Verfassungsgerichtsbarkeit in der Bonner Republik. Beiträge zur Geschichte des Bundesverfassungsgerichts, 2018 (i.E.).

anders ausgestaltet sei als auf nationalstaatlicher Ebene.[55] Im Kontext der nationalen Sperrklausel für die Wahlen zum Europäischen Parlament folgert das Gericht daraus, dass die große Fragmentierung des Europäischen Parlaments kein Problem für dessen Funktionsfähigkeit sei, weil kein parlamentarisches Regierungssystem und damit kein Gegenüber von Regierungsmehrheit und Opposition gegeben bzw. erforderlich sei.[56] Damit wird die Ordnungsfunktion der Fraktionen im Europäischen Parlament und wohl auch von Opposition im weiteren Sinne für das Institutionengefüge der EU unterschätzt.

So wird die Notwendigkeit von Opposition auf nationaler Ebene wie auf europäischer Ebene zwar postuliert,[57] doch bleiben die Rechtsfolgen auf nationaler Ebene blass,[58] während auf europäischer Ebene die teilweise abweichenden Funktionsbedingungen des supranationalen Institutionengefüges nicht ausreichend zur Kenntnis genommen werden. Die verfassungsgerichtliche Anerkennung des Topos von der Opposition als Funktionsbedingung parlamentarischer Demokratie hat bislang weitgehend rhetorische Funktion.

4. Folgen der Verfassungswidrigkeit von Parteien

Art. 21 Abs. 2 GG ist allgemein unter dem Topos des „Parteienverbots" bekannt. Genau genommen lässt der Wortlaut die weiteren Rechtsfolgen einer Feststellung der Verfassungswidrigkeit aber offen. Die Frage, ob ein solches Verdikt des Bundesverfassungsgerichts auch zum Verbot einer Partei führen müsse, wurde im Parlamentarischen Rat nicht ausdrücklich geklärt.[59] Die Rechtsfolge der Auflösung einer verfassungswidrigen Partei wurde im Jahr 1951 in § 46 Abs. 3 BVerfGG angeordnet und kurz darauf im SRP-Urteil erstmals ausgesprochen. Problematisiert wurde diese Rechtsfolge vom Bundesverfassungsgericht damals nicht.[60] Im KPD-Urteil wurde sie lakonisch als „normale, typische und adäquate Folge der Feststellung der Verfassungswidrigkeit" bezeichnet.[61] Im jüngst ergangenen NPD-Urteil sollte die Verbotsfolge indessen wieder aktuell werden.

---

[55] BVerfGE 123, 267 (343, 359).

[56] BVerfGE 129, 300 (336); 135, 259 (293 f.); kritisch z. B. *C. Schönberger*, Das Bundesverfassungsgericht und die Fünf-Prozent-Klausel bei der Wahl zum Europäischen Parlament, JZ 2012, 80 ff.

[57] Ob Opposition organisatorisch oder funktional verstanden wird / werden sollte, bleibe hier einmal offen.

[58] Zur fehlende Debatte über Opposition in Zeiten großer Koalition und fragmentierter Parlamente: *Cancik* (o. Fußn. 53), 516 ff.

[59] *M. Morlok*, in: Dreier (Hrsg.), GG Bd. 2, 3. Aufl. 2015, Art. 21 Rdnr. 10; unzutreffend BVerfG, NJW 2016, 611 (616 Rdnr. 513), dessen Nachweise die Gleichsetzung von Verfassungswidrigkeit und Verbot nicht tragen.

[60] BVerfGE 2, 1 (71).

[61] BVerfGE 5, 85 (391).

Besonders kontrovers war aber zunächst die weitere Folge, dass die Abgeordneten der aufgelösten Partei ihre Mandate verlieren. Diese Rechtsfolge hatte weder in Art. 21 GG noch in § 46 BVerfGG eine Rechtsgrundlage. Dennoch vertrat das Bundesverfassungsgericht im SRP-Urteil die Auffassung, dass der Zweck, die Ideen der verfassungswidrigen Partei aus dem politischen Diskurs auszuschließen, so zwingend sei, dass der Mandatsverlust auch ohne ausdrückliche gesetzliche Ermächtigung ausgesprochen werden könne.[62] Obwohl es inzwischen in § 46 Abs. 4 BWahlG eine gesetzliche Regelung gibt, stellt sich die Frage, ob diese Rechtsfolge nicht einer verfassungsrechtlichen Grundlage bedürfte, weil sie das aktive und passive Wahlrecht nach Art. 38 Abs. 1 GG sowie die Repräsentationsfunktion des Bundestages beeinträchtigt.[63]

Im schon erwähnten NPD-Urteil des Bundesverfassungsgerichts vom 17. Januar 2017, gut fünfzig Jahre nach den frühen Parteiverboten, wurde das Verbot als Rechtsfolge neu thematisiert. Nunmehr stellte das Gericht ausdrücklich fest, dass die Feststellung der Verfassungswidrigkeit nach dem „Regelungskonzept" von Art. 21 GG zwingend zur Auflösung führen müsse,[64] wies die Anträge auf Auflösung der Partei aber wegen einer strengeren Auslegung der tatbestandlichen Voraussetzungen zurück.[65]

In der Folge der Entscheidung wurde Art. 21 Abs. 3 GG eingefügt, der sich lediglich in dem Tatbestandsmerkmal „darauf ausgerichtet sind" von Abs. 2 unterscheidet, um damit für die neue Rechtsfolge des Ausschlusses von der Parteienfinanzierung „niedrigere Voraussetzungen als für ein Parteiverbot" zu schaffen.[66] Dieser Ausspruch gilt nach § 46a BVerfGG zunächst für sechs Jahre. Dagegen hat der verfassungsgebende Gesetzgeber auf eine Klarstellung in Art. 21 Abs. 2 GG verzichtet, dass mit der Feststellung der Verfassungswidrigkeit die Auflösung der Partei und eine Aberkennung der Mandate verbunden ist. Ganz offensichtlich hat sich damit aber das Regelungskonzept des Art. 21 GG verändert. Es stellt nun zwei alternative Rechtsfolgen zur Verfügung, deren Verhältnis unklar bleibt.[67] Auch der neue Text bietet also wieder Raum für eine konkretisierende Verfassungsrechtsprechung.

---

[62] BVerfGE 2, 1 (74); ebenso im KPD-Urteil 5, 85 (392), wo allerdings auf entsprechende gesetzliche Regelungen in den Ländern Bremen und Niedersachsen verwiesen wurde.

[63] Vgl. einerseits *M. Morlok*, in: Dreier (Hrsg.), GG Bd. 2, 3. Aufl. 2015, Art. 21 Rdnr. 156; andererseits *U. Volkmann*, BerlK-GG (Lsbl.), Art. 21 Rdnr. 99.

[64] BVerfG, NJW 2017, 611 (618, Rdnr. 527); ebenso *J. Ipsen*, in: Sachs (Hrsg.), GG, 7. Aufl. 2014, Art. 21 Rdnr. 170.

[65] BVerfG, NJW 2017, 611 (618 ff.); zustimmend *C. Gusy*, Verfassungswidrig, aber nicht verboten!, NJW 2017, 601 ff.; *A. Uhle*, Das Parteiverbot gem. Art. 21 II GG, NVwZ 2017, 583 ff.; krit. *J. Ipsen*, Verfassungswidrig, aber nicht verboten, RuP 2017, 3 ff.

[66] BT-Drs. 18/12357, S. 6.

[67] Dazu z. B. *M. Kloepfer*, Parteienfinanzierung und NPD-Urteil, NVwZ 2017, 913 (919); *J. Ipsen*, Das Ausschlussverfahren nach Art. 21 Abs. 3 GG – ein mittelbares Parteiverbot?, JZ 2017, 933 (935 f.); *W. Kluth*, Die erzwungene Verfassungsänderung: Das NPD-Urteil des Bundesverfassungsgerichts vom 17. Januar 2017 und die Reaktion des verfassungsändernden Gesetzgebers, ZParl 2017, 676 (689 f.).

IV. Übergreifende Überlegungen

Es ist in diesem Rahmen nicht möglich, die methodischen Implikationen der in den Beispielen aufgeführten Argumentationstopoi umfassend zu analysieren. Wir beschränken uns auf einige Beobachtungen, die als Anregungen für vertiefte Untersuchungen gedacht sind.

Auffällig ist zunächst in allen Fällen, dass die Kreation ungeschriebenen Verfassungsrechts jedenfalls zu Beginn nur mit einer sehr knappen Begründung erfolgt. Das Steuerstaatsprinzip folgt aus einer „Vorstellung", die der Finanzverfassung zugrunde liegt. Für das Verhältnismäßigkeitsprinzip wurde die „wertgebundene Ordnung des Grundgesetzes" herangezogen. Das Gewaltenteilungsprinzip folgt schlicht aus dem Rechtsstaatsprinzip, während der Vorrang der repräsentativen Demokratie aus der „Konzeption" der Hamburger Verfassung abgeleitet wurde. Opposition wird irgendwie als Wesenselement der parlamentarischen Demokratie angesehen, die Mandatsaberkennung als Folge eines Parteiverbots als zwingende Folge aus dem Zweck der Regelung. Dass gerade solch grundlegende Aussagen so beiläufig eingeführt, so wenig begründet werden, ist erstaunlich, aber vielleicht Voraussetzung für ihre Durchsetzung. Denn Begründung deutet Begründungsbedürftigkeit an, vermeintlich Selbstverständliches aber muss nicht begründet werden. Gerade die so gefundenen knappen Formeln können eine hohe Suggestivkraft entfalten, die alternative Auslegungsmöglichkeiten verdeckt. Auch der Kompromisscharakter mancher Entscheidung oder mancher Formulierung mag eine Rolle spielen.

Eine zweite Gemeinsamkeit liegt darin, dass oft ein Schluss vom Sein auf das Sollen erfolgt. Die Steuern sind zweifellos die wichtigste Einnahmequelle des Staates. Das Gewaltenteilungsschema liegt dem Grundgesetz zugrunde. In vielen modernen Staaten erfolgt die Gesetzgebung überwiegend durch Parlamente und nur selten durch Volksentscheide. Die Fraktionen und die Opposition sind wichtige politische Faktoren für das Funktionieren des Parlamentarismus auf Bundes- und Landesebene. Ob aus der vorgefundenen Realität aber auch eine normative Absicherung folgt, die vom Bundesverfassungsgericht durchgesetzt werden kann, wäre gerade begründungsbedürftig. Beim Verhältnismäßigkeitsprinzip wie bei dem Verbot als Folge der Verfassungswidrigkeit von Parteien handelt es sich demgegenüber nicht um Sein und Sollen, sondern um eine Konstitutionalisierung einfachrechtlicher Regelungen.

Der Charme ungeschriebener Topoi besteht natürlich gerade in ihrer Vagheit. Wie unbestimmte Verfassungsbegriffe bieten sie eine Aufgreifmöglichkeit für das, was jeweils als Wirklichkeit, oder, in einem ersten konstitutionalisierenden Schritt, gar als „Verfassungswirklichkeit" angesehen wird. Das Dilemma, dass Verfassungswirklichkeiten konstruiert, und das heißt auch: interessengeleitet und politisch sind, sollte bedacht werden. Wird die ‚Verselbständigung eines Argumentationstopos' vom Kontext gelöst, steigt womöglich das Risiko der bloß rhetorischen Nutzung oder auch der Verdeckung eines an sich verfassungspolitischen Klärungsbedarfes und ggf. eines positiv verfassungsändernden Handlungsbedarfes.

Auf das dahinterstehende grundlegende Problem hat Arndt Schmehl hingewiesen. Hinter den Topoi stehen grundsätzliche und unterschiedliche akzeptanz- und legitimitätsstiftende Ideen.[68] Sie fordern die wissenschaftliche Betrachtung heraus und rechtfertigen es deshalb auch, die Prägung oder Übernahme von Argumentationstopoi durch Verfassungsgerichte kritisch zu hinterfragen. Es geht dabei nicht um ein strenges Haften am Wortlaut der Verfassung im Sinne eines unkritischen Positivismus. Ein Faktor für die Stabilität des Verfassungsrechts und das Institutionenvertrauen war ja gerade die Bereitschaft des Bundesverfassungsgerichts, das Grundgesetz weiterzuentwickeln. Es geht aber sehr wohl darum, in jedem Einzelfall zu diskutieren, ob die Argumente, die Verortung der Topoi hinreichend überzeugend sind.

---

[68] *Schmehl* (o. Fußn. 8), S. 6.

Das Betreuungsgeld
vor dem Bundesverfassungsgericht*

Von *Ralf Kleindiek* und *Margarete Schuler-Harms*

I. Einleitung

Am 14. April 2015 fand in Karlsruhe vor dem Bundesverfassungsgericht die mündliche Verhandlung zu dem Normenkontrollantrag der Freien und Hansestadt Hamburg mit dem Aktenzeichen 1 BvF 2/13 statt. Es ging um das sog. Betreuungsgeld. 2013 eingeführt, unterstützte es Eltern, die ihr Kind nicht in eine öffentlich geförderte Kindertageseinrichtung oder in öffentlich geförderte Kindertagespflege gaben, mit 150 Euro monatlich. Prozessbevollmächtigte Hamburgs in diesem Verfahren waren Margarete Schuler-Harms und Arndt Schmehl. Arndt war leider schon zu krank, um an der mündlichen Verhandlung teilzunehmen. Wir wissen aber, dass er das Geschehen intensiv und mit sehr großem Interesse verfolgt hat. Vorausgegangen war seit 2012 eine intensive Vorbereitung des Normenkontrollantrags gemeinsam mit dem Hamburger Justiz- und Gleichstellungs- sowie dem Sozialressort. Ralf Kleindiek war als Staatsrat der Justizbehörde intensiv an der Vorbereitung der Klage und auch an der Auswahl der Prozessbevollmächtigten beteiligt. Dies ist insofern bemerkenswert, als er nun – im fortgeschrittenen Verfahren – als Staatssekretär des Bundesministeriums für Familie, Senioren, Frauen und Jugend (BMFSFJ) die Bundesregierung in der mündlichen Verhandlung zu vertreten hatte. Dieser Umstand hat zu manch – mitunter auch ironischer – öffentlicher Kommentierung geführt, aber auch zu einer intensiven Diskussion innerhalb der Bundesregierung: Es war kein Geheimnis, dass die SPD im Allgemeinen und die damalige Bundesfamilienministerin Manuela Schwesig im Besonderen das Betreuungsgeld als fehlgeleitete familienpolitische Leistung ablehnte.

Das Betreuungsgeld ist eine politisch hoch umstrittene und verfassungsrechtlich ausgesprochen interessante Familienleistung. Formellrechtlich führt es zu grundlegenden Fragen der Gesetzgebungskompetenz des Bundes für Familienleistungen im Arbeits- und Sozialbereich. Materiellrechtlich wirft es die Frage auf, ob das Betreuungsgeld in seiner konkreten Ausgestaltung einen Verstoß gegen die Grundrechte, insbesondere gegen Artikel 6 des Grundgesetzes, gegen den allgemeinen Gleichheitssatz und/oder gegen die Förderpflicht des Staates zur Herstellung tatsächlicher Gleichberechtigung zwischen Frauen und Männern gemäß Art. 3 Abs. 2 GG dar-

---

* Stefan Haddick, Nicola Amstelveen, Frederik Jansen und Melanie Kalka (alle BMFSFJ) danken wir sehr für ihre tatkräftige Unterstützung beim Verfassen dieses Beitrags.

stellt. Mit beiden Gesichtspunkten hat sich der Normenkontrollantrag Hamburgs eingehend befasst. Gegenstand der mündlichen Verhandlung und auch der im Jahr 2015 folgenden Entscheidung des Bundesverfassungsgerichts war im Wesentlichen die Frage der Gesetzgebungskompetenz. Das Ergebnis: Das Bundesverfassungsgericht hat das Betreuungsgeld wegen Verstoßes gegen die Gesetzgebungskompetenz des Bundes für verfassungswidrig und sogar für nichtig erklärt. Tragende Argumentation der Entscheidung: Der Bund kann den hohen Anforderungen an eine bundeseinheitliche Regelung nur dann genügen, wenn sein Gesamtkonzept einer Familienleistung eine enge Anbindung an den Arbeitsmarkt hat. Mit der Frage eines Grundrechtsverstoßes hat sich das Bundesverfassungsgericht nicht (mehr) beschäftigt, weil dies nicht mehr entscheidungserheblich war.

Der folgende Beitrag will die beiden verfassungsrechtlichen Aspekte des Betreuungsgeldes beleuchten und sich auch mit den Folgen der Nichtigkeit des Betreuungsgeldes befassen. Insofern mag die Entscheidung des Bundesverfassungsgerichts zum Betreuungsgeld auch als Beleg dafür dienen, dass die rechtlichen und administrativen Anforderungen an die Umsetzung einer solchen Verfassungsgerichtsentscheidung durchaus anspruchsvoll sind.

II. Der Antrag Hamburgs

Der Antrag des Senats der Freien und Hansestadt Hamburg vom 20. Februar 2013 auf Feststellung der Unvereinbarkeit des Betreuungsgeldgesetzes mit dem Grundgesetz mit der Folge der Nichtigkeit wurde begründet mit Zweifeln am Gesetzgebungskompetenztitel „öffentliche Fürsorge", mit fehlender Erforderlichkeit der bundesrechtlichen Regelung und mit sachlicher Unvereinbarkeit mit Art. 3 Abs. 1, Art. 3 Abs. 2 und Art. 6 Abs. 1 und 2 GG.

Das Betreuungsgeldgesetz könne nicht auf den Kompetenztitel der öffentlichen Fürsorge (Art. 74 Abs. 1 Nr. 7 GG) gestützt werden, der dem Bund die konkurrierende Gesetzgebungskompetenz vermittelt. Der durch das Betreuungsgeldgesetz eingeführte § 4a Bundeselterngeld- und Elternzeitgesetz (BEEG) statuiere als entscheidende Voraussetzung der Betreuungsgeldberechtigung die Nichtinanspruchnahme von Leistungen der Förderung in Tageseinrichtungen und in Kindertagespflege gemäß § 24 Abs. 2 des Achten Buches Sozialgesetzbuch (SGB VIII). Hierin sei weder ein ausreichender Bezug zu einer vorliegenden noch zu einer präventiv zu verhindernden Situation der Hilfs- oder Unterstützungsbedürftigkeit zu sehen, der auch bei einer weiten Auslegung der „öffentlichen Fürsorge" in jedem Fall notwendig sei. Die reine Kompensation eines Subventionsgefälles sei nicht von der „öffentlichen Fürsorge" erfasst und beeinflusse die Länderkompetenzen im Bereich der Kindertagesbetreuung. Insbesondere würden durch die negative Tatbestandsvoraussetzung *Nichtinanspruchnahme von Leistungen i.S.d. § 24 Abs. 2 SGB VIII* falsche Anreize gesetzt, die die intendierte Wahlfreiheit zwischen externer, öffentlich geförderter und interner, familiärer Kinderbetreuung im Ergebnis gerade ausschließen würden.

Zumindest aber sei die Erforderlichkeit der bundesgesetzlichen Regelung aus den oben genannten Gründen nicht gegeben. Der durch die Föderalismusreform erst 2006 bewusst restriktiver gefasste Art. 72 Abs. 2 GG setze ein eng auszulegendes gesamtstaatliches Integrationsinteresse des Bundes voraus. Das Betreuungsgeldgesetz werde hingegen nur mit einem allgemeinen Vereinheitlichungsinteresse des Bundes begründet, das gerade für die Herstellung gleichwertiger Lebensverhältnisse nicht mehr ausreiche. Auch die in drei Ländern (Bayern, Sachsen und Thüringen) gewährten und in zwei weiteren Ländern (Baden-Württemberg bis Ende 2012, Mecklenburg-Vorpommern bis 2005) ehemals vorgesehenen Landeserziehungsgelder würden die fehlende Erforderlichkeit einer bundeseinheitlichen Regelung indizieren.

Das Betreuungsgeldgesetz sei auch materiell verfassungswidrig wegen Unvereinbarkeit mit dem allgemeinen Gleichheitssatz (Art. 3 Abs.1 GG), dem Verbot der geschlechtsspezifischen Diskriminierung und dem Gleichberechtigungsgebot aus Art. 3 Abs. 2 GG sowie dem Eingriff in den aus dem Schutz der Familie und des Elternrechts gem. Art. 6 Abs. 1, 2 GG geschützten Gestaltungsspielraum der Eltern und Art. 3 Abs. 2 GG und Art. 6 GG. Die öffentliche, durch §§ 22 ff. SGB VIII rechtlich gewährleistete Infrastruktur stehe allen Eltern zur Verfügung und erweitere deren Optionen bei der Gestaltung des Familienlebens. Das Betreuungsgeld lasse sich deshalb nicht mit dem Zweck des Ausgleichs eines wirtschaftlichen Nachteils für Eltern rechtfertigen, die diese Infrastruktur auch nutzen. Auch der Zweck einer Anerkennung der Betreuung außerhalb öffentlich geförderter Betreuungseinrichtungen stehe im Widerspruch zum Zweck der Förderung von Wahlfreiheit, den die Gesetzesbegründung anführe, und sei ebenfalls sachwidrig. Mit dem Zweck der Wahlfreiheit sei auch eine – ebenfalls angeführte – Kompensations- und Lenkungsfunktion des Betreuungsgeldes nicht vereinbar.

Auch die Wahlfreiheit der Familien werde durch das Betreuungsgeld nicht gefördert. Dieses erschwere vielmehr mit seiner strikten Entweder-/Oder-Ausgestaltung die Übergänge von der familiären in die öffentlich geförderte Betreuung, unterstütze einseitig den Verbleib in der familiären Betreuung und verteuere außerdem die Aufnahme einer Erwerbstätigkeit in Abhängigkeit von der ökonomischen Situation der Familien. Dabei verbänden rational handelnde Eltern die Entscheidung für oder gegen die Inanspruchnahme des Betreuungsgeldes mit der Entscheidung über Betreuung und Erwerbstätigkeit in den angrenzenden Lebensjahren des Kindes. Der Staat erwartet andererseits ab dem vierten Lebensjahr die eigenständige Existenzsicherung betreuender Eltern, ggf. sogar die Existenzsicherung durch den betreuenden Elternteil allein. Die gesamte institutionelle Rahmung erzeuge nicht nur neue Barrieren in der verbindenden Gestaltung der Kinderbetreuung und Erwerbstätigkeit, sondern sie knüpfe an die Entscheidung für das Betreuungsgeld auch wirtschaftliche Risiken für die Familien bzw. den betreuenden Elternteil. Die gewählte Förderstruktur sei aus Sicht der Familien weder konsistent noch verlässlich. Sie stehe im Widerspruch zu dem Gebot des Art. 6 Abs. 1 GG, Familienförderung auf Gestaltungsfreiheit der Familien auszurichten.

Weder die Voraussetzung der Nichtinanspruchnahme von Leistungen nach § 24 Abs. 2 SGB VIII noch die intendierte Kompensation eines Subventionsgefälles seien sachgerechte Differenzierungskriterien. Zudem sei das Betreuungsgeld in seinen rechtlichen Voraussetzungen zu wenig flexibel ausgestaltet, so dass auch keine sachgerechte Binnendifferenzierung in Hinblick auf die Anspruchsberechtigung erfolgen könne. Schließlich werde durch die vom Betreuungsgeld ausgehenden Anreize gegen das aus Art. 6 Abs. 1 und 2 GG herzuleitende staatliche Neutralitätsgebot und gegen das aus Art. 3 Abs. 1 GG folgende Gebot der Folgerichtigkeit einfachgesetzlicher Wertungen verstoßen. Schließlich führe das Betreuungsgeld faktisch zu einer Verfestigung überkommener Rollenverteilung und damit zu einer Benachteiligung von Frauen im Sinne von Art. 3 Abs. 2 GG.

III. Die Stellungnahme der Bundesregierung

Der durch Hamburg beim Bundesverfassungsgericht eingereichte Antrag auf abstrakte Normenkontrolle des Betreuungsgeldgesetzes war Ende November 2013 im innerhalb der Bundesregierung federführenden BMFSFJ eingegangen. Kurze Zeit später gab es dort einen gerade in Hinblick auf das Bundesverfassungsgerichtsverfahren zum Betreuungsgeld viel beachteten Wechsel an der Hausspitze zu verzeichnen: Manuela Schwesig hatte als erklärte Gegnerin des Betreuungsgeldes das Ministeramt von Kristina Schröder übernommen. Staatssekretär und damit nach der Gemeinsamen Geschäftsordnung der Bundesregierung (GGO) für das Bundesverfassungsgerichtsverfahren zuständig war seit dem 8. Januar 2014 der Mann, mit dessen Briefkopf der Normenkontrollantrag nach Karlsruhe gesandt wurde: Ralf Kleindiek.

Diese besondere politische und persönliche Konstellation erfuhr eine breite Aufmerksamkeit nicht nur in der Fachwelt. Auch die breite Öffentlichkeit verfolgte interessiert die Herausforderung, den widersprüchlichen Rollen gerecht zu werden und das Betreuungsgeld formal vor dem Bundesverfassungsgericht zu verteidigen, ohne die eigene fach- und verfassungspolitische Einschätzung zu verleugnen. Auch die Koalitionspartner, denen über die von ihnen besetzten Ressorts nach Maßgabe der GGO zwingende Abstimmungs- und Mitspracherechte zukamen, wachten mit Argusaugen über alle Äußerungen gegenüber dem Bundesverfassungsgericht.

Den Ausweg aus diesem Konflikt hat schließlich das Betreuungsgeld selbst mit den ihm immanenten Selbstwidersprüchen aufgezeigt: Die materielle Verfassungsmäßigkeit des Betreuungsgeldes setzte voraus, dass das Betreuungsgeld keine signifikante Lenkungswirkung und Verhaltenssteuerung entfaltet. Das konnte insbesondere mit der geringen Höhe der Leistung begründet werden. Dann wäre aber ein eklatanter Widerspruch zur Begründung der formellen Verfassungsmäßigkeit entstanden, die maßgeblich gerade davon abhing, dass das Betreuungsgeld eine signifikante (Lenkungs-)Wirkung entfaltet, um überhaupt als Fürsorgeleistung eingestuft werden zu können, und erst recht, um die Erforderlichkeit für eine bundesgesetzliche Regelung zu begründen. Dieser Widerspruch war nur zu lösen, indem sich die Stellungnahme entweder auf die Fragen der formellen oder der materiellen Verfassungsmäßigkeit konzentriert.

Da die in der Normenkontrolle aufgeworfenen Fragen zur formellen Verfassungsmäßigkeit (Reichweite des Kompetenztitels „öffentliche Fürsorge" und Anforderungen an die Erforderlichkeit der bundesgesetzlichen Regelung) Präzedenzwirkung weit über das angegriffene Betreuungsgeldgesetz hinaus hatten und den gesamten familien-, arbeits- und sozialpolitischen Gestaltungsspielraum des Bundes gegenüber den Ländern dauerhaft zu beeinflussen drohte, konnte die Entscheidung nur lauten, die Stellungnahme zur formellen Verfassungsmäßigkeit in den Vordergrund zu rücken. Dies galt umso mehr, als die Ausführungen zur materiellen Verfassungsmäßigkeit nur Bedeutung für den konkreten Einzelfall entfalten würden und daher keine Präzedenzwirkung zu erwarten war. Schließlich waren die zu erwartenden Wirkungen des Urteils hier auch insofern geringer, als selbst eine gegebenenfalls vom Bundesverfassungsgericht festgestellte partielle Unvereinbarkeit mit Grundrechten nicht automatisch die Verfassungswidrigkeit des gesamten Gesetzes nach sich gezogen hätte, während von einer fehlenden oder fehlerhaften Begründung der Gesetzgebungszuständigkeit des Bundes das gesamte Gesetz berührt war. Mit dieser Begründung konnte eine schwierige öffentliche Positionierung der Leitung des BMFSFJ für eine Vereinbarkeit des Betreuungsgeldes mit Art. 3 Abs. 2 GG vermieden werden. Letztlich waren diese Fragen auch bereits Gegenstand einer jahrelangen breiten und erbitterten politischen Debatte gewesen, so dass eine Stellungnahme der Bundesregierung hier keine neuen, weiteren Impulse setzen konnte.

Mit der Verfahrensvertretung vor dem Bundesverfassungsgericht wurde Michael Sachs beauftragt, der bereits 2002 die bis dato als Leiturteil für die Erforderlichkeit herangezogene Entscheidung des Bundesverfassungsgerichts zum Altenpflegegesetz (BVerfGE 106, 62) als Verfahrensbevollmächtigter der Bundesregierung (und damit gegen den damaligen Antragsteller Bayern) begleitet hatte.

Die Stellungnahme der Bundesregierung legte dar, dass der Kompetenztitel „öffentliche Fürsorge" gem. Art. 74 Abs. 1 Nr. 7 GG weit auszulegen und für neue Entwicklungen offen ist. Insbesondere seien (vorbeugende) Geldleistungen an hilfs- und unterstützungsbedürftige Familien bzw. Elternteile in Hinblick auf Art. 6 Abs. 1 GG erfasst. Die Annahme des Gesetzgebers, dass die besondere Hilfs- und Unterstützungsbedürftigkeit typisiert schon in der allgemeinen Situation „Familien mit kleinen Kindern" besteht, sei verfassungsrechtlich nicht zu beanstanden. Die Stellungnahme legte weiter dar, dass das Betreuungsgeld Bestandteil eines schon in § 16 Abs. 5 SGB VIII a.F. erfassten Gesamtkonzeptes zur Hilfe und Unterstützung von Familien mit kleinen Kindern ist, das unbestritten der öffentlichen Fürsorge unterfalle (§ 16 Abs. 5 SGB VIII in der Fassung bis 2013 enthielt eine legislatorisch denkwürdige Absichtserklärung des damaligen Gesetzgebers zur späteren Einführung eines Betreuungsgeldes oder einer vergleichbaren Leistung). Die Bedürftigkeit liege also entgegen der Antragsbegründung nicht erst in der Nichtinanspruchnahme von Leistungen gem. § 24 Abs. 2 SGB VIII, sondern darin, dass diese Leistung nur einen Teil des Kreises der als hilfs- und unterstützungsbedürftig identifizierten Familien mit kleinen Kindern erfasse. Das Betreuungsgeld schließe diese Regelungslücke und ergänze und komplettiere damit passgenau das Gesamtkonzept. Die in der Gesetzesbegründung herausgehobene Wahlfreiheit sei nicht das Ziel der verfolgten Fürsorge, sondern solle durch deren Modalitäten begleitend gesichert werden.

Das Betreuungsgeld sei auch keine Alternativleistung zum Ausbau der Kindertagesbetreuung und dem Rechtsanspruch U3, sondern eine Komplementärleistung. Es werde damit gerade keine Wert- und Steuerungsentscheidung zugunsten der Nichtinanspruchnahme von § 24 Abs. 2 SGB VIII und der Inanspruchnahme des Betreuungsgeldes getroffen, sondern zusätzlicher finanzieller Gestaltungsspielraum der Eltern für eine bedarfsgerechte Betreuung im Einzelfall im Wege des Familienlastenausgleichs geschaffen. Die Anspruchsvoraussetzung *Nichtinanspruchnahme von Leistungen nach § 24 Abs. 2 SGB VIII* ermögliche ein passgenaues Ineinandergreifen beider Leistungen in Hinblick auf das Gesamtkonzept und verhindere Doppelförderungen. Auch der gleichzeitig mit dem Betreuungsgeld verbundene Anerkennungszweck sei verfassungsrechtlich nicht zu beanstanden; auch er sei nicht gegen die – gesondert geförderten – Leistungen nach § 24 Abs. 2 SGB VIII gerichtet, sondern komplettiere das Gesamtkonzept. Die Umsetzungsdefizite bei der zunächst geregelten Leistung, d. h. des Rechtsanspruchs auf Kindertagesbetreuung für Kinder unter drei Jahren gem. § 24 Abs. 2 SGB VIII, änderten nichts am Hilfs- und Unterstützungscharakter des ergänzenden Betreuungsgeldes.

Die Stellungnahme der Bundesregierung stützte die Erforderlichkeit einer bundesgesetzlichen Regelung – insoweit über die Gesetzesbegründung hinaus – auf alle drei Varianten des Art. 72 Abs. 2 GG. Die Erforderlichkeit des in § 16 Abs. 5 SGB VIII a.F. niedergelegten Gesamtkonzeptes ergebe sich schon aus dem Kinderförderungsgesetz (KiföG) vom 10. Dezember 2008. Die Einführung der ergänzenden Leistung „Betreuungsgeld" sei damit sowohl in Hinblick auf die Herstellung gleichwertiger Lebensverhältnisse als auch auf die Wahrung der Rechts- und Wirtschaftseinheit von dieser Erforderlichkeit erfasst. Das Betreuungsgeld diene auch der „Herstellung gleichwertiger Lebensverhältnisse", indem das Gesamtkonzept des KiföG vollendet werde und damit insbesondere auch den Beeinträchtigungen des bundesstaatlichen Sozialgefüges durch die immensen Unterschiede im Vorhandensein und der Ausgestaltung des Betreuungsangebotes für Kinder ab dem vollendeten ersten Lebensjahr und die fehlende Akzeptanz der rein familiären Betreuung aufgrund unterschiedlicher Werthaltungen hierzu im Wege der Unterstützung und Anerkennung abgeholfen werde.

Die materielle Vereinbarkeit des Betreuungsgeldes mit Art. 3 Abs. 1 und Art. 6 Abs. 1 und 2 GG wurde in der Stellungnahme der Bundesregierung darauf gestützt, dass das Betreuungsgeld keine Ausgleichs- oder Gegenleistung für die Nichtinanspruchnahme einer anderen Leistung sei, sondern eine eigenständige ergänzende, geschlechter- und erwerbsneutrale Leistung, die einer abgrenzbaren, fürsorgebedürftigen Gruppe zugute komme. Es erweitere den Gestaltungsspielraum der Eltern und erkenne die von ihnen autonom getroffene Entscheidung an, ohne eine Bewertung vorzunehmen. Auch die maßvolle Höhe des Betreuungsgeldes führe dazu, dass keine tatsächliche Lenkungswirkung konstatiert werden könne.

IV. Die Stellungnahme der Staatsregierung Bayerns und der Landesregierung Niedersachsens

Unter den eingegangenen Stellungnahmen sind wegen der bundesweiten Bedeutung des Rechtsstreits diejenigen der Länder von besonderem Interesse. Die bayerische Staatsregierung, vertreten durch den Staatsrechtler Martin Burgi, argumentierte zugunsten der Verfassungsmäßigkeit des Betreuungsgeldgesetzes. Sie bejahte sowohl die Zuordnung des Betreuungsgeldes zum Kompetenztitel der „öffentlichen Fürsorge" als auch die Erforderlichkeit der bundesgesetzlichen Regelung. Letztere wurde mit der unterschiedlichen Ausgangslage der Kinderbetreuung in den Ländern begründet und auf den politisch und normativ engen Zusammenhang des Betreuungsgeldes mit dem KiföG von 2008 verwiesen, das den Anspruch auf einen öffentlich geförderten Betreuungsplatz eingeführt hatte. Das Gesetz sei vom Gestaltungsspielraum des Bundesgesetzgebers gedeckt und verletze grundrechtliche Maßstäbe nicht.

Die niedersächsische Staatskanzlei sprach dem Betreuungsgeld Lenkungswirkungen in Bezug auf die „Fremdbetreuungsquote" in den Ländern zu und verneinte die Erforderlichkeit einer bundesgesetzlichen Regelung am Maßstab des Art. 72 Abs. 2 GG.

V. Die Erwiderung der Freien und Hansestadt Hamburg

Die Antragstellerin erwiderte hierauf mit Datum vom 30. September 2014. *Arndt Schmehl*, zu dieser Zeit schon schwer erkrankt, hat an dieser Erwiderungsschrift nochmals aktiv und mit der Kraft, die ihm noch zur Verfügung stand, mitgearbeitet. Drei Absätze der Schrift zum Verständnis des Art. 72 Abs. 2 GG seien hier wörtlich aufgeführt, da sie Ausführungen enthalten, die *Arndt Schmehl* sehr wichtig waren und die über den konkreten Anlass hinaus tragen:

> Die konkreten Anforderungen an die Erforderlichkeit bundesgesetzlicher Regelung enthalten dabei – auch wenn sie nicht in die Nähe einer Verhältnismäßigkeitsprüfung gerückt werden – stets ein Element des Ins-Verhältnis-Setzens, und zwar im Hinblick darauf, in welchem Maße das rechtfertigungsbedürftige Handeln die Rechtspositionen der Länder beeinträchtigt, auf die sich der Rechtfertigungsbedarf bezieht. Die Begriffswahl des Art. 72 Abs. 2 GG verdeutlicht dabei, dass für die anzulegenden Maßstäbe auch die Intensität der Auswirkungen einer bundesrechtlichen Regelung auf die Wahrnehmung der als Regelfall bestehenden Landeskompetenz als Ausdruck der Länderautonomie von Belang ist.

Darüber hinaus hat Art. 72 Abs. 2 GG die Funktion, das Miteinander von Bund und Ländern in der Wahrnehmung der jeweiligen Kompetenzen zu moderieren. Die Vorschrift verlangt vom Bund besonders dann eine Begrenzung seiner Gesetzgebung und eine Rücksichtnahme auf die Länder, wenn ein Gesetzgebungsvorhaben des Bundes dem Grundgedanken und der Wirkungsweise von Gestaltungsentscheidungen in den Ländern zuwider liefe. Der Schutz der Autonomie der Länder hat wegen des von Art. 72 Abs. 2 GG geforderten gesamtstaatlichen Interesses, das stets auch den gesamtstaatlichen Zusammenhalt umfasst, gegenüber solchen Vorhaben besonderes Gewicht.

Für die Interpretation der Erforderlichkeitsklausel als Regelungselement der Wahrung des gesamtstaatlichen Interesses ist damit auch relevant, inwieweit eine bundesgesetzliche Regelung landespolitische Gestaltungsentscheidungen auf eigenen Gestaltungsfeldern der Länder konterkariert oder inwieweit sie ein gedeihliches Mit- und Nebeneinander von Bundesgesetz und landesrechtlicher Gestaltung ermöglicht. Die Anforderungen an die Erforderlichkeit sind jedenfalls dann deutlich erhöht, wenn die absehbaren Folgen des Bundesgesetzes der Verwirklichung bestimmter landesrechtlicher Konzeptionen geradezu entgegen gesetzt sind. Dabei bedingt die eigenständige Staatlichkeit eines jeden Landes, dass es nicht auf die Größe oder Zahl der Länder ankommt, deren Konzeption durch ein Bundesgesetz konkret betroffen oder beeinträchtigt ist.

VI. Das Urteil

Mit Urteil vom 21. Juli 2015 hat das Bundesverfassungsgericht die Rechtsgrundlagen für die Gewährung des Betreuungsgeldes in §§ 4a bis 4d BEEG vom 15. Februar 2013 für mit dem Grundgesetz unvereinbar und nichtig erklärt (Az. 1 BvF 2/13). Begründet wird die Verfassungswidrigkeit mit der fehlenden Erforderlichkeit einer bundesgesetzlichen Regelung nach Maßgabe von Art. 74 Abs. 1 Nr. 7 in Verbindung mit Art. 72 Abs. 2 GG. Zwar habe es in Bayern, Sachsen und Thüringen ähnliche staatliche Leistungen gegeben, jedoch lasse sich hieraus keine erhebliche Schlechterstellung von Eltern in Bundesländern ableiten, die eine solche Leistung nicht vorsehen. Mangels entsprechender Anrechnungsvorschriften zwischen Bundes- und Landesleistungen habe durch das Betreuungsgeld ohnehin kein bundesweit gleichwertiges Förderungsniveau geschaffen werden können. Das Argument des Bundesgesetzgebers, vor dem Hintergrund des Ausbaus der Kindertagesbetreuung habe eine Alternative zur Inanspruchnahme von Betreuung durch Dritte geschaffen werden müssen, begründe nicht die Erforderlichkeit bundesgesetzlicher Regelungen. Das Merkmal der Gleichwertigkeit der Lebensverhältnisse ziele auf den Ausgleich spezifisch föderaler Nachteile der Einwohner einzelner Länder ab, nicht aber auf den Ausgleich sonstiger Ungleichheiten. Weiter könnten auch Unterschiede in der Verfügbarkeit frühkindlicher Betreuung eine Bundeskompetenz für das Betreuungsgeld nicht rechtfertigen. Mit dem Betreuungsgeld sei nicht die Schließung einer Verfügbarkeitslücke beabsichtigt gewesen, da es zum einen nicht als entsprechende Ersatzleistung ausgestaltet worden sei und zum anderen ein einklagbarer Betreuungsanspruch bestehe, der nicht unter Kapazitätsvorbehalt gestellt worden sei. Schließlich könne auch der gesellschaftspolitische Wunsch, die Wahlfreiheit der Eltern bezüglich der Form der Kinderbetreuung zu verbessern, nicht die Erforderlichkeit einer Regelung durch Bundesgesetz begründen.

Zudem seien die Regelungen auch nicht zur Wahrung der Rechts- oder Wirtschaftseinheit erforderlich. Hierauf habe sich der Bundesgesetzgeber bei Erlass der Regelungen auch nicht gestützt. Schließlich könne auch eine Betrachtung des Betreuungsgeldes in Verbindung mit den Regelungen des KiföG als Bestandteil eines Gesamtkonzepts eine Gesetzgebungskompetenz des Bundes nicht begründen. Grundsätzlich müsse jede Fürsorgeleistung für sich genommen die Voraussetzungen des Art. 72 Abs. 2 GG erfüllen. An einer objektiven Untrennbarkeit der Regelungen, die eine Ausnahme hiervon rechtfertigen könnte, fehle es. Auch aus der Einschätzungsprärogative des Gesetzgebers für Konzept und Ausgestaltung von Gesetzen folge keine Freistellung von entsprechender verfassungsgerichtlicher Kontrolle. Ein politisches Junktim zwischen beiden Leistungen sei verfassungsrechtlich unbeachtlich.

Bemerkenswert ist, dass es sich das Bundesverfassungsgericht nicht hat nehmen lassen, in einer Art *obiter dictum* die im Unterschied zum Betreuungsgeld gegebene Erforderlichkeit der Regelungen zur frühkindlichen Förderung in §§ 22 ff. SGB VIII und der Regelungen des BEEG zum Elterngeld ausdrücklich anklingen zu lassen.

Da sich die Nichtigkeit der Regelungen bereits aus dem Fehlen der Gesetzgebungskompetenz des Bundes ergab, hat das Bundesverfassungsgericht sich nicht mehr mit der Frage der materiellen Verfassungsmäßigkeit der Regelungen befasst.

VII. Die Folgen des Urteils

Das Bundesverfassungsgericht ist in seinem Urteil nicht auf die Frage eingegangen, wie unter Aspekten des Vertrauensschutzes mit auf Grundlage der für verfassungswidrig erklärten Regelungen ergangenen (bestandskräftigen oder noch nicht bestandskräftigen) Entscheidungen einerseits und noch nicht beschiedenen Anträgen andererseits zu verfahren ist. Eine Übergangsregelung, die nach § 35 Bundesverfassungsgerichtsgesetz (BVerfGG) möglich gewesen wäre, hielt der Senat nicht für notwendig. Erfordernissen des Vertrauensschutzes „kann gemäß § 79 Absatz 2 Satz 1 BVerfGG gegebenenfalls i.V. mit § 45 Absatz 1 SGB X Rechnung getragen werden" (vgl. Rdnr. 73 der Entscheidung). Zu Beginn der Urteilsverkündung hat der Vizepräsident des Bundesverfassungsgerichts dazu ausgeführt, der Senat habe eine Übergangsregelung für Fälle erwogen, in denen Eltern von Kleinkindern bereits Betreuungsgeld gewährt wurde und diese Leistung von den Empfängern deswegen auch weiterhin erwartet werde. Der Senat habe diese aber nicht für notwendig erachtet, denn dem Vertrauensschutz in den Bestand der Leistungsbescheide werde in diesen Fällen bereits durch die oben genannten Vorschriften Rechnung getragen.

In seinem Urteil (Rn. 72) hat der Senat die §§ 4a bis 4d BEEG für verfassungswidrig und für nichtig erklärt. Die Feststellung der Nichtigkeit nach § 78 Satz 1 BVerfGG hat nach überwiegender Auffassung keine Gestaltungswirkung mit der

Folge der Aufhebung des Gesetzes, es handelt sich hierbei vielmehr um die Feststellung einer von Anfang an (*ex tunc*) bestehenden Nichtigkeit. Die Nichtigerklärung führte damit zur rückwirkenden Beseitigung der Vorschriften und ihrer Rechtswirkungen.

Die Bewilligung von Betreuungsgeld auf der Grundlage der für nichtig erklärten Regelungen war ab Verkündung des Urteils mangels Gesetzesgrundlage nicht mehr möglich. Eine nach dem Urteilsspruch erfolgte Beantragung von Betreuungsgeld durch bisher anspruchsberechtigte Eltern lief damit ins Leere.

Bereits erlassene Betreuungsgeldbescheide behielten jedoch gemäß § 79 Abs. 2 Satz 1 BVerfGG grundsätzlich ihre Gültigkeit. Diese Verwaltungsakte waren nicht nichtig, sondern mangels Rechtsgrundlage lediglich rechtswidrig und konnten damit – unter Berücksichtigung von Vertrauensschutzgrundsätzen – zurückgenommen werden (vgl. § 45 SGB X). Bei dieser Rechtslage mussten (und konnten) die Behörden auf Grund der erfolgten Bewilligungen bis zu deren Aufhebung noch Leistungen erbringen. Die Zahlungen sind dabei nicht selbst Verwaltungsakte, sondern Realakte in Vollzug des Bewilligungsbescheids.

Das BMFSFJ war der Auffassung, dass sich aus den genannten Normen sowohl ein Rückabwicklungsverbot als auch eine prinzipielle Fortbestandsgarantie für bestandskräftig gewordene Bescheide ergeben hat, da nach einer Abwägung gegen das öffentliche Interesse an einer Rücknahme der Bewilligung der Vertrauensschutz der betroffenen Betreuungsgeldberechtigten überwog (vgl. § 79 Abs. 2 BVerfGG i.V.m. § 45 Abs. 2 SGB X). Mit der Formulierung eines bereits gesicherten „Vertrauensschutzes in den Bestand der Leistungsbescheide" hat der Senat ebenfalls zu erkennen gegeben, dass auch aus seiner Sicht jedenfalls bestandskräftige Verwaltungsakte bestehen bleiben sollten. Die ausführenden Behörden in den Ländern haben vor diesem Hintergrund keine bestandskräftigen Bewilligungen aufgehoben.

Die durch den Wegfall des Betreuungsgeldes bis 2018 freigewordenen und freiwerdenden Mittel wurden den Ländern im Zeitraum von 2016 bis 2018 zur Verfügung gestellt. Es handelt sich um rund 2 Milliarden Euro, die von Ländern und Kommunen für Maßnahmen zur Verbesserung der Kinderbetreuung genutzt werden sollen. Eine Zuweisung der Mittel an die Länder erfolgt über Umsatzsteuerpunkte. Im Zuge der Kompetenzteilung zwischen Bund und Land entscheiden die Länder über den konkreten Einsatz und die Verteilung dieser Mittel an die Kommunen.

Der Freistaat Bayern hat in der Folge des Urteils ein Landesbetreuungsgeld eingeführt, das dem auslaufenden Betreuungsgeld in seinen Bezugsbedingungen im Wesentlichen entspricht.

VIII. Lehrgeld aus dem Betreuungsgeld

Das Betreuungsgeld ist an der kompetenzrechtlichen Ordnung des Grundgesetzes gescheitert. Daran gemessen erklärt sich die Intensität der verfassungsrechtlichen und politischen Auseinandersetzung um das Betreuungsgeld nicht. Sie erklärt sich allerdings, wenn man sich vergegenwärtigt, dass mit dem Betreuungsgeld der Versuch unternommen wurde, die familienpolitische Vorstellung der „Wahlfreiheit" im Kanon staatlicher Leistungen zu operationalisieren. Dieser Versuch ist zu Recht gescheitert.

Die politisch behauptete Lenkungswirkung – die Anerkennung und Kompensation von innerfamiliärer Kinderbetreuung in Abgrenzung zu externer Kindertagesbetreuung – konnte nie erreicht werden, da nicht etwa die fehlende externe Betreuung Anspruchsvoraussetzung war, sondern nur die Nichtinanspruchnahme der öffentlich geförderten frühkindlichen Kindertagesbetreuung. Die politisch beabsichtigte Lenkungswirkung weg von der externen Kinderbetreuung hin zur Honorierung der innerfamiliären Kinderbetreuung hat das Betreuungsgeld nach den vom Bundesverfassungsgericht herangezogenen empirischen Befunden des Deutschen Jugendinstituts in erster Linie auf Familien mit niedrigem Bildungsstandard und auf Familien mit Migrationshintergrund gehabt. Auch in Bezug auf die innerfamiliäre Rollenverteilung zwischen den Geschlechtern scheint das Betreuungsgeld im Übrigen Einfluss gehabt zu haben, da laut den im Urteil des Bundesverfassungsgerichtes referierten Ergebnissen des Statistischen Bundesamtes das Betreuungsgeld zu 95 Prozent von Frauen in Anspruch genommen wurde – eine in Hinblick auf die letztlich nicht vorgenommene Vereinbarkeitsprüfung mit Art. 3 GG sehr ernst zu nehmende Erkenntnis.

Die Verteilung der Gesetzgebungszuständigkeit zwischen Bund und Ländern ist wesentliches Element unserer grundgesetzlichen Ordnung und auch Ausdruck einer bestimmten Wertung. Dies zu beachten war *Arndt Schmehl* wichtig. Dies ist auch deutlich geworden in der Arbeit an dem gemeinsamen Projekt des Betreuungsgeldes vor dem Bundesverfassungsgericht. In vielerlei Hinsicht war es typisch für ein gemeinsames Projekt mit *Arndt:* anspruchsvoll, mitunter kompliziert, freudvoll und erfolgreich.

Aber es war leider das letzte gemeinsame Projekt.

Berufsfreiheit und Gemeinwohlbindung – Zu Freiheitsfolgenverantwortung und finanzieller Ausgleichspflicht

Von *Hanno Kube*

I. Prinzipien im Recht der Staatsfinanzierung

Mit Nachdruck hat Arndt Schmehl immer wieder auf die Bedeutung von Prinzipien im Recht der Staatsfinanzierung hingewiesen. Prinzipien sichern, so Arndt Schmehl in seiner großen Habilitationsschrift über das Äquivalenzprinzip, die rechtsstaatliche Klarheit und Verstehbarkeit, damit auch die Akzeptanz von Belastungsentscheidungen, und sie ermöglichen eine Erneuerung des Rechts in seinen Strukturen, weil sie – als integrale Elemente der Dogmatik – in besonderer Weise zwischen System und Problem vermitteln.[1]

Eines der wesentlichen Prinzipien des deutschen Finanzverfassungsrechts ist das Prinzip der Steuerstaatlichkeit, das den Staat darauf verpflichtet, sich im Wesentlichen durch die steuerliche Teilhabe am Erfolg freiheitlichen privaten Wirtschaftens zu finanzieren und auf eine Staatswirtschaft zu verzichten.[2] Die Gegenleistungsfreiheit als Tatbestandsmerkmal des verfassungsrechtlichen Steuerbegriffs drängt zugleich auf die Geltung eines materiellen Äquivalenzprinzips für die Erhebung nichtsteuerlicher Abgaben.[3] Nur dort, wo eine besondere staatliche Leistung erbracht wird, ist die Auferlegung einer Vorzugslast, also einer Gebühr oder eines Beitrags, verfassungsrechtlich gerechtfertigt. Die Sonderabgabe knüpft ihrerseits an die staatliche Entlastung von einer vorausliegenden besonderen Gruppenverantwortung an.[4]

Seinen rechtsverbindlichen materiellen Beitrag für das allgemeine Wohl erbringt der Bürger im Steuerstaat mithin durch die Steuerzahlung.[5] Weitergehende Finanzierungslasten bedürfen je besonderer Begründung. Naturalleistungspflichten kennt der moderne Steuerstaat, sieht man von den ihrerseits nur in sehr begrenztem Umfang

---

[1] *A. Schmehl*, Das Äquivalenzprinzip im Recht der Staatsfinanzierung, 2004, S. 5 f.

[2] *Schmehl* (o. Fußn. 1), S. 86 m. w. N.

[3] *Schmehl* (o. Fußn. 1), S. 92 f.

[4] Im Einzelnen für die verschiedenen Abgabenarten *Schmehl* (o. Fußn. 1), S. 97 ff.

[5] Zu dieser entlastenden Wirkung *J. Isensee*, Steuerstaat als Staatsform, in: Stödter/Thieme (Hrsg.), FS H. P. Ipsen, 1977, S. 409 ff.

auferlegten staatsbürgerlichen Pflichten ab, allenfalls noch als Reminiszenz an vergangene Zeiten.[6]

Umso mehr drängt sich vor diesem Hintergrund die Frage auf, ob und in welchem Umfang es zulässig sein kann, dass der Staat die private, in ihrer Freiheitlichkeit durch Art. 12 Abs. 1 GG geschützte Berufsausübung in den Dienst des Gemeinwohls stellt. Diese in der jüngeren Rechtsprechung immer wieder entscheidungserheblich gewordene, prima facie rein grundrechtsdogmatische Frage ist bei näherer, im Folgenden vorzunehmender Betrachtung erst im Rahmen des Finanzverfassungsrechts, namentlich im Licht des Steuerstaats- und des Äquivalenzprinzips, angemessen zu beantworten. Damit bestätigt sich die von Arndt Schmehl betonte Bedeutung der Prinzipien für die Rechtsstaatlichkeit und die Lastengerechtigkeit unseres Rechts.

II. Uneinheitliche Rechtsprechung zur Verhältnismäßigkeit von Indienstnahmen

Auffällig oft hatten die Gerichte in den letzten Jahren über Regelungen zu entscheiden, durch die Berufsgruppen für Gemeinwohlanliegen in Anspruch genommen wurden. Beispiele umfassen die Pflicht der Gaststättenbetreiber, das Rauchverbot durchzusetzen,[7] die Verpflichtung des öffentlichen Personennahverkehrs, Schwerbehinderte unentgeltlich zu befördern,[8] oder auch das den Telekommunikationsunternehmern auferlegte Gebot, Vorratsdaten zu speichern, um die Strafverfolgung und Terrorismusbekämpfung zu erleichtern.[9] Die Liste dieser Beispiele ließe sich mit Leichtigkeit verlängern.[10]

So attraktiv es für den Staat erscheinen kann, die sachliche Kompetenz und die Ressourcen der Wirtschaft für das Gemeinwohl nutzbar zu machen, so stark wird die hergebrachte Grundrechtsdogmatik aber durch die staatliche Indienstnahme der Berufsfreiheit für näher oder auch ferner liegende öffentliche Aufgaben herausgefordert. Denn diese Dogmatik fragt kaum nach der inneren Beziehung, nach der Verantwortung gerade des in Anspruch genommenen Grundrechtsträgers für das be-

---

[6] Siehe den Begriff der „herkömmlichen allgemeinen, für alle gleichen öffentlichen Dienstleistungspflichten" in Art. 12 Abs. 2 GG; dazu *T. Mann*, in: Sachs (Hrsg.), GG, 7. Aufl. 2014, Art. 12 Rdnr. 185 unter Verweis auf den Parlamentarischen Rat (gemeindliche Hand- und Spanndienste, Feuerwehr- und Deichschutzpflicht).

[7] BVerfG, Beschl. v. 13.8.2008, 1 BvR 2068/08; siehe auch BVerfGE 121, 317 (344 ff.).

[8] BVerwG, NVwZ-RR 2010, 611 ff.

[9] BVerfGE 125, 260.

[10] Weiterhin genannt seien etwa die Erdölbevorratungspflicht, die Überbürdung von Bürokratielasten (so durch die Verpflichtung des Gastwirts, Kurtaxe einzuziehen, und die Verpflichtung des Arbeitsgebers zur Lohnsteuerabführung), die Verpflichtung des Arbeitgebers zur Gewährung von Sonderurlaub für ehrenamtliche Arbeit, die Auferlegung von Pflichtverteidigungen, die Bestellung als Anwaltsvormund oder auch die vielfältigen Fälle, in denen unmittelbar finanziell wirkende Lasten aus Gemeinwohlgründen auferlegt werden (Mindestlohn, Mutterschaftsgeld, Arzneimittel-Rabattpflichten, Einspeisevergütung).

treffende Gemeinwohlgut. Die Verhältnismäßigkeitsprüfung setzt die staatliche Wahl des Eingriffsadressaten vielmehr voraus, solange seine Inanspruchnahme nur geeignet ist, das Regelungsanliegen zu fördern. Erforderlich soll der Eingriff schon dann sein, wenn kein milderes Mittel gleicher Eignung dem Eingriffsadressaten gegenüber in Betracht kommt. Und auch bei der Angemessenheitsprüfung wird allein zwischen der Bedeutung der öffentlichen Aufgabe und der Schwere der Betroffenheit des konkreten Grundrechtsträgers abgewogen.

Im Angesicht der Vielfalt vorstellbarer Indienstnahmen ergibt sich hier eine ganz besondere grundrechtliche Gefährdungslage, eine offene Flanke der freiheitsgrundrechtlichen Dogmatik. Einzelne Ansätze gehen dahin, diese Flanke gleichheitsgrundrechtlich zu schließen.[11] Doch sollte sich im ersten Zugriff schon die freiheitsgrundrechtliche Dogmatik der Herausforderung stellen, geht es doch nicht nur um das Anliegen der Gleichbehandlung durch den Staat, sondern im Kern um die Frage nach der Rechtfertigung einer möglicherweise erheblichen Freiheitsverkürzung. Die Rechtsprechung reagiert in der Weise, dass sie die Prüfung der Verhältnismäßigkeit im engeren Sinn in Indienstnahmefällen um Verantwortlichkeitserwägungen ergänzt. So rechtfertigt das Bundesverfassungsgericht die Pflicht der Gaststättenbetreiber, das Rauchverbot durchzusetzen, mit der Verantwortung des Gastwirts „für das gesundheitliche Wohl seiner Gäste", zudem mit seinem Hausrecht.[12] Auch im Urteil zur Vorratsdatenspeicherung nach §§ 113a und 113b TKG aus dem Jahr 2010 bejaht das Bundesverfassungsgericht „eine hinreichende Sach- und Verantwortungsnähe zwischen der beruflichen Tätigkeit und der auferlegten Verpflichtung", dort unter Verweis auf einen gebotenen Gleichlauf der Gewinnchancen der Unternehmer mit den Kosten „für die Einhegung der neuen Sicherheitsrisiken, die mit der Telekommunikation verbunden sind".[13] In anderen Entscheidungen sehen die Gerichte Indienstnahmen dagegen nur deshalb als verhältnismäßig an, weil sie mit Vergütungsregelungen einhergehen, so etwa im Fall der in § 145 SGB IX ausgestalteten Verpflichtung der Verkehrsunternehmer, Schwerbehinderte unentgeltlich zu befördern.[14]

Die sich in diesen Beispielen abzeichnende Uneinheitlichkeit in Vorgehen und Argumentation zieht sich durch die gesamte Rechtsprechung zur Indienstnahme. Obwohl sie als Rechtsfigur vertraut erscheint,[15] stellt sich die grundrechtliche Struktu-

---

[11] Insbesondere *C. von Stockhausen*, Gesetzliche Preisintervention zur Finanzierung öffentlicher Aufgaben, 2007; auch *S. Reiter*, Zwischen Verantwortungszuschreibung und Ungleichbehandlung. Voraussetzungen und Grenzen der privatnützigen Inanspruchnahme Privater durch den Staat, 2017.

[12] BVerfG, Beschl. v. 13.8.2008, 1 BvR 2068/08, Rdnr. 5.

[13] BVerfGE 125, 260 (362).

[14] BVerwG, NVwZ-RR 2010, 611 (611 f.).

[15] Aus der Literatur bereits *H. P. Ipsen*, Gesetzliche Indienstnahme Privater für Verwaltungsaufgaben, in: FG E. Kaufmann, 1950, S. 141 ff.; *K. Vogel*, Öffentliche Wirtschaftseinheiten in privater Hand, 1959; *H. H. Rupp*, Privateigentum an Staatsfunktionen, 1963; *H. Gause*, Die öffentliche Indienststellung Privater als Rechtsinstitut der Staatsorganisation,

rierung und Einhegung der Indienstnahme damit nach wie vor als verfassungsdogmatische Aufgabe dar.

III. Wertungen des einfachen Rechts

Nähert man sich dieser Aufgabe, so richtet sich der Blick zunächst auf das einfache Recht, dessen Wertungen sich als Konkretisierungen entsprechender Verfassungsrechtsgehalte erweisen könnten.

1. Polizeirechtliche Nichtstörerdogmatik

Als Quelle verlässlicher Rechtswertungen bietet sich dabei als erstes das Polizeirecht an. Während der polizeirechtliche Störer, der eine Gefahr verursacht oder für einen gefährlichen Zustand einzustehen hat, kompensationslos herangezogen wird, um die Gefahr zu bannen, ist die Rechtslage beim Nichtstörer eine andere. Auch er wird in Anspruch genommen, weil und soweit dies erfolgversprechend erscheint. Doch ist der Nichtstörer auf Sekundärebene schadlos zu stellen (siehe beispielsweise § 55 Abs. 1 PolG Bad.-Württ.).[16] Die Unterscheidung führt zu einem Eingriff nach Maßgabe der individuellen Verantwortung, genauer der Verantwortung für die Folgen des eigenen freiheitlichen Handelns und Beherrschens. Besteht diese Verantwortung, muss der Adressat die zur Gefahrbeseitigung erforderliche Freiheitsbeschränkung auch in den finanziellen Konsequenzen hinnehmen. Besteht die Verantwortung nicht, wird er entschädigt.

1967; *U. Battis*, Erwerbsschutz durch Aufopferungsentschädigung, 1969; *D. Plewa*, Die Verfassungsmäßigkeit der Indienstnahme Privater für Verwaltungsaufgaben am Beispiel des Gesetzes über Mindestvorräte an Erdölerzeugnissen vom 9.9.1965 i.d.F. v. 4.9.1975, 1978; *H. Ferger*, Ausgleichsansprüche bei der Indienstnahme Privater für Verwaltungsaufgaben, 1979; aus jüngerer Zeit *M. Burgi*, Finanzieller Ausgleich für Bürokratielasten – ein Verfassungsgebot!, GewArch. Bd. 45 (1999), 393 ff.; *G. Britz*, Die Mitwirkung Privater an der Wahrnehmung öffentlicher Aufgaben durch Einrichtungen des öffentlichen Rechts, VerwArch. Bd. 91 (2000), 418 ff.; *O. Geißler*, Der Unternehmer im Dienste des Steuerstaats, 2001; *A. Schirra*, Die Indienstnahme Privater im Lichte des Steuerstaatsprinzips, 2002; *M. Altrock*, „Subventionierende" Preisregelungen – Die Förderung erneuerbarer Energieträger durch das EEG, 2002; *M. Heintzen* und *A. Voßkuhle*, Beteiligung Privater an der Wahrnehmung öffentlicher Aufgaben und staatliche Verantwortung, in: VVDStRL Bd. 62 (2003), S. 220 ff. und S. 266 ff.; *G. Kirchhof*, Die Erfüllungspflichten des Arbeitgebers im Lohnsteuerverfahren, 2005; *von Stockhausen* (o. Fußn. 11); *H. Kube*, Öffentliche Aufgaben in privater Hand – Sachverantwortung und Finanzierungslast, Die Verwaltung Bd. 41 (2008), 1 ff.; *D. Strauß*, Verfassungsfragen der Kostenüberwälzung bei staatlichen Indienstnahmen privater Unternehmen, 2009; *K.-D. Drüen*, Die Indienstnahme Privater für den Vollzug von Steuergesetzen, 2012; *A. Eichhorn*, Die Finanzierung staatlicher Regulierung durch die Regulierten, 2013; *L. Menninger*, Die Inanspruchnahme Privater durch den Staat, 2014; *M. Rheker*, Die rechtliche Einordnung der EEG-Umlage als Sonderabgabe oder als Preisregelung, 2016; *Reiter* (o. Fußn. 11).

[16] *W.-R. Schenke*, Polizei- und Ordnungsrecht, 9. Aufl. 2016, Rdnr. 676 ff.

2. Andere staatshaftungsrechtliche Aufopferungsansprüche

Die polizeirechtliche Nichtstörerentschädigung fügt sich in die Grundstrukturen des einfachrechtlichen Staatshaftungsrechts ein, das auch in anderen Fällen eine Schadlosstellung des rechtmäßig in Anspruch genommenen Nichtverantwortlichen verlangt; so bei Enteignung und enteignendem Eingriff wie auch bei Eingriffen in Leib und Leben desjenigen, der sich für die Allgemeinheit aufzuopfern hat (Stichwort Impfschaden).[17] In all diesen Fällen gilt das auf das Preußische Allgemeine Landrecht zurückreichende „Dulde und liquidiere".

3. Verwaltungsrechtliches Kopplungsverbot

Der die Hoheitsgewalt leitende Zusammenhang zwischen Freiheitsfolgenverantwortung und Belastung spiegelt sich auch im allgemeinen Verwaltungsrecht wider, dort sehr anschaulich im Kopplungsverbot des § 56 Abs. 1 Satz 2 VwVfG. Danach ist es einer Behörde untersagt, sich im Rahmen eines öffentlichrechtlichen Austauschvertrags eine Gegenleistung versprechen zu lassen, die nicht in sachlichem Zusammenhang mit der Leistung der Behörde steht.[18] Auch dies stellt sicher, dass sich staatliche Freiheitsbeschränkungen aus der – hier vertraglich eröffneten – Freiheit des Bürgers heraus legitimieren.

4. Zwischenfazit: Freiheitsfolgenverantwortung und Schadlosstellung

Das Polizeirecht, das Staatshaftungsrecht und das allgemeine Verwaltungsrecht entfalten somit den allgemeinen Rechtsgedanken, dass sich gesetzliche, gerade auch mit Kostenlasten verbundene Freiheitsbeschränkungen im Kern dadurch rechtfertigen, dass den Normadressaten Verantwortung für die Folgen trifft, die seine eigene Freiheitsausübung für ein bestimmtes Gemeinwohlgut hat.[19] Besteht eine solche Folgenverantwortung nicht oder nur eingeschränkt, soll eine Person aber gleichwohl für ein Gemeinwohlanliegen in die Pflicht genommen werden, etwa weil dies als effizient erscheint, sprechen die Wertungen in den herangezogenen Teilrechtsgebieten dafür, dass eine derartige Inpflichtnahme der Sache nach zulässig, zur Wahrung der Verhältnismäßigkeit aber insbesondere eine finanzielle Schadlosstellung erforderlich sein kann.

---

[17] *F. Ossenbühl/M. Cornils*, Staatshaftungsrecht, 6. Aufl. 2013, S. 124 ff. und S. 153 ff.

[18] *E. Gurlit*, Verwaltungsrechtlicher Vertrag und andere verwaltungsrechtliche Sonderverbindungen, in: Erichsen/Ehlers (Hrsg.), Allgemeines Verwaltungsrecht, 14. Aufl. 2010, § 32 Rdnr. 12.

[19] Zum Begriff der Verantwortung im öffentlichen Recht umfassend *J. Klement*, Verantwortung, 2006; siehe auch *D. Ehlers*, Verantwortung im öffentlichen Recht, Die Verwaltung 2013, 467 ff.

IV. Übereinstimmung mit den Prinzipien des Finanzverfassungsrechts

Gleicht man dieses Zwischenergebnis nun mit dem Finanzverfassungsrecht ab, wird deutlich, dass die Prinzipien des Finanzverfassungsrechts die gleichen Wertungen transportieren, also ihrerseits vom Gedanken der Freiheitsfolgenverantwortung getragen sind. Sollen allgemeine Staatsaufgaben finanziert werden, zu denen bestimmte Einzelne nicht in einer besonderen, gerade auch aus eigenem Freiheitsgebrauch folgenden Verantwortungsbeziehung stehen, ist die Steuer das gebotene Mittel. Bemessungsmaßstab der Steuer ist die wirtschaftliche Leistungsfähigkeit des Steuerpflichtigen,[20] also ein Maßstab, der seinerseits nicht auf eine bestimmte Art und Weise des Freiheitsgebrauchs bezogen ist.

Alle über die Steuer hinausgehenden, die allgemeine Lastenzuordnung nach der wirtschaftlichen Leistungsfähigkeit ergänzenden Zuweisungen von Finanzierungslasten knüpfen demgegenüber an besondere Finanzierungsverantwortlichkeiten an,[21] die – und wiederum findet sich hier die Grundwertung – im Kern aus einer Verantwortung für die Folgen der eigenen Freiheitsausübung herrühren. Dies gilt für die Erhebung von Gebühren und Beiträgen, die an die Verursachung besonderer Kosten (Verwaltungsgebühr) oder auch die Inanspruchnahme einer besonderen staatlichen Leistung (Benutzungsgebühr) anknüpft. Und dies gilt ebenso für die Auferlegung von Sonderabgaben, die tatbestandlich eine rechtlich vorgefundene, auf eine Finanzierungsverantwortung verweisende Sachverantwortung einer Gruppe der Gesellschaft für eine bestimmte Aufgabe voraussetzen.[22] Dass sich auch diese Sachverantwortung im Kern aus der eigenen Freiheitsausübung der in Anspruch Genommenen ergibt,[23] hat das Bundesverfassungsgericht in seiner Rechtsprechung klar bestätigt. So hebt das Gericht beispielsweise in seiner Entscheidung zur Forstabsatzfonds-Abgabe von Mai 2009 hervor, dass die Zurechnung einer Sonderlast durch eine Sonderabgabe insbesondere „an den Verursachungsgedanken anknüpft und ihre Rechtfertigung in einer Verantwortlichkeit für die Folgen gruppenspezifischer Zustände oder Verhaltensweisen" findet.[24]

---

[20] BVerfGE 93, 121 (134 ff.); 107, 27 (46 ff.); 116, 164 (180); 117, 1 (30 f.); 121, 108 (119 f.); 122, 210 (230 f.); 123, 111 (120); 126, 400 (417); 127, 224 (245); 132, 179 (189); 135, 126 (144 f.); 137, 350 (367).

[21] Ausführlich *M. Droege*, Legitimation und Grenzen nichtsteuerlicher Abgaben, Die Verwaltung 2013, 313 ff.

[22] Zum Verantwortungsbegriff im Rahmen der Sonderabgabendogmatik *J. Beckhaus*, Der Verantwortungsbegriff im Rahmen öffentlich-rechtlicher Zahlungspflichten, 2013.

[23] Dazu näher *C. Thiemann*, Die Dogmatik der Sonderabgabe im Umbruch, AöR Bd. 138 (2013), 60 (94 f.).

[24] BVerfGE 123, 132 (143); ähnlich bereits BVerfGE 122, 316 (336) im Fall des Fonds zur Absatzförderung der Land- und Ernährungswirtschaft.

V. Strukturierung der Verhältnismäßigkeitsprüfung im Rahmen von Art. 12 Abs. 1 GG

Einfachrechtlich und auch in den Prinzipien des Finanzverfassungsrechts ist die Rechtsfigur der Freiheitsfolgenverantwortung somit deutlich ausgeprägt, die von einer Entschädigungspflicht bei Inanspruchnahme trotz fehlender Verantwortung begleitet wird. Zu prüfen ist nun, ob und inwieweit diese Rechtsfigur dazu dienen kann, auch die Verhältnismäßigkeitsprüfung im Rahmen von Art. 12 Abs. 1 GG zu strukturieren und die Rechtsprechung zur Berufsfreiheit in ihrer Bezugnahme auf den Verantwortungsbegriff anzuleiten.[25]

1. Freiheitsfolgenverantwortung als Abwägungsbelang

Weil die Berufsfreiheit eine natürliche, vorausliegende Freiheit ist, sind grundsätzlich alle Berufswahl- und Berufsausübungsregelungen, die sich als Eingriffe in die Berufsfreiheit mit berufsregelnder Tendenz darstellen, rechtfertigungsbedürftig. Viele dieser Regelungen betreffen unmittelbar das Ob und Wie des freiheitlichen Marktauftritts des Grundrechtsträgers und gewährleisten die Vereinbarkeit dieses Auftritts mit den Freiheiten aller anderen wie auch mit sonstigen Verfassungsgütern. Man denke an Qualifikationserfordernisse und Zuverlässigkeitsprüfungen, an Altersgrenzen, Werbeverbote und Anforderungen an die Produktsicherheit. Die Beschränkungen, die der Grundrechtsträger insoweit hinnehmen muss, aktualisieren bei Licht betrachtet vor allem Verantwortung für die Folgen eigenen Handelns. Auch verfassungsrechtlich kommt der Rechtsgedanke der Freiheitsfolgenverantwortung also zum Tragen, weil sich dieser Gedanke aus der grundrechtlichen Freiheit in ihrer Abstimmungsbedürftigkeit selbst speist. Leitend ist das Bild des neminem laedere, des Schädigungsverbots.

Bei der – durch die Drei-Stufen-Theorie[26] vorstrukturierten – Abwägung zwischen der Schwere des Eingriffs und der Bedeutung des verfolgten Gemeinwohlziels ist deshalb richtigerweise die Freiheitsfolgenverantwortung des Grundrechtsträgers mit zu berücksichtigen. Ist diese Verantwortung deutlich ausgeprägt, kann die Freiheitsbeschränkung sehr viel eher zu rechtfertigen sein als bei nur geringer Verantwortung. Denn die auf Verantwortung basierte Beschränkung ist der Freiheit immanent. Die Kriterien zur Bemessung der Verantwortung können dabei aus dem gegenständlichen Sach- und Regelungsbereich abzuleiten sein, werden sich aber gerade auch an der Zurechnungslehre des Polizeirechts orientieren, die ihrerseits besonders deutlich auf dem Grundgedanken der Abstimmung von Freiheitssphären nach Maßgabe von Autonomie und Haftung beruht.

---

[25] Dazu auch *H. Kube*, Der eingriffsrechtfertigende Konnex – Zu Inhalt und Grenzen freiheitsbegleitender Verantwortung, JZ 2010, 265 ff.

[26] BVerfGE 7, 377 (405 ff.).

Die eingangs skizzierte Verpflichtung des Gastwirts, das gesetzliche Rauchverbot in den eigenen Räumlichkeiten durchzusetzen, erscheint danach – wie es auch das Bundesverfassungsgericht beurteilt –[27] als verfassungsgemäß. Denn eine Gaststätte kann in besonderer Weise und voraussehbar zum Rauchen veranlassen, was eine entsprechende Verantwortung des Gaststättenbetreibers bei bestehendem Rauchverbot begründet, dies zumindest in Anlehnung an die Rechtsfigur der Zweckveranlassung, die verfassungsrechtlich ihrerseits fruchtbar gemacht werden kann, weil auch sie an den grundrechtlichen Freiheitsgebrauch und dessen erwartbare Folgen anknüpft und die Zurechnung genau dort enden lässt, wo der autonome Freiheitsgebrauch eines anderen Grundrechtsträgers und seine Folgenverantwortung in den Vordergrund rücken.[28] Den Gastwirt trifft damit Verantwortung, wenngleich – vermittelt durch die Zweckveranlassung – keine intensive. Zugleich ist aber zu berücksichtigen, dass auch die Eingriffsintensität, zumal in Relation zur Gewichtigkeit des verfolgten Ziels, nicht hoch ist, so dass man in der Gesamtschau zu dem Ergebnis gelangt, dass der Eingriff zumutbar ist.

Dass der Gastwirt das Hausrecht innehat – auch darauf hatte das Bundesverfassungsgericht hingewiesen –, kann dagegen nur die Geeignetheit der Verpflichtung begründen, das Rauchverbot durchzusetzen, nicht aber ihre Zumutbarkeit. Denn die Innehabung des Hausrechts lässt als solche nicht auf Freiheitsfolgenverantwortung schließen. Ebenso wenig existiert eine gleichsam naturgegebene, paternalistisch anmutende, abstrakte Verantwortung des Gastwirts für das gesundheitliche Wohl seiner Gäste. Ihren Grund findet die Verantwortung des Gastwirts in seinem eigenen freiheitlichen Handeln, hier der Eröffnung einer Gastwirtschaft, und den Folgen, die dieses Handeln hat.[29]

Auch andere aktuelle Verpflichtungsfälle lassen sich danach vor Art. 12 Abs. 1 GG rechtfertigen, wie etwa die Pflicht der Arbeitgeber, Lohnsteuer einzubehalten und an das Finanzamt abzuführen.[30] Die Eignung dieser Verpflichtung folgt aus den Informationen und Mitteln, die gerade dem Arbeitgeber zur Verfügung stehen, die Angemessenheit jedenfalls in Grenzen aus der Tatsache, dass sich der Arbeitgeber des Arbeitnehmers zur eigenen beruflichen Entfaltung im Rahmen der steuer- und sozialstaatlich abgestützten Marktinfrastruktur bedient.

---

[27] BVerfG, Beschl. v. 13.8.2008, 1 BvR 2068/08; siehe oben II.

[28] *Schenke* (o. Fußn. 16), Rdnr. 244 ff.

[29] In diesem Sinne wohl auch BVerfG, Beschl. v. 13.8.2008, 1 BvR 2068/08, Rdnr. 5, soweit dort auf die Verantwortung des Gastwirts für das gesundheitliche Wohl der Gäste verwiesen wird.

[30] Dazu ausführlich *Kirchhof* (o. Fußn. 15); *Drüen* (o. Fußn. 15).

2. Inanspruchnahme bei schwacher oder fehlender Freiheitsfolgenverantwortung

Vielfach bleibt es freilich schwierig, Freiheitsfolgenverantwortung im Einzelfall genau zu bemessen. Dies legt Einschätzungsspielräume des demokratisch legitimierten Gesetzgebers nahe, in der Sache gleitende Übergänge. Je blasser die Verantwortung wird, desto behutsamer hat der Staat deshalb beim Freiheitseingriff vorzugehen und desto stärker tritt die Frage in den Vordergrund, ob und unter welchen weitergehenden Voraussetzungen eine Inanspruchnahme auch bei schwacher oder fehlender Verantwortung des Grundrechtsträgers für das staatlich verfolgte Ziel zumutbar sein kann.

a) Der staatliche Zugriff auf das Angebot am Markt – Finanzieller Ausgleich bei vorrangig betroffenem Erwerbsinteresse

Eine Fallgruppe der Inanspruchnahme trotz typischerweise schwacher oder fehlender Freiheitsfolgenverantwortung betrifft Konstellationen, in denen der berufstätige Grundrechtsträger seine Leistungen gemeinwohlverträglich am Markt anbietet, der Staat aber ein besonderes Interesse an diesen Leistungen hat und deshalb hoheitlich freiheitsverkürzend auf sie zugreift; sei es, weil der Staat selbst die Leistungen benötigt, sei es, weil er Sorge dafür tragen möchte, dass bestimmte Personengruppen in den Genuss der Leistungen kommen, wie beispielsweise – um den zweiten Ausgangsfall aufzunehmen – bei der gesetzlichen Verpflichtung des öffentlichen Personenverkehrs, Schwerbehinderte unentgeltlich zu befördern.

Freiheitsfolgenverantwortung für das Regelungsziel trägt der Unternehmer in diesen Konstellationen oftmals nicht. So ist ein Verantwortungskonnex zwischen der Tätigkeit des Verkehrsunternehmers und dem Gemeinwohlgut einer sozialstaatskonformen Beförderung Schwerbehinderter nicht zu erkennen. Nach dem Modell der polizeirechtlichen Nichtstörerhaftung könnte sich daher anbieten, die Verhältnismäßigkeit hier durch eine Entschädigung zu sichern.

Im verfassungsrechtlichen Rahmen stellt sich aber sogleich die Frage, ob eine verhältnismäßigkeitssichernde Ausgleichsregelung, wie sie von Art. 14 GG bekannt ist,[31] auch im Bereich der Berufsfreiheit nach Art. 12 Abs. 1 GG in Betracht kommt. Die Frage steht im Zusammenhang der dogmatisch weitergehenden Diskussion um eine sekundär- oder haftungsrechtliche Ebene der Grundrechte,[32] hier freilich fokussiert auf den Fall des rechtmäßigkeitssichernden Ausgleichs, nicht dagegen des Ausgleichs für erlittenes Unrecht. Während einerseits vertreten wird, die Grund-

---

[31] Siehe die Enteignung nach Art. 14 Abs. 3 GG und die ausgleichspflichtige Inhalts- und Schrankenbestimmung nach Art. 14 Abs. 1 Satz 2 GG.

[32] Siehe insbesondere *B. Grzeszick*, Rechte und Ansprüche, 2002; *D. Röder*, Die Haftungsfunktion der Grundrechte, 2002; auch *B. Hartmann*, Öffentliches Haftungsrecht, 2013; auf rechtstheoretischer Ebene *A. Engländer*, Norm und Sanktion – Kritische Anmerkungen zum Sanktionsmodell der Norm, RW 2013, 193 ff.

rechte ließen sich nur durch eine umfassende Anerkennung grundrechtsunmittelbarer Ausgleichsinstrumente voll verwirklichen, wird andererseits eingewandt, dass allein die Freiheit selbst, nicht aber die Monetarisierung genommener Freiheit gewährleistet sei; einem Ausverkauf der Rechte müsse entgegengetreten werden.

Richtigerweise ist hier grundrechtsspezifisch zu prüfen. So wie der Nassauskiesungsbeschluss des Bundesverfassungsgerichts die Bestands- gegenüber der Wertgarantie des Art. 14 GG hervorgehoben hat,[33] schützt auch Art. 12 GG an erster Stelle die Berufsfreiheit, nicht dagegen den monetären Wert entzogener Freiheit. Doch zeigen die Enteignungsentschädigung nach Art. 14 Abs. 3 GG und die Rechtsfigur der ausgleichspflichtigen Inhalts- und Schrankenbestimmung,[34] dass Eigentum einen unmittelbaren Vermögensbezug hat und eine Entschädigung deshalb geboten sein kann, um die Verhältnismäßigkeit von Eigentumsverkürzungen in bestimmten Fällen zu sichern. Einen spezifischen Vermögensbezug hat aber auch die Berufsfreiheit als Erwerbsgarantie. Die Ausrichtung auf den materiellen Erwerb ist für den Tatbestand des geschützten Berufs sogar konstitutiv. Anders als bei vielen anderen Grundrechten und ähnlich wie beim Eigentumsgrundrecht stehen das grundrechtliche Schutzgut und die Rechtsfolge der Entschädigung insoweit nahe beieinander. Dies eröffnet die Option, auch der Berufsfreiheit durch verhältnismäßigkeitssichernde Ausgleichsregelungen Rechnung zu tragen; jedenfalls dann, wenn der Grundrechtsträger seine Leistungen weiterhin nach eigenem Gestaltungswillen anbieten kann und durch eine staatliche Regulierung lediglich in seinem Erwerbsinteresse im Sinne des Vermögensinteresses betroffen ist, weil der Staat über die Vertragsbeziehungen am Markt mitentscheidet.[35]

Die ausgleichspflichtige Berufsausübungsregelung, die in der jüngeren Literatur eine zunehmende Rolle spielt,[36] findet ihre Parallele dabei eher in der Enteignungsregelung als in der ausgleichspflichtigen Inhalts- und Schrankenbestimmung nach Art. 14 Abs. 1 Satz 2 GG. Denn wie die Enteignung verfolgt die Indienstnahme Ziele, die jenseits der geschützten Freiheit und der korrespondierenden Verantwortung liegen, die in diesem Sinne externe Ziele sind, während die Inhalts- und Schrankenbestimmung die Eigentumsordnung selbst neu justiert und vor allem dann ausgleichspflichtig ist, wenn in diesem Rahmen Altbestände angepasst werden müssen, was bei der allein zukunftsgerichteten Berufsfreiheit aber nicht vorstellbar ist.

In der Höhe sollte sich der Ausgleich, wie auch sonst im Recht der staatlichen Entschädigungsleistungen, am Integritätsinteresse, am negativen Interesse orientieren. Während dies bei Art. 14 GG der Wiederbeschaffungswert der verlorenen Eigen-

---

[33] BVerfGE 58, 300.

[34] Beginnend mit BVerfGE 58, 137.

[35] In diese Richtung auch S. *Haack*, Entschädigungspflichtige Grundrechtseingriffe außerhalb des Eigentumsschutzes, DVBl. 2010, 1475 (1477 f.).

[36] Zum Rechtsgedanken der ausgleichspflichtigen Berufsausübungsregelung etwa *Strauß* (o. Fußn. 15), S. 216 ff.; *Haack* (o. Fußn. 35), 1475 ff.; *H.-P. Schneider*, Berufsfreiheit, in: Merten/Papier (Hrsg.), HGR, Bd. 5, 2013, § 113 Rdnr. 39.

tumsposition ist, entspricht das Interesse bei Art. 12 GG im Fall verdrängter konkurrierender Nachfrage dem Marktpreis als entgangenem Gewinn, ansonsten den Selbstkosten des abgeforderten Handelns.[37]

Vor diesem Hintergrund ist der Rechtsprechungslinie des Bundesverwaltungsgerichts zuzustimmen, wenn es die Verpflichtung der Verkehrsunternehmer zur unentgeltlichen Beförderung Schwerbehinderter nur dann als verhältnismäßig ansieht, wenn die Verpflichtung mit einer angemessenen Fahrgelderstattung durch den Staat einhergeht[38] – die nach den Altmark Trans-Grundsätzen des EuGH[39] im Übrigen auch grundsätzlich beihilfenrechtskonform ist.

Die Figur der ausgleichspflichtigen Berufsausübungsregelung ist dabei gerade auch auf die Wertungen der Finanzverfassung abgestimmt, nach denen – wie oben ausgeführt –[40] allgemeine Staatsaufgaben wie etwa die sozialstaatliche Unterstützung Bedürftiger steuerlich zu finanzieren oder – so hier – zu refinanzieren sind.[41]

b) Sonstige Freiheitseingriffe jenseits der Freiheitsfolgenverantwortung – Die Eingriffsgrenze des vorrangig berührten Entfaltungsinteresses

Es bleiben die sonstigen Fälle der Indienstnahme, in denen eine Freiheitsfolgenverantwortung des Grundrechtsträgers für das staatlich verfolgte Gemeinwohlziel kaum oder gar nicht zu erkennen ist, der Staat aber nicht auf das Marktangebot des Grundrechtsträgers zugreift, sondern ihn in anderer Weise in Anspruch nimmt.

Dies verweist auf den dritten und letzten Ausgangsfall, die Verpflichtung der Telekommunikationsunternehmer zur Vorratsdatenspeicherung. Das Bundesverfassungsgericht vermeint hier eine „hinreichende Sach- und Verantwortungsnähe" der Unternehmer zu erkennen.[42] Bei genauer Betrachtung ist eine solche Verantwortung als Freiheitsfolgenverantwortung aber nicht zu begründen, selbst nach der Figur der Zweckveranlassung nicht. Denn es ist den Anlagenbetreibern nicht zurechenbar, dass ihre sehr breit einsetzbare, in den allermeisten Fällen friedlich genutzte Technik vereinzelt missbraucht wird. Auch einem Hersteller von Küchenmessern würde man kein Programm zur Verbrechensbekämpfung abverlangen. Das vom Bundesverfassungsgericht ergänzend vorgetragene Argument, wer die Gewinnchancen habe, müsse auch die Kosten des einhergehenden Risikos tragen, vermag daran nichts

---

[37] So auch VGH Baden-Württemberg, VBlBW 2012, 265 ff. zur Beurteilung der Pflicht gewerblicher Betreiber von Funktürmen, Anlagen zur Alarmierung nach dem Feuerwehrrecht zu dulden; entsprechend BVerwG, NWVBl. 2013, 435 ff.

[38] BVerwG, NVwZ-RR 2010, 611 (611 f.).

[39] EuGH, Rs. C-280/00 (Altmark Trans), ECLI:EU:C:2003:415.

[40] Siehe oben IV.

[41] Das Bundesverfassungsgericht ist demgegenüber bei der Übertragung finanzverfassungsrechtlicher Kriterien auf Fälle der sachlichen Indienstnahme nach wie vor zurückhaltend; siehe schon BVerfGE 30, 292; aus jüngerer Zeit BVerfGE 114, 196 (249 f.).

[42] BVerfGE 125, 260 (362).

zu ändern. Denn Gewinnchancen sind als solche verantwortungsneutral. Die Grenze der grundrechtlichen Verantwortung des Unternehmers muss nach qualitativen Gesichtspunkten abgesteckt werden, insbesondere nach der zurechenbaren Verursachung eines sachlichen Risikos – die vorliegend aber nicht zu erkennen ist.

Weil die Indienstnahme der Telekommunikationsunternehmer für die Vorratsdatenspeicherung gleichwohl sinnvoll, im Zusammenhang der Verhältnismäßigkeitsprüfung geeignet erscheint – sie verfügen über die notwendige Technik und das Know-how –, kommt wiederum eine Verpflichtung gegen Entschädigung in Betracht. Im Unterschied zum Fall der Verkehrsunternehmer wird den Telekommunikationsunternehmern allerdings nicht diejenige Leistung abverlangt, die sie ohnehin am Markt anbieten, sondern eine andere Dienstleistung. Ein solches staatliches Verlangen stößt nun aber ungeachtet einer Entschädigung umso deutlicher an verfassungsrechtliche Grenzen, je stärker die Indienstnahme den Freiheitsberechtigten nicht nur in seinem monetarisierbaren Erwerbsinteresse, sondern auch in seinem Interesse an der Persönlichkeitsentfaltung durch die selbstbestimmte Wahl und Ausübung eines Berufs berührt. Hier tritt der primäre Freiheitsschutz als Entfaltungsschutz in den Vordergrund, der sich einem „Abkauf der Freiheit" entgegenstellt. Würden die Telekommunikationsunternehmer etwa verpflichtet werden, einen Großteil ihrer personellen und sächlichen Ressourcen zur Unterstützung der Strafverfolgung nach staatlicher Weisung einzusetzen, wären die verfassungsrechtlichen Grenzen überschritten. An dieser Stelle muss der Staat alternative Wege gehen, sei es durch den Auf- und Ausbau eigener Behörden, sei es durch den Einkauf der begehrten Leistungen auf dem freien Markt.

Die Pflicht zur Vorratsdatenspeicherung, die im unmittelbaren Sachzusammenhang mit der Tätigkeit der Anlagenbetreiber steht, beeinträchtigt deren Entfaltungsinteresse dagegen nur marginal. Dies gibt den Weg für eine verhältnismäßigkeitssichernde Entschädigung frei. Die Höhe der Entschädigung ist hier etwas schwieriger zu bestimmen, weil sie sich nicht am Marktpreis einer durch den Unternehmer ohnehin bereitgestellten Leistung orientieren kann. Maßgeblich werden deshalb im Regelfall die Selbstkosten sein. Ein durch die Ressourcenbindung konkret entgangener Gewinn wird sich nur schwer nachweisen lassen.

VI. Entsprechung in der gleichheitsrechtlichen Dogmatik

Diese freiheitsgrundrechtliche Strukturierung der Indienstnahme findet sich in der gleichheitsgrundrechtlichen Dogmatik unmittelbar widergespiegelt.[43] Denn die gleichheitsrechtliche Sachgerechtigkeit oder auch Verhältnismäßigkeit der unterschiedlichen Belastung durch Indienstnahmen bestimmt sich ebenfalls nach der jeweiligen Verantwortung,[44] die nur eine Freiheitsfolgenverantwortung sein kann. Be-

---

[43] Auch *J. Hey*, Saldierung von Vor- und Nachteilen in der Rechtfertigung von Grundrechtseingriffen und Ungleichbehandlungen, AöR Bd. 128 (2003), 226 (230 f.).

[44] Ebenso *Burgi* (o. Fußn. 15), 398.

gründet liegt dies in dem Befund, dass sich die in ihrem Personstatus gleich zu achtenden Menschen allein in ihrer Freiheitsausübung rechtserheblich unterscheiden.

Indienstnahmen nach Verantwortlichkeiten zu gestalten und zu entschädigen, sichert dabei eine Gleichheit, die gerade auch Wettbewerbsgleichheit ist. Einen originären Anwendungsbereich erlangt der Maßstab des Art. 3 Abs. 1 GG hier vor allem dann, wenn aus einem Kreis aufgabenverantwortlicher Unternehmer nur einzelnen das Sonderopfer abverlangt wird.[45]

VII. Grundrechtsbasierte oder einfachrechtliche Ausgleichsansprüche bei fehlender gesetzlicher Ausgleichsregelung?

Die Grundrechtsdogmatik strukturiert die gesetzliche Ausgestaltung von Indienstnahmen damit substantiell vor. Zu beantworten bleibt die ergänzende, den Themenkreis abrundende Frage, ob in dem Fall, dass der Staat die Dienste eines Trägers der Berufsfreiheit in ausgleichsbedürftiger Weise in Anspruch nimmt,[46] ohne dass aber eine Ausgleichsregelung besteht, ein unmittelbar grundrechtsbasierter Anspruch zum Tragen kommt,[47] der die Rechtmäßigkeit der Indienstnahme sichern kann. Wenngleich Art. 12 GG als erwerbsschützendes Grundrecht dafür potentiell offen erscheint, steht einem derartigen Anspruch jedoch, ähnlich wie bei Art. 14 GG, der Vorrang des Primärrechtsschutzes gegen rechtswidriges Staatshandeln entgegen. Dieser Primärrechtsschutz kann hier typischerweise auch rechtzeitig erlangt werden, weil die Erledigung des Eingriffs ein Handeln des Betroffenen voraussetzt. Gegen den grundrechtsunmittelbaren Entschädigungsanspruch bei Passivität des Gesetzgebers spricht darüber hinaus, ebenfalls ähnlich wie in anderen Bereichen, das parlamentarische Budgetrecht.

Der Vorrang des Primärrechtsschutzes und das parlamentarische Budgetrecht stehen ebenso dem Gedanken entgegen, einfachrechtliche Entschädigungsansprüche zur Sicherung der Rechtmäßigkeit von Indienstnahmen anzuerkennen. Eine entsprechende Ausdehnung des allgemeinen Aufopferungsanspruchs verbietet sich zudem aufgrund dessen allein gewohnheitsrechtlicher Fundierung.

---

[45] Zur Wirkung der gleichheitsgrundrechtlichen Prüfung in Ergänzung zur freiheitsgrundrechtlichen Verhältnismäßigkeitsprüfung *H. Kube*, Rechtliche Gleichheit und tatsächliche Verschiedenheit, in: Mellinghoff/Palm (Hrsg.), Gleichheit im Verfassungsstaat, 2008, S. 23 (33 ff.).

[46] Siehe die unter V. 2. a) dargestellte Fallgruppe.

[47] Dazu nochmals *Grzeszick* (o. Fußn. 32); *Röder* (o. Fußn. 32); *Hartmann* (o. Fußn. 32); siehe auch *Haack* (o. Fußn. 35), 1479 ff.

Nach alldem setzt ein verfassungsrechtlich erforderlicher finanzieller Ausgleich für eine staatliche Indienstnahme in jedem Fall eine parlamentsgesetzliche Regelung voraus.[48]

VIII. Berufsfreiheit und Gemeinwohlbindung im Licht der Prinzipien des Finanzverfassungsrechts

Ein kurzes Wort zum Schluss: Der sich seit den 1970er Jahren entwickelnde Umweltschutz war Anlass gewesen, das Eigentumsgrundrecht neu zu vermessen, Eigentumsbestands- und Eigentumswertgarantie einander neu zuzuordnen. Wenn sich der auf Effizienz bedachte Staat heute immer stärker der Wirtschaft zur Erfüllung öffentlicher Aufgaben bedient, so gibt dies Anlass, auch die Berufsfreiheit primär- und sekundärrechtlich zu verstehen, nach Maßgabe von Entfaltungs- und Erwerbsinteresse, von Zielwertigkeit, Eingriffsschwere und Verantwortung. Denn stärker noch als das Eigentum, die verfestigte Vermögensposition, ist der Beruf, die Dienstleistung, durch die Inanspruchnahme für externe Zwecke gefährdet. Dies wiegt umso schwerer, als den meisten Menschen weniger das Kapital denn vielmehr die Arbeit Lebensgrundlage ist.

Folgenverantwortung sollte der Staat dort, wo sie besteht, einfordern; denn Freiheit geht mit Verantwortung einher. Kann Verantwortung aber nicht zugeschrieben werden, ist Vorsicht geboten. Dort, wo der Berufsträger vor allem in seinem Erwerbsinteresse im Sinne des Vermögensinteresses tangiert wird, kommt in diesem Fall eine verhältnismäßigkeitssichernde Entschädigung in Betracht. Wirkt eine Indienstnahme dagegen auf die Entfaltungsfreiheit des im konkreten Fall nicht folgenverantwortlichen Berufstätigen ein, setzt Art. 12 GG dieser Indienstnahme klare Grenzen.

Die Untersuchung zeigt, dass die verfassungsdogmatische Ausleuchtung der Rechtsfigur der Indienstnahme von den Wertungen des einfachen Rechts und gerade auch von den Prinzipien des Finanzverfassungsrechts profitieren kann. Hier wie dort kommt der Gedanke der individuellen Verantwortung für das eigene Handeln, nicht dagegen für abstrakte Gemeinwohlgüter oder auch für die allgemeinen Staatsaufgaben zum Tragen.

So bestätigt sich die eingangs in Bezug genommene Einsicht von Arndt Schmehl, dass es die allgemeinen, großen Prinzipien des Finanzverfassungsrechts sind, die eine Erneuerung des Rechts in seinen Strukturen ermöglichen, weil sie in besonderer Weise zwischen System und Problem vermitteln.[49]

---

[48] Dies steht auch für die ausgleichspflichtige Inhalts- und Schrankenbestimmung nach Art. 14 Abs. 1 Satz 2 GG außer Frage; siehe BVerfGE 100, 226 (243 ff.); *T. Kingreen/R. Poscher*, Grundrechte. Staatsrecht II, 33. Aufl. 2017, Rdnr. 1084.

[49] *Schmehl* (o. Fußn. 1), S. 5 f.

Steuerung der Finanzströme im Bundesstaat als Frage sozialer Gerechtigkeit

Von *Margarete Schuler-Harms*

I. Einleitung

Die Neuordnung der Finanzbeziehungen von Bund und Ländern in 2017 erlebte Arndt Schmehl nicht mehr. Seine wissenschaftliche und politische Welt war die der noch bestehenden Finanzverfassung und des 2001 vereinbarten Finanzausgleichs; sie wurde mitgeprägt durch die beiden Föderalismusreformen von 2006 und 2009. Sie umfasste das Verbot für den Bund, den Gemeinden und Gemeindeverbänden durch Gesetz Aufgaben zu übertragen,[1] und selbstverständlich auch die viel diskutierte, konkretisierte und modifizierte, weiterhin gültige Erforderlichkeitsklausel des Art. 72 Absatz 2 GG.

Arndt kannte freilich die Beweglichkeit dieser Ordnung und legte sie seinen Arbeiten zugrunde. In seiner Kommentierung der Art. 104a, 104b GG im Berliner Kommentar[2] führt er es aus: Das Zusammenspiel von Autonomie und Verbund, dessen praktische Gestalt durch die allgemeinen Verfassungsprinzipien nur schwer zu lenken sei, verändere sich nicht nur stets, sondern wechsele dabei auch die Schauplätze.[3] Bezogen auf die sog. Krisenklausel in Art. 104b Abs. 1 Satz 2 GG[4] fährt er fort: Je weiter diese und gleichlaufende Regelungen gehandhabt würden, desto mehr sei zu konstatieren, dass die Betonung von Kooperationsverboten bereits kurze Zeit nach ihrem jedenfalls äußerlichen, nach langem Anmarsch spät erklommenen Höhepunkt wieder zurückweichen würde. „An einem darauf gerichteten Druck", so schreibt er weiter, „ist allerdings die geringe Einnahmenautonomie der Länder bei Steuern und künftig auch Schulden (Art. 109, 115 n.F.) maßgeblich beteiligt, die für die Länder nicht nur die Anziehungskraft von Gebühren und anderen nichtsteuerlichen, in der

---

[1] Art. 84 Abs. 1 Satz 7, Art. 85 Abs. 1 Satz 4 GG.
[2] *A. Schmehl*, in: Friauf/Höfling (Hrsg.), Berliner Kommentar zum Grundgesetz, Stand: 28. Erg.-Lfg. XI/09.
[3] *Schmehl* (o. Fußn. 2) Art. 104b Rdnr. 56.
[4] Eingeführt durch Art. 1 Nr. 3 des Gesetzes vom 29.07.2009, BGBl. I, 2248, im Zuge der Finanzreform II. Hiernach kann der Bund „im Falle von Naturkatastrophen oder außergewöhnlichen Notsituationen, die sich der Kontrolle des Staates entziehen und die staatliche Finanzlage erheblich beeinträchtigen, auch ohne Gesetzgebungsbefugnisse Finanzhilfen gewähren.".

Regel gegenleistungsabhängigen Finanzierungsquellen, sondern auch von Bundesmitteln als weiterem Ventil erhöht."[5]

Auch zu Fragen aus dem Themenkreis sozialer Gerechtigkeit hat Arndt Schmehl sich geäußert. In seinem Werk finden sich Arbeiten zum Äquivalenzprinzip der Sozialversicherung,[6] zur Zulässigkeit von Studiengebühren, die ihm suspekt waren,[7] zur steuerlichen Behandlung von Erwerbsaufwendungen für Kinder,[8] zum Schulgeld für Privatschulen,[9] zum Bildungssparen und dem, was er gemeinsam mit Udo Reifner „Zukunftskonto" nannte,[10] sowie zum Betreuungsgeld, mit dem er als Wissenschaftler in der Zeit seiner Erkrankung nochmals bundesweite Aufmerksamkeit erlangte und diese auch noch zu schätzen und zu genießen wusste.[11] Einige Früchte seines wissenschaftlichen Wirkens und Schaffens liegen nahe beim Sozialrecht. Das Gesundheitswesen und das Krankenversicherungsrecht haben ihn wiederholt beschäftigt.[12] Dem Sozialrecht und uns Sozialrechtlerinnen und Sozialrechtlern war er ein guter Nachbar und Freund.

Dem Verfassungsrechtsstreit um das Betreuungsgeld galt auch dann noch seine ganze Aufmerksamkeit und juristische Kraft, als ihm die Krankheit die Feder

---

[5] *Schmehl* (o. Fußn. 2), Art. 104b Rdnr. 57.

[6] A. *Schmehl*, Das Äquivalenzprinzip im Recht der Staatsfinanzierung, 2004; vgl. a. Dimensionen des Äquivalenzprinzips im Recht der Staatsfinanzierung, ZG 2005, 123.

[7] A. *Schmehl*, „Zahlen soll, wer zahlen kann" – Die hessische Verfassung lässt allgemeine Studiengebühren nicht zu, Frankfurter Allgemeine Zeitung vom 18.10.2005, S. 52; *ders.*, Studiengebühren in Hessen – verfassungsgemäß? Die Verbürgung der Unentgeltlichkeit des Hochschulunterrichts in Hessen und ihre Beschränkungen nach Art. 59 HV, NVwZ 2006, 883 ff.

[8] A. *Schmehl*, Bildungskosten als Erwerbsaufwendungen im Steuerrecht, in: W.Gropp/M. Lipp/H. Steiger (Hrsg.), Rechtswissenschaft im Wandel. Festschrift des Fachbereichs Rechtswissenschaft zum 400jährigen Gründungsjubiläum der Justus-Liebig-Universität Gießen, 2007, S. 305 ff.; *ders.*, Kinder im Steuerrecht, in: R. Bork/T. Repgen (Hrsg.), Das Kind im Recht, 2009, S. 127 ff.; *ders.*, Rezension von Roland Ismer, Bildungsaufwendungen im Steuerrecht: Zum System der Besteuerung von Humankapitalinvestitionen, Finanz-Rundschau Ertragsteuerrecht 2007, 810 ff.

[9] A. *Schmehl*, Schulgeldzahlungen an Privatschulen: das Gemeinschaftsrecht und die steuerliche Verbilligung der Begründung, Reichweite und Seiteneffekte der fachgerichtlichen und gesetzgeberischen Implementation des Anwendungsvorrangs durch Ausdehnung von Förderungstatbeständen – zugleich Besprechung von BFH, Urt. v. 17.7.2008, X R 62/04, und Urt. v. 21.10.2008, X R 1508, Europarecht 45 (2010), 386 ff.

[10] U. *Reifner/A. Schmehl*, Bildungssparen – Nutzungsprognose zum Zukunftskonto, 2015.

[11] Vgl. *Ralf Kleindiek/M. Schuler-Harms*, Das Betreuungsgeld vor dem Bundesverfassungsgericht, in diesem Band.

[12] A. *Schmehl/A. Wallrabenstein* (Hrsg.), Steuerungsinstrumente im Recht des Gesundheitswesens, Bände 1–3, 2005–2007; A. *Schmehl*, Zur Kontrolle der Selbstverwaltung im Gesundheitswesen durch die Staatsaufsicht, in: ders./Wallrabenstein, Steuerungsinstrumente, Bd. 3: Kontrolle, 2007, S. 1 ff.; *ders.*, Verwendung und Verwaltung der Mittel, in: H. Sodan (Hrsg.), Handbuch des Krankenversicherungsrechts, 2010, S. 985 ff., und 2. Aufl. 2014, S. 1124 ff.; *ders.*, Gesundheitsfonds, Finanz- und Risikoausgleiche, in: H. Sodan (Hrsg.), Handbuch des Krankenversicherungsrechts, 2010, 990 ff., und 2. Aufl. 2014, S. 1132 ff.

schon aus der Hand genommen hatte. Wir haben uns in dieser Zeit, verschieden, wie wir waren, freundschaftlich verbunden, und so konnte ich miterleben, wie wichtig ihm in dieser Zeit nicht nur der Ausgang des Verfahrens war, sondern welche Aufmerksamkeit er auch der juristischen Argumentation des Gerichts nicht zuletzt dort schenkte, wo sie von Argumentation und Ergebnissen unseres Vorbringens abwich. Arndt Schmehl wusste die Feile fein zu führen. Seine Werke trugen und hielten, sie tragen und halten bis heute.

II. Zur Wechselwirkung von Finanzströmen und Sozialpolitik

Die einschlägigen Arbeiten Arndt Schmehls zur bundesstaatlichen Ordnung und der Finanzbeziehungen enthalten oftmals auch Einschätzungen zur sozialpolitischen Dimension. Wir wollen ihm hierin hier ein wenig nachspüren und dabei übersehen, dass das Thema das Format für einen Staatsrechtslehrervortrag hätte. Auch wenn Arndt Schmehl bei der Staatsrechtslehrertagung 2014 ein anderes Thema zugedacht war: Das hier behandelte hätte ihm gelegen.

Der Steuerungsbegriff vermittelt eine Analysekategorie, die es ermöglicht, Steuerungsakteure, ihre jeweilige Steuerungsmacht und -verantwortung, die Finanzströme im Bundesstaat als ihren Gegenstand sowie soziale Gerechtigkeit als Steuerungsbezug und Wirkungsgröße zu thematisieren.[13] In der Art und Weise der Steuerung lassen sich die Einrichtung von Finanzströmen, ihre Zwecksetzung und Begründung sowie ihre Ausgestaltung unterscheiden. Als Steuerungsakteur ist vor allem der Gesetzgeber, auch in seiner Funktion als Verfassunggeber, angesprochen.[14]

Der Topos der sozialen Gerechtigkeit als Bezugsgröße von Steuerung ist hingegen denkbar unbestimmt. Ausdrücklichen Niederschlag findet er als das Sozialstaatsprinzip konkretisierende Zielvorgabe in § 1 SGB I,[15] einer Norm, die das Ziel zusammen mit der weiteren Vorgabe des Beitrags zur sozialer Sicherheit ins einfache Recht transponiert.[16] § 1 SGB I bezieht die Vorgaben allerdings auf die Aufgaben des Sozialgesetzbuchs und mithin auf die Mittel des Sozialrechts;[17] soziale Gerechtigkeit als Zielvorgabe ist weiter gespannt. Sie umfasst nicht weniger als eine auf Solidarität

---

[13] Vgl. zum Steuerungskonzept durch Recht *E. Schmidt-Aßmann*, Das allgemeine Verwaltungsrecht als Ordnungsidee, 2. Aufl. 2004, Rdnr. 34 ff.; *A. Voßkuhle*, Neue Verwaltungsrechtswissenschaft, in: W. Hoffmann-Riem/E. Schmidt-Aßmann/A. Voßkuhle (Hrsg.), Grundlagen des Verwaltungsrechts, Bd. I, 2. Aufl. 2012, § 1 Rdnr. 17 ff., insbes. Rdnr. 20, jeweils mwN.

[14] Zum Konzept der Steuerung durch Gesetzgebung vgl. Beiträge in G.F. Schuppert, Das Gesetz als zentrales Steuerungsmedium des Rechtsstaats, 1998; *G. F. Schuppert*, Governance und Rechtsetzung. Grundlagen einer modernen Regelungswissenschaft, 2011, S. 141 ff.

[15] Vgl. *H. Voelzke*, in: R. Schlegel/H. Voelzke (Hrsg.), Juris Praxiskommentar, 2. Aufl. 2011, Stand: 3.11.2016, § 1 SGB I Rdnr. 12.

[16] Vgl. *Seewald*, in: Kasseler Kommentar, § 1 SGB I Rdnr. 2; *Niedermeyer*, in: Rolfs/ Giesen u. a., Beck'scher Online-Kommentar, § 1 SGB I, Rdnr. 2.

[17] Vgl. *Voelzke* (o. Fußn. 15), § 1 SGB I Rdnr. 14.

gegründete „gerechte Gesellschaftsordnung".[18] Als erkenntnisleitender Begriff begrenzt es (sehr schwach) die thematische Relevanz der Finanzströme im Bundesstaat auf solche mit sozialstaatlichen, nicht notwendig auch sozialrechtlichen Implikationen. Weitere Eingrenzungen sind hierzu nötig und mit Blick auf das Leben und Werk Schmehls erlaubt. Anknüpfen lässt sich dort an sozialstaatliche Bezüge der Finanzströme, etwa von und zu Familien,[19] an Arbeiten zu Aufwendungen für Schul- und Hochschulbildung[20] sowie an Arbeiten zur Finanzierung der Sozialversicherung.[21] Auch in diesen Teilausprägungen ist das Prinzip sozialer Gerechtigkeit freilich verfassungsrechtlich äußerst schwach konturiert. In seiner Offenheit enthält es in erster Linie einen Gestaltungsauftrag für den Gesetzgeber,[22] mithin an die (Sozial-)Politik.[23] Vor allem aber war soziale Gerechtigkeit im persönlichen Kompass Arndt Schmehls als richtungweisendes Prinzip fest verankert und ist in seinen Schriften vielfach nachweisbar: Hierin war er zutiefst politisch.

Kontur und Gestalt des Sozialstaats werden geprägt durch die Autonomie der jeweiligen Handlungsebene und die jeweiligen Einflussmöglichkeiten der anderen Ebenen. Das Grundgesetz setzt hierfür einen Ordnungsrahmen, der gerade in hier einschlägigen Passagen beweglich ist und zwischen Bund und Ländern immer wieder neu verhandelt wird.[24] In der Verfassungswirklichkeit sind Regeln der föderalen Ordnung auch Spielregeln für die Durchsetzung parteipolitischer Vorstellungen und Programme; föderale Strömungslinien wirken oftmals als Scheidelinien zwischen Regierung und Opposition im Bund und in den Ländern.

Eine mit dem Streben nach sozialer Gerechtigkeit typischerweise einhergehende (Um-)Verteilung[25] erfordert Finanzmittel, die staatlich zu organisieren, zu beschaffen und im gegliederten Bundesstaat aufgabengerecht zu verteilen sind. Die Grundsätze der Verteilung stehen fest: Einnahmen aus Steuern werden nach den Grundsät-

---

[18] Vgl. *W. Lilge*, Kommentar zum SGB I, 4. Aufl. 2016, § 1 Rdnr. 24; *S. Baer*, Soziale Gerechtigkeit, NDV 2012, 380 ff.

[19] Vgl. unten III., IV. 2.

[20] Vgl. unten IV.

[21] Vgl. unten V.

[22] Vgl. nur *F. E. Schnapp*, in: I. v. Münch/P. Kunig (Hrsg.), Grundgesetz Kommentar, 6. Aufl. 2012, Art. 20 Rdnr. 55; *H. J. Papier*, Der Einfluss des Verfassungsrechts auf das Sozialrecht, in: B. v. Maydell/Ruland/U. Becker (Hrsg.), Sozialrechtshandbuch (SRH), 5. Aufl. 2012, § 3 Rdnr. 10.

[23] Mit Bezug auf soziale Gerechtigkeit *U. Steiner*, Zum Selbstverständnis des Sozialrichters, NZS 2012, 41 (42).

[24] Vgl. zur Historie *M. Heintzen*, in: v. Münch/Kunig (Hrsg.), Grundgesetz Kommentar, 6. Aufl. 2012, Vorb Art. 104a-115 Rdnr. 14 ff.; zur neuesten, bei Heintzen noch nicht berücksichtigten Finanzreform von 2017 vgl. *H.-G. Henneke*, DVBl. 2017, 214 (2015 ff.).

[25] Vgl. *Schnapp* (o. Fußn. 22), Art. 20 Rdnr. 50; *R. Penz/B. P. Priddat*, Ideen und Konzepte sozialer Gerechtigkeit und ihre Bedeutung für die neueren Entwicklungen im deutschen Sozialstaat, in: S. Empter/R. B. Vehrkamp (Hrsg.), Soziale Gerechtigkeit – Eine Bestandsaufnahme, 2007, S. 51 (54): „Es geht die um angemessene Umverteilung des ‚common good': des Steuerfonds, der Sozialhaushalte, der Einkommen und Vermögen, der Bildung etc.".

zen der Art. 105, 106 GG auf Bund, Länder und Gemeinden verteilt. Ausgabenlast und -befugnis folgen der Aufgabenverantwortung von Bund und Ländern (Art. 104a Abs. 1 GG). Die Übertragung von Aufgaben an die Gemeinden (in den Grenzen der Selbstverwaltungsgarantie nach Art. 28 Abs. 2 GG) obliegt den Ländern; dem Bund ist sie seit der Föderalismusreform I untersagt (Art. 85 Abs. 1 Satz 2). Ausnahmen von der in Art. 104a Abs. 1 GG gebotenen Konnexität ergeben sich für Geldleistungsgesetze des Bundes (Art. 104a Abs. 3 GG). Finanzhilfen zur Förderung konkreter Projekte[26] kann der Bund auf Gebieten, für die er die Gesetzgebungsbefugnis hat, unter der Voraussetzung des Art. 104b Abs. 1 Satz 1 GG an Länder für besonders bedeutsame Investitionen der Länder und Gemeinden (Gemeindeverbände) leisten. Art. 104b Abs. 1 Satz 2 und nun auch Art. 104c GG ermächtigen den Bund zur Finanzhilfen auf Gebieten, für die ihm die Gesetzgebungsbefugnis fehlt. Autonomie- und Verflechtungsgrad von Bund, Ländern und Kommunen auf dem Gebiet der Sozialpolitik stehen folglich auch unter dem Einfluss der bundesstaatlichen Finanzverfassung. Sie steuert einerseits – möglicherweise nicht immer gezielt – die Grundlinien der Sozialpolitik und bietet andererseits Ansatzpunkte zur Umstellung sozialpolitischer Weichen im bundesstaatlichen Gefüge. Umgekehrt können sozialpolitisch motivierte Finanzströme auf die Finanz(verfassungs-)ordnung zurückwirken. Dies lässt sich – einschließlich der Variationen von Strömen und Wirkungen in der Zeit – an einigen Beispielen zeigen.

III. Familienförderung

1. Förderung der Familie bis 2005:
Schwergewicht des Bundes bei Geldleistungen

Bis zum „Krippengipfel" im Jahr 2007 lag der Schwerpunkt der Bundesfamilienpolitik bei Geldleistungen. Leistungen des sog. Familienlasten- bzw. -leistungsausgleichs wie Kindergeld, Eltern- und Betreuungsgeld lassen sich dem Kompetenztitel „Recht der öffentlichen Fürsorge" zuordnen[27] – im Falle des Betreuungsgeldes übrigens gegen die ausgezeichneten Argumente des antragstellenden Landes.[28] Seit der Entscheidung des BVerfG zum Betreuungsgeld steht fest, dass der Fürsorgebegriff kein individuelles Bedürfnis der Leistungsbezieher voraussetzt.[29]

---

[26] Zur Differenzierung von Geldleistungsgesetzen und Finanzhilfen zur Förderung konkreter Projekte *H. Tappe/R. Wernsmann*, Öffentliches Finanzrecht, 2015, Rdnr. 132 ff., 156.

[27] BVerfGE 140, 65 (Rdnr. 28 ff.).

[28] Die Einschlägigkeit des Kompetenztitel verneint auch *S. Rixen*, Hat der Bund die Gesetzgebungskompetenz für das Betreuungsgeld?, DVBl. 2012, 1393 (1394 ff.); kritisch zur einschlägigen Entscheidungspassage *ders.*, Verfassungsgemäße Familienförderung nach dem Urteil zum Betreuungsgeld, NJW 2015, 3136 ff.; *W. Ewer*, Kompetenz des Bundesgesetzgebers zur Einführung des Betreuungsgelds?, NJW 2012, 2251 ff. A.A. *E. Eichenhofer*, Betreuungsgeld und Grundgesetz, ZG 2013, 60 ff.

[29] BVerfGE 140, 65 (Rdnr. 30).

Die Gesetzgebungsbefugnis des Bundes für das Recht der öffentlichen Fürsorge besteht nur in den Grenzen des Art. 72 Abs. 2 GG. Dieser will auch in der seit der Verfassungsreform 1994 bestehenden und 2006 wieder eingegrenzten Fassung[30] notwendiger Bundesgesetzgebung nicht entgegenstehen, andererseits aber der Landesgesetzgebung zu den Materien des Art. 74 GG höheres Gewicht verleihen, als ihr nach der alten Bedürfnis-Klausel des Art. 72 Abs. 2 GG a.F. zukam.[31] Das bundeseinheitlich geltende Ziel der Herstellung sozialer Gerechtigkeit prägt sich im Fürsorgebegriff deutlich aus.[32] Das sozialstaatliche Prinzip kann aber weder allein noch mit seinem Ziel der Herstellung sozialer Gerechtigkeit die Erforderlichkeit bundesgesetzlicher Regelung zur Herstellung gleichwertiger Lebensverhältnisse im Bundesgebiet begründen. Es bleibt vielmehr Bund und Ländern, im Bereich der letzteren auch den Kommunen gleichermaßen aufgegeben.[33]

Will der Bund also eine Befugnis zur Gesetzgebung in Anspruch nehmen, so hat er dieses zu begründen. Der Aspekt der Herstellung gleichwertiger Lebensverhältnisse im Bundesgebiet wiegt dabei als Grund für die Erforderlichkeit einer Bundesregelung von Familienleistungen unter Umständen leichter das das Motiv, die Rechts- und Wirtschaftseinheit im gesamtstaatlichen Interesse zu wahren: Rücksichtnahme auf die Mobilität der Menschen zum Zwecke der Erwerbstätigkeit und die Notwendigkeit ihrer Vereinbarkeit mit „Pflichten in der Familie" erweisen sich in der Rechtsprechung des Bundesverfassungsgerichts als tragfähiges Argument.[34]

Der Bund hat außerdem die Wahl, sich an Geldleistungen zu beteiligen oder sie sogar selbst zu tragen und ihre Verwaltung zu verantworten. Art. 104a Abs. 3 GG ermöglicht abweichend vom Konnexitätsprinzip eine Aufteilung der finanziellen Lasten für Geldleistungsgesetze zwischen Bund und Ländern.[35] Übernimmt der Bund mehr als die Hälfte der Kosten, wird das Gesetz außerdem im Auftrag des Bundes ausgeführt und bedarf zu seinem Erlass keiner Zustimmung des Bundesrats (Art. 104a Abs. 4 iVm Abs. 3 GG). Die Beispiele für solche Geldleistungsgesetze

---

[30] Zur Genese vgl. *S. Oeter*, in: H. Dreier (Hrsg.), Art. 72 Rdnr. 42 ff., 51.

[31] Der den Regelungsgehalt des Art. 72 Abs. 2 GG nach der Verfassungsreform behandelnde Aufsatz von *A. Schmehl*, Die erneuerte Erforderlichkeitsklausel in Art. 72 II GG, DÖV 1996, 724, gehört zur Standardliteratur, die jeder Kommentar zu Art. 72 GG anführt.

[32] Zum Fürsorgebegriff ausführlich z. B. *Oeter* (o. Fußn. 25), Art. 74 Rdnr. 55 ff. m.w.N.; *Rixen*, DVBl. 2012, 1393 (1394 f.). Den Zusammenhang von Gerechtigkeit und Fürsorge im heutigen Verständnis des Grundgesetzes verdeutlicht *Baer*, NDV 2012, 380 (381 f.). Der Begriff der Ausbildungsbeihilfen in Art. 74 Abs. 1 Nr. 13 GG umfasst nach einhelliger Meinung nur individuelle Beihilfen, vgl. nur *T. Maunz*, in: Maunz-Dürig (Hrsg.), GG Kommentar, 23. Erg.Lfg. 1984 Art. 74 Rdnr. 177; *C. Seiler*, in: V. Epping/C. Hillgruber (Hrsg.), BeckOK, Stand 2017, Art. 74 Rdnr. 53; § 1 BAföG.

[33] Im Bereich der Fürsorge vgl. BVerfGE Für die Ausbildungsbeihilfen z. B. *Seiler* (o. Fußn. 32), Art. 74 Rdnr. 53.1.

[34] Vgl. BVerfGE 138, 136 (Rdnr. 106 ff.); 140, 60 (Rdnr. 48 ff.). Vgl. a. BSGE 130, 291 (Rdnr. 42).

[35] *Schmehl*, in: Friauf/Höfling (Hrsg.), Berliner Kommentar, Stand 28. Erg.Lfg. XI/09, Art. 104a Rdnr. 35.

sind zahlreich: Im Bereich der Familienleistungen zählen das Kindergeldrecht (mit Bezug auf der Förderungsfunktion) sowie das Bundeselterngeld- und -elternzeitgesetz (BEEG) dazu. Auch das Betreuungsgeldgesetz folgte diesem Muster. Für den Unterhaltsvorschuss, eine weitere vom Bund geregelte Geldleistung,[36] trägt der Bund bislang ein Drittel der Kosten. Die Erhöhung des Bundesanteils auf 40 Prozent stand in 2016 zur Diskussion, die Reform von 2017 ließ den Anteil jedoch unverändert. Infolge der zeitlichen Ausweitung der Leistung für 12- bis 17-jährige Kinder sowie des Wegfalls der Begrenzung auf sechs Bezugsjahre wächst der vom Bund zu den Ländern fließende Finanzstrom dennoch an.[37]

Die solchermaßen finanzverfassungsrechtlich unterfangene Gesetzgebungskompetenz des Bundes im Bereich der Geldleistungen ermöglicht dem Bund also die Verfolgung sozial- und familienpolitischer Zwecke. Mit Arndt Schmehl lässt sich auch festhalten: Die dem Bund hier mögliche, aber nicht aufgegebene Verantwortung für die Finanzierung von Geldleistungen liegt zugleich in der Nähe eines Instruments des sekundären Finanzausgleichs.[38]

2. Finanzierung von Dienstleistungen und Infrastruktur

Die Organisation und Finanzierung öffentlicher Kinderbetreuung war bis 2007 hingegen im Schwerpunkt Angelegenheit der Länder und Kommunen. Die politische Entscheidung über die Betreuungsdichte und Qualität (teilweise gestützt auf den Kompetenztitel der Bildung)[39] sowie die Aufgaben- und damit auch die Ausgabenverantwortung lagen nahezu[40] vollständig bei den Ländern. Aufgaben hatte der Bund auf diesem Gebiet auch den Kommunen nicht übertragen. Die Einführung des Aufgabenübertragungsverbots in Art. 85 Abs. 1 Satz 2 GG verschloss 2006 diese Mög-

---

[36] Rechtsgrundlage ist das Unterhaltsvorschussgesetz.

[37] Vgl. Änderung des Unterhaltsvorschussgesetzes, Artikel 23 des Gesetzentwurfs der Bundesregierung zur Neuregelung des bundesstaatlichen Finanzausgleichssystems ab dem Jahr 2020 und zur Änderung haushaltsrechtlicher Vorschriften vom 14.08. 2017, BGBl. I, 3122.

[38] *Schmehl*, Art. 104a Rdnr. 35 unter Bezug auf *Fischer-Menshausen*, in: v. Münch/Kunig, III, 3. Aufl. 1996, Art. 104a Rdnr. 21.

[39] Der Charakter des „Kindergarten(s)" als Bildungseinrichtung ist in Rechtsprechung und Schrifttum wohl unbestritten, vgl. BVerfGE 97, 332 (342 f.) m.w.N.; BayVerfGH, BayVBl 1977, 81 (82 ff.); *J. Isensee*, Der Rechtsanspruch auf einen Kindergartenplatz – Ein Verfassungsproblem des Bundesstaates und der kommunalen Selbstverwaltung, DVBl. 1995, 1 (5 f.); *K. Harms*, Die Gesetzgebungskompetenz des Bundes zur Begründung des Rechtsanspruchs auf einen Kindergartenplatz, RdJB 1996, 99; *C. Seiler*, Gleichheit in der gegenwärtigen Familienpolitik, in: R. Mellinghoff/U. Palm (Hrsg.), Gleichheit im Verfassungsstaat. Symposium aus Anlass des 65. Geburtstags von Paul Kirchhof, 2008, S. 133 (141). Die Auffassungen differieren in der Frage der zuständigkeitsbegründenden Ausschließlichkeit des Bildungszwecks.

[40] § 90 Abs. 1 i.V.m. §§ 22, 24 SGB VIII enthielt vor der Reform 2007 eine Ermächtigung, Teilnahmebeiträge oder Gebühren für die Inanspruchnahme von Angeboten der Förderung von Kindern in Tageseinrichtungen festzusetzen; vgl. dazu BVerfGE 97, 332 (342 f.).

lichkeit. Die engen Voraussetzungen des ebenfalls 2006 neu eingefügten Art. 104b Abs. 1 Satz 1 GG für projektgebundene Bundesfinanzhilfen an die Länder waren für die Förderung von Kindertagesbetreuungsinfrastruktur nicht einschlägig. Der Einfluss des Bundes auf familienpolitisch bedeutsame Entscheidungen über die Infrastruktur für die Betreuung von Vorschul- und Schulkindern war damit gegenüber seinem großen Gestaltungsspielraum im Bereich der Geldleistungen deutlich vermindert. Diese finanzverfassungsrechtlich begründete Schieflage dürfte für den späten Ausbau der Kinderbetreuungsinfrastruktur in Deutschland im Vergleich mit anderen europäischen Ländern mit ursächlich gewesen sein.

Mit der Inanspruchnahme und grundsätzlichen Anerkennung einer Bundeskompetenz für die Regelung der Kindertagesbetreuung erfuhr der kompetenzbegründende Begriff der Fürsorge im Bereich der Dienstleistungen eine zusätzliche Erweiterung. Der Ausbau der Betreuungsinfrastruktur wurde mit der – verfassungsrechtlich nicht unumstrittenen –[41] Einführung des Rechtsanspruchs für Kinder in §§ 22–24 SGB VIII bundesweit vorangetrieben. Erneut wurde die Erforderlichkeit der bundeseinheitlichen Regelung zur Wahrung der Wirtschaftseinheit im gesamtstaatlichen Interesse erfolgreich begründet[42]

Da und soweit sozialstaatliche Leistungen mit Ausgaben verbunden sind, schützt aber der Zustimmungsvorbehalt des Art. 104a Abs. 4 GG die Länder auch in Bezug auf Bundesgesetze, die Dienst- und Sachleistungen regeln.[43] Arndt Schmehl empfiehlt im Anschluss an die Gesetzesbegründung die Orientierung am Sozialleistungsrecht.[44] Zu solchen Leistungen zählt die Begründung der Regelung unter anderem[45] die Bereitstellung von Tagesbetreuungsplätzen für Kinder.[46]

Eine finanzielle Beteiligung des Bundes an der Bereitstellung der Infrastruktur war nach bundesrechtlicher Anordnung eines Rechtsanspruchs auf einen Betreuungsplatz folgerichtig.[47] Ihre Umsetzung war auf zwei Wegen denkbar: im Wege

---

[41] Siehe die Nw. in Rn 39.

[42] BT-Drs. 16/9299, S. 12. Kritisch zur Begründung einer Bundeszuständigkeit auf Grundlage des Art. 74 Abs. 1 Nr. 7 GG unter Bezug auf die Rechts- und Wirtschaftseinheit im Bundesgebiet *C. Seiler* (o. Fußn. 32), Art. 74 Rdnr. 24.1.

[43] Während der Begriff der Geldleistung mit dem in Art. 104 Abs. 3 GG übereinstimmen soll, empfiehlt die Gesetzesbegründung für die Begriffe der Dienst- und Sachleistungen eine Orientierung am Sozialleistungsrecht. Gesetzentwurf der Fraktionen CDU/CSU und SPD, Entwurf eines Gesetzes zur Änderung des Grundgesetzes, BT-Drs. 16/813, S. 18. Die Feststellung der Vergleichbarkeit bleibt freilich schwierig. Vgl. a. *U. Häde*, Zur Föderalismusreform in Deutschland, JZ 2006, 930 (935)

[44] *Schmehl*, Art. 104a Rdnr. 47.

[45] Vgl. a. unter V.

[46] Vgl. *Schmehl*, Art. 104a Rdnr. 47, mit Bezug auf die Begründung des Gesetzes zur Änderung des Grundgesetzes, BT-Drs. 16/813, S. 18.

[47] Vgl. *F. Kirchhof*, Empfehlen sich Maßnahmen, um in der Finanzverfassung Aufgaben- und Ausgabenverantwortung von Bund, Ländern und Gemeinden stärker zusammenzuführen?, Gutachten D zum 61. DJT, 1996, S. D 69 f.

von zweckgebundenen Geldleistungen an die Familien oder im Wege von Finanzhilfen an die Länder.[48] Die politische Entscheidung fiel zugunsten der Objektförderung, die mit größerem Einfluss des Bundes auf die Bereitstellung von Infrastruktur verbunden war und ist. Die Möglichkeit der Gewährung von Bundesfinanzhilfen normieren heute Art. 104b und 104c GG. Der 2006 eingeführte Art. 104b Abs. 1 Satz 1 GG knüpft an die Gesetzgebungsbefugnis des Bundes an, formuliert enge Voraussetzungen und fordert eine befristete sowie degressive Gestaltung der Finanzhilfen mittels eines hinreichend konkreten Bundesgesetzes.[49] Auf dieser Grundlage zahlt der Bund Finanzhilfen an die Länder für Investitionen der Kommunen in die Kindertagesbetreuung aus einem 2008 gebildeten Sondervermögen.[50] Kindertagesbetreuung ist seitdem eine von Bund und Ländern gemeinsam wahrgenommene Aufgabe. Der Bund finanziert in diesem Kontext nicht nur, sondern nimmt deutlichen politischen Einfluss auf das Betreuungsangebot für Kinder im Vorschulalter, etwa durch (Mit-)Formulierung von Handlungszielen und Entwicklungsperspektiven im Hinblick auf Quantität und sogar auf Qualität der Kindertagesbetreuung in den Ländern.[51] Mit dem Investitionsprogramm für die Jahre 2017–2020 etwa sollen quantitative und qualitative Aspekte, letztere mit konkretem Bezug auf die „räumliche Gestaltung" des Angebots, „mit berücksichtigt" werden.[52]

Auch die aufgrund von Geldleistungsgesetzen und Investitionsprogrammen fließenden Finanzströme des Bundes sind Elemente bundesstaatlicher Sozialpolitik. Ihr Ziel ist jedenfalls auch die Herstellung sozialer Gleichheit für Personen, die durch Personensorge und Unterhaltsaufwendungen für minderjährige Kinder besonders belastet sind. Der Familienleistungsausgleich ist und bleibt somit auch im Bereich der Familienförderung vornehmlich eine Angelegenheit des Bundes. Mit den zunehmend strömenden Zahlungen aus Investitionsprogrammen des Bundes an Länder und Gemeinden wurde aber auch eine Schieflage des Familienleistungsausgleichs gemildert, die aus der föderalen Zuständigkeitsordnung resultierte: Nicht nur Geldleistungen, sondern auch Infrastrukturangebote werden zunehmend auf einen bundeseinheitlichen Standard angehoben und für die Bedarfe von Kindern und Jugendlichen in jedem Alter programmatisch ausgebaut.

---

[48] Zum Begriff der Finanzhilfe *Schmehl*, Art. 104b Rdnr. 8, mit Bezug auf *H. Siekmann*, in: M. Sachs (Hrsg.), GG, 5. Aufl. 2009, Art. 104, Rdnr. 12.

[49] *Schmehl*, Art. 104b Rdnr. 5.

[50] Gesetz zur Errichtung eines Sondervermögens „Kinderbetreuungsausbau" (Kinderbetreuungsfinanzierungsgesetz) vom 18.12.2007, BGBl. I, 3022; Gesetz über Finanzhilfen des Bundes zum Ausbau der Tagesbetreuung für Kinder vom 10.12.2008, BGBl. I, 2403, 2407. Dem Vorhaben gingen Einigungen von Bund und Ländern im sog. Krippengipfel vom 2.04. 2007 voraus, vgl. Bezug in amtl. Begr. Zum Kinderförderungsgesetz (KiFöG), BT-Drs. 16/ 9299, S. 1; die gesetzlichen Grundlagen werden konkretisiert in Verwaltungsvereinbarungen.

[51] Vgl. nur den Hinweis in BT-Drs. 18/12158, S. 5.

[52] Gesetz zum weiteren quantitativen und qualitativen Ausbau der Kindertagesbetreuung vom 29.06.2017, BGBl. I, 1893. Frühere Investitionsprogramme bestanden für die Zeiträume 2008–2013, 2013–2014, 2015–2018.

Ein weiterer Autonomieverlust ist freilich der Preis, den die Länder dafür bezahlen. Ihnen verbleiben Einflussmöglichkeiten bei der Aushandlung der Investitionsprogramme, die überdies nur Anschubförderung bedeuten und einen Mindeststandard an Infrastruktur gewährleisten helfen. Auch landesweite Geldleistungen an Familien sind möglich und werden, etwa mit finanziellen Zuschüssen bei Erziehung von Kindern in der Phase nach Auslaufen des Bundeselterngelds, in einigen Ländern auch verwirklicht. Dass Bayern dazu auch Bundesmittel einsetzen darf, die infolge der Verfassungswidrigkeit des Bundesbetreuungsgeldes frei wurden,[53] ist eine Wendung, deren Skurrilität auch Arndt Schmehl amüsiert haben dürfte.

IV. Chancengleichheit durch Bildung

1. Die Förderung von Ganztagsschulen durch den Bund

Bildung ist bis auf wenige Ausnahmen im Kompetenzkatalog der Art. 73, 74 GG nicht aufgeführt. Die Herstellung von Chancengleichheit in und mit Hilfe von Bildung ist überwiegend Angelegenheit der Länder, die in und mit dieser Kompetenz starken Einfluss auf die Gleichheit der Chancen in und durch Bildung nehmen. Eine Gesetzgebungsbefugnis hat der Bund aber für die Regelung der Ausbildungsbeihilfen (Art. 74 Abs. 1 Nr. 13 GG),[54] sofern und soweit die bundesgesetzliche Regelung am Maßstab des Art. 72 Abs. 2 GG erforderlich ist. Einfluss nimmt der Bund über die Organisation und Finanzierung der Ausbildungsbeihilfen für diejenigen, denen die für den Lebensunterhalt erforderlichen Mittel für die Zeit der Ausbildung nicht zur Verfügung stehen.

Gemeinschaftsaufgaben und Mischfinanzierung waren vor der Föderalismusreform für das Hochschulwesen, nicht aber für das Schulwesen vorgesehen. Das änderte auch die Föderalismusreform 2006 nicht, sondern schränkte die Voraussetzungen für Finanzhilfen gegenüber der älteren Verfassungsrechtslage mit der Ersetzung des Art. 104a Abs. 4 a.F. durch Art. 104b Abs. 1 Satz 1 GG ein mit dem erklärten Ziel, die Einflussnahme des Bundes zugunsten der Autonomie der Länder zurückzudrängen.[55] Vor allem Bundesfinanzhilfen für die Wahrnehmung von Länderaufgaben können diese Autonomie gefährden,[56] sollen deshalb Ausnahme bleiben und so eingerichtet werden, dass „sie nicht zum Mittel der Einflussnahme auf die Entschei-

---

[53] Vgl. zum Landesbetreuungsgeld in Bayern *M. Schuler-Harms*, Elterngeld, Betreuungs- und Erziehungsgeld, Kindergeld und Familienleistungsausgleich nach Einkommensteuerrecht sowie Kinderzuschlag in Gesetzgebung, Rechtsprechung und Literatur, JbSozR 2016, 2017, 407 (421) m.w.N.

[54] Neben der hier nicht relevanten Kompetenz für Hochschulzulassung und Hochschulabschlüsse (Art. 74 Abs. 1 Nr. 3 GG).

[55] Vgl. *Schmehl*, Art. 104a Rdnr. 6.

[56] Zu Art. 104a Abs. 4 a.F. vgl. *F. Kirchhof* (o. Fußn. 47), S. D 31 f.; zur aktuellen Rechtslage *J. Hellermann*, in: v. Mangoldt/Klein/Starck, GG Kommentar, 6. Aufl. 2010, Art. 104a Rdnr. 20 mit Bezug auf BVerfGE 39, 96 (107); mit Bezug auf die Finanzreform 2017 *Henneke*, DVBl. 2017, 214 (219 f.).

dungsfreiheit der Gliedstaaten bei der Erfüllung der ihnen obliegenden Aufgaben werden".[57]

Dennoch verständigten sich Bund und Länder auf eine Anschubfinanzierung des Bundes für Ganztagsschulen auf der Grundlage des Art. 104b Abs. 1 (heute) Satz 1 GG. Arndt Schmehl stellte die Anschubfinanzierung des Bundes für Ganztagsschulen unter der geltenden Rechtslage ausdrücklich in Frage und erklärte sie auf der Grundlage von Art. 104b Abs. 1 GG für unzulässig.[58] Der Bund hatte den bedarfsgerechten Auf- und Ausbau der Ganztagsschulen in den Ländern mit Finanzhilfen aus dem Investitionsprogramm „Bildung und Betreuung" gefördert[59] und damit nach Arndt Schmehls Kritik Finanzströme in einen Bereich geleitet, in dem die Länder sowohl die Gesetzgebungs- als auch die Verwaltungskompetenz haben.[60]

Verfassungspolitisch ist allerdings längst die von Arndt Schmehl 2009 prognostizierte Trendumkehr hinsichtlich des Bundeseinflusses im Gange. In diesem Jahr wurden in Art. 104b Abs. 1 Satz 2 GG Finanzhilfen für Angelegenheiten außerhalb der Gesetzgebungsbefugnisse des Bundes ermöglicht. Die sachliche Beschränkung auf Naturkatastrophen oder außergewöhnliche Notsituationen, die sich der Kontrolle des Staates entziehen und die staatliche Finanzlage erheblich beeinträchtigen, deutet auf die Finanzkrise von 2008 als auslösendes Ereignis hin. Die Voraussetzungen für den besonderen Ausnahmefall wurden noch sehr eng gefasst. Für die Frage sozialer Gerechtigkeit war diese Neuregelung nicht allzu bedeutsam.

2. Vom Bund zu den Kommunen?
Bundesinvestitionen in Bildungsinfrastruktur

Doch der Trend setzt sich fort. In ihrer Vereinbarung zur Neuordnung der Finanzbeziehungen vom 14.10.2016[61] verständigten sich die Regierungsspitzen von Bund und Ländern auf weitere Finanzhilfen des Bundes an die Länder „für gesamtstaatlich bedeutsame Investitionen der finanzschwachen Gemeinden (Gemeindeverbände) im

---

[57] BVerfGE 39, 96 (107).
[58] Vgl. *Schmehl*, in: Friauf/Höfling (Hrsg.), Berliner Kommentar, Erg.Lfg. XI/09, Art 104b Rdnr. 4 (unter Hinweis auf *R.W. Maier*, DÖV 2003, 796 ff.) und Rdnr. 21 (unter Bezug auf den Gesetzentwurf der Fraktionen der CDU/CSU und SPD eines Gesetzes zur Änderung des Grundgesetzes, BT-Drs. 16/813, S. 19); ebenso *C. Winterhoff*, Finanzielle Förderung von Ganztagsschulen und Juniorprofessuren durch den Bund?, JZ 2005, 59 (61 ff.).
[59] Vgl. https://www.ganztagsschulen.org/de/868.php; zuletzt abgerufen am 22.02.2018. Verwaltungsvereinbarung „Investitionsprogramm Zukunft Bildung und Betreuung 2002–2007" mWv 01.01.2003 (https://www.ganztagsschulen.org/_media/20030512_verwaltungsvereinbarung_zukunft_bildung_und_betreuung.pdf; zuletzt abgerufen am 22.02.2018).
[60] *Schmehl*, Art. 104b Rdnr. 21.
[61] Beschluss „Neuregelung des bundesstaatlichen Finanzausgleichssystems, Teil B (http://www.bundesfinanzministerium.de/Content/DE/Downloads/2016-10-14_laenderhaushalte.pdf;jsessionid=5A6AF4DDA462AD1A7B07878B5C4D0463?__blob=publicationFile&v=3; zuletzt abgerufen am 22.02.2018).

Bereich der kommunalen Bildungsinfrastruktur".[62] Ihre verfassungsrechtliche Grundlage hat die Vereinbarung in Art. 104c GG erhalten,[63] der „die Steuerung der Finanzströme durch den Bund eine im Bundessinne einheitliche Förderung begünstigen und die gesamtwirtschaftliche Effizienz der Mittelverwendung stärken" soll.[64] Bund und Länder reagieren damit auf den „bundesweit erheblichen Sanierungsbedarf im Bereich der Bildungsinfrastruktur, der insbesondere für finanzschwache Kommunen eine besondere Herausforderung bedeutet". Sanierung und Modernisierung der Bildungsinfrastruktur werden als wesentlicher Faktor zur Gewährleistung der Zukunftsfähigkeit „des Staates" von gesamtstaatlicher Bedeutung identifiziert.[65] Im finanzverfassungsrechtlichen Schrifttum erfährt allerdings auch Art. 104c GG viel und grundsätzliche, nun allerdings verfassungspolitische Kritik.[66] An dieser Stelle ist nur zu konstatieren, dass der Einfluss des Bundes auf die Quantität und Qualität der Bildungsinfrastruktur in den Ländern und Kommunen durch die Neuordnung der Finanzbeziehungen im Jahre 2016 eine Stärkung erfahren hat, die mit einer Stärkung der Einnahmenseite durch Neuverteilung der Umsatzsteuer nicht in gleichem Maße gewährleistet wäre.

§ 104c normiert damit auch einen Baustein des Kanalsystems, das Bundesmittel unmittelbar an die Kommunen zur Finanzierung der flüchtlingsbedingten Bedarfe leiten soll.[67] Die Schaffung und Unterhaltung von Aufnahmeeinrichtungen zur Unterbringung Asylsuchender durch den Bund, gestützt auf Art. 74 Abs. 1 Nr. 7 i.V.m. Art. 72 Abs. 2 GG, bedurfte der Zustimmung des Bundesrats, wenn darauf entstehende Ausgaben von den Ländern zu tragen waren (Art. 104a Abs. 4 GG). Die Finanzierung der Bedarfe der seit 2015 ankommenden Flüchtlinge und Asylsuchenden wurden zwischen Bund und Ländern im Rahmen der sog. Asylpakete vereinbart.[68] Vorübergehend wurde dabei das Aufkommen an der Umsatzsteuer als erste Stufe des Finanzausgleichs neu verteilt und der Anteil der Kommunen am Umsatzsteuerauf-

---

[62] Eingeführt durch Gesetz vom 13.07.2017, BGBl. I, S. 2347, mWv 20.07.2017.

[63] Gesetz zur Änderung des Grundgesetzes (Art. 90, 91c, 104b, 104c, 107, 108, 109a, 114, 125c, 143d, 143e, 143 f, 143 g) vom 13.07.2017, BGBl. I, 2347.

[64] So die amtl. Begr., BT-Drs. 18/11131, S. 12 ff., A. II. 2. unter dem Untertitel „Bessere Förderung von Investitionen".

[65] BT-Drs. 18/11131, S. 12. (A.II.2.), und S. 17 f. (B. Nr. 4).

[66] *Henneke*, DVBl. 2017, 214 (219 ff.); vgl. a. Tagungsbericht bei *Ritgen*, DVBl. 2017, 1007 (1013).

[67] Zum Zusammenhang vgl. *C.-A. Hummel/M. Thöne*, in: Finanzwirtschaftliches Forschungsinstitut (Hrsg.), Finanzierung der Flüchtlingspolitik – Für eine ausgewogene Finanzierung der Flüchtlingsleistungen bei Bund, Ländern und Kommunen. Studie für die Robert Bosch Stiftung, Februar 2016, S. 45 ff. (http://www.bosch-stiftung.de/sites/default/files/publications/pdf_import/FiFo_Studie_Finanzierung_Fluechtlingspolitik.pdf, S. 52 f.; zuletzt aufgerufen am 22.02.2018).

[68] Grundzüge im Papier des Wissenschaftlichen Dienstes des Dt. Bundestags (https://www.bundestag.de/blob/395942/e33af90b4da76ee582215f47c5697763/finanzierung-der-asylpolitik-data.pdf; zuletzt aufgerufen am 22.02.2018); *Hummel/Thöne* (o. Fußn. 67), S. 50 f.

kommen erhöht.[69] Die sogenannten Flüchtlingskosten werden allerdings zunehmend auf den Statuswechsel kraft Anerkennung auszurichten sein. Zusätzlich gilt es, die 2019 auslaufenden Mittel an die Länder zur Kompensation der Entflechtung von Gemeinschaftsaufgaben in der Föderalismusreform I nach § 143c abzufangen.[70] Den auf die Länder und Kommunen zukommenden Bedarf an Investitionen in Bildung und Ausbildung nehmen die aktuellen Gesetze zur Neuordnung der Finanzbeziehungen zwischen Bund und Ländern teilweise auf.

Die Kritik am Aufgabenübertragungsverbot und dem damit einhergehenden Verbot der Direktfinanzierung kommunaler Sozialleistungen durch den Bund[71] war seit der Föderalismusreform nicht verstummt. Die mittelbare Führung der Finanzströme vom Bund über die Länder an die Kommunen, der Weg über die Treppe also, wurde und wird wegen der Steuerungsbefugnis der Länder als unbefriedigend empfunden und die (Wieder-)Einführung eines „Aufzugprinzips" gefordert.[72] Bund und Länder scheinen sich nun auf eine dritte Variante verständigt zu haben. Die Finanzhilfen werden zwar weiterhin den Ländern gewährt, die sie „zur Mitfinanzierung der förderfähigen Investitionen ihrer finanzschwachen Kommunen weiterreichen."[73] Auch werden finanzschwache Kommunen, der allgemeinen Zuständigkeitsordnung folgend, weiterhin durch die Länder bestimmt. Nunmehr werden aber die Kriterien für die Bestimmung der förderberechtigten finanzschwachen Kommunen durch Bundesgesetz oder in den abzuschließenden Verwaltungsvereinbarungen festgelegt. Das Aufgabenübertragungsverbot bleibt also erhalten, wird aber prozedural unterfangen und damit abgeschwächt.

Gerade an dem neuen Art. 104c GG zeigt sich, dass für die Steuerung der Finanzströme nicht nur die Finanzierung einer Aufgabe, sondern auch die mit dieser Finanzierung verbundene Möglichkeit der Einflussnahme maßgeblich ist. Eine Neuverteilung der Einnahmen, etwa eine Erhöhung des Anteils der Kommunen am Umsatzsteueraufkommen, berührt die Autonomie von Ländern und Kommunen deutlich weniger als die an den Ausgaben und ihren Zwecken ansetzende Finanzhilfe.[74] Mit der Ausweitung der letzteren in der Finanzreform von 2016/17 wurden die Einflussmög-

---

[69] Vgl. Bericht der Bundesregierung über Maßnahmen des Bundes zur Unterstützung von Ländern und Kommunen im Bereich der Flüchtlings- und Integrationskosten und die Mittelverwendung durch die Länder im Jahr 2016 vom 29.05.2017, BT-Drs. 18/12688; *J. Wieland*, Flüchtlinge als Herausforderung für die Finanzverfassung, DÖV 2017, 9 (10, 12).

[70] *Wieland*, DÖV 2017, 9 (13 f.); *Malu Dreyer*, Die Reform der Finanzbeziehungen im deutschen Bundesstaat: Eine Stärkung des Föderalismus, in: Jahrbuch des Föderalismus 2017, 23 (24).

[71] (Art. 104 Abs. 1 GG).

[72] Das Bild von Treppe und Aufzug findet sich bei *Hummel/Thöne* (o. Fußn. 67), S. 53 und öfter.

[73] BT-Drs. 18/11131, S. 17.

[74] Kritik ua deshalb bei *Henneke*, DVBl. 2017, 214 (220 f.); erhebliche Einflussmöglichkeiten konstatiert auch *C. Seiler*, Flucht in die Intransparenz: Zur Neuordnung der Finanzaufteilung zwischen Bund und Ländern. In: Europäisches Zentrum für Föderalismusforschung Tübingen (Hrsg.), Jahrbuch des Föderalismus 2017, 2017, 52 (59).

lichkeiten des Bundes auf Kosten der Autonomie von Ländern und Kommunen deutlich gestärkt. Dieser Einfluss soll sich nun bereits in der gemeinsamen Gestaltung der Länderprogramme verwirklichen.

Eine zusätzliche Intensivierung des Bundeseinflusses verbindet sich mit dem Ausbau der Einwirkungsmöglichkeiten in Art. 104b Abs. 2 Sätze 2 und 3 GG. Bis dahin wurde der Informationsfluss von den Ländern zum Bund üblicherweise durch die obersten Landesbehörden, mithin die Regierungen, vermittelt.[75] Die mit der Reform 2017 neu eingefügte Regelung ermöglicht dem Bund Bestimmungen über die Ausgestaltung der jeweiligen Länderprogramme zur Verwendung von Finanzhilfen im Gesetz und in den Verwaltungsvereinbarungen zwischen Bund und Ländern im Einvernehmen mit den betroffenen Ländern. Die Bundesregierung erhält weitgehende Informationsbefugnisse gegenüber allen Behörden, darin dem Grundsatz folgend, dass eine wirksame Steuerung einen Informationszugang ggf. auch zu den einzelnen Vorhaben voraussetzt.[76] Art. 114 GG ermächtigt stärkt außerdem die Kontrollrechte des Bundesrechnungshofs, indem er ihn zu Erhebungen bei den mit der Mittelbewirtschaftung beauftragten Dienststellen der Landesverwaltung zu dem Zweck ermächtigt, die zweckentsprechende Verwendung der gewährten Finanzmittel zu gewährleisten. Art. 104b, 104c werden in diesem Zusammenhang als „Mischfinanzierungstatbestände" neben den die Gemeinschaftsaufgaben regelnden Art. 91a, 91b GG genannt.[77] Erklärtermaßen werden so die Einwirkungsmöglichkeiten des Bundes nach Hingabe der Finanzmittel gestärkt und eine „im Bundessinne einheitliche Förderung" gewährleistet.[78] Diese Ermächtigungen dürften die Steuerungskraft des Bundes in Bereichen der Sozial- und Bildungspolitik steigern.

3. Privatschulfinanzierung

Weniger offensichtlich sind durch steuerliche Abzugstatbestände generierte Ströme, wenn diese auch die finanzielle Beteiligung des Bundes an einer Länderangelegenheit verwirklichen. Arndt Schmehl präparierte die Erkenntnis eines solchen Strömungsverlaufs für den Tatbestand des § 10 Abs. 1 Nr. 9 EStG a.F. heraus, wonach Aufwendungen für Schulgeld für Privatschulen unter besonderen Voraussetzungen teilweise als Sonderausgaben abzugsfähig waren.[79] Die steuerliche Abzugsfähigkeit von Schulgeldzahlungen hing nach dieser Regelung davon ab, dass die besuchte Privatschule eine staatlich genehmigte, erlaubte oder anerkannte private Ersatz- oder Ergänzungsschule war. Der Abzugstatbestand wurde infolge einer unionsrechtlich induzierten Entscheidung des BFH geändert, der Tatbestand der Beschulung im

---

[75] BVerfGE 127, 165 (199).
[76] So explizit BT-Drs. 18/11131, S. 12.
[77] BT-Drs. 18/11131, S. 12.
[78] BT-Drs. 18/11131, S. 12.
[79] *Schmehl* (o. Fußn. 9); zugleich Besprechung von BFH Urteil 17.7.2008, X R 62/04 und Urteil vom 21.10.2008, X R 15/08, EuR 45 (2010), 386 (387).

EU-Ausland aufgenommen und auch Unterscheidungen zwischen schulrechtlichen Kategorien wie Ersatz- und Ergänzungsschulen oder allgemein- und berufsbildenden Schulen aufgegeben. Mit dieser Änderung sah Schmehl den Zweck einer Förderung bestimmter Schulen zugunsten einer individuellen Entlastung der Eltern zurückgedrängt.[80]

Auch die bildungs- und sozialpolitische Tragweite der Neuregelung thematisierte er. Er konstatierte, dass in ihr der Aspekt der „gesellschaftlichen Sonderung" als negatives Tatbestandsmerkmal praktisch entfallen sei. Dieser Wegfall eines Tatbestandsmerkmals stand in Verbindung mit der Notwendigkeit einer Erweiterung des Kreises einschlägiger Privatschulen auf ausländische Schulen im Geltungsbereich des Unionsrechts, die sich einer Bewertung in den Kategorien des deutschen Privatschulrechts notgedrungen entziehen. Schmehl präparierte diese Zusammenhänge heraus. In einer abschließenden Bewertung schloss er – unter Heranziehung empirischer Daten aus dem Sozioökonomischen Panel – auf eine Gefahr der sozialen Segregation im Wettbewerb von öffentlichen und Privatschulen.[81] Es gebe zu denken, so führt er abschließend aus, dass die Gelegenheit der Novellierung der einkommensteuerlichen Privatschulförderung im Ergebnis nicht zum Anlass genommen worden sei, auf diese Problemlage spezifisch Bezug zu nehmen.

V. Staatliche Zuschüsse zur Sozialversicherung

Für die Frage sozialer Gerechtigkeit sind auch die Staatszuschüsse für Kranken- und Rentenversicherung von Bedeutung, die auf Grundlage des Art. 120 Abs. 1 Satz 3 GG der Bund zu tragen hat. Schon die bloße Einrichtung von Finanzströmen wird zur Frage sozialer Gerechtigkeit, wenn die Finanzmittel einem System fließen, in dem Einnahmen und Ausgaben in einem spezifischen Äquivalenzverhältnis stehen. Angesprochen ist damit der Zuschuss zur Sozialversicherung.

„Haushaltszuschüsse", so formuliert es Schmehl, „bedeuten zugleich einen Ausgleich im Verhältnis der – sich überschneidenden, aber nicht deckungsgleichen – Kreise derjenigen Personen, die an den Bundeshaushalt zahlen, und derjenigen, die an die Krankenkassen zahlen, sowie eine Einbindung eines Teils der Finanzierung der gesetzlichen Krankenversicherung in die allgemeine Haushaltsfinanzierung. Die Staatszuschüsse verknüpfen die gesetzliche Krankenversicherung also zusätzlich, über die Frage der Abzugsfähigkeit von individuellen Vorsorgekosten hinaus, nun unmittelbar mit dem Steuersystem."[82] Und weiter: „Die dabei bewirkte Koppelung von Beitrags- und Steuersystem bedeutet ein Finanzausgleichselement im

---

[80] *Schmehl*, EuR 45 (2010), 386 (398 f.).
[81] *Schmehl* (o. Fußn. 80), 400 f.
[82] *Schmehl*, § 39 Gesundheitsfonds, Finanz- und Risikoausgleiche, in: Helge Sodan (Hrsg.), Handbuch des Krankenversicherungsrechts, 2. Aufl. 2014, S. 1132, Rdnr. 11b.

weiteren Sinne; es bestimmt inzwischen mit steigendem Volumen den Charakter der gesetzlichen Krankenversicherung in signifikantem Maße mit."[83]

Auch die Bestimmung des Zwecks von Zuschüssen und Zuweisungen kann zur Frage sozialer Gerechtigkeit werden. Hierfür steht paradigmatisch der Zuschuss, der laut § 221 SGB V zur pauschalen Abgeltung von Aufwendungen der Krankenkassen für versicherungsfremde Leistungen dienen soll.[84] Als „versicherungsfremd" werden im Schrifttum insbesondere Leistungen der beitragsfreien Familienversicherung klassifiziert.[85]

Arndt Schmehl hat mit anderen zutreffend darauf verwiesen, dass weder Kriterien für solche Leistungen im Gesetz festgelegt noch die Höhe des Zuschusses an bestimmten Leistungen orientiert wurde und wird. Mit der ihm eigenen Präzision arbeitete er heraus, dass der Zuschuss etwa mit seiner Modifikation als Reaktion auf die Wirtschaftskrise 2009 den Zweck gesamtgesellschaftlicher Lastenverteilung deutlich werden lässt.[86] Die gesetzliche Widmung des Zuschusses zugunsten „versicherungsfremder Leistungen" ordnet er in Anbetracht dieser gesetzlichen Flexibilität und des Fehlens einer weiteren gesetzlichen Ausformung des Begriffs nicht als Zweckbestimmungs-, sondern als bloße Begründungsregelung ein, die zudem nur vorübergehend befolgt werde. Dass die Zuschusshöhe außerdem keinen rechtlichen Bezug zu einer empirisch und normativ umrissenen Abgrenzung von „versicherungsfremden" oder „gesamtgesellschaftlichen" Leistungen aufweise, spreche ferner dafür, dass es sich bei ihm in der gegenwärtigen Form auch nicht um eine systematisch gesicherte Konsequenz des Beitragsäquivalenzgedankens handele.[87] Schmehl spricht sich außerdem für ein Verständnis der Sozialversicherung aus, das das Versicherungsprinzip nicht als spezifisch sozialversicherungsrechtliche Kategorie behandelt und den Sozialausgleich neben die versicherungstypische Risikotragung treten lässt.[88]

Mit dem Bundeszuschuss zur gesetzlichen Rentenversicherung und den rentenrechtlichen Kindererziehungszeiten hat sich Arndt Schmehl nicht befasst. Die Frage scheint hier auch anders geklärt worden zu sein, da die Kindererziehungszeiten

---

[83] *Schmehl*, § 39 Gesundheitsfonds (o. Fußn. 82), Rdnr. 118.

[84] Vgl.– Gesetzentwurf der Fraktionen SPD und Bündnis 90/Die Grünen, Entwurf eines Gesetzes zur Änderung des Tabaksteuergesetzes und anderer Verbrauchsteuergesetze, BT-Drs. 15/1313, S. 3; ausführlich *Schmehl*, § 39 Gesundheitsfonds (o. Fußn. 82), Rdnr. 119.

[85] Vgl. *Sodan*, § 2 Verfassungsrechtliche Grundlagen der Krankenversicherung, in: ders. (Hrsg.), Handbuch des Krankenversicherungsrechts, 2. Aufl. 2014, S. 20 ff., Rdnr. 119; *Schüffner/Franck*, § 43 Der Zugang zur privaten Krankenversicherung, in: Sodan (Hrsg.), Handbuch des Krankenversicherungsrechts, 2. Aufl. 2014, S. 1226 ff., Rdnr. 165 mit Bezug auf *Meyer*, GKV und PKV, S. 1 f.; *Niehaus/Weber*, Der überproportionale Finanzierungsbeitrag privat versicherter Patienten zum Gesundheitswesen, 2005, S. 12 ff., 67 ff., 114 ff., 139 f.

[86] *Schmehl*, § 39 Gesundheitsfonds (o. Fußn. 82), Rdnr. 121.

[87] *Schmehl*, § 39 Gesundheitsfonds (o. Fußn. 82), Rdnr. 122.

[88] *Schmehl*, Äquivalenzprinzip, 2004, S. 197 f.; vgl. a. *Schmehl*, § 39 Gesundheitsfonds (o. Fußn. 82), Rdnr. 126.

nicht nur Versicherten in der Rentenversicherung, sondern allen Eltern zustehen. Die gesamtgesellschaftliche Verantwortung für ihre Finanzierung verwirklichte sich zunächst in der Übernahme von Beiträgen durch den Bund, an deren Stelle später ein pauschaler Aufschlag zum ohnehin gezahlten Bundeszuschuss trat. Die Stabilisierungsfunktion des Bundeszuschusses steht dabei auch für die Rentenversicherung im Vordergrund, da die ab 1986 und 1992 angesparten Anwartschaften im Regelfall erst eine Generation später in Ansprüche auf Auszahlung erwachsen.

Problematisch ist unter dem Aspekt sozialer Gerechtigkeit die Finanzierung des zweiten Erziehungsjahrs für Eltern, deren Kinder vor 1992 geboren sind. Die 2013 eingeführte Erweiterung der sog. Mütterrente sollte laut Gesetzesbegründung aus Beitragsmitteln bezahlt werden. Für Versicherte im System ist dies konsequent, da Kindererziehungszeiten insofern keine „versicherungsfremden Leistungen" sind.[89] Um Fremdlasten handelt es sich aber bei Personen, die nicht Mitglieder der Rentenversicherung sind, insbesondere dann, wenn sie anderen öffentlich-rechtlichen Versorgungssystemen angehören, in denen Kindererziehungszeiten nicht entgolten werden. Die Finanzierung eines weiteren Kindererziehungsjahrs für Mütter und Väter, die zum Zeitpunkt des zweiten Lebensjahrs ihres Kindes in einem berufsständischen Versorgungswerk pflichtversichert waren, aus Beiträgen der Rentenversicherten ist unter dem Gesichtspunkt sozialer Gerechtigkeit mindestens bedenklich.[90] Auch der Bundesausschuss deckt diese Leistungen nicht mit ab, denn er dient zur Stabilisierung der Sozialversicherung einschließlich ihrer Elemente des Solidarausgleichs, nicht aber zur unspezifischen Finanzierung solcher Fremdlasten. Und nicht zuletzt werden auf diese Weise mittelbar Versorgungssysteme der Länder durch den Bund bezuschusst.

VI. Schluss

Es gibt wenige Vertreterinnen und Vertreter unserer Zunft, die den Bogen von der bundesstaatlichen Ordnung über die Finanzverfassung zur Sozialpolitik und zurück in jener Qualität zu spannen vermögen, die Arndt Schmehl auszeichnete.

„Soziale Gerechtigkeit" verweist auf außerhalb des Rechts liegende Gerechtigkeitstheorien und politische Leitvorstellungen. Die einschlägigen Publikationen Arndts zeigen ein spezifisches Vorverständnis dessen, was er selbst als „sozial" und „gerecht" empfand. Er war nicht nur skrupulöser Forscher und Meister des präzisen Arguments, sondern verfügte auch über einen ausgeprägten und fein justierten sozialen Kompass. Er fehlt.

---

[89] Vgl. a. Mütterrenten-Entscheidung BVerfGE 87, 1 (39 f.).
[90] *Schuler-Harms*, Das Rentenversicherungs-Leistungsverbesserungsgesetz 2014, NZFam 2015, 152 (156 f.).

Verwaltungsorganisationsrecht

Zur Organisation kollektiver Grundrechtswahrnehmung: Probleme der Selbstverwaltung insbesondere im Hochschul- und Rundfunkbereich

Von *Hans Peter Bull*

„Die Wissenschaftsfreiheit ist zunächst ein Individualrecht."[1] Das gilt heute wie früher.[2] Aber schon in der Weimarer Zeit setzte sich die Ansicht durch, dass die – damals in Art. 142 WRV garantierte – Freiheit der Wissenschaft „auch die Universität schützt, dass sie das Grundrecht der Universität ist".[3] In den jahrzehntelangen Auseinandersetzungen um die Neuordnung der Universitäten und ein zeitgemäßes Hochschulrecht stellte das Individualrecht der Wissenschaftler nur noch den Hintergrund dar; die politischen Streitfragen betrafen fast ausschließlich die Verteilung der Befugnisse auf die Hochschulen einerseits, die staatliche Seite andererseits. Die internen Strukturen der Hochschulen sind seit der Studenten-„Revolte" der späten 1960er Jahren durch das Gruppenprinzip geprägt. Die Hochschulgremien, bis dahin von den Professoren dominiert, wurden um Vertreter der anderen „Universitätsstände" – Assistenten und sonstiger „Mittelbau", Studentenschaft und nichtwissenschaftliches Personal – ergänzt und in unterschiedlicher Ausgestaltung, aber im Prinzip überall gleich „gruppenparitätisch" zusammengesetzt.[4]

In der weiteren Entwicklung sind die inneren Strukturen der Hochschulen noch einmal wesentlich verändert worden. Die Rechte der Gremien sind zugunsten einer hierarchischen Organisation geschwächt worden. Präsidenten und Dekane haben Befugnisse zugewiesen erhalten, die zuvor den kollegialen Organen zustanden. Mit dieser „inneren Hierarchisierung" ist die Tendenz zur Ökonomisierung einhergegangen; die heutige Universität soll von „Managern" und unter Beratung durch Hochschulräte in den Wettbewerb um Finanzmittel und Reputation geführt werden.[5]

Das alles hat Folgen für die Wahrnehmung des Grundrechts der Wissenschaftsfreiheit. Heute besteht Anlass zu betonen, dass Art. 5 Abs. 3 GG nicht nur die Freiheit der Organisation „Hochschule" gegenüber dem Staat garantiert, sondern auch das

---

[1] *W. Thieme*, Deutsches Hochschulrecht, 3. Aufl. 2004, Rdnr. 106.

[2] Vgl. u.v.a. R. Scholz, in: Maunz/Dürig, GG, Kommentar, Art. 5 Abs. 3, Rdnr. 82 (Stand Mai 1977); *M. Fehling*, Neue Herausforderungen an die Selbstverwaltung in Hochschule und Wissenschaft, Die Verwaltung 35 (2002), S. 399 (423).

[3] *Thieme* (o. Fußn. 1), Rdnr. 33.

[4] Vgl. a. hierzu *Thieme* (o. Fußn. 1), Rdnr. 41.

[5] *Thieme* (o. Fußn. 1), Rdnrn. 47 f.

Recht des einzelnen Wissenschaftlers darauf, frei forschen und publizieren zu können. In der heutigen hochkomplexen Hochschulorganisation bedeutet dies mehr als das Ausbleiben inhaltlicher Einflüsse des Staates auf die angewandten Methoden oder gar auf die Ergebnisse akademischer Forschung. Der Wissenschaftler, der seine Fähigkeiten entfalten will, wie es seiner Amtspflicht entspricht, bedarf auch der Unterstützung durch die Hochschule und den Staat. Wer – pflichtgemäß – an der wissenschaftlichen Produktion seiner Fakultät oder Hochschule mitwirken will, braucht dazu sachliche und personelle Unterstützung, angefangen bei so schlichten Hilfsmitteln wie Räumen und technischen Geräten, Bibliotheken, ferner Finanzmittel zur Teilnahme an Kongressen und Workshops und vor allem Mitarbeiterstellen. Für die hochschulangehörigen Wissenschaftler ist ein solcher Anspruch auf Ressourcen für die Forschung wie für die Lehre grundsätzlich anerkannt.[6] Aber seine Durchsetzung ist schon durch die Gruppenstruktur der Hochschulorgane eher schwieriger geworden als sie vorher war, und durch die Hierarchisierung ist sie noch einmal schwerer geworden.

Die kollektive Grundrechtswahrnehmung hat ihren Sinn und hat sich in der Praxis – trotz vielfältiger Kritik – im Großen und Ganzen bewährt, aber die individuelle Komponente sollte nicht übersehen werden. Diese Situation soll im Folgenden etwas genauer dargestellt werden. Anders als üblich, wird die Problematik nicht in erster Linie als verfassungsrechtliches Thema untersucht, sondern zunächst als Gegenstand der Verwaltungswissenschaft, nämlich aufgrund der Frage, wie die (als rechtliches Gebot vorausgesetzte) Aufgabe, die verschiedenen Dimensionen der Wissenschaftsfreiheit möglichst gleichmäßig zur Geltung zu bringen, organisatorisch bewältigt werden kann. Juristische Schlussfolgerungen zu Einzelproblemen werden erst im Anschluss daran gezogen.

Erster Ansatz ist die Feststellung der einschlägigen organisationstheoretischen Leitprinzipien (I.). Anschließend wird die Bedeutung des Selbstverwaltungs- oder Autonomieprinzips herausgestellt (II.). Die Abstimmung der verschiedenen Anforderungen wird im dann folgenden Abschnitt (III.) unternommen. In Abschnitt IV. wird erörtert, inwieweit kollektive Grundrechtsausübung auch in den öffentlich-rechtlichen Rundfunkanstalten die Organisation prägt, und am Schluss folgt ein Ausblick auf andere Bereiche und alternative Sichtweisen (V.).

I. Leitprinzipien

1. Organisationstheoretisch oberstes Prinzip angemessener Verwaltungsorganisation (i.w.S.) muss die *Zweckmäßigkeit* zur Erfüllung der gegebenen Aufgabe(n) sein. Die Zweckmäßigkeit wird hier an erster Stelle vor der selbstverständlich ebenfalls zu fordernden *Rechtmäßigkeit* genannt, weil das Recht für die Organisationsfragen nur

---

[6] *Thieme* (o. Fußn. 1), Rdnr. 121 und Rdnr. 130 (antragsunabhängiger Zugang „jedenfalls zu einer bescheidenen Grundausstattung mit Forschungsmitteln"). S.a. ebd. Rdnrn. 473, 491 und 1043.

unbestimmte, vieldeutige Kriterien liefert. Sowohl die Grundrechte wie die anderen verfassungsmäßigen Maßstäbe („das Gemeinwohl") können auf vielfältige Weise beachtet, bewahrt und gestärkt werden; es gibt kein eindeutiges Gestaltungsgebot. Wichtig sind vielmehr die Besonderheiten der jeweiligen Aufgabe(n). Für die Hochschulorganisation ist der Maßstab der *Wissenschaftsadäquanz* von herausragender Bedeutung. Über diesen Begriff, den das BVerfG mehrfach herausgestellt hat,[7] gewinnen die rechtlichen Überlegungen doch wieder erheblich an Gewicht; die Organisationsfreiheit der Verwaltung ist insofern durch die Rspr. des BVerfG eingeschränkt.[8]

2. Als Gegenstand rechtswissenschaftlicher Betrachtung stehen in den genannten Bereichen die Sicherung *individueller wie kollektiver Grundrechte* und die Förderung von *Gemeinwohlaspekten* im Vordergrund. Diese Ziele stellen in verwaltungswissenschaftlicher Sicht inhaltliche Dimensionen des allgemeingültigen Zieles der „richtigen Aufgabenerfüllung" dar. Beide Perspektiven führen – idealiter – zu den gleichen Ergebnissen: Bei der Suche nach Lösungen, mit denen Grundrechtssicherung und Gemeinwohlförderung wirkungsvoll realisiert werden können, müssen auch die anderen, „eigentlichen" Elemente der gestellten Aufgabe bedacht werden; schon an dieser Stelle müssen Kompromisse zwischen den verschiedenen Interessen gesucht werden. Es wäre wenig gewonnen, wenn zwar die Grundrechte der Betroffenen perfekt gesichert, die Erfüllung der Aufgabe jedoch vernachlässigt würde. Die aus beiden Perspektiven zu beantwortende Frage ist die nach der *Eignung* der angedachten Lösung zu dem vorgegebenen Zweck. Da zu ihrer Beantwortung Prognosen erforderlich sind, besteht ein erheblicher Spielraum für Experimente.

3. Als weitere Dimension der angemessenen Aufgabenerfüllung kommen *Wirtschaftlichkeit* bzw. ökonomische Effizienz hinzu, die zugleich dem Interesse des Staates an sparsamer Verwendung der Mittel dienen. Bei der Gestaltung von Verwaltungseinheiten wird dieser Aspekt in der Regel kaum besonders beachtet. Die Zuständigkeit wird in der Regel für bestimmte *Aufgaben*bereiche bestimmt. Die in der Wirtschaft übliche Methode, auch für bestimmte *Funktions*bereiche verantwortliche Einheiten zu bilden, die dann rentierlich arbeiten sollen,[9] ist zwar von der Verwaltung teilweise übernommen worden, aber es dominiert wohl noch die Orientierung an Aufgaben, verbunden mit Querschnittszuständigkeiten für die „Intendan-

---

[7] BVerfGE 111, 333, Leitsatz 2 und S. 354; 136, 338 (362 Rdnr. 56); 141, 143 (Rdnr. 60). In manchen Urteilen ist von „wissenschaftlicher Eigengesetzlichkeit" und zur Abgrenzung des betroffenen Entscheidungsbereichs von „wissenschaftsrelevanten" Entscheidungen die Rede; s. etwa BVerfGE 127, 87 (114 f.) und 136, 338, Leitsatz 1 und S. 363 f. Rdnrn. 58 f.

[8] Das BVerfG hat das Gebot „funktionsfähiger Institutionen für einen freien Wissenschaftsbetrieb" aus Art. 5 Abs. 3 GG hergeleitet (BVerfGE 35, 79 (114 f. – Niedersächsisches Vorschaltgesetz); die Richter Simon und Rupp-von Brünneck hielten es dagegen in ihrem Abweichenden Votum (BVerfGE 35, 148 [149]) für „nicht vertretbar, unmittelbar aus der Verfassung detaillierte organisatorische Anforderungen für die Selbstverwaltung der Universität herleiten zu wollen".

[9] Man denke an die Ausgliederung von Dienstleistungsbereichen wie Buchhaltung, Datenverarbeitung oder Gebäudemanagement.

tur"-Funktionen, d. h. dass intern die Verantwortung für wirtschaftliches Handeln besonderen, für den Haushalt zuständigen Untereinheiten übertragen wird, die über mehr oder weniger starke Einflussmöglichkeiten gegenüber den fachlichen Einheiten verfügen.

4. Faktisch (latent und teilweise manifest) wirkt stets auch das Interesse an der *Machtverteilung* mit; es wird unausgesprochen von der Organisationspraxis anerkannt und berücksichtigt. Das bedeutet, dass die „richtige Aufgabenerfüllung" nicht allein danach beurteilt wird, was unabhängig von den Interessen der Beteiligten (Interessen- und Meinungsgruppen) bestimmt werden kann, sondern dass Modifikationen der Aufgabenadäquanz vorkommen und unter Rechtsaspekten nicht beanstandet werden. Die Gruppenuniversität ist das Produkt solcher Überlegungen zur seinerzeit neuen Machtverteilung zwischen Hochschullehrern, „Mittelbau" und Studentenschaft. Ihr Verhältnis zur staatlichen Verwaltung ist ebenfalls von einem machtpolitisch modifizierten Verständnis der Aufgabe „Hochschulen" geprägt.

Das Ziel, den Einfluss bestimmter Machtträger zu beschränken, liegt auch dem Gebot der *Staatsferne* zugrunde, das im Hochschulrecht und – noch stärker ausgeprägt – im Rundfunkrecht gilt. Die Hochschulen sollen von Eingriffen staatlicher Behörden in ihre selbstbestimmte Arbeit frei bleiben; die Rundfunkanstalten sollen ihre Programme aus einer gewissen Distanz zum Staat (oder besser: zu den Wünschen und Forderungen der Politik im weitesten Sinne) gestalten, insbesondere nicht für einzelne politische Richtungen Partei ergreifen.

„Demokratisierung", die seit der Studentenrevolution von 1968 als ein besonders attraktives Ziel verstanden wurde, ist hingegen keine geeignete Bezeichnung für eine Organisationsform, die aus unterschiedlich betroffenen Gruppen Beteiligter besteht.[10] „Demokratisch" wäre die Anwendung des Mehrheitsprinzips aller Mitglieder der Körperschaft Hochschule auf deren Entscheidungen. Die Lenkung der Hochschulen nach diesem Prinzip wäre aber angesichts der unterschiedlichen Stellung der verschiedenen Gruppen schlicht unangemessen, und auch die Kritiker der früheren Ordinarienuniversität verfolgten diese Vorstellung – trotz häufiger verbaler Bekenntnisse zum Demokratieprinzip – in Wahrheit nicht.

---

[10] Was die „68er" unter Demokratisierung der Hochschulen verstanden, erschließt sich z. B. aus dem Handbuch zu diesem Thema: *S. Leibfried* (Hrsg.), Wider die Untertanenfabrik, Köln 1967, und aus der Aufsatzsammlung von *J. Habermas*, Protestbewegung und Hochschulreform, 1969; dort S. 46 auch eine Definition von Hochschuldemokratisierung (Öffnung aller Entscheidungsgremien für die am Lehr- und Forschungsprozess beteiligten Gruppen auf allen Ebenen und Bindung der Entscheidungen an öffentliche Diskussion und zwanglose Willensbildung in diesen Gremien. Als Gegenbild ein kritischer Rundumschlag von *H. Schelsky*, Abschied von der Hochschulpolitik oder Die Universität im Fadenkreuz des Versagens, 1969, z. B. S. 114 f. („scheinsachliche Modeformeln"). Die verfassungsrechtliche Kritik vertritt u. v. a. *Scholz* (o. Fußn. 2), Rdnrn. 153 ff. m.w.N.

II. „Autonomie" und/oder „Selbstverwaltung"

Als besonders freiheitsfreundlich gelten Organisationsformen, in denen es einem abgrenzbaren Kreis von Beteiligten überlassen wird, die „eigenen Angelegenheiten" nach eigenen Regeln und Präferenzen zu ordnen und die entsprechenden Entscheidungen selbst auszuführen. Auf diese Weise hat der Staat einer ganzen Reihe von rechtlich selbständigen Körperschaften Autonomie eingeräumt, also das Recht, selbst Recht zu setzen (Satzungen), und damit eine duale Legitimationsstruktur begründet.[11] Außer den Hochschulen sind es u. a. deren Teilkörperschaften, die Studentenschaften, sowie die Kammern der Wirtschaft und der freien Berufe (während bei den Selbstverwaltungsorganen der Sozialversicherung kaum noch von Autonomie gesprochen werden kann.)[12]

Dass auch in solchen Gremien tatsächlich ganz unterschiedliche Interessen und Meinungen vertreten sind und daher Bedarf an subjektiv-individuellem Rechtsschutz bestehen kann, lehren Beispiele wie etwa die Auseinandersetzungen um ein politisches Mandat (nicht nur der Studentenschaften)[13] oder der Streit um die Pflichtmitgliedschaft der Unternehmen in den Industrie- und Handelskammern.[14] Im Verhältnis zum Staat besteht die Notwendigkeit, bei der Wahrnehmung der Mitgliederinteressen den „eigenen" Bereich gegen die Angelegenheiten der Allgemeinheit abzugrenzen. Aus der Sicht des Staates muss die gemeinwohlbezogene Aufsicht über die autonomen Körperschaften gewährleistet sein.

„Selbstverwaltung" bedeutet in der üblichen Definition einerseits Rechtsetzungskompetenz (Autonomie im engeren Sinne), begründet aber andererseits auch die Zuständigkeit zur administrativen Durchführung der Aufgaben der Körperschaft. Sie gilt allgemein als eine Form der Grundrechtssicherung, obwohl die technische Abwicklung vieler Aufgaben rechtlich neutral ist: Wenn eine gesetzliche Regelung von hinreichender Bestimmtheit gilt, spielt es faktisch nur eine geringe Rolle, ob eine staatliche Stelle oder eine Selbstverwaltungsinstanz bestimmte Verwaltungsakte erlässt, Gebühren einzieht, Gehälter und Pensionen überweist oder Liefer- und Leistungsverträge ausführt. Der Vorteil für die Beteiligten besteht darin, dass die Organe der Selbstverwaltungskörperschaft die Personal- und Organisationshoheit besitzen, also Mitarbeiter auswählen und die Aufgabenerledigung organisieren können; in begrenztem Ausmaß kommt die Finanzhoheit hinzu, kraft derer Spielräume für gesetz-

---

[11] Vgl. *E. Schmidt-Aßmann*, Das allgemeine Verwaltungsrecht als Ordnungsidee, 2. Aufl. 2004, 2/90 ff., S. 94 ff.

[12] Umfassende und detaillierte Untersuchung der zahlreichen Rechts- und Organisationsfragen dieser Bereiche: *W. Kluth*, Funktionale Selbstverwaltung, 1997.

[13] Vgl. dazu die Rspr. der Verwaltungsgerichte zum politischen Mandat der Studentenschaften (z.B. OVG Lüneburg, NordÖR 2015, 187= NVwZ-RR 2015, 460) oder der Industrie- und Handelskammern (z.B. BVerwG, NVwZ-RR 2010, 882 und BVerwGE 154, 296); *Kluth* (o. Fußn. 12), S. 285 ff.

[14] Dazu: BVerfGE 15, 235 sowie B. d. 2. Kammer des I. Senats v. 7.12.2001, Az 1 BvR 1806/98 (Nichtannahme einer Verfassungsbeschwerde gegen die IHK-Pflichtmitgliedschaft). S. a. *Kluth* (o. Fußn. 12), S 276 ff.

lich nicht durchnormierte Leistungen der Körperschaft bestehen. Das historisch begründete Misstrauen gegenüber einer (vermeintlich oder wirklich) zu starken staatlichen Exekutive dient als zusätzliches Argument zur Rechtfertigung dieser Eigenständigkeit.

III. Die Feinabstimmung

1. Die genannten großen Prinzipien müssen in der Organisationspraxis „kleingearbeitet" werden. Kein Prinzip kann ohne Abstriche in eine bestimmte Organisationsform „übersetzt" werden. Die inneren Spannungen etwa zwischen (generell-politischer und fachlicher) „Kompetenz" und Interesse (an Ansehen, Macht oder Einkommen) führen zu Auseinandersetzungen über die richtige Umsetzung. Dazu hat das BVerfG viele mahnende Worte geäußert, etwa dass die Organisation „nicht durch bloße gesellschaftliche Nützlichkeits- und politische Zweckmäßigkeitsvorstellungen geprägt" sein darf[15] oder dass die „Orientierung an extern gesetzten Bewertungskriterien" zu Fehlentwicklungen führen könne.[16] Problematisch kann auch die „Sachnähe" bestimmter Teilnehmer sein; sie führt u. U. zu Betriebsblindheit und Befangenheit, schlimmstenfalls zu subtilen Formen von Korruption.

2. Selten angesprochen wird bei den Erörterungen angemessener Organisation großer Institutionen das Problem, dass die Wahrnehmung kollektiver Interessen mit den subjektiven Interessen einzelner Beteiligter unvereinbar sein kann.

Die Verfassung der Gruppenuniversität beruht auf der Annahme, dass die Professoren ebenso wie die Vertreter des Mittelbaus und der Studierenden jeweils *gleiche Interessen* haben, also in der Regel allesamt gleich abstimmen und sich mit den anderen Gruppen einigen oder diese überstimmen. Diese Voraussetzung ist in Wirklichkeit nicht erfüllt; denn (gerade) auch innerhalb der Gruppen wird gestritten, und die Gruppenmitglieder verfolgen in diesem Rahmen immer auch eigene besondere Rechte. Einig sind sich die Professoren (und meist auch die anderen Gruppen), wenn es gilt, Mittel von der staatlichen Seite zu fordern; wenn aber die Mittel und Stellen intern verteilt werden, haben Minderheiten – z. B. kleine Institute, „Orchideenfächer", Vertreter neuer, experimenteller Projekte oder ungewöhnlicher Theorieansätze – schlechte Chancen. Das BVerfG hat mit Recht bemerkt, dass „auch Allokationsentscheidungen, die von Kollegialorganen getroffen werden, die wiederum überwiegend mit von diesen Entscheidungen betroffenen Hochschullehrern besetzt sind", „wegen fehlender klarer personaler Verantwortungszuweisung und mangelnder Distanz zum Entscheidungsgegenstand zu einer Gefährdung freier Wissenschaft führen" können.[17] Generell gilt, was Thomas Groß festgestellt hat, dass nämlich „eine sinnvolle, die Leistungsfähigkeit der Organisation stärkende Mittelzuweisung" nicht „von Verhandlungen zwischen Vertretern von Teilinteressen" erwartet werden

---

[15] BVerfGE 111, 333 (358); 127, 87 (115).
[16] BVerfGE 111, 333 (358).
[17] BVerfGE 127, 87 (124 f.) – HmbHochschulG.

kann, sondern „nach übergreifenden Gesichtspunkten" getroffen werden muss.[18] Das wiederum ist nur gewährleistet, wenn diese Entscheidungen auf einer höheren Ebene getroffen werden.

Bezogen auf die Grundrechtssicherung heißt das: Die Grundrechte des Einzelnen werden in kollektiven Gremien nur insoweit gesichert, wie sie mit den Interessen der anderen Mitglieder übereinstimmen. Die unterstellte Funktionsbedingung der Gruppenuniversität ist die Gleichrichtung der Gruppeninteressen. Da diese niemals vollständig gegeben ist, bleibt stets ein Defizit der Grundrechtssicherung, wenn diese nur durch die kollektiven Instanzen gewährleistet sein soll. Soweit erkennbar, ist dieser Konflikt bisher nicht zum Gegenstand gerichtlicher Streitigkeiten geworden. Es bleibt offen, ob etwa den Staat eine Einstandspflicht trifft, trotz Hochschulautonomie und Selbstverwaltung für die Durchsetzung der individuellen Wissenschaftsfreiheit gegen institutionelle Einbindungen zu sorgen.

Vor der Hochschulreform waren die Hochschulbehörden in der Pflicht, die einzelnen Professoren auskömmlich auszustatten. In Berufungsverhandlungen entschieden die Behörden über Personal- und Sachmittel der Lehrstühle. Verhandlungsstarke Professoren konnten dabei häufig mehr gewinnen als ihnen die Fakultätskollegen zugebilligt hätten. Heute kann sich der Staat aus solchen Verteilungsstreitigkeiten heraushalten, und die Betroffenen müssen sich untereinander bzw. mit Dekanen und Präsidenten einigen. Immerhin können sich Professoren, die von ihren Fakultäten benachteiligt werden, informell an die höheren Instanzen ihrer Hochschule wenden und von dort Unterstützung ihrer Interessen gegen die Konkurrenten erbitten. Wenn jedoch ein starkes Präsidium eigene Vorstellungen von der Fächerstruktur und den Forschungsschwerpunkten der Hochschule verfolgt, ziehen die Fakultäten und erst recht einzelne Wissenschaftler bei der inneruniversitären Opposition den Kürzeren. In solchen Situationen hilft angesichts der gegenwärtigen Rechtslage auch nicht der Appell an die staatliche Verantwortung für die Wissenschaft; es ist der Hochschule überlassen, die Präferenzen zu bestimmen und Schwerpunkte zu bilden. Allenfalls durch Sonderprogramme gezielter Forschungsförderung oder zur Reform der Lehre können die staatlichen Instanzen eigene wissenschaftspolitische Ziele verfolgen.

An den Grundstrukturen der Hochschulorganisation wird sich auf absehbare Zeit nichts ändern; es ist nicht die Zeit für eine neue grundlegende Reform der Hochschulverfassung, und das individuelle Grundrecht der Wissenschaftsfreiheit leidet auch nicht so große Not, dass energischer Widerstand geboten wäre. Zur aktuellen Verbesserung der Lage wären daher allenfalls Änderungen geringerer Intensität zu erwägen. So könnten Organisationsformen entwickelt werden, die dem einzelnen Grundrechtsträger unter bestimmten, engen Voraussetzungen ein Vetorecht gegen Entscheidungen der eigenen Gruppe zubilligen, wodurch das zuständige Gremium zu

---

[18] *T. Groß*, DVBl 2006, 721 (727), vom BVerfG zitiert in BVerfGE 127, 87 (125). Ebenso *Fehling* (o. Fußn. 2), S. 405.

erneuter Beratung verpflichtet oder die Zuständigkeit auf eine höhere Stufe innerhalb der Hochschule verlagert würde.

IV. Grundrechtswahrnehmung in den öffentlich-rechtlichen Rundfunkanstalten

Kollektive Grundrechtsausübung findet auch in den öffentlich-rechtlichen Rundfunkanstalten statt. Journalisten, Autoren, Redakteure, Regisseure und andere „Kommunikatoren"[19] gestalten das Programm der Sender, sind aber arbeitsteilig in die hierarchisch ausgestaltete Organisation eingebunden, also den Weisungen der Intendanten und Direktoren unterworfen. Dass sie bei ihrer Arbeit ihre journalistischen und künstlerischen Freiheiten ausüben, ist in den organisatorischen Regelungen des Rundfunkrechts nicht berücksichtigt. Das BVerfG hat zwar mehrfach „das subjektive Recht der im Rundfunkwesen tätigen Personen auf Freiheit von staatlichem Zwang" bestätigt, aber nur bei gleicher Interessenlage der betroffenen Mitarbeiter und der Anstalt selbst, nämlich in Fällen, in denen auch die Rundfunkanstalt ein Abwehrrecht gegen staatliche Maßnahmen (Durchsuchungen, Beschlagnahmen u. ä.) geltend gemacht hat.[20]

Für die Organisation der Anstalten hat weder die individuelle noch die kollektive Grundrechtsausübung eine herausragende Bedeutung. Es ist erstaunlich, dass der Beitrag der Mitarbeiter zu dem Angebot des öffentlich-rechtlichen Rundfunks auch in den zahlreichen Äußerungen zu diesem Rechtsgebiet nicht einmal erwähnt wird.[21] Dabei wäre es durchaus vorstellbar, dass die Wahrung der für den Rundfunk grundlegenden Prinzipien der Staatsferne[22] und Vielfaltssicherung[23] in erster Linie den „Kommunikatoren" aufgegeben würde, die dann die pluralistische Basis der Rundfunk-Selbstverwaltung bilden würden. Das wäre im Ansatz überzeugender als die geltende Konstruktion, wonach die Grundgebote der täglichen Arbeit von außen an die Anstalten herangetragen und intern nur mittelbar und eben nicht durch die Gestalter der gesendeten Inhalte zur Geltung gebracht werden, sondern durch die Aufsichtsgremien, Intendanten und Direktoren. Diese Einflussnahme über mehrere Stationen hinweg und durch heterogen besetzte Gremien ist in der Pra-

---

[19] Begriff von *G. Herrmann/M. Lausen*, Rundfunkrecht, 2. Aufl. 2004, § 2 Rdnr. 29 (S. 18).

[20] BVerfGE 77, 65 (74) (ZDF); 107, 299 (330) (nochmals ZDF; „Frontal"); BVerfG, Kammerbeschluss v. 10.12.2010, NJW 2011, 1859 („Freies Sender Kombinat").

[21] Bezeichnend für die Dominanz der „Aufsichts"-Perspektive sind die Äußerungen zum Streit um die Organe des ZDF aus Anlass der Affäre um den Chefredakteur Nikolaus Brendel, die zum Urteil des BVerfG v. 25.3.2014 geführt hat. Vgl. etwa *H.-G. Henneke*, Funktionsgerechte ZDF-Gremienstrukturierung im Spannungsfeld der Sicherung von – überwiegend staatsferner – Vielfalt und Erfahrungswissen, DVBl 2016, S. 733–744.

[22] Zu Herleitung und Reichweite dieses Gebots vgl. *A. Rauchhaus*, Rundfunk und Staat. Das Gebot der Staatsferne des Rundfunks vor neuen Herausforderungen, Berlin 2014.

[23] BVerfGE 136, 9 (ZDF-Urteil).

xis notwendigerweise auf punktuelle Entscheidungen wie die Bestellung von Chefredakteuren und in der Regel auf nachträgliche Korrekturversuche beschränkt. Einen Vorteil dieser komplizierten Konstruktion mag man darin sehen, dass der Binnenbereich der Anstalten jedenfalls durch starke Intendantenpersönlichkeiten im Allgemeinen gegen politische Kritik abgeschirmt wird, Konflikte über wichtige Personalien jedoch öffentlich erörtert werden.

Das BVerfG leitet das Gebot der Vielfaltssicherung aus Art. 5 Abs. 1 Satz 2 GG her, also nicht aus der Meinungsfreiheit, sondern aus der Freiheit der Berichterstattung durch den Rundfunk.[24] „Die Staatsfreiheit dient nicht der individuellen Entfaltung der Rundfunkanstalt – oder der in ihr tätigen Mitarbeiter –, sondern der Meinungsbildungsfreiheit der Rundfunkkonsumenten".[25] Die Rechtsstellung der Rundfunkmitarbeiter ist deutlich schwächer als die der Wissenschaftler in den Hochschulen. Sie wählen keine Vertreter in die Leitungsorgane, sondern müssen ihre Rechte über die Personalräte oder vor den Gerichten geltend machen; es gelten insofern das allgemeine Recht des geistigen Eigentums und die Leistungsschutzrechte. Die Interessen der Journalisten usw. werden im Übrigen durch Berufsverbände außerhalb der öffentlich-rechtlichen Organisation (oder deren Repräsentanten in einem Aufsichtsgremium)[26] vertreten. Nur die Einrichtung von Redakteursausschüssen[27] kann als eine organisatorische Umsetzung der ursprünglichen Grundrechtssituation angesehen werden. Das BVerfG hat aber betont, dass diese Form von Beteiligung „den Redakteuren nicht im Interesse ihrer Selbstverwirklichung im Beruf und zur Durchsetzung ihrer subjektiven Auffassungen eingeräumt" wird, „sondern zur Erfüllung ihrer Vermittlungsfunktion".[28]

Die *Pluralität der Meinungen* und Sichtweisen soll nach geltendem Recht vor allem durch Abwehr etwaiger Einflussversuche durch staatliche Instanzen und politische Parteien gesichert werden, aber auch in Abgrenzung zu gesellschaftlichen Machtträgern[29] und zu den Nutzern („Konsumenten") des öffentlich-rechtlichen Rundfunks, die ihrerseits überwiegend schwach oder gar nicht organisiert sind. In die Aufsichtsgremien der öffentlich-rechtlichen Rundfunkanstalten sind „Personen mit möglichst unterschiedlichen Perspektiven und Erfahrungshorizonten aus allen Bereichen des Gemeinwesens einzubeziehen".[30] Aktive Träger der in Betracht kommenden kommunikativen Grundrechte, also die Redakteure, Autoren, Künstler und Produzenten, können grundsätzlich nicht Mitglied eines Aufsichtsgremiums wie des

---

[24] BVerfGE 136, 9 (ZDF-Urteil), Leitsatz 1 Satz 1 und Rdnr. 28 ff. m.w.N.
[25] *W. Hoffmann-Riem*, Rundfunkfreiheit durch Rundfunkorganisation, 1979, S. 15 f.
[26] Vgl. § 21 Abs. 1 Buchstabe j) ZDF-Staatsvertrag.
[27] Dazu als „Pionier" *W. Hoffmann-Riem*, Redaktionsstatute im Rundfunk,1972.
[28] BVerfGE 83, 238 (321) (WDR-Gesetz).
[29] Anders aber *J. Lücke*, Die Rundfunkfreiheit als Gruppengrundrecht, DVBl 1977, 977, der als Träger der Rundfunkfreiheit „die gesellschaftlich relevanten Gruppen" ansieht, während die Veranstalter nur Instrument der Gruppen seien. Dazu *D. Schuster*, Meinungsvielfalt in der dualen Rundfunkordnung, 1990, S. 52 f.
[30] BVerfGE 136, 9, Leitsatz 1 Satz 2.

ZDF-Fernsehrates werden.[31] Auch im Urteil des BVerfG zum ZDF-Fernsehrat ist von einem etwaigen Recht der Redakteure, im Wege der Selbstverwaltung auf die Leitungsentscheidungen Einfluss zu nehmen, nicht die Rede; solche Möglichkeiten sind offensichtlich nicht einmal angedacht worden.[32] Als „Sachwalter der Allgemeinheit" zur Sicherung der Vielfalt sind stets nur die Mitglieder der Rundfunk- und Verwaltungsräte erwähnt; die eigentlichen Vielfalts-Produzenten bleiben draußen vor der Tür. Den Gremienmitgliedern wiederum obliegt der Schutz der Rundfunkfreiheit qua Amt, nicht qua Individual- oder Gruppenrecht.

Auch die Gruppenstruktur hat bei den Rundfunkanstalten eine andere Bedeutung als in den Hochschulen. Es ist schon unklar, welches Interesse die verschiedenen Verbandsvertreter oder die Vertreter der Parteien, des Bundes und der Länder, der Kirchen und Arbeitgeberverbände denn vertreten sollen[33] – es sei denn, das Interesse an fairer Berichterstattung über die jeweilige Organisation (wobei sie jedoch befangen sein könnten!) und – treuhänderisch – das öffentliche Interesse an korrekter Berichterstattung überhaupt. Die Organisationen sind in den Gremien – so wie die Abgeordneten in den Parlamenten – nicht an Weisungen, sondern an das rundfunkrechtliche Gemeinwohl und dessen oberstes Prinzip, die Vielfaltssicherung gebunden.[34] Tatsächlich formieren sich die Gruppen in den Rundfunkräten wie die Abgeordneten der Parlamente zu zwei Freundeskreisen, politischen „Fraktionen", die in den Grundzügen mehr oder weniger der parteipolitischen Struktur der Landtage entsprechen.[35] Eine solche parteipolitische Ausrichtung kommt ohne förmliche Parteizuordnung zustande und ist als solche nicht anstößig. Die Leitung der Rundfunkanstalten ist im Grunde eine politische Aufgabe, zu deren Besetzung die Volksvertretung berufen wäre – wenn nicht auch die Staatsferne geboten wäre. Die unmittelbare Zuordnung der Rundfunkaufsicht zu den Landtagen hätte die um der Vielfaltssicherung willen gebotene Distanz zu den politisch herrschenden Kräften zu sehr verringert.

Würde man das Gebot der Staatsferne konsequent weiterdenken und alle Personen, die staatlichen Organen oder den politischen Parteien auch nur nahestehen, als Mitglieder der Rundfunkgremien ausschließen, so könnte der Rundfunk zum Instrument einer Fundamentalopposition gegen den Staat werden. So richtig es ist, die Wiederentstehung eines Staatsrundfunks nach nationalsozialistischem oder kommunistischem Vorbild zu verhindern, und so angemessen es auch ist, den Rundfunk nicht den politischen Parteien als „Beute" zu überlassen, so fragwürdig ist das umfassende Misstrauen gegen staatliche Amtsträger aller Art, das in den feingesponnenen Über-

---

[31] Vgl. § 21 Abs. 9 Satz 2 ZDF-Staatsvertrag, vgl. BVerfGE 136, 9 Rdnr. 12 S. 20.
[32] Das gilt auch für das Abweichende Votum des Richters Paulus, BVerfGE 136, 60 ff.
[33] Krit. insofern auch *M. Sachs*, Staatsferne Vielfaltssicherung in den öffentlich-rechtlichen Rundfunkanstalten, in: ZG 29 (2014), S. 275–295 (282 f.).
[34] § 21 Abs. 9 Satz 1 ZDF-Staatsvertrag.
[35] BVerfGE 136, 9 (62 f. Rdnr. 6 f.).

legungen zur Staatsferne zum Ausdruck kommt.³⁶ Der Rundfunk sollte – seinem umfassenden Auftrag entsprechend, aber entgegen dem Grundtenor der Rspr. des BVerfG – nicht nur auf Vielfalt verpflichtet werden, er muss in diesem Rahmen vielmehr zu allererst eine wahre und ausgewogene Berichterstattung und Kommentierung anstreben, und wenn dabei ein Programm herauskommt, in dem auch die Positionen der politischen Parteien und anderer relevanter politischen Gruppen und die offizielle Meinung der Regierung berücksichtigt werden, ist das nicht nur zu tolerieren, sondern geboten. Selbstverständlich ist es unangebracht, dass Parteien bzw. Regierungen Einfluss auf die Besetzung von Stellen in den Rundfunkanstalten ausüben, aber müssen wirklich, wie der Richter Paulus schreibt,³⁷ „alle mittelbaren und subtilen Einflussnahmen des Staates verhindert werden", während die „gesellschaftlichen" Gruppen ihren Einfluss ganz offen ausüben dürfen?

Man könnte sich auch vorstellen, dass ein Rundfunkparlament von der Bevölkerung des Landes unmittelbar gewählt würde. Darin läge gerade keine „Verstaatlichung" des Rundfunks, sondern im Gegenteil eine Bekräftigung der Staatsferne durch Stärkung der rundfunkeigenen Leitungsstruktur. Das Rundfunkparlament und der korrespondierende Landtag würden ein je eigenes Aufgabenverständnis entwickeln und sich als Konkurrenten verhalten. Die politischen Parteien, die Verbände und zivilgesellschaftlichen Organisationen würden in diesem Rahmen vermutlich offener als bisher politisch argumentieren und vor den Wahlen für ihre Positionen werben.

V. Weiterführende Anmerkungen

Die Überlegungen zu der Selbstverwaltung der Hochschulen und der Rundfunkanstalten haben gezeigt, dass der Schutz der verschiedenen Grundrechte – Wissenschaftsfreiheit, Meinungsfreiheit, Freiheit der Berichterstattung – organisatorisch unterschiedlich umgesetzt worden ist. Die Wahrnehmung der subjektiven Grundrechte wird teilweise durch Organisation verstärkt, teilweise aber auch einem Gruppendruck untergeordnet und damit eingeschränkt. Beim Rundfunk ist die Freiheit der Kommunikatoren von vornherein überlagert durch die Zuständigkeit der von Externen besetzten Gremien.

Wieder anders ist die Situation der Kammern der Wirtschaft und der freien Berufe. Die Leitungsgremien der Industrie- und Handelskammern sind als Vertretungen der Wirtschaftszweige, also nach ständischen Gesichtspunkten zusammengesetzt. Sie vertreten die Interessen ihrer Branchen und Berufsgruppen unter dem übergeordneten Ziel, eine Gesamtvertretung der Wirtschaft ihrer Region, also ein Repräsentativ-

---

³⁶ Vgl. insbes. das Abweichende Votum des Richters Paulus zu BVerfGE 136, 9 (60 ff.) Beanstandet wird die Mitwirkung von „Mitgliedern der Exekutive" in den Aufsichtsgremien des ZDF. Diese Inkompatibilität wäre konsequent und würde das *Image* der Staatsferne unterstützen, würde aber nicht zwingend der Vielfaltssicherung dienen.
³⁷ BVerfGE 136, 9 (61 Rdnr. 4).

organ zu bilden. Die Auseinandersetzungen um die künftige Organisation der Kammern zeigen, dass dieses Ziel nicht zur Zufriedenheit aller Mitglieder erreicht worden ist. Würde diese Form der Repräsentation von Gruppeninteressen abgeschafft, so wüchse die damit verlorene Einflussmacht den einzelnen Wirtschaftsverbänden zu, und auch die staatliche Wirtschaftsaufsicht könnte an Gewicht gewinnen.

Arbeitsteilige Produktion von Waren und Dienstleistungen gilt nicht als kollektive Grundrechtsausübung und findet nicht in Formen der Selbstverwaltung statt, auch nicht in den sehr großen Unternehmen. So bewirkt das Mitbestimmungsgesetz nach dem Mitbestimmungs-Urteil des BVerfG zwar „wesentliche Veränderungen auf dem Gebiet der Wirtschaftsordnung",[38] und es ist ausführlich von den Grundrechten der Anteilseigner und der Unternehmen die Rede.[39] Die Mitbestimmung der Arbeitnehmer wird nur als Einschränkung der Eigentumsrechte abgehandelt.[40] Man könnte aber auch umgekehrt die Handlungs- und Entfaltungsfreiheit der Arbeitnehmer und ihre Berufsausübungsfreiheit als gedanklichen Ausgangspunkt wählen, so dass die Rechte der Eigentümer als Einschränkungen der Arbeitnehmerrechte angesehen würden – oder besser: Statt isoliert Eingriffe in die Rechte der einen Seite zu bewerten, könnte man von vornherein eine sachgerechte Abwägung der Rechte und Interessen beider Seiten für geboten halten und von da aus die „roten Linien" ziehen. Das Ergebnis der Abwägungen müsste theoretisch in beiden Konstruktionen gleich sein, aber die neue Perspektive – die bisher nicht angedacht worden ist – hätte vielleicht zu anderen Lösungen der relevanten Rechts- und Zweckmäßigkeitsfragen angeregt, also einer anderen Ausgestaltung von Details der Organisation und des Verfahrens der kollektiven Grundrechtswahrnehmung im Unternehmen. Immerhin aber sind grundrechtliche Überlegungen durch das Mitbestimmungsgesetz und das Urteil des BVerfG auch für die privatrechtliche Unternehmensorganisation fruchtbar gemacht worden.

Die Probleme der angemessenen Organisation kollektiver Grundrechtswahrnehmung sind hier nur in sehr verkürzter Form skizziert worden. Als Fazit sei betont: Wenn der Gesetzgeber sich die Aufgabe setzt, Individualinteressen und -rechte durch Regeln über Verfahren und Organisation ihrer kollektiven Wahrnehmung zu schützen, steht er vor einer Fülle schwieriger Abschätzungen und Prognosen. Die Erfahrung lehrt, dass er dabei möglichst behutsam vorgehen und auch Alternativen zu den tradierten Formen bedenken sollte.

---

[38] BVerfGE 50, 290 (333).
[39] BVerfGE 50, 290 (336 ff.).
[40] BVerfGE 50, 290 (340 ff.).

Stand und Perspektiven der Geschichte des Verwaltungsorganisationsrechts

Von *Peter Collin*

I. Verwaltungsorganisationsrecht und Verwaltungsorganisationsrechtsgeschichte

Im Œuvre von Arndt Schmehl hat das Verwaltungsorganisationsrecht eine wichtige Rolle gespielt. Deutlich wird hier, dass es als „Steuerungsressource"[1] eine wesentliche Realisierungsbedingung der im materiellen Recht zum Ausdruck kommenden politischen, wirtschaftlichen und sozialen Gestaltungsvorstellungen ist.[2] Dem korrespondiert auch eine gestiegene Aufmerksamkeit in der neueren verwaltungsrechtlichen Literatur und es sind Ansätze erkennbar, das Organisationsrecht stärker grundlagenbezogen, d. h. theoretisch fundiert und z. T. auch interdisziplinär kontextualisiert zu behandeln.[3]

Auffällig ist allerdings, dass damit keine stärkere Aufmerksamkeit für die historischen Grundlagen einhergeht. Dies zeigt sich zunächst in der Lehrbuchliteratur. Hierzu sollte man sich vor Augen führen, dass das moderne Verwaltungsrecht wesentlich mit Hilfe historischer Argumente begründet wurde, vor allem durch die Kontrastierung des „Polizeistaates" des Ancien Régime mit dem Rechtsstaat, wie er sich im Laufe des 19. Jahrhunderts herausbildete. Dementsprechend handelte es sich bei dem geschichtlichen Kapitel im Lehrbuch Otto Mayers[4] nicht lediglich um eine Einleitungshistorie, sondern um einen unabdingbaren Teil seines rechtssystematischen Entwurfs, also um eine Geschichte mit gegenwartsbezogener Funktion. Diese Ak-

---

[1] *E. Schmidt-Aßmann/W. Hoffmann-Riem*, Verwaltungsorganisationsrecht als Steuerungsressource, 1997.

[2] *A. Karthaus/A. Schmehl*, Umsetzungsprobleme der Strukturreform der Hochschulklinika – eine Zwischenbilanz, MedR 2000, S. 299 (301); *A. Schmehl*, Zur Kontrolle der Selbstverwaltung im Gesundheitswesen durch die Staatsaufsicht, in: ders./Wallrabenstein (Hrsg.), Steuerungsinstrumente im Recht des Gesundheitswesens, Bd. 3, 2007, S. 1 ff.; *ders.*, Bündelung, Vernetzung und Ortsunabhängigkeit als Verfahrens- und Organisationstrends in der öffentlichen Verwaltung – Insbesondere am Beispiel der EG-Dienstleistungsrichtlinie und ihrer Umsetzung –, in: Böhm/Schmehl (Hrsg.), Verfassung, Verwaltung, Umwelt. Beiträge zum rechtswissenschaftlichen Symposium anlässlich des 70. Geburtstags von Prof. Dr. Klaus Lange, 2010, S. 123 ff.

[3] Verwiesen sei nur auf die Ansätze, wie sie in der Schriftenreihe zur Reform des Verwaltungsrechts sowie in den einschlägigen Beiträgen der „Grundlagen des Verwaltungsrechts" sichtbar werden, sowie – schon früh – in den Arbeiten von Gunnar Folke Schuppert.

[4] *O. Mayer*, Deutsches Verwaltungsrecht, Bd. 1, 2. Aufl., 1914, S. 25 ff.

zentuierung lässt sich auch in jenen Lehrbüchern beobachten, die sich bewusst in die Tradition Mayers stellten, am deutlichsten natürlich bei Fleiner[5], dem zuverlässigsten Nachlassverwalter Mayers, aber z. B. auch bei Hatschek[6] und W. Jellinek.[7]

Nach dem Krieg ließ der Bedarf an verwaltungsrechtsdogmatischer Bezugnahme auf verwaltungsrechtshistorisches Wissens allmählich[8] nach, auch wenn die – in vieler Hinsicht zu hinterfragende[9] – Periodisierung Mayers immer noch in Lehrbüchern zu finden ist.[10] Ihre ursprüngliche Funktion hat sie jedoch eingebüßt und Geschichte ist zur Einleitungshistorie geworden[11] – mit einer lediglich noch didaktischen Funktion, allerdings mit einer fragwürdigen, denn ein zwingender didaktischer Zusammenhang mit dem eigentlich zu vermittelnden Stoff, also dem geltenden Recht, besteht nicht. Soweit jedenfalls, wie es darum geht, für den Unterricht und das Examen entwickelte Fälle zu lösen, bedarf es dieses historischen Wissens kaum.

Und so verwundert es dann auch nicht, dass Lehrbücher zum Verwaltungsrecht entweder ganz ohne Abschnitte zur Verwaltungsrechtsgeschichte auskommen[12] oder mit solchen, die sich eher durch Literatur- und Fußnotenergänzungen auszeichnen als durch eine substantielle Einarbeitung des neueren Forschungsstandes.[13] In gleicher Weise gilt dies für separate Darstellungen zum Verwaltungsorganisationsrecht. Loesers diesbezüglicher Band ist gänzlich geschichtsfrei[14], das von Burgi verfasste Kapitel zum Verwaltungsorganisationsrecht bei Ehlers/Pünder verweist hinsichtlich historischer Aspekte auf die älteren Auflagen, in denen Rudolf[15] das ent-

---

[5] *F. Fleiner*, Institutionen des Deutschen Verwaltungsrechts, 1919, S. 31 ff. Darauf hinweisend allerdings, dass Mayer eher die Betonung auf die Umbrüche legte, während Fleiner eher Kontinuität und Evolution betonte, *B. Schindler*, Verwaltungsrechtswissenschaft und Geschichtsschreibung, Administory 1 (2016), S. 54 (56), (https://adhi.univie.ac.at/index.php/adhi/article/view/1657/pdf_3; abgerufen am 08.02.2018).

[6] *J. Hatschek*, Lehrbuch des deutschen und preußischen Verwaltungsrechts, 1927, S. 1 ff.

[7] *W. Jellinek*, Verwaltungsrecht, 1931, S. 80 ff.

[8] Siehe noch die umfassenden und zu einem Gutteil auf Primärquellen gestützten Ausführungen bei *E. Forsthoff*, Lehrbuch des Verwaltungsrechts. Erster Band, 1961, S. 17 ff.

[9] *Schindler* (o. Fußn. 5), S. 58: „Heilsgeschichte"; passim auch eine umfassende Auseinandersetzung mit diesem Narrativ.

[10] So bei *H. P. Bull/V. Mehde*, Allgemeines Verwaltungsrecht mit Verwaltungslehre, 2015, S. 208 ff.

[11] *Schindler* (o. Fußn. 5), 54.

[12] *M. Wallerath*, Allgemeines Verwaltungsrecht, 2009; *S. Detterbeck*, Allgemeines Verwaltungsrecht mit Verwaltungsprozessrecht, 2017; *F. J. Peine*, Allgemeines Verwaltungsrecht, 2014; *J. Ipsen*, Allgemeines Verwaltungsrecht, 2017 (allerding mit einigen punktuellen – und durchaus – instruktiven historischen Ausführungen).

[13] *H. Maurer/Chr. Waldhoff*, Allgemeines Verwaltungsrecht, 2017, S. 13 ff; *Bull/Mehde* (o. Fußn. 10), S. 208 ff.; *H. J. Wolff/O. Bachof/R. Stober/W. Kluth*, Verwaltungsrecht I, 2017, S. 85 ff.

[14] *R. Loeser*, System des Verwaltungsrechts, Bd. 2: Verwaltungsorganisation, 1994.

[15] *W. Rudolf*, Verwaltungsorganisation, in: Erichsen (Hrsg.), Allgemeines Verwaltungsecht, 1995, S. 683 (685 ff.).

sprechende Kapitel betreut hat[16], und im Band 3 des Verwaltungsrechts von Wolff/Bachoff/Stober/Kluth, der sich durch die Aufnahme neuer Ansätze von der seinerzeitig beispiellos durchgearbeiteten, „pandektistischen"[17] Systematik des Verwaltungsrechts II von Wolff/Bachoff[18] emanzipiert hat, wird getreulich der Gliederung des Vorgängerwerkes folgend eine Verwaltungsorganisationsgeschichte – keine Verwaltungsorganisationsrechtsgeschichte – weitgehend auf dem Literaturstand des alten Verwaltungsrechts II reproduziert.[19]

Um Missverständnissen vorzubeugen – diese Bemerkungen sind nicht vorwurfsvoll gemeint. Lehrbücher haben in pragmatischer Weise für ihre Zwecke relevantes Wissen zu vermitteln, also Wissen für die akademische Ausbildung und in eingeschränktem Maße für die Praxis. Was hier zum Ausdruck kommt, ist die geringe Relevanz historischen Wissens für diese Zwecke, aber auch die mangelnde Fähigkeit der verwaltungsrechtshistorischen Forschung, und hier insbesondere der Forschung zur Geschichte des Verwaltungsorganisationsrechts, etwaig vorhandene Relevanz deutlich zu machen.

Dabei handelt es sich um ein grundlegendes Problem der Rechtsgeschichte, für das hier auch keine Lösung angeboten werden kann und soll. Ein spezieller Charakterzug des Verwaltungsorganisationsrechts ist jedoch in diesem Zusammenhang hervorzuheben: Verwaltungsorganisationsrecht ist in mehrerlei Hinsicht besonders stark historisch geprägt. Erstens – und hier wird auch die Relevanz für die Praxis sichtbar – lassen sich zahlreiche Organisationen des öffentlichen Sektors auf weit zurückreichende, von ihrer Natur her auf Langfristigkeit angelegte, organisationsrechtliche Akte zurückführen und das Wissen darüber ist von nicht unerheblicher Bedeutung für die Ausdeutung aktueller rechtlicher Handlungsspielräume – dies gilt jedenfalls für die Zeit ab Beginn des 19. Jahrhunderts, jene Zeit, auf die sich die Ausführungen in diesem Beitrag konzentrieren. Dabei kann es sich um die Frage handeln, inwieweit die Voraussetzungen der Anerkennung einer religiösen caritativen Organisation als öffentlicher Körperschaft aus den 1860er Jahren heute noch zu beachten sind oder ob in den 1930er Jahren eine Kaufmannschaft wirksam in eine öffentlich-rechtliche Handelskammer umgewandelt worden war – um nur zwei Fälle zu nennen, mit denen der Autor selbst zu tun hatte. Es kann aber auch darum gehen, ob bislang vorgebrachte historische Argumente zur Begründung einer bestimmten rechtlichen Lösung wirklich tragfähig sind.[20]

---

[16] *M. Burgi*, Verwaltungsorganisationsrecht, in: Ehlers/Pünder (Hrsg.), Allgemeines Verwaltungsrecht, 2016, S. 255 (305), Rdnr. 1.

[17] *A. Funke*, Pedanterie oder Perspektive – Das „Verwaltungsrecht" von Hans. J. Wolff, in: Kremer (Hrsg.), Die Verwaltungsrechtswissenschaft in der frühen Bundesrepublik (1949–1977), 2017, S. 49 (81).

[18] *H. Wolff/O. Bachof*, Verwaltungsrecht II, 1976.

[19] *H. Wolff/O. Bachof/R. Stober*, Verwaltungsrecht, Bd. 3, 2004, S. 20 ff.

[20] Siehe vor allem *A. Käsbauer*, Die Neuordnung der Rechtsbeziehungen zwischen Ärzten und Krankenkassen durch das Berliner Abkommen vom 23.12. 1913, 2015, S. 330, in Bezug

Zweitens ist die heutige Organisationslandschaft der unmittelbaren und mittelbaren Staatsverwaltung auf Systementscheidungen aufgebaut, die zu einem Gutteil in das 19. Jahrhundert zurückreichen. Anders gesagt: Gesetzgeberische Kreationen jener Zeit haben Pfadabhängigkeiten geschaffen, aus denen man nicht ohne erhebliche Reibungsverluste ausbrechen kann, weil sich im Zusammenhang mit den derart geschaffenen organisatorischen Entitäten eingespielte und rechtlich armierte Funktionslogiken, Aufgabenverteilungsmodi und Finanzierungsstrukturen herausgebildet haben.

Und drittens schließlich markierten grundlegende organisationsrechtliche Umgestaltungen oft auch gesellschaftspolitische Grundsatzentscheidungen, oder anders gesagt: In ihnen wurde gesellschaftlicher und politischer Wandel verstetigt. Das betraf die Schaffung einer nach dem Ressortprinzip organisierten Ministerialverwaltung zu Beginn des 19. Jahrhunderts ebenso wie die zur gleichen Zeit stattgefundene Einführung der städtischen Selbstverwaltung (auch wenn Letzteres erst später seine Wirkung entfalten sollte). Es gilt gleichfalls für die Etablierung einer funktionalen Selbstverwaltung vor allem im letzten Drittel des 19. Jahrhunderts, teilweise verbunden mit der Schaffung neuer Verwaltungssektoren (Sozialverwaltung). Und es zeigt sich in der Bildung mächtiger sonderbehördlicher Bereiche (Post, Bahn) zur gleichen Zeit. Politischer Wandel in der Form der Verschiebung politischer Verantwortung von den Ländern auf die Gesamtstaatsebene manifestierte sich schließlich in der Schaffung einer Reichsverwaltung (die bis 1918 nur schwach ausgeprägt war) in der Weimarer Zeit. Ebenso einen grundlegenden Wandel markierten schließlich die zahlreichen Organisationsprivatisierungen der 1990er Jahre. Dies sind nur Beispiele. Sie zeigen aber, dass Verwaltungsorganisationsrecht kein totes historisches Erbe oder nur von Interesse für eine eher technizistisch orientierte Dogmengeschichte ist.

II. Bestandsaufnahmen

1. Überblicksdarstellungen

Eine Gesamtdarstellung der Geschichte des Verwaltungsorganisationsrechts existiert allerdings nicht, sie ist auch nicht Bestandteil – jedenfalls nicht als geschlossene Darstellung – der „Geschichte des öffentlichen Rechts" von Michael Stolleis, die in erster Linie eine Wissenschaftsgeschichte ist. Über weite Strecken lässt sich die Rechtsentwicklung allerdings in älteren Gesamtdarstellungen nachverfolgen: zunächst in der sechsbändigen „Verwaltungsgeschichte"[21], sodann in der achtbändigen

---

auf historische Rechtfertigungen der Normsetzungsbefugnisse der gemeinsamen Selbstverwaltung der Krankenversicherung.

[21] *K. G. A. Jeserich/H. Pohl/G. Ch. v. Unruh* (Hrsg.), Deutsche Verwaltungsgeschichte, Bde. 1–6, 1983–1988.

„Verfassungsgeschichte seit 1789" von Ernst Rudolf Huber.[22] Im ersten Fall wird allerdings eher ein Überblick über Verwaltungsebenen und Ressorts bzw. Aufgabenbereiche geboten. Im zweiten Fall steht der verfassungshistorische Bezug der Verwaltungsorganisation im Vordergrund. Als eine verwaltungshistorische Gesamtdarstellung kann schließlich auch das monumentale Werk von Thomas Ellwein eingestuft werden, in der – über den Zeitraum von 1815 bis 1990 – eine gesamtdeutsche Verwaltungsgeschichte mit einer verwaltungshistorischen Regionalstudie (Ostwestfalen-Lippe) verknüpft wird.[23] Obgleich von dezidiert verwaltungsgeschichtlichen Untersuchungs- und Darstellungsabsichten geleitet[24], wird doch immer wieder die organisationsrechtliche Fundiertheit administrativen Handelns sichtbar.

Hiermit lässt sich gleich ein erster grundlegender Befund verbinden: Darstellungen zur Organisationsrechtsgeschichte der Verwaltung sind oft eingebettet in andersartige, wenngleich erhebliche Schnittflächen aufweisende Fachhistorien, die ihrerseits eine eigenständige Forschungstradition vorweisen und auch über ein etabliertes Publikationsprofil – in Form von Buchreihen oder Periodika – verfügen[25], in erster Linie die Verfassungsgeschichte[26] und die Verwaltungsgeschichte[27]. Das bedeutet aber auch, dass der organisationsrechtshistorische Ertrag oft eher ein akzidenteller ist.

2. Organisationsrechtsformen und organisationsrechtliche Basiselemente

Begibt man sich auf die Suche nach dezidiert organisationsrechtlich ausgerichteter Forschung, findet man diese entweder in öffentlich-rechtlichen Studien mit rechtshistorischen (Teil-)Absichten oder in rechtshistorischen Untersuchungen mit organisationsgeschichtlichem Schwerpunkt.

---

[22] *E. R. Huber*, Deutsche Verfassungsgeschichte seit 1789, Bde. 1–8, 1957–1994 (in verschiedenen Auflagen).

[23] *Th. Ellwein*, Der Staat als Zufall und als Notwendigkeit, Bde. 1–2, 1993/1997.

[24] Siehe dazu jetzt *R. v. Krosigk*, Thomas Ellweins Der Staat als Zufall und als Notwendigkeit. Konzeptionelle und empirische Aspekte einer „lebenden Verwaltung", in: Administory 1 (2016), S. 222 ff. (https://adhi.univie.ac.at/index.php/adhi/article/view/1663/html_9; abgerufen am 08.02.2018).

[25] Zur Verfassungsgeschichte vor allem die Reihe „Tagung der Vereinigung für Verfassungsgeschichte", Berlin 1980 ff.; zur Verwaltungsgeschichte insbesondere das von Erk Volkmar Heyen herausgegebene Jahrbuch für europäische Verwaltungsgeschichte 1–20 (1989–2008) und neuestens Administory. Zeitschrift für Verwaltungsgeschichte 1 (2016) ff.

[26] Zu deren Stand jetzt umfassend *M. Stolleis*, Verfassungsgeschichte(n), mit Kommentaren von Christoph Gusy und Anna-Bettina Kaiser, 2017.

[27] Zum Stand der Verwaltungsgeschichte jetzt *M. Stolleis*, Verfassungs- und Verwaltungsgeschichte. Materialien, Methodik, Fragestellungen, 2017, S. 26 ff. (103 ff.); und umfassend *M. Seckelmann*, Zustand und Perspektiven der Verwaltungsgeschichte, ZNR 39 (2017), S. 274 ff.

Zur ersten Gruppe zählen vor allem verwaltungsrechtliche Dissertationen oder Habilitationen, die sich bestimmten Rechtsinstitutionen oder Regelungskomplexen widmen. Folgt man der modernen Einteilung in mittelbare und unmittelbare Staatsverwaltung, so fällt zunächst auf, dass die mittelbare Staatsverwaltung umfassende Aufmerksamkeit erfahren hat – dies allerdings mit eindeutiger Schwerpunktsetzung. Aus der Trias von Körperschaften, Anstalten und Stiftungen ragt die öffentliche Körperschaft klar heraus – dies zunächst durch die nach wie vor anregende, sowohl die legislative als auch die rechtswissenschaftliche Entwicklung erfassende Untersuchung von Bieback[28], aber auch durch jene Arbeiten, die sich mit Selbstverwaltung als zentralem Legitimations- und Funktionsmodus körperschaftlicher Verwaltung befassen: vor allem Hendler mit seiner Betonung der theoriegeschichtlichen Aspekte[29], Kluth mit Überblicksdarstellungen zu den einzelnen Spielarten funktionaler Selbstverwaltung[30] und in neuerer Zeit Will mit seiner umfassenden, weit in die Details reichenden Darstellung der Geschichte wirtschaftlicher Selbstverwaltung.[31]

Im Hinblick auf die Anstalten und Stiftungen hingegen ist der rechtshistorische Ertrag eher gering. Während die privatrechtliche Stiftung auch in neueren Untersuchungen umfassende Aufmerksamkeit gefunden hat[32], ist man hinsichtlich der öffentlich-rechtlichen Stiftungen auf die ältere Arbeit von Ebersbach verwiesen, die vor allem einen knappen Überblick über die Entwicklung der Auffassungen im Schrifttum bietet.[33] Etwas besser sieht die Bilanz bei den Anstalten aus. Neben dem – freilich schon etwas älteren und zudem recht additiven – Überblick von Jecht[34] ist vor allem die Arbeit von Weber zu nennen, in der die Rechtsgeschichte der Sparkassen mit der Geschichte des allgemeinen Anstaltsverständnisses verknüpft wird.[35] Und schließlich ist in diesem Zusammenhang auf die Ausführungen von Jel-

---

[28] K. Bieback, Die öffentliche Körperschaft, 1976.

[29] R. Hendler, Selbstverwaltung als Ordnungsprinzip, 1984.

[30] W. Kluth, Funktionale Selbstverwaltung, 1997.

[31] M. Will, Selbstverwaltung der Wirtschaft. Recht und Geschichte der Selbstverwaltung in den Industrie- und Handelskammern, Handwerksinnungen, Kreishandwerkerschaften, Handwerkskammern und Landwirtschaftskammern, 2010.

[32] Siehe vor allem P. Hahn, Die Stiftungssatzung. Gesichte und Dogmatik, 2010; U. Mainzer, Der verfassungsrechtliche Schutz der Stiftungen in der ersten Hälfte des 19. Jahrhunderts, 2005 (auch kirchliche Stiftungen behandelnd); weitere Literatur zur Geschichte ist verzeichnet bei P. Rawert, Stiftungsrecht im 20. Jahrhundert. Auswahlbibliographie, 2004.

[33] H. Ebersbach, Die Stiftung des öffentlichen Rechts, 1961. Die Darstellung von M. Pennitz, §§ 80–89 Juristische Personen II: Stiftungen und juristische Personen des öffentlichen Rechts, in: Schmoeckel/Rückert/Zimmermann (Hrsg.), Historisch-kritischer Kommentar zum BGB, Bd. 1, 2003, S. 272, beschäftigt sich weniger mit der Geschichte der öffentlich-rechtlichen Stiftung, sondern zeigt, wie das Stiftungswesen im Laufe des 19. Jahrhunderts allmählich aus öffentlich-rechtlichen Zusammenhängen herausgelöst wurde. Ebenfalls fokussiert auf die privatrechtliche Stiftung die knappen historischen Ausführungen bei M. Schulte, Staat und Stiftung, 1989, S. 23.

[34] H. Jecht, Die öffentliche Anstalt. Wandlungen und Struktur, 1963.

[35] W. Weber, Die Entwicklung der Sparkassen zu selbständigen Anstalten des öffentlichen Rechts, 1985; Übersicht über die Entwicklung des Anstaltsverständnisses auch bei U. J. Bohn,

linghaus zum Anstaltsverständnis Otto Mayers hinzuweisen, in denen ausgeführt wird, dass Mayer auch einen wesentlichen Beitrag zur rechtlichen Erfassung der Leistungsverwaltung erbracht hat, nur eben nicht über die Konturierung von Handlungsrechtsformen, sondern durch die Entwicklung von Organisationsrechtsformen, eben der Anstalt.[36]

Neben die Arbeiten zur klassischen Institutionentrias der mittelbaren Staatsverwaltung treten solche zu weiteren aufbauorganisatorischen Basiselementen. Beachtung (innerhalb von primär geltendrechtlich angelegten Arbeiten) haben vor allem das Kollegialprinzip[37] und die Staatsaufsicht[38] erfahren. Weiter zu erwähnen ist ein Überblick über die Entwicklung des Beiratswesens[39]; ebenso ist der Zweckverband in knapper Weise historisch aufgearbeitet.[40] Schließlich finden sich gewichtige Beiträge zu Materien, die nur teilweise verwaltungsorganisationsrechtlicher Natur sind bzw. das Verwaltungsorganisationsrecht nur mittelbar determinieren. Dazu gehören z. B. die knappen, aber nach wie vor gehaltvollen Ausführungen Böckenfördes zur Geschichte der Organisationsgewalt[41] oder die neue, die Materie umfassend aufarbeitende Darstellung des parlamentarischen Untersuchungsrechts von Linke[42] sowie die in beeindruckender Weise Geschichte als Argument einsetzende Ausarbeitung Schlinks zur Amtshilfe[43]. So wie schon bei Schlink sind auch andere Regelungskomplexe aufgearbeitet worden, die zwischen Verwaltungsorganisationsrecht und Verwaltungsverfahrensrecht changieren. Dazu gehören vor allem institutionalisierte Formen der Bürgerbeteiligung an komplexen Verwaltungsverfahren.[44]

Die Anstalt des öffentlichen Rechts unter Berücksichtigung des Wandels der Anstalt durch die Beteiligung Dritter, 2005.

[36] L. Jellinghaus, Zwischen Daseinsvorsorge und Infrastruktur. Zum Funktionswandel von Verwaltungswissenschaften und Verwaltungsrecht in der zweiten Hälfte des 19. Jahrhunderts, 2006, S. 259 ff.

[37] T. Groß, Das Kollegialprinzip in der Verwaltungsorganisation, 1999.

[38] W. Kahl, Die Staatsaufsicht, 2000.

[39] P. Loviscach, Beiräte bei Verwaltungsbehörden, 1968. Zu den Einflussnahemöglichkeiten von Beiräten jetzt W. Rudloff, Politikberatung – Politikbeeinflussung – Selbstnormierung? Staatliche Beratungsgremien in Kaiserreich und Republik. In: Collin u. a. (Hrsg.), Regulierte Selbstregulierung im frühen Interventions- und Sozialstaat, 2012, S. 261 ff.

[40] T. Schmidt, Kommunale Kooperation. Der Zweckverband als Nukleus des öffentlich-rechtlichen Gesellschaftsrechts, 2005, S. 32 ff.

[41] E. W. Böckenförde, Die Organisationsgewalt im Bereich der Regierung, 1965, S. 21 ff., 54 ff., aber auch darüber hinaus immer wieder mit historischen Bezugnahmen arbeitend.

[42] T. Linke, Entstehung und Fortbildung des Enquête- und Untersuchungsrechts in Deutschland, 2015.

[43] B. Schlink, Die Amtshilfe, 1982.

[44] P. Cancik, Verwaltung und Öffentlichkeit in Preußen. Kommunikation durch Publikation und Beteiligungsverfahren im Recht der Reformzeit, 2007, S. 209 ff.; auch A. Fisahn, Demokratie und Öffentlichkeitsbeteiligung, 2002, S. 10 ff.

3. Organisationsrechtliche Bezüge

Neben diese Arbeiten treten solche mit einem primär andersartigen Fokus, aber gewichtiger organisationsrechtshistorischer Relevanz. Dazu gehören erstens rechtshistorische Arbeiten, deren Schwerpunkt auf der Untersuchung anderer Rechtsmaterien liegt. Das betrifft beispielsweise das Gesellschaftsrecht und hier zunächst Untersuchungen zur Rechtsgeschichte der Aktiengesellschaften.[45] Denn bis zur Liberalisierung des Aktienrechts 1870 changierten Aktiengesellschaften in Gestalt öffentlicher Korporationen zwischen einem privat- und einem öffentlich-rechtlichen Status. Das Aktienrecht, wie es sich bis 1870 entwickelte, ist daher schlechthin das Referenzfeld der Ausdifferenzierung des Organisationsrechts in einen privatrechtlichen und öffentlich-rechtlichen Zweig. Hier wird deutlich, wie staatliche Zwecksetzungen und Einflussmechanismen (Gemeinwohlbindung, Genehmigungserfordernis, Staatsaufsicht) allmählich zurückgedrängt wurden und schließlich ganz verschwanden.[46] Ebenfalls in diesen Zusammenhang gehört die Kartellrechtsgeschichte. Auch hier haben wir es mit wirtschaftlichen Organisationsformen zu tun, die sich historisch sowohl privatrechtlich als auch öffentlich-rechtlich verorten lassen. Die ursprünglichen Kartelle waren rein privatrechtliche Veranstaltungen. Ein öffentlich-rechtlicher Bezug bestand zunächst nur insofern, als ihre mögliche Gemeinwohlschädlichkeit diskutiert und auch in Gerichtsentscheidungen thematisiert wurde.[47] Aber schon 1888 wurden erste Kartelle unter staatlichen Genehmigungsvorbehalt gestellt (Kalisyndikat 1888). Zwar scheiterten zunächst die Versuche der Errichtung staatlicher Zwangskartelle[48], aber im Ersten Weltkrieg dann wurden sie für etliche Branchen, vor allem dort, wo es knappe Ressourcen zu verwalten galt, geschaffen und im Zuge der wirtschaftsdemokratischen Bestrebungen nach 1918 wurden sie als mächtige administrativ-unternehmerische Konglomerate für Schlüsselindustrien, wie die Kohlen- und Kaliwirtschaft, sowie – in kleinerem Format – für andere Wirtschaftszweige eingeführt, in denen die Selbstkoordination der Marktakteure nicht als ausreichend empfunden wurde.[49] Eine weitere Spielart öffentlich-rechtlicher Konturierung wirtschaftlicher Tätigkeit waren die Kriegsgesellschaften des Ersten Weltkriegs. Verkürzt gesagt, handelte es sich um Behörden in der Form privatrechtlicher Gesellschaften zur Bewirtschaftung knapper Ressourcen unter

---

[45] Die maßgeblichen Beiträge finden sich in *W. Bayer/M. Habersack* (Hrsg.), Aktienrecht im Wandel, Bd. 1, 2007.

[46] *C. Dörr*, Vom Konzessionszwang zum Normativrecht. Eine Auswertung von Aktienbanksatzungen hinsichtlich aufsichtsrechtlicher Aspekte, 2013.

[47] Vor allem Urteil des Reichsgerichts vom 4. Februar 1897 (RGZ 38, 155) (Sächsisches Holzstoffkartell).

[48] *M. Maetschke*, Ursprünge der Zwangskartellgesetzgebung, 2008.

[49] *P. Collin*, Privat-staatliche Regelungsstrukturen im frühen Industrie- und Sozialstaat, S. 68 f., 83 ff.

gleichzeitiger Berücksichtigung unternehmerischer Interessen.[50] – Zumindest, was die grundlegenden rechtlichen Rahmenbedingungen betrifft, sind diese Phänomene relativ gut erforscht. Den diesbezüglichen Untersuchungen lässt sich entnehmen, in welchen Spielarten privatrechtliche und öffentlich-rechtliche Organisationselemente zur Durchsetzung staatlicher Zielsetzungen miteinander verkoppelt wurden.

Gewisse Überschneidungen damit weisen rechtshistorische Forschungen zur Geschichte der Infrastrukturen auf, denn auch hier hat man es mit einem Zusammenspiel privater und staatlicher/kommunaler Interessen und Leistungen zu tun und auch hier rang man um Organisationsformen, in denen die Belange beider Seiten angemessen austariert werden konnten. Das Referenzfeld schlechthin ist die Eisenbahn, deren Rechtsgeschichte vor allem für Preußen untersucht wurde und die dort bis in die 1870er Jahre vor allem von Privatunternehmen betrieben wurde. Zum ersten hat man es mit den Eisenbahnaktiengesellschaften als Betreibern zu tun, die in noch viel stärkerem Maße als die Gesellschaften nach allgemeinem Aktienrecht öffentlich-rechtlichen Bindungen unterworfen waren. Zum zweiten entstand mit dem Eisenbahnwesen eine neue Sonderverwaltung, die für die Aufsicht zuständig war – die Funktionsweise dieser organisatorischen Verflechtungen ist mittlerweile umfassend, in jüngster Zeit vor allem von Michalczyk[51], untersucht worden. Drittens entstanden gemischte Gremien – die Eisenbahnräte –, in denen unter Einbeziehung der Wirtschaft Regelwerke, vor allem Tarifbestimmungen, ausgearbeitet wurden. Auch diese Einrichtungen sind mittlerweile rechtshistorisch aufgearbeitet worden.[52] 1924 wurde in Form der Reichsbahn ein organisationsrechtlicher Zwitter geschaffen, eine „Gesellschaft eigenen Rechts mit privatwirtschaftlichem Charakter, aber mit starkem öffentlich-rechtlichen Einschlag"[53]. Auch hierfür liegen mittlerweile Untersuchungen vor, wenn auch nicht von rechtshistorischer, sondern von sozial- und wirtschaftshistorischer Seite.[54]

Auch andere Infrastrukturen sind mittlerweile rechtshistorisch erforscht worden und auch dabei spielten organisationsrechtliche Aspekte eine wesentliche Rolle. Dazu gehören z. B. das Kleinbahnwesen[55] – das nicht dem allgemeinen Eisenbahn-

---

[50] *R. Roth*, Staat und Wirtschaft im Ersten Weltkrieg. Kriegsgesellschaften als kriegswirtschaftliche Steuerungsinstrumente, 1997; *M. Rohlack*, Kriegsgesellschaften (1914–1918), 2001.

[51] *R. Michalczyk*, Europäische Ursprünge der Regulierung von Wettbewerb, 2010.

[52] *J. Seffzig*, Der Preußische Landeseisenbahnrat (1882 bis 1922), 2003.

[53] So die Formulierung in den Motiven zum Reichsbahngesetz, zit. nach *E. Kolb*, Die Reichsbahn vom Dawes-Plan bis zum Ende der Weimarer Republik, in: Gall/Pohl (Hrsg.), Die Eisenbahn in Deutschland, 1999, S. 109 (109).

[54] *C. Kopper*, Die geglückte Privatisierung: Die Deutsche Reichsbahngesellschaft von 1924 bis 1937, in: Hedwig (Hrsg.), „Auf eisernen Schienen, so schnell wie der Blitz". Regionale und überregionale Aspekte der Eisenbahngeschichte, 2008, S. 113; für eine Gesamtdarstellung siehe vor allem die Beiträge in *Gall/Pohl* (o. Fußn. 53).

[55] *P. Collin*, Nahverkehr als Staats- und als Privataufgabe. Verteilung von Gestaltungskompetenzen zwischen staatlichen und privaten Akteuren im 19. und frühen 20. Jahrhundert,

recht unterfiel –, die Telekommunikation[56], Wasserversorgung und Kanalisation[57], vor allem aber die Energieversorgung.[58] Die beim Aufbau und Betrieb von Infrastrukturen auftauchenden Regelungsprobleme hat in grundlegender Weise Ambrosius aufgearbeitet.[59] Dabei handelt es sich nicht um eine rechtshistorische Arbeit. Indem er jedoch durch einen diachronischen Vergleich die Veränderungen im Hinblick auf die Akteurskonstellationen und Organisationsformen sichtbar macht und hierfür Untersuchungskategorien entwickelt, liefert er gleichzeitig Anstöße für vertiefte rechtshistorische Untersuchungen.

In unmittelbarer Nähe der Organisationsrechtsgeschichte lässt sich schließlich die Verwaltungsgeschichte verorten. Der Zweig der Verwaltungsgeschichte, der die meisten Berührungspunkte zur Organisationsrechtsgeschichte aufweist, nämlich die auf aufbauorganisatorische Aspekte bezogene Verwaltungsgeschichte[60] (Behördengeschichte, Ressortgeschichte und Geschichte der Verwaltungsebenen[61]), hat in den letzten Jahrzehnten erheblich an Attraktivität verloren.[62] Sie gilt als traditionell und wenig aufgeschlossen für moderne Theorieentwicklungen. Gleichwohl ist das dort erarbeitete Wissen über administrative Strukturen unverzichtbar.

Neben eher kulturwissenschaftlichen Ansätzen[63] (bei denen die Anschlussfähigkeit an rechtshistorische Fragestellungen jedoch besonderer Übersetzungsarbeit bedarf), zeigen sich jedoch – gewissermaßen im Windschatten anderer Untersuchungsinteressen – neue Ansätze. In den letzten Jahren sind diverse Arbeiten publiziert worden, die aus einem politischen Aufarbeitungsauftrag zur NS-Vergangenheit von Zentralbehörden, vor allem Ministerien, hervorgegangen sind. Die Chance, sich dabei nicht nur auf die Zeit von 1933 bis 1945 bzw. das Ausmaß der nationalsozialistischen Belastung bzw. deren Aufarbeitung zu beschränken, wurde unterschiedlich genutzt.

---

in: Miram/ Schmoeckel (Hrsg.), Eisenbahn zwischen Markt und Staat in Vergangenheit und Gegenwart, 2015, S. 123 ff.

[56] *M. Kurth/M. Schmoeckel* (Hrsg.), Regulierung im Telekommunikationssektor. Chancen und Risiken im historischen Prozess, 2012.

[57] *S. Eibich*, Polizei, „Gemeinwohl" und Reaktion, 2004, S. 203 ff.; *Jellinghaus* (o. Fußn. 36), S. 214.

[58] Einen historischen Überblick liefernd *G. Hermes*, Staatliche Infrastrukturverantwortung, 1998, S. 256 ff.; vertieft *J. O. Kehrberg*, Die Entwicklung des Elektrizitätsrechts in Deutschland. Der Weg zum Energiewirtschaftsgesetz von 1935, 1997; *W. Templin*, Recht der Konzessionsverträge, 2009. S. 29 ff.

[59] *G. Ambrosius*, Hybride Eigentums- und Verfügungsrechte. Öffentlich-private Kooperation in systematisch-theoretischer und historisch-empirischer Perspektive, 2012.

[60] *Jeserich/Pohl/Unruh* (o. Fußn 21).

[61] Siehe nur für Preußen die Auflistung der Literatur bei *A. Manca*, Die Verwaltungsgliederung Preußens zwischen historisch-ständischen, administrativ-staatlichen und liberal-politischen Interessen (1815–1867), Administory 2 (2017) (https://adhi.univie.ac.at/index.php/adhi/article/view/1821; abgerufen am 08.02.2018), S. 191, Rdnr. 1.

[62] *Manca* (o. Fußn. 61), S. 191.

[63] Vor allem *P. Becker*, Überlegungen zu einer Kulturgeschichte der Verwaltung, JEV 15 (2003), S. 311; S. Haas, Die Kultur der Verwaltung, 2005.

Teilweise jedenfalls entstanden Arbeiten, die sich auf die Frage konzentrierten, wie Verwaltung in den Zeiten der Diktatur wirklich „funktionierte" und wie sich z. B. durch Veränderungen in der Praxis Kompetenzen neu konturierten.[64]

Insgesamt ist sicher zu konstatieren, dass Verwaltungsgeschichte, sofern sie nicht von Juristen betrieben wird, keine dezidiert organisationsrechtshistorischen Fragestellungen verfolgt. Für das Verständnis der praktischen Effekte von Organisationsrecht und der Gründe für organisationsrechtliche Neuerungen ist sie jedoch unabdingbar.

Schließlich ist ein Zweig der Geschichtswissenschaft zu erwähnen, dessen Bedeutung für die Geschichte des Verwaltungsorganisationsrechts von kaum zu unterschätzender Bedeutung ist: die Geschichte der Sozialpolitik. Verkürzt gesagt ist Sozialrechtsgeschichte zu einem ganz erheblichen Teil Organisationsrechtsgeschichte.[65] Ursprünglich stand einem – im Vergleich zu heute – eher rudimentären materiellen Recht ein umfassendes Organisationsrecht gegenüber. Die Bismarck'sche Sozialgesetzgebung hatte sich bei der Regelung des Leistungsrechts auf vergleichsweise wenige Kernvorschriften beschränkt und ihr Hauptaugenmerk auf organisatorische Regelungen für jene Institutionen gelegt, die diese Leistungen zu verwalten hatten. Schon daher waren Arbeiten, die die Historie staatlicher Sozialpolitik aufarbeiteten, sehr organisationszentriert.[66] In aller Deutlichkeit sichtbar wird der Stellenwert des Organisationsrechts in der auch international beispiellosen 35 bändigen, vor kurzem abgeschlossenen „Quellensammlung zur Geschichte der deutschen Sozialpolitik 1867–1914"[67], die erkennbar macht, dass der Streit um sozialpolitische Grundfragen zu einem Gutteil ein Streit um die richtigen Organisationsrechtsformen war. Dies gilt übrigens nicht nur für das Sozialversicherungsrecht. Auch bei der Fürsorge ging es wesentlich darum, welche Organisationen welche Zuständigkeiten hatten und wie Aufsicht, Leistungskoordination und Finanzierung zu organisieren waren. Schließlich hat die Sozialpolitik auch organisatorische Konglomerate hervorgebracht, die sich zunächst überhaupt nicht in hergebrachte Organisationsmuster fügten, wie die gemeinsame Selbstverwaltung der Kassenärzte und Krankenkassen – auch dies ist mittlerweile schon rechtshistorisch aufgearbeitet worden.[68]

---

[64] Siehe *U. Schulz*, Das Reichsarbeitsministerium 1919–1945. Organisation, Führungspersonal und politische Handlungsspielräume, in: Nützenadel (Hrsg.) Das Reichsarbeitsministerium im Nationalsozialismus, 2017, S. 33 (74 ff.).

[65] Deutlich wird dies auch, insbesondere bei den Ausführungen zur Sozialversicherungsgesetzgebung, bei *M. Stolleis*, Geschichte des Sozialrechts in Deutschland, 2003, S. 75 ff.

[66] Z. B. *F. Tennstedt*, Soziale Selbstverwaltung, 1977; *E. Wickenhagen*, Geschichte der gewerblichen Unfallversicherung, Bd. 1–2, 1980; *G. Roth*, Die Institution der kommunalen Sozialverwaltung, 1999; *W. Ayass*, Regulierte Selbstregulierung in den Berufsgenossenschaften der gesetzlichen Unfallversicherung, in: *Collin* u. a. (o. Fußn. 39), S. 123.

[67] Quellensammlung zur Geschichte der deutschen Sozialpolitik 1867–1914, 1966–2016.

[68] *P. Collin*, Das Berliner Abkommen von 1913 im Spannungsfeld rechtshistorischer Entwicklungstendenzen, VSSR 32 (2014), S. 173; *Käsbauer* (o. Fußn. 20).

III. Forschungsperspektiven

Dieser Bestandsaufnahme lassen sich, auch wenn sie natürlich nicht erschöpfend ist, schon einige Hinweise darauf entnehmen, vor welchen Aufgaben die künftige Forschung zur Geschichte des Verwaltungsorganisationsrechts steht.

1. Aufarbeitung von Forschungslücken

Zunächst kann man natürlich bestimmte Forschungslücken konstatieren. In zeitlicher Hinsicht lässt sich sagen, dass das 19. Jahrhundert und die Zeit bis 1933 viel besser erforscht sind als die Zeit danach. Dafür gibt es verschiedene Gründe. Für die NS-Zeit ist nur soviel zu bemerken, dass die lange Zeit einflussreiche These vom Doppelstaat[69] nicht weiterträgt. Auch der „Maßnahmenstaat" hatte sein Recht (auch sein Organisationsrecht) und man kann sogar sagen, dass er nicht weniger durchnormiert war als der „Normenstaat".[70] Auch eine Diktatur organisiert sich durch Recht – auch wenn dieses Recht nicht das Recht eines Rechtsstaates war. Das gleiche gilt für die DDR.[71] Für die Geschichte der Bundesrepublik kann man konstatieren, dass deren Rechtsgeschichte lange Zeit als noch nicht hinreichend „reif" für rechtshistorische Aufarbeitungen angesehen wurde, jedenfalls was das Verwaltungsrecht und insbesondere das Verwaltungsorganisationsrecht betrifft. Hier lässt sich ein gewisser Vorsprung der Verwaltungsrechtswissenschaftsgeschichte konstatieren.[72]

Forschungsdesiderata lassen sich natürlich ebenfalls in thematischer Hinsicht konstatieren. Dies betrifft zum einen bestimmte Rechtsinstitute. Generell fehlt es an Untersuchungen, wie sich das für das Organisationsrecht konstitutive Verständnis von Rechtsträger, Organ[73] und Behörde[74] entwickelt hat. Damit im Zusammenhang stehend, vermisst man Arbeiten, die sich in grundsätzlicher Weise mit der Herausbildung einer am Prinzip der Kompetenzklarheit und der Sachorientierung ausge-

---

[69] *E. Fraenkel*, Der Doppelstaat, 1974.

[70] Erschütternd und ernüchternd zugleich *N. Bertrand*, Die Ordnung der Gewalt in den nationalsozialistischen Konzentrationslagern, ZRG/GA 131 (2014), S. 363 ff.

[71] Hierzu *M. Stolleis*, Sozialistische Gesetzlichkeit, 2009, insb. S. 145 ff.

[72] *M. Stolleis*, Geschichte des öffentlichen Rechts in Deutschland, Bd. 4, 2012; daneben aus neuerer Zeit vor allem *A. B. Kaiser*, Die Kommunikation der Verwaltung, 2009; *F. Meinel*, Der Jurist in der industriellen Gesellschaft, 2011; *M. Seckelmann*, 'Mit seltener Objektivität': Fritz Morstein Marx – Die mittleren Jahre (1934–1961) –, DÖV 2014, S. 1029 ff.; *dies.*, Rationale Planung: Frido Wagener (1926–1985), DÖV 2017, S. 68 ff.; *dies.*, „Mit Verständnis für den Verwaltungsmann": Fritz Morstein Marx – Die späten Jahre (1962–1969), DÖV 2017, S. 649 ff.; *C. Kremer* (Hrsg.), Die Verwaltungsrechtswissenschaft in der frühen Bundesrepublik, 2017.

[73] Für die begrifflich-systematische Fundierung grundlegend *H. J. Wolff*, Organschaft und juristische Person, Bd. 2, 1934, insb. S. 224 ff.

[74] Auf die (damalige) Gegenwart bezogen, aber umfassend historisch fundiert zum Behördenbegriff *E. Rasch*, Die Behörde, VerwArch 50 (1959), S. 1 ff.

richteten Zuständigkeitsordnung befassen.[75] Was die mittelbare Staatsverwaltung betrifft, ist – wie schon erwähnt – die Stiftung des öffentlichen Rechts bisher kaum Gegenstand der Forschung gewesen. Und natürlich fällt die Bilanz, was das Organisationsrecht bestimmter Verwaltungssektoren betrifft, ganz unterschiedlich aus. Gezeigt wurde, dass zur Sozial- und zur Infrastrukturverwaltung schon substantielle Beiträge vorliegen. Wie aber der Staat die Techniküberwachung[76], die Bildungsverwaltung, die Steuerverwaltung, das Kulturwesen oder die Wissenschaft – um nur einige Beispiele zu nennen – organisationsrechtlich normierte, inwiefern diese eigenständige, der Spezifik ihres Aufgabenbereiches und der besonderen Logik ihres Verwaltungsumfeld angemessene organisationsrechtliche Strukturen ausgebildet haben, hat – über Übersichtsbeiträge in der „Deutschen Verwaltungsgeschichte" hinaus – bisher nur wenig historische Aufmerksamkeit gefunden.

2. Ertragsversprechende Untersuchungsrichtungen

Allerdings bringt der Befund von Forschungsdesiderata für sich genommen noch keine interessanten Forschungsfragen hervor. Welche Forschungsfragen „interessant" sind, ist freilich kaum nach „objektiven" Kriterien bestimmbar, sondern richtet sich nach individuellen Untersuchungsinteressen. Hier sollen mögliche Untersuchungsansätze skizziert werden, die sich erstens von dem grundsätzlichen Interesse leiten lassen, wie Verwaltung „wirklich funktioniert", und zweitens ihre Aufmerksamkeit auf Problemkonstellationen richten, die nicht nur eine enge zeitbedingte Relevanz aufweisen, sondern über die letzten 200 Jahre der modernen Verwaltungsentwicklung mehr oder weniger permanent präsent waren.

(1) An erster Stelle stellt sich die Frage nach der Rolle des Verwaltungsorganisationsrechts in Veränderungsprozessen, in plötzlichen Umbruchsituationen oder unter Bedingungen eher graduellen Wandels. Trieb Organisationsrecht neue Entwicklungen voran oder erwies es sich als retardierendes Element?[77] Generell kann man sagen, dass das Recht der allgemeinen Verwaltungsorganisation eher beständig war und sich weitgehend immun gegenüber Bestrebungen zeigte, mit seiner Hilfe auf grundlegende Änderungen abzielende Reformagenden durchzusetzen – sieht man von der radikalen Veränderung der Verwaltungsstruktur in der DDR 1952 ab. Als Treiber und Träger von Neuerungen erwiesen sich eher Organisationsformen der „Sonderverwal-

---

[75] Die Untersuchung von *M. Fügemann*, Zuständigkeit als organisationsrechtliche Kategorie, 2004, befasst sich nur punktuell mit der Literatur vor 1945. Die Arbeit von *A. Berger*, Die Ordnung der Aufgaben im Staat, 2017, kommt ohne historische Bezüge aus. Umfassend zur Aufteilung der Verwaltungskompetenzen zwischen Reich und Ländern allerdings jetzt *M. Seckelmann*, Polyzentrismus im deutschen Kaiserreich?, JöR 64 (2016), S. 345 ff.

[76] Hier allerdings für die Frühphase *I. Feld*, Staatsentlastung im Technikrecht. Dampfkesselgesetzgebung und -überwachung in Preußen 1831–1914, 2007.

[77] Auf die mangelnde Berücksichtigung des Organisationsrechts in Reformprozessen hinweisend auch *M. John-Koch*, Organisationsrechtliche Aspekte der Aufgabenwahrnehmung im modernen Staat, 2005, S. 24.

tung", also Organisationseinheiten neben der allgemeinen Verwaltung. Hier fanden organisationsrechtliche Innovationen zunächst eine Heimstatt, wie schon in der historischen Forschung für die Sozial- und Infrastrukturverwaltung nachgewiesen (s. o.). Darüber hinaus bedarf es aber noch weiterer Forschung.

(2) Rechtlich – und rechtshistorisch – lässt sich die Funktionsweise von Verwaltung nur dann hinreichend erfassen, wenn man auch die internen Prozesse in den Blick nimmt. Diese sind nur partiell durch Gesetzesrecht gesteuert. Unabhängig davon aber, in welchem Maße man das das Verwaltungshandeln in weitem Maße determinierende „Innenrecht" als „Recht" anerkennt, für eine historische Perspektive ist die Berücksichtigung auch jener Regeln, die nach überkommener Tradition[78] nicht zum Recht zählten, unabdingbar. Damit einher geht das Erfordernis, rechtshistorische Untersuchungen auf eine breitere Quellengrundlage zu stellen. Zu berücksichtigen sind dann nicht nur die in den Gesetzblättern dokumentierten rechtlichen Grundlagen, sondern auch die über Ministerial- und Amtsblätter vermittelten Regularien sowie die als ungedruckte Quellen nur über Archive erschließbaren normativen Vorgaben.

(3) Damit im Zusammenhang steht das Erfordernis, die Verwaltung nicht nur als Entscheidungs-, sondern auch als Kommunikations- und Informationszusammenhang zu begreifen, denn auch hier ist der Rückgriff auf eine breitere Quellenbasis erforderlich. Für die Gegenwart ist die Rechtsrelevanz von (binnenadministrativer) Kommunikation und Information mittlerweile anerkannt.[79] Aber auch in der Vergangenheit waren diese Prozesse zu einem Gutteil regelgeleitet. Um in rechtshistorischer Perspektive erkennbar zu machen, wie Verwaltung intern kommunizierte und wie sie sich eine Wissensbasis schuf, bedarf es in vielerlei Hinsicht der Herausarbeitung der normativen Grundlagen: Wie wurde sichergestellt, dass Hierarchien auch informationell funktionierten, wie regelte man die Querkommunikation?[80] Wie wurden der Geschäftsgang[81] und die Einhegung aktenmäßig generierten, überbordenden Wissens[82] organisiert. Dies ist schon deshalb von Interesse, weil gerade die deutsche Verwaltung – nicht völlig zu Unrecht – ihre Legitimation aus wohlorganisiertem Wissen bezog.[83] Auch hier bildet Gesetzesrecht nur die erste normative Schicht, in die Details dringt man erst ein über die Analyse der ministeriellen Verfügungen, der Geschäfts- und Büroordnungen.

---

[78] Zur zugrundeliegenden Impermeabilitätsdoktrin Labands *W. Pauly*, Der Methodenwandel im deutschen Spätkonstitutionalismus, 1993, S. 201 ff.

[79] Siehe nur *B. Holznagel*, Informationsbeziehungen in und zwischen Behörden, in: Hoffmann-Riem/Schmidt-Aßmann/Voßkuhle (Hrsg.), Grundlagen des Verwaltungsrechts, Bd. II, 2. Aufl. 2012, § 24.

[80] Für die preußische Verwaltung des 19. Jahrhunderts *P. Collin*, Die Organisation der binnenadministrativen Kommunikation in der preußischen Verwaltung des 19. Jahrhunderts, in: Becker (Hrsg.), Sprachvollzug im Amt, 2011, S. 335 ff.

[81] *A. Menne-Haritz*, Geschäftsprozesse der öffentlichen Verwaltung, 1999, S. 89 ff.

[82] *C. Vismann*, Akten. Medientechnik und Recht, 2000, S. 232 ff.

[83] Siehe nur *M. Weber*, Wirtschaft und Gesellschaft, 1972, S. 129.

(4) Schon wegen seines auf der Hand liegenden Gegenwartsbezugs erheischt schließlich ein Themenfeld Aufmerksamkeit, das man begrifflich unter dem Stichwort „regulierte Selbstregulierung" erfassen kann (in einem weiteren Sinne lässt sich von „privat-staatlicher Aufgabenwahrnehmung" sprechen). Was die Organisationsformen betrifft, ist dies durchaus vielgestaltig. Die Einrichtungen der mittelbaren Staatsverwaltung werden heute nicht mehr dazu gerechnet[84], sind historisch aber sehr wohl dazu zu zählen. Denn nicht nur in sozialhistorischer Perspektive ging es um die Einbeziehung privater Akteure mit ihrem Eigeninteresse und ihrer Expertise, auch in rechtlicher Hinsicht handelte es sich teilweise – nämlich bei den Körperschaften der funktionalen Selbstverwaltung – letztlich um die Inkorporierung von Organisationsmustern des privaten Vereins in öffentlich-rechtliche Formen.

Allerdings sind die traditionellen Organisationsformen mittelbarer Staatsverwaltung – wie oben geschildert – mittlerweile recht gut erforscht, jedenfalls was ihre grundsätzlichen rechtssystematischen Konturen betrifft. Dabei ist jedoch zu bedenken, dass vor allem die Körperschaft in ganz unterschiedlichen Spielarten auftrat. Hiervon sind eigentlich nur die Gemeinden und die Berufs- und Wirtschaftskammern und zu einem Gutteil auch die Körperschaften der Sozialversicherung schon umfassender untersucht worden (s. o.). Andere Ausformungen, wie die öffentlichen Genossenschaften (vor allem die für den Industrialisierungsprozess so wichtigen Wassergenossenschaften – deren Rechtsstatus bis heute Fragen grundsätzlicher Art aufwirft[85] –, aber auch Wald- Wiesen-, Meliorations-, Forst- und Fischereigenossenschaften)[86], die Zwangssyndikate der Schlüsselindustrien[87], oder die Zweckverbände[88] sind gar nicht oder nur in Ansätzen untersucht.

In gleicher Weise gilt das für komplexere organisatorische Zusammenhänge, die sich nicht unter eine einheitliche Organisationsrechtsform subsumieren lassen. Für die Gegenwart werden sie vor allem unter dem Stichwort „Governance" untersucht. Governancestrukturen lassen sich jedoch auch in der Geschichte verorten und auch dort erscheint die Anwendung der für die Governanceforschung entwickelten Analyseraster sinnvoll[89] – jedenfalls für die Zeit ab Beginn des 19. Jahrhunderts, jene

---

[84] *E. Schmidt-Aßmann*, Regulierte Selbstregulierung als Element verwaltungsrechtlicher Systembildung, Die Verwaltung 2001, Beiheft 4, S. 253 (261); *U. Di Fabio*, Verwaltung und Verwaltungsrechtzwischen gesellschaftliche Selbstregulierung und staatlicher Steuerung, in: VVDStRL 56 (1997), S. 235 (269); ähnlich auch *H. G. Dederer*, Korporative Staatsgewalt. Integration privat organisierter Interessen in die Ausübung von Staatsfunktionen, 2004, S. 27.
[85] BVerfGE 107, 59 (Emschergenossenschaft/Lippeverband).
[86] *Collin* (o. Fußn 49), S. 44 f.
[87] *Collin* (o. Fußn 49), S. 83 ff.
[88] Die Arbeit von *Schmidt* (o. Fußn 40), S. 32, enthält allerdings eine Übersicht über die Entwicklung der Rechtsgrundlagen.
[89] Siehe hierzu *M. Seckelmann*, Regulierte Selbstregulierung – Gewährleistungsstaat – Kooperativer Staat – Governance: Aktuelle Bilder des Zusammenwirkens von öffentlichen und privaten Akteuren als Analysekategorien für historische Kooperationsformen, in: *Collin u. a.* (o. Fußn. 39), S. 27 ff.

Zeit, in der sich diejenigen Akteursgruppen finden, mit denen man es bei Governancestrukturen im Prinzip auch heute zu tun hat: staatlichen Akteuren, Akteuren der Zivilgesellschaft[90] und autonomen, d. h. nicht mehr in merkantilistische Staatswirtschaft oder ständische Ordnung integrierten, Wirtschaftssubjekten. An konkreten Analysen fehlt es allerdings. Die historische Governanceforschung steht noch am Anfang[91] und an rechtshistorischen Untersuchungen fehlt es nahezu komplett.[92]

Schließlich ist auf jene Einrichtung hinzuweisen, in denen die Zusammenführung und Austarierung unterschiedlicher Verständnishintergründe und normativer Rationalitäten im Vordergrund stand. Dabei konnte es sich um Mixturen aus informellen und formell organisierten Interaktionszusammenhängen handeln – hierfür wurde der Begriff der „Konversationskreise" geprägt[93] – oder um Organisationsformen, die zum festen Bestandteil der Verwaltungsorganisation gehörten, wie gemischte Deputationen oder Beiräte, die teilweise sogar verfassungsrechtlich vorgesehen waren.[94]

All diese privat-staatlichen Organisationsformen sind aus verschiedenen Gründen interessant. Über ihre umfassende Aufarbeitung lässt sich erstens ein Feld von Gestaltungsoptionen privat-staatlicher Koordinierung kartieren, wie sie im Laufe der Geschichte zutage getreten sind. Zweitens können im historischen Längsschnitt Erfolgs- und Misserfolgsgeschichten erzählt werden, und zwar in dem Sinne, welche Koordinierungsformen sich bewährt haben und Bestand hatten und welche nicht, wobei freilich die Kriterien für Erfolg oder Misserfolg keineswegs eindeutig sind – manches konnte trotz Bewährung von der Bildfläche verschwinden, weil ein entsprechendes Bedürfnis einfach nicht mehr vorhanden war (dies betrifft vor allem Einrichtungen, die in Zeiten von Krieg und Krise entstanden waren). Obendrein lässt sich erkennen, wie derartige Organisationsformen die Wechsel von konstitutioneller Monarchie zu Demokratie, von Demokratie zu Diktatur und schließlich von Diktatur zu Demokratie überstanden – mit anderen Worten, wie stark sie gekoppelt waren an den Wandel vorgeordneter, den politisch-konstitutionellen Feld zuzuordnender Ordnungsdeterminanten. Darüber hinaus erweist sich das Verwaltungsorganisationsrecht gerade in diesem Bereich auch als Projektionsfläche überschießender Gestaltungsvorstellungen oder auch Kritiken: In der konstitutionellen Monarchie ließen sich Vorstellungen der Versöhnung von Staat und Gesellschaft daran anknüp-

---

[90] Zur Anwendbarkeit dieses Begriffes auch für das 19. und frühe 20. Jahrhundert *J. Kocka*, Zivilgesellschaft als historisches Projekt, in: Dipper/ Klinkhammer/ Nützenadel (Hrsg.), Europäische Sozialgeschichte, 2000, S. 475 ff.

[91] Ansätze bei *U. Altrock/G. Bertram* (Hrsg.), Wer entwickelt die Stadt? Geschichte und Gegenwart lokaler Governance. Akteure – Strategien – Strukturen, 2012.

[92] Möglichkeiten hierfür auslotend *G. F. Schuppert*, Selbstverwaltung und Selbstregulierung aus rechtshistorischer und governancetheoretischer Perspektive, Max Planck Institute for European Legal History Research Paper Series No. 2015–01 (http://dx.doi.org/10.2139/ssrn.2559077).

[93] *M. Hutter*, Die Produktion von Recht. Eine selbstreferentielle Theorie der Wirtschaft, angewandt auf den Fall des Arzneimittelpatentrechts, 1989, S. 90 ff.

[94] Art. 165 Weimarer Reichsverfassung (Reichswirtschaftsrat).

fen[95]; in der Weimarer Republik konnte man daran sowohl partizipatorische wirtschaftsdemokratische[96] als auch ständestaatliche, konservative Vorstellungen anschließen[97]; in der NS-Zeit ließ sich damit der Versuch verbinden, die Führerdiktatur mit korporativen Elementen zu koppeln[98]; in der Bundesrepublik schließlich lassen sich derartige Debatten von der Verbändedebatte der 1950er und 1960er Jahre[99] bis zu den Diskussionen um den „schlanken Staat"[100] und die „regulierte Selbstregulierung"[101] in den 1990er und 2000er Jahren verfolgen.

IV. Fazit

Die Geschichte des Verwaltungsorganisationsrechts, so lässt sich schließlich resümieren, bietet Ansätze für eine Vielzahl von Untersuchungsinteressen, die über rein dogmenhistorische Fragestellungen hinausgehen. Regelungsentscheidungen verwaltungsorganisationsrechtlicher Natur waren oft Grundsatzentscheidungen mit Dauerwirkung. In ihnen wurden die Ergebnisse politischer Kompromisse perpetuiert und zugleich wieder den politischen Tageskämpfen ausgesetzt. In ihnen bilden sich Pfadabhängigkeiten ab, die nationalen Verwaltungen ein unverwechselbares Gepräge geben, welches einerseits transnationale Vergleiche reizvoll macht, andererseits die Übertragung „fremder" oder national übergreifender Modellvorstellungen erschwert. Die Kenntnis der Geschichte des Verwaltungsorganisationsrechts ist letztlich unabdingbar, um eine zutreffendes Bild von der Identität unseres politisch-administrativen Systems zu gewinnen.

---

[95] *L. v. Stein*, Die Verwaltungslehre. Erster Theil, Zweite Abtheilung, 2. Aufl., 1869.

[96] *F. Naphtali*, Wirtschaftsdemokratie. Ihr Wesen, Weg und Ziel, 1928, S. 38.

[97] *P. Collin*, The Legitimation of Self-Regulation and Co-Regulation in Corporatist Concepts of Legal Scholars in the Weimar Republic, Politics and Governance 5 (2017) (https://www.cogitatiopress.com/politicsandgovernance/article/view/784; abgerufen am 08.02.2018).

[98] *G. Scherschmidt*, Ständisches Verwaltungsrecht, 1938.

[99] *Stolleis* (o. Fußn. 72), S. 367 ff.

[100] *M. Seckelmann*, Die effiziente Verwaltung – Zur Entwicklung der Verwaltungsleitbilder seit dem Ende der 1970er Jahre", in: Collin/Lutterbeck (Hrsg.), Eine intelligente Maschine? Handlungsorientierungen moderner Verwaltung (19./20. Jh.), 2009, S. 245 ff.

[101] Regulierte Selbstregulierung als Steuerungskonzept des Gewährleistungsstaates (Die Verwaltung, Beiheft 4), 2001.

Entscheidungsvorbehalte im Sicherheitsrecht als Steuerungselemente von Gewaltenteilung und Verhältnismäßigkeitsgrundsatz

Von *Kurt Graulich*

I. Arten von Entscheidungsvorbehalten im Sicherheitsrecht

Die Handlungen von Gefahren abwehrender Polizei, Strafverfolgung und Nachrichtendiensten sowie der Einsatz der Streitkräfte unterliegen verschiedenartigen gesetzlichen und verfassungsrechtlichen Voraussetzungen, die aber nennenswerte Ähnlichkeiten aufweisen: In gravierenden Fällen können die Sicherheitsbehörden nicht aus eigenem Entschluss vorgehen, sondern stehen unter dem Vorbehalt weiterer Entscheidungen, deren Ausübung jeweils anderen staatlichen Institutionen obliegt. Als Grundmuster lässt sich beobachten, dass die Maßnahmen von Exekutive oder Gubernative in solchen Fällen nicht nur vom Vorliegen der gesetzlichen Voraussetzungen, sondern zusätzlich von weiteren Verwaltungs-, Gerichts- oder Parlamentsentscheidungen abhängen. Diese Entscheidungsvorbehalte sind nicht einfach als Ausdruck der Gewaltenteilung oder Funktionenordnung[1] zu verstehen. Vielmehr dienen sie darüber hinaus der Verhältnismäßigkeit von Eingriffen in Grundrechte und werden insoweit nicht nur als Aufteilung hoheitlicher Befugnisse unter den drei Staatsgewalten konstruiert, sondern auch als Verminderung der Eingriffsmacht einer einzelnen dieser Gewalten durch die Einführung interner Instanzenzüge und Kontrollordnungen.

Der grundlegendste Entscheidungsvorbehalt für das Handeln der dritten Gewalt folgt aus dem Grundsatz der Gesetzmäßigkeit der Verwaltung, wonach kein belastender Verwaltungsakt ohne gesetzliche Grundlage ergehen darf.[2] Dies führt zum verfassungsrechtlichen Vorbehalt des Gesetzes.[3] Die daraus folgende Ermächtigung der Verwaltung durch das Gesetz wird aber nicht in jedem Fall ungeschmälert erteilt, sondern kann von weiteren Voraussetzungen oder Beteiligungsvorbehalten abhängig gemacht werden. Verwaltungsentscheidungen liegen nämlich nicht immer in der Hand einer Behörde und dort nicht immer nur in der einer generell zuständigen Stelle. Vielfach hängen sie von der notwendigen Einschaltung mehrerer Hierarchiestufen in einer oder sogar von derjenigen einer anderen Behörde ab und realisieren damit ein weiteres Stück von Gewaltenteilung innerhalb einer der drei Staatsgewalten.

---

[1] Zur Begrifflichkeit s. *Wolff/Bachof/Stober*, Verwaltungsrecht Bd. 1, § 30 Rdnrn. 1 ff.

[2] *W. Jellinek*, Verwaltungsrecht, 3. Auflage 1931, S. 88 ff.

[3] *Jellinek* (o. Fußn. 2), S. 122; *Stein/Frank*, Staatsrecht, 20. Auflage, S. 162 ff.

Eine Steigerung der Anforderung liegt im Richtervorbehalt, der die zweite Gewalt vor dem Ergreifen einer Maßnahme von einer Entscheidung der dritten Gewalt abhängig macht.[4] Entsprechende Vorbehalte werden bereits verfassungsrechtlich bei bestimmten Eingriffen in die Berufsfreiheit (Art. 12 Abs. 3 GG), vor Wohnungsdurchsuchungen (Art. 13 Abs. 2 GG), bei der akustischen Wohnraumüberwachung (Art. 13 Abs. 3 GG) und bei Entscheidungen über die Zulässigkeit und Fortdauer einer Freiheitsentziehung (Art. 104 Abs. 2 Satz 1 GG) verlangt und sind von dort aus in das einfache Recht weitergewandert.

Und schließlich besteht beim bewaffneten Einsatz deutscher Streitkräfte im Ausland ein verfassungsrechtlich begründeter Vorbehalt, der die Einsatzentscheidung der Bundesregierung an die Zustimmung des Bundestages knüpft. Einzelheiten regelt das im Anschluss an eine Entscheidung des Bundesverfassungsgerichts[5] zustande gekommene Parlamentsbeteiligungsgesetz.[6] Es handelt sich also um einen Parlamentsvorbehalt im exekutiven Kontext, der nicht zu verwechseln ist mit dem des Vorbehalts des parlamentarischen Gesetzes.[7] Eine verfassungspolitisch verwandte Regelung enthält § 8 Abs. 1 Satz 5 BPolG, wonach der Bundestag durch Beschluss verlangen kann, dass eine Verwendung von Bundespolizei im Ausland – für polizeiliche oder andere nichtmilitärische Aufgaben im Rahmen von internationalen Maßnahmen – beendet wird.[8]

II. Polizeiarbeit und Genehmigungsvorbehalte

Die Interaktion von Gesetzgebung und verfassungsgerichtlicher Rechtsprechung hat insbesondere im Polizeirecht zur Ausbildung allgemein beachtlicher Grundsätze über die Aufstellung von Entscheidungsvorbehalten und ihre praktische Handhabung geführt. Diese sind nicht ursprünglich für heimliche Überwachungsmaßnahmen entwickelt worden, haben dort aber ihre differenzierteste Ausformung erfahren und wirken in die übrigen Teile des Sicherheitsrechts zurück. Für tief in die Privatsphäre eingreifende Ermittlungs- und Überwachungsbefugnisse, hat das Bundesverfassungsgericht aus dem Verhältnismäßigkeitsgrundsatz im engeren Sinne übergreifende Anforderungen abgeleitet. Diese betreffen spezifisch breitenwirksame Grundrechtsgefährdungspotenziale, insbesondere solche der elektronischen Datenverarbeitung,[9] ebenso wie einzelfallbezogene Maßnahmen gegen Betroffene, die in den

---

[4] *Wolff/Bachof/Stober*, Verwaltungsrecht Bd. 1, § 20 Rdnrn. 1 u. 50.
[5] BVerfGE 90, 286 (389).
[6] BGBl. 2005 S. 775.
[7] *Wolff/Bachof/Stober*, Verwaltungsrecht, § 30 Rdnr. 16.
[8] *K. Graulich*, in: Schenke/Graulich/Ruthig, BPolG, § 8 Rdnrn. 39 ff.
[9] BVerfGE 100, 313 (358 ff.); 115, 320 (341 ff.); 125, 260 (316 ff.); 133, 277 (335 ff., Rdnrn. 138 ff.).

Fokus der handelnden Behörden geraten sind.[10] Bei der näheren Ausgestaltung der Einzelbefugnisse kommt es für deren Angemessenheit wie für die zu fordernde Bestimmtheit maßgeblich auf das Gewicht des jeweils normierten Eingriffs an. Je tiefer Überwachungsmaßnahmen in das Privatleben hineinreichen und berechtigte Vertraulichkeitserwartungen überwinden, desto strenger sind die Anforderungen.[11]

Die Schaffung einschlägiger Befugnisnormen steht unter hohen Anforderungen bzgl. ihrer Klarheit, aber auch der Beschreibung des durch sie ermöglichten Verwaltungsverfahrens. Daher hat der Gesetzgeber das Gebot vorbeugender unabhängiger Kontrolle in spezifischer und normenklarer Form mit strengen Anforderungen an den Inhalt und die Begründung – beispielsweise – der gerichtlichen Anordnung zu verbinden. Hieraus folgt zugleich das Erfordernis einer hinreichend substantiierten Begründung und Begrenzung des Antrags auf Anordnung, die es dem Gericht oder der unabhängigen Stelle erst erlaubt, eine effektive Kontrolle auszuüben. Insbesondere bedarf es der vollständigen Information seitens der antragstellenden Behörde über den zu beurteilenden Sachstand.[12] In Anknüpfung hieran ist es Aufgabe und Pflicht des Gerichts oder der sonst entscheidenden Personen, sich eigenverantwortlich ein Urteil darüber zu bilden, ob die beantragte heimliche Überwachungsmaßnahme den gesetzlichen Voraussetzungen entspricht. Hierfür die notwendigen sachlichen und personellen Voraussetzungen zu schaffen, obliegt der Landesjustizverwaltung und dem Präsidium des zuständigen Gerichts.[13]

1. Präventive und repressive Befugnisse

Die Polizei wird im Sicherheitsrecht präventiv – nach Polizeirecht – oder repressiv – nach Strafverfahrensrecht – tätig. In diesen Bereichen sind – im Polizeirecht als Standardbefugnisse bezeichnete – Befugnistypen entstanden, die vor allem dank des sog. Musterentwurfs für ein einheitliches Polizeigesetz seit den späten siebziger Jahren des 20. Jahrhunderts immer stärker einander angenähert wurden.[14] Allerdings sind sie zu unterschiedlichen Zeitpunkten normiert worden. Dies hängt zum einen daran, dass die Gesetzgebungskompetenz im Polizeirecht überwiegend bei den Ländern liegt (Art. 70 Abs. 1 GG), während für das Strafverfahrensrecht aufgrund der konkurrierenden Gesetzgebungskompetenz (Art. 74 Abs. 1 Nr. 1 GG) in erster Linie der Bund zuständig ist; insofern sind die Entwicklungsstände im Polizeirecht

---

[10] BVerfG, Urt. v. 20.4.2016, 1 BvR 966/09, BVerfGE 141, 220–378, Rdnr. 103 unter Hinweis auf BVerfGE 107, 299 (312 ff.), Telekommunikationsverkehrsdatenerhebung, BVerfGE 110, 33 (52 ff.); 113, 348 (364 ff.); 129, 208 (236 ff.), Telekommunikationsüberwachung nach Bundes-, Landes- und Strafprozessrecht, BVerfGE 109, 279 (335 ff.), Wohnraumüberwachung, BVerfGE 112, 304 (315 ff.), GPS-Observierung, BVerfGE 120, 274 (302 ff.), Online-Durchsuchung.
[11] BVerfG, Urt. v. 20.4.2016, 1 BvR 966/09, BVerfGE 141, 220–378, Rdnr. 105.
[12] BVerfGE 103, 142 (152 f.).
[13] BVerfGE 125, 260 (338).
[14] Vgl. m.w.N *W.R. Schenke*, Polizei- und Ordnungsrecht, 9. Aufl. 2016, Rdnr. 24.

des Bundes und der Länder verschieden. Zum anderen kommt der präventiven Ausrichtung des Sicherheitsrechts vor allem seit dem Aufkommen des international agierenden Terrorismus und seiner Abwehr eine gestiegene Bedeutung zu und hat insbesondere den Bundesgesetzgeber, der dort über die ausschließliche Gesetzgebung verfügt (Art. 73 Abs. 1 Nr. 9a), in den Gesetzen über das Bundeskriminalamt und die Bundespolizei bestimmte Befugnisse früher aufnehmen lassen als in die Strafprozessordnung.

Die Ermächtigungen zur Telekommunikationsüberwachung an der Quelle (Quellen-TKÜ) und die Online-Durchsuchung von Rechnern zeigen das beispielhaft.[15] Die Quellen-TKÜ war bereits nach § 20l Abs. 2 BKAG a.F.[16], nunmehr § 51 Abs. 2 BKAG n.F.[17], und die Online-Durchsuchung von Rechnern nach § 20k BKAG a.F., nunmehr § 49 BKAG n.F., möglich und ist erst sehr viel später durch entsprechende Änderungen der §§ 100a und 100b StPO in das Strafverfahrensrecht eingeführt worden.[18] Der Einsatz technischer Mittel zur Eigensicherung (§ 34 Abs. 1 BKAG n.F.) steht nach § 34 Abs. 3 BKAG n.F. unter dem Vorbehalt einer Anordnung durch den Präsidenten oder die Präsidentin des Bundeskriminalamts. Wurden die personenbezogenen Daten in oder aus einer Wohnung erlangt, so ist nach § 34 Abs. 4 Satz 2 BKAG n.F. die Verwendung für die in Satz 1 genannten Zwecke, d.h. die Gefahrenabwehr, nur zulässig nach Feststellung der Rechtmäßigkeit der Maßnahme durch das Gericht; bei Gefahr im Verzug ist die gerichtliche Entscheidung unverzüglich nachzuholen (Art. 13 Abs. 5 des GG).[19] Es finden sich an dieser Stelle hintereinander geschaltet somit der polizeiinterne Vorbehalt einer Präsidentenentscheidung und – in bestimmten Fällen – ein Richtervorbehalt.

2. Folgerungen aus dem Verhältnismäßigkeitsgrundsatz

Am weitesten fortgeschritten sind die interessierenden präventiven Befugnisse mit Eingriffsvorbehalten im Bundeskriminalamtsgesetz, wo der Bund im Rahmen der Föderalismusreform I die ausschließliche Gesetzgebungskompetenz für die Abwehr von Gefahren des internationalen Terrorismus durch das Bundeskriminalpolizeiamt in Fällen erhalten hat, in denen eine länderübergreifende Gefahr vorliegt, die

---

[15] Zum inhaltlichen Hintergrund s. „Formulierungshilfe der Bundesregierung vom 15.05. 2017 für einen Änderungsantrag der Fraktionen CDU/CSU und SPD", BT-Dr. 18(6)334 und Beschlussempfehlung und Bericht des Ausschusses für Recht und Verbraucherschutz (6. Ausschuss) vom 20.06.2017, BT-Drs. 18/12785 S. 58 u. 63.

[16] Gesetz zu Abwehr von Gefahren des internationalen Terrorismus durch das Bundeskriminalamt vom 25.12.2008, BGBl. I S. 2008, S. 3087.

[17] Art. 1 des Gesetzes zur Neustrukturierung des BKAG vom 1. Juni 2017, BGBl. I S. 2017 S. 1354.

[18] Art. 3 des Gesetzes zur effektiveren und praxistauglicheren Ausgestaltung des Strafverfahrens vom 17.08.2017, BGBl. I 2017 S. 3202.

[19] Zur schwer verständlichen Vermischung der Zuständigkeit von ordentlicher Gerichtsbarkeit und Verwaltungsgerichtsbarkeit in diesen Fällen s. *K. Graulich,* in: Schenke/Graulich/Ruthig, BKAG, § 16 Rdnr. 24.

Zuständigkeit einer Landespolizeibehörde nicht erkennbar ist oder die oberste Landesbehörde um eine Übernahme ersucht (Art. 73 Abs. 1 Nr. 9a GG).[20] Die daraufhin eingefügten §§ 20a bis 20x BKAG a.F. stellen die umfangreichste Ansammlung derzeit gebräuchlicher polizeirechtlicher Befugnisse dar.[21] Die davon zu heimlichen Überwachungsmaßnahmen ermächtigenden Normen sind allerdings durch das Urteil des Bundesverfassungsgerichts vom 20. April 2016 teilweise für nichtig und teilweise für mit dem Grundgesetz unvereinbar erklärt worden. Die daraufhin erfolgte Novellierung durch das Gesetz zur Neustrukturierung des Bundeskriminalamtsgesetzes vom 1. Juni 2017[22] tritt zwar erst zum 25. Mai 2018 in Kraft. Die darin enthaltenen Befugnisse können aber dennoch als Beispiele für die zur erörternden Eingriffsvorbehalte gelten.[23]

a) Funktion von Entscheidungsvorbehalten im Verwaltungsverfahren

Man kann die Entscheidungsvorbehalte im Verwaltungsverfahren als Ausdruck der Gewaltenteilung sehen. Sie dekonzentrieren die Ausübung hoheitlicher Gewalt, sie reichern das Verwaltungsverfahren aber auch mit Sachverstand an. Wird die Entscheidung eines Gerichts zur Voraussetzung eines Verwaltungshandelns gemacht, handelt es sich allerdings nicht um einen Aspekt des Verwaltungshandelns. Ein Gericht wird in einem solchen Fall vielmehr zum Grundrechtsschutz eines mit einem Eingriff zu belastenden Rechtsträgers eingeschaltet. Dies zeigt sich an der Funktion des – im Nachhinein stattfindenden – Verwaltungsprozess, in dem erst die vollständige Rechtmäßigkeitskontrolle stattfindet. Das von Verfassung wegen gebotene Maß an gerichtlicher Mitentscheidung hängt indes auch von den legitimen Schutzzwecken ab, denen eine Eingriffsbefugnis dient. So kennt das Antiterrordateigesetz weder einen Grundsatz der Offenheit der Datennutzung noch einen Richtervorbehalt noch eigene nachträgliche Benachrichtigungspflichten, die über die Benachrichtigungspflichten aus anderen Vorschriften hinausgehen. Es verzichtet damit auf wichtige Instrumentarien zur Gewährleistung der Verhältnismäßigkeit der Datennutzungsregelungen. Angesichts des Zwecks der Antiterrordatei ist dies jedoch verfassungsrechtlich gerechtfertigt. Die Antiterrordatei dient im Kern der Informationsanbahnung zur Vorbereitung weiterer Ermittlungen im Rahmen der Abwehr des internationalen Terrorismus. Dass solche Ermittlungen grundsätzlich nicht dem Grundsatz der Offenheit folgen können, liegt auf der Hand. Auch ein Richtervorbe-

---

[20] Gesetz zur Änderung des Grundgesetzes (Artikel 22, 23, 33, 52, 72, 73, 74, 74a, 75, 84, 85, 87c, 91a, 91b, 93, 98, 104a, 104b, 105, 107, 109, 125a, 125b, 125c, 143c), BGBl. I 2006 S. 2034.

[21] BGBl. I 2008 S. 3083.

[22] Gesetz zur Neustrukturierung des Bundeskriminalamtsgesetzes vom 08.06.2017, BGBl. I 2017 S. 1354.

[23] *K. Graulich*, Aufgaben und Befugnisse des Bundeskriminalamts im digitalen Rechtsraum – Das Gesetz zur Neugestaltung des BKAG im Jahr 2017, in: KriPoZ 2017, 278.

halt ist im Rahmen der Antiterrordatei kein geeignetes Mittel, das verfassungsrechtlich geboten wäre. Wegen der geringen rechtlichen Durchformung der Befugnisse gemäß § 5 Abs. 1 ATDG und der Eilbedürftigkeit der Entscheidung bei einem Zugriff gemäß § 5 Abs. 2 ATDG würde ein richterlicher Prüfvorbehalt weitgehend leerlaufen.[24]

b) Richtervorbehalte

Die eingriffsintensiven Überwachungs- und Ermittlungsmaßnahmen, bei denen damit zu rechnen ist, dass sie auch höchstprivate Informationen erfassen, und gegenüber den Betroffenen heimlich durchgeführt werden, bedürfen grundsätzlich einer vorherigen Kontrolle durch eine unabhängige Stelle[25], etwa in Form einer richterlichen Anordnung.[26] Dies gilt für Maßnahmen der Wohnraumüberwachung bereits nach Verfassungsrecht gemäß Art. 13 Abs. 3 und 4 GG[27] und folgt im Übrigen unmittelbar aus dem Verhältnismäßigkeitsgrundsatz.[28] Beispielhaft kann dies an der Beschlagnahme von Inhalten eines E-Mail-Postfachs im Rahmen eines Strafverfahrens verdeutlicht werden. Strafprozessual ermöglichen die §§ 94 ff. StPO die Sicherstellung und Beschlagnahme von E-Mails.[29] Danach bedarf es nur dann einer richterlichen Entscheidung über die Beschlagnahme (§ 98 StPO), wenn Daten über den Postfachinhalt nicht freiwillig herausgegeben werden. Ob dies der Fall ist, richtet sich nicht allein nach dem Willen des Providers, sondern auch nach demjenigen des durch Art. 10 Abs. 1 GG geschützten Postfachinhabers. In zeitlicher Hinsicht verfassungsrechtlich erforderlich ist zum Schutz des Postfachinhabers, in dessen Grundrechte durch den Zugriff auf den E-Mail-Bestand eingegriffen wird, dass er spätestens vor Durchführung der Maßnahmen hierüber unterrichtet wird, damit er bei der Sichtung seines E-Mail-Bestandes seine Rechte wahrnehmen kann. Einfachrechtlich wird dies durch § 35 StPO umgesetzt. Eine Zurückstellung der Benachrichtigung ist gesetzlich nicht vorgesehen und führt zur Rechtsfehlerhaftigkeit der Sicherstellung bzw. der Beschlagnahme.[30] Ein demgegenüber verdecktes Vorgehen der Strafverfolgungsbehörde wird im strafrechtlichen Schrifttum zwar nicht für grundsätzlich ausgeschlossen erachtet. Angesichts der verfassungsrechtlichen Rahmenbedingungen

---

[24] BVerfGE 133, 277–377, Rdnr. 213.

[25] BVerfG, Urt. v. 20.4.2016 – 1 BvR 966/09, BVerfGE 141, 220–378, Rdnr. 118.

[26] EGMR, Klass u. a. v. Deutschland, Urt. v. 6.9.1978, Nr. 5029/71, § 56; EGMR [GK], Zakharov v. Russland, Urt. v. 4.12.2015, Nr. 47143/06, §§ 258, 275; EGMR, Szabó und Vissy v. Ungarn, Urt. v. 12.1.2016, Nr. 37138/14, § 77.

[27] BVerfGE 109, 279 (357 ff.).

[28] BVerfGE 120, 274 (331 ff.); 125, 260 (337 ff.).

[29] BGH, Beschl. V. 24.11.2009, StB 48/09, NJW 2010, 1297, 1298; v. 4.8.2015, 3 StR 162/15, NStZ 2015, 704 (705).

[30] BGH, Beschl. v. 24.11.2009, StB 48/09, NJW 2010, 1297 (1298); v. 4.8.2015, 3 StR 162/15, NStZ 2015, 704 (705).

soll dies strafprozessual jedoch nur unter den Voraussetzungen von § 100a StPO bzw. § 99 StPO zulässig sein.[31]

Die Notwendigkeit des justiziellen Entscheidungsvorbehalts wird in der höchstrichterlichen Rechtsprechung für weitreichend gehalten. Er war nach Ansicht des BGH in einem Strafverfahren betreffend internationalen Terrorismus für die Sicherstellung und Beschlagnahme entsprechender E-Mails nach den §§ 94 ff. StPO auch nicht deswegen entbehrlich, weil die Microsoft Corporation die Daten auf Grundlage des US-amerikanischen Rechts dem Bundeskriminalamt freiwillig überlassen hatte. Der Richtervorbehalt der §§ 20 l, 20 m BKAG besteht nicht in erster Linie im Interesse des Telekommunikationsanbieters. Vielmehr trägt er insbesondere den mit der staatlichen Maßnahme einhergehenden Beeinträchtigungen der Telekommunikationsnutzer Rechnung. Ohne deren Zustimmung durfte das Bundeskriminalamt die Microsoft Corporation daher nicht zu einer Überlassung der Daten veranlassen und hierdurch die Voraussetzungen der §§ 20 l, 20 m BKAG bzw. diejenigen eines Vorgehens im Wege der Rechtshilfe umgehen.[32] Unerheblich war in diesem Zusammenhang nach Ansicht des Bundesgerichtshofs auch, ob der räumliche Geltungsbereich des Art. 10 Abs. 1 GG nur bei hinreichendem territorialen Bezug zur Bundesrepublik Deutschland.[33]

c) Einschaltung einer unabhängigen Stelle

Entscheidungsvorbehalte bestehen aber nicht nur in der Beteiligung der Justiz, sondern auch in der anderer funktionell als gleichwertig zu achtenden Stellen. Auf der Ebene der Auswertung und Verwertung personenbezogener Daten hat der Gesetzgeber daher für den Fall, dass die Erfassung von kernbereichsrelevanten Informationen nicht vermieden werden konnte, in der Regel die Sichtung der erfassten Daten durch eine unabhängige Stelle vorzusehen, die die kernbereichsrelevanten Informationen vor deren Verwendung durch die Sicherheitsbehörden herausfiltert.[34] Die von Verfassung wegen geforderten verfahrensrechtlichen Sicherungen gebieten jedoch nicht in allen Fallkonstellationen, dass neben staatlichen Ermittlungsbehörden weitere unabhängige Stellen eingerichtet werden.[35] Die Erforderlichkeit einer solchen

---

[31] BGH, Beschl. v. 26.1.2017, StB 26 und 28/14, BGHSt 62, 22–36, Rdnr. 58 unter Hinweis auf *Meyer-Goßner/Schmitt*, StPO, 60. Aufl. 2017, § 94 Rdnr. 16a f., § 100a Rdnrn. 6b f.; *P. Graf*, in: BeckOK StPO § 100a Rdnr. 30; KK-Bruns, 7. Aufl., § 100a Rdnrn. 16 ff.; s. zum Zugriff auf eine telefonische Mailbox auch BGH, Beschl. v. 31.7.1995, 1 BGs 625/95, NStZ 1997, 247 (248).

[32] BGH, Beschl. v. 26.1.2017, StB 26 und 28/14, BGHSt 62, 22–36, Rdnr. 63 unter Hinweis auf *Meyer-Goßner/Schmitt*, StPO, 60. Aufl. 2017, § 100a Rdnr. 5; *Gaede*, StV, 2009, 96 (102).

[33] BGH a.a.O. unter Hinweis auf eingreift – „offen gelassen" – BVerfG, Urt. v. 14.7.1999, 1 BvR 2226/94 u.a., BVerfGE 100, 313 (362 f.).

[34] BVerfGE 109, 279 (331 f., 333 f.); 120, 274 (338 f.).

[35] BVerfGE 129, 208 (250).

Sichtung hängt von der Art sowie gegebenenfalls auch der Ausgestaltung der jeweiligen Befugnis ab[36]. Dabei kann auf die Sichtung durch eine unabhängige Stelle umso eher verzichtet werden, je verlässlicher schon auf der ersten Stufe die Erfassung kernbereichsrelevanter Sachverhalte vermieden wird und umgekehrt. Unberührt bleibt auch die Möglichkeit des Gesetzgebers, die notwendigen Regelungen zu treffen, um den Ermittlungsbehörden für Ausnahmefälle bei Gefahr im Verzug auch kurzfristig erste Handlungsmöglichkeiten einzuräumen. In jedem Fall hat der Gesetzgeber die sofortige Löschung von gegebenenfalls erfassten höchstpersönlichen Daten vorzusehen und jegliche Verwendung auszuschließen. Die Löschung ist in einer Weise zu protokollieren, die eine spätere Kontrolle ermöglicht.[37]

III. Das nachrichtendienstliche Kontrollregiment bei der Fernmeldeüberwachung

Nachrichtendienste unterliegen nach Verfassung und Gesetz einer aufwändigen Kontrolle im Nachhinein, aber auch einem speziellen Regiment von Vorbehalten, die tief in den Arkanbereich ihrer Tätigkeit hineinreichen und die hier vorliegend am Beispiel der einschlägigen Behörden des Bundes betrachtet werden sollen. Die Kontrolle im Nachhinein obliegt dem Parlament im Allgemeinen und dem Parlamentarischen Kontrollgremium (Art. 45d GG)[38] nebst seinem Ständigen Bevollmächtigten[39] im Besonderen; ebenso wie die justizielle bedürfen sie aus thematischen Gründen vorliegend nicht der Vertiefung. Zu Entscheidungsvorbehalten finden sich einige markante Konstruktionen im Nachrichtendienstrecht, die auch unter dem Gesichtspunkt der Gewaltenteilung interessant positioniert sind.

Im Vergleich zum Polizeirecht ist das Recht der Nachrichtendienste in Deutschland in grundlegender Weise erst verhältnismäßig spät normiert worden. Lange Zeit hat dort das – auch im Polizeirecht früher verbreitet gewesene – Verständnis vorgeherrscht, Aufgabenbeschreibungen reichten als Handlungsvoraussetzungen aus; jedenfalls soweit es um die Erhebung und Verarbeitung von Daten ging. Diese Vorstellung der Gesetzgebung zum Nachrichtendienstrecht in Bund und Ländern hat insbesondere das Volkszählungsgesetz-Urteil des Bundesverfassungsgerichts[40] mit seiner Schaffung des informationellen Selbstbestimmungsrechts noch lange überdauert[41]

---

[36] Vgl. neuerdings im bayerischen Polizeirecht die „Zentralen Datenprüfstelle" als unabhängige Stelle zur Vermeidung von Kernbereichsverletzungen nach Art. 41 Abs. 5, 42 Abs. 7, Art. 45 Abs. 4 und Art. 53 Abs. 3 PAG; Art. 13 f. POG.

[37] BVerfGE 109, 279 (318 f., 332 f.); 113, 348 (392); 120, 274 (337, 339).

[38] Vorschrift eingefügt durch das Gesetz zur Änderung des Grundgesetzes (Artikel 45d) vom 17.07.2009 (BGBl. I S. 1977), in Kraft getreten am 23.07.2009.

[39] §§ 5a und 5b PKGrG.

[40] BVerfG, Urt. v. 15.12.1983, 1 BvR 209/83, 1 BvR 484/83, 1 BvR 420/83, 1 BvR 362/83, 1 BvR 269/83, 1 BvR 440/83.

[41] *K. Graulich*, Reform des Gesetzes über den Bundesnachrichtendienst Ausland-Ausland-Fernmeldeaufklärung und internationale Datenkooperation, in: KriPoZ 17, 43.

und ist erst nach der deutschen Vereinigung langsam überwunden worden. Von dieser Beurteilung ist allerdings ein Bereich auszunehmen, und zwar die Eingriffe in das Fernmelde- und Postgeheimnis. Dort sind als Nebenprodukte der Notstandsgesetzgebung Art. 10 GG geändert und zusammen mit dem Gesetz zu Art. 10 (G 10)[42] ein spezielles Vorbehaltsregime bei beabsichtigten Rechtseingriffen durch einen der Nachrichtendienste geschaffen worden.[43] Begünstigte dieser Entscheidungsvorbehalte sind deutsche Grundrechtsträger (1.). In der 18. Wahlperiode ist schließlich ein Vorbehaltsregime für die sog. Ausland-Ausland-Überwachung durch den Bundesnachrichtendienst geschaffen worden, die einen bestimmten Ausschnitt der Überwachung von Fernmeldeverkehren anderer Rechtsträger betreffen, die nicht von Art. 10 GG begünstigt sind (2.).[44]

1. Fernmeldeüberwachung im Schutzbereich von Art. 10 GG

Eingriffe in das Fernmeldegeheimnis von deutschen Grundrechtsträgern dürfen durch die Nachrichtendienste nicht unmittelbar nach Vorliegen gesetzlicher Voraussetzungen unternommen werden, sondern erst auf Antrag (§ 9 G10) sowie eine anschließende Anordnung. Die Anordnungen werden jeweils durch vorgesetzte Ministerien getroffen (§ 10 G10). Und vor diesen Anordnungen entscheidet – jedenfalls im Bereich der Nachrichtendienste des Bundes – eine besondere Kommission, die G 10-Kommission, von Amts wegen oder auf Grund von Beschwerden über die Zulässigkeit und Notwendigkeit von Beschränkungsmaßnahmen (§ 15 Abs. 5 Satz 1 G10). Die Kontrollbefugnis der Kommission erstreckt sich auf die gesamte Erhebung, Verarbeitung und Nutzung der nach diesem Gesetz erlangten personenbezogenen Daten durch Nachrichtendienste des Bundes einschließlich der Entscheidung über die Mitteilung an Betroffene (§ 15 Abs. 5 Satz 2 G10).

Eingriffe von Nachrichtendiensten in das Fernmeldegeheimnis stehen somit unter einem dreifach gestuften Eingriffsvorbehalt, der in ungewöhnlicher Weise Aspekte von administrativer Selbstkontrolle sowie parlamentarische und quasi-justiziellen Beteiligungen verbindet. Zum ersten dürfen die Dienste nicht selbst eine Überwachungsmaßnahme unternehmen, sondern müssen deren Anordnung beim vorgesetzten Ministerium beantragen (§ 9 G10). Zweitens müssen die Beschränkungsmaßnahmen durch das zuständige Ministerium angeordnet werden (§ 10 Abs. 1 G10). Die administrative Selbstkontrolle wird hier auf der ersten und zweiten Stufe durch die Beteiligung des vorgesetzten Ministeriums auf einen großen Rahmen gespannt. Die Entscheidung bleibt nicht bei der nachrichtendienstlichen Behörde selbst, sondern wird – devolutiv – zur Entscheidung einer höheren Verwaltungsebene angetragen.

---

[42] 17. Gesetz zur Änderung des Grundgesetzes v. 24.06.1968 (BGBl. I 1968 S. 709).

[43] *B. Huber*, in: Schenke/Graulich/Ruthig, Sicherheitsrecht des Bundes, G 10 Vorbemerkung Rdnr. 1 ff.

[44] §§ 6 ff. BNDG.

Und drittens unterliegen die ministeriellen Anordnungen selbst – jedenfalls im Bund – der Genehmigung durch die G10-Kommission (§ 15 Abs. 5 G10). Die G10-Kommission ist kein Organ der Justiz. Sie tritt aber funktionell an die Stelle eines Gerichts.[45] Der Gesetzgeber hat damit im Lichte der Rechtsprechung des Bundesverfassungsgerichts ein Organ geschaffen, das an die Stelle des Rechtswegs tritt[46], aber kein Gericht ist[47], das innerhalb des Funktionsbereichs der Exekutive agiert, aber nicht in diese inkorporiert ist[48], das Rechtskontrolle ausübt, aber auch Opportunitätserwägungen treffen kann.[49] Es handelt sich um ein Kontrollorgan eigener Art außerhalb der rechtsprechenden Gewalt, das als Ersatz für den fehlenden gerichtlichen Rechtsschutz dient.[50]

2. Ausland-Ausland-Fernmeldeüberwachung

Die Ausland-Ausland-Aufklärung gehört zum Kerngeschäft der Fernmeldeaufklärung eines Auslandsnachrichtendienstes. Die Fundamentalnormen für die Ausland-Ausland-Aufklärung finden sich in den sieben Absätzen des § 6 BNDG. Nach § 6 Abs. 1 Satz 1 BNDG darf der Bundesnachrichtendienst zur Erfüllung seiner Aufgaben vom Inland aus mit technischen Mitteln Informationen einschließlich personenbezogener Daten aus Telekommunikationsnetzen, über die Telekommunikation von Ausländern im Ausland erfolgt (Telekommunikationsnetze), erheben und verarbeiten; dies versteht das Gesetz als Legaldefinition unter Ausland-Ausland-Fernmeldeaufklärung.[51] Zu unterscheiden ist die nunmehr ausdrücklich in § 6 Abs. 1 BNDG geregelte Ausland-Ausland-Fernmeldeaufklärung, die reine Ausland-Ausland-Kontakte betrifft, von der nach § 5 Abs. 1 G 10 möglichen Überwachung internationaler Telekommunikationsbeziehungen, die nach herkömmlichen Verständnis nur solche Verbindungen erfasst, bei denen ein Endpunkt im Bundesgebiet liegt.[52]

Eine Erhebung von Daten aus Telekommunikationsverkehren von deutschen Staatsangehörigen, von inländischen juristischen Personen oder von sich im Bundesgebiet aufhaltenden Personen ist nach § 6 Abs. 4 BNDG unzulässig; Aufklärung und Überwachung in diesem Rechtsbereich unterliegt dem G10 mit seinem voranstehend geschilderten dreifach gestuften System von Entscheidungsvorbehalten. Außerdem

---

[45] *Huber* billigt der G10-Kommission allerdings weitergehend judikative Tätigkeit zu (*Huber*, in: Schenke/Graulich/Ruthig G10 § 15 Rdnr. 5 ff.).

[46] BVerfGE 30, 1 (23).

[47] BVerfGE 67, 157 (170 f.); BVerfG, Beschl. der 1. Kammer des Ersten Senats v. 13. 7. 1993, 1 BvR 1016/93, juris, Rdnr. 3.

[48] BVerfGE 30, 1 (28).

[49] BVerfGE 30, 1 (23 f.).

[50] BVerfG, Beschl. v. 20. 9. 2016, 2 BvE 5/15 Rdnr. 1 unter Hinw. auf BVerfGE 67, 157 (171); BVerfG, Beschl. der 1. Kammer des Ersten Senats v. 13. 7. 1993, 1 BvR 1016/93, juris, Rdnr. 4.

[51] *Graulich* (o. Fußn. 41), 45.

[52] *K. F. Gärditz*, Ausschussdrucksache 18(4)653 A, S. 3.

wird sowohl die interne Kontrolle – durch das Bundeskanzleramt als anordnende Stelle – und die externe Kontrolle – durch das neu eingeführte „Unabhängige Gremium" als zusätzliche Kontrollinstanz – verstärkt.[53] Denn nach § 6 Abs. 4 BNDG ist eine Erhebung von Daten aus Telekommunikationsverkehren von deutschen Staatsangehörigen, von inländischen juristischen Personen oder von sich im Bundesgebiet aufhaltenden Personen unzulässig. Das Zusammenspiel von § 6 Abs. 1 und Abs. 4 BNDG führt zu einer klaren Trennung der Fernmeldeaufklärung nach dem G 10 von der Fernmeldeaufklärung nach dem BNDG. Dem systematischen Zusammenspiel von BNDG und G 10 zufolge richtet sich die Erhebung von Inhalts- und Verkehrsdaten von deutschen Staatsangehörigen, inländischen juristischen Personen oder sich im Bundesgebiet aufhaltenden Personen stattdessen nach dem G 10.[54] Zur Trennung des entsprechenden Datenaufkommens setzt der BND ein mehrstufiges automatisiertes Filtersystem (DAFIS) ein.[55] Die Funktionsweise dieses Filterungssystems ist im Wesentlichen öffentlich bekannt.[56]

Nach § 16 BNDG ist ein „Unabhängiges Gremium" aus richterlichem Personal des BGH und bundesanwaltlichem des GBA geschaffen worden. Das Unabhängige Gremium besteht nach § 16 Abs. 1 BNDG aus (Nr. 1.) einer Vorsitzenden oder einem Vorsitzenden, (Nr. 2.) zwei Beisitzerinnen oder Beisitzern sowie (Nr. 3.) drei stellvertretenden Mitgliedern. Die Mitglieder sowie die stellvertretenden Mitglieder des Unabhängigen Gremiums sind in ihrer Amtsführung unabhängig und Weisungen nicht unterworfen. Vorsitzende oder Vorsitzender und eine Beisitzerin oder ein Beisitzer sind Richterinnen am BGH oder Richter am BGH, die weitere Beisitzerin oder der weitere Beisitzer ist eine Bundesanwältin beim BGH oder ein Bundesanwalt beim BGH. Zwei stellvertretende Mitglieder sind Richterinnen am BGH oder Richter am BGH, ein stellvertretendes Mitglied ist eine Bundesanwältin beim BGH oder ein Bundesanwalt beim BGH.

Für die Notwendigkeit eines solchen Gremiums sprechen gewichtige verfassungsrechtliche Gründe.[57] Die Einrichtung einer unabhängigen Kontrolle von wichtigen Aspekten der Ausland-Ausland-Fernmeldeüberwachung fügt sich in die jüngere Rechtsprechung des BVerfG zum Ausbau des Schutzregimes bei heimlichen Rechtseingriffen ein[58] und sollte daher ungeachtet rechtlicher Zweifel im konstruktiven Detail als interessanter Beitrag zur Einhaltung des Verhältnismäßigkeitsgrund-

---

[53] BT-Drs. 18/9041, S. 36.
[54] *K. Graulich*, Ausschussdrucksache 18(4)653 B, S. 12.
[55] BT-Drs. 18/9041, S. 38.
[56] *K. Graulich*, Nachrichtendienstliche Fernmeldeaufklärung mit Selektoren in einer transnationalen Kooperation. Prüfung und Bewertung von NSA-Selektoren nach Maßgabe des Beweisbeschlusses, BND-26, S. 27 ff.
[57] *Graulich* (o. Fußn. 41), 49 ff.
[58] BVerfG, Urt. v. 20.4.2016, 1 BvR 966/09, 1 BvR 1140/09 zum BKAG.

satzes bei heimlichen Dateneingriffen betrachtet werden.[59] Dem Gremium obliegende Aufgaben finden sich verstreut über das gesamte BNDG. Dazu gehören die Mitwirkung an der Anordnung von Telekommunikationsnetzen durch das Bundeskanzleramt (§ 6 Abs. 1 BNDG), die eingeschränkte Mitwirkung an der Anordnung von Suchbegriffen durch den BND-Präsidenten (§ 6 Abs. 2 BNDG), die Kontrolle der Vorgaben des § 6 Abs. 3 BNDG, die Unterrichtung über die Löschung nach § 10 Abs. 3 S. 2 BNDG sowie die Unterrichtung über automatisierte Übermittlung (§ 15 Abs. 3 S. 7 BNDG). Das Ständige Gremium ist mit bestimmten Vorbehaltsbefugnissen gegenüber der Ausland-Ausland-Fernmeldeaufklärung des BND ausgestattet. Sie betreffen nur einen Ausschnitt der gesamten Tätigkeit des Dienstes auf diesem Feld. Insbesondere erstreckt der Vorbehalt sich nicht etwa auf die Bestimmung sämtlicher Suchbegriffe nach § 6 Abs. 2 BNDG. Feuilletonistisch ließe sich das Thema des beschränkten Mitwirkungsvorbehalts mit Bezug auf ein Diktum der Bundeskanzlerin als das „Ausforschen unter Freunden" charakterisieren.[60] Dem Gesetz und seiner Begründung ist nicht zu entnehmen, ob es sich bei diesem Gremium um ein judikatives, exekutives oder gar parlamentarisches Organ handeln soll. Je nach dem ergeben sich verfassungsrechtlich oder einfachgesetzlich unterschiedliche Anschlussfragen. Es muss aber wohl davon ausgegangen werden, dass es sich – trotz des richterlichen und staatsanwaltschaftlichen Personals – um ein administratives Organ handelt. Darin gleicht es der G 10-Kommission.[61]

IV. Formen der Parlamentsbeteiligung bei Auslandseinsätzen von Streitkräften und Polizei

Nach Art. 87a Abs. 1 Satz 1 GG stellt der Bund Streitkräfte zur Verteidigung auf. Die Regelung ist nicht nur Aufgaben- und Kompetenznorm, sondern auch Befugnisnorm. Art. 87a Abs. 1 Satz 1 GG ermächtigt die Bundesexekutive zur Aufstellung, aber auch zum Einsatz der Streitkräfte zu Verteidigungszwecken.[62] Im sog. Streitkräfteurteil vom 12. Juli 1994 hat das Bundesverfassungsgericht die Bundesregierung für verpflichtet erklärt, für einen Einsatz bewaffneter Streitkräfte die grundsätzlich vorherige konstitutive Zustimmung des Deutschen Bundestages einzuholen.[63] Die Zustimmung des Bundestages wird damit zur zwingenden Rechtmäßigkeitsvoraussetzung für den Einsatz der Streitkräfte.[64] Während die auswärtige Gewalt von der Verfassung weitgehend dem Kompetenzbereich der Exekutive zugeordnet werde,

---

[59] Zweifel werden u.a. wegen der sich dadurch vergrößernden Zahl von Gremien mit Kontrollbefugnissen gegenüber dem BND begründet (z.B. *Schindler*, Ausschussdrucksache 18(4)653 D, S. 5; *K. F. Gärditz*, Ausschussdrucksache 18(4)653 A, S. 19).

[60] *Graulich*, Ausschussdrucksache 18(4)653 B, S. 15 ff.

[61] Vgl. m.w.N. *Graulich* (o. Fußn. 41), 50.

[62] *D. Wiefelspütz*, Der Auslandseinsatz der Bundeswehr und das Parlamentsbeteiligungsgesetz, 2008, S. 12 m.w.N.

[63] BVerfGE 90, 286 (LS 3a).

[64] *Wiefelspütz* a.a.O. S. 186.

sähen die grundgesetzlichen Regelungen über die Wehrverfassung für den Einsatz bewaffneter Streitkräfte grundsätzlich eine Beteiligung des Parlamentes vor.[65] Diese Verfassungsauslegung kreiert einen weiteren Typ von „Mischverwaltung", diesmal aber nicht zwischen Bund und Ländern, sondern zwischen Exekutive und Legislative.

Im Parlamentsbeteiligungsgesetz hat der Bundesgesetzgeber die Maßgaben aus dem Urteil des Bundesverfassungsgerichts umgesetzt.[66] Der Einsatz bewaffneter deutscher Streitkräfte außerhalb des Geltungsbereichs des Grundgesetzes bedarf danach der Zustimmung des Bundestages (§ 1 Abs. 2 Parlamentsbeteiligungsgesetz). Der Bundestag kann die Zustimmung zu einem Einsatz bewaffneter Streitkräfte widerrufen (§ 8 Rückholrecht). Es handelt sich somit beim Auslandseinsatz der Streitkräfte um eine gubernative Verwaltungsentscheidung unter dem Entscheidungsvorbehalt des Parlaments, das in diesem Fall nicht als Legislative, sondern als Teil der Exekutive handelt. Die auf die Streitkräfte bezogenen Regelungen des Grundgesetzes sind – in den verschiedenen Stufen ihrer Ausformung – stets drauf angelegt, die Bundeswehr nicht als Machtpotential allein der Exekutive zu überlassen, sondern als „Parlamentsheer" in die demokratisch rechtsstaatliche Verfassungsordnung einzufügen, d. h. dem Parlament einen rechtserheblichen Einfluss auf Aufbau und Verwendung der Streitkräfte zu sichern. Für den militärischen Einsatz von Streitkräften ist dem Grundgesetz das Prinzip eines konstitutiven Parlamentsvorbehalts zu entnehmen.[67]

Nicht ganz unähnlich ist die gesetzliche Regelung über den Einsatz von Bundespolizei im Ausland aufgebaut. Die Bundespolizei kann nach § 8 Abs. 1 Satz 1 BPolG zur Mitwirkung an polizeilichen oder anderen nichtmilitärischen Aufgaben im Rahmen von internationalen Maßnahmen auf Ersuchen und unter Verantwortung der Vereinten Nationen (Nr. 1), einer regionalen Abmachung oder Einrichtung gemäß Kapitel VIII der Charta der Vereinten Nationen, der die Bundesrepublik Deutschland angehört (Nr. 2), der Europäischen Union (Nr. 3) oder der Westeuropäischen Union (Nr. 4) im Ausland verwendet werden. Die Entscheidung über die Verwendung trifft die Bundesregierung (§ 8 Abs. 1 Satz 3 BPolG) allein. Der Deutsche Bundestag ist über die beabsichtigte Verwendung lediglich zu unterrichten. Er kann aber durch Beschluss verlangen, dass die Verwendung beendet wird (§ 8 Abs. 1 Satz 5 BPolG). Die darin liegende Beteiligung des Parlaments am Polizeieinsatz bleibt zwar hinter derjenigen bei der Entsendung von Streitkräften nach dem Parlamentsbeteiligungsgesetz zurück, stellt aber gleichwohl einen Einbruch in den der Bundes-

---

[65] BVerfGE 90, 286 (381).

[66] Gesetz über die parlamentarische Beteiligung bei der Entscheidung über den Einsatz bewaffneter Streitkräfte im Ausland (Parlamentsbeteiligungsgesetz) v. 18. März 2005 (Bundesgesetzblatt I 2005 S. 775).

[67] BVerfGE 90, 286 (381 ff.).

regierung für ihr außenpolitisches Handeln zustehenden Eigenbereich exekutiver Handlungsbefugnis und Verantwortlichkeit dar (arg. e Art. 59 Abs. 2 Satz 1 GG).[68]

V. Zusammenfassung

Das Sicherheitsrecht ist in seinen besonders eingriffsintensiven Bereichen dadurch gekennzeichnet, dass die Handlungsbefugnisse unter Vorbehalte zugunsten jeweils anderer Träger hoheitlicher Gewalt gestellt sind. Dabei bleibt die Handlungsprärogative jeweils bei der befugten Behörde. Die den Vorbehalt ausübende Stelle ist auf diese Kompetenz beschränkt und darf nicht etwa von sich aus initiativ werden: Demnach kann das „Parlamentsheer" nicht ohne Regierungsbefehl durch den Bundestag in den Einsatz geschickt werden. Das Gericht kann nicht ohne Antrag von Polizei oder Staatsanwaltschaft über eine Freiheitsentziehung oder Wohnungsdurchsuchung entscheiden. Und ebenso wenig kann die G10-Kommission ohne Antrag eines Nachrichtendienstes und einer daraufhin ergehenden Anordnung eines Ministeriums über eine Maßnahme nach dem G 10 entscheiden.

Das Bundesverfassungsgericht hat am Beispiel der Antiterrordatei ausführlich Gelegenheit erhalten, die arbeitsteiligen Verhältnisse bei der Beschaffung und dem Austausch von personenbezogenen Daten zu bewerten. Notwendigerweise sind in solchen Fällen mehrere Behörden beim Austausch personenbezogener Daten beteiligt und greifen durch ihr Zusammenwirken in Grundrechte ein. Ein besonders großes Eingriffsgewicht kommt beispielsweise der Antiterrordatei zu, insoweit sie in Eilfällen auch einen Informationsaustausch zwischen Nachrichtendiensten und Polizeibehörden erlaubt, bei dem die Informationen unmittelbar zur Abwehr von spezifischen Gefahren und damit auch zu operativen Zwecken genutzt werden dürfen.[69] Ungeachtet der Frage, welches Ausmaß an Organisationsdifferenzierung im Einzelnen sachgerecht ist, können die hierbei entstehenden Informationsprobleme für die Aufklärung und Bekämpfung des Terrorismus in einem föderalen Staat mit Gewaltenteilung jedenfalls nicht vollständig auf organisatorischer Ebene gelöst werden.[70] Vielmehr bedarf es eines Austarierens von organisatorischer Eingriffseffektivität und grundrechtlichen Abwehrrechten. Es ist Gebot unserer verfassungsrechtlichen Ordnung, solche Angriffe nicht als Krieg oder als Ausnahmezustand aufzufassen, die von der Beachtung rechtsstaatlicher Anforderungen dispensieren, sondern sie als Straftaten mit den Mitteln des Rechtsstaats zu bekämpfen. Dem entspricht umgekehrt, dass bei der Terrorismusbekämpfung im rechtsstaatlichen Rahmen der Verhältnismäßigkeitsabwägung ein erhebliches Gewicht beizumessen ist.[71]

---

[68] *Graulich,* in: Schenke/Graulich/Ruthig, BPolG, § 8 Rdnr. 42.
[69] BVerfG, Urt. v. 24.4.2013, 1 BvR 1215/07, BVerfGE 133, 277–377, Rdnr. 129.
[70] BVerfG, Urt. v. 24.4.2013, 1 BvR 1215/07, BVerfGE 133, 277–377, Rdnr. 131.
[71] BVerfG, Urt. v. 24.4.2013, 1 BvR 1215/07, BVerfGE 133, 277–377, Rdnr. 133.

Die Bundesfinanzierung der Hochschullehre im kooperativen Föderalismus zwischen Haushaltsrecht und Hochschulorganisation: eine rechts- und verwaltungswissenschaftliche Problemskizze

Von *Arne Pilniok*

Arndt Schmehl war seit dessen Gründung 2012 der wissenschaftliche Leiter des Universitätskollegs der Universität Hamburg. Das Universitätskolleg wurde aufgrund eines erfolgreichen Antrags im sog. „Qualitätspakt Lehre" des Bundes und der Länder eingerichtet. Über erste Erfahrungen und organisatorische Überlegungen hat Arndt Schmehl in einer seiner letzten Publikationen berichtet.[1] Mehr noch als in diesem Text kam in seinem vorangehenden Vortrag zum Ausdruck, dass er neben der Verbesserung der Lehre in der Sache, die ihm ein großes Anliegen war[2] – die rechtlichen Rahmenbedingungen und die verwaltungswissenschaftlichen Probleme dieser Projekte als teilnehmender Beobachter aufmerksam verfolgte. Sie wiesen mit den Bezügen zum Finanzverfassungs- und zum Haushaltsrecht, der Frage der Leistungsfähigkeit des Wettbewerbs und der angemessenen Verwaltungs- und Hochschulorganisation[3] zahlreiche Berührungspunkte zu seinen wissenschaftlichen Interessen auf. Es hätte also gut sein können, dass er – hätte nicht sein früher Tod dies verhindert – selbst vertiefte wissenschaftliche Überlegungen zum „Qualitätspakt Lehre" angestellt hätte. Nicht nur als Kollege in der Fakultät für Rechtswissenschaft, sondern auch als Leiter zweier Teilprojekte des Universitätskollegs von 2012 bis 2015[4] und zeitweiliger Koordinator eines Programmbereichs innerhalb des Universitätskollegs habe ich mit Arndt Schmehl zusammengearbeitet. Dem Gedenken an

---

[1] Die Studieneingangsphase nachhaltig zielgerecht (um-)gestalten – aber wie? Der Projektverbund des Universitätskollegs der Universität Hamburg, in: Brockmann/Pilniok (Hrsg.), Studieneingangsphase in der Rechtswissenschaft, 2014, S. 360 ff.

[2] Siehe die engagierte Stellungnahme im Rahmen eines Grußwortes bei der Bundesfachschaftentagung, abrufbar unter http://bundesfachschaft.de/wp-content/uploads/2012/03/Beschlussbuch-und-Bericht-BuFaTa-2012-HH.pdf (letzter Abruf 14.08.2018). Die dortigen Grundüberzeugungen flossen auch in die von Arndt Schmehl während seiner Amtszeit als Studiendekan konzipierte Curriculumreform und Neufassung der Studien- und Prüfungsordnung an der Fakultät für Rechtswissenschaft der Universität Hamburg ein.

[3] In diesem Zusammenhang ist mir seine rege inhaltliche Anteilnahme als Mitglied des Prüfungsausschusses meines Promotionskolloquiums zum Thema der Rechtsprobleme der Zertifizierung und Akkreditierung von Studiengängen in nachhaltiger Erinnerung.

[4] Teilprojekte 21 „Fachdidaktische Optimierung der Studieneingangsphase" und 22 „Einführung in das rechtswissenschaftliche Arbeiten", jeweils gemeinsam mit *Judith Brockmann*.

ihn und seinen Einsatz für die Verbesserung der universitären Lehre sei daher die folgende Problemskizze gewidmet.

I. Die Hochschullehre in der Verfassung des kooperativen Föderalismus

Art. 91b Abs. 1 GG a. F. ließ seit der ersten Föderalismusreform 2006 die Förderung von Vorhaben der Wissenschaft und Forschung an den Hochschulen zu.[5] Damit war ein Paradigmenwechsel verbunden, denn nach Jahrzehnten einer ausschließlichen Forschungsförderung an den Hochschulen in stetig wachsendem Umfang war dem Bund nun erstmalig auch die Förderung der Lehre zugänglich. Ihre Förderfähigkeit sollte explizit durch die Ergänzung des Wortes „Wissenschaft" als überkommenem Oberbegriff von Forschung und Lehre erreicht werden.[6] Mit der 2015 in Kraft getretenen Revision wurde die Förderung der Lehre durch die Zusammenarbeit von Bund und Ländern explizit auch in den Wortlaut des Art. 91b Abs. 1 GG übernommen.[7] Mit dieser Ermöglichung der Kooperation von Bund und Ländern im Bereich der Hochschulen, die in der Verantwortung der Länder stehen, stellt Art. 91b GG eine Abweichung von den Grundsätzen der föderalen Ordnung des Grundgesetzes dar.[8] Materiell handelt es sich angesichts der Tatsache, dass Wissenschaftsförderung vor allem finanzielle Förderung bedeutet, um einen Teil der bundesstaatlichen Finanzverfassung. Dementsprechend ist Art. 91b Abs. 1 GG als eine Bereichsausnahme hinsichtlich des finanzverfassungsrechtlichen Trennungsgebots der Aufgaben- und Finanzierungsverantwortung gem. Art. 104a GG zu lesen.[9]

Verfassungspolitisch wurde damit auf die Entwicklung der Exzellenzinitiative des Bundes und der Länder reagiert, zu deren unintendierten Folgen eine fehlende Aufmerksamkeit für die Hochschullehre gezählt wurde.[10] Eine solche Mitfinanzierung

---

[5] Nachfolgend führte die Diskussion über die Reichweite des Bundeseinflusses auch noch zur Ermöglichung der Förderung von Einrichtungen der Forschung; zur vorausgehenden Debatte *M. Seckelmann*, Das sog. „Kooperationsverbot" und die Mittel zu seiner Behebung, DÖV 2012, S. 701 ff.

[6] Anknüpfend an die verfassungsgerichtliche Definition des Wissenschaftsbegriffs, vgl. schon BVerfGE 35, 79 (113) – *Niedersächsisches Vorschaltgesetz*; zu den Hintergründen dieser Formulierung in Art. 91b Abs. 1 GG *U. Volkmann*, in: von Mangoldt/Klein/Starck, Kommentar zum Grundgesetz, 6. Aufl. 2010, Art. 91b Rdnr. 11; zur Kritik an der Abweichung von der begrifflichen Systematik in Art. 5 Abs. 3 GG *J. Hellermann*, in: Starck (Hrsg.), Föderalismusreform, 2007, Rdnr. 300; *H.-H. Trute*, Verwaltungskompetenzen nach der Föderalismusreform, in: Hufen (Hrsg.), FS Hans-Peter Schneider, 2008, S. 302 (311 f.).

[7] Umfassend zu den Änderungen und ihren Problemen *M. Seckelmann*, „Föderalismusreform III" im Wissenschaftsbereich?, NVwZ 2015, S. 248 ff.

[8] Vgl. auch *H. Siekmann*, in: Sachs (Hrsg.), Grundgesetz, 8. Aufl. 2018, Art. 91b Rdnr. 5.

[9] *Seckelmann* (o. Fußn. 5), 701 f. mit dem Begriff der Bereichsausnahme; siehe auch *A. Schmehl*, in: Friauf/Höfling (Hrsg.), Berliner Kommentar zum Grundgesetz, Stand 2016, Art. 104a Rdnr. 3: Art. 91 b als faktisch wichtige Ausnahme zu Art. 104a GG.

[10] *Seckelmann* (o. Fußn. 5), 705 f.

der Hochschullehre durch den Bund hätte allerdings in ganz unterschiedlichen Organisationsmodellen verwirklicht werden können. So war etwa eine „DFG für die Lehre" in der Diskussion, die Projekte einzelner Antragsteller aus den Hochschulen fördert.[11] Angesichts der damit verbundenen Unwägbarkeiten der Bewilligungen pro Hochschule und dem Bestreben, die Hochschulen stärker als eigenständige Akteure zu konstituieren,[12] erschien es in der Handlungslogik des kooperativen Föderalismus plausibler, nicht bei den individuellen Lehrenden, sondern an den Hochschulen anzusetzen. Dies wird nicht zuletzt durch das Zustimmungserfordernis aller Länder in Art. 91b Abs. 1 S. 2 GG für Vereinbarungen, die im Schwerpunkt Hochschulen betreffen, gefördert. Dadurch erhält jedes Bundesland eine Vetoposition, was eine Konkretisierung in einem Förderprogramm faktisch nur bei einer proportional gleichmäßigen Berücksichtigung aller Länder ermöglicht. Damit wird an die jahrzehntelang eingeübte Praxis des kooperativen Föderalismus in der Forschung angeknüpft.[13]

Die tatbestandlichen Voraussetzungen des Art. 91b Abs. 1 S. 1 GG werfen gleichwohl noch Fragen hinsichtlich der Finanzierung der Hochschullehre auf. Das betrifft vor allem die Fördervoraussetzung der überregionalen Bedeutung, deren Bezugspunkte notorisch unklar sind.[14] Im Bereich der Lehre dürfte es jedenfalls deutlich schwieriger als in der Forschung sein, die überregionale Bedeutung einzelner Vorhaben zu begründen, da sie auf die Lernenden und die Organisation der Hochschule ausgerichtet sind, nicht aber auf Publikationen und Reputation innerhalb einer (häufig internationalen) wissenschaftlichen Gemeinschaft. Insoweit muss der Bezugspunkt in dem Förderprogramm und seiner überregionalen Bedeutung gesucht werden.[15] Dabei könnte etwa die Sicherung eines qualitativ hochwertigen Studienniveaus und die Förderung von Innovationen hinsichtlich des Kollektivguts akademische Lehre[16] unter das Merkmal der überregionalen Bedeutung subsumiert werden. Letztlich entscheidend ist aber, dass Bund und Ländern die Erstinterpretation der überregionalen Bedeutung zukommt, was durch die notwendige einvernehmliche Beschlussfassung jedenfalls prozedural gesichert ist. Schwierigkeiten bereitete – nicht nur in diesem Kontext – lange zudem die Verengung der Förderung auf Vorhaben.[17] Das umfasste sachlich und zeitlich befristete Projekte, soll jedoch gerade nicht

---

[11] In diese Richtung jüngst wieder der Wissenschaftsrat, Strategien für die Hochschullehre, Positionspapier 2017, S. 34.

[12] Vgl. *F. Meier*, Die Hochschule als Akteur, 2009, S. 109 ff.

[13] Zu den Verhandlungspraktiken vor der Föderalismusreform instruktiv die Studie von *A. Wiesner*, Politik unter Einigungszwang, 2006.

[14] Dazu *Trute* (o. Fußn. 6), 311 f.

[15] Zu diesem alternativen Anknüpfungspunkt *Trute* (o. Fußn. 6), 312.

[16] Zu Kollektivgütern als normativem Anknüpfungspunkt *Trute* (o. Fußn. 6), 312 mit dem Beispiel der kleinen Fächer; zum Kollektivgutcharakter der akademischen Lehre *U. Wilkesmann*, Governance von Hochschulen, in: Bandelow/Hegelich (Hrsg.), Pluralismus – Strategien – Entscheidungen, 2011, S. 305 (306).

[17] Zur Diskussion um den Vorhabenscharakter der dritten Förderlinie der Exzellenzinitiative mit unterschiedlichen Positionen *S. Sieweke*, Verfassungsrechtliche Anforderungen an die

zur institutionellen Finanzierung dienen.[18] Vor diesem verfassungsrechtlichen Hintergrund ist auch der „Qualitätspakt Lehre" im Jahr 2010 entstanden, der daher die Projektförderung in den Vordergrund stellt. Mit der Neuformulierung des Art. 91b Abs. 1 GG, die nur noch auf die Förderung abstellt, wurde diese Hürde beseitigt, was nunmehr eine dauerhafte und auch institutionelle Förderung der Hochschulen ermöglicht.[19] Damit ist verfassungsrechtlich freilich die ursprünglich angestrebte Entflechtung des kooperativen Föderalismus durch die Föderalismusreform zugunsten einer verstärkten dauerhaften Verflechtung aufgegeben worden.[20]

Die Mittelvergabe beruht – wie es im Wissenschaftsrecht der Regelfall ist – auf einem Verwaltungsabkommen zwischen dem Bund und den Ländern.[21] Diese Handlungsform ist schon bei der Forschungsförderung nicht ohne Kritik geblieben.[22] Zwar wird darauf verwiesen, dass mit der Einführung der ursprünglichen Fassung des Art. 91b GG auch die bereits begründete Staatspraxis der Verwaltungsvereinbarungen bestätigt und fortgeführt werden sollte,[23] was aber vor dem Hintergrund eines eher statischen Modells der Hochschulorganisation wie auch der durch die Verwaltungsvereinbarungen geregelten Förderungen stand. Dies hat sich spätestens mit der Exzellenzinitiative geändert, die in einem Umfeld der Universitäten als konkurrierende strategische Akteure auf die strukturbildende Umgestaltung des Wissenschaftssystems zielte.[24] Mit dem „Qualitätspakt Lehre" können sicherlich nicht gleichermaßen strukturbildende Effekte jenseits der Hochschulgesetzgebung erreicht werden. Gleichwohl zielt das Programm explizit auf nachhaltige Strukturveränderungen in den Hochschulen und hat notwendigerweise auch Effekte für die Binnenorganisation der Hochschule. Zwar enthält die Verwaltungsvereinbarung einen expliziten Vorbehalt der Bereitstellung der Mittel im Haushaltsverfahren. Angesichts der Konkretisierung der Fördersummen bereits in der Vereinbarung, der Bindung dieser Mittel durch mehrjährig angelegte Zuwendungsbescheide sowie der negativen öffentlichen Wirkung einer Nichtbereitstellung der Mittel werden jedoch erheblich

---

Fortsetzung der Exzellenzinitiative, DÖV 2009, S. 946 (947); *H. Wagner*, Die Verfassungsmäßigkeit der Exzellenzinitiative, DÖV 2011 S. 427 (428 f.).

[18] Vgl. *H. Siekmann*, in: Sachs (Hrsg.), Grundgesetz, 8. Aufl. 2018, Art. 91b Rdnr. 14–16.

[19] Vgl. *V. Haug*, Perspektiven der gemeinsamen Bund-Länder-Förderung unter dem neuen Art. 91b GG, Ordnung der Wissenschaft 2017, S. 267.

[20] *H. Siekmann*, in: Sachs (Hrsg.), Grundgesetz, 8. Aufl. 2018, Art. 91b Rdnr. 43.

[21] Bekanntmachung der Verwaltungsvereinbarung zwischen dem Bund und den Ländern gemäß Artikel 91b Absatz 1 Nummer 2 des Grundgesetzes über ein gemeinsames Programm für bessere Studienbedingungen und mehr Qualität in der Lehre vom 18. Oktober 2010, Bundesanzeiger Nr. 164, S. 3631.

[22] *H.-H. Trute*, Die Forschung zwischen grundrechtlicher Freiheit und staatlicher Institutionalisierung, 1994, S. 458 ff.; *ders.* (o. Fußn. 6), 318 f.

[23] Mit dieser Argumentation mahnten *U. Volkmann/A.-K. Kaufhold*, in: von Mangoldt/Klein/Starck, Kommentar zum Grundgesetz, 7. Aufl. 2018, Art. 91b Rdnr. 14, Zurückhaltung bei der Kritik an.

[24] Auf diesen Zusammenhang weist *Trute* (o. Fußn. 6), 320 f., hin.

faktische Bindungen erzeugt.[25] Angesichts der Folgewirkungen des Wettbewerbs sowie der Höhe der Finanzmittel spricht daher Manches für eine Ausformung durch einen Staatsvertrag.

II. Funktionsbedingungen des Mittelvergabewettbewerbs des Qualitätspakts Lehre

Bundesmittel im Qualitätspakt Lehre werden nach einem Ausschreibungsverfahren, in dem sich Hochschulen mit Konzepten bewerben, und einer darauf bezogenen Bewilligung verteilt. Damit bildet der Qualitätspakt Lehre ein spezifisches Beispiel für die vielfältigen Möglichkeiten des Einsatzes von Wettbewerb als Form der Handlungskoordination im Mehrebenensystem in unterschiedlichen Politikfeldern.[26] Kennzeichnend dafür ist, dass eine übergeordnete Gebietskörperschaft einen Wettbewerb für Akteure untergeordneter Ebenen veranstaltet, um Anreize zur Orientierung an den gesetzten Zielen und Standards zu erreichen.[27] Ein solcher Wettbewerb muss erst – wie hier vom Bund gemeinsam mit den Ländern in der Verwaltungsvereinbarung – eröffnet und strukturiert werden. Gegenstand des Wettbewerbs sind nicht Preise, sondern Fördermittel, die durch darauf ausgerichtete Konzepte errungen werden können.[28] Das setzt die Akteurseigenschaft und Strategiefähigkeit der Hochschulen voraus, die im Kontext der Hochschulsteuerung insgesamt und insbesondere anderer wettbewerblicher Verfahren wie der Exzellenzinitiative erhalten und gestärkt werden soll. Mit diesem Abstellen auf Konzepte mobilisiert das wettbewerbliche Verfahren die Ressourcen der Hochschulen; es erlaubt und erfordert dezentrale Lösungen. Schon die hochschulinterne Vorbereitungsphase, die sich mit Defiziten, Potentialen und strategischen Handlungsoptionen in Bezug auf die Lehre auseinandersetzen muss, ist insoweit aus der Perspektive der Wettbewerbsveranstalter ein Gewinn. Dies gilt selbst im Misserfolgsfall einer Bewerbung.

Während andere Vereinbarungen auf der Grundlage von Art. 91b Abs. 1 GG rein quantitativ an einer Ausweitung der Studienplätze ansetzen,[29] geht es hier um eine – wie auch immer näher zu definierende – Verbesserung der Qualität der Lehre an Hochschulen. Daher braucht es nicht nur ein indikatorengestütztes Verteilungs-, son-

---

[25] Keine Frage der Handlungsform, aber gleichwohl ein grundsätzliches Bedenken aus demokratietheoretischer Sicht gegen die Mischfinanzierung der Hochschulen sind die Probleme der Verantwortlichkeit, Transparenz und Kontrolle, die damit einhergehen.

[26] Vgl. zum Folgenden auch *A. Pilniok*, Governance im europäischen Forschungsförderverbund, 2011, S. 293 ff.

[27] *A. Benz*, Multilevel Governance, in: ders./Lütz/Schimank/Simonis (Hrsg.), Handbuch Governance, 2007, S. 297 (306).

[28] Im Unterschied zu einem Leistungswettbewerb, der auf Reputation und öffentliche Auszeichnung abzielt. Siehe dazu *A. Benz*, Politik in Mehrebenensystemen, 2009, S. 156 ff.

[29] Verwaltungsvereinbarung zwischen Bund und Ländern gemäß Artikel 91b Abs. 1 Nr. 2 des Grundgesetzes über den Hochschulpakt 2020 vom 11. Dezember 2014, BAnz AT vom 15. April 2015, S. B6.

dern ein darauf ausgerichtetes Vergabeverfahren. Die Verwaltungsvereinbarung skizziert ein solches kriteriengesteuertes Verfahren, das eine Antragstellung der Hochschulen als Akteure über die zuständigen Wissenschaftsministerien vorsieht. Die Aussagekraft der anzuwendenden Kriterien wie etwa „qualitativer Mehrwert", „Konsistenz", „Nachhaltigkeit der Maßnahmen" ist freilich gering. Anders als bei den Projektvorschlägen in der ersten und zweiten Förderlinie der Exzellenzinitiative stehen dabei keine gemeinsamen Qualitätskriterien der wissenschaftlichen Gemeinschaft im Hintergrund.[30] Daher lassen sich die praktischen Schwierigkeiten, welche sich aus der vergleichenden Bewertung von Lehrkonzepten ergeben, nur prozedural bewältigen.[31] Dabei handelt es sich der normativen Selbstbeschreibung zufolge um ein wissenschaftsgeleitetes Verfahren.[32] Dies wird dadurch institutionalisiert, dass das Auswahlgremium neben jeweils zwei Vertretern des Bundes und der Länder aus zwölf Mitgliedern mit Expertise aus Wissenschaft, Hochschulmanagement und Studium besteht; Entscheidungen können mit einfacher Mehrheit und somit auch gegen die staatlichen Vertreter gefällt werden.[33] Allerdings fehlt eine nähere Konkretisierung des Auswahlverfahrens der Mitglieder, was daher diskretionär den Ministerialbürokratien und ihren föderalen Aushandlungsprozessen überantwortet wird. Angesichts der Bedeutung des Auswahlgremiums schon für die Gestaltung des Vergabeverfahrens und des Fehlens von normativen Auswahlkriterien jenseits der institutionellen Einbettung ist das nicht unbedenklich.

In Anbetracht der Interessenstruktur der Länder und des Einstimmigkeitsvorbehalts in Art. 91b Abs. 1 S. 2 GG lag es nahe, hier ein Konzept der proportionalen Mittelvergabe zu implementieren. Der Mittelvergabewettbewerb ist insoweit stark eingeschränkt, als die Mittel von vornherein nach bewährten föderalen Kriterien auf die Bundesländer verteilt werden.[34] Damit findet ein Wettbewerb um die Fördermittel im ersten Schritt nur unter den Hochschulen eines Bundeslands statt, über dessen Konfiguration dann die Größe des jeweiligen Bundeslandes entscheidet. Zugleich dürfte die prozedurale Anforderung, dass Hochschulen ihre Anträge über die jeweilige Wissenschaftsbehörde einreichen, eine Vorwirkung hinsichtlich einer informellen Koordination jedenfalls der Antragssummen erzeugen. Allerdings wird die wettbewerbsmindernde quotale Aufteilung der Fördermittel auf die Bundesländer im zweiten Schritt durch eine Regelung ergänzt, der zufolge in einem Bundesland nach den Entscheidungen des Auswahlgremiums nicht vergebene Fördermittel für andere Anträ-

---

[30] Auch wenn diese zweifelsohne wieder ihre eigenen Probleme aufwerfen, wie etwa die Forschung zum Peer Review zeigt, vgl. dazu nur *F. Neidhardt*, Selbststeuerung der Wissenschaft: Peer Review, in: Simon/ Knie/Hornbostel/Zimmermann (Hrsg.), Handbuch Wissenschaftspolitik, 2. A. 2016, S. 261 ff.

[31] Aufzählung der Förderkriterien in § 4 der Verwaltungsvereinbarung (o. Fußn. 21).

[32] § 5 Abs. 6 der Verwaltungsvereinbarung (o. Fußn. 21).

[33] § 5 Abs. 6 der Verwaltungsvereinbarung (o. Fußn. 21).

[34] § 5 Abs. 8 der Verwaltungsvereinbarung (o. Fußn. 21): Arithmetisches Mittel aus dem Königsteiner Schlüssel gem. für das Jahr 2010 und Anteil des Landes an der Zahl der Studienanfänger aller Länder zwischen 2005 und 2008.

ge nach der Bewertungsreihenfolge des Auswahlgremiums ausgereicht werden können,[35] was die Funktionslogik des Wettbewerbs stärkt. Dementsprechend ist die Erfolgsquote der Hochschulen im Mittelvergabewettbewerb des „Qualitätspakts Lehre" im Vergleich zur Exzellenzinitiative oder zur europäischen Forschungsförderung außerordentlich hoch.[36]

III. Förderabwicklung im Geflecht des Haushaltsrechts

Die Verwaltungsvereinbarung umreißt neben den Förderzielen und -gegenständen und dem soeben skizzierten Vergabeverfahren insbesondere die Finanzierungsregelungen. Daraus ergibt sich, dass es sich – trotz der Bezeichnung als gemeinsames Programm wie auch der verfassungsrechtlichen Grundlage im kooperativen Föderalismus – im Kern um eine Bundesfinanzierung der Hochschullehre handelt. Der Bund finanziert im vorgegebenen Finanzrahmen sämtliche bewilligten Maßnahmen zur Qualitätsverbesserung der Lehre, während den Ländern nur eine Sicherstellungspflicht hinsichtlich der Gesamtfinanzierung auferlegt wird, was immer diese Formulierung konkret bedeuten mag.[37] Art. 91b Abs. 3 GG ermöglicht dies seit der Föderalismusreform, indem er im Gegensatz zur vorherigen Fassung die Kofinanzierung durch die Länder nicht mehr zu einer verfassungsrechtlichen Voraussetzung macht, sondern auch die vollständige Kostenübernahme durch den Bund zulässt.[38] Daraus ergeben sich bedeutsame Konsequenzen. Wie in der wettbewerblich orientierten Finanzierung im Mehrebenensystem häufig zu beobachten, werden damit neben den Vergabekriterien und -verfahren die haushaltsrechtlichen Rahmenbedingungen zu den prägenden Faktoren externer Governance für die geförderten Einrichtungen.[39]

---

[35] § 5 Abs. 9 der Verwaltungsvereinbarung (o. Fußn. 21).
[36] So lag die Bewilligungsquote in der ersten Förderphase ungefähr bei 80 %. In den zwei Antragsrunden bewarben sich insgesamt 90 % der 240 staatlichen Hochschulen. Davon wurden in der ersten Förderphase 186 gefördert. Unterstellt man, dass sich alle dieser 186 antragsberechtigten Hochschulen für die zweite Förderperiode wieder beworben haben, ergibt sich für diese eine Annahmequote von 84 %. Vgl. die Pressemitteilung der Gemeinsamen Wissenschaftskonferenz, abrufbar unter https://idw-online.de/de/news448548 sowie die Darstellung des BMBF, abrufbar unter https://www.bmbf.de/de/qualitaetspakt-lehre-524.html (letzter Abruf jeweils am 14.08.2017).
[37] § 7 Abs. 3 der Verwaltungsvereinbarung (o. Fußn. 21).
[38] *J. Hellermann*, in: Starck (Hrsg.), Föderalismusreform, 2007, Rdnr. 300; *W. Heun*, in: Dreier (Hrsg.), GG, 3. Aufl. 2015, Art. 91b Rdnr. 15; *U. Volkmann/A.-K. Kaufhold*, in: von Mangoldt/Klein/Starck, Kommentar zum Grundgesetz, 8. Aufl. 2018, Art. 91b Rdnr. 37; *H. Siekmann*, in: Sachs (Hrsg.), GG, 8. Aufl. 2018, Art. 91b Rdnr. 33.
[39] Beispiele aus dem Wissenschaftsbereich bei *Pilniok* (o. Fußn. 26), S. 281 ff.; *ders./H.-H. Trute*, Die externe Governance der Promotionen, in: Brockmann/Pilniok/Trute/Westermann (Hrsg.), Promovieren in der Rechtswissenschaft, 2015, S. 137 ff.

Mit den Mitteln des Qualitätspakts Lehre kaufen sich die Hochschulen daher eine externe Governance des Bundes ein.[40] Diese ist zunächst institutionell dadurch gekennzeichnet, dass die Abwicklung der Förderbewilligungen – wie ganz überwiegend bei den Förderprogrammen des Bundes – über sog. Projektträger erfolgt. Diese bilden das funktionale Äquivalent zu dem fehlenden Verwaltungsunterbau des Bundesministeriums für Bildung und Forschung, um dieses von den administrativen Vorgängen zu entlasten und eine Konzentration auf die politischen Kernaufgaben zu ermöglichen.[41] Nach einem Vergabewettbewerb schließen die Ministerien einen Geschäftsbesorgungsvertrag mit dem Projektträger.[42] Im Fall des Qualitätspakts Lehre handelt es sich dabei um das Deutsche Luft- und Raumfahrtzentrum e. V.[43] Projektträger handeln in der Regel als Beliehene,[44] erlassen auf der Grundlage der Förderentscheidung Zuwendungsbescheide als Verwaltungsakte, wickeln die laufende Förderung ab und übernehmen die Kontrolle. Durch diese Konstruktion kommt zum Ausdruck, dass trotz der Ausgestaltung als gemeinsames Programm von Bund und Ländern die Abwicklung in den gewohnten Förderstrukturen des Bundes verläuft und damit entsprechende Handlungsmuster, Routinen und Probleme einer Förderung des BMBF auch hier zur Geltung kommen.

Dieser Befund gilt auch für die materielle Seite der externen Governance. Die Verwaltungsvereinbarung enthält keine Detailregelungen zur Abwicklung, sondern nur die Aussage, die Förderung werde als Zuwendung des Bundesministeriums für Bildung und Forschung an die Hochschulen gewährt.[45] Damit werden die Vorhaben dem allgemeinen Zuwendungsregime des Bundes unterstellt. Dieses ergibt sich nur grob aus § 44 BHO, vor allem aber aus der dazugehörigen Verwaltungsvorschrift, die äußerst umfangreiche und detaillierte Regelungen über die Auszahlung, Abwicklung

---

[40] Zur externen Governance der Universitäten siehe mit Fokus auf die Forschung *A. Pilniok,* Institutionelle Erneuerungsfähigkeit universitärer Forschung aus rechtswissenschaftlicher Perspektive, in: Heinze/Krücken (Hrsg.), Institutionelle Erneuerungsfähigkeit der Forschung, 2012, S. 101 (118 f.).

[41] Vgl. schon *Trute* (o. Fußn. 22), S. 614 ff. Aus einer parallelen Motivation heraus wurden in der Europäischen Union zur Entlastung der Generaldirektionen der Kommission mehrere Exekutivagenturen zur Forschungsförderung eingerichtet, siehe im Einzelnen *A. Pilniok,* Europäisches Wissenschaftsverwaltungsrecht, in: Terhechte (Hrsg.), Europäisches Verwaltungsrecht, 2. Aufl. 2018, § 38 Rdnr. 15 ff.

[42] Aufschlussreiche Darstellung der Details bei *N. Dittrich,* Bundeshaushaltsordnung mit Schwerpunkt Zuwendungsrecht (Stand: Januar 2017), § 44 BHO Rdnr. 79.

[43] Auch nach mehr als vierzig Jahren Tätigkeit als Projektträger kann es immer noch ironische Verwunderung bei langjährigen Dekanen hervorrufen, dass das Deutsche Zentrum für Luft- und Raumfahrt die Abwicklung der Förderung des Qualitätspakts Lehre übernimmt.

[44] Durch einen Verwaltungsakt auf der Grundlage von § 44 Abs. 3 BHO; vgl. zu den standardisierten Inhalten des Beleihungsaktes *Dittrich* (o. Fußn. 42), § 44 BHO Rdnr. 79.8 ff. Das Deutsche Luft- und Raumfahrtzentrum e. V. ist bereits durch das Gesetz zur Übertragung von Verwaltungsaufgaben auf dem Gebiet der Raumfahrt, BGBl. I 1998, S. 2510 beliehen worden; dies dürfte angesichts der klaren Begrenzung auf Raumfahrtaufgaben ggf. ergänzungsbedürftig sein.

[45] § 5 Abs. 10 der Verwaltungsvereinbarung (o. Fußn. 21).

und Kontrolle der Zuwendungen des Bundes trifft.[46] Im Gegensatz zur Europäischen Union findet die Detailnormierung der wechselseitigen Rechte und Pflichten zwischen Förderer und Förderempfänger nicht durch einen Verwaltungsvertrag statt,[47] sondern indem dem Zuwendungsverwaltungsakt gem. § 36 VwVfG Nebenbestimmungen beigegeben werden. Diese Nebenbestimmungen sind standardisiert und setzen die Vorgaben der Verwaltungsvorschrift in das Verwaltungsrechtsverhältnis um.[48]

Das Normengeflecht zeichnet sich unter anderem durch eine starke Bürokratisierung und eine mangelnde Flexibilisierung aus. Die Folge dessen ist eine Inflexibilität bei der Projektdurchführung und der Verwendung der Finanzmittel. Alle Ausgaben stehen unter dem permanenten Vorbehalt, dass sie nicht anerkannt und bereits ausgezahlte Mittel vom Projektträger zurückgefordert werden.[49] Trotz des Detailgrads der Vorschriften erweisen sich diese angesichts ihres allgemeinen Charakters für Zuwendungen aller Art nicht immer als hinreichend aussagekräftig für die Bedürfnisse einer Hochschule. Auch wenn Lehrprojekte besser planbar sein mögen als Forschungsprojekte, so müssen sie ebenso – gerade bei einer mehrjährigen Laufzeit – als lernfähig und reversibel konzipiert werden, was eine hinreichende Wissenschaftsadäquanz der finanziellen Abwicklung voraussetzt.[50] Dies ist für Organisationen wie Hochschulen, die sich beständig an eine sich wandelnde Umwelt anpassen müssen, von nicht unerheblicher Bedeutung.

IV. Umsetzung in den Hochschulen als Organisationsproblem

Über die Mittelverwendung für zusätzliches wissenschaftliches Personal für Regelaufgaben der Hochschule müssen die geförderten Vorhaben aufgrund der Kriterien deutlich hinausgehen. Im Gegensatz zur rein quantitativ orientierten Ausweitung der Hochschulen durch den Hochschulpakt sind mit der Projektorientierung des Fördermittelwettbewerbs und seinem Kriterium der Schaffung nachhaltiger institutioneller Strukturen erhebliche Herausforderungen für die Hochschulen und ihre Governance-Strukturen verbunden. Diese Umsetzungsstrukturen sind jeweils durch den

---

[46] Abgedruckt bei *Dittrich* (o. Fußn. 42), § 44 BHO.
[47] *Pilniok* (o. Fußn. 26), S. 304 ff.
[48] Allgemeine Nebenbestimmungen für Zuwendungen zur Projektförderung (Stand November 2016) sowie Besondere Nebenbestimmungen für Zuwendungen des Bundesministeriums für Bildung und Forschung zur Projektförderung auf Ausgabenbasis (Stand April 2006), jeweils abrufbar im „Formularschrank" des BMBF unter https://foerderportal.bund.de/easy (letzter Abruf 14.08.2018).
[49] Zu den Rückforderungsregelungen bei *Dittrich* (o. Fußn. 42), § 44 BHO Rdnr. 47: Rückforderung, aber auch nachträgliche Umbewilligung möglich bei einer Abweichung vom Finanzierungsplan.
[50] Die Problematik der Offenheit von längerfristig angelegten Verwaltungsrechtsverhältnissen war auch das Thema der Dissertation von *Arndt Schmehl*, Genehmigungen unter Änderungsvorbehalt zwischen Stabilität und Flexibilität, 1998, insbes. S. 149 ff.

Antrag und das darin beschriebene Konzept vorgeformt, treffen aber auch auf unterschiedliche hochschulrechtliche und institutionelle Rahmenbedingungen wie die Hochschulgröße und die jeweilige Organisationskultur. Das Kernproblem ist aus verwaltungswissenschaftlicher Sicht, die einer Organisation und dem verfolgten Zweck angemessene Balance zwischen Zentralisierung und Dezentralisierung zu finden. Dabei ist auch in Rechnung zu stellen, dass die Offenheit des Förderprogramms und der Bewertungskriterien des Vergabemittelwettbewerbs vielfältige Ausgestaltungen zulässt und auch zur Folge hat.[51]

Ausgangspunkt der organisationsrechtlichen und verwaltungswissenschaftlichen Problemlage ist die Gegenstandsabhängigkeit der Organisationsstrukturen. Die akademische Lehre ist in ihrem rechtlichen wie praktischen Verständnis ein fachbezogener und fachgeprägter Gegenstand. Der Ausnahmecharakter und die tendenziell untergeordnete Bedeutung interdisziplinärer und fachübergreifender Lehrangebote bestätigen diesen Befund. Dementsprechend ist auch das wissenschaftliche Personal an Hochschulen fast ausschließlich nach Fächern und Fachbereichen geordneten Organisationseinheiten zugewiesen. Fragen der Selbstverwaltung der Lehre, wie etwa Berufungsverfahren, der Erlass von Prüfungsordnungen, Entscheidungen über das Lehrtableau und die Erfüllung der Lehrverpflichtung, sind hochschulrechtlich im Grundsatz den dezentralen Einheiten der Hochschulen als Aufgaben zugewiesen, auch wenn diese stark variierend mit der zentralen Ebene, etwa bei Berufungsverfahren, verknüpft sind. Eine „Qualitätsverbesserung" von Lehren und Lernen an der Hochschule muss daher grundsätzlich hier ansetzen.

Umgekehrt ist die Hochschule insgesamt der zentrale Akteur im Förderprogramm des Bundes und der Länder. Sie trägt die Verantwortung für den Erfolg des Projektes nach außen; häufig dürfte die Konzeption des Vorhabens in eine übergreifende Strategie der Hochschulentwicklung eingebettet und daher der Hochschulleitung ein besonderes Anliegen sein. Vor allem aber trägt sie die Verantwortung für die finanzielle Abwicklung der Bundesförderung, die – wie bereits angedeutet – von einer erheblichen bürokratischen Komplexität geprägt ist. Organisatorisch erfordert diese Rahmenbedingungen der Förderung daher eine erhebliche Professionalisierung der Finanzverwaltung dieser Projekte und die Sicherstellung einer beständigen Kommunikation mit dem Mittelgeber. Prozedural sind dabei administrative Letztentscheidungsrechte über Ausgaben sinnvoll, die freilich in Konflikt mit den wissenschaftlichen und projektbezogenen Handlungszusammenhängen geraten können. Insgesamt stehen die Hochschulen vor der Herausforderung, einen sinnvollen und funktionsfähigen Zusammenhang von Aufgaben, Kompetenzen und Verantwortung organisatorisch herzustellen. Diese Einheit sollte gerade durch neue Steuerungsmodelle (auch) in den Hochschulen gefördert werden.[52] Mit einem Spannungs-

---

[51] Siehe die vom BMBF bereitgestellte Datenbank der geförderten Projekte unter www.qualitaetspakt-lehre.de (letzter Abruf 14.08.2018).

[52] Was sich freilich anders darstellt als in der hierarchisch strukturierten Kernverwaltung; zum Zusammenhang von Neuem Steuerungsmodell und AKV-Prinzip etwa *J.-P. Schneider*,

verhältnis zwischen zentraler und dezentraler Organisation stellt sich das organisations- und verwaltungswissenschaftliche Problem, das den Hochschulen ohnehin inhärent ist, bei der Umsetzung solcher projektförmigen Lehrvorhaben in verschärfter Form. Dementsprechend sind die unterschiedlichen inneruniversitären Organisationsmodelle mit verschiedenen Problemen behaftet.

Denkbar ist auf der einen Seite die Schaffung eines Verbundes von Projekten, die dezentral in den Fakultäten und Fachbereichen angesiedelt sind.[53] Den Projekten kann dementsprechend unter der Verantwortung von Hochschullehrerinnen und Hochschullehrern das wissenschaftliche Personal zugeordnet werden. Damit wird eine hohe fachlich-disziplinäre und organisatorische Einbindung und Verantwortung hergestellt; es können kurze Kontrollspannen etabliert werden. Im oben skizzierten Sinn kann sich das Vorhaben leichter in die Handlungslogiken und Kulturen eines Faches wie auch die Wissenschaft insgesamt einfügen. Das erhöht die Wahrscheinlichkeit deutlich, dass sich Projekte auch auf den Kern des Studiums beziehen können.[54] Bei gleichzeitiger zentraler Mittel- und Ressourcenverwaltung erzeugt dies tendenziell aber hohe Transaktionskosten sowohl auf zentraler wie dezentraler Ebene. Zudem entsteht ein hoher Koordinationsaufwand für die Herstellung gemeinsamer Perspektiven, strategischer Grundlagen und die Außendarstellung, die ein Anliegen der Hochschulleitung ist und sein muss. Nahezu zwangsläufig ergeben sich zudem erhebliche Informations- und Wissensasymmetrien zwischen den zahlreichen Beteiligten.

Auf der anderen Seite steht – typisierend zugespitzt – ein von Zentralisierung geprägtes Organisationsmodell in Gestalt einer zentralen Einrichtung. Dieses behebt Probleme des Auseinanderfallens von Aufgabe, Kompetenz und Verantwortung weitgehend, insbesondere im Hinblick auf die finanzielle Gesamtverantwortung gegenüber dem Mittelgeber. Dies geschieht freilich um den nicht unerheblichen Preis der organisatorischen Abkopplung von den Fakultäten und Fachbereichen. Die Leitung der Einrichtung, ggf. differenziert in eine wissenschaftliche und eine administrative Leitung, ist notwendigerweise auf den Legitimations- und Verantwortungszusammenhang gegenüber der Hochschulleitung und der akademischen Selbstverwal-

---

Das Neue Steuerungsmodell als Innovationsimpuls für Verwaltungsorganisation und Verwaltungsrecht, in: Schmidt-Aßmann/Hoffmann-Riem (Hrsg.), Verwaltungsorganisationsrecht als Steuerungsressource, 1997, S. 102 (116); knapp auch *A. Voßkuhle*, Neue Verwaltungsrechtswissenschaft, in: Hoffmann-Riem/Schmidt-Aßmann/ders. (Hrsg.), Grundlagen des Verwaltungsrechts, Bd. 1, 2. Aufl. 2012, § 1 Rdnr. 53.

[53] Das war ursprünglich der Ansatz des Universitätskollegs der Universität Hamburg, siehe den Untertitel von *Schmehl*, Die Studieneingangsphase nachhaltig zielgerecht (um-)gestalten – aber wie? Der Projektverbund des Universitätskollegs der Universität Hamburg (o. Fußn. 1).

[54] Für einen solchen Versuch etwa die Beiträge in Krüper/Pilniok (Hrsg.), Staatsorganisationsrecht lehren – Beiträge zu einer Wissenschaftsdidaktik des Verfassungsrechts, 2016. Die Vorbereitung und Veröffentlichung dieses Bandes wurde aus Mitteln des Universitätskollegs Hamburg in dessen erster Bewilligungsphase gefördert.

tung ausgerichtet.⁵⁵ Für Hochschullehrerinnen und Hochschullehrer ist in einem solchen institutionellen Setting dann nur noch Platz in unklaren Rollen, die gerade nicht einem Zusammenhang von Aufgaben und Kompetenzen entsprechen. Dabei ergeben sich faktische Relevanzstrukturen zugunsten eines – ohnehin durch diese Art von Projekten gestärkten – Wissenschaftsmanagements und zulasten der beteiligten Hochschullehrenden durch die Zeitknappheit derjenigen, die in Forschung und den Kernbereich der Lehre eingebunden sind. Da die Vorhaben regelmäßig ganz überwiegend zur Finanzierung von wissenschaftlichem Personal zur Durchführung des Projekts eingesetzt werden, entstehen in einem zentralen Organisationsmodell nahezu zwangsläufig große Leitungsspannen. Inhaltlich ist ein solches Modell vor allem plausibel, wenn es sich auf außerfachliche bzw. interdisziplinäre Zusatzangebote konzentriert; bei fachlichen Angeboten stellt sich jedenfalls schnell die Frage nach einer fachlich-inhaltlichen Anleitung und Verantwortlichkeit. Nicht zuletzt dürfte nicht nur, aber insbesondere bei einem zentralen Organisationsmodell nur allzu leicht eine Handlungslogik des Selbsterhalts in den Vordergrund treten. Schließlich stellen sich auch hochschulrechtliche Fragen der Organisationskompetenzen. Mit unterschiedlichen Anforderungen lassen die Hochschulgesetze die Schaffung von zentralen wissenschaftlichen Einrichtungen zu.⁵⁶ Insbesondere bei der Zuordnung von wissenschaftlichem Personal zu einer solchen Organisationseinheit kann es zu Friktionen kommen, nicht zuletzt vor dem Hintergrund der Entscheidung des BVerfG zum Hamburgischen Hochschulgesetz und der dort betonten Bedeutung der Fakultäten und der Mitwirkung der Grundrechtsträger in ihnen.⁵⁷

V. Fazit: Verbesserung der Lehre durch föderale Fördermittelwettbewerbe?

Es handelt sich – wie deutlich geworden sein dürfte – bei der Bundesfinanzierung der Hochschullehre im kooperativen Föderalismus – um komplexe Regelungsstrukturen, die mit nicht unerheblichen Transaktionskosten auf allen beteiligten Ebenen einhergehen. Ob damit immer auch eine Verbesserung der Lehre verbunden ist, bleibt eine offene Frage. Aus der Projektorientierung, die sich aus der vorherigen Fassung des Art. 91b GG mit der Vorgabe der ausschließlichen Förderung von Vorhaben ergab, folgt in der Sache häufig, dass es sich um zusätzliche Angebote handelt. Damit bleibt oft gerade der Kern der akademischen Lehre unangetastet, während sich gleichsam an den Rändern des Studiums immer neue Zusatzangebote auftürmen, die jedenfalls auch zu einer Überforderung der Studierenden führen können.

---

⁵⁵ Zu den traditionellen Problemen der zentralen Einrichtungen der Universitäten zählen in diesem Zusammenhang auch die Verselbständigung und häufig fehlende Kontrolle.

⁵⁶ Vgl. etwa § 92a HmbHG: Zur Wahrnehmung bestimmter Aufgaben von besonderer Bedeutung in Forschung und Lehre können durch Organisationssatzung des Präsidiums zentrale Organisationseinheiten gebildet werden.

⁵⁷ BVerfGE 127, 87; zu Konflikten *M. Drexler*, in: Neukirchen/Reußow/Schomburg (Hrsg.), Hamburgisches Hochschulgesetz, § 92a Rdnr. 8.

Dies gilt insbesondere für Organisationsmodelle, die stark zentral ausgerichtet sind. Wie im Föderalismus gilt es auch in den Hochschulen, das Verhältnis von dezentraler und zentraler Ebene sorgfältig und aufgabenadäquat auszubalancieren. Nicht nur das Lernen der Studierenden, sondern auch die Lernfähigkeit der Strukturen der akademischen Lehre bedürfen der Reflexion. Die Gestaltung der Rahmenbedingungen einer guten Lehre bleiben daher eine andauernde Herausforderung. Der gestalterische Optimismus, die Debattenbeiträge und der tatkräftige Einsatz von Arndt Schmehl fehlen dabei.

Rechtliche Gestaltung von Verwaltungskooperationen

Von *Eike Richter* und *Indra Spiecker gen. Döhmann*

I. Widmung und Einleitung

Arndt Schmehl zeichnete sich u. a. auch dadurch aus, dass er Verwaltungsrechtler in einem ganzheitlichen Sinne war. Wie durch seinen akademischen Lehrer Klaus Lange geprägt, verstand er dies als eine Verpflichtung, sich nicht in Details zu verlieren – auch wenn für ihn stets eine große Detailkenntnis Voraussetzung war –, sondern immer wieder auf die Strukturen, die Hintergründe und die Gemeinsamkeiten verschiedener Teilgebiete des Besonderen Verwaltungsrechts zu blicken, dies auch mit einem stets wachen Empfinden für künftige Entwicklungen und Innovationen.[1] Dies hat in vielfältigen Bezügen eine Rolle gespielt; so gab es mit Astrid Wallrabenstein und der Autorin Überlegungen, das Sozial- und Gesundheitsrecht wieder stärker an das Allgemeine Verwaltungsrecht anzubinden, entwickelt auch aus dem DFG-Projekt „Wettbewerb, Kooperation und Kontrolle als Steuerungsinstrumente im Recht des Gesundheitswesens"[2] heraus. Ähnliche Erwägungen trieben ihn auch für das Steuerrecht um; im Umweltrecht hat seine Dissertation[3] dies bereits für ein konkretes Rechtsproblem vorgelegt. Aus diesem, sowohl dogmatisch wie verwaltungswissenschaftlich ausgerichteten Strukturierungsinteresse wäre noch Großes von ihm zu erwarten gewesen, das die Rechtswissenschaft geprägt hätte. Diese Qualität des beständigen Herstellens von Verbindungslinien zwischen großer Detailkenntnis und bereichsspezifischer Präzision einerseits und den allgemeinen Strukturen, Prinzipien und Grundlagen andererseits hat auch die gemeinsame Arbeit zwischen den Autoren und Arndt Schmehl geprägt. Eine der Fragen, die uns dort immer wieder beschäftigt hat, war diejenige nach der Bedeutung, der Funktion und den rechtlichen Strukturen von Koordination und Kooperation in der Öffentli-

---

[1] So beispielhaft die die Herausforderungen des Internets für die Kommunalrechtsordnung bereits 1999 (in Form einer an der Universität Gießen gestellten studentischen Hausarbeitsaufgabe) thematisierende Fallbearbeitung *A. Schmehl/E. Richter*, Virtuelles Hausverbot und Informationsfreiheit, JuS 2005, 817 ff.

[2] Siehe dazu die daraus hervorgegangene dreibändige Reihe Schmehl/Wallrabenstein (Hrsg.), Steuerungsinstrumente im Recht des Gesundheitswesens, 2005–2007.

[3] *A. Schmehl*, Genehmigungen unter Änderungsvorbehalt zwischen Stabilität und Flexibilität: Zur Entwicklung revisionsoffener Genehmigungsentscheidungen im Umweltrecht – verwaltungsrechtliche, verfassungsrechtliche und verwaltungswissenschaftliche Aspekte, 1998.

chen Verwaltung – und hier insbesondere, welche rechtlichen Grenzen für eine Kooperation zwischen zwei Verwaltungsakteuren bestehen und wie der in diesen Grenzen zugleich eröffnete Gestaltungsspielraum rechtlich auszugestalten ist, damit die mit der Kooperation verfolgten Ziele und Zwecke bestmöglich erreicht werden.

Der vorliegende Beitrag erläutert diese Fragestellung und skizziert Eckpunkte einer Antwort. Dazu greift er Vorüberlegungen aus einem Rechtsgutachten für den IT-Planungsrat auf, das die Autoren gemeinsam mit Arndt Schmehl erstellt haben,[4] sowie aus einer Studie, an der Arndt Schmehl schon nicht mehr mitwirken, die er aber in den ersten Zügen noch begleiten konnte[5].

Im Ausgangspunkt steht die Beobachtung, dass Entwicklungen, wie etwa die Internationalisierung und Digitalisierung, den Bedarf an Kooperationen in der Verwaltungspraxis weiter erhöht haben. Zugleich sieht sich die kooperationswillige Verwaltung Rechtsunsicherheiten ausgesetzt (II.). Dabei müssen – und hierin liegt zugleich eine zweite grundlegende und methodische Herausforderung für die Kooperationspraxis – zwei Ebenen eines Kooperationsrechts auseinandergehalten werden, weil sie sich in ihrem Akteursbezug und ihrer Funktionalität unterscheiden, nämlich zum einen das Recht, das einer konkreten Verwaltungskooperation vorgegeben ist, und zum anderen das Recht, das unter Ausfüllung der vorgegebenen Spielräume durch die konkreten Kooperateure geschaffen wird, um die jeweilige Kooperation rechtlich auszugestalten. Zu dieser rechtsgestaltenden Herausforderung tritt die weitere methodische Problematik der Integration nicht-rechtlichen Wissens, wie es aus verwaltungsjuristischer Sicht häufig unter dem Gesichtspunkt der Zweckmäßigkeit oder der Geeignetheit einfließt (III.). Es folgen dann Überlegungen, wie bei der rechtlichen Ausgestaltung einer Kooperation grundsätzlich vorgegangen werden könnte, also etwa welche Ebenen und Inhalte im Mittelpunkt der Rechtsgestaltung stehen sollten. Dabei lohnt ein Blick auf vorhandene Kooperationsgestaltungen wie etwa konkrete Staatsverträge oder Verwaltungsvereinbarungen, aus denen sich ableiten lässt, was eine kooperationsrechtliche Ausgestaltung leisten können muss (IV.). Ein Fazit und Ausblick beschließen den Beitrag (V.).

---

[4] Vgl. zum Nachstehenden *E. Richter/I. Spiecker gen. Döhmann/A. Schmehl et al.*, Evaluierung der Kieler Beschlüsse II, 2014. Gutachten und Leitfaden im Auftrag des IT-Planungsrats, abrufbar unter www.it-planungsrat.de. Das Gutachten wurde, mit Ausnahme der vergaberechtlichen Teile, im Wesentlichen von den Autoren des vorliegenden Beitrags und von *Arndt Schmehl* erstellt.

[5] *I. Spiecker gen. Döhmann/E. Richter/M. Thiel*, Kooperationsformen und -modelle baden-württembergischer universitärer Rechenzentren zur Erbringung von Leistungen im Bereich der Informations- und Kommunikationstechnologien. Eine Studie im Auftrag des Karlsruher Institut für Technologie, 2017 (unveröffentlicht).

II. Kooperation in der öffentlichen Verwaltung: hoher Bedarf bei hoher Rechtsunsicherheit

Mit den Begriffen „Kooperation" und „Koordination" werden verschiedene Modi der Verwaltungskommunikation in administrativen Mehrebenensystemen umschrieben, um Zuständigkeitsberührungen und -kollisionen aufzuarbeiten, die nicht durch ein hierarchisches System geregelt werden.[6] Beide Modi unterscheiden sich hinsichtlich der Funktionalitäten: Während bei der Kooperation gemeinsame Ziele und Instrumente entwickelt werden, geht es bei der Koordination vorrangig um die Abstimmung verschiedener Ziele und Instrumente, ohne dass sich allerdings die Abgrenzung stets trennscharf aufrechterhalten ließe.[7] Koordination und Kooperation bewältigen also eine Aufgabenverschränkung, die verschiedene und voneinander abweichende öffentliche Belange in Konflikt miteinander bringen kann. Sie beinhalten daher beide auch Modi zur Konfliktbewältigung.[8] Im Folgenden soll es um die weitergehende Kooperation gehen.

Für den Bereich der privatwirtschaftlichen Kooperation existiert mit dem Vertrags- und Gesellschaftsrecht ein gesetzlich ausdifferenziertes, auch weitgehend systematisches Rechtsgebiet, das eine Reihe von Kooperationsrechtsformen bereitstellt und so wesentliche Rechtsfragen adressiert.[9] Im Öffentlichen Recht, speziell im Verwaltungsrecht, fehlt eine solche, in der Ausdifferenzierung vergleichbare, übergreifende Systematisierung mit entsprechenden Vorgaben für eine kooperationswillige Verwaltung. Sowohl für die institutionelle als auch für die vertragliche Kooperation stehen zwar insbesondere mit der Körperschaft, der Anstalt und der Stiftung öffentlichen Rechts sowie mit dem öffentlich-rechtlichen Vertrag grundsätzlich einige Rechtsformen bereit.[10] Sie sind allerdings nicht annähernd so ausreguliert wie das

---

[6] Vgl. hierzu und dem Folgenden allgemein *P. Collin*, in: Spiecker gen. Döhmann/Collin (Hrsg.), Generierung und Transfer staatlichen Wissens im System des Verwaltungsrechts, 2008, S. 136 (143 ff.) m.w.N. Zur vielfältigen Bedeutung des Kooperationsbegriffs s. *H. Schulze-Fielitz*, Grundmodi der Aufgabenwahrnehmung, in: Hoffmann-Riem/Schmidt-Aßmann/Voßkuhle (Hrsg.), Grundlagen des Verwaltungsrechts, Band 1: Methoden, Maßstäbe, Aufgaben, Organisation, 2012, § 12 Rn. 66 ff.

[7] Vgl. *Th. Groß*, Die Verwaltungsorganisation als Teil organisierter Staatlichkeit, in: Hoffmann-Riem/Schmidt-Aßmann/Voßkuhle (Hrsg.), (o. Fußn. 6), § 13 Rn. 98 ff. und 107 ff.

[8] Auf die Möglichkeit, mit dem Instrument der Kooperation gerade eine Konfliktbewältigung des materiellen Rechts vorzunehmen, verweist *I. Spiecker gen. Döhmann*, Kooperation als Lösungsansatz in Dreiecksbeziehungen des Verwaltungsrechts, in: Fachbereich Rechtswissenschaften (Hrsg.), 100 Jahre Rechtswissenschaft in Frankfurt: Erfahrungen, Herausforderungen, Erwartungen, 2014, S. 201 (208 ff.).

[9] Zur Bedeutung und Funktion von Rechtsformen allgemein etwa *K. F. Röhl/H. Chr. Röhl*, Allgemeine Rechtslehre, 2008, § 6; *E. Schmidt-Aßmann*, Das allgemeine Verwaltungsrecht als Ordnungsidee, Grundlagen und Aufgaben der verwaltungsrechtlichen Systembildung, 2004, 6. Kap. Rn. 31 ff.

[10] *Schmidt-Aßmann*, (o. Fußn. 9), 6. Kap. Rn. 31 ff.; *Th. Groß*, (o. Fußn. 7), § 13 Rn. 107 ff., fasst diese und vergleichbare institutionelle Formen der Kooperation unter dem Begriff „Organisationsverbünde" zusammen.

Formenarsenal des Privat- und Gesellschaftsrechts. Regulative Rahmen für die Kooperationsformen des intraföderalen Staatsvertrags oder der Verwaltungsvereinbarung fehlen nahezu vollständig[11] oder beschränken sich auf ein verfassungsgesetzliches Minimum (s. etwa Art. 29 Abs. 7 und 8, 91b, 91c Abs. 2 und 3, 91e, 104b Abs. 2, 118a GG).

Die Gründe für diese als lückenhaft, wenn nicht sogar als punktuell zu charakterisierende, rechtliche Umhegung und Durchdringung öffentlich-rechtlicher Kooperationen sind vielfältig. Neben der Breite und der Unterschiedlichkeit staatlicher Aufgaben und Zuständigkeiten kommt sicherlich hinzu, dass Kooperation als ein gemeinsames, auch auf Ausverhandlung und ein Geben und Nehmen beruhendes Entscheiden von gleichgeordneten Akteuren für den hoheitlichen Bereich jedenfalls nicht im Vordergrund steht. Praxis und Bild der Verwaltung und des Verwaltungsrechts werden – trotz aller Tendenz zu mehr Kooperation – angeleitet und geprägt durch Zuständigkeit, Hierarchie und einseitiger Entscheidung wie Verwaltungsakt und Weisung.[12] Die Bindungen des Art. 20 Abs. 3 GG im Bürger-Staat-Verhältnis blockieren häufig den Blick auf die innere Verwaltung, jedenfalls in der Rechtswissenschaft, und die häufig fehlende Justiziabilität der binnenrechtlichen Strukturen ebnet auch nicht über die Gerichte einen Weg zur ausgeprägten Befassung mit Bedingungen und Bindungen. Kooperation zwischen Verwaltungsträgern und Verwaltungseinheiten ist zwar eine Notwendigkeit und eine lange praktizierte Übung und wird gelegentlich auch als Pflicht statuiert[13]. Aber selbst im Umweltrecht, wo das Kooperationsprinzip zu den tragenden Grundsätzen gerechnet wird (vgl. auch Art. 34 Abs. 1 EinigVtr),[14] beschreibt dieses lediglich die Kooperation zwischen dem Staat und dem Bürger und bezieht die innerstaatliche Kooperation nicht ein – und dies, obwohl gerade im Umweltrecht nicht zuletzt durch europäische Vorgaben und das materiell-rechtlich geprägte Integrationsprinzip eine verstärkte behördliche Zusammenarbeit unvermeidbar ist.

Von einem ausdifferenzierten oder gar systematischen Kooperationsverwaltungsrecht kann also keine Rede sein.[15] Soweit Kooperation im staats- und verwaltungsinternen Bereich überhaupt reguliert ist, geschieht dies nur in Teil- oder Grundsatz-

---

[11] Vgl. *W. Rudolf*, Kooperation im Bundesstaat, in: Isensee/Kirchhof (Hrsg.), Handbuch des Staatsrechts, Band VI: Bundesstaat, 2008; *H. Bauer*, Verwaltungsverträge, in: Hoffmann-Riem/Schmidt-Aßmann/Voßkuhle (Hrsg.), Grundlagen des Verwaltungsrechts Band II: Informationsordnung, Verwaltungsverfahren, Handlungsformen, 2012, § 36 Rn. 29.

[12] Vgl. *W. Hoffmann-Riem*, Reform des Allgemeinen Verwaltungsrechts – Vorüberlegungen, DVBl. 1994, S. 1381 ff. (1385); *Schulze-Fielitz*, (o. Fußn. 6), § 12 Rn. 64.

[13] Z.B. in der EU-Datenschutzgrundverordnung nunmehr für die einzelnen Aufsichtsbehörden, vgl. Art. 60 ff. DSGVO.

[14] Dazu etwa *M. Kloepfer*, Umweltrecht, 2016, § 4 Rn. 6 f., 56 ff. und § 5 Rn. 480; kritisch dazu *Schulze-Fielitz*, (o. Fußn. 6), § 12 Rn. 72.

[15] Zum Föderalismus und Ressortprinzip als Herausforderungen für IT-Kooperationen siehe auch *D. Graudenz/G. Schramm*, in: Kammer/Huppertz/Westerfeld (Hrsg.), IT-Kooperationen, Teil 1: Kontext, Lösungsoptionen und Rahmenbedingungen, ISPRAT Whitepaper, 2009, S. 23.

regelungen, die sich zudem auf unterschiedliche Regelwerke verteilen oder auch ungeschrieben sind.[16] Weder hat sich bisher die Handlungsformenlehre des kooperationsrechtlichen öffentlich-rechtlichen Vertrags oder die Ausgestaltung der Amtshilfe signifikant weiterentwickelt, noch haben sich in spürbarer Weise bereichsspezifische Kooperationsregelungen herausgebildet. Das öffentlich-rechtliche Kooperationswesen fristet ein Schattendasein.[17]

Dies gilt allerdings nur für die rechtliche und rechtswissenschaftliche Betrachtung. Denn in der Verwaltungspraxis waren und sind Kooperationen ein etabliertes, wenn nicht sogar notwendiges Instrument, um Handlungsfähigkeit angesichts finanzieller und personeller Restriktionen, gewachsener Aufgabenvielfalt sowie neuer Verwaltungsvorstellungen[18] zu sichern.[19] Kommunale Gebietskörperschaften können viele Aufgaben gar nicht mehr erledigen, wenn sie sich nicht zusammenschließen und ihre Kräfte bündeln. Polizeieinsätze bei Großveranstaltungen bedürfen der Mitwirkung benachbarter Polizei- und Sicherheitsbehörden. Die steuerlichen Fachverfahren aller Bundesländer werden unter der Federführung eines Landes einheitlich entwickelt.[20] IT-Dienstleistungen, Soft- und Hardware werden gemeinschaftlich beschafft.[21]

In der Praxis verbindet sich angesichts dieses weitgehend lückenhaften und nur schwer durchschaubaren Verwaltungskooperationsrechts mit jeder einzelnen Koope-

---

[16] Siehe etwa den Vorschlag zur stärkeren Verschränkung auf verfahrensrechtlicher Ebene *J. Wagner*, Das integrierte Konzept der IE-Richtlinie und seine Umsetzung im deutschen Recht. Zur Neuausrichtung des deutschen Anlagenzulassungsrechts, 2017, S. 348 ff.

[17] Dies zeigt sich auch in der vergleichsweise dünnen Literaturlage, insbesondere soweit es darum geht, Kooperation im staatlichen Bereich nicht nur in ihren rechtlichen Grenzen, sondern auch in ihrer rechtlichen Ausgestaltbarkeit zu beschreiben (vgl. hierzu etwa das vereinzelt gebliebene Werk von *H. Grziwotz*, Vertragsgestaltung im öffentlichen Recht, 2002). Zwar wurden in den letzten Jahren einige bemerkenswerte spezialgesetzliche Regelungen getroffen, etwa die verfassungsrechtliche Bestimmung des Art. 91c GG, auf dessen Basis ein Staatsvertrag von Bund und Ländern zur Gründung des IT-Planungsrats verabschiedet werden konnte. Dahinter stand die Erkenntnis, dass es ohne eine solche verfassungsrechtliche Absicherung nicht zu einer dringend erforderlichen Vereinheitlichung der IT-Nutzung in Bund und Ländern kommen würde und ein Nebeneinander verschiedenster Systeme die Vorteile der IT gerade zunichtemachen würde. Angesichts solcher Erfahrungen erstaunt es, dass der Gesetzgeber nicht nun auch auf allgemeiner Ebene Anstrengungen für ein gesamtheitliches Kooperationsrecht in der Verwaltung unternimmt oder dass dies nicht durch die Verwaltung massiv eingefordert wird.

[18] Genannt sei nur das gesteigerte Verständnis von einer steuernden Verwaltung, s. dazu etwa *A. Voßkuhle*, Neue Verwaltungsrechtswissenschaft, in: Hoffmann-Riem/Schmidt-Aßmann/Voßkuhle (Hrsg.), (o. Fußn. 6), § 1 Rn. 17 ff. mit zahlreichen weiteren Nachweisen.

[19] *Schulze-Fielitz*, (o. Fußn. 6), § 12 Rn. 64.

[20] Zum Bund-Länder-Vorhaben Koordinierte Neue Softwareentwicklung der Steuerverwaltung (KONSENS) s. die entsprechenden Informationen unter www.bundesfinanzministerium.de.

[21] S. dazu etwa die Beiträge in *D. von Suchodoletz/J. Chr. Schulz/J. Leendertse/H. Hotzel/M. Wimmer* (Hrsg.) Kooperation von Rechenzentren. Governance und Steuerung – Organisation, Rechtsgrundlagen, Politik, 2016.

ration aufs Neue die Herausforderung, den einschlägigen Rechtsrahmen zu identifizieren. Über dessen Geltung und Auslegung müssen sich die potentiellen Kooperationspartner zunächst verständigen, bevor – was ohnehin notwendig noch hinzukommt – über deren Ausfüllung oder mögliche Gestaltungsspielräume nachgedacht werden kann. Dies ist insbesondere dann problematisch, wenn die rechtlichen Vorgaben zu der fachlichen Grundlage der Kooperation wenig Bezug aufzuweisen scheinen. Nicht zuletzt beklagen viele kooperationswillige Verwaltungen, dass schon zu Beginn, spätestens dann aber mit fortlaufender Kooperation, rechtliche Maßstäbe und Vorgaben für die Beurteilung des kooperativen Handelns fehlen. Weder gibt es klare Bestimmungen zu Verfahren und Form noch lassen sich ohne Weiteres Regelungen zur Qualitätssicherung, zur Erweiterung oder zur Beendigung einer laufenden Kooperation ermitteln. In der Folge entstehen erhebliche Unsicherheiten über das rechtliche Dürfen und Können,[22] was in den Behörden vielfach zu einer generellen Zurückhaltung gegenüber Kooperationen führt und damit wesentliche Potenziale von Verwaltungshandeln ungenutzt lässt.

Die Lückenhaftigkeit des rechtspositivistischen Rahmens von Verwaltungskooperation verleitet die Praxis nicht selten darüber hinaus zu der Annahme, dass es für eine Verwaltungskooperation kaum rechtliche Bindungen gäbe, Kooperationen zwischen staatlichen Institutionen also gleichsam im rechtsfreien Raum agierten. Dass das Vergaberecht auch in Kooperationen zwischen Verwaltungen, jedenfalls bei der Erteilung von Aufträgen an Private, zu beachten ist, oder dass die Ausgestaltung der Arbeitsverträge, in und für Kooperationen beschäftigter Mitarbeiter, dem öffentlichen Dienstrecht unterfällt, ist zumeist noch bekannt. Dass aber darüber hinaus vielfältige Bindungen zu berücksichtigen sind, die zum Teil aus dem Allgemeinen Verwaltungsrecht oder aber aus dem konkreten Fachrecht abgeleitet werden müssen, wird – wie *Arndt Schmehl* und die Autoren des vorliegenden Beitrags immer wieder feststellen mussten – in der Kooperationspraxis allenfalls als vermutete oder diffuse Grenze des Handelns gesehen und angesichts daraus potentiell resultierender Grenzen des Handelns gerne verdrängt. Fehlende personelle und fachliche Ressourcen, die die Verwaltungskooperationen rechtlich begleiten könnten, tun ihr Übriges.

In diesem Spannungsfeld eines wenig existenten, wenig bekannten und wenig genutzten Rechts zur Ausgestaltung von Verwaltungskooperationen zeigt sich, dass es häufig schon an einer Sensibilisierung der Verwaltungspraxis dafür fehlt, dass überhaupt und welchen konkreten Rechtsregelungen Kooperationen unterfallen können und wo es seitens der Kooperationen Klärungsbedarfe und Rechtsunsicherheiten gibt. Einerseits muss die in der Vorbereitung einer Kooperation befindliche Verwaltung erfassen, dass bestimmte Rechtsfragen im Rahmen einer Kooperation regelungsbedürftig sind und problematisch sein können. Sie muss aber andererseits

---

[22] Zur oftmals unsicheren dogmatischen Einordnung von vertraglichen und vertragsähnlichen Beziehungen im Verfassungsrecht vgl. *H. Schulze-Fielitz*, Der informale Verfassungsstaat: Aktuelle Beobachtungen des Verfassungslebens der Bundesrepublik Deutschland im Lichte der Verfassungstheorie, 1984, S. 46, 53 u. 58.

auch erkennen, dass es einfache, systematische und kohärente Lösungen jedenfalls bei Fehlen eines einheitlichen Kooperationsrechts der öffentlichen Verwaltung zumeist nicht geben wird, da die unterschiedlichen Zielrichtungen verschiedener Rechtsgebiete miteinander in Kollision geraten können. Daher ist eine eindeutige rechtliche Klärung der Machbarkeit einer Kooperation oftmals schwierig und aufwendig. Dass dies erst recht für den strategischen beziehungsweise politischen Hintergrund solcher Kooperationen gilt, braucht kaum ausgeführt zu werden. Die Kooperationsvorteile in der Sache werden somit immer wieder durch die Unsicherheit der rechtlichen Vorgaben gefährdet.

Dieser Zustand ist aus verschiedenen Gründen bemerkenswert: Zum einen schon deshalb, weil die Verwaltung regelmäßig unter der Prämisse des Art. 20 Abs. 3 GG handelt. Zudem macht erst die Abklärung der Fragestellungen aus dem rechtlichen Bereich es möglich, eine rechtlich wirksame Kooperationsform zu wählen und zu gestalten. Wenn etwa für eine bestimmte Rechtsmaterie ein Gesetzesvorbehalt angenommen wird, ist die Möglichkeit einer Verwaltungsvereinbarung regelmäßig versperrt. Gleichsam als Kehrseite davon werden beim Fehlen solcher strikten Vorgaben die erheblichen Gestaltungsspielräume und Formwahloptionen nicht genutzt. Die Frage nach der bestmöglichen Rechtsgestaltung stellt sich in der Verwaltungskooperation wenigstens ähnlich wie etwa im Vertrags- und Gesellschaftsrecht, wo sie im Hinblick auf ökonomische oder steuerliche Effekte gleichsam selbstverständlich im Mittelpunkt steht. Diese Gestaltungsmöglichkeiten entgehen der Verwaltung regelmäßig, wenn sie mangels klarer rechtlicher Regelungen und im Lichte des Art. 20 Abs. 3 GG daraufhin von Kooperationen Abstand nimmt. Schließlich führt die Unklarheit über die rechtlichen Grundlagen häufig zu einer Ausgliederung von Teilfragen aus dem Kooperationsbereich, wenn eine ganzheitliche Bearbeitung des Kooperationsanliegens als rechtlich schwierig, tatsächlich zu kompliziert oder politisch nicht durchsetzbar angesehen wird. In der Folge führt dies zu einer Zersplitterung des Kooperationsanliegens und damit zu einer Ineffektivität der öffentlichen Aufgabenerfüllung. Angesichts all' dessen wäre zu erwarten gewesen, dass sich längst ein binnenstaatliches Kooperationsrecht herausgebildet hätte, wenigstens als Übung oder sogar als Gewohnheitsrecht. Stattdessen wartet hier eine nach wie vor weitgehend ungelöste Aufgabe.

III. Grundlegende (methodische) Herausforderungen bei der rechtlichen Ausgestaltung einer Kooperation

Wird unter diesen unvollständigen Rahmenbedingungen über das Eingehen einer Kooperation nachgedacht, ergibt sich für die Kooperationspartner die Notwendigkeit, zwei rechtliche Ebenen der Kooperation und ihrer Ausgestaltung zu unterscheiden. Diese Ebenen müssen einerseits differenziert, andererseits zusammen bedacht werden: Auf einer ersten Ebene muss das Recht bestimmt werden, das der konkreten Verwaltungskooperation vorausliegt, diese also von außen bestimmt und daher die Kooperation in ihrer rechtlichen Formung determiniert. Auf einer zweiten Ebene müssen innerhalb der so zugleich eröffneten Spielräume die konkreten Funktionsbedingungen der Kooperation rechtlich umgesetzt und in rechtliche Verbindlichkeit gegossen werden. Auf der ersten Ebene ist der Einfluss der Kooperateure auf die Ausgestaltung ihrer Kooperation gering: Sie finden – wie im Beitrag angerissen werden wird, meist nur rudimentäre – rechtliche Vorgaben vor, denen sie ihr Kooperationsvorhaben zuordnen müssen. Auf der zweiten Ebene dagegen ergeben sich in der Regel in den Grenzen des Rechts der ersten Ebene Rahmenbedingungen, die den Beteiligten nunmehr ermöglichen, eine den konkreten Kooperationsvorstellungen angepasste Lösung festzulegen. Im Idealfall können solche Rahmenbedingungen anleiten, indem sie einen Standard vorgeben, den die Kooperateure dann bei Bedarf anders ausgestalten können, aber nicht müssen. Eine solche Standardisierung ist für den Bereich privater Verträge durch ein ausdifferenziertes, rechtswissenschaftlich begleitetes Musterformularwesen mittlerweile auch praktisch sehr ausgeprägt; vor allem ist sie durch die rechtliche Einhegung in Form des Vertrags- und Gesellschaftsrechts überhaupt erst möglich. Dagegen ist sie im Bereich des öffentlichen (Kooperations-)rechts kaum vorhanden – und hier nochmal weniger für den Fall von Kooperationen zwischen Verwaltungen.[23] Damit liegt eine wichtige Herausforderung für ein Kooperationsrecht darin, Recht sowohl als Grenze (z. B. durch Verfassung oder Gesetz) als auch als Gestaltungsmittel (z. B. Verwaltungsvereinbarung) zu denken. Denn Kooperationsrechtsgestaltung ist Rechtsanwendung und Rechtsgestaltung zugleich.

Das Bindeglied zwischen diesen beiden Schritten in der Methodik der Regulierung einer rechtsverbindlichen Kooperation in der Verwaltung bildet ein rechtlich gleichfalls nur rudimentär erfasster und erfassbarer Schritt: Jenseits des rechtlich relevanten Wissens muss nämlich in die Ausformung der Kooperation auch das außerrechtliche Wissen eingebunden werden. Juristisch wird dies häufig unter dem Gesichtspunkt der Zweckmäßigkeit erfasst. Hier findet sich der weite und zum Teil diffus anmutende Bereich der inneradministrativen Überlegungen, mittels derer die Aufgabenerfüllung und Operationalität der Verwaltung sichergestellt wird.[24] Dieses Konglomerat innerstaatlichen und außerrechtlichen Wissens, gespeist aus Erfahrungswerten, Praktikabilitäts-, Effektivitäts- und Machbarkeitserwägungen, Ressourcen-Restriktionen, fachlichen Einhegungen, ökonomischen, sozialen und technischen Machbarkeiten, organisationstheoretischen und -praktischen Erkenntnissen sowie (rechts-)politischen und strategischen Implikationen, ist dem Blick von außen und damit der rechtlichen Kontrolle weitgehend entzogen, weil es im System der Gewaltenteilung regelmäßig den alleinverantworteten Kernbereich der Verwaltung darstellt. So wird die Zweckmäßigkeit selbst im Verhältnis zum Bürger unter der strikten Bindung des Art. 20 Abs. 3 GG nur im – gerade aus diesem Grund besonders kritisch zu betrachtenden, mittlerweile weitgehend abgeschafften – Widerspruchsverfahren

---

[23] S. hierzu das Werk von *Grziwotz* (o. Fußn. 17), das sich allerdings fast ausschließlich mit Vertragsverhältnissen zwischen Staat und Bürgern befasst.

[24] Zur Zweckmäßigkeit s. etwa W. *Hoffmann-Riem*, Eigenständigkeit der Verwaltung, in: Hoffmann-Riem/Schmidt-Aßmann/Voßkuhle (Hrsg.), (o. Fußn. 6), § 10 Rn. 22 ff. und 106 ff.

überprüft, weil der Verwaltungsakt den Bereich der Exekutive noch nicht verlassen hat.

Die Zweckmäßigkeit der konkreten Kooperation bestimmt darüber, welche Gestaltungsmöglichkeiten im Rahmen der Ausgestaltung genutzt und wie sie ausgefüllt werden. Die Individualität der jeweiligen Kooperation und die dahinterstehenden Vorstellungen und Einschätzungen der Kooperationspartner drücken sich in diesen konkreten Ausgestaltungen aus. Dies erfordert von einem Kooperationsrecht eine nicht geringe Leistung: Denn zur Umsetzung der Zweckmäßigkeitsüberlegungen muss außerrechtliches Wissen und Entscheiden rechtlich gefasst, also in rechtliche Strukturen gebracht werden. Die konkrete Kooperationsrechtsgestaltung ist dann also zwingend interdisziplinär ausgerichtet. Damit nimmt ein Verwaltungskooperationsrecht eine, für die Verwaltung durchaus typische, für das Verwaltungsrecht eher untypische Perspektive auf die Gestaltbarkeit und die Gestaltung ein. Es ermöglicht also weniger eine kontrollierende als vielmehr eine steuernde und anleitende Funktion.

IV. Eckpunkte des Vorgehens zur rechtlichen Ausgestaltung einer Verwaltungskooperation

Wie nun können sich Verwaltungskooperationen unter den gegebenen, wenig präzisierten und kaum systematisierten rechtlichen Vorgaben so aufstellen, dass ein einigermaßen rechtssicheres Vorgehen möglich wird? Dazu ist der Blick vor allem auf die eben bereits herausgearbeiteten Ebenen der Rechtsgestaltung[25] zu richten; zunächst aber bedarf es eines Analyserasters, um rechtliche Stolperfallen identifizieren zu können und gleichzeitig die Handlungsspielräume nutzen zu können.

1. Aufspannen eines Analyserasters

Bei der rechtlichen Ausgestaltung einer Kooperation geht es nicht nur darum, durch das Recht vorgegebene Grenzen zu wahren. Vielmehr sind auch und besonders die bestehenden rechtlichen Spielräume im Sinne der verfolgten Zwecke und Interessen auszufüllen. Daher bedarf es in einem Schritt einer methodengeleiteten Perspektive auf das Spektrum möglicher Ausgestaltung – also einer Sichtweise, die sowohl die aufgabenbezogene und gegenständliche Vielfalt staatlicher Kooperationen als auch die Fragmentarität und die Querschnittsartigkeit des Kooperationsrechts abzubilden vermag, indem sie das für den jeweiligen Gestaltungsauftrag maßgebliche Spektrum rechtlicher Ausgestaltungen skizziert und sowohl in deskriptiver als auch in rechtlich bewertender Hinsicht systematisch handhabbar macht. Als Elemente eines solchen pragmatischen Analyserasters lassen sich ausmachen:

---

[25] Siehe dazu bereits unter III.

- die an der Kooperation mitwirkenden *Kooperationsakteure.* Dabei ist wiederum zwischen rechtsfähigen Kooperationspartnern (etwa Bund, Länder und Kommunen) und den für sie handelnden Kooperationspartnerorganen (z. B. Behörden) zu unterscheiden.
- der *Kooperationsgegenstand.* Hier wird der Zweck der Zusammenarbeit bestimmt, der in einer konkreten Kooperation genau das „Gemeinsame" ausmachen soll, z. B. die gemeinsame Erledigung einer Aufgabe oder die gemeinsame Beschaffung von Ressourcen.
- die *Kooperationsebenen.* Hierbei geht es um die strukturellen Elemente der Kooperation, innerhalb derer in Hinblick auf den jeweiligen Kooperationsgegenstand zusammengewirkt werden soll. Erst diese lassen sichtbar werden, was konkret geregelt werden muss oder sollte. Zu diesen Regelungsebenen lassen sich vor allem die *Aufgabe,* die *Organisation und das Verfahren* und die *Finanzierung* der Kooperation zählen.

Aus der Kombination der jeweils in Rede stehenden Kooperationsgegenstände mit den in den Blick zu nehmenden Kooperationsebenen – Aufgabe, Organisation und Verfahren sowie Finanzierung – lässt sich ein grundlegendes, wenngleich nicht abschließendes Raster gewinnen, das nicht nur eine deskriptive Systematisierung und Einordnung der in der jeweiligen Kooperationspraxis anzutreffenden *Kooperationsaspekte* und *-themen* erlaubt. Das Raster bietet vor allem einen pragmatischen Anschluss für die sich an die deskriptive Analyse der bisherigen Kooperationspraxis (dazu sogleich unter 2.) anschließende normative und rechtsgestalterische Hinführung zu einer Machbarkeitsbewertung einer Verwaltungskooperation (dazu noch unter 3.). Denn mit jeder Kooperationsebene im Raster korrespondiert grundsätzlich ein Bereich potenzieller Regelung, wie er etwa in einer konkreten vertraglichen Vereinbarung Gestalt annehmen könnte. Zugleich wird deutlich, dass die *Kooperationsrechtsform,* also etwa vertragliche Formen wie der Staatsvertrag, die Verwaltungsvereinbarung oder die Koordinationsabsprache, oder auch institutionelle Formen wie die Körperschaft, Anstalt oder Stiftung öffentlichen Rechts, zwar als ein weiteres, wichtiges Element im Analyseraster Berücksichtigung finden muss. Ihre Wahl markiert jedoch regelmäßig – entgegen einer in der Praxis häufig anzutreffenden Übung – nicht den Ausgangspunkt im Prozess der Ausgestaltung der Kooperation, sondern prägt vielmehr erst die Frage der Machbarkeit.

2. Empirische Validierung durch Falltypik

Die Kooperationspraxis zeigt sich in dem, was das „Kooperative" bei einer konkreten Kooperation ausmacht, vielgestaltig. Daher kann es hilfreich sein, zur Ausgestaltung der eigenen Kooperation auch zumindest stichprobenartig vergleichbare Kooperationen und ihre Akteure, Kooperationsgegenstände und Kooperationsebenen zu ermitteln und mit dem eigenen Anliegen zu vergleichen. Wird dies wissenschaftlich unterfüttert, bieten sich zur empirischen Validierung ergänzend zur Analyse bestehender Vertragsdokumente Interviews mit Erfahrungsträgern aus dem jeweiligen Kooperationslebensbereich an.[26]

Aus der Analyse einer bisherigen Kooperationspraxis sowie aus der Betrachtung der diversen Kooperationspartner (z. B. Bund, Länder, Kommunen) und der Kooperationsgegenstände können einige typische, fallbeispielartige Kooperationskonstellationen hervortreten, die auch variiert oder kombiniert auftreten können. Solche beobachtbaren Konstellationen können in der weiteren Gestaltung der konkret ins Auge gefassten Verwaltungskooperation Orientierung und Illustration bieten. Die Bedeutung einer solchen empirischen Validierung sollte im Sinne einer Abschöpfung von Erfahrungen der eingeübten Praxis als Bestandteil einer Kooperationsvereinbarung nicht unterschätzt werden. Auf der anderen Seite lassen sich in einem erkenntnistheoretisch streng genommenen Sinne aus bestehenden Kooperationskonstellationen keine – zumal normativen – Schlüsse und Empfehlungen für zu gestaltende Kooperationen ableiten. Auch ist zu bedenken, dass die Häufigkeit und Praktikabilität einer tatsächlichen Ausgestaltung über die Rechtmäßigkeit dieses Vorgehens nicht zwangsläufig etwas aussagt. Dies gilt erst recht vor dem eben geschilderten Hintergrund, dass aus dem fehlenden und bruchstückhaften Kooperationsrecht immer wieder der – falsche – Rückschluss gezogen wird, es gäbe gar keine rechtlichen Bindungen. Faktizität bedingt keine Normativität.

3. Rechtliche Machbarkeits- und Ausgestaltungsprüfung

a) Das Grundprinzip: Drei-Schritt-Methode

Auf der Basis eines solchen Verständnisses lässt sich dann eine konkrete Machbarkeitsprüfung durchführen. Auch diese kann gewisse Rechtsunsicherheiten nicht vermeiden und schon gar nicht beseitigen, die aus dem eingangs skizzierten Regelungsvakuum für ein öffentliches Kooperationsrecht entstehen. Sie vermag allerdings die Rechtsunsicherheiten zu bestimmen und offenzulegen, zum Teil wenigstens zu verringern, und sie vermag allen Beteiligten einen präziseren Eindruck von den Risiken und Chancen rechtlicher und außerrechtlicher Gestaltung zu vermitteln. Schließlich bietet sie die Flexibilität, derer es für einen Rechtsgestaltungsprozess bedarf, der ja regelmäßig dadurch gekennzeichnet ist, dass – anders als in den meisten Rechtsanwendungsprozessen – nicht nur die tatsächliche, sondern eben auch die rechtliche Seite des Gegenstandes variabel ist.

Eine solche Machbarkeitsprüfung muss nicht nur die rechtlichen Rahmenbedingungen auffangen und beschreiben. Sie muss vielmehr auch die Zweckmäßigkeitserwägungen (also nicht zuletzt Praktikabilität, politische Rahmenbedingungen, strategische Implikationen, technische Machbarkeiten, ökonomische Restriktionen, or-

---

[26] Dies beispielsweise war das Vorgehen in dem gemeinsam mit *Arndt Schmehl* durchgeführten Gutachten (s. oben Fußn. 4).

ganisationstheoretische Erkenntnisse etc.)[27] zielführend abbilden – und dies angesichts der hohen Variabilität, die sich aus dem breiten Spektrum an Kooperationsaspekten und aus der Gestaltungsoffenheit von Kooperationen ergibt.

Ob und in welcher Gestaltung eine Kooperation machbar ist, ergibt sich aus der Beantwortung von drei zentralen, aufeinander aufbauenden Prüfungsschritten, der sog. Drei-Schritt-Methode. Die durch diese Leitfragen gekennzeichnete Vorgehensweise lässt sich als Machbarkeitsprüfung bezeichnen und in drei entsprechende – konsekutive und aufeinander aufbauende – Schritte der Rechtmäßigkeitsprüfung, Zweckmäßigkeitserwägungen und Rechtsgestaltungserwägungen einteilen:

– Welche Grenzen werden den Kooperationsbeteiligten durch (für sie – praktisch – nicht zur Disposition stehendes) Recht (z. B. Gesetze, Verfassung) für die Kooperation gezogen? (Rechtmäßigkeitsprüfung)
– Wie sollte der gegebenenfalls damit rechtlich eröffnete Kooperations- und Gestaltungsspielraum zweckmäßig (also etwa wirtschaftlich sinnvoll, effektiv oder strategisch klug) ausgefüllt werden? (Zweckmäßigkeitserwägungen)
– Wie müssen die so in Betracht kommenden Kooperationslösungen rechtlich umgesetzt bzw. ausgestaltet werden, um sie insbesondere rechtssicher zu machen? (Rechtsgestaltungserwägungen).

Der so skizzierte Dreischritt ist das grundlegende Schema für die Ermittlung der bestimmenden Rechts- und Machbarkeitsfragen einer konkreten Kooperation. Bezugspunkt des Dreischritts bildet dabei ein einzelner Kooperationsaspekt (Beispiel: Einrichtung eines Entscheidungsorgans, das die Kooperation steuern soll) einer Kooperationsebene (im Beispiel: Organisation und Verfahren einer Kooperation), wie er anhand des dargestellten Analyserasters im Einzelfall herauspräpariert worden ist.[28] Die Praxis steht dabei regelmäßig vor der methodisch herausfordernden Frage, welche Kooperationsaspekte zu erörtern und gegebenenfalls rechtlich auszugestalten sind und welche nicht. Hier können die Methoden der empirischen Validierung, der Analogiebildung und der Falltypik helfen.[29]

Bevor auf die drei Schritte zur rechtlichen Machbarkeitsprüfung kurz eingegangen wird (b) bis d)), soll auf zwei übergreifende, wichtige Vorerwägungen hingewiesen werden, die trivial anmuten mögen, aber in der Kooperationsgestaltungspraxis dennoch häufig vernachlässigt werden: Zum einen ist *genau* zu bestimmen, worin im Einzelfall das „Kooperative" besteht, also was der Gegenstand der jeweiligen Kooperation ist. Hier liegt aufgrund der Vielgestaltigkeit der Kooperationspraxis ein entscheidender Schlüssel. Nur so kann den jeweiligen konkreten Umständen der angestrebten Kooperation Rechnung getragen werden. Zum anderen ist es aufgrund des – wie oben dargelegten – Querschnittscharakters und der Lückenhaftigkeit eines öf-

---

[27] Siehe dazu bereits oben unter III.
[28] Zu den hier verwendeten Begriffen „Kooperationsebene" und „Kooperationsaspekt" s. bereits unter I.
[29] S. dazu auch bereits unter II.

fentlich-rechtlichen Kooperationsrechts von zentraler Bedeutung, nicht nur aus der fachlichen Kompetenz des jeweiligen Kooperationsanliegens heraus zu agieren, sondern auch die Fachleute der verschiedenen Rechtsgebiete einzubeziehen und dabei ein möglichst offenes rechtliches Problembewusstsein an den Tag zu legen. Angesichts der Vielzahl möglicher Kooperationen, Kooperationspartner, Inhalte der Kooperation, fachlicher Gegenstände und der deshalb stets hoch variablen rechtlichen Rahmenbedingungen sind letztverbindliche Aussagen für jede vorstellbare Konstellation einer Kooperation kaum möglich. Sie können aber zumeist für die konkrete Kooperation ermittelt werden. Das Vorgehen in der Drei-Schritt-Methode ermöglicht dabei ein erhebliches Maß an Rechtssicherheit und eine präzise Bestimmung der rechtlichen Unwägbarkeiten.

b) Rechtmäßigkeitsprüfung

In der Rechtmäßigkeitsprüfung wird danach gefragt, welche Grenzen den Kooperationsbeteiligten durch (für sie – praktisch – nicht zur Disposition stehendes) Recht (z. B. Gesetze, Verfassung, Weisungen übergeordneter Behörden) für die Kooperation gezogen sind. Hier ist rechtlicher Sachverstand unabdingbar, der in seinen Anforderungen allerdings stets anhand des konkreten Kooperationsziels, des Kooperationsgegenstands und der Kooperationsbeteiligten variiert.

Welches Recht (bzw. welche Rechtsgebiete) im Rahmen der Rechtmäßigkeitsprüfung relevant ist und in der Folge auch die Rechtsgestaltungsprüfung mitbestimmt, hängt – da das geltende Recht (also z. B. die geltenden Gesetze) in der Regel an Lebens-, Aufgaben- oder Gegenstandsbereiche anknüpft – wiederum ab von

- den jeweiligen Kooperationsakteuren bzw. -partnern – also etwa Bund, Länder oder Kommunen –,
- dem Gegenstand der Kooperation – also etwa dem gemeinsamen Einkauf, dem Betrieb und der Pflege von Software, dem gemeinsamen Betrieb eines Dienstleistungszentrums, der gemeinsamen Abwicklung von Personalangelegenheiten –,
- dem Inhalt der Kooperation im Hinblick auf eine unmittelbare öffentlich-rechtliche Aufgabenerfüllung – also die Fachspezifik – sowie schließlich
- den Kooperationsebenen – also die aufgaben-, die organisations- und verfahrens- sowie die finanzierungsbezogene Ebene der Kooperation.

Als äußerer Rechtsrahmen ist insbesondere das Staats- und Verfassungsrecht zu berücksichtigen, wie etwa das sogenannte Verbot der Mischverwaltung oder speziellere Ausprägungen. Hier ist z. B. im Bereich der informationstechnischen Systeme Art. 91c GG zu beachten. Aus solchen und anderen Rechtsquellen können Grenzen für die Kooperation zwischen Bund, Länder und Kommunen resultieren, aber auch bestimmte Formerfordernisse oder Verfahrensvorgaben. So können die Länder miteinander oder mit dem Bund bspw. nur in der Form des Staatsvertrags Kooperationen abschließen, wenn die zu regelnde Materie nach Bundes- oder Landes(verfassungs-)

recht unter Parlamentsvorbehalt steht, wenn also der konkret in Rede stehende Kooperationsgegenstand innerstaatlich durch Gesetz geregelt werden müsste. Eine Verwaltungsvereinbarung reicht rechtlich dann nicht aus.

Die letzten Überlegungen zeigen zugleich, dass es für den Rechtsgestaltungsprozess zweckmäßig ist, zwischen rechtsformunabhängigen und rechtsformgebundenen Anforderungen zu unterscheiden. Denn die Frage, ob und in welcher *rechtlichen* Form eine Kooperation auszugestalten ist, ist eine vom Recht selbst zu beantwortende Frage, insbesondere eine solche des Verfassungsrechts, aber auch des einfachen Gesetzesrechts und des untergesetzlichen Rechts. In diesem Sinne lassen sich allgemeine Voraussetzungen und Maßstäbe der rechtlichen und rechtsförmlichen Ausgestaltung und Umsetzung von Kooperationen prinzipiell feststellen. Sie betreffen vor allem den Beschluss von Kooperationsregelungen, insbesondere den Abschluss von Staatsverträgen und Verwaltungsvereinbarungen, und hier wiederum die Kompetenz zum Be- bzw. Abschluss solcher Kooperationsregelungen und die formellen Anforderungen, die beim Beschluss solcher Regelungen etwa in Hinblick auf Zuständigkeit, Verfahren und Form zu beachten sind.

In Einzelfällen können zudem weitere inhaltliche Anforderungen, die über die soeben genannten generellen Voraussetzungen der Rechtmäßigkeit hinausgehen, zu beachten sein. Dazu gehören vor allem Anforderungen im Zuge der Kooperationsanbahnung an die Verschriftlichung von Kooperationsregelungen, an die Information, Transparenz und den Geheimnisschutz von Kooperationsregelungen oder auch Anforderungen des Datenschutzes und der IT-Sicherheit. Zu den genannten Bereichen können zudem Anforderungen aus der jeweiligen sonstigen Fachmaterie hinzukommen (z. B. dem Straßenverkehrsrecht, Gewerberecht, Polizeirecht etc.), die insbesondere von den Fachspezialisten zusätzlich zu berücksichtigen und zu ergänzen sind. Unabhängig von der Rechtsform können auch Regeln zu beachten sein, die eine Kooperation generell ausschließen oder einschränken. Ein Beispiel sind etwa die sogenannten Datenverarbeitungszentrums-Gesetze, die darauf abzielen, eine zentrale Dienstleisterin auf dem Gebiet der Informations- und Kommunikationstechnik zu etablieren, um Synergieeffekte, Kostensenkungen und Effizienzsteigerungen im Bereich von IT-Dienstleistungen für Verwaltungsträger zu ermöglichen.[30] Hier kann bei Eingehen neuer Kooperationen zu prüfen sein, ob in den Gesetzen nicht ein etwaiges Ausschließlichkeitsrecht der bestehenden (institutionellen) Kooperation vereinbart ist und daher weitere (z. B. vertragliche) Kooperationen gesperrt sein können.

Im Rahmen der Rechtmäßigkeitsprüfung auf dieser Ebene lässt sich zumeist ein großes Ausmaß an Rechtssicherheit herstellen, ist doch hier allein das Recht leitend.

---

[30] Siehe etwa den Staatsvertrag zum Beitritt von Sachsen-Anhalt zur Einrichtung „Dataport" vom Februar 2014, abrufbar unter www.dataport.de/download/staatsvertrag.pdf.

c) Zweckmäßigkeitserwägungen

Im zweiten Schritt werden dann Zweckmäßigkeitserwägungen angestellt, die weniger rechtlich als tatsächlich auszufüllen sind.[31] Denn hier müssen die Kooperationsbeteiligten ihre konkreten Kooperationsmaximen präzisieren, indem sie fragen, wie der nach dem ersten Schritt bestehende rechtlich eröffnete Kooperations- und Gestaltungsspielraum zweckmäßig (also etwa wirtschaftlich sinnvoll, effektiv oder strategisch klug) ausgefüllt werden soll. Diese Erwägungen werden durch das Recht kaum näher umschrieben. Daher sollen hier nur einige allgemeine Anmerkungen in Bezug auf Überlegungen gemacht werden, die Rückwirkungen auf rechtliche Gestaltung haben können. Exemplarisch soll hier die Wahl des Kooperationspartners unter Zweckmäßigkeitsgesichtspunkten erläutert werden:

Ziel einer Kooperation ist es, Partner zu finden, um schneller, effizienter, wirtschaftlicher oder wirkungsvoller handeln zu können. Es geht also darum, eigene nicht vorhandene bzw. beschränkte eigene Kapazitäten durch Verbindung mit anderen Partnern zu ergänzen. Dies kann so weit gehen, dass jetzt erst überhaupt eine Aufgabenerfüllung möglich wird. Dementsprechend werden für die Kooperation meist Partner mit ergänzendem Wissen, Erfahrungen oder Ressourcen gesucht. Grundlage für eine Kooperation ist die individuelle Bedarfssituation aller Partner und die gemeinsame fachliche Zielsetzung. Insofern sollte die Partnerauswahl für die Kooperation vor allem von der Suche nach Akteuren mit gleichen oder ähnlichen fachlichen Aufgaben und daraus abgeleitet vergleichbarem Bedarf und vergleichbaren Interessen geleitet sein.

Vor diesem Hintergrund ist die Partnersuche auf gleicher föderaler Ebene mit hoher Wahrscheinlichkeit für viele Kooperationen zielführend. Auf gleicher Ebene können auch strukturelle Rahmenbedingungen für die Partnerauswahl relevant sein (z.B. Flächenland, Stadtstaat, großes Land, kleines Land, Vorhandensein oder Fehlen leistungsstarker zentraler Einrichtungen, unterschiedliche politische Ziel- und Schwerpunktsetzungen). Je nach Bedarfssituation können hier entweder Ähnlichkeit oder Unterschiedlichkeit besonders gefragt sein. Dies gilt auch für fachliches oder politisches Engagement und Finanzkraft. Wenn vergleichbare Ausgangspositionen der potenziellen Partner bestehen, kann dies eine gleichgewichtige Verteilung der Lasten ermöglichen. In der Praxis kann allerdings auch gewollt sein, dass ein Partner federführend tätig wird oder ein Partner eine besondere Stellung einnimmt, z.B. auch deshalb, weil es bereits erhebliche Vorarbeiten dieses Partners gibt.

Bei ebenen-übergreifenden Kooperationen können eher Zielkonflikte entstehen bzw. können sich Unterschiede negativ auswirken, wenn die Erwartungen an die Kooperation, die eingebrachten Erfahrungen und Ressourcen sowie organisatorische und finanzielle Rahmenbedingungen sich in eine andere Richtung entwickeln. Gegen eine vor diesem Hintergrund scheinbar naheliegende Beschränkung einer Kooperation auf dieselbe Ebene spricht ggf., dass die „Verwaltungskraft" der Beteilig-

---
[31] Siehe dazu auch bereits unter III.

ten (z. B. im Fall von Kommunen) eventuell zu schwach ist oder diese nicht ausreichend gleichwertig verteilt ist, um eine kompetente Steuerung größerer Kooperationen mitleisten zu können. In diesem Fall wäre die Einbindung von Partnern mit mehr Kapazität bzw. Ressourcen sinnvoll.

Abgesehen davon hängt die Suche nach Kooperationspartnern auch davon ab, ob eine für einen späteren Beitritt neuer Partner offene oder aber eine geschlossene, also nicht um neue Partner erweiterbare, Kooperation angestrebt wird. Bei der offenen Variante werden entsprechende Regularien und ein dauerhaftes Erweiterungsmanagement sowie ggf. auch eine Leitposition eines oder jedenfalls einiger weniger Partner benötigt. Insofern wären Erfahrungen in der Leitung von Kooperationen und die Ressourcen, eine solche Federführerschaft zu übernehmen, zusätzliche Kriterien für die Partnerauswahl. Bei einer gewünschten geschlossenen Kooperation ist zu beachten, dass, insbesondere bei Kooperationspartnern auf paralleler Ebene, eine Verpflichtung zur Gleichbehandlung, etwa aus dem Grundsatz bundesfreundlichen Verhaltens heraus, einen späteren Beitritt anderer, entgegen der eigentlichen Vorstellung, dennoch möglich sein muss. Daher kann es sinnvoll sein, bereits vorab über die Bedingungen und Möglichkeiten einer solchen Beitrittsoffenheit nachzudenken und ggf. dafür Regelungen vorzusehen.

Es zeigt sich also schon am Kriterium der Akteure bzw. Kooperationspartner, dass die geringen Verpflichtungen in der Konsequenz breite Gestaltungsspielräume hinsichtlich der Partnerwahl ermöglichen. Eine Kooperation allein auf der horizontalen Ebene (also bspw. Kommunen mit Kommunen, Länder mit Ländern) enthält im Prinzip geringeren rechtlichen und strategischen Problemlösungsbedarf als Kooperationen mit vertikalen Strukturen (Bund-Länder, Land-Kommunen). Über den kommunalen Gleichbehandlungsgrundsatz bzw. das Prinzip bundesfreundlichen Verhaltens kann eine nachträgliche Integrationsmöglichkeit für alle potentiellen Kooperationspartner einer Ebene zu beachten sein.

d) Rechtsgestaltungserwägungen

Schließlich ist im dritten Schritt, den Rechtsgestaltungserwägungen, das Recht wiederum leitend. Denn hier ist zu klären, wie die so gewünschten und in Betracht kommenden Kooperationslösungen rechtssicher umgesetzt bzw. ausgestaltet werden können. Wenngleich auch angeleitet von den allgemeinen und rechtsformbezogenen Grenzen einer Kooperation, so bestimmt sich die rechtssichere Gestaltung einer Kooperation (einschließlich der Wahl der passenden Kooperationsrechtsform) im Übrigen nach den konkreten Regulierungsbedarfen im Einzelfall, die sich aus den einzelnen Gestaltungsebenen der jeweiligen Kooperation ergeben, sowie danach, wie die Beteiligten den sich aus den rechtlichen Grenzen ergebenden Spielraum zweckmäßig ausfüllen wollen.

Nach der Form oder der Art und Weise der Kooperation stellt das geltende Recht eine Vielzahl von Gestaltungsformen zur Verfügung, die sich – zumal in Bezug und in Abhängigkeit des jeweiligen konkreten Kooperationsgegenstandes – in ihrer rechtlichen Zulässigkeit, ihren rechtlichen Wirkungen und Folgen unterscheiden. Damit können sich aber auch spezifische Rechtsfragen, auch im Hinblick auf weitere Rechtsbereiche wie das Verwaltungsverfahrensrecht, das Finanzverfassungsrecht, das Verfassungsrecht des Bundes und der Länder einschließlich des Kommunalverfassungsrechts oder auf den ersten Blick eher entfernt erscheinende Rechtsbereiche, wie das Vergaberecht oder das Steuerrecht, verbinden. Systematisch und zur Eröffnung des gesamten Spektrums lassen sich öffentlich-rechtliche und privatrechtliche Gestaltungsformen und hier wiederum jeweils vertragliche und organisatorisch-institutionelle Formen der Kooperation unterscheiden. So erlauben öffentlich-rechtliche Gestaltungsformen, wie etwa die Körperschaft, Stiftung oder Anstalt des öffentlichen Rechts oder auch eine gemeinsam gegründete Behörde von vornherein die Beteiligung Privater nicht oder nur unter sehr engen Voraussetzungen. Dagegen stellt sich bei der Gründung einer GmbH unter ausschließlicher Beteiligung öffentlicher Hände in besonderer Weise die Frage der Steuerpflichtigkeit der GmbH ebenso wie die Nutzbarkeit vorteilhafter Rahmenbedingungen. Die Körperschafts- und Umsatzsteuerpflicht stellt sich besonders bei der Frage der interkommunalen Zusammenarbeit, etwa in Form von Arbeitsgemeinschaften, Zweckvereinbarungen und Zweckverbandsvereinbarungen.

V. Fazit und Ausblick

Der Blick des Gesetzgebers hat das Allgemeine Verwaltungsrecht in den letzten Jahren ohnehin nur selten erreicht. Dadurch sind diverse in der praktischen Verwaltungstätigkeit auftretende Problembereiche nur unzureichend geregelt worden und weitgehend der Eigeninitiative der Verwaltung überlassen geblieben. Dazu gehört – etwa neben dem Umgang mit der Digitalisierung – auch ein nachhaltiges Verwaltungskooperationsrecht. Moderne Verwaltung lässt sich kaum noch von den einzelnen Verwaltungen selbst bewältigen; Kooperationen sind längst Realität, aber rechtlich kaum begleitet. Mit Hilfe einer Drei-Schritt-Methode können angesichts nicht zu erwartender gesetzgeberischer Aktivitäten die Rechtsunsicherheiten beim Eingehen, Durchführen und Auflösen von Kooperationen wenigstens so bearbeitet werden, dass Eckpfeiler eingeschlagen und eine informierte Entscheidung über die Ausgestaltung der Kooperation getroffen werden kann.

Arndt Schmehl hat sich immer dafür eingesetzt, dass Verwaltung rechtsstaatlich agiert – und auch dafür, dass sie dies überhaupt tun kann. Die Nachlässigkeit des Gesetzgebers gegenüber den Grundlagen des Verwaltungsrechts hat ihn immer umgetrieben. Und so, wie er das Steuer- und Gesundheitsrecht „zurück ins Verwaltungsrecht" holen und einhegen wollte, so hat ihn und uns in unseren gemeinsamen Projekten auch immer wieder aufs Neue beschäftigt, dass ein so wesentliches Rückgrat für die Funktionalität der modernen Verwaltung rechtlich nicht erfasst ist. In diesem Sinne war und wird die rechtswissenschaftliche Befassung mit diesem Thema für die beiden Autoren immer auch ein Gedenken an unseren Freund und Kollegen sein.

Kommunalrecht

Der Vorrang des Landesverfassungs(prozess)rechts bei der Kommunalverfassungsbeschwerde

Von *Tristan Barczak*

I. Einführung

In den Regelungen über die Abgrenzung der Kommunalverfassungsbeschwerde nach Bundesrecht gegenüber derjenigen nach Landesrecht vereinigen sich gleich mehrere Themenfelder, mit denen sich Arndt Schmehl zeitlebens intensiv beschäftigt hat: Zum Recht der Gemeinden und Gemeindeverbände einschließlich der verfassungsrechtlichen Absicherung ihrer Allzuständigkeit in Art. 28 Abs. 2 GG verfasste er mehrere grundlegende Beiträge.[1] Als einer der Ersten analysierte er die Novellierung des Art. 72 Abs. 2 GG,[2] die den Ländern mit dem Übergang vom offenkundig nicht kompetenzwahrenden „Bedürfnis" zur „Erforderlichkeit" einen substantiellen Regelungsbereich erhalten sollte und Ausdruck der Subsidiarität im Bundesstaat ist.[3] Die „Freiheit zur Selbstverwaltung" der jeweils kleineren im Verhältnis zur größeren Einheit war für Arndt Schmehl, der sich persönlich stark in der akademischen Selbstverwaltung engagierte, eine Herzensangelegenheit. Der Landesverfassungsgerichtsbarkeit stand er schließlich ebenfalls nahe: Seit dem Jahr 2012 war er stellvertretendes Mitglied des Hamburgischen Verfassungsgerichts.

Die kommunale Verfassungsbeschwerde galt lange Zeit als „vernachlässigte Verfahrensart".[4] Sie führte nicht nur in der universitären Ausbildung, für die sich Arndt Schmehl in – sprichwörtlich – „ausgezeichneter" Weise einsetzte,[5] ein „Schattendasein" und war „in die Nische der wissenschaftlichen Aufmerksamkeit" verbannt wor-

---

[1] Vgl. nur *A. Schmehl*, Lokale Agenda 21-Prozesse: Nachhaltigkeit als Projekt der Zivilgesellschaft und Gegenstand der örtlichen Selbstverwaltung, in: Lange (Hrsg.), Nachhaltigkeit im Recht, 2003, S. 39; *ders.*, Die Auslegungs- und Heilungsregeln des Kommunalwahlrechts in der Kritik, DV 34 (2001), 235; *ders.*, Der Widerspruch gegen die Gültigkeit von Wahlen in den hessischen Kommunalvertretungen, VR 2003, 276; *ders.*, Zur Bestimmung des Kernbereichs der kommunalen Selbstverwaltung, BayVBl. 2006, 325.

[2] *A. Schmehl*, Die erneuerte Erforderlichkeitsklausel in Art. 72 II GG, DÖV 1996, 724.

[3] Dazu *St. Oeter*, Integration und Subsidiarität im deutschen Bundesstaatsrecht, 1998, S. 403 ff.

[4] *Th. I. Schmidt*, Die Kommunalverfassungsbeschwerde, JA 2008, 763 (763).

[5] Im Jahre 2001 erhielt er den Wolfgang-Mittermaier-Preis der Universität Gießen „für hervorragende Leistungen in der akademischen Lehre", an der Universität Hamburg war er zudem in den Jahren 2010 bis 2012 u. a. Studiendekan sowie Leiter des Prüfungsamts der Rechtswissenschaftlichen Fakultät.

den.[6] Dass die Verfassungsbeschwerde der Gemeinden und Gemeindeverbände auch in der bundesverfassungsgerichtlichen Praxis keine allzu große Relevanz erlangen konnte, liegt vor allem an der Subsidiaritätsklausel der Art. 93 Abs. 1 Nr. 4b GG, § 91 S. 2 BVerfGG,[7] die entsprechende Verfahren zu einem Hausgut der Landesverfassungsgerichtsbarkeit erklärt und für das Bundesverfassungsgericht nur eine „Reservezuständigkeit"[8] eröffnet, weshalb die Bundeskommunalverfassungsbeschwerde gewissermaßen als bloßer „Auffang-Rechtsbehelf"[9] fungiert. Im Landesverfassungsrecht und dem Verfahrensrecht der Landesverfassungsgerichte hat die kommunale Verfassungsbeschwerde demgegenüber seit langem einen festen Platz. Hier besitzt sie große praktische Bedeutung und mitunter „Schrittmacherfunktion für die Verfassungsrechtsprechung in Deutschland insgesamt".[10]

II. Das Subsidiaritätsdogma

Gegen Gesetze, die den alleinigen Gegenstand der Kommunalverfassungsbeschwerde bilden, steht zwar ein Rechtsweg grds. nicht offen (vgl. § 93 Abs. 3 BVerfGG). Das bedeutet jedoch nicht, dass es den betroffenen Selbstverwaltungskörperschaften freistünde, um Rechtsschutz beim Bundesverfassungsgericht nachzusuchen. Die Verfassungsbeschwerde der Gemeinden und Gemeindeverbände steht vielmehr unter einem dreifachen Subsidiaritätsvorbehalt, der dazu führt, dass das Bundesverfassungsgericht nur ausnahmsweise über entsprechende Beschwerden entscheidet und die Bundeskommunalverfassungsbeschwerde zu Recht als Auffang-Rechtsbehelf gekennzeichnet wird. Zum einen schließen § 91 S. 2 BVerfGG und Art. 93 Abs. 1 Nr. 4b Halbs. 2 GG die Kommunalverfassungsbeschwerde aus, wenn und soweit nach Landesrecht eine Kommunalverfassungsbeschwerde zum jeweiligen Landesverfassungsgericht erhoben werden kann, und enthalten damit eine formelle Subsidiaritätsklausel. Darüber hinaus wendet das Bundesverfassungsgericht in ständiger Rechtsprechung und entgegen systematischer Bedenken die für die Individualverfassungsbeschwerde geltende Vorschrift des § 90 Abs. 2 BVerfGG auch auf Verfassungsbeschwerden der Kommunen an: Zum einen ist damit das Erfordernis der Rechtswegerschöpfung zu berücksichtigen, zum anderen wird der dem Rechtsgedanken des § 90 Abs. 2 S. 1 BVerfGG entnommene Grundsatz der materiellen Subsidiarität auch im Kommunalverfassungsbeschwerdeverfahren zur Geltung gebracht.

---

[6] *Th. Starke*, Grundfälle zur Kommunalverfassungsbeschwerde, JuS 2008, 319 (319).

[7] *St. Detterbeck*, in: Sachs (Hrsg.), GG, 8. Aufl. 2018, Art. 93 Rdnr. 100; *St. Mückl*, in: Ehlers/Schoch (Hrsg.), Rechtsschutz im Öffentlichen Recht, 2009, § 14 Rdnr. 43.

[8] Explizit BVerfGE 107, 1 (11).

[9] *Starke* (o. Fußn. 6), 322.

[10] *M. Dietlein*, Kommunale Verfassungsbeschwerde vor dem Verfassungsgerichtshof, in: Festschrift 50 Jahre Verfassungsgerichtshof NRW, 2002, S. 117 (117), mit Blick auf die Rspr. des VerfGH NRW in den 1970er und 80er Jahren zu den kommunalen Neugliederungsprogrammen.

§ 91 S. 2 BVerfGG und Art. 93 Abs. 1 Nr. 4b Halbs. 2 GG[11] schließen die Bundeskommunalverfassungsbeschwerde aus, soweit eine Beschwerde wegen Verletzung des Rechts auf Selbstverwaltung nach dem Rechte des Landes beim Landesverfassungsgericht erhoben werden kann. Die Anordnung der formellen Subsidiarität der Kommunalverfassungsbeschwerde zum Bundesverfassungsgericht ist hiernach davon abhängig, ob überhaupt ein entsprechender Rechtsbehelf nach Landesrecht besteht und wie weit dieser reicht.

1. Landesrechtliche Regelungen

Mittlerweile sieht das Verfassungsprozessrecht der überwiegenden Zahl der Bundesländer Regelungen vor, nach denen Gemeinden und Gemeindeverbände staatliche Maßnahmen, die ihr Selbstverwaltungsrecht beeinträchtigen, einer verfassungsgerichtlichen Kontrolle unterziehen können:[12]

a) Baden-Württemberg

Nach Art. 76 Verf BW i.V.m. §§ 8 Abs. 1 Nr. 8, 54, 48 und 50 VerfGHG BW können Gemeinden den Verfassungsgerichtshof für das Land Baden-Württemberg mit der Behauptung anrufen, dass ein Gesetz die Vorschriften der Art. 71 bis 75 Verf BW verletze. Der VerfGH BW bezeichnet dieses Verfahren als kommunalrechtliches Normenkontrollverfahren mit Elementen der abstrakten Normenkontrolle sowie des individuellen Rechtsschutzes.[13] Prüfungsmaßstab sind neben der Selbstverwaltungsgarantie (Art. 71 Abs. 1 Verf BW) u. a. Regelungen zu Kommunalwahlen (Art. 72), das Besteuerungsrecht der Gemeinden (Art. 73 Abs. 2) und Vorschriften über kommunale Gebietsreformen (Art. 74). Den Prüfungsgegenstand beschränkte der StGH BW dagegen auf formelle, vom Landesparlamentsgesetzgeber beschlossene Gesetze, nicht aber untergesetzliche Rechtsvorschriften.[14] Es bleibt abzuwarten, ob das mit Gesetz vom 1.12.2015[15] umbenannte Gericht dieser einschränkenden Rechtsprechung treu bleibt, der im Übrigen nur das Landesverfassungsgericht Sachsen-Anhalt folgt.

---

[11] Zur Entstehungsgeschichte der Subsidiaritätsklausel *J. Dietlein/S. Peters*, Kommunale Selbstverwaltung im Föderalstaat, 2017, S. 56 f.

[12] Dazu im Überblick auch *Chr. Starck*, Verfassungsgerichtsbarkeit der Länder, in: Isensee/Kirchhof (Hrsg.), HStR VI, 3. Aufl. 2008, § 130 Rdnr. 63 f. und *T. Barczak*, in: ders. (Hrsg.), Mitarbeiterkommentar zum BVerfGG, 2018, § 91 Rdnr. 40 ff.

[13] VerfGH BW, 6.3.2017, 1 GR 21/16, juris, Rdnr. 6.

[14] StGH BW, ESVGH 27, 185 (188).

[15] Gesetz zur Änderung der Verfassung des Landes Baden-Württemberg und des Gesetzes über den Staatsgerichtshof sowie anderer Gesetze vom 1.12.2015, GBl S. 1030.

b) Bayern

Das bayerische Prozessrecht kennt keine spezifische Kommunalverfassungsbeschwerde. Der BayVerfGH gesteht jedoch den Gemeinden und Gemeindeverbänden ungeachtet ihrer Rechtsform als juristische Personen des öffentlichen Rechts die Möglichkeit zu, Individualverfassungsbeschwerde nach Art. 66, 120 BayVerf i.V.m. Art. 2 Nr. 6, 51 ff. BayVerfGHG zu erheben.[16] Sie können die Verfassungsbeschwerde dabei nicht nur auf Justizgrundrechte stützen, sondern auch auf eine Verletzung ihres Selbstverwaltungsrechts nach Art. 11 Abs. 2 S. 2 BayVerf als einem „institutionell garantierten, grundrechtsähnlichen subjektiven öffentlichen Recht"[17] sowie auf einen Verstoß gegen die in Art. 83 Abs. 2 S. 2 BayVerf verfassungsrechtlich gewährleistete kommunale Finanzhoheit als besonderem Ausfluss des gemeindlichen Selbstverwaltungsrechts.[18] Darüber hinaus haben auch kommunale Selbstverwaltungskörperschaften die Möglichkeit, Gesetze über Popularklagen nach Art. 67 BayVerf i.V.m. Art. 2 Nr. 7, 55 BayVerfGHG auf ihre Verfassungsmäßigkeit prüfen zu lassen.[19]

c) Berlin

In Ermangelung einer Trennung von kommunaler und staatlicher Ebene im „Stadtstaat" existiert hier schon keine beschwerdeberechtigte Kommune, die über die Subsidiaritätsklausel des § 91 S. 2 BVerfGG an die Landesverfassungsgerichtsbarkeit verwiesen werden könnte. Beachtenswert erscheint in diesem Kontext jedoch, dass Art. 84 Abs. 2 Nr. 6 BlnVerf i.V.m. §§ 14 Nr. 9, 57 BlnVerfGHG ein der Kommunalverfassungsbeschwerde vergleichbares Verfahren der Normenkontrolle zum Zwecke der Zuständigkeitsabgrenzung zwischen der Hauptverwaltung und den Bezirken kennt, die in diesem Verfahren ausschließlich antragsberechtigt sind.

d) Brandenburg

Nach Art. 113 Nr. 5 i.V.m. Art. 100 BbgVerf i.V.m. §§ 12 Nr. 5, 51 BbgVerfGG können Gemeinden und Gemeindeverbände Verfassungsbeschwerde mit der Behauptung erheben, dass ein Gesetz des Landes ihr Recht auf Selbstverwaltung nach Art. 97 Abs. 1 BbgVerf verletzt. Sie können deshalb nach der Rechtsprechung des Verfassungsgerichts des Landes Brandenburg, die sich stark an derjenigen des

---

[16] BayVerfGHE 45, 157 (160 f.); 64, 177 (185).

[17] BayVerfGHE 24, 48 (50 f.); 36, 113 (117); 82 (86).

[18] BayVerfGHE 12, 48 (55).

[19] Hierzu *H. Domcke*, Die bayerische Popularklage, in: Starck/Stern (Hrsg.), Landesverfassungsgerichtsbarkeit, Teilbd. 2, 1983, S. 231 (245); *B. Bohn*, Das Verfassungsprozessrecht der Popularklage, 2012, S. 313 ff.

Bundesverfassungsgerichts orientiert,[20] im Rahmen einer kommunalen Verfassungsbeschwerde allein eine Verletzung solcher Verfassungsbestimmungen rügen, die die kommunale Selbstverwaltung prägen oder doch mit der kommunalen Selbstverwaltung zu tun haben.[21] Dies nimmt das Landesverfassungsgericht etwa für die Anhörungsrechte nach Art. 97 Abs. 4 und Art. 98 Abs. 3 BbgVerf an.

e) Bremen

Nach Art. 140 Abs. 1 S. 1 BremVerf i.V.m. §§ 10 Nr. 2, 24 Abs. 1 BremStGHG haben öffentlich-rechtliche Körperschaft des Landes Bremen das Recht zur Normenkontrolle. Zu diesen zählen auch die Gemeinden Bremen und Bremerhaven, bei denen es sich um Gebietskörperschaften des öffentlichen Rechts (Art. 144 S. 1) mit dem Recht der Selbstverwaltung (Art. 144 S. 2 BremVerf) handelt und die daher auch beschwerdeberechtigt im Rahmen der Kommunalverfassungsbeschwerde zum Bundesverfassungsgericht sind.

f) Hamburg

Für die Einheitsgemeinde der Freien und Hansestadt Hamburg gelten die Ausführungen zu Berlin entsprechend. Ein verfassungsgerichtliches Verfahren zur Abgrenzung der Kompetenzen zwischen Bezirks- und Hauptverwaltungsebene existiert in Hamburg jedoch nicht.

g) Hessen

§ 46 HessStGHG eröffnet Gemeinden und Gemeindeverbänden eine als „kommunale Grundrechtsklage"[22] bezeichnete Verfassungsbeschwerde, die diese mit der Behauptung erheben können, dass Landesrecht die Vorschriften der Verfassung des Landes Hessen über das Recht der Selbstverwaltung (vgl. Art. 137 HessVerf) verletzt. Sie wurde durch Gesetz vom 30. 11. 1994[23] eingeführt und vom HessStGH für mit der Landesverfassung vereinbar erklärt, weil sie die Öffnungsklausel des Art. 131 Abs. 1 HessVerf in zulässiger Weise ausfülle.[24] Unter dem Begriff des „Landesrechts" i.S.d. § 46 HessStGHG versteht der Staatsgerichtshof in Anlehnung an die Rechtsprechung des Bundesverfassungsgerichts Gesetze sowohl im formellen als auch im materiellen Sinne.[25]

---

[20] Siehe auch *N. P. Benedens/L. Benedens*, Kommunalverfassungsbeschwerde vor dem Verfassungsgericht des Landes Brandenburg, KommP MO 2004, 76 ff., 116 ff.

[21] BbgVerfG, LKV 2002, 576 (577).

[22] Hierzu etwa *D. Birkenfeld*, Kommunalrecht Hessen, 6. Aufl. 2016, S. 72.

[23] GVBl. I S. 684; siehe auch *P. Cancik*, Die Verfassungsentwicklung in Hessen, JöR n.F. 51 (2003), 271 (288).

[24] HessStGH, 4. 5. 2004, P.St. 1713, Rdnr. 194 ff.

[25] HessStGH, 4. 5. 2004, P.St. 1713, juris, Rdnr. 202.

h) Mecklenburg-Vorpommern

Nach Art. 53 Nr. 8 LVerf M-V i.V.m. §§ 11 Abs. 1 Nr. 10, 52 Abs. 2 LVerfGG M-V entscheidet das Landesverfassungsgericht über Verfassungsbeschwerden von Gemeinden, Kreisen und Landschaftsverbänden wegen Verletzung des Rechts auf Selbstverwaltung (Art. 72 bis 74 LVerf M-V) durch ein Landesgesetz. In der Auslegung der genannten Vorschriften, namentlich zur Frage der Beschwerdebefugnis, orientiert sich das Landesverfassungsgericht an der Rechtsprechung des Bundesverfassungsgerichts.[26]

i) Niedersachsen

Die Kommunalverfassungsbeschwerde zum NdsStGH wegen einer Verletzung der kommunalen Selbstverwaltungsgarantie (Art. 57 NdsVerf) durch ein Landesgesetz ist in Art. 54 Nr. 5 NdsVerf i.V.m. §§ 8 Nr. 10, 36 NdsStGHG geregelt. Nachdem die Kommunalverfassungsbeschwerde bereits im Jahr 1993 in die Landesverfassung aufgenommen worden war und der Staatsgerichtshof in Bückeburg zwei Jahre später mehreren Kommunalverfassungsbeschwerden stattgegeben hatte, wobei er unter Inanspruchnahme seiner Verfahrensautonomie unmittelbar auf die Verfassung zurückgriff,[27] integrierte der Landesgesetzgeber mit Gesetz vom 1.7.1996[28] die bislang versäumten Verfahrensregelungen in § 36 NdsStGH. Abweichend von der sonst für die kommunale Rechtssatzverfassungsbeschwerde üblichen Jahresfrist erklärt § 36 Abs. 2 NdsStGHG die Verfassungsbeschwerde der Gemeinden und Gemeindeverbände innerhalb von zwei Jahren seit dem Inkrafttreten des Gesetzes für zulässig.

j) Nordrhein-Westfalen

Nach Art. 75 Nr. 4 Verf NRW i.V.m. §§ 12 Nr. 8, 52 VGHG NRW ist die Kommunalverfassungsbeschwerde zur Überprüfung von „Landesrecht" am Maßstab der Vorschriften der Landesverfassung über das Recht der Selbstverwaltung (vgl. Art. 78 Verf NRW) statthaft.[29]

k) Rheinland-Pfalz

Die Kommunalverfassungsbeschwerde in Rheinland-Pfalz ist im Gegensatz zum BVerfGG und dem Prozessrecht der übrigen Bundesländer nicht als reine Rechtssatzverfassungsbeschwerde konzipiert, sondern kann nach Art. 135 Abs. 1 Nr. 1 i.V.m.

---

[26] Siehe nur LVerfG M-V, LVerfGE 14, 293 (300 f.).

[27] NdsStGH, 15.8.1995, StGH 2/93 u.a., juris, Rdnr. 71 ff.

[28] GVBl. S. 342.

[29] Näher zum Verfahren *Dietlein* (o. Fußn. 10), S. 117 ff.; *P. J. Tettinger*, Landesverfassungsgerichtliche Normenkontrolle aufgrund kommunaler Verfassungsbeschwerde, NdsVBl. 2005 (Sonderheft), 40 ff.

Art. 130 Abs. 1 S. 2 Verf Rh-Pf i.V.m. §§ 2 Nr. 1 lit. a), 23 Abs. 1 VerfGHG Rh-Pf i.V.m. Art. 130 Abs. 1 S. 2 Verf Rh-Pf gegen „ein Gesetz oder die sonstige Handlung eines Verfassungsorgans" erhoben werden und ist damit z. B. auch als Urteilsverfassungsbeschwerde statthaft.[30] Nach der Rechtsprechung des VerfGH Rh-Pf entfällt für den Bereich des rheinland-pfälzischen Landesrechts der im Bund und in einigen anderen Bundesländern vorhandene Grund, die Gemeinden und Gemeindeverbände von dem die Verfassungsbeschwerde beherrschenden Grundsatz der Subsidiarität auszunehmen. Denn auch in dem Bereich, in dem das kommunale Selbstverwaltungsrecht betroffen ist, erscheine eine fachgerichtliche Vorklärung der Sach- und Rechtslage vor Anrufung des Verfassungsgerichtshofs durchaus sachgerecht.[31]

l) Saarland

Nach Art. 97 Nr. 4 i.V.m. Art. 123 SaarlVerf i.V.m. §§ 9 Nr. 13, 55 Abs. 2 SaarlVerfGHG kann die Verfassungsbeschwerde von Gemeinden und Gemeindeverbänden erhoben werden, wenn sie geltend machen, durch ein Gesetz in ihrem Selbstverwaltungsrecht nach Art. 117 bis 122 SaarlVerf verletzt zu sein.

m) Sachsen

Die kommunale Verfassungsbeschwerde ist in Sachsen in Art. 81 Abs. 1 Nr. 5 i.V.m. Art. 90 SächsVerf i.V.m. §§ 7 Nr. 8, 36 SächsVerfGHG geregelt.[32] Danach können kommunale Träger der Selbstverwaltung den Verfassungsgerichtshof mit der Behauptung anrufen, dass ein Gesetz die Bestimmungen des Art. 82 Abs. 2 oder der Art. 84 bis 89 SächsVerf verletze.[33]

n) Sachsen-Anhalt

Gemäß Art. 75 Nr. 7 SachsAnhLVerf i.V.m. §§ 2 Nr. 8, 51 SachsAnhLVerfGG entscheidet das Landesverfassungsgericht über Verfassungsbeschwerden von Kommunen und Gemeindeverbänden wegen Verletzung des Rechts auf Selbstverwaltung nach Art. 2 Abs. 3 und Art. 87 SachsAnhLVerf durch ein Landesgesetz. Den Begriff des „Landesgesetzes" legt das Verfassungsgericht in Abgrenzung zu dem extensiver zu verstehenden Begriff des „Landesrechts" dahin aus, dass hiermit ausschließlich

---

[30] VerfGH Rh-Pf, 31.5.1995, VGH B 3/95, juris, Rdnr. 10; 13.10.1995, VGH N 4/93, juris, Rdnr. 49; 25.1.2006, VGH B 1/05, juris, Rdnr. 20.

[31] VerfGH Rh-Pf, 13.10.1995, VGH N 4/93, juris, Rdnr. 49.

[32] Näher hierzu *B. Kaplonek*, Die Normenkontrolle auf kommunalen Antrag vor dem Verfassungsgerichtshof des Freistaates Sachsen, LKV 2005, 526 ff.

[33] SächsVerfG, 25.11.2005, Vf. 119-VIII-04, juris, Rdnr. 221.

förmliche, durch den Landtag im Gesetzgebungsverfahren beschlossene Landesgesetze erfasst seien.[34]

o) Schleswig-Holstein

Das zum 1.5.2008 eingerichtete Landesverfassungsgericht von Schleswig-Holstein[35] entscheidet nach Art. 51 Abs. 2 Nr. 4 LVerf S-H i.V.m. §§ 3 Nr. 4, 47 LVerfGG S-H über Verfassungsbeschwerden von Gemeinden und Gemeindeverbänden wegen der Verletzung des Rechts auf Selbstverwaltung nach Art. 54 Abs. 1 und 2 LVerf S-H durch ein Landesgesetz.[36]

p) Thüringen

Nach Art. 80 Abs. 1 Nr. 2 ThürVerf i.V.m. §§ 11 Nr. 2, 31 Abs. 2 ThürVerfGHG entscheidet der Verfassungsgerichtshof des Freistaates über Verfassungsbeschwerden von Gemeinden und Gemeindeverbänden wegen der Verletzung des Rechts auf Selbstverwaltung nach Art. 91 Abs. 1 und 2 ThürVerf. Wie in Rheinland-Pfalz ist eine Beschränkung des Beschwerdegegenstands nicht vorgesehen. Insofern kann die Kommunalverfassungsbeschwerde nicht nur Gesetze und Rechtsverordnungen, sondern auch sonstige Hoheitsakte zum Gegenstand haben kann.[37] Dabei hält sich auch der ThürVerfGH für befugt, aufgrund einer Kommunalverfassungsbeschwerde nicht nur in materieller Hinsicht zu prüfen, ob die den Gegenstand des Verfahrens bildende Norm das Selbstverwaltungsrecht verletzt, sondern auch, ob sie den sich aus der Landesverfassung ergebenden formellen Anforderungen an ihre Wirksamkeit gerecht wird, zu denen bspw. auch das in Art. 92 Abs. 3 S. 2 ThürVerf normierte Gebot der Anhörung der betroffenen Gebietskörperschaften bei kommunalen Neugliederungsentscheidungen gehört.

2. Reichweite der Sperrwirkung

§ 91 S. 2 BVerfGG schließt die Kommunalverfassungsbeschwerde zum Bundesverfassungsgericht aus, „soweit" eine Beschwerde wegen einer Verletzung der Selbstverwaltungsgarantie zum jeweiligen Landesverfassungsgericht erhoben wer-

---

[34] SachsAnhLVerfG, LVerfGE 16, 559 (566); zustimmend *D. Kettler*, Zur Subsidiarität der Kommunalverfassungsbeschwerde nach Bundesrecht gegenüber der nach Landesrecht für Gemeinden in den neuen Bundesländern, LKV 1995, 132 (134).

[35] Zu dessen Errichtung instruktiv *Y. Blackstein*, Das Landesverfassungsgericht von Schleswig-Holstein, 2014, S. 50 ff.

[36] Vgl. LVerfG, S-H LVerfGE 23, 361 (369 f); näher *A. Groth*, Die kommunale Verfassungsbeschwerde zum Schleswig-Holsteinischen Landesverfassungsgericht, NordÖR 2008, 513 (514 ff.), der sich allerdings für eine Beschränkung des Beschwerdegegenstands auf formelle Landesgesetze ausspricht (S. 515).

[37] ThürVerfGH, 12.10.2004, VerfG 16/02, juris, Rdnr. 79.

den kann. Die Subsidiaritätsklausel weist den Landesverfassungsgerichten damit einerseits einen „prinzipielle[n] Vorrang"[38] beim Rechtsschutz der Kommunen gegen Landesrecht zu, sie entfaltet mit anderen Worten eine „generelle Sperrwirkung"[39]. Andererseits stellt sie diesen Vorrang unter den Vorbehalt einer Beschwerdemöglichkeit nach Landesverfassungsprozessrecht unabhängig von deren Rechtscharakter, Bezeichnung oder konkreter Ausgestaltung. Gemeint ist damit nicht ein der bundesverfassungsrechtlichen Kommunalverfassungsbeschwerde in jeder Hinsicht gleichgestaltetes Verfahren, sondern nur ein im Wesentlichen gleichwertiger Rechtsbehelf, der nach seiner Ausgestaltung „im Großen und Ganzen"[40] geeignet ist, den Schutz des in Art. 28 Abs. 2 GG gewährleisteten Rechtsguts sicherzustellen.[41] In einem dennoch verbleibenden Lückenbereich bleibt das Verfahren vor dem Bundesverfassungsgericht statthaft. Der Vorrang der Landesverfassungsgerichtsbarkeit reicht daher nur soweit, wie die Landesverfassung den Garantiegehalt des Art. 28 Abs. 2 GG auch im Wesentlichen abdeckt.

Zuständig bleibt das Bundesverfassungsgericht von vornherein für die verfassungsgerichtliche Kontrolle von Bundesgesetzen, die in die kommunale Selbstverwaltungsgarantie eingreifen.[42] Dies ergibt sich explizit aus dem Wortlaut des Art. 93 Abs. 1 Nr. 4b GG und korrespondierender landesrechtlicher Regelungen, die die Kommunalverfassungsbeschwerde auf „Landesgesetze" bzw. „Landesrecht" beschränken, im Übrigen aus der Trennung der Verfassungsräume von Bund und Ländern und dem damit einhergehenden Umstand, dass Bundesrecht schon mit Blick auf Art. 31 GG keinen tauglichen Prüfungsgegenstand für die Landesverfassungsgerichtsbarkeit bildet.[43] Im Übrigen lässt sich zwischen der verfahrensrechtlichen und der materiell-rechtlichen Gleichwertigkeit differenzieren.

---

[38] BVerfG, 21.11.2017, 2 BvR 2177/16, juris, Rdnr. 45 – Kinderförderungsgesetz Sachsen-Anhalt.
[39] BVerfG, 16.12.1998, 2 BvR 627/94, juris, Rdnr. 11.
[40] *K. Rennert*, Die Klausur im Kommunalrecht, JuS 2008, 29 (31).
[41] BVerfGE 107, 1 (10); ferner *St. Magen*, in: Umbach/Clemens/Dollinger (Hrsg.), BVerfGG, 2. Aufl. 2005, § 91 Rdnr. 34; *Th. Anger*, in: Pieroth/Silberkuhl (Hrsg.), Die Verfassungsbeschwerde, 2008, § 91 Rdnr. 16 ff.; *Dietlein/Peters* (o. Fußn. 11), S. 69 ff.; *D. R. Lück*, Der Beitrag der Kommunalverfassungsbeschwerde nach Art. 93 Abs. 1 Nr. 4b GG, § 91 BVerfGG zum Schutz der kommunalen Selbstverwaltung, 2014, S. 209 ff.; *Kettler* (o. Fußn. 34), 132; *Starke* (o. Fußn. 6) 322, mwN.
[42] Hierzu schon BVerfGE 1, 167 (173): „§ 91 S. 2 BVerfGG kann aber sinnvoll den Vorrang der Landesverfassungsgerichtsbarkeit nur für den Fall statuieren, daß Gemeinden oder Gemeindeverbände die Unvereinbarkeit von Landesgesetzen mit Art. 28 GG rügen. Die Kontrolle von Bundesrecht auch nur für diesen Einzelfall den Landesverfassungsgerichten zu übertragen, würde der Gesamtstruktur der Bundesverfassungsgerichtsbarkeit widersprechen. § 91 S. 2 BVerfGG ist daher nicht anwendbar, wenn eine Gemeinde oder ein Gemeindeverband die Unvereinbarkeit von Bundesrecht mit dem Grundgesetz rügt"; s auch *M. Burgi*, Kommunalrecht, 5. Aufl. 2015, § 9 Rdnr. 2; *Dietlein/Peters* (o. Fußn. 11), S. 59 ff.
[43] Vgl. nur *Barczak* (o. Fußn. 12), § 91 Rdnr. 58; *Magen* (o. Fußn. 41), § 91 Rdnr. 39; *R. Steinberg*, Landesverfassungsgerichtsbarkeit und Bundesrecht, in: Eichel/Möller (Hrsg.), Festschrift 50 Jahre Verfassung des Landes Hessen, 1997, S. 356 (377 ff.).

a) Verfahrensrechtliche Gleichwertigkeit

Die „Reservezuständigkeit" des Bundesverfassungsgerichts lebt wieder auf, wenn es an der von § 91 S. 2 BVerfGG vorausgesetzten gleichwertigen Verfahrensgestaltung fehlt. Dies betrifft jedoch nur die Gleichwertigkeit der Rechtsschutzinstrumente, verlangt aber keinen materiell gleichwertigen Rechtsschutz durch die Landesverfassungsgerichte.[44]

Im Einzelnen bedeutet dies: Bei Divergenzen in der *Parteifähigkeit* wird die Sperrwirkung nicht ausgelöst. Kommunale Selbstverwaltungskörperschaften (insb. Gemeindeverbände), die allgemein als Träger der Garantie aus Art. 28 Abs. 2 GG anerkannt sind, denen aber der Zugang zum Landesverfassungsgericht prozessual verwehrt wird, können sich unmittelbar an das Bundesverfassungsgericht wenden.[45] Relevant wird die Reservezuständigkeit des Bundesverfassungsgerichts vor allem mit Blick auf diejenigen Bundesländer, die den *Beschwerdegegenstand* des landesrechtlichen Rechtsbehelfs restriktiver fassen und auf formelle Landesgesetze beschränken (Baden-Württemberg, Sachsen-Anhalt). Das Ergebnis mag auf den ersten Blick befremdlich erscheinen, ist aber eine Folge des in § 91 S. 2 BVerfGG niedergelegten Subsidiaritätsmechanismus: Während formelle Landesgesetze vom jeweiligen Verfassungsgericht des Bundeslandes geprüft werden, fällt dem Bundesverfassungsgericht die Kontrolle untergesetzlicher landesrechtlicher Normen (Rechtsverordnungen und Satzungen) zu, die zwar nicht über die Landes- wohl aber über die Bundeskommunalverfassungsbeschwerde angefochten werden können.[46] Stellt die Landesverfassungsgerichtsbarkeit strengere Anforderungen an die *Beschwerdebefugnis*, lebt das Verfahren nach § 91 BVerfGG, Art. 93 Abs. 1 Nr. 4b GG ebenfalls wieder auf.[47] Umgekehrt lässt es die Geltung der Sperrwirkung unberührt, wenn sich das Landesverfassungsprozessrecht mit einem Weniger begnügt und wie in Bayern auch den Gemeinden und Gemeindeverbänden die Möglichkeit zur Popularklage gibt.

b) Materiell-rechtliche Gleichwertigkeit

Demgegenüber kommt es für die Frage der Reichweite der Sperrwirkung des § 91 S. 2 BVerfGG nicht auf den *Umfang des materiell-rechtlichen Prüfungsmaßstabs* (sog. materielle oder materiell-rechtliche Gleichwertigkeit) an.[48] In kommunalen

---

[44] *Lück* (o. Fußn. 41), S. 236.

[45] *Mückl* (o. Fußn. 7), § 14 Rdnr. 46; *Lück* (o. Fußn. 41), S. 217.

[46] Mit Blick auf eine Rechtsverordnung in Sachsen-Anhalt BVerfGE 107, 1 (11); vgl. auch A. *Voßkuhle*, in: von Mangoldt/Klein/Starck (Hrsg.), GG III, 7. Aufl. 2018, Art. 93 Abs. 1 Nr. 4b Rdnr. 200.

[47] Übereinstimmend *W. Litzenburger*, Die kommunale Verfassungsbeschwerde in Bund und Ländern, 1985, S. 223 f.; *Lück* (o. Fußn. 41), S. 218.

[48] Umstritten, wie hier *O. Klein*, in: Benda/Klein, Verfassungsprozessrecht, 3. Aufl. 2012, Rdnr. 654; *Chr. Hillgruber/Chr. Goos* Verfassungsprozessrecht, 4. Aufl. 2015, Rdnr. 297;

Streitigkeiten, die Gegenstand einer landesrechtlichen Kommunalverfassungsbeschwerde sind, entscheidet das Landesverfassungsgericht in einem durch die Subsidiaritätsklausel vor bundesverfassungsgerichtlicher Einflussnahme geschützten Freiraum, der landesinterne – grundrechtlich geschützte Rechte nicht berührende – Streitigkeiten unter Funktionsträgern der Staatsgewalt im Lande umfasst.[49] Anders als § 90 Abs. 2 S. 1 sieht § 91 S. 2 BVerfGG die Subsidiarität der Verfassungsbeschwerde zum Bundesverfassungsgericht daher nicht nur in dem Sinne vor, dass eine Erschöpfung des Rechtswegs verlangt wird, sondern schließt die Kommunalverfassungsbeschwerde zum Bundesverfassungsgericht bei Eröffnung des Rechtswegs zu den Landesverfassungsgerichten generell aus. Die Subsidiarität sichert bei der Kommunalverfassungsbeschwerde die Alternativität der verfassungsgerichtlichen Rechtsbehelfe und betrifft damit eine Zuständigkeitsfrage, während sie bei der Individualverfassungsbeschwerde als prozedurale Zulässigkeitsvoraussetzung das Sukzessivverhältnis von Fach- und Verfassungsgerichtsbarkeit sicherstellen möchte.[50] Wenn Länder Landesverfassungsgerichte mit den entsprechenden Kompetenzen eingerichtet haben, ist die Wahrung des Selbstverwaltungsrechts der Gemeinden ihnen anvertraut. Die Gemeinden sind damit auf die Auslegung des in der jeweiligen Landesverfassung garantierten Selbstverwaltungsrechts und die sich aus der Landesverfassung ergebenden Prüfungsmaßstäbe verwiesen. Dies kann aus Sicht der betroffenen Gemeinden und Gemeindeverbände zu dem unbefriedigenden Ergebnis führen, dass sie – wenn das Landesverfassungsgericht seine Prüfungszuständigkeit insoweit beschränkt – eine volle Prüfung nicht erreichen können. Doch ist die Möglichkeit von Entscheidungen, die vom Ergebnis einer Prüfung anhand der Maßstäbe des Grundgesetzes abweichen, beim gemeindlichen Selbstverwaltungsrecht von Gesetzes und Verfassungs wegen in Kauf genommen.[51] Nur in solchen eng begrenzten Ausnahmefällen, in denen die Entscheidungspraxis eines Landesverfassungsgerichts nicht einmal der Mindestgarantie eines Art. 28 Abs. 2 GG entsprechenden Rechtsschutzes gerecht wird und nur „dem Namen nach" eine verfassungsgerichtliche Kontrolle gewährt, bleibt es auch materiell-rechtlich bei der Reservezuständigkeit des Bundesverfassungsgerichts.[52] Dieser Fall wird indes, wie die zitierten Entscheidun-

---

Lück (o. Fußn. 41), S. 236; a.A. *Magen* (o. Fußn. 41), § 91 Rdnr. 37; *D. Diehm*, in: Burkiczak/Dollinger/Schorkopf (Hrsg.), BVerfGG, 2015, § 91 Rdnr. 26; *Anger* (o. Fußn. 41), § 91 Rdnr. 18; *Dietlein/Peters* (o. Fußn. 11), S. 87 ff.; *Rennert* (o. Fußn. 40), 31; differenzierend *F. Scheffczyk*, in: Walter/Grünewald (Hrsg.), BeckOK-BVerfGG, § 91 Rdnr. 57 (Stand: 1.6.2018); offenlassend *Mückl* (o. Fußn. 7), § 14 Rdnr. 48; zur uneinheitlichen Rspr. des BVerfG vgl. auch noch die Nachweise im Folgenden.

[49] BVerfG, NVwZ 2004, 980 (980).

[50] *Kettler* (o. Fußn. 34), 135; *L. Michael*, Normenkontrollen – Teil 4: Fragen der Zulässigkeit: Rechtssatzverfassungsbeschwerde und Kommunalverfassungsbeschwerde, ZJS 5/2014, 490 (494).

[51] BVerfG, NVwZ 1994, 58 (59); NVwZ-RR 1999, 353 (353); siehe auch *Barczak* (o. Fußn. 12), § 91 Rdnr. 63.

[52] BVerfG, 25.6.2007, 2 BvR 635/07, juris, Rdnr. 3; 14.10.2013, 2 BvR 1961/13, juris, Rdnr. 4; jüngst auch VG Münster, 19.4.2016, 1 K 1532/11, juris, Rdnr. 33 ff.; VG Düsseldorf,

gen zeigen, kaum je praktisch werden: Die Trennung der Verfassungsräume von Bund und Ländern[53] führt nicht dazu, dass das Bundesverfassungsgericht und die Landesverfassungsgerichte bei der Prüfung der kommunalen Selbstverwaltungsgarantie völlig unterschiedliche materielle Maßstäbe zugrunde legen. Die Selbstverwaltungsgarantie nach Art. 28 Abs. 2 GG hat vielmehr mittelbar insoweit Einfluss auf die Rechtsprechung der Landesverfassungsgerichte zur Selbstverwaltungsgarantie nach den Landesverfassungen, als Art. 28 Abs. 2 GG für die Länder – mithin für die Landesverfassungsgerichte – objektiv-rechtlich verbindlich ist und die Landesverfassungsgerichte sicherzustellen haben, dass der eigene Prüfungsmaßstab – die jeweilige Landesverfassung – mit dem Grundgesetz vereinbar ist.[54] Das materiell-verfassungsrechtliche Schutzniveau der Selbstverwaltungsgarantie nach Landesverfassungsrecht – in der Auslegung durch die Landesverfassungsgerichtsbarkeit – wird schon daher hinter der Selbstverwaltungsgarantie des Art. 28 Abs. 2 GG – in der Auslegung des Bundesverfassungsgerichts – nur selten zurückbleiben.[55]

Demgegenüber versteht der Zweite Senat die Subsidiaritätsklausel neuerdings enger und hält seine Reservezuständigkeit bereits dann für eröffnet, wenn der landesverfassungsrechtlichen Garantie der kommunalen Selbstverwaltung in der autoritativen Auslegung durch das zuständige Landesverfassungsgericht wesentliche Gewährleistungsgehalte von Art. 28 Abs. 2 GG fehlen oder diese zumindest nicht eingeklagt werden können.[56] Wesentliche Gewährleistungsgehalte in diesem Sinne seien solche, die „nicht hinweggedacht werden können, ohne dass die institutionelle Garantie der kommunalen Selbstverwaltung substantiell verändert würde".[57] Dazu zählt der Senat – in bewusst nicht abschließend gehaltener Aufzählung – die Gewährleistung eines eigenen Aufgabenbereichs der Gemeinden sowie die Eigenverantwortlichkeit der Aufgabenerfüllung, die Eigenständigkeit der Gemeinden auch im Verhältnis zu den Landkreisen, das von Art. 28 Abs. 2 S. 1 GG statuierte Aufgabenverteilungsprinzip sowie die Vorkehrung, dass die Entziehung einer Angelegenheit der örtlichen Gemeinschaft strengen Rechtfertigungsanforderungen unterliegt.[58] Es bleibt abzuwarten, welche Folgerungen diese Interpretation des Gleichwertigkeitserfordernisses in der Zukunft haben wird, denn im konkreten Verfahren war

---

10.6.2016, 1 K 4093/11, juris, Rdnr. 46; kritisch hierzu *Chr. Lenz/R. Hansel*, BVerfGG, 2. Aufl. 2015, § 91 Rdnr. 37, die dies für zu weitgehend halten.

[53] BVerfGE 4, 178 (189); 64, 301 (317); 96, 345 (368); BVerfGK 8, 169 (171); siehe ferner *R. Bartlsperger*, Gesamtstaatliche Verfassungsordnung, in: Isensee/Kirchhof (Hrsg.), HStR VI, 3. Aufl. 2008, § 128 Rdnr. 30 ff.; *St. Meyer*, Erweiterter bundesverfassungsgerichtlicher Rechtsschutz nach einer Unvereinbarerklärung, JZ 2012, 434 (442).

[54] Vgl. auch *Starck* (o. Fußn. 12), § 130 Rdnr. 64; *Burgi* (o. Fußn. 42), § 7 Rdnr. 6 f.

[55] VG Düsseldorf, 10.6.2016, 1 K 4093/11, juris, Rdnr. 33 ff., 46.

[56] BVerfG, 21.11.2017, 2 BvR 2177/16, juris, Rdnr. 60 – Kinderförderungsgesetz Sachsen-Anhalt; mit einer Typologie der Reservezuständigkeit vgl. die Anm. von *H.-G. Henneke*, DVBl. 2018, 42 (45).

[57] BVerfG, 21.11.2017, 2 BvR 2177/16, juris, Rdnr. 59.

[58] BVerfG, 21.11.2017, 2 BvR 2177/16, Rdnr. 59.

die mangelnde Gleichwertigkeit schon deshalb nicht gegeben, weil die landesverfassungsrechtliche Garantie der kommunalen Selbstverwaltung nicht zwischen Gemeinden und Landkreisen unterschied und demnach auch kein verfassungsrechtliches Aufgabenverteilungsprinzip mit einem Vorrang der Gemeinde- vor der Kreisebene kannte;[59] insofern wurde sie aber nicht einmal der Mindestgarantie eines Art. 28 Abs. 2 GG entsprechenden Schutzes gerecht und hätte es einer Ausweitung der Reservekompetenz des Bundesverfassungsgerichts nicht bedurft.

III. Schluss

In der formellen Subsidiarität der Kommunalverfassungsbeschwerde zum Bundesverfassungsgericht gegenüber einem entsprechenden, verfahrensrechtlich gleichwertigen Rechtsbehelf auf Landesebene kommen die prinzipielle Trennung der Verfassungsräume von Bund und Ländern und die grundgesetzliche Anerkennung einer eigenständigen Landesverfassungsgerichtsbarkeit zum Ausdruck. Beiden Aspekten hat Arndt Schmehl, der als Verfassungsrechtler auch stets „Kompetenzrechtler" war, besonderes Augenmerk geschenkt.

---

[59] BVerfG, 21.11.2017, 2 BvR 2177/16, Rdnr. 61; von offenen Fragen für die Zukunft geht auch die Anm. von *Chr. Bruening*, NVwZ 2018, 155 (156) aus.

Kommunale Einwohnerprivilegierungen nach der Kammerentscheidung des BVerfG vom 19.7.2016

Von *Klaus Lange*

I. Für Arndt Schmehl

Arndt Schmehl habe ich kennengelernt, als er sich, 1989/90, kurz nach seinem glänzenden Abitur um ein Stipendium der Friedrich-Ebert-Stiftung bewarb. Ich erinnere mich, wie er mir in unserem aus diesem Anlass geführten ersten Gespräch erzählte, dass er schon eine Unmenge an Beiträgen für Lokalzeitungen geschrieben habe – nach meiner Erinnerung waren es, so unglaublich es klingt, mehr als 1000. Später erfuhr ich, dass er auch ein vorzüglicher und dafür mit mehreren Preisen ausgezeichneter Fotograf war. Beides zeugte nicht allein von einer breit gefächerten Begabung, sondern nicht weniger von einer ungewöhnlich starken Neigung, Neuland zu betreten und sich dabei voll einzusetzen. Das hat sich später wiederholt gezeigt. Etwa bei der Wahl seines stark auch steuerrechtlich geprägten Habilitationsthemas über das Äquivalenzprinzip, obwohl die Tätigkeit an meiner Professur steuerrechtlich sozusagen keimfrei war. Oder bei seiner Entscheidung, schon im ersten Jahr seiner Zeit als wissenschaftlicher Assistent Gastvorlesungen an unserer amerikanischen Partneruniversität in Madison, Wisconsin, zu halten. Solche Wagnisse einzugehen, kann Arndt Schmehl nicht leichtgefallen sein. Denn er war, wie ich ihn kennengelernt habe, sensibel und das macht es schwer, die Gefahr des Scheiterns auszublenden. Da bedurfte es also außer der rerum novarum cupiditas, was mit Neugier unzureichend übersetzt wäre, des Muts, der Kreativität, der Selbstdisziplin und, wenn es gelingen sollte, was es nach meiner Erfahrung jeweils tat, großer Einsatzbereitschaft. Diese Einsatzbereitschaft, auf die man verlässlich zählen konnte, war übrigens oft genug mit einem starken Verantwortungsgefühl, auch für andere verbunden. Ich erinnere mich daran, wie er bei der Leitung von Arbeitsgemeinschaften im Interesse der Studierenden neue didaktische Modelle erprobte, was ihm eine Menge Mehrarbeit brachte, von der er sich keine besonderen Lorbeeren erwarten konnte. In diese Richtung geht es auch, dass er seit 2007 Vertrauensdozent der Friedrich-Ebert-Stiftung war. Ich habe mehr als zehn Jahre, von seiner Zeit als studentische Hilfskraft bis nach seiner Habilitation, mit Freude mit Arndt Schmehl zusammengearbeitet und seine Entwicklung mit starker innerer Anteilnahme, Verbundenheit und Zustimmung begleitet und verfolgt. Ich bin sehr dankbar, dass wir dank des Engagements der Veranstalter die Freude und den Gewinn, die uns die Zusammenarbeit und das Zusammensein mit Arndt Schmehl, die wissenschaftliche Diskussion mit ihm und dem, was er geschaffen hat, vermittelt haben, in dem für ihn veranstalteten Gedächtniskolloquium und diesem Band in besonderer Weise lebendig werden lassen und damit unsere Verbundenheit mit ihm zum Ausdruck bringen konnten und können.

Arndt Schmehl neigte dazu, Grundsatzfragen nicht allein um ihrer selbst willen zu erörtern, sondern deren Beantwortung mit ihren praktischen Auswirkungen zu konfrontieren. Andererseits widmete er sich praktischen juristischen Problemen nicht ohne intensive Auseinandersetzung mit den dahinter stehenden Grundsatzentscheidungen. Ich will versuchen, anhand eines praktischen Problems, dessen Lösung von der grundsätzlichen Einschätzung der Aufgaben der Kommunen und des Rechtsstatus ihrer Einwohner abhängt, ähnlich vorzugehen. Es geht um die Frage, ob Kommunen von Nichteinwohnern für die Benutzung ihrer Einrichtungen höhere Entgelte verlangen dürfen als von ihren Einwohnern. Das BVerfG hat im Jahr 2016 in einer Kammerentscheidung diese Frage verneint, sofern nicht besondere Gründe, die zu der Differenzierung nach Einwohner und Nichteinwohner hinzukommen müssen, die unterschiedliche Behandlung rechtfertigen. Die bloße Nichtzugehörigkeit zu einer Gemeinde berechtige diese nicht, Auswärtige zu benachteiligen.[1] Die Thematik hat damit nicht nur eine neue Aktualität gewonnen. Sie dürfte auch gerade in den Interessenbereich von Arndt Schmehl fallen. In der 2016 erschienenen schönen Dissertation von *Tobias Langeloh* über die Zulässigkeit von finanziellen Einheimischenprivilegierungen dankt der Verfasser in erster Linie seinem verstorbenen Doktorvater Arndt Schmehl für seine Unterstützung bei der Konzeption der Arbeit sowie seine konstruktive Begleitung der Bearbeitung. Das spricht dafür, dass Arndt Schmehl die aufgeworfene Frage einer Diskussion für wert hielte.

II. Nationales Recht

1. Der Wohnort als einziger Privilegierungsgrund

Der Beschluss der Kammer des BVerfG betrifft ein Freizeitbad[2] in Bayern. Es wurde von einer GmbH betrieben. Alleingesellschafter der GmbH war ein Fremdenverkehrsverband in der Rechtsform eines Zweckverbands. Mitglieder des Zweckverbands waren ein Landkreis sowie fünf Gemeinden des Landkreises. Einwohnern dieser fünf Gemeinden gewährte die GmbH einen Nachlass von etwa einem Drittel auf den regulären Eintrittspreis. Der in Österreich wohnhafte Beschwerdeführer entrichtete als Nichteinwohner dieser Gemeinden den regulären Eintrittspreis. Hiergegen wandte er sich zunächst erfolglos vor den Zivilgerichten, bis er den Lohn für seine in Anbetracht der finanziellen Dimension des Falles bemerkenswerte Hartnä-

---

[1] BVerfG (3. Kammer des Zweiten Senats), Beschluss v. 19.07.2016 – 2 BvR 470/08 –, juris, Rdnr. 39.

[2] Deutsche Gesellschaft für das Badewesen, Bäderportal (http://www.baederportal.com/anschriften/freizeitbaeder/, zuletzt aufgerufen am 15.02.2018): Das Freizeitbad hat gegenüber dem Sportbad zusätzliche Wasserflächen und Einrichtungen für Freizeitsport, Spiel und Erholung (z.B. Erlebnisbecken, Außenbecken, Wasserrutsche, Saunaanlage und Gastronomie).

ckigkeit vor dem BVerfG erntete. Eine Kammer des BVerfG gab seiner Verfassungsbeschwerde statt, und zwar zunächst deshalb, weil die Forderung des höheren Entgelts gegen den Gleichheitssatz des Art. 3 Abs. 1 GG verstoße. An die Grundrechte sei die GmbH nach der Rechtsprechung des BVerfG[3] unmittelbar gebunden, da der Fremdenverkehrsverband als Körperschaft des öffentlichen Rechts ihr einziger Gesellschafter sei und die Grundrechtsbindung der öffentlichen Hand unabhängig von deren Handlungs- und Organisationsformen gelte.

Zur Begründung der Entscheidung vereinfachte die Kammer ihre Argumentation – weitgehend, aber nicht uneingeschränkt zu Recht – so, als sei anstelle der GmbH unmittelbar eine Gemeinde Träger des Freizeitbads. Das ließ sich damit rechtfertigen, dass die GmbH ebenso an die Grundrechte gebunden war wie der Zweckverband selbst und, wie eine Gemeinde es gewesen wäre. Außerdem resultierten die Befugnisse des Zweckverbands aus den Aufgaben, die ihm die beteiligten kommunalen Gebietskörperschaften übertragen hatten, ließen sich also insofern auf die Gemeinden zurückführen. Auch hinsichtlich seines Status als Träger öffentlicher Einrichtungen und seiner wirtschaftlichen Aktivitäten unterlag der Zweckverband keinen anderen Regeln als eine Gemeinde.[4]

Ihre Annahme eines Verstoßes gegen den allgemeinen Gleichheitssatz begründete die Kammer wie folgt: In der Rechtsprechung des BVerfG sei geklärt, dass der Wohnsitz allein kein eine Bevorzugung legitimierender Grund sei. Die bloße Nichtzugehörigkeit zu einer Gemeinde berechtige diese daher nicht, Auswärtige zu benachteiligen. Eine Ungleichbehandlung von Einwohnern und Nichteinwohnern könne allerdings aus Sachgründen gerechtfertigt sein. Verfolge eine Gemeinde durch die Privilegierung Einheimischer das Ziel, knappe Ressourcen auf den eigenen Aufgabenbereich (Art. 28 Abs. 2 Satz 1 GG) zu beschränken oder Gemeindeangehörigen einen Ausgleich für besondere Belastungen zu gewähren oder sollten die kulturellen und sozialen Belange der örtlichen Gemeinschaft dadurch gefördert und der kommunale Zusammenhalt dadurch gestärkt werden, dass Einheimischen besondere Vorteile gewährt werden, könne dies mit Art. 3 Abs. 1 GG vereinbar sein. Solche Gründe für eine Bevorzugung Einheimischer seien hier aber nicht ersichtlich.[5]

Schon der argumentative Ausgangspunkt der Kammer ist allerdings problematisch. Die zum Beleg der Rechtsprechung des BVerfG herangezogenen drei Entscheidungen enthalten nämlich nicht, wie behauptet, die generelle Aussage, dass der Wohnsitz allein kein eine Bevorzugung legitimierender Grund sei. In zwei dieser Urteile[6], die zum Hochschulrecht ergangen sind, wird die grundsätzliche Zulässigkeit von Differenzierungen nach dem Wohnsitz vielmehr ausdrücklich bejaht und nur im

---

[3] Vgl. BVerfGE 128, 226 (244 ff.)

[4] Vgl. Art. 26 I 1, Art. 40 I 1 BayKommZG. Zur Übertragbarkeit der für eine Gemeinde geltenden Regeln bei Einheimischenprivilegierungen auf einen Zweckverband *T. Langeloh*, Die Zulässigkeit von finanziellen Einheimischenprivilegierungen, 2016, S. 114.

[5] BVerfG (o. Fußn. 1), Rdnr. 38 ff.

[6] BVerfGE 33, 303 (352); 134, 1 (21 Rdnr. 60 ff.).

Hinblick auf die Besonderheiten des bundesweit zusammenhängenden Hochschulwesens relativiert. Ähnlich stellt die dritte von der Kammer zitierte Entscheidung[7] auf die Besonderheiten des Steuerrechts und seine Relevanz für die Freizügigkeit ab. Einen gleichen bundesweiten Systemzusammenhang wie dem Hochschulwesen oder dem Steuerrecht wird man kommunalen Freizeitbädern kaum attestieren können.

2. Die besondere Daseinsvorsorgeverpflichtung der Kommunen gegenüber ihren Einwohnern

Eine weitere Pauschalisierung nahm die Kammer in einem anderen entscheidungsrelevanten Punkt vor. Obwohl jedenfalls den Einwohnern des Zweckverbandsgebiets, und denen der fünf Mitgliedsgemeinden des Zweckverbands auch noch zu einem günstigeren Entgelt, die Benutzung des Bades gestattet war, ging die Kammer davon aus, dass das Bad auf Überregionalität angelegt sei und mit ihm entsprechend der auf Fremdenverkehrsförderung ausgerichteten Zielsetzung des Zweckverbands Auswärtige hätten angesprochen werden sollen, aber gerade nicht kommunale Aufgaben im engeren Sinn wie die Förderung des kulturellen und sozialen Wohls der Einwohner hätten wahrgenommen werden sollen.[8] Wieso ein kommunales Freizeitbad, das den Einwohnern zur Benutzung offensteht, keine öffentliche Einrichtung zum Wohl der Einwohner sein soll, bleibt unerfindlich. Allein zur Fremdenverkehrsförderung gehört es jedenfalls nicht. Die Gegenüberstellung, als schlösse die Überregionalität einer Einrichtung es aus, dass es sich um eine dem kulturellen und sozialen Wohl der Gemeindeeinwohner dienende kommunale öffentliche Einrichtung im Sinne etwa des Art. 21 BayGO handelt, beruht auf einer Fehleinschätzung der gemeindlichen öffentlichen Einrichtung.[9] Es gibt keinen Grund zu der Annahme, dass eine gemeindliche öffentliche Einrichtung ihren Zweck, das kulturelle und soziale Wohl der Einwohner zu fördern, dadurch verliert, dass sie zusätzlich zu der Benutzung durch die Gemeindeeinwohner der Benutzung durch Auswärtige geöffnet wird.[10] Ihre Besonderheit, dass das Benutzungsrecht nur der Einwohner durch die Gemeindeordnungen garantiert ist, wird durch die darüber hinausgehende Widmung auch zugunsten Auswärtiger nicht angetastet. Ebenso wenig leidet die Qualität als kommunale öffentliche Einrichtung darunter, dass die Öffnung für Auswärtige etwa zur Generierung zusätzlicher Einnahmen oder zur Förderung der Attraktivität einer Gemeinde erfolgt. Es kann daher kein Zweifel daran bestehen, dass es sich bei dem Freizeitbad um eine kommunale öffentliche Einrichtung handelte.

---

[7] BVerfGE 65, 325 (355 f.).

[8] BVerfG (o. Fußn. 1), Rdnr. 42 f.

[9] Einer solchen Fehleinschätzung fiel auch schon RhPfOVG, LKRZ 2007, 190 zum Opfer. Dagegen *K. Lange*, LKRZ 2007, 289 (290).

[10] Vgl. *K. Lange*, Kommunalrecht, 2013, Kap. 13 Rdnr. 7; *M. Burgi*, Kommunalrecht, 5. Aufl. 2015, § 16 Rdnr. 5, 7.

Wenn aber die Gemeinden öffentliche Einrichtungen überhaupt nur für ihre Einwohner bereitzuhalten haben[11] und alles Darüberhinausgehende ihrer freien Entscheidung überlassen ist, fragt sich doch, wieso es gegen den Gleichheitssatz verstoßen soll, wenn Gemeinden auch Auswärtigen die Benutzung einer solchen Einrichtung gestatten, aber höhere Benutzungsentgelte dafür von ihnen verlangen. Es ist wenig einleuchtend, dass die weniger gravierende Ungleichbehandlung, nämlich die Erhebung höherer Benutzungsentgelte, verfassungswidrig sein soll, während der vollständige Ausschluss Auswärtiger von der Benutzung als mit dem Gleichheitssatz vereinbar angesehen wird.

Dass die Erhebung geringerer Entgelte für die Benutzung eines kommunalen Freizeitbades durch Gemeindeeinwohner zulässig ist, liegt zudem deshalb nahe, weil das Maß, in dem eine Kommune durch eine solche Einrichtung das Wohl der Einwohner im Hinblick auf deren sportliche Betätigungsmöglichkeiten, Erholung und Gesundheit fördert, von der Höhe der Eintrittsgelder abhängt. Je mehr der Eintritt kostet, desto weniger Benutzungsmöglichkeiten haben die Einwohner. In welchem Maße Kommunen öffentliche Einrichtungen zum Wohl ihrer Einwohner bereitstellen, wie sie sie also auch ausgestalten, steht aber innerhalb weit gezogener Grenzen in ihrem durch die kommunale Selbstverwaltungsgarantie geschützten Ermessen.

Im Zusammenhang hiermit verlangt ein weiterer Gesichtspunkt Beachtung. Es macht einen Unterschied, ob eine Gemeinde ein Freizeitbad bereithält, um ihren Einwohnern Sport- und Erholungsmöglichkeiten zu bieten, oder um die Gemeinde für den Fremdenverkehr attraktiver zu machen. Dahinter steht die im Einzelnen umstrittene Unterscheidung zwischen gemeindlichen Daseinsvorsorgeleistungen und gemeindlicher Wirtschaftstätigkeit, die auch, wenn sie im öffentlichen Interesse liegt, nicht zur Daseinsvorsorge gehören muss.[12] Dieser Unterschied äußert sich nicht zuletzt in dem Maß, in dem eine Gemeinde Gewinnabsichten verfolgen und dementsprechend die Entgelte gestalten darf. Betreibt die Gemeinde ein Bad als öffentliche Einrichtung ausschließlich für ihre Einwohner, darf sie die Benutzungsentgelte nach dem in den meisten Bundesländern geltenden Kostenüberschreitungsverbot grundsätzlich nur so bemessen, dass höchstens die Kosten des Bades gedeckt werden.[13] Betreibt sie ein Bad nicht als öffentliche Einrichtung, sondern zur Förderung des Fremdenverkehrs nur für Auswärtige, so spricht hingegen vieles dafür, dass sie nicht an das Kostenüberschreitungsverbot gebunden, sondern zumindest berechtigt ist, einen Gewinn zu erwirtschaften, sofern er mit dem öffentlichen Zweck der Fremdenverkehrsförderung vereinbar ist.[14] Und auch wo solche expliziten gesetzli-

---

[11] Vgl. Art. 21 I 1, Art. 57 I 1 BayGO.
[12] Vgl. *K. Lange*, NVwZ 2014, 616 (618 f.).
[13] Vgl. *Lange* (o. Fußn. 10), Kap. 15 Rdnr. 101, unter Hinweis darauf, dass das Kostenüberschreitungsverbot gerade in Bayern nur sehr eingeschränkt gilt.
[14] Nach den meisten Gemeindeordnungen *sollen* die wirtschaftlichen Unternehmen der Gemeinden einen Ertrag für den Haushalt der Gemeinde abwerfen, dazu *Lange* (o. Fußn. 10), Kap. 14 Rdnr. 158. Allerdings unterscheiden die meisten Gemeindeordnungen auch zwischen wirtschaftlichen und nichtwirtschaftlichen Unternehmen. Hierzu wird die Auffassung vertre-

chen Regelungen fehlen, ist es den Gemeinden unbenommen, die Entgelte je nach dem Benutzungszweck unterschiedlich zu gestalten. Auf dieser Grundlage dürfte nichts dagegen einzuwenden sein, dass eine Gemeinde ein Freizeitbad als öffentliche Einrichtung nur zugunsten ihrer Einwohner mit maximal kostendeckenden Entgelten betreibt, und außerdem ein zweites gleichartiges Bad zur Fremdenverkehrsförderung nur für Auswärtige mit höheren Entgelten. Wenn das aber so ist, dann fragt sich doch, wieso die Gemeinde, um unterschiedliche Entgelte erheben zu können, zwei Bäder sollte errichten müssen, statt sich mit einem zu begnügen, für das je nach dem Benutzungszweck unterschiedliche Entgelte verlangt werden. Ein vernünftiger Grund dafür ist nicht erkennbar.[15] Allein schon die für die unterschiedlichen Zwecke des Bades maßgeblichen Entgeltregeln bzw. -möglichkeiten rechtfertigen also die vom BVerfG zu Unrecht verworfene Einwohnerprivilegierung.

3. Honorierung der besonderen Leistungen der Einwohner für ihre Kommune

Darüber hinaus lässt sich eine Begünstigung der Einwohner mit deren besonderen Leistungen für die Kommune rechtfertigen. Das gilt auch dann, wenn man die Entgeltdifferenzierung nach dem Wohnsitz als Differenzierung nach personenbezogenen Merkmalen versteht und deshalb im Einklang mit der sog. neuen Formel des BVerfG verlangt, dass die Ungleichbehandlung nicht nur dem Willkürverbot genügt, sondern auch verhältnismäßig ist.[16] Herkömmlich ist das Recht der Gemeindeeinwohner zur Benutzung der öffentlichen Einrichtungen ihrer Gemeinde in den Gemeindeordnungen im Zusammenhang damit – und damit grundsätzlich auch als Aus-

---

ten, dass nichtwirtschaftliche Unternehmen keinen Gewinn erzielen dürften (HessVGH, Beschluss v. 27.9.2006 – 5 N 358/04 –, juris, Rdnr. 50). Dem Umstand, dass nach diesen Gemeindeordnungen nur wirtschaftliche Unternehmen grundsätzlich zur Gewinnerzielung verpflichtet sind, lässt sich jedoch nicht entnehmen, dass nichtwirtschaftliche Unternehmen dazu nicht wenigstens berechtigt sind (vgl. auch § 121 II 2 HessGO, § 11 V HessEigBG). Außerdem spräche gegen die Zuordnung eines Freizeitbades, das zur Fremdenverkehrsförderung nur für Auswärtige bestimmt ist, zu den nichtwirtschaftlichen Unternehmen, dass an einem solchen Freizeitbad kein allgemeines öffentliches Interesse besteht (dazu *Lange* [o. Fußn. 12], 618 f.); es gehörte nicht zu den „öffentlichen Einrichtungen, die für die soziale und kulturelle Betreuung der Einwohner erforderlich sind" (§ 107 II 1 Nr. 2 NWGO). Die für den Ausgangsfall maßgebliche bayerische Rechtslage unterscheidet ohnehin nicht zwischen wirtschaftlichen und nichtwirtschaftlichen Unternehmen. Nach *Widtmann/Grasser/Glaser*, Art. 87 BayGO Rdnr. 12, soll der durch Art. 95 I BayGO vorgeschriebenen Beachtung betriebswirtschaftlicher Grundsätze und des Grundsatzes der Sparsamkeit und Wirtschaftlichkeit zu entnehmen sein, dass gemeindliche Unternehmen, also auch die, welche anderwärts als nichtwirtschaftliche Unternehmen qualifiziert würden, Gewinne erwirtschaften dürfen und sollen.

[15] Ähnlich ließe sich fragen, weshalb eine Gemeinde, die nur ein Bad errichtet, die Freiheit hat, sich für die eine oder die andere Variante zu entscheiden, aber nicht zu einer Kombination beider Varianten befugt sein soll.

[16] Diese Anforderung an finanzielle Einheimischenprivilegien halten *M. Burgi*, JZ 1999, 873 (879); *Langeloh* (o. Fußn. 4), S. 84 ff., für geboten. Zur Verhältnismäßigkeitsprüfung als Bestandteil der „neuen Formel" BVerfGE 95, 267 (316 f.); 122, 210 (230).

gleich dafür – geregelt, dass die Gemeindeeinwohner die Gemeindelasten zu tragen haben.[17] Die Gemeindelasten bestehen aus dem Aufwand, der zur Erfüllung der gemeindlichen Aufgaben erforderlich ist. Die Gemeindeeinwohner tragen diese Lasten im Wesentlichen durch die Zahlung von Abgaben, d. h. von Steuern, Gebühren und Beiträgen. Damit sind die Gemeindeeinwohner nicht nur generell von Auswärtigen unterschieden. Die Kosten gerade auch gemeindlicher öffentlicher Einrichtungen können sich, wenn keine kostendeckende Finanzierung gelingt, auf die Höhe dieser Gemeindelasten und damit auf die Belastung der Einwohner auswirken. Deshalb wird in Rechtsprechung und Literatur die Auffassung vertreten, dass finanzielle Vergünstigungen für die Einwohner aus Gründen des Lastenausgleichs gerechtfertigt sein könnten, da die Einwohner mit ihren Abgaben den allgemeinen Haushalt der jeweiligen Gebietskörperschaft und damit auch deren öffentliche Einrichtungen finanzierten.[18] Die Abgabenlast ist indessen nur ein Element von mehreren, die die besondere Verbundenheit der Einwohner zu ihrer Gemeinde ausmachen. Traditionell ist das vor allem die Wahrnehmung von Ehrenämtern. Sobald Gemeindeeinwohner wahlberechtigt und damit zu Gemeindebürgern geworden sind, sind sie zur Übernahme von Ehrenämtern verpflichtet.[19] Vergleichsweise modern ist eine Privatisierungswelle neuerer Art, die durch viele Gemeinden rollt. Ich meine die freiwillige Erbringung von Leistungen durch Einwohner der Gemeinde für die Einwohner der Gemeinde – oft anstelle der Gemeinde, die diese Leistungen früher administrativ erbracht hat. Ich brauche nur an die kleine frühere Residenzstadt Lich unweit von Gießen zu denken, in der ich selbst lebe. Als die Gemeinde das Waldschwimmbad nicht mehr unterhalten und das Hallenbad nicht mehr finanzieren konnte, haben vor allem Einwohner Vereine gegründet, die diese Aufgaben übernommen haben. Als das weithin nicht nur für seine Filme bekannte Programmkino Traumstern in Lich einzugehen drohte, bildete sich eine Genossenschaft, die seine Fortexistenz sicherte. Und ein Verein von Einwohnern wieder war es, der vor zwei Jahren eine große Freifläche im Zentrum des Ortes in den Bürgerpark, einen Spielplatz für Jung und Alt, verwandelte, wie man ihn in dieser Dimension und Ausstattung nur selten zu sehen bekommt. In einem Ortsteil, dessen letzter Lebensmittelladen geschlossen worden war, betreiben Einheimische jetzt ehrenamtlich einen Dorfladen, der nicht nur Einkäufe ermöglicht, sondern inzwischen zum Treffpunkt und einem kleinen kulturellen Zentrum geworden ist. Die Licher Kulturtage, die eine breite Resonanz finden, werden von Einwohnern veranstaltet. Rechtfertigen alle diese Leistungen für die Gemeinde es nicht, dass die Gemeinde sich den Gemeindeeinwohnern gegenüber anders verhält als gegenüber Auswärtigen und ihnen bei den Benutzungsentgelten

---

[17] Vgl. Art. 21 I BayGO.
[18] Vgl. BVerwGE 104, 60 (66); *Langeloh* (o. Fußn. 4), S. 134 f., 137 f. sowie 238 ff., dort unter Hinweis darauf, dass der Lastenausgleich im Unionsrecht zum Schutz der Kohärenz des jeweiligen Finanzierungssystems zur Anwendung kommen könne. In diesem Sinne zu Einheimischenabschlägen bei Benutzungsgebühren für kommunale Volkshochschulen und Musikschulen *Chr. Rölz*, KommunalPraxis BY 2005, 324 (327).
[19] Vgl. Art. 15 II, Art. 19 I BayGO.

kommunaler Einrichtungen entgegenkommt? Und rechtfertigt das Ziel, die Verbundenheit der Einwohner mit ihrer Gemeinde zu erhalten und zu stärken – ohne eine solche Verbundenheit wird es kommunales Engagement kaum geben können –, rechtfertigt dieses Ziel nicht auch eine Begünstigung der Einwohner bei den Entgelten für kommunale Leistungen?[20]

Das BVerwG hat diese Fragen in einem Beschluss vom 30. 1. 1997[21] grundsätzlich bejaht, der das Gegenteil der Kammerentscheidung des BVerfG besagt, in dieser aber nicht einmal erwähnt worden ist. Darin hat das BVerwG überzeugend entschieden, dass es nicht gegen den allgemeinen Gleichheitssatz des Art. 3 Abs. 1 GG verstoße, wenn in einer kommunalen Satzung für den Besuch einer – nicht kostendeckend betriebenen – Musikschule von Einheimischen eine um einen Zuschuss der Gemeinde abgesenkte Gebühr erhoben werde, während auswärtige Benutzer die nichtbezuschusste Gebühr bezahlen müssten. Zur Begründung hat das BVerwG ausgeführt: „Daß die Beschränkung der Förderung auf die eigenen Gemeindebürger mit Art. 3 Abs. 1 GG vereinbar ist, steht außer Frage. Insoweit ist das Kriterium der Ortsverbundenheit und der Beteiligung an den Gemeinlasten der Gemeinde ein hinreichender sachlicher Differenzierungsgrund [...] In diesem Zusammenhang kommt auch dem für die Gebührenbemessung nicht unmittelbar einschlägigen Argument a maiore ad minus Bedeutung zu, die Gemeinde könne statt des nach Landesrecht möglichen völligen Ausschlusses der Zulassung Auswärtiger zu öffentlichen Einrichtungen der Gemeinde auch deren Zulassung unter bloßem Ausschluss gewährter Zuwendungen gestatten."[22] Das BVerwG hält eine solche Einwohnerprivilegierung allerdings nur für zulässig, soweit die Einrichtung nicht kostendeckend betrieben werde.[23] Einer Auseinandersetzung mit dieser m. E. nicht überzeugenden Einschränkung[24] bedarf es hier nicht, zumal das BVerfG in seiner Kammerentscheidung im

---

[20] Vgl. *Burgi* (o. Fußn. 16), 880, zum Ziel der Schaffung kommunaler Identität, das aber nur für die Zulassung zu gemeindlichen Einrichtungen, nicht hingegen auch für die dafür zu entrichtenden Entgelte relevant sein soll. Auf die Entwicklung einer gefühlsmäßigen Bindung und letztendlich einer Identifikation mit dem Heimatort als ein Ziel der Einheimischenprivilegierung stellt auch *A. Roeßing*, Einheimischenprivilegierungen und EG-Recht, 2008, S. 35, ab. Indem die Kammer des BVerfG (o. Fußn. 1, Rdnr. 40 f., 43) die Förderung des sozialen Wohls der Einwohner und die damit verbundene Stärkung des kommunalen Zusammenhalts durch die verbilligte Nutzbarkeit des Freizeitbads grundlos in Abrede stellt, verkennt sie auch die selbst ihrer eigenen Auffassung nach hierin begründete Rechtfertigung der Einwohnerprivilegierung.

[21] BVerwGE 104, 60.

[22] BVerwGE 104, 60 (66 f.).

[23] BVerwGE 104, 60 (67).

[24] Nicht überzeugend ist sie, weil die von einem Teil der Benutzer erhobenen Gebühren auch nach dem Kostenüberschreitungsverbot die auf sie entfallenden Kosten überschreiten dürfen, wenn nur – infolge der Erhebung geringerer Gebühren von einem anderen Teil der Benutzer – die Gesamteinnahmen die Gesamtkosten nicht überschreiten. Dem Äquivalenzprinzip genügen auch Gebühren, welche die auf den Gebührenschuldner entfallenden Kosten übersteigen, solange nicht ein grobes Missverhältnis zwischen der Gebühr und der gebührenpflichtigen Leistung besteht (vgl. BVerwGE 115, 32 (44); 118, 123 (125). Außerdem gilt

grundsätzlichen Gegensatz zum BVerwG eine nicht durch besondere Sachgründe gerechtfertigte Einheimischenprivilegierung ganz unabhängig von der Frage der Kostendeckung für unzulässig erklärt und die Frage, ob das Schwimmbad kostendeckend betrieben wurde, auch nicht eindeutig geklärt hat.[25]

4. Beschränkung der Einwohnerprivilegierung auf dem Zweckverband angehörende Gemeinden

Das Ergebnis, dass die Gemeinden zu einer Einwohnerprivilegierung bei den Benutzungsentgelten ihrer öffentlichen Einrichtungen befugt sind, ist schon für sich allein relevant, weil in der Kammerentscheidung gerade im Hinblick auf die Gemeinden die gegenteilige Auffassung als selbstverständlich hingestellt wird. Allerdings fragt sich, ob die für die Gemeinden geltende Rechtslage problemlos auch für eine GmbH als hundertprozentige Tochter eines Zweckverbands gilt, dem nicht nur Gemeinden angehören, sondern auch ein Landkreis. Zwar durfte sich die GmbH, wenn ihr schon die Grundrechtsbindung des Zweckverbands voll zugerechnet wird, kaum auf andere Gründe für eine Ungleichbehandlung ihrer Kunden berufen als der Zweckverband. Aber auch der Zweckverband durfte nicht ohne besondere Begründung allein die Einwohner der ihm angehörenden Gemeinden privilegieren, da der zu den Zweckverbandsmitgliedern gehörende Landkreis darüber hinaus für alle Kreiseinwohner zuständig war.

Indessen gab es auch Gründe dafür, dass nur die Einwohner der fünf Gemeinden, die außer dem Landkreis Mitglieder des Zweckverbands waren, in den Genuss ermäßigter Benutzungsentgelte kamen und nicht die Einwohner der sonstigen dem Landkreis angehörenden Gemeinden: Die übrigen dem Landkreis angehörenden Gemeinden waren nicht Mitglieder des Zweckverbandes. Sie hatten dem Zweckverband damit auch nicht hinsichtlich des Freizeitbades ihre mit der Befugnis zur Einwohnerprivilegierung verbundene Aufgabe übertragen, das Wohl ihrer Einwohner durch Schaffung öffentlicher Einrichtungen zu fördern. Sie waren zudem nicht wie die Zweckverbandsmitglieder von den Lasten und Risiken betroffen, die von dem Zweckverband ausgingen. Ein Defizit des Zweckverbandes infolge von Verlusten beim Betrieb des Freizeitbades wäre über die Verbandsumlage allein von den Zweckverbandsmitgliedern und damit deren Einwohnern zu tragen gewesen.[26] Der Landkreis seinerseits stand nicht in einer vergleichbar unmittelbaren Beziehung zu den

---

auch insoweit, dass eine Gemeinde eine Einrichtung für Auswärtige gewinnorientiert muss betreiben können; dazu oben bei Fußn. 14.

[25] Die das Schwimmbad betreibende GmbH war nach ihrem unstreitigen Vortrag zwar außer auf die Förderung des Tourismus auf Gewinnerzielung ausgerichtet. Mit den erzielten Gewinnen wurde jedoch der Pachtzins bestritten, der an den Eigentümer des Grundstücks, auf dem das Bad sich befand, zu zahlen war. Dazu BVerfG (o. Fußn. 1), Rdnr. 42. Da dieser Pachtzins zu den Kosten des Bades gehört haben dürfte, lässt sich aus dem Hinweis auf die angeblichen Gewinne nicht schließen, dass die Entgelte insgesamt mindestens zu einer vollen Kostendeckung geführt hätten.

[26] Vgl. *Lange* (o. Fußn. 10), Kap. 19 Rdnr. 59.

Kreiseinwohnern und Verpflichtung zu Daseinsvorsorgeleistungen ihnen gegenüber wie ihre Wohngemeinden. Dass er für eine vergünstigte Benutzung des Bades durch sämtliche Kreiseinwohner sorgte, lag – abgesehen von dem finanziellen Volumen einer solchen Vergünstigung und dem schon nach der jeweiligen Entfernung zu dem Freizeitbad möglichen Desinteresse eines Teils der Kreiseinwohner an dessen Benutzung – daher eher fern. Schließlich ließen sich die Vergünstigungen für die Einwohner der Gemeinden, die dem Zweckverband angehören, vor dem allgemeinen Gleichheitssatz auch damit rechtfertigen, dass den Gemeinden ein vor ihren Einwohnern gut vertretbarer Anreiz gegeben werden sollte, Mitglied des Zweckverbands und damit über die Zweckverbandsumlage mitverantwortlich auch für dessen Finanzen zu werden.[27]

III. Unionsrecht

Die Kammer begründete ihren Beschluss aber auch damit, dass das OLG München als letztinstanzliches Fachgericht willkürlich entschieden habe, weil es den Verstoß der Einwohnerprivilegierung gegen die jetzt in Art. 56 AEUV garantierte Dienstleistungsfreiheit und damit gegen ein Verbotsgesetz nicht erkannt habe, und dass es außerdem den Grundsatz des gesetzlichen Richters (Art. 101 Abs. 1 Satz 2 GG) dadurch verletzt habe, dass es die Frage nach der Vereinbarkeit der Preisgestaltung für das Bad mit Unionsrecht nicht nach Art. 267 Abs. 3 AEUV dem Gerichtshof der Europäischen Union vorgelegt habe. Zu einer solchen Vorlage habe in Anbetracht der Rechtsprechung des EuGH Veranlassung bestanden. Die Kammer bezog sich damit auf ein Urteil des EuGH aus dem Jahre 2003 zu Vorzugstarifen, die gebietsansässigen Personen im Alter von mehr als 60 oder 65 Jahren beim Besuch des Dogenpalastes in Venedig und kommunaler Museen anderer italienischer Städte gewährt wurden.[28] Der EuGH wertete diese Praxis als Verstoß gegen das europarechtliche Diskriminierungsverbot und unzulässige Beschränkung des freien Dienstleistungsverkehrs, also Verletzung der gegenwärtigen Art. 18 und 56 AEUV.

Ansatzpunkt für die unionsrechtliche Prüfung ist auch im Fall des Freizeitbades die Dienstleistungsfreiheit nach Art. 56 AEUV, und zwar in ihrer Ausprägung als passive Dienstleistungsfreiheit. Sie umfasst die Freiheit von Angehörigen der Mitgliedstaaten der EU, Dienstleistungen in anderen Mitgliedstaaten in Anspruch zu nehmen.[29] Hinter dieser speziellen Ausformung des Diskriminierungsverbots tritt das allgemeine Diskriminierungsverbot des Art. 18 AEUV grundsätzlich zurück.[30]

---

[27] Vgl. auch die Überlegung in BVerwGE 104, 60 (64). Kritisch dazu *Langeloh* (o. Fußn. 4), S. 108 f.

[28] EuGH (6. Kammer), Urteil v. 16.1.2003 – C-388/01 –, juris.

[29] Vgl. EuGH, Urteil v. 31.1.1984 – 286/82, 26/83 –, juris, Rdnr. 16; EuGH *(2. Kammer)*, Urteil v. 29.4.1999 – C-224/97 –, juris, Rdnr. 11; *Langeloh* (o. Fußn. 4), S. 232 ff.

[30] Vgl. EuGH, Urteil v. 29.2.1996 – C-193/94 –, juris, Rdnr. 20; *Langeloh* (o. Fußn. 4), S. 224 f.; *R. Streinz*, in: ders. (Hrsg.), EUV/AEUV, 2. Aufl. 2012, Art. 18 AEUV Rdnr. 14 m. Nachw. S. aber auch EuGH (6. Kammer), Urteil v. 16.1.2003 – C-388/01 –, juris, wo neben

Die Differenzierung der Eintrittspreise nach dem Wohnsitz knüpfte sowohl im Fall des Dogenpalastes wie in dem des Freizeitbades nicht ausdrücklich an die Staatsangehörigkeit an. Sie konnte also allenfalls eine mittelbare Beschränkung des freien Dienstleistungsverkehrs darstellen. Zu mittelbaren Beschränkungen der Grundfreiheiten gehören alle Beschränkungen, die an andere Merkmale als die Staatsangehörigkeit anknüpfen, jedoch tatsächlich zu demselben Ergebnis führen, wie wenn sie ausdrücklich an die Staatsangehörigkeit anknüpfen würden.[31] Dafür genügt es nicht, dass die unterschiedliche Behandlung auch Angehörige anderer Mitgliedstaaten trifft, sondern die Regelung muss hinsichtlich ihrer typischen Folgen, d. h. in der „großen Mehrzahl"' der von der Norm geregelten Fälle, Angehörige anderer Mitgliedstaaten treffen.[32] Eine quantitative Überprüfung, wie oft ein anderes Differenzierungskriterium zu demselben Ergebnis führt wie eine Differenzierung nach der Staatsangehörigkeit, hält der EuGH allerdings nicht für erforderlich.[33] Er lässt es vielmehr ausreichen, wenn die Gefahr besteht, dass eine Regelung sich „im wesentlichen"[34] oder „hauptsächlich"[35] zum Nachteil der Angehörigen anderer Mitgliedstaaten auswirkt.[36]

Das mag auf Benachteiligungen auswärtiger Besucher des Dogenpalastes und anderer italienischer Museen zutreffen, die in großem Umfang von Ausländern besucht werden. Hinweise darauf, dass es sich bei dem Freizeitbad wie bei dem Dogenpalast verhalte, was immerhin etwas überraschend wäre, liefert der Kammerbeschluss jedoch nicht. Er belässt es bei der Feststellung, dass gegen die Dienstleistungsfreiheit insoweit verstoßen werde, als der Beschwerdeführer im Vergleich zu Einheimischen schlechter behandelt werde. Ein solcher Einzelfall aber stellt noch keine Beschränkung der unionsrechtlichen Dienstleistungsfreiheit dar. Im Normalfall selbst eines „auf Überregionalität angelegten" kommunalen Freizeitbades wie vieler anderer kommunaler Einrichtungen kann auch nicht ohne weiteres davon ausgegangen werden, dass der Hauptteil der auswärtigen Benutzer Angehörige anderer Mitgliedstaa-

---

einer Verletzung der Dienstleistungsfreiheit ein Verstoß gegen das Diskriminierungsverbot angenommen wurde, und die Hinweise von *Streinz*, ebd. und *Rölz* (o. Fußn. 18), 325, darauf, dass der EuGH so verfahre, wenn nur ein geringer Bezug auf Grundfreiheiten vorliege.

[31] EuGH (6. Kammer), Urteil v. 12.6.1997 – C-266/95 –, juris, Rdnr. 33; Urteil v. 7.5.1998 – C-350/96 –, juris, Rdnr. 27.
[32] *Streinz* (o. Fußn. 30), Art. 18 AEUV Rdnr. 53 m. Nachw.
[33] EuGH, Urteil v. 23.5.1996 – C-237/94 –, juris, Rdnr. 21.
[34] EuGH (6. Kammer), Urteil v. 12.6.1997 – C-266/95 –, juris, Rdnr. 35.
[35] EuGH (6. Kammer), Urteil v. 7.5.1998 – C-350/96 –, juris, Rdnr. 29.
[36] Ähnlich EuGH, Urteil v. 23.5.1996 – C-237/94 –, juris, Rdnr. 18, 20. Nach Rdnr. 20 f. dieser Entscheidung genügt es zur Feststellung einer mittelbaren Diskriminierung, dass eine Vorschrift geeignet ist, sich eher auf Angehörige anderer EU-Mitgliedstaaten auszuwirken als auf Inländer. Vernünftigerweise werden in die Beurteilung dieser Eignung aber auch Erfahrungswerte einfließen müssen wie der, dass ein bayerisches Freizeitbad keine nennenswerte Benutzung durch Unionsbürger zu erwarten hat, die Hunderte von Kilometern entfernt wohnen.

ten der Europäischen Union sind.[37] Ohne besondere Anhaltspunkte hierfür ist es ausgeschlossen, eine Einwohnerprivilegierung hinsichtlich der Benutzungsentgelte einer solchen Einrichtung als Beschränkung des freien Dienstleistungsverkehrs zu qualifizieren.[38]

Damit fehlt die Grundlage für die von der Kammer angenommenen Verfassungsverletzungen wegen Unvereinbarkeit des Freizeitbadentgelts mit Unionsrecht.

IV. Bindungswirkung der Kammerentscheidung

Es liegt auf der Hand, dass bei der Vielzahl der Kammerentscheidungen des BVerfG eine vertiefte Prüfung schon in der vorhandenen richterlichen Arbeitskraft ihre Grenzen findet. Auch deshalb gestattet § 93 c BVerfGG den Kammern stattgebende Entscheidungen nur, wenn die für die Beurteilung einer Verfassungsbeschwerde maßgebliche verfassungsrechtliche Frage bereits entschieden und die Verfassungsbeschwerde offensichtlich begründet ist. Die für die Beurteilung der Verfassungsbeschwerde maßgebliche verfassungsrechtliche Frage, ob eine allein an den Wohnort des Benutzers anknüpfende Einwohnerprivilegierung bei der Benutzung einer kommunalen Einrichtung wie eines Freizeitbades mit den Grundrechten vereinbar ist, war vom BVerfG aber entgegen der Annahme der Kammer in Wirklichkeit nicht und erst recht nicht negativ entschieden. Davon, dass die Verfassungsbeschwerde offensichtlich begründet sei, konnte aus den dargelegten Gründen, aber auch schon in Anbetracht der gegenteiligen Sicht des BVerwG nicht die Rede sein. Die Kammer hätte ihr daher nicht stattgeben dürfen.

Nachdem dies nun aber einmal geschehen ist, stellt sich die Frage nach der Bindungswirkung der Kammerentscheidung. Diese Frage ist deshalb von besonderer

---

[37] Vgl. auch *Burgi* (o. Fußn. 16), 880.

[38] Wenn sie den freien Dienstleistungsverkehr beschränken würde, wäre sie nach *Langeloh* (o. Fußn. 4), S. 238 ff., durch den Schutz der Kohärenz des kommunalen Finanzsystems gerechtfertigt, da die Reduzierung der Benutzungsentgelte Einheimischer in einem unmittelbaren Zusammenhang mit den von ihnen geleisteten Abgabezahlungen stünde, mit denen sie den Gemeindehaushalt und damit auch die gemeindlichen öffentlichen Einrichtungen finanzierten. Dagegen, dass es sich hierbei um ein zwingendes Erfordernis des Allgemeininteresses handelt, spricht jedoch schon, dass anscheinend keine Bedenken dagegen bestehen, von Einheimischenprivilegierungen abzusehen. Stärker als das Kohärenzargument, bei dem man den erforderlichen unmittelbaren Zusammenhang bezweifeln mag, erscheint das durch Art. 4 II 1 EUV geschützte Selbstverwaltungsrecht der Kommunen, zu dessen Kernbestandteilen in Deutschland die Ausgestaltung der Daseinsvorsorge für ihre Einwohner gehört. Gleichwohl bleibt es auch insofern zweifelhaft, ob eine Einwohnerprivilegierung, die sich wesentlich zum Nachteil der Einwohner anderer Mitgliedstaaten der EU auswirken würde, sich unionsrechtlich letztlich rechtfertigen ließe. Es ist schwer vorstellbar, dass die nicht in Deutschland lebenden Einwohner anderer EU-Mitgliedstaaten von allen kommunalen Daseinsvorsorgeleistungen abgeschnitten werden dürften, indem alle deutschen Kommunen sich – was ein theoretischer Fall, aber zulässig wäre – unter Berufung auf ihr Selbstverwaltungsrecht entschlössen, ihre sämtlichen öffentlichen Einrichtungen ausschließlich ihren Einwohnern zugänglich zu machen.

Bedeutung, weil sie die Bemessung der Benutzungsentgelte zahlreicher öffentlicher Einrichtungen aller Kommunen betrifft.

Die Bindungswirkung, welche die Entscheidungen des BVerfG nach § 31 Abs. 1 BVerfGG über die Rechtskraft hinaus entfalten, erfasst außer den Verfassungsorganen des Bundes und der Länder alle Gerichte und Behörden und damit auch die Behörden der Kommunen. Sie erstreckt sich nach der – allerdings umstrittenen – Auffassung des BVerfG auch auf die tragenden Entscheidungsgründe.[39] Das soll nach eher noch umstrittenerer Auffassung auch für stattgebende Kammerentscheidungen nach § 93 c Abs. 1 Satz 1 BVerfGG gelten.[40] Dies liegt nahe, weil ein solcher Kammerbeschluss nach § 93 c Abs. 1 Satz 2 BVerfGG einer Senatsentscheidung gleichsteht.

Geht man hiervon aus, so hängt der Umfang der Bindungswirkung davon ab, welches die tragenden Gründe der Kammerentscheidung des BVerfG sind. Dies könnte die Feststellung sein, dass die bloße Nichtzugehörigkeit zu einer Gemeinde diese nicht berechtige, Auswärtige zu benachteiligen. Dagegen spricht jedoch, dass die Kammer damit lediglich die Rechtsprechung des BVerfG wiederzugeben meinte und sich darin auch noch irrte. Einer solchen Aussage einer Kammer eine Bindungswirkung zuzumessen, die als neuere Äußerung des BVerfG selbst den Aussagen vorginge, welche die Senate des BVerfG in ihren zitierten früheren Entscheidungen tatsächlich getroffen haben, das ist vernünftigerweise ausgeschlossen. Jedenfalls insoweit muss es sich niederschlagen, dass es sich bei stattgebenden Kammerentscheidungen um „abgeleitete, in diesem Sinne unselbständige Rechtsprechung"[41] handelt. Bei der Einschätzung der Kammer, dass das Freizeitbad auf Überregionalität angelegt sei und mit ihm Auswärtige hätten angesprochen werden sollen, aber gerade nicht kommunale Aufgaben im engeren Sinn wie die Förderung des kulturellen und sozialen Wohls der Einwohner hätten wahrgenommen werden sollen, handelt es sich lediglich um das – allerdings ebenfalls fehlerhafte – Verständnis einschließlich der allenfalls einfachgesetzlichen Einordnung des Sachverhalts, das einer Bindungswirkung nicht fähig ist. Aus der Funktion des BVerfG ergibt sich schließlich, dass die Bindungswirkung sich nur auf Aussagen beziehen kann, die die Auslegung des Grundgesetzes betreffen.[42] Es dürfte zu weit gehen, die Interpretation der unionsrechtlichen Dienstleistungsfreiheit hierzu zu rechnen, nur weil deren (möglicherweise) unzulässige Beschränkung eines der Tatbestandsmerkmale eine Verletzung des Gleichheitssatzes und des Grundsatzes des gesetzlichen Richters sein soll. Nach al-

---

[39] Vgl. BVerfGE 40, 88 (93); 112, 268 (277); offengelassen in BVerfGE 115, 97 (109). Dazu *H. Bethge*, in: Maunz/Schmidt-Bleibtreu/Klein/Bethge, BVerfGG, Stand: Januar 2017, § 31 Rdnr. 96 ff. m. w. Nachw.

[40] Vgl. *Bethge* (o. Fußn. 39), § 31 Rdnr. 84 m. w. Nachw.

[41] So *E. G. Mahrenholz*, in: Fürst/Herzog/Umbach (Hrsg.), Festschrift für Wolfgang Zeidler, Bd. 2, 1987, S. 1359 (1364); *H. H. Klein*, in: Burmeister (Hrsg.), Verfassungsstaatlichkeit, Festschrift für Klaus Stern zum 65. Geburtstag, 1997, S. 1135 (1146).

[42] *Christofer Lenz/Ronald Hansel*, BVerfGG, 2. Aufl. 2015, § 31 Rdnr. 29; *Bethge* (o. Fußn. 39), § 31 Rdnr. 88.

ledem entfaltet die Kammerentscheidung, was die Zulässigkeit kommunaler Einwohnerprivilegierungen anbelangt, keine über den Einzelfall hinausgehende Bindungswirkung. Und das ist, denke ich, auch gut so.

Die „örtliche Gemeinschaft" – Synonym der Einwohnerschaft oder verfassungsrechtliches „Leitmotiv" kommunaler Selbstverwaltung?

Von *Markus Thiel*

I. Einleitung

In der Nähe der Trierer Innenstadt wird seit mehreren Jahren eine Tankstelle betrieben, von der die Bevölkerung liebevoll als „Blaue Lagune" spricht. Sie ist rund um die Uhr geöffnet und ermöglicht den Einwohnerinnen und Einwohnern den nächtlichen Einkauf aus tankstellenüblichem Sortiment. Zum Ende 2017 sollte der Pachtvertrag auslaufen, städteplanerisch standen eine anderweitige Nutzung des Grundstücks als Grünfläche sowie die Verlängerung eines am Tankstellengelände unvermittelt endenden Radwegs zur Diskussion. Der Stadtrat hatte den Beschluss gefasst, den Pachtvertrag nicht zu verlängern. Diese umstrittene Entscheidung war Anlass eines Bürgerentscheides – 85.000 Bürgerinnen und Bürger waren im Dezember 2017 zur Abstimmung zu der Frage berufen: „Soll der Stadtvorstand der Stadt Trier den Pachtvertrag der Tankstelle (…) um 10 Jahre plus einer Option auf weitere fünf Jahre verlängern?" 22,95 % der Abstimmungsberechtigten beteiligten sich, 72,79 % befürworteten eine Verlängerung – in allen 19 Stadtteilen ergab sich eine klare Mehrheit für das „Ja" zum Erhalt der „Blauen Lagune". Wenngleich die Beteiligung an der Abstimmung als eher dürftig bezeichnet werden kann, wurden alle kommunalrechtlich erforderlichen Quoren und Mehrheiten erreicht – rund 19.000 Einwohnerinnen und Einwohnern war das Schicksal der „Blauen Lagune" also nicht gleichgültig: Ihr wurde als einer der wenigen Einkaufsmöglichkeiten außerhalb der regulären Ladenöffnungszeiten besondere Bedeutung für das Gemeinwesen der Gesamtstadt zugemessen.

Der Bürgerentscheid zur Verlängerung des Pachtvertrags für eine Trierer Tankstelle verdeutlicht vor diesem Hintergrund anschaulich den Gedanken der „örtlichen Gemeinschaft" – eines Personenverbands, der nicht allein durch die Tatsache des zeitgleichen Wohnens und Lebens im Gemeindegebiet, sondern durch gemeinsame, ja gleichgerichtete Interessen gekennzeichnet ist. Bei der „örtlichen Gemeinschaft" handelt es sich um einen Begriff, der trotz seiner prominenten Verwendung im Wortlaut der kommunalen Selbstverwaltungsgarantie in Art. 28 Abs. 2 GG nach wie vor merkwürdig unbestimmt geblieben ist. Kann man daraus schließen, dass er für die relevanten Fragen im Zusammenhang mit der gemeindlichen Selbstverwaltung von untergeordneter Bedeutung ist oder lediglich als Synonym für die Einwohnerschaft stehen soll? Oder kommt ihm vielmehr eigenständige verfassungsrechtliche Bedeutung als „Leitmotiv" kommunaler Selbstverwaltung zu?

II. „Örtliche Gemeinschaft" als Rechtsbegriff

1. Rechtliche Bedeutung der „örtlichen Gemeinschaft"

Die „örtliche Gemeinschaft" ist Rechts-, sogar Verfassungsbegriff und keinesfalls obsolet, weil sie etwa nur auf die faktische Einwohnerschaft Bezug nähme.[1] Gemäß Art. 28 Abs. 2 GG muss den Gemeinden als zentraler Bestandteil der kommunalen Selbstverwaltung[2] das Recht gewährleistet sein, „alle Angelegenheiten der örtlichen Gemeinschaft im Rahmen der Gesetze in eigener Verantwortung zu regeln". Bei diesen Angelegenheiten handelt es sich nach der Rechtsprechung des Bundesverfassungsgerichts um solche „Bedürfnisse und Interessen, die in der örtlichen Gemeinschaft wurzeln oder auf sie einen spezifischen Bezug haben, die also den Gemeindeeinwohnern gerade als solchen gemeinsam sind, indem sie das Zusammenleben und -wohnen der Menschen in der (politischen) Gemeinde betreffen".[3] In seiner älteren Judikatur hat das Gericht als weiteres konstituierendes Merkmal aufgestellt, dass die fraglichen Aufgaben von der Gemeinde „eigenverantwortlich und selbständig bewältigt werden" können müssen.[4] Diesen „Verwaltungskraftvorbehalt" hat das Gericht u.a. in seiner „Rastede"-Entscheidung vom 23. November 1988[5] aufgegeben.[6]

---

[1] Dazu eingehend sogleich sowie u. 2.; W. *Loschelder*, Kommunale Selbstverwaltungsgarantie und gemeindliche Gebietsgestaltung, 1976, S. 39: „Denn wenn es eine wesentliche Aufgabe der Interpretation der kommunalen Selbstverwaltungsgarantie ist, aus der Vielfalt der gewachsenen tatsächlichen und rechtlichen Aspekte den verfassungsgeschützten Kernbestand herauszuschälen, dann muß gerade den Strukturmerkmalen besondere Bedeutung beigemessen werden, die der Verfassungswortlaut ausdrücklich nennt".

[2] Ausführlich hierzu etwa A. *Engels*, Kommunale Selbstverwaltung nach Art. 28 II GG, JA 2014, 7 ff.; *ders.*, Die Verfassungsgarantie kommunaler Selbstverwaltung. Eine dogmatische Rekonstruktion, 2014, insb. S. 457 ff.; J. *Ipsen*, Schutzbereich der Selbstverwaltungsgarantie und Einwirkungsmöglichkeiten des Gesetzgebers, ZG 1994, 194 ff.; F. *Welti*, Die Verfassungsgarantie der kommunalen Selbstverwaltung, JA 2006, 871 ff. – Instruktiv zum Wandel des Verständnisses insb. in der Rechtsprechung des Bundesverfassungsgerichts C. *Waldhoff*, Kommunale Selbstverwaltung als juristischer Bewegungsbegriff, DVBl. 2016, 1022 ff.

[3] BVerfGE 79, 127 (151); s. BVerfGE 110, 370 (400); 138, 1 Rdnr. 45; vgl. auch BVerwGE 87, 228 (231).

[4] BVerfGE 8, 122 (134).

[5] BVerfGE 79, 127 ff. – Eingehend hierzu A. *Schink*, Kommunale Selbstverwaltung im kreisangehörigen Raum. Verfassungsrechtliche Determinanten für die Zuständigkeitsposition zwischen Kreisen und kreisangehörigen Gemeinden, VerwArch. Bd. 81 (1990), 385 ff.; E. *Schmidt-Jortzig*, Gemeinde- und Kreisaufgaben. Funktionsordnung des Kommunalbereichs nach „Rastede", DÖV 1993, 973 ff.; C. *Görisch*/C. *Weigel*, Rastede auf Hessisch, LKRZ 2012, 212 ff.

Der Terminus der „örtlichen Gemeinschaft" wird in der verfassungsgerichtlichen Rechtsprechung vor allem als Instrument zur Abgrenzung der Aufgabenzuordnungen innerhalb der „kommunalen Familie" genutzt, namentlich im Rahmen von Bemühungen um klare Verlaufslinien zwischen den örtlichen und den überörtlichen Aufgaben.[7] Das Bundesverfassungsgericht nimmt dabei einerseits weitere Abgrenzungen vor, insbesondere zum „Zuständigkeitsbereich der allgemeinen Politik",[8] und hat andererseits in den Jahrzehnten nach der „Rastede"-Entscheidung eine umfangreiche Kasuistik zu der Frage entwickelt, welche Aufgaben im Einzelfall zu den Angelegenheiten der örtlichen Gemeinschaft gehören (können).

Vor diesem Hintergrund kann auch noch immer nicht von einer abschließenden Klärung von Inhalt und Reichweite der „Angelegenheiten der örtlichen Gemeinschaft" ausgegangen werden,[9] sondern lediglich von einem in der Praxis durchaus gut handhabbaren „Portfolio" an Einzelfallentscheidungen. Eine definitorische Klärung mit entsprechendem Abstraktionsgrad ist indes auch nicht zu leisten, weil die Angelegenheiten der örtlichen Gemeinschaft Veränderungen unterliegen können und letztlich für die konkrete Sachlage näher zu konturieren sind. In ständiger Rechtsprechung führt das Bundesverfassungsgericht dazu aus:

„Die örtlichen Bezüge einer Aufgabe und deren Gewicht für die Garantie der kommunalen Selbstverwaltung lassen sich nicht an scharf konturierten Merkmalen messen. Vielmehr muss bei ihrer Bestimmung der geschichtlichen Entwicklung und den verschiedenen historischen Erscheinungsformen der Selbstverwaltung Rechnung getragen werden (…). Es kommt insoweit darauf an, ob eine Aufgabe für das Bild der typischen Gemeinde charakteristisch ist."[10]

Und:

„Die Angelegenheiten der örtlichen Gemeinschaft bilden keinen ein für alle Mal feststehenden Aufgabenkreis, weil sich die örtlichen Bezüge einer Angelegenheit mit ihren sozialen, wirtschaftlichen oder technischen Rahmenbedingungen wandeln."[11]

---

[6] BVerfGE 79, 127 (152); dazu *U. Mager*, Einrichtungsgarantien. Entstehung, Wurzeln, Wandlungen und grundgesetzmäßige Neubestimmung einer dogmatischen Figur des Verfassungsrechts, 2003, S. 340 f.

[7] Hierzu finden sich (vor allem im Schrifttum vor der „Rastede"-Entscheidung) vielfältige, mitunter mühsam konstruiert anmutende Einordnungs- und Abgrenzungsversuche, z. B. die Qualifizierung der Regionalplanung als „überörtliche Aufgabe der örtlichen Gemeinde" bei *E. Klotz*, Zuständigkeit der kommunalen Selbstverwaltungskörperschaften in der Regionalplanung, DÖV 1967, 184 (186 f.); vgl. dazu *H. Janning*, Räumliche und trägerschaftliche Alternativen zur Organisation der Regionalplanung, 1982, S. 28 f. m.w.N. – Bedeutung kann der Begriff auch bei Erwägungen hinsichtlich der Reichweite der „kommunalen Außenpolitik" erlangen, vgl. dazu *H. Heberlein*, Kommunale Außenpolitik als Rechtsproblem, 1997.

[8] BVerfGE 79, 127 (151).

[9] *Engels* (o. Fußn. 2), insb. S. 457 ff.

[10] BVerfGE 138, 1 Rdnr. 46.

[11] BVerfGE 138, 1 Rdnr. 47.

Schließlich können im Einzelfall weitere „Binnendifferenzierungen" angezeigt sein:

> „Hierbei darf nicht übersehen werden, daß sich eine Aufgabe nicht hinsichtlich all ihrer Teilaspekte und nicht für alle Gemeinden gleichermaßen als eine Angelegenheit der örtlichen Gemeinschaft darstellen muß, daß sie vielmehr auch nur teilweise oder nur für bestimmte – größere – Gemeinden als örtlich anzusehen sein kann, im übrigen aber als überörtlich erscheint. Insoweit darf der Gesetzgeber typisieren; er braucht nicht jeder einzelnen Gemeinde und grundsätzlich auch nicht jeder insgesamt gesehen unbedeutenden Gruppe von Gemeinden Rechnung zu tragen."

Mag damit der Kreis der Angelegenheiten der örtlichen Gemeinschaft nicht in Allgemeingültigkeit, Permanenz und Kontinuität bestimmt werden können, so ließe sich zumindest der Begriff der „örtlichen Gemeinschaft" durchaus klar definieren. Spezifischere Ansätze zu einer von der „aufgabenfunktionalen" Betrachtung losgelösten Begriffsbestimmung finden sich jedoch allenfalls vereinzelt. Die kaum überschaubare Rechtsprechung zur Reichweite der kommunalen Selbstverwaltungsgarantie umschifft den Begriff der „örtlichen Gemeinschaft" selbst in auffälliger Weise; auch im Schrifttum findet sich keine allgemein anerkannte Definition.[12]

Dies könnte damit zu erklären sein, dass die „örtliche Gemeinschaft" jedenfalls im Regelungskontext von Art. 28 Abs. 2 GG nichts anderes bedeutet als die Gesamtheit der Einwohnerinnen und Einwohner des Gemeindegebiets, wobei umgekehrt die Frage des Bestehens einer örtlichen Gemeinschaft wiederum Auswirkungen auf den Zuschnitt dieses Gemeindegebiets haben kann.[13] Darin jedoch kann sich die Funktion nicht erschöpfen – die „örtliche Gemeinschaft" ist zum einen durch ihre Nennung in der kommunalen Selbstverwaltungsgarantie in den Rang eines Verfassungsbegriffs erhoben, zum anderen kommt ihren beiden Konstitutionselementen der „Örtlichkeit" und der „Gemeinschaft" über die formale faktische Zuordnung einer natürlichen Person zum Hoheitsgebiet der kommunalen Gebietskörperschaft hinaus materielle Bedeutung zu.[14]

Vor diesem Hintergrund muss es auch als verkürzend bewertet werden, wollte man die Funktion des Begriffs der „örtlichen Gemeinschaft" lediglich darin sehen, das entscheidende Kriterium für Zuschnitt und Abgrenzung von gemeindlichen Aufgaben zu liefern und im Übrigen davon auszugehen, sie sei „nicht als tat-

---

[12] *P. Wendel*, Das Ergebnis der Gemeindegebietsreform in Sachsen-Anhalt – Gemeinden ohne örtliche Gemeinschaft?, LKV 2011, 488 (489); hinzuweisen ist auf die umfangreichen Ausführungen zu den Begriffen „Gemeinschaft" und „Örtlichkeit" bei *Loschelder* (o. Fußn. 1), S. 38 ff. – Außerhalb des verfassungsrechtlichen Kontexts finden sich z. T. Definitionsversuche, die sich jedoch für die Deutung des Art. 28 Abs. 2 GG kaum fruchtbar machen lassen, z. B. die Deutung als „Unterfall der Öffentlichkeit" bei der Bewertung der örtlichen Gemeinschaft als „stakeholder" von Kreditgenossenschaften; dazu *K. Roth*, Corporate Citizenship von Kreditgenossenschaften in Deutschland, 2006, S. 59 f.

[13] Vgl. etwa *Wendel* (o. Fußn. 12), 489: „Die örtliche Gemeinschaft kann als die Gesamtheit der Einwohner eines räumlich eng begrenzten Gebiets angesehen werden."

[14] Dazu sogleich u. 2. und 3.

sächlich existent" erfordert.¹⁵ Die „örtliche Gemeinschaft" ist nicht hypothetischer Maßstab der Kompetenzverteilung, sondern in den Gemeinden im Regelfall (also: bei nicht willkürlicher Gebietszumessung) existentes, verfassungsrechtlich betontes dezentrales Strukturelement. Damit ist zugleich festgestellt, dass die „örtliche Gemeinschaft" nicht mit der Gebietskörperschaft Gemeinde gleichgesetzt werden kann. Es geht um eine faktische Erscheinung, der durch das Grundgesetz (verfassungs-)rechtliche Relevanz beigemessen wird, der aber keine eigenständige Rechtspersönlichkeit zukommt.

2. Gemeinschaft

Eine „Gemeinschaft" bezeichnet zunächst eine Mehrheit von Personen. Um „Gemeinschaft" sein zu können, muss diese Personenmehrheit jedoch durch eine Beziehung ihrer Angehörigen untereinander gekennzeichnet sein, damit der Begriff über das rein „Additive" hinausreicht.¹⁶ „(Örtliche) Gemeinschaft" steht gewissermaßen zur Einwohnerschaft in demselben Verhältnis wie eine Versammlung zur bloßen Ansammlung, also einer Personenmenge, die zwar einen gleichgerichteten Zweck verfolgt, aber eben keinen gemeinsamen, auf Meinungsbildung, -äußerung und Kommunikation ausgerichteten. Die punktuelle Veränderlichkeit der Einwohnerschaft ändert auch nichts am Bestand der „örtlichen Gemeinschaft", wobei auch diese freilich nach und nach ihren Charakter wandeln kann, etwa infolge erheblicher Bevölkerungsströme, Generationenwechsel usw.

Die enge Verzahnung und Wechselwirkung zwischen den gemeindlichen Selbstverwaltungsaufgaben und der örtlichen Gemeinschaft tritt schon in der älteren Rechtsprechung des Bundesverfassungsgerichts deutlich zutage: die Selbstverwaltungsgarantie solle auch dazu dienen, „das Wohl der Einwohner zu fördern und die geschichtliche und heimatliche Eigenart zu wahren".¹⁷ Verfassungsordnung und Verfassungsjudikatur konstruieren die Gemeinde damit als „lebendiges" lokales Gemeinwesen, nicht allein als unterste dezentrale Ebene des administrativen Mehrebenensystems, die nach freiem Belieben des Gesetzgebers neugeordnet werden könnte:

> „Die Gemeinden sind keine beliebigen dezentralen Verwaltungsuntergliederungen, sondern selbständige Gemeinwesen, die auch in der Eigenverantwortlichkeit ihrer Aufgabenerfüllung ihren Bürgern ein überzeugender Anlass für ihre lokale politische Identifikation sein sollen".¹⁸

Ein subjektiver, gar emotionaler Einschlag jenseits der rein faktischen Konnexitätszwänge einer nachbarlichen Schicksalsgemeinschaft ist in diesem Zusammenhang durchaus anerkannt – im Schrifttum wird zu Recht davon ausgegangen, es be-

---

[15] So aber *W. Bückmann*, Verfassungsfragen bei den Reformen im örtlichen Bereich, 1972, S. 64.
[16] So *Loschelder* (o. Fußn. 1), S. 40.
[17] BVerfGE 11, 266 (275).
[18] BVerfGE 107, 1 (14).

stehe ein Verfassungspostulat einer gewissen „Fühlnähe" oder „örtlichen Verbundenheit" der Einwohner.[19]

Eine solchermaßen verstandene „(örtliche) Gemeinschaft" bedarf schon aus verfassungsrechtlichen Gründen einer gewissen „Überschaubarkeit" des Raumes,[20] wenn die erforderlichen Verflechtungen über diejenigen einer bloßen Zweckgemeinschaft hinausgehen sollen. Vom Gesetzgeber auf dem Reißbrett entworfene, allein von Erwägungen der Praktikabilität und (vermeintlichen[21]) Effizienz und ohne Rücksicht auf lokale, geschichtliche oder auch „nur" empfundene Besonderheiten dirigierte „Großgemeinden"[22] sind unter diesem Blinkwinkel mit den fundamentalen Grundsätzen der kommunalen Selbstverwaltungsgarantie schlechthin unvereinbar. Eine „örtliche Verbundenheit" kann nur durch ein hinreichendes Maß räumlicher Nähe erreicht werden, was etwa auch für die Erreichbarkeit von Infrastruktur-, Versorgungs- und öffentlichen Einrichtungen gilt.

Neben den Gedanken der räumlichen Überschaubarkeit und damit den territorialen Aspekt tritt – über die Tatsache des faktischen „Zusammenlebens" hinaus – der Gesichtspunkt eines Mindestmaßes an gemeinsamer Identität[23] als „personales Substrat".[24] Die gerade um des die Gemeinschaft im Innenverhältnis bindenden Gemeinschaftsempfindens willen, nicht wegen der mehr oder weniger zufälligen Wahl des

---

[19] *J. Dietlein*, in: Dietlein/Heusch (Hrsg.), BeckOK Kommunalrecht NRW, Systematische Einführung zum Kommunalrecht Deutschlands, Rdnr. 43.

[20] *J. Dietlein*, in: Dietlein/Heusch (Hrsg.), BeckOK Kommunalrecht NRW, Systematische Einführung zum Kommunalrecht Deutschlands, Rdnr. 43.

[21] Die als Begründung für „Mindesteinwohnerzahlen" häufig herangezogene „Theorie der positiven Skaleneffekte" wurde in der Betriebswirtschaftslehre zur Beschreibung von Produktionsprozessen entwickelt; sie reicht über die Erkenntnis „mehr Einsatz / höhere Fallzahlen bedeuten mehr Ertrag / höhere Kosteneinsparungen" kaum hinaus. Ihre Validität für den Verwaltungssektor ist zudem nach wie vor nicht nachvollziehbar bzw. überzeugend bestätigt; vielmehr haben wirtschaftswissenschaftliche Untersuchungen nachweisen können, dass Fusionen nicht zu Einsparungen führen, vgl. *F. Rösel*, Do mergers of large local governments reduce expenditures? European Journal of Political Economy 2017, 22 ff. – Kritisch auch – unter Hinweis auf den Maßstab der Gründe des öffentlichen Wohls – *J. Dietlein/M. Thiel*, in: Dietlein/Heusch (Hrsg.), BeckOK Kommunalrecht NRW, § 17 GO NRW Rdnrn. 5 ff.; § 16 KrO NRW Rdnr. 4.

[22] Kritisch hinsichtlich der parallelen Problematik zu großer Einheiten auf Kreisebene („Regionalkreise") bereits *B. Stüer*, Verwaltungsreform auf Kreisebene – Effektivitätsgewinn nur bei bürgerschaftlichem Engagement, DVBl. 2007, 1267 ff.

[23] *J. Dietlein*, in: Dietlein/Heusch (Hrsg.), BeckOK Kommunalrecht NRW, Systematische Einführung zum Kommunalrecht Deutschlands, Rdnr. 43; zur Aufspaltung in eine räumliche und eine soziologische Komponente auch *C. Athenstaedt*, Die Kompetenzverteilung in der deutschen staatlichen Entwicklungszusammenarbeit, 2011, S. 190. – Dies schließt vielfältige Gesichtspunkte ein, etwa denjenigen der Gewährleistung einer Teilhabe behinderter Menschen an der „örtlichen Gemeinschaft", dazu etwa *G. Sonntag/M. Kumetz*, Individuelle Teilhabe ermöglichen – örtliche Teilhabeplanung und die Verknüpfung von örtlichen und überörtlichen Aufgaben, in: Lampke/Rohrmann/Schädler (Hrsg.), Örtliche Teilhabeplanung mit und für Menschen mit Behinderungen, 2011, S. 127 f.

[24] *Loschelder* (o. Fußn. 1), S. 38.

Wohnorts gewährleistete Garantie der *Selbstverwaltung* eigener Angelegenheit ist untrennbar mit den tatsächlichen Rahmenbedingungen der Identitätsstiftung innerhalb einer Kommune verbunden. Die subjektive Wahrnehmung einer Nachbarschaft, die Ausbildung teilweise enger persönlicher Bindungen und die vielfältigen gemeindebezogenen Interessenkongruenzen bilden hier wesentliche und charakteristische Elemente,[25] die „örtliche Verbundenheit" ist zentrale Existenzvoraussetzung des Zusammenlebens innerhalb des Gemeindegebiets.[26] Worin dieser bindungsprägende Charakter jeweils zu sehen ist, ist im Begriff der „Gemeinschaft" freilich nicht von vornherein angelegt; in welchen Gemeinsamkeiten das „Wir-Bewusstsein"[27] wurzelt, ist im Einzelfall zu beurteilen.

Dass namentlich in urbanen Ballungsräumen gerade dieser Gemeinschaftsgedanke zunehmend in den Hintergrund zu treten scheint, hat vielfältige Ursachen. Globalisierung, Digitalisierung und die Veränderung des Kommunikationsverhaltens vernetzen Menschen über den gesamten Erdball hinweg, während die sozialen Kontakte mit der unmittelbaren Nachbarschaft häufig reduziert sind. Ehrenamtliches Engagement und die Einbindung in gesellschaftliche Gruppierungen wie Vereine, Kirchengemeinden und andere Korporationen lassen spürbar nach. Familiäre Strukturen verändern sich, und mit ihnen das personelle Gefüge der kommunalen Ebene. Identitätsstiftende Merkmale und die Verhaltensweisen zu ihrer Aktivierung für das eigene Leben können nicht mehr als Selbstverständlichkeiten gelten, sondern bedürfen der bewussten Pflege. Durchaus finden sich auch „Wiederbelebungen" örtlicher Traditionen, verbunden mit dem Bedürfnis nach Entschleunigung und Dezentralisierung.

Insgesamt aber kommt der örtlichen „Gemeinschaft" gegenwärtig eine geringere Bedeutung zu als noch vor wenigen Jahrzehnten. Dies birgt Risiken auch für die Garantie der gemeindlichen Selbstverwaltung: Wenn sich die örtliche Gemeinschaft nicht oder nur noch in vereinzelten Fällen „selbst verwalten" möchte (oder mangels Engagements kann), öffnet dies Einbruchsstellen für den zentralen staatlichen Durchgriff. Zentralisierungstendenzen finden sich allerorten; schon auf der Ebene der Europäischen Union mag man den intensivierten Einsatz der in der Mitgliedstaaten unmittelbare Geltung beanspruchenden Rechtsverordnung – der häufig mit Harmonisierungserfordernissen zu legitimieren versucht wird – als Beispiel dieser Entwicklungen betrachten. Auch die in zahlreichen Ländern in vollem Gang befindlichen oder geplanten kommunalen Gebietsreformen zeigen einen beunruhigenden Hang zur allgemeinen Vergrößerung des kommunalen Maßstabs. Ob im Zuge dieser Vorgänge künftig auch eine grundlegende Umdeutung der verfassungsrechtlichen

---

[25] Vgl. *Athenstaedt* (o. Fußn. 23).
[26] Vgl. *Loschelder* (o. Fußn. 1), S. 38.
[27] *Bückmann* (o. Fußn. 15), S. 107; *Loschelder* (o. Fußn. 1), S. 40 ff.

Selbstverwaltungsgarantie wird erfolgen müssen,[28] ist zweifelhaft – wünschenswert wäre dies nicht.

Die tatsächlich zu beobachtenden Verschiebungen bezüglich der örtlichen Gemeinschaft stellen ihre auch gegenwärtig noch bestehende Berechtigung allerdings nicht grundlegend in Frage.[29] Ohnehin erscheint es geboten, im Zusammenhang mit den dargestellten tatsächlichen Entwicklungen Gelassenheit zu zeigen. Schon vor Jahrzehnten wurde auf eine fortschreitende faktische „Entörtlichung" hingewiesen,[30] die im Schrifttum zum Anlass genommen wurde, über einen Paradigmenwechsel im Verständnis der kommunalen Selbstverwaltung nachzudenken, z. B. durch eine Beschränkung auf die Eigenschaft der Gemeinden als staatsorganisatorische Aufbauebene.[31] Doch schon diesen frühen Versuchen, die Relevanz der örtlichen Gemeinschaft zugunsten zentraler Strukturen „kleinzureden" und der vermeintlichen tatsächlichen „Entörtlichung" auch eine rechtliche folgen zu lassen, wurden überzeugende Untersuchungen entgegengestellt.[32] Attacken unterschiedlichster Art und Vehemenz gegen die örtliche Gemeinschaft als Fundament der kommunalen Selbstverwaltung werden freilich wieder und wieder geritten.[33] Durchzusetzen vermochten sie sich zu keinem Zeitpunkt; aktuell können die verschiedenen Deutungsrichtungen der kommunalen Selbstverwaltungsgarantie, namentlich die staatsorganisationsrechtliche und die partizipative, jedenfalls in der verfassungsgerichtlichen Judikatur als „versöhnt" gelten.[34]

Gefahren drohen der kommunalen Selbstverwaltung also weniger aufgrund interner Entwicklungen, zumal vielfältig eine „Renaissance des Dezentralen" festzustellen ist, etwa im Einkaufsverhalten der Bevölkerung. Aufweichungstendenzen gehen eher von Landesgesetzgebern aus, die (meist mit landesverfassungsgerichtlicher Billigung) unter bedenklicher Hintanstellung von Aspekten der Identifikation mit der Gemeinde und ihrer örtlichen Gemeinschaft, der „Fühlnähe", der Bedürfnisse auch nach einer räumlichen Erreichbarkeit öffentlicher Einrichtungen usw. die „kommunale Landkarte" vorrangig auf der Grundlage von Erwägungen der Effizi-

---

[28] Anläufe zu neuen Konzeptionen der kommunalen Selbstverwaltungsgarantie werden gerade in jüngerer Zeit häufiger unternommen, vgl. etwa *Engels* (o. Fußn. 4); *H. Hill*, Selbstverwaltung neu denken, NordÖR 2011, 469 ff.

[29] *Athenstaedt* (o. Fußn. 23), S. 191.

[30] Vgl. dazu *Athenstaedt* (o. Fußn. 23), S. 191 m.w.N.; *T. Maunz*, Die Verankerung des Gemeinderechts im Grundgesetz, BayVBl. 1984, 417 (420).

[31] Vgl. *J. Burmeister*, Verfassungstheoretische Neukonzeption der kommunalen Selbstverwaltungsgarantie, 1977, S. 69 ff.

[32] Vgl. *E. Schmidt-Jortzig*, Gemeinden und Kreise vor den öffentlichen Aufgaben der Gegenwart, DVBl. 1977, 801 ff.; s. auch *K. R. Hinkel*, Zur Situation der kommunalen Selbstverwaltung, NVwZ 1985, 225 (226).

[33] Vgl. etwa *Hill* (o. Fußn. 28), der für eine Neuausrichtung des Verständnisses von der kommunalen Selbstverwaltung eine Loslösung vom die Diskussionen prägenden Territorialitätsprinzip erwägt.

[34] Vgl. *Waldhoff* (o. Fußn. 2). – Kritisch z. B. *B. Kregel*, Quo vadis kommunale Selbstverwaltung, LKV 2004, 481 ff.

enz, Wirtschaftlichkeit und Sparsamkeit neuordnen, insbesondere orientiert an der „Schablone" starrer Mindesteinwohnerzahlen.[35] Obwohl die einzelne kommunale Gebietskörperschaft nicht durch Art. 28 Abs. 2 GG vor dem Verlust ihrer Existenz bzw. Identität geschützt wird,[36] dürfte ein Verfassungsverstoß anzunehmen sein, wenn der Gesetzgeber im Rahmen seines Neugliederungskonzepts dem Gedanken der „örtlichen Gemeinschaft" gewissermaßen „großflächig" nicht hinreichend Rechnung trägt.

Vor diesem Hintergrund ist festzustellen, dass vor allem gesetzgeberisch oktroyierte Maßnahmen der kommunalen Gebietsreform zu einem Rückbau oder gar Verlust der örtlichen Gemeinschaft geführt haben. Dies zeigt sich beispielsweise an einigen „neuen" Gemeindenamen etwa in Sachsen-Anhalt: So sind Namen wie „Nordharz, Oberharz am Brocken, Südharz" keine Bezeichnungen eng begrenzter geographischer Örtlichkeiten (mehr), sondern „geografische Landschaften, die nicht mehr auf eine örtliche Gemeinschaft schließen lassen".[37] Dezentralität hat ihren Preis, und die Länder sind nicht gut beraten, wenn sie angesichts der gegen verschiedene Ausprägungen des Föderalismus erhobenen Einwände eine Vorreiterrolle bei der weiteren Zentralisierung der Verwaltungsorganisation einnehmen.

3. Örtlichkeit

In Art. 28 Abs. 2 GG ist die Rede von „Angelegenheiten der örtlichen Gemeinschaft", nicht von „örtlichen Angelegenheiten der Gemeinschaft". Vor diesem Hintergrund erscheint die gängige Differenzierung etwa zwischen örtlichen und überörtlichen Aufgaben in Orientierung am Wortlaut des Art. 28 Abs. 2 GG als nicht ganz konsequent. Betrachtet man hierzu die Rechtsprechung, so scheint diese tatsächlich primär auf den ortsbezogenen Charakter der einzuordnenden Aufgabe abzustellen. Die terminologische Unbestimmtheit des Begriffs der „Örtlichkeit" kann dabei generell zur Resignation verleiten:

> „Ungeachtet dessen, daß die Abgrenzung zwischen den örtlichen Gemeindeaufgaben und den überörtlichen (Kreis- oder Landes-)Aufgaben noch näher konkretisiert werden kann, wird der Begriff der Örtlichkeit wohl nie völlig scharfe Konturen bekommen können. Es

---

[35] Auch dies mit weit überwiegender verfassungsgerichtlicher Billigung, vgl. etwa VerfG Bbg, LKV 2002, 573 (575). – Zur Thematik *A. Neun/O. Otting*, Die amtsgehörige Gemeinde als Leitbild? – Zur Festlegung von Mindesteinwohnerzahlen für amtsangehörige Gemeinden, NordÖR 2002, 139 ff.; *M. Wallerath*, Steuerung des Wandels durch kommunale Gebiets- und Funktionalreformen, DÖV 2011, 289 ff.

[36] Im Einzelnen zur „beschränkt individuellen Rechtssubjektgarantie" *J. Dietlein*, in: Dietlein/Heusch (Hrsg.), BeckOK Kommunalrecht NRW, Systematische Einführung zum Kommunalrecht Deutschlands, Rdnrn. 50 ff.

[37] *Wendel* (o. Fußn. 12), 491.

wird immer ein Rest an Unbestimmtheit bleiben, wie es unbestimmten Rechtsbegriffen nun einmal eigentümlich ist."[38]

Zur Bestimmung der „Örtlichkeit" der Gemeinschaft liegt es nahe, schlichtweg auf das Gemeindegebiet abzustellen, so dass sich die „örtliche Gemeinschaft" aus den Einwohnerinnen und Einwohnern dieses Gebietes zusammensetzte. Eine solche Kongruenz von Gemeindegebiet und „örtlicher Gemeinschaft" kann jedoch mit Blick auf die vorstehenden Erwägungen zum Begriff der „Gemeinschaft" nicht angenommen werden. Die „örtliche Gemeinschaft" kann sich – insbesondere bei größeren kommunalen Gebietskörperschaften – auch auf einen Ortsteil beschränken, sofern entsprechende identitätsstiftende Merkmale festzustellen sind.[39] „Örtlich" bezieht sich also in erster Linie auf diese Merkmale, nicht auf die vom Gesetzgeber festgesetzten (und variablen) Grenzen des Gemeindegebiets.

Kann als „örtliche Gemeinschaft" damit die Gesamtheit der Einwohnerinnen und Einwohner (nicht zwangsläufig der gesamten Gemeinde) bezeichnet werden, die sich auf überschaubarem Raum aufgrund identitätsstiftender Merkmale der fraglichen Örtlichkeit jedenfalls in einem gewissen Mindestmaß verbunden fühlen, so stellt sich die Frage, ob diese Deutung mit dem verfassungsrechtlichen Konzept der kommunalen Selbstverwaltung nach Art. 28 Abs. 2 GG, insbesondere den Vorstellungen von den „Angelegenheiten der örtlichen Gemeinschaft" in Übereinstimmung zu bringen ist. Denn da sich die Satzungshoheit der Gemeinde nach den kommunalrechtlichen Bestimmungen regelmäßig auf das gesamte Gemeindegebiet erstreckt und Regelungsadressaten erfassen kann, die keine Einwohnerinnen oder Einwohner sind, könnte eine an den Einwohnerstatus anknüpfende Deutung zu kurz greifen. Diese Problematik ist leicht aufzulösen: Denn die Belange der „örtlichen Gemeinschaft" werden nicht allein durch solche tatsächlichen und rechtlichen Umstände tangiert, die einen direkten Bezug zu den Einwohnerinnen und Einwohnern aufweisen bzw. diese unmittelbar betreffen. Auch das Verhalten Dritter, die sich im Gemeindegebiet aufhalten, ist selbstverständlich für die „örtliche Gemeinschaft" relevant.

III. Fazit

Die „örtliche Gemeinschaft" ist nicht deckungsgleich mit der Gebietskörperschaft Gemeinde. Sie wird nicht rechtlich durch Errichtungsakt existent und kann auch nicht durch Fusion oder Eingliederung beseitigt werden. Vielmehr ist sie anhand tatsächlicher Kriterien zu bestimmen; kennzeichnend ist eine Personenmehrheit (aus den Einwohnerinnen und Einwohnern), deren Mitglieder sich auf über-

---

[38] *T. Clemens*, Kommunale Selbstverwaltung und institutionelle Garantie: Neue verfassungsrechtliche Vorgaben durch das BVerfG, NVwZ 1990, 834 (841); eingehend zum Aspekt der „Örtlichkeit" *Loschelder* (o. Fußn. 1), S. 45 ff.

[39] Dazu o. 2.; *Wendel* (o. Fußn. 12), 489.

schaubarem Raum aufgrund identitätsstiftender Merkmale der fraglichen Örtlichkeit jedenfalls in einem gewissen Mindestmaß miteinander verbunden fühlen.

Gleichwohl handelt es sich um einen Rechtsbegriff: Die Selbstverwaltung der Angelegenheiten der „örtlichen Gemeinschaft" schützt die Garantie kommunaler Selbstverwaltung in Art. 28 Abs. 2 GG, so dass dieser Gemeinschaft eigenständige verfassungsrechtliche Bedeutung zuzugestehen ist. Sie kann als „Leitmotiv", als essenzielles Prinzip gemeindlicher Selbstverwaltung dienen und ist als solches in verfassungsrechtliche Abwägungsentscheidungen einzustellen – der Gesetzgeber hat in diesem Rahmen (unabhängig vom Gewährleistungs- und Schutzniveau zugunsten der *einzelnen* kommunalen Gebietskörperschaft[40]) dem Gedanken der „örtlichen Gemeinschaft" als Basis dezentraler Aufgabenwahrnehmung insgesamt in hinreichendem Umfang Rechnung zu tragen.

---

[40] Eingehend hierzu etwa *J. Dietlein*, in: Dietlein/Heusch (Hrsg.), BeckOK Kommunalrecht NRW, Systematische Einführung zum Kommunalrecht Deutschlands, Rdnrn. 50 ff.

Der hessische Anhörungsausschuss und die Krise des Widerspruchsverfahrens

Von *Christiane Wegricht* und *Michael Bäuerle*

I. Einleitung

Zu den vielen Themengebieten, denen Arndt Schmehl sich wissenschaftlich gewidmet hat, gehörten das Kommunalrecht und die mit ihm verbundenen Kompetenz- und Verfahrensfragen.[1] Die theoretischen Überlegungen des Wissenschaftlers Arndt Schmehl in diesem Bereich waren nicht zuletzt vom Blick auf die konkrete Praxis geprägt, den der Kommunalpolitiker Arndt Schmehl hatte. Nicht nur als solcher war er – wenn auch mittlerweile in Forschung und Lehre vor allem in Hamburg, aber auch in Madison/Wisconsin, Valparaiso, St. Petersburg, Prag und Peking aktiv – seiner Heimat Hessen besonders verbunden.

Auch wenn sich Arndt Schmehls außergewöhnliche Befähigung vor allem in seinem Denken und Wirken in großen Kontexten ausdrückte, ließ er sich leicht in engagierte Diskussionen über alltägliche dogmatische und rechtspolitische Fragen und die Auswirkungen der Antworten auf die Lebenswelt verwickeln. Dass dabei auch Randbereiche sein Interesse fanden, war vielleicht auch der Tatsache geschuldet, dass diese sich oft eigneten, zum Gegenstand seiner allseits geschätzten, stets freundlichen und oft tiefgründigen Ironie zu werden, mit der er nicht nur Diskussionen und Vortragsveranstaltung aufzulockern wusste.

Der folgende Beitrag untersucht in Anknüpfung daran eine 1962 geschaffene, spezifisch hessische Einrichtung mit engem Bezug zum Kommunalrecht, über deren Fortbestand im politischen Raum – infolge der in Hessen geübten Praxis der Befristung von Gesetzen – regelmäßig zu befinden ist:

Nach § 7 Abs. 1 des Hessischen Gesetzes zur Ausführung der Verwaltungsgerichtsordnung (HessAGVwGO), das am 31.12.2026 außer Kraft tritt,[2] ist vor der

---

[1] Vgl. nur *A. Schmehl*, Die Auslegungs- und Heilungsregeln des Kommunalwahlrechts in der Kritik, DV 2001, 235 ff.; *ders.*, Der Widerspruch gegen die Gültigkeit von Wahlen in den hessischen Kommunalvertretungen, VR 2003, 276 ff.; *ders.*, Lokale Agenda 21-Prozesse: Nachhaltigkeit als Projekt der Zivilgesellschaft und Gegenstand der örtlichen Selbstverwaltung, in: K. Lange (Hrsg.), Nachhaltigkeit im Recht, 2003, S. 39 ff.; *ders.*, Sachlichkeitsgebot und Rechtsschutzfragen bei der plebiszitären Abberufung von Bürgermeistern und Landräten, KommJur 2006, 321 ff.; *ders.*, Zur Bestimmung des Kernbereichs der kommunalen Selbstverwaltung, BayVBl. 2006, 325 ff.

[2] Vgl. § 23 HessAGVwGO; die letzte Gelegenheit bestand im Rahmen der parlamentarischen Debatte über das Fünfte Gesetz zur Änderung des HessAGVwGO, LT-Drucks. 19/5463.

Entscheidung über Widersprüche gegen Verwaltungsakte der meisten kommunalen Organe der Widerspruchsführer durch einen Anhörungsausschuss mündlich zu hören.

Diese zunächst unscheinbare Regelung wirft einige Rechtsfragen auf und hat in der Praxis durchaus das Potential für Konflikte zwischen den beteiligten kommunalen Organen. Inhaltlich war die Regelung bei ihrer Schaffung indessen als frühes Element einer mediativen Konfliktlösungsstrategie ihrer Zeit weit voraus.

II. Die Krise des Widerspruchsverfahrens

Mit der Schaffung der Anhörungsausschüsse hat der hessische Gesetzgeber das Vorverfahren nach §§ 68 ff. VwGO um ein regelmäßig verpflichtendes, durchaus zeit- und kostenintensives Verfahrensinstrument angereichert; dies geschah zu einem Zeitpunkt, zu dem das Widerspruchsverfahren – als Sachurteilsvoraussetzung für Anfechtungs- und Verpflichtungsklage und obligatorische Selbstkontrolle der Verwaltung – empirisch noch den verwaltungsprozessrechtlichen Normalfall darstellte.

Mittlerweile befindet sich das Widerspruchsverfahren nach der VwGO in der – so *Schoch* – „größten Krise, seit es das Rechtsinstitut gibt".[3] Das Symptom dieser Krise ist bekanntlich die praktisch völlige oder teilweise Abschaffung des Widerspruchsverfahrens durch etliche Bundesländer, die als Folge der „Entgrenzung" der bundesrechtlichen Öffnungsklausel in § 68 Abs. 1 S. 2 VwGO aus dem Jahr 1996 eingetreten war.[4] So hatten Niedersachsen und Nordrhein-Westfalen die Abschaffung des Widerspruchsverfahrens zur Regel und seine Beibehaltung zur Ausnahme gemacht[5] und Bayern hat unter Wegfall des Vorverfahrens im Übrigen fakultative Widerspruchsverfahren für einige Rechtsbereiche eingeführt.[6]

Hessen hat am Grundsatz der Notwendigkeit des Vorverfahrens formal festgehalten, mit der Schaffung von § 16 a HessAGVwGO[7] nebst Anlage im Jahr 2001 jedoch einen umfangreichen Ausnahmekatalog geschaffen, der 2002 erweitert[8] und 2010 – trotz einer Neustrukturierung der Anlage – sowie 2018 im Wesentlichen beibehalten

---

[3] *F. Schoch*, Gerichtliche Verwaltungskontrollen, in: W. Hoffmann-Riem/E. Schmidt-Aßmann/A. Voßkuhle (Hrsg.), Grundlagen des Verwaltungsrechts, Bd. III, 2. Aufl. 2013, § 50, Rdnr. 348 ff.

[4] Durch Art. 1 Nr. 8 des 6. VwGO-ÄndG vom 01.11.1996 (BGBl. I, S. 1626) wurde die vormals in § 68 Abs. 1 S. 2 VwGO enthaltene Wendung „für besondere Fälle" gestrichen.

[5] Vgl. § 8 a Abs. 1, 3 NdsAGVwGO; § 110 JustG NRW.

[6] Vgl. Art. 15 BayAGVwGO; zur Verfassungsmässigkeit dieser Norm BayVerfGH, BayVBl 2009, 109 ff.; Nachweise für weitere Bundesländer bei *Schoch* (o. Fußn. 3), Rdnr. 348; *J. Hüttenbrink,* in: A. Posser/H.-A- Wolff (Hrsg.), Beck-OK VwGO, 44. Edition 2017, § 68 Rdnr. 22.

[7] Durch das Gesetz zur Änderung des HessAGVwGO v. 15.6.2001 (GVBl. I, S. 266).

[8] Art. 4 Nr. 2 des Ersten Gesetzes zur Verwaltungsstrukturreform v. 20.6.2002 (GVBl. I, S. 342).

wurde,[9] so dass es nunmehr in über 80 Rechtsbereichen eines Widerspruchsverfahrens nicht nur nicht mehr bedarf,[10] sondern ein Widerspruch – wird er gleichwohl eingelegt – trotz der insoweit unklaren Formulierung des § 68 Abs. 1 S. 2 VwGO nach der Rechtsprechung des Bundesverwaltungsgerichts auch unstatthaft ist.[11]

Die bundesweite Zurückdrängung des Widerspruchsverfahrens, die im Wesentlichen mit dessen Ineffizienz, einer zu erwartenden Verfahrensbeschleunigung und Kostenersparnissen begründet wurde,[12] ist mit guten Gründen auf deutliche Kritik in der Rechtswissenschaft gestoßen.[13] Tatsächlich spricht einiges dafür, dass das Vorverfahren entgegen der gesetzgeberischen Annahmen die mit ihm ursprünglich verbundenen Ziele – Selbstkontrolle der Verwaltung, Rechtsschutzfunktion und Entlastung der Gerichte[14] – sehr wohl erreicht, wenn auch in bereichsspezifisch unterschiedlichem Ausmaß.[15] Mittlerweile findet diese Kritik auch in der Gesetzgebung zunehmend Gehör: Nordrhein-Westfalen und Niedersachsen haben die weitgehende Abschaffung des Vorverfahrens durch Rückkehr zum Widerspruchsverfahren in einigen Rechtsbereichen etwas entschärft.[16]

Ungeachtet der Frage, inwieweit die Kritik an der Zurückdrängung des Vorverfahrens im Einzelnen berechtigt ist, sind jedenfalls Reformen des Widerspruchsverfahrens erwägenswert;[17] einen Ansatz hierzu könnte der Blick auf das mit Inkrafttreten des Mediationsförderungsgesetzes und Regelungen wie §§ 278, 278 a ZPO, § 173 VwGO gesetzlich innerhalb und außerhalb von Gerichtsverfahren verankerten Mediationsverfahrens sein.[18] Wenn sich auch die völlige Ersetzung des Widerspruchsverfahrens durch ein Mediationsverfahren sicher nicht als geeigneter Weg erweisen dürfte,[19] könnte doch die Implementierung mediativer Elemente *im* Widerspruchsverfahren ein zielführender Reformansatz sein.[20]

---

[9] Gesetz vom 29.11.2010 (GVBl. I, S. 421) u. vom 22.3.2018 (GVBl. I, S. 27).

[10] Vgl. im Einzelnen *W. Bodenbender*, Hessisches Gesetz zur Ausführung der Verwaltungsgerichtsordnung, in: F. Dirnberger u.a. (Hrsg.), Praxis der Kommunalverwaltung – Hessen, 1. Bd., Stand: Sept. 2011, A 17 He, § 16 a, Anm. 1 ff.

[11] BVerwG, Beschl. v. 25.04.2016 – Az. 4 B 10.16, BeckRS 2016, 46095.

[12] Vgl. eingehend und m.w.N. *F. Schoch* (o. Fußn. 3), Rdnr. 349; *P. Cancik*, Vom Widerspruch zum informalen Beschwerdemanagement, in: DV 2010, 467 ff.

[13] Vgl. nur *T. Holzner*, Die Abschaffung des Widerspruchsverfahrens, in: DÖV 2008, 217 ff.; *G. Beaucamp/P. Ringermuth*, Empfiehlt sich die Beseitigung des Widerspruchsverfahrens?, in: DVBl. 2008, 426 ff.

[14] Vgl. nur *F. Schoch* (o. Fußn. 3), Rdnr. 346 m.w.N.

[15] Vgl. die Nachweise zu empirischen Studien bei *P. Cancik* (o. Fußn. 12), 479 ff.; *F. Schoch* (o. Fußn. 3), Rdnr. 349 ff.

[16] Vgl. die jüngsten Änderungen in § 8 a Abs. 1, 3 NdsAGVwGO; § 110 JustG NRW.

[17] Vgl. *F. Schoch* (o. Fußn. 3), Rdnr. 352.

[18] Vgl. dazu *R. Pitschas*, Mediation als Methode und Instrument der Konfliktmittlung im öffentlichen Sektor, in: NVwZ 2004, 396 ff.; *M. v. Bargen*, Mediation im Verwaltungsverfahren nach Inkrafttreten des Mediationsförderungsgesetzes, in: ZUR 2012, 468 ff.

[19] So auch *M. v. Bargen* (o. Fußn. 18), 473 f.

Hierfür könnte die hessische Regelung Modell stehen. Zwar ist die „mündliche Verhandlung" vor dem Anhörungsausschuss noch lange keine Mediation; indem sie die Beteiligten vor einem Gremium zusammenbringt, das nicht selbst entscheidet und zudem auf eine gütliche Einigung hinwirken soll, hat sie jedoch bereits jetzt zentrale Elemente davon.

Legt man die rechtssoziologischen Erkenntnisse zum Mediationsverfahren zugrunde, wonach diese – wenn sie denn genutzt werden – in zwei Dritteln aller Streitigkeiten zu einer gütlichen Regelung führen, die zudem im Vergleich zu Gerichtsverfahren schneller und kostengünstiger erreicht und von den Beteiligten als weniger belastend empfunden werden,[21] ist die Einführung mediativer Elemente in das Vorverfahren gleichsam vorgezeichnet.

Gleichzeitig wäre zu überlegen, durch „Kürzung" der Anlage zu § 16 a HessAGVwGO wieder für mehr Rechtsbereiche das Widerspruchsverfahren – und damit eine u. U. „mediativ angereicherte" Anhörung – zu eröffnen. Dies erscheint derzeit – angesichts der asylverfahrensbedingt dramatisch ansteigenden Eingangszahlen bei den Verwaltungsgerichten – auch rechtspolitisch unter dem Gesichtspunkt der Entlastung der Veraltungsgerichtsbarkeit zielführend.

Vor dem Hintergrund dieses Potentials lohnt es, die Regelungen über die Anhörungsausschüsse und die mit ihnen verbundenen Rechtsfragen genauer in den Blick zu nehmen.

III. Die Einbindung des Anhörungsausschusses in das kommunale Gefüge

Anhörungsausschüsse nach § 7 Abs. 1 HessAGVwGO sind sowohl auf der Gemeindeebene als auch auf Kreisebene einzurichten:

Nach § 7 Abs. 2 Nr. 1 sind solche Ausschüsse zunächst bei den Städten mit mehr als 30.000 Einwohnern zu bilden. Insoweit greift das Gesetz nicht auf die in § 4 a HGO für die Qualifizierung als sog. Sonderstatusstädte entscheidende Grenze von 50.000 Einwohnern zurück; in der Folge sind Anhörungsausschüsse derzeit außer bei den fünf kreisfreien und den sieben Sonderstatusstädten in weiteren 15 Städten einzurichten.

---

[20] Vgl. *K.P. Dolde/W. Porsch*, Die Abschaffung des Widerspruchsverfahrens – ein bedauernswerter Abbruch eines Grundpfeilers der VwGO?, in: VBlBW 2008, 428.

[21] Vgl. dazu eingehend und m.w.N. statt vieler *K. F. Röhl*, Das zweite Mediationsparadox: Erfolgreich, schneller, billiger und besser, aber ungenutzt, 15.10.2009,„http://www.rsozblog. de/das-zweite-mediationsparadox-erfolgreich-schneller-billiger-und-besser-aber-ungenutzt/; *ders.*, Noch einmal: Das zweite Mediationsparadox, 2.3.2010, http://www.rsozblog.de/nocheinmal-das-zweite-mediationsparadox/; *ders.*, Die Invisibilisierung des (zweiten) Mediationsparadoxes, 6.10.2015; http://www.rsozblog.de/die-invisibilisierung-des-zweiten-Mediationspa radoxes/ (19.02.2018).

Nach § 7 Abs. 2 Nr. 2 HessAGVwGO sind Anhörungsausschüsse zudem bei den Landräten als Behörden der Landesverwaltung (§ 55 HKO) zu bilden; als solche sind die 21 hessischen Landräte seit der Kommunalisierung ihrer Stellung im Jahr 2005 – außer eben für die bei ihnen gebildeten Anhörungsausschüsse – vor allem noch für die Kommunalaufsicht über die kreisangehörigen Gemeinden und über die Zweckverbände zuständig.[22]

Die bei den Städten mit mehr als 30.000 Einwohnern gebildeten Anhörungsausschüsse sind zuständig für Anhörungen über Widersprüche gegen Verwaltungsakte des Magistrats und des Oberbürgermeisters (Bürgermeisters).[23]

Die bei den Landräten als Behörden der Landesverwaltung gebildeten Ausschüsse hören in den verbleibenden Widerspruchsverfahren an. Dies sind zunächst solche des Landrats selbst, ungeachtet der Frage, ob er diese in seiner Funktion als Behörde der Landesverwaltung[24] oder in seiner kommunalen Funktion erlässt. Des Weiteren sind die Ausschüsse bei den Landräten zuständig in Widerspruchsverfahren gegen Verwaltungsakte des jeweiligen Kreisausschusses; schließlich hören sie an bei Widersprüchen des Gemeindevorstands und des Bürgermeisters von kreisangehörigen Gemeinden mit weniger als 30.000 Einwohnern in ihrem Kreis.

Die Frage, welche kommunale Aufgabe der angegriffene Verwaltungsakt zum Gegenstand hat, spielt nach den landesgesetzlichen Vorgaben erst für den Zeitpunkt der Anhörung eine Rolle: In Weisungs- und Auftragsangelegenheiten (vgl. § 4 HGO, § 4 HKO) findet die Anhörung nach § 7 Abs. 3 Nr. 1 HessAGVwGO vor der Entschließung statt, ob dem Widerspruch nach § 72 VwGO abgeholfen werden soll. In Selbstverwaltungsangelegenheiten findet die Anhörung dagegen vor Erlass des Widerspruchsbescheids nach § 73 VwGO statt (§ 7 Abs. 3 Nr. 2 HessAGVwGO).

Von der Anhörung kann abgesehen werden, wenn eine der in § 7 Abs. 4 HessAGVwGO enumerativ aufgezählten Voraussetzungen vorliegen. Diese bestehen im Wesentlichen aus erkennbarem Desinteresse des Widerspruchsführers an einer Anhörung (§ 7 Abs. 4 Nr. 5, 6 und 8 HessAGVwGO), Dringlichkeit, fehlendem rechtlichem Spielraum (§ 7 Abs. 4 Nr. 2 und 7 HessAGVwGO) und anderweitiger Wahrung der Interessen des Widerspruchsführers (§ 7 Abs. 4 Nr. 1 und 4 HessAGVwGO).[25]

---

[22] Vgl. § 1 Abs. 1 des Gesetzes zur Neuordnung der Aufgaben des Landrats sowie des Oberbürgermeisters als Behörden der Landesverwaltung (Kommunalisierungsgesetz) vom 21. März 2005 (GVBl. I S. 229), zuletzt geändert durch Gesetz 5. Oktober 2017 (GVBl. S. 294).

[23] Vgl. zur Amtsbezeichnung in Abhängigkeit von der Einwohnerzahl § 45 HGO.

[24] Diese gibt es infolge des Kommunalisierungsgesetzes praktisch indes nicht mehr; für Widersprüche der kreisangehörigen Gemeinden gegen Anordnungen des Landrats als Behörde der Landesverwaltung (§§ 136, 142 HGO, § 55 Abs. 2 HKO) schließt § 7 Abs. 5 HessAGVwGO eine Anhörung vor dem Ausschuss aus; vgl. dazu auch *M. Ogorek*, in: Dietlein/Ogorek (Hrsg.), BeckOK Kommunalrecht Hessen, 3. Edition 2017, § 142 HGO, Rdnr. 21.

[25] § 7 Abs. 4 S. 1 HessAGVwGO lautet:

Über das Absehen von der Anhörung entscheidet nach § 7 Abs. 4 S. 2 Hess-AGVwGO der Vorsitzende des Ausschusses.

Die kreisangehörigen Gemeinden mit weniger als 30.000 Einwohnern haben nach § 9 HessAGVwGO einen bei ihnen eingelegten Widerspruch binnen einer Frist von zwei Wochen dem bei dem Landrat als Behörde der Landesverwaltung gebildeten Ausschuss vorzulegen, soweit die Gemeinde dem Widerspruch nicht abhilft. Diese Vorlagepflicht besteht somit ungeachtet der Zulässigkeit des Widerspruchs oder des offensichtlichen Vorliegens eines Ausnahmetatbestands nach § 7 Abs. 4 HessAGVwGO.

IV. Zusammensetzung der Ausschüsse und Verfahren

Nach § 10 Abs. 1 S. 1, 3 HessAGVwGO setzen sich die Anhörungsausschüsse aus dem Landrat oder (Ober-)Bürgermeister als Vorsitzenden und zwei Beisitzern zusammen. Die Beisitzer, für die die Befangenheits- und Entschädigungsregelungen der HGO gelten (§ 10 Abs. 5 HessAGVwGO i.V.m. §§ 25, 27 HGO), sind von der jeweiligen Vertretungskörperschaft für deren Wahlzeit aus der Einwohnerschaft zu wählen und werden nach einer festzulegenden Reihenfolge zu Sitzungen herangezogen (§ 10 Abs. 2, 4 HessAGVwGO).[26] Sie sind zu gewissenhafter und unparteiischer Ausübung des Amts sowie zur Verschwiegenheit verpflichtet (§ 10 Abs. 3 S. 4 Hess-AGVwGO).

Die Landräte und (Ober-)Bürgermeister können sich in der Funktion als Ausschussvorsitzende nach § 10 Abs. 1 S. 3 HessAGVwGO allgemein oder im Einzelfall vertreten lassen, wovon regelmäßig dahingehend Gebrauch gemacht wird, dass die jeweiligen Rechtsamtsleiter/innen als Vorsitzende fungieren. Gem. § 34 Abs. 2 Nr. 4 HessJAG gehört die Vorbereitung und Leitung von Sitzungen der Anhörungs-

---

„Von der Anhörung kann abgesehen werden, wenn
1. der Widerspruch bei der Behörde eingelegt ist, die den Verwaltungsakt erlassen oder seine Vornahme abgelehnt hat, und die Behörde dem Widerspruch abhelfen oder stattgeben will,
2. in Weisungs- und Auftragsangelegenheiten der Erlass oder die Ablehnung des Verwaltungsaktes auf einer Weisung der Aufsichtsbehörde für den Einzelfall beruht,
3. die Anhörung wegen der Dringlichkeit des Falles nicht rechtzeitig stattfinden kann,
4. vor der Entscheidung über den Widerspruch sozial erfahrene Personen oder ein Gutachterausschuss zu beteiligen sind,
5. der Widerspruchsführer auf die Anhörung verzichtet,
6. der Widerspruchsführer nicht erklärt, ob er die Anhörung wünscht oder auf sie verzichtet, obwohl er vom Vorsitzenden des Ausschusses aufgefordert wurde, diese Erklärung innerhalb einer von diesem zu bestimmenden Frist abzugeben, die mindestens zwei Wochen betragen muss,
7. die Sach- und Rechtslage hinreichend geklärt erscheint und der Streitstand eine gütliche Erledigung des Widerspruchs nicht erwarten lässt,
8. der Widerspruchsführer trotz ordnungsgemäßer Ladung unentschuldigt nicht erscheint."

[26] Vgl. zur Wählbarkeit § 10 Abs. 3 HessAGVwGO.

ausschüsse auch zum Ausbildungsprogramm von Rechtsreferendar/innen in der Verwaltungsstation.[27]

Auf das Anhörungsverfahren, das ein besonderes landesrechtliches Verwaltungsverfahren ist, sind nach § 1 Abs. 1 HVwVfG dessen Vorschriften anwendbar, soweit das HessAGVwGO keine speziellen Verfahrensregelungen enthält.[28]

Solche finden sich in § 12 Abs. 1 HessAGVwGO, wonach der Ausschuss die Sach- und Rechtslage mit den Beteiligten zu erörtern und auf eine gütliche Erledigung des Widerspruchs hinzuwirken hat. Des Weiteren sind die wesentlichen Ergebnisse der Anhörung in eine Niederschrift aufzunehmen und mit einem Vorschlag des Ausschusses der Behörde vorzulegen, die den Verwaltungsakt erlassen oder seine Vornahme abgelehnt hat (§ 12 Abs. 2 HessAGVwGO).

Nach § 12 Abs. 3 HessAGVwVGO können die Beteiligten zur Erledigung des Widerspruchsverfahrens einen Vergleich schließen, soweit sie über den Gegenstand und die Kosten verfügen können. Dabei wird das aus §§ 57, 62 S. 2 HVwVfG, § 71 Abs. 2 HGO, § 126 BGB für diesen Fall eigentlich resultierende Schriftform- und Unterzeichnungserfordernis dadurch erleichtert, dass der Vergleich auch zur Aufnahmen in die Sitzungsniederschrift wirksam geschlossen werden kann.[29]

V. Rechtsfragen

Dieses Regelungsgefüge über die Anhörungsausschüsse ist zwar seit seinem Inkrafttreten mehrfach geändert worden; insbesondere wurden die Vorschriften an die Neuordnung der kommunalen Aufgaben angepasst und Vorgaben für die Wählbarkeit und über die Amtsführung der Beisitzer hinzugefügt. Die einzige substanzielle Änderung bestand indessen in der Aufnahme der Regelung zum Vergleichsabschluss (§ 12 Abs. 3 HessAGVwGO) nebst der erwähnten Möglichkeit zur Protokollierung vor dem Ausschuss im Jahr 1997;[30] diese war darauf zurückzuführen, dass in der Pra-

---

[27] Im Zusammenhang mit einer Verfügung an eine Referendarin, u. a. bei dieser Tätigkeit kein Kopftuch tragen zu dürfen, waren die hessischen Anhörungsausschüsse kürzlich beiläufig Gegenstand einer Kammerentscheidung des BVerfG, Beschluss der 1. Kammer des Zweiten Senats vom 27. Juni 2017 – 2 BvR 1333/17 – Rdnr. 1–55, http://www.bverfg.de/e/rk20170627_2bvr133317.html, Zugriff: 22. 02. 2018.

[28] Vgl. *W. Bodenbender*, Hessisches Gesetz zur Ausführung der Verwaltungsgerichtsordnung, in: F. Dirnberger u. a. (Hrsg.), Praxis der Kommunalverwaltung – Hessen, 1. Bd., Stand: Sept. 2011, A 17 He, § 7, Anm. 1 a.E., § 12 Anm. 1; namentlich die Regelungen über die Beteiligten- und Handlungsfähigkeit (§§ 11, 12 HVwVfG), die Vertretung (§ 14 HVwVfG), den Amtsermittlungsgrundsatz (§ 24 HVwVfG), über Beratung, Auskunft, Akteneinsicht und Geheimhaltung (§§ 25, 29, 30 HVwVfG) sowie über Sitzungsleitung, Beschlussfähigkeit und -fassung bei Ausschüssen (§§ 88–93 HVwVfG).

[29] Vgl. im Einzelnen *W. Bodenbender*, Hessisches Gesetz zur Ausführung der Verwaltungsgerichtsordnung, in: F. Dirnberger u. a. (Hrsg.), Praxis der Kommunalverwaltung – Hessen, 1. Bd., Stand: Sept. 2011, A 17 He, § 12, Anm. 4.1. sowie HessVGH, NVwZ 1997, 618 ff.

[30] Vgl. LT-Drucks 14/2598, S. 9.

xis schon vorher Vergleiche vor den Anhörungsausschüssen geschlossen worden waren, deren Wirksamkeit dann jedoch von der Rechtsprechung wegen Verletzung der genannten Formvorschriften verneint wurde.[31]

Keine Probleme hatte die Praxis bisher offensichtlich damit, dass das Gesetz eine Beteiligung der erlassenden Behörde im Anhörungsverfahren nicht ausdrücklich vorsieht. Mündlich anzuhören ist lediglich der Widerspruchsführer (§ 7 Abs. 1 HessAGVwGO). Dass die Beteiligung der Behörde intendiert ist, folgt indessen aus § 12 Abs. 1 HessAGVwGO, wonach die Sach- und Rechtslage mit *den* Beteiligten zu erörtern ist und auch aus der Möglichkeit des Vergleichsabschlusses in der Sitzung. Dementsprechend finden die Sitzungen tatsächlich in der Praxis regelmäßig zwischen Behördenvertreter, Widerspruchsführer und Ausschuss statt, also gleichsam in Form einer mündlichen Verhandlung.[32]

Nicht unumstritten und rechtlich klärungsbedürftig sind allerdings die Fragen, ob es sich bei dem Ausschuss um einen solchen nach § 73 Abs. 2 S. 1 VwGO handelt und welche Folgen ein i.S.d. §§ 7 ff. HessAGVwGO fehlerhaftes Anhörungsverfahren hat.

1. Der Anhörungsausschuss als Ausschuss i.S.d. des § 73 Abs. 2 S. 1 VwGO

Insoweit stellt sich zunächst die Frage, ob der Ausschuss in diesem Sinne nur *nach* der Abhilfeentscheidung der Ausgangsbehörde tätig werden oder schon bei der Abhilfeentscheidung *für* die Ausgangsbehörde tätig werden kann. Daran anknüpfend ist zu klären, ob der Ausschuss oder Beirat *an Stelle einer Behörde entscheiden* muss oder ob eine *Mitwirkung ohne Entscheidungsbefugnis* ausreicht.

Bei weiter Auslegung der ersten beiden Absätze des § 73 könnte man bzgl. der ersten Frage zu dem Ergebnis gelangen, dass aufgrund der Formulierung „*einer* Behörde" – also nicht „der entsprechenden Widerspruchsbehörde" oder „einer Behörde des Absatzes 1 Nr. 1–3" – auch die Ausgangsbehörde ersetzt werden kann. Der Wortlaut des § 73 Abs. 2 VwGO, der sich auf das „Vorverfahren des Absatzes 1" im Ganzen bezieht und die Ausschüsse und Beiräte an die Stelle „einer Behörde" treten lässt, steht einer solchen Auslegung nicht entgegen.

Anderes gilt für die Frage, ob eine Mitwirkung des Gremiums ausreichend ist. Der Wortlaut „an die Stelle treten" lässt keine andere Deutung zu, als den Ersatz der entsprechenden Behörde, so dass das Gremium folglich auch die Entscheidung treffen können muss. Dieses Ergebnis wird durch die Entstehungsgeschichte des § 73 Abs. 2 Satz 1 VwGO bestätigt. Zwar enthielt bereits der ursprüngliche Wortlaut der Verwal-

---

[31] HessVGH, Beschl. v. 30.12.1983, 3 TI 56/83 (n.v.); HessVGH, NVwZ 1997, 618 ff.

[32] Vgl. auch *Kastner*, in: Fehling/Kastner/Störmer (Hrsg.), Verwaltungsrecht, VwVfG, VwGO, Nebengesetze, 4. Aufl. 2016, § 72 VwGO Rdnr. 9: „Allerdings entspricht die Anhörung nach den Vorschriften in § 12 HessAGVwGO eher einer mündlichen Verhandlung als der Anhörung i.S.d. § 71 VwGO, 28 VwVfG."

tungsgerichtsordnung aus dem Jahre 1960 den heutigen Wortlaut des § 73 Abs. 2;[33] um diesen war zuvor allerdings erheblich gerungen worden. Bereits in der ersten Wahlperiode hatte dem Bundestag ein Entwurf zur Beschlussfassung vorgelegen,[34] der mit Begründungsstand vom 9. Dezember 1952 – gleichlautend wie im späteren Entwurf aus dem Jahre 1957[35] – folgende Formulierung vorsah:

> „Vorschriften, nach denen bei der Entscheidung im Vorverfahren die Mitwirkung von Ausschüssen und Beiräten vorgesehen ist, bleiben unberührt."[36]

Der Bundesrat hielt 1953[37] und 1954[38] die Formulierung dagegen: „Vorschriften, nach denen im Vorverfahren die Entscheidung oder die Mitwirkung von Ausschüssen oder Beiräten bei den in Absatz 1 genannten Behörden vorgesehen ist oder wird, bleiben unberührt." Als Begründung führte er in beiden Stellungnahmen an, die Neufassung diene „der Klarstellung, daß eine Mitwirkung von Ausschüssen und Beiräten nur nach der Vorschrift des § 74 Abs. 1 bei den dort genannten Behörden in Frage kommen soll." Der damals vom Bundesrat vorgeschlagene § 74 Abs. 1 Nr. 1–3 hatte bereits bis auf den zweiten Halbsatz der Nr. 1 (soweit nicht durch Gesetz eine andere höhere Behörde bestimmt wird) den Wortlaut des heutigen § 73 Abs. 1, so dass auch damit der Einbezug der Ausgangsbehörden nicht vollständig ausgeschlossen werden kann. Allerdings wollte der Bundesrat „eine Klarstellung", was zumindest vermuten lässt, dass er die Ausgangsbehörde ausschließen wollte.

Bezüglich der Frage, ob es sich auch um Ausschüsse des § 73 Abs. 2 handeln soll, wenn die Gremien nur mitwirken, geben die Begründungen zwar keinen Aufschluss. Allerdings enthält schon die weitere Stellungnahme des Bundesrates von 1957 keine Mitwirkungsmöglichkeit mehr. Vielmehr schlägt er zu diesem Zeitpunkt die später beschlossene Formulierung des § 73 Abs. 2 Satz 1 vor,[39] womit davon ausgegangen werden kann, dass Gremien, die nur mitwirken, nicht von den Ausschüssen i.S.d. § 73 Abs. 2 VwGO umfasst sein sollen.

Schließlich würde eine andere Auslegung gegen Sinn und Zweck des Vorverfahrens sprechen. Der den Verwaltungsakt ausstellenden Behörde soll die Möglichkeit gegeben sein, ihre Handlung erneut zu überprüfen. Ein in diesem Stadium eintretendes Gremium, das sich neu mit der Sache befassen muss, würde die Verwaltung gerade nicht effektivieren.

---

[33] BGBl. I S. 17, https://www.bgbl.de/xaver/bgbl/text.xav?SID=&tf=xaver.component.Text_0&tocf=&qmf=&hlf=xaver.component.Hitlist_0&bk=bgbl&start=%2F%2F*%5B%40node_id%3D'216705'%5D&skin=pdf&tlevel=-2&nohist=1, Zugriff: 11.02.2018.

[34] BT-Drs. 01/4278 vom 15. April 1953, http://dipbt.bundestag.de/doc/btd/01/042/0104278.pdf, Zugriff: 11.02.2018.

[35] BT-Drs. 03/55 vom 05.12.1957, S. 11, http://dipbt.bundestag.de/doc/btd/03/000/0300055.pdf, Zugriff: 11.02.2018.

[36] BT-Drs. 01/4278 (o. Fußn. 34), S. 13.

[37] BT-Drs. 01/ 4278 (o. Fußn. 34), S. 64.

[38] BT-Drs. 03/55 (o. Fußn. 35), S. 72.

[39] BT-Drs. 03/55 (o. Fußn. 35), S. 56.

Als Ausschüsse oder Beiräte im Sinne des § 73 Abs. 2 VwGO sind also nur solche anzusehen, die die Widerspruchsbehörden im Sinne des § 73 Abs. 1 Nr. 1–3 VwGO ersetzen. Hierzu gehören zwar die in anderen Bundesländern – Hamburg,[40] Rheinland-Pfalz[41] und dem Saarland[42] – selbst entscheidungsbefugten Widerspruchs- bzw. Rechtsausschüsse, nicht aber der Anhörungsausschuss nach § 7 Abs. 1 HessAGVwGO, da er der Ausgangsbehörde lediglich das wesentliche Ergebnis der Anhörung mit einem Vorschlag zur Entscheidung vorlegt.[43]

2. Folgen fehlerhafter Ausschussverfahren

Fraglich ist weiterhin, welche Folgen ein nach Maßgabe der §§ 7 ff. HessAGVwGO fehlerhaft durchgeführtes Ausschussverfahren hat. Würde es sich dabei um die Verletzung einer wesentlichen Verfahrensvorschrift handeln, könnte gemäß § 79 Abs. 2 VwGO der Widerspruchsbescheid selbständiger Gegenstand der Anfechtungsklage sein.

In den Ländern mit entscheidungsbefugten Widerspruchs- bzw. Rechtsausschüssen, liegt diese Konsequenz nahe: Da der Bund von seiner Gesetzgebungskompetenz nach Art. 74 Abs. 1 Nr. 1, Art. 72 Abs. 1 GG zur Regelung der gerichtlichen Verfahren mit der VwGO bereichsspezifisch umfassend Gebrauch gemacht, ist es systemgerecht, auch die landesrechtlichen Abweichungen, die § 73 Abs. 2 VwGO ermöglicht, im Rahmen der bundesrechtlichen Regelung zu beurteilen.

Das bedeutet jedoch umgekehrt, dass für Regelungen, in denen – wie in Hessen – die Widerspruchsbehörde nicht ersetzt wird, ein Verfahrensfehler nicht auf der Grundlage der VwGO zu beurteilen ist. Das Anhörungsverfahren nach §§ 7 ff. HessAGVwGO ist nicht Teil eines bundesrechtlich vorgeschriebenen Anhörungsverfahrens im Rahmen des Vorverfahrens. Ein Verstoß gegen die Bestimmungen der §§ 7

---

[40] Gemäß § 7 Abs. 2 HmbAGVwGO kann durch Rechtsverordnung des Senats bestimmt werden, dass die Entscheidung über den Widerspruch durch einen Ausschuss getroffen wird. Die Zusammensetzung und das Verfahren des Ausschusses müssen in der Verordnung geregelt werden, ebenso, über welche Widersprüche der Ausschuss entscheiden soll.

[41] Hier erlässt nach § 6 RhPfAGVwGO anstelle der in § 73 Abs. 1 Satz 2 Nr. 1 und 3 VwGO genannten Behörden entweder der Kreisrechtsausschuss (§ 6 Abs. 1 Nr. 1 RhPfAGVwGO) oder der Stadtrechtsausschuss (§ 6 Abs. 1 Nr. 2 RhPfAGVwGO) den Widerspruchsbescheid.

[42] Gemäß § 7 Abs. 1 SaarlAGVwGO wird in jedem Landkreis ein Kreisrechtsausschuss, im Regionalverband Saarbrücken ein Rechtsausschuss für den Regionalverband, in der Landeshauptstadt Saarbrücken und in jeder kreisfreien Stadt ein Stadtrechtsausschuss gebildet, der anstelle der Widerspruchsbehörde über den Widerspruch entscheidet.

[43] So im Ergebnis auch *Rennert,* in: Eyermann, VwGO, 14. Aufl. 2014, § 73 Rdnr. 7 mit Verweis auf VGH Kassel, NJW 1987, 1096, der den Anhörungsausschuss als „bloßen Anhörungsausschuss" bezeichnet. Wohl auch *Pietzner/Ronellenfitsch,* Das Assessorexamen im Öffentlichen Recht, 13. Aufl. 2014, Rdnr. 1184, die den hessischen Anhörungsausschuss nicht als Ausschuss i.S.d. § 73 Abs. 2 aufzählen. A.A. *Glaser,* in: Gärditz, VwGO, § 73 Rdnr. 22 mit Fußn. 54; *Hufen,* Verwaltungsprozessrecht, 10. Aufl. 2016, § 6 Rdnr. 45.

bis 12 des Hessischen Gesetzes zur Ausführung der Verwaltungsgerichtsordnung führt daher – wie auch der HessVGH betont – nicht zur Fehlerhaftigkeit des Vorverfahrens.[44]

Zwar wollten *Pietzner/Ronellenfitsch*[45] dessen ungeachtet in der Vergangenheit auch zulässige landesrechtliche Konkretisierungen des rechtlichen Gehörs im Widerspruchsverfahren als wesentliche Verfahrensmängel i.S.d. § 79 Abs. 2 VwGO ansehen. In ihrer neuesten Auflage von 2014 findet sich dies indes nicht mehr. Auch könnten diese Verfahrensmängel in Hessen im Ergebnis nicht zu einer zusätzlichen Beschwer i.S.d. § 79 Abs. 2 VwGO führen, da aufgrund der Unverbindlichkeit des Vorschlags des Anhörungsausschusses der Widerspruchsbescheid nicht auf dieser Verletzung beruhen kann. Diese Kausalität ist aber gem. § 79 Abs. 2 VwGO Voraussetzung für die Zulassung des Widerspruchsbescheids als alleinigen Gegenstand der Anfechtungsklage.

VI. Potentielle Konflikte zwischen Anhörungsverfahren und kommunaler Selbstverwaltung

Da die Kommune in Selbstverwaltungsangelegenheiten zugleich Ausgangs- und Widerspruchsbehörde ist, stellt sich die Mitwirkung des Landrates als Landesbehörde, wie § 7 Abs. 2 Nr. 2 HessAGVwGO sie vorsieht, in Bezug auf die Selbstverwaltungsgarantie nach Art. 28 Abs. 2 GG, Art. 137 HV als nicht völlig unproblematisch dar.[46] Der Gesetzgeber sah dem Selbstverwaltungsrecht bei Schaffung der Anhörungsausschüsse 1962 dadurch hinreichend Rechnung getragen, dass dem Ausschuss keine Entscheidungsbefugnis eingeräumt worden war.[47] Dies hat die Problematik indessen nicht völlig entschärft: Da gem. § 7 Abs. 4 Satz 2 nur der Vorsitzende des Ausschusses über das Absehen von der Anhörung entscheiden kann, können Verzögerungen dieser Entscheidung – die in der Praxis durchaus vorkommen – das Selbst-

---

[44] HessVGH, Beschluss vom 17.05.2001, Az.: 4 ZU 918/01, juris, Rdnr. 5; vgl. Urteil vom 29.04.1986, Az. 9 OE 23/83, NJW 1987, 1096 = BeckRS 9998, 46234; VG Wiesbaden, Urteil vom 22.09.2016, Az. 6 K 564/14.WI, juris, Rdnr. 31.

[45] (Fußn. 43) in der 10. Aufl. 2000, § 26 Rdnr. 14 mit Fußn. 41, welche unterstützend lediglich Rechtsprechung zu § 114 Abs. 2 BSHG a.F. aufführt. Diese spezielle bundesrechtliche Regelung zur Beteiligung sozial erfahrene Personen lässt sich indes nicht mit der landesrechtlichen zusätzlichen Anhörung des Hessischen Anhörungsausschuss vergleichen, die lediglich ein „Mehr" an Anhörung zur Erreichung einer gütlichen Einigung bedeutet. Deutlich wird die unterschiedliche Qualität auch daran, dass im Falle einer Beteiligungsvoraussetzung von sozial erfahrenen Personen der hessische Ausschussvorsitzende von der Anhörung gem. § 7 Abs. 4 Nr. 4 HessAGVwGO absehen kann.

[46] *Lange*, Kommunalrecht, 2013, Kap. 11 Rdnr. 43 ff. (53), weist zu Recht bei der Bestimmung der Widerspruchsbehörde für Weisungsaufgaben auf die Konsequenzen hin, die aufgrund des monistischen Verständnisses gemeindlicher Aufgaben nach dem Weinheimer Entwurf zu diskutieren sind. Insofern ist die Problematik, die hier angesprochen wird, sogar bzgl. Weisungsaufgaben anzudenken.

[47] Vgl. *Frerichs*, Der Widerspruchsausschuss nach der AGVwGO-Novelle, in: Kommunalpraxis, Ausgabe Baden-Württemberg/Hessen/Rheinland-Pfalz/Saarland, 1998, S. 332 ff.

verwaltungsrecht der Gemeinden deutlich tangieren. Faktisch können die Gemeinden diese Situation zwar umgehen, indem sie das Verfahren nicht vorlegen oder ohne durchgeführte Anhörung über den Widerspruch entscheiden (beides führt ja nach h.M. nicht zur Fehlerhaftigkeit des Vorverfahrens[48]). Damit würde (müsste) sie jedoch – ungeachtet fehlender Folgen für das konkrete Verfahren – sehenden Auges gegen gesetzliche Vorgaben verstoßen; zudem dürfte sich ein solches Vorgehen kaum vorteilhaft auf das Verhältnis zu der den Ausschuss tragenden Aufsichtsbehörde auswirken.

Auflösen ließe sich das hierin liegende Konfliktpotential durch eine einfache Ergänzung des § 7 Abs. 2 HessAGVwGO um einen Satz 2: „Kreisangehörige Gemeinden mit weniger als 30.000 Einwohnern können einen eigenen Ausschuss für Anhörungen in Selbstverwaltungsangelegenheiten bilden". Rechtlichen Bedenken würde diese Variante schon deshalb nicht begegnen, weil sie ein minus zu den Möglichkeiten des § 73 Abs. 2 Satz 2 VwGO bildet.

Die Kommune hätte es damit in Wahrnehmung ihres Selbstverwaltungsrechts selber in der Hand, ob sie „Rat" durch den beim Landrat angesiedelten Ausschuss in Anspruch nehmen oder selbst einen Ausschuss organisieren möchte.

Weiterhin könnten den Gemeinden im Sinne einer Effektivierung des Verwaltungshandelns bei unzulässigen Widersprüchen, die ebenfalls unter die Regelungen der §§ 7 ff. HessAGVwGO fallen, mehr Handlungsspielraum gegeben werden. Dies ließe sich durch eine schlichte Ergänzung des § 7 Abs. 4 HAGVwGO erreichen: „Bei unzulässigen Widersprüchen kann die Ausgangsbehörde über das Absehen von der Anhörung entscheiden."

VII. Schluss

Das unscheinbare Anhörungsausschuss nach §§ 7 ff. HessAGVwGO stellt sich somit – trotz kleiner Änderungsbedarfe – unter rechtspolitischen Gesichtsunkten als ein erhaltungswürdiges spezifisch hessisches Instrument dar. Insbesondere die in ihm angelegte Möglichkeit der Konfliktbeilegung mit Mitteln der Mediation sollte der Gesetzgeber im Auge behalten. Würde er sich entscheiden, diese Möglichkeit – etwa nach dem Vorbild von § 278 Abs. 5 S. 2 ZPO – („Der Anhörungsausschuss kann alle Methoden der Konfliktbeilegung einschließlich der Mediation einsetzen") – gesetzlich zu verankern, hätte er für das hessische Verwaltungsverfahren zugleich einen Weg eröffnet, das von *K. F. Röhl* so genannte zweite Mediationsparadox[49] zu vermeiden: Danach scheitert die Mediation zumeist bevor sie begonnen hat an der fehlenden Bereitschaft der Beteiligten, sie in Anspruch zu nehmen. Einmal ins Werk gesetzt, führt sie – wie erwähnt – oft zu schnelleren, billigeren und besseren Ergebnissen als Gerichtsverfahren oder klassische Widerspruchsverfahren. Die Hürde, sich auf

---

[48] Vgl. oben V. 2.
[49] Vgl. oben Fußn. 21.

die Mittel der Mediation innerhalb des bereits institutionalisierten Anhörungsverfahrens nach § 7 ff. HessAGVwGO einzulassen, wäre aller Voraussicht nach sehr gering. Nicht zuletzt könnte damit ein kleiner Beitrag dazu geleistet werden, den tendenziell gestiegenen Anforderungen an die Legitimation von Verwaltungsentscheidungen Rechnung zu tragen.[50]

---

[50] Vgl. dazu im größeren Zusammenhang *A. Schmehl*, „Mitsprache 21" als Lehre aus „Stuttgart 21"? Zu den rechtspolitischen Folgen veränderter Legitimitätsbedingungen, in: Veith Mehde/Ulrich Ramsauer/Margrit Seckelmann, Staat, Verwaltung, Information, Festschrift für Hans Peter Bull zum 75. Geburtstag, Berlin 2011, S. 347 ff.

Planreife als Gefahr für die demokratische Legitimation bezirklicher Planungen im Berliner Kommunalrecht

Von *Thomas Weigelt*

I. Einleitung

Arndt Schmehl war vielfältig interessiert. Er war wissenschaftlich wie auch persönlich neugierig. Die wissenschaftliche Neugier weckte und bestärkte er auch bei seinen Studierenden und Mitarbeitenden. Die Triebfeder von Wissenschaft ist die Neugier.

Die Rechtswissenschaft war für ihn nie eine reine Geisteswissenschaft. Arndt Schmehl verstand die Wissenschaft vom Recht immer als eine Wissenschaft auch von den sozialen Bezügen, in denen das Recht existiert. Dabei ließ er sich nicht von aktuellen Moden blenden. Themen, die er für interessant hielt, verfolgte er unabhängig davon, ob das Thema „sexy" klang. So war seine Dissertationsschrift[1] ein spannendes Werk, welches interessante Gedanken enthielt und zum Nachdenken anregte, dessen Titel aber sicherlich keine Besprechung in der Frankfurter Allgemeinen Zeitung versprach.

Ein Interessensgebiet Arndt Schmehls war das Kommunalrecht. Nicht nur war er selbst einmal kommunalpolitisch aktiv, auch arbeitete er lange an einem kommunalrechtlichen Lehrstuhl und forschte dort über das Kommunalrecht.[2]

In diesem Sinne sei der Blick auf ein Problem des Kommunalrechts gerichtet, welches nicht sonderlich spannend klingen mag, aber für die demokratische Legitimation der baurechtlichen Regeln des Gemeinwesens im Stadtstaat Berlin große Bedeutung entfaltet.

Der Gesetzgeber wanderte bei der Ausgestaltung des Bauplanungsrechts immer zwischen Effektivität und Legitimität.[3] Die Aufstellung von Bebauungsplänen dau-

---

[1] *A. Schmehl*, Genehmigungen unter Änderungsvorbehalt zwischen Stabilität und Flexibilität: zur Entwicklung revisionsoffener Genehmigungsentscheidungen im Umweltrecht – verwaltungsrechtliche, verfassungsrechtliche und verwaltungswissenschaftliche Aspekte, 1998.

[2] Vgl. bspw. *A. Schmehl*, Sachlichkeitsgebot und Rechtsschutzfragen bei der plebiszitären Abberufung von Bürgermeistern und Landräten, KommJur 2006, 321.

[3] *J. Stock*, in: Ernst/Zinkahn/Bielenberg/Krautzberger (Hrsg.), Baugesetzbuch, 124. Erg.-Lfg. 2017, § 33 Rdnr. 5.

ert lange – womöglich zu lange. Zum einen besteht die Gefahr, dass sie ihre Bedeutung als gesetzlich gewollte Regelform der Steuerung der Gestaltung der Städte verlieren, da die Gemeinden sie für zu unflexibel und aufwändig halten. Zudem müssen Gemeinden in der Bauleitplanung wirtschaftliche Realitäten berücksichtigen, d.h. lange Bebauungsplanverfahren verteuern die Kosten und sind dem Ziel der Schaffung preiswerten Wohnraums abträglich. Aber andererseits vermitteln Bebauungsplanverfahren den Bebauungsplänen die notwendige Legitimation, sodass sie als geltendes Recht abstrakt-generell einschneidende Regeln für die Bebaubarkeit eines Gebiets setzen – ohne selbst formelles Gesetz zu sein. Zum Ausgleich dieser Konfliktsituation hat der Gesetzgeber § 33 BauGB eingeführt.

II. § 33 BauGB im Bebauungsplanverfahren

1. Sinn und Zweck von § 33 BauGB

Das Verfahren zur Aufstellung eines Bebauungsplans kann eine lange Zeit in Anspruch nehmen. So sind – selbst bei zielstrebiger Bearbeitung durch die Verwaltung – zwei Jahre zwischen Aufstellungsbeschluss und Erlass der Satzung oder Rechtsverordnung[4] keine Seltenheit. Wenn mit dem zukünftigen Bebauungsplan erst die Voraussetzung für die angestrebte Bebauung geschaffen werden soll, kann die Wartezeit für den Bauwilligen eine erhebliche Belastung bedeuten.

Um diesen Prozess wenigstens etwas zu beschleunigen hat der Gesetzgeber § 33 BauGB geschaffen.[5] Er ermöglicht dem Bauwilligen nach Abschluss der wesentlichen Teile des Bebauungsplanverfahrens eine Baugenehmigung zu erhalten und somit mit dem Bau beginnen zu können. Die Rechtswirklichkeit des Plans wird vorverlagert.[6] Diese Abkürzung des Verfahrens steht in einem Spannungsverhältnis zur demokratischen Legitimation des Bebauungsplans. Durch die Beschlussfassung durch die gemeindliche Volksvertretung (i.d.R. der Gemeinde- bzw. Stadtrat) gewinnt der Bebauungsplan gerade seine demokratische Legitimation, die es rechtfertigt, dass durch ihn – abstrakt-generell – die baulichen Möglichkeiten geformt werden. Die durch Wahlen legitimierten Mitglieder der gemeindlichen Volksvertretung stellen die legitimationsstiftende Verbindung vom Gemeindevolk zum zukünftigen Bebauungsplan her.

---

[4] Im Berliner Landesrecht wird der Bebauungsplan als Rechtsverordnung des Bezirksamts festgesetzt, § 6 Abs. 3 Satz 1 BlnAGBauGB. Zur besseren Lesbarkeit und zum besseren Verständnis wird im Folgenden trotzdem von Satzung gesprochen, da sie die baurechtliche Regelform darstellt.

[5] Vgl. BVerwG, NVwZ 2003, 86 (89).

[6] *J. Stock*, in: Ernst/Zinkahn/Bielenberg/Krautzberger (Hrsg.), Baugesetzbuch, 124. Erg.-Lfg. 2017, § 33 Rdnr. 5.

2. § 33 BauGB im Konfliktverhältnis zur demokratischen Legitimation der Planung

a) Bedeutung von § 33 BauGB

§ 33 BauGB eröffnet die Möglichkeit der (und gewährt bei Vorliegen der Voraussetzungen einen Anspruch auf) Erteilung einer Baugenehmigung, bevor ein Bebauungsplan formell beschlossen und bekanntgemacht wurde.

Wesentliche Voraussetzung ist, dass sich das Bebauungsplanverfahren bereits in einem so weitgediehenen Stadium befindet, dass die Öffentlichkeits- und Behördenbeteiligung nach § 3 Abs. 2, § 4 Abs. 2 und § 4a Abs. 2 bis 5 BauGB durchgeführt wurde, § 33 Abs. 1 Nr. 1 BauGB. Dies bedeutet, dass der wesentliche Informationssammlungs- und Abwägungsprozess im Bebauungsplanverfahren abgeschlossen wurde. Das Bebauungsplanverfahren befindet sich in den letzten Zügen. Voraussetzung auf Seiten des Bauwilligen ist, dass das Vorhaben nach dem künftigen Bebauungsplan genehmigungsfähig wäre und dass der Bauwillige die kommenden Festsetzungen als bindend gegen sich anerkennt, § 33 Abs. 1 Nr. 2 und 3 BauGB. Der Bauwillige wird so gestellt, als ob der Bebauungsplan bereits beschlossen und in Kraft getreten wäre. Dies bedeutet, dass der Bebauungsplan bereits die Bebaubarkeit regelt, obwohl er noch nicht von der gemeindlichen Volksvertretung beschlossen wurde. Dies entfaltet vor allem eine große Bedeutung in denjenigen Fällen, in denen durch einen Bebauungsplan überhaupt erst eine (wirtschaftlich sinnvolle) Bebauung ermöglicht wird.

In der Literatur wird zum Teil vertreten, dass § 33 BauGB kaum Anwendung fände.[7] Zum Teil wird auch von einer großen praktischen Relevanz gesprochen.[8] In Ermangelung an empirischen Untersuchungen, kann zur praktischen Relevanz keine belastbare Aussage getroffen werden. In der Verwaltungswirklichkeit des Bezirksamts Friedrichshain-Kreuzberg von Berlin ist die Genehmigung nach § 33 BauGB häufig anzutreffen.

Die problematische Wirkung von § 33 BauGB tritt jedoch auch ohne die tatsächliche Anwendung der Vorschrift ein. So sind die Handlungsmöglichkeiten der gemeindlichen Volksvertretung bereits dann eingeschränkt, wenn eine Baugenehmigungserteilung nach § 33 BauGB nur droht. Wenn ein Bauwilliger in Kooperation mit der Baugenehmigungsbehörde eine Baugenehmigung für das begehrte Vorhaben erhalten könnte, verbleibt der gemeindlichen Volksvertretung kaum die Möglichkeit, den Beschluss zum Erlass des Bebauungsplans nicht zu fassen. Andernfalls verlöre die Gemeinde alle im Gegenzug zur Planung zugesicherten Leistungen des, den Planentwurf häufig begleitenden, städtebaulichen Vertrages.[9]

---

[7] Vgl. *T. Weitz*, Zehn Jahre § 33 II BauGB – Es bleiben Fragen, NVwZ 2014, 1351 (1351).

[8] Vgl. *G. Freiherr von und zu Franckenstein*, Eingeschränkte Genehmigungsfähigkeit von Vorhaben während der Planaufstellung, ZfBR 2003, 229 (229).

[9] *T. Weigelt*, Die wachsende Stadt als Herausforderung für das Recht, 2016, S. 129 ff.

b) Funktion des gemeindlichen Einvernehmens nach § 36 BauGB vor Inkrafttreten des Bebauungsplans

§ 33 BauGB ermöglicht die faktische Inkraftsetzung des Bebauungsplans ohne den legitimationsstiftenden Beschluss der gemeindlichen Volksvertretung. Um diesen Mangel an demokratischer Legitimation auszugleichen, sieht § 36 BauGB vor, dass die Gemeinde einer baurechtlichen Bewilligung – auch einer solchen nach § 33 BauGB – zustimmen muss. Die Regelung dient der Sicherung der gemeindlichen Planungshoheit.[10] Die Organkompetenz hat nach weit überwiegender Meinung der Gemeinderat.[11]

Zwar beschränkt § 36 Abs. 2 Satz 1 BauGB die möglichen Gründe für eine Versagung des Einvernehmens, dies ist dem legitimationsstiftenden Charakter jedoch nicht abträglich. So darf gem. § 36 Abs. 2 Satz 1 BauGB die Gemeinde ihr Einvernehmen nur dann verweigern, wenn die bauplanungsrechtlichen Voraussetzungen nicht vorliegen. Dies bedeutet, dass dem Einvernehmen ein rein gesetzesanwendender Charakter zukommt. So ließe sich zwar argumentieren, dass der Gemeinderat zwar formal zustimmt, dieser Zustimmung aber keine Auswahlentscheidung vorausging, sodass auch keine legitimationsstiftende Auswahl erfolgt. Jedoch greift dieses Verständnis zu kurz. Der Zustimmung des Gemeinderats geht ein Abwägungsprozess innerhalb des Gemeinderats und seiner Ausschüsse voraus. In diesem Abwägungsprozess wird das Für und Wider eines Vorhabens debattiert. Dabei muss das Ergebnis in eine rechtlich korrekte Form gekleidet werden. Da aber auch innerhalb der §§ 31, 33 und 34 BauGB i.V.m. der BauNVO eine große Bandbreite möglicher Auslegungen und rechtlicher Wertungen vertretbar sind, verbleibt auch für die politische Abwägung, die im Gemeinderat erfolgt, ausreichend Übersetzungsraum. So ist es auch und gerade Aufgabe der Gemeinde im Einvernehmensverfahren auslegungsbedürftige unbestimmte Rechtsbegriffe anzuwenden und hierbei auch ihre politischen Vorstellungen in diese Auslegung einfließen zu lassen.[12] Die politische Entscheidung erhält dann (nur) ein formal rechtliches Gewand.

In Berlin ist dieses gemeindliche Einvernehmen nicht erforderlich, denn das Bezirksamt entscheidet gem. § 2 Abs. 4 Satz 1 Berliner Allgemeines Sicherheits- und Ordnungsgesetz i.V.m. Nr. 15 Abs. 1 Zuständigkeitskatalog Ordnungsaufgaben auch über Bauanträge, inklusive solcher, deren planungsrechtliche Zulässigkeit nach § 33 BauGB zu beurteilen ist.

---

[10] VGH Mannheim, Urteil vom 22. September 2003, Az. 5 S 2550/02, juris, Rdnr. 21.

[11] VGH Mannheim, Urteil vom 22. September 2003, Az. 5 S 2550/02, juris, Rdnr. 22; *M. Dolderer*, Das Baugesetzbuch 1998 Neuerungen im Baurechtsvollzug und die gemeindliche Planungshoheit, NVwZ 1998, 567 (570); *W. Söfker*, in: Ernst/Zinkahn/Bielenberg/Krautzberger (Hrsg.), Baugesetzbuch, 124. Erg.-Lfg. 2017, § 36 Rdnr. 35; auf die Regelmäßigkeit und Häufigkeit abstellend OVG Münster, Urteil vom 15. Dezember 1969, Az. III A 1329/65, juris, Ls. 4.

[12] *W. Söfker*, in: Ernst/Zinkahn/Bielenberg/Krautzberger (Hrsg.), Baugesetzbuch, 124. Erg.-Lfg. 2017, § 36 Rdnr. 30.

Ein Einvernehmen gem. § 36 BauGB kommt dann nicht in Betracht, wenn Baugenehmigungsbehörde[13] und Gemeinde identisch sind.[14] Dies ist im Berliner Kommunalrecht der Fall. Ein Einvernehmen ist nicht erforderlich und nicht möglich. Anknüpfungspunkt ist hierbei noch nicht einmal, dass das Bezirksamt Baugenehmigungsbehörde und der Bezirk Planungskörperschaft ist. Vielmehr folgt der Entfall des Erfordernisses eines Einvernehmens daraus, dass das Bezirksamt eine Behörde des Landes Berlin ist und der Bezirk als Teil des Landes Berlin das Bebauungsplanverfahren betreibt. Dies folgt aus der Tatsache, dass ein Einvernehmen auch in den Ausnahmefällen der §§ 7 Abs. 1 Satz 3, 8 Abs. 1 oder § 9 Abs. 3 Berliner Ausführungsgesetz zum Baugesetzbuch (BlnAGBauGB) nicht erforderlich ist. Dies sind Fälle, in denen der Senat die Planung an sich gezogen hat. Auch in diesen Fällen ist das Bezirksamt Genehmigungsbehörde, ein Einvernehmen ist trotzdem nicht einzuholen, da auch hier einheitlich das Land Berlin handelt und somit Planungs- und Genehmigungskörperschaft zusammenfallen.

Darüber hinaus hat der Gemeinderat eine weitere Einflussmöglichkeit, die der Bezirksverordnetenversammlung fehlt: Anders als im Berliner Landesrecht entscheidet in Flächenbundesländern regelmäßig nicht die Verwaltung über die Aufstellung eines Bebauungsplans sondern der Gemeinderat. Dies bedeutet, dass der Gemeinderat bereits den Beginn eines Verfahrens blockieren kann, welches zur rechtlichen Grundlage von § 33 BauGB führt. Die Bezirksverordnetenversammlung hat dieses Recht nicht, § 6 Abs. 1 Satz 1 BlnAGBauGB. Es ist explizit gesetzlich festgelegt, dass nur und einzig dem Bezirksamt diese Befugnis zukommt.

Ob diese Zuständigkeitsverteilung mit dem Bundesrecht vereinbar ist, erscheint jedenfalls fraglich. So kann es sich bei der Entscheidung der Aufstellung einer Planung nie um ein Geschäft der laufenden Verwaltung handeln, da diese Aufstellungsentscheidung immer eine herausragende und sich als im Einzelfall von vielen Abwägungs- und Wertungserwägungen geprägte Entscheidung darstellt. Aus dem bundesrechtlich vorgegeben System der stufenweisen Beschlüsse, bei dem auf jeder Stufe bereits bindende Entscheidungen für die kommenden Stufen und für den endgültigen Plan gefällt werden, folgt auch eine Kompetenz desjenigen Organs, dass den letztlichen Bebauungsplan beschließt, alle vorhergehenden Stufen zu beschließen.[15] Andernfalls kann ein, für den Beschluss des Planes nicht zuständiges, Organ bindende Vorfestlegungen treffen, an die sich – z.B. unter dem Aspekt der Gefahr von Amtshaftungsansprüchen gegenüber dem Bezirk/der Gemeinde, wenn diese/r treuwidrig

---

[13] Genauer müsste es heißen: Körperschaft, derer die Baugenehmigungsbehörde angehört.
[14] *W. Söfker*, in: Ernst/Zinkahn/Bielenberg/Krautzberger (Hrsg.), Baugesetzbuch, 124. Erg.-Lfg. 2017, § 36 Rdnr. 15.
[15] *W. Söfker/M. Krautzberger*, in: Ernst/Zinkahn/Bielenberg/Krautzberger (Hrsg.), Baugesetzbuch, 124. Erg.-Lfg. 2017, § 2 Rdnr. 55.

ein erhöhtes Vertrauen in das Zustandekommen der Planung begründet hat[16] – die gemeindliche Volksvertretung halten muss.

III. § 33 BauGB im Berliner Verwaltungsaufbau

1. Berliner Verwaltungsorganisationsrecht

Zum Verständnis des Problems ist es notwendig noch einige weitere Details des Berliner Verwaltungsaufbaus in Grundzügen zu kennen. Das Baugesetzbuch trifft als Bundesrecht keine bindenden Aussagen zur innergemeindlichen Zuständigkeitsverteilung. Diese richtet sich nach dem jeweiligen Landesrecht.[17]

Berlin ist eine Einheitsgemeinde, Art. 1 Abs. 1 Verfassung von Berlin (VvB). Dies bedeutet, dass die rechtlich handelnde Gebietskörperschaft einzig das Land Berlin ist. Dieses wird entweder von seinem Organ Senat, Art. 67 Abs. 1 VvB, oder von einem seiner zwölf Bezirksämter vertreten, Art. 74 Abs. 2 VvB. Jedes dieser Organe handelt jedoch einzig und allein im Namen des Landes Berlin als einheitliche Körperschaft. Die Bezirke nehmen regelmäßig die Aufgaben der Verwaltung wahr, Art. 67 Abs. 2 VvB. Nur die einzeln von der Verfassung benannten Aufgaben (wie z. B. die Justiz- oder Steuerverwaltung) oder gesetzlich festgelegten Aufgaben von gesamtstädtischer Bedeutung werden vom Senat wahrgenommen, Art. 67 Abs. 1, Abs. 3 VvB.

Die Bezirke sind ihrerseits gemeindeähnlich aufgebaut und folgen der unechten Magistratsverfassung preußischen Ursprungs.[18] Dem Bezirksamt steht als Organ der bezirklichen Selbstverwaltung die Bezirksverordnetenversammlung zur Seite, Art. 72 Abs. 1 VvB. Diese wählt die Mitglieder des Bezirksamts, kontrolliert das Bezirksamt und nimmt die ihr zugewiesenen Aufgaben wahr. Diese zugewiesenen Aufgaben umfassen insbesondere die Beschlussfassung von Bebauungsplänen, § 5 Abs. 1 Satz 3 BlnAGBauGB. Im Verfahren über die Aufstellung von Bebauungsplänen kommt demgegenüber dem Bezirksamt die Aufgabe zu, den Bebauungsplan zu entwerfen, die Stellungnahmen aus der Bevölkerung und den Trägern öffentlicher Belange abzuwägen und das Bebauungsplanverfahren durchzuführen, § 6 Abs. 1 Satz 2 und 3 BlnAGBauGB. Dem Bezirk kommen hier bei einem funktionalen Vergleich dieselben Aufgaben wie einer Gemeinde zu. Dem Senat obliegt lediglich eine vorgelagerte Prüfung der Planungsabsicht auf die Berührung dringender Gesamtinteressen Berlins gem. § 5 Satz 1 BlnAGBauGB. In diesem Prüfungsverfahren sind die Bezirke auch gegenüber dem Senat rechts- und wehrfähig. Sie können

---

[16] *W. Schlick*, Die Rechtsprechung des BGH zu den öffentlich-rechtlichen Ersatzleistungen – Teil 2: Amtshaftung, NJW 2008, 127 (129); *P. Runkel*, in: Ernst/Zinkahn/Bielenberg/Krautzberger (Hrsg.), Baugesetzbuch, 124. Erg.-Lfg. 2017, § 22 Rdnr. 81.

[17] *W. Söfker/M. Krautzberger*, in: Ernst/Zinkahn/Bielenberg/Krautzberger (Hrsg.), Baugesetzbuch, 124. Erg.-Lfg. 2017, § 2 Rdnr. 51; *U. Battis*, in: Battis/Krautzberger/Löhr (Hrsg.), Baugesetzbuch, 13. Aufl. 2016, § 2 Rdnr. 3.

[18] *A. Musil/S. Kirchner*, Das Recht der Berliner Verwaltung, 3. Aufl. 2012, S. 152.

das Vorliegen dringender Gesamtinteressen Berlins gerichtlich überprüfen lassen.[19] Die Rechtsposition der Bezirke ist jedenfalls für diesen Teilbereich der Selbstverwaltung, der Bauleitplanung, dem Rechtsregime des Art. 28 Abs. 2 GG angenähert.[20] Dies steht auch nicht im Widerspruch zur in der Rechtsprechung vertretenen Ansicht, dass die Bezirke gerade keinen Schutz des Art. 28 Abs. 2 GG genießen.[21] Zwar sind die Bezirke nicht durch Art. 28 Abs. 2 GG geschützt, da einzig das Land Berlin Gemeinde im Sinne des Grundgesetzes ist, dies bedeutet aber nicht, dass Teile der Einheitsgemeinde Berlin nicht durch Landesrecht eigene wehrfähige Rechtspositionen erhalten können, deren Verteidigung vor den Gerichten möglich ist.[22] Zumindest in diesem Teilbereich der Bauleitplanung können daher die Bezirke als Gemeindeäquivalent bezeichnet werden.

Aus dieser Gemeinde-äquivalenten Funktion der Bezirke können auch Rückschlüsse auf das grundsätzliche Zusammenspiel von Bezirksverordnetenversammlung und Bezirksamt gezogen werden. So muss das Bezirksamt bei den traditionell den gemeindlichen Volksvertretungen zugewiesenen Aufgaben seine Handlungen von den Bezirksverordnetenversammlungen genehmigen lassen. So ist die Bezirksverordnetenversammlung beispielsweise auch Haushaltsgeber, Art. 72 Abs. 1 2. Hs. 3. Alt. VvB i.V.m. § 12 Abs. 2 Nr. 1 Berliner Bezirksverwaltungsgesetz (BlnBezVG), und Wahlorgan für das Bezirksamt, Art. 74 Abs. 1 Satz 2 VvB. Als schärfstes Schwert – und damit auch als Rückbindung allen Verwaltungshandeln an den Souverän – kann die Bezirksverordnetenversammlung (mit Ausnahme einiger weniger Bereiche, wie Einzelpersonalangelegenheiten) Beschlüsse des Bezirksamts aufheben und selbst entscheiden, § 12 Abs. 3 Satz 1 BlnBezVG. Die Rolle der Bezirksverordnetenversammlung ist damit relativ stark ausgestaltet und mit Ausnahme des Satzungsrechts der Rolle eines Gemeinderats gleichwertig. In der Verwaltungspraxis werden zwar die Geschäfte der laufenden Verwaltung auch vom Bezirksamt eigenverantwortlich durchgeführt, eine allgemeine Übertragung, wie sie beispielsweise in § 41 Abs. 3 Gemeindeordnung NRW oder § 63 Abs. 1 lit. e) Brandenburger Gemeindeordnung normiert ist, kennt das Berliner Landesrecht nicht. Daher ist in einigen Bereichen die Rolle der Bezirksverordnetenversammlung sogar stärker ausgestaltet als die der Gemeinderäte in Flächenbundesländern.[23]

---

[19] OVG Berlin, Urteil vom 31. August 1999, Az. 2 B 13.99, juris, Rdnr. 23.

[20] OVG Berlin, Urteil vom 31. August 1999, Az. 2 B 13.99, juris, Rdnr. 24; noch weitergehender *B. Haaß*, Die Rechtsstellung der Bezirke Berlins nach der Verfassungsreform, LKV 1996, 84 (84); a.A. *A. Musil/S. Kirchner*, Das Recht der Berliner Verwaltung, 3. Aufl. 2012, S. 33.

[21] BVerwG, Urteil vom 10. Oktober 2012, Az. 9 A 10/11, juris, Rdnr. 11; vgl. zu dieser umstrittenen Frage auch *A. Musil/S. Kirchner*, Das Recht der Berliner Verwaltung, 3. Aufl. 2012, S. 20.

[22] *A. Musil/S. Kirchner*, Das Recht der Berliner Verwaltung, 3. Aufl. 2012, S. 21.

[23] *B. Haaß*, Die Rechtsstellung der Bezirke Berlins nach der Verfassungsreform, LKV 1996, 84 (86).

2. Politische Missbilligung als untauglicher Ausgleich

Zwar kann die Bezirksverordnetenversammlung gem. § 17 Abs. 1 BlnBezVG Einwände gegen die Führung der Geschäfte des Bezirksamts erheben und eine Entscheidung des Bezirksamts aufheben, § 12 Abs. 3 Satz 1 BauGB, jedoch kann auch diese Möglichkeit keinen hinreichenden Ausgleich zur fehlenden Beteiligung im Bebauungsplanverfahren bieten. Zum einen ist diese Option mit einem hohen politischen Schaden verbunden, sodass sie de facto keinen Einsatz findet, insbesondere eingedenk der Tatsache, dass die Bezirksamtsmitglieder von den Fraktionen der Bezirksverordnetenversammlung entsprechend ihrer Stärke gewählt werden, Art. 74 VvB, und somit ein gegenseitiges politisches Abhängigkeitsverhältnis besteht. Zum anderen kann eine solche Ultima Ratio nicht annähernd die gleiche Wirkung entfalten, wie die tatsächliche Zuständigkeit für die Entscheidung.

3. Legitimationsstiftende Rolle der Bezirksverordnetenversammlung

Aus dem Berliner Kommunalrecht folgt, dass eine Baugenehmigung auf Grundlage von § 33 BauGB keiner Zustimmung der Bezirksverordnetenversammlung bedarf. Für den Planungsprozess hat dies immense Bedeutung: Der Planungsprozess wird vom Bezirksamt durchgeführt. Während des Prozesses hat das Bezirksamt großen Gestaltungsspielraum. Dieser Gestaltungsspielraum wird jedoch dadurch begrenzt, dass am Ende des Prozesses immer eine Zustimmung der Bezirksverordnetenversammlung stehen muss. Dies zwingt zu einer dauernden Rückkoppelung im Planungsprozess. Jeder Schritt im Prozess könnte komplett frei gestaltet werden, tatsächlich ist sich das Bezirksamt aber darüber im Klaren, dass am Ende des Prozesses dem Vorhaben eine politische Mehrheit in der Bezirksverordnetenversammlung zustimmen muss. Dieser Rückkoppelungsprozess erlaubt dem Bezirksamt aber auch eine gewisse Freiheit, da die Bezirksverordneten sich der Macht im Klaren sind, dass sie am Ende des Prozesses eine verbindliche Entscheidung treffen können. Dies gibt Freiheit während des Prozesses, da die Bezirksverordneten diese Rückfalllinie haben.

Die Bedeutung der Bezirksverordnetenversammlung folgt aus ihrer demokratischen Legitimation. Anders als das Bezirksamt ist die Bezirksverordnetenversammlung direkt demokratisch legitimiert, da sie von allen, mindestens 16 Jahre alten, Bezirksbewohnerinnen und -bewohnern mit deutscher oder einer anderen EU-Staatsbürgerschaft in freien, allgemeinen, gleichen, geheimen und direkten Wahlen gewählt wird, Art. 70 Abs. 1 Satz 1 VvB.[24] Der Bebauungsplan regelt verbindlich für alle die bauliche Nutzbarkeit von Grund und Boden. Gleichzeitig werden durch die Festsetzungen in ihm die Lebenswirklichkeit der Bewohnerinnen und Be-

---

[24] Durch den im Vergleich zum Abgeordnetenhaus erweiterten Kreis aktiv Wahlberechtigter repräsentiert die Bezirksverordnetenversammlung einen größeren Teil der Bewohnerinnen und Bewohner, sodass davon gesprochen werden kann, dass sie daher eine größere demokratische Legitimation aufweist.

wohner erheblich gestaltet. Der Bebauungsplan entfaltet damit eine Wirkung, die an ein Gesetz heranreicht, aber eine konkrete lokale Verortung aufweist. Diese starke Wirkung, die über den Einzelfall hinausreicht, verlangt eine Legitimation durch die gemeindliche Volksvertretung. Der Bebauungsplan ist gerade nicht nur eine Entscheidung des Einzelfalls, der als Akt der Gesetzanwendung entsteht, sondern er ist das Ergebnis eines kreativen, schöpferischen Abwägungsprozesses, dessen Verfahren rechtlich normiert, nicht aber das Ergebnis vom Recht terminiert ist. Da nur das Verfahren durch das Recht beschrieben wird, das Ergebnis aber gerade nicht, bedarf es der besonderen Legitimation dieses Ergebnisses. Dies steht im Gegensatz zur „einfachen" Gesetzesanwendung, in welcher das Bezirksamt ein gesetzlich vorgegebenes Ergebnis lediglich findet und vollzieht. Da hier bereits das Recht das Ergebnis vorgibt, bedarf das Ergebnis keiner weiteren Legitimationsquelle.

Dass diese Zweiteilung nur eine schematische und idealtypische Darstellung ist, versteht sich von selbst. Auch andere Akte des Bezirksamts sind gestaltend und ihr Ergebnis nicht gesetzlich normiert: Die Festlegung von Schuleinzugsbereichen, die Entwicklung von Einzelhandelskonzepten oder die Prioritätensetzung in der Wirtschaftsförderung sind nur einige Beispiele für gestaltende Akte des Bezirksamts. Allen ist jedoch auch zu Eigen, dass sie der Bezirksverordnetenversammlung jedenfalls regelmäßig zur Kenntnis gegeben und bei einem negativen Votum überarbeitet werden. Daher bestätigt dies den Befund, dass Entscheidungen, die sich nicht in der reinen Gesetzesanwendung erschöpfen, der Legitimation durch die bezirkliche Volksvertretung bedürfen.

Diese Aufteilung durchbricht in Stadtstaaten § 33 BauGB auf Grund der Nichtanwendbarkeit von § 36 Abs. 1 Satz 1 BauGB. Die Baugenehmigung bei Planreife wirft das vom Gesetzgeber im Baugesetzbuch gewollte Gleichgewicht aus den Fugen. Der Planungsprozess kann vom Bezirksamt initiiert werden, wird vom Bezirksamt durchgeführt und würde zu einem Entwurf führen, der von der Bezirksverordnetenversammlung beschlossen werden muss. Dieser letzte Schritt ist nun hinfällig, wenn vorher über § 33 BauGB eine Genehmigung erteilt wird und somit die (bloße) Planungsabsicht in eine, das Vorhaben legalisierende, Baugenehmigung gegossen wird. Der Bezirksverordnetenversammlung bliebe die Versagung Ihrer Zustimmung zum Planentwurf. Aber praktische Auswirkungen hätte die Verweigerung nicht mehr. Der Planung mangelt es an demokratischer Legitimation.

Dies heißt in der Konsequenz, dass die Verwaltung (das Bezirksamt) allein die Bebaubarkeit von Grund und Boden herbeiführen und regeln kann. Dies durchbricht das System, dass es regelmäßig Aufgabe der gemeindlichen Volksvertretung ist, bindendes Baurecht zu schaffen oder zu nehmen.

IV. Lösungen

Somit stellt sich die Frage, wie dieses Defizit an demokratischer Legitimation – und eine de facto Umgehung des Rechts der Bezirksverordnetenversammlung – behoben werden kann.

Zum einen kann dieser Mangel an demokratischer Legitimation durch eine Gesetzesänderung geheilt werden. Dabei wäre eine Abschaffung von § 33 BauGB denkbar. Dies wäre aus verfassungsrechtlicher Sicht unbedenklich.[25] Dies würde zwar den Beschleunigungseffekt, den die Möglichkeit der Baugenehmigung bei Planreife bringt, beseitigen, wäre jedoch dem Sinn und Zweck des Bebauungsplanverfahrens zuträglich. Auch wäre dies den Bauwilligen zuzumuten, da die überbrückte Zeitspanne im Verhältnis zur gesamten Planungszeit gering ist.[26] Zwar mag es für den Bauwilligen unverständlich erscheinen, dass sein Baugesuch zunächst negativ beschieden werden müsste, dann jedoch kurze Zeit später genehmigungsfähig wäre.[27] Aber dies kann kein tragendes Argument für die vorzeitige Gewährung einer Rechtsposition sein. Auch im Gesetzgebungsverfahren kann es für die Bürgerin oder den Bürger unverständlich erscheinen, wieso seine Rechtsposition erst mit Inkrafttreten des Gesetzes entsteht, wenn sich der politische Wille zum Gesetzeserlass schon seit Vereinbarung eines Koalitionsvertrages oder seit Abgabe einer Regierungserklärung manifestiert hat.

Das Bebauungsplanverfahren dient dazu, die vielfältigen Interessen, Bedürfnisse und Einflüsse zu kanalisieren und in einem geordneten Verfahren all dies zu einem gerechten Ausgleich zu bringen. Gleichzeitig ist das Bebauungsplanverfahren das Vehikel, um die politische Vorstellung der Stadtentwicklung für ein Gebiet in eine rechtliche Form zu gießen. Diese beiden Funktionen münden in einen abschließenden Beschluss der gemeindlichen Volksvertretung. Diese nimmt die Abwägungen zur Kenntnis, gleicht diese mit ihren politischen Vorstellungen – für die diese auch ein Mandat der Bürgerinnen und Bürger erhalten hat – ab und beschließt dann den Bebauungsplan oder versagt ihre Zustimmung. Ein offener Prozess, in dem die gemeindliche Volksvertretung der Verwaltung den nötigen Handlungsspielraum lässt, um die verschiedenen Aspekte zu einem gerechten Ausgleich zu bringen, kann nur dann durchgeführt werden, wenn die gemeindliche Volksvertretung weiß, dass sie Herrin des Verfahrens ist und bleibt. Durch die Möglichkeit der Ablehnung eines Entwurfes, kann die gemeindliche Volksvertretung den Prozess in der notwendigen Unabhängigkeit durchführen lassen. Die Regelung des § 33 BauGB verhindert dies. Sie erlaubt die Umgehung dieser Rückkopplung des gefundenen Ergebnisses an den Willen der gemeindlichen Volksvertretung.

---

[25] BVerwG, NVwZ 2003, 86 (89); *J. Stock*, in: Ernst/Zinkahn/Bielenberg/Krautzberger (Hrsg.), Baugesetzbuch, 124. Erg.-Lfg. 2017, § 33 Rdnr. 7.

[26] *J. Stock*, in: Ernst/Zinkahn/Bielenberg/Krautzberger (Hrsg.), Baugesetzbuch, 124. Erg.-Lfg. 2017, § 33 Rdnr. 7.

[27] *A. Scheidler*, Die Zulässigkeit von Bauvorhaben während der Planaufstellung – eine Betrachtung des § 33 BauGB aus Sicht der Gemeinden, KommJur 2015, 241 (242).

Als weniger einschneide Lösungsmöglichkeit böte sich eine Änderung des Berliner Verwaltungsverfahrensrechts in § 6 Abs. 1 Satz 1 BlnAGBauGB an: Die Bezirksverordnetenversammlung hat die Aufstellung eines Bebauungsplans zu beschließen und das Abwägungsergebnis positiv zur Kenntnis zu nehmen. Nur dann darf der Prozess begonnen, respektive weitergeführt werden. Dadurch bleibt die Bezirksverordnetenversammlung jedenfalls insoweit Herrin des Verfahrens, als dass das Bezirksamt nicht ohne sie den Prozess, der zur Planreife führt, einleiten kann.

Neben einer Änderung der Rechtslage ist jedenfalls eine Selbstbindung des Bezirksamts rechtlich zwingend erforderlich.[28] § 33 BauGB verlangt als Anspruchsvoraussetzung das Vorliegen eines aktuellen Planungswillens der Gemeinde:[29] Es ist erforderlich, dass die Gemeinde zum Zeitpunkt des Erlasses der Baugenehmigung einen Planungswillen hat. Darüber hinaus ist auch zu fordern, dass die Gemeinde zu diesem Zeitpunkt auch Planungswillen zu dieser konkreten Planung hat. Es genügt nicht, wenn die Gemeinde irgendeine Planung fortführen will, sondern gerade die Planung, welche die Planreife erlangen soll, muss weiterhin gewollt sein.

Ungeschriebenes Tatbestandsmerkmal ist, dass die Gemeinde das Verfahren zum Satzungsbeschluss weiterhin ohne schuldhafte Verzögerung fortführt.[30] Dies bedeutet zwangsläufig, dass sie das Verfahren auch weiterführen will. Der Planungswille ist zwingende Voraussetzung. An die Prüfung seines Vorliegens sind strenge Maßstäbe zu stellen. Nur wenn mit sicherer Prognose feststeht, dass die Gemeinde genau diese Planung umsetzen will, ist er gegeben.[31]

So sieht der Verwaltungsgerichtshof München ein drohendes Bürgerbegehren, welches mit großer Wahrscheinlichkeit zu einem Bürgerentscheid über die Planung führen wird, als hinreichenden Grund dafür an, davon auszugehen, dass ein positiver Planungswille gerade nicht (mehr) festgestellt werden kann.[32] Wenn aber ein nur drohendes Bürgerbegehren diesen aktuellen Planungswillen entfallen lässt, muss dies erst recht gelten, wenn die gemeindliche Volksvertretung diesen Planungswillen nicht mehr hat. Das Bezirksamt muss sich dieses Planungswillens regelmäßig versichern. Um effektiv eine entsprechende Durchsetzung der Wirkung einer Aufgabe des Planungswillens sicherzustellen, hat daher das Bezirksamt jeden Verfahrensschritt der Bezirksverordnetenversammlung zu Kenntnis zu geben und erst dann fortzufahren, wenn die Bezirksverordnetenversammlung diesen positiv zur Kenntnis genommen hat.

---

[28] Dies wird vom Bezirksamt Friedrichshain-Kreuzberg von Berlin unter der umgangssprachlichen Bezeichnung „Kreuzberger Landrecht" seit Jahrzehnten im Regelfall so gehandhabt.

[29] *C. Tophoven*, in: Spannowsky/Uechtritz (Hrsg.), BeckOK BauGB, 38. Edition 2017, § 33 Rdnr. 18.

[30] *G. Freiherr von und zu Franckenstein*, Eingeschränkte Genehmigungsfähigkeit von Vorhaben während der Planaufstellung, ZfBR 2003, 229 (230 f.).

[31] OVG Münster, NVwZ-RR 2001, 568 (568); vgl. auch OVG Berlin, NVwZ 1992, 897 (897).

[32] VGH München, NVwZ-RR 2008, 199 (200).

Zwar kann dies nicht die Genehmigung nach § 33 BauGB umfassen, da auf diese ein einklagbarer Anspruch besteht, sehr wohl darf die Umsetzung des Aufstellungsbeschlusses aber erst erfolgen, wenn dieser von der Bezirksverordnetenversammlung positiv zu Kenntnis genommen wurde. Auch darf das Bezirksamt das Bebauungsplanverfahren nach der Öffentlichkeits- und Behördenbeteiligung erst fortführen, wenn die Bezirksverordnetenversammlung die Abwägung nach diesen Beteiligungsschritten wohlwollend zur Kenntnis genommen hat. Beide Verfahrensschritte stehen im Ermessen des Bezirksamts. Kein Bauwilliger hat einen Anspruch darauf, dass ein Bebauungsplanverfahren eingeleitet oder fortgeführt wird.[33] Hier besteht also die Möglichkeit frühzeitig eine Rückkopplung an die bezirkliche Volksvertretung sicherzustellen. Das Ermessen über die Einleitung des nächsten Verfahrensschritts des Bezirksamts ist auf Null reduziert, wenn die Bezirksverordnetenversammlung ihren Planungswillen aufgegeben hat. Das Bezirksamt darf dann nicht mehr zum nächsten Verfahrensschritt übergehen.

Dies ist auch im Interesse des Bezirksamts, da dieses auf die politische Unterstützung der Bezirksverordnetenversammlung angewiesen ist. Die Ermöglichung eines Bauvorhabens, welches die Mehrheit der Bezirksverordnetenversammlung ablehnt, birgt für die Stadträte die Gefahr, ihren politischen Rückhalt zu verlieren und schlimmstenfalls gem. § 35 Abs. 3 Satz 1 BlnBezVG abgewählt zu werden.

---

[33] BVerwG, NVwZ 1983, 92 (92); BVerwG, NVwZ-RR 1997, 213 (213); BVerwG, NVwZ 2003, 86 (89).

Sozial- und Gesundheitsrecht

Normative Grundlagen von Gesundheit

Von *Marion Albers*

I. In Erinnerung

„Normative Grundlagen von Gesundheit" war das Thema, das Arndt Schmehl uns im Hamburg Center for Bio-Governance als gemeinsames interdisziplinäres Forschungsprojekt vorgeschlagen hat. Er hat als Gründungsmitglied an dem Aufbau des mehrere Hamburger Universitäten sowie Mitglieder aus verschiedenen Fakultäten zusammenbringenden Zentrums mitgewirkt. Dieses Engagement und sein Vorschlag eines längerfristigen, alle Beteiligten mit ihren verschiedenen Perspektiven mitdenkenden Forschungsprojekts veranschaulichen sowohl seine empathische, auf Integration und Kooperation bedachte Art als auch seine grundlagenorientierten und interdisziplinären Interessen. Zum Thema „Gesundheit" hatte Arndt Schmehl noch nicht umfangreich, aber, verknüpft mit seinen wesentlichen Forschungsschwerpunkten Organisations- und Steuerrecht, an einigen zentralen Schaltstellen gearbeitet.[1] Unter anderem hat er in den Jahren 2004 bis 2007 das DFG-geförderte wissenschaftliche Netzwerk „Wettbewerb – Kooperation – Kontrolle: Steuerungsinstrumente im Recht des Gesundheitswesens", das eine Reihe von Arbeitstagungen durchgeführt und die Arbeitsergebnisse dieser Tagungen in drei Bänden veröffentlicht hat[2], neben Astrid Wallrabenstein als Sprecher mitgetragen. Er hatte dieses Netzwerk in bester Erinnerung, und es hat ihn in der Sache und als geglückte Kooperation nachhaltig begleitet. Eine vertiefte Beschäftigung mit dem Forschungsthema „Normative Grundlagen von Gesundheit" war ihm dann nicht mehr möglich. Aber uns wird sein Vorschlag weiter begleiten. Denn natürlich war uns allen klar, wie gelungen dieser Vorschlag war, wie grundlegend und wie vielschichtig das Thema ist und dass es nicht nur immer schon zu den gesamtgesellschaftlich wichtigen Themen gehört hat, sondern vor dem Hintergrund dynamisch-konvergierender Bio-, Gen-, Informations- und Neurotechnologien und den damit verbundenen Zukunftsszenarien noch bedeutsamer werden wird. In Erinnerung an Arndt Schmehl soll einigen Facet-

---

[1] *A. Schmehl*, Zur Kontrolle der Selbstverwaltung im Gesundheitswesen durch die Staatsaufsicht, in: ders./Wallrabenstein (Hrsg.), Steuerungsinstrumente im Recht des Gesundheitswesens, Band 3: Kontrolle, 2007, S. 1–15; *A. Schmehl*, Finanzierung der gesetzlichen Krankenversicherung: Verwendung und Verwaltung der Mittel; Gesundheitsfonds, Finanz- und Risikoausgleiche, in: Sodan (Hrsg.), Handbuch des Krankenversicherungsrechts, 2. Aufl. 2014, §§ 38 und 39 (S. 1124–1171).

[2] *A. Schmehl/A. Wallrabenstein* (Hrsg.), Steuerungsinstrumente im Recht des Gesundheitswesens. Band 1: Wettbewerb, 2006, Band 2: Kooperation, 2006, Band 3: Kontrolle, 2007.

ten aus dem weitreichenden Spektrum dieses grundlegenden Themas näher nachgegangen werden.

II. Gesundheit im Kontext

Der erste intuitive Eindruck, dass relativ klar sein müsste, was man unter „Gesundheit" zu verstehen hat, erweist sich schnell als Fehleinschätzung. Tatsächlich handelt es sich um einen hochkomplexen Begriff, der aus sich heraus ebenso fundamental wie breit angelegt ist. Gesundheit steht bei allem, so meint Hans-Georg Gadamer, als ein meist verborgen bleibender Gleichgewichtszustand im Hintergrund und ist „Da-Sein, In-der-Welt-Sein, Mit-den-Menschen-Sein, von den eigenen Aufgaben des Lebens tätig oder freudig erfüllt sein".[3] Diese Annäherung bringt eine Basalität der Gesundheit und eine inhärente Normativität des Gesundheitsbegriffs auf den Punkt. Basalität bedeutet unter anderem, dass „Gesundheit" weitaus mehr einschließt und impliziert, als es die gängige Gegenüberstellung zur „Krankheit" hergibt. „Gesundheit" lässt sich vielschichtig und vielfältig ausarbeiten. Normative Elemente sind in Abhängigkeit von Kontext und Bezugspunkt auf verschiedenen Ebenen zu identifizieren: In der zitierten Annäherung birgt bereits der abstrakte Begriff in sich die Annahme, dass Gesundheit normativ erwünscht und erstrebenswert ist. Aber auch die in unterschiedlichen Zusammenhängen getroffenen Beurteilungen, ob eine Person oder ein Zustand „gesund" ist, kommen nicht ohne normative Kriterien aus, selbst wenn deren Ausgestaltung variiert und umstritten ist.

Basalität der Gesundheit und inhärente Normativität des Gesundheitsbegriffs spiegeln sich in der Präambel der im Jahre 1948 in Kraft getretenen Verfassung der Weltgesundheitsorganisation (WHO) wider. „Health", so heißt es dort, „is a state of complete physical, mental and social well-being and not merely the absence of disease or infirmity".[4] Es ging dabei nie um eine kontextübergreifend-abstrakte Definition. Der Kern dieser final strukturierten Verknüpfung von Gesundheit mit dem utopisch-normativen Versprechen einer besseren Welt liegt vielmehr darin, dass eine positive Formulierung unter Einschluss der Möglichkeitsbedingungen und der Mehrdimensionalität von Gesundheit verankert wird.[5] In Reaktion auf die umfangreichen Debatten[6] hat die WHO inzwischen richtigerweise stärker ressourcenorientierte, prozeduralisierte und gradualisierte Beschreibungen entwickelt.[7]

---

[3] *H.-J. Gadamer*, Über die Verborgenheit der Gesundheit, in: ders., Über die Verborgenheit der Gesundheit, 1993, S. 133 (144).

[4] Constitution of the World Health Organization, in Kraft getreten am 7. April 1948, in: World Health Organization (Hrsg.), Basic Documents, 2014, S. 1 ff.

[5] Vgl. auch *I. Kickbusch*, Der Gesundheitsbegriff der Weltgesundheitsorganisation, in: Häfner (Hrsg.), Gesundheit – unser höchstes Gut?, 1999, S. 275 ff.

[6] Näher dazu *D. Callahan*, Die Gesundheitsdefinition der Weltgesundheitsorganisation, in: Schramme (Hrsg.), Krankheitstheorien, 2012, S. 191 ff.

[7] Vgl. etwa WHO, Ottawa Charter for Health Promotion, adopted at the First International Conference on Health Promotion, November 1986; Jakarta Declaration on Leading Health

Mit ihrem ausgreifenden positiven Gehalt hat sich die Fassung der Präambel aber als ebenso einflussreich erwiesen wie die Verankerung eines Menschenrechts auf Gesundheit: „The enjoyment of the highest attainable standard of health is one of the fundamental rights of every human being without distinction of race, religion, political belief, economic or social condition."[8] In Anlehnung daran enthält der Internationale Pakt über wirtschaftliche, soziale und kulturelle Rechte den im internationalen Menschenrechtsschutz umfassendsten Artikel über das Recht auf Gesundheit (Art. 12). Dessen Beschreibung wird zwar, was sich nicht zuletzt mit veränderten juristischen Bezügen erklärt, eingeengt auf „the right of everyone to the enjoyment of the highest attainable standard of physical and mental health".[9] Beibehalten wird aber der Grundansatz, dass das Recht auf Gesundheit sich auf zu Grunde liegende Determinanten erstreckt: „the right to health embraces a wide range of socio-economic factors that promote conditions in which people can lead a healthy life, and extends to the underlying determinants of health, such as food and nutrition, housing, access to safe and potable water and adequate sanitation, safe and healthy working conditions, and a healthy environment".[10] Dem entspricht ein mehrdimensionales Verständnis des Rechts auf Gesundheit, das sich über die traditionelle Achtungspflichten eines liberalen Menschenrechtsansatzes hinaus auf Schutzpflichten und Gewährleistungspflichten erstreckt.[11] Aber darin erschöpft sich der innovative Gehalt des Rechts auf Gesundheit nicht: „The right to health is closely related to and dependent upon the realization of other human rights, as contained in the International Bill of Rights, including the rights to food, housing, work, education, human dignity, life, non-discrimination, equality, the prohibition against torture, privacy, access to information, and the freedoms of association, assembly and movement."[12] Es lässt sich somit als ein Basisrecht verstehen, als ein Recht, dessen Schutz sich auf *„essentielle, existentiale Voraussetzungen* für die Ausübung jeglicher Freiheit"[13]

Promotion into the 21st Century, adopted at the Fourth International Conference on Health Promotion, July 1997,(beide unter: http://www.who.int/healthpromotion/conferences/en/; abgerufen am 08.02.2018).

[8] Constitution (o. Fußn. 4).

[9] Art. 12 International Covenant on Economic, Social and Cultural Rights, adopted December 1966 (http://treaties.un.org; abgerufen am 08.02.2018).

[10] UN Committee on Economic, Social and Cultural Rights, General Comment No. 14 (2000), E/C.12/2000/4, Section 4.

[11] Näher etwa *M. Krennerich*, Das Menschenrecht auf Gesundheit. Grundzüge eines komplexen Rechts, in: Frewer/Bielefeldt (Hrsg.), Das Menschenrecht auf Gesundheit: Normative Grundlagen und aktuelle Diskurse, 2016, S. 57 (68 ff.). Nicht zufällig ist das Recht auf körperliche Unversehrtheit aus Art. 2 Abs. 2 S. 2 GG auch in der Rechtsprechung des Bundesverfassungsgerichts einer der ersten Anknüpfungspunkte für die Entwicklung der heute etablierten Schutzpflichten und Schutzansprüche.

[12] UN Committee on Economic, Social and Cultural Rights, General Comment No. 14 (2000), E/C.12/2000/4, Section 3.

[13] *P. Saladin*, Persönliche Freiheit als soziales Grundrecht? in: Morand (Hrsg.), Le droit social à l'aube du XXIe siècle, 1989, S. 99 (100, Hervorh. i. Orig; für die persönliche Freiheit in der schweizerischen Bundesverfassung).

richtet. Damit erfordert es, dies gerade auch aus rechtsdogmatischer Sicht, ein vielschichtiges und anspruchsvolles Konzept.[14] Gesundheit und ihre normativen Grundlagen erweisen sich bereits nach diesen kurzen Bemerkungen als ein Referenzgebiet für ein Forschungsprogramm, das für rechtswissenschaftliche ebenso wie für interdisziplinäre Erkenntnisinteressen einen reichen Ertrag liefern wird.

Ordnet man „Gesundheit" in die engeren Zusammenhänge ein, in denen die Unterscheidung von Gesundheit und Krankheit eine maßgebliche Rolle spielt, gelangt man ebenfalls schnell zu komplexen Fragen. Im Ausgangspunkt steht fest, dass das Gesundheitsverständnis in diesen Zusammenhängen geschärft werden muss. Aber auch Beschreibungen in Abgrenzung gegen den Begriff der Krankheit sind sehr voraussetzungsvoll. Das zeigt der Blick auf die in allen Disziplinen zu findenden Debatten und Dissense. Das Schlagwort „naturalistisch" versus „normativ" verweist dabei insbesondere in der Medizinphilosophie auf einen durchaus erbitterten Streit über Grundansätze. Allerdings wäre statt der grobschlächtigen Schlagwörter deutlicher herauszukristallisieren, an welcher Stelle und aus welcher Perspektive die Konstruktion eines objektivierten Maßstabs angezeigt ist und inwiefern dabei und darüber hinaus normative Kriterien relevant sind.[15] Beispielsweise erfordern naturalistische Funktions- und Normalitätsbeschreibungen im Sinne eines Idealtypus – *„Health in a member of the reference class is normal functional ability, the readiness of each internal part to perform all its normal functions on typical occasions with at least typical efficiency"*[16] –, dass man Normalität überhaupt als einen relevanten Maßstab bewertet und dass man Normalität definiert. Eine solche Definition ist nur mit Blick auf soziale Strukturen und Prozesse oder auch auf die Wissensgrundlagen in einer bestimmten Epoche[17] und wiederum nicht ohne normative Kriterien möglich. Dem kann man nicht ausweichen, indem man die Normalitätsdefinition der Medizinwissenschaft überantwortet[18], ganz unabhängig davon, dass dies zu kurz greift. Normative Kriterien ergeben sich bei naturalistischen Grundansätzen freilich in anderen Hinsichten als bei normativen Grundansätzen, die die negative Bewertung eines Zustands als unerwünscht oder (enger) die individuell-subjektive Dimension des Leidens für ein konstitutives Merkmal des Krankheitsbegriffs hal-

---

[14] Dass die anderen Rechte „integral components" des Rechts auf Gesundheit seien, so UN Committee (o. Fußn. 12), ist nicht ganz treffend und greift konzeptionell zu kurz.

[15] Vgl. auch *N. Gottschalk-Mazouz*, Die Komplexität des Krankheitsbegriffs aus philosophischer Sicht: Theoretische und praktische, naturalistische und normative Aspekte, in: Zurhorst/Gottschalk-Mazouz (Hrsg.), Krankheit und Gesundheit, 2008, S. 60 (74 ff., 113 ff.); *M. Werner*, Der Krankheitsbegriff zwischen Naturalismus und Normativismus, in: Hucklenbroich/Buyx (Hrsg.), Wissenschaftstheoretische Aspekte des Krankheitsbegriffs, 2013, S. 225 (226 ff.).

[16] *Ch. Boorse*, Health as a theoretical concept, Philosophy of Science 1977, S. 542 (562; Hervorh.i.Orig.).

[17] *Ch. Lenk*, Enhancement vor dem Hintergrund verschiedener Konzepte von Gesundheit und Krankheit, in: Viehöver/Wehling (Hrsg.), Entgrenzung der Medizin, 2011, S. 67 (68 f.).

[18] Vgl. *N. Daniels*, Normal Functioning and the Treatment-Enhancement Distinction, Cambridge Quarterly of Healthcare Ethics, 2000, S. 309 (314 f.).

ten.¹⁹ Solche Ansätze kommen ihrerseits nicht umhin, von ihrem Ausgangspunkt aus weitere Präzisierungen und nicht zuletzt objektivierende Maßstäbe einzuführen, die an bestimmten Stellen hinsichtlich bestimmter Akteure eine relative Wertneutralität bei der Abgrenzung zwischen „gesund" und „krank" ermöglichen. Das gilt allemal, wenn Gesundheit als ein Kriterium dient, das die medizinische Notwendigkeit einer Behandlung im Rahmen eines Versicherungssystems beschreibt, oder wenn die Feststellung einer Krankheit normative Signifikanz in dem Sinne besitzt, dass sie die „Eintrittskarte für das medizinische System"²⁰ ist. Bestimmte Punkte des philosophischen Prinzipienstreits um die Normativität des Gesundheits- oder Krankheitsverständnisses, so lehrreich er ist, lassen sich also mit Hilfe stärkerer Auffächerungen auflösen. Im Übrigen ermöglicht die Komplexität des medizinischen Systems es auch, die Unterscheidung von Gesundheit und Krankheit nicht als scharfe Entweder/Oder-Unterscheidung einzusetzen, sondern Abgrenzungsschwierigkeiten im Wege institutioneller und prozeduraler Gestaltungen oder der koordinierten Berücksichtigung unterschiedlicher Akteursperspektiven abzumildern. Dies aufzuzeigen fällt weder der Soziologie noch den Rechtswissenschaften schwer.

Was man unter „Gesundheit" zu verstehen hat, lässt sich somit nicht mit einer übergreifend-universellen Definition erfassen. Es ist im Hinblick auf verschiedene Kontexte und darin vielschichtig, mehrdimensional und aus unterschiedlichen Perspektiven zu erschließen. Normative Elemente kommen dabei vielfältig ins Spiel. Im näheren juristischen Kontext zählen „Gesundheit" oder „Krankheit" in einer Reihe von Rechtsgebieten zu den im Hintergrund stehenden Leitbegriffen. Sie können auch als Tatbestandsvoraussetzungen in Rechtsvorschriften auftauchen. Was sie dort jeweils bedeuten, ist in Abhängigkeit vom Rechtsgebiet interpretativ und mit Hilfe mehr oder weniger ausgreifender Sinnbezüge zu ermitteln und kann variieren.²¹ Auf normative Grundlagen stützt sich Gesundheit aber auch deswegen, weil ihr Verständnis über das durch Normen gestaltete und gestaltbare Gesundheitssystem mitgeprägt wird.

III. Gesundheit und Gesundheitssystem

Gesundheit und ihr Verständnis werden wesentlich durch die sozialen Sicherungssysteme mitgeprägt, die der Staat angesichts des Sozialstaatsprinzips institutionalisieren muss. Ein Kernelement des Gesundheitswesens, mit dem sich Arndt Schmehl

---

[19] Vgl. auch *Th. Schramme*, Benötigen wir mehrere Krankheitsbegriffe? in: Hucklenbroich/Buyx (o. Fußn. 15), S. 85 (95 f.).

[20] *Th. Schramme*, Gesundheit und Krankheit in der philosophischen Diskussion, in: Beck (Hrsg.), Krankheit und Recht, 2017, S. 3 (5). Vgl. auch übergreifender *M. Rothhaar/A. Frewer*, Krankheitsbegriff und Ethik. Zur Einführung, in: dies. (Hrsg.), Das Gesunde, das Kranke und die Medizinethik. Moralische Implikationen des Krankheitsbegriffs, 2012, S. 7 (7 f.).

[21] Vgl. *M. Wollenschläger*, Gesundheit aus sozialrechtlicher Sicht, in: Biendarra/Weeren (Hrsg.), Gesundheit – Gesundheiten?, 2009, S. 509 (511); sowie umfassend die Beiträge in *Beck* (o. Fußn. 20), Teil II – IV, S. 41 ff.

hinsichtlich einiger grundlegender Fragen beschäftigt hat, ist das Recht der Gesetzlichen Krankenversicherung. Gestaltet als Solidargemeinschaft, die Unterschiede hinsichtlich der finanziellen Leistungsfähigkeit und der Krankheitsrisiken auffangen soll, unterliegt die gesetzliche Krankenversicherung im dualen Versicherungssystem komplexen Steuerungs- und Kontrollmechanismen. Den Besonderheiten des Gegenstands „Gesundheitsdienstleistungen" sollen unter anderem Formen eines begrenzten, modifizierten und regulierten Wettbewerbs der Krankenkassen untereinander oder Finanzierungsformen wie der Gesundheitsfonds Rechnung tragen.[22]

Aufgabe der gesetzlichen Krankenversicherung ist es nach § 1 SGB V, die Gesundheit der Versicherten zu erhalten, wiederherzustellen oder ihren Gesundheitszustand zu bessern. „Gesundheit", nicht „Krankheit" ist hiernach der zentrale Leitbegriff. Im Versicherungssystem werden die Ziele und die Aufgabenwahrnehmung durch weitere inhaltliche, institutionelle und prozedurale Vorgaben konkretisiert. Art und Umfang des Versicherungsschutzes ergeben sich aus den Leistungsansprüchen, die Präventionsmaßnahmen zur Gesundheitsförderung einschließen[23], überwiegend jedoch auf die Behandlung von Krankheiten gerichtet sind.[24] Krankheiten werden allerdings nur in sehr begrenztem Umfang näher definiert. Sie werden vor allem über inhaltliche Voraussetzungen der Leistungen oder Leistungsansprüche und mittels institutioneller Kompetenzzuweisungen präzisiert. Jene knüpfen an Kriterien wie „Notwendigkeit" und „Zweckmäßigkeit" von Behandlungsmaßnahmen, „medizinischer Nutzen", „allgemein anerkannter Stand der medizinischen Erkenntnisse", „Bedarfsgerechtigkeit" oder „Wirtschaftlichkeit" an. Konkretisierungskompetenzen stehen vorrangig den Organen der gemeinsamen Selbstverwaltung der Krankenkassen und Ärzte zu. Eine entscheidende Rolle hat der Gemeinsame Bundesausschuss.[25] Er beschließt Richtlinien über die Gewährung einer ausreichenden, zweckmäßigen und wirtschaftlichen Versorgung. Aus abstrakt-genereller Perspektive prüft und beurteilt er Leistungen oder Untersuchungs- und Behandlungsmethoden daraufhin, ob nach dem allgemeinen Stand der medizinischen Erkenntnisse der diagnostische oder therapeutische Nutzen, die medizinische Notwendigkeit oder die Wirtschaftlichkeit hinreichend nachgewiesen sind. Je nach Ergebnis kann er sie aus dem Katalog der Leistungen ausschließen, die zu Lasten der gesetzlichen Krankenversicherung erbracht werden dürfen. Eine gewisse Kontrolle erfolgt durch die Sozialgerichte, sofern im Einzelfall um die Übernahme von Kosten für diagnostische, therapeutische oder präventive Maßnahmen gestritten wird. Diese Kontrolle greift und wirkt im Individualrechtsschutzsystem aber immer nur selektiv. Zudem ist sie begrenzt, soweit Letztentscheidungskompetenzen des Gemeinsamen Bundes-

---

[22] Zum Gesundheitsfonds und zu Finanz- und Lastenausgleichsmechanismen ausf. A. *Schmehl*, Gesundheitsfonds, Finanz- und Risikoausgleiche, in: Sodan (o. Fußn. 1), § 39, mit grdstzl. Ausführungen in Rdnrn. 1 ff., 31 ff., 49 ff.

[23] Vgl. insbes. die Leistungsansprüche einschließenden Regelungen in §§ 20 ff. SGB V.

[24] Vgl. *U. Becker/Th. Kingreen*, in: dies. (Hrsg.), SGB V, Gesetzliche Krankenversicherung, 5. Aufl. 2017, § 1 Rn. 3; außerdem §§ 27 ff. SGB V.

[25] Näher §§ 91 ff. SGB V.

ausschusses im Verhältnis zu den Gerichten anerkannt werden.[26] Übergreifende Kontrollfunktionen stehen im Übrigen der staatlichen Aufsicht zu. In Gestalt einer Rechtsaufsicht wird sie vom Bundesministerium für Gesundheit wahrgenommen.[27]

Die Rolle der Aufsicht für die Gewährleistung von Gesundheit im System der gesetzlichen Krankenversicherung hat Arndt Schmehl sorgsam analysiert. Schon „jede Institutionalisierung von Aufsicht", so hebt er hervor, zieht „notwendigerweise einen inhaltlich lenkenden Einfluss auf das System nach sich".[28] Dass Aufsicht keine „Verdoppelung der Behördenstruktur" ist und mit einer „zwangsläufigen Fokussierung der Tätigkeit der Aufsichtsbehörde im Rahmen ihrer begrenzten Handlungsressourcen" einhergeht, bedeutet zugleich, dass das Bild einer normativ neutralen Aufsicht, deren Zielsetzungen sich vollständig mit denjenigen der beaufsichtigten Institution decken, nicht zutrifft.[29] Ihre genaue Rolle erschließt sich zunächst über präzise Analysen der Kontroll- und der Rechtsmaßstäbe[30] oder über präzise Differenzierungen zwischen Rechtsaufsichts- und Mitentscheidungskompetenzen und zwischen helfender und eingreifender Beratung. Dann kristallisiert sich eine Eigenständigkeit der Aufsicht heraus, hinsichtlich derer wiederum auffällt, wie wenig der Raum, in dem sie sich bewegt, strukturiert ist. Die Funktionen der Aufsicht und die Leitbilder des Aufsichtshandelns müssten, so folgert Arndt Schmehl, in verlässlicherer Weise normiert werden, nicht zuletzt aus Transparenz- und Legitimitätsgründen und angesichts einer steigenden potenziellen Konfliktschärfe und -häufigkeit.[31] Insgesamt erhellen seine Überlegungen, wie die Aufsicht als eine wichtige Einfluss- und Steuerungsressource das Verständnis von „Gesundheit" im öffentlichen Gesundheitswesen mitbestimmt. Dies und die deswegen teilweise heftigen Debatten um die Ausgestaltung der Aufsicht hat jüngst auch die Verabschiedung des GKV-Selbstverwaltungsstärkungsgesetzes noch einmal deutlich gemacht.[32]

---

[26] Dazu aus jüngerer Zeit BSG, Urt. v. 11.7.2017 – B 1 KR 30/16 R –, BSGE (vorgesehen), SozR 4–2500 § 27 Nr. 29.

[27] Zur Ausgestaltung als Rechtsaufsicht § 87 Abs. 1 S. 2 SGB IV.

[28] *Schmehl* (o. Fußn. 1), S. 3.

[29] *Schmehl* (o. Fußn. 1), S. 4.

[30] *Schmehl* (o. Fußn. 1), S. 5 ff., dessen Überlegungen unter anderem klar machen, dass die u. a. vom BSG zu Grunde gelegte Vertretbarkeitslehre, vgl. dazu auch *J. Beschorner*, Staatsaufsicht über Sozialversicherungsträger, in: Mülheims et al. (Hrsg.), Handbuch Sozialversicherungswissenschaft, 2015, S. 777 (786), durch die Frage danach ersetzt werden muss, „welche Ermächtigung – einschließlich exekutiver Spielräume – die jeweilige rechtssatzförmige Grundlage der Selbstverwaltungskörperschaft genau einräumt und ob sie dabei im Falle der Einräumung eines Rechtmäßigkeitskorridors die Entscheidungsmacht zu dessen Ausfüllung innerhalb der vollziehenden Gewalt der Selbstverwaltungsbehörde oder der Aufsichtsbehörde zuweist" (S. 9).

[31] *Schmehl* (o. Fußn. 1), S. 13 ff. und 2.

[32] Gesetz zur Verbesserung der Handlungsfähigkeit der Selbstverwaltung der Spitzenorganisationen in der gesetzlichen Krankenversicherung sowie zur Stärkung der über sie geführten Aufsicht (GKV-Selbstverwaltungsstärkungsgesetz; GKV-SVSG), v. 21.02.2017, BGBl. I S. 265; s. auch die Begründung des Gesetzentwurfs der BReg. BT-Drucks. 18/10605. Darstellend *N. Hammes*, Das Selbstverwaltungsstärkungsgesetz, MedR 2017, 611 (611 ff.); zu

IV. Entgrenzung von Gesundheit

„Normative Grundlagen von Gesundheit" ist auch im Hinblick auf gegenwärtig absehbare zukünftige Entwicklungen ein grundlegendes und vielschichtiges Thema. Zu den Megatrends mit weit reichenden Auswirkungen zählen unter anderem die Veränderungen des Ärztinnen/Patienten-Verhältnisses durch „Dr. Google", die Entschlüsselung des Genoms sowie die darauf und auf weitere Techniken aufbauenden gendiagnostischen und gentherapeutischen Instrumentarien[33], die Personalisierung der Medizin[34], die Digitalisierung des Gesundheitswesens[35] und „Big Data"-Anwendungen, deren Möglichkeiten zum Beispiel bereits die Vernetzung von Versorgungs- und Forschungsdaten und die Institutionalisierung von Datenintegrationszentren vorangetrieben haben, und nicht zuletzt die Globalisierung mit verschiedenen Folgen wie etwa dem Reproduktions- oder Medizintourismus.[36] Bestimmte Teile dieser und eine Reihe weiterer Entwicklungen kann man unter dem Stichwort „Entgrenzung von Gesundheit" bündeln.

Als soziologisches Paradigma stammt der Begriff der „Entgrenzung" ursprünglich aus den Forschungen zum Wandel der Arbeit. Er kennzeichnet dort die Auflösung und Erosion überkommener und in bestimmten Hinsichten grenzsetzender sozialer Strukturen, die man auf verschiedenen Ebenen und in sachlicher, zeitlicher oder räumlicher Dimension identifizieren kann, etwa als Grenze zwischen Arbeit und Privatleben oder als regulierte standardisierte Arbeitszeit.[37] Aber der Begriff eignet sich auch gut zur Beschreibung neuer Herausforderungen im Bereich der Medizin und der Gesundheit. Unterscheidungen wie diejenige zwischen Gesundheit und Krankheit oder ausdifferenzierte spezialisierte Institutionen bieten keinen als selbstverständlich voraussetzbaren Orientierungsrahmen mehr. Grenzverschiebungen,

---

den Debatten vgl. den Tagungsbericht von *J. Bördner*, Das Selbstverwaltungsstärkungsgesetz – Rechtliche Auswirkungen auf Selbstverwaltung und Aufsicht, NZS 2017, 413 (413 ff).

[33] Grundlegend zu den neuen Möglichkeiten der Genomeditierung *J. A. Doudna/E. Charpentier*, The new frontier of genome engineering with CRISPR-Cas9, Science 346 (2014), 6231.

[34] Dazu *B. Hüsing/J. Hartig/B. Bührlen/Th. Reiß/S. Gaisser*, Individualisierte Medizin und Gesundheitssystem, TAB-Arbeitsbericht Nr. 126, 2008; *M. Keil*, Rechtsfragen der individualisierten Medizin, 2015.

[35] Vgl. überblicksartig *I. J. Timm*, Digitalisierung und Big Data in der Medizin, MedR 2016, 686 (686 ff.); außerdem die Beiträge in: Digitalisierung im Gesundheitswesen – zwischen Datenschutz und moderner Medizinversorgung, Wirtschaftsdienst 97 (2017), S. 687 ff.; und in: M. A. Pfannstiel/P. Da-Cruz/H. Mehlich (Hrsg.), Digitale Transformation von Dienstleistungen im Gesundheitswesen I: Impulse für die Versorgung, II: Impulse für das Management, 2017.

[36] Dazu *I. Schneider*, Race to the bottom or race to the top? Governing medical tourism in a globalized world, in: Parry/Greenhough/Brown/Dyck (Hrsg.), Bodies Across Borders: The Global Circulation of Body Parts, Medical Tourists and Professionals, 2015, S. 191 ff.

[37] Vgl. etwa *G. Voß*, Die Entgrenzung von Arbeit und Arbeitskraft, Mitteilungen aus der Arbeitsmarkt- und Berufsforschung 1998, S. 473 ff.

Grenzüberschreitungen, Grenzverwischungen und Grenzpluralisierungen kennzeichnen das Bild.[38]

Expansive Tendenzen werden zum Beispiel unter den Stichworten „Medikalisierung" oder „disease mongering" diskutiert, und als neues Phänomen wird dies eng mit Akteursstrategien und ökonomischen Strukturen im modernen Gesundheitssystem verknüpft. Medikalisierung wird dabei verstanden als „a process by which nonmedical problems become defined and treated as medical problems, usually in terms of illness and disease".[39] Eben die Bedingungen der Möglichkeit, Entgrenzungsphänomene wie die Medikalisierung kritisch zu erfassen, gehören zu den Gründen des Bemühens um relativ objektive Maßstäbe bei der Beschreibung von Gesundheit und Krankheit.[40]

„Entzeitlichung von Krankheit" bezeichnet eine Entgrenzungsdynamik, die dadurch charakterisiert ist, dass sich das Verständnis von Krankheit zunehmend von akuten oder chronischen Symptomen ablöst und vorverlagert, so dass Risikofaktoren oder Dispositionen bereits im Vorfeld den „Schatten einer zukünftigen Krankheit"[41] auf Personen werfen.[42] Das Wissen um die nur mögliche, sich gegebenenfalls nie realisierende Erkrankung beeinflusst Selbstwahrnehmung, Lebensgestaltung und Lebenschancen.[43] Ein qualitativer Sprung im Vergleich zu früher schon praktizierten Prognoseaktivitäten entsteht durch neue Diagnose- und Prädiktionstechniken wie derjenigen der prädiktiven Gendiagnostik.[44] Das steigert sich noch, soweit „Direct-to-Consumer"-Gentests auch außerhalb des überkommenen Gesundheitssystems verfügbar werden.

Eine Entgrenzung von Gesundheit und Alltagsleben kann man am Phänomen der Selbstvermessung oder des „Quantified Self" festmachen. Das gilt nicht nur deshalb, weil sich dieses Phänomen auf eine umfassend-systematische Vermessung gesundheitlicher Zustände in prinzipiell allen Lebenslagen richtet, sondern auch, weil die

---

[38] *P. Wehling/W. Viehöver*, Entgrenzung der Medizin. Transformationen des medizinischen Feldes aus soziologischer Perspektive, 2011, in: dies. (o. Fußn. 17), S. 7 (9 f.).

[39] *P. Conrad*, Medicalization and social control, Annual Review of Sociology 18 (1992), S. 209 (209). Umfassender und aktualisiert *ders.*, The Medicalization of Society. On the Transformation of Human Conditions into Treatable Disorders, 2007.

[40] Vgl. oben Punkt II. und *Schramme* (o. Fußn. 20), S. 6, 23.

[41] *G. Feuerstein/R. Kollek/Th. Uhlemann*, Gentechnik und Krankenversicherung, 2002, S. 42.

[42] Zur Entzeitlichung und zu ihrer Einordnung näher *Wehling/Viehöver* (o. Fußn. 37), S. 21 ff.

[43] Dazu *R. Kollek/Th. Lemke*, Der medizinische Blick in die Zukunft. Gesellschaftliche Implikationen prädiktiver Gentests, 2008, S. 72 ff.; S. auch den umfassenderen Ansatz zur genetischen Diskriminierung bei *Th. Lemke/K. Liebsch*, Genetische Diskriminierung in Deutschland. Entwicklungsdynamiken und offene Fragen, in: dies. (Hrsg.), Die Regierung der Gene. Diskriminierung und Verantwortung im Kontext genetischen Wissens, 2015, S. 169 ff.

[44] Zu grundlegenden Fragen vgl. auch *R. Kollek*, Der normative Status genetischer Informationen, in: Anzinger/Hamacher/Katzenbeisser (Hrsg.), Schutz genetischer, medizinischer und sozialer Daten als multidisziplinäre Aufgabe, 2013, S. 3 (4 ff.).

Grenzen zum Lifelogging fließend sind. Der immer ausgedehntere Einsatz ist Faktor und Produkt des technischen Fortschritts: von kleinen, mobilen und vernetzten Geräte wie Fitnessarmbändern und Apps für das Smartphone über Wearables hin zu anderen mit Sensoren ausgestatteten und im Internet der Dinge vernetzten Alltagsgeräten.[45] Auch sonst sorgt das Internet dafür, dass sich Gesundheitskommunikationen, weit über Formen wie Selbsthilfegruppen hinaus, aus den überkommenen Strukturen professionalisierter Systeme herauslösen und zu Grenzverwischungen oder Grenzpluralisierungen führen.

Nicht zuletzt ist das Stichwort „Enhancement" ein zentrales Thema im Zusammenhang mit der Entgrenzung von Gesundheit. Die Schönheitschirurgie kann als Ausgangspunkt für Praktiken und Diskussionen genannt werden, die sich mittlerweile vor allem um genetische Interventionen aller Art, um pharmazeutische oder neurotechnische Einflussnahmen auf kognitive, emotionale oder motivationale Fähigkeiten (Neuro-Enhancement[46]), um Cyborgs oder um Gehirn-zu-Gehirn-Schnittstellen drehen. Enhancement ist ein Bündelungsbegriff, der in den gegenwärtigen Diskussionen eng mit neuen Gen- und Biotechnologien verbunden ist.[47] Er steht noch im Zusammenhang mit der Unterscheidung von Gesundheit und Krankheit[48], ist aber nicht ohne die Hinzunahme weiterer eigenständiger Unterscheidungen wie Natürlichkeit und Künstlichkeit oder Normalität und Übernormalität zu verstehen.[49] Mit den Diskursen um Enhancement sind tiefe Einschnitte und weit reichende Implikationen verbunden. Denn nicht nur wird Gesundheit entgrenzt. Auch die gesellschaftlich etablierten Selbstbeschreibungen vom Menschen lösen sich auf.[50]

---

[45] Vgl. auch mit Einordnungen in den engeren Kontext der Arzt/Patienten-Kommunikation *F. Liebrich*, Digitale Medienprodukte in der Arzt-Patienten-Kommunikation, 2017, S. 11 ff., 19 ff. S. außerdem *U.-V. Albrecht*, Chancen und Risiken von Gesundheits-Apps, in: Albers/Katsivelas (Hrsg.), Recht & Netz, 2018, S. 417 (417 ff.).

[46] Dazu etwa *Th. Heinemann*, „Neuro-Enhancement" – Gesellschaftlicher Fortschritt oder neue Dimension der Medikalisierung?, in: Liebsch/Manz (Hrsg.), Leben mit den Lebenswissenschaften – wie wird biomedizinisches Wissen in Alltagspraxis übersetzt?, 2010, S. 131 ff.; *M. Albers*, Grundrechtsschutz und Innovationserfordernisse angesichts neuartiger Einblicke und Eingriffe in das Gehirn, in: Lindner (Hrsg.), Die neuronale Selbstbestimmung des Menschen, 2016, S. 63 (75 ff., 93 ff.).

[47] Vgl. auch *E. Hildt*, Cognitive Enhancement – A Critical Look at the Recent Debate, in: dies./Franke (Hrsg.), Cognitive Enhancement. An Interdisciplinary Perspective, 2013, S. 1 (3 f.).

[48] S. auch *R. Merkel/G. Boer/J. Fegert/T. Galert/D. Hartmann/B. Nuttin/S. Rosahl*, Intervening in the Brain. Changing Psyche and Society, 2007, S. 295 ff.

[49] Näher *M. Albers*, Enhancement, Human Nature, and Human Rights, in: Albers/Hoffmann/Reinhardt (Hrsg.), Human Rights and Human Nature, 2014, S. 235 (241 ff.).

[50] *J.-C. Heilinger*, Anthropologie und Ethik des Enhancements, 2010, S. 18; *Albers* (o. Fußn. 49), S. 244 ff.

V. Schluss

Im Ergebnis eröffnet der Vorschlag, „Normative Grundlagen von Gesundheit" als Gegenstand eines längerfristigen und übergreifenden Forschungsprojekts zu wählen, ein breites Spektrum eigenständiger und doch auch zusammenhängender, erkennbar wichtiger und zukunftsrelevanter Themen. Arndt Schmehl wird an unseren Forschungen nicht mehr teilnehmen können. Mit seinen Beiträgen und als Person wird er uns fehlen.

Familienleistungsbedingte Differenzierung der Abgaben als Gebot des Äquivalenzprinzips?

Von *Achim Bertuleit*

I. Einleitung

Arndt Schmehl habe ich am Lehrstuhl von Prof. Dr. Klaus Lange in Gießen Ende der 80er/Anfang der 90er Jahre kennen-, schätzen und mögen gelernt; wir wurden Freunde für sein schnelles und zu kurzes Leben. Er war damals als studentische Hilfskraft und ich als wissenschaftlicher Mitarbeiter an der Professur für öffentliches Recht und Verwaltungslehre tätig.

Arndt wusste früh, was er wollte: Schon während der Schulzeit als Lokal- und Fotoreporter tätig, Schulsprecher, exzellentes Abitur, Stipendiat der Studienstiftung, glänzende kleine und große Scheine, und als er sich für vorlesungsbegleitende Arbeitsgemeinschaften am Lehrstuhl bewarb, kaum über 20 Jahre jung. Das wirkt karriereorientierter als er war. Ihm flog viel zu. Arndt war ein Kopfmensch, der sich die Dinge zu Herzen nahm: Einer, der immer alles richtig und sein Reden und sein Handeln in Überstimmung wissen wollte. Sensibel, sozial eingestellt, politisch engagiert, lern- und wissbegierig, vielseitig interessiert, über sich selbst, seine Umgebung und die ganze Welt stetig reflektierend sowie ernsthaft an der Sache des öffentlichen Rechts interessiert, und zwar an Forschung *und* Lehre.

Privat trafen wir uns weiter, beruflich trennten sich bald unsere Wege: Ich ging nach der Promotion als persönlicher Referent des Geschäftsführers Prof. Dr. Franz Ruland zum Verband Deutscher Rentenversicherungsträger nach Frankfurt am Main in die Praxis der Sozialversicherung. Arndt blieb an der Uni und habilitierte sich 2003 bei Prof. Lange an der Justus-Liebig-Universität Gießen mit seiner Schrift über das Äquivalenzprinzip[1].

In seiner Habilitationsschrift stellt Arndt Schmehl sich die Frage, wie eine gerechte, rechtsstaatlich geordnete und wirtschaftlich effiziente Staatsfinanzierung gewährleistet werden kann.[2] Er findet die Lösung darin, durch das Äquivalenzprinzip die finanzielle Verantwortung für bestimmte Einnahmen und Ausgaben stärker als bisher miteinander zu verbinden.[3] Als Referenzgebiet für die materielle Ausprägung des Äquivalenzprinzips zieht Arndt Schmehl neben dem kommunalen Benutzungsge-

---

[1] *A. Schmehl*, Das Äquivalenzprinzip im Recht der Staatsfinanzierung, 2004.

[2] *Schmehl* (o Fußn. 1), S. V.

[3] *Schmehl* (o Fußn. 1), Klappentext.

bührenrecht das Sozialversicherungsrecht heran.[4] Hier treffen sich unsere Wege fachlich wieder.

II. Pflicht zur beitragsbezogenen Berücksichtigung der Kindererziehung?

Arndt Schmehl hält es für möglich, zur Begründung von Beitragsdifferenzierungen auch Charakteristika und Auswirkungen der gewählten Finanzierungstechnik heranzuziehen.[5] Er untersucht exemplarisch anhand des Familienlastenausgleichs, unter welchen Voraussetzungen dies sogar verfassungsrechtlich gefordert sein könne.[6] Dieses Beispiel wählt er wegen seiner Bedeutung für die Nachhaltigkeit des Sozialversicherungs(SV-)Systems und zudem deshalb, weil das Bundesverfassungsgericht ein solches *Differenzierungsgebot* innerhalb der sozialen Pflegeversicherung (SPV) bejahe und den Hinweis eingeflochten habe, dass die Bedeutung des Urteils auch für andere SV-Zweige zu prüfen sein werde.[7]

Das Finanzierungssystem des Umlageverfahrens ist für Arndt Schmehl ein Differenzierungsanlass.[8] Der Abhängigkeit der Finanzierung von der nachfolgenden Erwerbsgeneration schreibt er gleichheitsbezogene Bedeutung zu.[9] Die Berücksichtigung der Kindererziehung und -betreuung auf der Beitragsseite hält er im Hinblick auf das Finanzierungssystem der Umlage für die systemkonforme Lösung.[10] Die Pflicht zur beitragsbezogenen Berücksichtigung der Kindererziehung bedarf für ihn einer systeminternen Lösung innerhalb der SPV, da sie auf relative Vorteile abstelle, welche die Kinderlosen innerhalb des Versicherungssystems durch die Erziehungsleistung anderer innerhalb desselben Systems erhalten.[11] Da das versicherte Risiko in der gesetzlichen Rentenversicherung (GRV) wie in der SPV in ähnlicher Weise vom Alter abhängig und ebenfalls umlagefinanziert sei, träfen die vom BVerfG angeführten Argumente auch auf die GRV zu.[12]

Wissenschaft lebt vom Diskurs und ich möchte im Folgenden Widerspruch gegen Arndt Schmehls These anmelden, es gebe ein aus der materiellen Ausprägung des Äquivalenzprinzips abzuleitendes verfassungsrechtliches Gebot zur Berücksichtigung der Kindererziehung auf der Beitragsseite der GRV. Wir haben uns im Gespräch über unsere unterschiedlichen Sichtweisen ausgetauscht und ich bin mir sicher, er hätte seine Freude daran gehabt, diesen Disput schriftlich fortzuführen.

---

[4] *Schmehl* (o Fußn. 1), S. 12, 195 ff.
[5] *Schmehl* (o Fußn. 1), S. 205.
[6] *Schmehl* (o Fußn. 1), S. 206.
[7] *Schmehl* (o Fußn. 1), S. 206.
[8] *Schmehl* (o Fußn. 1), S. 205 f.
[9] *Schmehl* (o Fußn. 1), S. 206 f.
[10] *Schmehl* (o Fußn. 1), S. 207 f.
[11] *Schmehl* (o Fußn. 1), S. 208 f.,
[12] *Schmehl* (o Fußn. 1), S. 209 f., 210.

III. Die Rechtsprechung des BVerfG zu der sozialen Pflegeversicherung und Alterssicherung der Landwirte

Arndt Schmehl entwickelt seine Thesen vor dem Hintergrund des Urteils des BVerfG vom 3.4.2001 zur Berücksichtigung der Betreuung und Erziehung von Kindern bei der Bemessung des Beitrags zur SPV.[13] Nach dem Urteil ist es mit Art. 3 Abs. 1 i. V. m. Art. 6 Abs. 1 GG nicht zu vereinbaren, dass Mitglieder der SPV, die Kinder betreuen und erziehen und damit neben dem Geldbeitrag einen *generativen Beitrag* zur Funktionsfähigkeit eines umlagefinanzierten SV-Systems leisten, mit einem gleich hohen Pflegeversicherungsbeitrag wie Mitglieder ohne Kinder belastet werden.[14] Wenn ein soziales Leistungssystem ein altersspezifisches Risiko abdecke und so finanziert werde, dass die jeweils erwerbstätige Generation die Kosten für vorangegangene Generation mittragen müsse, sei für das System nicht nur die Beitragszahlung sondern auch die Kindererziehung konstitutiv.[15] Werde die Erziehung und Betreuung von Kindern nicht mehr regelmäßig von allen geleistet, würden Eltern spezifisch in diesem System belastet, was deshalb auch innerhalb des Systems ausgeglichen werden müsse.[16] Die Belastung der Eltern trete in deren Erwerbsphase auf; sie sei deshalb auch in diesem Zeitraum im Beitragsrecht auszugleichen.[17] Bei der Bemessung der Frist bis zum 31.12.2004 habe der 1. Senat berücksichtigt, dass die Bedeutung des Urteils auch für andere Zweige der SV zu prüfen sein werde.[18]

Wenig Beachtung schenkt Arndt Schmehl dem weiteren Urteil des BVerfG vom gleichen Tag, wonach der Umstand, dass Betreuung und Erziehung von Kindern in der privaten Pflegeversicherung (PPV) nicht prämienmindernd berücksichtigt werde, die Grundrechte aus Art. 6 und Art. 3 Abs. 1 GG i. V. m. Art. 6 Abs. 1 GG nicht verletze.[19] Die PPV werde im Anwartschaftsdeckungsverfahren finanziert, bei dem die Prämien zur Bildung von Altersrückstellungen für künftige Versicherungsleistungen genutzt würden.[20] Damit sei die PPV derzeit nicht in gleicher Weise auf die Prämienzahlungen der nachwachsenden Generation angewiesen wie die SPV, die auf dem Umlageverfahren und damit auf einer intergenerativen Umverteilung beruhe.[21]

Zwar trifft es zu, dass ein Anwartschaftsdeckungsverfahren nicht „in gleicher Weise" wie ein Umlageverfahren auf die Prämienzahlungen der nachwachsenden Generation angewiesen ist; es ist eben ein Anwartschaftsdeckungsverfahren; aber

---

[13] BVerfGE 103, 242 ff.
[14] BVerfGE 103, 242 (242).
[15] BVerfGE 103, 242 (265 f.).
[16] BVerfGE 103, 242 (266).
[17] BVerfGE 103, 242 (270).
[18] BVerfGE 103, 242 (270).
[19] BVerfGE 103, 271 (292).
[20] BVerfGE 103, 271 (292).
[21] BVerfGE 103, 271 (292).

auch ein solches ist auf eine nachwachsende Generation angewiesen, sonst werden die Prämien unbezahlbar.

Während der Gesetzgeber in der SPV verpflichtet sein soll, beitragspflichtige Versicherte mit einem oder mehreren Kindern gegenüber kinderlosen Mitgliedern der SPV bei der Bemessung der Beiträge relativ zu entlasten, soll eine relative Entlastung bei der Prämienfestsetzung in der PPV nicht geboten sein. Ungleiches soll bei den Prämien in der privaten Versicherung gleichbehandelt werden dürfen – obwohl die Betreuung und Erziehung von Kindern auch hier ungleiche Lasten erzeugt. Die wirtschaftliche Leistungsfähigkeit der Eltern zu konsumieren und Vermögen zu bilden ist geringer als die Kinderloser.

Die Argumentationen mit Finanzierungstechnik und Gleichheitssatz sind im Vergleich der beiden Urteile des BVerfG nicht konsistent. Und die Äquivalenz von Beitrag und Leistung wird durch sie geschwächt. Während Arndt Schmehl durch den generativen Beitrag der Kindererziehung die Nachhaltigkeit von SPV und GRV gestärkt sieht, wird die Nachhaltigkeit der Finanzierung der beiden SV-Systeme aus meiner Sicht geschwächt, weil ungleiche Beiträge von Eltern und Kinderlosen in Zukunft zur gleichen Leistung führen sollen. Durch die Beitragsausfälle entsteht ein zusätzlicher Finanzierungsbedarf.

Zwei Beschlüsse der 3. Kammer des 1. Senats vom 4.12.2006 bestätigen gleichwohl das Urteil zur PPV: Es verstoße nicht gegen Art. 3 Abs. 1 GG i. V. m. Art. 6 Abs. 1 GG, die Erziehungsleistung eines erwerbstätigen Mitglieds eines Versorgungswerkes für Rechtsanwälte nicht beitragsmindernd zu berücksichtigen.[22] Die für die SPV entwickelten Grundsätze könnten nicht auf die Beitragserhebung durch die Rechtsanwaltsversorgung übertragen werden.[23] Die Finanzierung werde maßgeblich durch die Bildung und Vermehrung von Vermögen gesichert.[24] Das Versorgungswerk sei nicht in gleicher Weise wie ein umlagefinanziertes SV-System auf eine ausreichende Anzahl von beitragszahlenden Mitgliedern der nachwachsenden Generationen angewiesen.[25]

Noch nicht berücksichtigen konnte Arndt Schmehl in seiner – im Nov. 2003 angenommenen – Habilitation den Beschluss des BVerfG vom 9.12.2003, wonach sich die für die SPV entwickelten Grundsätze auf die Gestaltung des Beitragsrechts der Alterssicherung der Landwirte (AdL) nicht übertragen lassen.[26] Es fehle schon an

---

[22] BVerfG – 3. Kammer des 1. Senats (3. K 1. S) NJW 2007, 1446 (1447); BVerfG – 3. K 1. S, NJOZ 2007, 1365 (1366).

[23] BVerfG – 3. K 1. S, NJW 2007, 1446 (1447); BVerfG – 3. K 1. S, NJOZ 2007, 1365 (1366).

[24] BVerfG – 3. K 1. S, NJW 2007, 1446 (1447); BVerfG – 3. K 1. S, NJOZ 2007, 1365 (1366).

[25] BVerfG – 3. K 1. S, NJW 2007, 1446 (1447); BVerfG – 3. K 1. S, NJOZ 2007, 1365 (1367).

[26] BVerfGE 109, 96 (127).

der *Mindestgeschlossenheit* des Systems.[27] Die SPV weise einen sehr hohen Versicherungsgrad auf. Wer in ihr versichert sei, könne davon ausgehen, dass die heute von Versicherten großgezogenen Kinder in diesem System in Zukunft zu Beitragszahlern würden und die Finanzierung von Versicherungsleistungen, die er dann beanspruche, durch Beiträge sicherstellen würden.[28] Diese Voraussetzung sei in der AdL nicht gegeben.[29] In diesem System gehe die Zahl der Versicherten kontinuierlich zurück.[30] Nur wenige der heute von beitragspflichtigen Landwirten erzogenen Kinder würden aller Voraussicht nach dort zu Beitragszahlern werden.[31] Die Kindererziehung sei unter diesen Gegebenheiten kein für das System konstitutiver, dem Geldbetrag gleich zu erachtender generativer Beitrag, der im Beitragsrecht zum Ausgleich gebracht werden müsse.[32]

An der Mindestgeschlossenheit des Systems fehlt es auch in den Beschlüssen der 3. Kammer zu den Versorgungswerken der Rechtsanwaltskammern.[33] Anders als bei der SPV mit ihrem sehr hohen Versichertengrad könne nicht davon ausgegangen werden, dass die heute von den Mitgliedern des Versorgungswerks erzogenen Kinder ihrerseits wieder dessen Mitglieder werden und dann mit ihren Beiträgen die Finanzierung der Versorgungsleistungen sicherstellen.[34]

Im Übrigen bleibe im Unterschied zur SPV die Erziehungsleistung des Landwirtsehegatten bei dessen Alterssicherung nicht unberücksichtigt.[35] Zeiten der Kindererziehung wirkten sich im Zusammenhang mit der Erfüllung der Wartezeit rechtsbegründend aus.[36] Die für die SPV entwickelten Grundsätze sind wegen der Berücksichtigung der Erziehungsleistungen auf der Leistungsseite nicht auf die GRV übertragbar. Das ergibt sich schon aus der Rechtsprechung des BVerfG zur AdL, denn im Unterschied zur SPV werden die Erziehungsleistungen in der GRV wie in der AdL berücksichtigt.

Ebenfalls nicht berücksichtigen konnte Arndt Schmehl den Beschluss des BVerfG vom 5. 4. 2005, wonach die Beitragsregelung der Satzung des Versorgungswerks der Rechtsanwälte in Baden-Württemberg, die zur Beitragsleistung auch bei Einkommenslosigkeit während der Zeiten der Erziehung eines Kindes in den ersten drei Lebensjahren verpflichtet, gegen das Gleichberechtigungsgebot verstößt (Art. 3 Abs. 2

---

[27] BVerfGE 109, 96 (127).
[28] BVerfGE 109, 96 (127).
[29] BVerfGE 109, 96 (127).
[30] BVerfGE 109, 96 (127).
[31] BVerfGE 109, 96 (127).
[32] BVerfGE 109, 96 (127).
[33] BVerfG – 3. K 1. S, NJW 2007, 1446 (1447); BVerfG – 3 K. 1. S, NJOZ 2007, 1365 (1367).
[34] BVerfG – 3. K. 1. S, NJW 2007, 1446 (1447); BVerfG – 3. K. 1. S, NJOZ 2007 1365 (1367).
[35] BVerfGE 109, 96 (127).
[36] BVerfGE 109, 96 (127).

GG).³⁷ Die Benachteiligung werde nicht durch höhere Leistungen des Versorgungswerks ausgeglichen.³⁸ Es sei zwar grundsätzlich möglich, *Nachteile* die sich durch die Ausgestaltung von Beitragssätzen ergeben, durch Vorteile bei der Leistungsgewährung zu *kompensieren*.³⁹ Dies sei jedoch nicht geschehen.⁴⁰ Die Benachteiligung von Frauen im Versorgungswerk sei auch nicht deshalb zulässig, weil mit der GRV ein Versorgungssystem zur Verfügung stehe, das Kindererziehungszeiten (KEZ) als Beitragszeiten anerkenne und daher eine vergleichbare Benachteiligung ausschließe.⁴¹

Die Anerkennung von KEZ als Beitragszeiten in der GRV wird als benachteiligungsfreie Regelung angesehen. Zudem können Nachteile auf der Beitragsseite durch Vorteile auf der Leistungsseite ausgeglichen werden. Diese auf die Gleichberechtigung von Mann und Frau bezogenen Ausführungen lassen sich zwar nicht ohne weiteres auf die hier in Frage stehende Gleichbehandlung von Eltern und Kinderlosen übertragen, aber der Gedanke, dass Nachteile auf der Beitragsseite durch Vorteile auf der Leistungsseite ausgeglichen werden können, müsste auch für das Verhältnis von Eltern zu Kinderlosen Geltung beanspruchen können.

Eine Übertragung der für die SPV entwickelten Grundsätze auf die GRV kommt nach der bisherigen Rechtsprechung des BVerfG nur dann in Betracht, wenn das System der GRV eine Mindestgeschlossenheit aufweisen und die GRV die Erziehungsleistung auf der Leistungsseite nicht hinreichend berücksichtigen würde. Zumindest letzteres ist nicht der Fall, wie gleich anhand der Rechtsprechung des Bundessozialgerichts (BSG) gezeigt werden wird.

IV. Die Rechtsprechung des Bundessozialgerichts zur gesetzlichen Rentenversicherung

Das BSG hat in seinem Urteil vom 30.9.2015 entschieden, Eltern könnten von Verfassung wegen nicht verlangen, wegen ihres Aufwandes für die Betreuung und Erziehung von Kindern weniger Beiträge als einfachrechtlich geregelt zur gesetzlichen Kranken- und GRV sowie zur SPV zahlen zu müssen.⁴² Die GRV entspreche in ihren wesentlichen Strukturmerkmalen nicht den Anforderungen, die das BVerfG im Urteil zur SPV für ein verfassungsrechtliches Gebot der beitragsrechtlichen Diffe-

---

³⁷ BVerfGE 113, 1 (15).
³⁸ BVerfGE 113, 1 (23).
³⁹ BVerfGE 113, 1 (23).
⁴⁰ BVerfGE 113, 1 (23).
⁴¹ BVerfGE 113, 1 (24 f.).
⁴² BSGE 120, 23 (23) – Leitsatz; zustimmend: *F. Ruland*, Rentenversicherung und Familienlastenausgleich, NZS 2016, 361 ff; ablehnend: *C. Seiler*, Richterlicher Eigensinn im SV-Recht NZS 2016, 641 ff.; bestätigend zuletzt: BSG Urteil vom 20.07.2017 – B 12 KR 14/15 R; für die GRV siehe auch schon: BSG NZS 2007, 311 ff. mit ablehnender Anmerkung *A. Lenze*, Kindererziehung als generativer Beitrag in der GRV, NZS 2007, 407 ff.

renzierung zwischen Versicherten mit und solchen ohne Kinder aufgestellt habe.[43] Die GRV weise nicht die geforderte *Mindestgeschlossenheit* auf, weil nicht angenommen werden könne, dass ein wesentlicher Anteil aller Kinder in Zukunft Beitragszahler in der GRV sein werde.[44] Im Jahr 2006 seien von rund 52 Mio. in der GRV versicherten Menschen ohne Rentenbezug nur 35 Mio. aktiv versichert gewesen, darunter 29,5 Mio. aufgrund von Beschäftigung. 16,95 Mio. passiv Versicherte hätten keine Beiträge gezahlt und 5,55 Mio. Arbeitslose trügen sie nicht selbst.[45] Das seien immerhin 43 % aller Versicherten ohne Rentenbezug.[46]

Entgegen dem BSG will das BVerfG angesichts der Breitenwirkung der GRV vernachlässigen, dass nicht jedes Kind später zum Beitragszahler werde.[47] Anders als bei der AdL dürfte das BVerfG eine Mindestgeschlossenheit des Systems der GRV daher wohl bejahen. Und die sieht es offenbar als erfüllt an, obwohl es auch eine gravierende Zahl von Kindern geben wird, die später als Beamte und als nicht versicherte Selbständige tätig werden, zumal neue Formen der Arbeit 4.0 wie das crowdworking in Zukunft zunehmen werden.[48] Das BVerfG verlangt eben keine Geschlossenheit des Systems, sondern lediglich eine *Mindest*geschlossenheit.

Unabhängig davon liegt dem 12. Senat des BSG zufolge keine verfassungswidrige Gleich- bzw. Ungleichbehandlung vor, weil es *rechtfertigende Gründe* dafür gebe:[49] Der Gesetzgeber habe die Grenzen seiner Gestaltungsfreiheit gewahrt, weil er die durch die Kindererziehung entstehenden Nachteile systemgerecht bereits im Leistungsrecht der GRV ausgeglichen habe.[50] Das BSG führt für den systemimmanenten Ausgleich folgende Leistungen an: große Witwen- oder Witwerrente bei Kindererziehung, Erziehungsrente, Kindererziehungszeiten, Berücksichtigungszeiten wegen Kindererziehung, Anrechnungszeiten für Schwangerschaft und oder Mutterschaft, Zuschlag für Zeiten der Kindererziehung bei Witwen- und Witwerrenten, Kinderzuschuss, Leistungen für Kindererziehung an Mütter der Geburtenjahrgänge vor 1921, Zuzahlungsfreiheit für unter 18-jährige bei Leistungen zur medizinischen Rehabilitation und bei sonstigen Leistungen.[51]

Um es an einem *Beispiel* deutlich zu machen: Allein für das erste Kind können in der GRV im günstigen Fall 3 Jahre KEZ (3 Entgeltpunkte [EP]) plus zwei EP für den Kinderzuschlag bei der Hinterbliebenenrente und bis zu 2,3352 EP durch die Höher-

---

[43] BSGE 120, 23 (28), Rdnr. 36.
[44] BSGE 120, 23 (29), Rdnr. 38.
[45] BSGE 120, 23 (30), Rdnr. 41.
[46] BSGE 120, 23 (30), Rdnr. 41.
[47] BVerfGE 87, 1 (37), mit kritischer Anm. *F. Ruland*, Das BVerfG und der Familienlastenausgleich in der Pflegeversicherung, NJW 2001, 1673 ff.
[48] Vgl. dazu Bundesministerium für Arbeit und Soziales, Weißbuch Arbeiten 4.0, 2016, S. 55 ff.
[49] BSGE 120, 23 (28, 31), Rdnr. 36, 43.
[50] BSGE 120, 23 (32), Rdnr. 46.
[51] BSGE 120, 23 (32 f.), Rdnr. 47.

bewertung von Beitragszeiten während der Kinderberücksichtigungszeit (KIBÜZ) bis zum 10. Lebensjahr gutgeschrieben werden. Das entspricht derzeit bis zu 227,61 € monatliche Rente. Die für die SPV entwickelten Grundsätze sind wegen der vielfältigen Berücksichtigung der Erziehungsleistungen auf der Leistungsseite also nicht auf die GRV übertragbar.

Die beitragsrechtliche Gleichbehandlung hält das BSG auch deshalb für gerechtfertigt, weil ein in der Betreuung und Erziehung von Kindern liegender (*generativer*) „Beitrag" und der monetäre Beitrag weder gleichartig noch gleichwertig seien.[52] Im einfachrechtlichen Rentenrecht gebe es keine dokumentierte und fixierte Sonderbeziehung zwischen erwerbstätiger Generation und nachwachsender Generation.[53] Eine solche Sonderbeziehung bestehe nur zwischen der jeweiligen Generation der aktiv Erwerbstätigen einerseits und der jeweils aktuellen Rentnergeneration andererseits.[54] Mit generativen Beiträgen könnten aktuelle Renten nicht gezahlt werden.[55] Während Arndt Schmehl und das BVerfG das Umlageverfahren auf einen Generationenvertrag mit der nachwachsenden Generation erweitern, reduziert das BSG diese Beziehung einfachrechtlich auf Null. Verfassungsrechtlich wird durch die eigentumsgeschützte Anwartschaft auf eine spätere Rente[56] aber eine über die Zahlung der aktuellen Renten hinausgehende Sonderbeziehung zwischen Erwerbstätigengeneration und nachwachsender Generation im Generationenvertrag geschaffen. Kindererziehung und Beitragszahlung sind gleichwohl nicht gleichartig.[57] Der Beitrag zur Aufrechterhaltung der Rentenversicherung, der in Form von Kindererziehung geleistet wird, kann im Unterschied zu den monetären Beiträgen der Erwerbstätigen nicht sogleich wieder in Form der von Rentenzahlungen an die ältere Generation ausgeschüttet werden.[58] Die unterschiedliche Funktion der beiden Leistungen für das Rentensystem rechtfertigt aber dann auch ihre Ungleichbehandlung.[59]

Einen sachlichen Grund für die Nichtberücksichtigung der Kindererziehungsleistung im Beitragsrecht sieht das BSG weiterhin darin, dass sich der Ausgleich des Aufwandes für Kinder als Teil der allgemeinen Rahmenbedingungen der GRV darstelle.[60] Der Ausgleich sei keine systemspezifische Aufgabe der GRV und es sei nicht zu beanstanden, wenn der Ausgleich als Teil des ganzen Staatswesens durch Maßnahmen im Steuerrecht gelöst werde.[61] Das BSG bedenkt schließlich, dass eine Berücksichtigung des Aufwandes für die Betreuung und Erziehung von Kindern im Bei-

---

[52] BSGE 120, 23 (35), Rdnr. 53.
[53] BSGE 120, 23 (35), Rdnr. 53.
[54] BSGE 120, 23 (35), Rdnr. 53.
[55] BSGE 120, 23 (35 f.), Rdnr. 53.
[56] BVerfGE 53, 257 (289 ff.).
[57] BVerfGE 87, 1 (40).
[58] BVerfGE 87, 1 (40).
[59] BVerfGE 87, 1 (40).
[60] BSGE 120, 23 (36), Rdnr. 55.
[61] BSGE 120, 23 (36), Rdnr. 56.

tragsrecht der Sozialversicherung die Gefahr von Verwerfungen in anderen Bereichen mit sich bringe.[62] Ein *Binnenausgleich* auf der Beitragsseite könne Eltern benachteiligen, die einen gleich hohen Aufwand für die Betreuung und Erziehung von Kindern hätten, aber nicht Mitglied der GRV seien und daher für ihre Altersvorsorge selbst privat zu sorgen hätten.[63] Umgekehrt könnten Kinderlose, die nicht Versicherte der GRV sind, nicht an diesem Ausgleich teilnehmen.[64] Außerdem sei es infolge der Beitragsbemessungsgrenze (BBG) nicht auszuschließen, dass es zu einer Umverteilung von niedrigeren zu höheren Einkommen kommen könnte, weil besserverdienende Kindererziehende durch die Beitragsentlastung stärker begünstigt würden als Kindererziehende mit geringeren Einkommen.[65] Bei Kinderlosen könnte es zu einer Privilegierung von gut verdienenden Versicherten gegenüber weniger gut Verdienenden kommen.[66]

Dem BSG ist zuzustimmen: Eine beitragsbezogene systemspezifische Lösung nur in der GRV würde vornehmlich die Arbeitnehmer belasten und Beamte, nicht versicherte Selbständige und Einkommen von Versicherten oberhalb der BBG verschonen.[67] Eine gesamtgesellschaftliche Lösung durch einen Familienlastenausgleich ist auch der *sozial gerechtere Weg*,[68] weil der Beitragssatz zur GRV proportional bemessen wird und für niedrige Einkommen wie für Einkommen mit dem Doppelten des Durchschnittsverdienstes einheitlich derzeit 18,6 % beträgt, während die Einkommensteuer progressiv ansteigt, und zwar von 14 % auf 45 %. Gegen das Urteil des BSG ist Verfassungsbeschwerde eingelegt worden, über die das BVerfG noch nicht entschieden hat.

V. Stellungnahme der Bundesregierung

Gestützt auf eine Stellungnahme des Sozialbeirats[69] und den Bericht der Rürup-Kommission[70] hatte auch die Bundesregierung (BReg) seinerzeit in ihrer Unterrichtung des Deutschen Bundestages vom 4. 11. 2004 keine Notwendigkeit gesehen, die in der SPV erforderliche beitragsrechtliche Differenzierung zwischen kindererzie-

---

[62] BSGE 120, 23 (37), Rdnr. 58.
[63] BSGE 120, 23 (37), Rdnr. 58.
[64] BSGE 120, 23 (37), Rdnr. 58.
[65] BSGE 120, 23 (37), Rdnr. 59.
[66] BSGE 120, 23 (37), Rdnr. 59.
[67] *Ruland* (o Fußn. 42), 365.
[68] *Ruland* (o. Fußn. 42), 365.
[69] Stellungnahme des Sozialbeirats zu Urteilen des Bundesverfassungsgerichts zur Pflegeversicherung vom 3. April 2001 hinsichtlich ihrer Bedeutung für die gesetzliche Rentenversicherung, BT-Drucks. 14/6099, S. 8 Rdnr. 40.
[70] Bundesministerium für Gesundheit und Soziale Sicherung (Hrsg.), Nachhaltigkeit in der Finanzierung der sozialen Sicherungssysteme. Bericht der Kommission, 2003, S. 114 ff.

henden und kinderlosen Pflichtbeitragszahlern auf die GRV zu übertragen.[71] Dabei weist die BReg unter anderem auf die *Strukturunterschiede* zwischen SPV und GRV hin: Dies betreffe insbesondere die Verknüpfung von Beitrags- und Leistungsseite. In der SPV erhalten Versicherte Sach- und Geldleistungen entsprechend dem Grad ihrer Pflegebedürftigkeit und damit unabhängig von der Höhe der zuvor gezahlten Beiträge.[72] In der GRV hingegen gilt vom Grundsatz her das Prinzip der Vorleistungsabhängigkeit der Rentenansprüche.[73]

Dem *Prinzip der Äquivalenz von Beitrag und Leistung* Rechnung tragend und dem Auftrag des BVerfG folgend, den Mangel des Rentenversicherungssystems, der in den durch Kindererziehung bedingten Nachteilen bei der Altersversorgung liegt, in weiterem Umfang als bisher auszugleichen[74] und sicherzustellen, dass sich mit jedem Reformschritt die Benachteiligung der Familie tatsächlich verringert,[75] habe der Gesetzgeber in erheblichem Umfang familienfördernde Elemente in das Leistungsspektrum der GRV eingebaut und damit die Kindererziehungsleistung berücksichtigt.[76] Aufgrund des für die GRV maßgebenden Prinzips der Äquivalenz von Beitrag und Leistung lasse sich diesen Leistungen zugunsten Kindererziehender wirtschaftlich auch eine konkrete Ersparnis beim Beitragsaufwand zuordnen.[77] Auch Prof. Ruland betont den Vorteil der aktuellen Beitragsersparnis[78]: Die Forderung des BVerfG, die in der Erwerbsphase der Eltern auftretende Belastung in diesem Zeitraum auszugleichen, werde damit in der GRV erfüllt.[79]

Um das obige *Beispiel* noch einmal aufzugreifen: Die Beitragsersparnis für das erste Kind aus drei Jahren KEZ, Kinderzuschlag bei der Hinterbliebenenrente und Höherbewertung der KIBÜZ bis zum 10. Lebensjahr kann auf Basis der heutigen Berechnungswerte im Jahr 2017 über 50.000 € betragen.

Durch den bei ihm von vornherein mitgedachten sozialen Ausgleich dünnt Arndt Schmehl das (Teilhabe-)Äquivalenzprinzip in der SV aus meiner Sicht zu stark aus und nimmt auf die bereichsspezifische Ausprägung in der GRV zu wenig Rücksicht. Die GRV ist jener Zweig der SV, in dem das Versicherungselement am stärksten ausgeprägt ist. Das Äquivalenzprinzip findet im einfach-rechtlichen Rentenrecht vornehmlich im folgenden Grundsatz seine Ausprägung: Die Höhe einer Rente richtet sich vor allem nach der Höhe der während des Versicherungslebens durch Beiträge

---

[71] Bericht der Bundesregierung zur Bedeutung des Urteils des Bundesverfassungsgerichts zur Sozialen Pflegeversicherung vom 3. April 2001 (1 BvR 1629/94); für andere Zweige der Sozialversicherung, BT-Drs. 15/4375, S. 4.

[72] BT-Drucks. 15/4375 (o. Fußn. 71), S. 6.

[73] BT-Drucks. 15/4375 (o. Fußn. 71), S. 6.

[74] BVerfGE 87, 1 (35).

[75] BVerfGE 87, 1 (41).

[76] BT-Drs. 15/4375 (o. Fußn. 71), S. 6.

[77] BT-Drs. 15/4375 (o. Fußn. 71), S. 6.

[78] *Ruland* (o. Fußn. 42), 364.

[79] *Ruland* (o. Fußn. 42), 364.

versicherten Arbeitsentgelte (§ 63 Abs. 1 SGB VI). Die persönlichen EP werden ermittelt, in dem das individuelle Bruttoentgelt in Relation zum durchschnittlichen Bruttoentgelt gesetzt wird. Jene relative Einkommensposition, die ein Arbeitnehmer zu allen anderen Arbeitnehmern von Jahr zu Jahr über sein gesamtes Erwerbsleben eingenommen hat, wird auf diese Weise in der Rentenbezugsphase verstetigt. Die Rente ist zudem lohn- und beitragsbezogen. Eine Berücksichtigung der Kindererziehung auf der Beitragsseite widerspricht der Lohn- und Beitragsbezogenheit der Renten und ist mit dem Prinzip der Teilhabeäquivalenz von Beitrag und Leistung nicht vereinbar.[80] Für gleich hohe Einkommen würden unterschiedlich hohe Beiträge erhoben und für gleich hohe Beiträge unterschiedliche Rentenanwartschaften erworben.[81]

VI. Fazit

Mir leuchtet an Arndt Schmehls Habilitationsschrift nicht ein, dass ausgerechnet das Äquivalenzprinzip von Beitrag und Leistung dazu herhalten soll, ein Gebot der kinderbezogenen Beitragsdifferenzierung[82] nicht nur in der SPV sondern auch in der GRV[83] herzuleiten. Er dünnt damit die Abhängigkeit von Beitrag und Gegenleistung unnötig aus. Er schwächt die nachhaltige Finanzierung der GRV gerade in jener Zeit des demografischen Wandels, in der diese SV besonders auf eine breite Finanzierungsbasis angewiesen ist. Das läuft zudem seiner Intention zuwider, dem Äquivalenzprinzip entsprechend die finanzielle Verantwortung für bestimmte Einnahmen und Ausgaben stärker als bisher miteinander zu verbinden.

Die für die SPV entwickelten Grundsätze sind auf die Gestaltung des Beitragsrechts zur GRV nicht übertragbar, weil Kindererziehung und Betreuung auf der Leistungsseite der GRV ausreichend berücksichtigt werden. Eltern und Kinderlose bei der Beitragsbemessung gleich zu behandeln, verletzt nicht das Grundgesetz, weil es im Leistungsrecht der GRV zusätzliche Leistungen für Eltern gibt, insbesondere die KEZ, die KIBÜZ und den Kinderzuschlag bei der Hinterbliebenenrente. Der Gesetzgeber hat den ihm zukommenden Spielraum zur Ausgestaltung der GRV in verfassungsrechtlich nicht zu beanstandender Weise genutzt, um die Benachteiligung der Familie auf der Beitragsseite durch die Gewährung von Vorteilen auf der Leistungsseite auszugleichen.

VII. Ausleitung

Von dem Diskurs über die SV zurück zu meinem Freund Arndt Schmehl: Da „wo Bolle einst zu Pfingsten hat 'ne Keilerei und sich dennoch ganz köstlich amüsiert",

---

[80] Rürup-Kommission (o. Fußn. 70), S. 115.
[81] Rürup-Kommission (o. Fußn. 70), S. 115.
[82] *Schmehl* (o Fußn. 1), S. 206.
[83] *Schmehl* (o Fußn. 1), S. 210.

nämlich in der Schönholzer Heide, sind Arndt und ich joggen gegangen, wenn seine Frau Christine und er bei uns zu Besuch in Pankow waren. Arndt erzählte mir bei seinem letzten Besuch mit seiner tiefen Stimme, das Laufen an der Binnenalster in Hamburg werde ihm die nächsten Tage leichter fallen. Er könne sich dann gut erinnern und vorstellen, wie ich neben ihm herlaufe, und gemeinsam komme man schneller voran. Die Erinnerung an Arndt ist bei mir nicht verblichen, und wenn ich in der Schönholzer Heide laufen gehe, denke ich öfter an ihn und suche ein wenig schneller zu laufen.

Steuerrecht und Sozialrecht

Zum Verhältnis zweier Teilrechtsordnungen des Öffentlichen Rechts

Von *Dagmar Felix*

I. Einführung

Auf den ersten Blick scheinen Steuerrecht und Sozialrecht nicht viel gemein zu haben. Das Steuerrecht ist klassische Eingriffsverwaltung[1] und dient in erster Linie dazu, die erforderlichen Einnahmen für ein öffentlich-rechtliches Gemeinwesen zu generieren. Gänzlich anders konzipiert ist das Sozialrecht: Als Leistungsverwaltungsrecht zielt es auf die Gewährung von Sozialleistungen im Sinne von § 11 SGB I.[2]

Trotz dieser so grundlegend anderen Ausrichtung beider Rechtsgebiete werden auf den zweiten Blick aber doch eine ganze Reihe Parallelen und Verbindungslinien deutlich.[3] Offenkundig ist das bereits auf einer gleichsam formalen Ebene: Innerhalb des Öffentlichen Rechts haben allein das Steuer- und das Sozialrecht eine Sonderstellung. Für beide gelten mit der Abgabenordnung und dem SGB X eigenständige Verfahrensgesetze, und beide Rechtsgebiete verfügen über eine verfassungsrechtlich garantierte Fachgerichtsbarkeit. Aber auch in inhaltlicher Hinsicht gibt es jenseits der Feststellung, dass beide Rechtsgebiete am Grundsatz der Verteilungsgerechtigkeit ausgerichtet sind,[4] ihre Leitlinien durch das Grundgesetz bestimmt werden[5] und

---

[1] *H. Schulze-Fielitz*, Grundmodi der Aufgabenwahrnehmung, in: Hoffmann/Riem/Schmidt-Aßmann/Voßkuhle (Hrsg.), Grundlagen des Verwaltungsrechts, Band I, 2. Aufl. 2012, § 12 Rdnr. 13 ff.

[2] Die Zielsetzung des Sozialrechts wird in § 1 SGB I umschrieben. Die dem Sozialversicherungsrecht zugrunde liegende Finanzierung über Beiträge ist insoweit nur Mittel zum Zweck.

[3] Über dieses Thema haben *Arndt Schmehl* und ich sehr oft diskutiert.

[4] Hierzu *H. Kube*, Komplementarität und Eigenständigkeit – Zum Verhältnis zwischen Steuerrecht und Sozialrecht am Beispiel von § 33b Abs. 6 EStG, NZS 2004, 458 sowie *M. Jachmann*, Die Korrespondenz von Sozialrecht und Einkommensteuerrecht, NZS 2003, 281.

[5] *C. Seiler*, Steuer- und Sozialrecht als Ort sozialpolitischer Gestaltung, NZS 2007, 617 (618).

beide Rechtsgebiete „Orte sozialpolitischer Gestaltung"[6] sind, zahlreiche Berührungspunkte zwischen Steuer- und Sozialrecht.[7] Viele davon ergeben sich gleichsam aus der Natur der beiden Teilrechtsordnungen (hierzu unter II.), manche beruhen auf einer durchaus sinnhaften Entscheidung des Gesetzgebers (III.). Mitunter aber werden die Rechtsgebiete auch auf eine Weise verknüpft, die die Zielsetzung einer der beiden Teilrechtsordnungen in Frage stellt (IV.) oder sogar die bestehenden Systemgrenzen auflöst (V.).

II. Steuer- und Sozialrecht als zwei Seiten einer Medaille

1. Transferleistungen als zentraler Gegenstand beider Rechtsordnungen

Steuerrecht und Sozialrecht wirken als die beiden maßgeblichen Bausteine eines „umverteilenden Transferwesens"[8] zusammen. Die Steuer ist eine Geldleistung des Bürgers an den Staat ohne Anspruch auf individuelle Gegenleistung – in diesem Punkt unterscheidet sie sich von den Gebühren und Beiträgen.[9] Der Transfer erfolgt von den steuerpflichtigen Personen an das jeweilige Gemeinwesen. Gegenstand des Sozialrechts dagegen sind Transferleistungen in gleichsam umgekehrter Richtung: Die Sozialleistungsträger[10] gewähren Geldleistungen an die Bürger – ohne dass eine gleichzeitige ökonomische Gegenleistung durch die begünstigten Transferempfänger erfolgt. Typisch ist das vor allem für das Existenzsicherungsrecht: Auch wenn das SGB II vom Grundsatz des Förderns und Forderns[11] geprägt ist und entsprechende Pflichtverletzungen Sanktionen nach Maßgabe von § 31 ff. SGB II nach sich ziehen, sind die im SGB II normierten Obliegenheiten der Leistungsempfänger keine Gegenleistung für die entsprechende Sozialleistung. Aber auch die im Rahmen der Sozialversicherung erbrachten Geldleistungen lassen sich als Transferleistungen ansehen: Zwar geht der Leistungsgewährung grundsätzlich eine entsprechende Beitragszahlung voraus, es fehlt jedoch an einer gleichzeitigen ökonomischen Gegenleistung etwa für das Krankengeld oder die Erwerbsminderungsrente.

---

[6] So die Überschrift des Beitrags von *Seiler* (o. Fußn. 5). In diesem Kontext spielen auch die im Grundgesetz ausdifferenzierten Zuständigkeiten eine Rolle, hierzu *Seiler* (o. Fußn. 5), 619 f.

[7] Dabei ist diese Erkenntnis keineswegs neu – vgl. insoweit schon die grundlegenden Ausführungen von *M. Lehner*, Einkommensteuerrecht und Sozialhilferecht, 1993. Die folgenden Ausführungen beschränken sich im Übrigen auf das sozialrechtliche Leistungsrecht; interessante steuerrechtliche Fragen stellen sich aber auch für die so genannten Leistungserbringer (vgl. etwa zur Steuerbefreiung nach § 4 UStG BFHE 237, 263).

[8] *Seiler* (o. Fußn. 5), 618.

[9] Hierzu *R. Seer;* in: Tipke/Lang, Steuerrecht, 22. Aufl. 2015, 41 ff.

[10] § 12 SGB I.

[11] Vgl. § 2 SGB II.

2. Leistungsfähigkeit versus Bedürftigkeit

Eine weitere Parallele wird deutlich, wenn man die Grundprinzipien der jeweiligen Transferleistungen in den Blick nimmt. Die Besteuerung orientiert sich am Leistungsfähigkeitsprinzip als „*Fundamentalprinzip gerechter Besteuerung*".[12] Jeder Bürger soll nach Maßgabe seiner finanziellen und wirtschaftlichen Leistungsfähigkeit mit Steuern belastet werden. Gleichsam spiegelbildlich ist für das leistende Sozialrecht das Bedürftigkeitsprinzip maßgeblich. Das gilt im Besonderen für die steuerfinanzierten Leistungen nach dem SGB II oder SGB XII; sie setzen die Bedürftigkeit des Leistungsempfängers voraus. Nur wer seinen Lebensunterhalt nicht oder nicht ausreichend aus dem zu berücksichtigenden Einkommen oder Vermögen sichern kann und die erforderliche Hilfe nicht von anderen erhält, kann beispielsweise die Grundsicherung für Arbeitsuchende beanspruchen.[13] Aber auch das Sozialversicherungsrecht, dem die Frage nach der Bedürftigkeit fremd ist, orientiert sich bei Geldleistungen an der finanziellen Leistungskraft, die die konkrete Sozialleistung ersetzen soll – man denke hier nur an das Krankengeld nach dem SGB V.[14] Dass der Leistungsfähigkeit auch im Beitragsrecht des Sozialversicherungsrechts eine maßgebliche Rolle zukommt, sei nur am Rande erwähnt.[15]

In beiden Rechtsgebieten geht es damit um die Finanzkraft des Einzelnen. Soweit es um existenzsichernde Leistungen geht, schließen Steuerrecht und Sozialrecht sich damit gegenseitig aus. Der im Sinne von § 7 SGB II bedürftige Bürger ist zwar nach Maßgabe von § 1 EStG steuerpflichtig; es fehlt ihm aber an der steuerlichen Leistungsfähigkeit[16], die als zentrale Vorgabe des Einkommensteuerrechts sowohl dem Grunde als auch der Höhe nach über die Steuerschuld entscheidet. Wer dagegen Einkommensteuer zahlen muss, verfügt über disponibles Einkommen und kann damit nicht bedürftig im Sinne des SGB II sein. In der gleichsam „negativen Leistungsfähigkeit" sehen manche daher auch die wesentliche Ursache für eine „*grundlegende Wesensverwandtschaft zwischen Steuerrecht und Sozialrecht*".[17]

Seit dem so genannten Kindergeldbeschluss des BVerfG[18], in dem das Gericht erstmals nachdrücklich die steuerliche Freistellung des Existenzminimums[19] nicht nur des Steuerpflichtigen selbst, sondern auch seiner Familie gefordert hatte, ist all-

---

[12] Hierzu ausführlich *J. Hey,* in: Tipke/Lang, Steuerrecht, 22. Aufl. 2015, 72 ff.

[13] Im Sozialhilferecht findet sich in § 2 SGB XII eine vergleichbare Regelung.

[14] Vgl. § 47 SGB V.

[15] Anders als das Steuerrecht kennt das Beitragsrechts allerdings keine Progression. Beiträge werden zudem nur bis zu einer bestimmten Grenze (Beitragsbemessungsgrenze) – vgl. etwa § 223 Abs. 2 SGB V – erhoben.

[16] Grundlegend hierzu schon *D. Birk,* Das Leistungsfähigkeitsprinzip als Maßstab der Steuernormen, 1983.

[17] *Seer* (o. Fußn. 9), 15.

[18] BVerfGE 82, 60.

[19] Das Gericht orientierte sich dabei primär an dem vom Gesetzgeber selbst bestimmten Existenzminium des Sozialhilferechts.

gemein anerkannt, dass der Staat seine Bürger nicht in einer Weise besteuern darf, dass eine existenzsicherungsrechtliche Bedürftigkeit eintritt.[20] Das durch Art. 1 Abs. 1 GG i.V.m. dem Sozialstaatsprinzip des Art. 20 Abs. 1 GG verfassungsrechtlich geschützte Existenzminimum verbietet also eine Besteuerung, durch die Bedürftigkeit einträte.[21] Ob diese Einschätzung zwingend ist, kann – jenseits der fehlenden Sinnhaftigkeit eines entsprechenden Vorgehens auch aus Sicht der Verwaltungspraxis – durchaus bezweifelt werden. Die Verfassung sichert das Existenzminimum als solches; dazu, ob eine durch staatliche Besteuerung erfolgte Hilfebedürftigkeit mit der Menschenwürde vereinbar ist, äußert sich das Grundgesetz eher nicht. Man müsste sich ansonsten auch fragen, ob es mit der Verfassung vereinbar ist, dass die Beitragserhebung als gleichsam „staatliche Geldbeschaffungsmaßnahme" zur Sicherung des Sozialversicherungssystems eine Geldleistung nach Maßgabe des SGB II erforderlich machen dürfte. Zwar wird gesetzlich krankenversicherten Personen, die allein durch die Zahlung des Krankenversicherungsbeitrags hilfebedürftig würden, ein Zuschuss in Höhe des Betrags geleistet, der notwendig ist, um die Hilfebedürftigkeit zu vermeiden;[22] indes: Auch hier muss jemand aufgrund der Auferlegung einer staatlichen Geldleistungspflicht existenzsichernde Leistungen in Anspruch nehmen.

III. Zur Flankierung des Sozialrechts durch das Steuerrecht

Das EStG nimmt in vielfältiger Hinsicht Bezug auf das Sozialrecht und ergänzt es in unterschiedlicher Art und Weise.

1. Zur Steuerfreiheit von Sozialleistungen

§ 3 EStG normiert – allerdings ohne jegliche sachliche Ordnung"[23] und ohne Rücksicht darauf, ob es sich überhaupt um steuerbare Einnahmen handelt –, einen Katalog steuerfreier Einnahmen. Maßgebliche Bedeutung kommt insoweit den Sozialleistungen zu, die in zahlreichen Nummern für steuerfrei erklärt werden. Soweit es um existenzsichernde Leistungen wie die Leistungen nach dem SGB II (§ 3 Nr. 2d EStG) oder dem SGB XII (§ 3 Nr. 11 EStG) geht, ist dieses Vorgehen nur konsequent, entspricht es doch unmittelbar dem Leistungsfähigkeits- bzw. Bedürftigkeitsprinzip.

Warum allerdings jegliche Leistung aus einer Krankenversicherung (§ 3 Nr. 1a EStG) und damit auch das nach Maßgabe von § 44 ff. SGB V zu zahlende Krankengeld in vollem Umfang als steuerfrei bestimmt wird, bedarf angesichts der Lohner-

---

[20] BVerfGE 82, 60 (juris, Rdnr. 99).
[21] Hierzu vgl. auch *Kube* (o. Fußn. 4), 459.
[22] Vgl. § 26 Abs. 2 SGB II.
[23] *H.-J. von Beckerath,* in: Kirchhof (Hrsg.), EStG 15. Aufl. 2016, § 3 Rdnr. 1.

satzfunktion dieser Sozialleistung zumindest einer kritischen Betrachtung.[24] Das Krankengeld ist das Äquivalent zum Arbeitsentgelt – und dieses begründet die steuerliche Leistungsfähigkeit des Arbeitnehmers. Dass das beim Krankengeld nicht so ist, lässt sich wohl nur mit einer „Abkürzung des Zahlungsweges" erklären:[25] Der Gesetzgeber hat in § 47 Abs. 1 S. 1 SGB V bestimmt, dass das Krankengeld 70 % des erzielten regelmäßigen Arbeitsentgelts und Arbeitseinkommens beträgt, soweit es der Beitragsberechnung unterliegt. Der daraus resultierende Betrag soll dem Versicherten offenbar zur Verfügung stehen. Würde man diese Sozialleistung besteuern – was verfassungsrechtlich jenseits des Existenzminimums nicht zu beanstanden wäre – wäre ihre Höhe entsprechend anzupassen.

Nicht jede Sozialleistung ist im Übrigen nach Maßgabe von § 3 EStG steuerfrei; die nach dem SGB VI gezahlten Renten werden von § 22 EStG erfasst und nach Maßgabe der in § 22 Nr. 1 Satz 3 EStG enthaltenen Tabelle besteuert.[26]

2. Berücksichtigung von Ausgaben zur Erlangung von sozialem Schutz als Sonderausgaben

Gemäß § 10 EStG werden bestimmte Aufwendungen des Steuerpflichtigen, die weder Werbungskosten noch Betriebsausgaben sind und auch nicht so behandelt werden, als Sonderausgaben berücksichtigt. Zu den Sonderausgaben zählen auch Beiträge zu den verschiedenen Zweigen der Sozialversicherung; so werden etwa die Beiträge zur gesetzlichen Rentenversicherung sowie zur Kranken- und Pflegeversicherung anerkannt. Allerdings ist die steuerliche Berücksichtigung beschränkt: So können etwa nach § 10 Abs. 1 Nr. 3a EStG Beiträge zur Krankenversicherung als Sonderausgaben nur anerkannt werden, soweit diese zur Erlangung eines durch das SGB II bestimmten sozialhilfegleichen Versorgungsniveaus erforderlich sind und sofern auf die Leistungen ein Anspruch besteht. Für Beiträge zur gesetzlichen Krankenversicherung ist insoweit das Beitragsrecht des SGB V maßgeblich. Gemäß § 10 Abs. 1 Nr. 3a EStG sind auch nicht existenznotwendige Bestandteile einer Krankenversicherung, wie etwa Wahltarife, als Sonderausgaben anzuerkennen. Die Abzugsfähigkeit beider Positionen zusammen ist allerdings gemäß § 10 Abs. 4 EStG auf 2800 € je Kalenderjahr begrenzt.[27]

---

[24] *Kube* (o. Fußn. 4), 459.
[25] So zu Recht *Jachmann* (o. Fußn. 4), 282.
[26] Zu den Hintergründen dieses Vorgehens vgl. BVerfGE 105, 73 sowie *P. Fischer,* in: Kirchhof (Hrsg.), EStG, 15. Aufl. 2016, § 22 Rdnr. 36.
[27] Zur Verfassungsmäßigkeit der Beschränkung BFHE 251, 18; vgl. auch BVerfGE 120, 125.

3. Außergewöhnliche Belastungen

Erwachsen einem Steuerpflichtigen zwangsläufig größere Aufwendungen als der überwiegenden Mehrzahl der Steuerpflichtigen gleicher Einkommensverhältnisse, gleicher Vermögensverhältnisse und gleichen Familienstands, wird die Einkommensteuer gemäß § 33 Abs. 1 EStG auf Antrag dadurch ermäßigt, dass der Teil der Aufwendungen, die seine zumutbare Belastung übersteigt, vom Gesamtbetrag der Einkünfte abgezogen wird.[28] Auch in diesem Kontext ist eine Flankierung des Sozialrechts durch das Steuerrecht denkbar.[29] So können etwa Aufwendungen für eine künstliche Befruchtung, die aufgrund der in § 27a SGB V enthaltenen Beschränkungen nicht von der Krankenkasse übernommen werden, als außergewöhnliche Belastung die Steuerlast mindern.[30] Die fehlende sozialrechtliche Leistungsgewährung wird also über das Steuerrecht gleichsam ein Stück kompensiert.

IV. Die Orientierung des Sozialrechts am Steuerrecht

1. Zur Vorgabewirkung des materiellen Rechts

Während das Steuerrecht das Sozialrecht auf unterschiedliche Art und Weise flankiert, lässt sich die Einbindung des Steuerrechts in das Sozialrecht – bei gleichsam umgekehrter Blickrichtung – eher als Orientierung an steuerrechtlichen Vorgaben beschreiben. Gerade das Sozialversicherungsrecht knüpft in vielfältiger Hinsicht an die steuerrechtliche Systematik an. Besonders deutlich wird dies bei den sowohl für die Beitragserhebung wie die Leistungserbringung bedeutsamen Begriffsbestimmungen im SGB IV. Bereits der in § 14 SGB IV legal definierte Begriff des Arbeitsentgelts begründet auch ohne Bezugnahme auf das Steuerrecht eine jedenfalls weitgehende sachliche Übereinstimmung[31] zwischen Sozial- und Steuerrecht.[32] Eine unmittelbare Anknüpfung an das Einkommensteuerrecht findet sich in den §§ 15 und 16 SGB IV; und mit Blick auf die in § 17 SGB IV enthaltene Verordnungsermächtigung hat der Gesetzgeber bestimmt, dass eine *„möglichst weitgehende Übereinstimmung mit den Regelungen des Steuerrechts sicherzustellen"* ist.[33]

---

[28] § 33 EStG.

[29] Zum alternativen Pauschbetrag nach § 33b Abs. 6 EStG *Kube* (o. Fußn. 4*)*, 458.

[30] Zu Krankheitskosten insgesamt *R. Mellinghoff,* in: Kirchhof (Hrsg,), EStG, 15. Aufl. 2016, § 33 Rdnr. 54; jüngst zur künstlichen Befruchtung FG Hessen, EFG 2017, 473 (Revision anhängig unter VI R 2/17) und FG Münster, EFG 2015, 2071 (Revision anhängig unter VI R 47/15).

[31] *Jachmann* (o. Fußn. 4), 283.

[32] Vgl. §§ 19 EStG und § 2 LStDV. Die Zielsetzung des Gesetzgebers wird deutlich in den Gesetzesmaterialien (BT-Drs. 7/4122, 32); vgl. aber auch *G. Baier,* in: Krauskopf (Hrsg.), Soziale Krankenversicherung, Pflegeversicherung, 94. EL Januar 2017, § 14 IV Rdnr. 3.

[33] § 17 Abs. 1 S. 2 SGB IV.

Dieser Gleichlauf überzeugt – geht es doch in beiden Teilrechtsordnungen an diesem Punkt vor allem um die Leistungsfähigkeit des Betroffenen mit Blick auf Steuern einerseits und Beiträge andererseits. Die Orientierung des Sozialrechts am Steuerrecht ist in diesem Kontext allerdings materiell-rechtlicher Natur, d. h. Einzelfallentscheidungen, die im jeweils anderen Rechtsgebiet getroffen werden, sind ohne Belang. So bleibt etwa das von einem Arbeitgeber an seinen Ehegatten gezahlte Arbeitsentgelt, aus dem Beiträge nachgewiesen und gezahlt worden sind, auch insoweit beitragspflichtig, als es später vom Finanzamt nicht in vollem Umfang als Betriebsausgaben anerkannt wird.[34] Die Sozialversicherung sei – so das BSG – sowohl zum Schutz des Beschäftigten als auch zum Schutz der Solidargemeinschaft gleichsam bedingungsfeindlich; zumindest das gemeldete und gezahlte Arbeitsentgelt muss für so grundlegende Fragen wie der Versicherungspflicht, der Höhe der Leistungen[35] und eben auch für die Beitragsbemessung zugrunde gelegt werden können. Insofern ist die konkrete steuerrechtliche Bewertung der Leistung durch das Finanzamt irrelevant.[36]

2. Die sozialrechtliche Anknüpfung an Entscheidungen des Finanzamts

Mitunter geht der Gesetzgeber aber auch einen anderen Weg und knüpft in sozialrechtlichen Tatbeständen an steuerrechtliche Einzelfallentscheidungen an. Ein solches Vorgehen dient vor allem der Verwaltungsvereinfachung, und es führt keinesfalls immer zu als sachgerecht empfundenen Ergebnissen.[37]

Ein aktuelles und sehr umstrittenes Beispiel in diesem Kontext ist die Bemessung des Elterngeldes bei einer auch selbstständigen Tätigkeit des Anspruchsberechtigten. Elterngeld wird gemäß § 2 Abs. 1 BEEG in Höhe von 67 % des Einkommens aus Erwerbstätigkeit vor der Geburt des Kindes gewährt. Dieses Erwerbseinkommen ist anhand der §§ 2c bis 2f BEEG zu errechnen, wobei maßgeblich die Summe der positiven Einkünfte ist, die im Inland zu versteuern sind und die die berechtigte Person durchschnittlich monatlich im Bemessungszeitraum hat. Dem Bemessungszeitraum kommt damit entscheidende Bedeutung für die Höhe des Elterngeldes zu. Der Gesetzgeber differenziert insoweit in § 2b BEEG zwischen der nichtselbständigen und der selbständigen Erwerbstätigkeit. Gemäß § 2b Abs. 1 BEEG sind für die Ermittlung des Einkommens aus nichtselbständiger Erwerbstätigkeit grundsätzlich die zwölf Kalendermonate vor dem Monat der Geburt des Kindes maßgeblich. Für die Ermittlung des Einkommens aus selbständiger Erwerbstätigkeit sind nach § 2b

---

[34] BSG, SozR 3–2400 § 14 Nr. 24.

[35] Hierbei geht es vor allem um das nach §§ 44 ff. SGB V zu zahlende Krankengeld.

[36] Das BSG lässt offen, wie die Rechtslage bei einer arbeitsrechtlich zulässigen Rückzahlungsklausel zu beurteilen wäre (BSG, SozR 3–2400 § 14 Nr. 24, Rdnr. 25).

[37] Für *D. Dau* ist die Orientierung des elterngeldrechtlichen Einkommensbegriffs am Steuerrecht insgesamt eine „*gesetzgeberische Fehlkonstruktion*" (jurisPR-SozR 20/2012 Anm.1).

Abs. 2 BEEG dagegen diejenigen jeweiligen steuerlichen Gewinneinkünfte maßgeblich, die dem letzten abgeschlossenen Veranlagungszeitraum vor der Geburt des Kindes zugrunde liegen.[38] Aufgrund dieser gesetzlichen Vorgabe ist der Nachweis für das Einkommen aus selbständiger Tätigkeit durch den Einkommensteuerbescheid zu erbringen[39] – und dieser bezieht sich naturgemäß auf einen weiter zurückliegenden Zeitraum. Der Gesetzgeber sieht den Steuerbescheid als sachgerechteste Grundlage der Einkommensermittlung an, weil wegen der unterschiedlichen Arten selbständiger Tätigkeit die einheitliche Festlegung des Bemessungszeitraums nicht möglich ist.[40]

Bereits die grundsätzliche Anknüpfung an das Steuerrecht[41] ist gerade für Existenzgründer mit mittlerweile gestiegener Geschäftstätigkeit misslich. Besondere Probleme entstehen allerdings dann, wenn der Elterngeldberechtigte Mischeinkünfte aus selbständiger und unselbständiger Tätigkeit erzielt hat. In diesem Fall wird auch für die nichtselbständige Erwerbstätigkeit nicht auf den Zwölf-Monats-Zeitraum vor der Geburt, sondern auf diejenigen Gewinnermittlungszeiträume abgestellt, die dem letzten abgeschlossenen steuerlichen Veranlagungszeitraum vor der Geburt des Kindes zugrunde liegen, wenn der Berechtigte in einem der genannten Zeiträume Einkommen aus selbständiger Erwerbstätigkeit hatte. Mit dieser Kollisionsregel[42] wollte der Gesetzgeber erreichen, dass die Bemessungszeiträume für unselbständige und selbständige Arbeit deckungsgleich sind;[43] die Einkommensermittlung und damit der Elterngeldvollzug sollte durch den Rückgriff auf Feststellungen der Steuerbehörden maßgeblich vereinfacht werden.[44]

Das BSG hat sich bereits mehrfach mit der Thematik des Bemessungszeitraums im Elterngeldrecht befasst. Die Vorläuferregelung des § 2 Abs. 9 BEEG a.F.,[45] der die Gewinnermittlung – in Abweichung von Absatz 8 a.F. – an den Steuerbescheid knüpfte, wenn die dem zu berücksichtigenden Einkommen aus selbständiger Arbeit zugrunde liegende Erwerbstätigkeit sowohl während des gesamten für die Einkommensermittlung vor der Geburt des Kindes maßgeblichen Zeitraums als auch während des gesamten letzten abgeschlossenen steuerlichen Veranlagungszeitraums ausgeübt worden war, wurde vom BSG im Jahr 2009[46] verfassungskonform ausgelegt: Sie sollte nur zur Anwendung kommen, wenn die im maßgeblichen 12-Monats-Zeit-

---

[38] Maßgeblich ist der letzte Tag des Veranlagungszeitraums (Bt-Drs. 17/9841, 20).

[39] Vgl. aber auch § 2d Abs. 2 S. 2 BEEG sowie § 8 Abs. 3 BEEG zur vorläufigen Zahlung bei noch fehlendem Steuerbescheid.

[40] Hierzu *B. Graue,* in: Böttcher/Graue, BEEG, 5. Aufl. 2016, § 2b Rdnr. 5.

[41] Zu den umfangreichen Details *R. Ismer/T. Luft/D. Schachameyer,* Mehr oder weniger Steuerrecht? Die neuen Regeln zur Einkommensermittlung beim Elterngeld, NZS 2013, 327 ff.

[42] So *Ismer/Luft/Schachameyer* (o. Fußn. 41), 333.

[43] BT-Drs. 17/9841, 15 (21).

[44] BT-Drs. 17/1221, 1.

[45] Fassung vom 5.12.2006 (BGBl I, 2748).

[46] BSG SozR 4–7837 § 2 Nr. 5.

raum vor der Geburt des Kindes und die im letzten steuerlichen Veranlagungszeitraum durchgängig ausgeübten Erwerbstätigkeiten jeweils ihrer Art nach übereinstimmten und ihr jeweiliger zeitlicher Umfang in beiden Zeiträumen um weniger als 20 % voneinander abwich. Für Elterngeldberechtigte, die in beiden Veranlagungszeiträumen sowohl selbständig als auch nichtselbständig tätig waren[47], sollte – so das BSG im Jahr 2012 – nichts anderes gelten.[48] Dass § 2 Abs. 9 S. 3 BEEG a.F. auf „zusätzliches" Einkommen aus nichtselbständiger Arbeit abstellte, wertete das BSG im Übrigen nicht als quantitative Aussage;[49] Ein zusätzlich erzieltes Einkommen konnte demnach auch dann vorliegen, wenn es höher war als das zunächst maßgebliche Einkommen.[50]

Mit der Neufassung des BEEG im Jahr 2012[51] wurde die Festlegung des Bemessungszeitraums mit § 2b BEEG in einer eigenen Vorschrift geregelt. Nach heute geltendem Recht kommt es allein darauf an, ob der Berechtigte neben Einkommen aus nichtselbständiger Erwerbstätigkeit entweder im 12-Monats-Zeitraum vor der Geburt oder aber in dem Gewinnermittlungszeitraum, der dem letzten abgeschlossenen steuerlichen Veranlagungszeitraum entspricht, auch Einkommen aus selbständiger Tätigkeit erzielt hat. Ist dies der Fall, ist für beide Einkommensarten auf den Steuerbescheid abzustellen. Das Tatbestandsmerkmal der „Zusätzlichkeit" findet sich nicht mehr; aber auch die vom BSG entwickelte Rechtsprechung zu Dauer und Umfang der Erwerbstätigkeit hat im Gesetz keinerlei Niederschlag gefunden. Insofern war man sehr gespannt auf die erste höchstrichterliche Entscheidung zum aktuellen Recht. Nachdem das BSG schon im Sommer 2016 in der Festlegung unterschiedlicher Bemessungszeiträume für das Elterngeld bei unselbständiger Tätigkeit einerseits und selbständiger Tätigkeit sowie Mischeinkünften andererseits keinen Verstoß gegen Art. 3 Abs. 1 GG gesehen hatte,[52] betont es auch in seiner jüngsten Entscheidung die Gestaltungsfreiheit des Gesetzgebers: § 2b Abs. 3 BEEG sei auch dann noch als von der *„Befugnis des Gesetzgebers zu typisierenden Regelungen ... gedeckt",*[53] wenn das Elterngeld durch die Verschiebung des Bemessungszeitraums erheblich niedriger ausfällt als auf Grundlage des 12-Monats-Zeitraums vor der Geburt – und das gelte sogar dann, wenn der Elternteil *„nur einen ganz geringen, relativ einfach zu ermittelnden Anteil ihrer Einkünfte aus selbständiger Tätigkeit erzielt".*[54] Man mag trefflich darüber streiten, ob die Voraussetzungen für eine verfassungs-

---

[47] Auch bei „Mischverdienern" sollte gemäß § 9 Abs. 9 S. 3 BEEG a.F. der Steuerbescheid maßgeblich sein.
[48] BSG SozR 4–7837 § 2 Nr. 13.
[49] BSG SozR 4–7837 § 2 Nr. 13 (Rdnr. 27 ff.).
[50] BSG v. 26.3.2014, B 10 EG 2/13 R, juris, Rdnr. 19.
[51] Gesetz zur Vereinfachung des Elterngeldvollzugs vom 10.9.2012, BGBl. I 2012, 1878.
[52] BSG SozR 4–7837 § 2b Nr. 1.
[53] BSG SozR 4–7837 § 2b Nr. 2, Rdnr. 23.
[54] BSG SozR 4–7837 § 2b Nr. 2, Rdnr. 23.

rechtlich zulässige Typisierung[55] wirklich vorliegen;[56] de lege ferenda wäre eine andere Regelung jedenfalls bei nur geringen selbständigen Einkünften wünschenswert.[57] Nach jetzt geltendem Recht kann eine einzelne Tupperparty, bei der die Gastgeberin Einkünfte in Höhe von 10 € erzielt hat, zu einer drastischen Reduktion des Elterngeldes führen, weil nunmehr auf einen Zeitraum abgestellt wird, in dem die Einkünfte aus der nichtselbständigen Tätigkeit möglicherweise viel geringer als unmittelbar vor der Geburt waren.[58] Die insbesondere für Existenzgründer nachteilige Regelung „infiziert"[59] damit auch die Einkünfte aus der Beschäftigung. Zukünftige Eltern dürften das wahrlich nicht überblicken.[60]

V. Die Verlagerung des Kindergeldrechts in das Einkommensteuerrecht als dogmatischer „Sündenfall"

Dass sich die eigentlichen klaren Grenzen zwischen den jeweiligen Transferbereichen aufgrund von Fehlentscheidungen des Gesetzgebers auch auf eine Art und Weise verschieben können, die zu einer „höchst undurchsichtigen"[61] Verknüpfung beider Rechtsgebiete führen, ist bei der Reform des Kindergeldrechts vor nunmehr über zwanzig Jahren mehr als deutlich geworden. Die Verlagerung der bis dahin nach Maßgabe von § 6 SGB I zur Minderung des Familienaufwands gedachten Sozialleistung in das Einkommensteuerrecht kann insoweit nur als Sündenfall des Gesetzgebers bezeichnet werden. Die Gewährung des Kindergeldes als monatliche Steuervergütung[62] täuscht darüber hinweg, dass es sich letztlich um die Rückzahlung einer zu weitgehenden und damit verfassungswidrigen Besteuerung handelt. Und eine Leistung zur „Förderung der Familie"[63] gehört in das Sozialrecht – da nützt auch die Beschreibung dieses Phänomens als „einkommensteuerliche Förderung der Familie durch eine Sozialzwecknorm"[64] wenig. Die Konsequenzen der systemwidrigen Ver-

---

[55] Ausführlich hierzu BSG SozR 4–7837 § 2b Nr. 2, Rdnr. 23 mit Hinweisen auf die Rechtsprechung des BVerfG.

[56] Vgl. insoweit auch die kreative Entscheidung der Vorinstanz (LSG Niedersachsen-Bremen, WzS 2015, 121); kritisch dazu aber *K. von Koppenfels-Spies*, NZS 2017, 156.

[57] Zur vergleichbaren Diskussion über die Handhabung von § 15 Abs. 3 Nr. 1 EStG bei nur geringfügiger gewerblicher Tätigkeit vgl. *W. Reiß*, in: Kirchhof (Hrsg.), EStG, 15. Aufl. 2016, § 15 Rdnr. 148 m.w.N.

[58] Vgl. auch das anschauliche Beispiel von *Ismer/Luft/Schachameyer* (o. Fußn. 41), 333.

[59] So zutreffend *Ismer/Luft/Schachameyer*, (o. Fußn. 41), 333.

[60] Kritisch zu Recht *Grübnau-Rieken*, NZS 2016, 737, 739.

[61] *Seiler* (o. Fußn. 5), 621.

[62] § 31 S. 3 EStG.

[63] § 31 S. 2 EStG.

[64] BFHE 193, 569.

lagerung des Kindergeldes vom Sozial- in das Steuerrecht sind nicht bedacht worden. Zu diesem traurigen Thema dürfte allerdings alles gesagt sein.[65]

VI. Fazit

Sozialrecht und Steuerrecht sind zwei Seiten einer Medaille. Das gilt insbesondere mit Blick auf das verfassungsrechtlich gebotene Existenzminimum: Was der Sozialstaat dem Bürger im Fall von Bedürftigkeit zu gewähren hätte, muss auch der Steuerstaat entsprechend verschonen.

Beide Rechtsgebiete nehmen auf vielfältige Weise aufeinander Bezug. Dennoch darf nicht verkannt werden, dass sie völlig eigenständigen Gesetzmäßigkeiten folgen; insofern ist bei der Handhabung der jeweils maßgeblichen Normen jeglicher Automatismus fehl am Platz.[66] Der Gesetzgeber selbst ist gut beraten, bei allem Streben nach Verwaltungsvereinfachung gerade im Sozialrecht zu prüfen, ob eine tatbestandliche Verknüpfung mit dem Steuerrecht der Zielsetzung der sozialrechtlichen Leistung gerecht wird.

Der grundlegende Unterschied zwischen Geben und Nehmen markiert die Systemgrenze zwischen beiden Rechtsgebieten – und diese Grenze gilt es in jedem Fall zu respektieren.

---

[65] Ausführlich *Felix*, Familienleistungsausgleich – eine Aufgabe des Steuerrechts?, in: Osterloh/Schmidt/Weber, Staat, Wirtschaft, Finanzverfassung (Festschrift für Peter Selmer zum 70. Geburtstag), 2004, 621 ff.

[66] *Kube* (o. Fußn. 4), 459 warnt zu Recht vor einer „*distanz- und differenzierungslosen*" Interpretation.

Äquivalenz in der Sozialversicherung – aber am richtigen Ort

Von *Astrid Wallrabenstein*

I. Einleitung

Arndt Schmehl hat sich bereits in seiner Habilitationsschrift differenziert mit der Sozialversicherung befasst.[1] Denn er wollte – auch – in diesem Rechts- und Leistungsbereich Ausprägungen „des" Äquivalenzprinzips suchen und aus dem Fund womöglich Folgerungen für Äquivalenz als allgemeines, Rechtsbereiche übergreifendes Prinzip der Staatsfinanzierung ziehen. Hierfür hat er versucht, über die verschiedenen Sozialversicherungszweige hinweg die Bedeutung von Äquivalenz für die Beitragsgestaltung, also die Ermittlung der Beitragslast aus den gewährten Leistungen, zu erfassen. Das Gesamtfazit war, dass das Äquivalenzprinzip zwar durch sozialversicherungstypische weitere Prinzipien wie Umverteilung und Solidarität beachtlich modifiziert werde, aber gleichwohl einen wichtigen Argumentationstopos darstelle, was die Bedeutung von Äquivalenz als Prinzip der Staatsfinanzierung unterstreiche.

Dieses Ergebnis empfand er, wie ich von ihm weiß, nicht als endgültig befriedigend. Eine seiner nicht mehr realisierten Projektideen war, dass wir uns noch einmal gemeinsam dem Äquivalenzgedanken in der Sozialversicherung und darüber hinaus bei weiteren (steuerfinanzierten) Sozialleistungen zuwenden. Mein gewissermaßen komplementäres Anliegen dabei war, der Frage nachzuspüren, ob und wie der im Steuerrecht entwickelte Gedanke der Leistungsfähigkeit bzw. Belastbarkeit im Sozial(beitrags)recht aufgegriffen wird.

Im folgenden Beitrag will ich versuchen, die Impulse, die ich Arndt Schmehls Habilitationsschrift entnehme, zu so etwas wie Thesen eines nicht verwirklichten gemeinsamen Projekts weiterzuspinnen.

In einem ersten Schritt werde ich dafür aufzeigen, warum Schmehls Resultat der Suche nach dem Äquivalenzprinzip in der Sozialversicherung so dürftig ausfiel. Provokant formuliert ist er einem Äquivalenzdiskurs auf den Leim gegangen, der Sozialversicherung (letztlich) gerade ihres sozialen Kerns beraubt. Aber auch die von Schmehl aufgegriffene Rechtsprechung des Bundesverfassungsgerichts zum Familienleistungsausgleich in der Sozialversicherung führt nach meiner Einschätzung nicht zu Äquivalenzfolgerungen für die Beitragsgestaltung.

---

[1] A. *Schmehl*, Das Äquivalenzprinzip im Recht der Staatsfinanzierung, 2004, S. 195 ff.

Vielmehr werden damit in der Sache berechtigte Fragen aufgeworfen, die aber nach meinem Verständnis eine andere Verortung von Äquivalenz im Sozialversicherungsrecht erfordern. Im zweiten Schritt dieses Beitrags will ich deshalb Grundlinien eines Verständnisses der Sozialversicherung skizzieren, die Grundlage für das nicht verwirklichte Projekt hätten sein können.

II. Warum die Äquivalenzdebatte zum Sozialversicherungsrecht in die Irre führen kann

1. Äquivalenzprinzip als öffentliches wie privates Versicherungsprinzip

Schmehl greift für die Suche nach dem Äquivalenzprinzip im Sozialversicherungsrecht im Wesentlichen auf Äußerungen in der Diskussion um sogenannte versicherungsfremde Leistungen zurück. Er lässt sich hierbei insbesondere von der Schrift W. Schmähls aus dem Jahr 1985 (Versicherungsprinzip und Soziale Sicherung), sowie den Anfang der 2000 bzw. 2001 erschienenen Habilitationsschriften von Ch. Rolfs (Das Versicherungsprinzip im Sozialversicherungsrecht), F. Hase (Versicherungsprinzip und sozialer Ausgleich), und H. Butzer (Fremdlasten in der Sozialversicherung), leiten.[2]

Zielsetzung dieser Arbeiten ist durchgehend, die sozialversicherungsinternen Finanztransfers, die als „versicherungsmäßig" und damit „äquivalent" gelten, von den Leistungen abzugrenzen, die „versicherungsfremd" sind, so dass ihre Finanzierung aus Sozialversicherungsbeiträgen als „nicht-äquivalent" erscheint. Daraus lässt sich folgern, dass diese „versicherungsfremden" Elemente Aspekte der Fürsorge oder des sozialen Ausgleichs sind, die die Sozialversicherung von einer „rein-versicherungsmäßigen" Privatversicherung unterscheidet. Daraus folgt die politische Forderung, dass die Kosten für diese „versicherungsfremden" Leistungen aus Steuermitteln, also durch Bundeszuschüsse zur Sozialversicherung, finanziert werden sollen. Schließlich lässt sich auch ein besserer Bestandsschutz der „versicherungsmäßigen" Ansprüche gegenüber den „versicherungsfremden", fürsorgerisch motivierten Ansprüchen folgern, so dass Leistungskürzungen eher letztere und weniger erstere treffen.[3]

Die Diskussion seit den 1990ern und damit die von Schmehl rezipierten Schriften fügen sich dabei in eine auch international geführte Debatte um grundlegende Umstrukturierungen zwischen öffentlichem und privatem Sektor bei der Wahrnehmung öffentlicher sozialer Aufgaben ein. Daher hat die Betonung des Äquivalenzprinzips

---

[2] Vgl. zu diesen drei – sowie zwei weiteren Arbeiten – die präzise und prägnant vergleichende Rezension von *H. Kube*, Äquivalenz und Solidarität im Sozialversicherungsrecht, Der Staat 41 (2002), S. 452 ff; mit Blick auf die jeweils in Anspruch genommene verfassungsrechtliche Verankerung *A. Wallrabenstein*, Versicherung im Sozialstaat, 2009, S. 202 ff.; weiterhin wäre noch als relativ zentrale Stimme *F. Ruland*, Sozialpolitische und verfassungsrechtliche Bedenken gegen das Anrechnungsmodell, DRV 1985, 278 ff., zu nennen.

[3] Diese unterschiedlichen Argumentationsstränge zeichne *ich* (o. Fußn. 2), S. 173 ff. nach.

für die Sozialversicherung, eine – jedenfalls für Schmehl – paradoxe Konsequenz: Würde die Sozialversicherung konsequent am Äquivalenzprinzip ausgerichtet, könnte diese rein äquivalenzorientierte Versicherung gegen ein soziales Risiko genauso gut, vielleicht sogar besser, privatrechtlich organisiert werden. Natürlich ist bei einer solchen Privatisierung eine soziale Rahmenregulierung erforderlich: Produkt- und Preisregulierung zur Sicherung der sozialpolitischen Zielsetzung, Versicherungspflicht und damit Absatzgarantien für die Versicherungsanbieter, ein Zulassungsregime und eine Qualitätsaufsicht über diese Anbieter.[4] Dadurch wird eine privatrechtlich organisierte und öffentlich regulierte Alternative zur klassischen Form öffentlicher Aufgabenwahrnehmung gleichwertig. Soziale Ausgleichselemente sind bei einer solchen Betrachtung alles das, was im privatrechtlichen Pendant nicht realisierbar wäre. Konsequent ist daher, hierfür den Staat in die Kostenpflicht zu nehmen. Dies ist natürlich prinzipiell sowohl bei öffentlichen als auch privaten Anbietern möglich. Der Staat kann entweder die Anbieter zur Kompensation der sozialen Lasten bezuschussen oder er kann eigene, von der Sozialversicherung abgekoppelte Leistungen an die Versicherten gewähren. Der Sozialausgleich für den Zusatzbeitrag zur gesetzlichen Krankenversicherung von 2011 bis 2014 war ein solches Instrument.[5]

Obwohl in dieser Debatte neben dem Begriff des Versicherungsprinzips auch der Begriff und die Idee von Äquivalenz eine zentrale Rolle spielt, konnte sie für Schmehls Erkenntnisinteresse letztlich nur vordergründig, aber nicht in ihrer eigentlichen Substanz fruchtbar sein. Denn er suchte ja nach Belegen dafür, dass und wie sich das Äquivalenzprinzip in einem öffentlichen Leistungssystem, also bei der Refinanzierung öffentlicher Leistungen, auswirkt. Hätte er die hier skizzierte Konsequenz gezogen, dass der Äquivalenzgedanke letztlich die Privatisierung der öffentlichen Leistungserbringung ermöglicht, dann wäre sein Ziel, Äquivalenz als Prinzip der Staatsfinanzierung zu verankern, konterkariert.

2. Nicht-monetäres Äquivalenzprinzip in der Sozialversicherung

Daher war es von Schmehl nur konsequent, weiter zu suchen. Ohnehin blieb er gegenüber der Ab- bzw. Ausgrenzung von sozialen Ausgleichselementen, die mit einer strengen Äquivalenzorientierung angelegt ist, skeptisch. Mit Kube, der eben dies bei den genannten Schriften vermisst,[6] sah Schmehl Äquivalenz daher nicht als „das" Grundprinzip der Sozialversicherung an, sondern nur als ein ebenbürtiges Prinzip neben etwa dem Solidarprinzip oder einem Prinzip des sozialen Ausgleichs.[7]

---

[4] Vgl. exemplarisch für die Krankenversicherung *Wallrabenstein* (o. Fußn. 2), S. 252 ff.; strukturell gilt entsprechendes für die sogenannte zweite und dritte Säule der Altersversorgung, die betriebliche Altersversorgung und die sog. „Riester-Rente".
[5] §§ 242–242b SGB V i.d.F. des GKV-FinG; vgl. BT-Drs. 17/3040 und 17/3696.
[6] *Kube* (o. Fußn. 2), S. 472 ff.
[7] *Schmehl* (o. Fußn. 1), S. 213.

Da sein Interesse aber nicht der Frage galt, wie sich ein solches Solidar- oder Sozialprinzip verwirklicht, thematisierte Schmehl weder die Bedarfsorientierung noch die Ausrichtung der Beitragspflicht an der Belastbarkeit weiter. Sie waren aus seiner Perspektive der Refinanzierung staatlicher Leistungen gewissermaßen selbstverständlich.

Interessant war für Schmehl vielmehr, wo bzw. wie sich Äquivalenzargumente jenseits der versicherungsmäßigen Äquivalenz – anders ausgedrückt: jenseits des Versicherungsprinzips – finden. Hierfür nahm er die Rechtsprechung des Bundesverfassungsgerichts zum Familienleistungsausgleich in den Blick, die er als Anerkennung nicht-monetärer Beiträge interpretierte.[8] Schmehl hielt danach monetäre und nicht-monetäre Beiträge im Sozialversicherungsrecht jedenfalls unter bestimmten Rahmenbedingungen – etwa dem sogenannten Generationenvertrag – für vergleichbar. Damit wurde für ihn die BVerfG-Rechtsprechung ein Beleg für ein weiteres, nicht nur versicherungsmäßiges Äquivalenzverständnis.[9] Die verfassungsrechtliche Pflicht zur Berücksichtigung nicht-monetärer Beiträge erschienen ihm als Beleg für die Existenz und die Relevanz eines genuin auf das öffentliche Leistungssystem ausgerichteten Äquivalenzverständnisses.

Damit lief Schmehl freilich Gefahr, einem bestimmten sozialpolitischen Gestaltungsprogramm zu folgen, das er vielleicht inhaltlich teilte, das jedoch für sein Erkenntnisziel, Äquivalenz als Prinzip der Staatsfinanzierung aufzuspüren, ebenfalls letztlich nicht weiterführen konnte. Denn das Konzept nicht-monetärer Beiträge zur Sozialversicherung kann keine Alternative zum monetären Äquivalenzprinzip sein, das Schmehl interessierte. Es liegt auf einer anderen Ebene oder es gehört auf eine andere Seite der Sozialversicherung: Es gehört nämlich nicht auf die Seite, die die Beitragsgestaltung erklärt, sondern auf die Seite, mit der Sozialversicherungsansprüche begründet werden. In der Sozialversicherung begründen schon im Ansatz nicht die Beiträge – erst recht nicht die gezahlten, aber nicht einmal die geschuldeten – die Leistungsansprüche. Leistungsansprüche entstehen vielmehr „schlicht" aufgrund des Versicherungsverhältnisses, das – traditionell – mit einem Beschäftigungsverhältnis automatisch begründet wird. Vereinfacht gesprochen entstehen Sozialversicherungsansprüche „durch Arbeit". Das Beitragsrecht ist hingegen das Regime zur Refinanzierung dieser Ansprüche, wie Schmehl prägnant formuliert. Als Refinanzierungsregime kann es notwendig nur auf monetäre Beitragszahlungen ausgerichtet sein. Nicht-monetäre Beiträge haben in *diesem* Kontext keine Funktion.[10] Anstelle von real benötigten Mitteln können „Wechsel auf die Zukunft" die fälligen Leistungen nicht refinanzieren.

---

[8] *Schmehl* (o. Fußn. 1), S. 205 ff.

[9] Insoweit versteht m.E. *A. Bertuleit*, in diesem Band S. 279 (289 f.), *Schmehl* miss: *Schmehl* dünnt das Äquivalenzprinzip – so wie er es versteht – nicht aus, sondern reichert es durch nicht-monetäre Äquivalenzaspekte gerade an – genau dies ist sein Ziel.

[10] Vgl. BVerfGE 87, 1 (Trümmerfrauen), Rdnr. 134; vgl. hierzu ausführlich *Bertuleit*, in diesem Band S. 306.

Daher passen diese Ansätze nicht zur Äquivalenz als Prinzip der Staatsfinanzierung, die Schmehl im Blick hatte.

III. Äquivalenz als Rechtfertigung von Ungleichheit in der Sozialversicherung

Aber in einem anderen Kontext hat nicht-monetäre Äquivalenz durchaus ihren Platz, nämlich dann, wenn nicht die Beitrags-, sondern die Leistungsseite der Sozialversicherung betrachtet wird.

In diesem Sinne soll im Folgenden eine Struktur zum Verständnis der Sozialversicherung skizziert werden, die sich an Grundprinzipien auf der Abstraktionsebene eines Äquivalenzprinzips orientiert. Womöglich hätte es als Grundlage für das Projekt mit Arndt Schmehl getaugt, das sodann versucht hätte, die konkreten Ausgestaltungsformen dieser Prinzipien in den verschiedenen Sozialversicherungszweigen nachzuvollziehen. Umgekehrt könnten Ausnahmen, Brechungen oder Widersprüche zu diesen Prinzipien aufgezeigt werden. Wenn sich diese mit Rahmenfaktoren oder Einflüssen so erklären ließen, dass sie die Konzeption im Grundsatz bestätigen, dann hätte sie ihren Erkenntnis- und Erklärungswert. Natürlich konnte sich dadurch auch das Konzept als nicht erkenntnis- und verständnisfördernd erweisen. Ob sich schließlich auch rechtspolitische Forderungen anschließen ließen – etwa in dem Sinne, dass bestimmte „unpassende" Ausgestaltungen geändert oder „passendere" eingeführt werden sollten – steht auf einem anderen, einem vielleicht politikberatenden und empfehlenden, Blatt.

1. Struktur des Konzepts

Das Konzept zur Verortung verschiedener Prinzipien bei der Darstellung der Sozialversicherung insgesamt muss dabei *doppelt* die Leistungs- und die Beitragsseite behandeln. In der ersten und der zweiten Betrachtung ergeben sich jeweils unterschiedliche Prinzipien, die erst dann verständlich werden, wenn die Abfolge der beiden Betrachtungsrunden eingehalten wird. Die erste Runde ist dabei von dem übergeordneten Grundsatz – sozialer – Gleichheit geprägt, während die zweite Runde der Rechtfertigung von Ungleichheit gewidmet ist. Während die erste Runde sozialer Gleichheit auch andere Sozialsysteme erklären kann, konkret sogenannte Beveridgemodelle, also staatliche Sozialleistungsregime mit Steuerfinanzierung, wird mit der zweiten Runde der spezifische Charakter der Sozialversicherung erfasst.

2. Erste Betrachtungsrunde: Soziale Gleichheit

Im ersten Zugriff ist Sozialversicherung ein Sozialleistungssystem.

In einem demokratischen Sozialstaat ist für jedes Sozialleistungssystem die grundsätzliche Gleichheit aller Menschen oder Bürger[11] fundamental. Daher setzen Sozialleistungen bei Bedarf und soziale Lasten bei der individuellen Belastbarkeit – in steuerrechtlicher Terminologie: bei der Leistungsfähigkeit – an. Offen ist dabei, ob Bedarf und Belastbarkeit typisierend oder differenzierend und konkret ermittelt werden, ob und inwieweit Sozialleistungen subsidiär zu anderen Bedarfsdeckungsmöglichkeiten sind, bzw. ob und inwieweit bei der Bestimmung der Belastbarkeit Rücksicht auf weitere Pflichten und Lasten genommen wird. Für die hier vorgeschlagene Struktur sind nur die Grundprinzipien gleicher, egalitärer Bedarfsdeckung und Belastbarkeit ausschlaggebend.

a) Leistungsseite: Bedarfsdeckung

In seinem Ausgangspunkt deckt Sozialversicherung bestimmte Bedarfe ab, nämlich Bedarfe, die entstehen, wenn sich bestimmte Lebensrisiken realisieren. Dementsprechend sichert die Krankenversicherung – heute – die Kosten für Krankenbehandlung und die Unfallversicherung die Behandlungskosten bei einem (Arbeits-)Unfall ab. Auch die Pflegeversicherung sichert einen Teil der Kosten für Pflege im Versicherungsfall der Pflegebedürftigkeit ab.

Daneben und historisch vorgehend sichert Sozialversicherung den Lebensunterhalt oder einen Teil des Lebensunterhalts für die Fälle ab, in denen der Lebensunterhalt nicht durch Arbeitsleistung verdient werden kann: Bei Unfall, bei Krankheit, bei Invalidität bzw. Erwerbsminderung und bei (unverschuldeter) Arbeitslosigkeit. Ungeachtet aller Besonderheiten liegt der Kern dieser Unterhaltssicherung zunächst in der Deckung des notwendigen, also existenziellen Bedarfs.

Der einzige Versicherungsfall, der sich hiervon schon im Ausgangspunkt unterscheidet, ist das Alter. Es stellt anders als die anderen Sozialversicherungstatbestände kein ungewisses und unerwünschtes Ereignis dar. Alter kann allenfalls als eine typisiert unterstellte Unvermittelbarkeit auf dem Arbeitsmarkt unter das Merkmal soziales Lebensrisiko fallen. Frühverrentungsprogramme können – mit Abstrichen – in diesem Sinne interpretiert werden. Aber im Kern ist die Altersrente keine Leistung zur Absicherung eines Lebensrisikos, sondern eine sozialpolitische Grundentscheidung, Menschen ab einem bestimmten Alter für ihre Bedarfsdeckung nicht mehr auf Erwerbstätigkeit zu verweisen, sondern ihnen Rente zu gewähren.[12]

---

[11] Die mit dieser Unterscheidung angesprochene Problematik der Zugehörigkeitsgrenzen des sozialen Gemeinwesens soll hier ausgeklammert bleiben.

[12] Die in diesem Kontext regelmäßig anzutreffende Sichtweise, dass die Rentenversicherung das Langlebigkeitsrisiko absichert, ist im Sinne eines „versicherungstechnischen" Verständnisses zwar zutreffend, liegt aber auf einer anderen Konkretisierungsstufe, nämlich auf der Stufe der Frage, wie der Gesamtbedarf eines in seiner zeitlichen Länge unbestimmten Zeitabschnitts kalkuliert werden kann. Bei der abstrakteren Betrachtung, die ich hier verfolge, unterscheidet sich diese zeitliche Unbestimmtheit im Alter nicht von derjenigen anderer Lebensrisiken. Der qualitative Unterschied der Altersrente zu anderen unterhaltssichernden

Diese drei unterschiedlichen Konzeptionen – (Teil-)Deckung des spezifischen Risikobedarfs und (Teil-)Deckung des Existenzbedarfs wegen Erwerbsausfalls sowie (Teil-)Existenzbedarfsdeckung im Alter – gilt es auch im Folgenden zu differenzieren.

b) Beitragsseite: Belastbarkeit

Zur Refinanzierung dieser Leistungen greift die Sozialversicherung auf Beiträge zurück. Im Grundsatz versteht sie die potentiell Leistungsberechtigten als Kollektiv, das durch periodisch wiederkehrende Beiträge die Gesamtkosten für die Leistungen der entsprechenden Periode deckt. In diesem rudimentären Sinn ist Sozialversicherung Versicherung.[13] Entscheidend ist, dass die Beitragslast so in kleine „Lastenpakete" und so auf Personen aufgeteilt wird, dass sie in der Lage sind, sie zu tragen.

Die Versicherten, also die potentiellen Leistungsbezieher, gelten dabei nur als begrenzt belastbar, da sie ihr Erwerbseinkommen zugleich und in erster Linie zur Deckung ihres aktuellen – risikounabhängigen – Existenzbedarfs verwenden. Zu hohe Sozialversicherungslasten würden ihrerseits zur Bedürftigkeit der Versicherten führen. In diesen Ansatz fügt sich die Festlegung eines existenzsichernden Mindestlohns ein, wie er im internationalen Kontext grundsätzlich seit Jahrzehnten konsentiert ist. Eine zweite Frage ist, ob ein Mindestlohn tariflich oder gesetzlich festgelegt wird. Jedenfalls stehen aber Sozialversicherungslasten und Mindestlohn in Wechselbeziehung zueinander.[14]

Soweit die Versicherten das erforderliche Finanzvolumen nicht tragen können, sieht das Sozialversicherungsrecht vor, dass andere die Beitragslast tragen. Traditionell werden hierfür die Arbeitgeber herangezogen, da – so der Grundgedanke – der wirtschaftliche Mehrwert der Arbeitsleistung sich bei ihnen realisiert. Teils realisierte und teils nur diskutierte Alternativen hierzu stellen etwa die Künstlersozialabgabe[15] und die sogenannte Maschinensteuer oder -abgabe,[16] aber auch die Besteuerung

---

Leistungen bleibt, dass sie bis zum Lebensende und nicht bis zur Wiederaufnahme einer Erwerbstätigkeit reicht.

[13] Auch Leistungen, die in Deutschland keine Sozialversicherungsleistungen sind, können ähnlich betrachtet werden; gerade in der aktuellen migrationspolitischen Diskussion ist etwa häufig zu hören, dass Anspruch auf Grundsicherungsleistungen nur diejenigen haben sollen, die auch Steuern zahlen (würden).

[14] Vgl. *R. Waltermann*, Abschied vom Normalarbeitsverhältnis? Gutachten zum 68. DJT 2010; *ders.*, Mindestlohn oder Mindesteinkommen?, NJW 2010, 801; *ders.*, Normalarbeitsverhältnis, Flexibilisierung, Mindestlohn – Politik, Ökonomie oder auch Recht? jM 2017, 21; *ders.*, Niedriglohnsektor und Mindestlohn – Nachhaltigkeit im Arbeitsrecht und Sozialrecht, NZS 2017, 247.

[15] Sie wurde von den Beschwerdeführern im Verfahren BVerfGE 75, 108 (Künstlersozialversicherung) als Sonderabgabe eingestuft; vgl. zu dem damals von einigen Autoren vertretenen Ansatz, auch die Arbeitgeberbeiträge zur Sozialversicherung an den – begrenzenden – Maßstäben für Sonderabgaben zu messen: *J. Isensee*, Umverteilung durch Sozialversicherungsbeiträge, 1973, S. 50 ff.; *W. Leisner*, Sozialversicherung und Privatversicherung, 1974,

bestimmter wirtschaftlicher Tatbestände[17] mit einer (Teil-)Abführung des Steuererlöses in die Sozialversicherungskassen dar (der Kollektivgedanke ist dabei freilich aufgegeben). Neben der Beitragstragung der Arbeitgeber bestanden und bestehen also immer auch andere Refinanzierungsformen.

Die historisch jüngste Refinanzierungsform, die sich seit den 1980er Jahren entwickelte, ist die Beitragstragung durch andere öffentliche Haushalte. Heute trägt etwa der Bund die Beiträge für Kindererziehungszeiten in der Rentenversicherung und die Beiträge für Grundsicherungsbezieher in der Krankenversicherung. Die Arbeitslosenversicherung trägt die Beiträge für die Kranken-, Pflege- und Rentenversicherung. Die Krankenversicherung trägt während des Bezugs von Krankengeld die Beiträge für die Rentenversicherung und die Rentenversicherung die Beiträge für die Krankenversicherung der Rentner. Hinter dieser Beitragstragung steht nicht die Belastbarkeit der Träger, sondern die Idee der Gleichheit der Versicherten aus der Perspektive des jeweiligen Sozialversicherungsträgers. Für die Rentenversicherung sollen Arbeitnehmer und Kindererziehende, Arbeitslose und Krankengeldbezieher gleich sein und daher bei gleicher Leistungsberechtigung auch gleiche Beiträge in die Rentenkasse fließen. Wer die Beiträge zahlt, ist aus dieser Perspektive nachrangig und folgt daraus, welcher öffentliche Haushalt die Kosten dafür trägt, dass der Versicherte nicht „normal" durch Arbeitsleistung selbst zur Beitragstragung herangezogen werden kann.

c) Spezifizierung der Gleichheit: Gleicher Bedarf und gleiche Belastung

Die eingangs hervorgehobene Gleichheit bei Bedarfsdeckung und Belastung muss freilich konkretisiert werden. Im konzeptionellen Ausgangspunkt führt Bedarfsgleichheit zu gleich hohen Leistungen an alle Versicherten (mit gleicher Risikorealisierung), während Belastungsgleichheit zu einer linearen anteiligen Abgabe aus dem verfügbaren Finanzvolumen führt. Beides ist nicht selbstverständlich.

Gleiche Leistungen sind nur dann „gleich", wenn die Personen bzw. ihre Bedarfslagen als gleich gesehen werden, wenn konkret der Lebensunterhalt eines Arbeiters und eines Angestellten als gleich angesehen werden, was historisch gerade nicht der Fall war. Ob der Existenzbedarf eines Arbeitnehmers und eines Beamten oder eines

---

S. 90 ff.; s. insg. auch *L. Osterloh*, Verfassungsfragen der Künstlersozialabgabe, NJW 1982, 1617.

[16] Vgl. etwa *J. Isensee*, Der Sozialversicherungsbeitrag des Arbeitgebers in der Finanzordnung des Grundgesetzes. – Zur Verfassungsmäßigkeit eines „Maschinenbeitrages", DRV 1980, 145; *H-W. Arndt*, Maschinenabgabe und Verfassungsrecht, DRV 1987, 282; s. auch die Beiträge im Tagungsband des Marburger Arbeitskreises für Sozialrecht und Sozialpolitik, Maschinensteuer – Ausweg aus der Finanzkrise der Sozialversicherung?, 1984.

[17] Bereits bei der Einführung der Invalidenversicherung plante Bismarck die Finanzierung zum Teil aus der Einführung der Tabaksteuer, vgl. *Wallrabenstein* (o. Fußn. 2), S. 75 m.w.Nw. Das historisch jüngste Beispiel ist die Ökosteuer der rot-grünen Bundesregierung; vgl. hierzu BVerfGE 110,274 (Ökosteuer), juris-Rdnr. 65.

Aufenthaltsberechtigten und eines abgelehnten Asylbewerbers gleich sind, ist auch heute nicht unumstritten und wird nach geltendem Recht verneint. Positiv formuliert setzt Sozialversicherung grundsätzlich die Gleichheit aller Versicherten voraus und gewährt deshalb im Grundsatz gleiche Leistungen. Tatsächlich ist dies bei den Sachleistungen der Unfall-, Kranken- und Pflegeversicherung verwirklicht. Auf die unterschiedlichen Rentenleistungen wird sogleich in der zweiten Betrachtungsrunde zurückzukommen sein. Hier ist lediglich festzuhalten, dass sie nicht auf dem Gedanken eines persönlichen Unterschiedes – wie zwischen Arbeitnehmern und Beamten oder entsprechend dem Aufenthaltsstatus – beruhen.

Ähnlich verhält es sich mit der gleichen Belastung. Anstelle einer linear gleichen Belastung des jeweils verfügbaren Finanzvolumens könnte auch eine nominale Gleichheit, sogenannte Kopfsteuern bzw. Kopfpauschalen, als gleich angesehen werden. Nicht nur in Deutschland hat sich aber die Belastung entsprechend der individuellen Leistungsfähigkeit als Ausprägung eines sozialen Gleichheitsverständnisses durchgesetzt.[18] Daher ist es nur konsequent, dass die Sozialversicherung diesem Konzept folgt.

3. Zweite Betrachtungsrunde: Gerechtfertigte Ungleichheit

Die Sozialversicherung weicht aber schon in ihren Grundzügen – also noch unabhängig von zahlreichen, gesondert erklärungsbedürftigen und nicht selten systemdurchbrechenden Sonderfällen – in zwei wesentlichen Aspekten von dem bisher skizzierten Gleichheitskonzept ab. Diese Abweichungen machen die Sozialversicherung im Unterschied zu steuerfinanzierten egalitären Staatsleistungs- bzw. Beveridgesystemen aus.

Nur bei den Sachleistungen bzw. bei der Kostenübernahme für Sachleistungen im Versicherungsfall trifft es zu, dass Versicherte grundsätzlich gleiche Leistungen erhalten. Sowohl die Einkommensersatzleistung in den Versicherungsfällen der Nicht-Erwerbstätigkeit – als Kranken-, Unfall- und Arbeitslosengeld sowie Erwerbsminderungsrente – als auch die Altersrenten sind nicht an einem grundsätzlich gleichen Bedarf, sondern am individuellen Arbeitsentgelt orientiert. Kranken-, Unfall- und Arbeitslosengeld orientieren sich dabei am zuletzt erzielten Arbeitsentgelt. Erwerbs- und Altersrenten orientieren sich an dem während des gesamten Erwerbslebens erzielten Arbeitsentgelt. In beiden Fällen sind die Leistungen dadurch aber gerade hoch differenziert und nicht gleich.

Ebenso trifft die Aussage, dass das verfügbare Finanzvolumen linear gleich belastet wird, für die Sozialversicherung nur bis zu bestimmten Obergrenzen zu. Ober-

---

[18] Gut erkennbar etwa an der Debatte um Kopfpauschalen für die Krankenversicherung (vgl. *A. Wallrabenstein*, Kopfprämien auf versicherte Bürger und weitere Ungereimtheiten zur Reform des Gesundheitswesens, SGb 2004, 24; positiv etwa: *F. Breyer*, Die „Kopfpauschale" – Bürgerversicherung durch die Hintertür?, KrV 2010, 276), die inzwischen aber wohl als kurze und so gut wie gar nicht realisierte Episode erscheint.

halb der Beitragsbemessungsgrenze wird das Arbeitsentgelt nicht zur Beitragstragung herangezogen.

Beides ist als Ungleichheit in dem zunächst auf Gleichheit aufbauenden Sozialleistungssystem erklärungs- und rechtfertigungsbedürftig. Dieser Rechtfertigung dient der Äquivalenzgedanke.

a) Leistungsseite: Äquivalenz

Die unterschiedliche Leistungshöhe bei den Leistungen zur Deckung des Lebensunterhalts folgt aus der unterschiedlichen Belastung im Rahmen der ersten Argumentationsstufe. Weil Versicherte mit höherem Arbeitseinkommen höhere Beiträge zahlen, ist es gerechtfertigt, ihnen auch höhere Leistungen zu gewähren.

Die hiermit vorgestellte und gegenüber der ersten Runde abgeschichtete Begründung unterscheidet sich von der üblicherweise mit dem Äquivalenzprinzip in Verbindung gebrachten Argumentation durch ihre Argumentationsrichtung. Nicht die unterschiedliche Belastung folgt aus den höheren Leistungsansprüchen – dieser Gedanke entspräche einer dem Privatrecht nachempfundenen wechselseitigen Äquivalenz von Leistung und Gegenleistung. In der Sozialversicherung besteht aber gerade diese wechselseitige Äquivalenz nicht. Vielmehr ergibt sich jeweils monokausal die Beitragshöhe aus der Belastbarkeit und die Leistungshöhe aus der Beitragslast.

Ziel und Effekt dieser ungleichen Leistungshöhe ist, dass die Beitragslast von den Betroffenen akzeptiert wird.[19] Damit können Vermeidungsstrategien wie Schwarzarbeit oder versicherungsfreie Formen der Erwerbstätigkeit in Grenzen gehalten werden, was für die Funktionsfähigkeit des Systems wesentlich ist. Diese Akzeptanz der Sozialversicherung ist der – gesellschaftspolitisch immens wichtige – Zweck der Ungleichbehandlung. Einfach ausgedrückt ist „man" eher bereit, etwas zu zahlen, wenn „man" auch etwas dafür bekommt. Dabei kommt es in keiner Weise auf eine mathematisch exakte Äquivalenz der Leistung im Verhältnis zur Beitragshöhe an. Angesichts zahlreicher Variabler zur Erfassung unterschiedlicher Risikoparameter dürfte sie sich ohnehin kaum objektiv feststellen lassen – insoweit wirkt sich der Versicherungscharakter ebenfalls aus. Entscheidend ist vielmehr das Gefühl der angemessenen Unterscheidungskraft gegenüber anderen Versicherten mit geringerer Beitragslast. Daran wird die politische Elastizität dieser Rechtfertigung deutlich. Bei entsprechend schlechter Darstellung können sogar große Leistungsunterschiede das Gefühl nicht vertreiben, mit anderen über einen Kamm geschoren zu werden. Umgekehrt können bei entsprechend günstigen Rahmenfaktoren auch bereits sehr geringfügige Differenzen ausreichend sein, damit unterschiedliche Beitragslasten akzeptiert werden.

---

[19] *B.-O. Bryde*, in diesem Band S. 53, schreibt *Schmehl* auch dieses Ziel des Äquivalenzprinzips zu.

Die Rentenreform 1957 war gerade auch von dieser Überzeugung getragen. Die dringend erforderliche Anhebung und Dynamisierung der Renten, für die nach zwei Weltkriegen, Zusammenbruch und mehreren Währungsreformen keine Rücklagen vorhanden waren, wurde nur deshalb durch eine substanzielle Belastung der Erwerbstätigen (Arbeiter und Angestellten) möglich, weil ihnen eine ihrer individuellen Belastung entsprechende Rente versprochen wurde.[20]

Aber auch ein hypothetisches Beispiel kann die akzeptanzschaffende Effektivität dieses eindirektionalen Äquivalenzgedankens verdeutlichen: Wenn in der gesetzlichen Krankenversicherung Versicherte mit Erreichen der Jahresarbeitsentgeltgrenze nicht aus der gesetzlichen Krankenversicherung ausscheiden könnten, aber stattdessen besondere Leistungen – Chefarztbehandlung, Zweibettzimmer, Zusatzleistungen und kürzere Wartezeiten – erhielten, dann wäre zwar dem politischen Argument der Zweiklassenmedizin nicht abgeholfen. Aber die Akzeptanz der gesetzlichen Versicherungspflicht unter den Betroffenen wäre wahrscheinlich höher.[21]

Ähnlich wäre es jedenfalls theoretisch denkbar, in der Pflegeversicherung sowohl Beiträge als auch Leistungen (deutlich) anzuheben. Dann läge die Idee, dass höhere Beiträge auch ein höheres Leistungsniveau – ein besseres Pflegeheim, individuelle Vollzeitpflege anstelle eines Pflegedienstes – begründen sollten, nicht außerhalb des Vorstellbaren.

Die skizzierten Befunde und hypothetischen Szenarien zeigen, dass Äquivalenz in der Sozialversicherung dort ihren Platz hat, wo sie funktional der Akzeptanz der Beitragslast dient und dafür normativ die Ungleichheit der Leistungshöhe rechtfertigt.

b) Beitragsseite: Obergrenzen

Aus den beitragsäquivalenten Lebensunterhaltsleistungen folgt schließlich ein weiterer Grundsatz auf der Beitragsseite. Die lineare Belastungsgleichheit wird bei Obergrenzen gekappt. Dabei korreliert die Beitragsbelastungsgrenze mit der maximalen Höhe der Leistungen.

Bei der Rentenversicherung lässt sich dies gut beobachten. Weil der individuelle Rentenwert in Relation zum durchschnittlichen Einkommen bzw. Rentenwert berechnet wird, hängen Beitragsbemessungsgrenze und maximal erreichbare Rente unmittelbar zusammen. Eine Anhebung der Beitragsbemessungsgrenze, die politisch zur Refinanzierung aktueller Rentenausgaben immer wieder in die Diskussion gebracht wird, wird ebenso regelmäßig wieder fallen gelassen, weil damit entsprechend höhere Rentenausgaben in der Zukunft verbunden wären.

---

[20] Vgl. *Wallrabenstein* (o. Fußn. 2), S. 103 ff. m.w.Nw., *W. Schmähl*, Sicherung bei Alter, Invalidität und für Hinterbliebene, in: Bundesministerium für Arbeit und Soziales/Bundesarchiv (Hrsg.), Geschichte der Sozialpolitik in Deutschland seit 1945, Bd. 3 (1949–1957), 2005, S. 357 ff. (400 ff.).

[21] In der Vergangenheit hatte die damals allein freiwillig Versicherten vorbehaltene Kostenerstattung einen ähnlichen Effekt.

c) Äquivalenz als Rechtfertigung der Unterschiede in der Sozialversicherung

Die Grundstruktur der Sozialversicherung lässt sich also zusammenfassend dahingehend beschreiben, dass sie zunächst von sozialer Gleichheit ausgeht, aber im Unterschied zu steuerfinanzierten, einheitlichen Leistungssystemen Ungleichheiten enthält, die aus dem Gedanken der Äquivalenz von Leistungen zu den unterschiedlich hohen Beiträgen gerechtfertigt sind.

Wie eng die Rechtfertigung von Ungleichheit bei der Leistungshöhe mit der Sozialversicherung verbunden ist, ließ sich gut bei der Einführung des Elterngeldes beobachten. Es wird nicht aus Beiträgen – oder Umlagen wie der Zuschuss zum Mutterschaftsgeld – finanziert, sondern unmittelbar aus dem Staatshaushalt. In der Entscheidung zum Betreuungsgeld hat das BVerfG den Kompetenztitel der Fürsorge, Art. 74 Abs. 1 Nr. 7 GG nicht zufällig so weit gefasst, dass auch das Elterngeld noch darunter fällt.[22] Das Elterngeld sei Fürsorge im Sinne dieser Kompetenznorm. Gerade bei dieser Sichtweise hat die deutliche Kritik am Elterngeld freilich ihre Berechtigung. Denn es ist schwer verständlich, warum bei dieser aus Steuermitteln finanzierten Sozialleistung Personen mit höherem Einkommen mehr erhalten als Personen mit geringerem Einkommen. Ob und ggf. wie aus dem Sozialstaatsprinzip Grenzen für eine Umverteilungswirkung von unten nach oben abgeleitet werden können, so dass Ungleichbehandlungen nicht mehr gerechtfertigt werden können, ist noch nicht ausgelotet.[23] Dieser Frage wäre das Elterngeld aber wohl gar nicht ausgesetzt, wenn es in seiner Grundanlage als Sozialversicherung ausgestaltet worden wäre. Höhere Beiträge rechtfertigen diese Ungleichheit.

IV. Fazit

Mit dieser Skizze sind natürlich noch längst nicht alle Aspekte der Sozialversicherung erklärt. Vielmehr müsste hier eine differenzierte Analyse zahlreicher Einzelfragen ansetzen. Wie eingangs beschrieben, ließe sich damit prüfen, wie sich der status quo in dieses Erklärungskonzept einfügt. Widersprüche und Ungereimtheiten könnten das Konzept widerlegen oder umgekehrt gerade Änderungsbedarfe plausibel machen.

Ich bin der Überzeugung, dass das Konzept der Verortung von Äquivalenz als Rechtfertigung von Ungleichheit in einem grundsätzlich gleichheitsorientierten Sozialleistungssystem trägt. Ebenso denke ich, dass sich damit gut für die Reformoptionen argumentieren lässt, die zu einer besseren Sicherung und gleichzeitig einer besseren Akzeptanz der Sozialversicherung beitragen würden. Beides halte ich für

---

[22] BVerfGE 140, 65 (Betreuungsgeld), Rdnr. 29 f.; unter Rdnr. 54 f., nimmt es positiv die Erforderlichkeit des Elterngeldes i.S.d. Art. 72 Abs. 2 GG an; hierzu s. *M. Schuler-Harms* sowie *R. Kleindiek* und *M. Schuler-Harms* in diesem Band S. 101 ff. und 75 ff.

[23] S. Sondervotum Baer, Gaier und Masing zu BVerfGE 138, 136 (Erbschaftssteuer).

wichtig und wünschenswert. Konkret halte ich etwa eine existenzsichernde Mindestrente innerhalb der gesetzlichen Rentenversicherung für ebenso richtig wie die umfassende Sozialversicherungspflicht geringfügiger Beschäftigung. Dies auszuführen fehlt hier der Raum. Er lässt sich anderswo finden. Unwiederbringlich fehlt aber die Zeit, diese und weitere Fragen mit Arndt Schmehl gemeinsam zu durchdenken.

Steuerrecht

Der Sanierungsertrag – steuerliche Absicherung der insolvenzrechtlichen Sanierung

Von *Gerrit Frotscher*

I. Erlass von Forderungen bei Sanierung – ein steuerpflichtiger Vorgang

Die Insolvenzordnung stellt nicht mehr allein die Befriedigung der Gläubiger durch Verwertung des Vermögens des Schuldners in den Vordergrund, sondern sieht in § 1 InsO den Erhalt des Unternehmens auf Grund eines Insolvenzplans als gleichberechtigtes Ziel neben der Befriedigung der Gläubiger vor. Der Insolvenzplan ist ein wesentliches Mittel zur Sanierung des Schuldnerunternehmens.[1]

Ist ein Unternehmen sanierungsbedürftig und soll es erhalten, also saniert, werden, stehen zwei Wege zur Verfügung. Bei der übertragenden Sanierung wird der Geschäftsbetrieb ganz oder teilweise auf einen neuen Unternehmensträger übertragen. Steuerlich handelt es sich um eine Veräußerung des unternehmerischen Vermögens durch den Schuldner mit oder ohne Übergang der Verbindlichkeiten. Bei dem insolventen Unternehmen entsteht ein Gewinn in Höhe der Differenz zwischen dem Buchwert des übergehenden Vermögens und der Gegenleistung, zu der auch der Nennbetrag der übernommenen Verbindlichkeiten gehört. Die auf diesen Gewinn entfallende Einkommen- oder Körperschaftsteuer gehört zu den Masseverbindlichkeiten nach § 55 Abs. 1 Nr. 1 InsO.

Soll der insolvente Unternehmensträger selbst erhalten werden, erfolgt die Sanierung neben einer Zuführung neuen Kapitals durch Erlass von Verbindlichkeiten. Bei Gesellschaften kann dies kombiniert werden mit einem Wechsel der Anteilseigner. Bei Kapital- und Personengesellschaften kann der Erlass von Verbindlichkeiten je nach der Lage des Falles zu unterschiedlichen Folgen führen. Werden Gesellschafter-Verbindlichkeiten erlassen, kann hierin eine verdeckte Einlage liegen, wenn dies aus gesellschaftsrechtlichen Gründen geschieht. Vermögensmehrungen auf Grund (verdeckter) Einlagen sind nach § 4 Abs. 1 S. 1 EStG, ggf. i.V.m. § 8 Abs. 1 S. 1 KStG, nicht steuerbar. Betragsmäßig ist die verdeckte Einlage allerdings begrenzt auf den werthaltigen Teil der Forderung.[2] Ist das Unternehmen sanierungsbedürftig, sind die gegen das Unternehmen gerichtete Forderungen in der Regel nicht bzw. nicht in voller Höhe werthaltig, führen also nicht zu einer verdeckten Einlage. Soweit Ge-

---

[1] Zur Sanierung als gleichberechtigtes Ziel der InsO *K. Schmidt,* in: ders. (Hrsg.), InsO, 19. Aufl. 2016, § 1 Rdnr. 8 ff.

[2] Großer Senat des BFH v. 9.6.1997, BStBl. II 1998, 307.

sellschafterforderungen im Zusammenhang mit einem allgemeinen Gläubigerakkord erlassen werden, liegt regelmäßig auch hinsichtlich des werthaltigen Teils keine verdeckte Einlage vor. Die Beteiligung von Drittgläubigern an der Sanierung spricht dagegen, dass die Gesellschafter bei dem Erlass der Forderungen aus gesellschaftsrechtlichen Gründen handeln.

Erlassen Gläubiger, die nicht Gesellschafter des zu sanierenden Unternehmens sind, gegen das insolvente Unternehmen gerichtete Forderungen, führt der Wegfall der Verbindlichkeit bei dem Schuldner-Unternehmen zu einem bilanziellen Gewinn, der steuerpflichtig ist. Gleiches gilt beim Erlass von Gesellschafter-Forderungen hinsichtlich des nicht werthaltigen Teils sowie dem Erlass von werthaltigen Gesellschafter-Forderungen im Zusammenhang mit einem allgemeinen Gläubiger-Akkord.

Somit kann der Erlass von Forderungen im Rahmen einer Sanierung zu steuerpflichtigen Gewinnen der zu sanierenden Gesellschaft führen, dem sog. Sanierungsgewinn. Dies würde ohne zusätzliche steuerliche Maßnahmen insbesondere dann zu steuerlichen Belastungen führen, wenn der Sanierungsgewinn höher ist als ein vorhandener Verlustvortrag. Auch zu berücksichtigen ist, dass ein Gewinn auf Grund der „Mindestbesteuerung" nach § 10d Abs. 2 EStG nur zu 60 % durch Verrechnung mit Verlustvorträgen steuerfrei gestellt werden kann, soweit er 1 Mio EUR übersteigt. Es würde also auf jeden Fall eine Steuerbelastung auf 40 % des Sanierungsgewinns eintreten. Diese Steuerbelastung könnte den Erfolg der Sanierung gefährden, da der Erlass der Forderungen nicht nur zu einer Entlastung des zu sanierenden Unternehmens, sondern gleichzeitig auch zu einer Belastung durch Einkommen- oder Körperschaftsteuer und Gewerbesteuer führt. Auch die Bereitschaft der Gläubiger, durch einen Schuldenerlass das Unternehmen wieder ertragsfähig zu machen, würde gemindert, wenn ihr Verzicht eine Erhöhung der von dem zu sanierenden Unternehmen zu tragenden Steuerlast zur Folge hätte. Das Steuerrecht droht damit den Sanierungsauftrag der InsO zu konterkarieren.

II. Lösungsversuche der Finanzverwaltung

Ursprünglich war der Sanierungsgewinn in § 3 Nr. 66 EStG a.F. steuerfrei. Diese Steuerbefreiung wurde jedoch aufgehoben,[3] um eine „doppelte Begünstigung" des zu sanierenden Unternehmens zu vermeiden. Diese doppelte Begünstigung wurde darin gesehen, dass der Sanierungsgewinn aus dem Erlass der Verbindlichkeiten nicht zur Steuer herangezogen wurde, andererseits aber die Verluste, die zu der Sanierungsbedürftigkeit des Unternehmens geführt hatten, vortragsfähig blieben und in dieser Höhe durch den Verlustabzug auch künftige Gewinne steuerfrei gestellt wurden.

Der Gesetzgeber hatte mit der Abschaffung des § 3 Nr. 66 EStG a.F. jedoch nicht beabsichtigt, die Sanierung eines insolventen Unternehmens durch die Besteuerung

---

[3] Gesetz v. 29.10.1997, BGBl. I 1997, 2590.

des Sanierungsgewinns zu erschweren. Stattdessen wurde im Gesetzgebungsverfahren ein Erlass aus persönlichen oder sachlichen Billigkeitsgründen nach § 163 AO und damit eine Lösung durch Einzelfallentscheidungen vorgeschlagen.[4] Die Finanzverwaltung hat diese Vorschläge aufgegriffen und in dem sog. Sanierungserlass Richtlinien für entsprechende Billigkeitsmaßnahmen durch Ermessensentscheidungen über abweichende Steuerfestsetzungen nach § 163 AO, Stundungen, § 222 AO, und Erlassen, § 227 AO, geschaffen.[5] Damit sollten unternehmensbezogene Sanierungsmaßnahmen begünstigt werden, durch die die Ertragsfähigkeit des Unternehmens wieder hergestellt wird. Ebenfalls begünstigt waren Maßnahmen, wenn durch den Schuldenerlass ein Sozialplan für die Arbeitnehmer ermöglicht werden oder wenn der Schuldenerlass dazu dienen sollte, eine Auffanggesellschaft von den Schulden des Vorgängerunternehmens, z. B. aufgrund des § 25 Abs. 1 HGB, freizustellen.[6] Nicht nach dem Sanierungserlass begünstigt war dagegen eine Sanierung, die es dem Unternehmer ermöglichen sollte, sich schuldenfrei in das Privatleben zurückzuziehen oder eine neue Existenz aufzubauen.

Als Rechtsfolge bestimmte der Sanierungserlass, dass ein Sanierungsgewinn zu erlassen ist, soweit er vorhandene Verlustvorträge übersteigt. In Höhe der Verlustvorträge waren diese also mit dem Sanierungsgewinn zu verrechnen. Damit wurde erreicht, dass einerseits die Sanierung zu keiner Steuerbelastung führte, andererseits künftige Gewinne des sanierten Unternehmens der Besteuerung unterlagen.

Der Sanierungserlass warf aber zwei grundlegende Probleme auf. Das eine dieser Probleme betraf die Gewerbesteuer. Nach § 184 Abs. 2 S. 1 AO a.F. galten Billigkeitsmaßnahmen nach § 163 Abs. 1 S. 1 AO nur dann auch für die Gewerbesteuer, wenn und soweit hierfür in einer allgemeinen Verwaltungsvorschrift der Bundesregierung oder einer obersten Landesfinanzbehörde Richtlinien aufgestellt worden waren. Der Sanierungserlass konnte zwar als eine „allgemeine Verwaltungsvorschrift" angesehen werden, war aber vom BMF, nicht von der Bundesregierung, herausgegeben. Als Folge hatte jeweils die einzelne Gemeinde darüber zu entscheiden, ob sie den Sanierungsgewinn von der Gewerbesteuer freistellen wollte oder nicht.[7] Bei einer Mehrzahl von Gemeinden, die von der Sanierung betroffen waren, konnte dies zu erheblichen Verzögerungen in der Entscheidung über die Sanierung, und letztlich zu Steuerbelastungen durch die Gewerbesteuer führen. Dieses Problem versuchte der Gesetzgeber dadurch zu lösen, dass die Regelung des § 184 Abs. 2 S. 1 AO auf allgemeine Verwaltungsvorschriften der obersten Bundesfinanzbehörde, also des BMF, ausgedehnt wurde.[8] Damit war die Geltung der auf dem Sanierungserlass beruhenden Entscheidungen der Finanzämter für die Gewerbesteuer aber noch nicht sichergestellt, da sich eine neue Streitfrage erhob. Die Geltung der Entscheidungen

---

[4] Z. B. BT-Drs. 13/7480, 192; BT-Drs. 16/4841/76.
[5] BMF v. 27.3.2003, BStBl. I 2003, 240.
[6] BFH v. 14.7.2010, BStBl. II 2010, 916.
[7] BFH v. 25.4.2012, BFHE 237, 403.
[8] Gesetz v. 22.12.2014, BGBl. I 2014, 2417.

der Finanzämter für die Gewerbesteuer bezieht sich nach § 184 Abs. 2 S. 1 AO nämlich nur auf Billigkeitsentscheidungen nach § 163 Abs. 1 S. 1 AO. Es wurde daher diskutiert, ob der Sanierungserlass nicht Billigkeitsentscheidungen nach § 163 Abs. 1 S. 2 AO enthält (zeitverschobene Berücksichtigung von Besteuerungsgrundlagen).[9] Wenn dies der Fall war, würde die Entscheidung des Finanzamts über die Steuerfreiheit der Sanierungsgewinne auch nach der Neuregelung die Gemeinden für die Gewerbesteuer nicht binden. § 184 Abs. 2 S. 2 AO, der eine Bindung der Gemeinden bezüglich Maßnahmen nach § 163 Abs. 1 S. 2 AO enthält, wäre nicht anwendbar, da der Sanierungserlass keine Maßnahmen enthielt, die die „Einkünfte" betrafen. Die Verrechnung des Sanierungsgewinns mit Verlustvorträgen betrifft nicht die Einkünfteermittlung.

Das zweite Bedenken, das gegen den Sanierungserlass erhoben wurde, war ungleich gewichtiger. Während der X. Senat des BFH den Sanierungserlass für gesetzeskonform gehalten hatte,[10] hatte der VIII. Senat Bedenken wegen fehlender Rechtsgrundlage erhoben.[11] Auf Vorlage des X. Senats[12] hat der Große Senat des BFH daraufhin entschieden, dass der Sanierungserlass mangels einer Rechtsgrundlage gegen den Grundsatz der Gesetzmäßigkeit der Verwaltung verstoße und damit unanwendbar sei.[13] Möglich seien nur Billigkeitsmaßnahmen in begründeten Einzelfällen, etwa aus Gründen der persönlichen Billigkeit. Damit wurde eine gesetzliche Regelung erforderlich. Die Verwaltung wollte den Sanierungserlass jedoch weiterhin anwenden, wenn der Erlass der Forderungen bis zum 8.2.2017, dem Tag der Veröffentlichung der Entscheidung des Großen Senats, endgültig vollzogen wurde.[14] Rechtsgrundlage für diese beschränkte Fortgeltung des Sanierungserlasses sollte die Vertrauensschutzregelung des § 176 Abs. 2 AO sein, wonach nicht zum Nachteil des Steuerpflichtigen berücksichtigt werden darf, dass eine allgemeine Verwaltungsvorschrift der Bundesregierung, des BMF oder einer obersten Landesbehörde von einem obersten Gerichtshof des Bundes als nicht mit dem geltenden Recht in Ein-

---

[9] Für die Geltung des Sanierungserlasses für die Gewerbesteuer z.B. *Wiese/Lukas*, Sanierungsgewinne und Gewerbesteuer, DStR 2015, 1222; dagegen *Schwahn/Meretzki*, Zuständigkeit für eine abweichende Festsetzung des Gewerbesteuermeßbetrags unter dem Sanierungserlass nach der Neufassung von § 184 Abs. 2 S. 1 AO, FR 2015, 593; *OFD Nordrhein.Westfalen* v. 6.2.2015, DB 2015, 345.

[10] BFH v. 14.7.2010, BStBl II. 2010, 916.

[11] BFH v. 28.2.2012, BFH/NV 2012, 1135.

[12] BFH v. 25.3.2015, BStBl II. 2015, 696.

[13] BFH v. 28.11.2016, BStBl. II 2017, 393; hierzu beispielsweise *D. Beutel/S. Eilers*, Das Ende des Sanierungserlasses – Zeitenwende für die deutsche Sanierungspraxis, FR 2017, 266; *G. Lautenbach/M. Roll/B. Völkner*, Der Sanierungserlass – Bestandsaufnahme nach dem BFH-Beschluss und seine Auswirkungen auf die Restrukturierungspraxis, BB 2017, 643; *C. Sistermann*, Unternehmenssanierung nach dem Beschluss des Großen Senats des BFH vom 28.11.2016, DStR 2017, 689.

[14] BMF v. 27.4.2017, BStBl. I 2017, 741; hierzu *C. Uhländer*, Die Besteuerung von Sanierungsgewinnen in laufenden Verfahren – Vertrauensschutz durch BT-Beschluss vom 27.04.2017 und BMF-Schreiben vom 27,04.2017, DB 2017, 1224.

klang stehend bezeichnet worden ist. Der BFH hat jedoch auch diese Verwaltungsanweisung wegen Verstoßes gegen den Grundsatz der Gesetzmäßigkeit der Verwaltung für unanwendbar erklärt. Wenn der bisherige Sanierungserlass unwirksam sei, könne er nicht durch Verwaltungsanweisung rückwirkend für anwendbar erklärt werden. Auf den Grundsatz des Vertrauensschutzes könne sich der Steuerpflichtige angesichts der frühzeitig in Literatur und Rechtsprechung geäußerten Zweifel an der Rechtmäßigkeit des Sanierungserlasses nicht berufen.[15] Eine Lösung kann daher nur darin bestehen, die gesetzliche Neuregelung rückwirkend für anwendbar zu erklären.

III. Die gesetzliche Lösung: Der Sanierungsertrag

Der Gesetzgeber hat wegen der großen wirtschaftspolitischen Bedeutung, die die Sanierung von Unternehmen hat, schnell auf den Beschluss des Großen Senats und den Wegfall des Sanierungserlasses reagiert. Schon mit Datum des 27.6.2017 wurde ein Gesetz veröffentlicht, das mit dem „Sanierungsertrag" eine gesetzliche Lösung bietet.[16] Die Neuregelung ist für einen Schuldenerlass anwendbar, der ganz oder teilweise nach dem 8.2.2017 wirksam wird. Die Neuregelung knüpft damit in zeitlicher Hinsicht nahtlos an den Sanierungserlass an.

Die neuen Regeln wurden zwar in §§ 3a, 3c Abs. 4 EStG verortet, gelten aber nach § 8 Abs. 1 KStG auch für die Körperschaftsteuer. In § 15 S. 1 Nr. 1, 1a KStG wurden zudem Sonderregelungen für Organgesellschaften geschaffen. Außerdem wurde in § 7b GewStG eine entsprechende Regelung für die Ermittlung des Gewerbeertrags eingeführt. Zu berücksichtigen ist, dass negative Gewerbeerträge und Vorträge von Gewerbeverlusten betragsmäßig von den einkommen- und körperschaftsteuerlichen Verlusten und Verlustvorträge abweichen können.

Nach § 3a EStG sind Vermögensmehrungen oder Betriebseinnahmen aus einem Schuldenerlass zum Zweck einer unternehmensbezogenen Sanierung steuerfrei. Diese Vermögensmehrungen und Betriebseinnahmen nennt das Gesetz „Sanierungsertrag". Die Steuerbefreiung ist nicht antragsabhängig und liegt nicht im Ermessen der Finanzverwaltung. Sie gilt nur für unternehmensbezogene Sanierungen, also nicht, wenn die Maßnahme nur dazu dienen soll, einem Unternehmer den schuldenfreien Rückzug in das Privatleben oder den Aufbau einer neuen beruflichen Existenz zu ermöglichen. Allerdings ist die Steuerfreiheit des Sanierungsertrags in § 3a Abs. 4 EStG auf Fälle der Restschuldbefreiung, des außergerichtlichen Schuldenbereinigungsplanes zur Vermeidung einer Verbraucherinsolvenz nach §§ 304 ff. InsO

---

[15] BFH v. 23.8.2017, I R 52/14; BFH v. 23.8.2017, X R 38/15; beide Urteile sind noch nicht veröffentlicht. Auffällig ist jedoch, dass der BFH aaO nicht auf § 176 Abs. 2 AO eingeht.

[16] Art. 2 des Gesetzes v. 27.6.2017, BGBl. I 2017, 2074; hierzu *C. Sistermann/D. Beutel*, Unternehmenssanierungen nach der Grundsatzentscheidung des Großen Senats des BFH, DStR 2017, 1065; *M. Desens*, Die neue Besteuerung von Sanierungserträgen, FR 2017, 981; *R. Möhlenbrock*, Reform der Besteuerung von Sanierungsgewinnen/-erträgen, FR 2017, 994.

oder eines Schuldenbereinigungsplanes im Verbraucherinsolvenzverfahren ausgedehnt worden, auch wenn die Voraussetzungen einer unternehmensbezogenen Sanierung nicht vorliegen. Damit wird die steuerneutrale Schuldenbefreiung auch für Privatvermögen ermöglicht.

Das Gesetz definiert in § 3a Abs. 2 EStG, wann eine unternehmensbezogene Sanierung vorliegt. Die dabei verwendeten Tatbestandsmerkmale entsprechen denen nach § 3 Nr. 66 EStG a.F. und dem Sanierungserlass, so dass die zu diesen Regelungen ergangene Rechtsprechung auch für die Auslegung der Neuregelung herangezogen werden kann. Eine unternehmensbezogene Sanierung liegt danach vor, wenn das Unternehmen im Zeitpunkt des Schuldenerlasses sanierungsbedürftig[17] und sanierungsfähig[18] ist, der Schuldenerlass betrieblich begründet und zur Sanierung geeignet[19] ist und die Gläubiger in Sanierungsabsicht[20] handeln. Das Vorliegen dieser Tatbestandsmerkmale muss der Steuerpflichtige nachweisen; Glaubhaftmachung genügt nicht. Für das Vorliegen der genannten Tatbestandsmerkmale kommt es auf den Zeitpunkt des Schuldenerlasses an, nicht auf den Zeitpunkt eines etwaigen Insolvenzantrags.[21]

Das Merkmal, dass der Schuldenerlass betrieblich begründet sein muss, dient der Abgrenzung von der verdeckten Einlage bei Erlass von Forderungen durch Gesellschafter. Eine Sanierung kann auch bei dem Erlass von Forderungen durch einen Gesellschafter vorliegen, wenn die Forderungen aus Geschäftsbeziehungen zwischen dem Schuldner und dem Gesellschafter stammen. Steuerlich ist der Unterschied zwischen Erlass im Rahmen einer Sanierung und einer verdeckten Einlage insbesondere für die Besteuerung des Gesellschafters von Bedeutung. Eine verdeckte Einlage ist bei dem Schuldner nicht steuerbar, bei dem erlassenden Gläubiger steuerlich nicht abzugsfähig, sondern als nachträgliche Anschaffungskosten der Beteiligung zu aktivieren. Bei einer Sanierung ist der Sanierungsertrag bei dem Schuldner steuerfrei, bei dem erlassenden Gläubiger liegt ein gewinn- und steuermindernder Vermögensverlust vor. Das gilt bei einer Sanierung auch für Gesellschafterforderungen, da bei einem allgemeinen Gläubigerakkord der Nachweis des Drittverhaltens nach § 8b Abs. 3 S. 6 KStG gelingen dürfte. Eine verdeckte Einlage kann nur vorliegen, soweit die erlassene Forderung werthaltig war.[22] Nimmt der Gesellschafter im Rahmen

---

[17] Zur Sanierungsbedürftigkeit BFH v. 25.10.1963, BStBl. III 1964, 122; BFH v. 22.11.1983, BStBl. II 1984, 472; BFH v. 14.3.1990, BStBl. II 1990, 955; BFH v. 27.1.1998, BStBl. II 1998, 537; BFH v. 10.4.2003, BStBl. II 2004, 9; BFH v. 12.12.2013, BStBl. II 2014, 572.

[18] Zur Sanierungsfähigkeit BFH v. 22.4.1964, BStBl. III 1964, 370.

[19] Zur Sanierungseignung BFH v. 25.2.1972, BStBl. II 1972, 531.

[20] Zur Sanierungsabsicht BFH v. 3.12.1963, BStBl. III 1964, 128; BFH v. 26.11.1980, BStBl. II 1981, 181; BFH v. 26.2.1988, BFH/NV 1989, 436; BFH v. 28.2.1989, BStBl II 1989, 711; BFH v. 14.3.1990, BStBl. II 1990, 810; BFH v. 19.3.1991, BStBl. II 1991, 633; BFH v. 10.4.2003, BStBl. II 2004, 9.

[21] BFH v. 22.11.1963, BStBl. III 1964, 128; BFH v. 3.12.1963, BStBl. III 1964, 128; BFH v. 12.6.1980, BStBl. II 1981, 8; BFH v. 14.3.1990, BStBl II 1990, 810.

[22] Großer Senat des BFH v. 9.6.1997, BStBl. II 1998, 307.

eines allgemeinen Gläubigerakkords an den Sanierungsmaßnahmen teil, ist dies ein Indiz dafür, dass er sich nicht aus gesellschaftsrechtlichen, sondern aus betrieblichen Gründen an dem Forderungserlass beteiligt hat, also keine verdeckte Einlage vorliegt.

Die Steuerfreiheit des Sanierungsertrages ist mit zwei für den Steuerpflichtigen ungünstigen Rechtsfolgen verbunden. Nach § 3c Abs. 4 EStG können Betriebsvermögensminderungen und Betriebsausgaben, die in unmittelbarem Zusammenhang mit einem Sanierungsgewinn stehen, steuerlich nicht abgezogen werden. Das gilt sowohl, wenn diese Aufwendungen vor, zusammen mit oder nach dem Sanierungsertrag entstehen; das Gesetz enthält keine zeitliche Begrenzung. Nach § 3c Abs. 4 S. 5, 6 EStG können zu diesem Zweck bereits bestandskräftig gewordene Steuerbescheide ohne Rücksicht auf die Festsetzungsfrist geändert werden. Betroffene Aufwendungen sind insbesondere Sanierungskosten und Zahlungen auf einen Besserungsschein, einschließlich der zu zahlenden Zinsen. Durch zwei Gegenausnahmen wird diese Regelung jedoch wieder eingeschränkt. Nach § 3c Abs. 4 S. 2 EStG sind die Aufwendungen abzugsfähig, soweit sie in Verlusten enthalten sind, die durch Verrechnung mit dem Sanierungsertrag entfallen. Da diese in den Verlusten enthaltenen Aufwendungen bereits durch den Verlustuntergang nichtabzugsfähig werden, ist eine weitere Regelung über die Nichtabzugsfähigkeit überflüssig. Außerdem bleiben die genannten Vermögensminderungen und Betriebsausgaben, die nach dem Sanierungsjahr entstehen, nach § 3c Abs. 4 S. 4 EStG abzugsfähig, wenn zu diesem Zeitpunkt ein verbleibender Sanierungsertrag nicht mehr vorhanden ist. Diese Regelung steht im Zusammenhang mit § 3a Abs. 3 S. 1 EStG, wonach diese nicht abziehbaren Aufwendungen, die vor dem Sanierungsjahr oder in diesem Jahr entstanden sind, den Sanierungsertrag mindern. Danach entstehende Aufwendungen sind nicht abziehbar, soweit noch ein Sanierungsertrag vorhanden ist.

Die zweite Folge der Steuerfreiheit des Sanierungsertrages liegt darin, dass der Sanierungsertrag Verluste, Verlustvorträge, Zins- und EBITDA-Vorträge mindert. Allerdings ist in einem ersten Schritt der Sanierungsertrag um die bis dahin aufgelaufenen nach § 3c Abs. 4 EStG nicht abziehbaren Aufwendungen zu mindern. Diese Minderung des Sanierungsertrages bedeutet, dass weniger Verluste durch die Verrechnung untergehen. Für den zweiten Schritt, die Verrechnung des Sanierungsertrages mit Verlusten, zählt § 3a Abs. 4 S. 2 EStG in 13 Nummern die Verluste, Zins- und EBITDA-Vorträge auf, die durch Verrechnung mit dem Sanierungsertrag gemindert werden. Dabei erfolgt die Verrechnung in der Reihenfolge der Nummern der Vorschrift, die die „Nähe" der untergehenden Verluste zu der zu sanierenden Geschäftstätigkeit berücksichtigt. Dabei werden in erster Linie die laufenden Verluste des Sanierungsjahres, danach die Verlustvorträge aus dem Vorjahr gemindert. Zinsvortrag und EBITDA-Vortrag werden als letztes vermindert. Einbezogen werden auch Verluste, Verlustvorträge, Zins- und EBITDA-Vorträge des mit dem Steuerpflichtigen zusammenveranlagten Ehegatten. Nach § 3a Abs. 3 S. 2 Nr. 12 EStG werden auch die Verluste des Folgejahres mit dem dann noch verbliebenen Sanierungsertrag verrechnet.

Diese Regelung ist für die Abspaltung teleologisch zu reduzieren. Bei der Abspaltung bleiben die Verluste des übertragenden Rechtsträgers, anders als bei der Einbringung, nicht bestehen, sondern vermindern sich nach § 15 Abs. 3 UmwStG in dem Verhältnis, in dem der gemeine Wert des übergehenden Vermögens zum Gesamtvermögen steht. Da die Verluste bereits entsprechend untergegangen sind, ist für eine spätere Verrechnung mit einem Sanierungsertrag kein Raum.

Eine dem § 3a Abs. 3 S. 3 EStG entsprechende Regelung für die körperschaftsteuerliche Organschaft enthält § 15 S. 1 Nr. 1a KStG. Wird die Organgesellschaft saniert, wird der Sanierungsertrag von den Verlusten des Organträgers abgezogen. Zusätzlich werden die Verluste des (ehemaligen) Organträgers in Höhe des bei der Organgesellschaft entstandenen Sanierungsertrages unabziehbar, wenn im Sanierungsjahr keine Organschaft mehr besteht, das Einkommen der (früheren) Organgesellschaft aber dem Organträger mindestens in einem Jahr innerhalb der letzten 5 Jahre vor dem Sanierungsjahr zugerechnet wurde. Während des Bestehens der Organschaft sind die Verluste der Organgesellschaft dem Organträger zugerechnet worden. Durch die Regelung soll die Gestaltung verhindert werden, dass vor der Sanierung der Organgesellschaft die Organschaft beendet wird. Dann entsteht der Sanierungsertrag bei der (früheren) Organgesellschaft und kann dort nur mit vororganschaftlichen Verlustvorträgen verrechnet werden, während die während der Organschaft entstandenen Verluste bei dem Organträger ausgewiesen werden, bei dem aber kein Sanierungsertrag entstanden ist. Dieser Gestaltung wird dadurch der Boden entzogen, dass der Sanierungsertrag der (früheren) Organgesellschaft mit bei dem (früheren) Organträger ausgewiesenen Verlusten zu verrechnen ist. Die Verrechnung des Sanierungsertrages der Organgesellschaft mit Verlusten des Organträgers ist nicht auf die von der Organgesellschaft übernommenen Verluste beschränkt, sondern erfasst alle bei dem Organträger ausgewiesenen Verluste. Die Regelung geht jedoch ins Leere, wenn der Organträger keine Verluste bzw. Verlustvorträge ausweist, weil sie mit eigenen steuerpflichtigen Gewinnen oder Gewinnen anderer Organgesellschaften verrechnet worden sind.

Soweit nach der Verrechnung des Sanierungsertrags mit Verlusten im Sanierungsjahr noch ein nicht verrechneter Sanierungsertrag verbleibt, ist er nach § 3a Abs. 4 S. 1 EStG gesondert festzustellen. Gleiches gilt zum Ende des nachfolgenden Jahres, da auch in diesem Jahr entstehende Verluste mit dem Sanierungsertrag zu verrechnen sind. Zum Ende der darauf folgenden Jahre ist ein dann noch verbleibender Sanierungsertrag ebenfalls gesondert festzustellen. Diese gesonderten Feststellungen haben dann aber nur noch eingeschränkte Bedeutung, da Verluste, die später als in dem dem Sanierungsjahr folgenden Jahr entstehen, nicht mehr mit dem Sanierungsertrag verrechnet werden. Bedeutung hat die gesonderte Feststellung dann nur noch für die Frage, ob mit dem Sanierungsertrag in unmittelbaren wirtschaftlichen Zusammenhang stehende Betriebsvermögensminderungen und Betriebsausgaben nach § 3c

---

[26] Allgemein zu dieser Regelung BT-Drs. 18/12128, 32.

Abs. 4 EStG steuerlich abzugsfähig werden, weil sie den Sanierungsertrag übersteigen. Dies ist zeitlich nicht begrenzt.

IV. Würdigung der Neuregelung

Mit der Neuregelung wurde eine sichere Rechtsgrundlage für die steuerliche Behandlung der Sanierungserträge geschaffen. Die Rechtssicherheit wurde auch dadurch erhöht, dass es sich nicht mehr um Billigkeitsmaßnahmen handelt, die im Ermessen der Finanzverwaltung stehen, sondern dass der Steuerpflichtige einen Rechtsanspruch auf die Anwendung der steuerlichen Regeln über den Sanierungsertrag hat. Positiv zu bewerten ist auch, dass in § 7b GewStG eine entsprechende Regelung für die Ermittlung des Gewerbeertrags geschaffen wurde, so dass nunmehr die Entscheidungen der Finanzämter auch für die Gemeinden bindend sind. Dass nunmehr die steuerlichen Folgen einer Sanierung nicht mehr mit einer Mehrzahl von Gemeinden vereinbart werden muss dürfte eine wesentliche Erleichterung bei der Abwicklung von Sanierungen darstellen.

Kritisch zu bewerten sind dagegen einige Einzelregelungen wie die Übertragung des Sanierungsertrages auf andere Steuerpflichtige, insbesondere für die Fälle der Abspaltung. Diese Regelung bedarf einer teleologischen Reduktion, um überschießende Wirkungen zu verhindern.

Politische Dimensionen der Steuerrechtsdogmatik

Von *Ulrich Hufeld*

I. Demokratie-Perspektiven: Arndt Schmehls Grundlagenbeitrag

„Ein unsystematisches und nicht erklärbares Steuerrecht kann kein gerechtes Steuerrecht sein". Selten nur hat Arndt Schmehl so apodiktisch zugespitzt. Der Satz entstammt seinem Beitrag über „Steuersystematik, Steuerausnahmen und Steuerreform" für die Festschrift Brun-Otto Bryde.[1] Charakteristisch für den Steuerrechtswissenschaftler Schmehl war nicht die plakative Zuspitzung, wohl aber sein kritischer, behutsamer Umgang mit dem Gleichheitssatz – der Maßstabsnorm, die verfassungsrechtlich auf systematisches und erklärbares, mithin gerechtes Steuerrecht drängt. Vor einem schlichten Ruf nach „mehr Gleichheit", vor einer „allzu euphorischen Konstitutionalisierung des Folgerichtigkeitsgedankens" hat er gewarnt.[2] Er wollte seinen Blick nicht verengen auf Systematik und Dogmatik, die sich selbst genügen, sich abkoppeln von den politischen Dimensionen der Gemeinwohlfinanzierung. Der Zusatz „... *und Steuerreform*" war ihm wichtig, zumal in einer Festschrift unter dem Titel „Demokratie-Perspektiven". Arndt Schmehl hat den gleichheitsrechtlichen Maßstab hochgehalten, für Systematik und Erklärbarkeit gefochten, aber zugleich die Reformfähigkeit im demokratischen Gemeinwesen betont, „den Erhalt des Sozialstaats" und die „Handlungsfähigkeit des Steuergesetzgebers"[3] in seinen dogmatischen Studien aufmerksam mitbedacht.

Er hat nicht mehr erlebt, dass sich die Richterkollegen[4] im Zweiten Senat des Bundesverfassungsgerichts intensiv mit seinem Festschrift-Beitrag „Steuersystematik, Steuerausnahmen und Steuerreform" auseinandergesetzt – im Ergebnis aber nicht auf die Seite der „*Reform*" geschlagen, sondern die „*systemwidrige Ausnahme*" festgestellt haben. Beide Texte, Schmehls Aufsatz und der Normenkontrollbeschluss 2 BvL 6/11 vom 29. März 2017, handeln von § 8c KStG, handeln von „Systematik",

---

[1] A. *Schmehl*, Steuersystematik, Steuerausnahmen und Steuerreform, in: Bäuerle/Dann/Wallrabenstein (Hrsg.), Demokratie-Perspektiven. FS Bryde zum 70. Geburtstag, 2013, S. 457–480 (471 der eingangs zitierte Satz).

[2] *Schmehl* (o. Fußn. 1), S. 457, 471.

[3] *Schmehl* (o. Fußn. 1), S. 457 f.

[4] Arndt Schmehl war seit 2012 ehrenamtlicher vertretender Richter am Hamburgischen Verfassungsgericht.

"Ausnahme" und "Reform" (u. II.) und damit wesentlich von politischen Dimensionen der Steuerrechtsdogmatik (u. III.). Vor der Nachrede im Gedenken an Arndt Schmehl (u. V.) stehen Thesen zur Steuer als Ermächtigungstitel, zur richtigen Bemessung der verfassungsrechtlichen "Entpolitisierung" und zur Wiedergewinnung steuerpolitischer Gestaltungskraft durch "Repolitisierung" (u. IV.).

II. Karlsruher Systemdenken
in der Auseinandersetzung mit Arndt Schmehl

§ 8c KStG wirft Grundfragen der *Steuersystematik* auf, weil die Vorschrift inmitten der Körperschaftsteuer den Durchgriff auf die Eigentümer riskiert, die Verlustverrechnung auf der Ebene der Gesellschaft von Beteiligungskontinuität auf der Ebene der Gesellschafter abhängig macht (u. 1.). Damit gerät § 8c KStG in den Verdacht, er sei *Steuerausnahme*, Abkehr vom Prinzip der Trennung zwischen der Körperschaft und den Eignern (u. 2.). Eine Gestaltungsvariante – *Steuerreform* im Sinne Arndt Schmehls – wird freilich der Politik verwehrt (u. 3.), soweit der Gesetzgeber zurückverwiesen wird auf seine Ausgangsentscheidung „für eine gesonderte Besteuerung der Körperschaft, an der er auch bei Einführung von § 8c KStG festgehalten hat".[5]

1. § 8c KStG – Grundfragen der Steuersystematik

a) Periodizität als Gerechtigkeitsproblem

„Verlustabzug" ist ein Zeitbegriff des Einkommen- und des Körperschaftsteuerrechts. Das EStG stellt ihn bündig voran in der amtlichen Überschrift des § 10d. Diese Norm will *Leistungsfähigkeit in der Zeit* vermessen. Der Verlust-Befund für ein Jahr, erhoben im knappen Besteuerungsabschnitt – im Zeit-Korsett der steuerrechtlichen Periodizität –, wandelt sich in der mehrjährigen Vermessung wirtschaftlicher Leistungsfähigkeit offenkundig in einen Faktor mit *Gerechtigkeitsgewicht*. Die Jahresbesteuerung soll die richtige Erfassung wirtschaftlicher Leistungsfähigkeit nicht verzerren. „Verlustabzug" bewirkt *Verlustverrechnung früher oder später*. Er verhindert, dass die Verlust-Nichtberücksichtigung im Verlust-Jahr das fiskalisch letzte Wort bleibt. § 10d EStG ermöglicht *Bewegung auf der Zeitachse*, nach hinten (Abs. 1, Verlustrücktrag) und nach vorne (Abs. 2, Verlustvortrag), in den gesetzlich bezifferten Grenzen („Mindestbesteuerung"[6]). Das KStG übernimmt diese Systementscheidung,[7] verlangt aber zusätzlich, dass die Anteilseigner ihrer Körperschaft im

---

[5] BVerfG Beschl. v. 29.3.2017, 2 BvL 6/11 Rdnr. 149. Zu diesem Beschluss: *D. Gosch*, Nur ein paar Worte zu den Verlustabzugsbeschränkungen des § 8c KStG nach dem BVerfG-Verdikt, GmbHR 2017, 695; weit Nachw. zur Diskussion im Schrifttum u. Fußn. 18.

[6] Dazu der Vorlagebeschluss des BFH v. 26.2.2014, I R 59/12; Az. BVerfG: 2 BvL 19/14.

[7] § 8 Abs. 1 Satz 1 KStG: „Was als Einkommen gilt und wie das Einkommen zu ermitteln ist, bestimmt sich nach den Vorschriften des Einkommensteuergesetzes und dieses Gesetzes".

Laufe der Zeit treu bleiben: „innerhalb von fünf Jahren" soll sich der Beteiligungswechsel in den engen Grenzen des § 8c Abs. 1 KStG halten – jenseits der Grenzen droht quotaler (Satz 1) oder totaler (Satz 2) Verlustuntergang, droht die Abkehr von zeitgerechter Vermessung der Leistungsfähigkeit, wenn nicht Rückausnahmen eingreifen (Satz 5 ff.). Eben deshalb ist § 8c KStG eine systemrelevante Norm.

Arndt Schmehl hat in wenigen, so schlichten wie genialen Sätzen bewusst gemacht, dass § 10d EStG und § 8c KStG nicht dunkle Winkel des Steuerrechts ausleuchten, sondern Grundentscheidungen treffen zwischen zwei Polen: Verlustabzug sei „*einerseits* auf den aktuellen Stand der zu verteilenden Gemeinlasten bezogen, was für einen zeitnahen Abschluss der Verlustbetrachtung spricht. *Andererseits* ist der Gerechtigkeitsaspekt auch auf den längerfristigen, potentiell bis zur gesamten Lebenszeit reichenden Vergleich der persönlichen wirtschaftlichen Leistungsfähigkeit zu beziehen, was für eine längere Verrechenbarkeit spricht".[8] *Aktueller Stand der zu verteilenden Gemeinlasten* – prägnanter kann man nicht verdeutlichen, dass das vermeintlich spröde Steuerrecht einem staatsrechtlichen Anliegen zu genügen hat. Sein *Worumwillen* ist die Staatsfinanzierung, die Gemeinwohlfinanzierung in der Gegenwart (Verwaltungs- und Sozialstaat) und für eine gedeihliche Zukunft (Investitionen in Frieden, Bildung, Infrastruktur); meist sind zusätzlich Lasten der Vergangenheit abzutragen (Kreditkosten, Entschädigungszahlungen, Reparationen). Die Gemeinlasten werden ihrerseits politisch gewichtet und sind *gegenwärtig zu verteilen* (Art. 109, 110 GG). Diese Seite hat das *Steuerrecht der interperiodischen Verlustverrechnung*[9] ebenso zu bedenken wie den Gleichbehandlungsimperativ auf der anderen Seite: Wer mit Konjunkturen und Wechselfällen des Lebens zu kämpfen hat, kein regelmäßiges (Arbeitnehmer-)Einkommen bezieht, Verlustjahre überstehen muss, darf auf Verrechenbarkeit in der Zeit pochen: ein „Gerechtigkeitsaspekt" (Schmehl).

b) Missbrauchskontrolle

Das Zeitphänomen „Verlustabzug" bereitet dem Körperschaftsteuerrecht traditionell Schwierigkeiten. Aus zwei Systementscheidungen resultiert ein Problem: Wenn – erstens – „nur derjenige den Verlust abziehen können soll, der auch den Aufwand in steuerlich relevanter Weise eingesetzt hat",[10] und – zweitens – zu den Abzugsberech-

---

[8] *Schmehl* (o. Fußn. 1), S. 465, dort ohne Hervorhebung.

[9] Begriff der „interperiodischen" Verlustverrechnung: *E. Röder*, Das System der Verlustverrechnung im deutschen Steuerrecht, 2010, S. 14 f.; BFH Urt. v. 4.10.2016, IX R 9/16 Rdnr. 12: „§ 10d EStG ermöglicht unter den dort bezeichneten Voraussetzungen eine interperiodische Verrechnung von Verlusten, die im Veranlagungszeitraum ihrer Entstehung nicht ausgeglichen werden konnten und gewährt dem Steuerpflichtigen eine subjektiv-öffentliche Berechtigung zum Verlustabzug, d.h. zur Verrechnung der im Veranlagungszeitraum ihrer Entstehung nicht ausgeglichenen negativen Einkünfte mit den positiven Einkünften vorangegangener (Verlustrücktrag) oder nachfolgender Veranlagungszeiträume (Verlustvortrag)".

[10] *Schmehl* (o. Fußn. 1), S. 466; vgl. BVerfG Beschl. v. 29.3.2017, 2 BvL 6/11 Rdnr. 130.

tigten auch die mit Steuerrechtssubjektivität begabten Körperschaften (§ 1 KStG) gehören, erhebt sich die heikle Frage nach Identität und Identitätsverlust der körperschaftsteuerpflichtigen Kapitalgesellschaft[11]. Unumstritten ist nur der eindeutig missbräuchliche Identitätsschwindel. Werfen sich neue Gesellschafter, die frisches Betriebsvermögen und ein eigenes Geschäftsmodell mitbringen, einen alten GmbH-Mantel über, soll das entleerte Rechtskleid die nackte Missbrauchsabsicht nicht bedecken: Altverluste im GmbH-Mantel gehen unter. Der steuerlich ertragreiche Handel mit leeren Mänteln – der „Mantelkauf"[12] – ließe die Systementscheidung *für* Subjektbezogenheit der Verlustverrechnung[13] und *gegen* „eigenständige Mobilisierbarkeit von steuerrechtlichen Verlustverrechnungsrechten"[14] ins Leere laufen.

Ausdrücklich einig mit Arndt Schmehl, hat das Bundesverfassungsgericht auf Vorlage des FG Hamburg[15] festgestellt, der Gesetzgeber habe mit § 8c Satz 1 KStG (später Abs. 1 Satz 1: quotaler Verlustuntergang bei Eignerwechsel im Korridor „mehr als 25 Prozent" bis 50 Prozent) „keinen typischen Missbrauchsfall" getroffen, sondern „eine abstrakte Missbrauchsgefahr zum Anlass für eine vom typischen Missbrauchsfall losgelöste und über diesen hinausgehende generelle Verlustnutzungsregelung für Körperschaften genommen".[16] Die Ungleichbehandlung der Kapitalgesellschaft für den Fall derart „schädlicher" Beteiligungswechsel findet im steuerlegislatorischen Typisierungsrecht keinen Rechtfertigungsrückhalt. Der übliche, nicht weiter verdächtige Tatbestand „Übertragung eines Anteils von mehr als 25 Prozent" ist für sich genommen gerade kein Missbrauchsfall, kann deshalb nicht Leitbild einer typisierenden Missbrauchsabwehr sein.[17] Heute will § 8d KStG missbräuchliche und unverdächtige Fälle sortieren, verwandelt den schädlichen in einen unschädlichen Beteiligungserwerb, wenn die Körperschaft in bestimmter Zeit „ausschließlich denselben Geschäftsbetrieb unterhält".[18]

---

[11] Zu „Person und Körperschaftsteuer" grundlegend *U. Palm*, Person im Ertragsteuerrecht, 2013, S. 472 ff., der der juristischen Person Leistungsfähigkeitssubjektivität bestreitet, indes Ertragsfähigkeit bescheinigt.

[12] Umfassend: *C. Süß*, Mantelkaufregelungen im Körperschaftsteuerrecht, 2016.

[13] BVerfG Beschl. v. 29.3.2017, 2 BvL 6/11 Rdnr. 130; *C. Hohmann*, Partielle Unvereinbarkeit des § 8c Abs. 1 Satz 1 KStG mit Art. 3 Abs. 1 GG, DStZ 2017, 550 (552 ff.).

[14] Wendung: *Schmehl* (o. Fußn. 1), S. 466.

[15] Art. 100 Abs. 1 GG-Vorlage des FG Hamburg (Zweiter Senat) Beschl. v. 4.4.2011, 2 K 33/10, DStR 2011, 1172. Nunmehr hat der Zweite Senat des FG Hamburg auch § 8c *Satz 2* KStG vorgelegt: Beschl. v. 29.8.2017, 2 K 245/17, EFG 2017, 1906.

[16] BVerfG Beschl. v. 29.3.2017, 2 BvL 6/11 Rdnr. 128, mit Verweis auf *Schmehl* (o. Fußn. 1), S. 461.

[17] BVerfG Beschl. v. 29.3.2017, 2 BvL 6/11 Rdnr. 127: „Allerdings sind die Grenzen zulässiger Typisierung überschritten, wenn zur Erfassung solcher Gestaltungen allein an die Übertragung eines Anteils von mehr als 25 Prozent angeknüpft wird".

[18] § 8d hat in das KStG Eingang gefunden mit dem „Gesetz zur Weiterentwicklung der steuerlichen Verlustverrechnung bei Körperschaften" v. 20.12.2016 (BGBl. I S. 2998) – mithin vor Verkündung des Karlsruher § 8c-Beschlusses v. 29.3.2017. Die Frage erhebt sich, ob der Gesetzgeber seiner Neuregelungsverpflichtung mit Rückwirkung auf den 1.1.2008

2. § 8c KStG – *Ausnahmerecht oder Gratwanderung zwischen den Regeln?*

a) Unternehmeridentität als Systemgedanke

Wem gehört im Steuerrecht der Körperschaften die Verlustverrechnung, die „subjektiv-öffentliche Berechtigung zum Verlustabzug",[19] das Recht auf Abschmelzung der Bemessungsgrundlage in der späteren Erfolgsperiode mit Rücksicht auf frühere Misserfolge? Arndt Schmehls Antwort, in aller Klarheit: „nicht dem Rechtskleid der Körperschaft, sondern dem verlusttragenden Unternehmen".[20] Das richtige Bekenntnis zur wirtschaftlichen Betrachtungsweise erheischt allerdings eine Entscheidung über „das" Unternehmen, über seine Identität. Darf der Gesetzgeber zum Zwecke der Identitätsfeststellung die Eigentümer in den Blick nehmen? „Steuerbürger sind die am Ende der Kette hinter den Gesellschaften stehenden natürlichen Personen" – dann freilich ist es „nicht systemfremd", den „Wechsel der Bestimmungsmacht über die Gesellschaft" als Identitätswechsel zu begreifen und im Körperschaftsteuerrecht gegen das Trennungsprinzip eine „Teiltransparenz" zu etablieren.[21] Die Schmehlsche Analyse ficht gegen verfassungsrechtliche Denkfaulheit, ficht gegen die leichtfertige Annahme, dass jede Abkehr vom Trennungsprinzip „Ausnahme" sei und eben deshalb im Schraubstock der gleichheitsrechtlichen Rechtfertigung kleingearbeitet werden müsse. Die Norm des § 8c Abs. 1 KStG sei nicht Ausnahme, sondern „echte, gesellschafterbezogene Modifikation des Trennungsprinzips". Indem sie „aus der Sicht der abschließenden Zurechnung der Besteuerung zu den hinter der Gesellschaft stehenden Gesellschaftern die Regel bewahrt, wonach die Verlustverrechnung mit dem Einfluss auf die Einkünfteerzielung einherzugehen hat",[22] erscheint sie als „Gratwanderung"[23] zwischen der *einen Regel* (Trennungsprinzip) und der *anderen* („Gedanke der Unternehmeridentität";[24] Körperschaftsteuer als Vorauszahlung auf die Belastung derer, die „letztlich" für das und hinter dem Unternehmen stehen).

(BVerfG Beschl. v. 29.3.2017, 2 BvL 6/11 Tenor Ziff. 2) allein dadurch entsprechen kann, dass er den „fortführungsgebundenen Verlustvortrag" des § 8d KStG zurückwirken lässt. Ausführlich *G. Kahlert/A. Schmidt*, Nach der Entscheidung des BVerfG zu § 8c (Abs. 1) Satz 1 KStG: Stünde der Vertrauensschutz einer (rückwirken) belastenden Neuregelung entgegen?, FR 2017, 758 ff.; *N. Niemeyer/P. Lemmen*, Umbruch der Verlustnutzung durch den fortführungsgebundenen Verlustvortrag?, DStZ 2017, 679 ff.; *L. K. Pauli*, Verfassungswidrigkeit des § 8c Abs. 1 S. 1 KStG nach Einführung des § 8d KStG?, FR 2017, 663 (665 ff.). Zur Konzeption des § 8d KStG insbesondere der Bericht der Arbeitsgruppe „Weiterentwicklung der Regelungen zur Verlustverrechnung nach Anteilseignerwechsel (§ 8c KStG)", FR 2017, 113 ff.

[19] BFH Urt. v. 4.10.2016, IX R 9/16 Rdnr. 12.
[20] *Schmehl* (o. Fußn. 1), S. 467.
[21] Zitate: *Schmehl* (o. Fußn. 1), S. 468 f.
[22] Zitate: *Schmehl* (o. Fußn. 1), S. 468, 470.
[23] *Schmehl* (o. Fußn. 1), S. 470.
[24] BVerfG Beschl. v. 29.3.2017, 2 BvL 6/11 Rdnr. 144.

Meisterhaft betont der Festschriftbeitrag den Systemgedanken der Unternehmeridentität. Wächst ihm eigene dogmatische Kraft zu in der Konkurrenz mit dem Grundgedanken körperschaftlicher Verselbständigung, entsteht im Körperschaftsteuerrecht eine „Mischung von Transparenz- und Trennungsprinzip".[25] Energisch hat Arndt Schmehl den „Unterschied zwischen Gesetzessystematik und Steuersystematik" herausgearbeitet und die vorschnelle Orientierung an einem „Regel-/Ausnahme-Schema" abgelehnt. Die „Mischung" des § 8c Abs. 1 KStG „im Spannungsfeld von Trennungs- und Transparenzprinzip" hat er nicht auf gesetzgeberische Unentschiedenheit zurückgeführt, sondern aus der „hybriden wirtschaftlichen Rolle einer Körperschaft als rechtliches Gefäß des von den Gesellschaftern ausgehenden Erwerbsstrebens"[26] erklärt.

b) Systemkontrolle

Der Beschluss des Bundesverfassungsgerichts vom März 2017 anerkennt explizit das bei Arndt Schmehl entwickelte „Verständnis", das § 8c KStG als Weltkind in der Mitten begreift, als Frucht einer „Verschiebung im Zusammenspiel von Körperschaft- und Einkommensteuer".[27] Der Senat bekräftigt seinerseits, dass die Kapitalgesellschaft ungeachtet ihrer rechtlichen Eigenständigkeit wirtschaftlich den Erwerbszwecken der Gesellschafter diene. Das Gericht weigert sich aber, das Systemdenken im Schmehlschen Format in das System des KStG zu transferieren. Das Bundesverfassungsgericht vermerkt spröde: „Eine Annäherung an die transparente Besteuerung von Personengesellschaften war vom Gesetzgeber nicht beabsichtigt."[28]

So bestreitet der Zweite Senat jene Gratwanderung „im Spannungsfeld von Trennungs- und Transparenzprinzip" (Schmehl). Oder einfacher: die zweite und konkurrenzfähige Regel, die es mit dem Trennungsprinzip aufnehmen könnte, sei nicht auffindbar. Der Beschluss sichert sich ab im Rückverweis auf das Urteil zur Pendlerpauschale von 2008, das den „Systemwechsel" abhängig macht von einem „Mindestmaß an neuer Systemorientierung".[29] Indessen findet sich nur alte Systemorientierung, wenn der Wechsel der Anteilseigner über die Identität *der Gesellschaft* Auskunft geben soll[30] und wenn der mit § 8c KStG bewirkte Verlustuntergang nicht nur die ausscheidenden, sondern auch die verbleibenden Altgesellschafter trifft;[31] in der Be-

---

[25] *Schmehl* (o. Fußn. 1), S. 470.

[26] *Schmehl* (o. Fußn. 1), S. 472.

[27] BVerfG Beschl. v. 29.3.2017, 2 BvL 6/11 Rdnr. 145, mit Verweis auf *Schmehl* (o. Fußn. 1), S. 468.

[28] BVerfG Beschl. v. 29.3.2017, 2 BvL 6/11 Rdnr. 147.

[29] BVerfG Beschl. v. 29.3.2017, 2 BvL 6/11 Rdnr. 146, mit Verweis auf BVerfGE 122, 210 (242).

[30] BVerfG Beschl. v. 29.3.2017, 2 BvL 6/11 Rdnr. 147, mit Verweis auf die Gesetzesbegründung.

[31] BVerfG Beschl. v. 29.3.2017, 2 BvL 6/11 Rdnr. 148.

wertung dieser Normwirkung distanziert sich der Senat ausdrücklich von Arndt Schmehl.

Unverkennbar aber hat sich das Bundesverfassungsgericht von Schmehls Warnung vor einem allzu leichtfertigen Umgang mit voreilig pejorativer „Ausnahme"-Kennzeichnung leiten lassen. Nur einmal geht davon die Rede, dass § 8c Satz 1 KStG eine Ausnahme mache und Kapitalgesellschaften unterschiedlich behandle „je nachdem, ob ein schädlicher Beteiligungserwerb im Sinne dieser Vorschrift vorliegt oder nicht";[32] ansonsten wird durchweg vermieden, die streitbefangene Verlustverrechnungsbeschränkung als „Ausnahme" anzusprechen und gerade *als solche* unter Rechtfertigungsdruck zu setzen. Erst am Ende steht der Befund, dass der Gesetzgeber „auch bei Einführung von § 8c KStG" an der gesonderten Besteuerung der Körperschaft festgehalten habe – dann aber „§ 8c Satz 1 KStG von dieser Entscheidung systemwidrig abweicht".[33]

3. § 8c KStG – Reformanstrengung in Berlin, Reformkontrolle in Karlsruhe

a) Von der Missbrauchsabwehr zur Teiltransparenz?

Das Verdikt der *systemwidrigen Abweichung* folgt klassischer Folgerichtigkeitsdogmatik. Arndt Schmehl hat diesen über Jahrzehnte sowohl in der Steuerrechtlerzunft wie in der Staatsrechtslehre leidenschaftlich diskutierten Kontrollmodus[34] gewürdigt und unterstützt. Wenn der Gesetzgeber nicht bei der Auswahl des Steuergegenstandes, dann aber *nach der Auswahl* im Zeichen gleicher Besteuerung (Art. 3 Abs. 1 GG) „bei der Ausgestaltung an ein Gebot der inneren Folgerichtigkeit" strikter gebunden werden und eine „*selbstbindende Verstärkung der gesetzgeberischen Belastungsidee*" bewirkt werden soll,[35] dann bestimmt diese seine Belastungsidee über die Gebundenheit des Steuergesetzgebers. Arndt Schmehl hat uns gelehrt, dass wir uns mit der einen Idee, mit *Idee im Singular* womöglich nicht abfinden dürfen. Wenn die Körperschaft ökonomisch und steuerlich ein Hybrid ist, wird man ihr besser mit Ideenreichtum beikommen. Wie das geht, zeigt der Festschrift-Beitrag: Mit Rückhalt im Sachproblem („hybride wirtschaftliche Rolle einer Körperschaft") wird die körperschaftsteuerrechtliche Verselbständigungsidee relativiert. Mit ihr tritt in Konkurrenz als „sachgerechter Gedanke" eine wirtschaftliche Betrachtung, die auf

---

[32] BVerfG Beschl. v. 29.3.2017, 2 BvL 6/11 Rdnr. 115.
[33] BVerfG Beschl. v. 29.3.2017, 2 BvL 6/11 Rdnr. 149.
[34] Aus jüngerer Zeit: *S. Kempny*, Steuerrecht und Verfassungsrecht, StuW 2014, 185 (198 f.: kritisch, Folgewidrigkeit „höchstens" Indiz für Gleichheitswidrigkeit); *P. Kirchhof*, in: Maunz-Dürig, GG, Kommentar, Art. 3 Abs. 1 (2015) Rdnr. 404–428 (422 zur Unausweichlichkeit einer gesetzlichen Grundentscheidung in Ermangelung einer in der Realität ersichtlichen Leistungsfähigkeit); *H. Tappe*, Festlegende Gleichheit – folgerichtige Gesetzgebung als Verfassungsgebot?, JZ 2016, 27–33 (kritisch,, die „eigene Rationalität" der Demokratie verteidigend).
[35] Zitate: *Schmehl* (o. Fußn. 1), S. 471, dort ohne Hervorhebung.

die Unternehmer hinter dem Unternehmen, deren Macht, sodann auf den „Wechsel der Bestimmungsmacht über die Gesellschaft"[36] abstellt. In der Konkurrenz wird die „Vermittlungslösung zwischen gegenläufigen Prinzipien"[37] möglich.

Die Schmehlsche Folgerichtigkeitsdogmatik vermeidet die Überintensivierung der Gleichheitskontrolle, verlangt freilich Gesetzgebungskunst. „Von der Missbrauchsabwehr zur Teiltransparenz" – unter dieser Überschrift hat Arndt Schmehl kunstfertig die Systemnorm des § 8c Abs. 1 KStG in eine KStG-Ideen-Balance gestellt.[38] So hat er die reformatorische Kraft des Steuergesetzgebers schützen wollen, zugleich dem Bundesverfassungsgericht neuerlich die Frage aufgezwungen, wie der Steuerreformgesetzgeber gleichheitskonform eine Systemverschiebung ins Werk setzt.

b) Reformkontrolle

Die Antwort – das Verdikt der *systemwidrigen Abweichung* – macht den Zweiten Senat zum Rückfalltäter. Geht nicht allenthalben die Rede davon, dass sich das Gericht spätestens seit dem Erbschaftsteuerbeschluss 2014[39] von strenger Folgerichtigkeitskontrolle abkehre? Die Standardpassage im Maßstäbeteil wird zwar fortgeschrieben, das Bekenntnis zum „Gebot der folgerichtigen Ausgestaltung des steuerrechtlichen Ausgangstatbestands", das „die Anforderungen an den Rechtfertigungsgrund mit Umfang und Ausmaß der Abweichung" steigen lasse.[40] Indessen will sich der Senat nicht mehr zu einer eigenständigen Folgerichtigkeitsdogmatik bekennen. Im § 8c-Beschluss hält er offen, ob das Erfordernis eines „besonderen sachlichen Grundes" bei Abweichung vom Ausgangstatbestand „erhöhte Begründungsanforderungen" stelle gegenüber einem bloßen „sachlich einleuchtenden Grund" in der Willkürkontrolle.[41] Im Subsumtionsteil jedoch, in der Auseinandersetzung mit Schmehls *Systemverschiebungsthese* (o. II. 2. a)), schließt das Bundesverfassungsgericht unvermittelt an das Urteil zur Pendlerpauschale an (o. II. 2. b)) – und stellt erhöhte Begründungsanforderungen an (partielle) Systemwechsel.

So fällt das Gericht auf Folgerichtigkeit im Sinne verstärkter Selbstbindung zurück, folgt Arndt Schmehl darin, dass eine Verschiebung in Richtung Transparenzbesteuerung nicht als Ausnahme, allenfalls als Systemreform begriffen werden kann. Doch gelingt der (partielle) Systemwechsel – so der Zweite Senat des Bundesverfassungsgerichts – nur kraft bewusster Verschiebungs- und Balanceentscheidung des Gesetzgebers.[42] Das bedeutet für die „Handlungsfähigkeit des Steuergesetzge-

---

[36] Zitate: *Schmehl* (o. Fußn. 1), S. 468.
[37] *Schmehl* (o. Fußn. 1), S. 479.
[38] *Schmehl* (o. Fußn. 1), S. 467–470.
[39] BVerfGE 138, 136.
[40] BVerfGE 138, 136 (181 Rdnr. 123).
[41] BVerfG Beschl. v. 29.3.2017, 2 BvL 6/11 Rdnr. 105.
[42] BVerfG Beschl. v. 29.3.2017, 2 BvL 6/11 Rdnr. 147.

bers"⁴³: *Die Reform auf der Systemebene steht im Zeichen der Konsequenz und verstärkten Kontrolle*, erheischt eine manifeste und damit kontrollierbare *Systementscheidung*. Das mag auch eine Karlsruher Absage sein an den redlichen Versuch, dem unausgegorenen Gesetz in der wissenschaftlichen Nachbetrachtung Systemcharakter zu geben. Am Ende jedoch treffen sich der Kontrollanspruch des Gerichts auf der Systemebene und die Rationalitätserwartungen Arndt Schmehls, die den Reformgesetzgeber nicht überfordern, wenn er sich im Zugriff auf elementare Belastungsentscheidungen auf Systemdenken einlässt: Das Gebot der Folgerichtigkeit bringe die Wirkung mit sich, dass möglichst rationale, schlüssige und erklärbare Gründe für die getroffenen Regelungen gegeben sein müssen. Es mache die Erwägungen des Gesetzgebers zugleich stärker überprüfbar. Auch „darauf ist die Wahrung des Gleichheitssatzes angewiesen. Ein unsystematisches und nicht erklärbares Steuerrecht kann kein gerechtes Steuerrecht sein".⁴⁴

III. Politische Dimensionen der Steuerrechtsdogmatik

Auf der Gläubigerseite muss das Steuerrecht die materielle Politikbefähigung absichern, auf der Schuldnerseite hat es Gerechtigkeit walten zu lassen (u. 1.). Die Privilegienfeindlichkeit des Steuerrechts erweist sich als Grundanliegen der Demokratie (u. 2.). Zudem sind ordnungsrechtliche Funktionen des Steuerrechts zu bedenken (u. 3.).

1. Steuerrecht als ambivalentes Gewährleistungsrecht

Die verfassungsgerichtliche Intensität der Normenkontrolle richtig zu bemessen, ist eine rechtsdogmatische Aufgabe mit eminenter politischer Bedeutung. Steuerrecht ist in erster Linie „*Gläubigeranspruchgewährleistungsrecht*". Der politische Gesetzgeber, der über Gemeinwohlanliegen und ihre Finanzierung bestimmen will, benötigt das Steuerrecht als Gewährleistungsinstrument. Alle Leistungen des Staates beruhen auf Finanzmacht. Permanente Selbstfinanzierungsfähigkeit ist eine fundamentale Staatsleistung, die alle weiteren ermöglicht. Diese Voraussetzung muss politisch vermittelt, verantwortet und durchgesetzt werden.

Erinnert sei an das Sondervotum Böckenförde zum Vermögensteuerbeschluss 1995: Dem Gesetzgeber sei „gerade im Bereich des Steuerrechts" ein großer Handlungsspielraum zu belassen. „Nur dann" werde der Ausgleich der verschiedenen Interessen in der „sozialen Demokratie" auf Dauer gelingen.⁴⁵ Man darf sich Arndt Schmehl als Mitstreiter vorstellen für das Anliegen, den Staat als „überlegen-ausgleichende Instanz" zu erhalten und nicht zurückzustutzen auf den still Beteiligten „einer

---

⁴³ *Schmehl* (o. Fußn. 1), S. 458.
⁴⁴ *Schmehl* (o. Fußn. 1), S. 471.
⁴⁵ *Böckenförde*, BVerfGE 93, 149 (165), in Anknüpfung an *Lorenz von Stein*, Geschichte der sozialen Bewegung in Frankreich, Bd. 3, Ausgabe Salomon, 1850, 207.

Eigentümer-Erwerbsgesellschaft" – auch an der Seite Böckenfördes als Warner vor einer Auslegung der Eigentumsgarantie, die den Gesetzgeber „bei der Mittelbeschaffung verfassungsrechtlich an die kurze Leine" nimmt.[46]

Doch gilt auch: Als Eingriffsrecht bleibt das Steuerrecht dem Gebot gerechter Lastenausteilung verpflichtet. Art. 3 Abs. 1 GG gewährleistet schuldnersensibles Steuerrecht – „dessen Legitimität steht und fällt mit den Gleichheitsfragen".[47] Steuerrecht ist das Produkt aus *positiver Gewährleistung* der Staatsfinanzierung und *negativer Gewährleistung* gleichheitskonformer Belastung privater Markterfolge. Wenn und weil das steuerliche Gewährleistungsrecht zugleich gerechtes Recht sein soll, konzentrieren sich alle steuerverfassungsrechtlichen Erwartungen im Gleichheitssatz. Der Karlsruher Normenkontrolleur soll die Kontrolldichte zugunsten des Gläubigers eher zurücknehmen im Zeichen hoheitlicher Gestaltungsfähigkeit – und intensivieren zugunsten des Schuldners im Zeichen individueller Leistungsfähigkeit.

„Folgerichtigkeit" kann beides flankieren, Demokratie-Perspektiven ebenso schützen wie die Rechtsstaats-Garantie des Art. 3 Abs. 1 GG – die politisch-gesetzgeberische *Steuerwürdigkeitsentscheidung* weithin respektieren und die konsequente, gleichheitskonforme *Umsetzung der Steuerwürdigkeitsentscheidung* streng kontrollieren. Dazu bekennt sich auch das Bundesverfassungsgericht,[48] scheint aber neuerdings bemüht, den Folgerichtigkeitsgedanken in einer allgemeinen Verhältnismäßigkeitskontrolle aufgehen zu lassen. Diese Dogmatik will Anhaltspunkte liefern für eine skalierbare Kontrollintensität, insbesondere die Anforderungen an den eine Ungleichbehandlung rechtfertigenden Sachgrund verschärfen, „je weniger die Merkmale, an die die gesetzliche Differenzierung anknüpft, für den Einzelnen verfügbar sind".[49] Indessen zeigt der § 8c-Beschluss, dass Verhältnismäßigkeits- und Folgerichtigkeitsdogmatik nebeneinander bestehen können. Auch die Folgerichtigkeit fragt nach dem die Unterscheidung rechtfertigenden Grund,[50] findet aber festeren Halt im Abgleich von alter Leitentscheidung und neuer Konkurrenz. Im Lichte der – ausdrücklich nicht korrigierten – Leitentscheidung erweist sich die konkurrierende Norm *entweder* als konkurrenzfähige Systementscheidung *oder* als (ausnahmsweise) gerechtfertigte Abkehr *oder* aber als system- und verfassungswidrige Durchbrechung. Das Gebot der Folgerichtigkeit schützt den Vorrang des Gesetzes und den Primat des Gesetzgebers, indem es seinen Leitgedanken abschirmt, bis der Gesetzgeber *selbst und bewusst* auf die Systementscheidung (partiell) zugreift oder „besondere" – im Abgleich mit der Ausgangsentscheidung tragfähige – Abwei-

---

[46] Zitate: *Böckenförde*, BVerfGE 93, 149 (164); vgl. *Schmehl* (o. Fußn. 1), S. 457 („steuerrechtliche Handlungsfähigkeit für den Erhalt des Sozialstaats unabdingbar"), mit Verweis auf Brydes Beitrag „Steuerverweigerung und Sozialstaat" und den dortigen Rekurs auf Böckenförde.

[47] *Schmehl* (o. Fußn. 1), S. 457.

[48] BVerfG Beschl. v. 29.3.2017, 2 BvL 6/11 Rdnr. 102 f.

[49] BVerfG Beschl. v. 29.3.2017, 2 BvL 6/11 Rdnr. 105.

[50] *P. Kirchhof*, in: Maunz-Dürig, GG, Kommentar, Art. 3 Abs. 1 (2015) Rdnr. 409.

chungsgründe ins Treffen führt. Das Bundesverfassungsgericht hat diese dogmatische Leistung der Folgerichtigkeit reaktiviert (o. II. 3. b)), indessen versteckt im Willkürbefund.[51]

2. Steuerrecht als privilegienfeindliches Allgemeinrecht

Arndt Schmehl hat darauf hingewiesen, dass Folgerichtigkeit ihre Wirkung entfaltet „am Übergang vom Belastungsgrund zur Ausgestaltung",[52] aber auch den Blick schärft in der Würdigung und Gewichtung der vorausliegenden Grundentscheidung. Befürworter und Kritiker der Folgerichtigkeitsdogmatik sind darin einig: Das Gebot entfaltet sich in der Anknüpfung an einen verlässlichen – allgemeinen, grundsätzlich alle gleich treffenden – „Ausgangstatbestand",[53] der als „gesetzesdirigierendes Leitprinzip"[54] identifiziert werden kann. Als Dirigent kommt allein der politisch-parlamentarische Gesetzgeber in Betracht, mag auch seine Ausgangs-, System-, Grundentscheidung in der Partitur des Grundgesetzes präformiert sein.

„Besonders für die Einkommensteuer ist die Verankerung einer grundlegenden Gerechtigkeitsvorstellung wichtig, da diese Steuer auf die natürliche Person einschließlich ihrer persönlichen, jenseits der reinen Erwerbssphäre liegenden Verhältnisse bezogen ist und erheblichen gesellschaftlichen Gestaltungscharakter hat."[55] Der Satz erläutert Schmehls Bekenntnis zum Prinzip der Leistungsfähigkeit als Leitprinzip der Einkommensteuer und lässt anklingen, dass das Leistungsfähigkeitsprinzip verstärkenden Rückhalt findet im Sozialstaatsprinzip.[56] Wohl hätte Arndt Schmehl das Sozialstaatsprinzip des Art. 20 Abs. 1 GG auch für die Erbschaftsteuer in Anschlag gebracht, auf der Linie der drei Verfassungsrichter, die 2014 der Senatsentscheidung „zu ihrer Begründung ein weiteres Element" beigaben: Die Erbschaftsteuer diene nicht nur der Erzielung von Einnahmen. Sie sei „zugleich ein Instrument des Sozialstaats, um zu verhindern, dass Reichtum in der Folge der Generationen in den Händen weniger kumuliert und allein aufgrund von Herkunft oder persönlicher Verbundenheit unverhältnismäßig anwächst".[57]

Ob die grundlegende Gerechtigkeitsvorstellung einer Erbanfallsteuer darin bestehen kann, das Erbe zu verkleinern, soll hier nicht diskutiert werden. Das Sondervotum, genauer: das Begründungsergänzungsvotum balanciert allerdings „am Über-

---

[51] BVerfG Beschl. v. 29.3.2017, 2 BvL 6/11 Rdnr. 121 (Willkürbefund) und Rdnr. 146 f. (Systemverschiebung „nicht beabsichtigt").

[52] *Schmehl* (o. Fußn. 1), S. 471.

[53] BVerfG Beschl. v. 29.3.2017, 2 BvL 6/11 Rdnr. 104.

[54] *P. Kirchhof*, in: Maunz-Dürig, GG, Kommentar, Art. 3 Abs. 1 (2015) Rdnr. 405.

[55] *Schmehl* (o. Fußn. 1), S. 471.

[56] *P. Steger*, Die außergewöhnliche Belastung im Steuerrecht, 2008, S. 118 f.

[57] Abweichende Meinung der Richter *Gaier* und *Masing* und der Richterin *Baer*, BVerfGE 138, 252 (253 Rdnr. 3), unter Berufung auf das Sondervotum *Böckenförde* zum Vermögensteuerbeschluss 1995 (BVerfGE 93, 149).

gang vom Belastungsgrund zur Ausgestaltung" (Schmehl). Ausdrücklich hält es die Frage offen, ob der Gesetzgeber auf Erbschaftsbesteuerung vollständig verzichten könnte. Dann aber, im Hinblick auf die *Ausgestaltung* der gegenwärtigen, politisch gewollten Erbschaftsteuer dränge das soziale Prinzip dahin, jedenfalls Verschonungsregeln so zu gestalten, „dass mit ihrer Hilfe nicht zugleich auch im großen Umfang nicht unternehmerisches Privatvermögen der Erbschaftsteuer entzogen werden kann oder durch Gestaltungsmöglichkeiten die gemeinnützigen wirtschafts- und arbeitsmarktpolitischen Ziele der Befreiungen umgangen werden können".[58]

Diese Überlegung verdient jede Zustimmung. Sie macht bewusst, dass das Steuerprivileg sowohl demokratierechtlich als auch vor dem Sozialstaatsprinzip unter Rechtfertigungsdruck steht. Als Staatsform allgemeiner Trägerschaft der gleich Freien widersetzt sich die Demokratie rechtsnaturgemäß dem Vorrecht ohne Grund. „Die Demokratie des Grundgesetzes ist eine grundsätzlich privilegienfeindliche Demokratie."[59] Oder mit *Sieyes:* „Alles, was durch das Gesetz privilegiert ist, einerlei auf welche Weise, tritt aus der gemeinschaftlichen Ordnung heraus, macht eine Ausnahme für das gemeinschaftliche Gesetz und gehört folglich nicht zum Dritten Stand."[60] Das Privilegienverbot gilt auch und gilt vor allem im Steuerrecht. Das Steuerprivileg ohne Rechtfertigung entlastet den Privilegierten in der Finanzierung des Sozialstaats und diskriminiert den Nichtprivilegierten, indem es ihm höhere Lasten aufbürdet. Im steuerverfassungsrechtlichen Privilegienverbot findet das Folgerichtigkeitsgebot festen Halt[61] – und die Fahndung nach dem Privileg rechtfertigt heuristisches Denken in der Kategorie „Ausnahme".[62] Auch Arndt Schmehl hat, bei aller Vorsicht (o. II. 2. a)), anerkannt: Das Regel-/Ausnahme-Schema sei ein „wichtiger Anknüpfungspunkt" für die Kernfrage, „ob die steuerliche Regelung von ihrem eigenen Ziel und Belastungsgedanken her konsequent durchdacht ist und ob sie sich auf systematische Grundentscheidungen oder andere zulässige Sachgründe stützen kann"[63] – zudem für die unionsrechtlich-beihilfeaufsichtlich relevante Feststellung, ob „eine steuerliche Regelung sich materiell als Steuerausnahme, als Verzicht auf Steuereinnahmen darstellt".[64]

---

[58] BVerfGE 138, 252 (253 Rdnr. 6).

[59] BVerfGE 40, 296 (317).

[60] *E. J. Sieyes*, Was ist der Dritte Stand?, in: *ders.*, Politische Schriften 1788–1790, 2. Aufl. 1981, S. 117 (127).

[61] BVerfGE 84, 239 (268–271).

[62] *U. Hufeld*, Ausnahmerecht, in: Kirchhof/Kube/Mußgnug/Reimer (Hrsg.), Geprägte Freiheit in Forschung und Lehre, 2016, S. 231 ff.

[63] *Schmehl* (o. Fußn. 1), S. 473.

[64] *Schmehl* (o. Fußn. 1), S. 475. *Schmehl* (ebda. 474–479) verfocht „zwischen Skylla und Charybdis" (479) einerseits die verfassungsrechtliche Haltbarkeit des § 8c Abs. 1 KStG, andererseits die europarechtliche Haltbarkeit der Sanierungsklausel (§ 8c Abs. 1a KStG). Indessen hat das EuG den Beschluss der Kommission über die Unvereinbarkeit der Sanierungsklausel mit Art. 107 AEUV bestätigt: Urt. v. 4.2.2016, T-620/11; erst der EuGH hat die Sanierungsklausel auf der Linie Arndt Schmehls gerettet: Urt. v. 28.6.2018, C-203/16 P.

Dem Kampf gegen die „privilegierende Befreiung" nicht nur im Wettbewerbsrecht der Union, sondern auch im Sozialstaatsprinzip „eine weitere verfassungsrechtliche Grundierung" zu geben,[65] hätte Arndt Schmehl mit Nachdruck unterstützt. In Gestalt der Selbstprivilegierung ist die Steuerbefreiung für einige wenige Gestaltungskreative zu einem deprimierenden, politisch dringlichen Problem geworden. Die Kampfzone hat sich kontinental und global ausgedehnt. Heute stellt sich die Frage, ob die Steuerstaaten als Sprengelstaaten noch gerüstet sind, um gegen *Selbstprivilegierung durch Steuervermeidung* zu Felde zu ziehen. In Frage steht die gleichheitskonforme regulatorische Kraft des Steuerrechts.

3. Steuerrecht als wettbewerbsneutrales Ordnungsrecht

Systematisches und erklärbares, mithin gerechtes Steuerrecht (Schmehl) gewährleistet Staatsfinanzierung für die Allgemeinheit (o. III. 1.) und verteilt die Lasten auf die Allgemeinheit (o. III. 2.). Gelingt das, erfüllt das Steuerrecht auch eine wirtschaftsordnungsrechtliche Funktion, positiv und negativ.

Positiv: Der Steuerstaat forciert private Freiheit, weil er sie braucht. Die Privatautonomie, die Freiheit im ökonomischen Bereich ist ihm teuer. In der unternehmerischen Kreativität, im stetigen Ansporn einer Wettbewerbsordnung, in der Wertschöpfungskraft der Anbieter und in der Finanzkraft der Nachfrager, im sozialen Frieden, grundsätzlicher noch in allgemeiner Friedlichkeit und Rechtlichkeit findet und sichert der Steuerstaat seine Grundlagen. In diesem Staat kann sich die Privatrechtsgesellschaft auf ihre Freiheit verlassen – ebenso freilich auf die Besteuerung als Preis der Freiheit.[66]

Negativ: Steuerrecht greift ein, soll aber die Eigendynamik der Wirtschaftsgesellschaft nicht durchkreuzen. Die *Allgemeinheit der Steuerbelastung* vermeidet die Störung der Wettbewerbsordnung. Das Steuerrecht neutralisiert sich durch allgemeine und gleiche Austeilung der Lasten. Das wettbewerbsneutrale Allgemeinrecht klassischer Fasson gründet in der *Symmetrie von Staat und Markt*, in territorialer Übereinstimmung und wechselseitiger Dienlichkeit. Das war gewährleistet im symmetrischen Dualismus „von Steuerstaat und Wirtschaftsgesellschaft",[67] im geschlossenen Steuerstaat – und ist nicht mehr gewährleistet im offenen Steuerstaat, im asymmetrischen Dualismus des *einen* Binnenmarktes mit *vielen* Steuerstaaten.[68] Die Binnenmarkteinheit integriert, die Vielheit der Steuergläubiger parzelliert. Und der Verwalter der Parzelle gerät in Versuchung, Delaware-Effekte auszukosten, Nischen auszu-

---

[65] Abweichende Meinung der Richter *Gaier* und *Masing* und der Richterin *Baer*, BVerfGE 138, 252 (253 Rdnr. 6); zur bislang dreifachen Verankerung der Folgerichtigkeit im Gleichheitssatz, im Rechtsstaatsprinzip und im Bundesstaatsprinzip: *P. Kirchhof*, in: Maunz-Dürig, GG, Kommentar, Art. 3 Abs. 1 (2015) Rdnr. 409.

[66] Steuer als Preis der Freiheit: *P. Kirchhof*, Die Steuern, in: Isensee/Kirchhof (Hrsg.), HStR Bd. V, 3. Aufl. 2007, § 118 Rdnr. 1–79.

[67] *J. Isensee*, Steuerstaat als Staatsform, in: FS H. P. Ipsen, 1977, S. 409 (417).

[68] *U. Hufeld*, Steuerstaat als Staatsform in Europa, in: FS Isensee, 2007, S. 857 (862 ff.).

polstern, etwa eine Lizenzbox vorzuhalten mit Rabattangeboten für Lizenzeinnahmen („Präferenzregelung").

Die Konsequenzen sind heute ein Politikum erster Ordnung. Der nach Bekanntwerden der „Panama-Papers" eingerichtete PANA-Untersuchungsausschuss des Europäischen Parlaments hat im November 2017 seinen Bericht über „Geldwäsche, Steuervermeidung und Steuerhinterziehung" vorgelegt.[69] Der Text schockiert, mit Blick auf die geschätzten Mindereinnahmen in den Unionsstaaten von „mindestens 1 Billion EUR"[70] – mehr noch aber wegen der Auswüchse im *asymmetrischen Dualismus*. Abgesehen von kriminellen Handlungen (Steuerhinterziehung, Geldwäsche), beschreibt der Ausschuss das „Grundproblem" der *Steuervermeidung*[71] als „Verschieben von Geld zwischen verschiedenen Onshore- und Offshore-Rechtsordnungen"[72] und führt es als „systemisches Problem" auf „die mangelnde Zusammenarbeit und Koordinierung" der Staaten in der Union und zwischen den Unionsstaaten zurück.[73] Das Steuerrecht verfehlt seine (negative) ordnungsrechtliche Funktion, wenn „Steuerhinterziehung und Steuervermeidung zu Wettbewerbsnachteilen in erster Linie für kleine und mittlere Unternehmen und große Unternehmen, die keine komplexen Strukturen einsetzen, führen".[74] Der Bericht „bedauert, dass Maßnahmen auf dem Gebiet der Steuerpolitik oft von einzelnen Mitgliedstaaten blockiert werden, um Steueroasen zu schützen; fordert daher, dass der Grundsatz der Einstimmigkeit bei den Abstimmungen der Mitgliedstaaten in Steuerfragen abgeschafft wird, damit beim Kampf für Steuergerechtigkeit Fortschritte erzielt und die Belastung der EU-Bürger verringert werden kann".[75]

Koordinierungsmangel und Vetomacht: Noch halten sich einzelstaatliche Verfechter des asymmetrischen Dualismus, noch finden sie Rückhalt im Kompetenzrecht der Union. Die binnenmarktliche Generalermächtigung, Art. 114 AEUV, verschließt sich den „Bestimmungen über die Steuern" (Abs. 2). Art. 115 AEUV ermöglicht Abhilfe, sein Einstimmigkeitserfordernis schützt freilich die staatlichen Vetopositionen auch derjenigen, die der Untersuchungsausschuss des Europäischen

---

[69] Europäisches Parlament, Untersuchungsausschuss zur Prüfung von behaupteten Verstößen gegen das Unionsrecht und Missständen bei der Anwendung desselben im Zusammenhang mit Geldwäsche, Steuervermeidung und Steuerhinterziehung, Plenarsitzungsdokument A8–0357/2017 v. 16.11.2017.

[70] EP, Untersuchungsausschuss, A8–0357/2017, S. 10 f.

[71] Begrifflich erfasst als „Ausnutzung des Steuersystems zur Verringerung oder Vermeidung der Steuerschuld", wobei „häufig zumindest der Grundgedanke des vorgeblich befolgten Gesetzes verletzt wird", EP, Untersuchungsausschuss, A8–0357/2017, S. 9, mit Verweis auf OECD, Glossary of Tax Terms, 2017.

[72] EP, Untersuchungsausschuss, A8–0357/2017, S. 46 (Rdnr. 188).

[73] EP, Untersuchungsausschuss, A8–0357/2017, S. 46 (Rdnr. 190).

[74] EP, Untersuchungsausschuss, A8–0357/2017, S. 9; vgl. auch den Antrag der FDP v. 11.12.2017, „Steuerschlupflöcher schließen, aggressive Steuervermeidung und Steuerhinterziehung beenden", BT-Drs. 19/227.

[75] EP, Untersuchungsausschuss, A8–0357/2017, S. 48 (Rdnr. 202).

Parlaments in aller Offenheit als Interessenten und Begünstiger *aggressiver Steuerplanung*[76] anspricht.[77] Dass der Ausschuss nunmehr die Aufmerksamkeit auf Art. 116 AEUV lenkt,[78] verdient besondere Beachtung. Der – in praxi bisher bedeutungslose – Art. 116 will mehr sein als Ermächtigungspotential, er drängt imperativisch auf „Beseitigung" akuter Verfälschungen und Verzerrungen der Wettbewerbsbedingungen. Den Bereinigungsauftrag erteilt er zunächst der Kommission (Abs. 1), sodann dem ordentlichen Gesetzgeber (Abs. 2); im Verfahren des Art. 294 AEUV kann der Rat einzelne Veto-Staaten majorisieren. Wenn sich „einige Regierungen und Länder/Gebiete, darunter auch in der EU, darauf spezialisiert haben bzw. daran beteiligt sind, wettbewerbsverzerrende Präferenzregelungen für multinationale Unternehmen und vermögende Privatpersonen zu schaffen",[79] dann kann und muss Art. 116 AEUV hier, auch und gerade für das souveränitätssensible Politikfeld Steuern,[80] seine Mission historisch erstmals erfüllen.

Die Europäische Union steht in der Pflicht, zur Wiederherstellung einer Balance beizutragen zwischen Freiheit und Hoheit, zwischen Freizügigkeit im Raum und gleichräumiger, allgemeiner, wettbewerbsneutraler Besteuerung. Das Beihilfeverbot reicht nicht aus. Das Europäische Steuerrecht darf sich in seiner ordnungsrechtlichen Funktion nicht einseitig beschränken auf positiv-stimulierende Freisetzung. Wenn die Union Niederlassungs- und Kapitalverkehrsfreiheit garantiert, damit eine Binnenmarkt-Leistungsfähigkeit ermöglicht, schulden die Gläubigerstaaten ihrer Union ein abgestimmtes Steuerrecht im Zeichen der Symmetrie.

IV. Thesen: Politikermächtigung, Entpolitisierung, Repolitisierung

1. Als Produkt aus positiver Gewährleistung der Staatsfinanzierung und negativer Gewährleistung des gleichheitskonformen Eingriffs (o. III. 1.) ist das Steuerrecht *einerseits* auf weitreichende Ermächtigung angewiesen, *andererseits* auf strenge Eingriffs- und Lastenausteilungsrationalität. Die Folgerichtigkeitsdogmatik kann dieser Ambivalenz entsprechen. An die Politikermächtigung knüpft sie ein Entpolitisierungsprogramm. Sie respektiert Belastungs- und Steuerwürdigkeitsentscheidungen. Dann freilich drängt sie auf Allgemeinheit und Gleichheit der Belastung, bekämpft gleichheitswidrige Diskriminierung und gleichheitswidrige Privilegierung.

---

[76] EP, Untersuchungsausschuss, A8–0357/2017, S. 9, bezeichnet „aggressive Steuerplanung" als „Ausnutzung der Feinheiten eines Steuersystems oder der Diskrepanzen zwischen zwei oder mehr Steuersystemen zur Senkung der Steuerschuld".

[77] Voran Malta, Luxemburg, die Niederlande, das Vereinigte Königreich, Irland und Zypern.

[78] EP, Untersuchungsausschuss, A8–0357/2017, S. 46 f. (Rdnr. 193).

[79] EP, Untersuchungsausschuss, A8–0357/2017, S. 10.

[80] *C. D. Classen*, in: von der Groeben/Schwarze/Hatje, Bd. 3, 7. Aufl. 2015, Art. 116 Rdnr. 6, 24.

2. In der steuerverfassungsgerichtlichen Kontrolle können Verhältnismäßigkeits- und Folgerichtigkeitsdogmatik nebeneinander bestehen. Für den Selbststand der Folgerichtigkeit streiten die hochgradige Normprägung der Steuerwürdigkeitsentscheidung, ihre daraus folgende Direktionskraft und die damit grundgelegte Strenge der Gleichheitskontrolle im Zeichen der Lastenausteilungsrationalität bei „Umsetzung der Steuerwürdigkeitsentscheidung" (o. III. 1.).

3. Soweit das Steuerrecht nicht *konkretisiert* und die Allgemeinheit der Ausgangsentscheidung im Konkretisierungsrecht lediglich bestätigt, sondern *privilegiert*, hat es die privilegienfeindliche Demokratie, das soziale Prinzip, den Gleichheitssatz und das Wettbewerbsprinzip gegen sich (o. III. 2. und III. 3.). Dem Steuerprivileg ohne Rechtfertigung, das den Privilegierten verschont, den Nichtprivilegierten zu hoch belastet, fehlt jeder Rückhalt. Hier will das demokratische Verfassungsrecht nicht mehr politische Kompromisse offenhalten, sondern nur mehr entpolitisieren.

4. Die Kategorie „Ausnahme" hilft auf der Suche nach dem verbotenen Privileg. Das Regel-/Ausnahme-Schema ist für das prekäre steuerliche Verschonungsrecht wichtiger Anknüpfungspunkt der Unterscheidung von Konkretisierung und Privilegierung. „Ausnahmerecht" kann Rückhalt finden in einem verfassungsrechtlich unangreifbaren Politik- und Lenkungsanliegen; „Ausnahmerecht" verweist aber als maßstäbliches, die Ausnahme begrenzendes Recht auch auf entpolitisierendes Kontroll- und Verbotsrecht. In diesem Sinne ist die Folgerichtigkeitskontrolle „Ausnahmedisziplinierungsrecht", auch das Unionsrecht der Beihilfeaufsicht (o. III. 2.).

5. Steuerliches Verschonungsrecht, das sich sachgrundlos der allgemeinen Belastungsentscheidung widersetzt, ist ein politisches Krebsübel. Der nach Bekanntwerden der „Panama-Papers" eingerichtete PANA-Untersuchungsausschuss des Europäischen Parlaments wirft ein grelles Licht auf „systemische" Steuervermeidung und aggressive Steuerplanung (o. III. 3.). Europäisierung und Globalisierung begünstigen steuerliche Selbstverschonung und Selbstprivilegierung, wenn das Steuerrecht in seiner regulatorischen und ordnungsrechtlichen Funktion nicht Schritt hält mit dem suprastaatlichen Verfassungsrecht der freien Niederlassung und der Kapitalverkehrsfreiheit.

6. Die binnenmarktverfassungsrechtliche Schieflage zwischen dem Können der Marktakteure und dem Sollen der Steuerpflichtigen beruht auf einem strukturellen Regulierungsdefizit. Dem Entpolitisierungsprogramm der Grundfreiheiten muss die europäische Steuerpolitik mit Repolitisierungsehrgeiz begegnen. Der asymmetrische Dualismus aus Binnenmarkteinheit und Vielheit der Steuerstaaten und die Vetorechte aus Art. 114 Abs. 2, 115 AEUV (o. III. 3.) dürfen nicht in einem Missbrauchsbegünstigungssystem der Entpolitisierung – zusammengesetzt aus den Politikverboten der Grundfreiheiten und den Politikblockaden des Kompetenzrechts – zementiert werden.

7. Deutschland kann sich nur an einem demokratischen, rechtsstaatlichen und sozialen Europa beteiligen (Art. 23 Abs. 1 Satz 1 GG), nicht an einer privilegierungsfreundlichen Union. Anerkennung verdient, dass die Kommission in jüngerer Zeit das Beihilfeverbot gegen mitgliedstaatliche Privilegierungpolitik in Stellung bringt. Indessen reicht das Entpolitisierungspotential des Art. 107 Abs. 1 AEUV nicht aus. Der gesamt-mitgliedstaatlichen, flächendeckenden Privilegierung ist mit dem Beihilferecht nicht beizukommen.

8. In Betracht kommt der altetablierte, nie praktisch gewordene Kompetenztitel des Art. 116 AEUV. Auf seiner Grundlage kann der Unionsgesetzgeber im ordentlichen Gesetzgebungsverfahren – mit Mehrheitsentscheidungen im Rat – akute Wettbewerbsverfälschungen bekämpfen. Das könnte ein erster Schub der Repolitisierung sein und den Boden bereiten für die Wiedergewinnung eines symmetrischen Dualismus, einer Balance zwischen Binnenmarkt und der Union der Steuerstaaten.

V. Nachrede

Arndt Schmehl fehlt uns, der Freund, der Kollege. Er war engagiert auch in der Steuerrechtswissenschaft, wäre aber nie auf die Idee gekommen, sich auf selbstgenügsame Steuerrechtsdogmatik zurückzuziehen. Er war kompletter Staatsrechtswissenschaftler – unersetzlich ist er in der fachlich übergreifenden Diskussion über gerechte Finanzpolitik in Deutschland und Europa. Finanzrecht hat ihn interessiert als „Frage nach gesellschaftlicher Gerechtigkeit". Sein Werk hat Bestand, voran sein Buch über das Äquivalenzprinzip im Recht der Staatsfinanzierung (2004). Im Nachdenken über Staatsrecht, Steuerrecht und Politik bleiben wir ihm verbunden.

Zur Repräsentativität des infolge Veräußerung im Zwangsversteigerungsverfahren oder Veräußerung aus der Insolvenzmasse erzielten Preises nach § 9 BewG

Von *Lars Hummel*

Die Tatsache, dass eine Position seit Jahrzehnten etabliert ist, bot für *Arndt Schmehl*, dessen mit diesen Zeilen gedacht werden darf, beileibe keinen Hinweis auf deren Richtigkeit, mehr noch: sie ließ ihm diese Position verdächtig werden, bedeutet sie doch häufig, dass über besagte Position seit längerer Zeit nicht mehr nachgedacht und sie gleichsam unreflektiert durch die Zeit getragen worden ist. *Arndt Schmehl* verstand es, näher nachzufragen und „ans Licht empor[zu]heben, was fähig und reif ist, Form zu gewinnen"[1]; in seinen Zweifeln offenbarte sich der kritische Blick des Wissenschaftlers, der als Prämisse nur dasjenige zugrunde legt, was er selbst als richtig erkannte. Auf diesem Pfade schreitend, soll im Folgenden eine Position, die der Reichsfinanzhof vor mehr als neunzig Jahren formulierte und die, soweit ersichtlich, seitdem unwidersprochen blieb, mit der Frage nach deren Überzeugungskraft konfrontiert werden.

I. Problemaufriss und normative Ausgangslage

Für steuerliche Zwecke ist einem Wirtschaftsgut gegebenenfalls ein Geldwert beizumessen,[2] es bedarf – mit anderen Worten und im Duktus der Steuergesetze – gegebenenfalls der Bewertung. Doch ist der Wert eines Wirtschaftsguts demselben in nicht gerade zahlreichen Fällen, wenn die saloppe, aber expressive Formulierung erlaubt ist, auf die Stirn geschrieben. Das mag etwa auf Bargeld sowie auf Forderungen aus Girokonten oder Spareinlagen bei einer (solventen) Bank zutreffen. In den überwiegenden Fällen hingegen bedarf der Wert eines Wirtschaftsguts einer mehr oder weniger Aufwand erfordernden Ermittlung, die ihrerseits Maßstäbe bedingt. Deren Abfassung blieb der Gesetzgeber durchaus nicht schuldig, ja wartet – wie so häufig im Steuerrecht – in einer Fülle mit ihnen auf, die den Gedanken an eine Mangelsituation nicht im Ansatz aufkommen lässt. Hier soll es freilich nicht um den gesamten Kanon, sondern um eine, und zwar zentrale, Normierung gehen.

---

[1] *T. Mann*, Die Erzählungen, 2005, S. 372 (Schwere Stunde).
[2] Vgl. *R. Seer*, Erbschaft- und Schenkungsteuer, in: Tipke/Lang (et al.), Steuerrecht, 22. Aufl. 2015, § 15 Rdnr. 54.

Die Verrechnung des Sanierungsertrages mit den Verlustvorträgen unterliegt nicht der Mindestbesteuerung nach § 10d Abs. 2 EStG. Die Verrechnung erfolgt also zu 100 % der bestehenden Verlustvorträge, nicht nur zu 60 %.

Um eine größtmögliche Verrechnung des Sanierungsertrages mit Verlusten zu erreichen bestimmt § 3a Abs. 1 S. 2, 3 EStG, dass steuerliche gewinnmindernde Wahlrechte, einschließlich einer Teilwertabschreibung, im Sanierungsjahr und im Folgejahr in größtmöglichem Umfang auszuüben sind. M.E. gehört dazu auch das Wahlrecht zur Bildung einer steuerfreien Rücklage nach § 6a EStG.[23] Eine Wahlmöglichkeit besteht insoweit nicht mehr. Zweck der Regelung ist zu verhindern, dass Verluste, die durch die Ausübung der gewinnmindernden Wahlrechte im Sanierungsjahr und im Folgejahr entstehen, mit dem Sanierungsertrag verrechnet werden. Dies verhindert, dass diese Wahlrechte erst in späteren Zeiträumen ausgeübt werden, in denen der Sanierungsertrag nicht mehr mit Verlusten zu verrechnen ist, und damit der Verlustuntergang verhindert wird.

Eine für die Steuerplanung wichtige und gefährliche Regelung enthält § 3a Abs. 3 S. 3 EStG. Danach wird der Sanierungsertrag, der nicht bei dem Steuerpflichtigen nach § 3a Abs. 3 S. 2 EStG verrechnet werden konnte, mit Verlusten einer nahestehenden Person verrechnet, wenn diese Person die erlassenen Schulden in einem Zeitraum von 5 Jahren vor dem Schuldenerlass auf den Steuerpflichtigen übertragen hatte.[24] Betragsmäßig begrenzt wird die Verrechnung der Verluste insoweit, als diese zum Ablauf des Wirtschaftsjahres der Übertragung bereits entstanden waren. Mit dieser Regelung soll verhindert werden, dass ein Unternehmen, das Verluste ausweist, vor der Sanierung den Geschäftsbetrieb einschließlich der zu erlassenden Schulden auf einen anderen Rechtsträger überträgt, und dann der übernehmende Rechtsträger saniert wird. Da die Verluste bei dem übertragenden Rechtsträger verbleiben, sind diese weiterhin abzugsfähig, während bei dem übernehmenden Rechtsträger noch keine oder geringere Verluste aufgelaufen sind und daher keine vollständige Verrechnung mit dem Sanierungsertrag erfolgen kann. Die Übertragung des Geschäftsbetriebs kann durch Einbringung nach § 20 UmwStG (handelsrechtlich Ausgliederung, § 123 III UmwG), Abspaltung nach § 15 UmwStG, § 123 Abs. 2 UmwG, auf Grund des § 6 Abs. 3 EStG bei einer Mitunternehmerschaft oder durch verdeckte Einlage erfolgen. Ob die Übertragung zu Buchwerten, Zwischenwerten oder gemeinen Werten erfolgt ist für die Anwendung der Regelung ohne Bedeutung. Die Eigenschaft als „nahestehende Person" kann durch familienrechtliche, gesellschaftsrechtliche, schuldrechtliche oder rein tatsächliche Beziehungen begründet werden.[25] Als Dritte betroffen sind insbesondere Familienangehörige und zum gleichen Konzern gehörende Gesellschaften.[26]

---

[23] A.A. *Sistermann/Beutel* (o. Fußn. 15), 1067.

[24] Hierzu M. *Suchanek/A.Schaaf/P. Hanneweber*, Interpersoneller Verlustuntergang gemäß der Neuregelung der Sanierungsgewinnbesteuerung, Wpg 2017, 909.

[25] Eingehend zum Begriff der nahestehenden Person G. *Frotscher*, in: Frotscher/Drüen (Hrsg.), KStG, GewStG, UmwStG, Anh. vGA zu § 8 KStG, Rdnr. 59 ff.

Gedacht ist an § 9 BewG, dessen erster Absatz für den Anwendungsbereich des Bewertungsgesetzes einen Grundsatz formuliert, wonach bei Bewertungen, soweit nichts anderes vorgeschrieben ist, der gemeine Wert zugrunde zu legen ist. Für sich gesehen ist dieser Wertbegriff wenig aussagekräftig, weshalb der Gesetzgeber gut beraten war, ihn selbst näher zu kennzeichnen. Dies geschieht in § 9 Abs. 2 BewG, der den gemeinen Wert durch den Preis bestimmt sieht, der im gewöhnlichen Geschäftsverkehr nach der Beschaffenheit des Wirtschaftsguts bei einer Veräußerung zu erzielen wäre, wobei alle Umstände, die den Preis beeinflussen, nicht hingegen ungewöhnliche oder persönliche Verhältnisse zu berücksichtigen sind. Während der Gesetzgeber die Ausmalung des Begriffs der ungewöhnlichen Verhältnisse offensichtlich nicht als seine Aufgabe betrachtete, ließ er sich in § 9 Abs. 3 BewG noch die eingehendere Charakterisierung des Begriffs der persönlichen Verhältnisse angelegen sein. Diesen ordnet er ausdrücklich auch solche Verfügungsbeschränkungen zu, die in der Person des Steuerpflichtigen oder eines Rechtsvorgängers begründet sind, was insbesondere für Verfügungsbeschränkungen gelten soll, die auf letztwilligen Anordnungen beruhen.

Diese durch § 9 BewG etablierten Bedingungen sind überkommene, gleichsam transportierte, trafen doch bereits § 137 Abs. 1, § 138 Abs. 1 und 2 der Reichsabgabenordnung vom 13. Dezember 1919[3], im Anschluss §§ 9 und 10 des Reichsbewertungsgesetzes vom 22. Mai 1931[4] sowie § 10 des Reichsbewertungsgesetzes vom 16. Oktober 1934[5] Verfügungen entsprechenden Inhalts.[6] Vor dem Hintergrund besagter Vorschriften gelangte der Reichsfinanzhof zunächst zu der Einsicht, dass der bei einer Veräußerung im Zwangsversteigerungsverfahren erzielte Preis nicht den gemeinen Wert widerspiegele, weil er nicht im gewöhnlichen Geschäftsverkehr zustande gekommen sei; im Zwangsversteigerungsverfahren seien andere Umstände für die Preisbildung maßgebend als beim freihändigen Verkauf, namentlich sei der Einfluss des Eigentümers auf die Preisgestaltung völlig ausgeschaltet, da der Preis allein durch die Bieter bestimmt werde.[7] Unter Berufung hierauf sah der Reichsfinanzhof sodann auch den bei einer Veräußerung aus der Konkursmasse erzielten Preis nicht als Notifikation des gemeinen Wertes an; die Zugehörigkeit eines Wirtschaftsguts zur Konkursmasse bilde einen außergewöhnlichen Umstand, zumal sich der Konkursverwalter in einer Zwangslage befinde, die sich preismindernd auswir-

---

[3] RGBl 1919, 1993.

[4] RGBl I 1931, 222.

[5] RGBl I 1934, 1035.

[6] Bereits das Allgemeine Landrecht für die Preußischen Staaten aus dem Jahre 1794 operierte mit dem gemeinen Wert, den § 112 des Zweyten Titels des Ersten Theils mit dem „Nutzen, welche[r] die Sache einem jeden Besitzer gewähren kann", identifizierte, doch liegt in dem Rekurs auf den Nutzen ein deutlich anderes Konzept.

[7] RFH, StuW 1926, Nr. 578, Sp. 2007 (2008); im Anschluss RFH, StuW 1930 II, Nr. 1093, Sp. 1662; StuW 1932 II, Nr. 939, Sp. 1840 (1844); RStBl 1938, 564; StuW 1938 II, Nr. 494, Sp. 929 (929 f.).

ke.[8] Später pflichtete der Bundesfinanzhof dieser Interpretation bei,[9] und zwar unter Hinzufügung des Adverbs „sicherlich", das cum grano salis zwar dessen Überzeugungen zu bekräftigen, aber nicht inhaltlich zu verstärken vermag.

Auf dem normativen Boden des § 9 BewG, zu welchem zurückgekehrt werden darf, findet das Schrifttum zu keinen anderen Positionen, als sie der Reichsfinanzhof der Sache nach einnahm, und gibt demgemäß der Auffassung Ausdruck, dass der bei einer Veräußerung im Zwangsversteigerungsverfahren oder bei einer Veräußerung aus der Insolvenzmasse erzielte Preis nicht im gewöhnlichen Geschäftsverkehr zustande gekommen sei und infolgedessen nicht den gemeinen Wert des betreffenden Wirtschaftsguts repräsentiere.[10] Auf die potentielle Überzeugungskraft einer näheren Begründung setzt das angesprochene Schrifttum freilich nicht, macht sich nicht einmal die referierten Überlegungen des Reichsfinanzhofs ausdrücklich zu eigen, übt sich vielmehr im Argumentationsverzicht. Da aber auch kaum behauptet werden kann, die Richtigkeit jener Lesart liege nachgerade auf der Hand, sei gestattet, sie im Folgenden auf ihre Belastbarkeit zu prüfen.

II. Maßgebende Beurteilungskriterien im Detail

Zweifellos sind der gemeine Wert als der unter bestimmten gesetzlichen Annahmen erzielbare (vgl. § 9 Abs. 2 Satz 1 BewG: „der [...] zu erzielen wäre") Veräußerungspreis, anders gewendet: als eine vom Gesetz eigens definierte rechtliche Größe, und der realiter erzielte Veräußerungspreis nicht a priori als dasselbe anzusehen.[11] Andererseits stehen beide durchaus nicht beziehungslos nebeneinander. Letzterer, der erzielte Preis, bietet jedenfalls dann ein gewichtiges, nicht ohne triftige Gründe überwindbares Indiz für Ersteren, den erzielbaren Preis, und den durch ihn bestimmten gemeinen Wert, wenn der Veräußerer gerade auch bestrebt ist, seinen Nutzen zu maximieren, was bei Veräußerungen unter fremden Dritten regelmäßig angenommen werden darf. Mit anderen Worten bildet eine unter fremden Dritten getätigte Veräußerung einen recht belastbaren Anhalt für den gemeinen Wert des Veräußerungsgegenstandes – ein Rechtsgedanke, der auch in § 11 Abs. 2 Satz 1 Satzteil 1 BewG wirkt.[12]

---

[8] RFH, StuW 1928 II, Nr. 639, Sp. 1130 (1130 f.).

[9] BFH, HFR 1966, 1 (2 f.).

[10] So R. *Halaczinsky*, in: Rössler/Troll (Begr.), BewG, § 9 (25. Lfg. Oktober 2016) Rdnr. 9; M. *Jülicher*, in: Troll/Gebel/Jülicher/Gottschalk, ErbStG, § 12 (50. Lfg. April 2016) Rdnr. 59; S. *Kreutziger*, in: Kreutziger/Schaffner/Stephany, BewG, 3. Aufl. 2013, § 9 Rdnr. 12, 15; W. *Schulte*/M. *Birnbaum*, Erbschaftsteuerrecht, 2. Aufl. 2017, Rdnr. 345; im Grundsatz K. *Immes*, in: Wilms/Jochum/Götz/Meßbacher-Hönsch (Hrsg.), ErbStG, § 9 BewG (Oktober 2013) Rdnr. 6; in der Sache auch J. P. *Meincke*, ErbStG, 16. Aufl. 2012, § 12 Rdnr. 25.

[11] Hierzu und zum Folgenden vgl. RFHE 11, 260 (261).

[12] Liegt für das zu bewertende Wirtschaftsgut selbst ein Veräußerungspreis vor, bildet er ein umso bedeutungsschwereres, das heißt nicht erst durch einen Vergleich mit Veräußerungspreisen ähnlicher Wirtschaftsgüter Gewicht erlangendes, Indiz für den gemeinen Wert

1. Merkmal des gewöhnlichen Geschäftsverkehrs

Die vom Gesetz gedanklich zugrunde gelegten Bedingungen der Preisbildung werden vornehmlich durch das Merkmal des gewöhnlichen Geschäftsverkehrs abgebildet. Kraft dieses Merkmals, das den gemeinen Wert als „Verkehrswert" erscheinen lässt,[13] rekurriert das Gesetz auf etwas Übliches, auf Veräußerungskonditionen immer wieder vorkommender Art, und knüpft damit im Grunde an einen greifbaren Markt an.[14] Gerade auf dem durch diese grundsätzliche Einordnung geebneten Wege schreitet der Bundesfinanzhof dahin, wenn er den gewöhnlichen Geschäftsverkehr prinzipiell als denjenigen Handel charakterisiert, der sich nach den marktwirtschaftlichen Grundsätzen von Angebot und Nachfrage unter freien Wirtschaftlern vollziehe und bei dem jeder der Vertragspartner ohne Zwang und nicht aus Not oder besonderen Rücksichten, sondern freiwillig in Wahrung seiner eigenen wirtschaftlichen Interessen zu handeln in der Lage sei.[15] Dabei gilt es jedoch im Auge zu behalten, dass das Handeln besagter Wirtschaftler von vornherein rechtlich determiniert ist, sich also nur in den Schranken als frei darbietet, die sich aus der Tatsache der rechtlichen Ordnung der Wirtschaft bzw. des betreffenden Marktes ableiten. An das Ausmaß von Angebot und Nachfrage richten sich indessen keine besonderen Anforderungen. So wird die Annahme eines gewöhnlichen Geschäftsverkehrs nicht durch den Umstand gehindert, dass sich ein Markt auf Veräußerer- oder Erwerberseite durch einen nur kleinen Kreis von Interessenten und damit durch nicht für jedermann überschaubare Verhältnisse auszeichnet[16] oder dass sich das Marktgeschehen auf einem monopolistischen oder oligopolistischen Markt vollzieht[17]. Grenzen sind dort erreicht, wo von einem greifbaren Markt keine Rede mehr sein kann, mithin etwas Unübliches in Erscheinung tritt. Für Gegenstände, die nach der Verkehrsauffassung überhaupt nicht als Wirtschaftsgüter angesehen werden, weil ein anderer als der Eigentümer keinerlei

---

des Wirtschaftsguts; siehe dazu BFHE 94, 498 (501), und zwar in Abgrenzung zu RFH, RStBl 1938, 716. Eine ganz andere Frage ist, zu welchem Zeitpunkt der Veräußerungspreis für das zu bewertende Wirtschaftsgut vorlag und wie es um die Relevanz dieses Zeitpunkts bestellt ist (vgl. nochmals und beispielhaft § 11 Abs. 2 Satz 1 Satzteil 1 BewG: „aus Verkäufen [...], die weniger als ein Jahr zurückliegen"), lässt doch die Indizwirkung eines realiter erzielten Veräußerungspreises für den gemeinen Wert mit zeitlichem Abstand zum Besteuerungszeitpunkt nach (BFHE 205, 492 [494]).

[13] Vgl. BFHE 240, 287 (293); *H. Daragan*, in: Daragan/Halaczinsky/Riedel (Hrsg.), Praxiskommentar ErbStG und BewG, 2. Aufl. 2012, § 9 BewG Rdnr. 2; *Halaczinsky* (o. Fußn. 10), Rdnr. 8; *Immes* (o. Fußn. 10), Rdnr. 4; *Kreutziger* (o. Fußn. 10), Rdnr. 2, 6; *Seer* (o. Fußn. 2); *H.-U. Viskorf*, in: Viskorf/Knobel/Schuck/Wälzholz (et al.), ErbStG, BewG, 4. Aufl. 2012, § 9 BewG Rdnr. 2; ferner – mit dem Zusatz „in der Regel" – BFHE 140, 182 (186); BFHE 159, 505 (510).

[14] Vgl. auch BFHE 150, 453 (457): „§ 9 Abs. 2 BewG [...] unterstell[t] einen funktionierenden Absatzmarkt".

[15] In dieser Gestalt zuerst BFH, HFR 1966, 1 (2); im Anschluss etwa BFHE 95, 334 (337); 128, 254 (256); 132, 482 (485).

[16] Vgl. BFHE 128, 254 (258); bereits auch RFH, StuW 1930 II, Nr. 134, Sp. 196; RStBl 1931, 585 (587); RFHE 37, 64 (65).

[17] *Daragan* (o. Fußn. 13), Rdnr. 28.

Verwendung, sei sie nun lohnend oder unlohnend, für sie hat, vermag ein gemeiner Wert daher nicht ermittelt zu werden.[18]

Die Preisbildung auf einem solchen Markt, die idealiter durch das Zusammentreffen von Angebot und Nachfrage dirigiert wird, erweist sich letztlich als das Produkt sämtlicher Faktoren, welche die (hinreichend informierten) Akteure auf Veräußerer- oder Erwerberseite bei ihren handlungsleitenden Entscheidungen ins Kalkül ziehen. Das vollzieht das Gesetz einerseits nach, indem es vermittels § 9 Abs. 2 Satz 2 BewG alle Umstände,[19] die den Preis beeinflussen, bei der Bestimmung des gemeinen Werts zu berücksichtigen gebietet. Andererseits sucht es, jenen Mechanismus beschränkend, Eigengesetzlichkeiten zu pflegen und aus steuerlicher Perspektive unerwünschte Faktoren der Preisbildung – um der Aufdeckung eines gewissermaßen „objektiveren" als des durch den Markt hervorgebrachten Preises willen – auszuschalten, indem es daneben in § 9 Abs. 2 Satz 3 BewG ungewöhnliche sowie persönliche Verhältnisse nicht zu berücksichtigen verlangt.

2. Merkmale der ungewöhnlichen und der persönlichen Verhältnisse

Mit den nach dem zuvor Gesagten: der Grenzziehung dienenden – Merkmalen der ungewöhnlichen und der persönlichen Verhältnisse sieht der Bundesfinanzhof Umstände umschrieben, mit denen der Verkehr bei der Abschätzung des Werts eines Wirtschaftsguts nicht zu rechnen pflege, wobei persönliche Umstände darüber hinaus die Besonderheit aufwiesen, dass sie in der Person des Käufers oder Verkäufers lägen.[20] Dieser Ansatz ist insoweit bemerkenswert, als sich die persönlichen Verhältnisse hiernach als eine Untergruppe der außergewöhnlichen Verhältnisse darstellen, was ihre Erwähnung im Gesetz als überflüssig erscheinen lässt – dass der Gesetzgeber ein Merkmal aufnahm, dem eine eigene Funktion beizulegen er gleichwohl nicht beabsichtigte, darf man bezweifeln. Im Übrigen erscheint er konsensfähig, wenngleich es einer Klarstellung bedarf. § 9 Abs. 2 Satz 2 BewG erklärt von vornherein nur diejenigen Umstände für relevant, die den Preis beeinflussen (aus deren Kreise § 9 Abs. 2 Satz 3 BewG alsdann die ungewöhnlichen und persönlichen Verhältnisse auszusondern befiehlt). Umstände, die im (gewöhnlichen) Verkehr bei der Abschätzung des Werts eines Wirtschaftsguts nicht veranschlagt werden, bleiben

---

[18] RFHE 37, 64 (65).

[19] Der Gebrauch des weitreichendsten Numerales „alle" zeigt an, dass eine Differenzierung nach der Art der Umstände, namentlich nach rechtlichen, wirtschaftlichen oder tatsächlichen Umständen, nicht impliziert ist (vgl. *Daragan* [o. Fußn. 13], Rdnr. 32; *Halaczinsky* [o. Fußn. 10], Rdnr. 11; *Immes* [o. Fußn. 10], Rdnr. 7; *Viskorf* [o. Fußn. 13], Rdnr. 9).

[20] BFH, BFH/NV 2007, 1277 (1279); BFH/NV 2008, 962 (963); BFH/NV 2011, 1702 (1703); BFHE 240, 287 (293); vor dem Hintergrund allein des Begriffs der ungewöhnlichen Verhältnisse bereits RFH, StuW 1932 II, Nr. 939, Sp. 1840 (1844).

hiernach von vornherein außer Betracht;[21] Umstände, die im (gewöhnlichen) Verkehr bei der Abschätzung des Werts eines Wirtschaftsguts veranschlagt werden, mit deren Vorliegen üblich jedoch nicht gerechnet wird, sind zwar noch nach Satz 2, nicht mehr aber nach Satz 3 des § 9 Abs. 2 BewG zu berücksichtigen. Als persönliche Verhältnisse erweisen sich diese Umstände, wenn sie in der Person des Veräußerers oder des Erwerbers begründet sind (vgl. auch § 9 Abs. 3 Satz 1 BewG);[22] als ungewöhnliche Verhältnisse erweisen sie sich, wenn sie im Veräußerungsgegenstand oder den sachlichen Veräußerungsbedingungen begründet sind.

Zur Verdeutlichung dieses recht abstrakt gezeichneten Bildes mag eine Exemplifizierung beitragen, welche bei den ungewöhnlichen Verhältnissen ansetzen darf. Von deren Vorliegen ist etwa auszugehen im Falle der gesetzwidrigen Umgehung von Preisvorschriften, auch wenn sie einen größeren Umfang annimmt.[23] Hingegen begründet der durch einen Angebots- oder Nachfrageüberhang erzeugte Marktdruck von Veräußerer- oder Erwerberseite, der Veräußerungspreise hervorbringt, die ohne denselben nicht entstünden, keine ungewöhnlichen Verhältnisse, weil derartige Phänomene sich im Spektrum landläufiger Marktreaktionen bewegen und alle Akteure des in Rede stehenden Marktsegments betreffen.[24] Der Markt ist zudem kein Raum definitiver Rationalität, weshalb eine Ineinssetzung der Grenzverläufe zwischen gewöhnlichen und ungewöhnlichen Verhältnissen einerseits und rationaler und irrationaler Preisbildung andererseits nicht statthaft erscheint. Was sodann die persönlichen Verhältnisse anbelangt, so darf zunächst darauf hingewiesen werden, dass § 9 BewG in seinem dritten Absatz selbst punktuelle Konkretisierungen vornimmt, indem es den persönlichen Verhältnissen bestimmte Verfügungsbeschränkungen zuordnet. Eingängigere Positivbeispiele bilden allerdings die Veräußerung eines Wirtschaftsguts zu einem anderen als dem marktüblichen Preis aus Gründen des Angehörigenverhältnisses zwischen Veräußerer und Erwerber, aus Gründen einer auf Veräußereroder Erwerberseite bestehenden Notlage sowie aus Gründen eines affektiven (insbesondere: Liebhaber-)Interesses auf Erwerberseite.[25]

---

[21] So im Ergebnis auch BFH, BFH/NV 2007, 1277 (1279); *Halaczinsky* (o. Fußn. 10), Rdnr. 12; mehrdeutig hingegen BFH, BFH/NV 2011, 1702 (1703): „[Umstände,] die lediglich in einem Einzelfall ausnahmsweise die Preisbildung beeinflusst haben".

[22] Für die Beurteilung der Frage, ob der Verkehr bei der Abschätzung des Werts eines Wirtschaftsguts mit einem bestimmten Umstand zu rechnen pflege, wird man die Häufigkeit dessen Auftretens und die Anzahl von ihm betroffener Personen aus dem Kreise der relevanten Kriterien nicht gänzlich exkludieren dürfen, weil sich die Verkehrsauffassung auch – wenngleich vielleicht nicht in erster Linie – anhand ihrer ausbildet (anders FG Hamburg, EFG 1986, 330 [331], das ausschließlich von der „Persönlichkeit" des Umstandes bzw. Verhältnisses, nicht hingegen von der „üblichen Berechnung" des Umstandes bzw. Verhältnisses her denkt, die nach dem Gesagten den Beurteilungsschwerpunkt bildet).

[23] BFH, HFR 1965, 453 (454), wobei das Gericht auch den Begriff des „schwarze[n] Markt[s]" zur Kennzeichnung verwendet.

[24] Hierzu und zum Folgenden vgl. BFHE 128, 254 (258); ferner BFHE 122, 334 (337 f.).

[25] Vgl. *Daragan* (o. Fußn. 13), Rdnr. 35; *Halaczinsky* (o. Fußn. 10), Rdnr. 14; *Immes* (o. Fußn. 10), Rdnr. 11; *Kreutziger* (o. Fußn. 10), Rdnr. 15a.

III. Einordnung der Veräußerung im Zwangsversteigerungsverfahren und der Veräußerung aus der Insolvenzmasse

Nachdem nun der Maßstab entfaltet ist, besteht die Aufgabe im Folgenden darin, anhand seiner zu beurteilen, ob sich die Veräußerung im Zwangsversteigerungsverfahren und die Veräußerung aus der Insolvenzmasse als Vorgänge des gewöhnlichen Geschäftsverkehrs und, falls dies zu bejahen ist, als ungewöhnliche oder persönliche Verhältnisse begreifen lassen müssen, um auf der Grundlage der gewonnenen Einsichten schließlich konstatieren zu können, ob die auf nämlichen Wegen erzielten Veräußerungspreise den gemeinen Wert der so veräußerten Wirtschaftsgüter zu repräsentieren vermögen. Von einer a limine eindeutigen Angelegenheit, wie der Bundesfinanzhof sie offenbar annimmt,[26] kann dabei durchaus nicht die Rede sein; vielmehr stehen mit besagten Umständen insofern Zweifelsfälle in Rede, als sich für jede der fraglichen Positionen Argumente gewinnen lassen – deren jeweilige Gewichte freilich Unterschiede aufweisen und infolgedessen der Einordnung die Richtung weisen.

Im ersten Schritt müssen sich die Veräußerung im Zwangsversteigerungsverfahren und die Veräußerung aus der Insolvenzmasse am Merkmal des gewöhnlichen Geschäftsverkehrs bewähren. Nimmt man die Definition des Bundesfinanzhofs beim Wort, wenn sie voraussetzt, dass jeder der Vertragspartner ohne Zwang und nicht aus Not oder besonderen Rücksichten, sondern freiwillig in Wahrung seiner eigenen wirtschaftlichen Interessen zu handeln in der Lage sei,[27] wird man einen Negativbescheid zu erteilen haben, weil der von der Zwangsvollstreckung Betroffene seine wirtschaftliche Handlungsautonomie, insbesondere seine Dispositionsfreiheit über die Veräußerung von Vermögensgegenständen, partiell einbüßt. Hielte man die Minderung der wirtschaftlichen Handlungsautonomie aber für ausreichend, um einen Veräußerungsvorgang dem gewöhnlichen Geschäftsverkehr rechtlich zu entfremden, so müsste dieses Schicksal konsequenterweise auch andere Konstellationen ereilen, in denen jene Autonomieminderung zu verzeichnen ist. Das betrifft etwa Veräußerungen in einem monopolistischen oder oligopolistischen Marktumfeld, das sich dadurch auszeichnet, dass die Preisbildung häufig weniger ein Produkt funktionsfähigen Wettbewerbs als des marktbeeinflussenden Handels des Monopolisten bzw. der Oligopolisten ist, gleichviel, ob es sich nun auf der Angebots- oder der Nachfrageseite vollzieht, und damit den Charakterzug einseitiger Konfiguration aufweist. Auch Angebots- und Nachfrageüberhänge können einseitige Preisbildungen herausfordern, die mit den wirtschaftlichen Interessen der jeweils anderen Seite konfligieren, ohne dass diese sich in der Lage befände, jene Interessen wirksam einzubringen. Ein letztes, zudem etwas anders gelagertes Beispiel bilden Vorkaufsrechte. Werden sie in Anspruch genommen, ist der Veräußerer in der Wahl seines konkreten Vertragspartners nicht mehr frei; im Falle gesetzlicher, das heißt kraft Gesetzes bestehender, Vor-

---
[26] Siehe bei Fußn. 9.
[27] Siehe bei Fußn. 15.

kaufsrechte (vgl. etwa §§ 24 ff. BauGB) ist er dies nicht einmal im Zeitpunkt ihrer Begründung.

Bei allen vorgenannten Konstellationen lässt sich also eine mehr oder weniger ausgeprägte Minderung der wirtschaftlichen Handlungsautonomie konstatieren, ohne dass zugleich der Schluss gezogen würde, sie bewegten sich außerhalb des Spektrums dessen, was das Gesetz als gewöhnlichen Geschäftsverkehr begreift.[28] Überhaupt: Das Marktgeschehen entfaltet sich ohnehin nicht unter Bedingungen uneingeschränkter wirtschaftlicher Handlungsautonomie der Marktakteure, ist vielmehr, worauf schon hingewiesen wurde, Gegenstand rechtlicher Ordnung. Infolgedessen sind eigene wirtschaftliche Interessen von vornherein nur bedingt, nämlich im Rahmen des für das betreffende Marktsegment rechtlich Erlaubten, verfolgbar. Wenn nun die Minderung der wirtschaftlichen Handlungsautonomie den Ausschlag gäbe, wäre die Annahme gewöhnlichen Geschäftsverkehrs gewöhnlich ausgeschlossen – ein durchaus kurioses Resultat. Hierauf kann es also, wenn überhaupt, nicht primär ankommen. Entscheidend ist vielmehr die Gestalt des Preisbildungsgefüges insgesamt, das sich eben als ein greifbarer – wenn auch determinierter – Markt darstellen muss. Als ein für das Verweilen diesseits der Schwelle zum nicht greifbaren Markt und damit zum Unüblichen sprechendes Indiz erscheint es dann gerade, wenn der Veräußerungspreis unter institutionalisierten Verhältnissen zustande kam, welche die Verkehrsauffassung als einen funktional verselbständigten Mechanismus der Preisbildung erkennt.

Auf dieser Grundlage lassen sich denn auch die Veräußerung im Zwangsversteigerungsverfahren und die Veräußerung aus der Insolvenzmasse unangestrengt verorten. Bekanntlich bildet die Zwangsvollstreckung ein vielschichtiges, um der Effektivität des Rechts willen gegebenes, eine Absage an die eigenmächtige Rechtsdurchsetzung enthaltendes Verfahren der geordneten Gläubigerbefriedigung, das sowohl eine Einzel- als auch, nämlich im Insolvenzfalle, eine Gesamtvollstreckung kennt. Eine Erscheinungsform der Einzelvollstreckung ist wiederum das Zwangsversteigerungsverfahren, das die Gläubigerbefriedigung im Wege der Veräußerung dem Schuldner zuzuordnender einzelner Wirtschaftsgüter herbeizuführen sucht. Demgegenüber ist das Insolvenzverfahren (in der hier interessierenden Variante) Ausfluss der Gesamtvollstreckung und darauf gerichtet, eine gemeinschaftliche Gläubigerbefriedigung durch Verwertung grundsätzlich des gesamten Schuldnervermögens zu erreichen (vgl. § 1 Satz 1 InsO). Beide Einrichtungen, das Zwangsversteigerungsverfahren sowohl wie das Insolvenzverfahren, die nota bene keine Eilverfahren im Sinne der Erzeugung vorläufiger Entscheidungen bilden,[29] bieten einen manifesten Rechtsrahmen für die routinierte Veräußerung von Wirtschaftsgütern. Insoweit erweisen sie sich gleichsam als gezielte Ansprache potentieller Erwerber; ebenso gezielt fassen

---

[28] Siehe bei Fußn. 17 und implizite bei Fußn. 24 sowie – die Vorkaufsrechte betreffend – *Halaczinsky* (o. Fußn. 10), Rdnr. 11.

[29] Bezogen auf das Insolvenzverfahren näher *C. Becker*, Insolvenzrecht, 3. Aufl. 2010, Rdnr. 219 ff.

Letztere, wie es sich in der Praxis mühelos beobachten lässt, die Verfolgung ihres Erwerbsinteresses im Rahmen nämlicher Veräußerungsformen ins Auge. Mit anderen Worten sorgen beide Einrichtungen für eine institutionelle Begegnung von Anbietern und Nachfragern. Dabei ist Anbieter hier nicht der Schuldner, auf dessen Rechnung die Veräußerung stattfindet, weshalb das Augenmerk auch nicht in erster Linie auf dessen wirtschaftliche Zwangslage zu richten ist, sondern die rechtlich bestimmte Stelle, die eine Aufgabe wahrnimmt, die eben auch die Veräußerung dem Schuldner zuzuordnender Wirtschaftsgüter umfasst. Von einer institutionellen Begegnung von Anbietern und Nachfragern zu sprechen erlaubt gerade auch die prinzipielle Transparenz der nämlichen Veräußerungsformen (vgl. insbesondere § 816 Abs. 3 ZPO,[30] § 39 Abs. 1 ZVG, §§ 9, 30 ff. InsO), die es nicht nur ermöglicht, auf einfachem Wege Kenntnis von den einzelnen Verfahren zu erlangen, sondern auch den Weg ebnet, ein spezifisches, das heißt: auf besagte Veräußerungsformen konzentriertes und andere Veräußerungsformen ignorierendes, Erwerbsinteresse auszubilden, vor allem zu verfolgen. Transparenz bereitet zugleich den Boden für Konkurrenz, eine Situation mithin, in der mehrere Nachfrager eines zu veräußernden Wirtschaftsguts in den Wettbewerb um dessen Erwerb treten.[31] Gerade in der Konkurrenz reflektiert sich die Marktgängigkeit eines Wirtschaftsguts.

Nach alldem kann und muss im Zwangsversteigerungs- ebenso wie im Insolvenzverfahren ein staatlich regulierter Absatzmarkt erkannt und die auf ihm sich vollziehenden Veräußerungen von Wirtschaftsgütern als Vorgänge des gewöhnlichen Geschäftsverkehrs eingeordnet werden. Dass hier nicht *dieselben* Bedingungen der Preisbildung wirken wie etwa bei freihändigen Veräußerungen, ist nach dem zugrunde liegenden Maßstab nicht von Relevanz. In der Folge harrt einzig noch die Frage, ob sich die Veräußerung im Zwangsversteigerungsverfahren und die Veräußerung aus der Insolvenzmasse als ungewöhnliche oder persönliche Verhältnisse im Sinne des Gesetzes begreifen lassen müssen, der Antwort. Wenn es insoweit darauf ankommt, dass Umstände gegeben sind, mit denen der Verkehr bei der Abschätzung des Werts eines Wirtschaftsguts nicht zu rechnen pflegt, lässt sich die Antwort indes unschwer geben, weil die vorangehenden Überlegungen sie bereits implizieren: Bieten das Zwangsversteigerungs- und das Insolvenzverfahren einen manifesten Rechtsrahmen für die routinierte Veräußerung von Wirtschaftsgütern, sorgen sie für eine institutionelle Begegnung von Anbietern und Nachfragern und sichern sie dabei eine prinzipielle Verfahrenstransparenz, ist eine Grundlage für die Annahme, dass der Verkehr mit nämlichen Veräußerungsformen bei der Wertabschätzung eines Wirtschaftsguts nicht zu rechnen pflege, nicht im Ansatz erkennbar. In Anbetracht ihrer rechtstatsächlichen Normalität, ihrer Präsenz in der Wahrnehmung und im Kal-

---

[30] Geschieht die öffentliche Versteigerung „als allgemein zugängliche Versteigerung im Internet über eine Versteigerungsplattform" (§ 814 Abs. 2 Nr. 2 ZPO), ist die Transparenz bereits durch die Versteigerungsart selbst gesichert.

[31] Siehe die durch den RFH referierten Ausführungen des Berufungsgerichts in StuW 1926, Nr. 578, Sp. 2007 (2007 f.).

kül der Marktteilnehmer gilt dies zumal. Für die Einordnung als ungewöhnliche oder persönliche Verhältnisse ist demnach kein Raum.

IV. Quinta essentia

Als das Wesentliche der angestellten Erwägungen darf festgehalten werden, dass der infolge Veräußerung im Zwangsversteigerungsverfahren oder Veräußerung aus der Insolvenzmasse erzielte Veräußerungspreis den gemeinen Wert des so veräußerten Wirtschaftsguts im Sinne des § 9 BewG zu repräsentieren vermag. Der gegensätzlichen, jahrzehntelang nicht hinterfragten Position der Rechtsprechung und des Schrifttums mit Skepsis zu begegnen, erweist sich, wie der vorliegende Fall unterstreicht, als berechtigter modus procedendi im Sinne der Überzeugungen von *Arndt Schmehl*.

Die steuerliche Förderung von Forschung und Entwicklung – Wege und Irrwege

Von *Andreas Musil*

I. Einleitung

Arndt Schmehl hat mich immer durch die Vielseitigkeit seiner wissenschaftlichen Interessen und Arbeitsgebiete beeindruckt. Seine Publikationstätigkeit reichte von kommunalrechtlichen über allgemein öffentlich-rechtliche zu steuerrechtlichen Themen. Auch politisch war er ein Vordenker. Die fruchtbaren Diskussionen mit ihm werden mir immer in Erinnerung bleiben.

Ich bin mir sicher, dass er auch an der Diskussion um eine steuerliche Förderung von Forschung und Entwicklung (FuE) teilgenommen hätte. In der letzten Legislaturperiode gab es eine Reihe von Vorstößen zur Implementierung eines solchen Instrumentariums in das deutsche Ertragsteuerrecht. Letztlich hat noch keine dieser Initiativen zum Erfolg geführt. Es zeichnet sich aber ab, dass in den kommenden vier Jahren ein Durchbruch gelingen kann.

Dass Deutschland noch kein steuerliches Förderinstrumentarium für Forschung und Entwicklung besitzt, ist erstaunlich, gewähren doch außer Estland alle anderen EU-Staaten in der einen oder anderen Form eine solche Förderung. In maßgeblichen ökonomischen Studien werden der steuerlichen FuE-Förderung signifikante Fördereffekte zugesprochen.[1] Die Möglichkeiten der Ausgestaltung einer steuerlichen Förderung sind hierbei äußerst vielfältig. Sie reichen von der Gewährung erhöhter Betriebsausgabenabzüge über Steuergutschriften bis hin zu sogenannten Lizenz- oder Patentboxen. Diskutiert wird auch, ob eine Fokussierung der Förderung auf kleine und mittlere Unternehmen (KMU) sinnvoll ist.

Die Diskussion ist auch vor dem Hintergrund des internationalen Steuerwettbewerbs und der Vorgaben des Europäischen Unionsrechts zu sehen. Insbesondere das Beihilfeverbot setzt einer zu selektiven steuerlichen Förderung Grenzen.

Im Folgenden sollen die rechtlichen Möglichkeiten und Grenzen für eine steuerliche Forschungsförderung ausgelotet werden. Zunächst werden die möglichen Modelle näher vorgestellt (II.). Sodann wird gezeigt, dass Lizenz- oder Patentboxen vor

---

[1] Vgl. statt vieler Expertenkommission Forschung und Innovation (EFI), Gutachten zu Forschung, Innovation und technologischer Leistungsfähigkeit 2017 (kurz: EFI-Gutachten 2017), http://www.e-fi.de/fileadmin/Gutachten_2017/EFI_Gutachten_2017.pdf; zuletzt aufgerufen am 14.08.2018.

dem Hintergrund rechtlicher Risiken kein geeignetes Mittel steuerlicher FuE-Förderung sind (III.). Schließlich werden die rechtlichen Rahmenbedingungen für die Ausgestaltung der verbleibenden Modelle näher konturiert (IV). Eine Bewertung mit Ausblick schließt die Untersuchung ab (V.).

II. Modelle steuerlicher Förderung von Forschung und Entwicklung

1. Steuerliche Lenkung als Grundsatzproblem

Die steuerliche FuE-Förderung ist nichts anderes als eine besondere Form der Wirtschaftssubvention. In der Gesetzgebungspraxis der vergangenen Jahrzehnte hat der Gesetzgeber das Steuerrecht häufig als Lenkungsinstrument genutzt.[2] In der Steuerwissenschaft und Steuerrechtswissenschaft wird angesichts dessen schon lange diskutiert, ob das Steuerrecht ein geeignetes Instrument der Wirtschaftslenkung darstellt. Viele Steuerrechtswissenschaftler verneinen dies aus grundsätzlichen Erwägungen.[3] So gerate lenkende Steuergesetzgebung leicht in einen Konflikt mit den Anforderungen der Steuersystematik. Lenkende Steuervorschriften besäßen eine Tendenz zu überschießenden Begünstigungseffekten, die zu steuerlicher Gestaltung herausforderten.[4] Zudem werde der Steuervollzug durch die meist sehr komplexen Fördertatbestände unnötig verkompliziert.

Dieser grundlegenden Ablehnung kann nicht gefolgt werden. Das Steuerrecht stellt eine wichtige Steuerungsressource eines auf Wirtschaftslenkung angewiesenen Staates dar. Die Forderung nach gesetzgeberischer Enthaltsamkeit geht schlicht an der Realität vorbei. Es kann durchaus Konstellationen geben, in denen die globale steuerliche Förderung unter lenkungspolitischen Gesichtspunkten gegenüber einer direkten Subventionierung den Vorzug verdient. Allerdings sind die schon angedeuteten strukturellen Risiken nicht von der Hand zu weisen. Der Gesetzgeber muss also darauf bedacht sein, das steuerliche Förderinstrumentarium passgenau und effizient in das umgebende materielle Steuerrecht und das Verfahrensrecht einzubauen. Das kann in der Praxis schwierig sein, wie sich auch am vorliegenden Beispiel der steuerlichen FuE-Förderung illustrieren lässt.

Gleichwohl haben ökonomische Untersuchungen gezeigt, dass die Implementierung einer steuerlichen Subventionierung im Falle von FuE sinnvoll sein kann, auch

---

[2] Dazu *A. Musil*, Steuern und Zölle als Mittel zur Steuerung sozialer und wirtschaftlicher Prozesse im 20. Jahrhundert, in: Der Staat, 46. Bd. (2007), S. 420 ff.; grundlegend auch *R. Wernsmann*, Verhaltenslenkung in einem rationalen Steuersystem, 2005, passim.

[3] Zu den relevanten Aspekten siehe grundlegend *J. Hey*, Erscheinungsformen steuerlicher Wirtschaftspolitik, in: DStJG 39 (2016), S. 11 ff.

[4] Zu solchen Effekten *D. Birk/E. Kulosa*, Verfassungsrechtliche Aspekte des Steuerentlastungsgesetzes 1999/2000/2002, FR 1999, S. 433 (436).

wenn dies nicht für alle Förderformen gleichermaßen gilt.[5] Die bisherigen nichtsteuerlichen Förderinstrumente erreichen nicht alle potentiellen Förderadressaten. Insbesondere für KMU sind antragsgebundene Förderverfahren oft unattraktiv. Die global wirkende steuerliche Forschungsförderung kann auch diese Adressaten erreichen. Deshalb geht die folgende Untersuchung grundsätzlich davon aus, dass die Einführung einer steuerlichen FuE-Förderung eine wünschenswerte gesetzgeberische Maßnahme darstellt.

2. Fördermodelle in der internationalen Praxis

Die meisten der im Ausland anzutreffenden FuE-Instrumente setzen beim Ertragsteuerrecht an. Dies gilt zunächst für die sogenannten Lizenz- oder Patentboxen. Als Lizenz- oder Patentboxen[6] bezeichnet man solche steuerlichen Regelungen, die die Einnahmen, die auf der Basis von Patenten oder ähnlich geschützten Rechten zufließen, steuerlich privilegieren. Üblicherweise werden die Vergünstigungen an die Bedingung geknüpft, dass die Einnahmen aus signifikanten Forschungstätigkeiten stammen, die einen Bezug zum fördernden Staat aufweisen. Im Einzelnen bestehen zwischen den einzelnen Modellen erhebliche konstruktive Unterschiede.[7] Diese werden später nur insoweit dargestellt, als dies für die Überprüfung am Maßstab nationalen und europäischen Rechts erforderlich ist.

In vielen europäischen Ländern basiert die Forschungsförderung auf der Abziehbarkeit laufender FuE-Aufwendungen von der Bemessungsgrundlage, meist in Form von Betriebsausgaben. In diesem Rahmen kann eine über das normale Maß hinausgehende Abzugsmöglichkeit gewährt werden. So gewährt beispielsweise Großbritannien eine zusätzliche Abzugsmöglichkeit von 130 % der angefallenen FuE-Aufwendungen. Teilweise wird die Förderung auf bestimmte Aufwendungsarten bezogen, etwa für FuE-Personal oder für im FuE-Bereich eingesetzte Vermögensgegenstände. Teilweise wird die Förderung auch auf KMU begrenzt.

Eine verbreitete Möglichkeit der steuerlichen Förderung stellt auch die Steuergutschrift dar. Hierbei wird eine Gutschrift auf die Steuerschuld gewährt, die entsprechend den FuE-Aufwendungen berechnet wird. Diese Gutschrift wird teilweise zusätzlich zum Betriebsausgabenabzug gewährt. Übersteigt die Steuergutschrift die

---

[5] Etwa *I. Schlie/Ch. Spengel/Ch. Malke*, Generalthema 1: Steuerliche Anreize für Forschung und Entwicklung, IStR 2015, S. 570 ff.; *Th. Vogel*, Niederländische Innovationsbox und britische Patent-Box als Instrumente steuerliche Förderung von Forschung und Entwicklung: Vorlage für Deutschland?, IStR 2014, S. 542 ff.; *S. Bardens/W. Scheffler*, Patentboxen nicht das beste Instrument zur Förderung von Forschung und Entwicklung, Ubg 2016, S. 483 ff.

[6] Die Begriffe werden im Folgenden synonym verwandt. Teilweise wird auch von IP-Boxen gesprochen.

[7] Dazu *J. Thiede*, Besitzen Patentboxregime eine Zukunft? – Eine beihilferechtliche Untersuchung, IStR 2016, S. 283 (284); *M. Valta*, Patentboxen und IP-Boxen – eine verbotene Beihilfe?, StuW 2015, S. 257 (258 ff.).

Steuerschuld des Unternehmens, so gewähren manche Länder eine Auszahlung des überschießenden Betrags. Alternativ wird auch ein Vor- oder Rücktrag gewährt. Aufgrund der Unabhängigkeit vom Gewinn ist die Steuergutschrift vor allem für junge Unternehmen, die noch in der Verlustzone wirtschaften, interessant.[8]

3. Modellansätze in Deutschland

In Deutschland gab es in der vergangenen Legislaturperiode einige Initiativen zur Einführung einer steuerlichen FuE-Förderung. Zwar war die steuerliche FuE-Förderung – anders als 2009 – nicht Gegenstand des Koalitionsvertrags der Großen Koalition geworden. Die Bundestagsfraktion von Bündnis 90/Die Grünen hat jedoch im März 2016 einen eigenen Gesetzentwurf mit entsprechender Zielsetzung vorgelegt.[9] Dieser wurde im September 2016 vom Finanzausschuss abgelehnt.[10] Der Gesetzentwurf sieht eine Steuergutschrift mit einem Fördersatz von 15 % unter Einschluss aller qualifizierten FuE-Aufwendungen und einer Begrenzung auf KMU vor. Die Steuergutschrift soll mit der Steuerlast verrechnet werden oder – falls dies nicht möglich ist – ausgezahlt werden. Grundlage der Förderung soll ein Zertifizierungsverfahren sein.

Einen inhaltlich ähnlichen Vorschlag haben im Mai 2016 die Bundesländer Bayern und Niedersachsen vorgelegt. Allerdings soll die dort vorgesehene „Forschungsprämie" auf bei Forschung und Entwicklung anfallende Personalaufwendungen begrenzt bleiben. Der Fördersatz der Gutschrift soll bei 10 % liegen. Zudem soll die Förderfähigkeit auf Unternehmen mit bis zu 499 Mitarbeitern bezogen sein, während der Grünen-Gesetzentwurf die Grenze bei 249 Mitarbeitern zieht. Der Bundesrat hat den Vorschlag beraten und die Bundesregierung aufgefordert, einen entsprechenden Gesetzentwurf vorzulegen.[11] Dies ist indes bisher nicht erfolgt.

Im bereits erwähnten EFI-Gutachten werden zwei Varianten einer steuerlichen Forschungsförderung erwogen.[12] Als gängige Variante wird eine Steuergutschrift unter Einbeziehung aller qualifizierten FuE-Aufwendungen dargestellt. Aufgrund der Gleichbehandlung aller Aufwendungen komme es nicht zu einer Bevorzugung bestimmter Wirtschaftszweige. Aufwendungen für Auftragsforschung würden von der Förderung beim Auftraggeber erfasst. Die Gutschrift wäre mit der Steuerschuld zu verrechnen und ggf. auszuzahlen oder vorzutragen. Darin könne ein Nachteil vor allem für junge Unternehmen liegen, weil die benötigten Liquiditätseffekte erst nach Erlass des Steuerbescheids einträten.

---

[8] Siehe zu den vorstehenden Modellen das EFI-Gutachten (o. Fußn. 1), Box B 7–1 sowie die tabellarische Darstellung unter Tab B 7–2.

[9] BT-Drs. 18/7872.

[10] http://www.bundestag.de/presse/hib/201609/-/459976; zuletzt aufgerufen am 14.08.2018.

[11] Vgl. BR-Drs. 227/16.

[12] EFI-Gutachten 2017 (o. Fußn. 1), S. 123 f.

Dementsprechend wird als Variante 2 eine Steuergutschrift auf FuE-Personalaufwendungen und eine Verrechnung mit der Lohnsteuer vorgeschlagen. Die Verrechnung mit der Lohnsteuer führe zu direkten und die Liquidität positiv beeinflussenden Fördereffekten. Zudem sei diese Variante leichter zu administrieren. Durch die Beschränkung auf Personalkosten könne zudem ein Anreiz zur Schaffung von Arbeitsplätzen entstehen. Umgekehrt könne es aber auch zu Ungleichbehandlungen zwischen unterschiedlich personalintensiven Forschungstätigkeiten kommen.

III. Lizenz- und Patentboxen als Irrweg

1. Lizenz- und Patenboxen und schädlicher Steuerwettbewerb –
Lizenzschranke

Im Folgenden wird sich zeigen, dass die als erstes Fördermodell erwähnten Lizenz- und Patentboxen in der steuerlichen Förderpolitik einen Irrweg darstellen und deshalb für eine FuE-Förderung nicht in Betracht gezogen werden sollten.

Schon aufgrund ihrer potentiell schädlichen Auswirkungen auf die internationale Unternehmensbesteuerung werden Lizenz- oder Patentboxen in der Diskussion häufig kritisch gesehen.[13] So führt die niedrige Besteuerung von Lizenzeinkünften dazu, dass solche Unternehmen, die derartige Einkünfte generieren, zu Steuergestaltungen angeregt werden. Die Anknüpfung der bestehenden Patentboxen an die generierten Einkünfte führt zudem dazu, dass kein zwingender Zusammenhang zu den für Forschung und Entwicklung anfallenden Aufwendungen bestehen muss. So können Lizenzeinkünfte gefördert werden, ohne dass es zu spürbaren Mehraufwendungen für Forschung und Entwicklung gekommen ist. Manchen Patentbox-Regelungen ist deshalb unterstellt worden, dass es sich weniger um Instrumente der Forschungsförderung, sondern um reine Steuervermeidungsmodelle handele. Die Gefahr einer Förderung des schädlichen Steuerwettbewerbs wird beispielsweise auch von der Bundesregierung gesehen.[14] Aufgrund der Nutzbarkeit von Patenboxen zur Steuervermeidung wurde dieses Instrument zum Gegenstand des BEPS-Projekts (Base Erosion and Profit Shifting) auf Ebene der OECD gemacht, und zwar im Rahmen des Aktionspunktes 5.[15] Die beteiligten Staaten haben sich darauf verständigt, nach Ablauf einer Übergangsfrist bis zum 30. Juni 20121 auf Lizenz- oder Patentboxen zu verzichten, soweit ihnen keine aktive Geschäftstätigkeit zugrunde liegt.

Im Zuge der Umsetzung der BEPS-Agenda hat der deutsche Gesetzgeber unlängst auch Maßnahmen zur Zurückdrängung von Patent- und Lizenzboxen ergriffen. Er hat

---

[13] Dazu *Thiede* (o. Fußn. 7), S. 283.

[14] Vgl. etwa BT-Drs. 18/1238, Antwort der Bundesregierung auf eine Kleine Anfrage von Bündnis 90/Die Grünen.

[15] Dazu *Thiede* (o. Fußn. 7), 283; siehe auch die Erläuterungen auf den Seiten des BMF, http://www.bundesfinanzministerium.de/Web/DE/Themen/Steuern/Beps/beps.html; zuletzt aufgerufen am 14.08.2018.

mit dem Gesetz gegen schädliche Steuerpraktiken im Zusammenhang mit Rechteüberlassungen[16] einen neuen § 4 j EStG geschaffen, der auch als Lizenzschranke bezeichnet wird. Die Regelung sieht im Kern vor, dass Aufwendungen für die Überlassung bestimmter Rechte nur noch zum Teil von der deutschen Bemessungsgrundlage abziehbar sind, wenn die Einnahmen aus der Rechteüberlassung in einem anderen Staat einer niedrigen Besteuerung unterliegen und Gläubiger und Schuldner als nahestehende Personen anzusehen sind. Allerdings ist eine Rückausnahme für den Fall vorgesehen, dass in dem anderen Staat eine substantielle Geschäftstätigkeit entfaltet wird und die Präferenzregelung des anderen Staates einen hinreichenden Bezug zu substantieller FuE-Tätigkeiten aufweist.

Erste Bewertungen der Regelung in der Literatur fallen kritisch aus. So sei der Gesetzgeber mit dem Gesetz über das im Rahmen der BEPS-Agenda Vereinbarte hinausgegangen. Zudem stelle das Gesetz, das sich nach seinem Wortlaut ungeachtet der Doppelbesteuerungsabkommen Geltung beimesse, einen neuen Fall von Treaty Override dar.[17] Von manchen Autoren wurden gegenüber Entwurfsfassung auch massive verfassungsrechtliche und europarechtliche Bedenken geäußert.[18] So beinhalte die Regelung unzumutbare Nachweispflichten. Zudem verstoße sie gegen das Nettoprinzip. Auch europarechtlich sei sie zweifelhaft. Dem kann entgegengehalten werden, dass die Vorschrift grundsätzlich aus Erwägungen der Missbrauchsabwehr gerechtfertigt sein kann. Abweichungen vom Nettoprinzip und von den Gewährleistungen der Grundfreiheiten lassen sich unter diesem Aspekt begründen. Allerdings besaß die Entwurfsfassung tatsächlich in Teilen eine überschießende Tendenz, so dass die dann beschlossene Fassung die Kritik bereits zum Teil aufgenommen hat.[19] Was den Treaty Override anlangt, so ist dieser als Völkerrechtsverstoß anzusehen. Allerdings schlägt dieser Verstoß nach zutreffender Rechtsprechung des Bundesverfassungsgerichts nicht auf das Verfassungsrecht durch.[20]

Patent- und Lizenzboxen besitzen das Potential, schädlichen Steuerwettbewerb zu befördern. Sie werden daher nicht nur von den betroffenen Staaten kritisch gesehen. Vor diesem Hintergrund bietet es sich nicht an, auf solche Präferenzregime als Instrumente steuerlicher FuE-Förderung zurückzugreifen.

---

[16] Vom 27. Juni 2017, BGBl. I 2017, 2074.

[17] So *F. Holle/M. Weiss*, Einschränkung des Abzugs für Aufwendungen aus einer Rechteüberlassung – Erste Anmerkungen zum Regierungsentwurf eines § 4j EStG, FR 2017, S. 217 (218).

[18] So etwa von *K. van Lück*, Gesetzentwurf zur Einführung einer Lizenzschranke durch § 4j EStG – Verfassungsrechtliche und europarechtliche Herausforderungen, IStR 2017, S. 388 ff.

[19] In diesem Sinne auch *Holle/Weiss* (o. Fußn. 17), 223.

[20] BVerfG, Beschl. v. 15.12.2012, 2 BvL 1/12, BVerfGE 141, 1.

2. Patentboxen und Europäisches Beihilfeverbot

Ein weiterer Grund, warum Patenboxen nicht als Förderinstrument geeignet sind, liegt im Europäischen Unionsrecht begründet. Schon lange wird diskutiert, ob Patentboxen mit dem Beihilfeverbot des Art. 107 AEUV vereinbar sind. Nach Art. 107 Abs. 1 AEUV sind staatliche oder aus staatlichen Mitteln gewährte Beihilfen gleich welcher Art, die durch die Begünstigung bestimmter Unternehmen oder Produktionszweige den Wettbewerb verfälschen oder zu verfälschen drohen, mit dem Binnenmarkt unvereinbar, soweit sie den Handel zwischen Mitgliedstaaten beeinträchtigen. Schon seit langem ist anerkannt, dass auch Steuervergünstigungen in den Anwendungsbereich des Beihilfeverbots fallen können.

Im Rahmen der Prüfung des Beihilfetatbestands ist in der Regel allein das Merkmal der Selektivität näher zu betrachten. Nach der Rechtsprechung des Europäischen Gerichtshofs ist Selektivität im steuerlichen Bereich zu bejahen, wenn eine Abweichung im Vergleich zur normalen Anwendung des Steuersystems vorliegt, die sich nicht aus den systembildenden Prinzipien und der normalen Funktionsweise des Steuersystems rechtfertigen lässt.[21] Es ist also zunächst zu prüfen, in welches Referenzsystem die steuerliche Regelung eingebettet ist. Sodann ist nach einer relevanten Abweichung zu fragen. Schließlich ist zu klären, ob sich die Abweichung aus systemimmanenten Gründen rechtfertigen lässt. Klarzustellen ist insoweit allerdings, dass das EU-Recht hier nicht nationale Systementscheidungen adaptiert, so dass es der nationale Gesetzgeber in der Hand hätte, die Rechtfertigung der Selektivität selbst mit zu beeinflussen. Vielmehr geht es um eine europarechtsgeleitete Bewertung des normativen Gefüges.

Vor diesem Hintergrund liegt es durchaus nicht auf der Hand, dass Patent- und Lizenzboxen selektive Maßnahmen darstellen. Man kann argumentieren, dass die steuerliche Begünstigung von Einkünften aus der Rechteüberlassung allen Unternehmen gleichermaßen offenstehe. Damit wäre eine Selektivität bereits auf der ersten Stufe zu verneinen. Allerdings ist seit langem anerkannt, dass auch faktische Besserstellungen zu einer Selektivität führen können. Die Kommission ist der Ansicht, dass einige Patentboxen aufgrund ihrer rechtlichen Konstruktionen zu einer solchen faktischen Selektivität führen.[22] So könnten von solchen Boxen neben den Unternehmen, die Forschung und Entwicklung betreiben, vor allem multinationale Unternehmen profitieren, die in der Lage seien, in großem Umfang entsprechende Rechte zu verwerten. Andere Unternehmen seien von den Vergünstigungen ausgeschlossen. Im Zuge der Rechteverwertung komme es aber nicht zu einer echten Anreizsituation mit Blick auf die steuerliche Vergünstigung. Es entstünden lediglich Mitnahmeeffekte. Die steuerliche Förderung wirke zugunsten der Rechteverwerter selektiv. Diese Se-

---

[21] Vgl. EuGH v. 8.9.2011, C-78-80/08, Slg. 2011, I-7611, Paint Graphos; dazu auch *Valta* (o. Fußn. 7), 262; allgemein auch *A. Musil*, Europäisches Beihilferecht und nationales Steuerrecht, FR 2014, S. 953 ff.; *R. Ismer/A. Karch*, Das Referenzsystem bei der beihilferechtlichen Überprüfung nationaler Steuervergünstigungen, IStR 2014, S. 130 ff.

[22] IP/14/309.

lektivität lasse sich wegen des Fehlens echter Fördereffekte auch nicht durch den Zweck der FuE-Förderung rechtfertigen.[23] Diese Argumentation überzeugt, so dass im Ergebnis von einer Erfüllung des Beihilfetatbestands auszugehen ist.[24] Da die übrigen Voraussetzungen des Art. 107 Abs. 1 AEUV vorliegen und auch keine Gruppenfreistellung oder sonstige Rechtfertigung in Betracht kommt, ist von einer verbotenen Beihilfe auszugehen.

Auch die beihilferechtliche Beurteilung spricht also dagegen, zur steuerlichen FuE-Förderung auf Patent- und Lizenzboxen zurückzugreifen. Aufgrund ihrer überschießenden Fördertendenz sind sie als Lenkungsnomen ungeeignet, es sei denn, der betreffende Staat wollte einen schädlichen Steuerwettbewerb betreiben.

IV. Rechtlicher Rahmen einer künftigen FuE-Förderung in Deutschland

1. Allgemeine Vorgaben

Die anderen denkbaren Modelle – Betriebsausgabenabzug und Steuergutschrift – weisen weitaus geringere Probleme auf als Lizenz- und Patentboxen. Zwar muss jede Lenkungsnorm den verfassungsrechtlichen Vorgaben an Gleichheitskonformität und Folgerichtigkeit genügen. Das Bundesverfassungsgericht hat hierzu ausgeführt, der Lenkungszweck müsse aus dem Gesetz ersichtlich sein. Zudem müsse er tatbestandlich vorgezeichnet und gleichheitsgerecht ausgestaltet sein. Schließlich wird eine strenge Verhältnismäßigkeitsprüfung für erforderlich gehalten.[25] Diesen Vorgaben kann eine steuerliche FuE-Förderung bei entsprechender Ausgestaltung des Gesetzes gerecht werden. Speziell mit Blick auf die Förderung von KMU hat das Bundesverfassungsgericht in seinem Urteil zur Erbschaftsteuer aus dem Jahr 2014 ausgeführt, eine solche könne mit dem Grundgesetz vereinbar sein.[26] Diese allgemeine Aussage dürfte sich auf die vorliegende Konstellation übertragen lassen.

2. Begrenzung der Wirkungen auf das Inland?

Bei der konkreten Ausgestaltung der steuerlichen FuE-Förderung könnte daran gedacht werden, die Förderung auf inländische Forschungs- und Entwicklungsaktivitäten zu begrenzen. Mit Blick auf das Haushaltsrecht könnte argumentiert werden, die sparsame Mittelverwendung gebiete eine Begrenzung der Subventionierung auf inländische Unternehmen und Tätigkeiten. Konstruktiv könnte man daran denken, nur im Inland ansässige Unternehmen, also unbeschränkt Steuerpflichtige, zu be-

---

[23] Vgl. *Valta* (o. Fußn. 7), S. 264.

[24] Ebenso *Thiede* (o. Fußn. 7), S. 283; *Valta* (o. Fußn. 7), S. 266.

[25] BVerfG, Beschl. v. 22.6.1995, 2 BvL 37/91, BVerfGE 93, 121, 147; BVerfG, Beschl. v. 11.11.1998, 2 BvL 10/95, BVerfGE 99, 280, 296.

[26] BVerfG, Urt. v. 17.12.2014, 1 BvL 21/12, BVerfGE 138, 136, Ls. 4 a).

günstigen. Denkbar wäre auch ein Förderausschluss für im Ausland vorgenommene Forschungsaktivitäten und für Tätigkeiten im Ausland belegener Betriebsstätten.[27] Derartige Begrenzungsversuche stellen sich vor dem Hintergrund der Grundfreiheiten des AEUV allerdings als problematisch und im Ergebnis nicht erfolgversprechend dar. Die Erbringung von FuE-Dienstleistungen kann sowohl in den Anwendungsbereich der Dienstleistungsfreiheit als auch – bei entsprechender organisatorischer Verfestigung – in den Anwendungsbereich der Niederlassungsfreiheit fallen. Ein Förderausschluss stellt auch eine Schlechterstellung bestimmter Marktteilnehmer dar, so dass er rechtfertigungsbedürftig ist. Zwar erkennt das Europarecht im steuerlichen Bereich eine Reihe von Gemeinwohlgründe an, die eine mitgliedstaatliche Maßnahme rechtfertigen können. Nicht dazu gehören jedoch fiskalische Gründe. Auch Förderbegrenzungen auf das eigene Territorium finden grundsätzlich keine europarechtliche Anerkennung. Gründe der Kohärenz des Steuersystems oder der Wahrung der Aufteilung der Besteuerungsbefugnisse sind im Zusammenhang mit einer FuE-Förderung nicht ersichtlich.[28] Im Ergebnis lässt sich eine steuerliche FuE-Förderung im EU-Kontext nicht wirksam nur auf inländische Unternehmen und ihre auf das nationale Territorium bezogene Forschungstätigkeit beschränken.[29]

3. Begrenzung auf KMU und Beihilfeverbot

In der internationalen Förderpraxis weit verbreitet ist die Förderbegrenzung auf kleine und mittlere Unternehmen. In der ökonomischen Diskussion gehen die Meinungen zwar auseinander, inwieweit eine solche begrenzte Förderpolitik sachgerecht ist, in der Gesetzgebungspraxis hat sich das Modell allerdings durchgesetzt. Das mag auch daran liegen, dass bei einer Förderung auch größerer Unternehmen steuerliche Mitnahmeeffekte und Gestaltungen befürchtet werden. Zudem geht man davon aus, dass die bereits bestehende nichtsteuerliche Förderung von KMU deshalb weniger genutzt wird, weil der Antragsprozess aufwändig und nur mit erheblichem Personaleinsatz leistbar ist. Eine steuerliche Förderung käme – abgesehen von den bereits erwähnten Zertifizierungen – ohne komplexe Förderverfahren aus.

Es wurde bereits erwähnt, dass eine Förderbegrenzung auf KMU aus Sicht des Verfassungsrechts durchaus begründbar ist.[30] Der Gesetzgeber darf annehmen, dass durch eine steuerliche Förderung von FuE nur für KMU eine Förderlücke geschlossen werden kann.

Problematischer ist die europarechtliche Perspektive. Insbesondere muss eine beihilferechtliche Prüfung erfolgen. Es wurde bereits ausgeführt, dass eine steuerliche

---

[27] Siehe dazu S. *Löhr,* Steuerliche Förderung von Forschung und Entwicklung, IFSt-Schrift Nr. 459, 2009, S. 49 ff.
[28] Zu den Rechtfertigungsgründen siehe weiterführend *J. Englisch* in Schaumburg/Englisch (Hrsg.), Europäisches Steuerrecht, 2015, Rz. 7.199 ff.
[29] Ebenso *Löhr* (o. Fußn. 27), S. 54 ff.
[30] BVerfG, Urt. v. 17.12.2014, 1 BvL 21/12, BVerfGE 138, 136, Ls. 4 a).

FuE-Förderung grundsätzlich in den Anwendungsbereich des Beihilfeverbots fallen kann. Das entscheidende Kriterium stellt insoweit das der Selektivität dar. Die Begrenzung der Förderung lediglich auf KMU stellt eine selektive Besserstellung dieser Unternehmen gegenüber anderen Unternehmen dar[31]. Entscheidend ist danach die Frage, ob sich die Begrenzung auf KMU beihilferechtlich rechtfertigen lässt.

In diesem Zusammenhang ist einerseits die allgemeine Gruppenfreistellungsverordnung[32], andererseits ergänzend der Unionsrahmen für staatliche Beihilfen zur Förderung von Forschung, Entwicklung und Innovation[33] von Bedeutung. Insbesondere in der Gruppenfreistellungsverordnung finden sich eine Reihe zwingender Vorgaben für die Gewährung entsprechender Beihilfen. In Art. 25 ff. sind zudem spezielle Vorgaben für FuE-Beihilfen normiert. Konkretisiert werden die Vorgaben in dem entsprechenden Unionsrahmen. Ganz entscheidend ist, dass sich die Förderung von KMU im Verhältnis zu anderen Beihilfeinstrumenten als besser geeignet darstellt. Zudem muss der Anreizeffekt nachgewiesen werden. Die Angemessenheit der Beihilfe ist nachzuweisen. Schließlich ist dem Transparenzgebot Genüge zu tun.[34]

Im Ergebnis kann festgestellt werden, dass eine steuerliche Förderung möglich ist, die den beihilferechtlichen Anforderungen gerecht wird. Im Rahmen der Rechtfertigung der Begrenzung auf KMU ist der Umstand hervorzuheben, dass die Kommission selbst speziell auf KMU zugeschnittene Beihilfen für möglich hält. Insoweit bietet es sich an, auf die in der EU-Empfehlung 2003/361 enthaltene Definition von KMU zurückzugreifen. Ein Unternehmen zählt danach zu den KMU, wenn es nicht mehr als 249 Beschäftigte aufweist und einen Jahresumsatz von höchstens 50 Mio. Euro erwirtschaftet oder eine Bilanzsumme von maximal 43 Mio. Euro aufweist.

V. Bewertung und Ausblick

Es ist verfassungs- und europarechtlich möglich, ein maßgeschneidertes Instrumentarium zur steuerlichen Förderung von FuE in das deutsche Steuerrecht zu implementieren. Deshalb ist es vor allem eine Frage der Effizienz und der Anreizwirkungen, welche Variante präferiert wird. Besonderes Augenmerk muss auf die einfache Nutzbarkeit des Instrumentariums durch die Unternehmen gelegt werden. Auch sind Mitnahmeeffekte und Steuergestaltungen möglichst zu vermeiden. Vor diesem Hintergrund erscheint ein Modell sinnvoll, das sich auf KMU konzentriert und deren Liquidität fördert. Die Steuergutschrift stellt sich hier als probates Mittel

---

[31] Ebenso *Ph. Kubicki*, Allgemeine Steuergutschrift für Forschungs- und Entwicklungsaufwendungen für KMU und EU-Beihilferecht, Wissenschaftlicher Dienst des Deutschen Bundestages, PE 6–3000–48/15, S 8.

[32] VO 651/2014.

[33] Mitteilung der Kommission, ABl. EU 2014 Nr. C 198/1.

[34] Ausführlich *Kubicki* (o. Fußn. 31), 9 ff.

dar. Denkbar ist insbesondere auch eine Abziehbarkeit von der Lohnsteuer, um unmittelbar Liquidität zu generieren. Die Politik ist aufgerufen, in der kommenden Legislaturperiode die gesetzlichen Grundlagen für ein effizientes und rechtskonformes Instrumentarium zur steuerlichen FuE-Förderung zu schaffen.

Die Bemessung des Finanzbedarfs im Finanzausgleich

Von *David Rauber*

I. Einleitung

Der Finanzausgleich ist Gegenstand juristischer und politischer Kontroverse. Den Ausgangspunkt der Diskussion umschrieb Arndt Schmehl unter Zusammenfassung der Rechtsprechung des BVerfG so[1]: „Steuererhebungskompetenzen zeichnen sich dadurch aus, dass sie dem Staat die Möglichkeit der Partizipation an den Erfolgen privater Wirtschaftstätigkeit eröffnen. Die damit in Art. 104a bis 108 GG verbundenen Verteilungsvorschriften sollen diese Möglichkeit und ihre Erträge sachgerecht, d. h. in einer zur Aufgabenerfüllung befähigenden Weise, zwischen Gesamtstaat und Gliedstaaten sowie unter diesen verteilen. Bund und Länder sollen im Rahmen der verfügbaren Gesamteinnahmen so ausgestattet sein, dass sie die zur Wahrnehmung ihrer Aufgaben erforderlichen Ausgaben leisten können."

Bund, Länder und kommunale Ebene erfüllen vielfältige Aufgaben. Indes bestehen regionale und lokale Unterschiede in der Nachfrage nach den Leistungen der öffentlichen Hände. Unterschiedlich sind auch die strukturellen Rahmenbedingungen der Aufgabenerfüllung, so zwischen Ballungs- und ländlichen Räumen. Je nach Schwerpunktsetzungen der politisch Verantwortlichen werden die Aufgaben unterschiedlich intensiv wahrgenommen. Den so verursachten Ausgaben stehen vielfältige Einnahmequellen gegenüber. Deren Aufkommen fällt lokal und regional unterschiedlich an;[2] die Unterschiede im Aufkommen entsprechen in der Regel auch nicht Nachfrage und Handlungsnotwendigkeiten auf der Aufgabenseite. Aufgaben-, Lasten- und Einnahmenverteilung stehen dabei in einem inneren Zusammenhang, wobei der Lastenverteilung die von Arndt Schmehl in seiner Kommentierung zu Art. 104a GG beschriebene Scharnierfunktion deshalb zukommt, weil aus der Aufgabenzuordnung eine Ausgabenzuordnung und sodann ein bei der Einnahmenzuordnung zu deckender Finanzbedarf entsteht.[3]

---

[1] *A. Schmehl*, Das Äquivalenzprinzip im Recht der Staatsfinanzierung, S. 72.

[2] Auch die Ertragskraft der Einnahmen ist durch gebietsspezifische Gegebenheiten geprägt, BVerfGE 86, 148 (218).

[3] *A. Schmehl*, in: BK-GG, Art. 104a (28. Ltg. XI/09) Rdnr. 1.

Am Beispiel der Auseinandersetzung um die Bemessung der Leistungen des kommunalen Finanzausgleichs (KFA) in Hessen[4] soll im Folgenden dargestellt werden, inwieweit der Gesetzgeber die Angemessenheit verfügbarer Finanzmittel im Verhältnis zu bestehenden Aufgaben ermitteln kann.

1. Die Frage nach der ausreichenden Finanzausstattung in Politik und Rechtsprechung

Die Frage, welches Geld für welche Aufgaben zur Verfügung steht, hat enorme politische Brisanz. Verfehlen Bund, Land oder Kommune den Haushaltsausgleich, steigen Kreditaufnahmen, folgen Kürzungen öffentlicher Leistungen und steigen Abgaben. Ist diese Situation extern verursacht oder Ergebnis eigener Fehlentscheidungen?

Da bei der Verteilung der steuerlichen Erträge die „erforderlichen" Ausgaben zu decken sind, stellen sich zwei Fragen: Welcher Ausgabenbedarf erscheint insgesamt angemessen? Inwieweit dürfen Bund, Gliedstaaten und kommunale Körperschaften auf bestehende eigene Einnahmequellen verwiesen werden, ehe der Bund, andere Länder, das jeweilige Land oder andere Kommunen zur Mitfinanzierung verpflichtet sind? Der Finanz*bedarf* ist dabei die subsidiär abzudeckende Restgröße, die bei wirtschaftlich angemessener Aufgabenwahrnehmung und angemessener Anspannung der eigenen Einnahmemöglichkeiten von der jeweils ausstattungsverpflichteten Ebene sichern ist.

a) Hindernisse bei der rechtlichen Artikulation von Konflikten um die Finanzausstattung

Trotz der politischen Sprengkraft werden keineswegs alle Konflikte um die Finanzausstattung rechtlich artikuliert.

So bedarf die Vorbereitung gerichtlicher Auseinandersetzungen in diesem Themenbereich umfangreicher Vorbereitung, was den als wenig zahlenaffin angesehenen Angehörigen juristischer Berufe schwerer fallen mag. Die Ergebnisse finanzwissenschaftlicher Raterteilung variieren so stark, dass belastbare Gesetzgebung auf ihrer Grundlage nicht möglich ist.[5] Die Verfahrensdauer ist nicht zu unterschätzen. Selbst bei Erfolg einer verfassungs- oder verwaltungsgerichtlichen Klage ergeht eine solche stattgebende Entscheidung Jahre nach Erlass des zur Überprüfung gestellten Rechtssetzungsaktes. Das gilt für Entscheidungen in Fragen der Bund-Länder-Finanzbeziehungen genauso wie bei Auseinandersetzungen zwischen Ländern und

---

[4] Gesetz zur Neuregelung der Finanzbeziehungen zwischen Land und Kommunen vom 23.7.2015 Hess.GVBl. S. 298.

[5] Vgl. Hessischer Rechnungshof, LT-Drucks. 18/5496 S. 142: Korrekturbedarf zu Gunsten der Kommunen von bis zu 995 Mio. € (Gutachten Junkernheinrich) oder bis zu 700 Mio. € zu Gunsten des Landes (Scherf/Zimmermann).

Kommunen[6] und innerhalb des kommunalen Bereichs.[7] Standen gesetzliche Regelungen zur Überprüfung, wird dem Gesetzgeber eine längere Übergangsfrist zur Schaffung einer verfassungskonformen Neuregelung eingeräumt.[8] In der zeitlichen Dimension bedeutet das, dass eine erfolgreiche Klage *Änderung* – keineswegs immer *Besserung* – frühestens in der kommenden oder auch erst in einer übernächsten oder noch späteren Wahlperiode verspricht. Durchaus können die Urteilsgründe sogar im Erfolgsfall eines stattgebenden Urteils so beschaffen sein, dass eine so angestoßene Neuregelung die individuelle Lage der Kläger verschlimmert.

Angesichts der zeitlichen und rechtlichen Risiken ist es insbesondere für Bund und Länder oft attraktiver, im Kompromisswege neue Fakten zu schaffen. Angesichts der Einflussmöglichkeiten der Länder über den Bundesrat ist das ein gangbarer Weg, der da endet, wo die Interessenlage einer überwiegenden Ländermehrheit deutlich dominiert, wie etwa im herkömmlichen Verhältnis von Nehmer- zu Zahlerländern im Länderfinanzausgleich. Die kommunale Ebene hat erst gar keine der Beteiligung des Bundesrats vergleichbar zwingenden Einflussmöglichkeiten auf die Landes- oder gar Bundesebene. Im Ergebnis ist der Klageweg in Fragen der Finanzausstattung meist der steinige Ausweg dessen, der im Wege der Mehrheitsentscheidung keine Besserung herbeiführen kann.

b) Das Beispiel Hessen – Streit um den KFA

In Hessen gab es ab 1956 eine Staatspraxis, die der Staatsgerichtshof des Landes erst 2013 als den *Mindest*anforderungen an eine verfassungsmäßige Ableitung der Finanzausgleichsleistungen nicht genügend verwarf. Gegenstand dieser bemerkenswerten Entscheidung des Hess.StGH war das Finanzausgleichsänderungsgesetz 2011, mit dem einige steuerliche Einnahmequellen aus dem fakultativen Steuerverbund gestrichen und eine Beteiligung der kreisfreien Städte und Landkreise am Grunderwerbsteueraufkommen in Wegfall gebracht wurden.[9] Die Landesregierung verwies darauf, dass sich die kommunalen Steuereinnahmen zuletzt günstiger entwickelt hätten als die des Landes, was den „Korrekturbetrag" rechtfertige.[10]

---

[6] Z.B. Hess.StGH, Urt. v. 21.5.2013 P.St. 2361: Gegenstand des Verfahrens war ein ab 1.1.2011 geltendes Gesetz; die übergangsweise Anwendung der verfassungswidrigen Vorschriften wurde bis längstens zum 31.12.2015 zugelassen.

[7] Z.B. erging die Entscheidung des OVG Thüringen zur Kreisumlage des Haushaltsjahres 2007 am 7.10.2016 (Az. 3 KO 94/12 – juris).

[8] BVerfGE 72, 148 ff.: Urteil ergangen am 24.6.1986, übergangsweise Anwendung der Vorschriften längstens bis einschließlich des Haushaltsjahres 1987; Fristsetzung zum Erlass eines Maßstäbegesetzes in dem am 11.11.1999 ergangenen Urteil in BVerfGE 101, 158 ff. bis zum 31.12.2002 und Erlass eines darauf basierenden Finanzausgleichsgesetzes bis zum 31.12.2004, sofern ein Maßstäbegesetz erlassen bis 31.12.2002 erlassen wurde.

[9] Finanzausgleichsänderungsgesetz 2011 vom 16. Dezember 2010 (GVBl. I S. 612).

[10] LT-Drucks. 18/2720 S. 6.

Sondierungen aus den Kommunalen Spitzenverbänden, ob diese gesetzliche Neuregelung nicht von einer Minderheit im Landtag im Wege der Normenkontrolle einer Überprüfung durch den Staatsgerichtshof zugeführt werden könnte, verliefen im Sande – obwohl, wie der Verfasser in Gesprächen mit Arndt Schmehl festgestellt hatte, mit ihm ein erfahrener Prozessvertreter zur Verfügung gestanden hätte. Hintergrund waren die unterschiedlich hohen prozessualen Hürden für kommunale Klagen einerseits und Klagen aus der Mitte des Landtags andererseits. Während klagende Kommunen detailliert zur Darlegung einer Verletzung in eigenen Rechten angehalten sind,[11] ist eine solche Darlegung keine Voraussetzung für die Zulässigkeit einer abstrakten Normenkontrolle[12].

Auf kommunaler Seite wurde abgewogen: Könnte ein negativer Ausgang einer kommunalen Grundrechtsklage die Lage verschlimmern? – Diese Folgenabwägung hatte die Kommunen immer wieder vom Gang zum Hess.StGH abgehalten. Trotz eines historisch tiefen Einschnitts traten wiederum nur wenige Kommunen den Gang zum Hess.StGH an.

Sie machten im Wesentlichen geltend, was der Hessische Städte- und Gemeindebund als kommunaler Spitzenverband der kreisangehörigen Städte und Gemeinden im Gesetzgebungsverfahren einwandte: Der Gesetzgeber müsse dartun, wie die Kommunen nach der Kürzung der Finanzzuweisungen des Landes ihre Aufgaben noch angemessen erfüllen und finanzieren könnten. Dieser Vortrag hatte einen rechtlichen und einen politischen Aspekt: Die verfassungsgerichtliche Rechtsprechung anderer Länder hatte Kürzungen der Zuweisungen an die Kommunen keineswegs immer verworfen, aber darauf verwiesen, dass der Landesgesetzgeber seine Finanzausstattungspflichten auch durch die Entpflichtung der Kommunen von Aufgaben, Verbilligung ihrer Erfüllung durch Absenken von Standards, das Zurverfügungstellen zusätzlicher eigener Einnahmequellen oder eben auch Zuweisungen des Landes erfüllen könne.[13] In politischer Hinsicht war es aus kommunaler Perspektive wichtig, dass der Landesgesetzgeber selbst Farbe bekennen möge, welche Aufgaben entfallen, mit niedrigeren Standards erfüllt oder durch höhere Abgaben refinanziert werden sollten, um den Kürzungsbetrag auszugleichen. Zu klären sei, welches Geld für welche Aufgaben zur Verfügung stehe[14] – diese Formulierung aus der Stellungnahme des Verbandes griff der Hess.StGH in seinem Urteil vom 21.5.2013 auf.[15]

---

[11] Hess.StGH, Urt. v. 21.5.2013 PSt. 2361 – juris-Rdnr. 69 ff., insb. 78 ff; Beschl. v. 12.2.2014 PSt. 2355 Rdnr. 14 und 2357 Rdnr. 9.
[12] Art. 131 Abs. 2 HV, §§ 39 ff. Hess.StGHG.
[13] VerfGH Thüringen, Urt. v. 21.6.2005, Az. 28/03 – juris-Rdnr. 153.
[14] LT-Drucks. 18/2720 S. 10.
[15] Hess.StGH, Urt. v. 21.5.2013 P.St. 2361 – juris-Rdnr. 170.

2. Die Ermittlung des Finanzbedarfs im Verhältnis von Land und Kommunen

Die Auseinandersetzungen um den Finanzausgleich spitzen sich auf die Frage zu, ob der *Finanzbedarf* gedeckt ist. Dieser Begriff steht im Zentrum der Entscheidung des Hess.StGH.

a) Pflicht zur Ermittlung und Sicherstellung des Finanzbedarfs der Kommunen

Der Hess.StGH entnimmt Art. 137 Abs. 5 Satz 1 HV die Garantie einer finanziellen Mindestausstattung der kommunalen Ebene und eine weitergehende, unter dem Vorbehalt der Leistungsfähigkeit des Landes stehenden Garantie einer angemessenen Finanzausstattung.[16] Der Anspruch auf finanzielle Mindestausstattung ist jedenfalls verletzt, wenn infolge unzureichender Finanzausstattung keine freiwilligen Selbstverwaltungsaufgaben mehr wahrgenommen werden können.[17] Auch das BVerwG hat anerkannt, dass aufgrund Art. 28 Abs. 2 GG die finanzielle Mindestausstattung der Gemeinden und Gemeindeverbände einen bundesverfassungsrechtlich radizierten abwägungsfesten Mindestposten in der Finanzwirtschaft eines Landes darstellt.[18] Hier lässt sich die Unterscheidung von Kern- und Randbereich der Selbstverwaltungsgarantie wiederfinden, die auch Gegenstand von Untersuchungen von Arndt Schmehl war, demzufolge eine finanzielle Mindestausstattung der Gemeinden zu einem gemeindehoheits- und fachaufgabenbezogen definierten Kernbereich des Selbstverwaltungsrechts gehört.[19]

Der Hess.StGH beschreibt den Weg vom verfassungsrechtlichen Prüfungsmaßstab zum Begriff des Finanzbedarfs so: Der Landesgesetzgeber kann seiner Verpflichtung für einen aufgabengerechten KFA nur nachkommen, wenn er die Höhe der zur kommunalen Aufgabenerfüllung notwendigen Finanzmittel kennt.[20] Das setzt eine Ermittlung des durch Aufgabenbelastung und Finanzkraft vorgezeichneten Bedarfs der Kommunen voraus.[21] Diese Bedarfsermittlungspflicht hat das Gericht auch auf den horizontalen Ausgleich (im Verhältnis der Kommunen untereinander) erstreckt, wo unterschiedliche Bedarfslagen der kommunalen Gebietskörperschaften zu berücksichtigen seien.[22] Das Gericht betonte die Gestaltungs- und Einschätzungsspielräume des Gesetzgebers, der seine Erwägungen nachvollziehbar und abschließend im Gesetzgebungsverfahren darlegen müsse.[23] Im Rahmen der Bedarfsanalyse

---

[16] Hess.StGH, Urt. v. 21.5.2013 P.St. 2361 – juris-Rdnr. 96–98.
[17] Hess.StGH, Urt. v. 21.5.2013 P.St. 2361 – juris-Rdnr. 96.
[18] BVerwGE 145, 378 (385).
[19] *A. Schmehl*, Zur Bestimmung des Kernbereichs der kommunalen Selbstverwaltung, BayVBl. 2006, 325 (328 f.).
[20] Hess.StGH, Urt. v. 21.5.2013 P.St. 2361 – juris-Rdnr. 116.
[21] Hess.StGH, Urt. v. 21.5.2013 P.St. 2361 – juris-Rdnr. 118.
[22] Hess.StGH, Urt. v. 21.5.2013 P.St. 2361 – juris-Rdnr. 125–127.
[23] Hess.StGH, Urt. v. 21.5.2013 P.St. 2361 – juris-Rdnr. 128–132.

dürfe der Gesetzgeber beispielsweise die (gesamten) tatsächlichen Ausgaben für Pflichtaufgaben erfassen, diese um Ausreißer nach Oben und Unten bereinigen und um einen zusätzlichen Betrag für freiwillige Aufgaben erhöhen, um sodann durch Anrechnung der originären Einnahmen bzw. Einnahmemöglichkeiten der Kommunen deren *Finanzbedarf* zu ermitteln und im Zuge einer Beobachtungs- und Nachbesserungspflicht unter Kontrolle zu halten.[24]

b) Umsetzung der Vorgaben

Der hessische Gesetzgeber hat im zum 1.1.2016 in Kraft gesetzten neuen FAG eine jährliche Berechnung der finanziellen Mindestausstattung der Kommunen vorgesehen, die im weiteren um leistungsfähigkeitsabhängige Komponenten ergänzt wird.

Das anspruchsvolle Gesetzgebungsverfahren umfasste eine kleinteilige Ermittlung der kommunalen Pflichtaufgaben und eingehende Auswertungen der amtlichen Jahresrechnungs- und Kassenstatistik für die unterschiedlichen Gruppen. Sie bildet den Kern der Ermittlung der finanziellen Mindestausstattung (§ 7 FAG). Die Finanzstatistik enthält keine Aufschlüsselung nach pflichtig und freiwillig wahrgenommenen Aufgaben. Auch fehlt eine eindeutige Definition der freiwilligen Aufgabe. Das ist erstaunlich, da es der gefestigten verfassungs-[25] und verwaltungsgerichtlichen Rechtsprechung[26] ebenso wie einer im Schrifttum im Ausgangspunkt wohl einhellig vertretenen Auffassung entspricht, dass sich die Auskömmlichkeit der Finanzausstattung der kommunalen Ebene danach beurteile, ob ein gewisses Maß an freiwilligen Aufgaben erfüllt werden kann.[27]

Pflichtaufgaben sind solche, die von den Gemeinden wahrgenommen werden müssen.[28] Freiwillige Aufgaben sind dadurch gekennzeichnet, dass die Gemeinden entscheiden, *ob* sie eine Aufgabe überhaupt wahrnehmen, als auch darüber, *wie* sie dies gegebenenfalls tun.[29] Allerdings ist für praktisch bedeutsame Felder die Zuordnung zu Pflicht oder Kür unklar: Öffentliche Einrichtungen sind nach richtiger, aber umstrittener Ansicht eine Pflichtaufgabe dem Grunde nach[30].

Die Abgrenzung im Einzelnen blieb im Gesetzgebungsverfahren umstritten: So ging der Gesetzgeber davon aus, dass Aufgaben der Produktbereiche 8 (Sportförderung) und 15 (Wirtschaft und Tourismus) in allen kommunalen Gruppen freiwillig

---

[24] Hess.StGH, Urt. v. 21.5.2013 P.St. 2361 – juris-Rdnr. 161.

[25] Hess.StGH, Urt. v. 21.5.2013 P.St. 2361 – juris-Rdnr. 96.

[26] BVerwGE 145, 378 (384) mit umfangreichen Nachweisen.

[27] *Schmehl* (o. Fußn. 19), BayVBl. 2006, 325 (328).

[28] *K. Lange*, Kommunalrecht, Kap. 11 Rdnr. 18.

[29] *Lange* (o. Fußn. 28), Kap. 11 Rdnr. 7.

[30] *K. Lange*, Die finanzielle Mindestausstattung und die angemessene Finanzausstattung der Kommunen, DVBl. 2015, 457 (458); a.A. *v. Mutius*, Kommunalrecht Rdnr. 306; *T. I. Schmitt*, Kommunalrecht, Rdnr. 231.

veranlasst seien, bei kreisangehörigen Gemeinden unter 50.000 Einwohner zusätzlich auch die Produktbereiche 3 – Schulträgeraufgaben, 4 – Kultur und Wissenschaft, 5 – Soziale Leistungen, 7 – Gesundheitsdienste.[31] Die Kommunalen Spitzenverbände argumentierten demgegenüber insbesondere mit der Verpflichtung zur Vorhaltung kultureller, sportlicher, sozialer und wirtschaftlicher öffentlicher Einrichtungen nach § 19 HGO bzw. § 16 HKO.[32]

Im Ergebnis erfolgte die Bemessung der Anteile der durch pflichtige bzw. freiwillige Aufgabenwahrnehmung verursachten Ausgaben im Schätzwege für die finanzstatischen Produktbereiche, in denen der Gesetzgeber Pflichtaufgaben verortete. Grundlage hierfür war eine detaillierte Ressortabfrage, als deren Ergebnis ein umfangreicher Pflichtaufgabenkatalog erstellt werden konnte, der jährlich aktualisiert wird.[33] Der Hess.StGH hatte in einer jüngeren Entscheidung den Begriff der „Aufgabe" im Sinne der Konnexitätsvorschrift des Art. 137 Abs. 6 HV so definiert, dass der Begriff „ein konkretes Aufgabengebiet im Sinne bestimmter zu erledigender Verwaltungsangelegenheiten"[34] meine. Entsprechend kleinteilig bildet der Katalog die kommunale Verwaltungstätigkeit in Hessen ab.[35]

Soweit der Gesetzgeber in stark pflichtig geprägten Aufgabenbereichen wie dem Produktbereich 05 – Soziale Leistungen Anteile an freiwilliger Aufgabenerfüllung zu erkennen glaubte, verkannte er den Begriff der freiwilligen Aufgabe. So sind laut Gesetzesbegründung beruhend „auf langjähriger Erfahrung" der Kommunalaufsichtsbehörden „typische freiwillige Aufgaben" identifiziert worden, etwa Informationsbroschüren im Rahmen der Öffentlichkeitsarbeit und externe Gutachten.[36] Es liegt auf der Hand, dass im Rahmen der Erfüllung von Pflichtaufgaben auch über Leistungsangebote der öffentlichen Verwaltung mit Hilfe von Broschüren informiert werden darf und dass es wirtschaftlicher sein kann, in Erfüllung der Pflichtaufgabe Bauleitplanung externe Gutachten einzuholen. Richtigerweise erfolgen alle diese Aufwendungen in Erfüllung von Pflichtaufgaben, ggfls. mit einem im Einzelfall unangemessenen Aufwand. Letzterer Gesichtspunkt wird mit der Angemessenheitsprüfung (§ 7 Abs. 2 Satz 1 und 2 FAG) berücksichtigt.

Da die kommunale Haushaltswirtschaft in Hessen nach den Grundsätzen der doppelten Buchführung erfolgt, die Finanzstatistik aber rein zahlungsorientierte Darstellungen enthält, prüfte der Gesetzgeber, ob die Gemeinden durch die Darstellung der

---

[31] Begründung zum Gesetzentwurf der Landesregierung für ein Gesetz zur Neuregelung der Finanzbeziehungen zwischen Land und Kommunen, LT-Drucks. 19/1853 S. 50.
[32] Die Gesetzesbegründung der Landesregierung wartet hier mit einer veritablen Fehlinterpretation von Ausführungen *Langes* auf (LT-Drucks. 19/1853 S. 43 f.).
[33] LT-Drucks. 19/1853 S. 45.
[34] Hess.StGH, Urt. v. 6.6.2012, PSt. 2292 – juris, Rdnr. 64.
[35] LT-Drucks. 19/1853 S. 43.
[36] LT-Drucks. 19/1853 S. 45; entgegen der dort gemachten Ausführungen besteht insoweit kein Einvernehmen.

Finanzstatistik benachteiligt würden. Das konnte für den Zeitpunkt des Gesetzgebungsverfahrens verneint werden.[37]

Zur Berücksichtigung der eigenen, zweckgebundenen Erträge der Kommunen (z. B. Benutzungsgebühren) wurden nicht die Ausgaben, sondern die Zuschussbedarfe je finanzstatistischem Produktbereich ermittelt.[38] Auf diese Weise wurden die Erträge aus Gebühren und ähnlichen Abgaben, aber auch zweckgebundene Zuweisungen und Erstattungszahlungen des Landes unter dem Gesichtspunkt der Konnexitätsvorschrift der Landesverfassung berücksichtigt. Komplett refinanzierte Aufgabenbereiche blieben ausgeklammert, so die durch kostendeckende Erstattungspauschalen refinanzierte Unterbringung von Asylbewerbern und die mit kostendeckenden Gebühren refinanzierten Bereiche.[39]

Die Zuschussbedarfe der verbleibenden und vom Land als pflichtig veranlasst eingestuften Produktbereiche wurden einer „Angemessenheitsprüfung" zur Bereinigung um statistische Ausreißer und Berücksichtigung einer wirtschaftlichen Aufgabenerfüllung unterzogen. Der Zuschussbedarf des betreffenden Produktbereichs je Kommune und Einwohner floss in die Bildung eines Durchschnittswerts je Einwohner ein. Die Werte von Kommunen mit überdurchschnittlichem Zuschussbedarf wurden mit dem Durchschnittswert, die Werte von Kommunen mit stark unterdurchschnittlichem Zuschussbedarf mit 50 % des Durchschnittswerts angesetzt (Angemessenheitsprüfung nach § 7 Abs. 2 FAG, „Korridorverfahren").[40] Diese Ermittlung erfolgt jährlich.

Der Hess.StGH hatte im Urteil vom 21. 5. 2013 mit Blick auf die Berücksichtigung freiwilliger Aufgaben die Möglichkeit eines prozentualen Zuschlags des für Pflichtaufgaben ermittelten Bedarfs angesprochen.[41] Der Gesetzgeber zog als Anhaltspunkt für die Bemessung und die interkommunale Weiterverteilung des Zuschlags die ermittelten Anteile der auf die Wahrnehmung freiwilliger Aufgaben entfallenden Defizite am Gesamtdefizit heran. Dabei wurden für die Ermittlung der finanziellen Mindestausstattung nach § 7 FAG die Defizite der Produktbereiche Kultur und Wissenschaft, Sportförderung, Natur- und Landschaftspflege und Umweltschutz voll, die nach Auffassung des Landes in den übrigen Bereichen als freiwillig zu qualifizierenden Defizite zu 50 % einbezogen.[42] Die dabei unberücksichtigt gebliebenen Defizite freiwilliger Tätigkeit dienten dann der Bemessung des finanzkraftabhängigen weiteren Zuschlags und seiner interkommunalen Weiterverteilung (Finanzkraftzuschlag, § 8 FAG).[43]

---

[37] LT-Drucks. 19/1853 S. 40–42.
[38] LT-Drucks. 19/1853 S. 47.
[39] „Aufgaben mit Vollkostendeckung", LT-Drucks. 19/1853 S. 54.
[40] Eingehend dargestellt in der Gesetzesbegründung, LT-Drucks. 19/1853 S. 49–52.
[41] Hess.StGH, Urt. v. 21.5.2013 PSt. 2361 – juris-Rdnr. 124.
[42] So genannter Garantiezuschlag, § 7 Abs. 4 Satz 1 FAG; LT-Drucks. 19/1853 S. 65 f.
[43] LT-Drucks. 19/1853 S. 67.

Dieser Ansatz wird den verfassungsrechtlichen Vorgaben nicht gerecht. Zum Einen hat der Gesetzgeber den Umfang der Pflichtaufgaben insbesondere mit Blick auf die öffentlichen Einrichtungen der Kommunen verkannt. Zum Anderen erreichen die Kommunen nur durch den zu Unrecht so weit verstandenen Begriff der freiwilligen Aufgaben einen Umfang freiwillig veranlasster Zuschussbedarfe von 6,1 %. Im Schrifttum wird vertreten, dass ein Anteil von 5 % des Gesamthaushalts für selbstbestimmte Aufgaben verwandt werden können muss.[44] Bei korrekter Einordnung der Zuschussbedarfe für öffentliche Einrichtungen wäre diese Marke ggfls. verfehlt. Auch methodisch ist der Schluss von dem, was ist, auf das, was sein sollte verfassungswidrig, weil nicht sachgerecht: Der Gesetzgeber ist gehalten, seine Maßstäbe und Indikatoren gegen aktuelle Finanzierungsinteressen, Besitzstände und Privilegien abzuschirmen.[45] Daher wäre ein gleichmäßiger prozentualer Zuschlag auf die für die kommunalen Gruppen ermittelten Finanzbedarfe für Pflichtaufgaben vorzuziehen. Das im Gesetzgebungsverfahren ermittelte Ergebnis wahrt auch nicht das Gebot interkommunaler Gleichbehandlung, weil es die kostenträchtige Aufgabenwahrnehmung der kreisfreien Städte und Sonderstatusstädte privilegiert.

Dem so ermittelten Zuschussbedarf sind die eigenen Deckungsmittel der Kommunen, insbesondere die Zuweisungen aus den Gemeindeanteilen an Einkommen- und Umsatzsteuer sowie die Realsteuern gegenüberzustellen. Für die Realsteuern wurden standardisierte Hebesätze zu Grunde gelegt, die die gewogenen Durchschnittshebesätze des Jahres 2014 darstellen.[46] Eine Festlegung dieser Nivellierungshebesätze ist erforderlich, um ein allgemein zumutbares Niveau der Anspannung eigener Einnahmemöglichkeiten zu definieren.[47]

c) Auswirkung der Neuregelung

Die Neuregelung führte erstmals zu einer nachvollziehbaren Ableitung des kommunalen Finanzbedarfs. Die so ermittelte *Mindestausstattung* war in den 22 Jahren vor Inkrafttreten der Neuregelung immerhin elfmal unterschritten worden.[48] Die erzwungene Reform korrigierte teilweise eine jahrzehntelange Fehlleitung öffentlicher Mittel. Die kreisfreien Städte, in Hessen besonders steuerstark, partizipierten jahrzehntelang nach einer festen Quote an den Schlüsselzuweisungen des Landes. Ergebnis war ein Auseinanderdriften der Finanzkraft von kreisfreiem und kreisangehörigem Raum.

Die nach kommunalen Gruppen differenzierte Ermittlungs-, Beobachtungs- und Nachbesserungspflicht schlug sich in deutlich höheren Zuweisungen an die kreisan-

---

[44] *F. Hufen*, Aufgabenentzug durch Aufgabenüberlastung, DÖV 1998, 276 (280).
[45] BVerfGE 101, 158 (218).
[46] LT-Drucks. 19/1853 S. 61 f.
[47] BVerwGE 145, 378 (383).
[48] *Detemple/Michels/Schramm*, Die Neuordnung des Kommunalen Finanzausgleichs in Hessen, in: Hessischer Rechnungshof (Hrsg.), Kommunalfinanzen, S. 61 (73).

gehörigen Gemeinden ab 2016 nieder. Auch die Landkreise profitierten. Die kreisfreien Städte verzeichneten angesichts stark steigender eigener Steuereinnahmen trotz eingebauter gesetzlicher Boni wie den Metropolzuschlag und die vorteilhafte Behandlung der freiwilligen Tätigkeit zeitweise Einbußen bei den Schlüsselzuweisungen.

Insgesamt stärkt die Neuregelung die Ausgleichswirkung des KFA. Die Diskussion um die Mittelzuweisungen erfolgt auf Grundlage einer umfassenden Tatsachenermittlung. Hessen hat die verfassungsrechtlichen Vorgaben der Bemessung der kommunalen Finanzausstattung in erheblichem Umfang operationalisiert. Trotz der geschilderten Mängel hat die Neuregelung einen beachtlichen Fortschritt gebracht. Arndt Schmehl hat als Diskussionspartner viel beigetragen, um mit einer sinnvoll gestalteten Klage gesetzliche Verbesserungen anzustoßen.

II. Ausblick

Der Bundesgesetzgeber könnte am hessischen Beispiel lernen. Denn auch zwischen Bund und Ländergesamtheit und den Ländern untereinander muss erreicht werden, dass die eigenen und zugewiesenen Einnahmen zumindest im Regelfall die Ausgaben decken und eine angemessene Finanzausstattung sicherstellen.[49] Dazu muss ein angemessenes – abstrakt-generell definiertes – Ausgaben- oder Zuschussbedarfsniveau ermittelt werden. In der Rechtsprechung des BVerfG zum Länderfinanzausgleich wird die Berücksichtigung eines abstrakten Finanzbedarfs als dadurch bewirkt angesehen, dass der Ausgleich unterschiedlicher Finanzkraft durch eine Annäherung der Pro-Kopf-Steuereinnahmen der Länder erfolge.[50] Indes liegt auf der Hand, dass die Höhe der vorhandenen Deckungsmittel nichts über den realen Ausgabenbedarf aussagen kann. Die Größen Ausgaben und Einnahmen weichen voneinander ab, wobei in der Staatspraxis meist die Ausgaben überwogen. Eine Berücksichtigung der Ausgabenseite ist an sich zumindest für die Verteilung der Umsatzsteueranteile zwischen Bund und Ländern (vertikale Umsatzsteuerverteilung, Art. 106 Abs. 3 Satz 4 GG) vorgeschrieben, aber ausweislich der Gesetzesmaterialien zur Reform der Bund-Länder-Finanzen nicht einmal im Ansatz erfolgt.[51] Die neu geregelten Bund-Länder-Finanzbeziehungen missachten die verfassungsrechtlichen Vorgaben und den Stand des regelungstechnisch Möglichen.

---

[49] BVerfGE 72, 330 (383); 86, 148 (213).
[50] BVerfGE 72, 330 (384 f.); 101, 158 (221).
[51] BT-Drucks. 18/11131 und 18/11135.

Der kommunalverfassungsrechtliche Vorbehalt des Gesetzes.
Das Beispiel der Kreisumlage

Von *Ekkehart Reimer*

Im juristischen Ethos ist das *audiatur et altera pars* fest verankert. Wie wichtig Arndt Schmehl dieses Ethos war, wurde in jedem persönlichen Gespräch deutlich. Er hat den doppelten Blick, die gewissenhafte Aufnahme der Interessen und Argumente beider Seiten gelebt. Er hat die Dinge bedacht und gewendet. Er hat Kehrseiten berücksichtigt. Das zeigen auch seine wissenschaftlichen Schriften, und in besonderer Weise seine finanzrechtlichen Forschungsarbeiten: Wie wenige andere richtet Arndt Schmehl seine Aufmerksamkeit stets auf die Eingangs- und die Ausgangsseite der öffentlichen Haushalte und nimmt den Fiskus gleichermaßen als Gläubiger und als Schuldner in den Blick[1].

Im Anschluss an den letzten großen Vortrag, den Arndt Schmehl am 20. September 2011 vor der Deutschen Steuerjuristischen Gesellschaft in Speyer gehalten hat und der mit der Grundsteuer eine zentrale und heute hochaktuell gewordene Finanzierungsquelle der Gemeinden betraf[2], analysiert der nachfolgende Beitrag ihr Pendant auf Landkreisebene, die Kreisumlage. Der Beitrag beruht auf Erfahrungen, die der Verfasser als Prozessvertreter von Landkreisen vor den Verwaltungsgerichten des Landes Mecklenburg-Vorpommern und vor dem Oberverwaltungsgericht Greifswald in mehreren Kreisumlage-Verfahren gesammelt hat. Am Beispiel dieses überkommenen Rechtsinstituts wird eine verfassungsrechtliche Vorfrage aufgegriffen, die über das Finanzrecht hinaus der Klärung bedarf: Welche Anforderungen sind an die gesetzlichen Grundlagen kommunaler Satzungen mit interkommunaler Bedeutung zu stellen?

Die These lautet: Die Kreisumlage ist nicht nur ein gewichtiger Aufwandsposten in den Haushalten kreisangehöriger Gemeinden, sondern auch das verfassungsrechtlich zentrale Instrument der autonomen Kreisfinanzierung (I.). Sie bildet historisch (II.) und systematisch (III.) das Funktionsäquivalent zu den gemeindlichen Realsteuern auf Ebene der Landkreise. Daraus ergeben sich Folgerungen für die Reichweite des verfassungsrechtlichen Vorbehalts des Gesetzes (IV.).

---

[1] *Arndt Schmehl,* Das Äquivalenzprinzip im Recht der Staatsfinanzierung (2004).

[2] *Arndt Schmehl,* Kritische Bestandsaufnahme der Grundsteuer, in: Joachim Wieland (Hrsg.), Kommunalsteuern und -abgaben. DStJG Bd. 35 (2012), S. 249 ff.

I. Die Kreisumlage:
Flexibles Instrument zur Haushaltsdeckung

Die Finanzierung der Landkreise ruht auf drei Säulen – Zuweisungen aus den Landeshaushalten, eigenem Aufkommen (namentlich Gebühren und Beiträgen, aber auch Zuführungen aus kommunalwirtschaftlichen Unternehmen) und Umlagen ihres Finanzbedarfs auf die kreisangehörigen Gemeinden[3]. Die allgemeine Kreisumlage wird in allen 13 Flächenländern subsidiär zu besonderen Umlagen der Landkreise erhoben; Schuldner sind die kreisangehörigen Gemeinden[4]. Die Kreisumlage bildet strukturell und teleologisch auch das Vorbild für Umlagen der zwischen Landkreisen und Gemeinden angesiedelten Gemeindeverbände (Amtsumlagen[5], Verbandsgemeindeumlagen[6] etc.). Besondere Umlagen sind demgegenüber zweckgebunden. Sie bilden regelmäßig die einzige substanzielle und nachhaltige Einnahmequelle der Empfängerkörperschaft; ihr Aufkommen und damit die Belastung der Mitgliedskörperschaften ist zugleich eng auf den konkreten Sachzweck des Verbands begrenzt.

Die Kreisumlage erfüllt nach den gesetzlichen Vorgaben in den Landkreisordnungen bzw. Kommunalverfassungsgesetzen der Flächenstaaten die Aufgabe, die Landkreise insoweit zu finanzieren, als die sonstigen Erträge des Landkreises seine Aufwendungen nicht decken[7]. Diese Funktion bildet in allen Flächenländern den gemeinsamen Kern der gesetzlichen Regelungen über die Kreisumlage. Teilweise wird die Zielgröße allerdings noch näher konkretisiert und zu den Aufgaben des Landkreises in Beziehung gesetzt. So dient die Kreisumlage in Brandenburg dazu, „den für die Aufgabenerfüllung notwendigen Finanzbedarf" zu decken[8].

Die normative Konkretisierung dieser allgemeinen Vorgaben aus den Landkreisordnungen liefern die Finanzausgleichsgesetze der Länder. Bemessungsgrundlage (Umlagegrundlage) ist danach regelmäßig die Finanzkraft der umlagepflichtigen Ge-

---

[3] Statt vieler *Adalbert Leidinger*, Das Kreisfinanzsystem, in: Günter Püttner (Hrsg.), Handbuch der kommunalen Wissenschaft und Praxis. Bd. 6: Kommunale Finanzen (1985), S. 331 ff.

[4] Z.B. § 56 Abs. 1 LKrO NRW; § 49 LKrO BW.

[5] Etwa § 8 Abs. 2 FAG M-V.

[6] Etwa § 26 LFAG Rh-Pf.

[7] Grundlegend zur Kreisumlage *Karl Heinrich Friauf/Rudolf Wendt*, Rechtsfragen der Kreisumlage (1980); *Ferdinand Kirchhof*, Das Finanzsystem der Landkreise, in: Friedrich Schoch (Hrsg.), Selbstverwaltung der Kreise in Deutschland (1996), S. 57 ff.; *ders.*, Die Rechtsmaßstäbe der Kreisumlage. Zu den Aufgaben der Kreise und deren Wirkungen rechtswidriger Aufgabenwahrnehmung auf die Festsetzung von Kreisumlagen, 1995; *Albert Günther*, Die Kreisumlage, in: Günter Püttner (Hrsg.), Handbuch der kommunalen Wissenschaft und Praxis. Bd. 6: Kommunale Finanzen (1985), S. 366 ff.; *Hans-Günter Henneke*, BVerwG bestätigt Ergänzungs- und Ausgleichsaufgaben der Kreise, NVwZ 1996, 1181; *ders.*, Die Kreisumlage darf nicht zu einer nachhaltigen Verkürzung der gemeindeeigenen Finanzbasis führen, DVBl. 2018, 133 ff.

[8] § 130 Abs. 1 BbgKVerf.

meinde, wie sie für die letzte oder vorletzte Periode nach dem Landeshaushaltsrecht nach landeseinheitlichen Regeln festgestellt worden ist. Im Kern wird die Finanzkraft einer kreisangehörigen Gemeinde durch ihre Steuerkraftmesszahl zuzüglich ihrer Schlüsselzuweisungen und abzüglich evtl. Finanzausgleichsumlagen bestimmt.

Die Höhe der konkreten Kreisumlage ergibt sich in den meisten Ländern aus der Anwendung eines kreisweit einheitlichen Umlagesatzes auf die gemeindliche Umlagegrundlage. Einzelne Bundesländer kennen allerdings auch Differenzierungsmöglichkeiten – sei es durch die Möglichkeit eines progressiven Tarifs mit Sonderbelastungen für besonders leistungsfähige Gemeinden[9], sei es durch die Möglichkeit einer erhöhten Kreisumlage gegenüber Gemeinden, die von besonderen kreislichen Leistungen profitieren[10].

Während die Umlagegrundlage landesgesetzlich vorgegeben ist, setzen die Landkreise den Umlagesatz oder -tarif in ihren jährlichen Haushaltssatzungen fest. Auf dieser gesetzlichen und satzungsrechtlichen Grundlage erlassen die Landratsämter dann – ohne Ermessen – Kreisumlagebescheide gegenüber ihren kreisangehörigen Gemeinden. Durch Verweise der Landkreisordnungen, der Kommunalverfassungen, der Finanzausgleichsgesetze, der Kommunalabgabengesetze und/oder des Haushaltsrechts der Länder auf §§ 163, 226 AO haben die Landkreise allerdings die Befugnis zu einem einzelfallbezogenen Erlass, Teilerlass oder einer Stundung der Kreisumlage aus Gründen persönlicher oder sachlicher Unbilligkeit.

II. Historische Rechtfertigung

In dieser Ausgestaltung ist die Kreisumlage nur historisch zu erklären. Ihrem Namen nach ist sie ein preußisches Institut aus dem letzten Drittel des 19. Jahrhunderts. Sind die Kreise zuvor durch Zuweisungen aus der Staatskasse finanziert worden[11], gibt der preußische Gesetzgeber mit der vielfach umkämpften Kreisordnung von 1872[12] den Kreisen die Befugnis, einen Zuschlag zu den direkten Staatssteuern festzusetzen. Diese sog. Kreissteuer fließt in die individuellen Steuerveranlagungen ein. Sie wird aber nicht unmittelbar bei den steuerpflichtigen Privaten erhoben, obwohl diese Steuerschuldner und Steuerträger sind, sondern bildet für die preußischen

---

[9] § 25 LFAG Rheinland-Pfalz.
[10] Z. B. § 56 Abs. 4 LKrO NRW.
[11] Statt aller *Hans-Günter Henneke*, Entwicklung der Kreisaufgaben im langen 19. Jahrhundert bis zum Großen Krieg, in: 100 Jahre Deutscher Landkreistag, 2018, S. 61 ff. = *ders.*, Landkreise, Landkommissariate und ihr langer Weg zum Landkreistag. Schriften des Deutschen Landkreistages Bd. 133 (2017), S. 61 (62).
[12] Kreisordnung für die Provinzen Preußen, Brandenburg, Pommern, Posen, Schlesien und Sachsen vom 13.12.1872. Aufschlussreich zur Entstehungsgeschichte m.w.N. *Hans-Günter Henneke*, Bismarcks ambivalentes Verhältnis zur ‚Magna Charta des preußischen Volkes', in: 100 Jahre Deutscher Landkreistag, 2018, S. 41 ff. = *ders.*, Landkreise, Landkommissariate und ihr langer Weg zum Landkreistag. Schriften des Deutschen Landkreistages Bd. 133 (2017), S. 41 ff.

Landkreise nur eine Zählgröße. Die Kreise erwerben nämlich von Anfang an nur einen Zahlungsanspruch gegen die kreisangehörigen Wohnsitz- oder Betriebsgemeinden, die diese Belastung ihrerseits auf die Steuerpflichtigen überwälzen[13]. § 11 der preußischen Kreisordnung von 1872 begründet deshalb eine Pflicht zur Entrichtung der Kreisabgaben, die materiell die Kreisangehörigen treffen soll[14], deren unmittelbare Schuldner aber „die einzelnen Gemeinden und selbstständigen Gutsbezirke im Ganzen" sind: Sie sind die Bezugseinheiten für die Berechnung der Kreisabgaben; sie trifft die Pflicht „zur Unterverteilung [des Kreisabgabensolls] auf die einzelnen Steuerpflichtigen nach demselben Maßstabe zur Einziehung, sowie zur Abführung im Ganzen".

Allerdings fügen die Kreisordnungen für die Provinz Westfalen, die preußische Rheinprovinz und für die Provinz Schleswig-Holstein dieser Regelung bereits einen Passus hinzu, nach dem „den Gemeinden die Beschlußnahme [vorbehalten bleibt], ihre Antheile an den Kreisabgaben in anderen Weise aufzubringen"[15]; für diese drei Provinzen gibt der Gesetzgeber den Gemeinden also eine Ersetzungsbefugnis: sie können die (indirekte) Kreissteuer in eine finanzausgleichsrechtliche Abgabe verwandeln.

1906 wird dann im gesamten Preußen aus der Kreissteuer formell eine Kreisumlage[16]. War die Einschaltung der Gemeinden bis dahin – jedenfalls für den Regelfall – nur eine Erhebungstechnik, wandelt sich die Belastung nun zu einem Instrument des vertikalen kommunalen Finanzausgleichs. Die Gemeinden werden nun auch materielle Schuldner der Kreisumlage. Mit diesem Wechsel verbindet sich indes weiterhin die Erwartung einer Überwälzung der Belastung von den Gemeinden auf die Privaten. Weiterhin zielt die Kreisumlage auf eine Kompetenzschonung ab: Die Bürger werden mediatisiert; der Kreis soll die Gemeindebürger nicht „über den Kopf der Gemeinde hinweg" belasten können, sondern es der Selbstverwaltung der örtlichen Honoratioren überlassen, wie die gegebene Gesamtbelastung auf die Zensiten verteilt wird. Insbesondere erlangt die Gemeinde damit das Recht, selbst zu entscheiden, ob und in welchem Verhältnis Bewohner oder Betriebe herangezogen werden. Wichtigste Stellschraube für diese gemeindlichen Gestaltungsräume ist die Wahl einer Steuerart – bei damals indes breiteren gemeindlichen Steuerkompetenzen als heute.

Im Ergebnis hat die Kreisumlage damit 1906 strukturell ihre heutige Form gefunden. Allein die Überwälzung der Belastung auf die Privaten hat sich im Bewusstsein der Verantwortungsträger verflüchtigt. Faktisch steht und fällt aber das Niveau der

---

[13] Preußische Kreisordnung vom 13.12.1872. Bester historischer Abriss m.w.N. bei *Albert Günther*, Die Kreisumlage, in: Handbuch der kommunalen Wissenschaft und Praxis, S. 366 ff.

[14] § 9b der Kreisordnung für die preußischen Provinzen vom 13.12.1872 in der Fassung der Bekanntmachung vom 19.03.1881, prGS 1872 (Nr. 41), S. 661.

[15] § 11 Satz 2 der Kreisordnung für Westfalen, die Rheinprovinz und die Provinz Schleswig-Holstein.

[16] Preußisches Kreis- und Provinzialabgabengesetz vom 23.4.1906, *Adalbert Leidinger*, Das Finanzsystem der Gemeindeverbände, in: Günter Püttner (Hrsg.), Handbuch der kommunalen Wissenschaft und Praxis. Bd. 6: Kommunale Finanzen (1985), S. 331, 335.

gemeindlichen Realsteuerhebesätze bis heute in erheblichem Maße mit der Höhe der Kreisumlage. Das gilt namentlich in denjenigen Bundesländern – gerade in den neuen Bundesländern –, in denen die Umlagesätze jahrelang über 40 Prozent lagen und damit einen besonders hohen Teil der Finanzkraft der umlagepflichtigen Gemeinden abgeschöpft haben. Und auch kreisseitig ist die Kreisumlage für die Landkreise, was die Realsteuern für die Gemeinden sind: das zentrale Instrument kommunaler Selbstverwaltung zur Deckung des eigenen Finanzbedarfs[17].

III. Systematische Rechtfertigung

Fraglich ist aber, inwieweit sich die genetische und haushaltswirtschaftliche Nähe der Kreisumlage zu den kommunalen Steuern im geltenden Recht widerspiegelt. Bevor die zentralen Fragen nach Anwendbarkeit und Reichweite des Vorbehalts des Gesetzes in den Blick geraten (unten IV.), ist die Kreisumlage systematisch zu verorten. Diese Verortung ist zweidimensional angelegt: erstens in der Unterscheidung von Finanzausgleichs- und Kommunalabgabenrecht, zweitens in der Unterscheidung von landesgesetzlich vorgegebenen und autonom gesetzten Regelungen.

1. Kombination von Finanzausgleich und Besteuerung

Die Verankerung der Kreisumlage im Finanzausgleichsrecht ist auf den ersten Blick evident. Formell (Ansiedlung der einschlägigen gesetzlichen Regelungen in den Finanzausgleichsgesetzen der Länder) und materiell (Finanzbeziehung zwischen Gebietskörperschaften) ist die Kreisumlage auf die Redistribution öffentlicher Mittel im Innenraum der (mittelbaren) Staatsverwaltung angelegt. An dem Rechtsverhältnis der Kreisumlage sind Private nicht beteiligt. Es fehlen auch gesetzliche Regelungen, die die umlagepflichtigen Gemeinden zu einer Abwälzung der Belastung aus der Kreisumlage auf Private verpflichten oder auch nur anregen sollen.

Auf den zweiten Blick rückt die Kreisumlage allerdings – gleichsam subkutan – doch weg vom klassischen Finanzausgleich und hin zu den Instituten des Steuerrechts. Das gilt zunächst für ihre Bemessung. Während die klassischen Institute des primären Finanzausgleichs eine homogene Größe (also z. B. das Ist-Aufkommen aus einer bestimmten Steuerart) nach einem bestimmten Schlüssel aufteilen, ist die Kreisumlage schon aus Schuldnersicht eine abstrakte Größe. Wie die Gemeinde ihre Belastung aus der Kreisumlage deckt, ist weder gesetzlich noch durch die Haushaltssatzung des Landkreises (aus der sich der Umlagesatz ergibt) vorgegeben. Gemeindlicherseits gibt es also kein „angestrichenes Geld", das für die Kreisumlage zurückgelegt oder verwendet wird. Die Gemeinde ist nicht einmal verpflichtet, die Kreisumlage aus den Umlagegrundlagen (die immerhin deren Bemessungsgrundlage bil-

---

[17] Vgl. *Hans-Günter Henneke*, in: Henneke/Pünder/Waldhoff (Hrsg.), Recht der Kommunalfinanzen (2005), § 14 Rdnr. 1 ff.; und *Horst Jurkschat*, Die Finanzordnung im kreisangehörigen Raum – Rechtliche Grenzen der Kreisumlage (1995), S. 7 ff.

den[18]) zu bezahlen. Vielmehr kommen prinzipiell alle gemeindlichen Haushaltsmittel als Fundus zur Deckung der Kreisumlage in Betracht. Diese schuldnerseitige Non-Affektation findet sich allerdings auch bei anderen Instituten des sog. sekundären Finanzausgleichs, d. h. der nachträglichen, nicht mehr auf einzelne Steuerarten und deren Aufkommen bezogenen Umverteilung der nach primärem Finanzausgleich vereinnahmten Mittel.

Deutlich wird die Nähe der Kreisumlage zum Steuerrecht aber, sobald man den Blick auf die Gläubigerseite – die Landkreise – richtet. Im Unterschied zu den etablierten Instituten des Finanzausgleichs, die teils überhaupt nicht bedarfs-, sondern finanzkraftorientiert ausgestaltet sind, im Übrigen jedenfalls nicht auf eine Volldeckung des (Gesamt-)Bedarfs der Empfängerkörperschaft abzielen, richtet der Gesetzgeber die Kreisumlage zielgenau an der Deckungslücke des Kreishaushalts aus. Diese Deckungslücke wird ex ante exakt quantifiziert. Damit bewahrt die Kreisumlage die klassische, im 19. Jahrhundert noch virulente Normierungsrichtung der Steuer: Die Steuer folgte den Ausgaben, nicht die Ausgaben den Steuereinnahmen[19]. Ebenso gibt auch die Kreisumlage nach ihrer gesetzlichen Konzeption nicht den Ausgabenspielraum der Empfängerkörperschaft vor, sondern ist ausgabenakzessorisch[20]. Sie hat keine Ermöglichungs-, sondern eine Deckungsfunktion. Insgesamt zeigt sich an diesen materiellrechtlichen Festlegungen, dass in der Kreisumlage Merkmale klassischer Instrumente des Finanzausgleichs mit steuertypischen Elementen kombiniert werden.

2. Kombination von Gesetz und Satzung

Dieser Befund bestätigt sich, wenn man die materiellrechtliche Stellung der Kreisumlage mit den Zuständigkeiten und Handlungsformen abgleicht, die für die Kreisumlage zum Einsatz kommen. Das Recht der Kreisumlage ist durch das Ineinandergreifen eines förmlichen Landesgesetzes und der Haushaltssatzung des umlageberechtigten Landkreises geprägt: Die dirigistisch-umverteilende Anordnung des Landesgesetzgebers, der den Kreisen die Erhebung einer Kreisumlage dem Grunde nach zur Pflicht macht und die Bemessungsgrundlage regelt, trifft auf die autonome Festsetzung des Umlagesatzes und damit der Höhe der Belastung durch den Landkreis selbst.

Strukturell hat diese Kombination keine Entsprechung im Finanzausgleichsrecht. Für das Steuerrecht und sogar für das Steuerverfassungsrecht des deutschen Mehrebenensystems sind sie dagegen typisch. Drei Steuerarten beruhen auf dem vergleichbaren Ineinandergreifen materiellrechtlicher Regelungen von Normgebern unter-

---

[18] Oben I.

[19] Vgl. bis heute die Regelung in Art. 131 Abs. 2 Nr. 2 LV HB v. 21.10.1947, nach der das Haushaltsgesetz die Festsetzung der Steuersätze enthält, soweit sie für jedes Rechnungsjahr festzusetzen sind.

[20] Näher unten IV. 2. b).

schiedlicher Ebenen: die Grunderwerbsteuer (normative Grundlagen einschließlich Bemessungsgrundlage im Bundesrecht, Festlegung des Steuersatzes durch die aufkommensberechtigten Länder: Art. 105 Abs. 2a Satz 2 GG), die Grundsteuer (normative Grundlagen einschließlich Bemessungsgrundlage im Bundesrecht, Regelung der Hebesätze und damit der effektiven Steuersätze durch die aufkommensberechtigten Gemeinden: Art. 106 Abs. 6 Satz 2 GG) und die ihr insofern entsprechende Gewerbesteuer, für die die Hebesatzkompetenz wegen der zusätzlichen Garantie in Art. 28 Abs. 2 Satz 3 Halbs. 2 GG verfassungsrechtlich sogar doppelt abgesichert ist.

3. Erfüllung landesverfassungsrechtlicher Steuergarantien?

Insgesamt zeigt sich daran, dass die Kreisumlage auch im geltenden Recht residuale Charakteristika der alten Kreissteuer aufweist. Sie ist das zentrale Instrument zur Deckung des fiskalischen Eigenbedarfs der Landkreise. In den Flächenländern, in denen – wie z. B. in Hessen – die Landesverfassung den Gemeindeverbänden in eigener Verantwortung zu verwaltende Einnahmequellen garantiert[21], ist die Kreisumlage auch landesverfassungsrechtlich abgesichert.

Offener, mit Blick auf die hier fragliche Einordnung der Kreisumlage als steuerähnliche Abgabe aber auch besonders reizvoll, ist demgegenüber die Antwort auf die Frage, ob die Kreisumlage auch in den 9 der 13 Flächenländer, deren Verfassungen den Landkreisen ausdrücklich eigene *Steuer*quellen garantieren[22], in Ermangelung substanzieller Kreissteuern[23] diese Garantien erfüllt. Maßgeblich sind insoweit die Steuerbegriffe dieser neun Landesverfassungen. Man muss davon ausgehen, dass sie nicht von dem Steuerbegriff des Grundgesetzes abweichen, der im Wesentlichen den in der Reichsabgabenordnung von 1919 vorgefundenen einfachgesetzlichen Steuerbegriff rezipiert[24], der seinerseits bereits unter dem Eindruck der Umbenennung der alten preußischen Kreissteuer in „Kreisumlage" steht und diese nicht mehr als Steuer begriffen haben dürfte. Auf dieser Grundlage könnte man in den heutigen Kreisumlagen keine Erfüllung der landesverfassungsrechtlichen Steuergarantien der Landkreise erblicken.

---

[21] Art. 137 Abs. 5 Satz 2 HV.

[22] Art. 73 Abs. 2 LV B-W, Art. 83 Abs. 2 Satz 2 i.V.m. Abs. 5 BV (dort allerdings unter Verwendung des Oberbegriffs „öffentliche Abgaben"), Art. 73 Abs. 1 Satz 2 LV M-V, Art. 58 Verf Nds., Art. 119 Abs. 1 Satz 2 LV Saarland, Art. 87 Abs. 2 SächsVerf, Art. 88 Abs. 3 LV Sachsen-Anhalt, Art. 56 LV S-H, Art. 93 Abs. 2 ThürV.

[23] Tatsächlich besteht in 6 dieser 9 Länder mit landesverfassungsrechtlichen Steuergarantien immerhin noch eine gesetzliche Ermächtigung der Landkreise zur Erhebung der – allerdings nicht ertragskräftigen – Jagdsteuer (Baden-Württemberg, Niedersachsen, Saarland, Sachsen, Schleswig-Holstein und Thüringen), in 3 der 9 Länder nicht einmal diese (Bayern, Mecklenburg-Vorpommern und Sachsen-Anhalt).

[24] *Vogel/Waldhoff,* BK GG, Vorbem. Art. 104a ff. GG, Rdnr. 361 = *dies.,* Grundlagen des Finanzverfassungsrechts (= Sonderausgabe des Bonner Kommentars zum Grundgesetz), Vorbem. Art. 104a ff. GG.

Zwingend ist dieses Ergebnis indes nicht. Raum für eine entsprechende Öffnung des verfassungsrechtlichen Steuerbegriffs ergibt sich daraus, dass das Grundgesetz innerhalb des Subsystems Steuerrecht systemische (strukturelle und intendierte) Überwälzungen der Belastung vom Steuerpflichtigen auf einen Dritten als Steuerträger vorzeichnet[25]. Deshalb ist es nicht fernliegend, dass eine öffentlichrechtliche Geldleistungspflicht auch dann Steuercharakter hat, wenn der Intermediär eine Gebietskörperschaft des öffentlichen Rechts – hier also eine kreisangehörige Gemeinde – ist.

Angesichts der grundgesetzlichen Offenheit für eigene Steuern der Landkreise nach Maßgabe der Landesgesetzgebung (Art. 105 Absätze 2 und 2a i.V.m. Art. 106 Abs. 6 Satz 1 Halbs. 2 GG) könnte eine Qualifizierung der Kreisumlage als indirekte Steuer jedenfalls in Bayern, Mecklenburg-Vorpommern und Sachsen-Anhalt[26] einen Zustand offener Landesverfassungswidrigkeit wegen qualitativer Defizite der Kreisfinanzierung vermeiden und das Gebot einer (landes)verfassungskonformen Auslegung auslösen.

IV. Vorbehalt des Gesetzes

Für die Zentralfrage dieser Untersuchung – die Reichweite des Vorbehalts des Gesetzes für das Recht der Kreisumlage – sprechen diese Überlegungen für eine Zweispurigkeit der verfassungsrechtlichen Maßstäbe: Die Kreisumlage muss sowohl die verfassungsrechtlichen Vorgaben erfüllen, die im Anwendungsbereich von Art. 28 Abs. 2 GG für finanzausgleichsrechtliche Institute gelten, als auch den spezifisch steuerverfassungsrechtlichen Vorgaben genügen, die Grundrechte und Rechtsstaatsprinzip für Belastungen im Staat-Bürger-Verhältnis bereit halten.

1. Keine Kreisumlage ohne Gesetz

Daraus folgt zunächst das kategorische Gebot, dass es keine Kreisumlage ohne eine gesetzliche Grundlage geben kann. In der steuerverfassungsrechtlichen Perspektive folgt dies schon aus Art. 2 Abs. 1, 12 Abs. 1 Satz 2, 14 Abs. 1 Satz 2 GG. In der finanzausgleichsrechtlichen Perspektive kann sich zwar der umlageberechtigte Landkreis auf seine Finanzhoheit berufen (Art. 28 Abs. 2 Satz 2 und Satz 3 Halbs. 1 GG), die ihm grundsätzlich ein gesetzesfreies Ermessen eröffnet. Da die Kreisumlage aber zugleich in die Finanzhoheit der umlagepflichtigen Gemeinden eingreift und insoweit externe Effekte auslöst, greift auch der kommunalrechtliche Vorbehalt des Gesetzes ein. Die gemeindliche Finanzhoheit ist dadurch nicht nur gegen Zugriffe von Bund und Land geschützt, sondern gegen jede Ausübung öffentlicher Gewalt von außen gegenüber der Gemeinde – also auch gegen

---

[25] Insbesondere in den Begriffen Verbrauchsteuer (Art. 106 Abs. 1 Nr. 2 und Art. 108 Abs. 1 GG) und Umsatzsteuer (Art. 106 Abs. 3–6, Art. 107 Abs. 1 Satz 4 GG).

[26] Oben Fußn. 23.

Belastungen durch die ihrerseits im Schutzbereich von Art. 28 Abs. 2 Satz 3 GG handelnden Landkreise. Das Gebot, dass es keine Kreisumlage ohne Gesetz geben kann, ist auch in allen 13 Flächenländern durch die Landkreisordnungen, die einheitlichen Kommunalverfassungen und/oder die (Landes-)Finanzausgleichsgesetze erfüllt.

2. Materielle Vorgaben

a) Zulässigkeit gesetzlicher Differenzierungen

Ebenfalls erfüllt ist eine weitere verfassungsrechtliche Anforderung, das grundrechtliche und rechtsstaatliche Prinzip der Allgemeinheit des Gesetzes (Art. 19 Abs. 1 Satz 1 GG, Art. 20 Abs. 3 GG). Im Verbund mit dem Gebot interkommunaler Gleichbehandlung (Art. 28 Abs. 2 GG) hindert dieses Prinzip die Landtage jedenfalls daran, landkreis- oder gar gemeindescharfe (Sonder-)Regelungen über die Kreisumlage zu erlassen.

Umgekehrt sind die Landtage weder verpflichtet noch berechtigt, die Kreisumlage betragsmäßig festzulegen oder den Landkreisen die Möglichkeit einer Belastung der Gemeinden unabhängig von deren Größe und Finanzkraft zu eröffnen. Dem steht das Gebot finanzieller Gleichbehandlung der Gemeinden (Art. 28 Abs. 2 Satz 3 GG) entgegen, das Differenzierungen rechtfertigt und verlangt. Ebenso wie im Grundrechtsbereich (Steuerverfassungsrecht) gilt auch für die Kreisumlage, dass die verfassungsrechtlichen Gleichheitsgewährleistungen nicht auf betragsmäßige Gleichbelastung, sondern auf leistungsfähigkeitsgerechte Differenzierungen drängen. Noch stärker – u. U. bis hin zu einem Differenzierungsgebot – lässt sich diese leistungsfähigkeitsgerechte Ausgestaltung der Kreisumlage akzentuieren, wenn man der Kreisumlage mit der älteren Literatur[27] auch die Funktion eines horizontalen (zwischengemeindlichen) Finanzausgleichs zuschreibt. Die Landtage erfüllen dieses Gebot einer leistungsfähigkeitsgerechten Ausgestaltung des Rechts der Kreisumlage durch die Auswahl einer geeigneten Bemessungsgrundlage – regelmäßig der (gesetzlich näher definierten) gemeindlichen Finanzkraft.

Die Prinzipien der Allgemeinheit des Gesetzes und der interkommunalen Gleichbehandlung sind aber auch nicht verletzt, wenn ein Landtag den Landkreisen für deren Haushaltssatzungen zusätzliche Gestaltungsmöglichkeiten einräumt. Derartige Gestaltungsmöglichkeiten können die Verwendung progressiver Umlagetarife[28], aber auch die Gewichtung der unterschiedlichen Komponenten der Umlagegrundlagen[29] umfassen.

Ebenso können die Landtage den Landkreisen die Möglichkeit eröffnen, bereits in ihre Haushaltssatzungen Regeln darüber aufzunehmen, unter welchen Voraussetzun-

---

[27] Statt aller *Karl-Heinrich Friauf/Rudolf Wendt*, Rechtsfragen der Kreisumlage (1980), S. 36 f.
[28] Z. B. § 25 Abs. 2 Nr. 2 LFAG Rh-Pf.
[29] Z. B. § 25 Abs. 2 Nr. 1 LFAG Rh-Pf.

gen die Landräte bzw. Landratsämter von ihrer Befugnis Gebrauch machen dürfen oder müssen, Billigkeitsmaßnahmen zu Gunsten dauerhaft strukturell unterfinanzierter Gemeinden zu ergreifen.

b) Ausgabendisziplin und Aufgabenstabilität

Fraglich sind dagegen Bedeutung und Reichweite des Vorbehalts des Gesetzes in Situationen doppelter Knappheit. Das zeigt sich schon bei der Frage, ob eine Gemeinde ihrer Belastung mit Kreisumlage entgegen halten kann, der Landkreis leiste (sich) zu hohe Ausgaben.

Begründete man die Kreisumlage allein steuertheoretisch (Kreisumlage als Surrogat einer Kreissteuer[30]), verböte sich jeder derartige Durchgriff auf die Mittelverwendung. Es gälte das strenge Prinzip der Non-Affektation: Ebenso, wie sich Steuerpflichtige nicht mit der Behauptung gegen die Besteuerung wehren können, der Staat verwende Haushaltsmittel für rechtswidrige Ausgaben[31], wäre auch die Festsetzung und Erhebung der Kreisumlage in dieser Perspektive vollständig von der Mittelverwendung abgekoppelt, solange nur die Grundvoraussetzung der Landkreisordnungen/Kommunalverfassungen erfüllt ist, dass das Aufkommen aus der Kreisumlage bei prognostischer Betrachtung die Deckungslücke im Haushalt des Landkreises nicht übersteigt.

Dagegen hat das Bundesverwaltungsgericht in diesem Punkt einen differenzierten Ansatz gewählt. Das Gericht erkennt im Grundsatz die Ausgabenautonomie der Landkreise aus Art. 28 Abs. 2 Satz 3 GG an und hält daran fest, dass trotz des verfassungsrechtlichen Prinzips der Dezentralität (Subsidiarität)[32] kein Vorrang der Gemeinde- gegenüber den Kreisfinanzen anzuerkennen sei[33]. Der Kreis könne aber „in bestimmter Hinsicht [...] über das Ausmaß seiner Kreistätigkeit disponier[en] und damit seinen eigenen Finanzbedarf enger oder weiter stecken [...]. Das darf er nicht beliebig; vielmehr muss er die grundsätzlich gleichrangigen Interessen der kreisangehörigen Gemeinden in Rechnung stellen. [...] Der Kreis [darf] seine eigenen Aufgaben und Interessen nicht einseitig und rücksichtslos gegenüber den Aufgaben und Interessen der kreisangehörigen Gemeinden durchsetzen"[34].

Damit lässt das Gericht in der Sache finanzausgleichsrechtliche Erwägungen in die Konturierung des Rechts der Kreisumlage einfließen. Es gibt den Gemeinden keinen allgemeinen Anspruch auf (gerichtliche Überprüfung der) Rechtmäßigkeit des

---

[30] Oben III.1.–3.

[31] Exemplarisch zum Fehlen eines Rechts zur Steuerverweigerung aus Gewissensgründen zuletzt BVerfG (3. Kammer des Zweiten Senats), Beschl. v. 02.05.2007 – 2 BvR 475/02 –, NVwZ-RR 2007, 505; BFH, Beschl. v. 26.10.2012 – II B 70/11 –, BFH/NV 2012, 735.

[32] BVerfG, Beschl. v. 23.11.1987 – 2 BvR 1619, 1628/83 – *Rastede*, BVerfGE 79, 127 (147 ff., 156).

[33] BVerwG, Urt. v. 31.01.2013 – 8 C 1/12 –, NVwZ 2013, 1078, Tz. 13.

[34] BVerwG, Urt. v. 31.01.2013 – 8 C 1/12 –, NVwZ 2013, 1078, Tz. 14.

Zuschnitts der kreislichen Aufgaben und die Sparsamkeit ihrer Erfüllung durch den Landkreis, begründet aber ein aufgaben- und damit ausgabenbezogenes Gebot der Rücksichtnahme des Kreises auf die Gemeinden. Das Gericht deutet an, dass sich der Landkreis in Situationen beidseitiger Knappheit bestimmte Aufgaben nicht wählen, möglicherweise sogar bestehende Aufgaben nicht fortsetzen darf. Darin liegt in der Sache ein kluger Mittelweg zwischen einer Deutung der Kreisumlage als funktionales Äquivalent zu einer Kreissteuer und als eines innerhalb der verfassten Staatlichkeit angesiedelten Ausgleichselements.

Allerdings ist die mit dieser Zweispurigkeit einhergehende Unschärfe zwingend auf (landes-)gesetzliche Schärfung und Klärung angewiesen. Es ist gerade der Vorbehalt des Gesetzes, der hier Vorjustierungen gebietet. Dies gilt in doppelter Hinsicht.

Erstens muss der Landesgesetzgeber eine haushaltsrechtliche Demarkationslinie zwischen Normallage (Non-Affektationsprinzip) und Lage beidseitiger Knappheit (Abwehrrecht der Gemeinden gegen übermäßige Kreisaufgaben und/oder deren zu kostspielige Erfüllung) ziehen. Der Landesgesetzgeber muss (evtl. konkretisiert durch Rechtsverordnungen) definieren, wann eine Unterfinanzierung einzelner Gemeinden dauerhaft und in diesem Sinne strukturell ist[35]. Schon diese Frage hat zahlreiche Facetten; ihre Beantwortung ist daher aus Sicht des materiellen Rechts von vornherein nicht eindimensional möglich. Sie muss einen mehrjährigen Betrachtungszeitraum festlegen und für jedes in diesen Betrachtungszeitraum fallende Haushaltsjahr Kennziffern definieren, die hintergehungssicher Auskunft über die gemeindliche und kreisliche Finanzlage, insbesondere den Spielraum der Kommune zur Einnahmenerhöhung und zur Übernahme und Erfüllung freiwilliger (Selbstverwaltungs-)Aufgaben gibt.

Zweitens sind gesetzliche Kriterien dafür zu entwickeln, wie für den Fall beidseitiger Knappheit – in gerechtfertigter Durchbrechung des Non-Affektationsprinzips – verwaltungsseitig und gerichtlich bestimmt werden kann, welche der zahllosen Aufgaben der Landkreise Gegenstand einer verfassungsrechtlich gebotenen Rechtskontrolle (Einnahmen- und Ausgabenkritik) werden können, wie die Landkreise zu priorisieren haben und welches Fehlerfolgenregime gilt.

Für beide Fragenkreise gibt es keine verfassungsunmittelbaren Antworten. Vielmehr hat der Landesgesetzgeber ein breites Gestaltungsermessen, das er kompetenzschonend ausüben muss. Soweit er materiellrechtliche Lösungen wählt[36], muss er dem Grundsatz sparsamer Aufgabenerfüllung Vorrang vor einer Aufgabenkritik einräumen. Die haushaltssatzungsrechtlichen Festsetzungen des Kreisumlagesatzes können deshalb eher mit der Rüge mangelnder Sparsamkeit des Kreises als mit der Begründung angegriffen werden, der Landkreis hätte freiwillige Aufgaben, die von Art. 28 Abs. 2 GG erfasst sind, aus finanziellen Gründen nicht übernehmen

---

[35] Vgl. BVerwG, Urt. v. 31.01.2013 – 8 C 1/12 –, NVwZ 2013, 1078, Tz. 41.
[36] Zur prozeduralen Seite unten 3., 4.

dürfen. Umgekehrt wird sich der Kreis gemeindlicher Rügen überhöhter Kreisumlagen eher mit der Behauptung erwehren können, die Gemeinden hätten ihre bestehenden Aufgaben nicht sparsam genug erfüllt, als dass er ihnen die Übernahme „unnötiger" freiwilliger Aufgaben vorhalten könnte.

3. Verfahren des Erlasses der Haushaltssatzungen

Die eigentlich problematischen Fragen liegen gegenwärtig indes nicht auf dem Feld der materiellrechtlichen Ausgestaltung des Rechts der Kreisumlage durch die Landesgesetzgeber. Problematisch ist vielmehr die Frage, inwieweit dem Vorbehalt des Gesetzes für das Verfahrensrecht der Kreisumlagen entsprochen ist. Diese Frage stellt sich primär auf Ebene der Festsetzung der Umlagesätze in den Haushaltssatzungen der Landkreise, sekundär auf Ebene der konkreten Kreisumlagebescheide, namentlich möglicher Billigkeitsmaßnahmen im Einzelfall (unten 4.).

a) Interessenlage

In der kommunalen Praxis sind Vorbereitung und Beschluss der – i. d. R. jährlichen – Haushaltssatzungen der Dreh- und Angelpunkt in der Arbeit der Selbstverwaltungsorgane. Das gilt auch auf Ebene der Landkreise. In den Kreishaushaltsberatungen kulminieren die Sachberatungen der Fachausschüsse. Ausgabenseitig ringen die einzelnen Fachausschüsse und Akteure um den besten Ausgleich zwischen den widerstreitenden Fachinteressen und innerhalb eines Ressorts. Einnahmenseitig treffen sich typischerweise die Interessen von Verwaltung und Kreistagsmitgliedern in dem Ziel einer auskömmlichen Ausstattung des Kreishaushalts zur Ermöglichung politisch wünschenswerter Projekte, vor allem aber zur Deckung der Kosten rechtlich vorgegebener Kreisaufgaben. Zugleich haben viele Mitglieder der Kreistage aber neben der Ermöglichungsfunktion des Kreishaushalts stets – oft drängend – die Abwehr übermäßiger und als unnötig erachteter Belastungen ihrer Heimatgemeinden durch die Kreisumlage im Blick.

Diese Gemengelage teils divergierender, teils konvergierender Interessen der kommunalen Amts- und Mandatsträger bietet bereits ein hohes Maß an Schutz vor einseitigen Verfahren. Weil der Kreistag höchst unterschiedliche Interessen integriert, die alle durch Sitz und Stimme in den Haushaltsberatungen vernehmbar werden, sind gerade in den Haushaltsberatungen ein Ausfall des Satzungsermessens insgesamt und Abwägungsdefizite (mangelnde Berücksichtigung wichtiger kommunaler Einzelbelange) praktisch ausgeschlossen.

b) Normbestand

Einfachrechtlich sind deshalb Vorbereitung und Aufstellung von Haushaltssatzungen typischerweise weniger dicht reguliert als Vorbereitung und Aufstellung thematisch engerer Satzungen, über die typischerweise nur ein Ausschuss berät. Immerhin sieht das kommunale Haushaltsrecht der Länder regelmäßig Vorberichte zu den Haushaltssatzungen vor. Hinzu treten die nicht haushaltsspezifischen kommunalrechtlichen Regelungen über das Verfahren beim Satzungserlass, die ihrerseits die allgemeinen Regelungen über das Verfahren im Kreistag (Gemeinderat) überformen und voraussetzen.

Die Haushaltsplanung und -aufstellung vollzieht sich dadurch in gestuften rechtsstaatlichen Verfahren, die – wohldosiert – amtswegige Informationen der Verwaltung (Landräte) mit Fragerechten der Kreistagsmitglieder und korrespondierenden Auskunftspflichten der Landräte kombinieren. Diese austarierte Kombination wird durch die Hauptsatzung des Landkreises und/oder die Geschäftsordnung des Kreistages weiter konkretisiert. Typischerweise gilt danach Folgendes:

aa) Initiativrecht und Gestaltungsmöglichkeiten

Das Haushaltsrecht monopolisiert das Initiativrecht – abweichend von den Regelungen für Satzungen im Allgemeinen – typischerweise bei den Landräten bzw. der Kreisverwaltung. Sie entwerfen die Haushaltssatzungen und haben dadurch rechtlich und faktisch hohen Einfluss auf deren Inhalt. Gleichwohl befindet sich der Kreistag nicht in einer reinen Ratifikationslage. Vielmehr kann er Umgewichtungen vornehmen und dadurch zumindest im Ansatz auch gestaltenden Einfluss auf die Haushaltssatzung des Landkreises nehmen.

bb) Information der Kreisräte

Umso wichtiger ist der Schutz der Kreistagsmitglieder vor Überraschungen oder gar Überrumpelungen durch die Verwaltung. Dazu sieht das Kommunalrecht ein gestuftes Regelwerk vor, das sich gerade beim Erlass hochkomplexer Regelwerke wie Haushaltssatzungen bewährt: Der Landrat bzw. der Kreistagspräsident beruft die Sitzungen des Kreistages unter Mitteilung der Tagesordnung bzw. der Verhandlungsgegenstände ein[37]. Viele Landkreisordnungen sehen darüber hinaus vor, dass auch „die für die Verhandlung erforderlichen Unterlagen"[38] bzw. „die Beschlussvorlagen der Verwaltung" übersandt werden sollen[39]. Weitere Pflichten des Landrats oder der Verwaltung ergeben sich aus dem Wortlaut der Landkreisordnungen bzw. Kommunalverfassungen nicht. „Beschlussvorlage" im Sinne der landesgesetzlichen Vorschriften ist derjenige Text, der sodann vom Kreistag ohne Rechtsverstoß beschlossen werden könnte.

Die Verwaltung muss die Beschlussvorlage dagegen nicht von sich aus mit einer Begründung versehen. Das ergibt sich aus einem Umkehrschluss zu den – wenigen – Fällen, in denen die Landkreisordnungen bzw. Kommunalverfassung ausdrücklich

---

[37] § 29 Abs. 1 LKrO B-W; § 107 Abs. 1 Satz 1 KV M-V.
[38] So etwa § 29 Abs. 1 Satz 1 Halbs. 2 LKrO B-W.
[39] So etwa § 107 Abs. 3 Satz 3 KV M-V.

Begründungspflichten statuieren[40]. Eine derartige Anordnung fehlt aber für Haushaltssatzungen im Allgemeinen und die Festlegung der Umlagesätze für die Kreisumlagen im Besonderen. In Ermangelung ausdrücklicher Begründungspflichten gilt deshalb für den Entwurf der Haushaltssatzung nichts anderes als für alle Anträge aus der Mitte des Kreistages: Sie *dürfen* von dem jeweiligen Antragsteller begründet werden, *müssen* es aber grundsätzlich nicht[41], solange das Gesetz keine ausdrückliche Ausnahme macht[42].

In dieser Zurückhaltung der Landesgesetzgeber bei der Auferlegung organübergreifender Begründungspflichten liegt auch keine Regelungslücke. Die Zurückhaltung ist vielmehr Ausdruck des Respekts der Landtage vor der Selbstständigkeit der Kreistage gegenüber den Landräten und Landratsämtern. Der Kreistag soll nicht durch – möglicherweise selektive – Informationen im Vorfeld in seinen Entscheidungen beeinflusst werden. Er benötigt im Ausgangspunkt zwar mehr als nur den Tenor des verwaltungsseitig empfohlenen Beschlusses. Die Mitglieder des Kreistages brauchen aber nur diejenigen Unterlagen, die zur Vorbereitung der Gemeinderäte auf die Sitzung, zur Bildung einer (vorläufigen) Meinung und ggf. zur Vorbesprechung in den Fraktionen benötigt werden[43]. Welche Unterlagen zu diesem Zweck erforderlich sind, lässt sich nicht allgemein, sondern nur nach der Art des jeweiligen Verhandlungsgegenstandes näher bestimmen[44].

Allerdings finden die gesetzlichen Regelungen über die amtswegige Übersendung von Unterlagen bei Einberufung des Kreistages eine rechtliche Grenze in dem Interpellationsrecht der Kreisräte (oder qualifizierten Kreistagsminderheiten[45]) und der gesetzlichen Pflicht des Landrats und der zuständigen Beigeordneten, vor dem Kreistag Stellung zu nehmen. Die eigenständige Informationsbeschaffung des Kreistages und seiner Mitglieder folgt daneben aus ihrem allgemeinen Fragerecht[46] und ihrem Akteneinsichtsrecht[47]. Diese Regelungen und Rechtsinstitute zei-

---

[40] Üblicherweise sind Begründungen vorgeschrieben bei Widersprüchen des Bürgermeisters/Landrats gegen Beschlüsse der Gemeindevertretung/des Kreistags (z.B. §§ 33 Abs. 1 Satz 3, 111 Abs. 1 Satz 3 KV M-V), bei Widersprüchen der Ortschaftsvertretung gegen Beschlüsse der Gemeindevertretung (§ 42 Abs. 6 Satz 2 KV M-V), bei Widersprüchen der Gemeindevertretung gegen Beschlüsse des Amtsausschusses (§ 127 Abs. 6 Satz 2 KV M-V), bei Widersprüchen des Amtsvorstehers gegen Beschlüsse des Amtsausschusses (§ 140 Abs. 1 Satz 3 KV M-V), bei Einwohneranträgen (§ 18 Abs. 2 Satz 1 KV M-V) oder bei Bürgerbegehren (§ 20 Abs. 5 Satz 1 KV M-V).

[41] Vgl. z.B. §§ 29 Abs. 1 Satz 4, 107 Abs. 1 Satz 4 KV M-V.

[42] Wie z.B. bei haushaltswirksamen Anträge von Kreistagsmitgliedern außerhalb der Aufstellung der Haushaltssatzung (etwa § 109 Abs. 2 Sätze 2 bis 4 KV M-V).

[43] VGH Baden-Württemberg, Beschl. v. 12.11.2002 – 1 S 2277/02 –, DVBl 2003, 276 = VBlBW 2003, 190, juris, Rdnr. 12.

[44] VGH Baden-Württemberg (o. Fußn. 43) unter Verweis auf das Urt. v. 14.12.1987 – 1 S 2832/86 –, DÖV 1988, 469 = NVwZ-RR 1989, 153 (154).

[45] Etwa § 107 Abs. 7 Sätze 2 und 3 KV M-V.

[46] Etwa § 112 Absätze 2 und 3 KV M-V.

[47] Etwa § 112 Abs. 4 KV M-V.

gen, dass dem Kreistag in der kreisinternen Gewaltenteilung die Aufgabe einer Kontrolle der Verwaltung zugewiesen ist. Diese Aufgabe setzt auch in informationeller Hinsicht ein hohes Maß an Eigenständigkeit des Kreistages und seiner Mitglieder voraus. Nach der Konzeption der Landkreisordnungen und Kommunalverfassungen obliegt es dem Kreistag selbst, sich im Verlauf der Beratungen durch gezielte Rückfragen von sich aus Klarheit über die tatsächlichen und rechtlichen Hintergründe der Beschlussvorlage zu verschaffen. Schon die bloße Vorauswahl von Informationen durch die Verwaltung könnte den Blick des Kreistages lenken, ablenken oder sogar verstellen.

Das macht die Beifügung von Begründungen zu Beschlussvorlage der Verwaltung allerdings nicht generell rechtswidrig. Der Verwaltung bleibt es unbenommen, vorhersehbare Fragen der Kreistagsmitglieder vorwegzunehmen und Beschlussvorlagen deshalb bereits ex ante um eine sachdienliche Begründung, namentlich um sachdienliche Informationen zu ergänzen. Ohne entsprechende Nachfrage aus der Mitte des Kreistages ist sie dazu aber nicht verpflichtet. Das gesetzliche Leitbild ist und bleibt die Vorlage (nur) des vollständigen Haushaltsplans, ergänzt (nur) um die gesetzlich oder verordnungsrechtlich geforderten Anlagen wie z. B. einen – inhaltlich wiederum gegenständlich beschränkten – Vorbericht zum Haushaltsplan[48]. Solange die einschlägigen Regelungen nicht vorsehen, dass dieser Vorbericht detaillierte Aufschlüsselungen der – u. U. mehrjährigen – Finanzsituation jeder einzelnen kreisangehörigen Gemeinde enthalten muss, trifft die Landräte und Landratsämter keine entsprechende Informationsbeschaffungspflicht.

Vielmehr genügt es, dass es den Kreistagsmitgliedern möglich ist, haushaltswirtschaftliche Daten über die umlagepflichtigen Gemeinden bei Bedarf von der Verwaltung anzufordern. Die Verwaltung muss und darf die dem Kreistag obliegenden Abwägungen widerstreitender Belange aber nicht in der Weise antizipieren, dass der Kreistag in eine reine Ratifikationslage gerät. Der Kreistag muss diese Abwägung selbst und möglichst unbeeinflusst treffen. Denn gerade bei Erlass der Haushaltssatzung und Aufstellung des Haushaltsplans rückt der Kreistag – obwohl er ein Verwaltungsorgan ist und bleibt – in eine parlamentsähnliche Stellung ein. Der Satzungserlass ist Kernaufgabe des Kreistages. Der Kreistag ratifiziert nicht, sondern er gestaltet. Deshalb ist auch die Vorbereitung der Haushaltssatzung nach dem gesetzlichen Leitbild nicht Sache der Verwaltung, sondern des Haushaltsausschusses (§ 114 Abs. 2 Satz 2 KV M-V). Solange sich seine Mitglieder und sodann die Mitglieder des Kreistags des Problems bewusst sind, dass die Kreisumlage den umlagepflichtigen Gemeinden hohe und potenziell sogar überhöhte Lasten auferlegt, liegt die Frage, welche Informationstiefe sie für ihre Entscheidung benötigen, nach dem gesetzlichen Leitbild in ihrem politischen, auch gerichtlich nicht überprüfbaren Ermessen.

Dieses begrenzte und begrenzende Regelwerk dient nicht in erster Linie Bedürfnissen der Wirtschaftlichkeit und Sparsamkeit der Verwaltung, sondern einem inhalt-

---

[48] Etwa § 174 Abs. 2 Nr. 1 KV M-V i.V.m. §§ 1, 5 und 62 GemHVO-Doppik M-V.

lich-materiell begründeten Schutz des Kreistages vor einer Überversorgung mit Informationen, insbesondere mit Einzeldaten. Dieser Schutz ist speziell bei der Aufstellung der Haushaltssatzung, die alle Aufgaben des Landkreises spiegelt und sich schon deshalb durch ihre enorme systemische Komplexität von allen anderen Satzungen unterscheidet, zwingend geboten.

cc) Sitzungsverlauf

Zur Sicherung demokratischer Transparenz muss die Haushaltssatzung sodann in öffentlicher Sitzung beraten und beschlossen werden[49]. Die Öffentlichkeit sichert die Möglichkeit bürgerschaftlicher und medialer Kontrolle ex post. Mindestens ebenso wichtig sind aber die Vorwirkungen, die sich aus der Garantie der Verfahrensöffentlichkeit für die Vorbereitung des Haushalts und die spätere Haushaltsführung ergeben.

c) Verfassungsunmittelbare Anforderungen?

Zu Recht hat das Bundesverwaltungsgericht bemerkenswerte Zurückhaltung in der Anerkennung bundesrechtlich, u. U. sogar verfassungsunmittelbar begründeter Begründungs- oder Dokumentationspflichten geübt. Immerhin hat es aber die Möglichkeit angedeutet, „allenfalls" sei – über die auch in der vorangegangenen Rechtsprechung anerkannten materiellen Vorgaben für die Ausgestaltung der Haushaltssatzungen hinaus – eine verfahrensbezogene Pflicht das Landkreises anzuerkennen, „nicht nur den eigenen Finanzbedarf, sondern auch denjenigen der umlagepflichtigen Gemeinden zu ermitteln und seine Entscheidungen in geeigneter Form – etwa im Wege einer Begründung der Ansätze seiner Haushaltssatzung – offenzulegen, um den Gemeinden und gegebenenfalls den Gerichten eine Überprüfung zu ermöglichen"[50]. Diese Pflicht kann das Bundesverwaltungsgericht wegen § 137 Abs. 1 VwGO nur auf Bundesrecht und hier letztlich nur auf Art. 28 Abs. 2 GG und das Rechtsstaatsprinzip gestützt haben. Nähere Konturen hat der Senat den verfassungsunmittelbaren Verfahrensanforderungen nicht gegeben.

d) Folgerungen

In der Behutsamkeit und Unbestimmtheit dieses Hinweises zeigt sich deutlich das Bewusstsein des Bundesverwaltungsgerichts für die Notwendigkeit parlamentsgesetzlicher Konkretisierung der Anforderungen, die an die Festsetzung der Umlagesätze in den Haushaltssatzungen der Landkreise zu stellen sind. Wo die Kommunalvertretungen spezifische Verfahrensschritte zu beachten haben, ist dies – wie z. B. in den bundes- und landesrechtlichen Regelungen über kommunale Planungsverfahren – gesetzlich anzuordnen und zu konkretisieren. Mangels einer Bundeskompetenz ist

---

[49] Z. B. § 81 GemO B-W, Art. 65 Abs. 1 BayGO.
[50] BVerwG, Urt. v. 31.01.2013 – 8 C 1/12 –, NVwZ 2013, 1078, Tz. 14.

diese Konkretisierung Sache der Landtage, die die Möglichkeit haben, Rechtsetzungskompetenzen an den Verordnungsgeber zu delegieren. Die für das kommunale Haushaltsrecht typische Stufung von Parlamentsgesetz und Haushaltsverordnungen ist am besten geeignet, die hohen Bestimmtheits- und Komplexitätsanforderungen zu erfüllen, die das materielle Recht stellt.

Auch in Ermangelung derartiger Konkretisierungen sind allerdings bereits die allgemeinen Regeln des Kommunalrechts über das Verfahren im Kreistag verfassungskonform auszulegen. Auf diese Weise können und müssen die Landkreise schon heute den Interessen der Gemeinden an einem geordneten Verfahren zur Bestimmung der zulässigen (Höchst-)Belastung mit der Kreisumlage Rechnung tragen. Die verfassungskonforme Auslegung der Landkreisordnungen/Kommunalverfassungen kann den von der Kreisumlage betroffenen Gemeinden insbesondere einen Anspruch gegen die Landkreise auf Übermittlung des Entwurfs der Haushaltssatzung zu einem Zeitpunkt geben, der es den Gemeinden erlaubt, ihre Einwendungen gegen den Umlagesatz und ggf. die weiteren kreisumlagebezogenen Regelungen der Haushaltssatzung frühzeitig bei den Landräten vorzubringen. Ggf. haben die Gemeinden darüber hinaus einen Anspruch darauf, dass die Landräte die Mitglieder ihres Kreistages im Verfahren der Satzungsgebung unverzüglich – möglichst noch im Stadium der Ausschussberatungen – über etwaige gemeindliche Einwendungen unterrichten. Soweit die Gemeinden dies verlangen, gebieten das Rechtsstaatsprinzip und die Subjektstellung der Gemeinden (Art. 28 Abs. 2 GG) eine wörtliche und ggf. sogar die schriftliche Übermittlung der gemeindlichen Einwendungen an alle Kreisräte. Dagegen müssen weder die Kreistage und ihre Mitglieder noch die Landräte die finanzielle Situation der umlagepflichtigen Gemeinden ungefragt und von Amts wegen ermitteln, solange dies nicht landesgesetzlich angeordnet und hinreichend bestimmt konkretisiert ist.[51]

4. Bedeutung für Erlass und Änderung der Kreisumlagebescheide

a) Verfahrensrecht

Schließlich stellt sich die Frage, ob der Vorbehalt des Gesetzes im Hinblick auf diejenigen Regelungen beachtet ist, die sich auf den Erlass und erforderlichenfalls die Gewährung von Billigkeitsmaßnahmen im konkreten Einzelfall beziehen. Verfahrensrechtlich sind insoweit keine Regelungsdefizite erkennbar. Da der Erlass und die Änderung von Verwaltungsakten aber im Rahmen von Verwaltungsverfahren i.S.d. § 9 LVwVfGe ergehen, finden insoweit die umfassend kodifizierten Verfahrensvorschriften der Verwaltungsverfahrensgesetze der Länder mit ihren Anhörungs- und Begründungserfordernissen Anwendung. Sie genügen den Anforderun-

---

[51] Nicht überzeugend daher OVG Greifwald, Urt. v. 23.07.2018 – 2 L 463/16 –; und zuvor bereits VG Schwerin, Urt. v. 20.07.2016 – 1 A 387/14 –. Den Vorbehalt des Gesetzes verkennt auch VG Bayreuth, Urt. v. 10.10.2017 – B 5 K 15.701 – (Leitsatz 4).

gen des Vorbehalts des Gesetzes. Spezifisch verfahrensrechtliche Regelungen braucht der Landesgesetzgeber insoweit nicht zu ergänzen.

b) Härtefallklausel

In zahlreichen Landkreisordnungen, Kommunalverfassungen, Finanzausgleichsgesetzen, Kommunalabgabengesetzen und/oder untergesetzlichen Vorschriften des Haushaltsrechts der Länder enthaltene Verweisungen auf §§ 163, 226 AO geben den Landkreisen die Befugnis zu einem einzelfallbezogenen Erlass, Teilerlass oder einer Stundung der Kreisumlage aus Gründen persönlicher oder sachlicher Unbilligkeit geben. Diese Regelungen sind materiell zur Schonung notleidender Gemeinden geboten. Das folgt aus der Garantie der Finanzhoheit der Gemeinde (Art. 28 Abs. 2 Satz 3 Halbs. 1 GG) in ihrer abwehrrechtlichen Dimension. Gesetzliche Härtefallklauseln müssen danach jedenfalls in denjenigen Ländern bestehen, in denen die Erhebung der Kreisumlage ein ermessensfreier Akt der gebundenen Verwaltung ist und in denen nicht bereits die gesetzlichen oder satzungsrechtlichen Regelungen über Bemessungsgrundlage und Tarif (z. B. durch Verwendung eines großzügigen, auf die Verhältnisse der umlagepflichtigen Gemeinde zugeschnittenen Grundfreibetrags) dafür sorgen, dass dauerhaft strukturell unterfinanzierte Gemeinden geschont werden.

In diesen Härtefallklauseln muss der Landesgesetzgeber vorzeichnen, unter welchen tatbestandlichen Voraussetzungen von einer dauerhaften strukturellen Unterfinanzierung i.S.d. Auslegung auszugehen ist, die das Bundesverwaltungsgericht der Garantie der gemeindlichen Finanzhoheit (Art. 28 Abs. 2 Satz 3 GG) beigemessen hat.

V. Zusammenfassung

Das kommunale Finanzrecht lebt aus dem Mund des Gesetzgebers. Auch und gerade der Ausgleich zwischen den steuererhebungsberechtigten Gemeinden und den nicht steuererhebungsberechtigten Landkreisen, dem die hergebrachte Kreisumlage dient, bedarf landesgesetzlicher Begründung und Konkretisierung. In Ermangelung tauglicher materieller Kriterien betont das Bundesverwaltungsgericht dabei die Bedeutung des Verfahrensrechts. Die in der Rechtsprechung erwogene Verpflichtung jedes Landkreises, nicht nur den eigenen Finanzbedarf, sondern auch denjenigen der umlagepflichtigen Gemeinden zu ermitteln und seine Entscheidungen in geeigneter Form – etwa im Wege einer Begründung der Ansätze seiner Haushaltssatzung – offenzulegen, um den Gemeinden und gegebenenfalls den Gerichten eine Überprüfung zu ermöglichen[52], bedarf gesetzlicher Fundierung und Konkretisierung.

---

[52] BVerwG, Urt. v. 31.01.2013 – 8 C 1/12 –, NVwZ 2013, 1078, Tz. 14.

Seine materiellen Konturen gewinnt das Recht der Kreisumlage im geltenden Gesetzesrecht vor allem durch die Bestimmung der Bemessungsgrundlage, während die Umlagesätze bedarfsgerecht durch die Landkreise selbst festgesetzt werden. In der Normallage sind die Umlagesätze gerichtlich nur daraufhin überprüfbar, ob sie – prognostisch – durch einen Finanzbedarf der Landkreise unterlegt sind; das ist praktisch immer zu bejahen. Insoweit gilt damit für Umlagesätze nichts anderes als für gesetzlich normierte Steuersätze.

Die Gemeinden sind aber von Verfassungs wegen dann vor hohen Umlagesätzen zu schützen, wenn sie selbst auf Dauer strukturell unterfinanziert sind. Wann dieser Fall doppelter Knappheit besteht, muss wiederum der Gesetzgeber definieren. Das folgt aus dem Vorbehalt des Gesetzes im Anwendungsbereich der kreislichen Finanzhoheit (Art. 28 Abs. 2 Satz 3 GG). Ebenso ist es Sache des Gesetzgebers, für diesen Fall die Fehlerfolgen zu bestimmen.

Die Zinsschranke
als Irritation und Entwicklungschance
des Steuerverfassungsrechts

Von *Ralf P. Schenke*

Anno 2018 in einer Gedächtnisschrift für Arndt Schmehl zu schreiben, ist ein bitterer Moment. Kennengelernt habe ich Arndt auf der Gießener Assistententagung Öffentliches Recht, die er 2000 mitorganisiert hat.[1] Arndt war dann Gründungsmitglied eines Habilitandenkreises, dem neben Wolfgang Durner, Christoph Görisch, Ekkehard Hofmann, Diana zu Hohenlohe-Oehringen, Sabine Schlacke, Indra Spiecker genannt Döhmann und Markus Thiel auch ich angehören durfte und dem ich vieles verdanke. Das Spektrum unserer Themen war vielfältig und reichte vom Abgaben- und Steuerrecht, dem Prozessrecht, dem Umwelt- und Planungsrecht, dem Staats- und Europarecht, dem Polizei- und Sicherheitsrecht bis hin zur Rechtstheorie.[2] Innerhalb unseres Kreises nahm Arndt ohne Zweifel eine Sonderstellung ein, gab es außer ihm doch niemanden, der bei allen diesen Themen auf Augenhöhe mitreden konnte. Mit Arndt Schmehl verband mich vieles. Innerhalb des Kreises war er mir thematisch am nächsten, sodass wir uns nach Abschluss der Habilitation auch fast zwangsläufig auf die gleichen Stellen beworben haben. Obwohl wir bei Lichte betrachtet Konkurrenten waren, haben wir das aber nie so empfunden und uns auch in der Bewerbungsphase freundschaftlich unterstützt. Die räumliche Distanz, der Aufbau unserer Lehrstühle sowie vielfältige familiäre und berufliche Verpflichtungen führten dazu, dass wir uns viel zu selten gesehen haben. Wenn sich aber doch die Gelegenheit dazu ergab, waren das immer ganz besondere Momente und zugleich ein Versprechen auf die Zukunft, das jetzt nicht mehr eingelöst werden kann.

Zu einem der Themen, zu denen wir uns mehrfach ausgetauscht hatten, gehört auch die in § 4h EStG, § 8a KStG normierte Zinsschranke. Die Vorschrift geht auf die Unternehmenssteuerreform 2008 zurück[3] und zielt darauf, aus Sicht des deutschen

---

[1] Demel/Hausotter/Heibeyn/Hendrischke/Heselhaus/Karthaus/Mayer/Neumark/Schmehl/Wallrabenstein (Hrsg.), Funktionen und Kontrolle der Gewalten, 2001.

[2] *W. Durner*, Konflikte räumlicher Planungen, 2005; *Chr. Görisch*, Demokratische Verwaltung durch Unionsagenturen, 2009; *E. Hofmann*, Abwägung im Recht, 2012; *D. zu Hohenlohe-Oehringen*, Der verfassungsrechtliche Schutz der Verstorbenen, 2015; *R. P. Schenke*, Die Rechtsfindung im Steuerrecht, 2007; *Schlacke*, Überindividueller Rechtsschutz, 2008; *I. Spiecker genannt Döhmann*, Staatliche Entscheidungen unter Unsicherheit, 2018 i.E.; *A. Schmehl*, Das Äquivalenzprinzip im Recht der Staatsfinanzierung, 2004; *M. Thiel*, Die „Entgrenzung" der Gefahrenabwehr, 2011.

[3] Unternehmensteuerreformgesetz 2008 v. 14.8.2007, BGBl. I 2008, 1912.

Fiskus schädliche Gewinnverlagerungen abzuwehren. Arndt Schmehl hat hierzu seine Antrittsvorlesung in Hamburg gehalten und über das Thema auf einer von Wolfgang Schön und Karin Beck initiierten Vortragsreihe zu Zukunftsfragen des Steuerrechts referiert.[4] Ich selbst habe die Vorschrift für einen Bewerbungsvortrag in Würzburg aufgegriffen und die Norm dann Jahre später kommentiert.[5]

In jüngerer Zeit hat die Vorschrift aus zumindest zwei Gründen wieder besondere Aktualität gewonnen. Einmal wird über die Frage der Verfassungskonformität der Regelung, die Arndt Schmehl intensiv diskutiert hat,[6] nunmehr das Bundesverfassungsgericht zu entscheiden haben. Anhängig geworden ist das Verfahren durch einen im Oktober 2015 nach Art. 100 Abs. 1 GG gestellten Normenkontrollantrag des 1. Senat des Bundesfinanzhofs,[7] der bereits 2013 im Rahmen eines Antrags auf vorläufigen Rechtsschutz gravierende Bedenken gegen die Verfassungskonformität der Vorschrift angemeldet hatte.[8]

Zum anderen ist kaum neun Monate später, genauer am 12. Juli 2016, die sogenannte Anti-Tax-Avoidance-Directive (ATAD) in Kraft getreten.[9] Die Richtlinie dient der Umsetzung des BEPS-Projektes, das unter der Federführung der OECD erarbeitet wurde. Ziel des BEPS-Projektes ist es in erster Linie, als schädlich bewerteten Gewinnverlagerungen internationaler Konzerne entgegenzusteuern.[10] Zu dem 15 Punkte umfassenden Aktionsplan zählt auch die Maßnahme 4, die eine Begrenzung der Erosion der Besteuerungsgrundlage durch Abzug von Zins- oder sonstigen finanziellen Aufwendungen zum Gegenstand hat. Innerhalb der Europäischen Union wird die Maßnahme 4 durch Art. 4 ATAD umgesetzt, der die Mitgliedstaaten der Europäischen Union verpflichtet, eine Zinsabzugsbeschränkung in ihrem nationalen Steuerrecht zu implementieren, die in weiten Teilen der deutschen Zinsschranke entspricht.[11] Damit ist der Bestand der Zinsschranke nachhaltig gesichert, da nationales Recht, das der Umsetzung einer Richtlinie dient, durch den Anwendungsvorrang des Unionsrechts im Grundsatz einer verfassungsrechtlichen Überprüfung

---

[4] *A. Schmehl*, Nationales Steuerrecht im internationalen Steuerwettbewerb, in: Schön/Beck (Hrsg.), Zukunftsfragen des deutschen Steuerrechts, 2009, S. 99 ff.

[5] *R. P. Schenke*, in: Kirchhof/Söhn/Mellinghoff (Hrsg.), EStG, Kommentar, § 4 h EStG (Dez. 2012).

[6] *Schmehl* (o. Fußn. 4), S. 115 ff.

[7] BFH, Beschl. v. 14.10.2015, I R 20/15, BStBl. II 2017, 1240.

[8] BFH, Beschl. v. 18.12.2013, I B 85/13, BStBl. II 2014, 947.

[9] Richtlinie (EU) 2016/1164 des Rates vom 12. Juli 2016 mit Vorschriften zur Bekämpfung von Steuervermeidungspraktiken mit unmittelbaren Auswirkungen auf das Funktionieren des Binnenmarkts.

[10] Richtlinie (EU) 2016/1164 des Rates vom 12. Juli 2016 mit Vorschriften zur Bekämpfung von Steuervermeidungspraktiken mit unmittelbaren Auswirkungen auf das Funktionieren des Binnenmarkts, Begründungserwägung 5.

[11] Welche Unterschiede im Detail zwischen Art. 4 ATAD und der deutschen Zinsschranke (§ 4h EStG, § 8a KStG) bestehen, kann im hier vorgegebenen Rahmen nicht untersucht werden und muss späteren Analysen vorbehalten bleiben.

am Maßstab des Grundgesetzes und damit auch der Grundrechte enthoben ist.[12] Dessen ungeachtet stellt sich aber weiterhin die Frage, wie die Verfassungskonformität des § 4h EStG vor Ablauf der Umsetzungsfrist zu beurteilen ist. Relevanz kommt ihr aber auch deshalb zu, weil sich der Anwendungsbereich der Richtlinie auf Kapitalgesellschaften beschränkt, wohingegen die deutsche Zinsschranke auch natürliche Personen und Personengesellschaften einschließt.

Die Zinsschranke gehört zu den kompliziertesten Vorschriften des deutschen Unternehmensteuerrechts. Dazu tragen nicht nur der Umfang der Vorschrift,[13] sondern vor allem ihr unsystematischer Aufbau bei.[14] Um die Vorschrift angemessen zu verstehen, muss man sich zunächst mit der ihr zugrundeliegenden Steuerplanungsstrategie, aber auch der Geschichte der Vorgängerregelungen auseinandersetzen (I.). Auf dieser Grundlage soll dann in die Systematik der § 4h EStG, § 8a KStG (dazu II.) eingeführt werden, bevor der Vorlagebeschluss des Bundesfinanzhofs im Einzelnen zu analysieren ist (dazu III.).

I. Wirtschaftlicher und rechtlicher Hintergrund

1. Fremdkapitalfinanzierung als Steuerplanungsstrategie

Mit der Zinsschranke wehrt sich der deutsche Fiskus gegen eine beliebte Strategie der internationalen Steuerplanung, Gewinne aus Hoch- in Niedrigsteuerländer zu verlagern. Die klassische Gestaltungsvariante ist die sogenannte Gesellschafterfremdfinanzierung im Inbound-Fall: Eine ausländische Muttergesellschaft, die typischerweise in einem Niedrigsteuerland ansässig ist, finanziert ihre inländische Tochtergesellschaft nicht über Eigen-, sondern über Fremdkapital.[15] Die Wahl dieser Finanzierungsvariante hat aus Sicht der ausländischen Muttergesellschaft erhebliche steuerliche Vorteile.

Bei einer Eigenkapitalfinanzierung wird die Investition der Muttergesellschaft in erster Linie durch Dividenden[16] vergütet. Was von der Tochtergesellschaft an die Muttergesellschaft ausgeschüttet wird, muss zunächst auf Ebene der Tochtergesellschaft versteuert werden (s. § 8 Abs. 3 KStG) und unterliegt damit der in Deutschland vergleichsweise hohen Steuerbelastung, die sich nicht nur aus der Körperschaftsteuer samt Solidaritätszuschlag, sondern auch aus der Gewerbesteuer zusammensetzt.

---

[12] Zu den Einzelheiten statt vieler nur *M. Ludwigs/P. Sikora*, Der Vorrang des Unionsrechts unter Kontrollvorbehalt des BVerfG, EWS 2016, 121 ff.

[13] So bringt es allein § 4h EStG auf einen Umfang von 950 Worten, die sich auf fünf Absätze verteilen. Abs. 2 umfasst sechzehn Sätze.

[14] Zur Kritik *R. P. Schenke*, in: Kirchhof/Söhn/Mellinghoff (Hrsg.), EStG, Kommentar, § 4h EStG (Dez. 2012) Rdnr. A 25.

[15] BT-Drs. 16/4841, S. 19; *Th. Rödder/I. Stangl*, Zur geplanten Zinsschranke, DB 2007, 479 ff.

[16] Denkbar ist aber auch, die in der Tochtergesellschaft thesaurierten Gewinne durch Veräußerung der Anteile an der Tochtergesellschaft zu vereinnahmen.

Ausgehend von einem Gewerbesteuerhebesatz von 400 % beläuft sich die Steuerlast auf Ebene der Tochtergesellschaft gegenwärtig auf etwa 29,8 %. Wie hoch die steuerliche Gesamtlast ist, hängt davon ab, welchem Besteuerungsregime die Muttergesellschaft bei Vereinnahmung der Dividenden unterliegt. Die ausländische Muttergesellschaft ist zwar nach § 49 Abs. 1 Nr. 5 Buchst. a EStG beschränkt steuerpflichtig. Dem deutschen Fiskus ist eine Quellenbesteuerung der Muttergesellschaft aber innerhalb des Anwendungsbereichs der Mutter-Tochter-Richtlinie (MTRL)[17] durch Art. 5 Abs. 1 MTRL verwehrt. Auf DBA-Ebene sind die nach dem Vorbild des Art. 10 Abs. 2 OECD-MA gestalteten Bestimmungen zu beachten, welche die Quellenbesteuerung bei einer qualifizierten Beteiligung auf 5 % begrenzen. Im Ansässigkeitsstaat der Muttergesellschaft kann diese wiederum von Art. 4 Abs. 1 MTRL profitieren, wonach die Dividenden entweder bei der Muttergesellschaft freizustellen sind oder sich die Muttergesellschaft die von der Tochtergesellschaft entrichtete Steuer anrechnen lassen kann.[18]

Ist die Muttergesellschaft in einem Niedrigsteuerland ansässig, ist es deshalb günstiger, die Tochtergesellschaft nicht mit Eigenkapital, sondern mit Fremdkapital auszustatten. In diesem Fall sind die Zinszahlungen auf Ebene der inländischen Tochtergesellschaft als Betriebsausgaben zu qualifizieren, die nach § 4 Abs. 4 EStG die Bemessungsgrundlage der Tochter vermindern. Ebenso verwehrt bleibt dem deutschen Fiskus eine Besteuerung der Muttergesellschaft. Diese scheitert auf einfachgesetzlicher Ebene bereits an § 49 Abs. 1 Nr. 5 Buchst. c Doppelbuchst. aa EStG, sofern das von der Mutter ausgegebene Darlehen nicht ausnahmsweise mit inländischem Grundbesitz gesichert ist.[19] Damit unterliegen die von der ausländischen Muttergesellschaft vereinnahmten Zinsen allein der Steuerbelastung im Ansässigkeitsstaat der Mutter, wohingegen der deutsche Fiskus, jedenfalls sofern der Fremdvergleichsgrundsatz gewahrt ist, leer ausgeht.

Die Zinseinkünfte der Muttergesellschaft sind im Fall der Gesellschafterfremdfinanzierung aber unter Nutzung der deutschen Infrastruktur durch die Tochtergesellschaft erwirtschaftet worden. Gegenüber der Muttergesellschaft einen moralischen Vorwurf zu erheben, weil sie sich durch Wahl der Gesellschafterfremdfinanzierung

---

[17] Richtlinie 2011/96/EU des Rates vom 30. November 2011 über das gemeinsame Steuersystem der Mutter- und Tochtergesellschaften verschiedener Mitgliedstaaten (zuletzt geändert durch Richtlinie (EU) 2015/121 des Rates vom 27. Januar 2015, L 21, 1).

[18] Zur pauschalen Festsetzung von Verwaltungskosten in Höhe von 5 % der Ausschüttung s. ferner Art. 4 Abs. 4 MTRL (Richtlinie 2011/96/EU des Rates vom 30. November 2011 über das gemeinsame Steuersystem der Mutter- und Tochtergesellschaften verschiedener Mitgliedstaaten [zuletzt geändert durch Richtlinie (EU) 2015/121 des Rates vom 27. Januar 2015, L 21, 1]).

[19] Hiervon unabhängig verbietet Art. 1 Abs. 1 Zins- und Lizenzgebührenrichtlinie Deutschland (Richtlinie 2003/49/EG des Rates vom 3. Juni 2003 über eine gemeinsame Steuerregelung für Zahlungen von Zinsen und Lizenzgebühren zwischen verbundenen Unternehmen verschiedener Mitgliedstaaten, ABl. L 157 vom 26.6.2003, S. 49) eine Besteuerung der Zinseinkünfte.

einer steuerlichen Belastung in Deutschland entzogen hat, fällt gleichwohl schwer.[20] Die Entscheidung für die Gesellschafterfremdfinanzierung muss keineswegs allein steuerlich motiviert sein, sondern kann auch sonstige Vorzüge haben.[21] Es ist einsichtig, dass diese Situation aus Sicht des deutschen Fiskus gleichwohl äußerst unbefriedigend ist. Wenn Muttergesellschaften ihre Töchter ganz überwiegend durch Fremdkapital finanzieren, stellt sich genau das Problem, das die OECD in ihrem BEPS-Aktionsplan beschrieben hat: „Gewinne [werden] aus den Ländern weg verlagert […], in denen die diese Gewinne generierenden Tätigkeiten ausgeübt werden". Damit wird „das zu versteuernde Einkommen von den Tätigkeiten [ge-]trennt, die es generieren".[22]

Die Folgen, die hiermit verbunden sind, sind in mehrfacher Hinsicht problematisch und deutlich in dem OECD-Aktionsplan beschrieben worden: Dem Staat bleibt die Rendite vorenthalten, die andernfalls mit einem Aufbau der öffentlichen Infrastruktur verbunden wäre. Das kann – nicht nur in Entwicklungsländern – zu einer Unterfinanzierung der öffentlichen Investitionstätigkeit führen und widerspricht der Vorstellung, dass Steuern in ihrer Gesamtheit eine Gegenleistung für die Gesamtheit der öffentlichen Leistungen darstellen.[23] Wer auf diese Art und Weise die Vorteile der Infrastruktur eines Hochsteuerlandes nutzt, schädigt zugleich die übrigen Steuerpflichtigen.[24] Die steuerlichen Lasten, denen sich Trittbrettfahrer entledigen, müssen von anderen Steuerpflichtigen getragen werden. Auf der Verlustliste aggressiver Steuerplanung sind deshalb auch erhebliche Wettbewerbsverzerrungen zu verzeichnen. Das für schädliche Gewinnverlagerungen benötigte Know-how kann in der Regel nicht selbst generiert, sondern muss teuer eingekauft werden. Lohnend ist aggressive Steuervermeidung deshalb nur, wenn sie systematisch und in großem Stil betrieben wird. Dies benachteiligt kleinere Unternehmen sowie Unternehmen, die ausschließlich auf Inlandsmärkten tätig sind.[25]

2. Frühere Abwehrmaßnahmen

In Anbetracht des obigen Befunds überrascht es nicht, dass Deutschland wie aber auch andere betroffene Hochsteuerstaaten schon seit geraumer Zeit Abwehrmaßnah-

---

[20] Zur Moral als einer möglicherweise unterschätzten Steuerungsressource zur Regulierung des internationalen Steuerwettbewerbs instruktiv *H. Lenz*, Aggressive tax avoidance as violation of the moral duty to obey the law: A Kantian rationale, working paper, Stand Nov. 2017.
[21] Ein wichtiger Vorteil ist die größere Flexibilität der Gesellschafterfremdfinanzierung, weil diese Form der Finanzierung nicht den Regeln der Kapitalerhaltung unterliegt.
[22] OECD, Aktionsplan zur Bekämpfung der Erosion der Bemessungsgrundlage und der Gewinnverlagerung, 2014, S. 12.
[23] *J. Märkt*, Steuern als Preise, 2003, S. 380 ff.; *M. Valta*, Das Internationale Steuerrecht zwischen Effizienz, Gerechtigkeit und Entwicklungshilfe, 2014, S. 22 ff.
[24] Besonders prägnant *Schmehl* (o. Fußn. 4), S. 105, der von „Rosinenpicken" spricht.
[25] OECD (o. Fußn. 22), S. 8 f.

men gegen eine übermäßige Gesellschafterfremdfinanzierung ergriffen haben.[26] Der zunächst vom BMF gewählte Ansatz, Fremdkapitalfinanzierung in Anlehnung an das zivilrechtliche Vorbild des eigenkapitalersetzenden Darlehens[27] und unter Hinweis auf einen Missbrauch von Gestaltungsmöglichkeiten in Eigenkapital umzuqualifizieren,[28] ist 1992 vom Bundesfinanzhof verworfen worden. Zutreffend und überzeugend ist er dem Missbrauchseinwand unter Hinweis auf den Grundsatz der Finanzierungsfreiheit und mit dem Argument entgegengetreten, dass für die Zurverfügungstellung von Fremdkapital regelmäßig vernünftige wirtschaftliche Gründe sprechen werden.[29]

Damit war der Gesetzgeber gefordert. Steuersystematisch am einfachsten und überzeugendsten wäre es an sich, die beschränkte Steuerpflicht generell auf den Bezug von Zinsen inländischer Schuldner auszudehnen und dies abweichend von § 49 Abs. 1 Nr. 5 Buchst. c Doppelbuchst. aa EStG nicht länger von der Besicherung eines Darlehens durch inländischen Grundbesitz abhängig zu machen. Der inländischen Tochtergesellschaft wäre dann unter Wahrung des objektiven Nettoprinzips weiterhin der Abzug der Zinszahlungen als Betriebsausgaben gestattet (§ 4 Abs. 4 EStG). Die mit der Vereinnahmung der Zinsen verbundene Mehrung der wirtschaftlichen Leistungsfähigkeit der ausländischen Muttergesellschaft würde bei dieser abgeschöpft. So einleuchtend dieser Ansatz ist, so schwierig ist er umzusetzen. Abkommensrechtlich beschränken die nach dem Vorbild des OECD-MA ausgehandelten deutschen Doppelbesteuerungsabkommen eine Quellenbesteuerung von Zinserträgen (Art. 11 Abs. 2 OECD-MA). Um hier anzusetzen, hätte sich der deutsche Fiskus auf das Risiko eines treaty override einlassen müssen. Verfassungsrechtlich mag dieser Weg beschreitbar sein,[30] was aber nichts an der Völkerrechtswidrigkeit entsprechender Abwehrstrategien ändert. Endgültig verbaut worden ist die Option einer Quellenbesteuerung dann durch die Zins- und Lizenzgebührenrichtlinie, die das Recht zur Besteuerung von Zinseinkünften allein dem Ansässigkeitsstaat des Darlehensgebers zuweist.[31] Dass es selbst im Rahmen des BEPS-Projektes nicht möglich war, das Ruder umzureißen, unterstreicht, dass diese Abwehrstrategie auf absehbare Zeit nicht umgesetzt werden kann.

Wenn es ausgeschlossen ist, die Zinseinkünfte der Muttergesellschaft im Inland zu besteuern, muss der Steuerzugriff auf Ebene der inländischen Tochtergesellschaft

---

[26] Dazu etwa *S. Shou*, Die Zinsschranke im Unternehmensteuerreformgesetz 2008, 2010, S. 38 ff. m.w.N.

[27] Grundlegend bereits RG JW 1938, 862 (864).

[28] BMF v. 16.3.1987, BStBl I 1987, 373.

[29] BFH, Urt. v. 5.2.1992, I R 127/90, BStBl. II 1992, 532 (536).

[30] S. nunmehr BVerfGE 141, 1 (20 ff.).

[31] Art. 1 Abs. 1 Zins- und Lizenzgebührenrichtlinie Deutschland (Richtlinie 2003/49/EG des Rates vom 3. Juni 2003 über eine gemeinsame Steuerregelung für Zahlungen von Zinsen und Lizenzgebühren zwischen verbundenen Unternehmen verschiedener Mitgliedstaaten, ABl. L 157 vom 26.6.2003, S. 49).

einsetzen. 1993 trat mit dem Standortsicherungsgesetz[32] der neu geschaffene § 8a KStG in Kraft, der das Problem erneut durch Umqualifizierung der Vergütungen für Fremdkapital in verdeckte Gewinnausschüttungen zu lösen suchte.[33] Der persönliche Anwendungsbereich des § 8a KStG war auf beschränkt steuerpflichtige Anteilseigner begrenzt, sodass ausländische gegenüber inländischen Anteilseignern benachteiligt wurden. Auf Vorlage des Finanzgerichts Münster[34] ist dies 2002 vom EuGH als unzulässige Verletzung der Niederlassungsfreiheit (Art. 49 AEUV = Art. 43 EG) beanstandet worden.[35] Kaum ein Jahr später reagierte der Gesetzgeber hierauf in dem Korb-II-Gesetz.[36] Durch dieses wurde der Anwendungsbereich des § 8a KStG auf inländische Gesellschafterfremdfinanzierungen ausgedehnt.[37] Auch damit waren die unionsrechtlichen Bedenken aber noch nicht vollständig ausgeräumt, weil bei inländischen Mutterkapitalgesellschaften eine Doppelbesteuerung weitgehend durch § 8b Abs. 1, 5 KStG vermieden werden konnte, wohingegen eine EU-ausländische Muttergesellschaft einem Risiko der Doppelbesteuerung ausgesetzt war, sofern die Umqualifizierung nicht in deren nationalen Steuerrecht nachvollzogen wurde.[38]

II. Unternehmensteuerreform 2008

Das vorläufig letzte Kapitel in der Geschichte der Abwehr von Gewinnverlagerungen durch eine übermäßige Fremdkapitalfinanzierung markiert die Unternehmensteuerreform 2008. Seitdem sieht sich die Steuerplanung mit § 4h EStG konfrontiert, dem für Kapitalgesellschaften eine vollständige Neufassung des § 8a KStG zur Seite gestellt ist.[39] Im Vergleich zu den Vorgängerregelungen (§ 8a KStG a.F.) hat der Grundtatbestand der Zinsschranke einen wesentlich weiteren Anwendungsbereich, weil er gegen jegliche Form einer übermäßigen Fremdfinanzierung gerichtet ist.[40] Erfasst sind erneut auch reine Inlandsgestaltungen, womit der Gesetzgeber den Vorwurf der Europarechtswidrigkeit ausräumen wollte. Der Schwerpunkt der Regelung

---

[32] Standortsicherungsgesetz v. 13.9.1993, BGBl. I, 1569.

[33] *R. P. Schenke*, in: Kirchhof/Söhn/Mellinghoff (Hrsg.), EStG, Kommentar, § 4h EStG (Dez. 2012) Rdnr. A 93 ff.; kritisch hierzu *B. Knobbe-Keuk*, Wieder einmal ein Entwurf zu § 8a KStG, DB 1993, 60 ff.

[34] FG Münster v. 21.8.2000, 9 K 1193/00 K, F, EFG 2000, 1273.

[35] EuGH, Rs. C-324/00 (Lankhorst-Hohorst), Slg. 2002, 1–11779, Rdnr. 32 ff.

[36] Gesetz zur Umsetzung der Protokollerklärung der Bundesregierung zur Vermittlungsempfehlung zum Steuervergünstigungsabbaugesetz v. 22.12.2003, BGBl. I 2003, 2840.

[37] *R. P. Schenke*, in: Kirchhof/Söhn/Mellinghoff (Hrsg.), EStG, Kommentar, § 4h EStG (Dez. 2012) Rdnr. 99.

[38] *Shou* (Fußn. 26), S. 21 m.w.N.

[39] Monographisch hierzu etwa *M. Risse*, Der Konzernbegriff der Zinsschranke, 2016; *C.-P. Knöller*, Die Besteuerung von Sollertrag und Istertrag, 2015; *A. Jehlin*, Die Zinsschranke als Instrument zur Missbrauchsvermeidung und Steigerung der Eigenkapitalausstattung, 2013; *M. Glahe*, Einkünftekorrektur zwischen verbundenen Unternehmen, 2012; *Shou* (Fußn. 26).

[40] BT-Drs. 16/4841, S. 31.

liegt allerdings weiterhin auf der Gesellschafterfremdfinanzierung, was durch ein kompliziertes Zusammenspiel des Grundtatbestandes (§ 4h Abs. 1 EStG) mit Ausnahmetatbeständen (§ 4h Abs. 2 EStG) und Rückausnahmen im Körperschaftsteuerrecht (§ 8a Abs. 2 und 3 KStG) bewirkt wird.

Die Vorschrift hat ein ungewöhnlich heftiges Rauschen im Blätterwald verursacht.[41] Unter den vielen Stellungnahmen ragt die Analyse von Arndt[42] durch ihre Tiefenschärfe und Differenziertheit heraus. Die folgenden Ausführungen müssen sich wegen der Komplexität der Norm auf diejenigen Grundlinien beschränken, die zur Einordnung der verfassungsrechtlichen Problematik unbedingt erforderlich sind.

1. Der Grundtatbestand des § 4h EStG

Die Zinsschranke beschränkt die Abziehbarkeit von Zinsaufwendungen auf das sog. verrechenbare EBITDA (§ 4h Abs. 1 Satz 1 EStG). Der Begriff des EBITDA (Earnings before Interest, Taxes, Depreciation and Amortisation – Ergebnis vor Zinsen, Steuern und Abschreibungen) ist ursprünglich eine betriebswirtschaftliche Kenngröße zur Messung der Profitabilität eines Unternehmens, indem das Betriebsergebnis um die Steuerbelastung, das Finanzergebnis und die Abschreibungen bereinigt wird. Das verrechenbare EBITDA definiert § 4h Abs. 1 Satz 2 EStG – hier vereinfacht – als 30 % des um die Zinsaufwendungen und die Abschreibungen erhöhten und um die Zinserträge verminderten Gewinns. Soweit ein höherer Zinsaufwand anfällt, wird die oben skizzierte Strategie, die steuerliche Bemessungsgrundlage im Wege der Fremdfinanzierung zu Lasten des deutschen Fiskus auszuhöhlen, durchkreuzt. Kehrseite ist ein nicht unerheblicher Systembruch mit einem Grundprinzip des deutschen Einkommen- und Körperschaftsteuerrechts: Wenn der Gesetzgeber den Zinsabzug einschränkt, durchbricht er das objektive Nettoprinzip.[43] Nach diesem ist die einkommensteuerliche Bemessungsgrundlage keine Bruttogröße, sondern sind die erwerbssichernden Aufwendungen zum Abzug zu bringen.

Wie Arndt herausgearbeitet hat, kann und muss die Vorschrift im Kontext des internationalen Steuerwettbewerbs gedeutet werden. Indem sich in der Bemessungsgrundlage nicht mehr allein der Gewinn, sondern auch die Ertragskraft des Unternehmens abbildet, wird die bisher gegebene Möglichkeit, „Steuergefälle durch Zinsverwandlung weitgehend ohne Unternehmerrisiko für Ertrag nach Steuern zu nutzen", eingeschränkt.[44] Dies gilt unabhängig von der Kurz- oder Langfristigkeit der Darlehensvergabe sowie der Person des Kapitalgebers.[45] Nicht unerheblich gemindert

---

[41] Statt vieler etwa *A. Musil/B. Volmering*, Systematische, verfassungsrechtliche und europarechtliche Probleme der Zinsschranke, DB 2008, 12 ff.

[42] *Schmehl* (o. Fußn. 4).

[43] *Shou* (o. Fußn. 26), S. 60 ff.

[44] *Schmehl* (o. Fußn. 4), S. 109.

[45] *Schmehl* (o. Fußn. 4), S. 109.

wird die Härte der Zinsschranke durch den in § 4h Abs. 1 Satz 5 EStG vorgesehenen Zinsvortrag. Zinsaufwand, der nicht zum Abzug gebracht werden kann, ist gesondert festzustellen und in das Folgejahr zu übertragen. Dort erhöht dieser Zinsvortrag den Zinsaufwand, sodass dieser nur genutzt werden kann, sofern die erneut anzuwendende Zinsschranke hierfür Raum lässt (§ 4 h Abs. 1 Satz 6 EStG). Damit setzt der Zinsvortrag einen Anreiz, die Eigenkapitalquote betroffener Unternehmen zu erhöhen oder Erträge im Inland zu allozieren.

Auch unter Berücksichtigung der Vortragsfähigkeit nicht abzugsfähiger Zinsaufwendungen würden insbesondere Unternehmen, die branchentypisch einen hohen Fremdfinanzierungsanteil aufweisen, hart getroffen. Um dem abzuhelfen, enthält die Zinsschranke in § 4h Abs. 2 Satz 1 Buchst. a-c EStG drei Ausnahmetatbestände, die die Anwendung der Zinsschranke ausschließen. Dies gilt, sofern das negative Zinssaldo weniger als die Freigrenze von drei Millionen Euro beträgt (sogenannte Bagatellklausel – § 4h Abs. 2 Satz 1 Buchst. a EStG), der Betrieb nicht oder nur anteilmäßig zu einem Konzern gehört (sogenannte Konzernklausel – § 4h Abs. 2 Satz 1 Buchst. b EStG) oder die Eigenkapitalquote eines konzernangehörigen Betriebs am Schluss des vorangegangenen Abschlussstichtages gleich hoch oder höher ist als die des Konzerns (sogenannter Eigenkapitalvergleich – § 4h Abs. 2 Satz 1 Buchst. c EStG). Von Arndt ist die Freigrenze zutreffend als „eine Art „klassischer" Form von Klauseln [charakterisiert worden], um vergleichsweise kleinere Betriebe zu verschonen".[46] Kritisch sieht er, dass der Gesetzgeber sich nicht für einen Freibetrag, sondern eine Freigrenze entschieden hat.[47] Die Konzernklausel erklärt er damit, „dass bei nicht vollkonzerngebundenen Betrieben der Anreiz, zinswirksame Finanzierungsgestaltungen wegen des Bestehens von steuerlichen Unterschieden zwischen den beteiligten Unternehmen zu wählen, typischerweise vernachlässigt werden kann." Ebenso überzeugt seine Analyse der Ratio des Eigenkapitalquotenvergleichs. „Wenn das Verhältnis von Eigen- und Fremdkapitalausstattung im ganzen Konzern einheitlich ist, dann ist ausgeschlossen, dass sie durch steuerliche Disparität veranlasst ist."[48]

2. Die Modifikation bzw. Verschärfung der Zinsschranke durch § 8a KStG

Als ob das Zusammenspiel der Grundregel mit den Ausnahmen nicht bereits verschlungen genug wäre, verbindet sich mit § 8a KStG eine weitere Komplexitätssteigerung.[49] Die Vorschrift modifiziert § 4h EStG für Körperschaften und enthält beträchtliche Verschärfungen. Ohne hier auf Einzelheiten eingehen zu können, sieht

---

[46] *Schmehl* (o. Fußn. 4), S. 112.
[47] *Schmehl* (o. Fußn. 4), S. 112.
[48] *Schmehl* (o. Fußn. 4), S. 113.
[49] S. einführend *R. P. Schenke*, in: Kirchhof/Söhn/Mellinghoff (Hrsg.), EStG, Kommentar, § 4h EStG (Dez. 2012) Rdnr. A 71 ff.

§ 8a KStG Sonderregeln für eine unangemessene Gesellschafterfremdfinanzierung vor. § 8a Abs. 2 und 3 KStG schränken dazu die Anwendung der Konzernklausel sowie den Eigenkapitalquotenvergleich ein. Nutzen kann eine Körperschaft diese Befreiungen von der Zinsschranke nur, wenn sie den Nachweis erbringt, dass das Fremdkapital, das von einem zu mehr als einem Viertel beteiligten Anteilseigner zur Verfügung gestellt wird, nicht mehr als 10 % des Zinssaldos beträgt.

Rechtfertigen lässt sich dies durch den Umstand, dass die Gefahr einer Ausnutzung von Steuerdisparitäten und der damit verbundenen Gewinnverlagerungen im Verhältnis zwischen einer Körperschaft und ihrem Anteilseigner besonders hoch ist.[50]

III. Verfassungsrechtliche Einordnung

Innerhalb der Steuerrechtspraxis, aber auch innerhalb der Steuerrechtswissenschaft ist die Zinsschranke überwiegend auf ein kritisches Echo gestoßen.[51] Hauptkritikpunkt ist die Missachtung des objektiven Nettoprinzips, was eine Verletzung des allgemeinen Gleichheitssatzes (Art. 3 Abs. 1 GG) zur Folge hat. Insofern ist es auch keine wirkliche Überraschung, dass der 1. Senats des Bundesfinanzhofs bereits 2013 im Rahmen eines AdV-Verfahrens ernstliche Zweifel an der Verfassungsmäßigkeit des § 4h EStG angemeldet hatte.[52] Von da an war es nur noch eine Frage der Zeit, bis die Zinsschranke im Rahmen der konkreten Normenkontrolle auf den Karlsruher Prüfstein gelegt wurde. Vollzogen worden ist dieser Schritt durch den Vorlagebeschluss des 1. Senats des Bundesfinanzhofs.[53] Dieser soll in einem ersten Schritt skizziert und in einem zweiten Schritt kritisch gewürdigt werden.

1. Die Kritik des 1. Senats

Vereinzelt erhobene Kritik an der mangelnden Bestimmtheit der Zinsschranke sowie einem vermeintlichen Verstoß gegen die Eigentumsgarantie des Art. 14 GG hat sich der Bundesfinanzhof nicht zu eigen gemacht. Ähnlich wie die wohl überwiegende Meinung im Schrifttum hält er dem Gesetzgeber aber eine Verletzung des allgemeinen Gleichheitssatzes (Art. 3 Abs. 1 GG) vor.

Die diesen Vorwurf tragende Argumentation bewegt sich in vertrauten Bahnen. Der allgemeine Gleichheitssatz verpflichtet den Gesetzgeber, wesentlich Gleiches gleich und wesentlich Ungleiches ungleich zu behandeln. Je nach dem Regelungs-

---

[50] S. BT-Drs. 16/4851, S. 74 f.; s. auch *Schmehl* (o. Fußn. 4), S. 106 f.

[51] Vgl. etwa *Chr. Seiler*, in: Kirchhof (Hrsg.), EStG, Kommentar, 16. Aufl. 2017, § 4h Rdnr. 3 ff.; *J. Hey*, Verletzung fundamentaler Bedeutungsprinzipien durch die Gegenfinanzierungsmaßnahmen des Unternehmensteuerreformgesetzes 2008, BB 2007, 1303 ff.; *Musil/Volmering* (o. Fußn. 41), 14 ff.

[52] BFH, Beschl. v. 18.12.2013, I B 85/13, BStBl. II 2014, 947.

[53] BFH, Beschl. v. 14.10.2015, I R 20/15, BStBl. II 2017, 1240.

gegenstand und den Differenzierungsmerkmalen ergeben sich für den Gesetzgeber unterschiedliche Grenzen, die vom bloßen Willkürverbot bis zu einer strengen Bindung an Verhältnismäßigkeitserfordernisse reichen.[54] Im steuerlichen Bereich gesteht der Bundesfinanzhof dem Gesetzgeber in Einklang mit der ständigen Rechtsprechung des Bundesverfassungsgerichts zunächst einen weitreichenden Entscheidungsspielraum bei der Auswahl des Steuergegenstandes und bei der Bestimmung des Steuersatzes zu. Eingeschränkt wird dieser Spielraum durch das Gebot der Ausrichtung der Steuerlast am Prinzip der finanziellen Leistungsfähigkeit sowie durch das Gebot der Folgerichtigkeit.[55] Bei der Ausgestaltung des steuerrechtlichen Ausgangstatbestandes muss die einmal getroffene Belastungsentscheidung folgerichtig im Sinne der Belastungsgleichheit umgesetzt werden. Auch hiervon sind Ausnahmen denkbar, sie bedürfen dann aber eines besonderen sachlichen Grundes.[56]

An diesen Anforderungen muss sich auch die Zinsschranke messen lassen. Dies ergibt sich aus § 4 Abs. 4 EStG. Bemessungsgrundlage der Einkommensteuer wie der Körperschaftsteuer ist grundsätzlich nur das Nettoeinkommen, sodass Betriebsausgaben grundsätzlich steuerlich abziehbar sind (sogenanntes objektives Nettoprinzip). Diese Grundentscheidung durchbricht die Zinsschranke, weil der Zinsabzug unter den im Einzelnen in § 4h EStG, § 8a KStG genannten Voraussetzungen eingeschränkt wird. Daran vermag auch der Umstand nichts zu ändern, dass nicht abziehbarer Zinsaufwand in späteren Veranlagungszeiträumen als Zinsvortrag genutzt werden kann. Auch in diesem Fall kommt es zu einem nicht mehr zu korrigierenden Liquiditätsnachteil. Zudem kann der Zinsvortrag infolge von betrieblichen Umstrukturierungsmaßnahmen oder Gesellschafterwechseln vollständig entfallen.[57]

Die mit der Zinsschranke verbundene Durchbrechung des objektiven Nettoprinzips soll sich dann auch nicht durch einen besonderen sachlichen Grund rechtfertigen lassen. Wie auch Arndt kritisiert hat, macht es der Gesetzgeber seinen verfassungsrechtlichen Kontrolleuren nicht leicht. Die Gesetzesbegründung lässt eine zusammenhängende, analytische Darstellung des Endprodukts vermissen[58] und wartet stattdessen mit einem Motivbündel auf. Der 1. Senat sieht den Schwerpunkt bei der Missbrauchsabwehr, diskutiert und verwirft aber zunächst andere Rechtfertigungsansätze. Dabei wird das Lenkungsziel, Anreize für eine Stärkung der Eigenkapitalbasis unternehmerischer Tätigkeit zu setzen,[59] als legitimes gesetzgeberisches Motiv bewertet.[60] Mit der Zinsschranke gehen bisher bestehende steuerliche Vorteile einer Fremdfinanzierung der Geschäftstätigkeit verloren, was die Eigenfinanzierung attraktiver macht und einen Schutz vor Insolvenz bieten mag. Nach Ansicht des

---

[54] BFH, Beschl. v. 14.10.2015, I R 20/15, BStBl. II 2017, 1240 (1241 f.).
[55] BFH, Beschl. v. 14.10.2015, I R 20/15, BStBl. II 2017, 1240 (1242).
[56] BFH, Beschl. v. 14.10.2015, I R 20/15, BStBl. II 2017, 1240 (1242).
[57] BFH, Beschl. v. 14.10.2015, I R 20/15, BStBl. II 2017, 1240 (1243).
[58] *Schmehl* (o. Fußn. 4), S. 117.
[59] BT-Drs. 16/4841, S. 31.
[60] BFH, Beschl. v. 14.10.2015, I R 20/15, BStBl. II 2017, 1240 (1245).

1. Senats hat es der Gesetzgeber aber versäumt, dieses Lenkungsziel konsequent umzusetzen. Zum Verhängnis wird ihm, dass das gesetzte Ziel infolge der Freigrenze (§ 4h Abs. 2 Satz 1 Buchst. a EStG) sowie der Konzernklausel (§ 4h Abs. 2 Satz 1 Buchst. b EStG) in weiten Teilen verfehlt wird.[61]

Dem Motiv, Anreize für Investitionen im Inland zu setzen, um aufgelaufene Zinsvorträge als Ausgleichsvolumen für die Gewinne aus diesen Investitionen nutzen zu können,[62] hält der 1. Senat entgegen, dass eine Privilegierung von Inlandsinvestitionen gegenüber Auslandsinvestitionen kaum unionsrechtlichen Maßgaben standzuhalten vermag.[63]

Ebenso wenig Billigung des 1. Senats findet das in der Gesetzesbegründung an verschiedenen Stellen formulierte Ziel, das deutsche Steuersubstrat zu sichern.[64] Dabei deutet der 1. Senat diese Ziel, ähnlich wie dies auch in der Literatur diskutiert worden ist,[65] als Ausdruck einer äquivalenztheoretischen Steuerrechtfertigung. Auch dieser Rechtfertigungsgrund wird verworfen. Einmal vermag er den Besteuerungszugriff im „reinen Inlandsfall " nicht zu legitimieren, da es hier nicht um eine „faire Verteilung" des Steueraufkommens zwischen verschiedenen Steuergläubigern gehen kann. Vorgehalten wird der Zinsschranke aber auch ein punktueller Paradigmenwechsel, der die Struktur der Ertragsteuern als „Ist-Ertragsteuern" system-fremd und unter Missachtung des objektiven Nettoprinzips in „Soll-Ertragssteuern" überführe.

Auch könne der Zweck, den staatlichen Finanzbedarf zu decken, den Eingriff nicht rechtfertigen. Bei einer Gegenfinanzierung der mit der Unternehmensteuerreform 2008 verbundenen Entlastungen sei auf eine gleichheitsgerechte Lastenverteilung zu achten. Dazu könne die Zinsschranke aber schon auf Grundlage der äußerst geringen Zahl der von ihr tatsächlich betroffenen Steuerpflichtigen keinen Beitrag leisten. Verworfen wird ferner die Rechtfertigung durch einen qualifizierten Fiskalzweck, den der 1. Senat in seiner Entscheidung zur Mindestbesteuerung akzeptiert hat.[66] So sei nicht erkennbar, welchen Beitrag die Zinsschranke zur Verstetigung des Steueraufkommens oder zur Vermeidung unkalkulierter Steuerausfälle leisten könne.[67]

Abschließend und breit diskutiert wird dann, inwieweit sich der Gesetzgeber als Rechtfertigungsgrund auf die Bekämpfung eines Missbrauchs von Gestaltungsmöglichkeiten berufen kann. Dabei steht die Legitimität dieses Rechtfertigungsgrundes

---

[61] BFH, Beschl. v. 14.10.2015, I R 20/15, BStBl. II 2017, 1240 (1245).

[62] BT-Drs. 16/4841, S. 31, S. 48.

[63] BFH, Beschl. v. 14.10.2015, I R 20/15, BStBl. II 2017, 1240 (1246).

[64] BFH, Beschl. v. 14.10.2015, I R 20/15, BStBl. II 2017, 1240 (1246).

[65] *R. P. Schenke*, in: Kirchhof/Söhn/Mellinghoff (Hrsg.), EStG, Kommentar, § 4h EStG (Dez. 2012) Rdnr. A 178 f.

[66] BFH Urt. v. 22.8.2012, I R 9/11, BStBl. II 2013, 512; BFH Vorlagebeschl. v. 26.2.2014, I R 59/12, BStBl. II 2014, 1016.

[67] BFH, Beschl. v. 14.10.2015, I R 20/15, BStBl. II 2017, 1240 (1247).

außer Frage. Nach Auffassung des Bundesfinanzhofs hat es der Gesetzgeber aber versäumt, sich realitätsgerecht am typischen Fall zu orientieren. Gravierendster Einwand ist, dass die Vorschrift sich nicht auf grenzüberschreitende Sachverhalte beschränkt, sondern auch in reinen Inlandssachverhalten anwendbar ist. Zu dieser „überschießenden" Missbrauchsabwehr sah sich der Gesetzgeber mit Blick auf die Niederlassungsfreiheit genötigt, war doch die Altregelung des § 8a KStG gerade an dem Vorwurf mangelnder Kompatibilität mit dieser gescheitert. Dem hält der Bundesfinanzhof entgegen, dass der EuGH auf Grundlage seiner jüngeren Rechtsprechung vermutlich eine zielgenauere Missbrauchsklausel akzeptieren würde, sodass die Erstreckung der Belastungsentscheidung auf „reine Inlandsfälle" nicht länger Bedingung der Unionsrechtskonformität sei.[68] Überschritten seien die gesetzlichen Typisierungsbefugnisse aber auch aus zwei anderen Gründen. Der Zinsschranke fehle es auch deshalb an der hinreichenden Zielgenauigkeit, weil sie missbräuchliche Gestaltungen unterhalb der Freigrenze von drei Millionen Euro nicht erfasse. Außerdem würden Finanzierungsgestaltungen einbezogen, die marktüblich, sinnvoll und typischerweise nicht missbräuchlich sein würden.[69] Um dem abzuhelfen, hätte der Gesetzgeber branchenspezifische Situationen oder besondere Phasen der Unternehmenstätigkeit berücksichtigen müssen.

2. Heilung eines Verfassungsverstoßes durch Vorwirkung der Richtlinie

Die Verfassungskonformität der Zinsschranke könnte zumindest in weiten Teilen dahinstehen, wenn Art. 4 ATAD Vorwirkung entfalten würde.[70] Dem Vorlagebeschluss des Bundesfinanzhofs wäre dann quasi rückwirkend die Grundlage entzogen worden. Die Frage einer möglichen Vorwirkung ist in der Literatur bereits diskutiert und vereinzelt bejaht worden.[71]

Zu überzeugen vermag die Annahme einer Vorwirkung nicht. Befürwortende Stimmen berufen sich hier auf die Mangold-Entscheidung des EuGH und den Honeywell-Beschluss des Bundesverfassungsgerichts.[72] In der Mangold-Entscheidung hatte der EuGH in einem arbeitsrechtlichen Fall jedenfalls im Ergebnis die Vorwirkung einer Richtlinie bejaht.[73] Ob die Entscheidung auf der Richtlinie beruhte und diese nicht lediglich konkretisierte, was sich bereits aus dem unmittelbar anwendbaren primärrechtlichen Verbot der Altersdiskriminierung ergibt, lassen die Urteilsgründe offen. Wohl auch aus diesem Grund hat der 2. Senat des Bundesverfassungsgerichts in dem Honeywell-Beschluss keine Einwände gegen das Mangold-Urteil des

---

[68] BFH, Beschl. v. 14.10.2015, I R 20/15, BStBl. II 2017, 1240 (1248).
[69] BFH, Beschl. v. 14.10.2015, I R 20/15, BStBl. II 2017, 1240 (1248).
[70] Zur Vorwirkung statt vieler nur *D. König*, Gesetzgebungsakte, in: Schulze/Zuleeg/Kadelbach (Hrsg.), Europarecht, 3. Aufl. 2014, § 2 Rdnr. 54.
[71] *W. Mitschke*, Zinsschranke wirklich verfassungswidrig?, FR 2016, 412 ff.
[72] *Mitschke* (o. Fußn. 71), 414 ff.
[73] EuGH, Rs. C-144/04 (Mangold), Slg. 2005, 1–9981.

EuGH erhoben und dieses nicht als unzulässige Rechtsfortbildung ultra vires eingeordnet.[74]

Aus dieser Judikatur den Schluss zu ziehen, Richtlinien käme generell Vorwirkung zu, überzeugt ersichtlich nicht.[75] Die bislang entschiedenen Fälle einer Vorwirkung betreffen allesamt die horizontale Geltung von Richtlinien. Eine Vorwirkung des Art. 4 ATAD zu bejahen, der wegen des Anwendungsvorrangs des Unionsrechts in unionsrechtlichen Sachverhalten den Durchgriff auf Art. 3 Abs. 1 GG sperren würde, betrifft dagegen das Staat-Bürger-Verhältnis. Hier würde die Annahme einer Vorwirkung einseitig den Bürger belasten. Dass das Bundesverfassungsgericht diesen Weg beschreiten wird, kann nicht ernsthaft angenommen werden, ohne einen tiefgreifenden Bruch mit dem Grundsatz der begrenzten Einzelermächtigung (Art. 5 Abs. 1 EUV) zu provozieren. Karlsruhe wird der Frage der Verfassungskonformität daher nicht unter Hinweis auf eine vermeintliche Vorwirkung des Art. 4 ATAD ausweichen können und sich auch inhaltlich mit der Vorlage des Bundesfinanzhofs auseinandersetzen müssen.

3. Kritik der Kritik

Die Argumentation des 1. Senats des Bundesfinanzhofs ist in weiten Teilen in sich stimmig. Auf Grundlage der tradierten Dogmatik fällt es schwer, die Verfassungskonformität der Zinsschranke zu bejahen: Zu deutlich ist der Bruch mit bestehenden Prinzipien des Ertragsteuerrechts. Wie der Bundesfinanzhof überzeugend begründet hat, vermag insbesondere der Rechtfertigungsgrund der Missbrauchsabwehr nicht zu tragen: Es sind sehr wohl Situationen denkbar, in denen die Zinsschranke eingreift, ohne dass ein Missbrauchsvorwurf erhoben werden kann.[76] Damit dürfte der Gesetzgeber den ihm zukommenden Typisierungsspielraum überschritten haben.[77]

Aus verfassungsrechtlicher Sicht hat sich der Gesetzgeber mit der Zinsschranke deshalb auf ein Vabanquespiel eingelassen. Ob er es gewonnen oder verloren hat, muss letztlich Karlsruhe entscheiden. Wie im Folgenden darzulegen ist, bieten die Überlegungen, die Arndt Schmehl in seinem Beitrag zur Zinsschranke angestellt hat, aber mehr als nur einen hinreichenden Anlass, über eine Fortentwicklung des Steuerverfassungsrechts nachzudenken.

Derzeit ist dieses im Wesentlichen im Leistungsfähigkeitsprinzip fundiert, das ursprünglich in der Finanzwissenschaft des ausgehenden 19. Jahrhunderts entwickelt

---

[74] BVerfGE 126, 286 (307 ff.).

[75] *M. Glahe*, Zur zeitlichen und inhaltlichen Begrenzung einer möglichen Vorwirkung der Anti-BEPS-Richtlinie, FR 2016, 829 (832 ff.).

[76] Schmehl (o. Fußn. 4), S. 116.

[77] *R. P. Schenke*, in: Kirchhof/Söhn/Mellinghoff (Hrsg.), EStG, Kommentar, § 4h EStG (Dez. 2012) Rdnr. A 174 ff.

worden ist.[78] Vorbildhaft für seine Rezeption im Steuerverfassungsrecht des Grundgesetzes hat der Grundrechtskatalog der Weimarer Reichsverfassung gewirkt. Wenn nach Art. 134 WRV „Alle Staatsbürger ohne Unterschied [...] im Verhältnis ihrer Mittel zu allen öffentlichen Lasten nach Maßgabe der Gesetze" beitragen sollten, wurden hiermit neben dem Vorrang und Vorbehalt des Gesetzes vor allem auch das Leistungsfähigkeitsprinzip kodifiziert. Der historische Kontext dieser Rezeption erweist sich gerade im hier bestehenden Zusammenhang als besonders aufschlussreich. Steuern, die nicht als gerecht empfunden werden, rufen erfahrungsgemäß einen starken Steuerwiderstand hervor.[79] Steuerausfälle konnte und wollte sich das mit hohen Reparationen belastete und hoffnungslos überschuldete Reich aber nicht leisten. Ziel war eine gerechte Verteilung der Steuerlast innerhalb der Solidargemeinschaft der Steuerzahler, die als Staatsvolk gemeinsam für die Folgelasten des verlorenen Weltkrieges einzustehen hatten.

Der grenzüberschreitende Wirtschaftsverkehr und die damit eröffneten Möglichkeiten, ein zwischen verschiedenen Staaten bestehendes Steuergefälle auszunutzen, werfen Fragestellungen auf, die hingegen gänzlich außerhalb des damaligen Vorstellungshorizonts lagen. Für die Steuerverteilung im grenzüberschreitenden Verkehr erweist sich das Leistungsfähigkeitsprinzip jedenfalls solange als ungeeignet, als Ländergrenzen weiterhin auch Grenzen von Solidargemeinschaften abbilden. Dass sich an dem gegenwärtigen status quo in absehbarer Zeit etwas ändern wird, ist nicht zu erwarten. Dies gilt umso mehr, als eine umfassende, transnationale Solidargemeinschaft selbst innerhalb der Europäischen Union derzeit keine realistische Zukunftsvision ist. Damit der Wettbewerb der Steuerordnungen funktionieren kann, muss dem Leistungsfähigkeitsprinzip deshalb zumindest ergänzend auch eine äquivalenztheoretische Steuerrechtfertigung zur Seite gestellt werden.

Bislang verschließt sich der Bundesfinanzhof entsprechenden Überlegungen und hat diesen Begründungsstrang der Unternehmensteuerreform 2008[80] verworfen. Die kategorische Ablehnung löst vor allem vor dem Hintergrund des BEPS-Prozesses ein erhebliches Störgefühl aus.

Zutreffend betont die OECD-Task-Force zwar, dass die vorhandenen nationalen Gesetze und Abkommensvorschriften über die Besteuerung grenzüberschreitender Gewinne im Allgemeinen einwandfreie Ergebnisse erzielen, ohne dass es dabei zu schädlichen Gewinnverlagerungen kommt.[81] Nicht akzeptabel ist es hingegen,

---

[78] K. Oechsle, Die steuerlichen Grundrechte in der jüngeren deutschen Verfassungsgeschichte, 1993, S. 125.

[79] Vgl. nur F. Salditt, Die Hinterziehung ungerechter Steuern, in: Lang (Hrsg.), FS Tipke, 1995, S. 475 ff.

[80] BT-Drs. 16/4841, S. 1: „Unternehmen, die in Deutschland wegen der guten allgemeinen Standortqualität und trotz der hohen nominalen Steuerbelastung investiert haben, versuchen, ihre in Deutschland erwirtschafteten Erträge z. B. durch grenzüberschreitende Kreditvergabe ins niedriger besteuernde Ausland zu verlagern. Dadurch entgehen Deutschland Steuereinnahmen in Milliardenhöhe."

[81] OECD (o. Fußn. 22), S. 12.

wenn im Wege der internationalen Konzernsteuerplanung Gewinne aus den Ländern weg verlagert werden, in denen die Tätigkeiten ausgeübt werden, die diese Gewinne generieren.

Als Antwort auf diese Problemstellung hat die Task-Force eine Begrenzung der Erosion der Besteuerungsgrundlage durch den Abzug von Zins- oder sonstigen finanziellen Aufwendungen empfohlen. Dabei hat erkennbar das Vorbild der deutschen Zinsschranke Pate gestanden.[82] Dass die Umsetzung eines solchen Konzepts am deutschen Leistungsfähigkeitsprinzips scheitern soll, ist gleich aus mehreren Gründen befremdlich. Damit würde sich das Steuerverfassungsrecht noch deutlicher als bisher von der finanzwissenschaftlichen Entwicklung entkoppeln. Dort ist die Zeit schon lange über das Leistungsfähigkeitsprinzip hinweggegangen, das entgegen oft wiederholten Behauptungen keinesfalls mehr als Fundamentalprinzip der Besteuerung anerkannt ist.[83] Wenn dort eher äquivalenztheoretischen Konzepten das Wort geredet wird, droht das deutsche Steuerverfassungsrecht in eine Konstitutionalisierungsfalle zu laufen: Das, was finanzwissenschaftlich sinnvoll und international geboten ist, soll verfassungsrechtlich verboten sein. Das mag dort akzeptabel sein, wo sich das Grundgesetz unmissverständlich zu einem Sachverhalt äußert. Hieran fehlt es im Steuerverfassungsrecht aber gerade. Abweichend von Art. 134 WRV ist das Leistungsfähigkeitsprinzip eben gerade nicht im Normtext des Grundgesetzes verankert. Vielmehr ist der einfache Gesetzgeber im Steuerrecht allein an den allgemeinen Gleichheitssatz gebunden.[84] Dieser mag gerade in der Zusammenschau mit dem Sozialstaats-, aber auch dem Demokratieprinzip in der Normallage durch das Leistungsfähigkeitsprinzip verkörpert werden. Hiervon müssen aber auch Abweichungen möglich sein, wo sich das Leistungsfähigkeitsprinzip als unpassend erweist, um neuen Problemstellungen gerecht zu werden. Ganz deutlich ist dies von Arndt Schmehl bereits in seiner Habilitationsschrift ausgesprochen worden. Die Staatsfinanzierungslast als Opfer zu begründen, entspricht am besten organizistischen Staatsauffassungen und verliert gemeinsam mit diesen an Überzeugungskraft. Äquivalenztheoretische Abgabenrechtfertigungen bleiben hingegen auch unter diesen neuen Bedingungen überzeugend. Globalisierung und Transnationalisierung haben deshalb zur Folge, dass das Äquivalenzprinzip für die politische und staatstheoretische Abgabenrechtfertigung und für die Praxis der Staatsfinanzierung wichtiger wird.[85]

Verschließt sich das Steuerverfassungsrecht dieser Erkenntnis, erleidet es unweigerlich einen Bedeutungs- und Akzeptanzverlust. Der deutsche Steuerstaat sieht sich dann genötigt, sein Heil nicht länger im nationalen Recht, sondern in der Europäisierung zu suchen. Mit der ATAD ist der Effekt dieser Entwicklung schon zu beobachten. Indem die Mitgliedstaaten verpflichtet sind, eine der Zinsschranke entspre-

---

[82] *Glahe* (o. Fußn. 75), 829 f.
[83] So aber *J. Hey*, in: Tipke/Lang (Hrsg.), Steuerrecht, 22. Aufl. 2015, § 3 Rdnr. 40 ff., 121.
[84] S. auch *U. Kischel*, in: BeckOK, GG, Art. 3 (35. Edition 2017) Rdnr. 148.
[85] *Schmehl* (o. Fußn. 2), S. 61.

chende Regelung in ihr nationales Recht zu transformieren, ist die Zinsschranke jedenfalls mit Ablauf der Umsetzungsfrist der Richtlinie dem Kontrollmaßstab der Grundrechte entzogen.[86] Die von Art. 3 Abs. 1 GG ausgehende Botschaft kann doch aber kaum sein, die Regulierung des internationalen Wettbewerbs, speziell die Bekämpfung schädlicher Gewinnverlagerungen allein dem Unionsrecht zu überlassen. Dies gilt umso mehr, als das Bundesverfassungsgericht in seiner Lissabon-Entscheidung einer Harmonisierung des nationalen Steuerrechts deutliche Grenzen gesetzt hat. Danach sollen beim derzeitigen Stand der Integration das Demokratieprinzip und das Wahlrecht zum Deutschen Bundestag verletzt sein, wenn die Festlegung über Art und Höhe der den Bürger treffenden Abgaben in wesentlichem Umfang supranationalisiert und so das Budgetrecht des deutschen Bundestages entwertet würde.[87]

Das bedeutet, dass die Regulierung des internationalen Steuerwettbewerbs in weiten Teilen weiterhin dem nationalen Steuerrecht überantwortet ist. Ein Steuerverfassungsrecht, das dem Gesetzgeber Optionen verschließt, die finanzwissenschaftlich empfohlen[88] werden und auf einem breiten Konsens der Staatengemeinschaft beruhen, untergräbt zwangsläufig seine eigene Legitimationsgrundlage und kann den Herausforderungen des internationalen Steuerwettbewerbs nicht mehr gerecht werden.

4. Konsequenzen

Wie auch die OECD-Taskforce erkannt hat, nötigt das Phänomen schädlicher Gewinnverlagerungen nicht zu einem radikalen Paradigmenwechsel. Vielmehr ist das mit guten Gründen im Leistungsfähigkeitsprinzip zentrierte Steuerverfassungsrecht behutsam fortzuentwickeln. Dazu ist das Äquivalenzprinzip als zweiter und nachrangiger Baustein in der Steuerrechtfertigungslehre anzuerkennen.[89] Damit wird dem Gesetzgeber die Option eröffnet, den Gewinn als Maßstab der steuerlichen Bemessungsgrundlage um eine ertragskraftbezogene Komponente zu modifizieren.

Wird dieser Weg beschritten, verlieren die vom Bundesfinanzhof vorgetragenen Argumente an Überzeugungskraft. Ziel der Zinsschranke ist es nicht primär, Missbräuche abzuwehren. Vielmehr zielt die Zinsschranke darauf, zu verhindern, dass sich die Ertragskraft und die Steuerbelastung durch Finanzierungsgestaltungen entkoppeln. Dass die Abwehrmaßnahmen erst ab einer bestimmten Relevanzschwelle einsetzen, ist nicht zu beanstanden. Verfassungsrechtlich nicht mehr haltbar wäre dies allein dann, wenn das Äquivalenzprinzip an die Stelle des Leistungsfähigkeitsprinzips treten würde. In diesem Fall bedürfte jede Durchbrechung des Äquivalenz-

---

[86] *Glahe* (o. Fußn. 75), 833 f.
[87] BVerfGE 123, 267 (361 f.).
[88] *Märkt* (o. Fußn. 23), S. 380 ff.
[89] S. auch *N. I. Schaper*, Steuerstaat im Wettbewerb, 2014, S. 94; möglicherweise auch *Valta* (o. Fußn. 23), S. 30.

prinzips einer gesonderten Rechtfertigung und es wäre schwerlich ein Grund ersichtlich, warum die Zinsschranke im Jahr 2009 durch die im Zuge der Finanzkrise noch einmal erhöhte Freigrenze[90] eine so geringe Zielgenauigkeit aufweist. Ein solch radikaler Schritt ist durch die Zinsschranke aber nicht vollzogen worden. Mit ihr verbindet sich kein vollständiger Bruch mit dem Leistungsfähigkeitsprinzip.[91] Vielmehr hält der Gesetzgeber bei der ertragsteuerlichen Einordnung von Zinsaufwand prinzipiell am Leistungsfähigkeitsprinzip fest, stellt diesem aber in einem insgesamt engen Anwendungsbereich korrigierend eine äquivalenztheoretische Steuerrechtfertigung zur Seite. Auf Grundlage eines prinzipienorientierten Ansatzes ist der Gesetzgeber dann nicht zu mehr aber auch nicht zu weniger verpflichtet, als beide Ansätze einander sachgerecht und nachvollziehbar zuzuordnen.

Dagegen unausgesprochen, aber doch in der Sache deutlich die mangelnde Folgerichtigkeit in Stellung zu bringen, beschneidet in unzulässiger Weise die Gestaltungsspielräume des Gesetzgebers.[92] Wenn sich dieser einem neuen Phänomen gegenübersieht, muss in Umbruchsituationen zunächst Raum für ein tastendes Vorgehen bleiben. Folgerichtigkeit kann dann erst auf Grundlage gewonnener Erfahrungen eingefordert werden. Entgegen der Position des Bundesfinanzhofs ist dem Gesetzgeber die Anreicherung der Bemessungsgrundlage um eine ertragskraftbezogene Komponente deshalb nicht per se verwehrt. Vielmehr ist das Äquivalenzprinzip neben anderen Rechtfertigungsgründen als besonderer sachlicher Grund anzuerkennen, der prinzipiell nicht nur einen Sondertarif, sondern ebenso Durchbrechungen des objektiven Nettoprinzips zu legitimieren vermag. Dies anzuerkennen, sollte Karlsruhe umso leichter fallen, als der 2. Senat in seiner Entscheidung zu § 32c EStG a.F. bereits einen Sondertarif unter Hinweis auf das Regelungsziel des Gesetzgebers gebilligt hat, die Position des Wirtschaftsstandorts Deutschland im internationalen Steuerwettbewerb zu verbessern.[93]

Eine andere und hiervon zu unterscheidende Frage ist die nach der Sachgerechtigkeit der Zinsschranke. Hier erstaunt es, dass die Zinsschranke daran scheitern soll, dass sie ihr Ziel nicht konsequent genug umsetzt und durch die Höhe der Freigrenze weiterhin erhebliche Möglichkeiten offen stehen, das deutsche Steuersubstrat im Wege der Fremdfinanzierung auszuhöhlen. Damit wird dem Gesetzgeber ein Regulierungsziel unterstellt, das er sich so überhaupt nicht zu eigen gemacht hat. Steuerlich bleibt die Einordnung grenzüberschreitenden Zinsaufwandes weiterhin dem Leistungsfähigkeitsprinzip verpflichtet. Dass hiermit das deutsche Steuersubstrat ausgehöhlt wird, nimmt der Gesetzgeber solange in Kauf, bis eine bestimmte Schädlichkeitsgrenze überschritten ist. Das kann schwerlich als sachwidrig oder Verlet-

---

[90] Gesetz zur verbesserten steuerlichen Berücksichtigung von Vorsorgeaufwendungen (Bürgerentlastungsgesetz Krankenversicherung) v. 16.7.2009, BGBl. I 2009, 1959.

[91] S. auch *Knöller* (o. Fußn. 39), S. 299.

[92] Instruktiv zur Kritik am Prinzip der Folgerichtigkeit zuletzt *H. Tappe*, Festlegende Gleichheit – folgerichtige Gesetzgebung als Verfassungsgebot?, JZ 2016, 27 ff.

[93] BVerfGE 116, 164 (189 ff.).

zung des Gebots der Folgerichtigkeit angesehen werden, sondern entspricht umgekehrt dem Postulat praktischer Konkordanz. Nach diesem sind Prinzipienkonflikte im Wege eines möglichst schonenden Ausgleichs aufzulösen.[94] Wenn die Steuerrechtfertigungslehre weiterhin auf dem Leistungsfähigkeitsprinzip basiert, ist es in sich konsequent, dieses zugunsten einer äquivalenztheoretischen Steuerrechtfertigung erst dann zurücktreten zu lassen, wo eine vom Gesetzgeber zu definierende Relevanzschwelle überschritten ist.

Ausgehend von einer äquivalenztheoretischen Modifikation des Leistungsfähigkeitsprinzips muss die Zinsschranke auch nicht an dem Umstand scheitern, dass neben grenzüberschreitenden Fällen auch reine Inlandssachverhalte erfasst sind. Wenn mit Rücksicht auf das Äquivalenzprinzip der Gewinn als Maßstab der Steuerbemessung durch ertragskraftbezogene Momente modifiziert wird, ist es schon aus Gründen der Wettbewerbsgleichheit nur konsequent, nicht zwischen grenzüberschreitenden Gestaltungen und reinen Inlandssachverhalten zu differenzieren. Die Bemessungsgrundlage ist dann in beiden Fällen in der genau gleichen Weise um einen ertragskraftbezogenen Anteil zu erhöhen und zwar unabhängig davon, ob eine Finanzierung aus dem Inland oder dem Ausland erfolgt.

IV. Schlussbetrachtung

Mit der Unternehmensteuerreform 2008 verbindet sich eine Neupositionierung Deutschlands im internationalen Steuerwettbewerb. Wie Arndt herausgearbeitet hat, tritt neben Normen, die Anreize setzen, Steuergegenstände im Inland zu lassen oder zu importieren, ein weiterer Normtyp, wie er insbesondere durch die Zinsschranke (§ 4h EStG) verkörpert wird. Diese zielt darauf ab, die Bemessungsgrundlage stärker an der Ertragskraft auszurichten, indem der Abzug von Zinsen in Abhängigkeit vom EBITDA beschränkt wird. Damit wird der Konnex zwischen steuerlichen Erträgen und den Angebotsbedingungen privaten Wirtschaftens abgebildet, was Voraussetzung eines fairen Steuerwettbewerbs ist, in dem Steuern als Preise zu verstehen sind.

Erkauft ist dies durch eine partielle Preisgabe des objektiven Nettoprinzips. Die überwiegende Meinung in der Literatur hält dem Gesetzgeber daher einen Verstoß gegen den Grundsatz der Folgerichtigkeit vor, der zur Verfassungswidrigkeit der Zinsschranke führen soll.

Als einer der wenigen ist Arndt dieser These entgegengetreten. Kern seiner Argumentation ist, dass die geänderten Rahmenbedingungen des Steuerstaats, die einerseits durch den Wettbewerb der Steuerrechtsordnungen, andererseits durch eine gezielte Ausnutzung von Steuerdisparitäten entstehen, auch im Steuerverfassungsrecht ihren Niederschlag finden müssen. Arndts Überlegungen überschneiden sich

---

[94] *K. Hesse*, Grundzüge des Verfassungsrechts der Bundesrepublik Deutschland, 20. Aufl. 1999, Rdnr. 72.

in weiten Teilen mit der Stoßrichtung des BEPS-Projektes, das den Konnex zwischen dem Recht zur Besteuerung und den Tätigkeiten betont, die es generieren. Eine weitere Absicherung erfährt diese Position durch die jüngere EuGH Rechtsprechung, die die Notwendigkeit einer Wahrung der ausgewogenen Aufteilung der Besteuerungsbefugnisse zwischen den Mitgliedstaaten hervorhebt.[95] Mit dem konkreten Normenkontrollantrag des 1. Senats des Bundesfinanzhofs wird sich nunmehr auch das Bundesverfassungsgericht der Thematik annehmen müssen. Ohne jeden Zweifel wird dem Ausgang des Verfahrens eine richtungsweisende Bedeutung für die Fortentwicklung des deutschen Steuerverfassungsrechts zukommen. An den Überlegungen, die Arndt hierzu angestellt hat, wird Karlsruhe, ganz egal wie die Entscheidung letztendlich ausgehen wird, nicht vorbeigehen können.

---

[95] EuGH, Rs. C-446/03 (Marks & Spencer), Slg. 2005, I-10837, Rdnr. 43 ff.

Begrenzung exzessiver Managervergütungen durch Steuerrecht?

Von *Heribert Hirte* und *Matthias Schüppen*

I. Managervergütungen als Zielscheibe und Spielball politischer Interessen

1. Alle Jahre wieder

„Alle Jahre wieder" – ist man geneigt zu sagen. Denn regelmäßig zum Ende einer Legislaturperiode taucht das Thema „Managervergütung" auf der Tagesordnung des Deutschen Bundestages auf, und die Parteien bzw. Fraktionen überbieten sich geradezu mit Vorschlägen. Am Ende passiert nichts, oder jedenfalls wenig.

Weder das Vorstandsvergütungs-Offenlegungsgesetz (VorstOG)[1] am Ende der *15. Legislaturperiode* noch das Vorstandsvergütungs-Angemessenheitsgesetz (VorstAG)[2] am Ende der *16. Legislaturperiode* brachten allseitige Zufriedenheit. Zum Ende der *17. Legislaturperiode* führte die (schweizerische) „Abzocker-Initiative" erneut zu Aufregung:[3] Im Rahmen der Diskussion über den Regierungsentwurf eines Gesetzes zur Änderung des Aktiengesetzes („Aktienrechtsnovelle 2012")[4] wurde der Gesetzentwurf um Vorschriften zur Begrenzung der Managervergütung erweitert und in „Gesetz zur Verbesserung der Kontrolle der Vorstandsvergütung und zur Änderung weiterer aktienrechtlicher Vorschriften (VorstKoG)" umbenannt.[5] Nachdem der Bundesrat in seiner Sitzung vom 20. September 2013 den Vermittlungsausschuss angerufen hatte,[6] verfiel der Gesetzentwurf der Diskontinuität.

Wenig überraschend fand der Problemkreis in der *18. Legislaturperiode* Eingang in den Koalitionsvertrag,[7] wurde dann aber in den vier Jahren der Legislaturperiode

---

[1] Gesetz über die Offenlegung der Vorstandsvergütungen v. 3.8.2005, BGBl. I, S. 2267.

[2] Gesetz zur Angemessenheit der Vorstandsvergütung v. 31.7.2009, BGBl. I, S. 2509; hierzu, insbesondere zum neuen „Vergütungsvotum" (§ 120 Abs. 4 AktG), *Schüppen*, ZIP 2010, 905.

[3] Hierzu *Hirte* http://blog.handelsblatt.com/rechtsboard/2013/03/07/managervergutung-jetzt-in-die-hande-der-aktionare-legen/.

[4] BR-Drucks. 852/11; dazu *Hirte*, NJW 2012, 581, 582; *Seibert/Bötticher*, ZIP 2012, 12; *Schüppen/Tretter*, WPg 2012, 338.

[5] Beschlussempfehlung und Bericht des Rechtsausschusses, BT-Drucks. 17/14214.

[6] Bundesrat, Plen.-Prot. 914 v. 20.9.2013, S. 747 A ff.; BT-Drucks. 17/14790.

[7] Deutschlands Zukunft gestalten. Koalitionsvertrag zwischen CDU, CSU und SPD (2013), S. 17: „Transparenz bei Managergehältern: Um Transparenz bei der Feststellung von Mana-

nicht vom federführenden Bundesministerium der Justiz und für Verbraucherschutz thematisiert. Wieder einmal am Ende der Periode, im Frühjahr 2017, kam Fahrt auf: Der damalige Kanzlerkandidat der SPD, *Martin Schulz*, polterte, nachdem bei VW mögliche Verfehlungen auch des Managements im Zusammenhang mit dem „Abgasskandal" zutage getreten waren: „Wenn ein Konzernchef verheerende Fehlentscheidungen trifft, dafür noch Millionen an Boni kassiert, eine Verkäuferin dagegen für eine kleine Verfehlung rausgeschmissen wird, dann geht es nicht gerecht zu".[8] „Die Unbelehrbaren" titelte im Februar 2017 die „Wirtschaftswoche" und fragt in einem längeren Artikel, ob „Gier, Maßlosigkeit, Opportunismus" bei Vorstandsvergütungen eine gesetzliche Regelung gegen „leistungslose Selbstbelohnung" erfordern.[9] Auch wenn man solche Äußerungen – wie es sicherlich auch *Arndt Schmehl* getan hätte – als vordergründigen Populismus einordnet, sind (zu) hohe Vorstandsvergütungen ein Dauerbrenner der gesellschaftlichen wie der rechts- und wirtschaftspolitischen Diskussion.

2. Positionspapier Managervergütung der CDU/CSU-Fraktion zum SPD-Entwurf

Der zeitgleich mit dem „Gerechtigkeitswahlkampf" des seinerzeitigen SPD-Kandidaten vorgelegte Entwurf eines „Gesetzes zur Angemessenheit von Vorstandsvergütungen und zur Beschränkung der steuerlichen Absetzbarkeit" der Fraktion der SPD[10] ist daher durchaus einen „zweiten Blick" wert.

Auf der Grundlage von Anträgen von Bündnis 90/Die Grünen[11] und der Linken[12] debattierte der Deutsche Bundestag am 17. Februar 2017 darüber.[13] Ebenso wie die SPD-Fraktion machte auch die CDU/CSU-Fraktion ihre Überlegungen mit Blick auf die bestehende große Koalition nicht zum Gegenstand eines formellen Parlamentsantrages. Ihre – vom Erstautor für die „Arbeitsgruppe Recht und Verbraucherschutz" der Fraktion ausgearbeiteten – Überlegungen, die dann auch Eingang in die Rede des Erstautors in der Plenardebatte gefunden haben,[14] seien aber hier gleichwohl wiedergegeben:

---

gergehältern herzustellen, wird über die Vorstandsvergütung künftig die Hauptversammlung auf Vorschlag des Aufsichtsrats entscheiden."

[8] Wirtschaftswoche Nr. 8 vom 17. 2. 2017, S. 22.

[9] Wirtschaftswoche Nr. 8 vom 17. 2. 2017, S. 20/21.

[10] https://www.spdfraktion.de/system/files/documents/gesetzentwurf_manager-verguetungen_spdbt_final.pdf; zuletzt abgerufen am 22.02.2018.

[11] Antrag „Mehr für das Gemeinwohl – Steuerabzug für Managergehälter deckeln", BT-Drucks. 18/11176.

[12] Antrag „Managergehälter wirksam begrenzen", BT-Drucks. 18/11168.

[13] Nachzulesen in Deutscher Bundestag, Plen.-Prot. 18/219, S. 21952 ff.

[14] Deutscher Bundestag, Plen.-Prot. 18/219, S. 21960 (B) ff.

„Positionspapier Managervergütung (Stand 7.3.2017)

I. Verlagerung der Zuständigkeit über die Festlegung der Höhe der Vorstandsvergütung in die Hauptversammlung entsprechend Beschlussempfehlung des Rechtsausschusses aus der letzten Legislaturperiode (BT-Drucks. 17/14214) / so auch KoaV

§ 120 Absatz 4 AktG wird wie folgt gefasst:

„(4) Die Hauptversammlung der börsennotierten Gesellschaft beschließt jährlich über die Billigung des vom Aufsichtsrat vorgelegten Systems zur Vergütung der Vorstandsmitglieder. Die Darstellung des Systems hat auch Angaben zu den höchstens erreichbaren Gesamtbezügen, aufgeschlüsselt nach dem Vorsitzenden des Vorstands, dessen Stellvertreter und einem einfachen Mitglied des Vorstands, zu enthalten. Der Beschluss berührt nicht die Wirksamkeit der Vergütungsverträge mit dem Vorstand; er ist nicht nach § 243 anfechtbar."

II. Umgehungsschutz durch Ausweitung der Transparenzvorschriften

Die Transparenzvorschriften des HGB werden aus Gründen des Schutzes vor Umgehung auf die drei bestbezahlten Mitarbeiter jenseits des Vorstands ausgeweitet (nach Vorbild u. a. des US-Rechts).

III. Ergänzung um Minderheitenrecht zur Kontrolle der Höhe der Vorstandsvergütung

Zudem bedarf es für einen effektiven Minderheitenschutz einer externen Gehaltskontrolle. Andernfalls könnte eine (organisierte) Hauptversammlungsmehrheit leicht jedes Vergütungsvotum mit Mehrheit legitimieren und damit eine wirkliche Reduktion sachwidrig überhöhter Vorstandsvergütungen verhindern.

- Antragsberechtigung: einzelner Aktionär (alt. Mehrheit von max. 5 % der Aktionäre)
- Prüfende Stelle: z. B. nach Vorbild Enforcementverfahren zunächst privates Sachverständigengremium und dann gerichtliche oder behördliche Kontrolle (z. B. OLG oder BaFin)
- Vergleichsmaßstab: vergleichbares mittelständisches nicht börsennotiertes Unternehmen. Dabei sind Zuschläge für erhöhtes Risiko/Unternehmensgröße zu erwägen
- Rechtsfolge: Feststellung und evtl. Untersagung / Vertragsanpassung

IV. Steuerliche Maßnahmen

- Keine Abzugsbeschränkung, da (1) verfassungswidriger Systembruch (Verstoß gegen Nettoprinzip) und (2) keine Auswirkung auf Höhe der Vorstandsvergütung (sehen auch Linke so!)
- Stattdessen: Beschränkung der Abzugsfähigkeit von Vorstands- (und Aufsichtsrats- ?) Vergütungen auf solche, bei denen der Nachweis einer Besteuerung im Inland (evtl. falls europarechtlich geboten: innerhalb der EU) erbracht wird.
- Daneben glattziehen: Aufhebung des (systemwidrigen und nach h.M. verfassungswidrigen) Verbots des Abzugs von Aufsichtsratsvergütungen und stattdessen Einführung eines entsprechenden Nachweises wie bei Vorstandsvergütungen"

Die Presse griff die Überlegungen der CDU/CSU-Fraktion ebenfalls auf.[15]

---

[15] Die Union feilt am Deckel, Handelsblatt vom 6.3.2017, S. 8 f.

II. Begrenzung der steuerlichen Abzugsfähigkeit von Vorstandsvergütungen auf einen Höchstbetrag?

1. Nettoprinzip, Leistungsfähigkeit und Doppelbesteuerung

Politischer Hauptstreitpunkt in der öffentlichen Debatte war die besonders deutlich von der SPD, aber ebenso von Bündnis 90/Die Grünen vorgetragene Forderung nach einer allgemeinen Beschränkung der steuerlichen Abzugsfähigkeit überhöhter Vorstandsvergütungen. Zur Begründung verweist der SPD-Entwurf darauf, dass „die Allgemeinheit so von einer Mitfinanzierung solcher überhöhter Bezügezahlungen entlastet werden" solle.[16] Ganz ähnlich begründen Bündnis 90/Die Grünen ihren Antrag.[17] Denn aufgrund der steuerlichen Abzugsfähigkeit dieser Vergütungen würden diese der Allgemeinheit zur Last fallen.[18] Diese Begründung ist allerdings schnell auf Kritik gestoßen: Managementvergütungen seien bei ihren Empfängern Gegenstand der Einkommensbesteuerung und unterlägen dort in der Regel dem Spitzensteuersatz; bei Umsetzung des SPD-Vorschlags würden die Vergütungen daher in Höhe des steuerlich nicht absetzbaren Betrags doppelt besteuert und würden allein die Gesamtsteuerbelastung der Unternehmen erhöhen.[19] Politisch noch viel lauter wurde der in den Vorschlägen von SPD und Bündnis 90/Die Grünen liegende grundsätzliche steuerliche Systembruch kritisiert, weil damit das steuerliche Nettoprinzip in Frage gestellt werde. In einer emotionalen Debatte der Frage in der CDU/CSU-Fraktion erklärte deshalb ihr Fraktionschef *Volker Kauder* seine klare Ablehnung dieser Position – auch weil ihn alles andere seinen „Skalp kosten würde" –, nachdem zuvor gerüchteweise von einer möglichen Annäherung der beiden *Partei*spitzen auch in der Besteuerungsfrage die Rede war.[20]

---

[16] https://www.spdfraktion.de/system/files/documents/gesetzentwurf_manager-verguetungen_spdbt_final.pdf, zuletzt abgerufen am 22.02.2018, S. 8.

[17] Antrag „Mehr für das Gemeinwohl – Steuerabzug für Managergehälter deckeln", BT-Drucks. 18/1176, S. 2: „Der Deutsche Bundestag fordert die Bundesregierung auf, gesetzliche Regelungen vorzulegen,

1. um die *Mitfinanzierung von überhöhten Gehältern, Abfindungen und Versorgungszusagen durch die Bürgerinnen und Bürger zu begrenzen.* Dazu soll

a) der Betriebsausgabenabzug von Abfindungen auf 1 Mio. Euro pro Kopf be-grenzt werden. Verschiedenste Gestaltungsmöglichkeiten wie z.B. Übergangsgelder oder Aktienoptionen sollen in diese Grenze umfassend einbezogen werden;

b) der Betriebsausgabenabzug von Gehältern auf 500.000 Euro jährlich pro Kopf begrenzt werden. Die Begrenzung gilt für alle fixen und variablen Gehaltsbestandteile;

c) die steuerliche Abzugsfähigkeit von Versorgungszusagen auf die gesetzlichen Rentenversicherungsbeiträge (Höchstsatz) von aktuell 76.200 Euro jährlich pro Kopf begrenzt werden […]" (Hervorh. durch die Verfasser).

[18] https://www.spdfraktion.de/system/files/documents/gesetzentwurf_manager-verguetungen_spdbt_final.pdf, zuletzt abgerufen am 22.02.2018, S. 1.

[19] Z.B. IDW, Stellungnahme vom 23.2.2017 zum Gesetzentwurf der Fraktion der SPD, www.idw.de; zuletzt abgerufen am 22.02.2018.

[20] Vgl. http://www.handelsblatt.com/politik/deutschland/steuerpolitik-union-erwaegt-neuregelung-fuer-hohe-managergehaelter/19392834.html (zuletzt abgerufen am 22.02.2018): „Die

In einer bemerkenswerten Allianz mit der CDU/CDU-Fraktion, die auch Gegenstand entsprechender Kommentare auf Twitter war,[21] stimmte auch Die Linke dieser Position zu, freilich weniger aus steuersystematischen Gründen, sondern weil sie der Überzeugung war, dass steuerliche Maßnahmen keinen wirklichen Beitrag zu dem Ziel leisten könnten, die Managervergütungen zu begrenzen.[22]

2. Prämisse der Doppelbesteuerungsthese

Das den steuerrechtlichen Vorschlägen entgegen gebrachte Argument der drohenden „Doppelbesteuerung" (mangels Abzugsfähigkeit Versteuerung bei der Gesellschaft als „fiktiver" Gewinn, Versteuerung des zufließenden Gehalts durch das Vorstandsmitglied als Einkünfte) setzt allerdings voraus, dass die Annahme der Einkommensteuerpflicht beim Vorstandsmitglied zutreffend ist. Vor diesem Hintergrund hatte der Erstautor im vorstehend wiedergegebenen Positionspapier und ebenso in seiner Rede in der Plenardebatte[23] (nur) in diesem Punkt die Möglichkeit einer gesetzlichen Nachsteuerung angedeutet. Dazu ist es bekanntlich nicht gekommen. Mit Blick auf die „Wiederholungsgefahr" der Debatte („Alle Jahre wieder") sollen die diesem Vorschlag zugrunde liegenden Erwägungen hier einer breiteren Öffentlichkeit vorgestellt werden. Denn wenn ganz wesentliches Argument gegen die Begrenzung der steuerlichen Abzugsfähigkeit von Vorstandsgehältern und gegen die

---

Union zeigt sich offen für eine gesetzliche Neuregelung für Managergehälter. Bundeskanzlerin Angela Merkel und Unionsfraktionschef Volker Kauder (CDU) warben am Dienstag nach Angaben von Teilnehmern in der Sitzung der CDU/CSU-Bundestagsfraktion dafür, der Hauptversammlung die Entscheidung über das Vergütungssystem zu überlassen. Zudem sollte die steuerliche Abzugsfähigkeit von Managergehältern beschränkt werden, argumentierten beide Vertreter des Wirtschaftsflügels der Union sprachen sich in der Sitzung aus ordnungspolitischen Gründen aber dagegen aus.".

[21] So twitterte der Erstverfasser am 17.2.2017, 13.42 Uhr: „Interessant @SWagenknecht teilt meine Auffassung dass Beschränkung steuerl. Abzugsfähigkeit gegen Exzesse bei #Managervergütung nicht hilft."

[22] Siehe *Sahra Wagenknecht*, Deutscher Bundestag, Plen.-Prot. 18/219, S. 21957 (B):„Ja, glauben Sie denn im Ernst, dass die Begrenzung der steuerlichen Abzugsfähigkeit irgendeinen Konzern davon abhalten wird, weiter seine Gehaltsexzesse auszuleben? Das ist doch völlig absurd, das hätte doch gar keinen Effekt."; „Die Koalition sucht nach dem rechten Verhältnis", Tagesspiegel.de vom 18.02.2017, 15:33 Uhr.

[23] Deutscher Bundestag, Plen.-Prot. 18/219, S. 21961 (A): „Wenn man einmal Unternehmensbesteuerung auf der einen Seite und individuelle Besteuerung bei den Vorstandsmitgliedern auf der anderen Seite zusammen betrachtet und berechnet, dann treibt mich der Punkt wirklich um, dass einige dieser Vorstandsmitglieder ihr persönliches Einkommen ausschließlich im Ausland versteuern. Da muss man natürlich einmal über die Frage nachdenken dürfen, ob nicht die Tätigkeit eine Tätigkeit ist, die dem Unternehmen zuzuordnen ist und damit als persönliche Einkommensteuer dann im Inland zu versteuern ist. Es ist nicht so, dass wir da keine Vorschläge hätten." (anschließend notiert das Protokoll Beifall bei der CDU/CSU und der SPD sowie bei Abgeordneten des BÜNDNISSES90/DIE GRÜNEN).

These der „Mitfinanzierung durch die Allgemeinheit"[24] die Einkommensbesteuerung des zufließenden Gehalts durch das Vorstandsmitglied ist, ist zu prüfen, ob diese Prämisse zutrifft.

III. Inländische Steuerpflicht der Vorstandsvergütung als Abzugsvoraussetzung?

1. Beschränkte Steuerpflicht von Vorstandsvergütungen

Vorstandsvergütungen sind steuerlich Einkünfte aus nichtselbständiger Arbeit (§ 19 EStG)[25], die bei unbeschränkt Steuerpflichtigen der deutschen Besteuerung unterliegen. Hat ein Vorstandsmitglied weder Wohnsitz noch ständigen Aufenthalt im Inland, ist es (nur) beschränkt steuerpflichtig. Zudem ist es denkbar, dass ein Vorstandsmitglied – unabhängig von Wohnsitz und ständigem Aufenthalt – seine Tätigkeit von einem im Ausland, z.B. in London, Paris oder Zürich, belegenen Büro erbringt.

Die sich hieraus ergebenden „Gestaltungsmöglichkeiten" haben den deutschen Steuergesetzgeber bereits beschäftigt. Bis zum Jahr 2001 waren Vorstandsvergütungen von Vorstandsmitgliedern, die in Deutschland weder Wohnsitz noch ständigen Aufenthalt hatten, in Deutschland nicht steuerpflichtig, weil eine beschränkte Steuerpflicht für Einkünfte aus nichtselbständiger Arbeit nicht vorgesehen war. Durch das Steueränderungsgesetz 2001[26] wurden in §§ 49 Abs. 1 Nr. 4 c) EStG Einkünfte, die ein Vorstandsmitglied einer Gesellschaft mit Geschäftsleitung im Inland bezieht, in den Kreis der im Inland (beschränkt) steuerpflichtigen Einkünfte einbezogen.[27] Seit 2002 sind also durch deutsche Gesellschaften an Vorstandsmitglieder ohne Wohnsitz oder ständigen Aufenthalt in der Bundesrepublik bezahlte Gehälter grundsätzlich im Inland steuerpflichtig.

2. Freistellung grundsätzlich steuerpflichtiger Vergütungen durch DBA

a) Ausgangspunkt

Trotzdem ist keineswegs sichergestellt, dass die von Gesellschaften mit Sitz im Inland bezahlten Vorstandsvergütungen tatsächlich im Inland versteuert werden. Überlagert wird § 49 Abs. 1 Nr. 4c EStG nämlich von den Vorschriften des jeweils anwendbaren DBA, wenn das Vorstandsmitglied in einem Vertragsstaat ansässig ist.

---

[24] https://www.spdfraktion.de/system/files/documents/gesetzentwurf_manager-verguetungen_spdbt_final.pdf, zuletzt abgerufen am 22.02.2018, S. 1 und S. 8.

[25] *Krüger*, in: L. Schmidt, EStG, 36. Aufl. 2017, § 19 Rdnr. 26 und 35 („Gesetzl. Vertreter einer KapGes").

[26] Gesetz zur Änderung steuerlicher Vorschriften vom 20.12.2001, BGBl. I, S. 3794.

[27] Hierzu Begr RegE BR-Drucks. 399/01, S. 46; OFD Frankfurt, Vfg. v. 11.2.2003 – S 2300 A – 21 – St II 22, FR 2003, 371.

Auch wenn DBA kraft Ratifizierung durch den Deutschen Bundestag (nur) den Rang einfachen Gesetzesrechts haben, gehen sie grundsätzlich den innerstaatlichen Steuergesetzen vor.[28] Nur soweit der Gesetzgeber nach Ratifizierung des DBA bewusst ein gegen das DBA verstoßendes Gesetz erlassen hat, gilt das *Lex-posterior*-Prinzip. Ein solcher „Treaty Override" soll nach der – nicht zweifelsfreien – Auffassung des BVerfG trotz des dem GG innewohnenden Prinzips der Völkerrechtsfreundlichkeit verfassungsrechtlich zulässig sein.[29] Für den vorliegenden Fall der Einkommensteuerpflicht von Vorstandsvergütungen gelten aber (bisher) die anwendbaren DBA ohne eine solche Durchbrechung (mit einer gewissen Ausnahme für Abfindungszahlungen, siehe hierzu unten 4.).

b) DBA mit Ansässigkeitsprinzip entspr. OECD-Musterabkommen (GB)

Auch die seit 2002 geltende beschränkte Steuerpflicht von Vorstandsvergütungen steht daher unter dem Vorbehalt entgegenstehender Regelungen im anwendbaren DBA.[30] Die einschlägigen DBA folgen überwiegend dem Arbeitnehmerartikel des Art. 15 OECD-Musterabkommen; auch für das nachfolgend exemplarisch herangezogene DBA Großbritannien[31] ist dies der Fall.[32] Nach Art. 15 Abs. 1 DBA Großbritannien liegt das Besteuerungsrecht grundsätzlich beim Ansässigkeitsstaat des Arbeitnehmers, es sei denn, die Arbeit wird im anderen Vertragsstaat ausgeübt (*Ansässigkeitsprinzip*). Eine spezifische Anknüpfung des Besteuerungsrechts oder eine Fiktion des Tätigkeitsorts für Organmitglieder enthält das DBA Großbritannien (ebenso wie das OECD-Musterabkommen) nicht.

Zwar hatte der Große Senat des BFH im Jahr 1971 die Auffassung begründet, dass die geschäftsleitende Tätigkeit von Organmitgliedern stets am Sitz der Gesellschaft ausgeübt werde.[33] Diese Auffassung hat der BFH später jedoch aufgegeben, und zwar ausdrücklich unter Hinweis darauf, dass der Gesetzgeber ihr in den meisten der nach Ergehen der Entscheidung des Großen Senats abgeschlossenen DBA keine Geltung verschafft habe.[34] Auch die Finanzverwaltung geht seit 1994 davon aus, dass ein Geschäftsführer dort seine Arbeit erbringt, wo er sich jeweils persönlich aufhält.

---

[28] OFD Frankfurt a.a.O., FR 2003, 371, 372 unter Hinweis auf § 2 AO; *Drüen*, in: Tipke/Kruse, AO, § 2 Rdnr. 5.

[29] BVerfG, Beschl. v. 15.12.2015, BVerfGE 141,1 = DStR 2016, 359 = NJW 2016, 1295.

[30] *Schwerdtfeger*, IStR 2002, 361, 363.

[31] Gesetz zu dem Abkommen vom 30. März 2010 zwischen der Bundesrepublik Deutschland und dem Vereinigten Königreich Großbritannien und Nordirland zur Vermeidung der Doppelbesteuerung und zur Verhinderung der Steuerverkürzung auf dem Gebiet der Steuern vom Einkommen und vom Vermögen vom 18. November 2010, BGBl. I, S. 1333.

[32] Sonderregelungen gelten in einigen Ländern, namentlich im Verhältnis zur Schweiz, siehe hierzu OFD Frankfurt, a.a.O., FR 2003, 371, 372; *Neyer*, IStR 2005, 514.

[33] BFH, GrS 1/71, BStBl II 1972, 68.

[34] BFH v. 5.10.1994, I R 67/93, BStBl II 1995, 95.

Im Ergebnis existiert daher kein Besteuerungsrecht der Bundesrepublik Deutschland (und damit keine deutsche Einkommensteuerpflicht) für Vorstandsvergütungen, die ein zum Beispiel in London ansässiges Vorstandsmitglied einer deutschen Aktiengesellschaft bezieht. Im Sinne des DBA in London ansässig ist ein Vorstandsmitglied auch dann, wenn es sowohl in Deutschland als auch in Großbritannien einen Wohnsitz hat, der „Schwerpunkt" oder „Mittelpunkt" der Lebensinteressen aber in London liegt.[35] Nur soweit die Vorstandstätigkeit tatsächlich in Deutschland ausgeübt wird, greift eine Ausnahme zugunsten der deutschen Besteuerung, bei Arbeit aus dem Londoner Büro des Unternehmens oder aus einem Drittland besteht keine Einkommensteuerpflicht. Ob und in welcher Höhe Großbritannien von seinem durch das DBA zugewiesenen Besteuerungsrecht Gebrauch macht, spielt dabei keine Rolle, denn eine „Subject-to-tax"-Klausel enthält das DBA Großbritannien nicht.

c) Abweichende DBA mit Gesellschaftssitzprinzip (CH)

Eine andere Rechtslage ergibt sich nur, wenn das DBA vom OECD-Musterabkommen abweichende Sonderregelungen enthält. Dies ist beispielsweise im DBA Schweiz der Fall. Dessen Art. 15 Abs. 4 knüpft das Recht zur Besteuerung von Vorstandsvergütungen an den Sitz der jeweiligen Kapitalgesellschaft (*Gesellschaftssitzprinzip*). Allerdings gilt eine solche Regelung nur bei wenigen Abkommen.[36]

3. Beschränkung der Abzugsfähigkeit de lege ferenda

Es erscheint fragwürdig, ob die steuerliche Abzugsfähigkeit der Vorstandsvergütung bei der deutschen Kapitalgesellschaft bei Geltung des Ansässigkeitsprinzips uneingeschränkt gewährt werden sollte. Erst die Anknüpfung der Abzugsfähigkeit der Vorstandsvergütung an die deutsche Einkommensbesteuerung rechtfertigt die Prämisse, dass die Beschränkung der steuerlichen Abzugsfähigkeit von Vorstandsvergütungen zu einer Doppelbesteuerung bei der Gesellschaft und beim Vorstandsmitglied führt. Zudem liegt ein solches Korrespondenzprinzip deshalb nahe, weil bei der Definition des Arbeitgeberbegriffs im Abkommensrecht und der Auslegung der 183-Tage-Regel ebenfalls auf die Korrespondenz zwischen dem Abzug von Personalaufwendungen beim Unternehmen und der Besteuerungsbefugnis für die Arbeitnehmervergütung abgestellt wird.[37] Zu erwägen ist daher eine gesetzliche Neuregelung in *§ 10 KStG (Nichtabziehbare Aufwendungen)*, die wie folgt lauten könnte:

---

[35] Art. 4 Abs. 2 DBA Großbritannien = Art. 4 Abs. 2 Buchstabe b) OECD-Musterabkommen, hierzu *Lehner*, in: Vogel/Lehner, DBA, 6. Aufl. 2015, Art. 4 Rdnrn. 191 ff.

[36] Ebenfalls Gesellschaftssitzprinzip nach *OFD Frankfurt/Main*, FR 2003, 371, 372, in den DBAs mit Schweden, Türkei, Japan, Dänemark und Belgien.

[37] BFH v. 15.3.2000 – I R 28/99, BStBl. II 2002, 238, 240; *Hilbert*, DStR 2012, 7, 8; *Mosbach*, Ubg 2008, 675, 677; *Vogler/Nientimp*, IStR 2014, 427, 435.

Nicht abziehbar sind auch:

...

5. die Vergütungen jeder Art, die an Mitglieder des Vorstands oder geschäftsführende Direktoren von Aktiengesellschaften oder Societates Europaeae oder geschäftsführende Organmitglieder vergleichbarer ausländischer Gesellschaften gewährt werden, soweit diese bei dem Organmitglied nicht der deutschen Besteuerung unterliegen.

Problematisch für das deutsche Besteuerungsrecht sind zudem Gestaltungen, in denen die Vorstandsvergütung nicht unmittelbar an das Vorstandsmitglied bezahlt wird, sondern als Aufwendungsersatz an einen Dritten (der das Vorstandsmitglied bezahlt)[38], beispielsweise als „Beratungshonorar" an eine juristische Person, bei der das Vorstandsmitglied seinerseits (typischerweise als Geschäftsführer) angestellt ist. Die grundsätzliche aktienrechtliche Zulässigkeit solcher Vertragskonstrukte hat der BGH bestätigt.[39] Zwar wird die Aktiengesellschaft beim Abschluss des Vertrages mit der juristischen Person ebenso wie beim Anstellungsvertrag durch den Aufsichtsrat vertreten;[40] darüber hinaus muss der Aufsichtsrat sicherstellen, dass die aktienrechtlichen Anforderungen an die Vorstandsvergütung im Innenverhältnis der das Vorstandsmitglied bezahlenden juristischen Person zu diesem eingehalten werden,[41] einschließlich des Rechts des Aufsichtsrats, das Entgelt ggf. gem. § 87 Abs. 2 AktG herabzusetzen. Das für die Zahlungen der Aktiengesellschaft geltende Steuerregime ändert sich jedoch, weil die juristische Person keine Einkünfte aus nichtselbständiger Arbeit, sondern aus unternehmerischer Tätigkeit bezieht. Bei grenzüberschreitender Gestaltung ist daher Art. 7 OECD-Musterabkommen einschlägig. Konsequenter Weise muss der Steuergesetzgeber daher – will er ein Konzept der deutschen Einkommensteuerpflicht von Vorstandsvergütungen als Voraussetzung der steuerlichen Abzugsfähigkeit bei der Gesellschaft verwirklichen – auch solche an die Stelle des Gehalts tretende Zahlungen mit erfassen, so dass die vorgeschlagene Regelung in § 10 Nr. 5 KStG n.F. wie folgt zu ergänzen wäre[42]:

Nicht abziehbar sind auch:

...

5. a) die Vergütungen jeder Art, die an Mitglieder des Vorstands ... gewährt werden ....

---

[38] Diese „Drittanstellung" ist zu unterscheiden von der „Drittvergütung" von Vorstandsmitgliedern, deren Zulässigkeit sehr umstritten ist. Vgl. *Schüppen*, in: FS Tiedemann (2007), S. 749, 754 f.

[39] BGH, Beschl. v. 17.5.2011 – II ZR 32/10, BeckRS 2011, 19847; BGH Urt. v. 28.4.2015 – II ZR 63/14, NZG 2015, 792.

[40] BGH, Urt. v. 28.4.2015, NZG 2015, 792 Tz. 24 f.

[41] BGH, BeckRS 2011, 19847 Tz. 6; *Koch,* in: Hüffer, AktG, 13. Aufl. 2018, § 84 Rdnr. 18.

[42] Konsequent wäre es (wie auch im oben wiedergegebenen Positionspapier vorgeschlagen), bei dieser Gelegenheit auch die Abzugsfähigkeit von Aufsichtsratsvergütungen neu zu regeln und nur an eine solche Korrespondenz zu knüpfen. Die derzeitige in § 10 Nr. 4 KStG enthaltene Regelung des nur hälftigen Abzugs ist verfehlt, jedenfalls überholt und grundrechtswidrig, vgl. hierzu m.w.Nachw. *Schön*, in: FS Haarmann (2015), S. 875, 880 f.

b) Vergütungen, die an Dritte gezahlt werden und ganz oder teilweise Entgelt für die Tätigkeit eines Organmitglieds im Sinne von Buchstabe a) darstellen, soweit diese bei dem Dritten nicht der deutschen Besteuerung unterliegen.

4. Gesetzliche Fiktion von Abfindungszahlungen als Tätigkeitsvergütung

Ein anderes, hinsichtlich der Besteuerung von *Abfindungszahlungen* bestehendes Problem hat der deutsche Steuergesetzgeber – dies sei hier der Vollständigkeit halber bemerkt – im Jahre 2017 mit der *Neufassung des § 50d Abs. 12 Satz 1 EStG* durch das Gesetz zur Umsetzung der Änderungen der EU-Amtshilferichtlinie und von weiteren Maßnahmen gegen Gewinnfestsetzungen und -verlagerungen[43] gelöst. *Auch soweit Deutschland das Besteuerungsrecht für Vorstandsvergütungen zustand*, galt dies nicht ohne weiteres für Abfindungszahlungen an Vorstandsmitglieder.[44] Nach der (zutreffenden) Rechtsprechung des BFH stellen Abfindungszahlungen für die vorzeitige Beendigung des Vorstandsvertrags kein Entgelt für früher geleistete Arbeit dar.[45] Bei Ansässigkeit im Ausland (bzw. ggf. Wegzug rechtzeitig vor Zahlung der Abfindung) bestand daher zwar grundsätzlich eine deutsche Steuerpflicht (§ 1 Abs. 4, § 49 Abs. 1 Nr. 4d EStG), jedoch entfiel in der Regel das deutsche Besteuerungsrecht, weil es sich nicht um Arbeitseinkünfte im Sinne des DBA handelt. Der Versuch der Finanzverwaltung, dies über Konsultationsvereinbarungen und eine Änderung des § 2 Abs. 2 AO zu lösen, war gescheitert.[46] Durch *§ 50d Abs. 12 Satz 1 EStG n.F.* wird nun gesetzlich angeordnet, dass für Zwecke der Anwendung eines DBA Abfindungen, die anlässlich der Beendigung eines Dienstverhältnisses gezahlt werden, als für frühere Tätigkeit geleistetes zusätzliches Entgelt gelten.[47] Durch diese Fiktion ist nun sichergestellt, dass auch für Abfindungen ein deutsches Besteuerungsrecht besteht, soweit für dies für die laufende Vorstandsvergütung der Fall war. Bei Umsetzung der vorstehend unterbreiteten Gesetzgebungsvorschläge wäre es daher konsequent, in § 50d Abs 12 Satz 1 EStG die *Arbeitsentgeltfiktion* vorsorglich *auf die Anwendung von § 10 Nr. 5 KStG n.F.* zu erstrecken.

5. Keine verdeckte, europarechtswidrige Diskriminierung

Fraglich könnte sein, ob die hier vorgeschlagene Einführung eines „Korrespondenzprinzips" gegen Europarecht, namentlich die Arbeitnehmerfreizügigkeit

---

[43] Gesetz vom 20.12.2016, BGBl. I, S. 3000.

[44] Ausführlicher *Hohler/Laschewski/Laschewski*, DStR 2016, 2321.

[45] BFH v. 2.9.2009 – I R 90/08, BStBl. II 2010, 394; BFH v. 24.7.2013 – I R 8/13, BFH/NV 2014, 149.

[46] BFH v. 2.9.2009 – I R 111/08, BStBl. II 2010, 387; BFH v. 10.6.2015 – I R 79/13, BStBl. II 2016, 326; *Binnewies/Wimmer*, AG 2017, 271.

[47] Nach dem anschließenden Satz 2 gilt dies nicht, wenn im DBA eine gesonderte, ausdrücklich solche Abfindungen betreffende abweichende Regelung getroffen ist; Spezialregelungen eines DBA gehen also vor.

(Art. 45 AEUV) oder die Niederlassungsfreiheit (Art. 49 AEUV), verstößt. Die durch Art. 45 AEUV begünstigten Arbeitnehmer sind nur diejenigen Personen, die für einen anderen nach dessen Weisung Leistungen erbringen, sodass geschäftsführende Alleingesellschafter nicht als Arbeitnehmer beurteilt werden.[48] Vor diesem Hintergrund fallen Vorstandsmitglieder nicht in den Schutzbereich des Art. 45, sondern als selbstständig Erwerbstätige in den Schutzbereich der Niederlassungsfreiheit gem. Art. 49 AEUV. Das Recht auf Aufnahme und Ausübung einer Vorstandstätigkeit in Deutschland wird durch die vorgeschlagenen Regelungen offensichtlich nicht unmittelbar beschränkt. Nach der Rechtsprechung des EuGH sind allerdings auch versteckte Diskriminierungen verboten, die nicht an die Staatsangehörigkeit anknüpfen, aber in der Regel nur Ausländer treffen.[49] In diesem Zusammenhang hat der EuGH eine Bestimmung des deutschen Gewerbesteuergesetzes, die die gewerbesteuerliche Hinzurechnung von Miet- und Pachtzinsen entfallen ließ, wenn diese beim Vermieter oder Verpächter der Gewerbesteuer unterlagen, als Verstoß gegen die Niederlassungsfreiheit (damals Art. 59 EGV, heute Art. 49 AEUV) verworfen. Dabei hat der EuGH als maßgeblich angesehen, dass ausländische Unternehmen nie der deutschen Gewerbesteuer unterliegen, sodass die steuerliche Regelung stets zu einer Benachteiligung deutscher Unternehmen führt, die Wirtschaftsgüter von in anderen Mitgliedstaaten ansässigen Vermietern mieten bzw. pachten.[50] Eine solche mittelbare Diskriminierung kann vorliegend aber nicht angenommen werden. Denn Vorstandsmitglieder deutscher Aktiengesellschaften werden typischerweise ihren Lebensmittelpunkt in Deutschland haben und/oder in Deutschland arbeiten. Soweit die vorgeschlagene Neuregelung in Einzelfällen dazu führen würde, dass deutsche Aktiengesellschaften von der Berufung im Ausland ansässiger und/oder tätiger Vorstandsmitglieder absehen, stellt dies angesichts des Einzelfallcharakters keine verdeckte Beschränkung der Freizügigkeit dar.

IV. Zusammenfassung und Ausblick

1. Zusammenfassung

(1) Nach dem gescheiterten Versuch, Vorstandsgehälter bei börsennotierten Gesellschaften durch Rechnungslegungstransparenz zu begrenzen, hat der Gesetzgeber gesellschaftsrechtlich mit dem VorstAG auf eine Verschärfung der inhaltlichen Anforderungen gesetzt, die allerdings notwendig mit allgemeinen Begriffen arbeiten musste und daher wenig konkret ist. Rechtspolitisch haben sich die fortgesetzten Diskussionen zuletzt auf eine verstärkte (obligatorische) Einbeziehung der Hauptversammlung und auf den Einsatz von Steuerrecht als Lenkungsinstrument konzentriert.

---

[48] *Geiger/Khan/Kotzur*, EUV/AEUV, 6. Aufl., 2017, Art. 45 AEUV Rdnr. 8 m. Nachw. zahlreicher EuGH-Urteile.
[49] *Geiger/Khan/Kotzur*, EUV/AEUV, 6. Aufl., Art. 49 AEUV Rdnr. 14 m. w. Nachw.
[50] EuGH, Urt. v. 26.10.1999 – C-294-97 „Eurowings" = DStRE 2000, 303 Tz. 35 ff.

(2) Eine pauschale Begrenzung der steuerlichen Abzugsfähigkeit von Vorstandsvergütungen auf einen Höchstbetrag – häufig genannt werden € 500.000 p.a. – ist trotz des einschlägigen österreichischen Vorbilds abzulehnen. Auch wenn die hiergegen erhobenen verfassungsrechtlichen Bedenken wohl kaum durchgreifen,[51] würde es sich um einen Systembruch und ein im Ergebnis untaugliches Steuerungsinstrument handeln.

(3) Demgegenüber erscheint es mit Blick auf Versuche gezielter „Steueroptimierung" sachgerecht, die steuerliche Abzugsfähigkeit von Vorstandsvergütungen daran zu knüpfen, dass der Zufluss beim Vorstandsmitglied in Deutschland steuerpflichtig ist. Die Einführung eines entsprechenden „Korrespondenzprinzips" begegnet weder verfassungsrechtlichen noch europarechtlichen Bedenken und wirkt aus Sicht der Bundesrepublik Deutschland unerwünschten individuellen Steueroptimierungen entgegen.

2. Ausblick

Es darf als sicher gelten, dass Vorstands- und Managervergütungen auch in der 19. Legislaturperiode des Deutschen Bundestages ein Thema der rechts- und wirtschaftspolitischen Diskussion bleiben werden. Dafür sorgt schon die Notwendigkeit zur Umsetzung von Art. 1 Nr. 4 der Aktionärsrechterichtlinie (mit den Einfügungen der neuen Art. 9a und 9b in die Richtlinie 2007/36/EG).[52] Dass es in den Sondierungsgesprächen der (nicht zustande gekommenen) „Jamaika-Koalition" nicht ausdrücklich im letzten Sondierungsstand angesprochen ist,[53] steht dem nicht entgegen, sondern ist eher Ausdruck der Tatsache, dass man glaubte, bei dieser Frage zu einer einvernehmlichen Lösung zu kommen, die nicht schon vorab als Konfliktpunkt ausgeräumt werden musste (anders als die beiden rechtspolitischen Themen Musterfeststellungklage und Whistleblower-Gesetz [„Hinweisgebergesetz"]). Nach den Erfahrungen der Vergangenheit spricht Vieles dafür, dass dabei auch der Einsatz von Steuerrecht als Lenkungsinstrument weiter ein Thema bleiben wird. *Arndt Schmehl* leitete nicht nur den Studienschwerpunkt „Öffentliche Finanzierung und Steuerrecht" an der Universität Hamburg, für seine (erfolgreiche) Bewerbung als Fellow des Alfried Krupp Wissenschaftskollegs hatte er das Projekt „Steuerstaaten im Wettbewerb" gewählt. Die Debatte über eine Begrenzung von Vorstandsvergütungen durch Steuerrecht und deren grenzüberschreitende Aspekte hätte ihn nicht nur interessiert, er hätte sie gewiss durch gewichtige wissenschaftliche Beiträge bereichert und ihr Ergebnis mit beeinflusst. Der Erstautor hätte die vorstehenden Überlegungen

---

[51] Ebenso *Hey*, DB 2017, Heft 9 Seite M5 unter Hinweis auf BVerfGE 34, 103 und die generelle Zurückhaltung des BVerfG bei der Kontrolle steuerlicher Lenkungstatbestände.

[52] Richtlinie (EU) 2017/828 des Europäischen Parlaments und des Rates vom 17. Mai 2017 zur Änderung der Richtlinie 2007/36/EG im Hinblick auf die Förderung der langfristigen Mitwirkung der Aktionäre, ABl. EU Nr. L 132 v. 20.5.2017, S. 1.

[53] Vgl. https://www.cdu.de/jamaika.und zusammengefasst https://www.handelsblatt.com/downloads/20596948/2/jamaika-sondierungspapier.pdf.

an der Schnittstelle von Gesellschafts- und Steuerrecht gerne auch mit seinem langjährigen „Flurnachbarn" diskutiert – wie so manches andere auch. Wir sind traurig, dass dies nicht mehr möglich ist.

Umwelt- und Planungsrecht

Bürgerbeteiligung in der Endlosschleife?
Die unendliche Geschichte der Suche nach einem atomaren Endlager

Von *Monika Böhm*

Arndt Schmehl hat in seinen Veröffentlichungen ein breites Themenspektrum abgedeckt. Dabei kam es ihm auch darauf an, Verfahren und Kompetenzen präzise zu bestimmen und voneinander abzugrenzen. So hat er sich beispielsweise in dem von uns gemeinsam herausgegebenen Band Verfassung – Verwaltung – Umwelt, in dem die Beiträge zum rechtswissenschaftlichen Symposium anlässlich des 70. Geburtstags unseres gemeinsamen akademischen Lehrers Klaus Lange veröffentlicht wurden, mit dem Thema „Bündelung, Vernetzung und Ortsunabhängigkeit als Verfahrens- und Organisationstrends in der öffentlichen Verwaltung" befasst.

Gemeinsame Themen hatten wir insbesondere im Umweltrecht. Arndt hat in diesem Bereich mit außerordentlichem Engagement den GK-KrWG herausgegeben und natürlich in diesem Rahmen auch kommentiert. Dass der Band höchstes Lob aus Wissenschaft und Praxis erfahren hat, spricht für sich und vor allem für Arndt. Schon früh hat er sich außerdem im Nachgang zu einer Prozessvertretung mit plebiszitären Elementen befasst. Den folgenden Beitrag hätte ich gern mit ihm diskutiert.

I. Einleitung

Auch wenn mittlerweile der Ausstieg aus der Kernenergie schon seit längerer Zeit beschlossen ist, gehören ihre Nutzung und die Entsorgung von hoch radioaktiven Abfällen seit Jahrzehnten in Deutschland zu den umstrittensten Themen überhaupt. Der Transport sog. Castoren, der Behälter zur Lagerung und zum Transport radioaktiven Materials, wird regelmäßig von starken Protesten und Blockaden begleitet. Nun soll noch einmal von vorn mit der Suche nach einem Endlager für hochradioaktive Abfälle begonnen werden. In einem umfassenden Prozess sollen nicht nur Kriterien für die Suche nach einem Standort erarbeitet werden. Vielmehr wird besonderes Gewicht auf die Beteiligung nicht nur der Fachöffentlichkeit und von sonstigen Experten und Vertretern öffentlicher Belange, sondern auch der Bürgerinnen und Bürger gelegt. Ob aber damit die sehr grundlegenden Auseinandersetzungen überwunden und ein Konsens über einen Endlagerstandort erreicht werden können, bleibt abzuwarten.

Ausgangspunkt ist das im Juli 2013 verabschiedete Gesetz zur Suche und Auswahl eines Standortes für ein Endlager für Wärme entwickelnde radioaktive Abfälle (Standortauswahlgesetz – StandAG).[1] Zur Vorbereitung des Standortauswahlverfahrens wurde auf Grundlage des Gesetzes zunächst eine „Kommission Lagerung hoch radioaktiver Abfallstoffe", die sog. Endlagerkommission, eingesetzt,[2] deren Anfang Juli 2016 vorgelegter Bericht[3] in eine Novellierung des Gesetzes einfloss. Dieses wurde Ende März 2017 verabschiedet.[4] Auf dessen Grundlage soll nun das Bundesamt für kerntechnische Entsorgungssicherheit (BfE) das Standortauswahlverfahren durchführen und finanzieren. Daneben wurde die zu 100 Prozent der öffentlichen Hand gehörende Bundesgesellschaft für kerntechnische Entsorgung (BGE) gegründet, die das künftige Endlager errichten und betreiben soll. Wesentliche Entscheidungen werden vom Gesetzgeber zu treffen sein. Der Entscheidungsprozess soll aber in bisher einzigartigem Umfang öffentlich begleitet werden.

Der nachfolgende Beitrag gibt zunächst einen kurzen Überblick über die Nutzung der Atomenergie in Deutschland und den bisherigen Stand der Endlagersuche. Um die Beteiligungsverfahren, die in diesem Rahmen zum Einsatz kommen sollen, besser einschätzen zu können, wird außerdem ein kurzer Überblick zu den Formen der Öffentlichkeitsbeteiligung in Deutschland gegeben. Danach werden das StandAG sowie die dazu vorliegenden Empfehlungen der Endlagerkommission im Einzelnen vorgestellt. Transparenz, Akzeptanz und Konsens sind insoweit wichtige Ziele. Ob sie mit den vorgeschlagenen Instrumenten erreicht werden können, wird kritisch zu hinterfragen sein.

II. Nutzung der Atomenergie in Deutschland

Das Gesetz über die friedliche Verwendung der Kernenergie und den Schutz gegen ihre Gefahren (Atomgesetz) stammt ursprünglich aus dem Jahr 1959 und wurde seitdem mehrfach geändert. Nachdem insbesondere in Folge des Unfalls im Kraftwerk Tschernobyl Ende April 1986 der Widerstand gegen die Nutzung der Kernenergie immer größer wurde, verabschiedete der Bundestag unter der ersten rot-grünen Bundesregierung[5] das Gesetz zur geordneten Beendigung der Kernenergienutzung zur gewerblichen Erzeugung von Elektrizität vom 22.04.2002.[6] Zugrunde lag dem die als „Atomkonsens" bezeichnete „Vereinbarung zwischen der Bundes-

---

[1] BGBl. I S. 2553, zuletzt geändert durch Art. 2 des Gesetzes vom 26.07.2016, BGBl. I S. 1843.

[2] Vgl. §§ 3 ff. StandAG.

[3] Abrufbar unter: https://www.bundestag.de/blob/434430/.../drs_268-data.pdf (zuletzt besucht am 26.08.2016).

[4] BGBl. I S. 1074.

[5] Einer Koalition der Sozialdemokratischen Partei Deutschlands mit Bündnis 90/Die Grünen.

[6] BGBl. I S. 1351.

regierung und den Energieversorgungsunternehmen vom 14.06.2000".[7] Für jedes einzelne deutsche Atomkraftwerk (AKW) wurden dabei bestimmte Elektrizitätsmengen festgelegt, nach deren Erreichen die Berechtigung zum Betrieb der Anlage erlöschen sollte. Neue Genehmigungen durften nicht mehr erteilt werden. Gesprochen wurde insoweit vom Ausstieg aus der Kernenergie, obwohl an und für sich nur ein Auslaufen der Nutzung der vorhandenen Anlagen nach Erreichen bestimmter Reststrommengen geregelt wurde, welche nach Ansicht von vielen eher großzügig bemessen worden waren. Ebenfalls als „Atomkonsens" wurde ein 2009 von der dann unter Bundeskanzlerin Angela Merkel amtierenden schwarz-gelben Bundesregierung[8] mit einigen Energieversorgungsunternehmen ausgehandelter „Ausstieg aus dem Ausstieg" bezeichnet, der im Wesentlichen eine erhebliche Laufzeitverlängerung vorsah.[9] Als Reaktion auf den Reaktorunfall im japanischen Fukushima im März 2011 erfolgte jedoch innerhalb kürzester Zeit ein weiterer Wandel. Die soeben erst beschlossenen Laufzeitverlängerungen wurden zurück genommen.[10] Nunmehr soll der endgültige Ausstieg aus der Atomenergie bis zum Jahr 2022 erfolgen.[11]

III. Gorleben oder die unendliche Suche nach einem Endlager

Grundsätzlich sind nach dem Atomgesetz die Betreiber von Atomanlagen verpflichtet, für die Verwertung und Beseitigung radioaktiver Abfälle zu sorgen. Der Bund hat Anlagen zur Endlagerung einzurichten.[12] Trotz dieser klaren Vorgaben wurde die Suche nach einem atomaren Endlager in Deutschland bislang erfolglos betrieben.[13]

Zwar wurden in den alten Bundesländern drei Standorte ausgewählt und im Osten sogar einer betrieben: im Westen das Salzbergwerk Asse 1965, die Eisenerzgrube Konrad in Salzgitter 1976 und der Salzstock Gorleben 1977, die Schachtanlage Bartensleben in Morsleben in der ehemaligen DDR 1970. Weitere Standorte wurden schon seit Anfang der sechziger Jahre des letzten Jahrhunderts erkundet. Eine Lösung wurde bisher jedoch nicht gefunden. Die Anlage Asse ist mittlerweile eine Altlast, das von der DDR geschaffene Endlager Morsleben wird mit erheblichem Aufwand stillgelegt. Das Endlager Gorleben ist Sinnbild der Anti-Atom-Bewegung in Deutschland geworden. Lediglich im Schacht Konrad sollen mittelfristig schwach und mittel radioaktive Abfallstoffe gelagert werden.

---

[7] Abgedruckt in Beilage IV/2000 zu Heft 10/2000 der NVwZ.
[8] Einer Koalition der Christlich Demokratischen Union Deutschlands mit der Freien Demokratischen Partei.
[9] BGBl. I S. 556.
[10] BGBl. I S. 1704.
[11] Zur – weitgehenden – Verfassungsmäßigkeit des 13. AtGÄndG s. BVerfG, NJW 2017, 217 ff.
[12] Vgl. § 9a AtG.
[13] Vgl. dazu im Einzelnen Bericht der Endlagerkommission (o. Fußn. 3), S. 88 ff.

Im Rahmen der Konsensvereinbarung aus dem Jahr 2000 war festgelegt worden, dass die Erkundung des Salzstockes in Gorleben bis zur Klärung konzeptioneller und sicherheitstechnischer Fragen für bis zu 10 Jahre unterbrochen wird.[14] Nun ist die Suche wieder eröffnet und völlig offen. Die Entscheidung soll nicht durch räumliche Vorabfestlegungen eingeengt werden, sondern alle potenziellen Standorte sollen in einem vergleichenden Verfahren unter Zugrundlegung wissenschaftlicher Kriterien untersucht werden. Im Bericht der Endlagerkommission wird auch der Standort Gorleben nicht ausgeschlossen, gelten soll vielmehr das Prinzip „weiße Landkarte".[15]

Dieser Kompromiss fiel nicht allen Beteiligten leicht. Den Konflikt beschrieb damals treffend der der Partei „Die Grünen" angehörende Umweltminister von Schleswig-Holstein Robert Habeck: „Viele mussten immer wieder über ihren Schatten springen. Aber alle wussten, dass es bei dieser Kommission um so etwas wie eine nationale Versöhnung geht – in einem Streit, der die Republik jahrzehntelang gespalten hat."[16] Auf der politischen Ebene gehen die Auseinandersetzungen jedoch weiter.

IV. Formen der Öffentlichkeitsbeteiligung in Deutschland

1. Überblick

Im Rahmen der Entscheidung über einzelne (Groß-)Projekte werden üblicherweise unterschiedliche Akteure einbezogen. So sind zunächst alle fachlich betroffenen Behörden zu beteiligen.[17] Daneben Vertreter und Vertreterinnen öffentlicher Interessen, oft kommen dazu noch Fachwissenschaftlicher/innen, die z.B. als Gutachter/innen auftreten. Auf diese Weise soll sichergestellt werden, dass alle fachlich maßgeblichen Gesichtspunkte zusammengetragen werden können. Fest verankert ist außerdem die Beteiligung von Bürgerinnen und Bürgern. Zu unterscheiden ist dabei zwischen der Beteiligung unmittelbar Betroffener und der sog. Jedermann-Beteiligung. In den letzten Jahren ist insoweit eine Ausweitung erkennbar.[18] Gleiches gilt für die Beteiligung von Verbänden.

---

[14] Konsensvereinbarung (o. Fußn. 7), S. 4 mit Anlage 4.
[15] Vgl. Bericht der Endlagerkommission (o. Fußn. 3), S. 252 ff.
[16] Siehe hierzu und zum Folgenden: Tagesspiegel vom 29.06.2016.
[17] Vgl. z.B. § 10 Abs. 5 BImSchG.
[18] Vgl. z.B. die Vorschriften zur frühzeitigen Beteiligung der Öffentlichkeit in § 25 Abs. 3 VwVfG und in § 3 Abs. 1 BauGB. Zum 3x3 einer guten Öffentlichkeitsbeteiligung bei Großprojekten s. UBA (Hrsg.), Fachgespräch vom 25.01.2017. Kritische Bemerkungen zur Vormacht von „Beteiligungsprofis" finden sich auf S. 15, auf positive Folgen der gezielten Beteiligung zufällig ausgewählter Bürgerinnen und Bürger wird hingewiesen. Zur Beteiligung der Öffentlichkeit bei der Endlagersuche s.a. *U. Smeddinck*, Öffentlichkeitsbeteiligung bei der Grenzwertfestlegung – eine Perspektive für die Strahlenschutzverordnung, 2016, S. 91 ff.

2. Beteiligung unmittelbar Betroffener

Die Beteiligung unmittelbar Betroffener ist nach deutschem Verständnis rechtlich zwingend. Sie dient dem Grundrechtsschutz durch Verfahren. Das Bundesverfassungsgericht hat bereits 1979 im Zusammenhang mit einem Streit um das Genehmigungsverfahren für das Atomkraftwerk Mülheim-Kärlich darauf hingewiesen, dass Verfahren so ausgestaltet sein müssen, dass materielle Grundrechtspositionen gesichert werden können.[19] Der aus Art. 2 Abs. 2 GG folgenden Pflicht, Maßnahmen zum Schutz von Leben und Gesundheit gegen die Gefahren der friedlichen Nutzung der Atomenergie zu treffen, muss der Staat durch den Erlass materiell- und verfahrensrechtlicher Vorschriften nachkommen. Diese Rechtsprechung hat die Konsequenz, dass betroffene Bürger nicht nur gegen die abschließende Genehmigungsentscheidung vorgehen können. Sie können sich vielmehr auch darauf berufen, dass erforderliche Verfahrensschritte nicht beachtet worden sind. Auf diese Weise wird sichergestellt, dass die von einer Anlage betroffenen Bürgerinnen und Bürger ihre rechtlich geschützten Interessen auch tatsächlich einbringen können.

Mittlerweile gibt es entsprechende Regelungen in allen maßgeblichen Umweltgesetzen, welche nicht selten durch die europäischen Vorgaben zur Durchführung von Umweltverträglichkeitsprüfungen (UVP) und von strategischen Umweltprüfungen (SUP) ausgeweitet werden mussten.[20]

Nachdem der Europäische Gerichtshof (EuGH) im Rahmen eines Verfahrens zur Durchführung einer UVP 2015 die dort festgelegte Präklusionswirkung als mit dem Europarecht unvereinbar angesehen hat,[21] wird in Deutschland diskutiert, ob die Entscheidung auch auf andere Bereiche des Umweltrechts auszudehnen ist.

3. Jedermann-Beteiligung

Daneben finden sich in einigen Gesetzen auch Vorschriften zur allgemeinen Beteiligung der Öffentlichkeit.[22] Als wichtige Funktionen werden die Gewinnung von Informationen und die Steigerung von Akzeptanz und Transparenz angesehen. Klagemöglichkeiten bestehen bei der Jedermann-Beteiligung grundsätzlich nicht.

4. Verbandsbeteiligung

Mittlerweile wurden auch die Rechte von Umweltverbänden gestärkt. Früher waren nur in einigen wenigen Landesnaturschutzgesetzen Beteiligungsmöglichkeiten vorgesehen. Nun gibt es umfassende Beteiligungs- und Rechtsschutzmöglichkei-

---

[19] BVerfGE 53, 30 (65 ff.).
[20] Siehe Richtlinien 2011/92/EU und 2001/42/EU.
[21] Vgl. EuGH, NJW 2015, 3495 ff. zu Art. 11 der Richtlinie 2011/92/EU über die Umweltverträglichkeitsprüfung.
[22] Vgl. dazu nur § 10 Abs. 3 Satz 3 BImSchG.

ten, bedingt insbesondere auch durch die sog. Aarhus-Konvention und die diese umsetzende Richtlinie 2003/35/EG über die Beteiligung der Öffentlichkeit und den Zugang zu Gerichten. In Deutschland wurde in der Folge das Umwelt-Rechtsbehelfsgesetz (UmwRG) erlassen, welches mittlerweile nach Maßgabe der Rechtsprechung des EuGH schon mehrfach nachgebessert werden musste.[23]

5. Verfahren und Funktionen

In welcher Form die Öffentlichkeit im Einzelnen zu beteiligen ist, richtet sich nach den jeweils einschlägigen Fachgesetzen. Regelmäßig durchläuft ein Verfahren mehrere Stadien. Dabei stellt die Durchführung von Erörterungsterminen eine deutsche Besonderheit dar, die sich sehr aufwendig gestalten kann. So umfasste z. B. der Erörterungstermin zur Erweiterung des Flughafens Frankfurt 102 Tage, in denen 130 000 Einwendungen zu erörtern waren.[24] Dies wirft die Frage auf, ob diesem Aufwand entsprechende Ergebnisse gegenüber stehen. Der ehemalige Richter am Bundesverwaltungsgericht Gaentzsch, der als Verhandlungsleiter des Erörterungstermins eingesetzt war, ging davon aus, dass sich der Aufwand allein aus Gründen der Transparenz gelohnt habe. Bezüglich der Erreichung weiterer Ziele hat er sich jedoch skeptisch geäußert. Nach seinen Erfahrungen waren schätzungsweise 90 % des im Erörterungstermin Gesprochenen für die Entscheidung über das Vorhaben „ganz und gar unerheblich". Allenfalls 10 Prozent kam rechtliche Relevanz zu. Offen blieb, welche Gesichtspunkte insoweit als „neu" anzusehen waren. Dass er in seinem schriftlichen Erfahrungsbericht im Untertitel die Frage aufwarf, ob der Erörterungstermin „Instrument zur Sachverhaltsaufklärung oder Einladung zur Verfahrensverzögerung?" sei, ist bezeichnend.

Eine Verbesserung der Entscheidungsqualität durch Informationen über das Projekt, sein Umfeld, die Auswirkungen und mögliche Alternativen durch eine allgemeine Öffentlichkeitsbeteiligung bleibt damit fraglich. In einer empirischen Untersuchung von 15 partizipativen Entscheidungsverfahren wurde festgestellt, dass nur in einem Drittel der Fälle zusätzliche Informationen gewonnen werden konnten und soziale Lernprozesse zu beobachten waren. Teilweise wurde sogar die Abschwächung von Umweltzielen beobachtet. Auffällig war, dass in manchen Fällen gerade eine geringe öffentliche Aufmerksamkeit zu sachgerechteren und besser akzeptierten Entscheidungen beitragen konnte.[25]

---

[23] Vgl. nur EuGH, NVwZ 2014, 49 ff. und EuGH, NJW 2015, 3495 ff.

[24] Vgl. *G. Gaentzsch*, Der Erörterungstermin im Planfeststellungsverfahren – Instrument zur Sachverhaltsaufklärung oder Einladung zur Verfahrensverzögerung?, in: Dolde/Hansmann/Paetow/Schmidt-Aßmann (Hrsg.), Verfassung-Umwelt-Wirtschaft, Festschrift für Dieter Sellner zum 75. Geburtstag, 2010, S. 219 (223 ff.).

[25] Vgl. *J. Newig/O. Fritsch*, Der Beitrag zivilgesellschaftlicher Partizipation zur Effektivitätssteigerung von Governance. Eine Analyse umweltpolitischer Beteiligungsverfahren im transatlantischen Vergleich, in: Bode/Evers/Klein (Hrsg.), Bürgergesellschaft als Projekt, 2009, S. 214 ff., insbes. S. 233 ff.

Diese Ergebnisse bedürfen weiterer Untersuchungen und sprechen sicherlich nicht gegen die Beteiligung der Öffentlichkeit an sich. Sie legen aber nahe, durchaus auch einen kritischen Blick auf Möglichkeiten und Grenzen derartiger Verfahren zu werfen und Art und Weise ihrer Ausgestaltung immer wieder auf den Prüfstand zu stellen.

Dies gilt auch für weitere Funktionen der Öffentlichkeitsbeteiligung, insbesondere die Herstellung von Akzeptanz und Konsens und die Stärkung der demokratischen Legitimation der getroffenen Entscheidungen. Diese Ziele werden sich sicherlich nicht erreichen lassen ohne ein transparentes, jedenfalls zunächst ergebnisoffenes und konsistentes Verfahren. Gleichwohl wird nicht jeder Bürger und nicht jeder Umweltverband überzeugt werden können, insbesondere wenn sie gegenüber staatlichen oder privaten Großvorhaben sehr kritisch eingestellt sind. Nicht unterschätzt werden darf, dass z. T. vor allem bestimmte Partikularinteressen eingebracht werden und manche Projektgegner mit gezielten Eskalationen arbeiten.

Bedenklich und wenig realitätsgerecht ist, dass in der öffentlichen Wahrnehmung die Glaubwürdigkeit der öffentlichen Verwaltung häufig extrem negativ eingeschätzt wird, während den Umweltverbänden nahezu uneingeschränktes Vertrauen entgegengebracht wird. Schließlich scheinen bisweilen auch Verständnis und Wertschätzung der repräsentativen Demokratie zu fehlen. Gerade durch Wahlen werden der Gesetzgeber sowie daraus abgeleitet die gesetzesausführende Verwaltung und die der Gesetzesbindung unterliegende Rechtsprechung legitimiert. Gewährleistet wird damit auch die rechtsstaatliche Einbindung staatlicher Entscheidungen unter Einbeziehung und Ausgleich auch divergierender Interessen. Bürgerbeteiligung soll in diesem Zusammenhang staatliche Entscheidungen verbessern, nicht ersetzen. In der letzten Konsequenz bedeutet dies, dass den demokratisch-rechtsstaatlichen Anforderungen genügende Entscheidungen auch von denen zu respektieren sind, die andere Auffassungen vertreten. Der Wunsch nach Akzeptanz und Konsens wird nie vollständig zu verwirklichen sein und so manches Mal verschleiert er eher Verantwortlichkeiten als dass er ihre Wahrnehmung fördern würde. Auch bei der Ausgestaltung des Verfahrens der Suche nach einem atomaren Endlager werden entsprechende Gefahren augenscheinlich.

V. Das Standortsuche-Gesetz

1. Entstehungsgeschichte

Durch das StandAG wurde im Jahr 2013 die Grundlage für ein wissenschaftsbasiertes und transparentes Verfahren zur Standortsuche für ein Endlager der in Deutschland verursachten und hoch radioaktiven Abfälle geschaffen. Bau und Betrieb des Endlagers richten sich dagegen nach den Vorgaben des Atomgesetzes. Verantwortlich für die Einrichtung von Anlagen zur Sicherstellung und zur Endlagerung radioaktiver Abfälle ist der Bund.[26] Die maßgeblichen Entscheidungen bei der Standortsuche obliegen nach dem StandAG dem Bundesgesetzgeber. Das Gesetz enthält aber eine ganze Reihe von Beteiligungsvorgaben. Diese wurden nach Vorlage des Berichts der Endlagerkommission überarbeitet und im März 2017 schließlich neu gefasst.

Bezüglich der Behörden- und Öffentlichkeitsbeteiligung sieht das Gesetz zum einen die Einsetzung eines Nationalen Begleitgremiums vor. Zum anderen werden Grundsätze der Öffentlichkeitsbeteiligung, die Durchführung von Bürgerversammlungen und die Beteiligung der Landesbehörden, der betroffenen Gebietskörperschaften sowie der Träger öffentlicher Belange geregelt.[27] Im Vorfeld der gesetzlichen Entscheidung für den Standort ist außerdem eine UVP durchzuführen.[28] Eine weitere UVP ist im Rahmen des atomrechtlichen Genehmigungsverfahrens für die Errichtung und den Betrieb des Endlagers erforderlich.[29] Die einschlägigen Vorschriften sehen ebenfalls die Beteiligung der Öffentlichkeit vor. Gleiches gilt jedenfalls z. T. für eine Reihe weiterer gesetzlicher Vorschriften, die im Zusammenhang mit der Standortauswahl zu berücksichtigen sind.

2. Behörden- und Öffentlichkeitsbeteiligung

a) Landesbehörden, Kommunen, Träger öffentlicher Belange

Wie in Deutschland üblich, sind im Verfahren der Standortsuche auch die fachlich zuständigen Landesbehörden, die Kommunen sowie sonstige Träger öffentlicher Belange zu beteiligen. Häufig ist gerade bei ihnen der technisch-wissenschaftliche Sachverstand vertreten. Als Beispiel sei nur auf die Landesämter für Umwelt und Geologie verwiesen.

b) Bürgerbeteiligung

aa) Zielsetzung

Der Bericht der Standort-Kommission hob die Bedeutung der Bürgerbeteiligung in einer repräsentativen Demokratie besonders hervor.[30] Beschrieben wurde der in vielen europäischen Demokratien zu beobachtende Verlust an Akzeptanz und Wertschätzung der demokratisch legitimierten Gremien, dem eine zunehmende Dominanz von Partikularinteressen gegenüberstehe. Ebenso eine signifikante Zunahme populistischer Parteien und Politiken. Die Partizipation der Öffentlichkeit wurde insoweit als Möglichkeit angesehen, gemeinwohlorientierte, breit akzeptierte Ergeb-

---

[26] Vgl. § 9a Abs. 3 Satz 1 AtG.
[27] Vgl. im Einzelnen §§ 8 ff. StandAG.
[28] S. §§ 18 Abs. 3 und 4, 19 Abs. 1 StandAG.
[29] S. § 9b AtG.
[30] Vgl. zum Folgenden Bericht der Endlagerkommission (o. Fußn. 3), S. 376 ff.

nisse in komplexen und hoch umstrittenen Politikfeldern zu ermöglichen. Die Kommission äußerte in diesem Zusammenhang ihre Überzeugung, dass transparente und offene Verfahren die Bereitschaft der Bürgerinnen und Bürger zur Übernahme von Verantwortung stärken und einen Zugewinn an demokratischer Legitimation versprechen würden. Für ein Gelingen wurden klare Regeln und Prinzipien als erforderlich angesehen. Der Prozess müsse ergebnisoffen geführt werden. Betont wurde aber auch, dass das Erreichen der bestmöglichen Sicherheit und nicht die Akzeptanz in der Standortregion als Auswahlkriterium bei der Eingrenzung der Standorte maßgeblich sei. Ob dies mit den vorgesehenen Verfahren gelingen wird, bleibt abzuwarten. In der Literatur wird von einem Paradigmenwechsel gesprochen, in dem das StandAG einem neuen regulatorischen Konzept im Sinne von *Governance as and by communication* folge.[31] Nur miteinander zu reden wird allerdings nicht ausreichen. Der Verweis auf eine stärkere Rolle der Kommunikation darf nicht dazu benutzt werden, politische Verantwortlichkeiten abzugeben.

bb) Allgemeine Vorgaben

Das novellierte StandAG trägt den Forderungen der Standortkommission in weiten Teilen Rechnung. Die Regelungen finden sich in den §§ 5–11 des Gesetzes. In § 5 werden Grundsätze der Öffentlichkeitsbeteiligung festgelegt. Zuletzt war vom Bundestag noch eine Änderung vorgenommen worden.[32] Nach § 5 Abs. 1 Satz 1 wird nun als Ziel der Öffentlichkeitsbeteiligung festgeschrieben, dass eine Lösung zu finden sei, „die in einem breiten gesellschaftlichen Konsens getragen wird und damit auch von den Betroffenen toleriert werden kann. Hierzu sind Bürgerinnen und Bürger als Mitgestalter des Verfahrens einzubeziehen". Für die Unterrichtung der Öffentlichkeit wird die Zuständigkeit des Bundesamtes für kerntechnische Entsorgungssicherheit festgeschrieben. Dass diese in einem dialogorientierten Prozess zu erfolgen hat, wird nochmals betont. Auf den Gebrauch des Internets und anderer geeigneter Medien wird verwiesen. Die Einführung einer Informationsplattform wird in § 6 StandAG festgeschrieben. In § 7 finden sich Vorgaben für Stellungnahmeverfahren und Erörterungstermine.

cc) Beteiligungsformen im Einzelnen

(1) Nationales Begleitgremium

Besondere Bedeutung wurde und wird in der politischen Diskussion dem schon im StandAG 2013 enthaltenen und pluralistisch zu besetzenden nationalen Begleit-

---

[31] Vgl. *U. Smeddinck/F. Semper*, Zur Kritik am Standortauswahlgesetz, in: Brunnengräber (Hrsg.), Problemfälle Endlager, 2016, S. 235 ff., Hervorhebung im Original.
[32] Vgl. BR-Drs. 239/17 vom 24.3.2017. Nach § 5 Abs. 1 Satz 1 wird nun als Ziel der Öffentlichkeitsbeteiligung festgeschrieben, dass eine Lösung zu finden sei, „die in einem breiten gesellschaftlichen Konsens getragen wird und damit auch von den Betroffenen toleriert werden kann. Hierzu sind Bürgerinnen und Bürger als Mitgestalter des Verfahrens einzubeziehen".

gremium nach § 8 StandAG zugeschrieben. Dieses soll das Standortauswahlverfahren vermittelnd und unabhängig begleiten. Die Mitglieder erhalten dafür Einsicht in alle erforderlichen Akten und Unterlagen. Ihre Beratungsergebnisse sind zu veröffentlichen, abweichende Voten sind dabei zu dokumentieren.

In das nationale Begleitgremium sollen 18 Mitglieder berufen werden, 12 davon sollen anerkannte Persönlichkeiten des öffentlichen Lebens sein und gemeinsam von Bundestag und Bundesrat gewählt werden. Außerdem sollen sechs Bürgerinnen oder/und Bürger vom zuständigen Bundesminister ernannt werden, zwei davon sollen der jungen Generation angehören. Das nationale Begleitgremium beruft als Angehörigen der Geschäftsstelle einen Partizipationsbeauftragten, der mögliche Konflikte und deren Auflösung frühzeitig identifizieren soll. Durch Neufassung des § 8 im Jahre 2016[33] wurde das Gremium in einer abgespeckten Form bereits eingesetzt. In der Gesetzesbegründung wird nochmals darauf abgestellt, dass die Arbeit des nationalen Begleitgremiums vor allem der gemeinwohlorientierten Begleitung des Verfahrens dient. Das Gremium soll als unabhängige gesellschaftliche Instanz Neutralität und Fachwissen repräsentieren sowie Wissens- und Vertrauenskontinuität vermitteln. Erfolgen soll dies im Dialog und Austausch mit der Öffentlichkeit und allen Akteuren des Standortauswahlverfahrens. Das Gremium kann sich unabhängig und wissenschaftlich mit allen Fragestellungen befassen, die ihm erforderlich erscheinen und dazu die zuständigen Institutionen jederzeit befragen.

(2) Fachkonferenz „Teilgebiete"

Die in § 9 vorgesehene Fachkonferenz Teilgebiete geht auf einen Vorschlag der Endlagerkommission zurück. An ihr sollen Bürgerinnen und Bürger sowie Vertreter der von einem möglichen Standort betroffenen Gebietskörperschaften, außerdem Vertreter gesellschaftlicher Organisationen sowie Wissenschaftlerinnen und Wissenschaftler teilnehmen. Die Aufgabe der Fachkonferenz Teilgebiete besteht in der Erörterung des Zwischenberichts des Vorhabenträgers. Sie soll in höchstens zwei Terminen innerhalb von sechs Monaten erfolgen. Die Beratungsergebnisse sollen dem Vorhabenträger sodann vorgelegt werden. Wie das Verfahren im Einzelnen auszugestalten ist, wird nicht festgelegt.[34]

Eingeladen werden sollen die Teilnehmer vom BfE, und zwar „offen". Insbesondere Vertreter der Kommunen, der gesellschaftlichen Organisationen und der Bürgerschaft sollen angesprochen werden, außerdem Fachleute. Die Veranstaltungen sollen öffentlich sein und über Livestreams und Videodokumentationen zugänglich gemacht werden. Die Finanzierung soll durch das BfE erfolgen. Durch die Fachkonferenz Teilgebiete will die Endlagerkommission das „Beteiligungsparadoxon" auflösen, das darin gesehen wird, dass potentiell umfangreichen Einwirkungsmöglichkeiten am Beginn eines Prozesses meist wenig bis keine reale Beteiligungsbereitschaft gegenüber steht.

---

[33] Vgl. Gesetz vom 26.07.2016, BGBl. I S. 1843.

[34] Vgl. im Einzelnen Bericht der Endlagerkommission (o. Fußn. 3), S. 394 ff.

(3) Regionalkonferenzen

In jeder der als übertägig zu erkunden bestimmten Standortregionen sollen die weiteren Verfahrensschritte von einer Regionalkonferenz langfristig und intensiv begleitet werden. Nach § 10 StandAG, der ebenfalls auf einen Vorschlag der Endlagerkommission zurückgeht,[35] besteht diese aus einer Vollversammlung und einem Vertretungskreis.

Die Vollversammlung setzt sich zusammen aus allen Bürgerinnen und Bürgern, die in den kommunalen Gebietskörperschaften der jeweiligen Standortregion bzw. im unmittelbar angrenzenden Gebiet gemeldet sind und das sechzehnte Lebensjahr vollendet haben. Die Teilnehmer der Vollversammlung wählen den Vertretungskreis. In diesem werden zu je 1/3 Bürgerinnen und Bürger aus dem Kreis der Vollversammlung, Vertreter der kommunalen Gebietskörperschaften der Standortregion sowie Vertreter gesellschaftlicher Gruppen gewählt. Die Anzahl von 30 Teilnehmern soll dabei nicht überschritten werden. Nach der Vorstellung der Endlagerkommission sollen junge Erwachsene besonders angesprochen werden.

Das BfE ist für die Einrichtung sowie die Organisation und Finanzierung zuständig. Die Regionalkonferenzen sollen den gesamten Auswahlprozess intensiv begleiten sowie die wesentlichen Vorschläge und Entscheidungen auf Richtigkeit und Nachvollziehbarkeit überprüfen. Vertreter der Regionalkonferenzen sollen in die nach § 11 StandAG einzurichtende Fachkonferenz „Rat der Regionen" entsandt werden, um regionale und überregionale Sichtweisen abzugleichen und Hilfestellung bei Ausgleich widerstrebender Interessen der Standortregionen zu leisten. Sie wirken außerdem mit bei Erörterungsterminen, die wiederum vom BfE zu organisieren sind. Erwartet wird, dass sie vor dem Hintergrund ihrer Vorarbeiten dazu beitragen können, Informationsdefizite aufzuklären und die Erörterung auf die wesentlichen Themen zu fokussieren.

(4) Fachkonferenz „Rat der Regionen"

Durch den in § 11 StandAG vorgesehenen „Rat der Regionen" soll eine überregionale Perspektive auf die Standortsuche ermöglicht werden. Teilnehmer sind Vertreter der Regionalkonferenzen. Die Endlagerkommission, von der der Vorschlag zur Einrichtung eines derartigen Gremiums kam, ging davon aus, dass Potenziale für mögliche Probleme und Optimierungsfelder auf diese Weise effizienter erkannt und bearbeitet werden. Erwartet wird außerdem eine gemeinsame Auseinandersetzung mit den Vorschlägen für den Standort mit der bestmöglichen Sicherheit. Helfen soll er auch bei der Entwicklung von Maßnahmen zum Ausgleich von widerstreitenden und gegenläufigen Interessen der Regionen. Gerechnet wird mit einer standortübergreifenden Akzeptanz. Ob dies realistisch ist, mag dahin gestellt bleiben.

Insgesamt sollen nicht mehr als ca. 30 Personen dem Rat angehören. Für die Arbeitsfähigkeit ist dies sicherlich eine gute Größe. Ob es dabei aber gelingen wird,

---

[35] Vgl. Bericht der Endlagerkommission (o. Fußn. 3), S. 396 ff.

nicht nur Vertreter der drei Gruppen, also der Kommunen, gesellschaftlicher Gruppen und Einzelbürger angemessen zu repräsentieren, sondern auch ein ausgewogenes Geschlechterverhältnis sowie die Vertretung junger Erwachsener sicherzustellen, ist eher unwahrscheinlich.

Finanziert und organisiert werden soll der Rat von der BfE als Trägerin der Öffentlichkeitsbeteiligung.

dd) Praktische Erfahrungen

Ob die gewünschte Beteiligung in allen Fällen erreicht werden kann, erscheint fraglich. Schon der Standortkommission gelang es nicht, auch kritische Gruppen zum Dialog und zu einer Teilnahme an der Berichterstellung zu motivieren. Auch die „breite Öffentlichkeit" wurde nicht hinreichend erreicht. Beteiligt haben sich im Wesentlichen diejenigen, die sich ohnehin fachlich mit der Thematik befassen oder in dem Bereich engagiert sind. Im Rahmen der Workshops gelang es nur bedingt, ein ausgewogenes Verhältnis der einzelnen Beteiligtengruppen herzustellen. Bürgergruppen und -initiativen waren gegenüber Vertreter/innen aus Politik und Verwaltung deutlich in der Minderheit. Auch gelang es offenbar nicht, in hinreichendem Maße junge Erwachsene einzubeziehen. Vorsichtig heißt es im Bericht, dass sie gegenüber Beteiligungspraktikern „nicht – wie ursprünglich geplant – deutlich in der Überzahl" waren.[36]

Da insbesondere kritische Anti-AKW-Gruppen nicht eingebunden werden konnten, wurden insoweit gezielt deren Websites nach Stellungnahmen zur Kommissionsarbeit durchsucht und Blogbeiträge analysiert. Nur wenige Bürgerinnen und Bürger beteiligten sich mit Zuschriften an die einzelnen Arbeitsgruppen oder die Gesamtkommission. Auch gelang es nicht, die abgegebenen Kommentare im Rahmen der Online-Konsultation umfassend zu berücksichtigen. Davon war gerade auch der Berichtsteil zur Bürgerbeteiligung betroffen.

ee) Rechtsschutz

Rechtsschutzmöglichkeiten bestehen nach dem StandAG gegen verschiedene Maßnahmen im Rahmen der Durchführung des Standortauswahlverfahrens, außerdem für den späteren Bau eines Endlagers aufgrund des atomrechtlichen Genehmigungsverfahrens sowie weiterer Gesetze. Genannt sei insoweit nur das Bundesberggesetz (BBergG).[37]

Nach Auffassung der Endlagerkommission waren diese Optionen unzureichend. Sie hat deshalb empfohlen, im Vorfeld der Standortentscheidung des Deutschen Bundestages eine umfassende und möglichst abschließende Überprüfung des Standort-

---

[36] Bericht der Endlagerkommission (o. Fußn. 3), S. 416.

[37] Vgl. dazu im Einzelnen den Bericht der Endlagerkommission (o. Fußn. 3), S. 57 ff. und S. 450 ff.; zu Planungskaskaden bei Großvorhaben vgl. nur die einzelnen Beiträge in: Rodi (Hrsg.), Anspruchsvoller Rechtsschutz in der Fach- und Raumplanung, 2012.

auswahlverfahrens einschließlich aller Vorprüfungen und Zwischenschritte durch das Bundesverwaltungsgericht zu ermöglichen.[38] Der Gesetzgeber ist dem nachgekommen und hat in § 17 Abs. 4 die Möglichkeit einer Klage gegen den Bescheid vorgesehen, mit dem das BfE feststellt, ob das Verfahren zur Auswahl der weiter zu erkundenden Standorte und der Auswahlvorschlag selbst den Regelungen des Gesetzes genügt.[39]

VI. Fazit

Die für das Standortauswahlverfahren vorgesehene Beteiligung der Öffentlichkeit enthält eine Vielzahl einzelner Elemente. Dass mit einem Konsens nicht wirklich gerechnet wird, zeigt sich u. a. daran, dass die Möglichkeiten des Rechtsschutzes auf Vorschlag der Endlagerkommission ebenfalls ausgeweitet wurden. Die Schwierigkeiten, die die Kommission selbst bei der Einbeziehung der Öffentlichkeit hatte, deuten außerdem darauf hin, dass die Bürgerinnen und Bürger nur begrenzte (Zeit-)Kapazitäten zur Verfügung stellen können oder wollen.[40] Weniger wäre insoweit vielleicht im Ergebnis eher mehr gewesen. Vor allem aber sollte das Ziel nicht aus den Augen verloren werden, nämlich die Entscheidung für einen Standort für ein atomares Endlager. Ob die Beteiligungsformate die Suche insoweit nicht eher in eine Endlosschleife schicken, wird sich noch erweisen müssen.

---

[38] Bericht der Endlagerkommission (o. Fußn. 3), S. 451 ff.
[39] Trotz der Vielzahl der bestehenden Rechtsschutzmöglichkeiten wird in der Lit. eine Verkürzung des Rechtsschutzes beklagt, vgl. dazu *Smeddinck/Semper* (o. Fußn. 31), S. 235 (247 ff.) zum Stand vor der Novellierung des Gesetzes im März 2017. Der Gesetzgeber ist insoweit davon ausgegangen, dass durch die inhaltliche Abschichtung der Rechtsschutz im Auswahlverfahren insgesamt vereinfacht wird. Im ersten und letzten Rechtszug entscheidet das BVerwG; klagen können diejenigen, die von einer Auswahlentscheidung betroffen sind.
[40] Vgl. BT-Drs. 18/11398, S. 63. Die ursprünglich für § 19 vorgesehene Regelung findet sich nun in § 17. Die endgültige Fassung der §§ 17 und 19 geht zurück auf eine vom Bundestag vor der letzten Abstimmung vorgenommene Änderung. Vgl. dazu BR-Drucks. 239/17 vom 24.3.2017.

Nomen est omen –
Abfallbezeichnungen als Vorzeichen

Von *Alfred G. Debus*

I. Einleitung

Arndt Schmehl begründete den Gemeinschaftskommentar zum Kreislaufwirtschaftsgesetz (KrWG[1]), in dem auch die AVV[2] kommentiert ist.[3] Die sich daraus ergebende einheitliche Abfallbezeichnung dient als Anknüpfungspunkt für Rechtsnormen und Einzelmaßnahmen der Rechtsklarheit und Rechtssicherheit.[4] Die Bezeichnung ist notwendig, um die Abfälle einer ordnungsgemäßen und schadlosen Verwertung oder gemeinwohlverträglichen Beseitigung zuzuführen.[5] Die dabei verwendeten, europaweit einheitlichen Abfallschlüssel dienen auch dem Vollzug der Abfallverbringungsverordnung[6] und der Erleichterung des Warenverkehrs innerhalb der EU.[7]

Nach einer langen Entwicklung des Abfallbegriffs[8] und der Abfallbezeichnungen trat eine Vereinheitlichung in der EU ein (dazu II.). Heute ist jeder Abfallbezeich-

---

[1] Gesetz zur Förderung der Kreislaufwirtschaft und Sicherung der umweltverträglichen Bewirtschaftung von Abfällen (Kreislaufwirtschaftsgesetz – KrWG) v. 24.2.2012 (BGBl. I S. 212), das zuletzt durch Art. 2 Abs. 9 des Gesetzes v. 20.7.2017 (BGBl. I S. 2808) geändert worden ist.

[2] Verordnung über das Europäische Abfallverzeichnis (Abfallverzeichnis-Verordnung – AVV) v. 10.12.2001 (BGBl I, S. 3379), zuletzt geändert durch Art. 2 der Verordnung v. 17.7.2017 (BGBl. I S. 2644).

[3] *A. Schmehl*, GK-KrWG: Gemeinschaftskommentar zum Kreislaufwirtschaftsgesetz (KrWG) sowie zur Verpackungsverordnung (VerpackV), zur Altfahrzeugverordnung (AltfahrzeugV), zum Elektro- und Elektronikgesetz (ElektroG), zum Batteriegesetz (BattG), zur Bioabfallverordnung (BioAbfV), zur Abfallverzeichnisverordnung (AVV) und zur EU-Abfallverbringungsverordnung (VVA), 2013.

[4] *A. G. Debus*, in: Schmehl/Klement, GK-KrWG, 2. Aufl. (in Vorbereitung), § 48 KrWG Rdnr. 3 unter Hinweis auf OVG Nordrhein-Westfalen, ZUR 2006, 211 (212).

[5] Bundesregierung, BT-Drs. 14/7091, S. 42; zustimmend zitiert bei *O. Kropp*, Abfallverzeichnis-Verordnung, Praxiskommentar, 2016, Einführung Rdnr. 41.

[6] Verordnung (EG) Nr. 1013/2006 des Europäischen Parlaments und des Rates v. 14.6.2006 über die Verbringung von Abfällen (ABl. L 190 v. 12.7.2006, S. 1), zuletzt geändert durch Verordnung (EU) 2015/2002 der Kommission v. 10.11.2015 (ABl. L 294 v. 11.11.2015, S. 1).

[7] *A. Debus* (o. Fußn. 4), § 48 KrWG Rdnr. 3.

[8] Dazu *P. Cancik*, in: Schmehl (o. Fußn. 3), Einleitung Rdnrn. 4 ff.

nung ein sechsstelliger Abfallschlüssel (bzw. auf EU-Ebene als Abfallcode bezeichnet) zur Seite gestellt, die zusammen die Abfallart festlegen. Die Benennung der Abfallart (dazu III.) erfolgt grundsätzlich nach einer Vorprüfung der Abfalleigenschaft anhand einer vierstufigen Prüfung. Die Abfallbezeichnung dient als Vorzeichen für die Einstufung von gefährlichen Abfällen und den damit einhergehenden Pflichten (dazu IV.). Dementsprechend führte die veränderte Einstufung von Hexabromcyclododecan (HBCD/HBCDD) als gefährlicher Abfall zu erhöhten Anforderungen beim Umgang mit HBCD-haltigen Dämmstoffen (dazu V.). Als Fazit ist die Bedeutung der Abfallbezeichnung als Vorzeichen für den Umgang mit Abfällen (dazu VI.) festzuhalten.

II. Entwicklung der Abfallbezeichnung

1. Inter- und supranationale Ebene

Spätestens zum 1.4.1993 hatte die Kommission ein Verzeichnis der Abfälle nach Art. 1 Buchst. a) Richtlinie des Rates v. 15.7.1975 über Abfälle (75/442/EWG)[9] zu erstellen, aber dies erfolgte erst mit der Entscheidung der Kommission v. 20.12.1993 über ein Abfallverzeichnis[10]. Der Anhang dazu enthielt den Europäischen Abfallkatalog (European Waste Catalogue = EWC) bereits mit 20 Kapiteln und sechsstelligen Abfallcodes. Dabei wurde die stoffspezifische Kategorisierung – wie sie im deutschen LAGA-Abfallartenkatalog verwendet worden war – mit der herkunftsspezifischen Systematik – wie z.B. in Frankreich – verbunden.[11]

Ebenso hatte die Kommission nach Art. 1 Abs. 4 Spiegelstrich 1 der Richtlinie des Rates v. 12.12.1991 über gefährliche Abfälle (91/689/EWG)[12] ein auf den Anhängen I und II der vorliegenden Richtlinie beruhendes Verzeichnis über „gefährliche Abfälle" spätestens sechs Monate vor dem Beginn der Anwendung dieser Richtlinie zu erstellen. Im Anhang I waren hinter den gefährlichen Abfällen ein Sternchen (*) lediglich als Kennzeichen für eine Fußnote gesetzt, was wohl die erste Kombination zwischen gefährlichen Abfällen und Sternchen (*) war. Der Systematik des Abfallkatalogs entsprechend wurde 1994 ein Verzeichnis gefährlicher Abfälle[13] (List of Hazardous Waste) veröffentlicht. Dabei waren die Einstufungskriterien für die Gefährlichkeit an das Chemikalienrecht angelehnt, weil jeder Stoff und

---

[9] ABl. v. 25.7.1975, L 194/47, in der Fassung der Richtlinie 91/156/EWG (ABl. v. 26.3.1991, L 78/32), aufgehoben durch Art. 20 der Richtlinie 2006/12/EG v. 5.4.2006 über Abfälle (ABl. L 114, S. 9).

[10] Gemäß Art. 1 Buchst. a) der Richtlinie 75/442/EWG des Rates über Abfälle (94/3/EG) (ABl. v. 7.1.1994, L 5/15).

[11] *Kropp* (o. Fußn. 5), Einführung Rdnr. 8.

[12] ABl. v. 31.12.1991, L 377/20.

[13] Entscheidung des Rates v. 22.12.1994 über ein Verzeichnis gefährlicher Abfälle im Sinne von Art. 1 Abs. 4 der Richtlinie 91/689/EWG über gefährliche Abfälle (94/904/EG) (ABl. v. 31.12.1994, L 356/14).

jede Zubereitung, der/die gemäß dem europäischen Chemikalienrecht als gefährlich eingestuft wurden, auch als gefährlicher Abfall einzustufen war, sobald er/sie zu Abfall wurde.[14]

Diese beiden Verzeichnisse fasste die Entscheidung der Kommission 2000/532/EG[15] zusammen, um „die Transparenz der Verzeichnisse zu erhöhen und bestehende Bestimmungen zu vereinfachen" (so Erwägungsgrund 3). „Jeder Abfall, der in dem Verzeichnis aufgeführt und mit einem Sternchen (*) versehen ist, ist gefährlicher Abfall" (so Nr. 4 der Einleitung des Anhangs). Dabei blieb es bei dem gefahrstoffrechtlichen Ansatz und überdies wurde die vorher ungeschriebene „Escape-Klausel", die den Mitgliedstaaten die Möglichkeit zur abweichenden Einstufung gefährlicher Abfälle im Einzelfall einräumte, erstmals in Art. 3 der Entscheidung festgeschrieben.[16] Das Abfallverzeichnis wurde durch die Entscheidungen 2001/118/EG[17], 2001/119/EG[18] und 2001/573/EG[19] fortgeschrieben.

Die eine Rechtsgrundlage für diese Entscheidungen (Art. 1 Buchst. a) Richtlinie des Rates v. 15. 7. 1975 über Abfälle (75/442/EWG)[20]) wurde durch Art. 1 Abs. 2 RL 2006/12/EG[21] abgelöst, während die andere Rechtsgrundlage (Art. 1 Abs. 4 Spiegelstrich 1 der Richtlinie des Rates v. 12. 12. 1991 über gefährliche Abfälle (91/689/EWG)[22]) zunächst unverändert fortgalt. Die beiden Regelungen galten dann mit geändertem Wortlaut nach der Übergangsbestimmung des Art. 41 Satz 2 Buchst. b Ziff. i und Buchst. c Ziff. i der AbfRL[23] weiter, bis sie dann beide zum 12. 12.

---

[14] Kritisch dazu: *Kropp* (o. Fußn. 5), Einführung Rdnr. 9.

[15] Entscheidung der Kommission v. 3.5.2000 zur Ersetzung der Entscheidung 94/3/EG über ein Abfallverzeichnis gemäß Art. 1 lit. a) der Richtlinie 75/442/EWG des Rates über Abfälle und der Entscheidung 94/904/EG des Rates über ein Verzeichnis gefährlicher Abfälle im Sinne von Art. 1 Abs. 4 der Richtlinie 91/689/EWG über gefährliche Abfälle (2000/532/EG) (ABl. L 226 v. 6.9.2000, S. 3).

[16] *Kropp* (o. Fußn. 5), Einführung Rdnr. 20.

[17] Entscheidung der Kommission v. 16.1.2001 zur Änderung der Entscheidung 2000/532/EG über ein Abfallverzeichnis (2001/118/EG) (ABl. L 47 v. 16.2.2001, S. 1).

[18] Entscheidung der Kommission v. 22.1.2001 zur Änderung der Entscheidung 2000/532/EG der Kommission v. 3.5.2000 zur Ersetzung der Entscheidung 94/3/EG über ein Abfallverzeichnis gemäß Art. 1 lit. a) der Richtlinie 75/442/EWG des Rates über Abfälle und der Entscheidung 94/904/EG des Rates über ein Verzeichnis gefährlicher Abfälle im Sinne von Art. 1 Abs. 4 der Richtlinie 91/689/EWG über gefährliche Abfälle (2001/119/EG) (ABl. L 47 v. 16.2.2001, S. 32).

[19] Entscheidung des Rates v. 23.7.2001 zur Änderung der Entscheidung 2000/532/EG über ein Abfallverzeichnis (2001/573/EG) (ABl. L 203 v. 28.7.2001, S. 18).

[20] ABl. v. 25.7.1975, L 194/47, in der Fassung der Richtlinie 91/156/EWG (ABl. v. 26.3.1991, L 78/32) aufgehoben durch Art. 20 der Richtlinie 2006/12/EG v. 5.4.2006 über Abfälle (ABl. v. 27.4.2006, L 114, S. 9).

[21] Richtlinie 2006/12/EG v. 5.4.2006 über Abfälle (ABl. v. 27.4.2006, L 114, S. 9).

[22] ABl. v. 31.12.1991, L 377/20.

[23] Richtlinie 2008/98/EG des Europäischen Parlaments und des Rates v. 19.11.2008 über Abfälle (ABl. v. 22.11.2008, L 312, S. 3, ber. ABl. v. 26.5.2009, L 127, S. 24), zuletzt

2010 nach Art. 41 Satz 1 AbfRL außer Kraft traten. Nach Erwägungsgrund 14 der AbfRL soll die Einstufung als gefährliche Abfälle unter anderem auf den Rechtsvorschriften der EU über Chemikalien beruhen und dabei das System beibehalten, nach dem Abfälle und gefährliche Abfälle nach dem zuletzt durch die Entscheidung der Kommission 2000/532/EG[24] erstellten Verzeichnis der Abfallarten eingestuft wurden.[25]

Auch sind die zuvor in Anhang III der Richtlinie des Rates v. 12.12.1991 über gefährliche Abfälle (91/689/EWG)[26] genannten gefahrenrelevanten Eigenschaften in Anhang III der AbfRL aufgelistet und das Abfallverzeichnis gilt auf der Grundlage von Art. 7 der AbfRL fort. Dabei ist nach Art. 7 Abs. 1 Satz 3 AbfRL das Abfallverzeichnis hinsichtlich der Festlegung der Abfälle, die als gefährliche Abfälle einzustufen sind, verbindlich, jedoch ergibt sich bereits aus Art. 7 Abs. 2 Satz 1 AbfRL, dass ein Mitgliedstaat einen Abfall auch dann als gefährlichen Abfall einstufen kann, wenn er nicht als solcher im Abfallverzeichnis ausgewiesen ist, sofern er eine oder mehrere der in Anhang III aufgelisteten Eigenschaften aufweist. Überdies kann der Mitgliedstaat für sein Hoheitsgebiet als verstärkte Schutzmaßnahme nach Art. 193 AEUV[27] Erweiterungen vornehmen.[28] Auch stellen Art. 7 Abs. 1 Satz 4 und 5 AbfRL klar, dass die Aufnahme in das Abfallverzeichnis nicht bedeutet, dass er zwingend als Abfall einzustufen ist, vielmehr ist maßgeblich, ob die Abfalldefinition nach Art. 3 Nr. 1 AbfRL erfüllt ist: Damit ist nicht alles im Verzeichnis automatisch Abfall, und es gibt Abfall, der nicht verzeichnet ist.[29] Anders als früher liegt damit nach Art. 3 Nr. 3 AbfRL nunmehr ein gefährlicher Abfall unabhängig von der Aufnahme ins Abfallverzeichnis vor, wenn nur die im Anhang III aufgelisteten Eigenschaften vorliegen.[30] Diese Eigenschaften waren mit H1 bis H15 (H für hazardous) gekennzeichnet und galten bis Ende Mai 2015.[31] Die H-Kriterien wurden dann nach

---

geändert durch Art. 1 der Richtlinie (EU) 2015/1127 der Kommission v. 10.7.2015 (ABl. v. 11.7.2015, L 184, S. 13).

[24] Entscheidung der Kommission v. 3.5.2000 zur Ersetzung der Entscheidung 94/3/EG über ein Abfallverzeichnis gemäß Art. 1 lit. a) der Richtlinie 75/442/EWG des Rates über Abfälle und der Entscheidung 94/904/EG des Rates über ein Verzeichnis gefährlicher Abfälle im Sinne von Art. 1 Abs. 4 der Richtlinie 91/689/EWG über gefährliche Abfälle (2000/532/EG) (ABl. L 226 v. 6.9.2000, S. 3).

[25] *Debus* (o. Fußn. 4) § 48 KrWG Rdnr. 5.

[26] ABl. v. 31.12.1991, L 377/20.

[27] Konsolidierte Fassung des Vertrags über die Arbeitsweise der Europäischen Union (ABl. C 326 v. 26.10.2012, S. 47).

[28] *Debus* (o. Fußn. 4), § 48 KrWG Rdnr. 6; *O. Kropp*, Die Einstufung von Abfällen nach dem neuen europäischen Abfallverzeichnis, AbfallR 2015, 113 (121).

[29] *Kropp* (o. Fußn. 5), Einführung Rdnr. 27; in diesem Sinne auch *Debus* (o. Fußn. 4), § 48 KrWG Rdnr. 6.

[30] *Kropp* (o. Fußn. 5), Einführung Rdnr. 28.

[31] Dazu *Kropp* (o. Fußn. 5), Einführung Rdnr. 29.

Reformen im Bereich des Chemikalienrechts durch die VO 1357/2014[32] in HP-Kriterien (HP für Hazardous Properties) umbenannt, um eine Verwechslung mit den Codierungen der Gefahrenhinweise gemäß der C(lassification)L(abeling)P(ackaging)-VO 1272/2008[33] zu vermeiden.[34] Eine Anpassung des Abfallverzeichnisses an die Neuregelungen und den wissenschaftlichen Fortschritt erfolgte durch den Beschluss 2014/955[35].

Die Abfallbezeichnung hat auch Bedeutung für das Abfallverbringungsrecht, wobei allerdings die Basel-/OECD-Codes vorrangig waren und auch noch sind.[36] Dabei hat auch das Abfallverbringungsrecht nach dem 13. Erwägungsgrund der Abfallverbringungsverordnung Auswirkungen auf das deutsche Recht: „Wenngleich die Überwachung und Kontrolle der Verbringung von Abfällen innerhalb eines Mitgliedstaats in dessen Zuständigkeitsbereich fällt, sollten die nationalen Regelungen für die Verbringung von Abfällen der erforderlichen Kohärenz mit den Gemeinschaftsregelungen Rechnung tragen, damit ein hohes Schutzniveau für Umwelt und menschliche Gesundheit sichergestellt ist."

2. Deutschland

Noch kein Katalog von Abfallbezeichnungen war 1972 im Abfallbeseitigungsgesetz[37] enthalten, jedoch war eine erste systematische Zusammenstellung der 1974 von der Länderarbeitsgemeinschaft Abfall herausgegebene LAGA-Abfallartenkatalog.[38] Davon ausgehend listete die Verordnung zur Bestimmung von Abfällen nach

---

[32] Verordnung (EU) Nr. 1357/2014 der Kommission vom 18. Dezember 2014 zur Ersetzung von Anhang III der Richtlinie 2008/98/EG des Europäischen Parlaments und des Rates über Abfälle und zur Aufhebung bestimmter Richtlinien (ABl. L 365 v. 19.12.2014, S. 89); dazu *Kropp* (o. Fußn. 28), 115.

[33] Verordnung (EG) Nr. 1272/2008 des Europäischen Parlaments und des Rates v. 16.12. 2008 über die Einstufung, Kennzeichnung und Verpackung von Stoffen und Gemischen, zur Änderung und Aufhebung der Richtlinien 67/548/EWG und 1999/45/EG und zur Änderung der Verordnung (EG) Nr. 1907/2006 (ABl. v. 31.12.2008, L 353, S. 1), nunmehr zuletzt geändert durch Verordnung (EU) 2017/776 der Kommission vom 4.5.2017 zur Änderung der Verordnung (EG) Nr. 1272/2008 des Europäischen Parlaments und des Rates über die Einstufung, Kennzeichnung und Verpackung von Stoffen und Gemischen zwecks Anpassung an den technischen und wissenschaftlichen Fortschritt (ABl. L 116 v. 5.5.2017, S. 1).

[34] Dazu *Kropp* (o. Fußn. 5), Einführung Rdnr. 30 f.

[35] Beschluss der Kommission v. 18.12.2014 zur Änderung der Entscheidung 2000/532/EG über ein Abfallverzeichnis gemäß der Richtlinie 2008/98/EG des Europäischen Parlaments und des Rates, (ABl. L 370 v. 30.12.2014, S. 44); dazu *Kropp* (o. Fußn. 28), 115 ff.; ders. (o. Fußn. 5), Einführung Rdnrn. 33 ff.

[36] Dazu *Kropp* (o. Fußn. 5), Einführung Rdnrn. 10, 32.

[37] Abfallbeseitigungsgesetz v. 11.6.1972 (BGBl. I S. 873), aufgehoben zum 1.11.1986 durch Art. 4 des Gesetzes v. 27.8.1986 (BGBl. I S. 1410).

[38] Dazu *Kropp* (o. Fußn. 5), Einführung Rdnr. 3.

§ 2 Abs. 2 des Abfallbeseitigungsgesetzes v. 24. 5. 1977[39] 85 Abfälle auf, die nach der 1.1.1977 eingeführten Regelung des § 2 Abs. 2 AbfG[40] Abfälle aus gewerblichen oder sonstigen wirtschaftlichen Unternehmen umfasste, die nach Art, Beschaffenheit oder Menge in besonderem Maße Gesundheits-, luft- oder wassergefährend, explosibel oder brennbar waren oder Erreger übertragbarer Krankheiten enthielten oder hervorbringen konnten. Diese Abfälle wurden ab 1.10.1990 in § 1 Abs. 1 der neuen Abfallbestimmungs-Verordnung[41] als „besonders überwachungsbedürfte Abfälle" bezeichnet und auf 332 Abfallarten erweitert, die gemäß dem LAG-Abfallartenkatalog 1990 mit einem Abfallschlüssel, ihrer Bezeichnung und beispielhaften Angaben zur Herkunft aufgeführt waren.[42] Gleichzeitig trat die Reststoffbestimmungs-Verordnung[43] in Kraft, die „überwachungsbedürftige Reststoffe" auflistete, die nach dem damaligen Abfallrecht keine Abfälle waren und später zur Kategorie der gefährlichen Abfälle zur Verwertung gehörten.[44]

Die (verspätete) Umsetzung der Entscheidung der Kommission v. 20.12.1993 über ein Abfallverzeichnis erfolgte unvollständig[45] durch die Verordnung zur Einführung des Europäischen Abfallkatalogs (EAK-Verordnung – EAKV) v. 13. 9. 1996[46].

Davon separat wurde das Europäische Verzeichnis gefährlicher Abfälle durch die Verordnung zur Bestimmung von besonders überwachungsbedürftigen Abfällen (Bestimmungsverordnung besonders überwachungsbedürftige Abfälle – BestbüAbfV) v. 10. 9. 1996[47] umgesetzt, indem diese (und noch weitere) Abfallarten als besonders überwachungsbedürftige Abfälle eingestuft wurden. Daneben existierten nach § 3 Abs. 8 Satz 2 KrW-/AbfG[48] (lediglich) überwachungsbedürftige Abfälle (zur Beseitigung) sowie verwertbare (nicht überwachungsbedürftige) Abfälle. Dies

---

[39] BGBl. I S. 773, aufgehoben zum 1.10.1990 durch § 2 der Verordnung v. 3.4.1990 (BGBl. I S. 614).

[40] Art. 11 Nr. 1 des Gesetzes zur Änderung des Abfallbeseitigungsgesetzes v. 21.6.1976 (BGBl. I S. 1601).

[41] Verordnung zur Bestimmung von Abfällen nach § 2 Abs. 2 des Abfallgesetzes v. 3.4. 1990 (BGBl. I S. 614), aufgehoben zum 7.10.1996 durch Art. 4 Nr. 1 der Verordnung v. 10.9. 1996 (BGBl. I S. 1366).

[42] Dazu *Kropp* (o. Fußn. 5), Einführung Rdnr. 6.

[43] Verordnung zur Bestimmung von Reststoffen nach § 2 Abs. 3 des Abfallgesetzes v. 3.4. 1990 (BGBl. I S. 631), zum 7.10.1996 aufgehoben durch Art. 4 Nr. 2 der Verordnung v. 10.9. 1996 (BGBl. I S. 1366).

[44] Dazu *Kropp* (o. Fußn. 5), Einführung Rdnr. 7.

[45] Dazu *Kropp* (o. Fußn. 5), Einführung Rdnr. 13.

[46] BGBl. I S. 1428, aufgehoben zum 1.1.2002 durch Art. 8 Nr. 2 der Verordnung v. 10.12. 2001 (BGBl. I S. 3379).

[47] BGBl. I S. 1366, aufgehoben zum 1.1.2002 durch Art. 8 Nr. 1 der Verordnung v. 10.12. 2001 (BGBl. I S. 3379).

[48] Gesetz zur Förderung der Kreislaufwirtschaft und Sicherung der umweltverträglichen Beseitigung von Abfällen (Kreislaufwirtschafts- und Abfallgesetz – KrW-/AbfG) v. 27.9. 1994 (BGBl. I S. 2705), außer Kraft getreten aufgrund Art. 6 Abs. 1 Satz 2 des Gesetzes v. 24.2.2012 (BGBl. I S. 212) m.W.v. 1.6.2012.

konkretisierend trat am 1.1.1999 die Bestimmungsverordnung überwachungsbedürftige Abfälle zur Verwertung v. 10.9.1996 (BestüVAbfV)[49] in Kraft.

Zur Umsetzung der Entscheidung der Kommission 2000/532/EG[50] wurde aufgrund der umstrittener Ermächtigungsgrundlage[51] in § 41 Abs. 2 KrW-/AbfG schließlich 2001 die AVV erlassen. Nach Änderungen durch Art. 4a der Abfall-RNachwÄndV v. 25.4.2002[52] und durch Art. 2 der VersatzV/AVÄndV v. 24.7.2002[53] erfolgte durch Art. 7 des Gesetzes zur Vereinfachung der abfallrechtlichen Überwachung v. 15.7.2006[54] noch eine Anpassung an die neue Terminologie (aus besonders überwachungsbedürftige und überwachungsbedürftigen Abfällen wurden gefährliche Abfälle). Anschließend führte Art. 5 Abs. 22 des Gesetzes zur Neuordnung des Kreislaufwirtschafts- und Abfallrechts v. 24.2.2012[55] noch zu einer Anpassung der Verweisungen in § 3 AVV und der Anlage auf das KrWG und die neue AbfRL.[56] Noch weitergehend diente Art. 1 der Verordnung zur Umsetzung der novellierten abfallrechtlichen Gefährlichkeitskriterien (AbfallRUmsV) v. 4.3.2016[57] der Angleichung der Regelungen zur Einstufung von Abfällen als gefährliche Abfälle an die Rechtsvorschriften der Gemeinschaft über Chemikalien (CLP-VO).[58] Überdies wurde in Nr. 2.3.3 der Einleitung zum Abfallverzeichnis bestimmt, dass Abfälle, bei denen mindestens eine der in Anhang IV der POP-Verordnung[59] in der jeweils geltenden Fassung genannten Konzentrationsgrenzen für persistente organische Schadstoffe (POP) erreicht oder überschritten ist, als gefährlich eingestuft werden.

Die Verordnung (EU) 2016/460 der Kommission v. 30.3.2016 zur Änderung der Anhänge IV und V der Verordnung (EG) Nr. 850/2004 des Europäischen Parlaments und des Rates über persistente organische Schadstoffe[60] fügte mit Wirkung zum 30.9.

---

[49] BGBl. I S. 1377, aufgehoben zum 1.2.2007 durch Art. 3 des Gesetzes v. 15.7.2006 (BGBl. I S. 1619).

[50] Entscheidung der Kommission v. 3.5.2000 zur Ersetzung der Entscheidung 94/3/EG über ein Abfallverzeichnis gemäß Art. 1 lit. a) der Richtlinie 75/442/EWG des Rates über Abfälle und der Entscheidung 94/904/EG des Rates über ein Verzeichnis gefährlicher Abfälle im Sinne von Art. 1 Abs. 4 der Richtlinie 91/689/EWG über gefährliche Abfälle (2000/532/EG) (ABl. L 226 v. 6.9.2000, S. 3).

[51] Dazu *Kropp* (oben Fußn. 5), Einführung Rdnrn. 40 ff.

[52] BGBl. I S. 1488.

[53] BGBl. I S. 2833.

[54] BGBl. I S. 1619.

[55] BGBl. I S. 212.

[56] Vgl. BT-Drs. 17/6052, S. 48, 110.

[57] BGBl. I S. 382.

[58] BR-Drs. 340/15, S. 11; dazu *O. Kropp*, Die novellierte Abfallverzeichnis-Verordnung (AVV) – erste Erfahrungen, AbfallR 2017, 22.

[59] Verordnung (EG) Nr. 850/2004 des Europäischen Parlaments und des Rates v. 29.4.2004 über persistente organische Schadstoffe und zur Änderung der Richtlinie 79/117/EWG (ABl. L 158 v. 30.4.2004, S. 7), die zuletzt durch die Verordnung (EU) Nr. 1342/2014 (ABl. L 363 v. 18.12.2014, S. 67) geändert worden ist.

[60] ABl. L 80 v. 31.3.2016, S. 17.

2016 in der Tabelle von Anhang IV der Verordnung (EG) Nr. 850/2004 eine Konzentrationsgrenze für HBCD von 1 000 mg/kg ein. In der Vergangenheit war in der Regel 7 000 mg/kg HBCD als Flammschutzmittel in Dämmstoffen aus expandiertem Polystyrol/Styropor beigefügt, so dass Probleme im Umgang mit HBCD-haltigem Dämmstoff entstanden (dazu unten V.).[61] Durch die Verordnung zur Änderung der Abfallverzeichnis-Verordnung (AVVÄndV) v. 22.12.2016[62] wurde die in Nr. 2.2.3 der Anlage zu § 2 Abs. 1 AVV enthaltene dynamische Verweisung auf Anhang IV der POP-Verordnung[63] übergangsweise um eine auf ein Jahr befristete Ausnahmeregelung (Moratorium) für HBCD ergänzt.[64] Dieses Moratorium wurde durch die Verordnung zur Überwachung von nicht gefährlichen Abfällen mit persistenten organischen Schadstoffen und zur Änderung der Abfallverzeichnis-Verordnung (POPAbfallÜberwV/AVVÄndV) v. 17.7.2017[65] abgelöst, indem zum einen die POP-haltigen Abfälle nur als gefährliche Abfälle eingestuft werden, soweit dies auch EU-rechtlich geboten ist, und zum anderen durch den Erlass der Verordnung über die Getrenntsammlung und Überwachung von nicht gefährlichen Abfällen mit persistenten organischen Schadstoffen (POP-Abfall-Überwachungs-Verordnung – POP-Abfall-ÜberwV).[66]

III. Benennung der Abfallart

In Deutschland betrug 2015 das Abfallaufkommen insgesamt 402,2 Mio. Tonnen.[67] Soweit Abfälle (dazu III. 1.) nach anderen Rechtsvorschriften zu bezeichnen sind (dazu III. 2.), sind nach § 2 Abs. 1 AVV die Bezeichnungen nach der Anlage (Abfallverzeichnis) zu dieser Verordnung (sechsstelliger Abfallschlüssel und Abfallbezeichnung) zu verwenden (dazu III. 3.).

1. Feststellung der Abfalleigenschaft

Eine Benennung von Abfällen nach dem Abfallverzeichnis setzt voraus, dass der jeweilige Stoff oder Gegenstand als Abfall i.S. des § 3 Abs. 1 KrWG zu bewerten ist, denn die Aufnahme in das Verzeichnis bedeutet nicht, dass dieser Stoff oder Gegen-

---

[61] Zu der Problematik auch ausführlich: *M. Dippel/K. Ottensmeier*, Rechtsfragen der Entsorgung HBCD-haltiger Abfälle, AbfallR 2017, 186; *M. Grunow/G. Franßen*, Entsorgung von HBCD-haltigen Dämmstoffen, AbfallR 2017, 101.

[62] BGBl. I S. 3103.

[63] Verordnung (EG) Nr. 850/2004 des Europäischen Parlaments und des Rates vom 29. April 2004 über persistente organische Schadstoffe und zur Änderung der Richtlinie 79/117/EWG (ABl. L 158 vom 30.4.2004, S. 7; L 229 v. 29.6.2004, S. 5), zuletzt geändert durch die Verordnung (EU) 2016/460 der Kommission v. 30.3.2016 (ABl. L 80 v. 31.3.2016, S. 17).

[64] BR-Drs. 752/16, S. 2.

[65] BGBl. I S. 2644.

[66] BR-Drs. 488/17, S. 8; *Debus* (o. Fußn. 4), AVV Rdnr. 3.

[67] Statistisches Bundesamt, Jahrbuch 2017, 461.

stand unter allen Umständen ein Abfall ist (vgl. Einleitung Nr. 3 Satz 2 und 3 zum Abfallverzeichnis als Anlage zu § 2 Abs. 2 AVV). Dies erfordert wiederum, dass der Geltungsbereich des KrWG nach dessen § 2 eröffnet ist.[68] Weiter wird vorausgesetzt, dass kein Nebenprodukt (§ 4 KrWG) vorliegt oder das Ende der Abfalleigenschaft nach § 5 KrWG eingetreten ist.[69] Dementsprechend ist nicht alles im Abfallverzeichnis automatisch Abfall und es gibt auch Abfälle, die nicht im Abfallverzeichnis enthalten sind.[70] Auch enthält die Aufnahme in das Abfallverzeichnis keine widerlegbare Vermutung für die Abfalleigenschaft.[71]

2. Pflichten zur Abfallbezeichnung

Eine wichtige Pflicht zur Abfallbezeichnung ergibt sich im Rahmen der nach §§ 2 ff. NachwV[72] bestehenden Pflicht der Abfallerzeuger, Abfallbeförderer und Abfallentsorger zur Nachweisführung bei der Entsorgung gefährlicher Abfälle nach § 50 KrWG bzw. Entsorgung nicht gefährlicher Abfälle auf Anordnung der zuständigen Behörde nach § 51 Abs. 1 Satz 1 Nr. 2 KrWG. Ebenso ist die Abfallbezeichnung zu verwenden bei der Registerführung über die Entsorgung von Abfällen nach §§ 23 ff. NachwV. Überdies hat nach § 8 Abs. 1 Satz 1 Nr. 2 DepV[73] der Abfallerzeuger, bei Sammelentsorgung der Einsammler, dem Deponiebetreiber rechtzeitig vor der ersten Anlieferung die grundlegende Charakterisierung des Abfalls mit Abfallschlüssel und Abfallbezeichnung vorzulegen. Bereits bei der Genehmigung von Abfallentsorgungsanlagen müssen die Abfälle nach der AVV bezeichnet werden.[74] Auch bei der Zertifizierung von Entsorgungsfachbetrieben nach § 56 KrWG ist in der Anlage zum Zertifikat aufgrund der Anlage 3 zu § 5 EfBV[75] die Abfallbezeichnung nach der AVV aufzunehmen. Schließlich ist nach der Rechtsprechung[76] bei immissionsschutzrechtlich genehmigungsbedürftigen Anlagen, in denen Abfälle anfal-

---

[68] *Kropp* (o. Fußn. 5), § 2 Rdnr. 10.
[69] *Kropp* (o. Fußn. 5), § 1 Rdnr. 10.
[70] *Kropp* (o. Fußn. 5), § 1 Rdnr. 10.
[71] *Debus* (o. Fußn. 4), § 48 KrWG Rdnr. 13; *Kropp* (o. Fußn. 28), 117.
[72] Verordnung über die Nachweisführung bei der Entsorgung von Abfällen (NachwV – Nachweisverordnung) v. 20.10.2006 (BGBl. I S. 2298), die zuletzt durch Art. 11 Abs. 11 des Gesetzes v. 18.7.2017 (BGBl. I S. 2745) geändert worden ist.
[73] Verordnung über Deponien und Langzeitlager (Deponieverordnung – DepV) v. 27.4.2009 (BGBl. I S. 900), die zuletzt durch Art. 2 der Verordnung v. 27.9.2017 (BGBl. I S. 3465) geändert worden ist.
[74] *Kropp* (o. Fußn. 5), § 2 Rdnr. 13.
[75] Verordnung über Entsorgungsfachbetriebe, technische Überwachungsorganisationen und Entsorgergemeinschaften (Entsorgungsfachbetrieberverordnung – EfBV) v. 2.12.2016 (BGBl. I S. 2770), die durch Art. 2 Abs. 2 des Gesetzes v. 5.7.2017 (BGBl. I S. 2234) geändert worden ist.
[76] OVG Nordrhein-Westfalen, ZUR 2006, 211 (212); zustimmend *Kropp* (o. Fußn. 5), § 2 Rdnr. 13.

len, Teil der Betreiberpflichten nach § 5 Abs. 1 Satz 1 Nr. 3 BImSchG[77], die ordnungsgemäße Verwertung oder gemeinwohlverträgliche Beseitigung durch eine treffende Bezeichnung der Abfälle vorzubereiten.

3. Bezeichnung von Abfällen

Soweit Abfälle zu bezeichnen sind, sind nach § 2 Abs. 1 AVV die Bezeichnungen nach der Anlage (Abfallverzeichnis) zu dieser Verordnung (sechsstelliger Abfallschlüssel und Abfallbezeichnung) zu verwenden. Dieser Schlüssel orientiert sich primär an der Herkunft, wie sich aus der Nr. 3.1 der Einleitung zum Abfallverzeichnis ergibt.[78] Eine andere Benennung, auch wenn sie den Abfall passender charakterisiert, ist nicht ausreichend, sondern führt bei gefährlichen Abfällen regelmäßig zu einer Ordnungswidrigkeit nach § 69 Abs. 2 Nr. 7 – 12 KrWG.[79]

a) Abfallverzeichnis

Das Abfallverzeichnis als Anlage zu § 2 Abs. 1 AVV entspricht fast 100-prozentig dem zugrunde liegenden Anhang der Entscheidung der Kommission über ein Europäisches Abfallverzeichnis (oben II. 1.). Es umfasst in 20 Kapiteln zurzeit 842 Abfallbezeichnungen, von denen 408 als gefährlich bewertet sind. Kapitel 1 bis 5, 8 bis 12 und 17 bis 19 orientieren sich an einzelnen Branchen, Kapitel 6 und 7 gelten für bestimmte industrielle Prozesse und die Kapitel 13 bis 15 regeln Stoff- bzw. Materialtypen. Schließlich enthält Kapitel 20 Siedlungsabfälle. Subsidiär bestimmt sich die Abfallart nach Kapitel 16 bzw. den in einigen Gruppen enthalten Abfallarten, deren Abfallschlüssel mit den Ziffern 99 (Abfälle anderweitig nicht genannt (a. n. g.)) endet.[80]

b) Zuordnung der Abfälle zum Abfallschlüssel und zur Abfallbezeichnung

Für die Zuordnung der Abfälle ist nach § 2 Abs. 2 Satz 1 AVV der sechsstellige Abfallschlüssel und die Abfallbezeichnung maßgeblich. Die Zuordnung zu den Abfallarten erfolgt dabei nach § 2 Abs. 2 Satz 2 AVV unter den im Abfallverzeichnis vorgegebenen Kapiteln (zweistellige Kapitelüberschrift) und Gruppen (vierstellige

---

[77] Gesetz zum Schutz vor schädlichen Umwelteinwirkungen durch Luftverunreinigungen, Geräusche, Erschütterungen und ähnliche Vorgänge (Bundes-Immissionsschutzgesetz – BImSchG) in der Fassung der Bekanntmachung v. 17.5.2013 (BGBl. I S. 1274), das zuletzt durch Art. 3 des Gesetzes v. 18.7.2017 (BGBl. I S. 2771) geändert worden ist.

[78] *Debus* (o. Fußn. 4), § 48 KrWG Rdnr. 12.

[79] *Debus* (o. Fußn. 4), AVV Rdnr. 7; *Kropp* (o. Fußn. 5), § 2 Rdnr. 14.

[80] *Debus* (o. Fußn. 4), AVV Rdnr. 8; vertiefender Überblick bei *Kropp* (o. Fußn. 5), § 2 Rdnr. 13.

Kapitelüberschrift). Bei der Zuordnung sind also die Abfallschlüssel und Abfallbezeichnung nicht isoliert von den Kapitel- und Gruppenüberschriften zu betrachten.[81]

Innerhalb einer Gruppe ist die speziellere vor der allgemeineren Abfallart maßgebend, wie § 2 Abs. 2 Satz 3 AVV klarstellt. Für die Zuordnung wird im nachfolgenden Satz 4 auf die Anwendung der Begriffsbestimmungen in Nr. 1 der Einleitung des Abfallverzeichnisses und die Einhaltung der Nr. 3 der Einleitung des Abfallverzeichnisses hingewiesen. Nach Nr. 3 der Einleitung des Abfallverzeichnisses ist ein Abfall gemäß der Systematik des Abfallverzeichnisses nach den folgenden vier Schritten einer Abfallart zuzuordnen:

> 3.1. „Bestimmung der Abfallart nach der Herkunft in den Kapiteln 01 bis 12 oder 17 bis 20 und des entsprechenden sechsstelligen Abfallschlüssels (ohne die auf 99 endenden Abfallschlüssel dieser Kapitel). Abfälle aus einer bestimmten Anlage sind je nach der Herkunft entsprechend der Tätigkeit gegebenenfalls mehreren Kapiteln zuzuordnen. So kann z. B. ein Automobilhersteller seine Abfälle je nach Prozessstufe unter Kapitel 12 (Abfälle aus Prozessen der mechanischen Formgebung und Oberflächenbearbeitung von Metallen), 11 (anorganische metallhaltige Abfälle aus der Metallbearbeitung und -beschichtung) und 08 (Abfälle aus der Anwendung von Überzügen) finden." Bei der Bestimmung der Herkunft der Abfälle hat die Rechtsprechung nur auf den letzten Erzeuger i. S. des § 3 Abs. 5 KrW-/AbfG abgestellt.[82] Daran dürfte die explizite Unterscheidung in § 3 Abs. 8 KrWG zwischen Ersterzeuger und Zweiterzeuger nichts ändern, denn dies bezweckt keine inhaltliche Neuregelung, sondern knüpft an die bislang vorgesehene Differenzierung beim Erzeugerbegriff an.[83]

> 3.2. „Lässt sich in den Kapiteln 01 bis 12 und 17 bis 20 keine passende Abfallart finden, so müssen zur Bestimmung des Abfalls die Kapitel 13, 14 und 15 geprüft werden." Die Subsidiarität dieser Kapitel ergibt sich überdies aus den Kapitelüberschriften und ist aber insoweit eingeschränkt, als nach der Gruppenüberschrift 20 01 („außer 15 01") getrennt gesammelte Verpackungsabfälle nicht dem Kapitel 20 mit der Gruppe 20 01, sondern dem eigentlich subsidiären Kapitel 16 mit der Gruppe 16 01 („Verpackungen, einschließlich getrennt gesammelter kommunaler Verpackungsabfälle") zuzuordnen ist.[84]

> 3.3. „Passt auch keine dieser Abfallarten, so ist der Abfall gemäß Kapitel 16 zu bestimmen."

> 3.4. „Fällt der Abfall auch nicht unter Kapitel 16, so ist die Abfallart, deren Abfallschlüssel mit den Ziffern 99 (Abfälle anderweitig nicht genannt (a. n. g.)) endet, in dem Teil des Abfallverzeichnisses zu verwenden, der der in Schritt 1 bestimmten abfallerzeugenden Tätigkeit entspricht."

Bei diesen Prüfungsschritten ist für die Abfallbezeichnung unerheblich, ob die danach zutreffend bestimmte Abfallart mit einem die Gefährlichkeit anzeigenden Sternchen (*) versehen ist.[85] Der Prüfungsreihenfolge entspricht ein Vorrang bei der Zuordnung zu einer Abfallart, wenn mehrere Zuordnungsmöglichkeiten in Be-

---

[81] *Debus* (o. Fußn. 4), AVV Rdnr. 9; *Kropp* (o. Fußn. 5), § 2 Rdnr. 26 ff.
[82] BayVGH, BeckRS 2010, 53858.
[83] *Debus* (o. Fußn. 4), AVV Rdnr. 11 unter Hinweis auf BT-Drs. 17/6052, S. 72.
[84] *Kropp* (o. Fußn. 5), § 2 Rdnr. 34.
[85] OVG Nordrhein-Westfalen, ZUR 2006, 211 (212); *Debus* (o. Fußn. 4), AVV Rdnr. 15.

tracht kommen.⁸⁶ Die Abfalleigenschaft – und damit auch die Zuordnung zu einer entsprechenden Schlüsselnummer – entfällt nicht bereits durch dessen Behandlung, weil sie sich primär nach dessen Herkunft (Einleitung Nr. 3.1 des Abfallverzeichnisses) richtet, somit ist der Zeitpunkt der Erzeugung des Abfalls entscheidend. Genauso stellt die Auffangregelung der Nr. 3.4 des Abfallverzeichnisses auf die abfallerzeugende Tätigkeit ab. Daher führt eine Änderung der Beschaffenheit des Abfalls im Zuge der Abfallbehandlung regelmäßig nicht zu einer neuen Zuordnung, denn eine derartige Änderung widerspräche dem Zweck des abfallrechtlichen Überwachungsverfahrens, der darin besteht, den Entsorgungsnachweis bis zur Verwertung des erzeugten Abfalls sicherzustellen.⁸⁷ Allerdings kann mit Durchlaufen des Verwertungsverfahrens die Abfalleigenschaft nach § 5 KrWG enden, und damit endet dann auch eine Abfallbezeichnung.⁸⁸

Die Zuordnung der Abfallarten liegt in der Verantwortung des Abfallerzeugers,⁸⁹ Besitzers oder Einsammlers.⁹⁰ Sofern sich im Rahmen der Überwachung Anhaltspunkte für eine falsche Zuordnung ergeben, können im Rahmen der allgemeinen Überwachung die zuständigen Behörden die Richtigkeit der Zuordnung prüfen und ggf. erforderliche Maßnahmen veranlassen.⁹¹ Sie kann aufgrund § 62 KrWG i.V.m. § 2 Abs. 1, 2 AVV einen Verwaltungsakt mit Dauerwirkung über die Zuordnung erlassen.⁹²

c) Vollzugshilfen zur Einstufung

Bund und mehrere Bundesländer haben Vollzugshinweise allgemein für die Einstufung von Abfällen oder speziell für die Prüfung von Spiegeleinträgen (unten IV. 3.) herausgegeben.⁹³ Außerdem hat die EU einen Leitfaden zur Einstufung ge-

---

[86] *Debus* (o. Fußn. 4), AVV Rdnr. 15 unter Hinweis auf OVG Nordrhein-Westfalen, JurionRS 2009, 37219, wo eine vorrangige Einordnung in Herkunftsbereich 20 gegenüber 13 bis 15 angenommen wurde.

[87] BVerwG, NVwZ 2007, 338; *Debus* (o. Fußn. 4), AVV Rdnr. 15.

[88] *Debus* (o. Fußn. 4), AVV Rdnr. 15.

[89] Bbg. Vollzugshinweise zur Zuordnung von Abfällen zu den Abfallarten eines Spiegeleintrages in der Abfallverzeichnis-Verordnung v. 8.4.2016, Erlass Nr. 5/1/16 des Ministeriums für Ländliche Entwicklung, Umwelt und Landwirtschaft (ABl. Bbg v. 18.5.2016, S. 507), Nr. 2 Abs. 1 Satz 1; zustimmend *Debus* (o. Fußn. 4), AVV Rdnr. 17.

[90] *Kropp* (o. Fußn. 5), § 2 Rdnr. 21.

[91] Bbg. Vollzugshinweise zur Zuordnung von Abfällen zu den Abfallarten eines Spiegeleintrages in der Abfallverzeichnis-Verordnung v. 8.4.2016, Erlass Nr. 5/1/16 des Ministeriums für Ländliche Entwicklung, Umwelt und Landwirtschaft, (ABl. Bbg v. 15.5.2016, S. 507), Nr. 2 Abs. 5; *Debus* (o. Fußn. 4), AVV Rdnr. 18.

[92] *Debus* (o. Fußn. 4), AVV Rdnr. 18 unter Hinweis auf VG Gießen, Urt. v. 12.9.2007, 6 E 2025/06, Juris Rdnr. 14 zur Vorgängernorm.

[93] Dazu: Landesamts für Natur, Umwelt und Verbraucherschutz Nordrhein-Westfalen (LANUV), www.abfallbewertung.org (zuletzt aufgerufen am 15.8.2018); *Kropp* (o. Fußn. 5), § 3 Rdnrn. 124 ff.

fährlicher Abfälle⁹⁴ herausgegeben. Die Vollzugshilfen enthalten zumeist den Hinweis auf ihre Unverbindlichkeit. Nichtsdestoweniger konnten die Hinweise des Bundesumweltministeriums nach der Rechtsprechung „als brauchbarer Anhalt dienen"⁹⁵, und wurden in der Literatur als zulässige, normkonkretisierende Verwaltungsvorschriften bewertet.⁹⁶ Dagegen werden die Anwendungserlasse der Länder als gesetzesmodifizierende Verwaltungsvorschriften kritisiert, weil sie im bundesstaatlichen Kompetenzgefüge problematisch seien und die Länder wegen der Andienungspflichten für gefährliche Abfälle ein Eigeninteresse hätten.⁹⁷ Im Übrigen sind die Vollzugshinweise des Bundes und der Länder teilweise als lückenhaft zu kritisieren.⁹⁸

IV. Gefährliche Abfälle

Das Abfallaufkommen an gefährlichen Abfällen (vgl. § 3 Abs. 5 KrWG) betrug 2015 in Deutschland insgesamt etwa 23,7 Mio. Tonnen, was einem Anteil von etwa 5,9 % am gesamten Abfallaufkommen entspricht.⁹⁹

1. Besondere Anforderungen für gefährliche Abfälle

An die Entsorgung sowie die Überwachung gefährlicher Abfälle sind nach § 48 Satz 1 KrWG besondere Anforderungen zu stellen. Dementsprechend sind im KrWG geregelt:

– regelmäßige Kontrollen bei Erzeugern nach § 47 Abs. 2 KrWG,

---

⁹⁴ Study to develop a guidance document on the definition and classification of hazardous waste, Reference: 07.0201/2014/SI2.697025/EU/ENV.A.2, 4.12.2015, http://ec.europa.eu/environment/waste/studies/pdf/definition%20classification.pdf (zuletzt aufgerufen am 15.8. 2018); dazu *Kropp* (o. Fußn. 5), § 3 Rdnrn. 121 ff.
⁹⁵ OVG Nordrhein-Westfalen, ZUR 2006, 211 (213). Zu beachten ist dabei allerdings, dass die Hinweise zur Anwendung der Abfallverzeichnis-Verordnung (BAnz. Nr. 148a v. 9.8. 2005) nach dem Entwurf zu Art. 3 Satz 2 der Verordnung zur Umsetzung der novellierten abfallrechtlichen Gefährlichkeitskriterien aufgehoben werden sollten, weil sie auf veralteten Begriffsbestimmungen basieren und materiell durch die damaligen Änderungen der AVV überholt wurden (vgl. BR-Drs. 340/15, S. 34). Dies erfolgte lediglich aus formellen Gründen nicht, sondern vielmehr sollte das Außerkrafttreten der Hinweise durch eine gesonderte Bekanntmachung des Bundesumweltministeriums formuliert werden (vgl. BR-Drs. 340/15(B), S. 7 f.).
⁹⁶ *Debus* (o. Fußn. 4), AVV Rdnr. 34 unter Hinweis auf *Kropp*, Vollzugshilfen zur Einstufung von Bodenmaterial, AbfallR 2012, 120 (125).
⁹⁷ *Debus* (o. Fußn. 4), AVV Rdnr. 34 unter Hinweis auf *P. Nisipeau/M. Scheier*, Wie gefährlich sind Bauschutt und Bodenmaterial?, AbfallR 2012, 66 (68 ff.).
⁹⁸ *Debus* (o. Fußn. 4), AVV Rdnr. 25; *Kropp* (o. Fußn. 28), 124; wohl a.M. *P. Nisipeanu/ M. Scheier*, Wie gefährlich sind Bauschutt und Bodenmaterial?, AbfallR 2012, 66 (68).
⁹⁹ Statistisches Bundesamt, Jahrbuch 2017, 461, sowie darauf aufbauende, Berechnungen bei *Debus* (o. Fußn. 4), § 48 KrWG Rdnr. 1.

- Registerpflichten nach § 49 Abs. 3 und 5 KrWG,
- Nachweispflichten nach § 50 Abs. 1 bis 3 KrWG,
- Pflicht zur Bestellung eines Betriebsbeauftragten für Abfall bei regelmäßigem Anfall nach § 59 KrWG und dessen Aufgaben nach § 60 Abs. 1 Satz 2 Nr. 4 KrWG sowie die
- bußgeldbewährte (§ 69 Abs. 1 Nr. 7 KrWG) Erlaubnispflicht für Sammler, Beförderer, Händler und Makler nach § 54 KrWG (ansonsten nur Anzeigepflicht nach § 53 Abs. 1 KrWG).[100] Darüber hinaus kann bei einer fehlerhaften Einstufung als nicht gefährlich eine Strafbarkeit nach § 326 StGB wegen unerlaubten Umgangs mit Abfällen gegeben sein.[101]

Mittelbare Auswirkungen auf die Entsorgung und Überwachung gefährlicher Abfälle haben folgende Sonderregelungen im KrWG für gefährliche Abfälle:

- Vermischungsverbot von gefährlichen Abfällen nach § 9 Abs. 2 KrWG,
- bei den Überlassungspflichten nach § 17 Abs. 2 Satz 2 und Abs. 4 KrWG,
- bei der freiwilligen Rücknahme nach § 26 Abs. 2, 3 und 5 KrWG,
- Besonderheiten bei den Abfallwirtschaftsplänen nach § 30 Abs. 6, § 32 Abs. 1 KrWG,
- u. U. Abgrenzungskriterium zwischen Planfeststellung und Plangenehmigung nach § 35 Abs. 3 KrWG sowie
- Anzeigepflicht bei der Stilllegung nach § 40 Abs. 4 KrWG.[102]

Überdies hat die Einstufung als gefährlicher Abfall – insbesondere im Zusammenhang mit Änderungen der AVV – auch Auswirkungen auf bestehende Genehmigungen[103] und Nachweise: So können Anpassungen von existierenden Entsorgungsnachweisen oder die Neuerstellung solcher Nachweise erforderlich sein oder im Einzelfall können auch Änderungen von Erlaubnissen nach § 54 KrWG, die üblicherweise für alle gefährlichen Abfälle erteilt werden, und Entsorgungsfachbetriebe-Zertifikate erforderlich sein. Wenn eine Erweiterung der zur Behandlung zugelassenen Abfallarten von ursprünglich nur nicht gefährlichen auf gefährliche Abfälle erfolgt, ist in der Regel eine Änderung der Anlagengenehmigung einer Abfallbehandlungsanlage (Zwischenlager, Behandlungs- und Sortieranlagen etc.) erforderlich, welche in der Praxis als einfache Änderungen der Anlagengenehmigung bei der Anpassung von Abfallschlüsseln im Rahmen eines immissionsschutzrechtlichen Anzei-

---

[100] *Debus* (o. Fußn. 4), § 48 KrWG Rdnr. 8.

[101] *Debus* (o. Fußn. 4), AVV Rdnr. 17.

[102] *Debus* (o. Fußn. 4), § 48 KrWG Rdnr. 9.

[103] Grundlegend zur Entwicklung revisionsoffener Genehmigungsentscheidungen: A. *Schmehl*, Genehmigungen unter Änderungsvorbehalt zwischen Stabilität und Flexibilität, 1998.

geverfahrens gemäß § 15 BImSchG erfolgt.[104] Außerdem gelten spezielle immissionsschutzrechtliche Regelungen (vgl. Nr. 8 des Anhangs zur 4. BImSchV[105]) und ggf. ist bei neuen Vorhaben eine Umweltverträglichkeitsprüfung nach Nr. 8 der Anlage 1 Liste „UVP-pflichtige Vorhaben" zum UVPG[106] erforderlich, soweit in den Anlagen gefährliche Abfälle entsorgt werden.

2. Eigenschaften von gefährlichen Abfällen

Von als gefährlich eingestuften Abfällen wird nach § 3 Abs. 2 Satz 1 AVV angenommen, dass sie eine oder mehrere der in Anhang III der AbfRL aufgeführten Eigenschaften und hinsichtlich der dort aufgeführten Eigenschaften eines oder mehrere der aufgeführten Merkmale aufweisen. Diese pauschalierende Regelvermutung ermöglicht eine praktikable Abfallüberwachung, weil über die Frage der Gefährlichkeit grundsätzlich nicht auf Basis von Analysen für jeden Abfall im Einzelfall entschieden werden muss.[107] Der in der Regelvermutung liegende Verlust an Einzelfallgerechtigkeit ist aus pragmatischen Gründen gerechtfertigt, weil eine abweichende Einstufung nach § 3 Abs. 3 AVV in Betracht kommt (dazu unten IV. 4.).[108]

§ 3 Abs. 2 Satz 1 AVV verweist dynamisch auf Anhang III der AbfRL, welcher an das Chemikalienrecht angepasst ist (oben II. 1.). Die Akzessorietät des Abfallrechts zum Gefahrstoffrecht wird allerdings als wenig sachgerecht bewertet, weil das Gefahrstoffrecht auf marktgängig produzierte Stoffe und Zubereitungen ausgerichtet ist, wohingegen Abfälle weder zielgerichtet hergestellt werden noch deren Inhaltsstoffe immer genau bekannt sind.[109] Die im Chemikalienrecht getroffenen Unterscheidungen und Konzentrationswerte hinsichtlich verschiedener Verbindungen bei vielen Elementen – insbesondere bei den Schwermetallen – sind für die Abfallwirtschaft im Hinblick auf den Analysenaufwand unpraktikabel und unwirtschaftlich und einige für die Abfallwirtschaft bedeutsame Stoffe sind chemikalienrechtlich gar nicht eingestuft (z. B. Chrom(III)-hydroxid, das bei chromhaltigen Galvanikschlämmen von Bedeutung ist).[110] Vor allem sind die im Chemikalienrecht getroffenen für manche Umweltgifte sehr hohen Konzentrationen, die im Chemikalienrecht irrelevant sind, weil die gezielte Herstellung einiger besonders problematischer Stoffe

---

[104] *Kropp* (o. Fußn. 5), Einführung Rdnr. 67.

[105] Vierte Verordnung zur Durchführung des Bundes-Immissionsschutzgesetzes (Verordnung über genehmigungsbedürftige Anlagen – 4. BImSchV) in der Fassung der Bekanntmachung v. 31.5.2017 (BGBl. I S. 1440).

[106] Gesetz über die Umweltverträglichkeitsprüfung (UVPG) in der Fassung der Bekanntmachung v. 24.2.2010 (BGBl. I S. 94), das zuletzt durch Art. 2 des Gesetzes v. 8.9.2017 (BGBl. I S. 3370) geändert worden ist.

[107] *Debus* (o. Fußn. 4), AVV Rdnr. 22; *Kropp* (o. Fußn. 5), § 3 Rdnr. 19.

[108] OVG Nordrhein-Westfalen, ZUR 2006, 211 (213); *Debus* (o. Fußn. 4), AVV Rdnr. 22.

[109] *Debus* (o. Fußn. 4), AVV Rdnr. 26; *Kropp* (o. Fußn. 28), 114; in diesem Sinne auch *Dippel/Ottensmeier* (o. Fußn. 61), 189 f.

[110] *Kropp* (o. Fußn. 5), § 3 Rdnr. 27.

(z. B. polycyclische aromatische Kohlenwasserstoffe [PAK] oder Dioxinen) verboten ist, in der Abfallwirtschaft teilweise untauglich, weil dieses Stoffe in der Abfallwirtschaft als unerwünschte Nebenreaktion (z. B. Dioxine im Rahmen der Abfallverbrennung) oder bei Altlasten vorkommen und auch unterhalb der chemikalienrechtlich relevanten Konzentration erhebliche negative Auswirkungen auf die Umwelt haben.[111]

Für die Einstufung der Abfälle sind nach § 3 Abs. 2 Satz 2 AVV außerdem die Begriffsbestimmungen in Nr. 1 der Einleitung des Abfallverzeichnisses anzuwenden und die Vorgaben in Nr. 2 der Einleitung des Abfallverzeichnisses einzuhalten. Abfall ist nach Nr. 2.2.1 der Einleitung des Abfallverzeichnisses gefährlich, „wenn dieser Abfall relevante gefährliche Stoffe enthält, aufgrund derer er eine oder mehrere der in Anhang III der Richtlinie 2008/98/EG aufgeführten gefahrenrelevanten Eigenschaften HP 1 bis HP 8 oder HP 10 bis HP 15 aufweist". Dabei muss dieser Stoff in einer Konzentration enthalten, dass der Abfall mindestens über eine gefahrenrelevante Eigenschaft (HP [als Abkürzung für Hazardous Proproperties] 1 bis HP 15) des Anhangs III der genannten Richtlinie verfügt, während für die gefahrrelevanten Eigenschaften HP 9 und HP 14 im Anhang III der AbfRL konkretisierende Vorgaben fehlen.[112] Besondere Probleme bereitet die Konkretisierung des Merkmals HP 14 „ökotoxisch': Abfälle, die unmittelbare oder mittelbare Gefahren für einen oder mehrere Umweltbereiche darstellen".[113] Dies gilt umso mehr als das Merkmal in der CLP-VO 1272/2008 ausschließlich im Hinblick auf die aquatische Umwelt (Oberflächengewässer) sowie im Hinblick auf die Gefährdung der Ozonschicht konkretisiert ist, während für die terrestrische Umwelt (Boden, Tiere, Pflanzen, Mikroorganismen) und andere Schutzgüter (z. B. Grundwasser) bislang keine Spezifikationen existieren.[114]

3. Bestimmung gefährlicher Abfälle nach dem Abfallverzeichnis

Gefährlich sind nach § 3 Abs. 5 KrWG die Abfälle, die durch Rechtsverordnung nach § 48 Satz 2 KrWG bestimmt worden sind. In Ergänzung dazu bestimmt § 3 Abs. 1 AVV, dass die mit einem Sternchen (*) versehen Abfallarten im Abfallverzeichnis als gefährlich zu bewerten sind. Diese Kennzeichnung hat konstitutive Wirkung.[115] Das bei 408 Abfallarten zur Kennzeichnung der Gefährlichkeit hinter dem Abfallschlüssel aufgeführte Sternchen ist kein zwingender Bestandteil des Abfallschlüssels, etwa in abfallwirtschaftlichen Unterlagen, weil letztlich jede Abfallart durch den sechsstelligen Abfallschlüssel eindeutig und abschließend beschrieben

---

[111] *Kropp* (o. Fußn. 5), § 3 Rdnr. 27.

[112] *Debus* (o. Fußn. 4), AVV Rdnr. 25; *Kropp* (o. Fußn. 58), 26.

[113] *Debus* (o. Fußn. 4), AVV Rdnr. 25; dazu bereits zur alten Fassung *J. Hagmann/ C. Reppekus*, Zuordnung von Abfällen zu Spiegeleinträgen im System der AVV, AbfallR 2004, 64 (67).

[114] *Kropp* (o. Fußn. 5), § 3 Rdnr. 27.

[115] *Debus* (o. Fußn. 4), AVV Rdnr. 20; *Kropp* (o. Fußn. 58), 25.

ist; gleichwohl ist es in der Praxis sinnvoll, das Sternchen zwecks leichterer Erkennbarkeit der Gefährlichkeit mit aufzuführen.[116] Können Stoffe oder Gegenstände nicht einer mit einem Sternchen versehenen Abfallart zugeordnet werden, sind diese nicht gefährlich, unabhängig davon, ob für diese eine ungefährliche Abfallkategorie einschlägig ist.[117]

Schwierigkeiten bereitet die Zuordnung zu einer gefährlichen Abfallart vor allem bei sog. Spiegeleinträgen: Bei sog. Spiegeleinträgen existieren zumindest eine gefährliche und eine nichtgefährliche Variante des Abfalls, weshalb die Zuordnung auch noch die Bewertung eines Stoffes als gefährlich voraussetzt.[118] Gibt es aber für eine Abfallart keinen Spiegeleintrag, so ist für die zutreffende Abfallbezeichnung im Sinne von § 2 AVV unerheblich, wie gefährlich ein Abfall im konkreten Fall ist.[119]

Der Begriff der Spiegeleinträge hat sich auf EU-Ebene entwickelt, auch wenn es sich eher um ergänzende Einträge handelt, weshalb die Bezeichnung Komplementäreinträge treffender ist. Die Schaffung der Spiegeleinträge beruht auf den Überlegungen, dass bei einigen Abfallarten signifikant unterschiedliche Kontaminationen im konkreten Abfall vorliegen können und deshalb die gleiche Abfallart sowohl als gefährlich oder auch als nicht gefährlich auftreten kann.[120] Zu jedem gefährlichen Spiegeleintrag existiert mindestens eine nicht gefährliche Abfallart:

Abfallschlüssel	Beispiel	Abfallbezeichnung	Beispiel
XX YY ZZ*	19 12 11*	Abfälle …, die gefährliche Stoffe enthalten	sonstige Abfälle (einschließlich Materialmischungen) aus der mechanischen Behandlung von Abfällen, die gefährliche Stoffe enthalten
XX YY Z(Z+1)	19 12 12	Abfälle …, mit Ausnahme desjenigen der unter XX YY ZZ fallen	sonstige Abfälle (einschließlich Materialmischungen) aus der mechanischen Behandlung von Abfällen mit Ausnahme derjenigen, die unter 19 12 11 fallen

Die Zuordnung zu Spiegeleinträgen kann nach speziellen Rechtsvorschriften (z. B. Anhang III zu § 5 Abs. 1 AltholzV[121]) für den Regelfall vorgegeben sein. Nichtsdestoweniger hat der Verantwortliche bei Spiegeleinträgen positiv festzustel-

---

[116] *Kropp* (o. Fußn. 5), § 2 Rdnr. 20.

[117] BayVGH, BeckRS 2007, 20893; *Debus* (o. Fußn. 4), AVV Rdnr. 20.

[118] *Debus* (o. Fußn. 4), AVV Rdnr. 16; *Kropp* (o. Fußn. 5), § 2 Rdnr. 34.

[119] OVG Nordrhein-Westfalen, ZUR 2006, 211 (212); *Debus* (o. Fußn. 4), AVV Rdnr. 16.

[120] Ministerium für Umwelt und Verkehr Baden-Württemberg, Handbuch zum richtigen Umgang mit dem Europäischen Abfallverzeichnis 2001/118/EG, 2003, Vorspann Bd. A; *Debus* (o. Fußn. 4), AVV Rdnr. 35.

[121] Verordnung über Anforderungen an die Verwertung und Beseitigung von Altholz (Altholzverordnung – AltholzV) v. 15.8.2002 (BGBl. I S. 3302), die zuletzt durch Art. 62 des Gesetzes v. 29.3.2017 (BGBl. I S. 626) geändert worden ist.

len, ob der Abfall die Voraussetzungen des § 3 Abs. 2 AVV erfüllt und damit als gefährlicher Abfall einzuordnen ist oder nicht.[122] Dabei wird in den Vollzugshinweisen (dazu oben III. 3. c)) häufig zwischen einer Zuordnung aufgrund gefahrstoffrechtlicher Einstufung, von Vollzugserfahrungen und nach Ergebnissen analytischer Untersuchungen unterschieden.[123] Ein Beispiel für die Komplexität ist die Prüfung des VG Gießen hinsichtlich der letztlich bejahten Frage, ob das trichlorfluormethanhaltige PUR-Mehl zutreffend der Abfallschlüsselnummer 19 12 11* (sonstige Abfälle [einschließlich Materialmischungen] aus der mechanischen Behandlung von Abfällen, die gefährliche Stoffe enthalten) zugeordnet wurde.[124]

4. Abweichende Einstufung durch die Behörde im Einzelfall

Von der im Abfallverzeichnis festgelegten Einstufung als gefährlich oder nicht gefährlich, kann die Behörde nach § 3 Abs. 3 AVV abweichende Einstufungen im Einzelfall – mithin als Verwaltungsakt – vornehmen.[125] Damit kann die zuständige Behörde auf Besonderheiten des konkreten Falles flexibel reagieren, die wegen der erforderlichen Typisierung vom Verordnungsgeber selbst nicht berücksichtigt werden können oder die er wegen der zwischenzeitlich seit Erlass der Verordnung gewonnenen Erkenntnis noch gar nicht berücksichtigen konnte.[126] Dabei ist zu berücksichtigen, dass das Abfallverzeichnis als Anlage zu § 2 Abs. 1 AVV unionsrechtlich harmonisiert ist und regelmäßig auf der Grundlage neuer Erkenntnisse und insbesondere neuerer Forschungsergebnisse überprüft sowie erforderlichenfalls geändert wird. Die Einstufung im Einzelfall ist also nur für einzelne Abfälle zulässig, um neuen Erkenntnissen hinsichtlich der Einstufung Rechnung tragen zu können, die vom Verordnungsgeber noch nicht berücksichtigt wurden. Dabei ist der Ermessensspielraum der Behörde umso geringer, je jünger die letzte Änderung ist.[127]

Die zuständige Behörde kann im Einzelfall für Abfälle eine abweichende Einstufung vornehmen, wenn der Verantwortliche nachweist, dass der im Abfallverzeichnis als gefährlich aufgeführte Abfall keine der in Anhang III der AbfRL der jeweils geltenden Fassung genannten Eigenschaften (Gefährlichkeitskriterien) aufweist (dazu oben IV. 2.).[128] Der Nachweis kann durch gesicherte neue Erkenntnisse erbracht werden, die bei der Entscheidung über das Abfallverzeichnis noch nicht berücksichtigt

---

[122] *Debus* (o. Fußn. 4), AVV Rdnr. 36; *Kropp* (o. Fußn. 58), 27.

[123] *Debus* (o. Fußn. 4), AVV Rdnr. 37.

[124] *Debus* (o. Fußn. 4), AVV Rdnr. 36 unter Hinweis auf VG Gießen, Urt. v. 12.9.2007, 6 E 2025/06, Juris Rdnrn. 17 ff.

[125] *Debus* (o. Fußn. 4), AVV Rdnr. 27.

[126] M. *Beckmann*, in: Landmann/Rohmer, Umweltrecht, Band I, KrWG, § 48 (66. EL Juni 2012) Rdnr. 38; *Debus* (o. Fußn. 4), AVV Rdnr. 27; L.-A. *Versteyl*, in: Versteyl/Mann/Schomerus, KrWG, 3. Aufl. 2012, § 48 Rdnr. 6.

[127] *Debus* (o. Fußn. 4), § 48 KrWG Rdnr. 15; *Kropp* (o. Fußn. 5), § 3 Rdnr. 140.

[128] *Debus* (o. Fußn. 4), AVV Rdnr. 29.

werden konnten oder zumindest nicht berücksichtigt worden sind.[129] Wegen der Unterschiede bei den möglichen Abfallzusammensetzungen, die derselben Abfallart zuzuordnen sind, kann die Ungefährlichkeit nur bezogen auf solche Abfälle belegt werden, die in einem bestimmten Prozess in einer konkreten Anlage anfallen, ohne dass dadurch die Richtigkeit der generellen Einstufung der jeweiligen Abfallart in Frage gestellt wird, weil die generelle Einstufung allein durch die Kommission erfolgt.[130] Dem Antragsteller erlegt § 3 Abs. 3 Satz 1 AVV die Beweisführungslast dahingehend auf, dass eine abweichende Einstufung nur dann in Betracht kommt, wenn sich der Nachweis der Ungefährlichkeit aus seinen vorgelegten Unterlagen ergibt.[131] Nichtsdestoweniger kann eine Herabstufung aus Gründen der Verhältnismäßigkeit geboten sein.[132]

Umgekehrt kann die zuständige Behörde nach § 3 Abs. 3 Satz 2 AVV im Einzelfall auch Abfälle als gefährlich einstufen, wenn ein im Abfallverzeichnis als nicht gefährlich aufgeführter Abfall eines oder mehrere der vorgenannten Gefährlichkeitskriterien aufweist.

Etwaige abweichende Einstufungsentscheidungen haben die Länder nach § 3 Abs. 3 Satz 3 AVV unverzüglich (vgl. Art. 7 Abs. 2 und 3 AbfRL und § 121 BGB) an das Bundesumweltministerium zur Weiterleitung an die Kommission zu melden. Dies soll der Kommission vor allem ermöglichen, auf neue Erkenntnisse durch Veränderung des Abfallverzeichnisses reagieren zu können.[133] Die wenigen erfolgten Meldungen deuten darauf hin, dass die abweichende Einstufung durch die Behörde nach § 3 Abs. 3 AVV wenig praxisrelevant ist.[134]

V. Umgang mit HBCD-haltigen Dämmstoffen

Bereits im Rahmen der Darstellung der Entwicklung der Abfallbezeichnung in Deutschland (oben II.) wurde dargelegt, dass mit Wirkung zum 30.9.2016 aufgrund der damaligen dynamischen Verweisung in Nr. 2.2.3 der Einleitung zum Abfallverzeichnis die HBCD-haltigen Dämmstoffe als gefährliche Abfälle qualifiziert wurden. Diese Qualifizierung war nicht vom EU-Recht vorgeschrieben, aber als verstärkte Schutzmaßnahme i.S.v. Art. 193 AEUV unionsrechtlich zulässig.[135]

---

[129] OVG Nordrhein-Westfalen, ZUR 2006, 211 (214); *Debus* (o. Fußn. 4), AVV Rdnr. 30.
[130] OVG Nordrhein-Westfalen, ZUR 2006, 211 (214); *Debus* (o. Fußn. 4), AVV Rdnr. 30; *Kropp* (o. Fußn. 5), § 3 Rdnr. 144.
[131] OVG Nordrhein-Westfalen, ZUR 2006, 211 (214); *Debus* (o. Fußn. 4), AVV Rdnr. 30; *Kropp* (o. Fußn. 5), § 3 Rdnr. 144.
[132] *Beckmann* (o. Fußn. 126), § 48 KrWG Rdnr. 38; *Debus* (o. Fußn. 4), AVV Rdnr. 30.
[133] OVG Nordrhein-Westfalen, ZUR 2006, 211 (214); *Debus* (o. Fußn. 4), AVV Rdnr. 33.
[134] *Debus* (o. Fußn. 4), AVV Rdnr. 33 unter Hinweis auf BR-Drs. 340/15 S. 24: Seit 2006 sind im Hinblick auf die Umstufung von nicht gefährlich zu gefährlich bundesländerübergreifend nicht mehr als drei Abfallschlüssel pro Jahr gemeldet worden.
[135] *Grunow/Franßen* (o. Fußn. 61), 102.

Da aber keine Pflicht für eine Umsetzung des EU-Rechts bestand, war eine dynamisch-heteronome Verweisung verfassungsrechtlich problematisch.[136] Im konkreten Fall wurden überdies Bedenken unter dem Gesichtspunkt der Bestimmtheit und Normklarheit angeführt.[137] Da die dynamisch-heteronome Verweisung vom Abfall- auf das Chemikalienrecht Bezug nahm, waren auch die Regelungsbereiche unterschiedlich, so dass entsprechend der Entscheidung des BVerfG[138] eine Verfassungswidrigkeit der dynamischen Verweisung wie bei der Verweisung im Notargebührenrecht auf das Gerichtskostenrecht angenommen werden konnte. Da im konkreten Fall der Wortlaut im Notargebührenrecht nicht eindeutig war, wurde die verfassungsrechtlich weniger problematische Auslegung als statische Verweisung auf das Verweisungsobjekt zum Entstehungszeitpunkt der Verweisungsnorm gewählt. Dieser verfassungskonformen Auslegung stand aber im Abfallrecht der Wortlaut der Nr. 2.2.3 der Einleitung zum Abfallverzeichnis entgegen, weil ausdrücklich „in der jeweils geltenden Fassung" verwiesen wurde. Es blieb der Ansatz, nicht generell die Verfassungswidrigkeit der dynamisch-heteronomen Verweisung anzunehmen, sondern die für das Abfallrecht unpassende Änderung des Chemikalienrechts nicht zu übernehmen.[139]

Blendete man die verfassungsrechtlichen Zweifel aus und ging von der Wirksamkeit der dynamisch-heteronomen Verweisung aus, blieben praktische Fragen:

– Worauf kam es bei einem Abfallgemisch für die Einhaltung des POP-Grenzwerts an?[140]

– War die Durchmischung mit anderen Abfällen innerhalb von Müllverbrennungsanlagen zulässig?[141]

– Bestand eine Rechtspflicht zum selektiven Rückbau der HBCD-haltigen Dämmplatten?[142]

– Welche Besonderheiten galten im Hinblick auf die Gewerbeabfallverordnung[143] für HBCD-haltige Dämmplatten?[144]

---

[136] Dazu ausführlich: *A. G. Debus*, Verweisungen in deutschen Rechtsnormen, 2008, 243 ff.

[137] *Dippel/Ottensmeier* (o. Fußn. 61), 188 f.

[138] BVerfGE 47, 285 ff.

[139] In diesem Sinne ausführlich zu den Folgen der mangelhaften Bezugnahme: *Debus* (o. Fußn. 136), 306 ff.

[140] Dazu *Grunow/Franßen* (o. Fußn. 61), 103.

[141] Dazu *Grunow/Franßen* (o. Fußn. 61), 104.

[142] Dazu *Grunow/Franßen* (o. Fußn. 61), 104 f.

[143] Verordnung über die Bewirtschaftung von gewerblichen Siedlungsabfällen und von bestimmten Bau- und Abbruchabfällen (Gewerbeabfallverordnung – GewAbfV) v. 18.4.2017 (BGBl. I S. 896), die durch Art. 2 Abs. 3 des Gesetzes v. 5.7.2017 (BGBl. I S. 2234) geändert worden ist.

[144] Dazu *Grunow/Franßen* (o. Fußn. 61), 105 f.

– War die Sammlung der HBCD-haltigen Dämmplatten über die Restmülltonne zulässig?[145]

VI. Fazit

Die Abfallbezeichnung und die damit verbundene Einstufung als gefährlicher oder nicht gefährlicher Abfall sind für die Fragen des Umgangs mit den Abfällen von erheblicher Bedeutung. Daher ist es besonders problematisch, wenn die Einstufung als gefährlicher Abfall von Kriterien des Chemikalienrechts abhängig gemacht werden, die im Rahmen des Abfallrechts den Umgang mit den Abfällen unnötig erschweren oder die für das Abfallrecht lückenhaft sind. Eindrucksvolles Beispiel waren dabei die HBCD-haltigen Dämmstoffe, die zunächst dem Regime für gefährliche Abfälle unterstellt waren, für die aber später schnell einer selbständigen Regelung mit der POP-Abfall-Überwachungs-Verordnung geschaffen wurde. Dementsprechend ist eine Spezialregelung besser, als die Abfallbezeichnung uneingeschränkt vom Chemikalienrecht abhängig zu machen.

---

[145] Dazu *Grunow/Franßen* (o. Fußn. 61), 106 ff.

Genehmigungen unter Änderungsvorbehalt zwischen Stabilität und Flexibilität – ein Rückblick auf Arndt Schmehls Dissertation nach 20 Jahren

Von *Wolfgang Durner*

I. Eine glanzvolle Gießener Promotion im Jahre 1998

Arndt Schmehl war gerade einmal 27 Jahre alt, als er am 15. April 1998 mit einer durch Klaus Lange betreuten und durch die Friedrich-Ebert-Stiftung geförderten Dissertation mit der Note „summa cum laude" promoviert wurde. Noch im selben Jahr erschien das Werk im Nomos-Verlag in der angesehenen Reihe der „Gießener Abhandlungen zum Umweltrecht" – dies freilich mit einem Titel, der eine für den Verfasser bisweilen typische Kombination aus Präzision und Sperrigkeit lieferte: „Genehmigungen unter Änderungsvorbehalt zwischen Stabilität und Flexibilität. Zur Entwicklung revisionsoffener Genehmigungsentscheidungen im Umweltrecht – verwaltungsrechtliche, verfassungsrechtliche und verwaltungswissenschaftliche Aspekte".[1] Ein Jahr später wurde Arndt Schmehl im Rahmen eines Akademischen Festakts der Preis der Gießener Hochschulgesellschaft für die beste Dissertation des Fachbereichs Rechtswissenschaft verliehen. Zudem stellte er um das Jahr des Erscheinens in einer Reihe prominent platzierter Begleitaufsätze jeweils einzelne Teilergebnisse seines Promotionsvorhabens vor und entwickelte manche seiner Ideen nochmals weiter.[2] Bereits kurz nach der Publikation erfolgte dann eine rundum positive Besprechung durch den Präsidenten des Verwaltungsgerichts Schleswig Manfred Krause.[3]

---

[1] *A. Schmehl*, Genehmigungen unter Änderungsvorbehalt zwischen Stabilität und Flexibilität, 1998.

[2] *A. Schmehl*, Die Genehmigung zwischen staatlicher und privater Umweltverantwortung, in: Lange (Hrsg.), Gesamtverantwortung statt Verantwortungsparzellierung im Umweltrecht, 1997, S. 191 ff.; *ders.*, Der Regelungsinhalt des vorläufigen Verwaltungsakts, VR 1998, 373 ff.; *ders.*, Die Abgrenzung zwischen echter Auflage und Inhaltsbestimmung der Genehmigung, UPR 1998, 324 ff.; *ders.*, Die verfassungsrechtlichen Rahmenbedingungen des Bestands- und Vertrauensschutzes bei Genehmigungen unter Änderungsvorbehalt, DVBl. 1999, 19 ff.

[3] *M. Krause*, Rezension von A. Schmehl, Genehmigungen unter Änderungsvorbehalt zwischen Stabilität und Flexibilität, NordÖR 1999, 528, der dem Werk attestiert, „akribisch" und zugleich „anschaulich" das Problem und die grundrechtlichen Bindungen aufgearbeitet zu haben.

Dies klingt nach exzellenten Ausgangsbedingungen für eine weite Verbreitung des Werks. Tatsächlich jedoch blieb der Dissertation Schmehls der scheinbar sichere Erfolg ein Stück weit verwehrt: Das Werk wurde und wird bis heute eher selten und zudem meist nur beiläufig zitiert, am ehesten noch in Kommentarbeiträgen zum Genehmigungsrecht[4] und zum verfassungsrechtlichen Vertrauensschutz[5] sowie in einschlägigen Monographien.[6] Die Rechtsprechung hingegen scheint das Buch trotz seiner handgreiflichen praktischen Bezüge bislang ignoriert zu haben.[7] All dies mag damit zusammenhängen, dass das Genehmigungsrecht in der verwaltungsrechtlichen Systembildung der letzten Jahrzehnte generell vernachlässigt wurde.[8] Selbst dann bleibt es aber rätselhaft, dass sogar Meinhard Schröders 2016 erschienene Münchener Habilitationsschrift zum Genehmigungsverwaltungsrecht[9] Schmehls Dissertation nicht einmal im Literaturverzeichnis aufführt.[10] Was mag der Grund dafür sein, dass das Erstlingswerk eines derart glänzenden Verwaltungsrechtlers keine stärkere Resonanz gefunden hat?

Diese Frage ist nicht ganz leicht zu beantworten. Ein Erklärungsansatz kann freilich vorweg ausgeschieden werden: Aus Sicht eines Mitwirkenden an jenem Berufungsverfahren, das zu dem kurzen Wirken Schmehls als Juniorprofessor in München 2004 und 2005 führte,[11] kann ich berichten, dass die Durchsicht des Werks bei allen Mitgliedern der damaligen Berufungskommission den Eindruck höchster Qualität und Kompetenz hinterließ. Bis heute vermittelt diese Dissertation jedem Leser die Gewissheit, dass der Verfasser das verwaltungsrechtliche Handwerkszeug perfekt beherrsche. Auch das Thema der Arbeit – die Frage nämlich, ob und wie weit

---

[4] Vgl. *J. Dietlein*, in: Landmann/Rohmer (Begr.), Umweltrecht, Kommentar, § 8 BImSchG (2015) LitV, § 9 BImSchG (2015) Rdnr. 40, 41 und 44 sowie § 10 BImSchG (2017) LitV; *M. Sachs*, in: Stelkens/Bonk/Sachs (Begr.), VwVfG, Kommentar, 9. Aufl. 2018, § 48 LitV sowie § 43 Rdnr. 33 mit Fußn. 60.

[5] So etwa durch *B. Grzeszick*, in: Maunz/Dürig (Begr.), GG, Kommentar, Art. 20 (2006) Rdnr. 96 mit Fußn. 5, oder *M. Sachs*, in ders. (Hrsg.), GG, Kommentar, 7. Aufl. 2014, Art. 20 Rdnr. 141 mit Fußn. 683.

[6] Vgl. etwa *I. Appel*, Staatliche Zukunfts- und Entwicklungsvorsorge, 2005, S. 136 mit Fußn. 407; *B. Kümper*, Risikoverteilung im Staatshaftungsrecht, 2011, S. 292 in Fußn. 98; *A. Scherzberg*, Risikosteuerung durch Verwaltungsrecht: Ermöglichung oder Begrenzung von Innovationen?, VVDStRL 63 (2004), 214 (251 mit Fußn. 261).

[7] Dies ist jedenfalls das ernüchternde Ergebnis einer Datenbankrecherche unter JURIS.

[8] Näher zu dieser These und den entsprechenden Entwicklungen *M. Burgi/W. Durner*, Modernisierung des Verwaltungsverfahrensrechts durch Stärkung des VwVfG, 2012, S. 49 f.

[9] *M. Schröder*, Genehmigungsverwaltungsrecht, 2016. Ebenso wenig finden sich bemerkenswerterweise in dem Literaturverzeichnis die unter Fußn. 2 erwähnten Aufsätze Schmehls.

[10] Entsprechendes gilt auch für die Dissertation von *B. Welke*, Die integrierte Vorhabengenehmigung, 2010.

[11] Weil in Bayern zum Zeitpunkt seiner Einstellung die Rechtsgrundlagen für die Ernennung zum Juniorprofessor noch nicht geschaffen waren und bis zu seinem Ausscheiden auch nicht geschaffen wurden, hat Schmehl diese Zeit im Rückblick und im eigenen Lebenslauf stets als „Lehrstuhlvertretung" bezeichnet. Gleichwohl war seine Tätigkeit in München das Ergebnis eines Berufungsverfahrens als Juniorprofessor.

die staatliche Genehmigung dem Inhaber unter den Bedingungen des aktuellen Umweltschutzes noch Vertrauens- und Investitionsschutz vermitteln kann, darf und muss – war und ist bis heute von höchster Aktualität. Erinnert sei zunächst nur an die Diskussionen um die Position der Genehmigungsinhaber im Kontext des Atomausstiegs und der Beschränkung der Kohlekraftnutzung, auf die noch zurückzukommen sein wird. Vielleicht liegt es doch an einem Titel, der – dies wurde bereits angedeutet – beim Leser eher kleinteilige Überlegungen erwarten lässt. Gerade in diesem Punkt unterscheidet sich Schmehls Erstlingswerk übrigens wohl grundlegend von seiner – ebenfalls schlanken – Habilitationsschrift, die vielleicht auch wegen des geschickt gewählten prägnanten Titels rasch zu einem allgemein beachteten Standardwerk avancieren konnte.[12]

Manche Wissenschaftler pflegen in einem späteren Stadium ihrer Laufbahn nochmals zu den Themen ihrer Qualifikationsschriften zurückzukehren, ihre eigenen frühen Überlegungen aus der Distanz der Zeit und der persönlichen Weiterentwicklung zu überdenken und oft auch nochmals fruchtbar weiterzuentwickeln. Gerade Arndt Schmehls Arbeitsschwerpunkte im Umweltrecht sowie im allgemeinen Verwaltungsrecht hätten eine solche Rückschau nahegelegt. Da unsere allzu frühe Gedächtnisschrift genau 20 Jahre nach Arndt Schmehls Doktorarbeit erscheint, soll eine entsprechende Rückschau stattdessen aus einer Außenperspektive erfolgen. Um das Ergebnis vorwegzunehmen: Die Auseinandersetzung mit diesem Erstlingswerk lohnt gerade nach dem Ablauf zweier Jahrzehnte, weil die seitdem erfolgten Entwicklungen die Analysen Schmehls im Wesentlichen bestätigt, die aufgezeigten Probleme verschärft und seinen Lösungsvorschlägen zusätzliche Überzeugungskraft vermittelt haben.

II. Gang und Thesen der Dissertation Schmehls

Über ein Jahrzehnt nach meiner ersten Bekanntschaft mit dem Werk und zudem nach Betreuung eines guten Dutzends eigener Doktorandinnen und Doktoranden habe ich das Buch bei der Vorbereitung dieses Beitrags mit anderen Augen und vielleicht einer gewissen déformation professionnelle gelesen. Aus Sicht eines Doktorvaters scheint das prima facie eher kleinteilige Thema jedenfalls ideal proportioniert, weil es eine gegenständlich überschaubare Fragestellung mit der Eröffnung weiter Perspektiven auf Grundsatzfragen verbindet. Bereits die Grobgliederung vermittelt dem Leser zudem unmittelbar einen Eindruck von großer Klarheit.[13] Stilistisch zeichnet sich das Werk durch Qualitäten aus, die dem Leserkreis Schmehls bekannt sind: Klarheit und Sparsamkeit – mit insgesamt nur 212 Seiten ist die Arbeit schlank – ermöglichen dem Verfasser begriffliche und argumentative Präzision. Die im zweiten Untertitel angekündigte Herausarbeitung verwaltungsrechtlicher,

---

[12] *A. Schmehl*, Das Äquivalenzprinzip im Recht der Staatsfinanzierung, 2004.

[13] Vgl. zu diesen Kriterien auch *I. von Münch/P. Mankowski*, Promotion, 4. Aufl. 2014, S. 78 f. und 114 f.

verfassungsrechtlicher und verwaltungswissenschaftlicher Aspekte wird jeweils eigenständig erbracht, ohne dass der Autor je Gefahr liefe, etwa verwaltungs*rechtliche* und verwaltungs*wissenschaftliche* Argumente zu vermengen.

Die schnörkellos gegliederte Arbeit umfasst fünf Paragraphen: In § 1 formuliert Schmehl seine Fragestellung, identifiziert das Grundproblem der „Verteilung der Umweltverantwortung zwischen Staat und Privaten",[14] stellt sich das Ziel, die Bedeutung von und die rechtlichen Anforderungen an Genehmigungen unter Änderungsvorbehalt aufzuarbeiten[15] und skizziert dem Leser den weiteren Gang seiner Untersuchung. Der knapp 20-seitige § 2 untersucht dann die „verwaltungsrechtliche Struktur" derartiger Genehmigungen und definiert Änderungsvorbehalte als Beschränkungen des Inhalts der Genehmigungsregelung, die durch eine umfassende Auslegung ihres Regelungsgehalts zu ermitteln sind. Hier präsentiert sich Schmehl als präzise argumentierender Positivist: Obwohl die Genehmigung für ihren Inhaber stets auch eine „Stabilisierungsfunktion" erfülle, müsse die Zulässigkeit derartiger „Öffnungsoptionen" gesetzesspezifisch ermittelt werden, ohne hierbei auf ein vorgegebenes „Wesen der Genehmigung" abzustellen. Dieser allgemeinen begrifflich-dogmatischen Annäherung schießt sich ein 40-seitiger § 3 zu den „Erscheinungsformen umweltrechtlicher Genehmigungen unter Änderungsvorbehalt" an, in dem Schmehl grundlegende Unterscheidungen einführt und als Gruppen von Änderungsvorbehalten die beiden Kategorien der *Aufhebung* des Verwaltungsakts und der *Abweichung* unterscheidet. Innerhalb der „Aufhebungsvorbehalte" identifiziert er die beiden Gruppen der (Teil-) Rücknahme und Widerrufsvorbehalte, während im Hinblick auf die „Abweichungsvorbehalte" der Vorbehalt der nachträglichen Inhaltsmodifikation, vorläufige Verwaltungsakte im engeren Sinne sowie die klassischen Vorbehalte echter Auflagen, kalendermäßiger Befristungen, auflösender Bedingungen sowie der Vorbehalt der abschließenden Entscheidung im Planfeststellungsbeschluss unterschieden werden.[16]

Diesem verwaltungsrechtlichen Hauptteil des § 3 folgt mit § 4 ein konstitutioneller Hauptteil, in dem Schmehl die „verfassungsrechtlichen Rahmenbedingungen der Revisionsoffenheit von Genehmigungen unter Änderungsvorbehalt" aufarbeitet.[17] Schmehl diskutiert die Grundrechtsrelevanz von Genehmigungsvorbehalten sowie von erteilten Genehmigungen und gelangt zu der für ihn weichenstellenden Einsicht, die gesetzliche Einräumung von Änderungsvorbehalten im Ausgangsbescheid ändere nichts daran, dass bereits diese Festlegung den Anforderungen grundrechtlicher Rechtfertigung im Hinblick auf Eigentum und Vertrauensschutz unterliege. Der Staat vermöge sich nicht „durch vorweg eingeräumte Änderungsmöglichkeiten von der eigentumsrechtlichen Grundrechtsbindung bei späteren Entscheidungen

---

[14] *Schmehl* (o. Fußn. 1), S. 26.
[15] *Schmehl* (o. Fußn. 1), S. 30.
[16] *Schmehl* (o. Fußn. 1), S. 55 ff.
[17] *Schmehl* (o. Fußn. 1), S. 95 ff.

über den Bestand zu lösen".[18] Im Gegenzug identifiziert Schmehl freilich in der Verfassung mit den grundrechtlichen Schutzpflichten und der Staatszielbestimmung Umweltschutz in dem damals neuen Art. 20a GG auch Regelungen, die gerade im Zeichen vorsorgenden Umweltschutzes die gegenläufige Forderung nach Dynamik und Flexibilität erteilter Genehmigungen implizieren.[19] Damit läuft seine Analyse darauf hinaus, Änderungsvorbehalte jeweils im Einzelfall hinreichend präzise und deutlich festzulegen und die Erforderlichkeit einer Verweigerung der Vorhersehbarkeit künftiger staatlicher Einwirkungen angemessen zu begründen.

Der abschließende § 5 über „Revisionsoffene Genehmigungsentscheidungen als Entwicklungsperspektive" wagt schließlich einen Blick in die Zukunft und versucht, unter Einbeziehung verwaltungswissenschaftlicher und rechtspolitsicher Instrumente die künftige Rolle der Genehmigungsstabilität zu diskutieren.[20] Schmehl sieht revisionsoffene Genehmigungen als wichtigen Baustein des modernen vorsorgeorientierten Umweltrechts an, fordert indes deren rechtsstaatliche Einhegung. Da die Verfassung bereits für die Festlegung der Änderungsoffenheit einer Genehmigung tragfähige Gründe fordere, folgert Schmehl die Notwendigkeit eines nachvollziehbaren und rationalen Flexibilitätsregimes. Revisionsoffene Genehmigungen sollten mit einem rationalen und transparenten Risikomanagement verbunden werden.[21] Bei guten Sachgründen sei eine grundlegende Flexibilisierung zulässig, die insgesamt zwar eine durchaus weitgehend revisionsoffene Genehmigung ermögliche, das bestehende deutsche Bestandsschutzkonzept jedoch nicht grundsätzlich in Frage stelle.[22]

III. Genehmigungen unter Änderungsvorbehalt im Lichte der Entwicklungen seit 1998

Wieweit haben die letzten beiden Dekaden diese Zukunftsperspektiven bestätigt? Ausgangspunkt der Überlegungen Schmehls war die Beobachtung, dass eine zeitliche Beständigkeit umweltrechtlicher Genehmigungen immer weniger den gegenwärtigen Anforderungen an ein funktionsfähiges Verwaltungsrecht entspricht.[23] Aus Sicht der Genehmigungsinhaber und des Investitionsschutzes verbindet sich mit dieser – bei Schmehl zunächst wertungsfrei gemeinten – Beobachtung freilich die beunruhigende Feststellung, dass der Staat – und zwar nicht nur, wie dies der Schmehl'schen Fragestellung entspricht, als Träger der Genehmigungsbehörden, sondern vielmehr zunehmend auch in seiner Rolle als Gesetzgeber – den dauerhaften Bestand umweltrelevanter Genehmigungen immer weniger hinnehmen kann oder will. Tatsächlich behandelt Schmehl mit seiner Dissertation bewusst nur *eine* der

---
[18] *Schmehl* (o. Fußn. 1), S. 107.
[19] *Schmehl* (o. Fußn. 1), S. 139 ff.
[20] *Schmehl* (o. Fußn. 1), S. 149 ff.
[21] *Schmehl* (o. Fußn. 1), S. 155 ff.
[22] *Schmehl* (o. Fußn. 1), S. 185.
[23] *Schmehl* (o. Fußn. 1), S. 23 ff.

staatlichen Strategien zur Relativierung der umweltrechtlichen Genehmigungen und damit einen Teilausschnitt einer umfassenderen Entwicklung, deren Tragweite zum Zeitpunkt seiner Promotion vermutlich noch nicht ganz absehbar war.

In der Tat reduziert die starke Dynamik der Umweltprobleme, aber auch der supranationalen Einbindungen zunehmend die Spielräume des Staates zur Einräumung dauerhafter Rechtspositionen. Zudem werden solche Positionen verstärkt auch politisch hinterfragt: Der Atomausstieg 2011 oder zuletzt im Herbst 2017 die gescheiterten Jamaica-Koalitionsverhandlungen zum Auslaufen der Kohlekraftnutzung oder der Verbrennungsmotoren verdeutlichen exemplarisch, dass praktisch sämtliche ökologischen Transformationsprozesse notwendigerweise auch zur Infragestellung erteilter Genehmigungen führen.[24] Dass ein derartiger Dynamisierungsprozess seinerseits aus Sicht des Rechtsstaats Fragen aufwirft und der Einhegung bedarf, wurde zum Zeitpunkt des Dissertationsvorhabens auch in anderen Zusammenhängen immer deutlicher gesehen und oft sehr unterschiedlich bewertet. Jürgen Salzwedel etwa bezeichnete es zwei Jahre nach Erscheinen von Schmehls Dissertation als eine der Enttäuschungen seines Lebens, „...dass im Gefolge üppiger Rechtssetzungen für mehr Umweltschutz das gesellschaftliche Bedürfnis, mehr Rechtssicherheit zu schaffen, immer mehr in den Hintergrund getreten ist."[25] Die Dissertation Schmehls liefert Lösungsvorschläge zur Ausbalancierung der kollidierenden Erfordernisse und verortet diese im Rahmen des Umweltverfassungsrechts. Wie weit haben seine Prognosen und Vorstellungen nun in der späteren Rechtsentwicklung Entsprechung oder gar Niederschlag gefunden?

1. Relativierung der Beständigkeit von Genehmigungen in der Gesetzgebung seit 1998

Im deutschen Recht hat sich der durch Schmehl identifizierte Trend seit dem Erscheinen seiner Dissertation tatsächlich in der Dynamisierung zahlreicher umweltrechtlicher Genehmigungsformen niedergeschlagen. Dabei bedient sich der Staat indes ganz unterschiedlicher Regelungstechniken, Widerrufs- und sonstige Modifikationsvorbehalte in der Genehmigung selbst bilden letztlich nur ein Instrument in einem ganzen Instrumentenspektrum. Im Folgenden können nur ganz beispielhaft einige Normen und Entwicklungen skizziert werden.

---

[24] Eingehend formuliert dieses Grundproblem etwa bereits *K. Sach*, Genehmigung als Schutzschild?, 1994, S. 264 ff. Im Kern stehe immer die „... Frage, wie die Rechtsordnung das Spannungsverhältnis zwischen Genehmigung und dynamischen Anforderungen ausgestaltet". Vgl. zu dem nochmals allgemeineren Kräftefeld von Stabilität und Dynamisierung *A. von Arnauld*, Rechtssicherheit. Perspektivische Annäherungen an eine idée directrice des Rechts, 2006, S. 630 ff. und 687 ff.

[25] *J. Salzwedel*, Schlußwort, in: Breuer (Hrsg.), Regelungsmaß und Steuerungskraft des Umweltrechts. Symposon aus Anlaß des 70. Geburtstages von Professor Dr. Jürgen Salzwedel, 2000, S. 89 (90).

a) Wasserwirtschaftsrecht

Am weitesten fortgeschritten ist insoweit das Wasserrecht, das außerhalb der Gewässerausbauten von jeher – und damit ganz anders als das Immissionsschutzrecht – keinerlei auf Dauer gedachte Zulassung kennt.[26] Selbst die stärkste wasserrechtliche Gestattungsform, die in der Praxis ausgesprochen seltene Bewilligung, gewährt das Recht, ein Gewässer zu benutzen, nach §§ 10 Abs. 1, 14 Abs. 2 WHG immer nur für eine bestimmte Frist. Die Regelgenehmigungsform, die Erlaubnis, stellt dagegen von vornherein wenig mehr dar, als eine nach dem jeweiligen Stand der Dinge erteilte behördliche Unbedenklichkeitsbescheinigung im Hinblick auf eine bestimmte Nutzung,[27] die eine von vornherein widerrufliche Befugnis gewährt, ein Gewässer zu benutzen, und die in der Praxis regelmäßig noch befristet wird. Die Reform des Wasserrechts – zunächst in den Entwürfen für ein Umweltgesetzbuch, dann durch die Ersetzung des früheren Rahmenrechts des Bundes durch die Vollregelungen des Wasserhaushaltsgesetzes 2010 – führte zwar nicht zu der zunächst geplanten Abschaffung der Bewilligung,[28] wohl aber zur Regelung des heutigen § 13 WHG, nach der Erlaubnis und Bewilligung grundsätzlich auch nachträglich modifiziert werden können.

Man könnte den Eindruck gewinnen, der Gesetzgeber des Jahres 2010 habe sich bei Erlass des § 13 WHG, der eine sehr viel weniger klare Regelung in § 4 WHG a.F. zu „Benutzungsbedingungen und Auflagen" ersetzte, an den Ausführungen in § 3 der Dissertation Schmehls orientiert. Der seit 2010 geltende § 13 WHG unterscheidet jedenfalls mit begrüßenswerter Präzision zwischen „Inhalts- und Nebenbestimmungen" der Erlaubnis und der Bewilligung, die allerdings – und dies ist die große Neuerung zu dem früheren Rechtszustand – grundsätzlich allesamt auch nachträglich zulässig sind. Nachträglich möglich sind nunmehr namentlich auch Inhaltsbestimmungen, also Konkretisierungen von Art und Maß der Benutzung, die nicht etwa nur Nebenbestimmungen im Sinne des § 36 Abs. 2 VwVfG, sondern Teil der Hauptregelung des Verwaltungsakts sind.[29] § 13 Abs. 2 WHG führt zudem beispielhaft typische Inhalte für Inhalts- und Nebenbestimmungen auf.

Bewilligung und Erlaubnis stehen also seit 2010 nach § 13 Abs. 1 Alt. 1 WHG unter dem allgemeinen Vorbehalt nachträglicher Änderungen, ohne dass es insoweit eines partiellen Widerrufs oder eines entsprechenden Vorbehalts im Ausgangsbe-

---

[26] Grundlegende und im Kern weiterhin gültige Vergleiche hierzu finden sich bei *G. Kaster*, Das Verhältnis von immissionsschutzrechtlicher Genehmigung und wasserrechtlicher Erlaubnis, 1996; zusammenfassend etwa *R. Schmidt/W. Kahl/K.-F. Gärditz*, Umweltrecht, 10. Aufl. 2017, § 8 Rdnr. 33 ff.

[27] *A. B. Eiselt*, Dauer der wasserrechtlichen Bewilligung nach § 8 Abs. 5 WHG bei Wasserkraftanlagen, NuR 2007, 814.

[28] Näher *W. Durner*, Die Reform des Wasserrechts im Referentenentwurf zum Umweltgesetzbuch, NuR 2008, 293 (297 f.).

[29] Näher dazu sowie zur dogmatisch überflüssigen Figur der modifizierenden Auflage *U. Stelkens*, in Stelkens/Bonk/Sachs (o. Fußn. 4), § 36 Rdnr. 96 ff.

scheid bedürfte; für alte Rechte und alte Befugnisse gilt dies entsprechend (§ 20 Abs. 2 S. 3 WHG). Die nachträglichen Anforderungen dürfen allerdings die Identität des begünstigenden Verwaltungsaktes nicht in Frage stellen; sobald wesentliche Teile der zugelassenen Gewässerbenutzung entfallen, ist nur ein Widerruf zulässig.[30] § 13 Abs. 3 WHG bestimmt zudem einschränkend, dass bei Bewilligungen nachträglich ausschließlich die in Absatz 2 Nrn. 1 bis 4 genannten Inhalts- und Nebenbestimmungen zulässig sind. Stets zulässig sind dabei allerdings sämtliche nachträglichen Inhalts- und Nebenbestimmungen, die im Maßnahmenprogramm enthalten sind und damit der Verwirklichung der Wasserrahmenrichtlinie dienen.[31] Dies bringt dem Vollzug einerseits eine erwünschte Flexibilisierungen, birgt jedoch auch die Gefahr einer Verwaltungspraxis, in der die Behörden umweltrelevante Tätigkeiten vorschnell zulassen, aber Zulassungen auch großzügig wieder entziehen.[32]

Insgesamt findet sich hier also ein Regime der nachträglichen exekutivischen Modifikation einzelner Genehmigungen im Sinne Arndt Schmehls. Allerdings erfolgt die Relativierung in einer grundlegenden Abkehr von dem durch ihn diskutierten Modell im Schwerpunkt nicht mehr durch konkrete Änderungsvorbehalte in der erteilten Ausgangsgenehmigung selbst, sondern bereits durch Rechtsnormen, die es der Behörde abstrakt-generell vorbehalten, die Erlaubnis entweder ganz zu widerrufen oder den Genehmigungsinhalt nachträglich zu modifizieren. Damit erledigen sich die durch Schmehl entwickelten Anforderungen an entsprechende Vorbehalte im Ausgangsbescheid, wonach die Behörde die Reichweite ihrer Flexibilitätsoptionen im Verwaltungsakt und damit in jedem Einzelfall hinreichend bestimmt festsetzen, dieses Vorgehen in der Begründung rechtfertigen sowie insbesondere erklären müsse, weshalb eine Übernahme staatlicher Mitverantwortung für die Kontinuität der staatlich definierten Bedingungen der Freiheitsbetätigung nicht in Betracht kommt.[33]

Wiewohl die herrschende Rechtsauffassung eine verfassungsrechtliche Pflicht zur Begründung von Gesetzesvorlagen mit guten Gründen grundsätzlich verneint,[34] ist der Hinweis aufschlussreich, dass die Einführung der gesetzlichen Befugnis zum Erlass nachträglicher Inhalts- und Nebenbestimmungen vom Gesetzgeber mit einer

---

[30] *G. Knopp*, in: Sieder/Zeitler/Dahme/Knopp (Hrsg.), WHG/AbwAG, Kommentar, § 13 WHG (2012) Rdnr. 76.

[31] Zu dieser und ihren Auswirkungen auf die Stabilität wasserrechtlicher Genehmigungen nachfolgend unter 2.

[32] So bereits die Kritik bei *J. Salzwedel*, Stellungnahme zum Referentenentwurf zum UGB vom 5. Dezember 2007, S. 1.

[33] *Schmehl* (o. Fußn. 1), S. 102 f.

[34] Vgl. nur *F. Brosius-Gersdorf*, in: Dreier (Hrsg.), GG, Kommentar, Bd. 2, 3. Aufl. 2015, Art. 76 Rdnr. 30; *J. Kersten*, in: Maunz/Dürig (o. Fußn. 5), Art. 76 (2011) Rdnr. 22; *J. Masing/ H. Risse*, in: von Mangoldt/Klein/Starck (Begr.), GG, Kommentar, Bd. 2., 7. Aufl. 2018, Art. 76 Rdnr. 70; *C. Waldhoff*, „Der Gesetzgeber schuldet nichts als das Gesetz" – Zu alten und neuen Begründungspflichten des parlamentarischen Gesetzgebers, in: Festschrift für Josef Isensee, 2007, S. 325 ff.

nichtssagend-floskelhaften Begründung versehen wurde,[35] die jenen Anforderungen offensichtlich nicht genügt hätte, die Schmehl an die Begründung entsprechender Vorbehalte im Ausgangsbescheid gestellt hätte. Dieser Befund unterstreicht die insgesamt weitreichende Schwächung der Position des Genehmigungsinhabers.

b) Immissionsschutzrecht

Ganz andere Regelungsstrategien verfolgt der Gesetzgeber im Immissionsschutzrecht. Die immissionsschutzrechtliche Genehmigung ist traditionell – anders als die wasserrechtliche Erlaubnis – stärker dem Vorbild des Baurechts verpflichtet und zwar dynamisch ausgestaltet, aber grundsätzlich auf Dauer angelegt.[36] § 17 Abs. 1 S. 1 BImSchG ermöglicht nachträgliche Anordnungen zur Erfüllung der sich aus dem Immissionsschutzrecht ergebenden Pflichten, soweit diese nach § 17 Abs. 2 S. 1 BImSchG nicht unverhältnismäßig sind. Kommt der Betreiber einer vollziehbaren nachträglichen Anordnung nicht nach, so kann die Behörde den Betrieb nach § 10 Abs. 1 S. 1 BImSchG bis zur Erfüllung der entsprechenden Pflichten ganz oder teilweise untersagen. Soweit ein Betreiber seine Anlage jedoch durchgängig dem neuesten Stand der Technik anpasst, kann ihm die immissionsschutzrechtliche Genehmigung nur unter den engen Voraussetzungen des § 21 BImSchG entzogen werden.[37]

Bemerkenswerterweise sind diese Weichenstellungen seit Erscheinen der Dissertation Schmehls im Wesentlichen unverändert geblieben, eine generelle Befugnis zum Erlass nachträglicher Inhalts- und Nebenbestimmungen oder gar zum Widerruf der Genehmigung ist dem Immissionsschutzrecht weiter fremd. Stattdessen hat der Gesetzgeber die Positionen der Genehmigungsinhaber durch weitreichende Zusatzanforderungen oder durch Formen der indirekten Verhaltenssteuerung – etwa durch die EEG-Abgabe[38] – grundlegend umgestaltet.

---

[35] Vgl. die Gesetzesbegründung zum WHG 2010, BT-Drs. 6/12275 v. 17.3.2009, S. 56 (zu § 13 WHG): „Mit Blick auf die ohnehin gegebene Möglichkeit des vollständigen Widerrufs der Erlaubnis (siehe § 18 Abs. 1) resultiert diese Regelung letztlich aus dem Verhältnismäßigkeitsprinzip und dem Anliegen, der Behörde in diesem Rahmen ausdrücklich auch weniger einschneidende Maßnahmen zu ermöglichen." Unerwähnt bleibt in dieser irreführenden Passage neben anderem, dass die durch die Regelung mit erfasste Bewilligung keineswegs frei widerruflich war oder ist. Kritisch zur Begründung bereits *Durner* (o. Fußn. 28), S. 298.

[36] Näher etwa *Schröder* (o. Fußn. 9), S. 170 ff.

[37] Diese entsprechen im Wesentlichen § 49 VwVfG und laufen auf eine Aufopferungsentschädigung hinaus, vgl. nur *H. Jarass*, BImSchG, Kommentar, 12. Aufl. 2017, § 21 Rdnr. 1; *K. Hansmann/M. Röckinghausen*, in: Landmann/Rohmer (o. Fußn. 4), § 21 BImSchG (2017) Rdnr. 9 ff.

[38] *W. Danner*, in: ders./Theobald (Hrsg.), Energierecht, Kommentar, Einführung (2017) Rdnr. 4 ff. spricht insoweit für die Energiewirtschaft von einem dadurch bewirkten permanenten und hektischen Gesetzgebungsprozess, in dem sich der Gesetzgeber „gewissermaßen selbst überholt", Rechtssicherheit und Rechtsklarheit hingegen „auf der Strecke" blieben.

Exemplarisch verdeutlicht die Konsequenzen das durch die Richtlinie 2003/87/ EG eingeführte Emissionshandelssystem.[39] Trotz der Bestandskraft seiner Anlagengenehmigung darf der Anlagenbetreiber das Umweltmedium Luft nicht mehr unbegrenzt nutzen.[40] Vielmehr ist dafür eine Emissionsgenehmigung nach § 4 Abs. 1 TEHG erforderlich, die nur erteilt wird, wenn ausreichend Emissionszertifikate vorliegen. Die u. a. auch auf die Bestandskraft ihrer Betriebsgenehmigungen gestützten Klagen der Betreiber lehnte das Bundesverwaltungsgericht mit der ebenso zutreffenden wie lapidaren Erwägung ab, die Pflichten aus der Emissionshandelsrichtlinie träten „neben die Gestattungswirkung der schon erteilten immissionsschutzrechtlichen Genehmigung".[41] Solche nachträglich erlassenen gesetzlichen Anforderungen sind bei hinreichender Bestimmtheit unmittelbar und auch ohne Modifikation der Genehmigung zu beachten[42] und mit der Eigentumsgarantie[43] grundsätzlich vereinbar.[44]

Zusammen mit den strukturell ähnlichen Relativierungen durch Raumordnungsrecht, Naturschutzrecht[45] und Umweltschadensrecht[46] haben solche Erfordernisse die Beständigkeit der erteilten – und zum großen Teil unverändert weiter bestehenden – immissionsschutzrechtlichen Genehmigung grundlegend verändert. Die Position des Genehmigungsinhabers gegenüber derartigen unmittelbaren gesetzgeberischen Zugriffen auf seine Genehmigung fällt nochmals deutlich schwächer aus als

---

[39] Vgl. nur *A. Sattler*, Der Handel mit Treibhausgaszertifikaten in der Europäischen Union, 2004; *F. Shirvani*, Rechtsschutz gegen Zuteilungsentscheidungen im Emissionshandelsrecht, NVwZ 2005, 868; *C. Kreuter-Kirchhof*, Die europäische Emissionshandelsrichtlinie und ihre Umsetzung in Deutschland, EuZW 2004, 711.

[40] *S. Kobes*, Grundzüge des Emissionshandels in Deutschland, NVwZ 2004, 514.

[41] BVerwG, Urt. v. 30.6.2005 – 7 C 26/04–, BVerwGE 124, 47 (61) wo weiter ausgeführt wird: „Damit soll nicht in Abrede gestellt werden, dass der bisherige legale Anlagenbetrieb einen Vertrauenstatbestand begründet, der nur unter Beachtung der durch die Eigentumsgarantie gezogenen Grenzen geschmälert werden darf. Die immissionsschutzrechtliche Genehmigung hat insoweit jedoch keine zusätzliche Relevanz, weil sie hinsichtlich der Treibhausgasemissionen keine Rechte verleiht und damit keinen über eine legale Anlagennutzung hinausgehenden Vertrauenstatbestand schafft. Dieser Vertrauenstatbestand ist jedoch gegenüber dem Gesetzgeber begrenzt".

[42] BVerwG, Urt. v. 23.10.2008 – 7 C 48/07–, BVerwGE 132, 224 (27)

[43] Zu dieser nachfolgend unter 3.

[44] So BVerfG (3. Kammer des Ersten Senats), Beschl. v. 14.1.2010 – 1 BvR 1627/09 –, NVwZ 2010, 771 ff.

[45] Exemplarisch erwähnt sei die gerichtliche Überprüfung mehrerer Genehmigungen für Kohlekraftwerke in NRW. OVG Münster 3.9.2009 – 10 D 121/07, NuR 2009, 801 (805) begründet die Aufhebung eines flankierenden Bebauungsplans für das Kraftwerk Datteln mit der mangelnden Auseinandersetzung einer raumordnerischen Festsetzung, nach der anzustreben sei, „dass insbesondere einheimische und regenerative Energieträger eingesetzt werden." OVG Münster, Urt. v. 1.12.2011 – 8 D 58/08.AK –, NuR 2012, 342 ff. hebt die Genehmigungen für das Kraftwerk in Lünen der Erwägung auf, Vorhabenträger und Genehmigungsbehörde hätten die FFH-Verträglichkeit des Kraftwerks nicht nachgewiesen, weil die Auswirkungen der Schwefeldioxidemissionen des Kraftwerks auf eine Krautschicht in einem sechs Kilometer entfernten FFH-Gebiet unberücksichtigt blieben.

[46] Vgl. dazu nachfolgend im Text unter 4. sowie in und bei Fußn. 77.

im Wasserwirtschaftsrecht, in dem sich der Gesetzgeber mit bloßen Ermächtigungen begnügt, die erteilte Genehmigung exekutivisch zu modifizieren.

c) Baurecht

Wie keine andere anlagenbezogene Genehmigungsform ist gerade die Baugenehmigung nach traditioneller Sicht dauerhaft gedacht.[47] Auch hier haben freilich die von Arndt Schmehl aufgezeigten Entwicklungstendenzen längst ihre Spuren hinterlassen.

Die wohl wichtigste Relativierung der Stabilisierungsfunktion der Baugenehmigung erfolgte unmittelbar nach dem Erscheinen seiner Dissertation durch die Einführung der sog. Freistellungsverfahren in den Landesbauordnungen, die die Baugenehmigung in bestimmten Fällen im Geltungsbereich qualifizierter Bebauungspläne von vornherein auf bloße Anzeigen reduziert. Durch Erteilung einer umfassenden Baugenehmigung übernahm die Behörde – ganz in Übereinstimmung mit den Begrifflichkeiten Schmehls[48] – eine grundsätzliche „Mitverantwortung an dem Bauvorhaben", die zu eliminieren dann auch gerade ein zentrales Element der Abschaffung der Erlaubnispflicht darstellt.[49] Der zur Begründung gelieferte Verweis des Staates auf die Eigenverantwortlichkeit des Antragstellers mag haftungstechnisch nachvollziehbar sein,[50] ändert jedoch nichts an dem Befund, dass der Gesetzgeber damit dem Einzelnen ganz bewusst eine zuvor gewährte Rechts- und Investitionssicherheit entzogen hat,[51] obwohl manche Landesbauordnungen dem Bauherrn weiterhin die Option bieten, statt des Freistellungsverfahrens ein Baugenehmigungsverfahren zu beantragen.[52] Ähnliches gilt in abgeschwächter Form für das sog. vereinfachte Genehmigungsverfahren, in dem die Behörde die Baugenehmigung nur noch unter einzelnen rechtlichen Gesichtspunkten prüft.[53] Die Baugenehmigung wird durch diese

---

[47] Auch hierzu *Schröder* (o. Fußn. 9), S. 139 ff., der namentlich den traditionell durch die Bestandskraft bewirkten „Schutz vor dem Gesetzgeber" hervorhebt; vgl. ferner etwa *Stüer/Upmeier*, Städtebaurecht 2004. Vorschläge der Expertenkommission zur Änderung des BauGB, ZfBR 2003, 114 (119).

[48] *Schmehl* (o. Fußn. 1), S. 26.

[49] So zurecht B. *Retzlaff*, Schadensersatzanspruch des Bauherrn nach ungerechtfertigter Baueinstellung bei Genehmigungsfreiheit?, NJW 1999, 3224 (3226).

[50] Umfassend und kritisch dazu indes B. *Kümper*, Risikoverteilung im Staatshaftungsrecht, 2011, S. 107 ff.

[51] Vgl. dazu H. *Jäde*, Zum Stand der Bauordnungsreform, ZfBR 2000, 519 f.: Die „Lasteselfunktion" der herkömmlichen Baugenehmigung sei nicht mehr zeitgemäß, weil niemand für die hierdurch bewirkte Rechts- und Investitionssicherheit bezahlen wolle.

[52] So etwa § 67 Abs. 1 S. 3 BauO NRW.

[53] Sehr kritisch dazu zuletzt etwa K. *Beckmann*, Das bauordnungsrechtliche vereinfachte Genehmigungsverfahren – ein Plädoyer für dessen Abschaffung, KommJur 2013, 327 ff. mit der Hauptthese, „das hohe Gut der Rechtssicherheit" werde mit diesem Verfahren „sowohl für die Rechtsanwender als auch für die am Bau Beteiligten unterminiert".

Regelungstechnik also zwar nicht in ihrem Bestand relativiert, wohl aber in ihrer Aussagekraft.

Daneben finden sich jedoch auch Tendenzen zur Dynamisierung der Genehmigungen selbst. Grundsätzlich stand auch die Baugenehmigung schon immer unter dem Vorbehalt der bauordnungsrechtlichen Generalklauseln der Landesbauordnungen, sodass zumindest Nachrüstungen im Bereich des Brandschutzes gefordert werden konnten und auch wurden.[54] Solche Nachrüstungen beschränken sich jedoch mittlerweile nicht mehr auf die Situationen, in denen die öffentliche Sicherheit gefährdet wäre. Vielmehr führen im Landesrecht angeordnete oder geplante Anforderungen – etwa wasserrechtliche Dichtheitsprüfungen[55] hinsichtlich der Installationen oder energetische Sanierungen[56] – in der Tendenz auch hier zu einer allmählichen Dynamisierung der baurechtlichen Anforderungen auch gegenüber genehmigtem Bestand. Ebenso beginnt der Bundesgesetzgeber diesen Trend zu flankieren. Namentlich die 2004 durch das Europarechtsanpassungsgesetz Bau in § 9 Abs. 2 BauGB eingefügte Möglichkeit zur Festsetzung befristeter Nutzungsmöglichkeiten und damit eines „Baurechts auf Zeit" schafft Möglichkeiten, die Dauerhaftigkeit der Baugenehmigung zu begrenzen.[57] Gerade diese Befristung der materiell-rechtlichen Zulässigkeit der baulichen Nutzung muss dann durch entsprechende Befristungen der Baugenehmigung durchgesetzt werden,[58] für die dann das in der Dissertation Schmehls entwickelte Anforderungsprofil gilt.

2. Relativierung der Beständigkeit von Genehmigungen in der Unionsgesetzgebung

Hinter den skizzierten Aktivitäten des nationalen Gesetzgebers stecken umweltpolitische Zwänge, geänderte rechtspolitische Präferenzen, zunehmend jedoch auch unionale Entwicklungen. Stärker noch als der durch Schmehl betonte Vorsorgege-

---

[54] Siehe exemplarisch OVG Münster, Urt. v. 25.08.2010 – 7 A 749/09 –, NVwZ-RR 2011, 47 ff.; vgl. etwa auch *J. Henkel*, in: Schönenbroicher/Kamp (Hrsg.), BauO NRW, Kommentar, 2012, § 87 Rdnr. 1 ff.

[55] Vgl. *W. Durner/F. Karrenstein*, Bundesrechtswidrigkeit der Dichtheitsprüfung in Nordrhein-Westfalen?, W+B 2012, 4 ff.

[56] Vgl. dazu *C.-W. Otto,* Klimaschutz und Energieeinsparung im Bauordnungsrecht der Länder, ZfBR 2008, 550 (551 ff.); *M. Böhm/P. Schwarz*, Möglichkeiten und Grenzen bei der Begründung von energetischen Sanierungspflichten für bestehende Gebäude, NVwZ 2012, 129 ff.; *M. Schröder*, Klimaschutz, Bestandsschutz, Vertrauensschutz – Grenzen der Sanierungspflicht für bestehende Gebäude, DV 2013, 183 ff.

[57] Vgl. nur *S. Mitschang/O. Reidt*, in: Battis/Krautzberger/Löhr (Begr.), BauGB, Kommentar, 13. Aufl. 2016, § 9 Rdnr. 165; *W. Söfker*, in: Ernst/Zinkahn/Bielenberg/Krautzberger (Begr.), BauGB, Kommentar, § 9 (2017) Rdnr. 241i.

[58] Vgl. *U. Kuschnerus*, Befristete und bedingte Festsetzungen in Bebauungsplänen – Zur praktischen Anwendung des neuen § 9 Abs. 2 BauGB, ZfBR 2005, 125 (130).

danke[59] wirkte freilich in den letzten beiden Jahrzehnten der Paradigmenwechsel der umweltbezogenen Unionsgesetzgebung weg von dem für das deutsche Recht traditionell prägenden, auf rechtssicheren Technikstandards beruhenden genehmigungsbezogenen Anlagenrecht hin zu einem verfahrens- und planerisch orientierten Ansatz, der allgemein auf die Erreichung bestimmter Umweltqualitätsziele abstellt.[60]

Als Musterbeispiel für diesen Wandel soll hier die Wasserrahmenrichtlinie erwähnt werden, die den Mitgliedstaaten gerade keine im Sinne eines Konditionalprograms formulierten konkreten Handlungsanweisungen vorgibt, sondern vielmehr ein Ziel – das Umweltqualitätsziel des „guten Gewässerzustands" – formuliert, das durch die Mitgliedstaaten anzustreben ist. Es muss also für alle Gewässer der jeweils vorgeschriebene gute Gewässerzustand erreicht werden, der sowohl einen guten ökologischen Zustand als auch einen guten chemischen Zustand umfasst.[61] Die Auswirkungen dieser Pflicht auf die Genehmigungserteilung sind zunächst nur mittelbar,[62] erstrecken sich jedoch auch auf bestehende Gestattungen. Nach § 82 Abs. 5 WHG sind nämlich dann, wenn sich im Zuge der Überwachung oder aus sonstigen Erkenntnissen ergibt, dass die maßgeblichen Bewirtschaftungsziele nicht erreicht werden können, die Ursachen hierfür zu untersuchen, die Zulassungen für Gewässerbenutzungen und die Überwachungsprogramme zu überprüfen und gegebenenfalls anzupassen.[63] Die unional geforderte Überprüfung von Genehmigungsakten erfasst mit dem Begriff der „Zulassungen" alle für ein Gewässer maßgeblichen Gestattungsformen.[64] Nach Sinn und Zweck der Regelung muss die Behörde im Zuge der Überprüfung entscheiden, ob die entsprechende Genehmigungsentscheidung modifiziert

---

[59] Dem deutschen Vorsorgeprinzip ist in der Tat von vornherein der Dynamisierung auch bestehender Genehmigungen zu eigen, vgl. dazu bereits die Ausführungen der sog. Kalkar-Entscheidung zum „dynamischen Grundrechtsschutz" durch die atomrechtlichen Vorsorgeanforderungen in BVerfG, Beschl. v. 8.8,1978 – 2 BvL 8/77 –, BVerfGE 49, 89 (136 ff.); vgl. dazu auch *M. Kloepfer*, Umweltrecht, 4. Aufl. 2016, § 4 Rdnr. 52 f. und § 16 Rdnr. 118 ff.

[60] Eingehend dazu *R. Breuer*, Konditionale und finale Rechtsetzung AöR 127 (2002), 523 ff.; *M. Kloepfer*, Die europäische Herausforderung – Spannungslagen zwischen deutschem und europäischem Umweltrecht, NVwZ 2002, 645 (646 f. und 650 ff. m.w.N.). Auch *Schmehl* (o. Fußn. 1), S. 178 ff. behandelt ähnliche Trends bereits am Beispiel der damaligen IVU-Richtlinie 96/61/EG, die 2010 als Richtlinie 2010/75/EU über Industrieemissionen neu erlassen wurde.

[61] Umfassend dazu etwa *J. Albrecht*, Umweltqualitätsziele im Gewässerschutzrecht, 2007; *R. Breuer/K.-F. Gärditz*, Öffentliches und privates Wasserrecht, 4. Aufl. 2017, Rdnr. 153 ff.

[62] Namentlich wird durch die konkreten Ziele und die diese konkretisierenden Bewirtschaftungspläne und Maßnahmenprogramme das sog. Bewirtschaftungsermessen der Wasserbehörden vorgeprägt, vgl. nur *W. Durner*, Das Maßnahmenprogramm aus Sicht der Zulassungsbehörden, W+B 2016, 115 (117 f.) sowie allgemeiner *F. Hasche*, Das neue Bewirtschaftungsermessen im Wasserrecht, 2005, S. 15 ff.

[63] Eine solche Anpassung würde dann auf Grundlage der oben unter III. 1. a) skizzierten gesetzlichen Vorbehalte, namentlich des § 13 WHG erfolgen.

[64] *M. Appel*, in: Berendes/Frenz/Müggenborg (Hrsg.), WHG, Kommentar, 2. Aufl. 2017, § 82 Rdnr. 74.

oder gar revidiert werden muss. Jede Zielverfehlung stellt damit potentiell die meisten gewässerbelastenden Tätigkeiten auf den Prüfstand.

Im Ergebnis hat die Wasserrahmenrichtlinie somit einen umfassenden, ständig zu aktualisierenden Bestandsaufnahme- und Planungsprozess in Gang gesetzt, der die Gewässerbewirtschaftung dynamischer und Gewässernutzungsrechte tendenziell kurzlebiger macht.[65] Diese Konsequenz des Regelungsansatzes der Umweltqualitätsziele bildet den unionalen Hintergrund der oben behandelten Entwicklungstendenzen des deutschen Umweltrechts. Allerdings – und auf diesen Punkt ist zurückzukommen – beruht dieser Ansatz weiterhin auf der Prämisse, dass die Existenz und Verbindlichkeit – nicht aber die Änderungsfestigkeit – der bestehenden Genehmigungen auch durch das Unionsrecht anerkannt werden.

3. Aufgabe des Investitionsschutzes aus Art. 14 GG durch die deutsche Rechtsprechung

Auch in der Judikatur lassen sich Tendenzen ermitteln, die auf eine Relativierung der Beständigkeit umweltrelevanter Genehmigungen hinauslaufen. Die zunächst anzusprechende Relativierung des Investitionsschutzes aus Art. 14 GG durch die deutsche Rechtsprechung hatte zum Zeitpunkt der Erstellung der Dissertation Schmehls bereits eingesetzt. Nach einer jahrzehntelangen älteren Rechtsprechung der deutschen Verwaltungsgerichte vermittelte die Eigentumsgarantie des Art. 14 Abs. 1 GG dem einmal genehmigten oder auch nur einmal genehmigungsfähigen Gebäude dauerhaft Bestandsschutz gegenüber staatlichen Eingriffen – die Beständigkeit der einmal zugelassenen Baugenehmigung wurde damit grundrechtlich überhöht und Eingriffe in diesen Bestand wurden eigentumsrechtlichen Schranken unterworfen.[66] Auch Schmehl selbst ging davon aus, dass die Genehmigungsentscheidung im Ausgangspunkt „mitkonstitutiv" für die eigentumsrechtliche Stellung des Betroffenen sei.[67]

Die Abkehr von dieser grundrechtlichen Herleitung des Bestandsschutzes unmittelbar aus der Eigentumsgarantie beruhte – ebenso bei dem zunächst ebenfalls aus der Eigentumsgarantie abgeleiteten Drittschutz gegen Genehmigungen – auf dem auch durch Schmehl vorgetragenen Einwand, der Abwägungsauftrag in Art. 14 Abs. 2 GG richte sich allein an den für die Ausgestaltung von Inhalt und Schranken des Eigentums zuständigen Gesetzgeber, der somit allein zur Gewähr von eigentumskonformem Bestandsschutz berufen sei.[68] Unter dem Eindruck dieser Kritik gab das Bun-

---

[65] So zu Recht *J. Salzwedel*, Investitionsschutz im Wasserrecht, ZfW 2008, 1 (4).

[66] BVerwG, Urt. v. 21.10.1968 – IV C 13.68 –, DVBl. 1969, 263 (264); Urt. v. 18.10.1974 – IV C 75/71 –, BVerwGE 47, 126 (128); Urt. v. 17.01.1986 – 4 C 80.82 –, BVerwGE 72, 362 (363).

[67] *Schmehl* (o. Fußn. 1), S. 99 und 103 ff., namentlich S. 107 zur „eigentumsrechtlichen Grundrechtsbindung bei späteren Entscheidungen über den Bestand".

[68] *Schmehl* (o. Fußn. 1), S. 104; aus der Rechtsprechung exemplarisch BVerfG, Urt. v. 28.02.1980 – 1 BvL 17/77 –, BVerfGE 53, 257 (292); Beschl. v. 15.7.1981 – 1 BvL 77/78 –,

desverwaltungsgericht etwa zeitgleich mit dem Erscheinen der Dissertation Schmehls seine Rechtsprechung zu Art. 14 GG auf und verankert den Bestandsschutz mittlerweile im einfachen Recht; zugleich hat das Gericht jedoch gefordert, dass der Gesetzgeber dem Privateigentum hinreichend Rechnung tragen und im Falle von Interessenkollisionen zwischen den Bestandsinteressen des Eigentümers und den Interessen anderer einen gerechten Ausgleich schaffen müsse.[69] Dogmatisch ist diese Kurskorrektur überzeugend, den Verfassungsschutz bestehender Genehmigungen hat sie jedoch im Ergebnis weiter geschwächt.

Diese Weichenstellungen führten namentlich im Zuge des Atomausstiegs zu neuen Debatten über den grundrechtlichen Eigentumsschutz von Genehmigungen.[70] Die Eigentumsfähigkeit von Genehmigungen wurde dabei überwiegend abgelehnt. Eine gewisse Konsolidierung brachte schließlich das Urteil zum Atomausstieg vom Dezember 2016, in dem das Bundesverfassungsgericht – für den Leser letztlich etwas verwirrend – feststellte, an öffentlich-rechtlichen Genehmigungen bestehe grundsätzlich kein Eigentumsschutz, auch die den Kernkraftwerken 2002 und 2010 gesetzlich zugewiesenen Elektrizitätsmengen bildeten kein selbständiges Eigentumsobjekt, indes seien die existierenden genehmigten Anlagen und ihre Nutzung im Hinblick auf die Reststrommengen geschützt.[71] Im Ergebnis nahm das Gericht jedoch nur eine allgemeine Abwägung vor und kam nach diesem Maßstab zu dem Befund, die entschädigungslose Rücknahme der Ende 2010 durch Gesetz erfolgten Verlängerung der Laufzeit der Kernkraftwerke sei angesichts des mehrfach eingeschränkten Vertrauens in den Erhalt der Zusatzstrommengen verfassungsgemäß.[72]

4. Relativierung der Bestandskraft umweltrechtlicher Genehmigungen durch den EuGH

Die Pirouetten der deutschen Rechtsprechung zum Eigentumsschutz von Genehmigungen dürften trotz des konstruktiven Grundsatzstreits letztlich wohl nur zu Akzentverschiebungen geführt haben. Sehr viel grundlegender mag die Bedeutung der in den letzten Jahren erfolgten Relativierung der Bestandskraft umweltrechtlicher Genehmigungen durch den Europäischen Gerichtshof einzuschätzen sein.

BVerfGE 58, 300 (336); vgl. weiter *R. Wahl*, Abschied von den „Ansprüchen aus Art. 14 GG", in: Festschrift für Konrad Redeker, 1993, S. 245 ff.

[69] BVerwG, Urt. v. 12.03.1998 – 4 C 10/97 –, BVerwGE 106, 228 (234); vgl. zu der Weichenstellung auch *R. Aichele/G. Herr*, Die Aufgabe des übergesetzlichen Bestandsschutzes und die Folgen, NVwZ 2003, 415 ff.

[70] Umfassende Nachweise hierzu etwa bei *M. Schröder*, Verfassungsrechtlicher Eigentumsschutz von Genehmigungen, in: Festschrift für Hans-Jürgen Papier, 2013, S. 605 ff. Zum Atomausstieg selbst vgl. statt vieler *U. Di Fabio*, in: ders./Durner/Wagner, Kernenergieausstieg 2011. Die 13. AtG-Novelle aus verfassungsrechtlicher Sicht, 2013, S. 21 ff.

[71] BVerfG, Urt. v. 06.12.2016 – 1 BvR 2821/11 –, BVerfGE 143, 246 (327) mit Anm. *L. Knappe/J. P. Seibert*, NuR 2017, 32 ff.

[72] Vgl. daneben exemplarisch und m.w.N. auch bereits die oben in o. Fußn. 44 zitierte Entscheidung.

Schmehls Überlegungen zu den „Genehmigungen unter Änderungsvorbehalt" nehmen ihren Ausgangspunkt von der traditionellen Rolle der Bestandskraft von Genehmigungsentscheidungen, die – wie erwähnt – letztlich etwa auch der Wasserrahmenrichtlinie zu Grund liegt, die im Falle einer Zielverfehlung lediglich eine exekutivische Überprüfung der erteilten Genehmigungen fordert. Diese Ausgangsidee ist jedoch – namentlich im Naturschutz – mittlerweile längst durch Unionsrecht relativiert worden. Die Entscheidungen des Europäischen Gerichtshofs in Sachen Herzmuschel 2004,[73] Papenburg 2008[74] und zuletzt Moorburg 2017[75] haben allesamt gezeigt, dass der Europäische Gerichtshof die Bestandskraft nicht als Berechtigung ansieht, genehmigte Beeinträchtigungen der europäischen Naturschutzgüter dauerhaft durchzuführen.[76]

Das gilt mittlerweile nicht nur für das Naturschutzrecht: Für die medienübergreifende Richtlinie 2004/35/EG über Umwelthaftung zur Vermeidung und Sanierung von Umweltschäden hat der EuGH in einem Urteil vom 1. Juni 2017 festgestellt, dass diese auch auf Schäden Anwendung findet, die nach dem Ablauf ihrer Umsetzungsfrist 2007 aufgetreten sind, aber aus dem Betrieb einer vor diesem Datum wasserrechtlich bewilligten und in Betrieb genommenen Anlage herrühren. Nachträgliche Klagen von Fischereiberechtigten gegen die bestandskräftig genehmigte Anlage müssten grundsätzlich zugelassen werden.[77] Das Urteil bestätigt, dass es im Umweltschadensrecht grundsätzlich keine Legalisierungswirkung von Genehmigungen gibt.[78] Der Inhaber einer Genehmigung kann damit letztlich nicht mehr davon ausgehen, dass die ihm genehmigte Tätigkeit im Grundsatz umweltrechtlich zulässig ist.

Diese Entwicklung führt zu einem geradezu massiven Stabilitätsverlust der bestehenden umweltrechtlichen Genehmigungen. Allerdings ist die Regelungstechnik erneut eine andere als die durch Schmehl untersuchte: Die Stabilität der Genehmigung wird nicht etwa unter Änderungsvorbehalt gestellt, sondern ihre Regelungswirkung wird vielmehr im Lichte europäischer Rechtsakte – ähnlich wie im Immissionsschutzrecht, indes in sehr viel weitergehender Form – relativiert. Letztlich wird damit jede durch Genehmigung eingeräumte Rechtsposition grundsätzlich unter den Vorbehalt nachfolgend erlassener europäischer Anforderungen gestellt.

---

[73] EuGH, Urt. v. 07.09.2004 – Rs. C-127/02 (mechanische Herzmuschelfischerei), Slg. 2004, I-7449 ff.

[74] EuGH, Urt. v. 14.01.2010 – Rs. C-226/08 (Stadt Papenburg/Deutschland), Slg. 2010, I-157 ff., bes. Rdnr. 35 ff.

[75] EuGH, Urt. v. 26.04.2017 – Rs. C-142/16 u.a. (Moorburg), ZUR 2017, 414 ff.

[76] Zu allen drei genannten Urteilen findet eine materialreiche Debatte statt. Exemplarisch hervorgehoben sei die Kritik durch *K.-F. Gärditz*, Kein Bestandsschutz für rechtmäßig genehmigte Vorhaben im europäischen Naturschutzrecht?, DVBl. 2010, 247 ff.

[77] EuGH, Urt. v. 01.06.2017 – Rs. C-529/15 (Gert Folk), NVwZ 2017, 1614 ff.

[78] So eingehend *M. Petersen*, Die Umsetzung der Umwelthaftungsrichtlinie im Umweltschadensgesetz, 2008, S. 84; ferner *ders.*, USchadG, Kommentar, 2013, § 2 Rdnr. 36 ff.; *M. Beckmann/A. Wittmann*, in: Landmann/Rohmer (o. Fußn. 4), § 7 USchadG (2008) Rdnr. 25.

IV. Fazit

Schmehls 20 Jahre alte Dissertation verbindet auch im Rückblick weitsichtige und wirklichkeitsnahe rechtspolitische Analysen mit präzisen rechtsdogmatischen Maßstabbildungen. Dennoch wird man feststellen müssen, dass gerade jene rechts- und umweltpolitischen Trends, die der Gießener Doktorand scharfsinnig erkannte und zum Ausgangspunkt seiner Analysen machte, über seine eigenen Lösungsvorschläge ein Stück weit hinweggegangen sind. Das durch Schmehl untersuchte und von ihm noch als „besonders weitgehendes Mittel" angesehene[79] Instrument eines Vorbehalts in der Genehmigung, deren Inhalt später zu modifizieren, ist überwiegend ungleich schärferen Relativierungen der Position des Genehmigungsinhabers gewichen: Teilweise ermächtigt der Gesetzgeber – wie in § 13 WHG – die Behörde im Gesetz selbst zu nachträglichen Modifikationen der bestandskräftig erteilten Genehmigung, teilweile relativiert er – wie im Bauordnungsrecht – von vornherein die Reichweite der Legalisierungswirkung der Genehmigung, oder er normiert nachträgliche neue Anforderungen an die bestandskräftig genehmigte Tätigkeit unmittelbar so, dass sie durch die bestehende Genehmigung nicht abgedeckt sind. All diese Vorgehensweisen entbinden die Behörden von der durch Schmehl propagierten – aus Behördensicht indes mühseligen – Notwendigkeit, bereits im Ausgangsbescheid die Reichweite der Flexibilisierung der Genehmigung zu bestimmen und zu begründen; für den Inhaber der Genehmigung schwindet freilich in gleichem Maße die Vorhersehbarkeit dieser künftigen Relativierungen und damit die Planbarkeit seiner Tätigkeit.

Insgesamt haben also die seit der Dissertation Arndt Schmehls erfolgten Rechtsentwicklungen die Position der Inhaber umweltrechtlicher Genehmigungen in einem Maße relativiert, das für den Gießener Doktoranden seinerzeit noch kaum absehbar war. Wie würde wohl Schmehl über all diese Entwicklungen heute urteilen? Letztlich könnte er sich in seinen Ausgangsparametern treu bleiben und auf Grundlage verwaltungswissenschaftlicher Bestandsaufnahmen und mit Blick auf die vielfach noch verschärften Umweltprobleme feststellen, dass eine weitere Flexibilisierung umweltbezogener Genehmigungen dort nötig ist, wo sich umweltrelevantes Verhalten ändern muss. Vermutlich würde Arndt Schmehl jedoch zugleich auch weiterhin darauf beharren, solche Entwicklungen rechtsstaatlich einzuhegen und einem nachvollziehbaren und rationalen Flexibilitätsregime zu unterwerfen.[80] Dies würde es letztlich ebenfalls erfordern, die umweltpolitische Notwendigkeit auch der ungebrochen fortschreitenden gesetzgeberisch bewirkten Flexibilisierungen jeweils konkret und nachvollziehbar zu begründen und gegenüber dem sowohl aus grundrechtlicher

---

[79] *Schmehl* (o. Fußn. 1), S. 30.
[80] *Schmehl* (o. Fußn. 1), S. 155 ff.

wie auch aus volkswirtschaftlicher und völkerrechtlicher Sicht schutzwürdigen Belang des Investitionsschutzes[81] zu legitimieren.

---

[81] Investitionsschutz ist als Teil des Vertrauensschutzes allgemein durch das Rechtsstaatsprinzip und speziell durch das Eigentumsgrundrecht abgesichert, vgl. nur *H. J. Papier*, in: Maunz/Dürig (o. Fußn. 5), Art. 14 (2010) Rdnr. 327; zu den internationalen Bezügen *T. M. Metje*, Der Investitionsschutz im internationalen Anlagenbau, 2008.

Öffentliche Gelder als Gegenstand von Abwägungsentscheidungen

Von *Ekkehard Hofmann* und *Henning Tappe*[1]

I. Problemstellung: Eine Inkonsistenz der Rechtsprechung der Verwaltungsgerichte?

Iudex non calculat – so stimmt der Spruch wohl nicht, denn in vielen Zusammenhängen rechnen Gerichte durchaus, man denke nur an Unterhaltsstreitigkeiten vor den Familiengerichten, sozialrechtliche Zahlungsansprüche oder die Finanzgerichtsbarkeit. Sieht man von interessanten Ausnahmen wie den Kosten-Nutzen-Analysen im Zusammenhang mit dem Verkehrswegebau nach § 41 Abs. 2 BImSchG ab,[2] wird dagegen in Planfeststellungsbeschlüssen vielfach nicht auf die mit dem Projekt verbundenen Kosten eingegangen, ohne dass dies von den Gerichten durchgreifend moniert würde. Das scheint *prima facie* schwer mit der Vorgabe der Abwägungsrechtsprechung des Bundesverwaltungsgerichts zu vereinbaren zu sein, wonach alle abwägungsrelevanten Belange berücksichtigt werden müssen. Die nachfolgenden Überlegungen gehen daher der Frage nach, ob die Rechtsprechung tatsächlich defizitär in diesem Sinne ist und welche Gründe zur Erklärung und Rechtfertigung des Vorgehens der Gerichte aufgefunden werden können.

II. Die Abwägungsdogmatik als Rechtsrahmen komplexer öffentlicher Entscheidungen

Ursprünglich im Bauplanungsrecht entwickelt, wenden die Gerichte das Gebot gerechter Abwägung als besondere Form des Verhältnismäßigkeitsgrundsatzes auf alle außenwirksamen planerischen Entscheidungen der Verwaltung an. Das Abwägungsgebot ist danach als Kontrollmaßstab verletzt, „wenn eine sachgerechte Abwägung überhaupt nicht stattgefunden hat […], wenn in der Abwägung an Belangen nicht eingestellt wurde, was nach Lage der Dinge in sie eingestellt werden muss

---

[1] E. Hofmann verband eine lange Freundschaft mit dem Geehrten. H. Tappe kannte den Geehrten seit vielen Jahren und ist u.a. Mitherausgeber einer von diesem begründeten Schriftenreihe.

[2] BVerwG v. 15.3.2000, NVwZ 2001, S. 71; v. 13.5.2009, BeckRS 2009, 38069; v. 30.5.2012, NVwZ 2013, S. 147; v. 10.10.2012, NVwZ 2013, S. 645; *H. Jarass*, BImSchG, 2017, § 41 Rdnr. 63 ff.; *C.-D. Bracher*, in: Landmann/Rohmer, Umweltrecht, 2017, § 41 Rdnr. 68 ff.; *M. Reese*, in: BeckOK Umweltrecht, 2017, § 41 Rdnr. 35 ff.; *H. Schulze-Fielitz*, in Führ: GK-BImSchG, 2016, § 41 Rdnr. 43; *F. Berka*, BVBl. 2014, S. 1042.

[…], wenn die Bedeutung der betroffenen privaten Belange verkannt oder wenn der Ausgleich zwischen den von der Planung berührten öffentlichen Belangen in einer Weise vorgenommen wird, der zur objektiven Gewichtigkeit einzelner Belange außer Verhältnis steht."

1. Der Begriff des Belangs

Was aber „Belange" eigentlich meint, ist in der Judikatur nicht im Sinne einer reduktionistischen Definition geklärt. Nach der ständigen Rechtsprechung des Bundesverwaltungsgerichts müssen alle (!) Belange in die Abwägung eingestellt werden, die „nach Lage der Dinge" berücksichtigt werden müssen.[3] Damit wird ein umfassender Ermittlungsauftrag beschrieben, nicht aber der Begriff des Belangs bestimmt. Die Literatur versucht sich an einer Definition, die über das Synonym des „Interesses" hinausgeht, und definiert Belange als „alle nach vernünftiger Erwägung durch die Sachlage gerechtfertigte, nach den immanenten Wertungen der Rechtsordnung schutzwürdige Interessen rechtlicher (auch privatrechtlicher), wirtschaftlicher oder ideeller Natur".[4] Damit scheint der Kern der Verwendung des Begriffes in der Rechtsprechung durchaus erfasst, beantwortet aber nicht die Frage, ob auch finanzielle Auswirkungen eines Vorhabens auf öffentliche Kassen dazugehören. Es spricht viel dafür, dies im Grundsatz anzunehmen.

2. Vollständigkeit der Abwägung und „unauflösliche Wechselbeziehung der Belange"

Ein zentrales Argument hierfür läge schon im Gebot der umfassenden Ermittlung der wesentlichen Umstände einer Entscheidung nach § 24 VwVfG,[5] wie es das Bundesverwaltungsgericht tut, wenn es von allen Belangen spricht, die „nach Lage der Dinge" in die Abwägung eingestellt und daher zuvor ermittelt werden müssten. Abgesehen von der ordentlichen Ausgestaltung des Verwaltungsverfahrens hat das auch materiell-rechtlich einiges für sich, da nur eine – wie auch immer definierte – vollständige Ermittlung der Belange eine Begründung des Ergebnisses erlaubt, die das

---

[3] BVerwG v. 12.12.1969, E 34, S. 301 (309); v. 5.7.1974, E 45, S. 309 (314); v. 25.2.1988, DVBl. 1988, S. 844; v. 5.10.1990, NVwZ-RR 1991, S. 118; v. 17.1.1992, NuR 1992, S. 377; v. 25.1.1996, E 100, S. 238 (251); v. 15.5.1996, DVBl. 1996, S. 925 (927); v. 9.11.1979, E 59, S. 87 (103); v. 20.12.1988, E 81, S. 128 (138); v. 27.4.1992, E 90, S. 96 (101).

[4] *U. Ramsauer*, in Kopp/Ramsauer, VwVfG, 2017, § 73 Rdnr. 72; *H.-J. Papier*, NJW 1980, S. 313 (315): drohender Nachteil in tatsächlicher Hinsicht. Papiers Definition ist wegen der fehlenden Voraussetzung der rechtlichen Anerkennung einerseits weiter als die überwiegend vertretene Formulierung, andererseits enger, weil sie nur Nachteile und nicht auch Vorteile als Belang betrachtet.

[5] BVerwG Urt. v. 18.5.1990, BVerwGE 85, 155 = NVwZ 1991, S. 326; *K. Ritgen*, in: Knack/Henneke, VwVfG, 10. Aufl. 2014, § 24 Rdnr. 26; *U. Ramsauer*, in: Kopp/Ramsauer, VwVfG, 18. Aufl. 2017, § 24 Rdnr. 10; *D. Kallerhoff*, in: Stelkes/Bonk/Sachs, VwVfG, 9. Aufl. 2018, § 24 Rdnr. 26.

Resultat systematisch und nicht nur zufällig trägt. Wer sich diesem Credo anschließt und von der staatlichen Verwaltung eine Begründung ihrer außenverbindlichen Entscheidungen verlangt, die das Ergebnis rechtfertigen kann – mithin darlegt, wieso das Abwägungsergebnis aus der Sicht der Entscheidungsträger als gerecht und damit als gerechtfertigt erscheint –, wird wie das Bundesverwaltungsgericht auch anerkennen müssen, dass die abwägungsrelevanten Belange in einer „*unauflöslichen Wechselbeziehung*" stehen.[6] Damit dürfte die Separierung einzelner Belange und/oder ihre Nichteinbeziehung in der Entscheidungsherstellung („ex ante") grundsätzlich genauso ausgeschlossen sein wie eine Separierung und Beschränkung im Rahmen der gerichtlichen Kontrolle („ex post"). Hinsichtlich des Kontrollumfangs legt das Bundesverwaltungsgericht seiner Prüfung hoheitlicher Entscheidungen den Ansatz einer Gesamtabwägung zugrunde.[7]

3. Das gerechte Abwägungsergebnis als abwägungsexterne Vorgabe

Diese Rechtsprechung verdient vorbehaltlose Zustimmung. Bei näherer Betrachtung zeigt sich, dass sie mit der Überzeugung der Gerichte verbunden ist, dass rechtswidrige Verwaltungsentscheidungen nicht dem Allgemeinwohl dienen.[8] Soweit also die Verwaltungsgerichte prüfen, ob die Exekutive im Einzelfall oder bei Setzung einer Norm das Abwägungsgebot verletzt hat, verlangen sie mit der Gerechtigkeit des Abwägungsergebnisses in der Sache nichts weniger als einen – wie auch immer zu bestimmenden – positiven gesellschaftlichen Nettonutzen des zu prüfenden Gegenstands. Es fragt sich aber, wie ein solcher Ansatz spezifisch zu handhaben ist. So könnte es in bestimmten Fällen sein, dass die Bewertung eines *Vorhabenträgers*, das Projekt habe (für ihn) mehr Vor- als Nachteile, für die Behörde solange bindend ist, wie keine zwingenden Rechtsvorschriften dem Vorhaben entgegenstehen. Eine Abwägung im eigentlichen Sinne findet dann nicht statt, sondern nur die Prüfung des strikten Rechts. Ein solches Vorgehen dürfte bei privatnützigen Planfeststellungen noch am ehesten einleuchten, aber selbst bei ihnen können der öffentlichen Hand Folgekosten im engeren wie im weiteren Sinn entstehen, die eine Kontrolle durch die Gerichte dahingehend erfordern, dass festgestellt werden muss, ob das Ab-

---

[6] BVerwG v. 16.3.2006, 4 A 1075.04, Flughafen BBI, Rdnr. 279, m.w.N. Bereits in der B-42-Entscheidung war von einer „notwendigen Wechselbeziehung" die Rede, BVerwG v. 14.2. 1975, E 48, S. 56, 66; näheres s. *E. Hofmann*, Zeitschrift für Umweltrecht 2007, 470, 472.

[7] Zuletzt BVerwG v. 23.6.2004, 3 C 41.03, Rdnr. 36, Stasi-Unterlagengesetz; v. 30.4. 2003, 6 C 6.02, Rdnr. 53, Gebühr für Rufnummernzuteilung im Ortsnetzbereich; zuvor schon v. 12.12.2002, E 117, S. 248, 260 – Gemeinwohlerfordernis aus § 165 Abs. 3 S. 1 Nr. 3 BauGB; v. 14.11.2002, E 117, S. 149, 162 – fernstraßenrechtliche Abwägung nach § 17 FStrG; v. 8.3.2002, E 116, S. 104, 113, Herausgabe von Daten nach dem Stasi-Unterlagengesetz; v. 20.2.2002, E 116, S. 5, 25, Ausstrahlungsverbot für pornographische Filme im Fernsehen; v. 12.4.2000, 11 A 18.98, E 111, S. 108 (Passage nicht abgedruckt – Nr. 1.3 bauplanungsrechtliche Abwägung).

[8] BVerwGE 74, 109 (111); E 77, 86 (91); *J. Wieland*, in: Dreier, GG, Kommentar, 2. Aufl. 2013, Art. 14 Rdnr. 117.

wägungsergebnis „gerecht" ist (also ein positiver gesellschaftlicher Nettonutzen besteht). Sind Grundrechtseingriffe auch in Form beachtlicher faktischer Belastungen mit dem Vorhaben verbunden, so ist es auch nach Art. 1 Abs. 3; 19 Abs. 4 GG die Aufgabe der Verwaltungsgerichte, zu prüfen, ob die Grundrechtseingriffe hinreichend gerechtfertigt sind. Blenden sie dagegen entscheidungsrelevante Teile aus ihrer Kontrolle aus, obwohl sie zu ihrer Prüfung tatsächlich in der Lage und rechtlich dazu befugt wären, so handelten sie verfassungswidrig. Keine hinreichende Rechtfertigung für diese Praxis läge in einer entsprechenden einfachgesetzlichen Vorgabe, die den Gerichten diese Prüfung verbieten würde, da eine solche Regelung ihrerseits gegen Art. 1 Abs. 3; 19 Abs. 4 GG verstieße. Wer etwa unter Hinweis auf § 113 Abs. 1 S. 1 VwGO öffentliche Gelder zu öffentlichen Gütern erklärt, auf deren rechtlich einwandfreie Verwendung kein subjektiv-öffentlicher Anspruch bestehe, verkennt die Wechselwirkung zwischen allen durch die Abwägungsentscheidung verklammerten Belangen, auf die bereits hingewiesen worden ist.

4. Öffentliche Zuschüsse als abwägungsrelevanter Belang

Mit dem vorstehenden Abriss der wesentlichen Eigenheiten der gerichtlichen Kontrolle komplexer Verwaltungsentscheidungen kann man festhalten, dass alle die Entscheidung tragenden Gesichtspunkte ermittelt werden müssen, diese auch in ihrer Wechselbezüglichkeit vertretbar bewertet werden müssen und am Ende ein Ergebnis stehen muss, dass insgesamt durch einen positiven gesellschaftlichen Nettonutzen gerechtfertigt erscheint. Im Rahmen eines solchen Ansatzes wäre die geforderte Gesamtabwägung ohne die Berücksichtigung finanzieller Auswirkungen eines Planfeststellungsbeschlusses für die öffentliche Hand jedoch unvollständig. Es kann daher nicht verwundern, dass jedenfalls öffentliche Zuschüsse in der Rechtsprechung des Bundesverwaltungsgerichts als abwägungsrelevant anerkannt sind.[9] Das erscheint als kaum zu vermeidende Konsequenz des Konzepts, nach dem alle nach Lage der Dinge für die Entscheidung relevanten schutzwürdigen Interessen in die Abwägung eingestellt werden müssen. Für die ansonsten fast durchgängige Praxis der Verwaltungsgerichte, Kosten, die der öffentlichen Hand in Folge der Verwirklichung von dem Abwägungsgebot unterliegenden Verwaltungsentscheidungen keiner Würdigung zu unterziehen, gibt es auf den ersten Blick keine einleuchtende Erklärung. Nachstehend soll daher der Versuch unternommen werden, mögliche Hypothesen der Deutung der Praxis auf ihre Stichhaltigkeit hin zu überprüfen.

---

[9] Zur Anerkennung von Belastungen der öffentlichen Hand als abwägungsrelevante Belange siehe BVerwG v. 30.9.1998, 4 VR 9.98 – Buchholz 407.4 § 17 FStrG Nr. 142 S. 291 m.w.N.; v. 27.1.2000, E 110, S. 302, 311; v. 31.1.2001, 11 A 6.00, NVwZ-RR 2001, S. 653, 654; v. 31.1.2002, DVBl 2002, 990, 992 f.; VGH München v. 8.3.2004, 22 A 03.40058, UA S. 13. Mehrkosten können nach Art. 3 Abs. 1 BayEG (sogar) geeignet sein, einen Eingriff in privates Eigentum zu rechtfertigen; für Ausnahmefälle sieht *Büchs* sogar die alleinige Heranziehung des Kostenarguments als zulässig an (*Büchs*, Handbuch des Eigentums und Entschädigungsrechts, 3. A., 1996, Rdnr. 1166).

III. Mögliche Erklärungen

1. Gewaltenteilung

Sucht man nach Erklärungen oder Rechtfertigungen für die fehlende Überprüfung der Einhaltung des Haushaltsrechts, so ließe sich zunächst an die Beschränkung der Gerichte auf die Kontrolle behördlicher Entscheidungen hinsichtlich bestimmter, von der Behörde abzuwägender Belange denken. Hat der Gesetzgeber durch die Verabschiedung des Haushalts bereits entschieden, dass für bestimmte Projekte Geld bereit steht, so ist es nicht Sache der Behörden – und erst recht nicht die Sache der Gerichte –, diese Entscheidung zu hinterfragen.

2. Fehlende Einklagbarkeit
(§ 42 Abs. 2; 113 Abs. 1 S. 1 VwGO)

Eine weitere mögliche Erklärung für die wenig aufmerksame Prüfung ist die Auslegung von § 113 Abs. 1 S. 1 VwGO, nach der die Rechtswidrigkeit eines Verwaltungsaktes nur insoweit überprüft werden muss, wie subjektive Rechtsverletzungen in Rede stehen. Wie vorstehend bereits erwähnt, steht diese Auslegung unter dem Verdacht der Verfassungswidrigkeit. Sie würde jedoch erklären, wieso die Verwaltungsgerichte der finanziellen Seite eines Vorhabens wenig Beachtung schenken. Jedenfalls hinsichtlich der öffentlichen Zuschüsse, möglicherweise aber auch mit Blick auf die erwarteten Vorteile einer privaten Maßnahme, die für Prüfung der hoheitlichen Abwägungsentscheidung von Bedeutung sind, sind subjektive öffentliche Rechte nach der Schutznormtheorie nicht ohne weiteres zu entdecken. Eine nähere Betrachtung erhellt jedoch, dass der vom Bundesverwaltungsgericht zu Recht festgestellte unauflösliche Zusammenhang unter den Belangen, der daraus folgende Ansatz einer Gesamtabwägungsprüfung und die Grundrechtsbindung auch der Verwaltungsgerichte zusammen genommen es als schwer begründbar erscheinen lassen, rechtlich gefasste, entscheidungsrelevante Belange aus der gerichtlichen Kontrolle auszuklammern. Eine Ausblendung öffentlicher Zuschüsse wird so nur ausnahmsweise zu rechtfertigen sein, etwa wenn das Vorhaben auch ohne die Zuschüsse mit Sicherheit gerecht abgewogen ist.

Das gilt angesichts der jüngeren Entwicklungen im Europarecht in besonderer Schärfe: Soweit die Aarhus-Konvention und die UVP-Richtlinie reichen, ist der (betroffenen) Öffentlichkeit nicht nur ein Anspruch auf Beteiligung und Information zu gewähren, sondern auch ein weiter Zugang zu Gerichten und deren Prüfung der behördlichen Entscheidungen auf verfahrensrechtliche und materiellrechtliche Rechtmäßigkeit (Art. 11 UVP-Richtlinie). Insofern gibt es zu denken, dass der Generalanwalt Wathelet in seinem Schlussantrag in der Rechtssache C-137/14 diese bestimmte Auslegung von § 113 Abs. 1 S. 1 VwGO als eine von der Richtlinie nicht gedeckte

Beschränkung des Zugangs zu gerichtlicher Kontrolle sieht.[10] Die Ausblendung bestimmter Belange ohne sachlich hinreichenden Grund wirft daher auch europarechtliche Fragen auf.

3. Haushalts- und Finanzverfassungsrecht

Eng mit dem oben skizzierten Gedanken der Gewaltenteilung zusammen hängen haushalts- bzw. finanzverfassungsrechtliche Vorgaben, die eine zurückhaltende Einbeziehung des Belangs „öffentliche Gelder" in die planerische Abwägungsentscheidung erklären können. Zum einen greift im Vorfeld der Bereitstellung öffentlicher Mittel ein eigenes Abwägungsgebot, das den Haushaltsgesetzgeber – und in der Folge auch den Haushaltsvollzug – an die Haushaltsgrundsätze der Wirtschaftlichkeit und Sparsamkeit bindet. Zum anderen folgt die Bereitstellung öffentlicher Mittel dem Grundsatz der Haushaltswahrheit, nach dem alle Ausgaben, die nötig sind, um rechtliche Verpflichtungen zu erfüllen, in den Haushaltsplan eingestellt werden *müssen*. Diese beiden Aspekte korrespondieren mit dem Zeitpunkt, zu dem die Mittel bereitgestellt werden – vor oder nach der planerischen Entscheidung.

a) Wirtschaftlichkeit und Sparsamkeit

Werden bereits vor einer planerischen Behördenentscheidung Haushaltsmittel für ein bestimmtes Projekt bereitgestellt (man spricht insoweit von „Zweckausgaben" im Gegensatz zu den allgemeinen Verwaltungsausgaben i.S.d. Art. 104a Abs. 5 S. 1 GG[11]), greift wie für alle haushaltswirksamen Maßnahmen der haushaltsrechtliche Wirtschaftlichkeitsgrundsatz. Das Gebot der Wirtschaftlichkeit wird in Art. 114 Abs. 2 GG zwar nur als Prüfungsmaßstab für die Finanzkontrolle durch den Bundesrechnungshof genannt. Die Grundsätze der Wirtschaftlichkeit und Sparsamkeit gelten aber, obwohl aus Sicht der nachschauenden Rechnungsprüfung entwickelt[12], schon im Vorfeld, d. h. für Aufstellung und Ausführung der Haushaltspläne, § 7 BHO/LHO, § 6 Abs. 1 HGrG, Art. 114 Abs. 2 GG[13]. Die Verpflichtung, wirtschaftlich zu handeln, ist zudem die finanzrechtliche Ausprägung des Verhältnismäßigkeitsprinzips, das alle Staatsgewalt bindet und auch den Inhalt des Wirtschaftlichkeitsgebots prägt[14]. Das Wirtschaftlichkeitsprinzip verlangt, bei allen finanzwirksamen Maßnahmen die günstigste Relation zwischen dem gesteck-

---

[10] *E. Hofmann*, Der Abschied von der (ohnehin meist falsch verstandenen) Verfahrensautonomie der Mitgliedsstaaten? Anmerkung zum EuGH v. 15.10.2015, Rs. C-137/14, EuR 2016, S. 189, 190.

[11] Zur Abgrenzung *H. Tappe*, in: Kahl/Waldhoff/Walter (Hrsg.), Bonner Kommentar GG, Art. 104a (2017) Rdnrn. 304 f.

[12] *K. Stern*, Staatsrecht II, 1980, S. 1251.

[13] *H. Tappe/R. Wernsmann*, Öffentliches Finanzrecht, 2015, § 7 Rdnr. 564.

[14] Vgl. VerfGH NRW, Urt. v. 2.9.2003, VerfGH 6/02, OVGE 49, 278 (282 f.).

ten Ziel und den eingesetzten Mitteln anzustreben[15], also das Verhältnis von Aufwand und Ertrag zu optimieren.[16]

Das Wirtschaftlichkeitsgebot wirkt aber formal[17], d. h. ein Handeln ist dann wirtschaftlich, wenn entweder das erstrebte Ziel mit geringstmöglichem Mitteleinsatz oder mit den vorgegebenen Mitteln eine größtmögliche Zielverwirklichung erreicht wird.[18] Wirtschaftlichkeit an sich ist nicht denkbar[19]. Vielmehr stehen Sachziele im Vordergrund, hierbei hat der Mitteleinsatz (als Randbedingung) wirtschaftlich zu erfolgen.[20] Erstreckt man die Geltung des Wirtschaftlichkeitsprinzips auf den Gesetzgeber, so ist es der Gesetzgeber selbst, der entweder im Rahmen seines Budgetrechts oder z. B. bei der Verabschiedung von Leistungsgesetzen die Ziele des staatlichen Handelns bestimmt.[21]

Wenn daher im Haushaltsplan Mittel für ein bestimmtes Projekt ausgewiesen werden, ist hierin eine erste Abwägungsentscheidung des Gesetzgebers zu sehen, der dem Projekt eine – in Geld ausgedrückte – Wertigkeit zumisst. Das gilt für eigene Investitionsvorhaben der öffentlichen Hand, für Zuweisungen und Zuschüsse, die auch zu den Investitionsausgaben zählen können (§ 10 Abs. 3 Nr. 2 lit. g] HGrG, § 13 Abs. 3 Nr. 2 lit. g] BHO/LHO), und für alle weiteren Ausgaben, die sich einer bestimmten Planungsentscheidung zuordnen lassen[22]. Hieraus ergibt sich eine gewisse Pfadabhängigkeit in dem Sinne, dass die Verwaltung davon ausgehen wird, es gebe eine bestimmte Präferenz des Gesetzgebers *für* die Verwirklichung, denn dieser hat ja bereits die entsprechenden Gelder bewilligt. Die Abwägungsentscheidung, für das Projekt öffentliches Geld zu verwenden, scheint insoweit vorweggenommen zu sein. Der Haushaltsplan ermächtigt die Verwaltung, Ausgaben zu leisten, § 3 Abs. 1 BHO/LHO, allerdings dürfen in Höhe der eingeplanten Mittel Ausgaben nur soweit geleistet werden, als sie zur wirtschaftlichen und sparsamen Verwaltung erforderlich sind, § 34 Abs. 2 S. 1 BHO/LHO. Die erste Prüfung der Wirtschaftlichkeit einer Maßnahme durch den Gesetzgeber entbindet die Verwaltung daher nicht, nicht auch selbst im Rahmen des Haushaltsvollzugs eine Prüfung der Wirtschaftlichkeit vorzunehmen und die veranschlagten Mittel sparsam zu verausgaben. Insbesondere dann, wenn der Haushaltsgesetzgeber die Ausgaben für ein Pro-

---

[15] VerfGH NRW, Urt. v. 2.9.2003, VerfGH 6/02, OVGE 49, 278 (282 f).

[16] *M. Heintzen*, in: v. Münch/Kunig, GG, Kommentar, 6. Aufl. 2012, Art. 114 Rdnr. 24; *M. Eibelhäuser/K. Nowak*, in: Engels/Eibelhäuser (Hrsg.), Kommentar zum Haushaltsrecht, § 7 BHO (2007) Rdnr. 3.

[17] *H. Siekmann*, in: Sachs, GG, Kommentar, 8. Aufl. 2018, Art. 114 Rdnr. 14.

[18] *Stern* (o. Fußn. 12), S. 1251; *M. Heintzen*, in: v. Münch/Kunig, GG, Kommentar, 6. Aufl. 2012, Art. 114 Rdnr. 24.

[19] Vgl. *C. Gröpl*, in: Kahl/Waldhoff/Walter (Hrsg.), Bonner Kommentar GG, Art. 110 (2015) Rdnr. 141; *N. Luhmann*, VerwArch 51 (1960), S. 97 (98 ff).

[20] Vgl. *H. Siekmann*, in: Sachs, GG, Kommentar, 8. Aufl. 2018, Art. 114 Rdnr. 14.

[21] Vgl. *A. Nebel*, in: Piduch (Hrsg.), Bundeshaushaltsrecht, Art. 110 GG (2012) Rdnr. 25.

[22] Zur Spezialität bzw. sachlichen Bindung s. *H. Tappe*, in: Gröpl (Hrsg.), BHO/LHO, 2018, § 45 Rdnrn. 13 ff.

jekt (für eine bestimmte Projektalternative) im Vorfeld für wirtschaftlich hält, dies aber im Laufe des Planungsprozesses wegen neuerer Entwicklungen oder zusätzlicher Informationen fragwürdig wird, ist die Verwaltung durch die veranschlagten Mittel keineswegs gebunden und muss eigene Wirtschaftlichkeitserwägungen anstellen (§ 34 Abs. 2 S. 1 BHO/LHO, § 7 Abs. 1 S. 1 BHO/LHO: „bei der Ausführung"). In solchen Fällen muss dargetan werden, aus welchen Gründen trotz der mit dem Projekt verbundenen öffentlichen Ausgaben die gewählte Alternative dem Gebot gerechter Abwägung entspricht – die fehlende Auseinandersetzung mit den für das Projekt erforderlichen Haushaltsmitteln stellt ein Abwägungsdefizit dar, da diese Kosten entscheidungserheblich sein können.

Noch deutlicher gilt diese Überlegung, wenn Ausgabemittel nicht für ein bestimmtes (Groß-) Projekt spezifiziert sind, sondern allgemein für einen bestimmten Sachzweck oder auch für Verwaltungsausgaben (i.S.d. Art. 104a Abs. 5 GG[23]) veranschlagt werden. Hier lässt sich aus der Bereitstellung von öffentlichen Geldern noch nicht auf die Wertigkeit eines bestimmten Projekts oder gar einer bestimmten Variante des Projekts schließen. Wenn sich die Verwaltung in Ausführung der ihr dann auch durch den Haushaltsplan eingeräumten Spielräume für eine bestimmte Planungsvariante entscheidet, ist die Abwägung in der Sache dann zugleich auch die haushaltsrechtliche Entscheidung für eine Verausgabung unter dem Aspekt der Wirtschaftlichkeit, d.h. die Optimierung von Aufwand und Ertrag unter (vorrangiger) Berücksichtigung des Sachziels.

b) Vollständigkeit und Haushaltswahrheit

Folgt die Haushaltsentscheidung der planerischen Entscheidung zeitlich nach, gibt es kaum noch haushaltsrechtliche Steuerungsmöglichkeiten, so dass die Bedeutung der Mittelbereitstellung für die vorherige Abwägungsentscheidung sinkt. Zwar kann die Verwaltung den Haushaltsgesetzgeber nicht zwingen, Mittel für ein bestimmtes Projekt bereitzustellen. Sie kann aber – innerhalb der allgemein gefassten Zweckbestimmung oder im Rahmen flexibilisierter Ausgaben – eigene Prioritäten setzen und „umschichten". Dies gilt ggf. mit der Folge, dass dann wieder neue Mittel für diesen Zweckbereich zu veranschlagen sind. Die Abhängigkeit der haushaltsrechtlichen Veranschlagung von der vorherigen Sachentscheidung folgt aus dem haushaltsverfassungsrechtlichen Grundsatz der Vollständigkeit des Haushalts bzw. der sogenannten Haushaltswahrheit.

Der in Art. 110 Abs. 1 S. 1 GG enthaltene Verfassungsgrundsatz der Vollständigkeit zielt darauf ab, das gesamte staatliche Finanzvolumen der Haushaltsplanung und der Entscheidung von Parlament und Regierung zu unterstellen. Im Haushaltsplan müssen gem. § 11 Abs. 2 BHO/LHO alle Einnahmen und Ausgaben veranschlagt werden, die im Haushaltsjahr zu einem Zahlungsvorgang führen. Ausgaben dürfen

---

[23] Vgl. *H. Tappe*, in: Kahl/Waldhoff/Walter (Hrsg.), Bonner Kommentar GG, Art. 104a (2017) Rdnrn. 296 ff.

nur geleistet werden, wenn das Haushaltsgesetz dazu ermächtigt, Art. 110 Abs. 1 S. 1 GG[24]. Hieraus leitet sich wiederum der Grundsatz der Haushaltswahrheit ab. Die zu leistenden Ausgaben müssen möglichst genau geschätzt werden[25] und aus *Ex-ante-*Sicht sachgerecht und vertretbar ausfallen[26]. Dies hat zur Folge, dass die in Leistungsgesetzen bestimmten Ansprüche Dritter im Haushaltsplan ihren Niederschlag finden *müssen*, weil sie aufgrund der Zahlungsverpflichtung zu den „voraussichtlich zu leistenden Ausgaben" i.S.d. § 11 Abs. 2 Nr. 2 BHO/LHO gehören[27]. Wird die Verwaltung (fach-)gesetzlich verpflichtet zu zahlen, so muss die Verwaltung auch haushaltsrechtlich i.S.d. § 3 Abs. 1 BHO/LHO ermächtigt werden, diese Ausgaben zu leisten. Der Haushaltsplan steht zwar im Range des einfachen Rechts, ist aber unter dem Aspekt der Haushaltswahrheit dem einfachen Recht nachgeordnet, § 3 Abs. 2 BHO/LHO (§ 3 Abs. 2 HGrG). Das Recht gilt nicht nach Maßgabe des Haushaltsplans, sondern umgekehrt der Haushaltsplan nach Maßgabe des Rechts[28]. Trifft daher der Gesetzgeber selbst eine bestimmte Sachentscheidung, die Kosten verursacht, muss der Haushalt diese Entscheidung als Ausgabeentscheidung nachvollziehen. Er kann sie nicht durch eine Verweigerung der Finanzierung derogieren. Aber auch dann, wenn die Verwaltung ausgaberelevante Sachentscheidungen trifft, ist es für den Haushaltsgesetzgeber schwierig, die Mittel zu verweigern.

c) Finanzielle Abwägungsentscheidung

Beide Varianten unterscheiden sich in der zeitlichen Abfolge von Sachentscheidung und haushaltsmäßiger Bereitstellung der Mittel, wobei – gerade mit Blick auf größere und langfristige Projekte – durchaus Mischformen auftreten können. Beide Varianten haben aber gemeinsam, dass die Entscheidung über die Finanzierung als Abwägungsentscheidung gewissermaßen ausgelagert wird. Sie wirkt – auf Grund der verfahrensmäßigen Abläufe und der unterschiedlichen Zuständigkeiten – wie eine eigene und nach eigenen Vorgaben zu treffende Abwägungsentscheidung. Als folgenschwer erweist sich hierbei die wechselseitige Abhängigkeit von Sach- und Finanzierungsentscheidung: Für ein durchzuführendes Projekt muss Geld „da" sein, soweit es sich um notwendige Kosten des Projekts handelt, also von den behördlichen Planungskosten bis hin zu zwingenden Folgekosten (Haushaltswahrheit); ein Projekt, für dessen Planung und gegebenenfalls Verwirklichung Geld bewilligt ist, hat wiederum die Tendenz, auch durchgeführt zu werden (Pfadabhängigkeit).

---

[24] Ähnliches gilt nach § 64 BHO/LHO für die Veräußerung oder das Zurverfügungstellen von Grundstücken, vgl. *R. Wernsmann*, in: Gröpl (Hrsg.), BHO/LHO, 2018, § 64 Rdnrn. 7 ff.
[25] Vgl. *W. Heun*, Staatshaushalt und Staatsleitung, 1989, S. 264.
[26] BVerfGE 30, 250 (263); BVerfGE 113, 167 (234); BVerfGE 119, 96 (130).
[27] *Tappe/Wernsmann* (o. Fußn. 13), § 7 Rdnr. 551.
[28] *R. Mußgnug*, Der Haushaltsplan als Gesetz, 1976, S. 313.

Die organisatorische wie funktionale Trennung der Abwägungsentscheidungen führt daher gerade bei Großprojekten zu einer effektiven, faktischen „Blindheit" für die finanzielle Abwägung durch die Planungsbehörde, da hier keine bzw. eine sehr geringe Flexibilisierung der Ausgabemittel vorgesehen ist. Je konkreter die finanzielle Abwägungsentscheidung durch den Haushaltsgesetzgeber getroffen ist, desto weniger sieht sich die Planungsbehörde in der Pflicht, „auch noch" die Ausgaberelevanz der Maßnahme im Blick zu behalten. Je weiter die Planung fortgeschritten ist, desto eher ergeben sich Zwänge, die notwendigen Mittel auch im Haushalt zu veranschlagen.

Auch wenn die Verwaltung haushaltsrechtliche Spielräume nutzt und nutzen darf, wirkt es so, als wäre die Abwägung in der Sache von der haushaltsrechtlichen Abwägung nach Wirtschaftlichkeitsgesichtspunkten entkoppelt. Sind die haushaltsmäßig bereitgestellten Mittel sachlich nicht weiter spezifiziert, ist die Wirtschaftlichkeitsentscheidung der Sachentscheidung nachgeordnet: Zeitlich, weil die Entscheidung über das Leisten von Ausgaben oder der Inanspruchnahme von Verpflichtungsermächtigungen (§ 34 Abs. 2, 3 BHO/LHO) deren Fälligkeit voraussetzt (§ 11 Abs. 2 BHO/LHO)[29], aber auch sachlich, weil (haushaltsrechtliche) Wirtschaftlichkeit i.S.d. §§ 6 Abs. 1 HGrG, 7 Abs. 1 BHO/LHO weitgehend formal verstanden wird (s. o.). Sind haushaltsmäßig noch (zeitlich) keine Mittel für Zweckausgaben bereitgestellt, weil zum Zeitpunkt der Planung zwar schon Kosten für diese (Verwaltungsausgaben), aber noch keine Ausgaben für den konkreten Sachzweck – auch nicht als Verpflichtungsermächtigungen – fällig sind, liegt die haushaltsrechtliche Abwägung scheinbar in der Zukunft. Weil sich aus der Sachentscheidung aber in letzter Konsequenz eine verfassungsrechtliche Verpflichtung zur Bereitstellung von Mitteln ergeben kann (Haushaltswahrheit) eben nur scheinbar.

Um ihrer Pflicht zum wirtschaftlichen Handeln nachzukommen, müsste die mit der (Fach-) Planung beauftragte Verwaltung daher notwendige Ausgaben und Folgekosten durchaus schon als wesentlichen Belang berücksichtigen und kann die Entscheidung darüber nicht auf die mit der (Haushalts-)Planung betrauten Organe – innerhalb wie außerhalb der Verwaltung – auslagern. Konkret: Gerade *weil* der Bau eines Musical-Theaters in einem bestimmten Stadtviertel Folgekosten im Bereich der öffentlichen Sicherheit (später) notwendig macht, also nach den Grundsätzen der Haushaltswahrheit eine weitere Bereitstellung von entsprechenden Ausgaben im Haushaltsplan erzwingt, müssen diese voraussichtlich später fälligen Ausgaben schon bei der Planung des Projekts im Sinne der Wirtschaftlichkeit mit berücksichtigt werden.

---

[29] Vgl. *H. Tappe*, in: Gröpl (Hrsg.), BHO/LHO, Kommentar, 2018, § 11 Rdnrn. 32 ff.; § 34, Rdnrn. 26 ff.

d) Haushaltsrechtliche Vorgaben als subjektive Rechte des Einzelnen?

Das objektive Erfordernis einer Gesamtabwägung unter Einbeziehung auch der öffentlichen Gelder ist indes zu unterscheiden von der bereits oben angesprochenen Einbeziehung dieser Belange in die gerichtliche Prüfung. Hierbei ist weitgehend anerkannt, dass der Einzelne, obwohl als Steuerzahler an der Finanzierung aller Ausgaben beteiligt (Gesamtdeckung, § 8 S. 1 BHO/LHO, § 7 S. 1 HGrG), keinen Anspruch auf die Beachtung der Grundsätze der Wirtschaftlichkeit und Sparsamkeit hat und sich vor Gericht daher nicht auf die Verletzung dieser Prinzipien berufen kann[30]. Für die Ansätze des Haushaltsplans selbst zeigen dies die § 3 Abs. 2 BHO/LHO und § 3 Abs. 2 HGrG, für die Ausführung des Haushalts folgt dies sicherlich auch – im Sinne einer normativen Ermächtigungslehre – aus dem Haushaltsverfassungsrecht, das etwa in den Art. 110 Abs. 1 GG und Art. 113 GG kollidierendes Verfassungsrecht bereithält, welches auch Eingriffe in das schrankenlos gewährleistete Grundrecht des Art. 19 Abs. 4 GG rechtfertigen kann. Dies gilt freilich nur insoweit, als nicht *andere* Rechte des Einzelnen betroffen sind, die als solches einklagbar sind, so dass Rechtsverletzungen dann auch mit dem Argument einer fehlerhaften Ausführung des Haushaltsplans als rechtswidriger Eingriff abgewehrt werden können[31].

4. Private und Öffentliche Finanzen

Neben den – aus dem Haushaltsrecht folgenden – funktionalen wie zeitlichen Gründen für ein Ausblenden der öffentlichen Gelder können auch Eigenheiten der (Fach-)Planung einen Erklärungsansatz bieten. Diese geht – als Beispiel mögen Bebauungsplan und Baugenehmigung dienen – typischerweise vom „privaten Investor" aus, der die Kosten der konkreten Umsetzung (des Baus) übernimmt und daher eine eigene, private Abwägungsentscheidung („für sich") vornimmt, ob das Vorhaben wirtschaftlich umzusetzen ist. Der Planungsbetroffene entscheidet also in diesem Regelfall über die Wirtschaftlichkeit des Vorhabens, der Planer lässt genau diesen („privatisierten") Aspekt außen vor und entscheidet nur über die öffentlichen Belange im Übrigen. Privatnützige Planfeststellungen blenden also finanzielle Aspekte typischerweise aus. Nur wenig anders ist dies dann, wenn ein an sich privates Projekt mit öffentlichen Geldern bezuschusst wird, also der privaten Entscheidung für ein bestimmtes Projekt mit öffentlichen Mitteln „nachgeholfen" wird. Hier erfolgt die Planfeststellung – wie sonst auch – weiter unter der Prämisse, dass die Erwägungen zur Wirtschaftlichkeit primär vom Privaten zu treffen sind; die Entscheidung, ob mit

---

[30] Vgl. nur *H. H. v. Arnim*, Wirtschaftlichkeit als Rechtsprinzip, 1988, S. 102; *C. Gröpl*, in: Isensee/Kirchhof (Hrsg.), Handbuch des Staatsrechts V, 3. Aufl. 2007, § 121 Rdnrn. 23, 36.

[31] So etwa im Bereich von Klagen auf oder Konkurrentenklagen gegen Subventionsentscheidungen, vgl. *M. Ibler*, in: Friauf/Höfling (Hrsg.), Berliner Kommentar GG, Art. 19 Abs. 4 (2002) Rdnr. 131. Vgl. grundlegend auch BVerfGE 6, 32 (41), Elfes.

dem Ziel einer bestimmten privaten Entscheidung eine öffentliche Subventionierung erfolgt, ist – unter derselben Prämisse – dann eine davon unabhängige Entscheidung, die mit der Planung an sich nichts zu tun haben scheint – und regelmäßig auch verschiedenen Behörden zur Prüfung obliegt. Vergegenwärtigt man sich indes, dass die öffentlichen Belange, die eine Subventionierung rechtfertigen, zugleich solche sind, die auch im Rahmen der planerischen Abwägungen von Bedeutung sind (z. B. Wirtschafts- oder Arbeitsmarktpolitik), so wird deutlich, dass sich eine saubere Trennung zwischen privatnütziger Planfeststellung und gemeinnütziger Subventionierung schon in der Theorie kaum aufrecht erhalten lässt. Dass ein privates Vorhaben subventioniert werden muss, ist also auch bei der Planung zu berücksichtigen.

IV. Zusammenfassung und Ausblick

Mit den vorstehenden Überlegungen lässt sich im Ansatz festhalten, dass das planungsrechtliche Gebot gerechter Abwägung die Berücksichtigung aller entscheidungserheblichen Belange fordert. Dazu zählen grundsätzlich auch die Kosten für die öffentliche Hand in Gestalt von Planungskosten der öffentlichen Verwaltung, Zuschüsse für die Verwirklichung der gewählten Projektvariante und seine gesellschaftlichen Folgekosten etwa in Gestalt von Umweltbelastungen. Die erstgenannten Kosten müssen von der Verwaltung ohnehin getragen werden und stehen nicht zur Disposition der Planfeststellungsbehörde. Die drittgenannten Umweltbelastungen werden durch die Anwendung des geltenden Umweltrechts und die angemessene Bewertung etwaiger negativer Umweltfolgen in der Abwägung bewältigt. Was die finanzielle Unterstützung bestimmter Projektvarianten durch Zuschüsse anbelangt, so ist die Verwaltung nicht von der Prüfung und der Pflicht zur Begründung entbunden, ob und wieso die gewählte Projektvariante einen gesellschaftlichen Nettonutzen aufweist – planungsrechtlich gesprochen, ob sie dem Gebot, ein gerechtes Abwägungsergebnis zu suchen, entspricht, und haushaltsrechtlich ausgedrückt, ob sie dem Gebot der Wirtschaftlichkeit und Sparsamkeit genügt. Es gibt damit keinen Fall, in dem es einer Planfeststellungsbehörde von vornherein erlaubt wäre, über Subventionen im weitesten Sinne mit Schweigen hinwegzugehen. Vorbehaltlich weiterer Differenzierungen stellt sich die entsprechende verwaltungsgerichtliche Praxis, die dieses Vorgehen nicht moniert, als inkonsistent dar, da ein festzustellender Abwägungsmangel in Form eines Abwägungsdefizits nicht moniert wird.

Das gilt auch unter Berücksichtigung des Umstands, dass es sich bei öffentlichen Zuschüssen um öffentliche Belange handelt, die nicht direkt über subjektiv-öffentlich-rechtliche Ansprüche zum Gegenstand einer verwaltungsgerichtlichen Klage gemacht werden können. Soweit aber Zuschüsse in dem Sinne entscheidungserheblich sind, als sie für die Verwirklichung der gewählten Variante eine Rolle gespielt haben, und der betreffende Kläger durch die Verwaltungsentscheidung in Grundrechten berührt ist, hat er wegen der Wechselbezüglichkeit aller betroffenen Belange einen Anspruch auf Prüfung, ob bei der Bezuschussung des Projekts Rechtsverstöße festzustellen sind. Soweit das der Fall ist, macht das den Planfeststellungsbeschluss rechtswidrig mit der regelmäßigen Folge seiner Aufhebbarkeit.

Auswirkungen des neuen Störfallrechts für Häfen

Von *Christian Kahle*

I. Störfallrecht und Hafenbereich

Während Häfen früher insbesondere dem Umschlag von Lebensmitteln, Stoffen, Metallen und Baustoffen dienten, lässt sich heute dem Grunde nach kein Handelsgut mehr vorstellen, welches nicht per Schiff transportiert und in Häfen gelöscht und umgeschlagen wird. Neben ungefährlichen Gütern gehören zu den Waren auch gefährliche Güter, wie Chemikalien, gefährliche Abfälle, Öle, Gase und verschiedenste Stoffgemische. Mit dem Ende der Frachtsegler und der Entwicklung von Dampfschiffen hin zu modernen Containerschiffen oder Massengutfrachtern nahmen zudem auch die Mengen an Gütern zu, die in den Häfen umgeschlagen wurden.

Die vorgenannten Umstände erfordern, neben besonderen Anforderungen an den Transport, auch Vorkehrungen an den Umschlag, die Lagerung und den Umgang mit diesen Stoffen. Der Hafen hat sich durch diese Entwicklung zu einem mit Industrieunternehmen vergleichbaren Ort entwickelt. In diesem Zusammenhang ist darauf hinzuweisen, dass es eine allgemeinverbindliche Definition des Begriffs „Hafen" weder auf nationaler, europäischer noch auf internationaler Ebene gibt. Aus rechtlicher Sicht sind viele Häfen aufgrund des potenziellen Vorhandenseins von Gefahrstoffen als Störfallbetriebe einzustufen, da im Fall von Betriebsstörungen oder Störfällen trotz aller Vorsorge und Sorgfalt Brände, Explosionen oder die Freisetzung gefährlicher Stoffe nicht mit letzter Sicherheit ausgeschlossen werden können. Häfen unterliegen daher häufig dem Störfallrecht und haben besondere Anforderungen zu erfüllen. Sie stehen dabei auch im Konflikt mit anderen Nutzungen, die in der Nähe betrieben werden. Dieses Problem stellt sich insbesondere in Häfen, die sich in der Nähe von Siedlungsstrukturen oder unmittelbar in der Stadt befinden. Beispielhaft sei hier nur der Hamburger Hafen erwähnt. Hier befinden sich in nächster Nähe der Innenstadt – nur durch die Elbe getrennt – gleich mehrere Störfallbetriebe. Bei der Erweiterung dieser Betriebe oder der Errichtung von Gebäuden in der Nähe der Störfallbetriebe sind somit die Anforderungen des Störfallrechts in den Blick zu nehmen.

II. Einstufung von Hafenbetrieben als Störfallbetriebe

Nicht jeder Umschlagbetrieb ist als Störfallbetrieb zu qualifizieren. In den Anwendungsbereich der Störfall-Verordnung (12. BImSchV)[1] fallen regelmäßig Industriebetriebe, in denen größere Mengen gefährlicher Stoffe produziert oder eingesetzt werden können. Problematisch ist die Einstufung in störfallrechtlicher Hinsicht bei der Lagerung und beim Umschlag von gefährlichen Stoffen. Hintergrund ist, dass der Hafenbetreiber regelmäßig keinen oder nur einen beschränkten Einfluss auf die Stoffe hat, die von Reedereien im Auftrag ihrer Auftraggeber angeliefert, gelöscht oder geladen werden. Soll in dem Hafenbetrieb somit der Umschlag von gefährlichen Stoffen dem Grunde nach uneingeschränkt möglich sein, muss hier davon ausgegangen werden, dass sämtliche Arten von gefährlichen Stoffen umgeschlagen und gelagert werden. Zur Anwendung kommt die Störfall-Verordnung jedoch nur dann, wenn im Anhang I der Störfall-Verordnung aufgeführte Stoffe vorhanden sind.

1. Vorhandensein gefährlicher Stoffe / Lagerung

Der Begriff Vorhandensein gefährlicher Stoffe bezeichnet das tatsächliche oder vorgesehene Vorhandensein gefährlicher Stoffe oder ihr Vorhandensein im Betriebsbereich, soweit vernünftigerweise vorhersehbar ist, dass sie bei außer Kontrolle geratenen Prozessen, auch bei Lagerung in einer Anlage innerhalb des Betriebsbereichs, anfallen, und zwar in Mengen, die die in Anhang I genannten Mengenschwellen erreichen oder überschreiten.[2]

Die Störfall-Verordnung dient der Umsetzung der Seveso-Richtlinie. Mit Datum vom 4. Juli 2012 wurde die Seveso-II-Richtlinie durch die Richtlinie 2012/18/EU (Seveso III-Richtlinie)[3] ersetzt. Schwerpunkte der neuen Richtlinie sind unter anderem die Ausweitung der Pflicht zur Information der Öffentlichkeit, umfassende Vorgaben zur Öffentlichkeitsbeteiligung, detailliertere Vorgaben für die Inspektion von Betriebsbereichen und die Anpassung des Anhangs I der Richtlinie an die CLP-Verordnung. Gerade die Anpassung des Anwendungsbereichs der Seveso-III-Richtlinie an die CLP-Verordnung führt dazu, dass nunmehr Betriebe dem Anwendungsbereich der Seveso-III-Richtlinie unterfallen, die bislang nicht von dieser Richtlinie erfasst wurden. Neu ist beispielsweise die Einbeziehung der Lagerung, die in der Seveso-III-Richtlinie als Vorhandensein einer Menge gefährlicher Stoffe zum Zweck der Einlagerung, der Hinterlegung zur sicheren Aufbewahrung oder der Lagerhaltung defi-

---

[1] Zwölfte Verordnung zur Durchführung des Bundes-Immissionsschutzgesetzes, in der Fassung der Bekanntmachung vom 15. März 2017 (BGBl. I S. 483), zuletzt geändert durch Verordnung vom 8. Dezember 2017 (BGBl. I S. 3882).

[2] § 2 Nr. 5 Störfall-Verordnung.

[3] Richtlinie 2012/18/EU des Europäischen Parlaments und des Rates vom 4. Juli 2012 zur Beherrschung der Gefahren schwerer Unfälle mit gefährlichen Stoffen, zur Änderung und anschließenden Aufhebung der Richtlinie 96/82/EG des Rates, ABl. EG Nr. 197/1 vom 24. 7. 2012, sie hat die Richtlinie Seveso II-Richtlinie 96/82/EG, ABl. EG Nr. L 10 vom 14. 1. 1997 ersetzt.

niert ist.⁴ Dies führt dazu, dass Hafenbetriebe, in denen auch eine Lagerung der Stoffe erfolgt, ausdrücklich dem Anwendungsbereich der Richtlinie unterfallen. Aus dem Anwendungsbereich der Richtlinie ausgeschlossen sind hingegen die für Hafenbetriebe relevanten Fallkonstellationen des Be- und Entladens sowie des Umladens von einem Verkehrsträger auf einen anderen Verkehrsträger in Hafenbecken, Kaianlagen oder Verschiebebahnhöfen.⁵ Diese Beschränkung wurde in die Störfall-Verordnung durch den pauschalen Verweis in § 1 Abs. 3 Störfall-Verordnung auf Art. 2 Abs. 2 Unterabs. 1 Seveso-III-Richtlinie übernommen. Die Begriffsbestimmung des Lagerns wurde hingegen – auch wenn dies ursprünglich vorgesehen gewesen ist – nicht in die Störfall-Verordnung übernommen.⁶ Sind die Vorgänge des Be- und Entladens sowie des Umladens nicht mit einer Lagerung oder Zwischenlagerung verbunden, findet das Störfallrecht demzufolge keine Anwendung.

Wann aber liegt eine Lagerung, wann eine Umlagerung oder Zwischenlagerung vor? In der Literatur und Rechtsprechung wird zur Abgrenzung auf das zeitliche Moment abgestellt.⁷ Erfolgt lediglich ein kurzfristiges Abstellen der Güter und wird der Transportvorgang nur unterbrochen, liegt keine Lagerung vor und das Störfallrecht findet keine Anwendung. Höchst umstritten ist jedoch, wann von einer kurzfristigen Unterbrechung des Transportvorgangs auszugehen ist. Das OVG Münster hat insofern als Orientierungswert eine 24-Stunden-Regel aufgestellt. Nach dieser Rechtsprechung ist die Lagerung von Gefahrgut in einem (Container-)Umschlagterminal des kombinierten Verkehrs als zeitlich begrenzte Zwischenlagerung vom Anwendungsbereich der Störfall-Verordnung ausgenommen, wenn die Zwischenlagerung im räumlichen, funktionalen und zeitlichen Zusammenhang mit der Beförderung steht. Der erforderliche zeitliche Zusammenhang sei gewahrt, wenn die „24-Stunden-Regel" gemäß § 3 Abs. 4 GefStoffV eingehalten ist. Ob die Zwischenlagerung von Transportgut auch bei einer Überschreitung dieser Regelfrist als transportbedingt angesehen werden kann, richtet sich nach den Umständen des Einzelfalls.⁸ Gegen eine starre 24-Stunden-Regel hat sich insbesondere Mann ausgesprochen, der eine Anknüpfung an die Gefahrstoffverordnung ablehnt und vielmehr fordert, dass im Rahmen einer Einzelfallbetrachtung zu prüfen ist, ob der Zusammenhang mit dem Beförderungsvorgang unterbrochen ist.⁹ Diese Ansicht hat das OVG Müns-

---

⁴ Art. 3 Nr. 16 Seveso III-Richtlinie.

⁵ Art. 2 Abs. 2 lit. c) Seveso III-Richtlinie. Die Ausnahme wurde in der Seveso II-Richtlinie in Art. 4 lit. c) verankert. Im Vergleich zu der ursprünglichen Regelung führt die Seveso III-Richtlinie das Erfordernis eines unmittelbaren Zusammenhangs zwischen der Beförderung und der Zwischenlagerung auf, legt allerdings nicht fest, welche Art des Zusammenhangs gemeint ist.

⁶ Vgl. nur BR-Drs. 238/16, S. 3.

⁷ OVG Münster, NVwZ-RR 2001, 231, bestätigt im Urt. v. 08.06.2005, 8 A 3745/03 (ZUR 2005, 531); VG Düsseldorf, Beschl. v. 14.09.2000, 3 L 2743/00.

⁸ OVG Münster, ZUR 2005, 531.

⁹ *T. Mann*, Immissionsschutzrechtliche Genehmigungsbedürftigkeit von Containerterminals?, NWVBl. 2002, 413 (417 f.). So im Ergebnis auch *D. Büge*, Zur rechtlichen Bewertung von Containerterminals, UPR 2006, 137.

ter im Wesentlichen durch die vorgenannte Entscheidung bestätigt. Insofern wird sich bei Hafenbetrieben, in denen keine längere Lagerung, sondern ausschließlich eine Zwischenlagerung und ein Umschlag von gefährlichen Stoffen erfolgen soll, künftig die Frage stellen, ob diese dennoch als Störfallbetriebe zu qualifizieren sind.

Die Frage, ob Hafenbetriebe auch dann dem Anwendungsbereich der Störfall-Verordnung unterliegen, wenn die dort gelagerten Stoffe, die selbst keine gefährlichen Stoffe sind, bei außer Kontrolle geratenen Prozessen gefährliche Stoffe entwickeln (z. B. durch Reaktion oder die bei einem Brand entstehenden Gase), meint der Verordnungsgeber zwar abschlägig beantwortet zu haben, tatsächlich überzeugt die Begründung für dieses Ergebnis jedoch nicht. Beispielsweise können bei einem Brand von Plastikabfällen oder Reifen gefährliche Gase entstehen, sodass argumentiert werden könnte, dass – soweit die entsprechenden Mengenschwellen erreicht oder überschritten werden – gefährliche Stoffe bei der Lagerung anfallen. Nach der Auffassung des Verordnungsgebers wird der Anwendungsbereich durch die Begriffsbestimmung in § 2 Nr. 5 Störfall-Verordnung jedoch insofern eingeschränkt, dass gefährliche Stoffe im Betriebsbereich tatsächlich oder vorgesehen vorhanden sein müssen oder bei der Lagerung in einer Anlage im Betriebsbereich anfallen müssen. Während in der Begründung der Grunddrucksache ursprünglich noch ausgeführt wurde, dass künftig bei der Prüfung, ob eine Betriebsstätte in den Anwendungsbereich der Verordnung fällt, neben den tatsächlich vorhandenen oder vorgesehenen gefährlichen Stoffen auch gefährliche Stoffe berücksichtigt werden müssen, soweit vernünftigerweise davon auszugehen ist, dass sie bei außer Kontrolle geratenen Prozessen, auch bei der Lagerung, anfallen,[10] wurde in der Begründung der Beschlussdrucksache hervorgehoben, „dass die Stoffe in solchen Anlagen innerhalb des Betriebsbereichs vorhanden sein bzw. anfallen müssen, die der Störfall-Verordnung unterliegen, und nicht z. B. auch Lager einbezogen werden, die auf Grund der gelagerten Stoffe nicht unter die Störfall-Verordnung fallen."[11] Tatsächlich erschließt sich nicht, dass durch die Einfügung der Worte „im Betriebsbereich" und „in einer Anlage im Betriebsbereich" in § 2 Nr. 5 Störfall-Verordnung eine Beschränkung erreicht wird. Der Anlagenbegriff ist nicht geeignet, eine Einschränkung zu erreichen, da nicht auf genehmigungsbedürftige Anlagen abgestellt wird. Soweit mit der Änderung beabsichtigt war, auf § 2 Nr. 1 und 2 Störfall-Verordnung zu verweisen, führt auch dies nicht zu einer Beschränkung, da durch diese Begriffsbestimmungen nicht der Betriebsbereich definiert wird, sondern nur der Betriebsbereich der oberen oder der unteren Klasse. Der Betriebsbereich ist in § 3 Abs. 5a BImSchG definiert und entspricht weitgehend dem § 2 Nr. 5 Störfall-Verordnung. Auch in § 3 Abs. 5a BImSchG heißt es, dass gefährliche Stoffe vorhanden oder vorgesehen sind oder vorhanden sein werden, soweit vernünftigerweise vorhersehbar ist, dass die genannten gefährlichen Stoffe bei außer Kontrolle geratenen Prozessen anfallen.

---

[10] BR-Drs. 238/16 vom 06.05.2016, S. 47.

[11] BR-Drs. 238/16 (Beschluss) vom 25.11.2016, S. 4.

Im Ergebnis kann der Begründung des Bundesrats somit nicht gefolgt werden.[12] Allerdings dürfte die aufgeworfene Frage mit Blick auf die Seveso-III-Richtlinie im Ergebnis dennoch zu verneinen sein. Aus den Erwägungsgründen folgt nämlich, dass nur solche Betriebe erfasst werden sollen, in denen gefährliche Stoffe vorhanden sind. Ausdrücklich heißt es in Erwägungsgrund 12: „Wenn die Betreiber die Gefahren schwerer Unfälle ermitteln und beurteilen, sollen auch die gefährlichen Stoffe berücksichtigt werden, die bei einem schweren Unfall innerhalb des Betriebes entstehen können." Auch Art. 3 Nr. 12 Seveso-III-Richtlinie verlangt, dass die gefährlichen Stoffe im Betrieb (tatsächlich oder vorgesehen) vorhanden sind oder in einer Anlage innerhalb des Betriebs anfallen können. Der Schlüssel für die Antwort zu der Frage ist hier der Begriff „Betrieb", der in Art 3 Nr. 1 Seveso-III-Richtlinie als der gesamte unter der Aufsicht eines Betreibers stehende Bereich bestimmt ist, in dem gefährliche Stoffe in einer oder in mehreren Anlagen vorhanden sind. Maßgeblich ist somit das Vorhandensein von gefährlichen Stoffen im Betrieb. Werden in einem Lager folglich keine gefährlichen Stoffe gelagert, können dort aber dennoch infolge eines Störfalls gefährliche Stoffe entstehen, unterliegt dieses Lager nicht dem Anwendungsbereich der Störfall-Verordnung. Eine Klarstellung in der Störfall-Verordnung und in § 3 Abs. 5a BImSchG wäre insofern wünschenswert.

2. Erreichen der Mengenschwellen nach Anhang I

Für die einzelnen gefährlichen Stoffe unterscheidet die Störfall-Verordnung zudem zwischen einem unteren und einem oberen Mengenschwellenwert. Bei Erreichen oder Überschreiten der unteren Mengenschwelle handelt es sich nach der Verordnung um einen Betriebsbereich der unteren Klasse, der die Grundpflichten der Störfall-Verordnung zu beachten hat. Werden die oberen Mengenschwellen erreicht oder überschritten, hat der Betreiber zudem die erweiterten Pflichten einzuhalten.

Werden für einen Hafenbetrieb im Rahmen des Genehmigungsverfahrens keine Einschränkungen gemacht, so hat sich in der Praxis insofern bewährt, für die Berechnung der Mengen an gefährlichen Stoffen und der darauf basierenden Betrachtung etwaiger Auswirkungen von Störfällen im Wege einer Worst-Case-Betrachtung die Flächen zugrunde zu legen, auf denen gefährliche Stoffe gelagert werden dürfen und hierauf die Menge des gefährlichsten Stoffs zu errechnen, der dort zulässigerweise gelagert werden darf. Sollen nicht bestimmte gefährliche Stoffe im Rahmen der Genehmigung ausgeschlossen werden, wird dabei regelmäßig von Acrolein, einem sehr giftigen Stoff ausgegangen, welcher als starkes Umweltgift eingestuft wird. Acrolein ist ein starker Wasser- und Meeresschadstoff, der für Fische sehr schädlich ist, weshalb der Stoff gerade im Hafenbereich einen besonders großen Schaden anrichten kann. Schließlich ist Acrolein sehr leicht entzündlich und kann mit der Luft explosionsfähige Gemische bilden.

---

[12] A.A. *C. Schoppen*, Die Umsetzung der Seveso-III-Richtlinie in deutsches Recht, NVwZ 2017, 1561 (1563).

III. Störfallrechtliche Betreiberpflichten

Ziel des Störfallrechts ist es, die Risiken, die für Mensch, Natur und Umwelt durch hochtechnisierte Prozesse und Verfahren hervorgerufen werden können, möglichst zu verringern.[13] Um diese Ziele beim Betrieb eines Störfallbetriebes zu erreichen, enthält die Störfall-Verordnung eine Reihe an Betreiberpflichten. Je nachdem, ob es sich um einen Betrieb der unteren oder der oberen Klasse handelt, gelten die Grundpflichten (§§ 3–8a Störfall-Verordnung) oder zusätzlich die erweiterten Pflichten (§§ 9–12 Störfall-Verordnung).

Zu den Grundpflichten gehört zunächst die Pflicht des Betreibers, die erforderlichen Vorkehrungen zu treffen, um Störfälle zu verhindern („Störfallverhinderungspflicht") und vorbeugende Maßnahmen zu treffen, um Auswirkungen von Störfällen so gering, wie möglich zu halten („Störfallauswirkungsbegrenzungspflicht"). Köck umschreibt die Störfallauswirkungsbegrenzungspflicht wie folgt: „Die Störfallauswirkungsbegrenzungspflicht geht davon aus, dass die Störfallverhinderungspflicht – aus welchen Gründen auch immer – zur Störfallabwehr nicht ausgereicht hat (so genannte „Dennoch-Störfälle") und dass ein Störfall eingetreten ist, der Maßnahmen notwendig macht, die die Folgen des Ereignisses so gut wie möglich begrenzen."[14] Ferner müssen die Beschaffenheit und der Betrieb der Anlagen des Betriebsbereichs dem Stand der Sicherheitstechnik entsprechen. So müssen beispielsweise ausreichende Warn-, Alarm- und Sicherheitseinrichtungen sowie Messeinrichtungen, Steuer- oder Regeleinrichtungen vorhanden sein. Um Brände und Explosionen sowie das Freisetzen gefährlicher Stoffe in Luft, Wasser oder Boden zu vermeiden, müssen ebenfalls Maßnahmen ergriffen werden. Schließlich bestimmt § 4 Nr. 4 Störfall-Verordnung, dass die sicherheitsrelevanten Teile des Betriebsbereichs vor Eingriffen Unbefugter zu schützen sind. Im Rahmen der Grundpflichten hat der Betreiber darüber hinaus ein Störfallkonzept zu erstellen. Die Umsetzung dieses Störfallkonzepts, welches der Verhinderung von Störfällen dienen soll, soll durch angemessene Mittel und Strukturen sowie durch ein Sicherheitsmanagementsystem sichergestellt werden.[15] Bestimmte Informationen sind für die Öffentlichkeit zugänglich zu halten. Welche Angaben dies sind, bestimmt Anhang V Teil 1 der Störfall-Verordnung.

Zu den erweiterten Pflichten gehören die Erstellung eines Sicherheitsberichts[16] und eines internen Alarm- und Gefahrenabwehrplans[17] sowie die Bereitstellung weitergehender Informationen für die Öffentlichkeit nach Anhang V Teil 2 der Störfall-

---

[13] C. Kahle, „Mücksch" und Seveso-III – Neue Herausforderungen für das immissionsschutzrechtliche Genehmigungsverfahren, in: Hebeler/Hofmann/Proelß/Reiff (Hrsg.) Jahrbuch des Umwelt- und Technikrechts 2017, S. 155 (157).

[14] W. Köck, Störfallrecht, NVwZ 2012, 1353 (1357).

[15] § 8 Störfall-Verordnung.

[16] § 9 Störfall-Verordnung.

[17] § 10 Störfall-Verordnung.

Verordnung[18]. Sowohl im Rahmen der Grundpflichten, als auch nach den erweiterten Pflichten, sind die Informationen für die Öffentlichkeit auch elektronisch zur Verfügung zu stellen. Dies erfordert, dass die Betriebe eine eigene Homepage haben und dort die entsprechenden Informationen verfügbar halten müssen.[19]

Die Wahrung angemessener Sicherheitsabstände zwischen Betriebsbereich und benachbarten Schutzobjekten stellt keine Betreiberpflicht dar.[20]

Beim Störfallrecht handelt es sich um ein spezielles Gefahrenabwehrrecht. Kommt das Störfallrecht zur Anwendung, kann es folglich weitere Anforderungen zur Gefahrenabwehr an Hafenbetriebe stellen, die beispielsweise neben die Sicherheitsmaßnahmen treten, die Hafenanlagen nach dem internationalen Code für die Gefahrenabwehr auf Schiffen und in Hafenanlagen (ISPS-Code) zu treffen haben.[21]

IV. Beachtung der störfallrechtlichen Anforderungen im Genehmigungsverfahren

Bei der Errichtung oder Änderung von Hafenanlagen sind sowohl bei der Genehmigungsbedürftigkeit, als auch bei der Genehmigungsfähigkeit Besonderheiten zu beachten.

1. Genehmigungsbedürftigkeit von Hafenanlagen

Für die Frage des anwendbaren Zulassungsverfahrens ist zunächst daran zu erinnern, dass nach der Rechtsprechung des BVerwG für die Errichtung oder Erweiterung eines Hafens keine einheitliche Planfeststellung nach dem jeweiligen Fachplanungsrecht für einen multimodalen Güterumschlag erfolgen kann. Insbesondere das Wasserhaushaltsgesetz bietet keine Rechtsgrundlage für die Planfeststellung eines multimodalen Umschlaghafens als Gesamtheit der erforderlichen wasser- und landseitigen Teilanlagen. Auch wenn die landseitigen Hafenanlagen in einem funktionalen Zusammenhang mit dem neuen Hafenbecken stehen, sind sie aber weder dem Gewässer selbst noch dem Ufer räumlich zuzuordnen, sodass sie keinen planfeststellungsfähigen Gewässerausbau darstellen.[22] Für die nicht der Planfeststellung zugänglichen Nutzungen bedarf es anderer Zulassungsverfahren, die auf der Grundlage des Bundes-Immissionsschutzgesetzes und der Vorschriften des Baurechts von den

---

[18] § 11 Störfall-Verordnung.

[19] So auch *Schoppen* (o. Fußn. 12), 1564.

[20] § 3 Abs. 5 Störfall-Verordnung. Siehe hierzu näher unter II. 3.

[21] Die Anforderungen richten sich insbesondere nach der Verordnung (EG) Nr. 725/2004 des Europäischen Parlaments und des Rates vom 31.03.2004 zur Erhöhung der Gefahrenabwehr auf Schiffen und in Hafenanlagen (ABl. EG Nr. L 129 vom 29.04.2004, S. 6).

[22] *A. Köpfler*, in: Spannowsky/Hornmann/Kämper, BeckOK BauNVO, § 11 (15.12.2017) Rdnr. 21.

dafür zuständigen Behörden zu treffen sind.[23] Die Zulassung der Suprastruktur eines Hafens und der Lagerflächen kann somit als baurechtlich oder immissionsschutzrechtlich genehmigungsbedürftige Anlage genehmigungsbedürftig sein.

Die Neuerrichtung oder Änderung eines Hafenbetriebs, in dem auch die Möglichkeit bestehen soll, dass in dem Betriebsbereich unter anderem gefährliche Stoffe gelagert werden, ist nach dem Bundes-Immissionsschutzgesetz genehmigungsbedürftig, wenn insbesondere die Voraussetzungen nach Ziffer 9.1 oder 9.3 der 4. BImSchV vorliegen. Nach Ziffer 9.1 der 4. BImSchV sind Anlagen genehmigungsbedürftig, die der Lagerung von Stoffen oder Gemischen, die bei einer Temperatur von 293,15 Kelvin und einem Standarddruck von 101,3 Kilopascal vollständig gasförmig vorliegen und dabei einen Explosionsbereich in Luft haben (entzündbare Gase), in Behältern oder von Erzeugnissen, die diese Stoffe oder Gemische z. B. als Treibmittel oder Brenngas enthalten, dienen, ausgenommen Erdgasröhrenspeicher und Anlagen, die von Nummer 9.3 erfasst werden, soweit es sich *nicht* ausschließlich um Einzelbehältnisse mit einem Volumen von jeweils nicht mehr als 1.000 Kubikzentimeter handelt, mit einem Fassungsvermögen von 30 Tonnen oder mehr, 3 Tonnen bis weniger als 30 Tonnen oder soweit es sich ausschließlich um Einzelbehältnisse mit einem Volumen von jeweils nicht mehr als 1.000 Kubikzentimeter handelt, mit einem Fassungsvermögen entzündbarer Gase von 30 Tonnen oder mehr. Ferner sind gemäß Ziffer 9.3 Anlagen genehmigungsbedürftig, die der Lagerung von in der Stoffliste zu Nummer 9.3 (Anhang 2) genannten Stoffen dienen. Handelt es sich bei dem Betrieb gleichzeitig um einen Störfallbetrieb, hat dies Auswirkungen auf das Genehmigungsverfahren.

2. Störfallrelevante Änderungsgenehmigung

Eine Genehmigungsbedürftigkeit kann auch im Fall von störfallrelevanten Änderungen einer Anlage oder eines Betriebsbereichs bestehen. Nach Art. 11 Seveso-III-Richtlinie und § 3 Abs. 5b BImSchG liegt eine störfallrelevante Änderung vor bei einer Änderung einer Anlage oder eines Betriebsbereichs, einschließlich der Änderung eines Lagers, eines Verfahrens oder der Art oder physikalischen Form oder der Menge der gefährlichen Stoffe im Sinne des Art. 3 Nr. 10 der Seveso-III-Richtlinie, aus der sich erhebliche Auswirkungen auf die Gefahren schwerer Unfälle ergeben können. Ferner liegt eine störfallrelevante Änderung vor, wenn eine Änderung dazu führen könnte, dass ein Betriebsbereich der unteren Klasse zu einem Betriebsbereich der oberen Klasse wird oder umgekehrt. Diese wenig geglückte Formulierung lässt sich wie folgt zusammenfassen: Störfallrelevant ist jede Änderung innerhalb eines Betriebsbereichs

1.) an der

a) Stoffe nach Anhang I der Seveso-III-Richtlinie beteiligt sind und

---

[23] BVerwG, NVwZ 2015, 1070.

b) aus der sich erhebliche Auswirkungen auf die Eigenschaft von gefährlichen Stoffen oder eine konkrete Situation ergeben können, die zu unkontrollierbaren Vorgängen führen, die zu einer ernsten Gefahr für die menschliche Gesundheit oder die Umwelt führen oder

2.) die dazu führen könnte, dass ein Betriebsbereich der unteren Klasse zu einem Betriebsbereich der oberen Klasse wird oder umgekehrt.[24]

Wird durch die störfallrelevante Änderung der angemessene Sicherheitsabstand zu benachbarten Schutzobjekten erstmalig unterschritten, der bereits unterschrittene Sicherheitsabstand räumlich noch weiter unterschritten oder eine erhebliche Gefahrenerhöhung ausgelöst und ist die Änderung nicht bereits nach § 16 Abs. 1 BImSchG genehmigungsbedürftig, bestimmt sich die Genehmigungsbedürftigkeit nach § 16a BImSchG.

3. Genehmigungsfähigkeit bei immissionsschutzrechtlich genehmigungsbedürftigen Hafenanlagen; insbesondere der „angemessene Sicherheitsabstand"

Für die Genehmigungsfähigkeit ist zu beachten, dass zur Umsetzung der Seveso-III-Richtlinie, parallel zur Störfall-Verordnung, auch das BImSchG geändert worden ist.[25] Neben der Prüfung, ob die immissionsschutzrechtlichen Betreiberpflichten mit den spezifischen Betreiberpflichten der Störfall-Verordnung eingehalten werden, haben die Genehmigungsbehörden nunmehr insbesondere zu prüfen, ob der angemessene Sicherheitsabstand zu einem benachbarten Schutzobjekt eingehalten wird.

Die Einhaltung von Sicherheitsabständen war in der Seveso-Richtlinie schon frühzeitig verankert gewesen. So bestimmte bereits Art. 12 Abs. 1 Satz 3 der Seveso-II-Richtlinie[26], dass die Mitgliedstaaten dafür sorgen, dass zwischen den unter diese Richtlinie fallenden Betrieben einerseits und Wohngebieten, öffentlich genutzten Gebieten und unter dem Gesichtspunkt des Naturschutzes besonders wertvollen beziehungsweise besonders empfindlichen Gebieten andererseits ein angemessener Abstand gewahrt bleibt und dass bei bestehenden Betrieben zusätzliche technische Maßnahmen ergriffen werden, damit es zu keiner Zunahme der Gefährdung der Bevölkerung kommt. Art. 12 Abs. 1 Satz 3 Seveso-II-Richtlinie entspricht nun Art. 13 Abs. 2 Seveso-III-Richtlinie. Diese Vorgaben wurden mit dem neuen § 3 Abs. 5c BImSchG in nationales Recht umgesetzt. Der angemessene Sicherheitsabstand im Sinne des BImSchG ist nach § 3 Abs. 5c BImSchG der Abstand zwischen einem Betriebsbereich oder einer Anlage, die Betriebsbereich oder Bestandteil eines Betriebsbereichs ist, und einem benachbarten Schutzobjekt, der zur gebotenen Begrenzung der Auswirkungen auf das benachbarte Schutzobjekt, welche durch schwere Unfälle im Sinne des Art. 3 Nr. 13 Seveso-III-Richtlinie hervorgerufen werden können, beiträgt.

---
[24] Vgl. *Kahle* (o. Fußn. 13), S. 171 ff.
[25] Vgl. *Kahle* (o. Fußn. 13), S. 167 ff.
[26] ABl. EG Nr. L 10 vom 14.01.1997, S. 13.

Während die Einhaltung von Sicherheitsabständen bislang dem Planungsrecht, und hier insbesondere § 50 Abs. 1 BImSchG, vorbehalten gewesen war, hat der EuGH entschieden, dass die Pflicht zur Wahrung angemessener Abstände nach Art. 12 Seveso-II-Richtlinie nicht nur auf der Planungsebene, sondern auch in Genehmigungsverfahren zu berücksichtigen ist. Andernfalls wären Genehmigungsbehörden gerade in Fällen, in denen es an einer planerischen Entscheidung (hier eines Bebauungsplans) fehlt, von der Pflicht enthoben, das Erfordernis der Wahrung angemessener Abstände zwischen Störfallbetrieben einerseits und den angrenzenden Gebieten anderseits zu berücksichtigen.[27] Weiter hat das Gericht in der Sache „Mücksch" entschieden, dass das Erfordernis, dass zwischen Störfallbetrieben und öffentlich genutzten Gebäuden ein angemessener Abstand gewahrt bleibt, von der Behörde auch dann zu beachten sei, wenn es sich um eine gebundene Entscheidung handelt.

Ob die Einhaltung des angemessenen Sicherheitsabstandes eine bauplanungsrechtliche Anforderung ist, die im immissionsschutzrechtlichen Genehmigungsverfahren nach § 6 Abs. 1 Nr. 2 BImSchG als andere öffentlich-rechtliche Vorschrift zu prüfen ist,[28] die der Errichtung und dem Betrieb nicht entgegensteht, oder ob es sich um eine originär störfallrechtliche Betreiberpflicht nach § 3 Abs. 1 und Abs. 3 Störfall-Verordnung handelt,[29] ist letztendlich eher eine akademische Frage, da dies für die Beurteilung des angemessenen Sicherheitsabstandes zu keiner abweichenden Beurteilung führt. Der materiell-rechtliche Gehalt des Abstandsgebotes folgt aus diesem unmittelbar und wird weder durch das Immissionsschutz- bzw. Störfallrecht noch durch das Bauplanungsrecht näher konkretisiert. Für ein Kriterium der bauplanungsrechtlichen Zulässigkeit im Rahmen der Vorhabenzulassung spricht allerdings auch recht eindeutig die Gesetzesbegründung.[30] § 3 Abs. 5 Störfall-Verordnung, der lediglich eine klarstellende Funktion haben sollte, schafft hier mehr Verwirrung, als Klarstellung. Die Vorschrift bestimmt, dass die Wahrung angemessener Sicherheitsabstände zwischen Betriebsbereich und benachbarten Schutzobjekten keine Betreiberpflicht darstellt. Daraus könnte der Schluss gezogen werden, dass das Abstandsgebot keine störfallrechtliche Betreiberpflicht ist. In der Begründung heißt es hierzu lediglich, der eingefügte Absatz diene der Klarstellung, dass die in Art. 13 Seveso-III-Richtlinie im Rahmen der Überwachung der Ansiedlung geforderte Wahrung angemessener Sicherheitsabstände zwischen Betriebsbereich und benachbarten Schutzobjekten keine Betreiberpflicht darstelle. Dabei wiederholt der Verordnungs-

---

[27] EuGH, Urt. v. 15.09.2011, C-53/10 (Mücksch).

[28] *C. Weidemann*, Die höchstrichterliche Seveso II-Rechtsprechung – Konsequenzen und offene Fragen im Bauplanungsrecht und im Immissionsschutzrecht, BauR 2014, 784 (796); so auch *A. Wasielewski*, Stand der Umsetzung der Seveso-III-Richtlinie in deutsches Recht, UPR 2017, 1 (7); *Kahle* (o. Fußn. 13), S. 179. Für diese Sichtweise spricht auch, dass andernfalls kein sinnvoller Anwendungsbereich für § 16a BImSchG verbliebe (vgl. hierzu ausführlich *C. Kahle*, Auswirkungen des neuen Störfallrechts für Häfen, W+B 2018, 82 (87) m.w.N.).

[29] So VGH Kassel, NVwZ 2002, 742; *K. Hansmann/J. M. König*, in: Landmann/Rohmer, Umweltrecht, § 3 12. BImSchV Rdnr. 24; *M. Rebentisch*, Der Sicherheitsabstand im immissionsschutzrechtlichen Störfallrecht, NVwZ 2017, 1569 (1571).

[30] BT-Drs. 18/9417, S. 14.

geber aber lediglich den Wortlaut der Vorschrift, ohne dass damit ein Erkenntnisgewinn einherginge. *Hansmann/König* ist zuzustimmen, dass mit § 3 Abs. 5 Störfall-Verordnung eine Selbstverständlichkeit normiert würde, da sich die Wahrung angemessener Sicherheitsabstände in der Regel der Kontrolle des Betreibers entziehe, weil die Sicherheitsabstände von Dritten jederzeit, beispielsweise durch heranrückende Wohnbebauung, verändert werden könnten.[31] Würde man diesem Verständnis folgen, würde sich eine aus § 3 Abs. 1 und 3 Störfall-Verordnung ergebende Betreiberpflicht zur Einhaltung des angemessenen Sicherheitsabstandes auf den Zeitpunkt der Genehmigungserteilung für die Errichtung und gegebenenfalls Änderung beschränken. Ein solches Verständnis ist den Betreiberpflichten jedoch fremd. Insofern müssen auch Hansmann/König konstatieren, dass diese Verpflichtung voraussetzt, dass die Abstandswahrung auch dauerhaft vom Betreiber selbst gewährleistet werden kann, was wiederum nur dann der Fall sein dürfte, wenn er als Eigentümer über die entsprechenden Flächen verfügt.[32]

a) Schutzabstand zu benachbarten Schutzobjekten

Zunächst ist der Begriff des „benachbarten Schutzobjekts" zu klären, denn Art. 13 Abs. 2 Seveso-III-Richtlinie fordert nur die Einhaltung des angemessenen Sicherheitsabstandes zu den in der Vorschrift näher genannten Gebieten. Darüber hinaus ist eine Genehmigung mit Öffentlichkeitsbeteiligung gemäß §§ 16a, 19 Abs. 4 und § 23b Abs. 2 BImSchG notwendig, wenn der Sicherheitsabstand zu benachbarten Schutzobjekten erstmalig unterschritten wird.

Nach § 3 Abs. 5d BImSchG sind benachbarte Schutzobjekte ausschließlich oder überwiegend dem Wohnen dienende Gebiete, öffentlich genutzte Gebäude und Gebiete, Freizeitgebiete, wichtige Verkehrswege und unter dem Gesichtspunkt des Naturschutzes besonders wertvolle oder besonders empfindliche Gebiete. Was ausschließlich oder überwiegend dem Wohnen dienende Gebiete sind, bestimmt sich primär nach den planungsrechtlichen Vorgaben.[33] Erfasst werden daher als reine, allgemeine oder besondere Wohngebiete i. S. d. §§ 3, 4, 4a BauNVO, als entsprechende Sondergebiete i. S. d. § 10 BauNVO und als Kleinsiedlungsgebiete i. S. d. § 2 BauNVO ausgewiesene Flächen.

Hinsichtlich der Qualifizierung als „öffentlich genutztes Gebäude" kommt es nicht darauf an, dass das Gebäude durch eine größere Anzahl an Personen genutzt werden soll.[34] Entscheidend ist vielmehr, dass es sich um ein Gebäude handelt, das nicht nur von einem festen Personenkreis genutzt wird. Wird beispielsweise

---

[31] *Hansmann/König* (o. Fußn. 29), § 3 12. BImSchV Rdnr. 28.
[32] *Hansmann/König* (o. Fußn. 29), § 3 12. BImSchV Rdnr. 24.
[33] BayVGH, NVwZ-RR 2001, 581; *H. D. Jarass*, BImSchG, 12. Aufl. 2017, § 50 Rdnr. 11 m.w.N.
[34] So auch W. *Spannowsky*, Lärmschutz- und luftreinhaltungsrelevante Änderungen im Bauplanungsrecht, ZfBR 2018, 25 (30).

ein Fährterminal, ein Theater oder Konzerthaus, ein Fachmarktzentrum oder ein Einzelhandelsbetrieb in der unmittelbaren Nähe eines Hafenbetriebes errichtet, beziehungsweise eine Hafenanlage in der Nähe eines solchen öffentlich genutzten Gebäudes errichtet oder geändert und führt diese Errichtung oder Änderung dazu, dass der Sicherheitsabstand zu diesen benachbarten Schutzobjekten erstmalig unterschritten wird, so ist zu prüfen, ob der Störfallbetrieb hier zulässig ist.

b) Ermittlung des angemessenen Abstandes

Kann nicht ausgeschlossen werden, dass ein benachbartes Schutzobjekt im Fall eines Störfalls beeinträchtigt werden kann, ist im Rahmen des Genehmigungsverfahrens somit in einem ersten Schritt der angemessene Abstand zu ermitteln. Normative Festlegungen zur Bestimmung des Sicherheitsabstandes existieren (bislang) nicht. Der EuGH stellt für die Ermittlung des angemessenen Abstandes auf sogenannte störfallspezifische Faktoren ab. Auch der neue § 3 Abs. 5c Satz 2 BImSchG bestimmt, dass der angemessene Sicherheitsabstand anhand störfallspezifischer Faktoren zu ermitteln ist. Zu diesen Faktoren zählen dem EuGH zufolge

– die Art der jeweiligen gefährlichen Stoffe,
– die Wahrscheinlichkeit eines schweren Unfalls,
– die Folgen eines etwaigen Unfalls für die menschliche Gesundheit und die Umwelt,
– die Art der Tätigkeit der neuen Ansiedlung oder die Intensität ihrer öffentlichen Nutzung,
– die Leichtigkeit, mit der Notfallkräfte bei einem Unfall eingreifen können und
– vorhabenbedingte Veränderungen, etwa die Verschlimmerung von Unfallfolgen durch einen vorhabenbedingten Anstieg der möglicherweise betroffenen Personen.[35]

In der auf die Entscheidung des EuGH folgenden Revisionsentscheidung stellt das BVerwG klar, dass die vom EuGH aufgeführten Faktoren nicht abschließend sind und auch andere Kriterien, beispielsweise technische Maßnahmen zur Verminderung des Unfallrisikos, Berücksichtigung finden können.[36] Hierzu zählen beispielsweise Vorkehrungen der Störfallsicherung, insbesondere die technischen Vorkehrungen zur Störfallauswirkungsbegrenzung, wie etwa Schutzmauern oder ähnliches.[37] Damit dürften zu den störfallspezifischen Faktoren auch Maßnahmen am Schutzobjekt gehören. Eine Berücksichtigung von Maßnahmen an Schutzobjekten im Rahmen der Ermittlung des angemessenen Sicherheitsabstandes ist jedoch nur dann zu-

---

[35] EuGH, Urt. v. 15.09.2011, C-53/10 (Mücksch).
[36] BVerwG, NVwZ 2013, 719 (721).
[37] *Köck* (o. Fußn. 14), S. 1359.

lässig, wenn durch Baulast gesichert ist, dass diese Maßnahmen auch dauerhaft von dem Eigentümer des Schutzobjektes gewährleistet und instandgehalten werden.

Dass aus den störfallspezifischen Faktoren nicht ohne Weiteres ein Abstand in konkreten Metern festgelegt werden kann und verschiedene Sachverständige nicht zwingend zu den gleichen Ergebnissen kommen, liegt auf der Hand. Gegenwärtig wird daher an einer TA Abstand gearbeitet, die die Ermittlung des angemessenen Abstandes konkretisieren soll. Mangels konkreter untergesetzlicher Regelwerke wird in der Praxis auf die „Empfehlungen für Abstände zwischen Betriebsbereichen nach der Störfallverordnung und schutzbedürftigen Gebieten im Rahmen der Bauleitplanung" (KAS-18-Leitfaden) der Kommission für Anlagensicherheit zurückgegriffen. Dieser Leitfaden ist zwar für die Bauleitplanung konzipiert, kann aber zumindest entsprechend angewendet werden.[38] Auch die Kommission für Anlagensicherheit geht in ihrer Arbeitshilfe „Berücksichtigung des Art. 12 Seveso-II-Richtlinie im immissionsschutzrechtlichen Genehmigungsverfahren", 2. Version vom 26.02.2013 davon aus, dass die in Kapitel 3.2 des KAS-18 beschriebene Vorgehensweise im Genehmigungsverfahren zur Anwendung kommen kann.

c) Folgen der Einhaltung des angemessenen Sicherheitsabstandes

Ist der Sicherheitsabstand ermittelt und wird dieser Sicherheitsabstand zu den Schutzobjekten durch das Vorhaben nicht unterschritten, darf die Genehmigung zumindest nicht aus diesem Grunde versagt werden.

d) Folgen der Unterschreitung des angemessenen Sicherheitsabstandes

Wird der angemessene Abstand hingegen unterschritten, ist im Rahmen des Genehmigungsverfahrens zu prüfen, ob eine Unterschreitung wegen hinreichend gewichtiger Belange – insbesondere solche sozialer, ökologischer und wirtschaftlicher Art – ausnahmsweise vertretbar ist. Die sozioökonomischen Belange können den störfallspezifischen Faktoren gegenüberstehen. Dass eine Unterschreitung des angemessenen Sicherheitsabstandes nicht automatisch zur Versagung der Genehmigung führt, verdeutlichen die §§ 16a, 19 Abs. 4 und § 23b Abs. 1 BImSchG, die das (spezifische) Genehmigungserfordernis erst davon abhängig machen, dass der angemes-

---

[38] Vgl. *J. M. König*, Die Sache Mücksch oder das Ende der bisherigen Genehmigungspraxis – Wie die „Mücksch-Rechtsprechung" des Europäischen Gerichtshofs und der Bundesverwaltungsgerichts die Praxis der Baugenehmigungsbehörden verändern wird, ZfBR 2014, 336 (340); *M. Hellriegel/J. Farsbotter*, Abstand ist nicht alles!, NVwZ 2013, 1117 (1120); *M. Uechtritz/J. Farsbotter*, Städtebauliche Entwicklung im Umfeld von Störfallbetrieben, BauR 2015, 1919 (1924); *N. Jarass Cohen*, Baugenehmigungen und Störfallrecht, NVwZ 2014, 902. Zur beschränkten Aussagekraft des KAS-18-Leitfadens im Genehmigungsverfahren vgl. *O. Reidt*, Störfallschutz und Städtebaurecht – Schutzabstände in der Bauleitplanung und bei der Vorhabengenehmigung, BauR 2012, 1182 (1190 f.); *W. Köck*, Das Abstandswahrungsgebot im europäischen Störfallrecht, ZUR 2012, 418 (422); *O. Otting/U. H. Olgemöller*, Nochmals: Abstand ist nicht alles!, NVwZ 2013, 1396 (1397).

sene Sicherheitsabstand zu benachbarten Schutzobjekten erstmalig unterschritten oder der bereits unterschrittene Sicherheitsabstand räumlich noch weiter unterschritten wird.

Die Schritte der Ermittlung des angemessenen Sicherheitsabstandes und die Prüfung, ob bei Unterschreitung des Sicherheitsabstandes dennoch eine Genehmigung erteilt werden kann, müssen auf Tatbestandsebene durchgeführt werden. Anders lässt sich die Berücksichtigung störfall- und sozioökonomischer Faktoren bei der Ermittlung eines angemessenen Abstandes nicht mit der Systematik von gebundenen Zulassungsentscheidungen vereinbaren.[39] Während der Behörde auf der ersten Stufe weder ein Beurteilungs- noch ein Ermessensspielraum zukommt, die Festlegung des angemessenen Abstandes somit der vollen gerichtlichen Überprüfung unterliegt,[40] eröffnet die zweite Stufe einen Wertungsspielraum, der beispielsweise im Rahmen des § 34 BauGB zum Tragen kommt.

Wird der angemessene Sicherheitsabstand unterschritten und befinden sich bereits andere Vorhaben (Vorbelastungen) in der „Gefahrenzone", kommt nach der Rechtsprechung des Bundesverwaltungsgerichts der Wertungsspielraum zum Tragen und die störfallspezifischen und sozioökonomischen Faktoren sind angemessen gegeneinander abzuwägen.[41] Eine generalisierende Betrachtung ist hier nicht möglich, sodass die Behörde ihre Entscheidung nach den konkreten Umständen im Einzelfall treffen muss.[42]

Wurden die angemessenen Abstände bislang eingehalten, ist das Vorhaben hingegen unzulässig, weil ein angemessener Abstand, der bisher eingehalten wurde, auch in Zukunft – langfristig – gewahrt sein muss.[43] Aufgrund der fehlenden normativen Ausgestaltung, der Ungewissheit des Abwägungsvorgangs und der eingeschränkten Überprüfbarkeit von Abwägungsentscheidungen birgt diese Situation für Anlagenbetreiber verschiedene Risiken. Bei der Errichtung eines Störfallbetriebes kann eine vorfindliche Gemengelage die Standortsuche maßgeblich beeinflussen. Bei der Änderung und Erweiterung eines Störfallbetriebes können sich hingegen deutliche Einschränkungen ergeben. Gleiches gilt im Fall der Ansiedlung von Schutzobjekten in der Nachbarschaft von Störfallbetrieben.

Die Abarbeitung des Abstandsgebots in bestehenden Gemengelagen stellt sich als besonders problematisch dar. Dabei ist diese Situation in der Praxis aber sehr häufig anzutreffen. Um Konfliktsituationen vorzubeugen, ist es daher empfehlenswert, mit den Mitteln der Bauleitplanung etwaige Konflikte auf der Planungsebene zu bewältigen. Im Bauleitplanverfahren kann der gesamte Planungsraum dafür genutzt wer-

---

[39] *Kahle* (o. Fußn. 13), S. 163.
[40] BVerwG (o. Fußn. 36), S. 721 (Rdnr. 20).
[41] BVerwG (o. Fußn. 36), S. 721 (Rdnr. 20).
[42] VGH Kassel, BauR 2009, 697; *O. Reidt*, Störfallschutz und Städtebaurecht – Schutzabstände in der Bauleitplanung und bei der Vorhabengenehmigung, BauR 2012, 1182 (1188).
[43] BVerwG (o. Fußn. 36), S. 722 (Rdnr. 24).

den, um bestmöglich auf die Einhaltung angemessener Abstände hinzuwirken, z. B. durch Festsetzungen zur Begrenzung von Störfallauswirkungen.[44]

V. Möglichkeiten der planerischen Steuerung von Hafenbetrieben

Sowohl im Hinblick auf die Nähe zu einem Störfallbetrieb, als auch auf die Nähe zu Schutzobjekten entsteht die Notwendigkeit umfassender Maßnahmen der planerischen Risikovorsorge.[45] Im Rahmen der Neuausweisung von Flächen für Störfallbetriebe ist zunächst relevant, dass Betriebsbereiche im Sinne der Störfall-Verordnung wegen ihres erheblichen Gefährdungspotenzials grundsätzlich nur in einem Industriegebiet gem. § 9 BauNVO angesiedelt werden sollen. In der Praxis wird für Hafengebiete häufig auch die Festsetzung eines Sondergebietes gewählt.[46] Dabei ist zu berücksichtigen, dass bei der planerischen Neuausweisung von Flächen für gewerbliche und industrielle Nutzungen in der Planungsphase in aller Regel nicht bekannt ist, ob sich unter den sich später ansiedelnden Betrieben auch Betriebsbereiche im Sinne der Störfall-Verordnung befinden.[47]

Steht die konkrete Nutzung der Flächen hingegen fest – wie dies im Fall der Errichtung eines neuen Hafenterminals der Fall wäre –, können mit einem vorhabenbezogenen Bebauungsplan aufgrund des konkreten Vorhabenbezugs spezifische störfallrechtliche Anforderungen getroffen werden. Zudem können im Durchführungsvertrag das Sicherungskonzept und etwaige Schutzvorkehrungen im Hinblick auf die Vorhabenrealisierung festgelegt werden.

Als neue planerische Festsetzungsmöglichkeiten wurde mit dem BauGB-Änderungsgesetz 2017[48] zum einen die Möglichkeit geschaffen, Gebiete festzusetzen, in denen bei der Errichtung, Änderung oder Nutzungsänderung bauliche und sonstige technische Maßnahmen an Gebäuden getroffen werden müssen, die der Vermeidung oder Minderung der Folgen von Störfällen dienen.[49] Zum anderen wurde eine Steuerungsmöglichkeit für die Ansiedlung von Nutzungen beziehungsweise Gebäuden in der Nähe von Störfallbetrieben geschaffen.[50] Auf diese Regelungen soll abschließend kurz eingegangen werden.

---

[44] *Köck* (o. Fußn. 14), S. 1359.
[45] OVG Münster, Beschl. v. 27.11.2003, 10a B 1241/03.NE; *J. Berkemann*, Der Störfallbetrieb in der Bauleitplanung – Skizzen zur rechtlichen Problembehandlung nach Maßgabe der RL 96/82/EG (SEVESO II), ZfBR 2010, 18 (29).
[46] So beispielsweise Bebauungsplan Nr. 29 der Stadt Sassnitz „Fährhafen Sassnitz – Sondergebiet Süd".
[47] *Spannowsky* (o. Fußn. 34), S. 32.
[48] „Gesetz zur Umsetzung der Richtlinie 2014/52/EU im Städtebaurecht und zur Stärkung des neuen Zusammenlebens in der Stadt" (BGBl. I S. 1057), in Kraft seit 13.05.2017.
[49] § 9 Abs. 1 Nr. 23c BauGB.
[50] § 9 Abs. 2c BauGB.

1. Erweiterter Katalog von Festsetzungen nach § 9 Abs. 1 Nr. 23c BauGB

Die Neuregelung des § 9 Abs. 1 Nr. 23c BauGB ergänzt und präzisiert die bereits nach § 9 Abs. 1 Nr. 24 BauGB bestehenden Festsetzungsmöglichkeiten.[51] Nach § 9 Abs. 1 Nr. 23c BauGB können in einem Bebauungsplan aus städtebaulichen Gründen auch Gebiete festgesetzt werden, in denen bei der Errichtung, Änderung oder Nutzungsänderung von nach Art, Maß oder Nutzungsintensität zu bestimmenden Gebäuden oder sonstigen baulichen Anlagen in der Nachbarschaft von Betriebsbereichen nach § 3 Abs. 5a BImSchG bestimmte bauliche und sonstige technische Maßnahmen, die der Vermeidung oder Verminderung der Folgen von Störfällen dienen, getroffen werden. Die Vorschrift findet auf die oben beschriebenen Gemengelagen, also auf Sachverhalte Anwendung, in denen das Abstandswahrungsgebot nach § 50 BImSchG nicht mehr zum Tragen kommen kann, weil die erforderlichen Abstände nicht mehr eingehalten werden können.[52] Da nach § 9 Abs. 1 Nr. 23c BauGB nur Maßnahmen an den in der Nachbarschaft von Betriebsbereichen errichteten Gebäuden möglich sind,[53] kann die Festsetzung dazu dienen, den angemessenen Sicherheitsabstand somit durch Maßnahmen an den Schutzobjekten zu reduzieren. Aus der Formulierung „in der Nachbarschaft" kann geschlossen werden, dass es nicht nur um Festsetzungsmöglichkeiten innerhalb des angemessenen Sicherheitsabstands geht, sondern in einem gewissen Umfang auch darüber hinaus, etwa um den Betrieben und Anlagen innerhalb des angemessenen Sicherheitsabstands Erweiterungs- und Entwicklungsmöglichkeiten zu belassen.[54] Als Maßnahmen an Gebäuden in der Nachbarschaft kommen beispielsweise belüftungs- oder brandschutztechnische Anforderungen oder Anforderungen zur Verwendung bestimmter Baustoffe, abschirmende Bauweisen, einschließlich der Türen, Fenster, Fluchtwege oder Schutzräume.[55] Maßnahmen an dem Störfallbetrieb sind nicht Gegenstand von Festsetzungen.

2. Nutzungsausschluss nach § 9 Abs. 2c BauGB

Ebenfalls mit dem BauGB-Änderungsgesetz 2017 wurde entsprechend § 9 Abs. 2a und 2b BauGB ein neuer Absatz 2c eingefügt. Danach kann für im Zusammenhang bebaute Ortsteile nach § 34 und für Gebiete nach § 30 BauGB in der Nachbarschaft von Betriebsbereichen nach § 3 Abs. 5a BImSchG zur Vermeidung oder

---

[51] BT-Drs. 806/16, S. 36.

[52] So auch W. Spannowsky, in: Spannowsky/Uechtritz, BeckOK BauGB, § 9 BauGB Rdnr. 99.

[53] W. Söfker, in: Ernst/Zinkahn/Bielenberg/Krautzberger, Baugesetzbuch, § 9 Rdnr. 197i.

[54] So auch U. Battis/S. Mitschang/O. Reidt, Das Gesetz zur Umsetzung der Richtlinie 2014/52/EU im Städtebaurecht und zur Stärkung des neuen Zusammenlebens in der Stadt (BauGB-Novelle 2017), NVwZ 2017, 817 (820).

[55] Spannowsky (o. Fußn. 52), Rdnr. 101; Söfker (o. Fußn. 53), Rdnr. 197i.

Verringerung der Folgen von Störfällen für bestimmte Nutzungen, Arten von Nutzungen oder für nach Art, Maß oder Nutzungsintensität zu bestimmende Gebäude oder sonstige bauliche Anlagen in einem Bebauungsplan festgesetzt werden, dass diese zulässig, nicht zulässig oder nur ausnahmsweise zulässig sind. Die Festsetzungen können auch für Teile des räumlichen Geltungsbereichs des Bebauungsplans unterschiedlich getroffen werden. § 9 Abs. 2c BauGB stellt ausdrücklich klar, dass die Festsetzungsmöglichkeit auch bei der Aufstellung und Änderung eines qualifizierten Bebauungsplans eingesetzt werden kann.[56] Die Festsetzungsmöglichkeit kann dann zum Einsatz kommen, wenn es zum Schutz der vorhandenen Nutzungen vor den Folgen von Störfällen erforderlich ist, dass eine weitere Konfliktverschärfung hinsichtlich eines schon in dem betreffenden Plangebiet bestehenden Störfallrisikos durch Intensivierung schutzwürdiger Nutzungen herbeigeführt würde oder dass durch das Hinzutreten schutzwürdiger Nutzungen das Störfallrisiko erhöht wird.[57]

Im Fall eines als Störfallbetrieb genehmigten Hafenbetriebes wird der Gemeinde mit der Vorschrift insbesondere die Möglichkeit eröffnet, in der Nachbarschaft von Störfallbetrieben bestimmte Arten von Nutzungen auszuschließen. Im Rahmen der planerischen Abwägung trifft die Gemeinde die Pflicht zur Risikovorsorge.[58] Dieser Pflicht kann die Gemeinde entsprechen, indem sie beispielsweise im Rahmen der Überplanung eines Gebietes, in dem sich bereits ein Störfallbetrieb befindet oder in dem ein solcher Betrieb angesiedelt werden soll, die Flächen nach § 9 Abs. 2c BauGB ausweist, auf denen eine bestimmte Art der Nutzung nicht zulässig ist. In Betracht zu ziehen ist hinsichtlich der Problematik des angemessenen Sicherheitsabstandes insofern, ob ein Ausschluss solcher Nutzungen möglich ist, die als benachbarte Schutzobjekte im Sinne von § 3 Abs. 5d BImSchG zu qualifizieren sind. Auf diesem Wege ist es möglich, Abwehransprüche benachbarter Nutzungen von Störfallbetrieben vorzubeugen.

VI. Hafengebiete im Außenbereich und im unbeplanten Innenbereich

Abschließend und zur Vervollständigung soll noch kurz auf die Berücksichtigung des Abstandsgebotes im Fall der §§ 34 und 35 BauGB eingegangen werden. Aufgrund einer besonderen Ortsgebundenheit von Häfen (z. B. ausreichende Wassertiefe) können Häfen nach § 35 Abs. 1 Nr. 4 BauGB als privilegierte Nutzungen im Außenbereich zugelassen werden. Dort kommen die infolge der Mücksch-Rechtsprechung entwickelten Grundsätze des Rücksichtnahmegebotes zur Beachtung des Abstandsgebots zur Anwendung.

---

[56] *A. Bunzel*, Neues Städtebaurecht im Planspieltest – die Novelle 2016/2017, ZfBR 2017, 220 (224); BT-Drs. 806/16, S. 37.
[57] *Spannowsky* (o. Fußn. 52), Rdnr. 153.
[58] OVG Münster, Beschl. v. 27.11.2003, 10a B 1241/03.NE.

Für die Realisierung eines Hafenbetriebes im unbeplanten Innenbereich nach § 34 BauGB ist entscheidend, dass sich das Vorhaben nach Art und Maß der baulichen Nutzung, der Bauweise und der Grundstücksfläche, die überbaut werden soll, in die Eigenart der näheren Umgebung einfügt und die Erschließung gesichert ist. Bestandteil des Kriteriums des „Einfügens" ist auch hier das Gebot der Rücksichtnahme auf die sonstige vorhandene Bebauung. Das Rücksichtnahmegebot gewinnt insbesondere in Gemengelagen an Bedeutung, wenn das Nebeneinander von Nutzungsarten zu Konflikten führen kann. Gegen das Rücksichtnahmegebot kann nicht nur die Störfallanlage, sondern auch ein Vorhaben verstoßen, das an diese Anlage heranrückt.[59] Auch insofern sind die Anforderungen der „Mücksch"-Rechtsprechung zu beachten.

VII. Fazit

Für Häfen ist sowohl die Einstufung als Störfallbetrieb, als auch die Einhaltung angemessener Sicherheitsabstände mit besonderen Schwierigkeiten verbunden. Handelt es sich bei einem Hafenbetrieb um einen Störfallbetrieb, resultieren aus der Pflicht für Genehmigungsbehörden auch in Genehmigungsverfahren die Einhaltung angemessener Sicherheitsabstände zu berücksichtigen, Risiken, insbesondere im Fall der Neuerrichtung oder Änderung von Vorhaben in der Nachbarschaft. So können sich insbesondere benachbarte Schutzobjekte möglicherweise gegen den Betrieb des Störfallbetriebes richten. Aus bauplanungsrechtlicher Sicht ist Hafenbetreibern daher dringend anzuraten, die Möglichkeit der Überplanung des Hafengebietes mit einem Bebauungsplan zu prüfen, der insbesondere Schutzvorkehrungen vor Störfällen oder den Ausschluss bestimmter sensibler Nutzungen ermöglicht und diese Vorgehensweise mit der Gemeinde zu erörtern.

---

[59] *Köck*, (o. Fußn. 38), S. 418.

Nachhaltigkeit und technologischer Wandel in der Energieversorgung – auf dem Weg zum „Internet of Energy"

Von *Karl-Heinz Ladeur*

I. Vorbemerkung: Was heißt „Nachhaltigkeit"?

„Nachhaltigkeit"[1] war zunächst ein Begriff, der relativ eindimensional auf die Begrenzung der Entnahme von Material oder nicht erneuerbaren Energieträgern aus der Natur bezogen war. Diese Begriffsverwendung war immer schon mit bestimmten Verkürzungen assoziiert, die mit der Suche nach „Ökobilanzen" kompensiert werden sollten. Ökobilanzen sollen das Risiko der bloßen Verschiebung von negativen Effekten z. B. in den Produktionsaufwand für „energiesparende" Geräte, Maschinen, Kraftfahrzeuge etc. einhergehen kann. Dadurch entzieht sich „Nachhaltigkeit" aber auch möglicherweise der genaueren Beobachtung. Der Begriff der „Nachhaltigkeit" und kann auch komplexer gefasst werden.[2] Dann geht es nicht nur um die Umweltschonung, um ihre Abstimmung auf natürliche Prozesse, sondern auch um die Frage, ob eine bestimmte Produktionsweise der Energie mit dem gesellschaftlichen *„Stand der Technik"* kompatibel ist.[3] „Stand der Technik" ist eine Konzeption, die selbst auch nicht nur auf die Technik im engeren Sinne bezogen werden kann, vielmehr gehört dazu auch das Managementwissen, das benötigt wird, damit bei schwankendem Angebot an erneuerbaren Energien die notwendige Versorgungssicherheit nicht doch allein durch den Rückgriff auf konventionelle Varianten der Energieerzeugung gewährleistet werden kann.[4] Der Verfasser hat die damit aufgeworfenen Fragen nach der „Wissensordnung" mit bestimmten Paradigmen der Formatierung der Wis-

---

[1] „Nachhaltige Entwicklung ist eine Entwicklung, die die Bedürfnisse der Gegenwart befriedigt, ohne zu riskieren, dass künftige Generationen ihre eigenen Bedürfnisse nicht befriedigen können" (Weltkommission für Umwelt und Entwicklung, Brundland-Bericht,1987).

[2] *A. Schmehl*, Lokale Agenda 21-Prozesse: Nachhaltigkeit als Projekt der Zivilgesellschaft und Gegenstand der örtlichen Selbstverwaltung, in: K. Lange (Hrsg.), Nachhaltigkeit im Recht. Eine Annäherung, 2003, S. 39.

[3] *K. H. Ladeur*, Entspricht das Technikrecht dem „Stand von Wissenschaft und Technik"?, Zeitschrift zum Innovations- und Technikrecht 2015, 186.

[4] Vgl. dazu allg. *V. Smil*, Energy and Civilization. A History, Cambridge Mass. 2017; Rez. v. *M. Shellenberger*, Foreign Affairs Sept./Okt. 2017, S. 159; vgl. auch Clean Energy Wire, *S. Amelang:* The Digitalisation of the Energiewende: Digitalisation ignites New Phase in Energy Transition, 2017. (unter: https://www.cleanenergywire.org/dossiers/digitalisation-energiewende; zuletzt aufgerufen am 15.02.2018)

sensverhältnisse in der Gesellschaft verknüpft.[5] Die traditionellen „großen Netzwerke" (Strom, Telefon, Eisenbahn, Straßen) der Vergangenheit[6] waren darauf angelegt, umfassende Sicherheit der Versorgung mit der Gleichheit des Zugangs für alle zu verbinden. Sie waren z. B. auf die hierarchische Einheit der Energieversorgung und ein darauf abgestimmtes Preissystem eingestellt, dessen wesentlicher Bestandteil das Prinzip der „Quersubvention" unökonomischer Nutzungen durch die lukrativeren ist, z. B. die Subventionierung des ländlichen Raums durch Abschöpfung von Überschüssen in Großstädten. Die neuen Netzwerke sind dagegen flexibel, sie bauen nicht mehr auf dem Prinzip der Versorgung aller mit einem Dienst auf, sondern ermöglichen Selbständerung der Dienste und Selbstorganisation der Formen und Bedingungen ihrer Erbringung. Auf diesem Hintergrund des Wandels des technologischen Paradigmas ist es nicht unproblematisch, dass in der politischen Öffentlichkeit die Diskussion über neue Möglichkeiten der Energieproduktion primär unter dem Gesichtspunkt der Kompatibilität mit der Natur und den natürlichen Umweltbedingungen geführt wird. Technologien (und ihr Innovationsprozess) [7]sind selbst eine innergesellschaftliche Umwelt gesellschaftlicher Produktionssysteme. Wenn dies so ist, darf der grundlegende Wandel der Technologie, der Übergang von „High Technology" zu „High Knowledge" nicht vernachlässigt werden. Sonst wird auch die „Entlastung" der natürlichen Umwelt kaum möglich sein.[8]

Die deshalb nicht hintergehbare Komplexität der Umstellung der Energieproduktion auf erneuerbare Energien („Energiewende") hat notwendigerweise Rückwirkungen auch auf die Realisierung der Ziele des Klimaschutzes: Wenn in Deutschland die gesetzten Ziele erreicht werden, aber das deutsche Beispiel nicht genug oder nicht genügend entschlossene Nachahmer findet – danach sieht es z. Zt. aus –, kann der paradoxe Effekt sogar darin bestehen, dass das Klima dann stärker belastet wird als vorher: Die Kosten der Energiewende sind enorm hoch und wirken auf andere Länder eher abschreckend.[9] Dies könnte zur Folge haben, dass ein besonders wirksamer, aber teurer Klimaschutz in Deutschland zu einer sinkenden Nachfrage nach fossilen Brennstoffen führt. Die Annahme ist nicht fernliegend, dass der Ausfall eines großen Nachfragers nach fossilen Brennstoffen zu einer Preissenkung führt und zugleich der Preisverfall in ärmeren Ländern mit niedrigeren Umweltstandard zu höherem Verbrauch und demzufolge höherer Umweltbelastung führen kann. Dieser Effekt kann nur vermieden werden, wenn trotz der exorbitant hohen Kosten der

---

[5] Vgl. *K. H. Ladeur*, Recht – Wissen –Kultur. Die fragmentierte Ordnung, 2016, S. 75 ff.

[6] *Th. P. Hughes*, Networks of Power. Electrification of Western Society 1880–1930, 1983.

[7] Vgl. dazu *W. Hoffmann-Riem/S. Fritzsche,* Innovationsverantwortung – Zur Einleitung, in: M. Eifert/ders. (Hrsg.), Innovationsverantwortung. Innovation und Recht III, 2009, S. 11 ff., 18 ff.; *M. Eife*rt, Nachhaltigkeit durch Innovation und Wissensgenerierung, in: W. Kahl (Hrsg.), Nachhaltigkeit durch Organisation und Verfahren, 2016, S. 371 ff.

[8] Vgl. zur Kritik der Energiepolitik DENA, Leitstudie Integrierte Energiewende, 2017; dazu FAZ v. 11.10.2017, Nr. 236, 18.

[9] Vgl. FAZ v. 9.11.2017, Nr. 260, 20: „Warum sich Frankreich mit der Energiewende Zeit lässt".

Energiewende[10] in einer späteren Phase, und dann längerfristig, Einsparungen erzielt werden können, die das Projekt auch für andere Länder vorteilhaft erscheinen lässt.[11] Es könnte sich herausstellen, dass die Energiewende zu früh erfolgt ist, weil das scheinbar unmittelbar durch Umstellung auf andere Energieträger erreichbare Ziel der Entlastung des Klimas durch Reduktion des Verbrauchs fossiler Energieträger den Blick auf die neue technologischen Netzwerke verstellt hat, über die Energie prozessiert werden kann. Die Energiewende hat ein Handlungsmodell nahegelegt, das nur in dem oben beschriebenen Sinne vielleicht nachhaltig war und die hohen Kosten eher nach hohen moralischen Standards diskontiert hat. Diese Sichtweise dominiert auch die Politik immer noch, auch wenn es kleiner Korrekturen am Energierecht gegeben hat.[12] Die Strategie der Energiewende setzt im Grunde auf eine Großtechnologie, deren Tragweite in der Öffentlichkeit wahrscheinlich noch nicht vollständig wahrgenommen worden ist: Tatsächlich wird erst 15 % des Stroms aus erneuerbarer Energie gewonnen. D. h. weitere 5.000 bzw. 7.000 q/km Fläche müssten in Deutschland für Solaranlagen bzw. Windparks genutzt werden – von Stromtransporttrassen ganz zu schweigen.[13] Ob das politisch überhaupt durchsetzbar ist, wird man sehen. im folgenden soll in mehreren Schritten zunächst nach den Regulierungsproblemen unter Bedingungen von „High Knowledge" gefragt werden. Sodann werden disruptive Veränderungen der Technologien, insbesondere der Aufstieg von datenbasierten Technologien, der Wandel des Internet und die daraus folgenden Herausforderungen für eine Regulierungsphilosophie beschrieben werden. Schließlich soll ein Ausblick auf das emergente „Internet of energy"[14] geworfen werden, innerhalb dessen sich der Wandel der Technologie auch in der Energieproduktion niederschlägt. Das „Internet of Energy"[15] bringt einen Wandel der Energieproduktion zur Geltung, die zu einer Energiewende 2.0 führen könnte und anders als die Energiewende 1.0 eine Vorbildwirkung für den Klimaschutz in der Welt implizieren würde. Teure Energiesparpro-

---

[10] In einem für 2018 angekündigten Bericht des BDI kommen die Autoren zu einer Schätzung von 1,4 Billionen € bei einer Minderung der Kohleimmissionen bis 2050 um 80 %.

[11] Vgl. den Überblick in *S. Fischer*, Energiewende und Europa. Europäisierungsprozesse in der deutschen Energie- und Klimapolitik, 2017.

[12] Vgl. *J. Ph. Schaefer*, Das Regulierungskonzept des EEG 2017 und des Windenergie-auf-See-Gesetzes, GewArch 2017, 361; vgl. auch *K. W. Lange/C. Möllnitz*, Die Digitalisierung der Energiewende, EnZW 2016, 448: die Umstellung auf die Orientierung an einem „smart grid" oder die Einführung von „smart metering", das vor allem Anreize zum Verbrauch in Zeiten eines großen Energieangebots setzt, führt nicht sehr weit auf dem Weg in das „internet of energy".

[13] FAZ Nr. 285, v. 8. 12. 2017, S. 10.

[14] Zum Begriff *M. Jaradat u. a.*, The Internet of Energy: Smart Sensor Networks and Big Data Management for Smart Grid, Procedia Computer Science 2015 (56), 592.

[15] Nicht ohne einen utopischen Überschuss: *J. Rifkin*, Die Null-Grenzkosten-Gesellschaft: Das Internet der Dinge, kollaboratives Gemeingut und der Rückzug des Kapitalismus, 2016, S. 105 ff.

gramme sind ambivalent[16], weil sie schnell durch Zunahme des Wohlstandes in Entwicklungsländern aufgezehrt werden könnten, wenn der Energieverbrauch für Häuser (40 %), Verkehr (25 %) und Industrie (25 %) zunimmt.[17] Warum sollten Menschen in ärmeren Ländern auf einen beginnenden bescheidenen Komfort (Heizung/Klimatisierung) verzichten oder aufwendige Energieprogramme bezahlen. Diese Kosten können längerfristig auch nicht von den Industriestaaten übernommen werden. Deshalb müssen energiesparende Technologien billiger werden. Das erscheint durchaus möglich.

II. Energieversorgung und technologischer Wandel

1. Die Zukunft der Solartechnologie

Politische und moralische Prioritäten haben die Perspektive zwar in zeitlicher Hinsicht erweitert, sie aber zugleich in gegenständlicher Hinsicht verengt. Problematisch erscheint vor allem, dass die Produktion erneuerbarer Energie weitgehend noch von der Orientierung an Großtechnoogien der „Gesellschaft der Organisationen" orientiert geblieben ist, die hierarchisch gesteuert werden. Wind als Energieträger ist aber aus physikalischen Gründen mit den teuren und starren Offshorewindparks an eine technologische Grenze gestoßen.[18] Sie ist deshalb, technologisch gesehen, eine alte Technologie. Dies ist – auch in Ländern wie Deutschland mit einer unterdurchschnittlichen Zahl von Sonnenstunden- in Zukunft anders bei der Solartechnologie, nicht aber für die Gegenwart. Die Energiewende war und ist deshalb eine Strategie, die nicht nur alte, verfügbare Technologien einsetzt, sondern als Kehrseite einer solchen Strategie zugleich die Energieforschung vernachlässigt. Dieses Risiko besteht immer beim massiven Einsatz einer alten Technologie. Zwar wird die Energieproduktion auf erneuerbare Energien umgestellt, aber die *Erneuerung der Technologien* selbst wird vernachlässigt. Die Produktion folgt dem traditionelle Modell der klassischen Organisation und der Zentralisierung und damit der Erzielung von Größenvorteilen: Auch wenn das Ziel verfehlt wird, so kann doch der Verlust, wie erwähnt, moralisch kompensiert werden. Die Problematik erschließt sich dann, wenn man die Wende zu „smart technologies" oder „high knowledge" in den Blick nimmt. Anders als die Windenergieproduktion kann die Solartechnologe „smart" werden": D. h. ihre Entwicklung folgt nicht mehr einer bestimmte Trajektorie, die nur immanente Veränderungen, aber keinen „disruptiven" Wandel zulässt. Die Solartechnologie[19] kann und wird sehr viel flexibler und effizienter werden,

---

[16] A. *Wilkinson*, Fighting Poverty might make it harder to fight climate change, Science v. 24.10.2017 (unter: http://www.sciencemag.org/news/2017/10/fighting-poverty-might-make-it-harder-fight-climate-change, zuletzt aufgerufen am 15.02.2018).

[17] Vgl. *J. Müller-Jung*, Wie gerecht ist Klimaschutz?, FAZ v. 08.11.2017, Nr. 259, N1.

[18] *Shellenberger* (o. Fußn. 4), 159.

[19] Vgl. „The Future of Solar Energy. An interdisciplinary MIT Study", 2015, unter: http://energy.mit.edu/publication/future-solar-energy/, zuletzt aufgerufen am 15.02.2018.

und zwar nicht durch Erzielung von Größenvorteilen in hierarchischen Organisationen, sondern weil sie sich verknüpfen lässt mit anderen Entwicklungstrajektorien der Technologieentwicklung, die insbesondere die problematische Diffusion und die schwankende Bereitstellung durch neue Technologien bearbeiten kann, die wie die Nanotechnologien eine „Informatisierung" der Materialien und der Natur anstreben.[20] Mithilfe der Gestaltungsmöglichkeiten der Nanotechnologie wird die Produktion von „erneuerbarer Energien" der Zukunft (die schon begonnen hat) von den großen Verteilungsnetzen unabhängig werden können. Sonnenkollektoren werden selbst flexibel, sie folgen der „Schwarmintelligenz" der Zukunft, die auf der Kopplung einer Vielzahl von Knoten innerhalb eines neuen flexiblen, sich selbst ständig transformierenden Netzes basiert, das nicht mehr zentral gesteuert wird.[21] Die distribuierten Knoten nanotechnologischer Netzwerke könne als Folie mit allen möglichen anderen Materialien kombiniert oder in sie integriert werden.[22] Zugleich werden Baumaterialien selbst energetisch „smart" dadurch, dass z. B. Fensterglas durch Nanotechnologien im Winter auf Energiesparen und im Sommer auf Wärmeabweisung eingestellt werden. An allen möglichen Orten kann Energie gespeichert und genutzt oder an andere Interessenten abgegeben werden.

2. Insbesondere:
Die Verschleifung von Wissenschaft und Technologie

Die Nanotechnologie setzt bekanntlich in einer Vielzahl praktischer Anwendungsfelder[23] darauf, auf der Ebene der Moleküle oder der Atome Prozesse der Selbstorganisation der belebten wie der unbelebten Natur zu beeinflussen oder zu modellieren, die sich der Beschreibung in herkömmlichen Kausalitätslinien und Gesetzmäßigkeiten entziehen. Wissenschaftstheoretisch bedeutet dies, dass das Verhältnis von Wissenschaft i.e.S. und Technologie ein weiteres Mal grundlegend verändert wird[24]: In der Nanotechnologie lassen sich allgemeine „Gesetzmäßigkeiten", die durch die konstruktive Vernunft aus der Beobachtung von Naturphänomenen herauspariert werden, und Prozesse in der Natur, die sich unabhängig von menschlichen Einwirkungen vollziehen sowie der konkrete insbesondere experimentelle Eingriff nicht mehr stabil trennen.[25] Die funktionale Modellierung von technologischen

---

[20] Vgl. dazu *K. H. Ladeur*, Kommunikation über Risiken im Rechtssystem. Das Beispiel der Nanotechnologie, in: C. Büscher/K. P. Japp (Hrsg.), Ökologische Aufklärung. 25 Jahre „Ökologische Kommunikation", 2010, S. 131.
[21] *Q. Fan u.a*, Research on Wind-Storage System Participating in Frequency Regulation for Energy Internet, in: Y. Sun (Hrsg.), Advances in Power and Energy Engineering, Proceedings oft he 8th Asia-Pacific Power and Engineering Conference, 2016, S. 159.
[22] Vgl. „The Future of Solar Energy" (o. Fußn. 13), insbes. S. 24.
[23] *M. Roco/W. S. Bainbridge* (Hrsg.), Converging Technologies for Improving Human Performance: nanotechnology,Biotechnology, and Cognitive Science, 2003.
[24] *S. Loeve*, Autour d'une définition des nanos; in: B. Bensaude-Vincent u.a. (Hrsg.), Bionano-éthique: Perspectives sur les Bionanotechnologies; 2008, S. 3 (10).
[25] *Loeve* (o. Fußn. 24), S. 10.

Konstruktionen auf der molekular oder der atomaren Ebene ist keine „Anwendung" einer Gesetzmäßigkeit oder eines stabilen Reaktionsmusters, das sich durch allgemeine Beschreibung stabilisieren ließe; Abstraktes und Konkretes, Natürliches und Künstliches sind untrennbar miteinander verbunden.[26]

3. Methodologische Probleme einer Regulation unter Bedingungen von Komplexität

Das „Internet der Kommunikation" steht vor einer großen Herausforderung, der Bewältigung der Integration so gut wie aller Kommunikationsformen und -medien, die alsbald an die Stelle multimedialer Konkurrenz treten wird. Ob das auf Gleichheit des Zugangs („Netzneutralität") diesen Übergang problemlos verkraftet, ist alles andere als sicher.

Die Protagonisten der Netzneutralität haben neben ihrem Interesse an der Gleichheit des Zugangs zum Internet und der Gleichheit der Übertragungsgeschwindigkeit auch eine Perspektive auf die Bedingungen der Innovation im Netz entwickelt. Diese Sicht ist in einem Buch von Barbara van Schewick[27] für ein internationales Publikum entfaltet worden und hat vor allem in den USA großen Einfluss auf das Verständnis der Innovation im Netz ausgeübt. Das Buch setzt bei der Rekonstruktion der Leistungen des Internet und seiner Regulierung ein. Das einfache Prinzip der Regulierung, dem die IETP in der Praxis der selbstorganisierten Regulierung gefolgt ist, hat seinen Niederschlag in der bekannten Formel „rough consensus and running code" gefunden.[28]

Das bedeutet, dass die Regeln, die für den Kernbereich („core level") des Internet vorzugeben sind, einfach sein müssen und nur in geringer Zahl gesetzt werden sollten. Die Idee war, dass die Innovation durch Entwicklung neuer Applikationen so einfach wie möglich anschlussfähig sein sollten und jeder dazu ohne besondere Information über die Architektur des Netzes und vor allem ohne größere Einschränkungen dazu in der Lage sein sollte, neue Applikationen zu entwickeln. Man muss zugeben, dass das Internet so jahrelang sehr effizient funktioniert hat.

Die Internettechnologien sind aber inzwischen so komplex geworden, dass das alte Konzept der Kombination von öffentlicher und privat-öffentlicher Regulierung (IETP) in der bisherigen Form als nicht angemessen erscheint. Jedenfalls sollte die gegenläufige Annahme einer Notwendigkeit der Erweiterung der Perspektive auf die

---

[26] B. Bensaude-Vincent, Vertiges de la technoscience; 2009, S. 34.

[27] Internet Architecture and Innovation, 2010; Rez. J. M. Bauer, Telecommunications Policy 2014, 406.

[28] Vgl. zu dieser vereinfachenden Strategie der Konsensbildung, die an einem gemeinsamen Interesse der Erhaltung des Internet orientiert ist, T. Baumgärtel, „We believe in rough consensus and running code", telepolis, 24.2.1997 (unter: https://www.heise.de/tp/features/We-believe-in-rough-consensus-and-running-code-3449553.html, zuletzt aufgerufen am 15.02.2018).

Innovationen jenseits der „Endnutzer" in den Blick genommen werden. Dabei ist noch ein Metaargument zu berücksichtigen: Die Formulierung einer Regulierungsstrategie unter Bedingungen von Ungewissheit und Komplexität kann nicht allein *einem* theoretischen Modell folgen. Sowohl politische Erfahrung als auch eine in die Grundrechte eingetragene *Heuristik*, die Vermutung für ein der Evolution der Technologie folgendes lernfähiges, adaptives Modell der Regulierung, das nicht *ein* Modell, das der Innovation auf der Ebenen der „Endnutzer", begünstigt.

Die Priorität für die Innovation von unten als striktes Ziel der Regulierung wäre riskant, weil dies eine regelbasierte *ex ante*-Strategie wäre, die der Komplexität einer Regeln verändernden Technologie nicht gerecht werden könnte. Eine flexiblere Strategie würde mindestens teilweise auf *ex post*-Regulierung setzen, die offen für die Selbsttransformation der Internetarchitektur selbst wäre. Eine solche Strategie würde eher Komponenten einer *ex ante*-Regulierung für einige relativ stabil erscheinende Knoten zu identifizieren versuchen und die Regulierung durch Differenzierung selbst netzwerkartig ausgestalten.

4. Der Übergang zu einer experimentellen Dynamik des Internet

Eine solche Strategie würde zugleich die Notwendigkeit berücksichtigen, die Vorzüge der dezentralisierten Innovation zu erhalten – und ebenso einen Raum des Experimentierens innerhalb der Netzarchitektur lassen und nach einer Art Metaregel suchen, die beide Komponenten einer offenen Regulierung kompatibel halten müsste. Innerhalb einer auf die Logik von Big Data eingestellten Strategie wären Knoten mit einer höheren Dynamik von anderen zu unterscheiden, die eher einer regelorientierten Regulierung ausgesetzt werden könnten. Die Perspektive auf den „Endnutzer" läuft im Übrigen Gefahr, die weitere grundlegende Veränderung des Internet zu verfehlen, die mit dem Übergang zum „Internet der Dinge" einhergehen wird.[29] Am Ende steht das „Internet of everything", innerhalb dessen eine Fülle von Dingen, Sensoren, Computern etc. ständig miteinander kommunizieren und Daten austauschen.[30] Das Prozessieren von Daten wird immer stärker von Maschinen übernommen werden, die eine sehr viel höhere Kapazität zur Verarbeitung komplexer Daten bereithalten können. Dies wird, wie unten noch zu zeigen sein wird, auch die Voraussetzungen für die Entwicklung eines „Internet of Energy" schaffen: Die Internetarchitektur entfernt sich von der menschlichen Kommunikation, und sie entfernt sich zugleich von der Kommunikation von Daten i.e.S., indem sie es ermöglicht, Energie über ein intelligentes Netzwerk zu prozessieren – und zwar in einem hochkomplexen System, innerhalb dessen die „Adressen" nicht fest zugewiesen sind, sondern an einzelnen „Knoten" im Netz variable und austauschbare Dienste ermöglicht werden.

---

[29] Vgl. allg. *M. Alioto* (Hrsg.), Establishing the Internet of Things: From Integrated Circuits to Integrated Systems, 2017.

[30] Vgl. etwa *B. di Martino/K.-C. Li et al.* (Hrsg.), Internet of Everything. Algorithms, Methodologies, Technologies, and Perspectives, 2018.

5. Die Evolution des „Next Generation Network"

Die Expansion neuer Formen des Data-Processing wird von der Evolution des „next generation network"[31] bestimmt werden und neue intelligente Netzfunktionen hervorbringen, die auf Maschinenlernen basieren und Daten des Internetverkehrs (aber auch Energie) nach ganz unterschiedlichen Modi auf die Nutzung produktiver Muster und Relationierungen durchsuchen werden, die für ganz unterschiedliche Unternehmen von Bedeutung sein werden. Dies zeigt, dass wir die Aufmerksamkeit auch auf die Emergenz neuer Daten-Managementsysteme lenken müssen, die für das Funktionieren hochkomplexer digitaler Technologien von Bedeutung sein werden. Die Provider werden in Zukunft auf die eine oder andere Weise als „information broker" fungieren – möglicherweise werden sie diese Rolle sogar übernehmen müssen.

Das Potential der Kombination und Rekombination von Daten über die bisherigen Grenzen zwischen den Diensten, also von Big Data, muss in der einen oder anderen Weise von Unternehmen genutzt werden können. Dies ist eine der Konsequenzen der Entwicklung von *hybriden Akteuren*, deren Herausbildung der Hybridisierung der Datenprozesse entspricht. Wer sonst sollte dieses Potential nutzen können, wenn die Grenzen zwischen „Diensten" immer durchlässiger werden[32]? Dies schließt die Entwicklung komplexerer Datentransportsysteme ein, die für das Management sehr großer Datenmassen und der komplexen Beziehungen zwischen unterschiedlich aggregierten und verdichteten Knoten, Ebenen und Bahnen der emergenten Netzarchitektur (einschließlich eines „Internet of Energy") benötigt werden.

III. Die Evolution der „data driven" Technologien und ihre Folgen für die Regulierungsstrategie

1. Das Ende der Stabilität der technologischen Trajektorien und der Aufstieg von Big Data

Die beschriebene Evolution des Internet ist auch ein Effekt des Aufstiegs des neuen Paradigmas des Information Processing: In der Vergangenheit war die Information mit einem bestimmten *Zweck* verbunden, d. h. sie war notwendig, damit ein bestimmter Inhalt transportiert werden kann. Dies erlaubt als Nebeneffekt den Erwerb von Wissen über allgemeine technische Probleme eines Dienstes. So entsteht eine Pfadabhängigkeit von Technologien. Sowohl die Praxis als auch die Produktion und die Aggregierung von Daten folgen bestimmten, sich durch Netzwerkplanung oder spontan herausbildenden Trajektorien. Nach dem neuen emergenten Paradigma

---

[31] R. *Sietmann,* Schmalspur. Der Kampf gegen die Netzneutralität zielt auf die Vereinnahmung des Internet, c't v. 30.3.2011, https://www.heise.de/ct/artikel/Schmalspur-1216729.htm.

[32] R. *Sietmann,* Sprengfalle. Kollateralschäden der geplanten EU-Verordnung zur Netzneutralität, c't 2013, Heft 24, 84.

sind die Daten nur lose gekoppelt an eine bestimmte Technologie und tragen kaum noch zur Herausbildung einer Pfadabhängigkeit bei. Die Daten sind von Anfang an Teil von Big Data.[33] Und Big Data ist vor allem durch die lockere Bindung an Ziele charakterisiert. Die Daten können immer wieder neu kombiniert werden. Dies wirft natürlich auch einen Schatten auf die Struktur des Datenschutzes. Die Zweckbindung der Daten wird sich in Zukunft kaum mehr halten lassen. Infolge der gesteigerten Flexibilität der intelligenten Technologien und der „Umschreibung" der Natur als gigantischer Informationsspeicher sowie der Rekodierung der Materie als „Information" lässt sich auch Energie neu kodieren.

Daten können immer wieder mit anderen Daten verknüpft werden, die zunächst keine Beziehung zu den Daten zu haben scheinen, die an anderer Stelle im Netz entstanden sind. Man kann nach allen möglichen Verknüpfungsmustern, Knoten im Netz und Relationierungen in Data Clouds suchen und sie auf eine neue experimentelle Weise miteinander kombinieren, ohne dass gezielt nach bestimmten Modellen gesucht würde. Diese neue Logik von Big Data kann nicht ignoriert werden, wann immer große Datenmengen im Netz anfallen und jedenfalls auch Energie wie /als Information reprozessiert werden kann. Dieses Problem stellt auch eine Herausforderung für die Regulierung dar.

2. „Data Driven Technology" – „Surfing Fluid Reality"

Allerdings kann man – wie schon angedeutet – einem Dilemma nicht entgehen: „Data-driven" Technologien[34] sind mit einer Tendenz zur grundlegenden Veränderung des Wissenssystems der Gesellschaft selbst konfrontiert, einer Komplexität, die einen stabilen Beobachtungspunkt oder die Formulierung eines klar konturierten Referenzrahmens ausschließt. Dies gilt für eine Reihe von Technologien, die von der Integration der Beobachtung der Natur mit Informationstechnologien bestimmt werden. Die Technologie gewinnt dann den Vorrang vor der Wissenschaft Dies gilt etwa für die Gentechnologie oder die Nanotechnologien. Die Herausforderung für die Regulierung besteht darin, dass – wie zwei Ökonomen es formuliert haben[35] – private wie öffentliche Entscheider sich einstellen müssen auf Praktiken des „surfing fluid reality".

Dies schließt die Notwendigkeit ein, eine Regulierungskonzeption zu formulieren, die selbst „data driven" ist, also ein Element des „data mining" in eine Strategie der Evaluation und des Monitoring des Internet Management *ex post* aufnimmt. Die Muster der Beobachtung der Herausbildung von Interessen und Möglichkeiten könn-

---

[33] Vgl. *K. H. Ladeur*, Wissenserzeugung im Sozialrecht und der Aufstieg von „Big Data", in: B. Buchner/ders. (Hrsg.), Wissensgenerierung und -verarbeitung im Gesundheits- und Sozialrecht, 2016, S. 89.

[34] *Ladeur* (o. Fußn. 33).

[35] *H. Bahrami/S. Evans*, Super-Flexibility for Real-Time Adaptation: Perspectives From Silicon Valley, California Management Review 2011, Heft 2, 21.

ten in einem Prozess der Kooperation zwischen öffentlichen und privaten Entscheidern formuliert werden, damit so ein strukturierter Prozess des Lernens unter Bedingungen von Komplexität in Gang gehalten werden kann. Das Internet entfaltet erst allmählich seine Eigenrationalität, die selbst von der Logik einer High Technology oder von der Dynamik des High Knowledge bestimmt wird.

Es entwickeln sich insbesondere Konzeptionen der Nutzung „evolutionärer Algorithmen"[36], die auf Lernfähigkeit, d. h. auf Wandel angelegt sind. Dieses Lernen sollte typischerweise durch Maschinen erfolgen können. Big Data erlaubt eine hohe Variabilität der Problemstellungen: So können einerseits z. B. Muster in den Krankheitsbildern einer großen Zahl von personenbezogenen Gesundheitsdaten entdeckt werden, etwa Anzeichen für die Entwicklung einer Epidemie, die durch evolutionäre Algorithmen entdeckt werden können, wenn z. B. die Verlaufsmuster der Ausbreitung bestimmter Viren demonstriert werden können.

Ist „Big Data" – von Fragen des Datenschutzes [37] abgesehen, auf die hier nicht eingegangen werden kann – also eine einfache Formel für technologischen Fortschritt? So einfach dürfte es nicht sein. Das hätte man sich fast schon gedacht. Mit jeder Wissensvermehrung vermehrt sich paradoxerweise auch das Nichtwissen, die Ungewissheit.

IV. Probleme der Definition einer neuen „Regulierungsphilosophie"

1. Die Dynamik der Wissenschaft und deren Verfehlung durch das Energie- und Technikrecht

Der Staat darf nicht ignorieren, dass die Wissenschaft – wie erwähnt – weitaus weniger als in der Vergangenheit ziel- und projektartig mit genau definierten experimentellen Entwürfen arbeitet. Daraus ergeben sich neue Schwierigkeiten bei der rechtlichen Kontrolle wissenschaftlicher Verfahren, die Technologie und Wissenschaft enger verknüpfen als früher und ein neues Wissen generieren, das auf Selbstveränderung und die dynamische Verknüpfung mit später erst konturierbaren praktischen Projekten angelegt ist. Das sich jetzt herausbildende Paradigma des Wissens der Erzeugung von „Daten"[38] und (z. B. genetischen) Informationen, die unterschiedlich restrukturiert und rekombiniert werden können, muss bei der rechtlichen Regulierung berücksichtigt werden. Daraus ergibt sich z. B., dass die vielfach als unpro-

---

[36] *G. Jones*, Genetic and Evolutionary Algorithms, Encyclopedia of Computational Chemistry, 2002 (unter: http://www.wiley.com/legacy/wileychi/ecc/samples/sample10.pdf, zuletzt aufgerufen am 15.02.2018).

[37] Vgl. nur *J. Lanier*, How to Think About Privacy, Interview, Scientific American, November 2013 (309), 64.

[38] *H. J. Rheinberger*, Wie werden aus Spuren Daten, und wie verhalten sich Daten zu Fakten?, in: Nach Feierabend. Zürcher Jahrbuch für Wissensgeschichte, Band 3, 2007, S. 117.

blematisch angesehene „Verhältnismäßigkeitsprüfung"[39] ihre Grenze darin findet, dass die Bedeutung eines wissenschaftlichen Experiments oder Arbeitsprogramms ex ante nicht abschätzbar ist, da die wissenschaftliche Fragestellung von außen als schlecht strukturiert erscheint und ständigem Wandel unterliegt. Darauf muss die Regulierung, soweit sie überhaupt zu rechtfertigen ist, besser eingestellt werden. Was das im Einzelnen bedeuten kann, soll im Folgenden an Beispielen konkretisiert werden.

2. Übergang zur Regulierung in „Echtzeit" oder ex post?

Die Regulierung von neuen Technologien muss sich an den sich wandelnden Paradigmen des Wissens und seiner Erzeugung orientieren. Das Paradigma der distribuierten Erfahrung ist von dem Paradigma der organisierten und fragmentierten Erzeugung von Wissen abgelöst worden, an dem sich auch der moderne Vorsorgebegriff orientiert hat. Das neue Paradigma der Epistemologie für Wissenschaft und Technologie wird vor allem dadurch bestimmt, dass deren Trennung mehr und mehr durchlässig und die Dynamik der Wissenschaft gesteigert wird. Einzelne „Gegenstände" und Verfahren der Wissenschaft lassen sich immer weniger abgrenzen und stabil stellen. So lassen sich z. B. „Ziele" der Nanotechnologie kaum beschreiben. Daraus ergeben sich neue Risiken, aber auch neue Möglichkeiten für das Risikomanagement – letztere werden ignoriert, wenn man den grundlegenden Wandel der neuen Wissenschaft verfehlt, der in der Informatisierung begründet ist.

Komplexe Regulierungen können mehr und mehr auf der Grundlage eben von „Big Data" erfolgen, das bedeutet: Regulierung in „Echtzeit".[40] Regulierung müsste dann möglichst in die Beobachtung der Forschungs- und Anwendungsprogramme selbst eingebaut werden. Diese selbst wären laufenden regelmäßigen Evaluationsprozessen zu unterwerfen. Dies wäre die Stärkung der ex post- zu Lasten der ex ante Perspektive.

Die Konstruktionsmodelle und ihre Muster werden unter den Bedingungen von Big Data „kontextuell", d. h. vor allem, dass immer wieder neue Verknüpfungsmuster innerhalb der Daten durch die Irritation des Netzwerks hervorgebracht werden. Es gibt keine vorgegebenen Zwecke, über die die Verknüpfungen gesteuert werden. Das schließt selbstverständlich nicht aus, dass es eine Vielzahl von bekannten Verlaufs- und Kausalitätsmodellen gibt, die sich in der Behandlung bewährt haben und die weiterverfolgt und ausdifferenziert werden. Wichtig ist aber festzuhalten, dass die Zahl und die Art der möglichen Verknüpfungen nicht vorher bestimmt werden.

---

[39] BVerfGE 69, 37, 45 – Vorsorgeprinzip und Verhältnismäßigkeitsprinzip.

[40] Vgl. zu den Möglichkeiten der Nutzung von „Big Data" für die Programmbeobachtung in „realtime" *Brennan u. a.*, Leveraging the Big-Data Revolution. CMS is Expanding Capabilities to Spur Health System Innovation, Health Affairs 33 (2014), Heft 7, 1195.

Wie in anderen Teilen der „verflüssigten Wirklichkeit"[41], die eher in eine multiple Welt einer Pluralität der Möglichkeiten transformiert worden ist, hat der Wandel Konsequenzen auch für die Energieproduktion. Die Big Data Sammlungen sind „sense making systems"[42] mit offenen Zielen, die zu variablen Kontexten aggregiert werden, nicht aber bei der Anlage der Datensammlungen vorausgesetzt werden. „Daten finden Daten", die „Relevanz findet den Nutzer", nicht aber sind es die beteiligten Individuen oder Organisationen, die die Ziele vorformulieren.[43] Deshalb bedarf es für „data driven" Modelle und ihre Remodellierungen auch der Interoperabilität verschiedener Datenbanken, ein Problem, das z. Zt. noch schwer lösbar erscheint.[44]

3. Permanente „Umbesetzungen" innerhalb des Datenflusses

Es vollzieht sich in der Relationierung von Wissenselementen ständig eine Art „Umbesetzung": D. h. obwohl oder gerade weil die „Daten" nicht mehr für die Beantwortung bestimmter Fragen gesammelt werden (für eine vorher feststehende Art und Zahl von Fragestellungen), stellen sich jetzt nicht zuletzt methodische Probleme des „Data Cleansing".[45] Die Daten müssen standardisiert so erhoben werden, dass sie kontextfrei prozessiert werden können, während zugleich durch Rekombination mit anderen Daten ein artifizieller Kontext generiert wird, der das Ablesen von Musterbildungen erlauben soll.[46] Damit wird auch die Regulierung erschwert, eben weil die Fragestellungen vorab nicht feststehen. des Wissens entwickelt worden sind. Zum Teil werden aber auch Vernetzungsmuster eher zufallsgeneriert sein: d. h. man sucht nach „Auffälligkeiten", z. B. nach der Häufung bestimmter Cluster, die erst im Nachhinein eine Bedeutung erhalten. Deshalb ist vorab eine Ziel-Mittel-Verhältnis kaum zu beschreiben. Eine neue „Regulierungsphilosophie" wird deshalb erforderlich. Sie wird vor allem eher abstrakt nach „laws of complexity" suchen, d. h. nach Regeln der Verknüpfung zwischen Parametern, deren Muster im Einzelnen ex ante

---

[41] *Bahrami/Evans* (o. Fußn. 28), 21.

[42] *A. Cavoukian/J. Jonas,* Privacy by Design in the Age of Big Data, 8. 6. 2012 – http://priva cybydesign.ca/content/uploads/2012/06/pdb-big_data.pdf.

[43] *A. Cavoukian/D. Castro,* Big Data and Innovation. Setting the Record Straight: De-Identification Does Work, 2014 (unter: http://www2.itif.org/2014-big-data-deidentification. pdf, zuletzt aufgerufen am 15. 02. 2018) Ann Cavoukian ist Datenschutzbeauftragte des Staates Ontario.

[44] *Sh. Hoffman/A. Podgurski,* Big Bad Data: Law, Public Health, and Biomedical Databases, Journal of Medical Ethics 41 (2013), Suppl. 1, 56.

[45] *Hoffman/Podgurski,* ebd.

[46] *R. Pivovarov/N. Elhadad,* Automated Methods for the Summarization of Electronic Health Records, Journal of the American Medical Informatics Association (22) 2015, S. 938: Die Kehrseite der Schwierigkeiten der Gewährleistung der Interoperabilität der Datensysteme und ihrer Führung durch die Ärzte bildet die ernüchternde Einsicht, dass die Vielzahl der Daten, die vor allem über chronisch Kranke entsteht, vielleicht schwer digital zu verwalten sind, aber vom behandelnden Arzt wegen Überkomplexität erst recht nicht verarbeitet werden kann.

schwer abschätzbar sind und ihrerseits als „evolutionary algorithms" auf Veränderung durch Lernen angelegt sind. Die Auswertung von Daten insbesondere durch „lernende Sensorsysteme", die in die Lebensumwelt integriert sind.[47]

V. Die Emergenz des „Internet of Energy"

1. Technologische Komplexität als Voraussetzung für kostengünstige Energieproduktion

Enegiesystem der Zukunft ist das „Internet of Energy"[48], d.h. wie im Internet der Kommunikation entwickelt sich ein azentrisches System, innerhalb dessen auf alle möglichen Weisen Energie erzeugt und umverteilt wird. Innerhalb dieses Internet of Energy wird auf eine komplexe, durch künstliche Intelligenz (selbst) gesteuerte Weise Energie produziert und verteilt, ohne dass zuvor feststeht, wer sie für wen und zu welchem Preis erzeugt. Das Prozessieren von Energie wird über künstliche Intelligenz azentrisch durch Errechnen on Operationen und ihren Kosten gesteuert werden. Nur auf diese Weise kann die Unzuverlässigkeit der erneuerbaren Energien kompensiert werden. Das Internet of Energy wird selbst Teil des Internet der Dinge.[49] Es besteht allenfalls auch noch von Kraftwerken, aber primär aus energieproduzierenden „Dingen", die ubiquitär werden und miteinander kommunizieren. Nur so können auch die Kostenvorteile erreicht werden, die die Energiewende dann auch für andere Länder zum Vorbild werden lässt. Das Internet of Energy folgt einer dezentralen Logik, mit der die bisherige Trajektorie der Energiewende nur begrenzt vereinbar ist. Das neue Paradigma ist die „cloud" (of energy), die auf der einen Seite, wie erwähnt, dem Paradigma des Internet der Kommunikation und dem Modell des Internet der Dinge folgt und zum anderen dem Paradigma von Big Data folgt, das ebenfalls nicht nur auf die Verarbeitung großer Mengen von Daten eingestellt ist, sondern Information ständig de- und wieder rekontextualisiert und zugleich neue Zwecke aus der Beobachtung neuer Verknüpfungsmuster („von unten") generiert. Ein solches Netz kann möglicherweise auch gegen Hacking-Angriff besser geschützt werden als ein hierarchisches System. Die Technologien selbst entwickeln sich ihrerseits durch Informatisierung der Materialien wie der Natur auf eine Netzwerkstruktur zu, die die traditionelle Unterscheidung von Trajektorien unterläuft.

---

[47] *S. Beck u.a.*, Mit Robotern gegen den Pflegenotstand, Policy-Brief der Stiftung neue Verantwortung 4/2013, 1, (unter: http://www.ndws.de/wp-content/uploads/2015/02/Beck2013MRG.pdf, zuletzt aufgerufen am 15.02.2018).

[48] Vgl. den Überblick in: *H. J. Appelrath u.a.*, Internet der Energie: IKT als Schlüsseltechnologie für das Energiesystem der Zukunft, Wirtschaftsinformatik 2012 (54), Heft1, 1; National Science Foundation, Creating the Energy Internet, Februar 2015 (unter: https://www.nsf.gov/discoveries/disc_summ.jsp?cntn_id=134274, zuletzt aufgerufen am 15.02.2018).

[49] *Jaradat u.a.* (o. Fußn. 11), 592.

2. Das Energiesystem der Zukunft – hochkomplex, aber technologisch nachhaltig?

Die DENA hat in den letzten Jahren die Notwendigkeit erkannt, die Perspektive der Energieerzeugung der Zukunft auf die Beobachtung der Entwicklung eines technologisch nachhaltigen Systems umzustellen. Die Steuerung solcher Netze, wenn man überhaupt noch von Steuerung sprechen kann, muss eher über lernende Algorithmen erfolgen.[50]

Dabei wird mehr und mehr eine neue Form des Rechts oder besser ein funktionales Äquivalent zum Recht sich entwickeln, dessen Einzelheiten hier nicht dargestellt werden können. Die Komplexität azentrischer Systeme wird nur durch Selbstorganisation ihrer multiplen Komponenten in Figuren künstlicher Intelligenz „haltbar" werden können. Immer mehr Figuren der Vermittlung von Kommunikationen, Abschichtungen von (Teil-)Lieferungen, Finanzierungen, Abrechnungen etc., die sich der Form des Rechts bedient haben, werden durch selbst-prozessierende Systeme von „Block chains" abgelöst[51], die ohne menschliche Intervention Steuerungsformen und Kontrollen ad hoc generieren und Operationen (v)errechnen.

Komplexe Systeme werden mehr und mehr *über Mittel statt durch Ziele gesteuert:* Sie generieren Verknüpfungsmuster aus der Beobachtung von Möglichkeiten, die im System errechnet werden. Paradoxerweise entfernt sich die neue intelligente Technologie nur scheinbar von der Natur. Die Bilder von der Natur werden selbst gesellschaftlich so erzeugt, dass eine Kommunikation zwischen Technologie und Natur erfolgen kann. Das Denken in technologischen Netzwerken ist jedenfalls von „der" Natur nicht weiter entfernt als das Bild von der Natur als zu „schonende Ressource".

Das geltende Recht bleibt hinter den skizzierten Anforderungen weit zurück. Zwar ist am 24.6.2016 ein „Messstellenbetriebsgesetz" verabschiedet worden, das einige Neuerungen im Bereich des „smart metering" etc. einführt und in das am 29.8.2016 verabschiedete „Gesetz zur Digitalisierung der Energiewende"[52] aufgenommen worden ist, doch entspricht es kaum den Erfordernissen des „Internet of Energy", da dafür die technologischen Voraussetzungen des Einsatzes von distribuierten „High Knowledge" basierten Energieproduktions- und -speichersystemen feh-

---

[50] *W. Hoffmann-Riem*, Verhaltenssteuerung durch Algorithmen – eine Herausforderung für das Recht, AöR 2017 (142), 1.

[51] Vgl. zur Bedeutung für die Energiepolitik DENA/ESMT Berlin, Blockchain in the Energy Transition, A Survey among Decision-Makers in the German Energy Industry, 2016, (unter: https://shop.dena.de/fileadmin/denashop/media/Downloads_Dateien/esd/9165_Blockchain_in_der_Energiewende_englisch.pdf, zuletzt aufgerufen am 15.02.2018); juristisch: *J. Schrey/Th. Thalhofer*, Rechtliche Aspekte der Blockchain, NJW 2017; *M. Mann*, Die decentralized autonomous organization – ein neuer Gesellschaftstyp?, NZG 2017, 1014; *M. Kaulartz/J. Heckmann*, Smart contracts – Anwendungen der Blockchain-Technologie, CR 2016, 618; mit einer Perspektive auf den gesellschaftlichen Wandel durch „disintermediation": *D. Smith*, Flattened: Disintermediation Goes Global, The American Interest 2017, Sept./Okt., 6.

[52] BGBl Teil. 1 Nr. 43, 2016, S. 2034 ff.

len. Offenbar ist es technologisch noch nicht möglich, kostengünstige große Energiespeicher (Batterien) zu konstruieren. Im Modell des „Internet of Energy" würde eine sehr große Zahl kleiner Energiespeicher[53] jeweils dann aufgeladen, wenn überschüssige Energie anfällt.[54] Diese kleineren, zu einem flexiblen Netzwerk verbundenen Speicher werden bald schon die Produktionsreife erreicht haben und effizient in der „Energy Cloud" einsetzbar sein.[55] Bald könnte die Energie nach Bedarf dort eingesetzt werden, wo sie gebraucht wird, ohne dass große Transporttrassen gebaut werden müssten. Der Einsatz würde über künstliche Intelligenz organisiert und über die Technik der Block Chains verwaltet und abgerechnet.

Die Einführung der jetzt nach der Energierechtsreform geplanten Technologien des „smart metering", mit denen Ansätze zu einer intelligenten Verknüpfung zwischen Energieproduktion und flexiblem Verbrauch geschaffen werden sollen, wird sich überdies weiter verzögern, der vorgesehene Termin für die Bereitstellung neuer intelligenter Messsysteme im Jahre 2020 wird wohl verfehlt werden.[56] Deshalb ist umso mehr zu erwarten, dass das System veraltet sein wird, wenn es zur Verfügung steht.

---

[53] Vgl. zu einem neuen Ansatz zur Vernetzung privater Solaranlagen: „Ein digitaler Marktplatz für Strom", FAZ Nr. 299, v. 27.11.2017.

[54] *C.-W. Yau et al.*, Energy Harvesting in the Internet of Things, in: di Martino/Yau et al. (Hrsg.), Internet of Everything, in: di Martino/Li, aaO, S. 35, 54.

[55] *C. Ratti/D. Belleri,* Buildings with Personalised Thermal Clouds Will Eliminate Energy Wasting, Wired : The World in 2018, S. 73; *E. Bryce,* Microgrids Will Make Urban Areas More resilient and Greener, ebd., S. 77; *O. Bennett,* Competition Will Solve the Renewable Storage Conundram, ebd., S. 78.

[56] FAZ v. 13.11.2017 (unter: http://plus.faz.net/wirtschaft/2017–11–13/die-digitalisierung-der-energiewende-stockt/79095.html, zuletzt aufgerufen am 15.02.2018).

Die Benutzung des bodennahen Luftraums durch zivile Drohnen – Zum Regulierungsbedarf „unbemannter Fluggeräte"

Von *Jan R. Lüsing*

I. Der Bedarf am Einsatz ziviler Drohnen

1. Einsatzzwecke ziviler Drohnen

Regelmäßig wird in den Medien über Drohnen berichtet. Während in früheren Jahren Berichte über Drohnen praktisch ausschließlich deren militärischen Einsatz im Ausland betrafen, überwiegen mittlerweile die Meldungen zum Thema der zivilen Nutzung von Drohnen. Als Konsumgut sind Kamera-Drohnen in privaten Haushalten bereits beliebt. Aber auch im gewerblichen Bereich und im hoheitlichen Sektor ist das Interesse an der Nutzung ziviler Drohnen stark gestiegen. Dies belegt ein Blick auf die Zeitungsmeldungen der jüngeren Zeit, wie sie beispielsweise in der Online-Ausgabe der Frankfurter Allgemeine Zeitung zum Thema „Drohnen" zu finden sind:

So wurde bereits Ende 2016 unter der Überschrift „Drohnen überall" die geschätzte Anzahl von 400.000 überwiegend privat genutzter Drohnen in Deutschland genannt. Ganz ähnlich titelte ein Bericht zum Absatz von Kamera-Drohnen im Weihnachtsgeschäft 2017 „Immer mehr Drohnen fliegen über Deutschland".

Weit über die Produktion von Foto- und Videomaterial hinaus geht die Vielfalt zukünftiger Einsatzzwecke im gewerblichen Bereich. Allerdings macht auch hier der Einsatz von Drohnen für kostengünstige Luftbildaufnahmen und damit das Erheben von luftgestützten Daten allgemein einen wichtigen Einsatzzweck von Drohnen aus. Der Artikel „Die Bahn geht in die Luft" vom 16.07.2017 berichtet beispielsweise darüber, dass die Deutsche Bahn AG bereits jetzt Kamera-Drohnen bei der Bauinspektion von Bahnhöfen und Brücken einsetzt, um die Kosten für den Bau der ansonsten benötigten Gerüste einzusparen. Darüber hinaus werde auch der Einsatz von Drohnen zur Streckenkontrolle erprobt, wo Drohnen mit Infrarotkameras windbruchgefährdete Bäume aufspüren sollen. Dass Vegetationskontrolle aus der Luft durch Drohnen insbesondere auch ein Einsatzzweck für die Landwirtschaft darstellt, zeigt etwa der Bericht „Wie Digitalisierung die Landwirtschaft verändert" von Anfang 2015 auf. Jenseits des Einsatzbereichs der luftgestützten Datenerhebung werden gegenwärtig die Einsatzmöglichkeiten von Drohnen bei der Paketzustellung oder auch beim Personenverkehr intensiv ausgelotet. „Amazon will Pakete mit Drohnen ausliefern" lautete insoweit bereits Ende 2013 eine entsprechende Zeitungsmeldung. Ein Bericht vom September 2014 mit der Überschrift „Deutsche Post schickt Drohnen zur Insel Juist" schildert die Medikamenten-Lieferung durch eine Drohne an die Insel-Apotheke Juist, bei der die Drohne eine Distanz von etwa 12 km in einer Höhe von 50 m anhand von GPS-Wegpunkten per Autopilot zurücklegte. Aber auch in der Automobilindustrie erprobt man den Lieferverkehr mit Drohnen, wie im Oktober 2017 dem Artikel „Rendezvous mit einer Drohne" zu entnehmen war. Danach landete eine Drohne mit einer Packung Kaffee nach einem Flug von 8 km autonom auf dem Dach eines Mercedes-Transporters. Zum Thema Personenbeförderung mit Drohnen wurde im September 2017 unter der Überschrift „Selbstfliegendes Lufttaxi absolviert Testflug in Dubai" von einem erfolgreichen ersten Testflug eines von einem deutschen Start-Up Unternehmen entwickelten Multicopters in Dubai berichtet, der allerdings noch ohne die zwei Passagiere durchgeführt wurde, für die die Taxi-Drohne Platz bieten soll.

Das Interesse am Einsatz von Drohnen im hoheitlichen Sektor schließlich belegt beispielsweise die Meldung „Leiser als Hubschrauber" vom 20.11.2017, wonach von Januar 2018 an den Polizeidienststellen in Bayern insgesamt sechs Drohnen zur Verfügung stehen sollen, um Bilder und Videos von Tatorten, Unfällen oder anderen Gefahrenlagen zu machen.

2. Einsatzarten ziviler Drohnen

Eine systematische Analyse der Einsatzzwecke von Drohnen liegt mit der Studie „European Drones Outlook Study" (SESAR-Studie)[1] vor, die von dem öffentlich-privaten Unternehmen SESAR Joint Undertaking[2] Ende 2016 veröffentlicht wurde. Die Studie enthält eine Prognose für die Marktentwicklung von Drohnen in Europa bis in das Jahr 2050. Dabei wird der hoheitliche Sektor sowie einzelne Wirtschaftsbereiche, wie Landwirtschaft, Energie, Transport und Versandhandel mit den jeweiligen Einsatzbereichen, vertieft betrachtet. Der Studie zufolge liegt das größte Marktpotential durchweg im Bereich von Einsatzzwecken, die den Betrieb der Drohne außerhalb der Sichtweite des Steuerers erfordern und die Einsatzarten *weiträumige Datenerhebung* (Long-range Surveying) und *Leichtgüter-Transport* (Light Load Movement) betreffen.[3]

---

[1] *SESAR Joint Undertaking*, European Drones Outlook Study, November 2016, veröffentlicht auf der Homepage: www.sesarju.eu.

[2] SESAR wurde im Jahre 2004 von der Europäischen Union als Organisation zur Entwicklung eines europäisch einheitlichen Luftverkehrsmanagements gegründet. SESAR steht für „Single European Sky ATM Research", wobei „ATM" wiederum die Abkürzung für Air Traffic Management (Flugverkehrsmanagement) ist. 2007 wurde SESAR in das „SESAR Joint Undertaking" überführt, einem mit der Verordnung des Rates (EG) 219/2007 vom 27.02.2007 (zuletzt geändert durch die Verordnung des Rates (EG) 721/2014) errichteten rechtsfähigen Unternehmens mit der Europäischen Union und Eurocontrol als Gründungsmitgliedern sowie weiteren Mitgliedern aus der Privatwirtschaft.

[3] *SESAR Joint Undertaking* (o. Fußn. 1), S. 22 Abb. 7.

Ein Bedarf für Drohnen zur weiträumigen Datenerhebung wird von der Studie beispielsweise für die Landwirtschaft zum Zwecke der Feldfrucht- oder auch Nutztier-Kontrolle gesehen.[4] In den Bereichen Energie und Transport sollen solche Drohnen in Zukunft Hochspannungsleitungen, Pipelines oder das Schienen- bzw. Straßennetz inspizieren, was heute den kostenintensiven Einsatz von Helikoptern erfordert.[5] Auch im hoheitlichen Sektor sollen Drohnen zur weiträumigen Datenerhebung Helikoptereinsätze ersetzen können.[6]

In Bezug auf Drohnen für den Leichtgüter-Transport wird ein Bedarf in erster Linie beim Versandhandel prognostiziert, wo Drohnen die Paketzustellung schneller und effizienter machen können sollen, und zwar in Ballungszentren ebenso wie in entlegenen Regionen. Der Studie zufolge ist für das Jahr 2035 denkbar, dass innerhalb der Europäischen Union 200 Mio. Päckchen von einer Flotte von 70.000 Drohnen ausgeliefert werden.[7] Aber auch in anderen Bereichen geht die Studie von einem Bedarf für Leichtgüter-Transport-Drohnen aus, wie etwa in der Landwirtschaft, wo für das Jahr 2035 eine Flotte zum Ausbringen von Sprühmitteln oder von Saatgut von ungefähr 25.000 Drohnen prognostiziert wird.[8]

II. Auswirkungen der Benutzung des Luftraums durch zivile Drohnen

1. Gefahren für den Luftverkehr und für die Allgemeinheit

Drohnen benutzen den Luftraum. Die Anzahl privater Drohnen in der Europäischen Union wird in der SESAR-Studie auf gegenwärtig 1 bis 1,5 Mio. geschätzt.[9] Dies ist nicht ohne Auswirkungen für die anderen Nutzer des Luftraums geblieben. Bei Unkenntnis der luftverkehrsrechtlichen Regeln des Steuerers geht von Drohnen eine Gefahr für die anderen Teilnehmer des Luftverkehrs aus. So ist festzustellen, dass es etwa im Bereich von Flughäfen immer häufiger zu gefährlichen Begegnungen mit dem regulären Flugverkehr kommt. In Deutschland stieg die Zahl der von der DFS Deutsche Flugsicherung registrierten Begegnungskonflikte sprunghaft von 14 im Jahr 2015 auf 64 im Jahr 2016 an.[10] Im Jahr 2017 ist diese Zahl abermals gestiegen. Nachweislich zu einem Zusammenstoß mit einem Linienflugzeug kam es im

---

[4] *SESAR Joint Undertaking* (o. Fußn. 1), S. 15 Abb. 3, S. 21, 23 u. 52 ff.
[5] *SESAR Joint Undertaking* (o. Fußn. 1), S. 15 Abb. 3, S. 21, 27 u. 55 ff.
[6] *SESAR Joint Undertaking* (o. Fußn. 1), S. 15 Abb. 3, S. 21, 25 u. 58 ff.
[7] *SESAR Joint Undertaking* (o. Fußn. 1), S. 15 Abb. 3, S. 21, 26 u. 62 ff.
[8] *SESAR Joint Undertaking* (o. Fußn. 1), S. 15 Abb. 3, S. 21, 23 u. 52 ff.
[9] *SESAR Joint Undertaking* (o. Fußn. 1), S. 17.
[10] *DFS Deutsche Flugsicherung*, Deutsche Flugsicherung und Deutsche Telekom machen sich für Drohnen-Sicherheit stark, Pressemeldung vom 05.07.2017, veröffentlicht auf der Homepage: www.dfs.de.

Oktober 2017 am Flughafen Québec, Kanada, in einer Höhe von 450 m.[11] Dass Drohnen auch sonst ein gewisses Gefahrenpotential für die Allgemeinheit bergen, ergibt sich schon aus dem Absturzrisiko. Etwas anders – aber nicht weniger gefährlich – lagen die Dinge, in einem Fall Anfang 2017, wo eine Drohne auf der Bundesautobahn A99 in Oberbayern landete und mit einem Auto kollidierte, nachdem die Drohne aus der Sichtweite des Steuerers geraten war.[12]

2. Erwartetes Verkehrsaufkommen im bodennahen Luftraum

Mit Blick auf die Zukunft geht die SESAR-Studie von einem Zuwachs der Zahl privater Drohnen in der Europäischen Union auf über 5 Mio. noch vor dem Jahr 2020 aus, wobei eine Stabilisierung der Zahl bei ungefähr 7 Mio. erwartet wird.[13] Dieser Zahl privater Drohnen steht eine für das Jahr 2035 prognostizierte Flotte von geschätzten 395.000 gewerblich oder hoheitlich genutzter Drohnen gegenüber.[14] Wegen der vergleichsweise sehr viel weniger intensiven Nutzung der Drohne im privaten Bereich erwartet die Studie, dass das nach Flugzeit gemessene Hauptverkehrsaufkommen an Drohnenflügen aus dem Einsatz dieser gewerblichen bzw. hoheitlichen Flotte erwächst, und zwar in erster Linie im städtischen Luftraum unterhalb von 150 m (Very Low Level Airspace, VLL) durch Leichtgüter-Transport-Drohnen, die zur Paketzustellung eingesetzt werden, sowie durch Sensor-Drohnen zur lokalen oder weiträumigen Überwachung und Lagebilderfassung im behördlichen Einsatz seitens der Polizei und der Feuerwehr.[15]

Darüber hinaus ist die Erwartung, dass ein schneller technischer Fortschritt in den Schlüsseltechnologien wie der autonomen Kollisionsvermeidung (Detect and Avoid, D&A), der Datenübertragungs- und Bandbreitentechnik (Datacom and Spectrum) sowie Übertragungssicherheit (Security and Cyber Resilience) nicht nur den ferngelenkten Betrieb von Drohnen außerhalb der Sichtweite des Steuerers ermöglichen soll,[16] sondern die weitgehend autonome Durchführung des Flugs selbst. Gerade bei der oben beschriebenen Benutzung des Luftraums zur Warenauslieferung im städtischen Raum erscheint derzeit eine Gewinnschwelle nur erreichbar, wenn die Drohnen weitgehend autonom operieren, so dass eine Vielzahl von Drohnen gleichzeitig von nur einer Person überwacht werden kann.[17] Aufschlussreich ist insoweit auch das von dem SESAR Joint Undertaking im Auftrag der Europäischen Kommis-

---

[11] F.A.Z.-Meldung „Passagierflugzeug in Kanada stößt mit Drohne zusammen" vom 16.10.2017, Online-Ausgabe: www.faz.net, Quelle: dpa.
[12] F.A.Z.-Meldung „Fahrzeug prallt gegen Drohne" vom 29.01.2017, Online-Ausgabe: www.faz.net, Quelle: marf./dpa.
[13] *SESAR Joint Undertaking* (o. Fußn. 1), S. 17 Abb. 4.
[14] *SESAR Joint Undertaking* (o. Fußn. 1), S. 17 Abb. 4.
[15] *SESAR Joint Undertaking* (o. Fußn. 1), S. 38 Abb. 12, S. 58.
[16] *SESAR Joint Undertaking* (o. Fußn. 1), S. 38 ff.
[17] *SESAR Joint Undertaking* (o. Fußn. 1), S. 25, 63.

sion erarbeitete Konzept *U-space*,[18] welches die Frage behandelt, wie der Einsatz von Drohnen im bodennahen Luftraum gefahrlos, sicher und umweltverträglich gestaltet werden kann.[19] Dabei wird unter dem *U-space*-Konzept weder ein separierter für Drohnen reservierter Bereich des Luftraums verstanden, noch die Nachbildung einer Flugverkehrskontrolle (Air Traffic Control, ATC), wie man sie aus der Verkehrslenkung der Luftfahrt kennt.[20] Vielmehr soll das U-space-Konzept eine Menge von neuen digitalen und automatisierten Diensten und spezifischen Verfahren zusammenfassen, welche bord- oder bodengestützt arbeiten und dann im Ergebnis eine reibungslose Benutzung des Luftraums durch Drohnen aller Art im Zusammenspiel mit dem bestehenden Luftverkehr ermöglichen.[21] Dies gilt insbesondere für den bodennahen Luftraum unterhalb von 150 m.[22] Die Vorstellung der Studie ist, dass nach einer schrittweisen Realisierung des U-space-Konzepts[23] der Transport eines Päckchens beispielsweise über eine Distanz von 30 km von einer Ortschaft in das Stadtzentrum mittels einer Leichtgüter-Transport-Drohne eine alltägliche Realität darstellt, wobei die Drohne nach Durchführung einer Flugvorbereitung den Flug ohne menschlichen Eingriff auf einer zuvor festgelegten und mit anderen Drohnen abgestimmten Route absolviert, und dabei unvorhergesehenen Hindernissen wie Vogelschwärmen oder einem tieffliegenden Rettungshubschrauber autonom ausweicht und lediglich von einem Supervisor überwacht wird, der mehrere Drohnen gleichzeitig kontrolliert.[24]

Mit Blick auf ein solches Szenario wird eine weitere besondere Auswirkung der Nutzung des Luftraums durch zivile Drohnen für die Zukunft erkennbar. Der Einsatz von Leichtgüter-Transport-Drohnen zur Paketzustellung und Sensor-Drohnen zur lokalen oder weiträumigen Datenerhebung und Überwachung stellt ein völlig neues Luftverkehrsaufkommen im bodennahen Luftraum unterhalb von 150 m dar. Tatsächlich muss dieses erwartete Verkehrsaufkommen im bodennahen Luftraum unterhalb von 150 m als eine nachhaltige Auswirkung gelten. Denn während den von der Nutzung der Drohnen ausgehenden Gefahren für den Luftverkehr und für die Allgemeinheit durch entsprechenden technischen Fortschritt bei der autonomen Kollisionsverhütung und der Datenverbindung entgegengewirkt werden kann, geht es bei der Benutzung des bodennahen Luftraums um die Inanspruchnahme einer bereits genutzten, begrenzten Ressource. Schon vom Boden aus findet mit der Nutzung der Grundstücksoberfläche eine Benutzung des bodennahen Luftraums statt, und zwar durch die Bebauung eines Grundstücks ebenso wie durch den freien Blick in den Himmel des Erholungssuchenden.

---

[18] *SESAR Joint Undertaking*, U-space Blueprint, 2017, veröffentlicht auf der Homepage: www.sesarju.eu.
[19] *SESAR Joint Undertaking* (o. Fußn. 18), S. 9.
[20] *SESAR Joint Undertaking* (o. Fußn. 18), S. 2 u. 4.
[21] *SESAR Joint Undertaking* (o. Fußn. 18), S. 2.
[22] *SESAR Joint Undertaking* (o. Fußn. 18), S. 2.
[23] Vgl. *SESAR Joint Undertaking* (o. Fußn. 18), S. 5.
[24] *SESAR Joint Undertaking* (o. Fußn. 18), S. 7 f.

III. Die Gesetzgebung zur Benutzung des Luftraums durch zivile Drohnen

1. Die nationale Gesetzgebung in Deutschland

In § 1 normiert das Luftverkehrsgesetz (LuftVG) den Grundsatz der freien Benutzung des Luftraums durch Luftfahrzeuge.[25] Diese Freiheit der Benutzung des Luftraums durch Luftfahrzeuge wird auch Drohnen eingeräumt. Denn § 1 LuftVG definiert Drohnen als Luftfahrzeuge, und zwar entweder in Form von *unbemannten Luftfahrtsystemen* gemäß § 1 Abs. 2 S. 2 LuftVG oder in Form von *Flugmodellen* gemäß § 1 Abs. 2 S. 1 Nr. 9 LuftVG, wenn eine Drohne zum Zwecke des Sports oder der Freizeitgestaltung betrieben wird.[26] Sind Drohnen sowohl im Sinne von Flugmodellen als auch im Sinne von unbemannten Luftfahrtsystemen gemeint, wird rechtstechnisch statt von Drohnen von *unbemannten Fluggeräten* gesprochen.[27] Den Ausdruck „Drohnen" verwendet das Gesetz selbst nicht.

Auf die gegenwärtig von Drohnen ausgehenden Gefahren für den Luftverkehr und für die Allgemeinheit hat der nationale Gesetzgeber im vergangen Jahr mit einer Novelle der Luftverkehrsordnung (LuftVO) reagiert,[28] und den Betrieb von unbemannten Luftfahrtsystemen und Flugmodellen systematisch in dem eigens eingefügten Abschnitt 5a neu gefasst. Mit § 21 b LuftVO wurde ein umfassender Katalog von repressiven Betriebsverboten – teilweise mit Befreiungsvorbehalt – geschaffen, der das Überfliegen bestimmter Gebiete, Anlagen oder Ereignissituationen ebenso verbietet, wie Flüge in Höhen über 100 m bzw. über 50 m in Kontrollzonen. Auch das Steuern einer Drohne außerhalb der Sichtweite des Steuerers unterfällt im Wesentlichen einem repressiven Verbot mit Befreiungsvorbehalt.[29] Hinsichtlich der für das jeweilige Gefahrenpotential relevanten Gewichtsklassen der Drohnen hat die Novelle die bisherige Differenzierung beibehalten, aber erstmals in Abhängigkeit der Startmasse eine Kennzeichnungspflicht sowie einen Kenntnisnachweis eingeführt. Da die Kennzeichnungspflicht bereits für alle Drohnen mit einer Startmasse von mehr als 0,25 kg gilt, dürfte gerade die große Zahl privater Kamera-Drohnen von der Kennzeichnungspflicht erfasst werden. Im Ergebnis gilt damit gegenwärtig, dass alle Drohnen mit einer Startmasse von mehr als 0,25 kg in dauerhafter und feuerfester Weise mit Name und Anschrift des Eigentümers zu versehen sind,[30] dass für den Betrieb von Drohnen mit einer Startmasse von mehr als 2 kg Kenntnisse im Umgang mit der

---

[25] *E. Giemulla*, in: Giemulla/Schmid (Hrsg.), LuftVG, Frankfurter Kommentar zum Luftverkehrsrecht Bd. 1.1, § 1 (2015) Rdnr. 1.

[26] Die Luftfahrzeug-Kategorie „unbemannte Luftfahrtsysteme" wurde durch das 14. Gesetz zur Änderung des LuftVG vom 08.05.2012 (BGBl. Teil I, S. 1032) eingeführt.

[27] Vgl. § 21a Abs. 3 LuftVO.

[28] Verordnung zur Regelung des Betriebs von unbemannten Fluggeräten vom 30.03.2017, BGBl. Teil I 683 (Nr. 17).

[29] § 21b Abs. 1 S. 1 Nr. 1, S. 2 u. 3 LuftVO i.V.m. § 21b Abs. 3 LuftVO.

[30] § 19 Abs. 3 LuftVZO.

Drohne und zu luftrechtlichen Grundlagen nachzuweisen sind,[31] dass – wie bisher – Drohnen mit einer Startmasse von mehr als 5 kg einem präventiven Verbot mit Erlaubnisvorbehalt unterfallen,[32] und dass für Drohnen mit einer Startmasse von mehr als 25 kg ein repressives Verbot mit Befreiungsvorbehalt gilt.[33]

2. Bestrebungen zu einer EU-Drohnen-Verordnung

Vor dem Hintergrund der erwarteten vielfältigen Verwendung von Drohnen im zivilen Bereich und dem darin liegenden Marktpotenzial, welches laut der SESAR-Studie für das Jahr 2035 bei jährlich EUR 10 Mrd. neben weiteren EUR 5 Mrd. für drohnenbezogene Dienstleistungen liegen soll,[34] gibt es im Bemühen um die Schaffung eines einheitlichen europäischen Marktes auch auf europäischer Ebene Regulierungsanstrengungen. Bereits 2015 hatte die Europäische Kommission die European Aviation Safety Agency (EASA) beauftragt, einen einheitlichen Regulierungsrahmen zu Vorschriften für Drohnen zu erarbeiten. Zwar beschränkt die luftrechtliche EU-Grundverordnung[35] gegenwärtig die Regelungskompetenz der Europäischen Union für die Zertifizierung und Lizenzierung von Drohnen noch auf Drohnen mit einer Betriebsmasse von mehr als 150 kg,[36] jedoch wird bereits eine neue Grundverordnung diskutiert, wonach die Regelungskompetenz für Drohnen insgesamt auf die Ebene der Europäischen Union verlagert werden soll.[37]

Ein erstes Konzept für gemeinsame Vorschriften hat die EASA im Juli 2015 in einem Advance-Notice of Proposed Amendment (A-NPA)[38] sowie in der darauf folgenden Technical Opinion vom Dezember 2015 formuliert. Am 22. August 2016 folgte dann ein erster Musterentwurf für eine Drohnen-Verordnung.[39] In der nunmehr vorliegenden Notice of Proposed Amendment 2017–5 (NPA) vom 4. Mai 2017 hat die EASA auf die Stellungnahme seitens der Mitgliedstaaten wie auch anderer Interessensgruppen reagiert.[40] Danach werden Drohnen weiterhin anhand der Risikobewertung des Drohnentyps und des Zwecks des Einsatzes in drei Grundkategorien eingeteilt, nämlich in die Kategorien „offen", „spezifisch" und „zertifiziert".[41] In die offene Kategorie fallen danach Drohnen bis 25 kg, deren Einsatz ein vergleichsweise

---

[31] § 21a Abs. 4 LuftVO.
[32] § 21a Abs. 1 Nr. 1 LuftVO.
[33] § 21b Abs. 2 LuftVO.
[34] *SESAR Joint Undertaking* (o. Fußn. 1), S. 3.
[35] Verordnung (EG) Nr. 216/2008 v. 20.02.2008.
[36] Art. 4 Abs. 4 i.V.m. Anhang II. lit. i) der Verordnung (EG) Nr. 216/2008 v. 20.02.2008.
[37] Vgl. *EASA*, NPA 2017–05 (B), S. 1 u. 14, veröffentlicht auf der Hompage: easa.europa.eu.
[38] *EASA*, A-NPA 2015–10, veröffentlicht auf der Hompage: easa.europa.eu.
[39] *EASA*, ‚Prototype' Commission Regulation on Unmanned Aircraft Operations, veröffentlicht auf der Hompage: easa.europa.eu.
[40] *EASA*, NPA 2017–05 (A), S. 6, veröffentlicht auf der Hompage: easa.europa.eu.
[41] *EASA* (o. Fußn. 38), S. 3; *EASA* (o. Fußn. 37), S. 14.

geringes Risiko für den Luftverkehr und für die Allgemeinheit bedeutet. Der jeweilige Einsatz soll daher keine behördliche Erlaubnis erfordern. Abhängig von der Startmasse und der sicherheitstechnischen Ausstattung der Drohne sowie von der Kompetenz des Steuerers sieht die offene Kategorie allerdings Unterkategorien mit spezifischen Betriebsgrenzen betreffend das Überfliegen von Menschen vor.[42] Die spezifische Kategorie erfasst Drohnen-Einsätze von mittlerem Risiko und damit Einsätze, bei denen die Betriebsgrenzen der offenen Kategorie überschritten werden. Hier ist die Idee, den Steuerer zu einer Risikobewertung des Einsatzes zu verpflichten, die dann behördlich genehmigt werden muss.[43] Drohnen-Einsätze, deren Risiko als hoch eingestuft wird, fallen in die zertifizierte Kategorie. Hier sollen die gleichen Anforderungen wie für die bemannte Luftfahrt gelten, insbesondere also ein durchgängiges Zulassungs- und Lizenzierungssystem von Luftfahrzeug, Betreiber und Steuerer.[44]

Der in der NPA vom 04.05.2017 enthaltene Musterentwurf für eine EU-Drohnen-Verordnung, der zugleich luftrechtliche Regelungen als auch produktbezogene Vorgaben zusammenfasst, erstreckt sich auf die offene und spezifische Kategorie, während die zertifizierte Kategorie einem späteren Entwurf vorbehalten wurde.[45] Damit konzentriert sich die angestrebte europarechtliche Regulierung ebenso wie die jüngste nationale Gesetzgebung in erster Linie auf den kurzfristigen Regulierungsbedarf hinsichtlich der von der Nutzung des Luftraums von Drohnen ausgehenden Gefahren für den Luftverkehr und für die Allgemeinheit.

Ausgehend von dem in der SESAR-Studie entworfenen Zukunftsszenario hat die EASA darüber hinaus das prognostizierte neue Luftverkehrsaufkommen im bodennahen Luftraum unterhalb von 150 m durch den Einsatz von Leichtgüter-Transport-Drohnen zur Paketzustellung ebenso wie durch Kamera-Drohnen zur lokalen oder weiträumigen Datenerhebung und Überwachung als luftverkehrstechnische Herausforderung erkannt. So wird in der NPA vom 04.05.2017 ein Mangel an Luftraumklassifizierungen und Regeln für den bodennahen Luftraum diagnostiziert und als weitere Aufgabe im nächsten Maßnahmenbündel die Strukturierung eines Flugverkehrsmanagements für Drohnen (Unmanned Aircraft Traffic Management, UTM) formuliert.[46]

---

[42] *EASA* (o. Fußn. 40), S. 13 ff.

[43] *EASA* (o. Fußn. 38), S. 3; *EASA* (o. Fußn. 40), S. 19 f.

[44] *EASA* (o. Fußn. 38), S. 3; *EASA* (o. Fußn. 37), S. 14.

[45] *EASA* (o. Fußn. 37), S. 15.

[46] *EASA* (o. Fußn. 37), S. 39 ff.; „The next set of actions is to determine how UTM should be organised starting with the VLL as the UAS traffic will be intense in certain areas (e.g. cities where the delivery of goods by UAS is expected to develop fast) [*EASA* (o. Fußn. 37), S. 41].

IV. Die Freiheit der Benutzung des Luftraums

Das in der SESAR-Studie prognostizierte neue Luftverkehrsaufkommen im bodennahen Luftraum unterhalb von 150 m ist jedoch nicht nur eine technische Herausforderung. Denn bodennah tritt der Luftverkehr in Konkurrenz mit der Nutzung der Grundstücksoberfläche, so dass das prognostizierte Verkehrsaufkommen an Drohnen – wie bereits oben in Abschnitt II. 2. angemerkt – im bodennahen Luftraum die Inanspruchnahme einer bereits genutzten, begrenzten Ressource bedeutet. Aus rechtlicher Sicht stellt sich damit die Frage, ob mit dem erwarteten Luftverkehrsaufkommen durch Drohnen im bodennahen Luftraum unterhalb von 150 m nicht auch ein Regulierungsbedarf einhergeht, der die Schaffung eines ausgewogenen Verhältnisses zwischen dem Luftverkehr und der Benutzung des Luftraums vom Boden aus zum Gegenstand hat. Zur Beantwortung dieser Frage, soll zunächst ausgehend von der Frage des Eigentums am Luftraum das Recht zur Benutzung des Luftraums näher betrachtet werden.

1. Das Eigentum am Luftraum

§ 903 BGB beschreibt den Inhalt des Eigentums mit den beiden für absolute Rechte charakteristischen Befugnissen zur Einwirkung und zur Ausschließung.[47] Danach kann der Eigentümer einer Sache nach § 903 BGB mit der Sache nach Belieben verfahren[48] und andere von jeder Einwirkung ausschließen,[49] soweit nicht das Gesetz oder Rechte Dritter entgegenstehen. Damit wird das Recht zur Benutzung einer Sache grundsätzlich dem Eigentümer zugeordnet. Im Fall des Grundstückseigentums erstreckt § 905 BGB die Rechte des Grundstückseigentümers auch auf den Luftraum über dem Grundstück,[50] wobei § 905 S. 2 BGB zugleich eine wichtige Einschränkung der dem Grundeigentümer grundsätzlich zustehenden Ausschließungsbefugnis formuliert. § 905 BGB lautet:

> „Das Recht des Eigentümers eines Grundstücks erstreckt sich auf den Raum über der Oberfläche und auf den Erdkörper unter der Oberfläche. Der Eigentümer kann jedoch Einwirkungen nicht verbieten, die in solcher Höhe oder Tiefe vorgenommen werden, dass er an der Ausschließung kein Interesse hat."

Die Regelung des § 905 BGB ist Teil der ursprünglichen Fassung des BGBs von 1896 und wurde damit vor dem ersten Motorflug der Gebrüder Wright am 17. Dezember 1903 formuliert. Wie eine Entscheidung des Reichsgerichts[51] zu § 905 BGB aus der Zeit noch vor dem Inkrafttreten des deutschen Luftverkehrsgesetzes

---

[47] *Ch. Althammer*, in: Staudinger BGB, Neubearb. 2016, § 903 Rdnr. 2; *B. Brückner*, in: MüKo, BGB, 7. Aufl. 2017, § 903 Rdnr. 22.
[48] *Althammer* (o. Fußn. 47), § 903 Rdnr. 10; *Brückner* (o. Fußn. 47), § 903 Rdnr. 23.
[49] *Althammer* (o. Fußn. 47), § 903 Rdnr. 11; *Brückner* (o. Fußn. 47), § 903 Rdnr. 24.
[50] *H. Roth*, in: Staudinger BGB, Neubearb. 2016, § 905 Rdnr. 2.
[51] Reichsgericht, Urteil v. 01.07.1920, RGZ 100, 69.

vom 01.08.1922 zeigt, der zufolge die Abwehransprüche des Eigentümers (§§ 1004, 905 S. 1 BGB) hinter dem Interesse der Allgemeinheit an der Luftfahrt zurücktreten müssen,[52] stand die in § 905 BGB getroffene Regelung keineswegs der Entwicklung der motorisierten Luftfahrt im Wege. Allerdings liegt § 905 BGB doch die bewusste gesetzgeberische Entscheidung zugrunde, dass das den Kern des Eigentums bildende exklusive Herrschaftsrecht nicht in einer bestimmten Höhe endet, von der ab der Gemeingebrauch beginnt. Die Beschränkung des Herrschaftsrechts erfolgt vielmehr anhand des Kriteriums des schutzwürdigen Interesses des Eigentümers. Die Freiheit des Luftraums für andere ergibt sich dann daraus, dass sich mit zunehmender Höhe das schutzwürdige Interesse des Eigentümers verliert.[53]

2. Die Normierung der Benutzungsfreiheit des Luftraums

In dieses kodifizierte System der Begrenzung des Grundeigentums des BGBs greift sodann die öffentlich-rechtliche Vorschrift des § 1 LuftVG ein. Nach § 1 Abs. 1 LuftVG ist die Benutzung des Luftraums durch Luftfahrzeuge frei, soweit sie nicht durch andere (luftrechtliche) Bestimmungen beschränkt wird. § 1 LuftVG Abs. 1 lautet:

> „Die Benutzung des Luftraums durch Luftfahrzeuge ist frei, soweit sie nicht durch dieses Gesetz, durch die zu seiner Durchführung erlassenen Rechtsvorschriften, durch im Inland anwendbares internationales Recht, durch Rechtsakte der Europäischen Union und die zu deren Durchführung erlassenen Rechtsvorschriften beschränkt wird."

Im Ergebnis bedeutet § 1 LuftVG, dass dem Grundeigentümer im Rahmen der von § 1 LuftVG normierten Benutzungsfreiheit des Luftraums dessen mit dem Herrschaftsrecht des Eigentums verbundene Ausschließungsbefugnis genommen ist, und zwar selbst dann, wenn er ein die Nutzung seines Grundstücks betreffendes schutzwürdiges Interesse hat.[54] Insbesondere das Überfliegen seines Grundstücks muss der

---

[52] Vgl. Schwenk/Giemulla (Hrsg.), Handbuch des Luftverkehrsrechts, 4. Aufl. 2013, S. 155 Rdnr. 20.

[53] So heißt es zu § 905 BGB in den Motiven zum BGB: „Eine andere Frage ist, ob man das ausschließliche Recht des Eigentümers nicht da aufhören zu lassen hat, wo ein jedes denkbare Interesse an der exklusiven räumlichen Herrschaft für denselben aufhört, während anderen Personen ein Interesse an der Benutzung des dem Eigentume unterworfenen Raumbezirks möglich bleibt. Die Folge würde sein, dass da, wo das Eigentum aufhört, ein Gemeingebrauch beginnt. Die Undenkbarkeit eines Interesses des Eigentümers wird erst bei einem Punkte beginnen, in welchem die Möglichkeit eines tätlichen Konfliktes und einer tätlichen Abwehr ausgeschlossen ist, ...", Motive zu dem Entwurf eines Bürgerlichen Gesetzbuches, Amtl. Ausg. 1888, Bd. III Sachenrecht, § 849, S. 264.

[54] A. Meyer, Rechtsschutzmöglichkeiten gegen Flugzeuglärm, ZMR 1963, 262 (263); H. J. Abraham, in: Schleicher/Reymann (Begr.), Das Recht der Luftfahrt, 3. Aufl. 1966, Bd. 2, § 1 LuftVG Anm. 4 u. 9; E. Grabherr, in: Hofmann/Grabherr (Begr.), LuftVG, Kommentar, § 1 (2001) Rdnr. 14; Giemulla (o. Fußn. 25), § 1 (2017) Rdnr. 20 u. 21.

Grundeigentümer entschädigungslos dulden. Ein Anspruch aus §§ 903, 905, 1004 BGB steht ihm nicht zu.[55]

Besondere Beachtung verdient der Umstand, dass damit die Grenzziehung zwischen dem Recht des Grundeigentümers an dem Luftraum über seinem Grundstück und dem Recht zur Benutzung dieses Luftraums durch Luftfahrzeuge gerade nicht im Rahmen des § 905 S. 2 BGB über das Kriterium eines schutzwürdigen Interesses des Grundeigentümers stattfindet. Vielmehr verkürzt § 1 LuftVG als öffentlich-rechtliche Eigentumsbeschränkung im Sinne des § 903 BGB von vornherein die grundsätzlich gewährte Ausschließungsbefugnis des Grundeigentümers in Bezug auf das Überflugrecht anderer.[56] Dies ist möglich, da die Inhaltsbestimmung des privatrechtlichen Eigentums nach § 903 BGB kein schrankenloses Eigentum gewährt, sondern dem Eigentümer die Befugnisse zur Einwirkung und zur Ausschließung überhaupt nur im Rahmen der allgemeinen Gesetze und der Rechte Dritter eröffnet.[57] Dass die den Rahmen bildenden Gesetze zum großen Teil öffentlich-rechtlicher Natur sind, war schon zur Zeit der Schaffung des BGB allgemein anerkannt.[58]

Mit Blick auf das verfassungsrechtliche Eigentumskonzept des Art. 14 GG erlaubt die in § 903 BGB vorgesehene Beschränkung des Eigentums durch den gesetzlichen Rahmen die gesetzgeberische Umsetzung der in Art. 14 Abs. 2 GG formulierten Sozialbindung des Eigentums. Dabei stellt die in § 1 LuftVG normierte öffentlich-rechtliche Beschränkung eine Inhalts- und Schrankenbestimmung für das Grundeigentum im Sinne des Art. 14 Abs. 1 S. 2 GG dar.[59] Denn in Bezug auf den vom Grundeigentum mit erfassten Luftraum bestimmt § 1 LuftVG als objektiv-rechtliche Vorschrift die Rechte und Pflichten eines Grundeigentümers in allgemeiner Form.[60] Da insoweit alle Grundeigentümer und nicht einzelne oder Gruppen von Grundeigentümern in ihrem Eigentumsrecht beschränkt werden, stellt § 1 LuftVG auch nicht eine teilweise Entziehung konkret subjektiver Eigentumspositionen dar, wie es für eine Enteignung i.S.d. § 14 Abs. 3 GG Voraussetzung wäre.[61]

---

[55] *Roth* (o. Fußn. 50), § 905 Rdnr. 1 u. 21; J.F. *Baur*, in: Soergel, BGB, 13. Aufl., Bd. 14 2002, § 905 Rdnr. 4; *Brückner* (o. Fußn. 47), § 905 Rdnr. 11.

[56] *Althammer* (o. Fußn. 47), § 903 Rdnr. 16 u. 22.

[57] *Althammer* (o. Fußn. 47), § 903 Rdnr. 3.

[58] *Althammer* (o. Fußn. 47), § 903 Rdnr. 14.

[59] *Grabherr* (o. Fußn. 54), § 1 Rdnr. 16; die Sozialbindung des Eigentums nach Art. 14 Abs. 2 GG betonend: *Meyer* (o. Fußn. 54), S. 263; *Giemulla* (o. Fußn. 25), § 1 Rdnr. 24; *ders.* (o. Fußn. 52), S. 155 Rdnr. 21; *P. Wysk*, ZLW 1989, 18 (20); vgl. BVerfG, Beschluss v. 12.03. 1986–1 BvL 81/7, NJW 1986, 2188 (2189).

[60] Zum Begriff der Schranken- und Inhaltsbestimmung: H. *Jarass*, in: Jarass/Pieroth, GG, 14. Aufl. 2016, Art. 14 Rdnr. 33; H. *Sodan*, in: Sodan (Hrsg.), GG, 3. Aufl. 2015, Art. 14 Rdnr. 22.

[61] *Grabherr* (o. Fußn. 54), § 1 Rdnr. 16; *Giemulla* (o. Fußn. 52), S. 155 Rdnr. 21; zum Begriff der Enteignung: *Jarass* (o. Fußn. 60), Art. 14 Rdnr. 75; *Sodan*, (o. Fußn. 60), Art. 14 Rdnr. 23.

Da § 1 LuftVG mit der Freiheit der Benutzung des Luftraums durch Luftfahrzeuge zugleich eine Zweckbestimmung trifft, wonach der Luftraum den Zwecken der Luftfahrt dient, wird § 1 LuftVG teilweise auch als eine Widmungsnorm betrachtet, die ein Recht zum Gemeingebrauch am Luftraum begründet.[62] Tatsächlich drängt es sich auf, zur Begründung des Gemeingebrauchs am Luftraum auf das dogmatische Konzept der Widmung im Sinne des öffentlichen Sachenrechts zurückzugreifen. Eine Widmung ist danach ein Statusakt, durch den eine Sache für einen öffentlichen Zweck bestimmt wird.[63] Durch die Widmung wird die Sache zur öffentlichen Sache und unterliegt den Bindungen des einschlägigen Öffentlichen Rechts.[64] Weiter bewirkt die Widmung die Eröffnung des schlichten Gemeingebrauchs für die Allgemeinheit sowie für die Anlieger die Eröffnung des privilegierten Gemeingebrauchs (Anliegergebrauch).[65] Während im Fall der straßenrechtlichen Widmung nach der vorherrschenden Theorie des modifizierten Privateigentums das privatrechtliche Eigentum an der Sache allerdings nicht untergeht, sondern lediglich im Sinne einer öffentlichen Belastung von dem öffentlichen Sachstatus überlagert wird,[66] füllt die öffentliche Zweckbestimmung und öffentlichrechtliche Sachherrschaft der Widmung nach § 1 LuftVG, gerade den Raum positiv aus, den § 1 LuftVG als Inhalts- und Schrankenbestimmung im Sinne des Art. 14 GG durch Verkürzung des privatrechtlichen Eigentums geschaffen hat.

3. Beschränkungen der Benutzungsfreiheit des Luftraums

Als Inhalts- und Schrankenbestimmung ebenso wie als Widmungsnorm begründet § 1 LuftVG keine unbeschränkte Benutzungsfreiheit des Luftraums.[67] Der logischen Struktur einer Regel-Ausnahmebedingung folgend postuliert der 1. Hs. des § 1 LuftVG die Benutzungsfreiheit durch Luftfahrzeuge als Grundsatz, während der mit der Konjunktion „soweit" eingeleitete 2. Hs. die Reichweite der Benutzungsfreiheit durch Verweis auf die weiteren luftrechtlichen Bestimmungen beschränkt. Dem luftrechtlichen Regelsystem kommt damit insgesamt die Funktion der Beschränkung der sich nach §§ 903, 905 BGB auf den Luftraum erstreckenden Rechte

---

[62] So ausdrücklich: *N. Lübben*, Das Recht auf freie Benutzung des Luftraums, 1992, S. 66 ff., S. 94: „Die Zweckbestimmung des Luftraums zur freien Benutzung beinhaltet eine Widmung des Luftraums zu einer öffentlichen Sache im Gemeingebrauch."; *Grabherr* (o. Fußn. 54), § 1 Rdnr. 18; von der Vergleichbarkeit mit einer straßenrechtlichen Widmung ausgehend: *Abraham*, (o. Fußn. 54), § 1 LuftVG Anm. 3 u. 6: „Schon oben wurde darauf hingewiesen, daß die Bedeutung des Abs. 1 mit der ‚Widmung' eines Weges für den öffentlichen Verkehr (‚zum Gemeingebrauch') vergleichbar ist."; einen Gemeingebrauch schlicht voraussetzend etwa: *Wysk*, (o. Fußn. 59), S. 20; *H.-J. Martin*, NJW 1972, 558 (559).

[63] *F.-R. Herber*, in: Kodal (Begr.), Straßenrecht, 7. Aufl. 2010, S. 298 Rdnr. 1.

[64] *Herber* (o. Fußn. 63), S. 301 Rdnr. 4.

[65] *Herber* (o. Fußn. 63), S. 303 Rdnr. 9 u. 10.

[66] *Herber* (o. Fußn. 63), S. 303 Rdnr. 8.

[67] *Abraham* (o. Fußn. 54), § 1 LuftVG Anm. 3 u. 8 ff.; *Grabherr* (o. Fußn. 54), § 1 Rdnr. 15 u. 20; *Giemulla* (o. Fußn. 54), § 1 Rdnr. 17a.

des Grundeigentümers zu. Dort, wo eine Benutzung des Luftraums in Missachtung etwa luftverkehrsrechtlicher Bestimmungen stattfindet, wird nicht etwa die allgemeine Freiheit der Benutzung des Luftraums in unzulässiger Weise ausgeübt, sondern es existiert überhaupt keine allgemeine Benutzungsfreiheit, die ausgeübt werden könnte. Die Benutzung des Luftraums findet dann vielmehr im dinglichen Rechtskreis des Grundeigentümers statt, dem bei Vorliegen eines schutzwürdigen Interesses im Sinne des § 905 BGB ein Unterlassungsanspruch aus § 1004 BGB sowie gegebenenfalls Schadensersatzansprüche aus § 823 BGB zustehen.[68] Die Sperrwirkung des § 1 LuftVG gegenüber §§ 903, 905 BGB ist daher zwar absolut, aber ihre Reichweite ist es nicht. Denn § 1 LuftVG räumt eben keine absolute und schrankenlose Benutzungsfreiheit ein. Die Sperrwirkung reicht nur soweit wie sich die Benutzungsfreiheit erstreckt. Jenseits der Benutzungsfreiheit entfalten die §§ 903, 905 BGB weiterhin ihre Regelungswirkung. Die §§ 903, 905 BGB werden nicht absolut verdrängt.

In Bezug auf die Widmung des Luftraums zu einer öffentlichen Sache, bedeutet das Bestehen privatrechtlicher Abwehr- und Schadensersatzansprüche bei Missachtung luftrechtlicher Vorschriften, dass das im 2. Hs. des § 1 LuftVG in Bezug genommene luftrechtliche Regelsystem den Rahmen der Widmung bestimmt, und nicht lediglich die Ausübung des Gemeingebrauchs beschränkt.[69] Die Grenze der Widmung verläuft entlang der Beschränkung des Grundeigentums durch das luftrechtliche Regelsystem. Die luftrechtlichen Bestimmungen begrenzen den Umfang des Gemeingebrauchs selbst. So stellt die Bebauung eines Grundstücks mit einem in die Höhe ragenden Gebäude nicht etwa die Benutzung des Luftraums auf Grundlage einer von § 1 LuftVG eingeräumten privilegierten Anliegernutzung dar, sondern schlicht die Ausübung der Rechte aus dem Grundeigentum.[70]

4. Die Beschränkung der Benutzungsfreiheit des Luftraums in Bodennähe

Betrachtet man die gegenwärtige Grenzziehung zwischen den Rechten des Grundeigentümers an dem Luftraum über seinem Grundstück und dem Gemeingebrauch am Luftraum mit Luftfahrzeugen in Bezug auf den bodennahen Luftraum unterhalb von 150 m, so zeigt sich, dass die Grenzziehung zugunsten des Grundeigentümers ausfällt.

Demnach sind Flüge über Städten oder anderen dicht besiedelten Gebieten sowie über Menschenansammlungen grundsätzlich nur in einer Mindesthöhe von 300 m

---

[68] *Abraham* (o. Fußn. 54), § 1 LuftVG Anm. 8 u. 10; *Grabherr* (o. Fußn. 54), § 1 Rdnr. 28 u. 30; *Giemulla* (o. Fußn. 54), § 1 Rdnr. 22; *ders.* (o. Fußn. 52), S. 156 Rdnr. 23.
[69] Vgl. *U. Stahlhut*, in: Kodal (Begr.), Straßenrecht, 7. Aufl. 2010, Kap. 25 Rdnr. 10, 11, 16 u. 17.5.
[70] Zur Beschränkung der Höhe der Bauwerke im Bauschutzbereich eines Flughafens siehe § 12 LuftVG.

und in anderen Fällen in einer Mindesthöhe von 150 m erlaubt.[71] Nur soweit es für den Start- oder Landevorgang notwendig ist, darf die Mindesthöhe unterschritten werden. Für das Starten und Landen von Luftfahrzeugen wiederum gilt der Flugplatzzwang.[72] Danach müssen Luftfahrzeuge zum Starten und Landen besondere für den Betrieb eines Flugplatzes genehmigte Flächen benutzen, die bestimmte technische aber auch rechtliche Voraussetzungen erfüllen, und zwar in Bezug auf die jeweilige Klasse und den Typ des startenden bzw. landenden Luftfahrzeugs. So darf etwa ein Hubschrauber oder Motorflugzeug nicht von einem Segelfluggelände aus starten bzw. dort landen.[73] Eine weitere luftverkehrsrechtliche Vorschrift, die der Benutzung des Luftraums unterhalb von 150 m entgegensteht, ist sodann die Vorgabe zur Lärmvermeidung. So ist der durch den Betrieb des Luftfahrzeugs verursachte Lärm auf das unvermeidbare Maß zu beschränken.[74]

Dieser Zusammenhang, wonach auch das Gebot der Lärmvermeidung im Ergebnis eine Mindesthöhe vorgibt, war vor der europarechtlichen Vereinheitlichung der Luftverkehrsregeln in der nationalen Regelung zur Mindesthöhe noch ausdrücklich formuliert. So definierte § 6 LuftVO a.F. die Sicherheitsmindesthöhe als „die Höhe, bei der weder eine unnötige Lärmbelästigung im Sinne des § 1 Abs. 2 noch im Falle einer Notlandung eine unnötige Gefährdung von Personen und Sachen zu befürchten ist." Auch in Bezug auf die Genehmigung von Flugplätzen ist zu beachten, dass die insoweit geforderten technischen und rechtlichen Voraussetzungen nicht nur den gefahrenfreien Flugbetrieb sicher stellen sollen, sondern auch der Umweltverträglichkeit und dem Schutz öffentlicher Interessen dienen.[75]

Damit bewirken die oben genannten Vorschriften im Wesentlichen eine Organisation des Luftverkehrs, der den Gemeingebrauch am Luftraum zugunsten des Grundeigentümers auf den Bereich oberhalb von 150 m in ländlichen bzw. 300 m in urbanen Gebieten beschränkt und Start- und Landevorgänge bei genehmigungsbedürftigen Flugplätzen bündelt.

---

[71] Anhang SERA.3105, SERA.5005 lit. f) der Durchführungsverordnung (EU) Nr. 923/2012 vom 26.09.2012. Für Flüge zu besonderen Zwecken können die Luftfahrtbehörden des Landes Ausnahmen nach § 37 LuftVO zulassen. Für Flüge nach Instrumentenregeln gilt eine Mindestflughöhe von 600 m über Städten und 300 m im Übrigen (Anhang SERA.3105, SERA.5015 lit. b) der EU-Verordnung 923/2012).

[72] § 25 LuftVG i.V.m. § 6 LuftVG; behördliche Ausnahmen sind nach § 25 Abs. 1 LuftVG möglich, sofern der Grundeigentümer zustimmt; weitere Ausnahmen sieht § 25 Abs. 2 LuftVG für Sicherheits- und Rettungslandungen vor sowie für Luftfahrzeuge, bei denen aufgrund ihrer Eigenschaften der Ort der Landung nicht vorausbestimmbar ist (etwa Segelflugzeuge, Hängegleiter oder Heißluftballons, § 18 LuftVO). § 25 Abs. 2 LuftVG stellt daher eine weitere neben § 1 LuftVG stehende luftrechtliche Inhalts- u. Schrankenbestimmung im Sinne des Art. 14 Abs. 1 S. 2 GG dar, die die Ausschließungsbefugnis des Grundeigentümers nach § 903 BGB insoweit verkürzt, dass solche Außenladungen zu dulden sind (vgl. *Giemulla* (o. Fußn. 52), S. 156 Rdnr. 21).

[73] *Giemulla* (o. Fußn. 54), § 25 (2008) Rdnr. 9.

[74] § 5 LuftVO.

[75] Vgl. § 6 Abs. 1 S. 2 u. Abs. 2 LuftVG; *E. Giemulla* (o. Fußn. 54), § 25 (2008) Rdnr. 6.

V. Zum Regulierungsbedarf der Benutzung des bodennahen Luftraums durch zivile Drohnen

1. Die Benutzungsfreiheit des Luftraums für zivile Drohnen

Wie bereits oben in Abschnitt III. ausgeführt, gilt der in § 1 LuftVG normierte Grundsatz der freien Benutzung des Luftraums durch Luftfahrzeuge auch für Drohnen, da der Gesetzgeber Drohnen als Luftfahrzeuge definiert, und zwar entweder in Form von *unbemannten Luftfahrtsystemen* gemäß § 1 Abs. 2 S. 2 LuftVG oder in Form von *Flugmodellen* gemäß § 1 Abs. 2 S. 1 Nr. 9 LuftVG.

Anders als für Flugzeuge und Hubschrauber und alle anderen bemannten Luftfahrzeuge wie Luftschiffe, Motorsegler, Segelflugzeuge und Luftsportgeräte gelten die in Abschnitt IV. 4. dargestellten Beschränkungen des Gemeingebrauchs am Luftraum, nämlich Mindestflughöhe und Flugplatzzwang, nicht für Drohnen. Im Gegenteil: § 21 b Abs. 1 Nr. 8 LuftVO verbietet den Betrieb von Mulitcopter-Drohnen in Flughöhen jenseits von 100 m aus Gründen der Sicherheit für den bemannten Luftverkehr grundsätzlich[76] und in einer Entfernung von weniger als 1,5 km von Flugplätzen bedarf der Betrieb von Drohnen gemäß § 21 a Abs. 1 Nr. 4 LuftVO einer besonderen Erlaubnis der Luftfahrtbehörde.[77] Auch soweit es für Modellflugzeuge, einschließlich Freizeit-Drohnen, besondere Modellfluggelände gibt, besteht kein Benutzungszwang. Bei ihnen handelt es sich nicht um Flugplätze im Sinne des § 6 LuftVG handelt.[78] Für solche Modellfluggelände gelten lediglich Erleichterungen, beispielsweise in Bezug auf den Kenntnisnachweis[79] oder die Flughöhenbeschränkung.[80]

Erkennbar wird damit der Betrieb von Drohnen vom Gesetzgeber gerade im bodennahen Luftraum unterhalb von 150 m angesiedelt und der Gemeingebrauch am Luftraum durch Drohnen quasi bis zur Grasnarbe erstreckt. In Bezug auf die Grenzziehung zwischen den Rechten des Grundeigentümers an dem Luftraum über seinem Grundstück aus §§ 903, 905 BGB und dem Gemeingebrauch am Luftraum nach § 1 LuftVG in den Grenzen des einschränkenden luftrechtlichen Regelsystems erscheint dies als nicht unproblematisch. Denn als Inhalts- und Schrankenbestimmung darf das Recht zur Benutzung des Luftraums nicht in unzumutbarer Weise zulasten des Grundeigentümers verschoben werden. Eine solche Inhalts- und Schrankenbestimmung wäre verfassungsrechtlich unverhältnismäßig und unzulässig.[81] Vielmehr

---

[76] *Vgl. E. Giemulla/H. van Schyndel*, in: Giemulla/Schmid (Hrsg.), LuftVO, Frankfurter Kommentar zum Luftverkehrsrecht Bd. 2, § 21b (2017) Rdnr. 53 ff.

[77] *Vgl. Giemulla/van Schyndel* (o. Fußn. 76), § 21a (2017) Rdnr. 8.

[78] *Giemulla* (o. Fußn. 54), § 1 (2017) Rdnr. 47; BVerwG, NVwZ 1986, 470.

[79] § 21a Abs. 4 S. 2 LuftVO.

[80] § 21b Abs. 1 Nr. 8 a) LuftVO.

[81] *Vgl. Jarass* (o. Fußn. 60), Art. 14 Rdnr. 34.

sind die schutzwürdigen Interessen des Eigentümers und die Belange des Gemeinwohls in einen gerechten Ausgleich und ein ausgewogenes Verhältnis zu bringen.[82]

2. Die Beschränkung der Benutzungsfreiheit des Luftraums für zivile Drohnen

Tatsächlich mehren sich in der Literatur die Stimmen, die zumindest in Fällen einer intensiven Benutzung des bodennahen Luftraums durch häufige Überflüge von Drohnen eine Duldungspflicht des Eigentümers von § 1 LuftVG nicht mehr gedeckt sehen.[83] Im Rahmen einer Interessenbeurteilung des Grundeigentümers nach § 905 S. 2 BGB komme den Interessen des Grundeigentümers Vorrang zu.[84] Hinsichtlich der dogmatischen Begründung dieser Position ist die Vorstellung dabei allerdings teilweise die, dass die in § 1 LuftVG eingeräumte Freiheit der Benutzung des Luftraums lediglich eine Konkretisierung der Beschränkung der Ausschließungsbefugnis des § 905 S. 2 BGB darstelle.[85] Nach einer anderen Begründung soll § 905 S. 2 BGB direkt als Beschränkung der Benutzungsfreiheit des Luftraums neben den Beschränkungen des luftrechtlichen Regelsystems im Sinne des 2. Hs. § 1 LuftVG anzuwenden sein.[86] Dogmatisch können diese Begründungen nicht überzeugen. § 1 LuftVG ist keine Konkretisierung der Beschränkung der Ausschließungsbefugnis des § 905 S. 2 BGB, sondern eine Konkretisierung des zivilrechtlichen Gesetzesvorbehalt in § 903,[87] und zwar in Form einer verfassungsrechtlichen Inhalts- und Schrankenbestimmung. Aus diesem Grund kann § 905 S. 2 BGB auch nicht neben die Beschränkungen des luftrechtlichen Regelsystems treten und die Benutzungsfreiheit des Luftraums zugunsten des Grundeigentums beschneiden. Denn § 905 S. 2 BGB kann nicht „zurückgeben", was nach der Inhalts- und Schrankenbestimmung des § 1 LuftVG schon nicht mehr Teil des Eigentums im Sinne des § 903 BGB ist. Rechtstechnisch hat daher eine Beschränkung der Benutzungsfreiheit des bodennahen Luftraums durch Drohnen luftrechtlich im Wege von Bestimmungen im Sinne des 2. Hs. des § 1 LuftVG zu erfolgen.[88]

---

[82] BVerfG, NVwZ 2012, 429 (430); *Jarass* (o. Fußn. 60), Art. 14 Rdnr. 39; *Sodan* (o. Fußn. 60), Art. 14 Rdnr. 32.

[83] *Roth* (o. Fußn. 50), § 905 Rdnr. 21; *Ch. Solmecke/F. Nowak*, Zivile Drohnen – Probleme ihrer Nutzung, MMR 2014, 431 (434); *A. Schmid*, Rechtliche Bewertung ziviler Drohnenflüge, K&R 2015, 217 (218); *P. Lakkis*, Was summt in der Höhe, was brummt oder gluckert in der Tiefe?, in: Meller-Hannich u. a. (Hrsg.), Festschrift für Eberhard Schilken zum 70. Geburtstag, 2015, S. 61 (67); *T. Stellpflug/J. Hilpert*, Novellierter Rechtsrahmen für den Betrieb unbemannter Fluggeräte, NVwZ 2017, 1490 (1494).

[84] *Solmecke/F. Nowak* (o. Fußn. 83), 434; *Schmid* (o. Fußn. 83), 218; *Lakkis* (o. Fußn. 83), 67.

[85] *Solmecke/F. Nowak* (o. Fußn. 83), 434; *Schmid* (o. Fußn. 83), 218.

[86] *Lakkis* (o. Fußn. 86), 67.

[87] Vgl. *Althammer* (o. Fußn. 47), § 903 Rdnr. 22.

[88] So im Ergebnis auch: *Stellpflug/Hilpert* (o. Fußn. 86), S. 1494.

Können insoweit die oben genannten Ansichten in dogmatischer Hinsicht nicht überzeugen, so erscheinen die Zweifel an der Zumutbarkeit einer unbeschränkten Benutzungsfreiheit des bodennahen Luftraums durch Drohnen zulasten des Grundeigentümers doch berechtigt. Daran ändert auch der bereits oben in Abschnitt III. 1. dargestellte umfassende Katalog von Überflugsverboten des § 21b Abs. 1 LuftVO nichts, der neben bestimmten Gebieten, Anlagen oder Ereignissituationen insbesondere auch das Überfliegen von Wohngrundstücken[89] und etwa Industrieanlagen[90] verbietet. Denn zum einen ist mit § 21b Abs. 3 LuftVO zugleich ein Befreiungsvorbehalt für begründete Fälle in das Ermessen der Behörde gestellt, ohne dass es auf die Zustimmung des Grundstückseigentümers ankäme.[91] Zum anderen stößt die kasuistische Regelungstechnik des § 21b LuftVO ersichtlich schon jetzt an ihre Grenzen, denkt man etwa an Kurparks, Friedhöfe, Kleingartensiedlungen, Badeseen und dergleichen, die im Katalog der Überflugsverbote des § 21b LuftVO fehlen, für die aber ein ähnliches Schutz- und/oder Ruhebedürfnis bestehen dürfte, wie für die in § 21b Nr. 7 LuftVO erwähnten Wohnungsgrundstücke.

Mit Blick auf das in der SESAR-Studie prognostizierte neue Luftverkehrsaufkommen im bodennahen Luftraum unterhalb von 150 m durch den Einsatz von Leichtgüter-Transport-Drohnen zur Paketzustellung ebenso wie durch Kamera-Drohnen zur lokalen oder weiträumigen Datenerhebung und Überwachung erscheint eine Regulierung der Benutzung des Luftraums durch Drohnen für die Zukunft auf Grundlage von partiellen Überflugverboten wenig zielführend. Das Grundproblem ist die Bodennähe des prognostizierten Luftverkehrsaufkommens an zivilen Drohnen, welches mit Nutzungen der Grundstücksoberfläche in Konkurrenz tritt. Hierfür bedarf es eines tragfähigen Konzepts, durch welches eine Verkehrsbündelung des Drohnenverkehrs zumindest im bodennahen Luftraum erreicht wird, soweit dieser überhaupt unterhalb der allgemeinen Mindestflughöhe und außerhalb von allgemeinen Start- und Landeplätzen zuzulassen ist. Dies gilt umso mehr, als dass die genannten Einsatzzwecke den Betrieb der Drohne außerhalb der Sichtweite des Steuerers erfordern.[92] Denn damit gleichen sich Drohnen-Flüge, die von einer Kontrollstation aus betrieben werden, Flügen nach Sichtflugregeln an, während Drohnen-Flüge, die (ggf. autonom) einer zuvor freigegeben, nach Kurs und Höhe festgelegten Flugroute folgen, Flügen nach Instrumentenregeln nahe kommen.

3. Aspekte einer künftigen Regulierung

Mit Blick auf das prognostizierte Luftverkehrsaufkommen ziviler Drohnen bedarf nach dem bisher Gesagten das Interesse an der freien Benutzung des Luftraums in

---

[89] § 21b Abs. 1 Nr. 7 a) LuftVO.
[90] § 21b Abs. 1 Nr. 3 a) LuftVO.
[91] Die Zustimmung des Eigentümers zum Aufstieg nach §§ 21b Abs. 3, 21a Abs. 5 Nr. 1 LuftVO betrifft nach bisherigem Verständnis lediglich die Nutzung des Grundstücks für das Starten und Landen einer Drohne.
[92] *SESAR Joint Undertaking* (o. Fußn. 1), S. 22 Abb. 7.

Bodennähe durch Drohnen einer grundlegenden Regulierung, und zwar im Bewusstsein der Grenzziehung zwischen den Rechten des Grundeigentümers aus §§ 903, 905 BGB und dem Gemeingebrauch am Luftraum als dem aus dem Umstand der Bodennähe resultierenden zentralen Aspekt. Dabei wird man von dem Zusammenhang ausgehen können, dass die Nutzung der Oberfläche des Grundstücks umso mehr beeinträchtigt wird, je niedriger der Überflug über das Grundstück stattfindet.

Die Grenze der Unzumutbarkeit ist grundsätzlich dort erreicht, wo die Nutzbarkeit des Eigentums dermaßen eingeschränkt ist, dass eine sinnvolle Nutzung hinfällig wird und sich die Rechtsstellung damit lediglich als Last und nicht als Recht darstellt. Die Privatnützigkeit des Eigentums wäre dann nicht mehr gegeben.[93] Auf der anderen Seite erscheint eine Eigentumsbeschränkung sich umso eher rechtfertigen zu lassen, je stärker der soziale Bezug des Einsatzzwecks des Drohnenbetriebs ausfällt: Je stärker der soziale Bezug des Einsatzzwecks, desto weitreichender dessen Rechtfertigungskraft und umso größer die Möglichkeit der Eigentumsbeschränkung. Bei der Regulierung des Interesses an der Benutzung des bodennahen Luftraums ist daher nach dem sozialen Bezug des Einsatzzwecks des Drohnenbetriebs zu differenzieren. Schließlich ist auch zu berücksichtigen, ob das überflogene Grundeigentum in privater Nutzung steht oder aber als öffentliche Sache bereits dem Gemeingebrauch eröffnet ist. Denn die Nutzungen der Grundstücksoberfläche aus der sich ein Konflikt bei der Benutzung des bodennahen Luftraums ergeben könnten, unterscheiden sich entsprechend. Handelt es sich bei der Fläche etwa um eine öffentliche Straße kraft straßenrechtlicher Widmung, so besteht die Nutzung im Gemeingebrauch der Fläche für den Verkehr, d. h. in der Nutzung zur Überwindung von Entfernungen (Verkehr i. e. S.)[94] ebenso wie zur Teilnahme am gesellschaftlichen und geschäftlichen Leben (Verkehr i.w.S.).[95] Ausgehend von einer solchen Differenzierungsmatrix ergibt sich für eine zukünftige Regulierung der Benutzung des bodennahen Luftraums durch Drohnen beispielsweise die folgende Abstufung:

Bei Einsatzzwecken der hoheitlichen Gefahrenabwehr und der Strafverfolgung ist der Betrieb von Drohnen auch im bodennahen Luftraum unterhalb von 150 m zuzulassen, und zwar unabhängig davon, ob der Überflug privat oder öffentlich genutztes Grundeigentum betrifft. Hier dient der Einsatzweck dem Gemeinwohl, so dass ein starker sozialer Bezug eine entsprechende Beschränkung des Grundeigentums zugunsten der freien Benutzung des Luftraums rechtfertigt.

Geht es dagegen um den Betrieb von Freizeit-Drohnen, so ist die Benutzung des bodennahen Luftraums unter 150 m über privat genutztem Grundeigentum grundsätzlich zu verwehren. Eine derartige Benutzung des bodennahen Luftraums ist außerhalb des durch den Rahmen der Widmung begrenzten Gemeingebrauchs für jedermann zu stellen. Dem Grundeigentümer steht dann die Ausschließungsbefugnis

---

[93] *Sodan* (o. Fußn. 60), Art. 14 Rdnr. 34.
[94] *Stahlhut* (o. Fußn. 69), Kap. 25 Rdnr. 18, 21.
[95] *Stahlhut* (o. Fußn. 69), Kap. 25 Rdnr. 18, 22.

nach §§ 903, 905 BGB zu.[96] Denn für eine Beschränkung des originären Eigentümerinteresses fehlt es an einem rechtfertigenden Interesse, wenn der Überflug nur Freizeitzwecken dient. In Bezug auf die Benutzung des bodennahen Luftraums für Drohnenflüge durch den Grundeigentümer selbst ist allerdings ein privilegierter Gemeingebrauch (Anliegergebrauch) zuzulassen, der beispielsweise dem Grundeigentümer den Einsatz von Kamera-Drohnen zur lokalen Datenerhebung und Überwachung ermöglicht. In Bezug auf öffentliche Straßen stehen zumindest die Rechte des Grundeigentümers der Eröffnung des Gemeingebrauchs zur Benutzung des bodennahen Luftraums im Grundsatz nicht entgegen. Entscheidend kommt es allerdings darauf an, ob die Benutzung des bodennahen Luftraums mit der straßenrechtlichen Zweckbestimmung zum Verkehr verträglich ist. Gegenwärtig wird dies aus Gründen der von Drohnen ausgehenden Gefahren für die öffentliche Sicherheit oder Ordnung in einer Vielzahl von Fällen verneint. So dürfte etwa das Überflugverbot von Menschenansammlungen,[97] welches sowohl mit dem Schutz vor unfallbedingten Abstürzen wie auch mit dem Schutz vor gezielten Angriffen mittels Drohnen begründet wird,[98] häufig dem Überfliegen öffentlicher Plätze entgegenstehen.[99] Ebenso wird hinsichtlich von Bundesfernstraßen und Bundeswasserstraßen die Gefahr gesehen, dass Drohnen Irritationen bei Autofahrern auslösen sowie in Bezug auf den Schiffsbetrieb darüber hinaus geeignet sind, Fehlinterpretationen des Radarbildes und Störungen im Funkverkehr zu verursachen.[100]

Für die gewerbliche Benutzung des bodennahen Luftraums durch Drohnen, also insbesondere den Einsatz von Leichtgüter-Transport-Drohnen zur Paketzustellung ebenso wie durch Kamera-Drohnen zur weiträumigen Datenerhebung, gilt zunächst das Gleiche wie für den Betrieb von Freizeit-Drohnen. Auch das Vorliegen eines wirtschaftlichen Interesses rechtfertigt nicht eine Beschränkung des privat genutzten Grundeigentums. Hinsichtlich der Benutzung des bodennahen Luftraums über öffentlichen Straßen erscheinen dagegen die gefahrenabwehrrechtlichen Bedenken weniger problematisch. Das Absturz- und Missbrauchsrisiko scheint mit Blick auf die Zukunft durch technische Vorkehrungen und Organisations- und Kompetenzanforderungen entschärft werden zu können und die Irritation des Verkehrs am Boden eine Frage der Flughöhe und der Gewöhnung zu sein. Allerdings spricht das prognostizierte Luftverkehrsaufkommen gewerblicher ziviler Drohnen dafür, dass die gewerbliche Benutzung des bodennahen Luftraums über öffentlichen Straßen auf eine genehmigungsbedürftige Sondernutzung hinaus laufen wird, die die Schwelle des gewöhnlichen Gemeingebrauchs überschreitet und diesen auch beeinträchtigt.[101]

---

[96] Vgl. oben Abschnitt IV. 3.
[97] § 21b Abs. 1 S. 1 Nr. 2 LuftVO.
[98] Vgl. BR-Drucks. 39/17, S. 23; *van Schyndel* (o. Fußn. 76), § 21b (2017) Rdnr. 11.
[99] Der Begriff der öffentlichen Straße umfasst auch öffentliche Plätze, vgl. z. B. § 2 Hess StrG.
[100] Vgl. BR-Drucks. 39/17, S. 24 f.; *van Schyndel* (o. Fußn. 76), § 21b (2017) Rdnr. 35 u. 36.
[101] Vgl. *Stahlhut* (o. Fußn. 69), Kap. 25 Rdnr. 1.1, 37.

Internationalprozess- und internationalprivatrechtliche Aspekte von grenzüberscheitender Climate Change Litigation in Deutschland

Von *Peter Mankowski*

I. Einleitung

Zu den bewundernswert vielen Gebieten, denen sich Arndt Schmehl mit großer Gründlichkeit und ganzer Leidenschaft gewidmet hat, gehörte auch das Umweltrecht. Vom Kreislaufwirtschaftsgesetz[1] bis zum Recht der Aquakulturen (selbst in Chile)[2] war ihm darin kaum etwas fremd. Obwohl passionierter Öffentlichrechtler, war Arndt Schmehl dem Privatrecht freundlich aufgeschlossen. Gerade bei einem Umweltrechtler kann dies indes kaum verwundern. Denn öffentliches und privates Umweltrecht verfolgen gleiche Ziele, wenn auch mit ihren je unterschiedlichen Mitteln.[3] Privates Umweltrecht kann unter Umständen das effektivere und effizientere Mittel sein, um umweltpolitische Belange durchzusetzen. Beide sind Werkzeuge im Baukasten des umweltpolitischen Gesetzgebers. Lehrbücher zum Umweltrecht blicken sowohl auf das Öffentliche Recht als auch auf das Privatrecht.[4] Public enforcement und private enforcement können auch und gerade im Umweltrecht Hand in Hand gehen. Zwischenstufen in einer Grauzone bildet namentlich die im Umweltrecht besonders verbreitete Verbandsklage ab. Arndt Schmehl war sich auch der zunehmenden Internationalität vieler Fragestellungen sehr bewusst. Rechtsdurchsetzung mag an Grenzen haltmachen, die Probleme tun es aber nicht. Im Gegenteil kann der grenzüberschreitende Bezug Probleme noch verstärken. Auf der privatrechtlichen Seite sind nun diejenigen Teildisziplinen, die berufen sind, räumliche Grenzen zu überwinden und Internationalität zu bewältigen, das Internationale Zivilprozessrecht (IZPR) und das Internationale Privatrecht (IPR). Das Internationale

---

[1] *A. Schmehl* (Hrsg.), KrWG, 2013.

[2] *A. Schmehl/S. Wack*, Umweltfragen des Wachstums der Fischproduktion: Das Recht der Aquakultur in Küsten- und Meeresgewässern, ZUR 2009, 473; *A. Schmehl/H. Flatter/S. Wack*, Das Umweltrecht und der Aufstieg der Aquakultur, JbUTR 2012, 201; *dies.*, La legislación ambiemental y el ascenso de acuicultura, in: *J. Bermudéz/D. Hervé* (dir.), Justicia e ambiemental: Derecho y instrumentos de gestión del espacio marino costero (Santiago del Chile 2013).

[3] Meisterhaft seinerzeit *Schmehls* Lehrstuhlvorgänger: *P. Selmer*, Privates Umwelthaftungsrecht und öffentliches Gefahrenabwehrrecht, 1991.

[4] Insbesondere *W. Kluth/U. Smeddinck*, Umweltrecht, 2013; *M. Kloepfer*, Umweltrecht, 4. Aufl. 2017.

Umwelthaftungsrecht ist auch ihnen seit etlichen Jahrzehnten Thema.[5] Ich hoffe sehr, dass der Versuch, den Beitrag des IZPR und des IPR zum Umwelthaftungsrecht anhand des aktuellen Bereichs der grenzüberschreitenden Climate Change Litigation zu skizzieren, wenigstens ein kleiner Ausdruck der Anerkennung für meinen so tragisch jung verstorbenen Hamburger Kollegen sein kann. Arndt Schmehl fehlt seiner Fakultät und seinen Hamburger Kollegen. Sehr.

II. Climate Change Litigation als Phänomen

Climate Change Litigation ist ein weltweites Phänomen,[6] von Ozeanien[7] über Nordamerika bis Europa[8]. Erste Aufmerksamkeit gewann Climate Change Litigation bereits vor mehr als fünfzehn Jahren.[9] Deutschland aber hat Climate Change Litigation prominent erst 2016 erreicht, dann aber gleich international und grenzüberschreitend: Ein peruanischer Bauer, Saúl Luciano Lliuya aus Huaraz, verklagt den deutschen Energiekonzern RWE AG an dessen Sitz in Essen.[10] Er will den Konzern verpflichtet sehen, den prozentualen Anteil (0,5 %) an den Baukosten eines schützenden Damms in Peru zu tragen, der dessen prozentualem Anteil am weltweiten CO_2-Ausstoß entsprechen würde. Es soll sich weltweit um die erste Zivilklage eines einzelnen Menschen gegen einen Konzern wegen des Klimawandels handeln.[11]

III. Internationale Zuständigkeit deutscher Gerichte

1. Allgemeine Zuständigkeit aus Art. 4 Abs. 1 Brüssel Ia-VO
i.V.m. Art. 4 Abs. 2 Brüssel Ia-VO, §§ 12; 13; 17 ZPO
bzw. aus §§ 12; 13; 17 ZPO analog

Im europäischen Zuständigkeitssystem fallen selbst vorbeugende Immissionsabwehrklagen (von Schadensersatzklagen ganz zu schweigen) nicht unter den *ausschließlichen* dinglichen Gerichtsstand des Art. 24 Nr. 1 S. 1 Var. 1 Brüssel Ia-

---

[5] Siehe nur *C. v. Bar* (Hrsg.), Internationales Umwelthaftungsrecht, 1995.

[6] Z.B. *M. Nachmany/S. Fankhauser/J. Setzer/A. Averchenkova,* Global trends in climate change litigation and legislation, 2017 Update, 2017.

[7] Z.B. *B. Preston,* Climate Change in the Courts, (2010) 36 Monash U. L. Rev. 15.

[8] Z.B. *J. Peel/H. Osofsky,* Climate Change Litigation – Regulatory pathways to clearer energy, 2015.

[9] Z.B. *D. A. Grossman,* Warming Up to a Not-So-Radical Idea: Tort-Based Climate Change Litigation, 28 Columb. J Environmental L. 1 (2003).

[10] Erste Instanz: LG Essen 15.12.2016–22 O 285/15, ECLI:DE:LGE:2016:1215.2O28515.00 = NVwZ 2017, 734 = ZuR 2017, 370 m. Anm. *W. Köck*; dazu *W. Frank,* Störerhaftung für Umweltschäden, NVwZ 2017, 664; *A. Kling,* Die Klimaklage gegen RWE, KJ 2018, 213.

[11] *A. Coen,* Hält dieser Mann den Klimawandel auf?, Die Zeit Nr. 24 vom 8.6.2017, S. 13.

VO, sondern werden vom allgemeinen Regime erfasst.[12] Basis des allgemeinen Regimes ist der allgemeine Gerichtsstand am Wohnsitz des Beklagten aus Art. 4 Abs. 1 Brüssel Ia-VO. Wo der Beklagte seinen Wohnsitz hat, beurteilt sich für Gesellschaften nach Art. 63 Brüssel Ia-VO, für natürliche Personen über Art. 63 Brüssel Ia-VO jeweils nach dem nationalen Zuständigkeitsrecht des Staates, für den ein Wohnsitz in Rede steht. Gesellschaften haben einen allgemeinen Gerichtsstand an ihrem effektiven Verwaltungssitz, an ihrem Satzungssitz oder an ihrer Hauptniederlassung. Die allgemeine Zuständigkeit orientiert sich *nur* am Wohnsitz des *Beklagten*. Wo der *Kläger* seinen Wohnsitz hat, ist für sie ohne Bedeutung. Art. 4 Abs. 1 Brüssel Ia-VO garantiert auch in Drittstaaten ansässigen Klägern, dass sie Beklagte mit Wohnsitz in einem Mitgliedstaat in deren Wohnsitzstaat verklagen können; es gibt kein darüber gelegtes Regulativ nach Art einer forum non conveniens-Doktrin, das es dem Gericht erlauben würde, sich nach seinem Ermessen für unzuständig zu erklären.[13] Im Essener Beispielsfall[14] besteht für die Klage des peruanischen Bauern gegen RWE am Sitz der RWE AG in Essen die allgemeine Zuständigkeit.[15] Unfair gegen den Beklagten ist dies nicht. Denn an seinem Wohnsitz verklagt zu werden gibt dem Beklagten im Ausgleich ein prozessuales Heimspiel (und umgekehrt begibt sich der Kläger damit in ein prozessuales Auswärtsspiel[16]). Im Rahmen der allgemeinen Zuständigkeit stellen sich auch keinerlei Fragen nach der Kausalität einer Schadensverursachung oder ähnlichem. Der Kläger muss sie auf der Zuständigkeitsebene nicht einmal behaupten. Solche Fragen spielen erst bei der Begründetheit eine Rolle. Indes wird der Kläger die Gefahr in Rechnung stellen müssen, dass eine Klage gegen einen Anlagenbetreiber an dessen Wohnsitz scheitert, sofern sich die Anlage in demselben Staat befindet und ihr Betrieb von den dortigen Behörden erlaubt worden ist; das könnte dann im Rahmen der Begründetheit durchschlagen, wenn das zuständige Gericht Wertungskonsistenz mit den Entscheidungen aus der Exekutive seines eigenen Staates herstellt.[17]

---

[12] Dafür EuGH C-343/04, Slg. 2006, I-4557 (I-4598 Rn. 34) – Land Oberösterreich/ČEZas; BGH NJW 2008, 3502.

[13] EuGH Rs. C-281/02, Slg. 2005, I-1383 (I-1461 f. Rn. 42 ff.) – Andrew Owusu/N. B. Jackson; *Attorney-General of Zambia v. Meer Care & Desai* [2006] EWCA Civ 390 [22] (C.A., per Sir *Anthony Clarke* MR); *A. Bruns,* Urteilsanm., JZ 2005, 890 (892); *T. Rauscher/ P. Mankowski,* EuZPR/EuIPR, Bd. I, 4. Aufl. 2016, Vor Art. 4 Brüssel Ia-VO Rn. 37.

[14] Oben II.

[15] Verfehlt *W. Frank* (o. Fußn. 10), 665 Fußn. 6, der die internationale Zuständigkeit aus Art. 44 EGBGB i.V.m. Art. 7 Rom II-VO ableiten will – und dabei internationale Zuständigkeit und anwendbares Recht verwechselt.

[16] Zu den Vor- und Nachteilen von Heim- und Auswärtsspiel eingehend *P. Mankowski,* Die Lehre von den doppelrelevanten Tatsachen auf dem Prüfstand der internationalen Zuständigkeit, IPRax 2006, 454 (456–458).

[17] *D. Martiny,* Grenzüberschreitende Umwelthaftung im Schnittfeld zwischen Internationalem Privatrecht und Internationalem Verwaltungsrecht, FS Franz-Joseph Peine, 2016, S. 181 (185).

2. Besondere Zuständigkeit am Tatort eines Delikts aus Art. 7 Nr. 2 Brüssel Ia-VO bzw. § 32 ZPO analog

Für Klagen aus unerlaubten Handlungen eröffnet Art. 7 Nr. 2 Brüssel Ia-VO (und diesem folgend bei Klagen gegen drittstaatsansässige Beklagten § 32 ZPO analog) einen besonderen Gerichtsstand am Tatort der betreffenden unerlaubten Handlung, es sei denn, dieser liege in demselben Staat wie der allgemeine Gerichtsstand des Beklagten. Tatort sind nach dem Ubiquitätsprinzip im Ausgangspunkt gleichberechtigt nebeneinander sowohl der Handlungs- als auch der Erfolgsort.

a) Handlungsort bei der Umwelthaftung

Handlungsort ist derjenige Ort, an welchem der (potenzielle) Schädiger entweder einen für die Umweltschädigung bzw. die Rechtsgut- oder Vermögensverletzung beim Geschädigten maßgebende Ursache durch positives Tun gesetzt oder eine Unterlassung begangen hat, obwohl er nach dem Recht dieses Ortes hätte handeln müssen, wobei nach herrschender Ansicht bloße Vorbereitungshandlungen außer Betracht bleiben sollen.[18] Bei einer Gefährdungshaftung ist der Ort maßgeblich, an welchem der potenzielle Schädiger die Gefahrenquelle gesetzt hat, sei es gegenständlich über eine von ihm betriebene Anlage, sei es durch Verhalten.[19] Bei ortsfesten emittierenden Anlagen kommt es auf deren Belegenheitsort an, bei mobilen Anlagen auf den Ort, an welchem die Anlage außer Kontrolle gerät oder die gebotene Kontrolle unterlassen wurde,[20] also auf den aktuellen Belegenheitsort zum Zeitpunkt der schädigenden Emission.

Eine zu pauschale Ausgrenzung von Vorbereitungshandlungen aus dem Kreis der relevanten Handlungen wäre wenig überzeugend. Sofern man Vorbereitungshandlungen weit verstehen und trotzdem für irrelevant erklären wollte, drohte dies etwa die Beschlussfassung in Unternehmensgremien auszuklammern, die zur Entscheidung über die Produktion umweltschädlicher Produkte oder in umweltschädigender Weise führt. Dabei ist dies die ausschlaggebende, die initiierende, die originierende Aktivität. Die Produktionsaufnahme ist nur Folge der unternehmerischen Entscheidung. Die unternehmerische Entscheidung führt und regiert eigentlich. Allerdings wird eine solche Entscheidung häufig in der Unternehmenszentrale am Un-

---

[18] *W. Erman/G. Hohloch*, BGB, 15. Aufl. 2017, Art. 7 Rom II-VO Rn. 12; *A. Junker*, in: Münchener Kommentar zum BGB, Bd. 10, 6. Aufl. 2015, Art. 7 Rom II-VO Rn. 22; *O. Palandt/K. Thorn*, BGB, 77. Aufl. 2018, Art. 7 Rom II-VO Rn. 7; *R. Schaub*, in: *H. Prütting/ G. Wegen/G. Weinreich*, BGB, 12. Aufl. 2017, Art. 7 Rom II-VO Rn. 3.

[19] *Junker*, in: MünchKomm BGB (o. Fußn. 18), Art. 7 Rom II-VO Rn. 22.

[20] *H.-G. Bamberger/H. Roth/A. Spickhoff*, BGB, 3. Aufl. 2012, Art. 7 Rom II-VO Rn. 4; *K. Thorn*, Die Haftung für Umweltschäden im Gefüge der Rom II-VO, in: *E.-M. Kieninger/ O. Remien* (Hrsg.), Europäische Kollisionsrechtsvereinheitlichung, 2012, S. 139, 142; *G. P. Calliess/J. v. Hein*, Rome Regulations, 2nd ed. 2015, Art. 7 Rome II Regulation Rn. 17 f.; *Junker*, in: MünchKomm BGB (o. Fußn. 17), Art. 7 Rom II-VO Rn. 22.

ternehmenssitz erfolgen und deshalb keine besondere Zuständigkeit neben der allgemeinen Wohnsitzzuständigkeit begründen.

b) Erfolgsort bei der Umwelthaftung

Erfolgsort ist generell derjenige Ort, an welchem das primär geschützte Rechtsgut verletzt wird. Bei einer reinen Umweltschädigung ist Erfolgsort der Ort, an welchem das insoweit primär geschützte Rechtsgut Natur verletzt wurde. Erfolgsort ist in diesem Zweig demnach der Ort, an welchem die schadensverursachende Emission mit einer natürlichen Ressource (Wasser, Boden, Luft) in Berührung kommt.[21] Steht dagegen ein Ersatz von Personen-, Sach- oder Vermögensschäden als Folge einer Emission in Rede, so kommt es auf den Ort an, an welchem das jeweils primär geschützte Rechtsgut verletzt wurde:[22] Bei Personenschäden also Gesundheit und Leben, so dass der Erfolgsort am Körperverletzungs- bzw. am Tötungsort liegt; bei Sachschäden also das Eigentum an der Sache, so dass der Erfolgsort am Ort der Sachbeschädigung, der Immission in oder auf die Sache liegt; bei Vermögensschäden also das Vermögen, so dass der Erfolgsort am Schädigungsort des jeweils relevanten Vermögenswertes liegt. Finanzielle Folgeschäden als Folge einer Eigentumsverletzung begründen keinen eigenständigen Erfolgsort, wie Art. 4 Abs. 1 aE Rom II-VO in Kodifikation vorangegangener IZPR-Rechtsprechung des EuGH für das IPR klarstellt.

Die Ersatzfähigkeit des Schadens kann im privaten Umwelthaftungsrecht zum Problem werden. Der ökologische Schaden, der danno ecologico, stellt schon das Völkerrecht vor Herausforderungen.[23] Das Problem lässt sich einfach beschreiben: Die freie Natur gehört gleichsam allen – und rechtlich niemandem. Sie steht in niemandes Eigentum. Sofern das kollisionsrechtlich berufene Sachrecht einen individuellen Schaden eines individuellen Gläubigers verlangt, kann dieser nicht Schäden der Allgemeinheit oder der Natur liquidieren. Dem Ausschluss der Popularklage im Zivilprozessrecht korrespondiert dann eine entsprechende Beschränkung im materiellen Privatrecht und darauf aufbauend im IZPR. Ob die faktisch geschädigten Sachen oder Tiere in jemandes und, wenn ja, in wessen Eigentum stehen, ist eine Vorfrage. Sie beantwortet sich bei selbstständiger Vorfragenanknüpfung nach dem Recht, das vom Internationalen Sachenrecht des Forums berufen ist, in Deutschland also nach dem von Art. 43 Abs. 1 EGBGB berufenen Belegenheitsrecht der Sache zum Zeitpunkt der Schädigung als maßgeblichem Zeitpunkt.

---

[21] *Kadner Graziano,* RabelsZ 73 (2009), 1 (45); *Thorn* (o. Fußn. 20), S. 139 (151); *Junker,* in: MünchKomm BGB (o. Fußn. 17), Art. 7 Rom II-VO Rn. 20.

[22] Siehe *Junker,* NJW 2007, 3675 (3680); *dens.,* FS Peter Salje, 2013, S. 243 (254); *dens.,* in: MünchKomm BGB (o. Fußn. 17), Art. 7 Rom II-VO Rn. 20; *Leible/M. Lehmann,* RIW 2007, 721 (728); *G. Wagner,* IPRax 2008, 1 (9); *Kadner Graziano,* Rev. crit. dr. int. pr. 97 (2008), 445 (485); *dens.,* RabelsZ 73 (2009), 1 (45).

[23] Eingehend *S. Erichsen,* Der ökologische Schaden im internationalen Umwelthaftungsrecht, 1993.

Die Erfolgsortzuständigkeit ist indes unter Art. 7 Nr. 2 Brüssel Ia-VO richtigerweise durch das so genannte Mosaikprinzip einzuschränken.[24] Dieses besagt, dass der Kläger am Erfolgsort nur den Schaden liquidieren darf, der im Forumstaat angefallen ist, und im Grundsatz Unterlassung nur für den Forumstaat begehren darf. Dieses Prinzip ist grundsätzlich nötig, um die Balance zwischen Kläger- und Beklagteninteressen nicht einseitig zu Gunsten des Klägers zu verschieben.[25] Es ist sachlich nicht auf Pressedelikte zu beschränken,[26] obwohl der EuGH[27] es in einem Pressedeliktsfall entwickelt hat. Vielmehr sollte man es zu einem strukturellen Element des Erfolgsortsgerichtsstands erheben.[28] Es verhindert exzessives forum shopping des Klägers. Es verhindert, dass der Kläger eine zu große Auswahl zwischen verschiedenen ihm günstigen Gerichtsständen bekommt und dabei ein Klägergerichtsstand nahezu garantiert ist. Für Climate Change Litigation hat dies erhebliche Bedeutung. Insbesondere kann ein Kläger aus einem Drittstaat nicht die an seinem in jenem Drittstaat erlittenen Schäden an Gesundheit oder Eigentum in der EU liquidieren, selbst wenn er außerdem, daneben Schäden an Gesundheit oder Eigentum in der EU bzw. sogar in Deutschland erlitten haben sollte. Im Essener Beispielsfall[29] kann der klagende peruanische Bauer in Deutschland den Erfolgsortsgerichtsstand nicht zu seinen Gunsten reklamieren, denn er hat keinerlei Schäden in Deutschland erlitten.

3. Weitere besondere Zuständigkeiten

Weitere besondere Zuständigkeiten können nach Art. 7 Nr. 5 Brüssel Ia-VO am Ort einer Niederlassung des Beklagten und als Gerichtsstand der Streitgenossenschaft aus Art. 8 Nr. 1 Brüssel Ia-VO, wenn es mehrere Beklagte gibt, zwischen den Klagansprüchen gegen diese Konnexität besteht und mindestens einer der Beklagten seinen allgemeinen Gerichtsstand im Forumstaat hat. Für beide kommt es nicht auf den Charakter und die Qualifikation der Klageforderung an. Indes verlangen beide, dass der jeweils in Rede stehende Beklagte seinen Wohnsitz in einem Mit-

---

[24] Wie hier *W. Lindacher,* GRUR Int. 2008, 453 (455).

[25] *P. Mankowski,* Das Internet im Internationalen Vertrags- und Deliktsrecht, RabelsZ 63 (1999), 203 (276).

[26] Entgegen *K. Kreuzer/Klötgen,* IPRax 1997, 90 (94 f.).
Wie hier *Kropholler/v. Hein* Art. 5 EuGVVO Rn. 85; *T. Rauscher/S. Leible* (o. Fußn. 13), Art. 7 Brüssel Ia-VO Rn. 129.

[27] EuGH Slg. 1995, I-415 Rn. 30 – Fiona Shevill/Presse Alliance SA.

[28] Siehe nur Cass. Clunet 125 (1998), 136 note *André Huet;* Cass. Rev. crit. dr. int. pr. 93 (2004), 632 note *O. Cachard;* OGH RdW 2002, 603; OGH RdW 2002, 664; OLG Hamburg AfP 1996, 69 (71); OLG München MMR 2000, 277; Hof Brussels J. trib. 2003, 234; *G. Wagner,* RabelsZ 62 (1998), 243 (283 f.); *Mankowski,* RabelsZ 63 (1999), 203 (274–276); *R. Hausmann,* EuLF 2003, 278 (279 f.); *E. Pataut,* Note, Rev. crit. dr. int. pr. 93 (2004), 800 (807 f.); *P. Schlosser/B. Hess,* Eu-ZPR, 4. Aufl. 2015, Art. 7 EuGVVO Rn. 17.
Dagegen indes ObG Zürich sic! 2004, 793 (795); *Kreuzer/Klötgen,* IPRax 1997, 90 (96); *T. Rauscher,* Urteilsanm., ZZP Int. 1 (1996), 145; *D. Coester-Waltjen,* FS Rolf A. Schütze zum 65. Geb., 1999, S. 175; *A. Furrer/D. Schramm,* SJZ 2005, 91 (92).

[29] Oben II.

gliedstaat der Brüssel Ia-VO hat. Bei Climate Change Litigation ist es also nicht möglich, ein drittstaatsansässiges Tochterunternehmen durch eine Klage gegen sein deutsches Mutterunternehmen in Deutschland unter den Gerichtsstand des Art. 8 Nr. 1 Brüssel Ia-VO zu zwingen.

Hat der Beklagte seinen Wohnsitz nicht in einem Mitgliedstaat der Brüssel Ia-VO oder des LugÜ 2007, so richtet sich die internationale Zuständigkeit für eine Klage in Deutschland nach autonomem deutschem IZPR. Dieses kennt den besonderen Gerichtsstand der Niederlassung analog § 21 ZPO, aber keinen Gerichtsstand kraft Streitgenossenschaft. Jedoch eröffnet es den im europäischen Bereich verpönten Gerichtsstand des Vermögens aus § 23 ZPO.

IV. Internationalprivatrechtliche Anknüpfung nach Art. 7 Rom II-VO

1. Ubiquitätsprinzip

Im Internationalen Privatrecht der Umwelthaftung verwirklicht der europäische Gesetzgeber in Art. 7 Rom II-VO punktuell und bereichsspezifisch das Ubiquitatsprinzip:[30] Der Geschädigte hat die Wahl zwischen dem nach Art. 4 Rom II-VO berufenen Recht (also gemeinhin nach Art. 4 Abs. 1 Rom II-VO dem Recht des Erfolgsorts) und dem Recht des Handlungsorts. Handlungs- und Erfolgsort haben unter Art. 7 Rom II-VO im IPR denselben Bedeutungsgehalt wie unter Art. 7 Nr. 2 Brüssel

---

[30] Zu Art. 7 Rom II-VO *M. Bogdan,* Behandling av miljöskador I EG:s Rom II-förordning, JT 2007, 575; *ders.,* Some Reflections Regarding Environmental Damage and the Rome II Regulation, Liber Fausto Pocar, vol. II, 2009, S. 95; *ders.,* The Treatment of Environmental Damage in Regulation Rome II, in: *J. Ahern/W. Binchy* (eds.), The Rome II Regulation on the Law Applicable to Non-Contractual Obligations, The Hague 2009, S. 219; *S. Carbone/ L. Schiano di Pepe,* Uniform Law and Conflicts in Private Enforcement of Environmental Law: The Maritime Sector and Beyond, Dir. mar. 111 (2009), 50; *F. Grisel,* Alayse critique de l'article 7 du règlement du 11 juillet 2007 sur la loi applicable aux obligations non contractuelles ("Rome II"), Rev. dr. int. dr. comp. 2011, 148; *P. Ivaldi,* European Union, Environmental Protection and Private International Law: Article 7 of Rome II Regulation, EuLF 2013, 137; *dies.,* Unione Europea, tutela ambientale e diritto internazionale privato – l'art. 7 del Regolamento Roma II, Riv. dir. priv. proc. 2013, 861; *A. Junker,* Internationale Umwelthaftung der Betreiber von Energieanlagen nach dem Rom II-Verordnung, FS Peter Salje, 2013, S. 243; *T. Kadner Graziano,* The Law Applicable to Cross-Border Damage to the Environment, (2007) 9 Yb. PIL 71; *S. Koch,* Die grenzüberschreitende Wirkung von nationalen Genehmigungen für umweltbeeinträchtigende industrielle Anlagen, 2010; *P. Mankowski,* Ausgewählte Einzelfragen zur Rom II-VO: Internationales Umwelthaftungsrecht, Internationales Kartellrecht, renvoi, Parteiautonomie, IPRax 2010, 389; *Martiny* (o. Fußn. 17); *S. Matthes,* Umwelthaftung unter der Rom II-VO, GPR 2011, 146; *P. Rüppell,* Die Berücksichtigungsfähigkeit ausländischer Anlagengenehmigungen, 2012; *L. Schiano di Pepe,* Il danno ambientale nel regolamento (CE) n. 864/2007 sulla legge applicabile alle obbligazioni extracontrattuali („Roma II"), in: *S. Carbone/M. Chiavario* (a cura di), Cooperazione giudiziaria civile e penale nel diritto dell'Unione Europea, 2008, S. 117; *K. Thorn* (o. Fußn. 19), S. 139; *S. Vrellis,* The Law Applicable to the Environmental Damage – Some Remarks on Rome II Regulation, Liber amicorum Alegria Borrás, 2013, S. 869.

Ia-VO im europäischen IZPR.[31] Wer der – wenn auch abzulehnenden,[32] so doch vorherrschenden – Lehre von den doppelrelevanten Tatsachen folgt, wird Lokalisierungsfragen für konkrete Fälle daher zumeist nicht im IZPR im Rahmen der Zulässigkeit beantworten, sondern erst hier beim IPR im Rahmen der Begründetheit.[33]

Das Ubiquitätsprinzip ist im IPR ein ungewöhnlicher Gast, weil die Rom II-VO ansonsten den Handlungsort nicht als Anknüpfungspunkt verwendet und sich gerade von der in einigen nationalen Kollisionsrechten (z. B. Art. 40 Abs. 1 S. 1, 2 EGBGB) zuvor herrschenden Gleichwertigkeit von Handlungs- und Erfolgsort verabschiedet hat. Dahinter stecken bei Art. 7 Rom I-VO indes volle, wohlbedachte Absicht und eine gesetzgeberische Politik. Theoretisch unterwirft man mit Art. 7 Rom II-VO den Schädiger dem kollisionsrechtlich strengsten Haftungsregime und fördert dadurch die Vermeidung von Umweltschädigungen.[34] Man möchte das Verursacherprinzip auch auf der kollisionsrechtlichen Ebene durchsetzen und vermeiden, dass Betreiber umweltverschmutzender Anlagen Regulierungsarbitrage betreiben und von Regelungsgefällen profitieren.[35] Insbesondere soll es keine Anreize geben, sich in Grenzgebieten den Standort mit den niedrigsten Schutzstandards auszusuchen.[36] Beim Rechtsgut Umwelt rücken damit die Abschreckungseffekte in den Vordergrund und prägen die Regelbildung.[37] Dahinter steht auch eine Unionspolitik, die sich dem Umweltschutz als einem Ziel verschrieben hat.[38] Erwägungsgrund (25) Rom II-VO nennt ausdrücklich Art. 174 Abs. 2 S. 1 EGV (heute Art. 191 Abs. 2

---

[31] *Martiny* (o. Fußn. 17), 186.

[32] *Mankowski,* IPRax 2006, 454.

[33] Es sei denn, der Kläger würde Erfolgsortsgerichtsstand und Handlungsortrecht (oder umgekehrt) miteinander kombinieren oder in einem anderen Gerichtsstand als einem der Tatortgerichtsstände klagen.

[34] *S. Leible/M. Lehmann,* Die neue EG-Verordnung über das auf außervertragliche Schuldverhältnisse anzuwendende Recht (Rom II), RIW 2007, 721 (729); *G. Wagner,* Die neue Rom II-Verordnung, IPRax 2008, 1 (9); *T. de Boer,* De grondslagen van de Verordening Rome II, WPNR 6780 (2008), 988 (991); *J. v. Hein,* Europäisches Internationales Deliktsrecht nach der Rom II-Verordnung, ZEuP 2009, 6 (30); *T. Kadner Graziano,* Das auf außervertragliche Schuldverhältnisse anzuwendende Recht nach Inkrafttreten der Rom II-Verordnung, RabelsZ 73 (2009), 1 (47); *B. Sujecki,* Die Rom II-Verordnung, EWS 2009, 310 (317).

[35] Vorschlag für eine Verordnung des Europäischen Parlaments und des Rates für das auf außervertragliche Schuldverhältnisse anzuwendende Recht, KOM (2003) 427 endg. S. 20; *G. Wagner,* Internationales Deliktsrecht, die Arbeiten an der Rom II-Verordnung und der europäische Deliktsgerichtsstand, IPRax 2006, 372 (380); *F. Garcimartín Alférez,* The Rome II Regulation: On the Way towards a European Private International Law Code, EuLF 2007, I-77, I-87; *L. de Lima Pinheiro,* Choice of Law on Non-Contractual Obligations between Communitarization and Globalization: A First Assessment of EC Regulation Rome II, Riv. dir. int. priv. proc. 2008, 5 (26); *Kadner Graziano,* RabelsZ 73 (2009), 1, 47; *Grisel,* Rev. dr. int. dr. comp. 2011, 148, (161).

[36] *Martiny* (o. Fußn. 17), 187.

[37] Vgl. *Bogdan,* Liber Fausto Pocar, vol. II, Milano 2009, S. 95 (97); *Grisel,* Rev. dr. int. dr. comp. 2011, 148 (159 f.).

[38] *R. Michaels,* Die europäische IPR-Revolution, FS Jan Kropholler, 2008, S. 151 (160 f.).

S. 1 AEUV). Dies rechtfertigt in favorem naturae auch die Diskriminierung des ausländischen Emittenten.[39] Das Ubiquitätsprinzip wird gezielt als Günstigkeitsprinzip[40] und gleichsam als Mittel des private enforcement eingesetzt. Die alternative Anknüpfung soll der gezielten Ansiedlung umweltverschmutzender, emissionsstarker Anlagen in Staaten mit niedrigen Umweltschutzniveaus entgegenwirken und lässt umgekehrt Geschädigte aus Staaten mit niedrigem Schutzniveau von höheren Umweltstandards im Standortland der Anlage profitieren.[41] Das Ubiquitätsprinzip als Ausgleich für die vom Umweltverschmutzer verfolgten wirtschaftlichen Interessen anzuführen[42] mag indes Wertungsprobleme mit der anders ausgestalteten Anknüpfung der Produkthaftung aufwerfen, wo ebenfalls eindeutig wirtschaftliche Interessen verfolgt werden.[43] Praktisch wird ein Kläger indes sein Optionsrecht zugunsten des Handlungsortsrechts kaum ausüben, wenn der Handlungsort und der Standort der Anlage im selben Staat liegen und dieser die Anlage genehmigt hat.[44]

2. Keine Auflockerungen der Erfolgsortanknüpfung:
Verweisung des Art. 7 Var. 2 Rom II-VO nur Art. 4 Abs. 1 Rom II-VO

Der zweite Anknüpfungsstrang des Art. 7 Rom II-VO verweist nur auf Art. 4 Abs. 1 Rom II-VO, nicht auf Art. 4 Rom II-VO insgesamt. Er verwirklicht eine strikte Erfolgsortanknüpfung und folgt Art. 4 Rom II-VO nicht, soweit dieser von der Erfolgsortanknüpfung seines ersten Absatzes abweicht. Art. 7 Var. 2 Rom II-VO importiert nicht die innere Hierarchie des Art. 4 Rom II-VO. Art. 4 Abs. 2 und Abs. 3 Rom II-VO statuieren so genannte „Auflockerungen", Durchbrechungen der Erfolgsortanknüpfung. Sie kommen bei der internationalen Umwelthaftung nicht zum Zuge. Für reine Umweltschädigungen ist dies konsequent, weil sie vom Individualschaden abstrahieren. Für die Verletzung individueller Rechtsgüter (Leben, Gesundheit, Eigentum, Vermögen) „auf dem Umweltpfad" erscheint der Ausschluss indes weniger gut begründbar.

---

[39] *G. Wagner,* IPRax 2008, 1, 9; *Bogdan* (o. Fußn. 37), 96.

[40] *Bogdan* (o. Fußn. 37), 98.

[41] Vorschlag für eine Verordnung des Europäischen Parlaments und des Rates für das auf außervertragliche Schuldverhältnisse anzuwendende Recht, KOM (2003) 427 endg. S. 21 f.; *G. Betlem/C. Bernasconi,* European Private International Law, the Environment and Obstacles for Public Authorities, (2006) 122 LQR 124, 141; *J. v. Hein,* Die Kodifikation des europäischen IPR der außervertraglichen Schuldverhältnisse vor dem Abschluss?, VersR 2007, 440 (449); *W. Wurmnest,* in: jurisPK-BGB, Bd. 6, 8. Aufl. 2017, Art. 7 Rom II-VO Rn. 1.

[42] Vorschlag für eine Verordnung des Europäischen Parlaments und des Rates für das auf außervertragliche Schuldverhältnisse anzuwendende Recht, KOM (2003) 427 endg. S. 20.

[43] *H. Heiss/L. Loacker,* Die Vergemeinschaftung des Kollisionsrechts der außervertraglichen Schuldverhältnisse durch Rom II, JBl 2007, 613 (632); *H. Unberath/J. Cziupka/S. Pabst,* in: *T. Rauscher,* EuZPR/EuIPR, Bd. III, 4. Aufl. 2016, Art. 7 Rom II-VO Rn. 30.

[44] *Martiny* (o. Fußn. 17), 187.

3. Rechtswahlmöglichkeit bei der Umwelthaftung?

a) Ausgangslage

Art. 7 Rom II-VO formuliert eine objektive Anknüpfung. Nach der Gesamtstruktur der Rom II-VO kommt eine objektive Anknüpfung aber nur dann zum Tragen, wenn es an einer subjektiven Anknüpfung kraft Rechtswahl nach Art. 14 Rom II-VO fehlt. Art. 14 Rom II-VO gilt im Ausgangspunkt für alle Arten von gesetzlichen Schuldverhältnissen. Er gilt nur dann nicht, wenn eine Ausnahme eingreift. Eine Rechtswahl hat der europäische Gesetzgeber für zwei, genauer: drei Bereiche ausdrücklich ausgeschlossen: durch Art. 6 Abs. 4 Rom II-VO für das Internationale Lauterkeits- und das Internationale Kartellrecht; durch Art. 8 Abs. 3 Rom II-VO für das Internationale Immaterialgüterrecht. Beiden Ausnahmenormen liegt die Überlegung zugrunde, dass jeweils Interessen jenseits derjenigen des konkret Geschädigten betroffen sind und dass es auf der Geschädigtenseite eigentlich niemanden gibt, der legitimiert wäre, über Gemeininteressen kollisionsrechtlich zu verfügen.[45] Für das Internationale Umwelthaftungsrecht findet man in Art. 7 Rom II-VO aber keinen ausdrücklichen Rechtswahlausschluss. Man findet in Art. 7 Rom II-VO überhaupt keine Aussage zur Rechtswahl, weder positiv noch negativ.

b) Art. 6 Abs. 4; 8 Abs. 3 Rom III-VO als Basis eines Umkehrschlusses oder einer Analogie?

Argumentativ sind nun zwei zueinander alternative und einander strikt ausschließende Wege möglich. Zum einen könnte man aus Art. 6 Abs. 4; 8 Abs. 3 Rom II-VO einen Umkehrschluss ziehen und mangels ausdrücklichen Rechtswahlausschlusses eine Rechtswahl im Internationalen Umwelthaftungsrecht für zulässig erachten.[46] Dem ließe sich mit einer weiteren Überlegung sekundieren: dass Art. 7 Var. 2 Rom II-VO auf Art. 4 Rom II-VO verweist. Art. 4 Rom II-VO steht aber in seinem eigenen, direkten Anwendungsbereich unter dem Vorbehalt, dass es keine Rechtswahl gibt, und ist deshalb der Abbedingung in den Grenzen des Art. 14 Rom II-VO zugänglich. Art. 7 Rom II-VO verfolgt einen recht individualistischen Ansatz.[47] Er räumt dem individuellen Gläubiger ein einseitiges Wahlrecht ein; damit stünde ein Ausschluss bilateraler Parteiautonomie in einem gewissen Spannungsverhältnis.[48] Ein weiteres Moment kommt hinzu: Systematisch steht Art. 14 Rom II-VO hinter allen objektiven Anknüpfungstatbeständen. Er ist gleichsam hinter die Klammer ge-

---

[45] *P. Mankowski,* Rom I-VO und Schiedsverfahren, RIW 2011, 30 (38).

[46] *J. v. Hein,* ZEuP 2009, 6 (23).

[47] Siehe *A. Vogeler,* Die freie Rechtswahl im Kollisionsrecht der außervertraglichen Schuldverhältnisse, 2013, S. 125–126.

[48] *J v. Hein,* Of Older Siblings and Distant Cousins: The Contribution of the Rome II Regulation to the Communautarisation of Private International Law, RabelsZ 73 (2009), 461 (499); *P. Mankowski,* in: U. Magnus/P. Mankowski, Rome II Regulation, 2018, Art. 7 Rome II Regulation Rn. 9.

zogen, auch hinter Art. 7 Rom II-VO. Zudem könnte der einzelne Kläger mindestens prozessual disponieren: Er kann durch Vergleich seine Klage beenden.

Zum anderen könnte man Art. 6 Abs. 4; 8 Abs. 3 Rom III-VO im Internationalen Umwelthaftungsrecht analog anwenden. Dies erschiene insbesondere dann sachgerecht, wenn man den einzelnen Kläger in seiner Rechtsverfolgung als Quasi-Repräsentanten der Allgemeinheit und der Natur ansehen könnte. Zwar wird der einzelne Kläger in der Regel einen Anspruch auf Ersatz seines eigenen individuellen Schadens geltend machen, keinen übergreifenden Schaden der Allgemeinheit oder einer Verletztengesamtheit. Gleiches ließe sich aber auch im Internationalen Kartellrecht sagen, wo indes ein expliziter Rechtswahlausschluss herrscht.

4. Erlaubtheit kraft forumausländischer Genehmigung?

Wichtige Frage für das Internationale Umwelthaftungsrecht ist, ob eine behördliche Genehmigung der emittierenden Anlage durch den Staat ihres Standortes eine Rechtfertigung auch bei Klage in einem anderen Staat und unter dem materiellen Recht eines anderen Staats bieten kann. Insoweit stehen sich zwei konkurrierende Ansätze gegenüber, wie ein Überwirken stattfinden könnte.[49] Deren erster ist ein materiellrechtlicher und instrumentalisiert Art. 17 Rom II-VO,[50] darin unterstützt immerhin von der Kommissionsbegründung.[51] Er passt aber kaum zum üblichen, an positiven Geboten des Handlungsortrechts orientierten Verständnis des Art. 17 Rom II-VO.[52] Deren zweiter ist ein verfahrensrechtlicher und entwickelt ein Modell, unter welchen Voraussetzungen eine solche Genehmigung anzuerkennen ist.[53] Diesem Ansatz gelingt es, notwendige Wertungsvoraussetzungen zu integrieren, ohne sie einer Norm wie Art. 17 Rom II-VO exogen aufpfropfen zu müssen.[54] Er geht auch konform mit dem Institut der Anerkennung aus dem IZPR, indem man die positivenfalls zu erstreckende Wirkung hinreichend genau als die Erlaubniswirkung identifiziert. Zuzugestehen ist, dass sich diese Anerkennung anders als jene im IZVR nicht im Rahmen der Klagzulässigkeit, sondern vielmehr in der Begründetheit unter jenem Haftungstatbestand des anzuwendenden materiellen Rechts vollzieht, der Rechtswidrig-

---

[49] Unentschieden *Martiny* (o. Fußn. 17), 187–193.

[50] *M. Siems,* Die Harmonisierung des Internationalen Deliktsrechts und die Einheit der Rechtsordnung, RIW 2004, 662 (666); *M. Sonnentag,* Zur Europäisierung des Internationalen außervertraglichen Schuldrechts durch die geplante Rom II-Verordnung, ZvglRWiss 105 (2006), 256 (296); *Leible/M. Lehmann,* RIW 2007, 721 (725); *H. Ofner,* Die Rom II-Verordnung, ZfRV 2008, 13 (19); *J. A. Pontier,* Rome II: Geen revolutionaire omwentelingen, wettal van vraagpunten bij de inwerkingtreding ervan, MedNedVIR 136 (2008), 61 (103 f.); *H. Prütting/G. Wegen/G. Weinreich/R. Schaub,* BGB, 12. Aufl. 2017, Art. 7 Rom II-VO Rn. 4.

[51] Vorschlag für eine Verordnung des Europäischen Parlaments und des Rates für das auf außervertragliche Schuldverhältnisse anzuwendende Recht, KOM (2003) 427 endg. S. 20.

[52] *Mankowski,* IPRax 2010, 389 (390 f.).

[53] *Mankowski* (o. Fußn. 51), 391–395.

[54] Wie es namentlich *Rüppell* (o. Fußn. 30), S. 198 f., 257 tut.

keit des Handelns als Haftungsvoraussetzung verlangt. Insofern kann man sich aber mit einer Einordnung als verfahrensrechtliche Vorfrage helfen, da man Ergebnisse eines ausländischen Rechtsanwendungsverfahrens importiert.

Kommunaler Baumschutz *revisited**

Von *Franz Reimer*

I. Dimensionen des Baumschutzes

In der Antike galten Bäume als Wohnsitze von Nymphen; sie gehörten – auch als heilige Haine – zur Standardausstattung von Heiligtümern.¹ Trotz christlicher Kritik an der Sakralisierung von Bäumen lebte die Tradition in der symbolischen Überhöhung des Kreuzesholzes fort;² und im Mittelalter herrschte die Vorstellung, dass Bäume eine Verbindung mit Toten und mit dem Himmel herstellten können, weshalb Weistümer des späten Mittelalters und der frühen Neuzeit für Baumfrevel oft grausame Strafen wie das Handabschlagen oder die Enthauptung vorsahen.³ Mancher erbitterte Streit um Baumschutz und Baumschutzsatzungen legt ein untergründiges Nachwirken dieser Vorstellungen bis in die jüngste Vergangenheit und Gegenwart nahe. Im Folgenden soll aber nicht von den religiösen oder auch poetischen⁴ Dimensionen von Bäumen, sondern ihren ökologischen Dimensionen die Rede sein. Denn Baumschutz lässt sich – ohne dass er sich darin erschöpfte – als eine Form des Umweltschutzes, Baumschutzrecht als ein Mosaikstein des Umweltrechts verstehen – jenes Rechtsgebiets, das Arndt Schmehl (wie das Kommunalrecht) so sehr durch seine Arbeit bereichert hat.

Mit welchen Instrumenten dürfen, mit welchen sollten Kommunen Baumschutz verfolgen? Es scheint ruhiger um diese Fragen geworden zu sein, die in den 1980er und 1990er Jahren für viel Aufsehen sorgten⁵ – nach hier vertretener Auffassung al-

---

* Für wertvolle Hinweise danke ich Herrn Wiss. Mit. Georg Zimmermann.

¹ *D. Baudy*, Baumkult, in: Cancik/Schneider (Hrsg.), Der Neue Pauly, 2003, Bd. 2 (Ark-Ci), Sp. 505.

² *Baudy* (o. Fußn. 1).

³ *D. Werkmüller*, Baumfrevel, in: HRG I, 2. Aufl. 2008, Sp. 476.

⁴ „Trees are poems that the earth writes upon the sky. We fell them down and turn them into paper that we may record our emptiness": *K. Gibran*, Sand and Foam. Parables, poems, and aphorisms (New York 1926), Ndr., o.J., S. 11.

⁵ Aus dieser Zeit stammen auch zahlreiche Veröffentlichungen, bspw. *H. Tauchnitz*, Satzungen zum Schutze des Baumbestandes, Das Gartenamt 1981, 377 ff.; *H.-R. George*, Baumschutzvorschriften – ein Instrument der Landschaftsplanung (Hannoveraner Diplomarbeit), 1982; *A. Schink*, Baumschutzsatzungen und -verordnungen, DÖV 1991, 7 ff.; *J.-M. Günther*, Rechtsprobleme des kommunalen Baumschutzes, 1993; *ders.*, Baumschutzrecht, 1994; *K.-H. Führen*, Baumschutzsatzung und -verordnung, in: Lübbe-Wolff (Hrsg.), Umweltschutz durch kommunales Satzungsrecht. Bauleitplanung – Abfall – Abwasser – Abgaben – Baumschutz, 1993 (3. Aufl. 2002, dort S. 273 ff.); *U. Dreßler/M. Rabbe*, Kommunales

lerdings zu Unrecht: Weder hat die ökologische Bedeutung kommunalen Baumschutzes abgenommen (im Gegenteil, vgl. II.), noch sind die maßgeblichen Rechtsfragen geklärt; dies auch, weil sich der Rechtsrahmen ständig ändert (III.). Für Beruhigung hat vielmehr – jedenfalls auch – die Aufhebung von Baumschutzsatzungen gesorgt.[6]

Die Beantwortung der Fragen nach möglichen und sinnvollen Instrumenten kommunalen Baumschutzes setzt voraus, dass Klarheit über den Gegenstand herrscht. Zu einer näheren Bestimmung von „Baumschutz" müssen zunächst in Übereinstimmung mit dem herrschenden Sprachgebrauch Wälder (als mit Forstpflanzen bestockte Grundflächen, § 2 Abs. 1 Satz 1 BWaldG) ausgeklammert werden, wiewohl deren ökologische Bedeutung gigantisch ist (weshalb das Waldrecht innerhalb des Umweltrechts zu Unrecht vernachlässigt wird[7]) und ihr Schutz – etwa mit Blick auf die Nutzung bewaldeter Standorte für die Gewinnung von Windenergie – ebenfalls heftige Konflikte und damit Rechtsfragen aufwirft.[8] Baumschutz ist daher der Schutz von Bäumen, d. h. von Gehölzpflanzen, für die das Längenwachstum charakteristisch

---

Baumschutzrecht, 1995 (3. Aufl. 2001); keines der Standardwerke ist in den letzten Jahren aktualisiert worden. Als jüngere Veröffentlichungen sind zu nennen: *Y. Krumnacker*, Baumschutzsatzungen, in: Kerkmann (Hrsg.), Naturschutzrecht in der Praxis, 2. Aufl. 2010, § 10, S. 569 ff.; *C. Wienecke*, Natur- und Baumschutz in Deutschland, 2012; *A. Plietzsch*, Welche Zukunft haben kommunale Baumschutzsatzungen? Pro und Contra aus fachlicher Sicht, in: Roloff u. a. (Hrsg.), Aktuelle Fragen der Baumpflege, 2012, S. 119 ff.

[6] Eine Tendenz zur Aufhebung beklagt *Krumnacker* (o. Fußn. 5), Rdnr. 46. Ein älteres Beispiel (2001) ist die Universitätsstadt Gießen, ein jüngeres Beispiel die Stadt Duisburg, vgl. die Satzung der Stadt Duisburg v. 2.12.2015 über die Aufhebung der Satzung zum Schutz des Baumbestandes in der Stadt Duisburg (Baumschutzsatzung) v. 6.8.2001 und über die Aufhebung der Satzung über die Erhebung von Gebühren nach der Satzung zum Schutz des Baumbestandes in der Stadt Duisburg (Baumschutzgebührensatzung) vom 6.8.2001, Amtsblatt für die Stadt Duisburg Nr. 42/2015 vom 31.12.2015, S. 417.

[7] Sowohl in der Lehre (unter Einschluss der am Fachbereich Rechtswissenschaft der Justus-Liebig-Universität Gießen) wie in den meisten Lehrbüchern begegnet hier eine bedauerliche Leerstelle, vgl. *W. Erbguth/S. Schlacke*, Umweltrecht, 6. Aufl. 2016; *K. Hansmann/ D. Sellner i.A.d. AKUR* (Hrsg.), Grundzüge des Umweltrechts, 4. Aufl. 2012; *H.-J. Koch* (Hrsg.), Umweltrecht, 4. Aufl. 2013 (richtig aber *C. Maaß/P. Schütte*, Naturschutzrecht, a.a.O., § 7 Rdnr. 8: „Besondere Bedeutung für den Naturschutz nimmt der Wald ein, der etwa ein Drittel Europas bedeckt"); *R. Schmidt/W. Kahl/K. F. Gärditz*, Umweltrecht, 10. Aufl. 2017; bei *M. Kloepfer*, Umweltrecht, 4. Aufl. 2016, § 12 Rdnr. 568–598, *H.-J. Peters/Th. Hesselbarth/F. Peters*, Umweltrecht, 5. Aufl. 2016, Kap. 3, Rdnr. 384–416, sowie *R. Sparwasser/ R. Engel/A. Voßkuhle*, Umweltrecht, 5. Aufl. 2003, § 6 B, Rdnr. 301–325, wird das Waldrecht behandelt, allerdings jeweils auf wenigen Seiten und etwas anachronistisch als „Forstrecht" gefasst. Weil Wälder für Biodiversität und globalen Klimaschutz eine wichtige Rolle spielen können, sollte sich die Umweltrechtswissenschaft nicht nur mit den bestehenden Wäldern in Deutschland, sondern auch mit (noch) vorhandenen und mit (erst) zu schaffenden in anderen Kontinenten befassen.

[8] Exzellenter dichter Überblick über die rechtlichen Rahmenbedingungen des Baus von Windenergieanlagen: *A. Schmehl*, Rechtsfragen von Windenergieanlagen, Jura 2010, 832–841.

ist,⁹ in ihrer nichtforstlichen Funktion. Dabei muss es nicht um Individuen gehen; ein Schutz von Bäumen bestimmter Größen, Typen oder Arten ist ebenfalls „Baumschutz". Er richtet sich typischerweise auf Bäume im Innenbereich und zielt auf ihren Erhalt; begriffsnotwendig ist indes weder das eine noch das andere. Insbesondere Maßnahmen zur Anpflanzung von Bäumen auszuschließen, hieße, das Blickfeld von vornherein unnötig zu verengen.

Die Beantwortung der Frage nach zulässigen und sinnvollen Instrumenten kommunalen Baumschutzes setzt eine kurze Rekapitulation der möglichen Funktionen von Bäumen im Innenbereich voraus (II.). Die rechtlichen Möglichkeiten zur Verfolgung dieser Ziele sollen im darauffolgenden Schritt anhand einzelner Instrumente ausgelotet werden (III.).

II. Ökologische Bedeutung von Bäumen im Innenbereich

1. Stadtökologische Funktionen

Während Bäume in dem Umfang, in dem sie meist im Innenbereich vorkommen, auch in der Summe nur eine vernachlässigbare Bedeutung für das Makroklima haben, weisen sie luftfilternde und schadstoffauskämmende Wirkung auf; so soll ein Großbaum rund 100 kg Staub im Jahr binden können.¹⁰ Nach einem vielzitierten Beispiel liefert eine freistehende 100-jährige Buche mit einer Höhe von 25 m und einem Kronendurchmesser von 15 m mit einer Gesamtoberfläche (äußeren Blattfläche) von ca. 1600 m² durch Photosynthese pro Stunde 1,7 kg Sauerstoff bei einem Verbrauch von 2,35 kg CO_2 ; damit decke der Baum den Jahressauerstoffbedarf von 10 Menschen, wofür bei Fällung 2700 junge Bäume gepflanzt werden müssten.¹¹ Auch senken große Exemplare durch Beschattung und Transpirationskühlung die Lufttemperatur im Umfeld unter Umständen um mehrere Grad Celsius.¹² Mit Blick auf den globalen Temperaturanstieg und die auch in deutschen Städten zunehmend erfahrbare erhebliche Erhitzung während der Sommermonate¹³ handelt es sich hierbei um eine wichtiger werdende Funktion.¹⁴ Zusätzlich ist der Schattenwurf von Bedeutung – im Sommer meist positiv; im Einzelfall kann die Beschattung von Ge-

---

⁹ Ausgeklammert bleiben also „city trees", d.h. Begrünungselemente für den Straßenraum, die sich der Filterwirkung von Moosen bedienen.

¹⁰ *R. Zundel*, Bäume im ländlichen Siedlungsbereich, AID 1214/1994, S. 4.

¹¹ *A. Bernatzky*, Leben mit Bäumen, 1988, S. 44–50.

¹² *R. Stich/K.-W. Porger/G. Steinebach/A. Jacob*, Stadtökologie in Bebauungsplänen. Fachgrundlagen, Rechtsvorschriften, Festsetzungen, 1992, Rdnr. 48 f.; von bis zu 6 C spricht *Zundel* (o. Fußn. 10), S. 4.

¹³ Überblicksartig: *BMUB*, Handlungsempfehlungen für die Erstellung von Hitzeaktionsplänen zum Schutz der menschlichen Gesundheit, Version 1.0, Stand 24.3.2017, S. 7.

¹⁴ Vgl. *BMUB* (o. Fußn. 13), S. 18, 23. Insofern dürfte die zurückhaltende Einschätzung bei Stich u.a. (o. Fußn. 12), Rdnr. 58, gesundheitsfördernde Wirkungen könnten nur „bei flächenhaften Gehölzpflanzungen erwartet werden", zu modifizieren sein.

bäuden unerwünscht sein. Durch Windschutz können gebäudenahe Bepflanzungen den Wärme- und Energiebedarf erheblich senken,[15] was innerstädtisch allerdings weniger gelten dürfte als im Außenbereich. Dagegen fallen Rückwirkungen auf den Wasserhaushalt – sofern sie überhaupt positiv sind[16] – nicht ins Gewicht. Bäume können dagegen als Trittsteinbiotope im Rahmen der Vernetzung von Biotopen die Biodiversität in den Städten stärken. In der Regel werden allerdings nur „Allerweltsarten" gefördert.[17] Im Einzelnen kommt es nicht zuletzt auf Alter und Gesundheit der einzelnen Bäume an; alte und vitale Baumbestände können eine biologisch wertvolle Nahumgebung darstellen.[18] Eine wirksame Lärmminderung kann erst durch „dichtbestockte, gestaffelte und sehr breite Gehölzpflanzungen erzielt werden", unterhalb dieser Schwelle ist „ein optisch und psychologisch wirksamer Abstand zu Lärmquellen erzielbar".[19]

2. Sonstige Funktionen

Im Vergleich zu Waldflächen haben Bäume im Innenbereich eine geringe Bedeutung für das Makroklima (als Kohlenstoffsenken). Gesellschaftlich wichtig und von der Rechtsordnung nicht zu ignorieren sind – jenseits besonderer affektiver Dimensionen („Mein Freund, der Baum"[20]) – weitere Funktionen urbaner Baumbestände, insbesondere ihre gestalterischen Funktionen, die sich durchaus auch in erhöhten Grundstücks- und Immobilienpreisen für durchgrünte Parzellen niederschlagen können[21] („Bäume sind Visitenkarten"[22]), und ihre Erholungsfunktion,[23] ferner eine Schutzfunktion für Gebäude.[24] Neben den Funktionen (erwünschten und bezweckten Wirkungen) dürfen natürlich die unerwünschten Wirkungen und dadurch entstehende Konflikte nicht unerwähnt bleiben, so durch Fall von Blütenresten und Laub,

---

[15] *Stich* u. a. (o. Fußn. 12), Rdnr. 56.

[16] Zu kontraproduktiven Effekten *Stich* u. a. (o. Fußn. 12), Rdnr. 47.

[17] *Stich* u. a. (o. Fußn. 12), Rdnr. 51.

[18] *Stich* u. a. (o. Fußn. 12), Rdnr. 51 unter Hinweis auf Durchwurzelung, Pilzbewuchs und Bodenlebewesen.

[19] Beide Zitate: *Stich* u. a. (o. Fußn. 12), Rdnr. 49.

[20] Exemplarisch für ein bundesrepublikanisches Lebensgefühl: *Alexandra* (Doris Treitz), Mein Freund, der Baum (1968); eindrucksvolle Verlustbeschreibung aus der Gegenwart: *M. Mosebach*, Was davor geschah, 2010, S. 5–11.

[21] Vgl. *Stich* u. a. (o. Fußn. 12), Rdnr. 55; dem stehen häufig die Interessen von Investoren bzw. Bauherren an möglichst hoher Ausnutzung der zur Verfügung stehenden Fläche für die Gebäude entgegen.

[22] *Zundel* (o. Fußn. 10), S. 4.

[23] *Stich* u. a. (o. Fußn. 12), Rdnr. 52.

[24] So jedenfalls der werbende Hinweis in einer Pressemitteilung des Umweltamts der Universitätsstadt Gießen („Was nicht jeder weiß, ist, dass vor allem Großbäume Dächer und Gebäude bei Sturm schützen, weil sie die Energie der gefährlichen Böen aufnehmen.", https://www.giessen.de/index.phtml?object=tx|1894.232&FID=684.15122.1&mNavID=1894.6&sNavID=1894.87&La=1, 26.2.2018); zu kommunaler Öffentlichkeitsarbeit s. u. III. 3.).

Schäden durch Wurzelwachstum, Gefahren durch Windbruch, Sturmschäden u. a.[25] Bäume sind Quelle von Freude wie von Sorge und Haftung.

3. Zwischenergebnis

Kommunaler Baumschutz – im weiten Sinne als Bemühen um Erhaltung *und Pflanzung* von Bäumen im Innenbereich – kann aufgrund der verschiedenen ökologischen Funktionen innerörtlicher Baumbestände als Feld und Aufgabe des lokalen Umweltschutzes gesehen werden. Es handelt sich – wie die Aufhebung von Baumschutzsatzungen indiziert – um ein konfliktreiches und mühseliges Feld; ein Grund mehr, das Thema wiederaufzugreifen. Hierfür sollen die wichtigsten Instrumente, verschiedene Norm-, insbesondere Satzungstypen,[26] betrachtet werden, die als Baumschutzsatzungen im engen und weiteren Sinne bezeichnet werden können.

III. Instrumente

1. Eingriffssatzungen

a) Naturschutzrechtliche Satzungen (Baumschutzsatzungen i. e. S.)

Die kommunalen Baumschutzsatzungen und Baumschutzverordnungen der Bundesrepublik haben viele Vorläufer, mindestens in den letzten viereinhalb Jahrhunderten,[27] wobei bei näherer Analyse kultische, ressourcenbezogene und (natur-)denkmalschützerische Vorstellungen zu unterscheiden wären. Für die Zeit nach dem Zweiten Weltkrieg wird die auf der Basis der §§ 5, 7 Abs. 1 und Abs. 2, 19 RNatSchG erlassene Hamburgische Baumschutzverordnung 1948[28] genannt,[29] die in § 2 das Entfernen von Bäumen generell verbot, in § 3 die Unanwendbarkeit auf bestimmte Bäume – insbesondere Obstbäume sowie „Einzelbäume unter 25 cm Brusthöhendurchmesser (130 cm über dem Boden gemessen)" – normierte und in § 4 die Möglichkeit der Befreiung durch das Naturschutzamt vorsah; diese Norm gilt im Kern unverändert bis heute.[30] Berlin zog 1961, Bremen 1966 nach; die Flächenstaaten normierten seit den 1970er Jahren in ihren Naturschutzgesetzen oder – worauf zurück-

---

[25] *Stich* u. a. (o. Fußn. 12), Rdnr. 57.

[26] Damit sollen die föderalen Unterschiede nicht eingeebnet werden; so steht in Bayern das Instrument der kommunalen Rechtsverordnung nach Art. 12 Abs. 1 Satz 1 HS 1 i.V.m. Art. 51 Abs. 1 Nr. 5 lit. a BayNatSchG bereit. Hinsichtlich des Landesrechts wird der Schwerpunkt im Folgenden auf Hessen und Hamburg gelegt – die beiden Bundesländer, die *Arndt Schmehls* Weg am stärksten geprägt haben.

[27] Beispiele bei *Günther*, Baumschutzrecht (o. Fußn. 5), Rdnr. 6.

[28] Verordnung zum Schutze des Baumbestandes und der Hecken in der Hansestadt Hamburg (Baumschutzverordnung) v. 17. 9. 1948, GVBl. S. 103 f.

[29] *Günther*, Baumschutzrecht (o. Fußn. 5), Rdnr. 8.

[30] Ihre Nichtigkeit annehmend *J. Kahrmann*, Die Hamburgische Baumschutzverordnung, NordÖR 2012, 269 ff.

zukommen sein wird – Bauordnungen Rechtsgrundlagen für den Erlass örtlicher Vorschriften über den Baumschutz.[31]

Den Gegenpol zur stabilen Rechtslage in Hamburg bildet Hessen: Sah § 29 Abs. 3 HBO 1957[32] die Möglichkeit vor, durch „Bausatzung" der Gemeinden „besondere Anforderungen an die Gestaltung der Bauwerke und Vorgärten" zu stellen, eine Regelung, die 1966 modifiziert fortgeschrieben wurde,[33] enthielt das – durchaus fortschrittliche[34] – hessische Landschaftspflegegesetz 1973[35] noch keine Ermächtigung zum kommunalen Baumschutz. Unter der Rahmenregelung des § 18 BNatSchG 1976/§ 29 BNatSchG a.F. konnten die Länder Vorschriften zur rechtsverbindlichen Festlegung geschützter Landschaftsbestandteile erlassen; die Unterschutzstellung von Bäumen als geschützten Landschaftsbestandteilen konnte in Hessen durch Rechtsverordnung der unteren Naturschutzbehörde erfolgen (§§ 15 f. HENatG 1980[36]). Seit 1990 sah § 118 Abs. 2 Nr. 1 HBO 1990 im Rahmen der Norm über örtlichen Bauvorschriften („Satzungen der Gemeinden") eine detaillierte Ermächtigung für Baumschutzsatzungen vor.[37] Das HENatG 1996[38] übernahm diese Regelung in seinem § 26 („Baumschutzsatzung").[39] Die Fassung von 2002 enthielt eine deutliche Restriktion und forderte die Aufhebung mit den neuen Anforderungen nicht konfor-

---

[31] *Günther*, Baumschutzrecht (o. Fußn. 5), Rdnr. 8. Auf die neben den Bebauungsplänen (im Text sub b)) durchaus nach wie vor relevanten örtlichen Bauvorschriften ist gleich eigens zurückzukommen (c)).

[32] Hessische Bauordnung v. 9.7.1957, GVBl. I S. 101.

[33] § 29 Abs. 4 HBO i. d. F. d. Gesetzes zur Änderung der Hessischen Bauordnung und des Bauaufsichtsgesetzes v. 4.7.1966, GVBl. I 1966 S. 171: „Die Gemeinden können durch Satzung besondere Anforderungen an die äußere Gestaltung der Bauwerke, der Bauteile und des Bauzubehöres, der Lager-, Abstell- und Ausstellungsplätze sowie der Vorgärten stellen, soweit dies zur Durchführung bestimmter gestalterischer Absichten oder zum Schutze bestimmter Bauwerke, Straßen, Plätze oder Ortsteile von geschichtlicher, baugeschichtlicher, künstlerischer oder städtebaulicher Bedeutung oder zum Schutze von Naturdenkmalen erforderlich ist."

[34] Einführung der naturschutzrechtlichen Eingriffsregelung (§ 4), hierzu *N. Franke/HMUELV*, Die Geschichte des Naturschutzes in Hessen, 2013, S. 169.

[35] Hessisches Landschaftspflegegesetz v. 4.4.1973, GVBl. I S. 126.

[36] Hessisches Gesetz über Naturschutz und Landschaftspflege v. 19.9.1980, GVBl. I S. 309.

[37] „Die Gemeinden können ferner durch Satzung bestimmen, daß […] 2. die Beseitigung von Bäumen ihrer Genehmigung bedarf; dies gilt nicht für Bäume bis zu 60 cm Stammumfang, gemessen in 1 m Höhe, außer sie sind Teil einer Baumgruppe mit überwiegend größerem Stammumfang, für Obstbäume und für Baumbestände in Gärtnereien, öffentlichen Grünanlagen und Friedhöfen; die Voraussetzungen für die Versagung der Genehmigung sind in der Satzung festzulegen […]".

[38] Bekanntmachung der Neufassung des Hessischen Naturschutzgesetzes v. 16.4.1996, GVBl. I S. 145.

[39] Ergänzt wurde lediglich der Passus: „Die Satzung kann außerdem Ersatzpflanzungen in bestimmter Art und Größe oder, wenn Ersatzpflanzungen nicht möglich sind, Ausgleichszahlungen vorschreiben", § 26 S. 3 HeNatG.

mer Satzungen.⁴⁰ § 30 HENatG 2006 veränderte und verlängerte die Regelung erneut;⁴¹ sie dürfte als neuerliche Restriktion zu lesen gewesen sein⁴² (und zwar insbesondere in gegenständlicher und räumlicher Hinsicht: „Beseitigung von einzelnen Grünbeständen in bestimmten Bereichen der im Zusammenhang bebauten Ortsteile"). Das geltende hessische Ausführungsgesetz zum BNatSchG kennt keine derartige Regelung mehr, sondern enthält nur eine den § 29 BNatSchG konkretisierende Vorschrift. Nach § 29 Abs. 1 Satz 1 BNatSchG können rechtsverbindlich festgesetzt werden

„Teile von Natur und Landschaft, deren besonderer Schutz erforderlich ist
1. zur Erhaltung, Entwicklung oder Wiederherstellung der Leistungs- und Funktionsfähigkeit des Naturhaushalts,
2. zur Belebung, Gliederung oder Pflege des Orts- oder Landschaftsbildes,
3. zur Abwehr schädlicher Einwirkungen oder
4. wegen ihrer Bedeutung als Lebensstätten bestimmter wild lebender Tier- und Pflanzenarten.

Der Schutz kann sich für den Bereich eines Landes oder für Teile des Landes auf den gesamten Bestand an Alleen, einseitigen Baumreihen, Bäumen, Hecken oder anderen Landschaftsbestandteilen erstrecken."

Nach § 12 Abs. 1 Satz 2 HAGBNatSchG 2010 erfolgt die Erklärung solcher geschützter Landschaftsbestandteile nach § 29 Abs. 1 Sätze 1, 2 BNatSchG innerhalb der im Zusammenhang bebauten Ortsteile durch Satzung, worin keine Veränderung gegenüber der seit 2006 bestehenden Rechtslage zu sehen sein soll.⁴³ Alte Rechtsver-

---

⁴⁰ „Die Gemeinden können durch Satzung bestimmen, dass die Beseitigung von Grünbeständen im baurechtlichen Innenbereich ihrer Genehmigung bedarf, wenn der Charakter eines Gebietes oder Bestandes besonderen Schutz erfordert. Ausgenommen hiervon sind die Schutzgegenstände im Sinne des § 11. Die Satzung kann weiter bestimmen, dass Ausgleich und Ersatz, auch in Geld, geleistet werden müssen. Die Voraussetzungen für die Versagung der Genehmigung sind festzulegen. Die Beteiligung betroffener Bürger bei Unterschutzstellung von Gebieten erfolgt analog § 3 Baugesetzbuch. Bei Eingriffen im Sinne von § 5 finden die Vorschriften des Dritten Abschnitts keine Anwendung, soweit die Satzung entsprechende Regelungen enthält. Kommunale Satzungen über Grünbestände, die diese Voraussetzungen nicht erfüllen, sind bis zum 31. Dezember 2003 aufzuheben."

⁴¹ „Die Gemeinden können durch Satzung bestimmen, dass die Beseitigung von einzelnen Grünbeständen in bestimmten Bereichen der im Zusammenhang bebauten Ortsteile ihrer Genehmigung bedarf. Ein Grünbestand darf unter diesen Schutz gestellt werden, wenn dies zur Belebung, Gliederung oder Pflege des Ortsbildes, angesichts der besonderen Eigenschaften des Bestandes, insbesondere wegen dessen geschichtlicher, kultureller oder naturschutzfachlicher Bedeutung erforderlich ist. Die Belange der betroffenen Eigentümer und Nutzungsberechtigten sind zu berücksichtigen. Die Satzung kann weiter bestimmen, dass Ausgleich und Ersatz, auch in Geld, geleistet werden müssen. Die Voraussetzungen für die Versagung der Genehmigung sind festzulegen. Vor Beschluss der Satzung sind die von der Unterschutzstellung in den jeweiligen Bereichen der Gemeinde Betroffenen in entsprechender Anwendung des § 3 des Baugesetzbuchs zu beteiligen."

⁴² Unklar insoweit *M. Baum*, Das Hessische Ausführungsgesetz zum Bundesnaturschutzgesetz, LKRZ 2011, 401 (405).

⁴³ *Baum* (o. Fußn. 42), LKRZ 2011, 401 (405).

ordnungen und Satzungen gelten fort (§ 32 Abs. 1, 3 HAGBNatSchG). Für den Erlass neuer Baumschutzsatzungen gilt zum Verfahren die Mindestregelung nach § 12 Abs. 3 Satz 1 HAGBNatSchG bzw. das weitergehende Reglement der HGO (§ 12 Abs. 3 Satz 2 HAGBNatSchG). Materiellrechtlich kommen je nach örtlicher Situation und Motivation des Satzunggebers jede der Alternativen des § 29 Abs. 1 Satz 1 Nr. 1–4 BNatSchG in Frage; problematisch ist jeweils die – wohl nur eingeschränkt gerichtlich überprüfbare[44] – Erforderlichkeit. Erforderlich ist der Schutz, wenn die Schutzgegenstände schutzwürdig und schutzbedürftig sind,[45] keineswegs erst, wenn Maßnahmen unabweislich oder gar zwingend geboten sind.[46] Schutz impliziert das Verbot der Beeinträchtigung und Beseitigung, umfasst aber – von Ausnahmen abgesehen – keine positiven Handlungspflichten (Baumpflege oder gar Baumpflanzung).

Während hier viele Unklarheiten im Detail durch Rechtsprechung und Literatur geklärt sind, bestehen in fundamentalen Fragen Zweifel. So ist das Verhältnis von Baumschutz nach § 29 BNatSchG zur naturschutzrechtlichen Eingriffsregelung erstaunlich unklar. Nach einer Auffassung kann die Eingriffsregelung zur Anwendung kommen und kommunale Baumschutzsatzungen ersetzen.[47] Nach einer anderen Auffassung ist zu differenzieren: Die Fällung einzelner Bäume auch im Innenbereich richte sich – außerhalb von Bauvorhaben (vgl. § 18 Abs. 2 Satz 1 BNatSchG: „Vorhaben") – nach der Eingriffsregelung und könne je nach den Umständen des Einzelfalls einen Eingriff darstellen.[48] Auch dem ist allerdings zu widersprechen. Gegenstand der Eingriffsregelung sind „Veränderungen der Gestalt oder Nutzung von Grundflächen oder Veränderungen des mit der belebten Bodenschicht in Verbindung stehenden Grundwasserspiegels, die die Leistungs- und Funktionsfähigkeit des Naturhaushalts oder das Landschaftsbild erheblich beeinträchtigen können" (§ 14 Abs. 1 BNatSchG). Der Gesetzgeber wollte damit „einer weiteren Zunahme von Landschaftsschäden entgegenwirken";[49] viel spricht dafür, dass mit dem hier gebrauchten Begriff der „Landschaft" nicht mehr die Umwelt insgesamt, sondern – in Ausdifferenzierung des Sprachgebrauchs der 1950er und 60er Jahre[50] – ein spezifischer Aspekt aus ihr gemeint war. Das legt auch ein Blick auf die Beispiele nahe, die

---

[44] Für einen Einschätzungsspielraum der Behörde hinsichtlich der Schutzbedürftigkeit *E. Gassner/M. Heugel*, Das neue Naturschutzrecht, 2010, Rdnr. 395.

[45] Näher *O. Hendrischke*, in: Schlacke (Hrsg.), GK-BNatSchG, 2. Aufl. 2017, § 20 Rdnr. 34 ff.

[46] BVerwG, Urt. v. 5.2.2009, 7 CN 1.08, NVwZ 2009, 719 (721).

[47] *Th. Schröer*, Kommunale Baumschutzsatzungen vor dem Aus, NZBau 2010, 98 (99 f.).

[48] *H. W. Louis*, Der Schutz von Einzelbäumen im Innenbereich durch die Eingriffsregelung, DVBl. 2017, 823 (825); ähnlich *R. Hilsberg*, Fällgenehmigung auch bei nicht geschütztem Baum?, Baumzeitung 3/2017, 40 (41 f.); aus baumfachlicher Perspektive wohl auch *Zundel* (o. Fußn. 10), S. 24.

[49] BT-Drs. 7/3879, S. 22, vgl. ferner S. 23; zur gesetzgeberischen Absicht der Beibehaltung des Eingriffstatbestands im BNatSchG 2010 s. vorige Fußnote.

[50] Vgl. hierzu *F. Reimer*, Umweltrecht avant la lettre, UTR 2017, S. 79 (87 ff.).

der Gesetzgeber angeführt hat:[51] Es handelt sich stets um flächenhafte Eingriffe. Soweit ersichtlich, findet sich nirgendwo das Beispiel der Fällung einzelner Bäume oder anderer punktueller Maßnahmen.[52] Die Veränderung muss mit anderen Worten für das Landschaftsbild – von dem auch § 15 Abs. 2 BNatSchG hartnäckig spricht[53] – relevant sein können; und dieses Landschaftsbild ist vom Ortsbild zu unterscheiden.[54] Sieht man dies (mit der wohl h.M.) anders, so stellt sich die Frage nach der Erheblichkeit der Beeinträchtigung von Landschaftsbild oder von Leistungs- und Funktionsfähigkeit des Naturhaushalts (§ 14 Abs. 1 HS 2 BNatSchG). Lassen sich Landschaftsbild und Naturhaushalt wirklich kleinräumig beurteilen? Was sind die Erheblichkeitsmaßstäbe? Wollte der Gesetzgeber den Rechtsanwendern bei jedem einzelnen Baum wirklich die Unschärfe des Begriffs der Erheblichkeit und die korrespondierende Verfahrenspflicht (§ 17 Abs. 3 BNatSchG) aufbürden? Im Ergebnis würde die Eingriffsregelung deutlich mehr als einen flächendeckenden „Mindestschutz"[55] bieten, wenn sie schon bei der Beseitigung einzelner Exemplare zur Anwendung käme. Unabhängig von der Erheblichkeitsklausel stellen objektbezogene Veränderungen – wie die Fällung eines einzelnen Baumes – damit in der Regel keine (terminologisch zu verstehenden) „Veränderungen der Gestalt … von Grundflächen" dar. Insofern kommt es nach wie vor entscheidend auf Vorliegen und Ausgestaltung kommunaler Baumschutzsatzungen an – seien sie (wie skizziert) auf Naturschutzrecht, seien sie (wie sogleich zu skizzieren) auf Bauplanungs- oder Bauordnungsrecht gestützt. Die Wirksamkeit kommunaler Baumschutzsatzungen zu beurteilen, fällt allerdings außerordentlich schwer. Zum Teil wird sie unter Hinweis auf den geringen Anteil an Versagungsentscheidungen an allen Anträgen auf Fällungen (Angaben bewegen sich im Feld von 10% bis 20%[56]) bezweifelt;[57] allerdings darf

---

[51] Bericht des Ausschusses für Ernährung, Landwirtschaft und Forsten v. 21.5.1976, BT-Drs. 7/5251, S. 9: „Einwirkungen auf Natur und Landschaft durch den Tage-Bergbau, den Abbau von Sand und Kies, Ton, Steinen und Torf sowie andere bergrechtliche Mineralien, die Aufschüttung von Abraum und die Ablagerung von Abfällen, aber auch bauliche Anlagen in der freien Landschaft können die Leistungsfähigkeit des Naturhaushaltes empfindlich schädigen, das Landschaftsbild zerstören und den Erholungswert von Natur und Landschaft beeinträchtigen.".

[52] Auch § 2 Abs. 6 BNatSchG, der „Freiräume" zum Gegenstand hat und in diesem Zusammenhang die Erhaltung von Bäumen erwähnt, könnte dafür sprechen, dass das Gesetz Bäume in Abwesenheit einer besonderen Unterschutzstellung als Bestandteile von Freiräumen, nicht für sich selbst (als Objekte) erhalten will.

[53] Satz 2: „Landschaftsbild landschaftsgerecht wiederhergestellt", Satz 3: „Landschaftsbild landschaftsgerecht neu gestaltet".

[54] § 29 Abs. 1 Satz 1 Nr. 2 BNatSchG: „Belebung, Gliederung oder Pflege des Orts- oder Landschaftsbildes".

[55] So von Anfang an die gesetzgeberische Konzeption, vgl. BT-Drs. 7/3879, S. 17.

[56] Für die Stadt Kassel im Jahre 2010 etwa 10%: *M. Ruhr-Lotze*, Baumschutzsatzung. Baumschutz mit Tradition, Naturschutz in Kassel, Heft 11 (2012), 24 (26); im Rahmen einer früheren bundesweiten Studie 20%: *H.-J. Schulz*, Effizienz von Baumschutzsatzungen – Ergebnisse einer bundesweiten Umfrage, Jahrbuch der Baumpflege 2002, 172 (182 f.).

darüber die mögliche Präventivwirkung einer Baumschutzsatzung nicht übersehen werden, die zu einem Antrags- und Fällverzicht führen kann.[58] Auch hat sich die Befürchtung, Baumschutzsatzungen seien im Saldo kontraproduktiv, weil Bäume häufig gefällt würden, bevor sie in Baumschutzsatzungen hereinwüchsen, jedenfalls nicht erhärtet.[59]

b) Bebauungspläne

Bebauungspläne konnten bereits nach § 9 Abs. 1 Nr. 15, 16 BBauG und können nun nach § 9 Abs. 1 Nr. 25 BauGB baumschützende Festsetzungen enthalten. Nach letzterer Norm kann

> „für einzelne Flächen oder für ein Bebauungsplangebiet oder Teile davon sowie für Teile baulicher Anlagen mit Ausnahme der für landwirtschaftliche Nutzungen oder Wald festgesetzten Flächen
>
> a) das Anpflanzen von Bäumen, Sträuchern und sonstigen Bepflanzungen,
> b) Bindungen für Bepflanzungen und für die Erhaltung von Bäumen, Sträuchern und sonstigen Bepflanzungen [...]" festgesetzt werden.

Damit kann die Gemeinde „auch das Anpflanzen bestimmter Arten von Bäumen, Sträuchern und sonstiger Pflanzen sowie auch ein bestimmtes Mischungsverhältnis und eine bestimmte Dichte der Anpflanzung" vorsehen,[60] und zwar nicht nur im Wege der Überlagerung, sondern auch als selbständige Festsetzung.[61] Hiermit können in dem weiten Rahmen der städtebaulichen Belange selbstverständlich auch Ziele des Umweltschutzes verfolgt werden;[62] es besteht kein Vorrangverhältnis zwischen naturschutzrechtlichen und baurechtliche Satzungen.[63] Unzulässig sind – außer möglicherweise in Grenzfällen – gemeindeweite Festsetzungen.[64] Baumschutz durch Bebauungsplan ist also einerseits ein kleinteiliges, mühseliges Geschäft, gibt andererseits mit der Möglichkeit von Pflanzgeboten (die nach § 178 BauGB durchgesetzt werden können) eine Möglichkeit zu vorausschauendem Agieren, die naturschutzrechtliche Baumschutzsatzungen nicht bieten. Bebauungspläne müssen nicht

---

[57] So in Zusammenschau mit anderen Daten (etwa: Verzicht auf Auflagen bei 25 % aller genehmigten Fällungen) *Plietzsch* (o. Fußn. 5), S. 119 (127).

[58] Vgl. *Ruhr-Lotze* (o. Fußn. 56), S. 26.

[59] *Schulz* (o. Fußn. 56), 172 (178 ff.).

[60] BVerwG, Beschl. v. 24.4.1991, 4 NB 24/90, NVwZ 1991, 877 (878).

[61] BVerwG, Beschl. v. 24.4.1991, 4 NB 24/90, NVwZ 1991, 877 (877), dagegen *Gierke*, in: Brügelmann, BauGB, § 9 Rdnr. 473.

[62] Nochmals BVerwG, Beschl. v. 24.4.1991, 4 NB 24/90, NVwZ 1991, 877 (878); näher und differenzierend *W. Söfker*, in: Ernst/Zinkahn/Bielenberg/Krautzberger (Begr.), BauGB, § 9 (2017) Rdnr. 218.

[63] *B. U. Walsch*, Umweltschutz durch örtliche Bauvorschriften, 2016, S. 599.

[64] *S. Mitschang/O. Reidt*, in: Battis/Krautzberger/Löhr (Begr.), BauGB, 13. Aufl. 2016, § 9 Rdnr. 151; zur Unzulässigkeit eines „Begrünungsplans" für alle beplanten Gebiete einer Gemeinde BVerwGE 50, 114 (119 ff.).

bei Baum*schutz* stehenbleiben, sondern können auch auf Baum*mehrung* zielen. Konsequent genutzt, kann mit Bebauungsplänen daher vorausschauender, zukunftsgerichteter Umweltschutz durch Stadtbäume (Baumschutz i.w.S.) betrieben werden: durch Kumulation der Erhaltung bestehender (lit. b) und der Pflanzung neuer Bäume (lit. a). Eine Festsetzung zu „Bindungen [...] für die Erhaltung von Bäumen" (lit. b) kann dabei über ein Beeinträchtigungs- und Beseitigungsverbot hinausgehen und die Pflicht zu zumutbaren aktiven Erhaltungsmaßnahmen umfassen (etwa mit der Formulierung „sind fachgerecht zu pflegen"[65]). Auch können für den Fall notwendiger Fällungen Vorgaben für Ersatzanpflanzungen getroffen werden. Der Verzicht auf eine solche ausdrückliche „Nachpflanzfestsetzung" schließt eine ergänzende Auslegung des Bebauungsplans nicht aus[66] und schließt ebenfalls nicht aus, dass die Behörde eine möglicherweise notwendige Befreiung (s. u.) unter der Bedingung oder mit der Auflage einer Ersatzpflanzung erteilt.

Angesichts des Investitionsvolumens für Bauvorhaben wird eine Festsetzung von Anpflanzung und Erhaltung – zumal mit der Entschädigungsmöglichkeit des § 41 Abs. 2 BauGB – kaum je an Verhältnismäßigkeitserwägungen scheitern. Für eine solche Festsetzungspraxis sprechen die eingangs erwähnten vielfältigen (durchaus nicht nur ökologischen) Funktionen von Stadtbäumen. Eine Rechtspflicht zur Festsetzung – aus den landesverfassungsrechtlichen Präambeln (Abs. 6 der Präambel der Verfassung der Freien und Hansestadt Hamburg) bzw. Staatszielbestimmungen Umweltschutz (wie Art. 26a HV) dürfte angesichts der vielfältigen konfligierenden Verfassungsbelange und des resultierenden weiten Ermessens des Satzunggebers nur in Ausnahmefällen bestehen. In Zeiten von Klimawandel und Hitzeaktionsplanung läge angesichts der mikroökologischen und gesundheitsfördernden Effekte von Stadtbäumen aber ein Ermessensfehler in aller Regel darin, die Festsetzungsmöglichkeit nach § 9 Abs. 1 Nr. 25 BauGB nicht ernsthaft zu prüfen. Die Pflicht zur Prüfung solcher Anpflanzungs- und Erhaltungsgebote lässt sich mangels subjektiver Rechtspositionen selten durch verwaltungsgerichtlichen Rechtsschutz, Bewusstsein und politischen Willen vorausgesetzt wohl aber durch kommunalaufsichtliches Einschreiten effektuieren; vor allem sollte man sie bei der Aufstellung der Bebauungspläne politisch fordern.

Aber auch bei baumschützenden Festsetzungen in Bebauungsplänen liegen zentrale Probleme (natürlich) im Vollzug. Umweltrechtliche Normen sind ohne Bereitschaft zur Umsetzung, ja zur Verteidigung in der Praxis wirkungslos. Für § 9 Abs. 1 Nr. 25 BauGB macht der Gesetzgeber durch Normierung der Ermächtigungsgrundlage für ein Pflanzgebot in § 178 BauGB und eines Ordnungswidrigkeitentatbestands in § 213 Abs. 1 Nr. 3 BauGB (mit einem Bußgeldrahmen bis zu 10.000 €, Abs. 3

---

[65] Hierin wird man einen impliziten Verweis auf die allgemeinen fachlichen Standards sowie die DIN 18920 „Schutz von Bäumen, Pflanzbeständen und Vegetationsflächen bei Baumaßnahmen" und die Richtlinie für die Anlage von Straßen, Teil Landschaftspflege, Abschnitt 4 „Schutz von Bäumen, Vegetationsbeständen und Tieren bei Baumaßnahmen" (RAS-LP4) sehen können.

[66] BVerwG, Urt. v. 8.10.2014 – 4 C 30/13, NVwZ 2015, 159 (160).

Var. 3) Ernst. Was gilt nun, wenn ein Investor die zur Erhaltung festgesetzte Reihe alter Laubbäume im Rahmen des Bauvorgangs beseitigen will – sei es, weil die Bäume krank, sei es, weil sie lästig sind?[67] Die Antwort hängt in erster Linie von der konkreten Festsetzung ab. Sie kann in materieller Hinsicht eine Fällung für bestimmte Fälle und gegen eine Ersatzpflanzung erlauben;[68] in formeller Hinsicht könnte die Fällung eine behördliche Befreiung erfordern. Auf diese Fragen hin ist die Festsetzung unter Heranziehung des gesamten Bebauungsplans und der Begründung auszulegen. Verneint man ein Verfahrenserfordernis, bestünde gewissermaßen eine eigenständige Austauschbefugnis (jedenfalls eine unkontrollierte Austauschmöglichkeit) des Verpflichteten. Dafür spricht die Vermeidung von Verwaltungsaufwand. Dagegen spricht, dass die Behörde damit das weitere Schicksal der Bepflanzung aus der Hand gäbe und dass die Verwirklichung der Primärfestsetzung leerlaufen könnte. Im Zweifel sollte daher vom Verfahrenserfordernis ausgegangen werden; eine Ausnahme kann für Fälle der Gefahr im Verzug gemacht werden.[69] Materiellrechtlich setzt die Rechtmäßigkeit der Befreiung eine Befreiungslage nach § 31 Abs. 2 BauGB voraus. In Betracht kommt unter den drei Varianten des § 31 Abs. 2 BauGB regelmäßig nur die offenbar nicht beabsichtigte Härte; sie ist zu bejahen, wenn die Verkehrssicherungspflichten in zumutbarer Weise nur durch eine Beseitigung des Baums (bei anschließender Ersatzanpflanzung) erfüllt werden können.[70] Grundzüge der Planung i.S.d. § 31 Abs. 2 vor Nr. 1 BauGB dürften durch eine Beseitigung – bei anschließender Ersatzanpflanzung – in der Regel nicht berührt werden. Ob die Abweichung auch unter Würdigung nachbarlicher Interessen mit den öffentlichen Belangen vereinbar ist (§ 31 Abs. 2 BauGB a.E.), hängt auch von den Funktionen ab, die die Festsetzung im konkreten Kontext hat. Ist der Tatbestand des § 31 Abs. 2 BauGB erfüllt, so muss die Baubehörde ihr Ermessen unter Berücksichtigung aller konfligierender und konvergierender Belange ausüben. Hierzu zählen die einschlägigen Staatszielbestimmungen und Grundrechte sowie – eine Stufe konkreter – die betroffenen städtebaulichen Belange nach §§ 1, 1a BauGB. Formellrechtlich setzt die Rechtmäßigkeit der Befreiung einen Befreiungsantrag des Verpflichteten voraus. Anforderungen und Verfahren richten sich nach Landesrecht. Im Falle Hessen bedarf der Antrag nach § 73 Abs. 2 HBO der Schriftform (Satz 1) und der Begründung (Satz 2). Die Befreiung ist zu begründen, wenn die Befreiungsvorschrift nachbarschützend ist.

---

[67] Szenario orientiert an einem Gießener Fall, zusammenfassend Gießener Allgemeine Zeitung v. 25.2.2016.

[68] Formulierung im Gießener Beispiel des Bebauungsplans Nr. GI 03/16 „Bergkaserne III", Zf. 5.6: „Zum Erhalt festgesetzte Bäume, Sträucher und sonstige Bepflanzungen sind fachgerecht zu pflegen und bei Ausfällen zu ersetzen. Insbesondere sind während der Bauarbeiten jegliche Beeinträchtigungen zu vermeiden."

[69] So für den Gießener Fall (o. Fußn. 67 f.) *F. Petersen*, IDUR-Schnellbrief 190, 33.

[70] Als Faustregel aus baumfachlicher Sicht bei *Zundel* (o. Fußn. 10): „vorgegebene ‚Sachzwänge' zur Opferung von Bäumen sind viel seltener gegen als gemeinhin behauptet wird."

c) Örtliche Bauvorschriften

Ganz im Schatten der Bebauungspläne stehen die örtlichen Bauvorschriften, d. h. die Gestaltungssatzungen nach Bauordnungsrecht. Sie können nach der Ermächtigung in § 9 Abs. 4 BauGB in vielen Ländern als „integrierte" örtliche Bauvorschriften in die Bebauungspläne aufgenommen werden. Die zulässigen Gegenstände richten sich nach den Enumerationen in den Landesbauordnungen, die hier sehr unterschiedliche Regelungen bereithalten. Explizite Ermächtigungen zum Baumschutz sehen Art. 81 Abs. 1 Nr. 7 BayBO[71] sowie § 88 Abs. 1 Nr. 7 rh.-pf. LBauO[72] vor.[73] Die anderen Länder sind insoweit weniger ausdrücklich; so erlaubt § 91 Abs. 1 Satz 1 Nr. 5 HBO nur Vorschriften über die „Bepflanzung der Grundstücksfreiflächen"; allerdings sind auf dieser Grundlage detaillierte Vorgaben durch Pflanzlisten wie i.R.v. § 9 Abs. 1 Nr. 25 BauGB zulässig; beide Vorschriften stehen nebeneinander.[74] Ein entscheidender Unterschied dürfte sein, dass die Festsetzungen des Bebauungsplans nach § 9 Abs. 1 Nr. 25 BauGB „für einzelne Flächen oder für ein Bebauungsplangebiet oder Teile davon" gelten, die Vorgaben der örtlichen Bauvorschriften nach § 91 Abs. 1 Satz 1 Nr. 5 HBO dagegen nicht räumlich eingegrenzt sind. Am anderen Ende der Skala steht das Hamburgische Bauordnungsrecht: Die Rechtsverordnungsermächtigung des § 81 HBauO bietet keinerlei Rechtsgrundlage für Baumschutz oder Baummehrung. Insgesamt wird man den örtlichen Bauvorschriften kein Unrecht tun, wenn man ihnen trotz spektakulärer Versuche des Wachküssens[75] derzeit noch einen ökologischen Dornröschenschlaf attestiert.

2. Leistungssatzungen

Neben den Eingriffssatzungen sind selbstverständlich Leistungssatzungen denkbar. Als Beispiel kann die im Jahre 2016 in Kraft getretene Gießener „Satzung zur Verbesserung von Stadtklima und -ökologie durch Bäume"[76] dienen. Nach ihr werden auf Antrag (§ 4) der verfügungsberechtigten Person (§ 10) näher definierte förderungsfähige Bäume (§ 2) in ein städtisches Baumschutzkataster (§ 3) aufgenommen. Mit Aufnahme in das Kataster ist die Stadt verpflichtet, Regelkontrollen sowie bei Bedarf eingehende Untersuchungen zur Überprüfung der Verkehrssicher-

---

[71] „Die Gemeinden können durch Satzung im eigenen Wirkungskreis örtliche Bauvorschriften erlassen [...] 7. in Gebieten, in denen es für das Straßen- und Ortsbild oder für den Lärmschutz oder die Luftreinhaltung bedeutsam oder erforderlich ist, darüber, dass auf den nicht überbaubaren Flächen der bebauten Grundstücke Bäume nicht beseitigt oder beschädigt werden dürfen, und dass die Flächen nicht unterbaut werden dürfen."

[72] „Die Gemeinden können durch Satzung Vorschriften erlassen über [...] 7. die Begrünung baulicher Anlagen sowie die Anpflanzung von Bäumen und Sträuchern".

[73] Eingehend hierzu *Walsch* (o. Fußn. 63), S. 591 ff.

[74] *G. Hornmann*, HBO, 2. Aufl. 2011, § 81 Rdnr. 75 zu § 81 HBO a. F.

[75] Zur Marburger Solarsatzung systematisch einordnend *Walsch* (o. Fußn. 63), S. 476 ff.

[76] V. 11.10.2016, zugänglich unter https://www.giessen.de/media/custom/684_15833_1.PDF?1476789302 (5.3.2018).

heit durchzuführen sowie den Verfügungsberechtigten auf Wunsch zu beraten (§ 6). Weitere Rechtsfolge der Aufnahme in das Kataster soll die Verpflichtung des Verfügungsberechtigten sein, den Baum zu erhalten, ihn zu schützen und ihm keinen Schaden zuzufügen (§ 9). Die Stadt löscht einen Baum in einer Reihe von näher bezeichneten Fällen, insbesondere bei Verstoß des Verfügungsberechtigten gegen Baumschutzpflichten oder auf sein schriftliches Löschungsverlangen hin (§ 5 Abs. 1 Nr. 1, 2).

Mit den periodischen und anlassbezogenen Kontrollen werden die Risiken für Baumeigentümer besser abschätzbar; vorsorgliche Fällungen können verhindert werden. Dennoch ist die Crux derartiger Angebote offenbar: Sie können keine sehr starken Anreize setzen und leben von der Freiwilligkeit der Betroffenen, die immer wieder neu eine Güterabwägung anstellen werden. Es mag sich wegen der Verringerung der Risiken für Eigentümer lohnen, eintragungsfähige Bäume in das Kataster aufnehmen zu lassen; doch sobald die Baumschutzpflichten lästig werden, kann die Abmeldung erfolgen. Für eine baumbezogene Beratung (§ 6 der Satzung) dürfte die Eintragung in das Kataster nicht erforderlich sein: Auch was nicht nach § 2 Abs. 6, § 3 Abs. 6 BNatSchG geboten ist, wird in der Praxis als Gebot der Verwaltungsklugheit praktiziert werden. Insofern verwundert es nicht, dass zwei Monate nach Inkrafttreten der skizzierten Satzung erst Anträge für 14 Bäume gestellt worden sind,[77] knapp ein Jahr nach Inkrafttreten nur rund 100 Bäume eingetragen waren.[78] So richtig der Ansatz ist, so skeptisch muss das Fazit ausfallen: Flächendeckender Baumschutz lässt sich so wohl noch nicht erreichen. Möglicherweise kann die obligatorische Aufnahme aller besonders schützenswerten Bäume in ein kommunales Baumkataster mit einer jährlichen Ansprache der Grundeigentümer zwecks Baumschau[79] einen größeren Kreis erreichen, sensibilisieren und zur Baumpflege ermutigen.

3. Weitere Instrumente

Selbstverständlich bedarf es immer und vor allem der Eigenvornahme, also der Anpflanzung und der Pflege von Bäumen auf kommunalen Flächen („Auf jeden Raum – pflanz' einen Baum!"[80]). Zu den zusätzlich längst praktizierten und wohl unentbehrlichen Instrumenten gehört eine intensive kommunale Öffentlichkeitsarbeit.[81] Sie kann sich neben offiziellen Wegen wie Internetangeboten, Druck und Ver-

---

[77] Zahl nach Gießener Allgemeine Zeitung v. 22.12.2016, S. 24.

[78] Zahl nach Gießener Allgemeine Zeitung v. 5.10.2017, S. 26.

[79] Eine ein- bis zweimalige Baumschau pro Jahr empfiehlt aus fachlicher Sicht *Zundel* (o. Fußn. 10), S. 11.

[80] So und näher zu Ersatz- und Ergänzungspflanzungen Zundel (o. Fußn. 10), S. 14.

[81] Vgl. bspw. *C. Borkert/St. Löbel/E. Meyer*, Öffentlichkeitsarbeit für Stadtbäume in Dresden, in: Roloff u. a. (Hrsg.), Aktuelle Fragen der Baumpflege und -verwendung, Planung und Wertschätzung von Stadtbäumen, 2017, S. 5 ff. – Ansprechendes Beispiel: Naturschutz in Kassel (o. Fußn. 56).

breitung von Broschüren, Pressemitteilungen, Pressegesprächen auch atypischer Mittel wie Wettbewerbe für die Bevölkerung bedienen. Neben solche Publikumsinformationen i.w.S. treten individuelle Information und Beratung. Darüber hinaus ließe sich an positive und negative finanzielle Anreize denken. So ist unlängst im Sinne einer gerechten Lastentragung der Vorschlag gemacht worden, eine baumbezogene Erhöhung des kommunalen Hebesatzes bei der Grundsteuer vorzunehmen; Grundeigentümer, die Bäume pflanzen und/oder unterhalten, sollen dabei einen Steuerbonus erhalten.[82] Ein solches Modell vermiede das Gerechtigkeitsproblem, das darin liegt, dass Baumschutzsatzungen in der Regel Eigentümer bestimmter (nämlich besonders gemeinwohldienlicher) Bäume belasten, nicht aber deren übrige Nutznießer. Allerdings schüfe eine solche grundsteuerbezogene Regelung einen ganz erheblichen Verwaltungsaufwand, der sie als letztlich unpraktikabel erscheinen lässt.

IV. Ausblick

Der Ideenwettbewerb zum kommunalen Baumschutz läuft weiter. Bislang aber führt am Ordnungsrecht auch auf diesem Gebiet kein Weg vorbei. Es bietet mit Eingriffssatzungen nach Naturschutz- und Baurecht, nach hier vertretener Ansicht freilich nicht mit der Eingriffsregelung verschiedene Möglichkeiten zum Erhalt, zum Teil auch zur Mehrung des örtlichen Bestands an Stadtbäumen – einem Ziel, das angesichts der sich verändernden klimatischen Verhältnisse immer wichtiger wird. Wie immer im Umweltrecht kommt es entscheidend auf die Umsetzung an; die besten Baumschutzsatzungen und bauplanungsrechtlichen Festsetzungen gehen ins Leere, wenn sich niemand in Behörden und Öffentlichkeit für ihre Einhaltung interessiert. Ein solches Interesse an Pflanzung und Erhaltung von Stadtbäumen hat freilich viele gute Gründe, zu denen neben den ökologischen auch ökonomische zählen: die Wertsteigerung von Grundstücken und Quartieren durch Bäume.[83] Wenn Bäume auch keine Heiligtümer mehr markieren, so sind sie doch Insignien hochwertigen Bauens, Lebens und Arbeitens in der Stadt.

---

[82] *Plietzsch* (o. Fußn. 5), S. 133 ff.
[83] S. o. Fußn. 21.

Die Eindämmung gebietsfremder invasiver Arten als Beispiel eines europäischen Verwaltungsverbundes

Von *Anna-Maria Stefan* und *Heinrich Amadeus Wolff*

I. Die Reform im Recht gebietsfremder invasiver Arten

Die absichtliche Einfuhr und das unbeabsichtigte Einschleppen von Arten außerhalb ihrer natürlichen Verbreitungsgebiete bildet nach fast einhelliger Ansicht weltweit eine wichtige Gefährdungsursache für die biologische Vielfalt. Die invasiven gebietsfremden Arten gelten als eine der größten Bedrohungen für die globale biologische Vielfalt und verursachen volkswirtschaftliche Schäden in Höhe von bis zu 12 Milliarden Euro im Jahr.[1] Von den rund 12.000 in der EU vorkommenden gebietsfremden Arten können schätzungsweise 10–15 % als invasiv angesehen werden.[2] Der Schwerpunkt des normativen Tätigwerdens zur Eindämmung gebietsfremder invasiver Arten lag bis zum Jahr 2014 mit § 40 BNatSchG im nationalen Recht. Über ein umfassendes Rechtsinstrument für den Umgang mit invasiven Arten verfügte das Unionsrecht bis 2014 nicht.[3] Im Jahr 2014 hat sich der Regelungsschwerpunkt zu Gunsten des Unionsrechts deutlich verschoben. Grund dafür ist die Verordnung des Europäischen Parlaments und des Rates Regulation (EU) Nr. 1143/2014 vom 22. Oktober 2014 über die Prävention und das Management der Einbringung und Ausbreitung invasiver gebietsfremder Arten (im Folgenden IAS-VO). Gestützt auf Art. 191 Abs. 1, 192 AEUV[4] beruht sie auf einem Verordnungsentwurf der EU-Kommission vom September 2013[5] und wurde am 04.11.2014 im Europäischen Amtsblatt veröffentlicht; sie ist am 01.01.2015 in Kraft getreten. Ansatzpunkt für das Vorgehen gegen invasive gebietsfremde Arten ist der Schutz der Biodiversität. Die IAS-

---

[1] *A. Zink*, Der Verordnungsentwurf der EU-Kommission zur Regulierung invasiver gebietsfremder Arten, NuR 2013, 861 (862) unter Berufung auf Institute for european environmental policy, technical support to EU strategy on invasive species, S. 11 ff.

[2] *Zink* (o. Fußn. 1), S. 862; *W. Köck*, Die EU-Verordnung über gebietsfremde invasive gebietsfremde Arten, NuR 2015, 73 (74).

[3] *Zink* (o. Fußn. 1), S. 861 ff.; *M. Gellermann*, in: Landmann/Rohmer, Umweltrecht, § 40 BNatSchG, 61. EL April 2011, Rdnr. 2; zu den vereinzelten vorhandenen Ansätzen s. *Köck* (o. Fußn. 2), S. 76; *Zink*, (o. Fußn. 1), S. 862.

[4] *Zink* (o. Fußn. 1), S. 865.

[5] COM (2013) 620 final; s. dazu: *Zink* (o. Fußn. 1), S. 861 ff.; S. zur Normgeschichte der Verordnung *Köck*, (o. Fußn. 2), S. 73.

VO besitzt somit eine innere Verbindung zur europäischen Biodiversitätsstrategie,[6] die ein Handlungsprogramm ohne Rechtsnormcharakter darstellt und auf internationale Verpflichtungen zurückgeht.[7] Sie bildet folglich einen neuen Baustein.

Der Unionsrechtsakt verlangt in vielfältiger Hinsicht eine Änderung des nationalen Rechts. Deutschland hat den erforderlichen Durchführungsakt mit Gesetz vom 08.09.2017 (BGBl 3370)[8] vorgenommen und das BNatSchG geändert. In den §§ 40a bis 40f wurden Normen über die Maßnahmen gegen invasive Arten, die Genehmigungen, die Aktionspläne, die Managementmaßnahmen und die Öffentlichkeitsbeteiligung erlassen.

II. Der wesentliche Inhalt der IAS-VO

Mit der IAS-VO steht nun erstmals ein umfassender Basisrechtsakt zum Umgang mit invasiven gebietsfremden Arten zur Verfügung:[9] Er folgt der Sache nach von § 40 Abs. 3 BNatSchG und Art. 8 Biodiversitätskonvention bekannten Dreiklang von Prävention, Minimierung und Abschwächung.[10] Dieser knüpft an die modellhafte Beschreibung der biologischen Invasionen in die drei Phasen der Einführung, Etablierung und Ausbreitung an.[11] Haben sich gebietsfremde Arten erst einmal etabliert und ausgebreitet, können sie kaum noch getilgt werden, sondern allenfalls eingedämmt werden.[12] Die Verordnung klärt begrifflich, wann eine Art invasiv gebietsfremd ist (Art. 3 Nr. 2 IAS-VO). Für die Aufstellung einer Unionsliste mit invasiven gebietsfremden Arten von unionaler Bedeutung gibt sie strenge Regeln vor. Die erste Liste umfasst 37 Arten,[13] die mit 12 weiteren Arten im Juli 2017 erstmals aktualisiert wurde.[14] Die Unionsliste wird von der Europäischen Kommission im Wege von

---

[6] COM (2013) 620 final; s. dazu: *Zink* (o. Fußn. 1), 861 ff.; *Köck* (o. Fußn. 2), S. 73; *J. Falke*, Neue Entwicklungen im Europäischen Umweltrecht, ZUR 2015, 696 (697).

[7] *Zink* (o. Fußn. 1), S. 862.

[8] Gesetz zur Durchführung der Verordnung (EU) Nr. 1143/2014 über die Prävention und das Management der Einbringung und Ausbreitung invasiver gebietsfremder Arten, s. dazu BT-Drs. 18/11942.

[9] *Köck* (o. Fußn. 2), S. 76; *W. Köck*, Zur Entwicklung des Rechts der Abwehr invasiver gebietsfremder Arten, in: Faßbender/Köck, Aktuelle Entwicklungen im Naturschutzrecht, 2015, 127 (133); *S. Nehring*, Die invasiven gebietsfremden Arten der ersten Unionsliste der EU-Verordnung Nr. 1143/2014, BfN Skripten 438, 2016, abrufbar unter https://www.bfn.de/fileadmin/BfN/service/Dokumente/skripten/Skript438.pdf; zuletzt abgerufen am 22.02.2018.

[10] *Nehring* (o. Fußn. 9), S. 7; *Zink* (o. Fußn. 1), S. 863.

[11] *Zink* (o. Fußn. 1), S. 863, unter Berufung auf *I. Kowarik*, Biologische Invasionen: Neophyten und Neozoen in Mitteleuropa, 2. Aufl. 2010, S. 130; *A. Holljesiefken*, Die rechtliche Regulierung invasiver gebietsfremder Arten in Deutschland, Berlin 2007, S. 25 f.

[12] *Zink* (o. Fußn. 1), S. 863.

[13] Ausführlich zu den ersten 37 Arten: *Nehring* (o. Fußn. 9), S. 12 ff.

[14] Durchführungsverordnung (EU) 2017/1263 der Kommission vom 12. Juli 2017 zur Aktualisierung gemäß der Verordnung (EU) Nr. 1143/2014 des Europäischen Parlaments und des Rates der mit der Durchführungsverordnung (EU) 2016/1141 festgelegten Liste invasiver

Durchführungsrechtsakten erlassen und aktualisiert. Die Kommission muss den Entwurf einem Regelungsausschuss vorlegen, in dem die Mitgliedstaaten vertreten sind und auf dessen Zustimmung sie angewiesen ist, vgl. Art. 4 Abs. 1 S. 2 i.V.m. Art. 27 Abs. 2 IAS-VO. Aufgenommen werden nur Arten, die kumulativ drei Kriterien erfüllen. Die Arten müssen erstens nach Vorliegen wissenschaftlicher Erkenntnisse für das Gebiet der Union gebietsfremd sein, Art. 4 Abs. 3 Nr. a) IAS-VO. Sie müssen weiter invasiv sein auf dem Gebiet der Europäischen Union (Art. 4 Abs. 3 Nr. b), c) IAS-VO) und drittens muss eine Risikobewertung gemäß Art. 5 IAS-VO nicht nur die Invasivität nachweisen, sondern auch, dass Maßnahmen auf der EU-Ebene erforderlich und erfolgversprechend sind um die Etablierung oder Verbreitung zu verhüten oder einzudämmen (Art. 4 Abs. 3 d), e) IAS-VO).[15] Auch der Nutzen der invasiven Art ist zu ermitteln.[16]

Für gelistete Arten gilt ein strenges Verbot von Einfuhr, Haltung, Vermehrung, Erwerb, Verwendung, Tausch und Freisetzung (Art. 7 IAS-VO) für den Bürger,[17] das gemäß Art. 7 Abs. 2 IAS-VO von den Mitgliedstaaten administrativ durchgesetzt werden kann (etwa durch Untersagungsverfügungen).[18] Über diese Verbote hinaus nimmt die Verordnung aber die Mitgliedstaaten und die Kommission stark in die Pflicht. Sie enthält eine Verpflichtung Eintragungspfade[19] gelisteter Arten zu identifizieren und einen Aktionsplan zu deren Schließen zu entwickeln (Art. 13 IAS-VO).[20] Weiter müssen die Mitgliedstaaten ein Überwachungssystem und Kontrollsysteme etablieren.[21] Sich neu etablierende Arten sind zu tilgen (Art. 17 IAS-VO, zum Begriff s. Art. 3 Nr. 13 IAS-VO);[22] invasive Arten, die nicht auf der Unionsliste sind, aber eigentlich darauf gehören, können im Wege einer Sofortmaßnahme bekämpft werden. Zur Abmilderung der Rechtsänderung sind umfangreiche Über-

---

gebietsfremder Arten von unionsweiter Bedeutung; vgl. *A. Gläß*, in: BOK-Umweltrecht, 44. Edition, § 40 BNatSchG, Rdnr. 23.

[15] Vgl. *Zink* (o. Fußn. 1), S. 864.
[16] *Köck* (o. Fußn. 2), S. 78.
[17] S. dazu *Zink* (o. Fußn. 1), S. 865.
[18] S. zu den konkreten Folgen für Haushalte, gewerbliche Halter, Tierheime, Zoos etc. Positionspapier des bmt zur EU-Verordnung Nr. 1143/2014 vom 22. Oktober 2014, abrufbar unter https://www.tierschutzbund.de/fileadmin/user_upload/Downloads/ Positionspapiere/Artenschutz/Gemeinsames_Positionspapier_Invasive_Arten.pdf.
[19] *Köck*, in: Faßbender/Köck (o. Fußn. 9), S. 131.
[20] S. dazu *Nehring* (o. Fußn. 9), S. 11; *Zink* (o. Fußn. 1), S. 866.
[21] *Zink* (o. Fußn. 1), S. 867.
[22] Die Tilgung invasiver Arten muss das Arten- und Tierschutzrecht beachten (Art. 17 Abs. 2 IAS-VO – Pflicht zur Schmerzvermeidung) und ist daher als letztes Mittel im Vorgehen gegen invasive Arten zu verstehen; *Zink* (o. Fußn. 1), S. 868. Lassen sich die Ziele der IAS-VO im Wege einer Sterilisation der Tiere erreichen und ist diese wirtschaftlich tragbar, dürfte das Tierschutzrecht einer Tötung entgegenstehen (s. Stellungnahme der Deutschen Juristischen Gesellschaft vom 29.09.2017, abrufbar unter: http://www.djgt.de/artikel/2017/10/11/11-oktober-2017-stellungnahme-zur-geplanten-toetung-einer-nutria-familie).

gangsbestimmungen mit Genehmigungsmöglichkeiten vorgesehen.[23] Bei schon etablierten gebietsfremden invasiven Arten setzt die Union auf Managementmaßnahmen zur Eindämmung (Art. 19 IAS-VO). Für invasive gebietsfremde Arten auf dem Gebiet eines Mitgliedstaates dürfen die Mitgliedstaaten nationale Listen erstellen (Art. 12 IAS-VO). Ebenso können sie für Arten auf der Unionsliste strengere Regelungen erlassen (Art. 23 IAS-VO).

III. Die IAS-VO als ein Verwaltungsgesetz im Mehrebenensystem

Indem die IAS-VO die invasiven Arten definiert, das Ziel vorgibt, die Ausführung und Realisierung aber den Mitgliedstaaten überlässt, bildet sie einen Fall des Verwaltungsvollzugs im Mehrebenensystem. Betrachtet man die Struktur der Normausführung, die die IAS-VO vorgibt, lassen sich für das Mehrebenensystem typische Muster der Verantwortungsverteilung erkennen.

IV. Die Pflichtenverteilung

Wesentliches Element einer Verwaltung im Mehrebenensystem ist zunächst die Verteilung der Pflichten zwischen den Ebenen. Hier gibt es unterschiedliche Dichten der Zusammenarbeit. Bei der IAS-VO sind die Pflichtenkreise noch weitgehend klar getrennt, allerdings mit vereinzelten echten Mischkonstellationen. Beschränkt man sich der Einfachheit halber auf die Eindämmung invasiver gebietsfremder Arten von unionsweiter Bedeutung, gibt es folgende Typen:

1. Selbstständige Pflichten

Die größte Gruppe bilden die Pflichten und Kompetenzen, die einer Ebene ausschließlich zugewiesen sind. Insbesondere folgende Pflichten sind den Mitgliedstaaten ausschließlich auferlegt:

– Exekutive Durchsetzung der Beschränkungen, Art. 7 Abs. 2 IAS-VO;

– Erteilung der Genehmigung, Art. 8 Abs. 1 IAS-VO;

– Aufbau eines Überwachungssystems, Art. 14 IAS-VO;

– Aufbau eines Kontrollsystems, Art. 15 IAS-VO;

– Pfaderkennung und Aufstellung eines Aktionsplanes, Art. 13 IAS-VO;

– Erlass eines Maßnahmenplanes, Art. 19 IAS-VO.

Die Pflichten, die im Vollzug der Pläne oder in der Aktivierung des Überwachungssystems und des Kontrollsystems bestehen, werden nicht selbstständig betont

---

[23] S. dazu *Nehring* (o. Fußn. 9), S. 10.

oder normiert, sie werden vielmehr als selbstverständlich vorausgesetzt, wie etwa die Pflicht der Mitgliedstaaten, die Verbote administrativ durchzusetzen.

Unter den Befugnissen, die der Kommission ausschließlich zugewiesen sind, bilden die Kompetenzen, Durchführungsrechtsakte zu erlassen, die größte Gruppe. Die Ermächtigung zum Erlass von Durchführungsrechtsakten bezieht sich auf:

- die Aufstellung und Aktualisierung der Unionsliste (Art. 4 IAS-VO);
- Festlegung des Formats der Dokumente für den Nachweis einer Genehmigung (Art. 8 Abs. 6 IAS-VO);[24]
- Erlass von Dringlichkeitsmaßnahmen auf Unionsebene (Art. 10 Abs. 4 IAS-VO);
- Festlegung der Anforderungen für die Anwendung bestimmter Bestimmungen in den betroffenen Mitgliedstaaten im Falle einer verstärkten regionalen Zusammenarbeit (Art. 11 Abs. 2 IAS-VO);
- Zurückweisung der Entscheidung der Mitgliedstaaten, keine Beseitigungsmaßnahmen zu ergreifen (Art. 18 Abs. 2 IAS-VO);
- Festlegung der technischen Formate für die Berichterstattung an die Kommission (Art. 24 Abs. 4 IAS-VO).[25]

Davon zu trennen ist die Ermächtigung einen delegierten Rechtsakt zu erlassen. Das kann die Kommission hinsichtlich der materiellen Kriterien für die Risikobewertung, gem. Art. 5 Abs. 3 IAS-VO i.V.m. Art. 29 IAS-VO. Die Verordnung greift durch diese Zweiteilung auf die unterschiedlichen Entstehungsformen von Durchführungsrechtsakten einerseits und delegierten Rechtsakten andererseits zu. Die Durchführungsrechtsakte richten sich nach Art. 291 AEUV, werden generell durch die VO 182/2011, die auf Art. 291 Abs. 3 AEUV gestützt ist, konkretisiert und sind dadurch geprägt, dass ein Ausschuss beteiligt ist, der von der Ministerialbürokratie der Mitgliedstaaten gespeist wird. Bei den delegierten Rechtsakten nach Art. 290 AEUV hat demgegenüber das Europäische Parlament das Sagen und ist sachlich der Delegat. Geht es um das Verhältnis von Europa und Mitgliedstaaten, d. h. müssen die Mitgliedstaaten etwas ausführen, wie etwa die Unionsliste, werden sie im Verfahren beteiligt (Art. 291 AEUV); geht es dagegen um die Konkretisierung eines gesetzten Standards – d. h. den Maßstab für die Risikobewertung, Art. 5 IAS-VO – hat das Parlament das Heft in der Hand (Art. 29 IAS-VO).

---

[24] S. dazu Durchführungsverordnung (EU) 2016/145 der Kommission vom 4. Februar 2016.

[25] Durchführungsverordnung (EU) 2017/1454 der Kommission vom 10. August 2017 zur Festlegung der technischen Formate für die Berichterstattung der Mitgliedstaaten gemäß der Verordnung (EU) Nr. 1143/2014 des Europäischen Parlaments und des Rates.

2. Gemeinsame Pflichten

Einige Pflichten treffen zunächst beide Ebenen gemeinsam. Hier gilt eine Parallelität, bei der im Konfliktfall die höhere Ebene vorgeht. Dazu gehören: (a) die Dringlichkeitsmaßnahmen (Art. 10 IAS-VO) und (b) die Risikobewertung gemäß Art. 5 IAS-VO. Die Risikobewertung ist für beide gleich, allerdings ist der Zeitpunkt unterschiedlich: bei der Kommission, bevor sie eine Art listet (Art. 5 Abs. 2 UA 1 IAS-VO); bei den Mitgliedstaaten, wenn sie einen Antrag auf Aufnahme auf die Liste stellen (Art. 4 Abs. 4 IAS-VO); als Mitgliedstaat, wenn er eine Dringlichkeitsmaßnahme durchführt (Art. 10 Abs. 3 IAS-VO) und als Kommission, wenn sie eine Dringlichkeitsmaßnahme durchführt (Art. 10 Abs. 4 IAS-VO).

3. Ergänzende Pflichten

Eine weitergehende Gruppe bilden die Pflichten, aufmerksam zu sein und zu prüfen, ob auf der jeweiligen Ebene weiter Handlungen und ggf. Rechtsänderungen erforderlich sind (Art. 14 IAS-VO und Art. 24 IAS-VO).

4. Pflichten mit Aufsicht

Zwei Pflichten der Mitgliedstaaten räumen der Kommission die Möglichkeit ein, einer zeitlich vorgelagerten Entscheidung der Mitgliedstaaten zu widersprechen mit der Folge, dass die Mitgliedstaaten an diese Einschätzung gebunden sind und entsprechend ihre eigenen Maßnahmen umstellen müssen. Diese verwobene Konstruktion betrifft zunächst die Entscheidung der Mitgliedstaaten bei der Früherkennung keine Maßnahme zu ergreifen (Art. 18 Abs. 1, Abs. 2 IAS-VO) und die Dringlichkeitsmaßnahmen (Art. 10 IAS-VO).

5. Verzahnte Entscheidungen

Dann gibt es Pflichten, die ein gestuftes Zusammenwirken erfordern, bei denen nach außen dann aber nur ein Rechtsakt oder eine Maßnahme vorliegt. Hier ist die Verzahnung am engsten. Deutlich ist dies bei der Genehmigung, der eine Zulassung durch die Kommission gemäß Art. 9 IAS-VO vorausgeht. In deutlich geringerer Bedeutung liegt es strukturell aber auch bei der Erstellung von Leitlinien und Schulungsprogrammen gemäß Art. 15 Abs. 8 IAS-VO vor, um die Identifizierung und Erkennung invasiver gebietsfremder Arten von unionsweiter Bedeutung und die Durchführung effizienter und effektiver Kontrollen zu ermöglichen.

6. Notifizierung

In der IAS-VO wimmelt es von Notifizierungspflichten. So haben Mitgliedstaaten der Kommission zu notifizieren:

- Listen von invasiven gebietsfremden Arten in Randlagen, Art. 6 Abs. 4 IAS-VO;
- Maßnahmen gegenüber diesen Arten, Art. 6 Abs. 3 IAS-VO;
- Dringlichkeitsmaßnahmen, Art. 10 Abs. 2 IAS-VO;
- Maßnahmen gegenüber regionalen invasiven gebietsfremden Arten, Art. 12 Abs. 1 S. 3 IAS-VO;
- Früherkennung, Art. 16 Abs. 2 IAS-VO;[26]
- Beseitigungsmaßnahmen, Art. 17 Abs. 1 IAS-VO;
- Erfolge über die Beseitigungsmaßnahmen, Art. 17 Abs. 4 IAS-VO;
- Ausnahmen von dem Ergreifen einer Früherkennungsmaßnahme, Art. 18 Abs. 1 IAS-VO;
- Erlass strengerer nationaler Vorschriften, Art. 23 IAS-VO;
- Nennung der verantwortlichen Behörde, Art. 24 Abs. 2 IAS-VO.

Eine Notifizierung gegenüber anderen Mitgliedstaaten ist bei den Dringlichkeitsmaßnahmen gemäß Art. 10 Abs. 2 IAS-VO und bei der Früherkennung gemäß Art. 16 Abs. 2 IAS-VO vorgesehen. Demgegenüber ist eine Notifizierung der Kommission gegenüber den Mitgliedstaaten in Art. 9 Abs. 5 S. 1 IAS-VO hinsichtlich erteilter Zulassungen festgeschrieben.

Der Begriff der Notifizierung ist in Art. 3 IAS-VO nicht definiert. Es dürfte der allgemeine Notifizierungsbegriff heranzuziehen sein, der der Sache nach die Inkenntnissetzung und Mitteilung von Rechtsakten erfasst. Von den Notifizierungspflichten sind Unterrichtungs- und Mitteilungspflichten zu unterscheiden, die die IAS-VO ebenfalls kennt, wobei die Bezeichnung als Unterrichtungs- und als Mitteilungspflicht einerseits und als Notifizierung andererseits teilweise sprachlichen Zufälligkeiten unterliegen dürfte. Als Regel wird man davon ausgehen dürfen, dass Rechtsakte zu notifizieren und Tatsachen mitzuteilen sind. Ganz streng ist dies aber im deutschen Text selbst nicht vorgesehen (s. Art. 30 IAS-VO). Bei den Unterrichtungs- und Mitteilungspflichten von den Mitgliedstaaten an die Kommission sind zu nennen (a) Art. 12 Abs. 2 IAS-VO (Unterrichtung über regionale invasive gebietsfremde Arten); (b) Art. 19 Abs. 5 IAS-VO (Unterrichtung einer Ausbreitungsgefahr von invasiven gebietsfremden Arten unionaler Bedeutung– in der englischen Fassung „notify") und (c) Art. 30 Abs. 4 IAS-VO (Mitteilung der Sanktionsnormen – in der englischen Fassung „communicate"). Eine Unterrichtung und Mitteilung des einen Mitgliedstaats an den anderen Mitgliedstaat findet sich in (a) Art. 12 Abs. 2 IAS-VO über regionale invasive gebietsfremde Arten von unionsweiter Bedeutung; (b) in Art. 16 Abs. 2 IAS-VO über Früherkenntnisse; (c) in Art. 17 Abs. 1 IAS-VO bezogen auf Maßnahmen in der Früherkennung; (d) Art. 17 Abs. 4 IAS-VO bezogen auf die Erfolge von Maßnahmen in der Früherkennung; (e) Art. 19 Abs. 4 IAS-VO über Informationen über Ausbreitungsgefahren im Zu-

---

[26] S. dazu *Zink* (o. Fußn. 1), S. 867.

sammenhang von Managementmaßnahmen; (f) Art. 24 Abs. 2 IAS-VO über die Unterrichtung über die zuständige Behörde und (g) in Art. 6 Abs. 4 IAS-VO über die Unterrichtung über die Listen von invasiven gebietsfremden Arten von unionsweiter Bedeutung in Randlagen. Eine Unterrichtung gegenüber Drittstaaten kennt Art. 19 Abs. 5 S. 3 IAS-VO.

Neben der Unterrichtung und Mitteilung ist an zwei Stellen noch von der Übermittlung (in der englischen Fassung „transmit") von Informationen die Sprache. Inwiefern hier ein Unterschied zur Unterrichtung oder zur Notifizierung vorliegt, ist schwer abzuschätzen. Gemeint sind in Art. 13 Abs. 5 IAS-VO die Übermittlung des Aktionsplans und in Art. 24 die IAS-VO die Übermittlung der Informationen der Mitgliedstaaten an die Kommission über die in Absatz 1 genannten Tatbestände.

V. Prinzipien des Zusammenwirkens

Betrachtet man die Art und Weise des Zusammenwirkens, lassen sich folgende Grundzüge festhalten.

1. Absicherung der Entscheidung über die Listenfähigkeit bei der Kommission

Die Verantwortungsverteilung zwischen der Kommission und den Behörden der Mitgliedstaaten ist geprägt von der inhaltlichen Zurückhaltung auf europäischer Ebene. In der Literatur wird von dem Prinzip der Priorisierung gesprochen.[27] Eine Aufnahme der Arten auf die Unionsliste ist nicht leicht; die Kommission (zusammen mit dem Ausschuss) besitzt der Sache nach das Monopol der Entscheidung. Dieses Monopol sichert die Verordnung strikt. Angesichts des Gegenstands der Regelung (invasive gebietsfremde Arten) kann man sich fragen, warum die Union so starken Wert auf eine unionsweite Einheitlichkeit legt, wenn die Mitgliedstaaten andererseits verhältnismäßig frei hinsichtlich der ergänzenden Festlegung eigener nationaler Listen von invasiven gebietsfremden Arten sind. Der Grund dürfte in zwei Umstände liegen. Die Aufnahme in die Unionsliste löst die Pflicht unionsweiter Maßnahmen aus, das heißt auch die Mitgliedstaaten, in deren Gebiet ein Einwirken der betroffenen Art auf die Biodiversität oder die Ökosystemleistung nicht wirklich zu befürchten ist, sind verpflichtet die entsprechenden Eindämmungsmaßnahmen (insbesondere Überwachung und Kontrolle) vorzunehmen. Auch diese Staaten müssen dann die Arten kontrollieren und die Einhaltung der Verbote durchsetzen. Der zweite Grund dürfte darin liegen, dass die Union bei der Eindämmung der invasiven Arten die Kräfte bündeln möchte.

---

[27] *Köck* (o. Fußn. 2), S. 76; *Zink* (o. Fußn. 1), S. 864.

2. Naturwissenschaftlich geleitete Normsetzung

Die Kommission trifft die Entscheidung, sie ist darin aber nicht frei. Vielmehr wird die Normsetzung von naturwissenschaftlichen Erkenntnissen geleitet. Dies sieht man an der Beteiligung des wissenschaftlichen Beirats an der Risikobewertung. Zwar darf die Kommission auch die Maßstäbe für die Risikofestlegung treffen (Art. 5 Abs. 3 IAS-VO), doch ist sie hier durch Art. 29 IAS-VO eng begrenzt. Die Aufnahme einer Art auf die Unionsliste bleibt eine politische Entscheidung,[28] schon wegen des Wunsches die Maßnahmen zu priorisieren und ausgewählt vorzugehen. Das Sekundärrecht verpflichtet die Organe aber dazu, ihre eigenen Handlungen zu rationalisieren und vor der Aufnahme eine Risikobewertung vorzunehmen. Die Risikobewertung trägt damit zu einer Objektivierung bei und verdeutlicht, dass die Kategorisierung gebietsfremder Arten als invasiv auf der Grundlage invasionsbiologischer Erkenntnisse zu erfolgen hat.[29] Dahinter steht der Gedanke, dass nur Arten gelistet werden sollen, bei denen ein begründeter Verdacht einer Beeinträchtigung der Biodiversität und der Ökosystemdienstleistungen sowie der Schutzgüter Wirtschaft und Gesundheit besteht. Zu Recht wird die Risikobewertung als der Versuch einer umfassenden Rationalisierung bezeichnet.[30]

3. Unionsrechtliches Verwaltungsrecht

Die IAS-VO bedarf der Anwendung und Durchsetzung der mitgliedstaatlichen Verwaltung. Das vorgesehene System ist von bekannten Bausteinen des unionalen Verwaltungsrechts geprägt. So etwa:

- Die Vorgabe von Zielen – Prävention, Minimierung, Eindämmung;
- Die Verwaltung durch Planung (Aktionsplan und Managementmaßnahmen);
- Die Gestaltungsfreiheit der Mitgliedstaaten bei der Zielerreichung;
- Die Öffentlichkeitsbeteiligung der Betroffenen;
- Die wechselseitige Information der Mitgliedstaaten und der Kommission;
- Die starke Inanspruchnahme der mitgliedstaatlichen Verwaltung durch die Union;
- Die Konzentration der unionsweiten Standards und deren Fortschreibung bei der Kommission;
- Die Einschaltung naturwissenschaftlicher Erkenntnisse und naturwissenschaftlichen Sachverstandes durch die Risikobewertung.

---

[28] *Köck* (o. Fußn. 2), S. 77.
[29] *Zink* (o. Fußn. 1), S. 863
[30] *Köck* (o. Fußn. 2), S. 78.

4. Auswirkung auf die deutsche Verwaltung

Für die deutsche Verwaltung hat sich die Eindämmung der invasiven Arten nun erheblich verändert; die Verwaltung selbst ist nicht mehr zuständig, das Vorliegen einer invasiven gebietsfremden Art, zumindest sofern es um unionsweite Bedeutung geht, ist durch Listen festgelegt; aber auch hinsichtlich der gebietsfremden Arten innerhalb eines Mitgliedstaates wird diese nicht mehr allein durch die Auslegung eines abstrakten Tatbestandsmerkmals gefunden, sondern auch insoweit gilt das Listenprinzip.[31] Die Kompetenzen der Verwaltung auf Bundesebene erhöhen sich, da die Notifizierungspflichten von Bundesministerien übernommen werden (§ 48 a BNatSchG).

Die Berichtspflichten und der Rechtfertigungsdruck gegenüber der Union erhöhen sich massiv. Die Verwaltung unterliegt zahlreichen Zielvorgaben und konkreten Handlungspflichten; es werden keine materiellen Standards gesetzt, deren Einhaltung der Verwaltung obliegt, sondern es werden erreichbare Ziele und messbare Ziele vorgegeben und Instrumente implementiert, die eine Messbarkeit ermöglichen. Die Mitgliedstaaten müssen die Erfolge belegen. Auf diese Weise sind die zahlreichen Notifizierungspflichten zu erklären.

Die Motive der Verwaltung der Mitgliedstaaten die Vorgaben der Verordnung zu erfüllen, dürften sich durch die Verordnung deutlich erhöhen. Die Behörden sind nicht mehr, wie bei dem Vollzug reinem nationalen Rechts, der parlamentarischen Kontrolle, der administrativen Aufsichtskontrolle oder dem Rechtsschutz unterworfen, sondern darüber hinaus Berichtspflichten gegenüber der Kommission, klaren Zielvorgaben und drohenden Vertragsverletzungsverfahren.

Sollten die deutschen Behörden mit Engpässen im Personal und in der Aufgabenerledigung zu kämpfen haben, werden sie diese Engpässe sicher nicht bei der Umsetzung der Verordnung versuchen einzusparen.

VI. Das Recht der invasiven Arten als ein Fall des Verwaltungsverbunds

Ob man das von der IAS-VO geschaffene System als einen Anwendungsfall des Verwaltungsverbunds qualifiziert oder nicht, hängt ersichtlich davon ab, wie man den Begriff des Verwaltungsverbunds fasst. Beim Verwaltungsverbund handelt es sich bekanntlich nicht um einen rechtlichen, sondern um einen deskriptiven Begriff.[32] Der Begriff soll die Verflechtung verschiedener Akteure der europäischen wie auch der nationalen Ebenen bei Durchführung von Unionsrecht deutlich machen, die mit der Unterscheidung in Eigenverwaltungsrecht der Union einerseits und der mitgliedschaftlichen Ausführung andererseits nicht angemessen erfasst wird. Er bil-

---

[31] Eine nationale Liste war in der Literatur schon vorausschauend gefordert worden; *Köck* (o. Fußn. 2), S. 79.

[32] *K. Gärditz*, Die Verwaltungsdimension des Lissabon-Vertrages, DÖV 2010, 453 (462).

det die Summe höchst vielgestaltiger Formen von Verwaltungshandeln, bei denen erst aus dem Zusammenwirken (Interaktion) der verschiedenen Stellen ein Verwaltungshandeln hervorgeht.[33]

Das Recht der invasiven Arten weist durch die Verordnung nun eine Dichte auf, die wohl den Begriff des Verwaltungsverbundes verdient. Eindeutig ist dies bei der Genehmigung gem. Art. 9 IAS-VO. Aber auch die parallele Zuständigkeit bei den Dringlichkeitsmaßnahmen ähnelt der Mehrfachzuständigkeit, die das nationale Recht vor allem im Bereich des Gefahrenabwehrrechts kennt. Auch die unmittelbaren Einflussmöglichkeiten der Kommission, jenseits eines Vertragsverletzungsverfahrens, wie im Bereich der regionalen invasiven gebietsfremden Arten (Art. 11 Abs. 2 IAS-VO, der Vorrang bei der Dringlichkeitsentscheidung gem. Art. 10 Abs. 5 IAS-VO, die Ablehnung des Unterlassens von Früherkennungsmaßnahmen gem. Art. 18 Abs. 2 IAS-VO) bewirken eine enge Vernetzung. Auch die Arbeitsverteilung – die Kommission gibt den Gegenstand der Verwaltungstätigkeit durch Aufstellung der Unionsliste vor und die Mitgliedstaaten verwirklichen dies – ist zu nennen. Es wird eine unionale Gemeinwohlfestsetzung durch ein eng verzahntes Handeln von Mitgliedstaaten und Kommission umgesetzt. Das jeweilige Handeln ist über die Notifizierung und Unterrichtungspflichten von einem engen Informationssystem begleitet. Im Ergebnis wird man daher von einer Verbundverwaltung ausgehen können.

VII. Schluss

Den invasiven gebietsfremden Arten geht es an den „Kragen", und somit auch dem Waschbären. Das Unionsrecht hat sich ihrer angenommen und klare Vorgaben gesetzt, die die Mitgliedstaaten durchführen müssen und auch werden. Der Unionsrechtsakt geht dabei sparsam mit der Qualifikation einer Art als invasive gebietsfremde Art von unionsweiter Bedeutung um. Gerät eine Art aber auf die Liste, greift ein Verwaltungsregime, das verspricht effektiv zu sein.

---

[33] *W. Kahl*, Der Europäische Verwaltungsverbund: Strukturen – Typen – Phänomene, Der Staat 2011, 353 (355) m.w.N.

# Anhang

Eine Vorlesung bei Arndt Schmehl

Ein Fund aus dem Nachlass

Eingeleitet und herausgegeben von *Simon Kempny*

Mit Arndt Schmehl hat die Wissenschaft nicht nur einen Forscher, sondern auch einen Lehrer verloren. Und dieser fehlt nicht minder denn jener. Die akademische Jurisprudenz ist – nicht zuletzt in den von Arndt Schmehl vertretenen Fächern –, um ihre Wissenschaftlichkeit in Zeiten fragwürdiger Kaufgutachten zu wahren und ihrer gesellschaftlichen Verantwortung gerade bei der Bildung künftiger Juristen gerecht zu werden, auf kritische Köpfe, wie Arndt Schmehl einer war, angewiesen.

Durch einen glücklichen Zufallsfund sind wir in der Lage, einen Einblick in eine Vorlesung des Verewigten zu nehmen. Nachgelassene Aufzeichnungen erhellen, wie sorgfältig Arndt Schmehl seine Lehre vorbereitete. Da wir von einer Stunde seinen typoskriptmäßig vorbereiteten Redetext haben, können wir ihn in dieser seiner Gedächtnisschrift selbst zu Wort kommen lassen und, so wir seine Stimme noch im Ohr haben, hören, wie er spricht. –

Wir schreiben das Sommersemester 2001 an der Justus-Liebig-Universität Gießen. Arndt Schmehl, noch Assistent, bietet mittwochs von 8 bis 10 Uhr im Raum 021 die zweistündige Vorlesung „Steuerrecht I (Allgemeines Steuerrecht)" an. Zu deren Inhalten gibt er im Netz vorab folgendes bekannt:

Die Veranstaltung behandelt die allgemeinen Fragen des Steuerrechts. Daher stehen die abgabensystematischen und verfassungsrechtlichen Fragen am Anfang. Sie erlauben Aufschluss über die Grundlagen des Steuerrechts. Als zweiter Schwerpunkt folgen die allgemeinen Probleme des Steuerschuld- und Steuerverwaltungsrechts. Den Abschluss bildet ein Blick auf das Steuerstraf- und -ordnungswidrigkeitenrecht.

Beigefügt ist ein „Arbeitsplan":

Teil I: Steuersystem und Steuerverfassungsrecht

Der Gegenstand des Steuerrechts:

einfach- und verfassungsrechtlicher Begriff der Steuer – Abgrenzung zu Vorzugslasten und Sonderabgaben und ihre Bedeutung – Überblick über die Steuerarten – die Struktur der Steuertatbestände – das Tatbestandsmäßigkeitsprinzip

Das Steuerverfassungsrecht:

Gesetzgebungs- und Ertragskompetenzverteilung – das „Steuerstaatsprinzip" und seine Implikationen – die Einschränkungen der Rückwirkung – das Prinzip der Besteuerung nach Leistungsfähigkeit – der Schutz von Ehe und Familie – der Schutz des Eigentums

Teil II: Allgemeines Steuerverwaltungsrecht: Steuerschuld- und Steuerverfahrensrecht

Die Steuerverwaltung:

Behördenaufbau – sachliche und örtliche Zuständigkeit – Rechtsquellen des Steuerrechts, insbesondere: Verwaltungsvorschriften und BFH-Rechtsprechung – systematischer Standort des Steuerrechts

Das Steuerschuldrecht:

allgemeine Grundsätze der Rechtsanwendung im Steuerrecht – Zurechnung von Wirtschaftsgütern – steuerliche Behandlung gesetz- oder sittenwidrigen Handelns – Gestaltungsmissbrauch – unwirksame Rechtsgeschäfte – der Steueranspruch: Entstehung, Fälligkeit, Erlöschen, Abtretung, Pfändung und Verpfändung – Nebenleistungen – Gesamtschuld – Gesamtrechtsnachfolge – der Haftungsanspruch – der Steuererstattungsanspruch – der Steuervergütungsanspruch

Das Steuerverfahrensrecht:

Ermittlungsverfahren und Festsetzungsverfahren: Verfahrensgrundsätze, Mitwirkungspflichten, Ermittlungspflicht und Ermittlungseingriffe, Bankgeheimnis und Steuergeheimnis, Außenprüfung, Steuerfahndung – die Steuerverwaltungsakte, insbesondere der Steuerbescheid: Zustandekommen, fehlerhafte Verwaltungsakte, die Korrekturvorschriften – Vertrag und Verständigung – die Steuerverwirklichung: Festsetzung, Erhebung, Vollstreckung

Das Rechtsschutzverfahren:

der Einspruch – die Klage und die Besonderheiten des Verfahrens nach der FGO

Teil III: Verknüpfung zu unmittelbar verbundenen Rechtsgebieten

Ausblick auf Steuerstrafrecht und Steuerordnungswidrigkeitenrecht

Der erste Mittwoch der Vorlesungszeit ist gekommen. Begeben wir uns zum Raum 021. Arndt Schmehl hat sich für die erste Stunde eine Themenliste gemacht. Was er vorhat und besprechen möchte, ist:

– Einführung in die Veranstaltung
– Der Begriff der Steuer einschließlich Differenzierung nach Lenkungs- und Fiskalzwecknormen

– Abgrenzung zu anderen Abgaben – unter anderem Sonderabgaben – und ihre Folgen
– Das Steuerstaatsprinzip und seine Bedeutungsebenen, insbesondere die so genannte Schutz- und Begrenzungsfunktion der Finanzverfassung
– Die Gesetzgebungskompetenzen

Setzen wir uns, und hören wir ihm zu.[1]

Sehr geehrte Damen und Herren!

Willkommen zur Lehrveranstaltung Steuerrecht I – Allgemeines Steuerrecht im Sommersemester. Sie kommen in interessanten und bewegten Zeiten für das Finanzrecht hierher, denn angesichts der Debatte über Steuerreform und den Familienleistungsausgleich zeigt sich ja, dass die Finanzen eine ungeheure Rolle für das Verhältnis zwischen Staat und Bürger und die Auswirkungen auf das Verhältnis der Bürger untereinander spielen. Warum könnte Allgemeines Steuerrecht an der Universität interessant sein – geht es nicht im Steuerrecht nur um eine klassische Materie für hart gesottene Praktiker, die sich entweder im Finanzamt durch die Akten wühlen und die Auslegungsanordnungen der Oberfinanzdirektion anwenden oder auf der Gegenseite als Steuerberater und Steueranwälte daran arbeiten, dass der Klient oder Mandant möglichst wenig Steuern bezahlen muss, ohne sich bei der Abgabe der Steuererklärung gleich strafbar zu machen? Dies sind sicherlich auch interessante Punkte, aber es kommen noch ein paar allgemeinere hinzu, die für jeden, der diesen Beruf ausübt, auch nicht fehlen dürfen:

Mit welchen Mitteln der Staat die Wahrnehmung seiner Aufgaben finanziert, ist zum einen mitentscheidend dafür, ob das staatliche Handeln von den Bürgern akzeptiert und für legitim gehalten wird: Ist die Abgabenbelastung zu hoch oder ist man unzufrieden damit, wie das Geld verwendet wird, so verliert der Staat an Vertrauen bei den Bürgern.

Zum anderen wirft die Notwendigkeit eines staatlichen Finanzwesens große Gerechtigkeitsfragen auf, weil sie, wenn auch meist nicht direkt, so doch insgesamt eine große Umverteilung von Geld bedeutet, indem der Staat es einem abnimmt und es einsetzt, damit es an anderer Stelle Wirkung entfaltet. Sie kennen ja die Differenz zwischen „Recht" und „Gerechtigkeit" als traditionelles Thema für alle, die sich mit Recht beschäftigen, und können sich deshalb auch denken, dass das Bundesverfassungsgericht den Begriff der „Gerechtigkeit" nur sparsam benutzt, da es ihm ja erst einmal um das Recht geht: Aber den Begriff der „Steuergerechtigkeit", den hat es durchaus schon benutzt. Dabei geht es außerdem um eine ganze Menge Geld: Die Steuereinnahmen des Bundes liegen derzeit jährlich um die 900 Milliarden Mark.

---

[1] Offensichtliche Schreibfehler wurden stillschweigend berichtigt, im Übrigen erfolgt die Wiedergabe unter Berücksichtigung setzerischer Notwendigkeiten im Wesentlichen unverändert (insbesondere wurde die Rechtschreibung nicht normalisiert). Wir wissen freilich nicht, inwieweit der Verewigte sich im Lehrvortrag an sein Typoskript gehalten hat.

Schließlich nimmt das Steuerrecht auch innerhalb des Rechtssystems eine sehr interessante Stellung ein, denn es betrifft angesichts der Vielzahl von Steuern, die erhoben werden – ungefähr 50 verschiedene sollen es in Deutschland sein – wohl den überwiegenden Teil der sich abspielenden wirtschaftlichen Vorgänge, die sich aber, für sich betrachtet, nach anderen Rechtsgebieten richten, so dass sich zwei Spezialitäten ergeben: Zum einen gibt es häufig Verschachtelungen mit anderen Rechtsgebieten, denn oft ist man, um das Steuerrecht anwenden zu können, auf die Beurteilung insbesondere eines zivilrechtlichen Vorgangs als Vorfrage angewiesen, andererseits kann es auch sein, insbesondere für die strafrechtliche Beurteilung, dass dort eine steuerrechtliche Frage als Vorfrage inzident geprüft werden muss; beides führt auch dazu, dass eine Beratung in vielen anderen Rechtsgebieten, etwa bei arbeitsrechtlichen, sozialrechtlichen, familien- oder erbrechtlichen und strafrechtlichen Problemen, vom Steuerrecht mit beeinflusst wird.

Zu Beginn sollten wir ein wenig den Rahmen für die Veranstaltung klären, also darüber sprechen, worin die Aufgabe dieses Semesters für uns gemeinsam besteht und wie wir sie angehen wollen.

Wie lernt man, und, dazu passend: Wie unterrichtet man eigentlich Steuerrecht? Es gibt ein zu diesem Thema gern wiedergegebenes bon mot von Klaus Vogel, vielleicht haben Sie diesen großen alten Namen im Steuerrecht schon einmal gehört. Klaus Vogel also lässt sich mit den Worten zitieren, man könne „deutsches Steuerrecht heute nicht mehr ohne Scham unterrichten".[2] Das deutet darauf hin, dass sowohl das Lernen als auch Unterrichten des Steuerrechts uns in diesem Sommersemester noch einige freudevolle Momente schenken könnte. Nun schämte sich Klaus Vogel wahrscheinlich weniger für seinen eigenen Unterricht als vielmehr für das Recht, das dessen Gegenstand sein sollte. Weil das Steuerrecht andauernd geändert wird und dabei die Endfassung der Novellen den Gesetzen des politischen Tagesgeschäfts gehorcht – bestimmt insbesondere durch Kompromisse zwischen Bund und Ländern sowie durch den Einfluss der verschiedenen lobbyistisch vertretenen Gruppen –, geht die systematische Klarheit häufig eher unter, und das deutsche Steuerrecht gilt als vielfach unlogisch und zu kompliziert. Ich habe bisher kein anderes Rechtsgebiet kennen gelernt, für das so viele Lehrbücher so harte Worte finden, zum Beispiel bei Dieter Birk, der sich in leichter Distanzierung von der Aussage darüber äußert, dass man als Zeitungsleser den Eindruck bekommen müsse, das Steuerrecht sei ein beliebig verfügbare Materie, eine „prinzipienlose, orientierungslose Rechtsmasse".[3] Nun wären „Prinzipien" und „Orientierung" gerade die eigentlichen klassischen Felder für einen Allgemeinen Teil des Steuerrechts, so dass man sich, wenn man also „Allgemeines Steuerrecht" lernen will, gezwungen sieht, einmal durchzuatmen und dann vorab einige Entscheidungen

---

[2] Anm. S. K.: Das Zitat entstammt *Klaus Vogel*, Der Verlust des Rechtsgedankens im Steuerrecht als Herausforderung an das Verfassungsrecht, DStJG 12 (1989), 123 (127).

[3] Anm. S. K.: Das Zitat entstammt *Dieter Birk*, Steuerrecht, 3. Aufl. 2000, Rn. 2.

zu treffen, wie man den Stoff denn nun angehen will. Jedenfalls kann man festhalten, dass es erst einmal anders angegangen werden muss, als wenn man sich gleich im Einzelfall um die Steuerminimierung für den eigenen Mandanten bemühen wollte; bevor man das, wenn man das später geschäftlich betreiben will, machen kann, muss man für sich selbst etwas Ordnung und Orientierung schaffen.

Dass dieser Orientierungsbedarf über die Grundlagen des Steuerrechts nicht völlig einfach zu decken ist, wirft aber nicht nur ein Problem für uns und für die Anwendungspraxis auf, sondern auch für die Gerechtigkeit, um die es im Steuerrecht geht: Dieser Zusammenhang ist sehr stark durch einen anderen Prominenten der Steuerrechtswissenschaft, Paul Kirchhof, publik gemacht worden. Ein Zitat von ihm: Er sei „fest davon überzeugt, dass mehr Einfachheit auch mehr Gleichheit vor dem Gesetz bedeutet".[4] Das ist ein Zusammenhang, der uns wieder eindeutig Hoffnung und eine Aufgabe für einen allgemeinen Teil des Steuerrechts gibt: Es muss nämlich deshalb erst einmal darum gehen, die allgemeinen Gerechtigkeitsfragen des Steuerrechts so zu begreifen, dass man zwar nicht über jedes Detail anhand des Besonderen Steuerrechts Auskunft geben kann, sondern vielmehr sich ein Reservoir an Argumenten und Kenntnissen der Grundprobleme heranbildet, das man auf möglichst alle neu auftretenden Probleme übertragen kann. Das ist die Leitlinie, an der sich diese Veranstaltung ausrichten soll, vor allem im ersten Teil, den verfassungsrechtlichen Grundlagen des Steuerrechts: Es wird also versucht werden, unter den zahlreichen Fragen, die sich im allgemeinen Steuerrecht stellen können, solche auszuwählen und zu vertiefen, die uns besonders viel über die Dreh- und Angelpunkte des Steuerrechts sagen könnten.

Die Veranstaltung beginnt also zum Einstieg mit dem einfach- und verfassungsrechtlichen Begriff der Steuer und der Abgrenzung zu Vorzugslasten und Sonderabgaben.

Sie wird in verfassungsrechtlicher Hinsicht fortgesetzt mit der Erörterung des „Steuerstaatsprinzips", des Rückwirkungsverbots, des Leistungsfähigkeitsprinzips anhand Art. 3 GG, des Schutzes von Ehe und Familie anhand von Art. 6 GG und dem Schutz des Eigentums anhand Art. 14 GG als den Schwerpunkten der verfassungsrechtlichen Schranken, in denen der Gesetzgeber im Steuerrecht handeln darf.

Es folgt dann der zweite große Schwerpunkt der Veranstaltung als das allgemeine Steuerverwaltungsrecht, häufig wird es unterteilt in das Steuerschuld- und das Steuerverfahrensrecht. Zuerst wollen wir dort etwas darüber erfahren, auf welchen Grundlagen die Organisation und die Tätigkeit der Steuerverwaltung basieren, was ja für die Rechtspraxis enorm wichtig ist. Dann kommen ausführlich die Gegenstände des Steuerschuld- und Steuerverfahrensrechts an die Reihe; diese regeln als Teile der Abgabenordnung – AO – Grundsätze über die Rechtsanwendung, die in allen Rechtsgebie-

---

[4] Anm. S. K.: Das Zitat stammt aus einem Interview mit dem „Spiegel", das *Paul Kirchhof* den Redakteuren Thomas Darnstädt und Jan Fleischhauer gab und das in Heft 21/2001, S. 88 ff. veröffentlicht wurde (ebd. S. 91).

ten des Besonderen Steuerrechts zum Zuge kommen, insbesondere auch die Ermittlung der Tatsachen durch die Steuerverwaltung und die Erhebung durch die Steuerverwaltungsakte sowie die Frage, was passiert, wenn so ein Steuerverwaltungsakt nachträglich noch einmal geändert werden muss. Dazu müssen die notwendigen Kenntnisse über die rechtliche Einkleidung von Rechtsbehelfen insbesondere nach der Finanzgerichtsordnung (FGO) kommen. Kurz und zum Schluss wollen wir dann versuchen, noch das Wichtigste über die straf- und ordnungswidrigkeitenrechtlichen Begleitregelungen zu erfahren, damit man auch jeweils ungefähr abschätzen kann, welches Risiko man eingeht.

Die Deutsche Steuerjuristische Gesellschaft, das ist der Club, in dem sich Wissenschaft und Praxis zur Förderung der wissenschaftlichen Befassung mit dem Steuerrecht treffen, hat 1998 eine Resolution verabschiedet und darin gefordert, dass das Steuerrecht Bestandteil des Pflichtstudiums wird und ein Angebot von vier Semesterwochenstunden im Pflichtfach „unverzichtbar" ist und außerdem das Steuerrecht als Wahlfach „ohne Kombination mit anderen Rechtsgebieten" angeboten werden sollte.[5] Wie Sie sehen, ist das nur zum Teil der Zustand, in dem wir leben. Das Steuerrecht ist überhaupt nicht Pflichtfach, es ist noch nicht einmal Wahlpflichtfach, aber im Wahlfach ist es immerhin allein als W[6] 16 im Angebot. Unglücklich daran ist nun wieder, dass das „Finanzverfassungsrecht" zusammen mit dem Währungs- und Haushaltsrecht in einer

---

[5] Anm. S. K.: Die Resolution unter dem Titel „Sieben Thesen zur steuerrechtlichen Ausbildung der Juristen" findet sich als Anlage 1 zu dem Protokoll über die gemeinsame Sitzung des Wissenschaftlichen Beirats und des Vorstandes der Deutschen Steuerjuristischen Gesellschaft e. V. am 20. März 1998 in München. These IV – „Das Steuerrecht in das Pflichtstudium aufnehmen!" – wird dort wie folgt erläutert:

„Die Ausbildung zum Volljuristen setzt voraus, daß das Steuerrecht Bestandteil des Pflichtstudiums wird. Deshalb erscheint ein Angebot von vier Semesterwochenstunden im juristischen Pflichtstudium unverzichtbar. Zur Vertiefung ist das Steuerrecht als eigenes Wahlfach – ohne Kombination mit anderen Rechtsgebieten – anzubieten. Dazu wird empfohlen:
1. Pflichtfach: Grundzüge des Steuerrechts (4 SWS)
   Allgemeines Steuerrecht, jeweils im Rahmen der verfassungsrechtlichen und europarechtlichen Vorgaben, und Einführung in das Recht der einzelnen Steuerarten, mit Schwerpunkt im Einkommensteuerrecht, einschließlich der bilanziellen Gewinnermittlung
2. Wahlfach:
   a) Einkommen- und Bilanzsteuerrecht (4 SWS)
   b) Unternehmens- und Umsatzsteuerrecht (4 SWS)
      Besteuerung von Personen/Unternehmen; System der Körperschaftsteuer, der Gewerbesteuer; Grundzüge der Umsatzsteuer
   c) Seminare und Übungen im Steuerrecht
   d) Zusätzliche Lehrveranstaltungen, soweit diese angeboten werden können:
      aa) Internationales und europäisches Steuerrecht (2 SWS)
      bb) Steuerverfahrensrecht (2 SWS)"

[6] Anm. S. K.: Abkürzung für „Wahlfach(gruppe)". Arndt Schmehl bezog sich offenbar auf Punkt III Nr. 16 f. der Anlage zu § 1 der seinerzeitigen hessischen Verordnung zur Ausführung des Juristenausbildungsgesetzes (Juristischen Ausbildungsordnung) in der Fassung vom 8. August 1994 (GVBl. I S. 334 [344 f.]).

anderen Gruppe, W 17 steckt, ohne dass das aber bedeutet, dass man nun im Steuerrecht ohne die verfassungsrechtlichen Grundlagen des Steuerrechts auskommen könnte. Deshalb ist die Veranstaltung hier unter W 16 anzukündigen gewesen, was aber nicht bedeutet, dass hier kein Verfassungsrecht stattfindet, vielmehr gehören die verfassungsrechtlichen Grundlagen des Steuerrechts auch hier hinein, zumal wenn man nach allgemeinen Orientierungspunkten für das Steuerrecht sucht, während das restliche Finanzverfassungsrecht, also insbesondere die Finanzbeziehungen zwischen Bund und Ländern, exklusiv in der W 17 bleiben. Wenn Sie an den Ausgangspunkt unserer Überlegungen denken, nämlich dass eigentlich nicht nur die Einnahmenseite, sondern das ganze Finanzgebaren des Staates über seine Akzeptanz und Legitimität entscheidet, werden Sie feststellen, dass in unserer Steuerrechtvorlesung etwas sehr Interessantes fehlt, nämlich Aussagen darüber, was nun mit dem ganzen schönen Geld passiert, wenn es denn der Staat nun einmal in die Finger bekommen hat, also die Ausgabenseite. Die ist mit dem Haushaltsrecht ebenfalls in der anderen Wahlfachgruppe, W 17, gelandet, was der traditionellen Aufteilung des Finanzrechts in das Steuer- und das sonstige Finanzrecht entspricht und auch der Idee der Steuer korrespondiert: Die Steuer ist gerade eine Einnahmequelle des Staates, für die er keine bestimmte Gegenleistung schuldet, sondern [bei der] das Parlament vielmehr frei von der jeweiligen Einnahmenquelle darüber entscheiden können soll, wie die Einnahmen verwendet werden sollen: Einnahmen- und Ausgabenseite sind bei der Steuer auch rechtlich getrennt.

Was das Examen angeht, können Sie also als Juristen in diesem Fach ihre Hausarbeit schreiben sowie einen Prüfungsabschnitt in der mündlichen Prüfung absolvieren;[7] die Hausarbeit ist dabei sicher das wichtigste Ziel, so dass man sich, wenn man denken würde, dass man sich auf eine Hausarbeit eigentlich überhaupt nicht vorbereiten könne, vielleicht fragt, wie viel Aufwand man in das Wahlfach stecken sollte, wenn es eigentlich nur zur Vorbereitung einer mündlichen Prüfung dient, in der vielleicht durchschnittlich zehn bis fünfzehn Minuten der Gesprächszeit auf einen selbst entfallen und die nur ein Sechstel der mündlichen Prüfungsnote ausmacht. Wenn aber immer behauptet wird, auf eine Hausarbeit könne man sich nicht vorbereiten, dann entspricht das jedenfalls meiner Erfahrung überhaupt nicht: Es ist im Gegenteil so, dass man seine Hausarbeit unbedingt in einem Gebiet zu bekommen versuchen sollte, mit dem man nicht erst seit kurzem, sondern schon seit längerer Zeit vertraut ist. Denn es ist ausgesprochen Ausschlag gebend für die Examenshausarbeit, ob man sich mit der einschlägigen Literatur auskennt und deshalb schnell Zugang findet – zum Beispiel ungefähr weiß, wo man etwas „gut" geschrieben findet und wo man andererseits meistens Unverständliches findet; wo man Wissenschaftler-Auskunft findet und wo

---

7 Anm. S. K.: Siehe die seinerzeit maßgeblichen §§ 7, 12–15 des hessischen Gesetzes über die Juristenausbildung (Juristenausbildungsgesetz) vom 12. März 1974 (GVBl. I S. 157) in der Fassung 19. Januar 1994 (GVBl. I S. 74), mit zwischenzeitlichen Änderungen, in der Fassung des Gesetzes vom 19. Dezember 2000 (GVBl. I S. 552).

man es hingegen mehr mit Praktikerinformationen zu tun hat oder welche Bedeutung die Rechtsprechung im Verhältnis zur Literatur hat; außerdem ob man ein Gefühl dafür entwickelt hat, was als problematisch und was als unproblematisch gilt, und schließlich auch ein Händchen dafür, wie ein Fall ausgehen könnte, und dieses Händchen bekommt man, glaube ich, nur, wenn man den Sinn und Zweck von gesetzlichen Regelungen verstanden hat. Also dürfte vom Examen her genug Motivation kommen. Abgesehen davon, dass sie mit ihren Grundkenntnissen dann auch schon mal leichter einen netten Einspruch gegen ihren Einkommensteuerbescheid selbst bearbeiten können und dadurch Anwaltskosten sparen.

Es folgen eine (didaktisch wohldurchdachte) Erhebung, aus welchen Studiengängen die Hörerschaft sich zusammensetze, sowie Literaturempfehlungen. Dann kommt Arndt Schmehl auf den Vorlesungsgegenstand zurück.

So, jetzt geht's los. Unser erstes Thema: Die Abgrenzung von Steuern und anderen Abgaben und ihre Folgen.

Schauen Sie sich einmal folgenden Gesetzestext[8] an und sagen mir, ob Sie das Gesetz für verfassungsmäßig halten.

Sie haben zehn Minuten Arbeitszeit, können sich gern mit ihrem Nachbarn austauschen, bitte notieren Sie sich die Stichworte, die Sie für die Verfassungsmäßigkeitsprüfung besonders in Betracht ziehen würden, also wo sie meinen, dass knirschen könnte. –

Wovon würden Sie's jetzt erst einmal abhängig machen? Von der formellen Rechtmäßigkeit. Hier vor allem von der Gesetzgebungskompetenz. Wo ist die geregelt?

Wir lernen eine erste und sogleich sehr wichtige Bedeutungsebene des Steuerbegriffs kennen: Die Feststellung der Gesetzgebungskompetenz.

Das Wort „Steuer" kommt entstehungsgeschichtlich vom althochdeutschen „stiura", mittelhochdeutsch „stiure": Stütze, Hilfe oder Unterstützung, die in Naturalien oder Geld an geistliche oder weltliche Obrigkeiten geleistet wurde, ohne dass diese dafür eine besondere Gegenleistung erbringen musste. Heute versagt aber eine Wortlautauslegung, sondern die Steuer ist ein rein rechtstechnischer Begriff geworden. Eine Legaldefinition dieses Begriffes findet man in § 3 I AO.

Nach § 3 I AO sind Steuern Geldleistungen, die nicht eine Gegenleistung für eine besondere Leistung darstellen und von einem öffentlich-rechtlichen Gemeinwesen zur Erzielung von Einnahmen allen auferlegt werden, bei denen der Tatbestand zutrifft, an den das Gesetz die Leistungspflicht knüpft. Die Erzielung von Einnahmen muß erstens

---

[8] Anm. S. K.: Den Hörern auf einem Arbeitspapier zur Verfügung gestellter Auszug aus dem seinerzeitigen Hessischen Gesetz über die Erhebung einer Abgabe für Grundwasserentnahmen (Hessischen Grundwasserabgabengesetz) vom 17. Juni 1992 (GVBl. I S. 209), geändert durch Gesetze vom 16. Dezember 1996 (GVBl. I S. 534) und vom 22. Dezember 2000 (GVBl. I S. 623).

nicht Hauptzweck sein; sie kann auch Nebenzweck sein. Zweitens sind auch Zölle und Abschöpfungen Steuern im Sinne der genannten Definition.

Können wir mit dieser Definition etwas für unseren Fall anfangen? [...] Lesen Sie den Tatbestand einmal durch. Vielleicht fallen Ihnen jetzt bereits mehr Zweifel ein als vorhin. Gehen wir das mal anhand des Hessischen Grundwasserabgabengesetzes im Einzelnen durch.

An dieser Stelle müssen wir die Vorlesung leider vorzeitig verlassen und versäumen deshalb die nun folgende ausführliche und anschauliche Erörterung des untersuchten hessischen Abgabengesetzes anhand der Merkmale des Steuerbegriffs (Kommilitonen berichten uns später, die erhobene Abgabe sei keine Steuer, sondern eine nichtsteuerliche Abgabe). Als wir gehen, wissen wir aber: Arndt Schmehl hat uns für das Steuerrecht gewonnen, und wir werden nächste Woche wiederkommen!

Rede des Prodekans für Studium, Lehre und Prüfungsangelegenheiten der Fakultät für Rechtswissenschaft Hamburg, Prof. Dr. Arndt Schmehl, zur Bundesfachschaftentagung 2012 in Hamburg

Als Studiendekan der Fakultät für Rechtswissenschaft freue ich mich sehr, dass die BuFaTa, die Bundesfachschaftentagung, nach Hamburg gekommen ist und dass somit in diesen Tagen eine eingehende Beleuchtung der wissenschaftlichen Juristenausbildung aus studentischer Sicht stattfinden wird. Zu diesem Thema, das mir am Herzen liegt, gibt es unverändert sehr viel zu sagen. Vieles von dem Vielen ist auch schon oft gesagt worden. Aber die Herausforderungen wandeln sich, so dass es auch Neues zu beraten gibt. Außerdem ist es die Diskussion immer wert, um die Maßnahmen zu formen, die wirklich konkret etwas erreichen können. Tagungen zur Juristenausbildung, die sich hinter dem Seufzer „es müsste eigentlich alles ganz anders sein" verschanzen und daraufhin am Ende nicht dazu beitragen, den Berg der Aufgaben operativ anzugehen, empfinde ich jedenfalls immer als traurig und resignativ. Von solchen Tagungen hat man daher auch schnell genug. Ich darf der Bundesfachschaftentagung daher schon vor ihrem Start zu ihrem geplanten Programm gratulieren, da es Aktualität und Konkretheit in gelungener Weise verbindet und daher die Aussicht hat, nicht in Resignation, sondern in konstruktive Arbeit zu münden.

Das sinnvoll Denkbare will also gedacht, das davon Machbare aber auch wirklich gemacht werden. Dieser Bereich des Machbaren wird unter der gegebenen Bedingung der von einer überwiegend staatlich abgenommenen Prüfung geprägten, „klassischen" juristischen Studiengangs oft als allzu begrenzt angesehen. Ich wäre da zuversichtlicher. Man kann auch in dem gegebenen strukturellen Rahmen schon viel für eine aufgabengerechte und zeitgemäße Gestaltung des rechtswissenschaftlichen Studiums tun; die Restriktionen scheinen mir vorrangig in den Ressourcen zu liegen. Ich möchte versuchen, dies eingangs Ihrer Tagung anhand wichtiger Schauplätze der aktuellen Entwicklung des Jurastudiums zu belegen.

Zuerst zum Schwerpunktbereichsstudium. Zwar will ich mit der Reihenfolge der Themen keine Reihung ihrer Wichtigkeit verbinden. Gleichwohl ist es kein Zufall, dass ich die Rede zuerst darauf bringe. Denn in der Einführung des universitären Schwerpunktbereichsstudiums und der zugehörigen Prüfung als eigenständigem Teil des Examens liegt trotz ihres überschaubaren Maßes das am weitesten reichende curriculare und strukturelle Element der Studienreform der letzten zehn Jahre in den mit einer (auch) staatlichen Prüfung endenden juristischen Studiengängen. Die damit verbundenen Entwicklungsmöglichkeiten drohen indes bislang unterschätzt zu werden.

Die Schwerpunktbereiche bilden in Kombination mit dem überwiegenden Pflichtfachanteil eine sinnvolle Kombination. Sie ist geeignet, eine gewisse Vertiefungserfahrung mit der unabdingbaren gemeinsamen Verständigungsebene aller Juristinnen und Juristen zu verbinden, die für die Funktionen des Rechtssystems so ungemein wichtig ist und bleibt. Der Schaffung einer hervorragenden gemeinsamen Basis des Wissens und Könnens der Studierenden und künftigen Berufsträgerinnen und Berufsträger hohen Stellenwert beizumessen, ergibt für das Rechtssystem viel Sinn, damit die Verständigung der Teilrechtsordnungen und das Bewusstsein für die gemeinsamen Aufgaben von Recht als solchem geschaffen und gewahrt wird. Zudem stärkt dies den Gedanken, dass Juristinnen und Juristen sich unabhängig davon, welchen Beruf sie ausüben, welches Rechtsgebiet und welche Mandanten sie vertreten, „auf Augenhöhe" begegnen. So ist das Verbraucherschutzrecht kein geringfügigeres Rechtsgebiet als das Kapitalmarktrecht, der Strafverteidiger besorgt kein weniger edles Geschäft als die Notarin und der Richter hat auf die Rechtsanwälte nicht herabzuschauen, was für die Rechtsunterworfenen und den Gedanken des Rechts durchaus wichtig sein kann. Wer das Wort „Einheitsjurist" mit negativer Konnotation verwendet, missversteht meist den eigenen Wert eines solchen gemeinsamen Fundaments.

Das Volumen der hinzutretenden Schwerpunktbereiche gibt nun für ein Jahr die Zeit, in dem die Studierenden vor allem ihr Wahlfach vertieft studieren. In dieser Zeit kann man schon eine Menge erreichen, und mit den weitreichenden fachlichen und didaktischen Gestaltungsmöglichkeiten, die gerade im Fortgeschrittenenstudium auf der Basis der Vorkenntnisse und mit oftmals kleineren Gruppen zur Verfügung stehen, bietet dies erhebliche Chancen. Das Schwerpunktstudium ist außerdem in der Lage, Berufswege mitzuprägen und den juristischen Arbeitsmarkt günstig zu beeinflussen. Die ernsthafte fachliche Spezialisierung kann als Zusatzqualifikation ein Signal und ein Unterscheidungsmerkmal sein, die den Einstieg in die fachlich gewünschte Laufbahn vereinfacht. Ohne dass ich auf statistisches Material zurückgreifen kann, beobachte ich jedenfalls nicht nur in meinem eigenen Schwerpunktbereich, dass man viele Absolventen oft einige Jahre später wirklich auf einer einschlägigen Stelle sieht. Ferner ist es ein Plus für die regionale Wirtschaftsentwicklung und müsste daher auch im Interesse der Politik liegen, wenn die Hochschulen Absolventinnen und Absolventen hervorbringen, die für die juristischen Fragen von regionalen Branchenschwerpunkten ein gutes Grundverständnis mit auf den Weg bekommen. Es ist übrigens schade, dass diese förderlichen Beiträge öffentlich eher wenig gewürdigt werden, jedenfalls bei öffentlichen Hochschulen – daher tue ich das hier einmal ausdrücklich.

Die Frage der Würdigung stellt sich offenbar für manchen Rezipienten auch hinsichtlich der Schwerpunktbereichsprüfung insgesamt, denn der universitäre Teil der Prüfung wird in seiner Reputation und Werthaltigkeit teils skeptisch betrachtet. Eine

Abwertung, in welcher der universitäre Teil der Note womöglich praktisch „herausgerechnet" wird, wäre jedoch in ihrer Pauschalität ganz verfehlt. Denn sie würde übersehen, dass Schwerpunktstudium und Schwerpunktprüfung angesichts ihrer Inhalte und der Art von Lehre und Prüfung in ihrer Wertigkeit durchaus nicht hinter dem Pflichtfachstudium zurückstehen. Es scheint nur so, dass der Umgang mit der Unterschiedlichkeit sich noch einspielen muss. Es wird sich herumsprechen. Das Argument einer „Noteninflation" in den Schwerpunktbereichen, die eine mangelnde Werthaltigkeit der Noten indiziere, trifft beispielsweise für die Universität Hamburg – ich nehme dies als Beispiel, weil ich es am besten kenne – auch nicht zu. Hier liegt die Durchschnittsnote der erfolgreichen Absolventinnen und Absolventen im Schwerpunktbereich nur um einen bis anderthalb Punkte oberhalb der entsprechenden Note im staatlichen Prüfungsteil liegt, also zwischen einem Drittel und der Hälfte einer Notenstufe. Ein solch überschaubarer Unterschied deutet nicht auf eine haltlose Punktevergabe hin. Er ist zudem durch andere, problemlose Faktoren erklärbar. Dazu gehört die für eine wissenschaftliche Prüfung sachgerechte Einbeziehung von Hausarbeiten, die den naturgemäßen Nebeneffekt hat, dass die Wahrscheinlichkeit eines Scheiterns im Vergleich zur weniger kalkulierbaren Klausur geringer ist. Hinzu kommt die etwas größeren Nähe zu den Lehrenden, die ebenfalls die Kalkulierbarkeit der Prüfung erhöht, und schließlich nicht zuletzt, dass es sich beim Schwerpunktbereich um ein Wunschfach der Studierenden handelt, in dem sie normalerweise zusätzlich motiviert und qualifiziert sind.

Ein zweiter Punkt: Die Schlüsselqualifikationen. Auch deren Aufwertung gehörte neben dem Schwerpunktbereichsstudium zum Reformprogramm der letzten Jahre. Die Chancen sind unterschiedlich genutzt worden. Insbesondere verstehe ich es gut, wenn sich Studierende in diesem Bereich Veranstaltungen wünschen, die fachlich eng mit rechtlichen Themen verbunden werden, also nicht „im freien Raum schweben". Es spricht viel dafür, dass auch beim gerne genannten „Rhetorikkurs" oder der „Präsentationsübung" der juristische Fach- und Berufskontext einbezogen sein sollte, denn nicht nur, aber besonders wenn diese Verbindung gelingt, können es glänzende und weiterführende Lehrveranstaltungen sein. Bemerkenswert ist, dass dieselben Fragen und Aufgaben sich nicht nur im Schlüsselqualifikationsbereich („SQ") der Juristinnen und Juristen und somit außerhalb der Bologna-Welt, sondern auch innerhalb der Bologna-Studiengänge findet, namentlich in der Frage, was genau unter dem Gesichtspunkt der dort so genannten „ABK" – der allgemeinen berufsqualifizierenden Kompetenzen – stattfinden kann und sollte. Diese Frage ist da wie dort nur durch Überlegung, Erfahrung und Diskussion zu klären, was wiederum, wie die Schwerpunktbereiche, eine entsprechende aktive gestaltende Befassung jeder Fakultät mit dieser Frage voraussetzt. Eine entscheidende Erfolgsbedingung besteht darin, dass sich jemand an der Fakultät der inhaltlichen Pflege und Koordination dieser Lehrveranstaltungen annimmt, sie evaluiert, die spezifische Nachfrage beobachtet, die Ziele definiert und Folgerungen für das Lehrprogramm zieht. Lehraufträge zu erteilen und das Geschehen im Übrigen sich selbst zu überlassen, genügt hingegen selbstverständlich nicht.

Drittens: Die Frage der „Verschulung" des Studiums. Auch sie wird heute in den juristischen Studiengängen hergebrachter Art kaum weniger diskutiert als in Bachelor-Studiengängen im Bologna-System. Diese Koinzidenz deutet darauf hin, dass die Bologna-Reform zwar formal, aber keineswegs inhaltlich vollständig an den rechtswissenschaftlichen Studiengängen vorbeigegangen ist. Im Gegenteil hat insbesondere die zum wiederholten Male erfolgte Einführung einer Zwischenprüfung diesmal – im Gegensatz zu früheren Versuchen – meist wirklich Fuß gefasst. Dabei kam es an manchen Orten auch zu Übertreibungen und anderen Effekten, die ebenfalls denjenigen einer noch ungeübten Umsetzung von Bologna-Studiengängen ähneln. Die Diskussion sollte sich jetzt nicht darum drehen, die Zwischenprüfung abzuschaffen, denn dafür sind die Erfahrungen mit ihr im Prinzip zu ermutigend. Was aber – von Ort zu Ort sehr unterschiedlich – zu tun ist, besteht im Auffinden der richtigen Balance von Lehren und Prüfen in einer zweiten internen Reformrunde, falls die Balance in der ersten noch nicht richtig getroffen worden ist. Es ist ein verstärktes Bewusstsein dafür zu spüren, dass es einen Zusammenhang zwischen der Prüfungshäufigkeit und dem tatsächlichen Studienverhalten gibt und dass es für ein gelingendes Studienerlebnis auch der intellektuellen Muße, der Gestaltungsräume für persönliche Entscheidungen und daraufhin inzwischen teils eines gewissen Maßes an Wieder-Entschleunigung, insbesondere in der Prüfungshäufigkeit, bedarf.

Als viertes Aktionsfeld ist die Gestaltung der Studieneingangsphase zu nennen. Es ist unverkennbar, dass bildungsbezogene, gesellschaftliche und technische Veränderungen dazu geführt haben, dass die Erwartungen und der Bedarf an Orientierungs- und Qualifizierungsleistungen der Fakultäten vor und in den ersten Studiensemestern größer geworden ist. Die unverändert hohe Zahl der Studierenden bei unverändert nicht verbesserter Ausstattung der öffentlichen Hochschulen trifft zudem mit der begrüßenswerten Heterogenität der Studierendenschaft und einer zunehmenden Diversifizierung und Steigerung der von den Universitäten sowohl seitens der Öffentlichkeit als auch seitens der Studierenden erwarteten Leistungen zusammen. Eine Nebenbemerkung: Selbst die quantitative Betreuungsrelation Studierende/Lehrende ist in gewisser Weise neu zu sehen – denn zwar ist ihre Größenordnung nun wirklich nicht mehr neu, doch kann man sagen, dass die Verhältnisse inzwischen kaum mehr als „Überlast" betrachtet, sondern teils sogar affirmativ als normal akzeptiert werden. An die Hochschulen kommt überdies nun längst diejenige Generation von Studierenden, die sich im Mediennutzungsverhalten fundamental von vorangehenden Studierendengenerationen unterscheidet. Ihr Lebensgefühl ist zudem stärker als früher von ökonomischer Volatilität beeinflusst, was die Ausrichtung auf einen sicheren Studienerfolg und dessen Zertifizierung für sie wichtiger werden lässt. Mit diesen und anderen Wandlungen hat insbesondere die Erst- und Zweitsemesterlehre umzugehen. Deren Gewicht und Anerkennung ist zu stärken, und angemessen veränderte Mittel von Lehre, Studienorganisation und Studierendenbegleitung sind zu erproben und auszubauen. Dies geschieht auch teilweise, so etwa an der Universität Hamburg mit dem Universitätskolleg. Es wird im Rahmen des Qualitätspakts Lehre vom Bundesministerium für Bildung und Forschung gefördert und zielt darauf ab, dass die

Basis für das klassische Ziel von Bildung durch Wissenschaft während der Studienorientierung sowie den prägenden ersten Semestern gelegt wird. Mehrere sehr interessante und aussichtsreiche Projekte steuert die Fakultät für Rechtswissenschaft bei.

Ein fünfter Handlungsbereich ist die Profilbildung der Fakultäten, auch in der Lehre. In diesem Zusammenhang wird oft am ehesten das Schwerpunktbereichsstudium als Chance genannt. Hinzu kommt aber, dass es auch jenseits dieser formal sichtbaren Unterscheidungsmöglichkeiten sehr wohl möglich und sinnvoll – und, abgesehen davon, ohnehin unvermeidbar – ist, dass sich die juristischen Fakultäten in wenn auch nicht grundstürzenden, so doch gewichtigen Nuancen unterscheiden. Hamburg liefert den beiden hier angesiedelten Orten des Jurastudiums, die nur einige hundert Meter voneinander entfernt liegen, eines der Beispiele: Es ist der Beleg dafür, dass der Umstand, dass die Studierenden am Ende zu identischen staatlichen Prüfungen geführt werden, keineswegs verhindern muss, dass Hochschulen eigene Profile ausbilden. Die Universität Hamburg und die Bucerius Law School werden von der interessierten Öffentlichkeit, Studierenden und Lehrenden mit jeweils unterschiedlichen Eigenschaften assoziiert, einschließlich jeweils unterschiedlicher Stärken und Schwächen. Dies reicht sogar bis dahin, dass Männer und Frauen die Bildungsangebote der Universität und der Law School trotz formal identischen Abschlusszeugnisses in signifikantem Maße unterschiedlich attraktiv finden, betrachtet man den bisher über Jahre hinweg messbar höheren Männeranteil an der Law School. Es wird auch deutlich, dass die Interessentinnen und Interessenten differenziert denken, also die Hochschulprofile nicht als generelles „besser/schlechter" sehen, sondern nach verschiedenen Dimensionen unterscheiden. So wird am Beispiel Universität/Law School beispielsweise sowohl wahrgenommen, dass die Durchschnittsnoten ihrer Absolventen sich unterscheiden, die Anzahl der Prädikatsabsolventen hingegen beinahe identisch ist. Diese Betrachtungen sind nicht auf Hamburg beschränkt: Viele andere Vergleiche, etwa zwischen den jeweils zahlreichen baden-württembergischen oder bayerischen Fakultäten, werden faktisch angestellt und bringen ähnliche Überlegungen hervor.

Der nächste interessante Themenkomplex: Internationalisierung und Sprachen. Die jüngeren Reformen im Jurastudium haben die Fachsprachenelemente sinnvollerweise aufgewertet. Dass die Bologna-Reformen dies zusätzlich für die gesamte internationale Mobilität in groß angelegter Weise versucht haben, es aber nur teilweise geglückt ist, deutet darauf hin, dass es auch hierfür wahrscheinlich weniger auf die technokratischen Großstrukturen und internationalen Punkteverrechnungssysteme ankommt als von einigen gedacht wurde. Diese Systeme sind zwar ebenfalls relevant, aber es kommt mindestens genauso sehr darauf an, dass in dem jeweiligen Studiengang vor Ort tatsächlich ein realistischer Raum für studentische Auslandsaktivitäten gegeben und dieser Raum auch geschützt und anerkannt wird. Zweitens ist es förderlich und wichtig, dass die Fakultäten über funktionierende Auslandskontakte und eine entsprechende Anlaufstelle für Studierende verfügen, damit sie von einem Auslandsnetzwerk Gebrauch machen können, falls sie ein Auslandsstudium nicht – was ebenfalls seine volle Berechtigung und viel Charme hat – gänzlich auf eigene Faust organisieren wollen oder können. Auch dies sind Bedingungen, die sich unabhängig davon schaffen lassen, ob ein Studiengang Bologna-konform ist. Wenngleich letzteres noch zusätzliche Effekte auslösen könnte, so sind die Optionen also doch auch im „klassischen" System nicht von vornherein schlechter. Was die inhaltliche Internationalisierung und Europäisierung der Lehre „zu Hause" angeht, so folgt aus der Entwicklung der Rechtsordnung, dass die internationalen und europäischen Fragen in beinahe jede Lehrveranstaltung einfließen müssen. Diese Themen allein den speziellen völker- und europarechtlichen Veranstaltungen zu überantworten, würde sicherlich nicht ausreichen.

Auch auf dem folgenden Tätigkeitsfeld der Studienreform – das, da es schon das siebte in der Reihe ist, den Abschluss bilden soll – möchte ich sowohl zuversichtlich auf die gegebenen Optionen hinweisen als auch deren Nutzung fordern. Zum rechtswissenschaftlichen Studium gehört eine Grundlagenorientierung. Diese Sichtweise ist in der Juristenausbildungsdebatte mindestens unverändert präsent, vielleicht sogar eher mit zunehmender Tendenz. Wie von der „Rechtstechnik" verantwortlich Gebrauch gemacht und wie Spielräume im Rechtsalltag ausgefüllt werden, hat mit Grundlagen des Rechts zu tun. In einem Bachelor- oder Masterstudiengang wären die Möglichkeiten für die Fakultäten, entsprechend Schwerpunkte zu setzen, zwar größer, als sie es im Studiengang zur ersten juristischen Prüfung bei realistischer Sicht des von der „Examensrelevanz" geprägten Studierverhaltens sind. Indes lässt sich auch im gegebenen Rahmen durch die Gestaltung des Curriculums und der Lehrformen Wirksames tun, um der Gefahr entgegenzusteuern, dass Grundlagenfächer lediglich als notwendiges Übel für den „Grundlagenschein" wahrgenommen und gleich im ersten Semester – und damit ohne wesentliche Möglichkeit zur Bezugnahme auf das geltende Recht – „erledigt" und sodann innerlich abgewählt werden. Neben Anreizen zum Besuch von Grundlagenveranstaltungen in höheren Semestern kann auch ein erweitertes Verständnis des Grundlagenbereichs überzeugend sein. So kann beispielsweise die Methodenlehre einbezogen und dann zunehmend auch so verstanden und unterrichtet werden, dass sie über die Rechtsanwendung hinaus auf die Rechtsgestaltung und kritische Würdigung von Recht erstreckt wird, was zugleich eine inhaltliche Brücke zu Schlüsselqualifikations-Veranstaltungen schlagen würde. Veranstaltungen zur wissenschaftlichen Arbeitsweise und zur Methodenlehre könnten ebenfalls Verbindungen eingehen; ähnlich liegt es bei Bezügen zwischen Recht und im weitesten Sinne ethischen, auch berufsethischen Handlungsgrundlagen. Am Rahmen der Juristenausbildungsgesetzgebung müssten diese und viele andere weiterführende Ansätze jedenfalls nicht generell scheitern.

Ein Zwischenfazit könnte also lauten, dass zwar auch über Strukturreformen sinnvoll zu sprechen ist, man aber nicht auf solche zu warten braucht, um in vielen Bereichen schon unabhängig davon einige wichtige Weichen richtig zu stellen. Um die Optionen nutzen und sie bildungspolitisch entwickeln zu können, bedarf es – auch dies gilt es zu erwähnen – in einer Staatsexamenswelt nicht zuletzt eines sehr guten Zusammenwirkens der Justizministerien und der Justiz, der juristischen Fakultäten und der Bildungs- und Wissenschaftspolitik. So gilt es mit der Situation, dass der nach wie vor wichtigste Studiengang der juristischen Fakultäten von einer staatlich gesetzten Prüfungsordnung aus geprägt wird, aufmerksam umzugehen. „Eigentlich" wird in der Gesetz- und Verordnungsgebung zur Juristenausbildung zwar primär die Prüfung, nicht unmittelbar das Studium selbst geregelt. Nicht nur die Festlegung der Prüfungsgegenstände, sondern auch die Festsetzung der Zulassungsvoraussetzungen zur ersten juristischen Prüfung und die Bestimmung der Formen, in denen geprüft wird, bedingen jedoch selbstverständlich einen maßgeblichen Einfluss nicht nur auf die Inhalte, sondern auch auf die Struktur des Universitätsstudiums, rechtlich wie faktisch. Das braucht nicht unbedingt generell positiv oder generell negativ bewertet zu werden. Entscheidender ist, dass dieser Zusammenhang schlicht ein ausgeprägtes, hohes Maß an wechselseitigem Verständnis bei den Beteiligten verlangt.

Auch dies lässt sich an konkreten Beispielen veranschaulichen. So sieht das Juristenausbildungsrecht in Hamburg vor, dass die universitäre Schwerpunktbereichsprüfung vollständig abgeschlossen sein muss, bevor die Zulassung zum staatlichen Prüfungsteil erfolgen kann. Die universitäre Prüfung ist nach dem Richtergesetz zwar selbst ein Teil der Abschlussprüfung, also weder eine Art zweiter Zwischenprüfung noch eine Zugangsprüfung für die Abschlussprüfung. Genau in diese Richtung muss sie sich aber natürlich in der Praxis doch entwickeln, wenn sie, wie hier, obligatorisch abzuschichten ist, bevor die Meldung zum staatlichen Prüfungsteil erfolgen kann. Das Studienverhalten richtet sich verständlicherweise daran aus, so dass die genannte Regelung de facto natürlich nicht nur Zulassungsvoraussetzungen zur Abschlussprüfung betrifft, sondern zugleich die Studienstruktur verändert. Ich persönlich finde diese Regelung übrigens eher nachteilig, weil sie dazu führt, dass das Schwerpunktstudium vielfach bereits vor der Vorbereitung auf das Pflichtfachexamen beendet wird, also auch nicht mehr auf den weiteren Lernfortschritten im Pflichtfach aufbauen und hiervon gegebenenfalls profitieren kann. Zudem sind die eigenständigen zeitlichen und damit auch persönlichen Gestaltungsmöglichkeiten für die Studierenden größer, wo die zeitliche Verzahnung von Schwerpunkt- und Pflichtfachprüfung zur Wahl steht. Dies ist aber nicht der Grund, warum ich das Beispiel hier anführe. Ich möchte es vielmehr als einen praktischen Beleg dafür anführen, weshalb die Gestaltung dieser Schnittstellen eine unbedingt gemeinsam von Gesetzgebung und Hochschulen zu beratende Aufgabe ist und warum deren enges Zusammenwirken wichtig für Studienreformen in der Juristenausbildung ist. Ein anderes Beispiel wäre die Internationalisierung. Hier ist beispielsweise nach hamburgischem Recht soeben eine Verbesserung der Anrechnungsfähigkeit der Beteiligung an großen Moot Courts diskutiert und ausgearbeitet worden, die voraussichtlich demnächst im Gesetzblatt stehen wird und für ein gutes Zusammenwirken des Hochschul- und des Justizbereichs steht.

Bei allen Reformen und anderen Weiterentwicklungen lassen Sie uns schließlich den Grund und das Ziel einer akademischen Bildung von Juristinnen und Juristen zum Leitstern nehmen. Ganz gleich, ob mit oder ohne „Bologna": Im wissenschaftlichen Studium soll es nicht in erster Linie um formale Nachweise, sondern um ein nachhaltig wirkendes Bildungserlebnis gehen. Aus den rechtswissenschaftlichen Studiengängen gehen diejenigen Menschen hervor, denen gerade auch aufgrund ihres Studiums das Vertrauen entgegengebracht und die Funktion übertragen wird, das Recht zu repräsentieren. Wer Juristin oder Jurist ist, dem wird zugeschrieben, in besonderer Weise für das Recht zu stehen und das Recht mitzugestalten. Ein Rechtssystem wäre sowohl funktionsschwach, wenn Juristinnen und Juristen vom Recht selbst wenig verstünden – als auch dann, wenn sie sich hermetisch in einer inneren Rechtswelt einschließen würden und daraufhin nicht in der Lage wären, das Recht adäquat auf die Welt zu beziehen, für die es da ist. Diese gehört zu den vielen guten Gründen dafür, dass Juristenausbildung eben nicht allein eine Ausbildung, sondern ein Studium auf Universitätsniveau verlangt. Es macht die gesellschaftliche Verantwortung von Juristinnen und Juristen aus, dass sie in ihrer täglichen Berufspraxis sowohl für den Eigenwert des Rechts als gesellschaftlichem Funktionssystem stehen als auch dessen Kontextualisierung mit der Umwelt des Rechts leisten. Und so muss es daher auch im Studium geschehen. Die Gesellschaft darf und muss daher wissen, dass ihre Investitionen in die akademische und praktische Juristenausbildung sinnvoll und unabdingbar sind, um vieles von dem, was für die genannten Ziele notwendig ist, eben nicht nur denkbar, sondern auch machbar sein zu lassen.

Allen Beteiligten der Konferenz möchte ich herzlichen Dank für Ihr Kommen sagen und viel Erfolg wünschen. Besonderer Dank gilt den Organisatorinnen und Organisatoren, die sich in Hamburg und bundesweit für diese Veranstaltung engagiert haben.

Hamburg, im Mai 2012 Prof. Dr. Arndt Schmehl

Literaturverzeichnis von Arndt Schmehl

Monographien

Das Äquivalenzprinzip im Recht der Staatsfinanzierung. XXII und 289 S., Tübingen 2004. (Habilitationsschrift, Gießen 2003).

Gebietsbezogener Bodenschutz: Bodenschutzgebiete, Bodenplanungsgebiete, Bodenbelastungsgebiete und Bodengefährdungsgebiete im Gefüge des Umwelt- und Planungsrechts – rechtliche und bodenschutzfachliche Grundlagen. Gemeinsam mit Oliver Hendrischke und Norbert Feldwisch. 187 S., Berlin 2003.

Genehmigungen unter Änderungsvorbehalt zwischen Stabilität und Flexibilität: Zur Entwicklung revisionsoffener Genehmigungsentscheidungen im Umweltrecht – verwaltungsrechtliche, verfassungsrechtliche und verwaltungswissenschaftliche Aspekte. 212 S., Baden-Baden 1998. (Dissertation, Gießen 1998).

Herausgeberschaften

Recht der Steuern und der öffentlichen Finanzordnung/Tax law and public finance. Schriftenreihe, herausgegeben gemeinsam mit Dietmar Gosch, Ulrich Hufeld, Gregor Kirchhof, Alexander Rust, Ralf Peter Schenke, Henning Tappe und Birgit Weitemeyer. Baden-Baden ab 2014.

GK-KrWG: Gemeinschaftskommentar zum Kreislaufwirtschaftsgesetz sowie zur Verpackungsverordnung (VerpackV), zur Altfahrzeugverordnung (AltfahrzeugV), zum Elektro- und Elektronikgesetz (ElektroG), zum Batteriegesetz (BattG), zur Bioabfallverordnung (BioAbfV), zur Abfallverzeichnisverordnung (AVV) und zur EU-Abfallverbringungsverordnung (VVA), LVIII und 1020 S., Köln 2013.

Verfassung – Verwaltung – Umwelt. Beiträge zum rechtswissenschaftlichen Symposium anlässlich des 70. Geburtstages von Prof. Dr. Klaus Lange. Herausgegeben gemeinsam mit Monika Böhm. Baden-Baden 2010.

Steuerungsinstrumente im Recht des Gesundheitswesens. Band 1: Wettbewerb, Band 2: Kooperation, Band 3: Kontrolle. Herausgegeben gemeinsam mit Astrid Wallrabenstein. Tübingen ab 2005 (Band 1: 2005, Band 2: 2006, Band 3: 2007).

Funktionen und Kontrolle der Gewalten. 40. Tagung der Wissenschaftlichen Mitarbeiterinnen und Mitarbeiter der Fachrichtung Öffentliches Recht, Gießen 2000. Herausgegeben von den Mitgliedern des Organisationskomitees. Stuttgart 2001.

Buchbeiträge, Zeitschriftenaufsätze, Kommentierungen und ähnliche Abhandlungen

[2013/2014]

Das Universitätskolleg stellt sich vor! Dokumentation des ersten Jahres. Universitätskolleg-Schriften Band 1, Hamburg 2013 (Prof. Dr. Arndt Schmehl in der Redaktion).

Discussion Summary: Working Group Mariculture. Gemeinsam mit Nina Kunigk und Swaantje Böckmann. In: Hans-Joachim Koch/Doris Köng (Hrsg.), Proceedings of the Hamburg International Environmental Law Conference 2013.

Finanzierung der gesetzlichen Krankenversicherung: Verwendung und Verwaltung der Mittel; Gesundheitsfonds, Finanz- und Risikoausgleiche. §§ 38 und 39 in: Helge Sodan (Hrsg.), Handbuch des Krankenversicherungsrechts, 2. Aufl. München 2014, S. 1124–1171.

Steuersystematik, Steuerausnahmen und Steuerreform. In: Demokratie–Perspektiven, Festschrift für Brun-Otto Bryde zum 70. Geburtstag, herausgegeben von Michael Bäuerle, Philipp Dann und Astrid Wallrabenstein, Tübingen 2013, S. 457–480.

Die Einfuhrumsatzsteuer zwischen Zoll- und Umsatzsteuerverwaltung: Ein Beitrag zur Auslegung von Art. 108 Abs. 1 und 4 GG. In: Das Steuerrecht der Unternehmen, Festschrift für Gerrit Frotscher zum 70. Geburtstag, herausgegeben von Jürgen Lüdicke, Jörg Manfred Mössner und Lars Hummel, Freiburg, München 2013, S. 519–534.

Kommentierung des § 45 Kreislaufwirtschaftsgesetz (Pflichten der öffentlichen Hand zur Förderung der kreislaufwirtschaftlichen Ziele). In: GK-KrWG, Gemeinschaftskommentar zum Kreislaufwirtschaftsgesetz, Köln 2013, S. 631–646.

Die Studieneingangsphase nachhaltig zielgerecht (um)gestalten – aber wie? Der Projektverbund des Universitätskollegs der Universität Hamburg. In: J. Brockmann/A. Pilniok (Hrsg.), Studieneingangsphase in der Rechtswissenschaft, Schriften zur rechtswissenschaftlichen Didaktik, Baden-Baden 214, S. 360–375.

La justicia distributiva ambiemental. In: Jorge Bermúdez/Dominique Hervé (ed.), Justicia ambiemental: Derecho e Instrumentos des Gestiión del spacio Marino Costero, Santiago de Chile 2013, p. 67–94.

La legislación ambiemental y el ascenso de la acuicultura. In: Jorge Bermúdez/Dominique Hervé (ed.), Justicia ambiemental: Derecho e Instrumentos des Gestiión del spacio Marino Costero, Santiago de Chile 2013. Gemeinsam mit Henrik Flatter und Sarah Wack.

[2011/2012]

Das Umweltrecht und der Aufstieg der Aquakultur. Gemeinsam mit Henrik Flatter und Sarah Maria Wack. In: Jahrbuch des Umwelt- und Technikrechts 2012, Reihe UTR, herausgegeben von Bernd Hecker, Reinhard Hendler, Alexander Proelß und Peter Reiff, Berlin 2012, S. 201–220.

Konsens und Kooperation im Verwaltungsrechtsverhältnis. In: Margarete Schuler-Harms (Hrsg.), Konsensuale Handlungsformen im Sozialleistungsrecht, Berlin 2012, S. 11–23.

Kritische Bestandsaufnahme der Grundsteuer. Vortrag bei der 36. Jahrestagung der Deutschen Steuerjuristischen Gesellschaft in Speyer. In: Kommunalsteuern und -abgaben, DStJG Band 35, herausgegeben von Joachim Wieland, Köln 2012, S. 249–291.

Rede vor der Bundesfachschaftentagung Jura 2012 zur Weiterentwicklung des rechtswissenschaftlichen Studiums. In: Bundesfachschaftentagung Jura, Dokumentation der Jahrestagung 2012. [Manuskript]

„Mitsprache 21" als Lehre aus „Stuttgart 21"? In: Staat, Verwaltung, Information, Festschrift für Hans Peter Bull zum 75. Geburtstag, herausgegeben von Veith Mehde, Ulrich Ramsauer und Margrit Seckelmann, Berlin 2011, S. 347–364.

Basisstationen für Mobilfunknetze: Bau- und immissionsschutzrechtliche Bedingungen der Versorgung mit Telekommunikations-Infrastruktur. Unter Mitarbeit von Vincent Ludewig. In: Jura 2011, S. 669–678.

Hausmüll: Die öffentliche Entsorgungswirtschaft zwischen Gewährleistungsauftrag und europäischem Wettbewerb. In: 16. Symposion des Instituts für Umwelt- und Planungsrecht der Universität Leipzig und des Helmholtz-Zentrums für Umweltforschung am 14. und 15. April 2011, herausgegeben von Kurt Faßbender und Wolfgang Köck, Baden-Baden 2011, S. 93–115.

Die 40. Assistententagung 2000 in Gießen: Rückblick nach zehn Jahren. Gemeinsam mit Sebastian Heselhaus, Matthias Mayer und Astrid Wallrabenstein. In: Perspektiven des Öffentlichen Rechts: Festgabe 50 Jahre Assistententagung Öffentliches Recht, herausgegeben von Marcel Dalibor et al., Baden-Baden 2011, S. 459–478.

[2009/2010]

Tendenzen und Probleme der internationalen Zusammenarbeit im Steuerverfahren. In: Jürgen Lüdicke (Hrsg.), 26. Hamburger Tagung zur Internationalen Besteuerung 2009: Brennpunkte im deutschen internationalen Steuerrecht, Köln 2010, S. 45–74.

Das Gemeinschaftsrecht und die steuerliche Verbilligung von Schulgeldzahlungen an Privatschulen. Begründung, Reichweite und Seiteneffekte der fachgerichtlichen und gesetzgeberischen Implementation des Anwendungsvorrangs durch Ausdehnung von Förderungstatbeständen. In: EuR 2010, S. 386–401.

Rechtsfragen von Windenergieanlagen. In: Jura 2010, S. 832–841.

Bündelung, Vernetzung und Ortsunabhängigkeit als Verfahrens- und Organisationstrends in der öffentlichen Verwaltung. Insbesondere am Beispiel der EG-Dienstleistungsrichtlinie und ihrer Umsetzung. In: Monika Böhm/Arndt Schmehl (Hrsg.), Verfassung – Verwaltung – Umwelt, Beiträge zum rechtswissenschaftlichen Symposium anlässlich des 70. Geburtstages von Prof. Dr. Klaus Lange. Baden-Baden 2010, S. 123–143.

Der rechtliche Rahmen der Regulierung: Kompetenzen und Grenzen (Vortrag beim 13. Hamburger Wirtschaftsrechtstag). In: Christian Graf/Marian Paschke (Hrsg.), Finanzmarkt – Wege aus der Vertrauenskrise, 13. Hamburger Wirtschaftsrechtstag, Hamburg 2010, S. 23–39.

Bail-out, Bail-in. – Zur Versicherungsfunktion öffentlicher Haushalte in der Finanzmarkt- und Schuldenkrise und ihren rechtlichen Implikationen. In: Stefan Korioth u. a. (Hrsg.), Jahrbuch für öffentliche Finanzen 2010, Berlin 2010, S. 373–386.

Flatrate – All You Can Drink! Klausur im Öffentlichen Recht aus dem Allgemeinen Verwaltungsrecht, dem Gewerbe- und Gaststättenrecht und dem Verwaltungsprozessrecht mit einer Zusatzfrage zur Föderalismusreform I. In: JA 2010, S. 128–133.

Nationales Steuerrecht im internationalen Steuerwettbewerb. In: Wolfgang Schön / Karin E.M. Beck (Hrsg.), Zukunftsfragen des Steuerrechts (Veröffentlichungen des Max-Planck-Instituts für Geistiges Eigentum, Wettbewerbs- und Steuerrecht München / MPI Studies on Intellectual Property, Competition and Tax Law, Vol. 11), Heidelberg, Berlin 2009, S. 99–123.

Kommentierung von Art. 104a (Ausgaben- und Lastenverteilung zwischen Bund und Ländern, Haftung für ordnungsmäßige Verwaltung), Art. 104b (Finanzhilfen des Bundes für Investitionen), Art. 111 (Ausgaben ohne Haushaltsgenehmigung), Art. 112 (überplanmäßige und außerplanmäßige Ausgaben) und Art. 113 GG (Ausgabenerhöhung, neue Ausgaben durch finanzwirksame Gesetze). In: Karl Heinrich Friauf/Wolfram Höfling (Hrsg.), Berliner Kommentar zum Grundgesetz, Berlin, Loseblatt, 28. und 29. Lfg. 2009, 76 S.

Auffang- oder Gewährleistungsverantwortung bei privat-öffentlicher Konkurrenz? Das Beispiel des „Altpapierstreits". In: NVwZ 2009, S. 1262–1267.

Umweltfragen des Wachstums der Fischproduktion: Das Recht der Aquakultur in Küsten- und Meeresgewässern. Gemeinsam mit Sarah Maria Wack. In: ZUR 2009, S. 473–478.

Kinder im Steuerrecht. In: Reinhard Bork/Tilman Repgen (Hrsg.), Das Kind im Recht, Berlin 2009, S. 127–158.

Klausur aus dem EStG, dem Internationalen Steuerrecht und der AO, insbesondere mit Fragen der Einkünfteermittlung und der Korrektur von Steuerbescheiden (Fallbearbeitung). Mitverfasser: Markus Beckers. In: Ad Legendum http://www.ad-legendum.de/, Die Ausbildungszeitschrift aus Münsters Juridicum, 2009, S. 110–120.

[2007/2008]

Staatswissen und Steuerverwaltung. In: Indra Spiecker genannt Döhmann/Peter Collin (Hrsg.), Generierung und Transfer staatlichen Wissens im System des Verwaltungsrechts, Tübingen 2008, S. 270–291.

Bildungskosten als Erwerbsaufwendungen im Einkommensteuerrecht: Vom Wandel der Wirklichkeit zum Wandel des Rechts. In: Walter Gropp/Martin Lipp/Heinhard Steiger (Hrsg.), Rechtswissenschaft im Wandel. Festschrift des Fachbereichs Rechtswissenschaft zum 400jährigen Bestehen der Universität Gießen, Tübingen 2007, S. 305–319.

Zur Kontrolle der Selbstverwaltung im Gesundheitswesen durch die Staatsaufsicht. In: Schmehl/Wallrabenstein (Hrsg.), Steuerungsinstrumente im Recht des Gesundheitswesens, Band 3: Kontrolle, Tübingen 2007, S. 1–15.

[2005/2006]

Studiengebühren in Hessen – verfassungsgemäß? Die Verbürgung der Unentgeltlichkeit des Hochschulunterrichts in Hessen und ihre Beschränkungen nach Art. 59 HV. In: NVwZ 2006, S. 883–888.

Sachlichkeitsgebot und Rechtsschutzfragen bei der plebiszitären Abberufung von Bürgermeistern und Landräten. In: Kommunaljurist 2006, S. 321–327.

Zur Bestimmung des Kernbereichs der kommunalen Selbstverwaltung. In: BayVBl. 2006, S. 325–329.

Umsatzsteuer auf die Insolvenzverwalterhaftung nach § 61 InsO? Der Anspruch auf das negative Interesse zwischen wirtschaftlicher und zivilrechtsakzessorischer Betrachtungsweise im Umsatzsteuerrecht. Mitverfasserin: Christine Mohr. In: NZI 2006, S. 276–279.

Umweltverteilungsgerechtigkeit – Probleme und Prinzipien einer gerechten räumlichen Zuordnung von Umweltqualität und Umweltnutzungsoptionen. In: Reinhard Hendler/Peter Marburger/Michael Reinhardt/Meinhard Schröder (Hrsg.), Jahrbuch des Umwelt- und Technikrechts 2005, Reihe UTR, Berlin 2005, S. 91–113.

Virtuelles Hausverbot und Informationsfreiheit. Gemeinsam mit Eike Richter. In: JuS 2005, S. 817–824.

Dimensionen des Äquivalenzprinzips im Recht der Staatsfinanzierung. In: ZG 2005, S. 123–143.

[2003/2004]

Allgemeine Verlustverrechnungsbeschränkungen mit Mindestbesteuerungseffekt – ein tragfähiges Konzept für das Einkommensteuerrecht? Gießener Elektronische Bibliothek, 25 S., http://geb.uni-giessen.de/geb/volltexte/2004/1388/.

Gefahrenabwehrmaßnahmen bei mutmaßlicher Entführung. In: Verwaltungsrundschau 2004, S. 99–104.

Lokale Agenda 21-Prozesse: Nachhaltigkeit als Projekt der Zivilgesellschaft und Gegenstand der örtlichen Selbstverwaltung. In: Klaus Lange (Hrsg.), Nachhaltigkeit im Recht: Eine Annäherung, Baden-Baden 2003, S. 39–57.

Der Widerspruch gegen die Gültigkeit von Wahlen in den hessischen Kommunalvertretungen. In: VR 2003, S. 276–281.

[1997–2002]

Die Verlängerung der Spekulationsfristen in § 23 EStG und der Wandel der Rückwirkungsdogmatik. 24 S., Berlin 2001.

Teilprivatisierung der Daseinsvorsorge, Demokratieprinzip und Gewinnerzielungsmaxime – BerlVerfGH, NVwZ 2000, 794. In: JuS 2001, S. 233–236.

Die Auslegungs- und Heilungsregeln des Kommunalwahlrechts in der Kritik. Eine wahlrechtssystematische und verfassungsrechtliche Untersuchung. In: Die Verwaltung 2001, S. 235–260.

Umsetzungsprobleme der Strukturreform der Hochschulklinika – eine Zwischenbilanz. Mitverfasser: Arnim Karthaus. In: MedR 2000, S. 299–310.

Die verfassungsrechtlichen Rahmenbedingungen des Bestands- und Vertrauensschutzes bei Genehmigungen unter Änderungsvorbehalt. In: DVBl. 1999, S. 19–27.

Der Regelungsinhalt des vorläufigen Verwaltungsakts. In: VR 1998, S. 373–377.

Die Abgrenzung zwischen echter Auflage und Inhaltsbestimmung der Genehmigung. In: UPR 1998, S. 324–336.

Religiöser Lärm – Wenn Glocken läuten und Muezzine rufen: Ein Fall für das Immissionsschutzrecht. In: KJ 1998, S. 539–542

Die Genehmigung zwischen staatlicher und privater Umweltverantwortung. In: Klaus Lange (Hrsg.), Gesamtverantwortung statt Verantwortungsparzellierung im Umweltrecht, Baden-Baden 1997, S. 191–206.

Der Ruf des Muezzin und das Lautsprecherverbot. In: JA 1997, S. 866–872.

[1991–1996]

Die Ausnahme von der 25-Jahres-Grenze bei gewährter Zurückstellung in § 5 Abs. 1 S. 2 Nr. 1a WPflG – Zu einer schwierigen Norm auf dem weiten Feld der „Wehrgerechtigkeit" –. In: NZWehrr 1996, S. 242–249.

Die erneuerte Erforderlichkeitsklausel in Art. 72 II GG. In: DÖV 1996, S. 724–731.

Die Verkehrsbeschränkungen bei Ozonsmog nach §§ 40a-40e BImSchG. Mitverfasser: Arnim Karthaus. In: NVwZ 1995, S. 1171–1174.

Symbolische Gesetzgebung. In: ZRP 1991, S. 251–253.

Lernmittel

Öffentliches Recht II Hessen: Kommunalrecht, Polizei- und Ordnungsrecht und Bauordnungsrecht (Lern- und Lehrwerk in Karteikartenform). Mitverfasser der 1. bis 3. Aufl. Arnim Karthaus und Oliver Hendrischke, Mitverfasser der 4. Aufl. Jan Henrik Klement und Jörg Mohr. Neuwied/München, 1. Aufl. 2000, 2. Aufl. 2002, 3. Aufl. 2004, 4. Aufl. 2006.

Beiträge in Tageszeitungen und ähnlichen Periodika

Rechtsstaat und Steuerstaat, unteilbar verbunden. (Thema: Sonderrecht gegen „Steuer-CDs".) In: Legal Tribune Online v. 9. Sept. 2012 http://www.lto.de/recht/hintergruende/h/steuer-cds-rechtsstaat-und-steuerstaat-unteilbar-verbunden/.

„Zahlen soll, wer zahlen kann": Die hessische Verfassung lässt allgemeine Studiengebühren nicht zu. (Thema: Studiengebühren und Landesverfassung). In: Frankfurter Allgemeine Zeitung Nr. 242 v. 18. Okt. 2005, S. 52 (Hochschulen).

Personen statt Gremien. (Thema: Einführung der Bürgermeisterverfassung im Kommunalrecht). Mitverfasser: Karl Ihmels. In: Frankfurter Allgemeine Zeitung Nr. 9 v. 11. Jan. 2001, S. 8 (Die Gegenwart).

Darf der Staat die Luft versteigern? (Thema: Rechtsfragen der UMTS-Auktion). In: Süddeutsche Zeitung Nr. 206 v. 7. Sept. 2000, S. 28 (Wirtschaft).

Regierung ohne Parlament und Volk? (Thema: Das parlamentarische System). Mitverfasser: Daniel Dettling. In: Neue Zürcher Zeitung Nr. 53 v. 3. März 2000, internationale Ausgabe, S. 8 (Spektrum Deutschland).

Buchbesprechungen, Buchanzeigen

Die Rechtsfindung im Steuerrecht: Konstitutionalisierung, Europäisierung, Methodengesetzgebung, von Ralf Peter Schenke. Tübingen 2007. In: Die Verwaltung 2009, S. 447–450.

Bildungsaufwendungen im Steuerrecht: Zum System der Besteuerung von Humankapitalinvestitionen, von Roland Ismer. Köln 2006. In: Finanz-Rundschau Ertragsteuerrecht 2007, S. 810–812.

Umweltrecht, von Wilfried Erbguth und Sabine Schlacke, Baden-Baden 2004. In: NuR 2004, S. 447.

Der Schutz der künftigen Generationen im deutschen Umweltrecht: Leitbilder, Grundsätze und Instrumente eines dauerhaften Umweltschutzes, von Daniela von Bubnoff, Berlin 2001. In: KJ 2002, S. 124–126.

Die Steuerrechtsordnung, Band 1: Wissenschaftsorganisatorische, systematische und grundrechtlich-rechtsstaatliche Grundlagen, von Klaus Tipke, 2. Aufl., Köln 2000. In: WLA 2/2001, S. 52–53.

Rechtstheorie: Begriff, Geltung und Anwendung des Rechts, von Bernd Rüthers, München 1999. In: WLA 2/2000, S. 44–45.

Besonderes Verwaltungsrecht, herausgegeben von Eberhard Schmidt-Aßmann, begründet und von der 1. bis zur 9. Aufl. herausgegeben von Ingo von Münch, 11. Aufl., Berlin/New York 1999. In: WLA 1/2000, S. 54.

Examen ohne Repetitor: Leitfaden für eine selbstbestimmte und erfolgreiche Examensvorbereitung, von Achim Berge, Christian Rath und Friederike Wapler, Baden-Baden 1998. In: WLA 1/2000, S. 55.

Planerhaltung durch Planergänzung und ergänzendes Verfahren: Ein Beitrag zum gerichtlichen Rechtsschutz im Planungsrecht unter besonderer Berücksichtigung der Verkehrswegefachplanung, von Peter Henke, Münster 1997. In: NuR 1998, S. 395.

Lebenslauf von Arndt Schmehl

17. Mai 1970	Geburt in Herborn
1989	Abitur in Herborn
1989–1995	Studium der Rechtswissenschaft an der Justus-Liebig-Universität Gießen; Erste juristische Staatsprüfung (sehr gut) Studienstipendium der Friedrich-Ebert-Stiftung
1995–1997	Wissenschaftlicher Mitarbeiter an der Professur für Öffentliches Recht und Verwaltungslehre der Justus-Liebig-Universität Gießen (Prof. Dr. Klaus Lange)
1997	Promotionsstipendium der Friedrich-Ebert-Stiftung
1997–1999	Juristischer Vorbereitungsdienst am OLG Koblenz; Zweite juristische Staatsprüfung
1997–1998	Wissenschaftliche Hilfskraft an der Justus-Liebig-Universität Gießen (Prof. Dr. Wolfram Höfling, M.A., und Prof. Dr. Heinhard Steiger)
1998	Promotion zum Dr. iur. an der Justus-Liebig-Universität Gießen (summa cum laude)
1999	Universitätspreis der Justus-Liebig-Universität Gießen für die beste Dissertation des Jahres 1998/99 in der Sektion Dr. iur. und Dr. rer. pol.
1999–2004	Wissenschaftlicher Assistent am Fachbereich Rechtswissenschaft der Justus-Liebig-Universität Gießen (Prof. Dr. Klaus Lange)
2000	Mitausrichter der 40. Assistententagung Öffentliches Recht
2000	Visiting Assistant Professor, University of Wisconsin Law School, Madison, USA
2001	Wolfgang-Mittermaier-Preis der Justus-Liebig-Universität Gießen für hervorragende Leistungen in der akademischen Lehre (zusammen mit Dr. Heinrich Bedford-Strohm, Dr. Sebastian Heselhaus und Dr. Gerald Siegmund)
2003	Dr.-Herbert-Stolzenberg-Preis der Justus-Liebig-Universität Gießen für hervorragende Leistungen als Nachwuchswissenschaftler
2003	Habilitation am Fachbereich Rechtswissenschaft der Justus-Liebig-Universität Gießen (Gutachter: Prof. Dr. Klaus Lange, Prof. Dr. Brun-Otto Bryde, Prof. Dr. Gerd Aberle, VWL); Erwerb der venia legendi für Öffentliches Recht, Finanz- und Steuerrecht, Verwaltungswissenschaft
2004–2007	Leitung des DFG-Nachwuchsnetzwerks „Wettbewerb – Kooperation – Kontrolle: Steuerungsinstrumente im Recht des Gesundheitswesens", gemeinsam mit Astrid Wallrabenstein, unter Beteiligung von elf Wissenschaftlerinnen und Wissenschaftlern
2004	Professurvertretung an der Universität Augsburg
2005	Juniorprofessor für Öffentliches Recht und Steuerrecht / Professurvertretung (Prof. Dr. Dres. H.c. Hans-Jürgen Papier) an der Ludwig-Maximilians-Universität München

seit 2005	zunächst Vertreter, seit 2006 Inhaber der W3-Professur für Öffentliches Recht, Finanz- und Steuerrecht der Fakultät für Rechtswissenschaft der Universität Hamburg sowie Geschäftsführender Direktor des Seminars für Finanz- und Steuerrecht
seit 2007	Vertrauensdozent der Friedrich-Ebert-Stiftung
2007–2011	Vertrauensdozent der Studienstiftung des Deutschen Volkes
2007	Forschungsaufenthalt an der Pontificia Universidad Católica de Valparaíso, Chile
2009–2011	Lehrbeauftragter Universität St. Petersburg im Masterstudiengang Internationales Wirtschaftsrecht
2009–2011	Geschäftsführender Direktor des Departments für Öffentliches Recht und Staatslehre der Fakultät für Rechtswissenschaft der Universität Hamburg
seit 2010	Mitglied (seit 2012 stellvertretendes Mitglied) des Akademischen Senats der Universität Hamburg
2010–2012	Studiendekan und Leiter des Fakultätsprüfungsamts der Fakultät für Rechtswissenschaft der Universität Hamburg
2010–2013	Aufbau und Leitung der Summer School für Studierende der europäischen Verfassungsvergleichung in Kooperation mit Prag, Krakau, Tartu, Graz und Budapest
2011	Gastprofessur an der China-Europe-School of Law (CESL), Peking, China
2011	Senior Fellow des Alfried Krupp Wissenschaftskollegs, Greifswald
seit 2012	Wissenschaftlicher Leiter des Universitätskollegs der Universität Hamburg
seit 2012	Vertretender Richter des Hamburgischen Verfassungsgerichts
2014	Ruf auf eine W3-Professur an die Universität Bayreuth
24. Oktober 2015	Tod in Hamburg

Autorenverzeichnis

Prof. Dr. iur. Dipl.-Soz. *Marion Albers*
Professorin an der Universität Hamburg

Dr. *Tristan Barczak*, LL.M.
Akademischer Rat a.Z. im Exzellenzcluster „Religion und Politik" an der Westfälischen Wilhelms-Universität Münster

Prof. Dr. *Michael Bäuerle*
Professor an der Hessischen Hochschule für Polizei und Verwaltung

Dr. *Achim Bertuleit*
Leiter des Referates „Soziale Sicherung; Rente" im Bundeskanzleramt, Berlin

Prof. Dr. *Monika Böhm*
Professorin an der Philipps-Universität Marburg, Landesanwältin bei dem Hessischen Staatsgerichtshof in Wiesbaden

Prof. Dr. *Roland Broemel*
Professor an der Goethe-Universität Frankfurt a. M.

Prof. Dr. *Brun-Otto Bryde*
em. Professor an der Justus-Liebig-Universität Gießen, Richter des Bundesverfassungsgerichts a.D.

Prof. Dr. *Hans Peter Bull*
em. Professor an der Universität Hamburg, Innenminister des Landes Schleswig-Holstein a.D.

Prof. Dr. *Pascale Cancik*
Professorin an der Universität Osnabrück

PD Dr. *Peter Collin*
Privatdozent an der Goethe-Universität Frankfurt a. M. und Referent am Max-Planck-Institut für europäische Rechtsgeschichte Frankfurt a. M.

Dr. *Alfred G. Debus*
Oberregierungsrat, Ministerium für Inneres, Digitalisierung und Migration Baden-Württemberg

Prof. Dr. Dr. *Wolfgang Durner*, LL.M.
Professor an der Rheinischen Friedrich-Wilhelms-Universität Bonn

Prof. Dr. *Dagmar Felix*
Professorin an der Universität Hamburg

Prof. Dr. *Gerrit Frotscher*
em. Professor an der Universität Hamburg

Prof. Dr. *Kurt Graulich*
Richter am Bundesverwaltungsgericht a.D., Honorarprofessor an der Humboldt-Universität Berlin

Prof. Dr. *Thomas Groß*
Professor an der Universität Osnabrück

Prof. Dr. *Heribert Hirte*, MdB
Professor an der Universität Hamburg

Prof. Dr. *Ekkehard Hofmann*
Professor an der Universität Trier

Prof. Dr. *Ulrich Hufeld*
Professor an der Helmut-Schmidt-Universität der Bundeswehr Hamburg

Prof. Dr. *Lars Hummel*, LL.M.
Juniorprofessor an der Universität Hamburg

Dr. *Christian Kahle*, LL.M.
Rechtsanwalt und Partner bei BRL Boege Rohde Luebbehuesen

Prof. Dr. *Simon Kempny*, LL.M.
Professor an der Universität Bielefeld

Dr. *Ralf Kleindiek*
Staatssekretär a.D., Senior Advisor bei der Boston Consulting Group

Prof. Dr. *Markus Kotzur*, LL.M.
Professor an der Universität Hamburg

Prof. Dr. *Hanno Kube*, LL.M.
Professor an der Ruprecht-Karls-Universität Heidelberg

Prof. Dr. Dr. h.c. *Karl-Heinz Ladeur*
Professor an der Universität Hamburg

Prof. Dipl.-Volkswirt Dr. iur. *Klaus Lange*
em. Professor an der Justus-Liebig-Universität Gießen, Präsident a.D. des Staatsgerichtshofes des Landes Hessen

Dr. Dr. *Jan R. Lüsing*
Rechtsanwalt in der Sozietät Lebuhn & Puchta

Prof. Dr. *Peter Mankowski*
Professor an der Universität Hamburg

Prof. Dr. *Andreas Musil*
Professor und Vizepräsident für Lehre und Studium an der Universität Potsdam, Richter am Oberverwaltungsgericht Berlin-Brandenburg im Nebenamt

Prof. Dr. *Arne Pilniok*
Juniorprofessor an der Universität Hamburg

Dr. *David Rauber*
Leitender Verwaltungsdirektor, Hessischer Städte- und Gemeindebund in Mühlheim am Main

Prof. Dr. *Ekkehart Reimer*
Professor an der Ruprecht-Karls-Universität Heidelberg

Prof. Dr. *Franz Reimer*
Professor an der Justus-Liebig-Universität Gießen

Prof. *Eike Richter*
Oberregierungsrat und Professor an der Akademie der Polizei Hamburg

Prof. Dr. *Stephan Rixen*
Professor an der Universität Bayreuth

Prof. Dr. *Ralf P. Schenke*
Professor an der Julius-Maximilians-Universität Würzburg

Prof. Dr. *Margarete Schuler-Harms*
Professorin an der Helmut-Schmidt-Universität / Universität der Bundeswehr Hamburg

Prof. Dr. iur. Dipl.-Ökonom *Matthias Schüppen*
Rechtsanwalt, Wirtschaftsprüfer, Steuerberater und Honorarprofessor an der Universität Hohenheim

Prof. Dr. *Indra Spiecker gen. Dohmann*, LL.M.
Professorin an der Goethe-Universität Frankfurt a. M.

Anna-Maria Stefan
Wissenschaftliche Mitarbeiterin an der Universität Bayreuth

Prof. Dr. *Henning Tappe*
Professor an der Universität Trier

Prof. Dr. Dr. *Markus Thiel*
Professor an der Deutschen Hochschule der Polizei in Münster

Prof. Dr. *Astrid Wallrabenstein*
Professorin an der Goethe-Universität Frankfurt a. M., Richterin am Landessozialgericht Darmstadt

Prof. Dr. *Christiane Wegricht*
Professorin an der Hessischen Hochschule für Polizei und Verwaltung

Dr. *Thomas Weigelt*, LL.M.
Referent in der Senatsverwaltung für Justiz, Verbraucherschutz und Antidiskriminierung Berlin

Prof. Dr. *Heinrich Amadeus Wolff*
Professor an der Universität Bayreuth

9783428153848.3